상담 및 심리치료

사례개념화와 치료계획

Theory and Treatment Planning in Counseling and Psychotherapy (Second Edition)

Diane R. Gehart 저

이동훈 · 명소연 · 전지열 · 송연주 · 함경애 · 신지영 · 강수운 · 이화정 · 양모현
김영애 · 박가현 · 신지영 · 김주연 · 김해진 · 남슬기 · 김나연 · 허소정 · 황유진 공역

학지사

Cengage

Australia • Brazil • Canada • Mexico • Singapore • United Kingdom • United States

Cengage

Theory and Treatment Planning in Counseling and Psychotherapy, Second Edition

Diane R. Gehart

Original edition © 2016 Wadsworth, a part of Cengage Learning.
Theory and Treatment Planning in Counseling and Psychotherapy, 2nd Edition by Diane R. Gehart
ISBN: 9781305089617

This edition is translated by license from Wadsworth, a part of Cengage Learning, for sale in Korea only.

ISBN: 978-89-997-2984-3

Cengage Learning Korea Ltd.
14F YTN Newsquare 76 Sangamsan-ro
Mapo-gu Seoul 03926 Korea

Cengage is a leading provider of customized learning solutions with employees residing in nearly 40 different countries and sales in more than 125 countries around the world. Find your local representative at: **www.cengage.com**.

To learn more about Cengage Solutions, visit **www.cengageasia.com**.

Printed in Korea
Print Number: 02 Print Year: 2026

| 역자 서문 |

'상담 및 심리치료 사례개념화와 치료계획'이라는 제목으로 번역한 이 책을 소개하게 되어 매우 기쁘다. 이 책은 『Theory and Treatment Planning in Counseling and Psychotherapy』를 바탕으로 국내 독자들을 위해 준비한 상담 이론 및 사례개념화 실습서이다.

사례개념화는 상담 및 심리치료 과정에서 매우 중요한 역할을 한다. 이 과정을 통해 상담자와 심리치료사들은 내담자의 문제에 대한 자세한 분석과 이해를 바탕으로 상담 및 심리치료 목표를 설정하고, 적절한 방법을 선정하게 된다. 사례개념화를 통해 이루어지는 이 과정은 상담 및 심리치료의 성공 여부를 결정하는 핵심 요소로 여겨진다. 이 책은 상담 및 심리치료의 이론적인 기반과 사례개념화를 통한 치료계획에 대해 깊이 이해할 수 있도록 구성되었다. 상담 및 심리치료를 위한 기본적인 이론과 더불어 사례개념화의 중요성과 그 실습 방법에 대해 소개함으로써 상담자와 심리치료사들이 실제 상담 현장에서 도움을 필요로 하는 내담자들의 문제를 더욱 정확하게 이해하고, 적절한 치료계획을 수립할 수 있도록 돕고자 하였다.

사례개념화 실습에 대한 내용은 이 책에서 특히 중요하게 다루고 있는 부분이다. 다양한 사례를 통해 사례개념화의 실제 적용 방법을 상세하게 설명함으로써 상담 및 심리치료에 대한 이론적인 지식뿐 아니라, 실제 상담 현장에서 사례개념화를 어떻게 수행하는지에 대해 구체적으로 이해할 수 있을 것이다. 또한 다양한 실습 예제와 연습 문제를 통해 사례개념화를 직접 연습해 봄으로써 이론과 실제 사이의 간극을 좁히고, 상담 및 심리치료의 전문성을 향상시킬 수 있을 것이다. 상담 및 심리치료의 다양한 이론을 이해하고, 그에 따른 사례개념화 방법을 습득할 수 있다는 점에서 상담자와 심리치료사에게뿐만 아니라 상담 및 심리치료 분야에 관심이 있는 학생들과 일반인들에게도 유익한 내용을 제공할 수 있을 것이라 기대한다.

이 책을 통해 국내 상담 및 심리치료 분야의 전문가들과 관심 있는 독자들이 원서의 가치를 충분히 누릴 수 있도록 최선을 다해 노력했다. 번역 과정에서 발생할 수 있는 오류나 미흡한 부분에 대해서는 끊임없이 개선해 나갈 것이다. 마지막으로, 이 책의 원저자와 이 책이 출판될 수 있도록 물심양면으로 많은 도움과 지원을 아끼지 않으신 센게이지 송성헌 사장님과 권오영 과장님, 학지사의 김진환 사장님과 유은정 과장님께 깊은 감사를 드린다. 이 책과의 만남이 상담 및 심리치료 분야의 지식과 실력을 향상시켜 나가고자 하는 분들에게 도움이 되길 바란다.

2023년
역자 일동

| 저자 서문 |

그랜드 캐니언을 가로지르는 다리

방문객에게 경외심을 불러일으키기로 유명한 그랜드 캐니언은 너무 광활하여 시야에 일부분밖에 들어오지 않는다. 이 위대한 자연의 경이로움은 많은 사람에게 경외심을 불러일으키고, 신을 감각적으로 경험하게 한다. 학생들은 대학에서의 학습과 현장에서의 실무 간 괴리를 그랜드 캐니언에 비유했지만 나는 생각이 다르다. 학생들은 협곡을 언급하고 있었고, 이 협곡은 개인용 제트기, 헬리콥터 또는 우주선을 이용하지 않고서는 통과할 수 없다. 학생들은 학교에서의 경험을 인턴십으로 연결할 수 없을 것이라는 생각을 갖고 있었다. 그래서 나는 초심 상담자와 치료자가 이론적 학문 세계와 실제 상담 세계라는 길고 먼 두 세계를 잘 넘나들 수 있도록 연결하는 다리를 만들고자 이 책을 쓰게 되었다.

당신은 이렇게 생각할 수 있다. '그것은 매우 큰 도전이다. 어떻게 한 권의 책으로 이런 높은 목표를 성취할 수 있을까?' 답은 이 질문 안에 있으며, 답을 찾는 열쇠는 '목표'라는 단어이다. 당신은 이 책을 통해 '상담과 심리치료'에 대해 배울 뿐 아니라, 상담자가 내담자와 상담할 때 나타나는 문제들을 기술적으로 다루도록 돕는 데 있어 이론이 어떻게 의미 있는 임상적 목표로 사용될 수 있는지에 대해서도 배울 것이다. 따라서 학문적인 관점보다는 실무자의 관점에서 상담 이론들을 소개받게 될 것이며, 상담실에서 이러한 아이디어들이 어떻게 활용될 수 있는지에 대한 정보를 더 많이 얻게 될 것이다. 또한 이론을 실제로 적용하는 두 가지 방법, 즉 사례개념화와 치료계획에 대해 알게 될 것이다. 이러한 도구들은 현장에 있는 상담자가 내담자와의 작업 시 도움을 받기 위해 사용하는 것이다. 이 책에서 제시한 사례개념화 및 치료계획의 다양한 양식은 이론적인 지식들을 통합하기 위해 특별히 고안되었다. 모험을 즐겨라!

| 차례 |

• 제1부 •
상담 이론, 역량, 치료계획에 대한 소개

• 제2부 •

상담과 심리치료 이론들

3장 정신분석과 정신역동 상담 및 심리치료 • 71

4장 융의 분석심리학 • 125

5장 아들러의 개인심리학 • 157

6장 인간중심 상담과 심리치료 • 209

7장 실존주의 상담과 심리치료 • 261

8장 게슈탈트 상담 및 심리치료 • 289

9장 인지행동과 마음챙김 기반 접근 • 321

10장 증거 기반 인지행동 접근: 변증법적 행동치료(DBT) 및 트라우마, 자살 및 자해 행동 초점의 인지행동치료 • 379

11장 체계적 가족 상담 및 심리치료 • 451

12장 해결 기반 접근 • 513

13장 이야기 상담 및 협력적 접근 • 561

14장 페미니스트와 다문화 상담 및 심리치료 • 627

• 제3부 •
이론적 통합과 사례개념화

15장

이론적 통합에 대한 소개 • 657

16장

통합적 사례개념화 • 669

| 서론 |

이 책의 소개와 사용지침

이 책을 읽는 대부분의 독자와 비슷하게 나는 학교에서 항상 열심히 공부하는 학생들 중 한 명이었다. 간단히 말해서, 나는 모범생이었다. 아버지는 이민 후, 좋은 교육 없이는 자녀들이 중노동자가 되거나 더 나빠질 수 있다는 생각을 자주 하셨다. 아버지의 염려와 달리, 나는 축구게임이나 TV를 보는 것보다 학교에서 하는 모든 경험을 훨씬 더 좋아했다(사실 이것은 내가 스포츠를 잘 못하는 이유 중 하나이다). 공부에 대한 애정은 유치원의 책 활동에서 시작되었을 것이다. 지루하고 무미건조한 흑백 책들보다 사진, 색깔, 점, 선, 퍼즐이 있는 워크북을 채우는 것이 훨씬 재미있었다(이 책은 제외되길 희망한다).

이러한 성향은 대학원 생활에서도 도서관을 절대 떠나지 않는 형태로 나타났다. 내가 서구 문명에서 가장 최고의 학문적 과업으로 여겨지는 박사 학위 논문을 써야 했을 때, 나는 완벽한 문헌 리뷰를 하는 것을 당연한 것으로 생각했다. 그 리뷰를 쓰는 데 2년이 걸렸다. 끝이 보일 때쯤, 나의 지도교수는 그 리뷰가 나의 연구 주제와 관련된 모든 연구를 담지 않아도 된다고 퉁명스럽게 말했다. 내 마음 속에 많은 생각이 밀려 왔다. 그리고 말했다. "하지만 나는 원했어요." 그리고 그 주제와 관련된 모든 문서를 계속해서 찾아 나갔다(나의 학위 논문은 도서관에 '카드 카탈로그'가 있고, 디지털 데이터베이스의 가장 초기 형태만 있었을 때 쓰였다는 것을 꼭 기억하기 바란다).

그러나 나는 이렇게 무리를 하면서 대학원에서 지금까지 수백 권의 책을 읽었지만, 정작 책의 서론은 한 번도 읽어 보지 않았다는 것을 깨달았을 때 경악하였다. 교수님들은 서론을 읽어야 한다고 목록에 적어 두신 적이 한 번도 없었고, 출판사들은 마지막 챕터에 신경을 쓰거나, 페이지에 숫자를 넣는 일만큼 꼼꼼하게 챙기지 않는 등 그 누구도 서론의 가치에 대해 말해 주지 않았다. 지금 글을 쓰려고 앉아 있으면서, 서론을 읽지 않고 넘어가는 행동이 무모한 것이라는 것을 깨달았다. 저자들은 대부분 서론에서 가장 중요한 책의 정보와 방대한 아이디어의 요약, 그리고 이것을 어떻게 읽고 무엇을 얻을 수 있는지 밝히고 있다. 요약하면, 서론은 책의 가장 중요한 정보들을 담고 있다(서론이 책의 맨 처음에 있는 이유이다).

이 책이 끝까지 충실하게 내용을 담고 있다고 생각하는 누군가(그러나 나처럼 괴짜이거나 실패한 운동선수일 필요는 없다)가 내가 수십 년간 그래 왔던 것처럼 서론에 있는 정보들을 읽는 것을 놓칠까 염려된다. 이러한 이유로 나는 대부분의 독자가 저지르기 쉬운 시행착오를 피하기 위해 서론을 주의 깊게 작성하였다. 나는 당신이 이 책을 통해 당신의 능력을 향상시키기 위해 필요한 많은 것을 얻기 바란다. 덧붙여 당신이 앞으로 책을 읽을 때 서론을 꼭 읽기 바란다.

이 책은 무엇이 다르고, 이것이 당신에게 의미하는 것은 무엇인가

『상담 및 심리치료 사례개념화와 치료계획』은 기존의 상담 이론서와는 다른 종류의 책이다. 새로운 교육학적 모델에 기반한 학습자 중심의 교수법(Killen, 2004; Weimer, 2002)에 대해 다루고 있는 이 책은 당신에게 단순히 내용을 전달하고 이를 외우는 데 그치지 않고, 적극적으로 내용을 배울 수 있도록 구성되어 있다. 이 책에는 학습을 위한 활동들이 포함되어 있고, 여러 가지 방법을 통해 다양한 정보를 적용하고 사용할 수 있도록 구성하였다(내 아들의 초등학교 활동 책들과 다르지 않게). 각 장의 주요 활동은 이론을 통해 배운 내용을 내담자의 상황에 맞게 적용할 수 있는 ① 사례개념화, ② 치료계획이다. 이 책은 당신이 내담자를 조력하는 실제 상황에서 사용할 수 있는 기술을 알려 줄 것이다.

또한 이 책은 긴 서술 방식을 사용하지 않고 핵심 개념을 구성하였다는 점에서 다른 서적들과 차이가 있다. 대학원 시절 및 자격증 시험 준비 기간에 사용했던 공부 노트로부터 시작된 이러한 구성은 시각적인 레이아웃 때문에 단어와 용어에 보다 집중하게 한다. 매년 나는 새로 자격증을 취득한 열정적인 상담자와 치료자로부터 그들이 자격증 시험에 통과하는 데 도움이 되었다는 감사의 메일을 수없이 받는다. 그들은 모두 책의 구성이 차이를 만들었다고 말한다. 따라서 이 책과 시간을 보내는 것은 미래의 큰 시험을 준비하는 데 틀림없이 도움이 될 것이다(만약 당신이 시험을 통과했다면, 어려운 방법으로 그것을 이루어 낸 당신 스스로에게 감명을 받아야 한다).

이 책의 구성

이 책은 총 3부로 구성되어 있다.

1. 제1부 '상담 이론, 역량, 치료계획에 대한 소개': 상담 이론, 역량, 연구, 치료계획에 대한 소개를 제공한다.
2. 제2부 '상담과 심리치료 이론': 상담과 심리치료 이론의 주요 학파를 다룬다.
   - 정신분석 이론
   - 인간중심–실존적 이론
   - 행동중심 이론
   - 포스트모던 이론
3. 제3부 '이론적 통합과 사례개념화': 이론에 대한 당신의 이해를 돕기 위해 이론의 통합 및 통합적 사례개념화의 최신 경향에 대해 설명한다. 이론에 대한 당신의 이해를 돕기 위해 최신 경향을 통합적으로 서술하고, 통합적인 사례개념화를 포함하였다.

이론의 구조

이론을 소개하고 있는 제2부에서는 사례개념화를 하고, 치료계획을 작성하고, 내담자에게 어떻게 개입할지를 구상하는 데 있어, 이 책이 도움이 될 수 있도록 사용자 중심으로 구성하였다. 제2부에서는 각 이론의 구조를 살펴보기 위해 다음과 같은 개요로 서술하고자 한다.

이론의 구조

요약(In a Nutshell): 당신이 알아야 할 기본적인 내용

핵심(The Juice): 이 이론의 중요한 공헌

풍문(Rumor Has It): 사람들과 그들의 이야기

큰 그림(Big Picture): 상담과정의 개관

관계 형성하기(Making Connection): 치료적 관계

조망하기(The Viewing): 사례개념화
변화를 겨냥하기(Targeting Change): 목표 설정
실행에 옮기기(The Doing): 개입
모든 정보 통합하기(Putting It All Together): 사례개념화와 치료계획 양식
스냅샷: 연구와 근거 기반
다문화적 접근: 다양한 집단과 작업하기
사례 연구(Case Example): 사례개념화와 치료계획 양식
*온라인 자료(Online Resource)
*참고문헌(Reference)

* 각 장의 온라인 자료 및 참고문헌은 학지사 홈페이지에 게시하였음.

■ 요약: 당신이 알아야 할 기본적인 내용

각 장은 이론의 핵심적인 특이점에 대한 간략한 소개로 시작된다. 이론 수업에서 당신이 A 학점을 받기에 또는 내담자를 돕기에 완전하지 않더라도, 이론에 대해 제대로 학습할 수 있도록 돕기 위해 최소한 암기해야 하고, 어떤 상황에서도 빠르게 적용할 수 있는 내용을 담았다.

■ 핵심: 이 이론의 중요한 공헌

상담 분야에서 주요 이론의 중요한 공헌을 당신이 기억할 수 있도록 돕기 위해 이를 먼저 설명하고자 하였다. 해당 분야의 일반적인 내용을 대부분의 사례에 적용할 수 있기 때문에 상담에서 해당 접근법을 사용하는 상담자는 이 특정한 개념을 사용하는 기술들이 잘 훈련되어 있다. 이 절은 이론의 주요한 개념 학습 및 연습을 위한 중요한 부분이다.

■ 풍문: 사람들과 그들의 이야기

이 절에서 당신은 이론의 창시자에 대해 알 수 있고, 그들이 어떻게 혁신적인 아이디어를 창안했는지 파악할 수 있다. 내용에 비해 몇몇 풍문이 더 재미있을 것이다. 나는 이론의 역사나 개발에 대해서는 좀 덜 강조하는 편이지만, 이 부분은 현재 사용되고 있는 상담 이론이 어떻게 탄생하게 되었는지를 파악할 수 있다는 점에서 중요하게 다루고 있다. 당신은 그러한 역사들의 간략한 요약을 확인할 수 있을 것이다.

■ 큰 그림: 상담과정의 개관

이 절에서는 상담의 초반, 중반, 후반기에 어떠한 일들이 일어나고, 어떠한 변화가 일어나

는지 상담과정의 흐름을 간략하게 제공한다.

■ 관계 형성하기: 치료적 관계

모든 접근은 내담자와의 관계를 만드는 것으로부터 시작하지만, 각 접근마다 그 방법은 다르다. 이 절에서는 내담자가 변화하는 데 기초가 되는 라포 형성에 대한 학교 상담자의 다양하고 특별한 방법에 대해 배울 수 있다.

■ 조망하기: 사례개념화

이 절에서는 각 접근을 통해 상담자가 내담자와 그들의 문제를 탐색하고 평가할 때 사용하는 주요한 이론 개념들에 대해 알려 줄 것이다. 이 부분은 이론의 심장이고, 진정한 차이가 발생하는 지점이다. 당신이 이 부분에 특별히 더 집중하기를 바라며, 15장과 16장에서 사례개념화에 대해 보다 자세히 배울 수 있다.

■ 변화를 겨냥하기: 목표 설정

사례개념화 및 전반적인 상담과정에서의 평가를 바탕으로, 치료계획에 기반이 되는 내담자의 목표를 찾기 위한 이론별 전략에 대해 배울 수 있다.

■ 실행에 옮기기: 개입

아마도 초심상담자들에게 가장 재미있는 부분일 텐데, 이 절에서는 각 이론의 일반적인 기술과 개입에 대해서 설명한다. 몇몇 사례에서, 보통의 사례와 다르게 특별한 점이 있다면 이는 특정 집단을 위한 기술이 포함되어 있다는 점이다.

■ 모든 정보 통합하기: 사례개념화와 치료계획 양식

졸업 후, 당신은 아마도 이 절에 대해서 나에게 감사할 텐데, 그것은 우울, 불안, 그리고 비슷한 문제들에 사용할 수 있는 치료계획 양식을 제공하기 때문이다. 이 계획은 각 장의 모든 내용을 종합한 것이다.

■ 스냅샷: 연구와 근거 기반

이 절에서는 각 이론의 연구와 근거 기반을 살펴보고, 이론에 대한 경험적인 기초를 익힐 수 있도록 하였다. 몇몇 사례에서, 영향력 있는 근거 기반의 치료들(개념을 확인하기 위해서 1장을 보라)이 강조된다.

■ 다문화적 접근: 다양한 집단과 작업하기

이 절에서는 ① 다양한 민족과 인종, ② 다양한 성 정체성을 가진 내담자에게 어떻게 접근해야 할지에 대해 살펴본다. 또한 특정 집단에 어떻게 개입해야 하는지에 대해서도 알아볼 것이다.

■ 사례 연구: 사례개념화와 치료계획 양식

각 장은 이론들이 실제로 어떻게 활용되는지, 치료계획 작성은 어떻게 하는지에 대한 감을 가질 수 있도록 하기 위해 사례 예시, 사례개념화, 치료계획으로 마무리된다. 나는 이 책에서 성인 상담을 예시로 사용하였는데, 나의 다른 책인 『가족치료 능력 마스터하기(Mastering Competencies in Family Therapy)』(Gehart, 2010)에는 부부, 가족, 그리고 아동에 대한 예시가 있다. 나는 당신의 교수나 수퍼바이저가 당신에게 당신에 대한 내용을 쓰라고 하였을 때 이것이 가장 도움이 될 것이라고 생각한다.

■ 온라인 자료

특별한 훈련을 추구하거나 이론에 대하여 심화된 연구를 하고 있는 사람을 위한 웹페이지, 웹문서들의 목록들이 있다.

■ 참고문헌

많은 학생이 참고문헌에 대해서는 잘 기억하지 않는다. 하지만 만약 어떤 이론이든 당신이 학술지 또는 문헌을 찾고 싶다면, 가장 먼저 참고문헌을 검토해야 한다. 당신은 아마 도서관에서 힘들게 공부했던 나의 과거를 기억할 것이다. 나는 이 책을 쓰는 기간 동안 4평 남짓의 방에 수백 권의 책을 가지고 있었고, 내 개인 홈페이지에 사이크인포(PsychInfo)를 두어 더 빠른 검색을 할 수 있게 했다(나는 eBooks 도서관의 재미를 발견하였다). 따라서 당신은 직접 도서관에 가기 전에 이러한 것들을 시도함으로써 핵심 정보들을 찾는 시간을 줄일 수 있다(오, 깜박했는데, 아무도 더 이상 그러한 장소에 직접 가지 않는다. 나는 당신이 토끼 슬리퍼를 신고 웹페이지 도서관에 '가는 것'을 말한 것이다—이것은 현대 기술이 주는 기쁨 중 하나이다).

이론들과의 관련성

각 이론은 우리처럼 모두 다르고 독립적이지만, 이론마다 서로 어울리는 친구와 가족이 있다. 이 이론은 상담과 심리치료의 '학파'로 간주되고 있으며, 상담자에게는 통합적인 접근을 사용하는 것이 점점 더 중요해지고 있다(15장, 16장을 보라). 불행하게도, 개인을 분류하는 체계는 그들이 지니고 있는 특징들의 복잡성을 다 담아내지는 못한다. 예를 들어, 아들러(Adler)의 개인심리학은 '분석적인 접근'으로 분류되고 있는데, 왜냐하면 이것이 분석적인 요소들을 포함하고 있기 때문이다. 그러나 이것은 또한 인간적이고, 인지행동적이며, 심지어 체계적 요소도 포함하고 있다. 같은 내용을 여러 장에 걸쳐 반복하는 것은 당신에게 도움이 되지 않기 때문에 당신은 같은 이론 분야에서 접근들 간의 공통점과 차이점을 배우기 위해서 각 장을 읽어야 한다. 이 책의 이론들을 나누는 개략적이고 완벽하지 않은 분류는 다음과 같다.

1) 분석적인 접근
- 정신분석
- 융(Jung) 분석
- 아들러 개인심리학

2) 인간-실존주의 접근
- 인간중심
- 실존주의
- 게슈탈트

3) 행동중심의 접근
- 행동
- 인지행동
- 체계적/가족

4) 포스트모던과 다문화 접근
- 해결중심
- 이야기(내러티브)
- 협업적
- 페미니스트(여성주의)
- 반영팀

목소리와 어조

마지막으로, 나는 이 책의 목소리와 어조가 당신의 일반적인 대학 서적과는 다르다는 것을 언급하고 싶다. 나는 당신이 내가 '지금 말하는 것'처럼 느끼길 바란다. 나는 이 책을 쓰면서 몇몇 유머와 웃음 포인트를 추가했다. 왜? 음, 먼저, 나는 이렇게 쓰는 게 더 재미있다. 그러나 더욱 중요한 점은, 나는 당신이 나의 학생이나 슈퍼바이지 중 한 명이라고 여기고 어떻게 이러한 아이디어를 적용하는지 배우기를 원했다. 상담과 심리치료는 관계 기반의 실습이며, 두 참여원 모두가 진정성을 가지고 온전히 함께한다(대부분의 접근에서). 따라서 내담자를 진실하게 접견하는 방법에 대한 글을 쓰면서 얼굴 없는 저자처럼 대하는 것은 어려운 일이다. 나는 다른 사람들을 돕기 위해 어떻게 이러한 아이디어를 사용해야 하는지 열성적으로 배우기를 원하는 실제 학생이라고 상상하며 글을 쓰고 있다. 나는 당신에게 닿을 수 있도록 노력할 것이고, 당신이 가지고 있을 것이라고 예상되는 질문에 답하고자 할 것이며, 당신이 깨어 있는지 당신의 어깨를 만지기도 할 것이다.

상담 이론 활용에 대한 제안

■ 상담 이론에 대한 생각을 위한 제안

이 책의 각 장을 읽으면서, 당신이 좋아하는 것은 발견하려 하고, 당신이 덜 관심 있는 것에는 덜 집중하려고 할 수도 있다. 이것은 처음에는 좋은 생각이지만, 고려해야 할 점들이 있다.

좋아하는 것 대 유용한 것 일반적인 상담자가 개인적으로 유용하다고 느끼는 이론은 초심상담자의 그것과 아마도 같지 않을 것이다. 많은 상담자는 심리학적인 마인드를 가지고, 그들의 내면세계가 어떻게 움직이는지에 대해 생각하는 것에 흥미를 느낄 것이다. 그러나 대부분의 초심상담자는 다양하고 복합적인 문제를 가진 내담자 및 가족과 상담을 시작하고, (전부는 아니지만) 그들 중 상당수는 생존에 관련된 문제에 몸부림치거나 그리고/또는 내면세계를 이해하거나 분석하는 데 낮은 가치를 두고 있는 문화에서 살아 왔기 때문에 심리학적인 마인드를 가지고 있지 않을 것이다. 따라서 당신이 개인적으로 가장 유용하다고 찾아낸 이론이 당신의 첫 번째 내담자에게는 잘 맞지 않을 수 있다.

평가 이 책의 이론들은 쉽게 선택되지 않는다. 그 이론들은 상담자와 치료자의 세대가 그 이론들이 유용하다고 하였기 때문에 표준적인 이론으로써 인정받고 있는 것이다. 각 이론에는 연구에 대한 가치 있는 지혜가 담겨 있다. 수년간의 경험을 통해 내가 얻은 교훈 한 가지는 인간의 상황과 그에 수반되는 문제에 대한 이해가 매우 광범위하기 때문에 상담자가 잘 이해하고 있는 이론일수록 내담자에게 더 잘 적용할 수 있다는 것이다. 따라서 각 이론의 핵심적이고 유용한 부분들을 알아보고자 하는 태도로 각 이론에 접근하기를 권한다. 나는 각 장의 '핵심' 부분에서 당신이 가장 열심히 기억해야 하는 부분을 확인할 수 있도록 할 것이다.

공통된 맥락 상담 이론은 아이러니하다. 각 이론에는 매우 다르고 구별되며 서로 배타적인 행동과 태도가 있다. 그러나 당신이 하나의 이론을 더 잘 이해할수록 내담자를 더 잘 이해할 수 있게 된다. 사실 몇몇 상담자는 이론들이 같은 요인을 전달하는 다른 방법일 뿐이기 때문에 이론은 일반적으로 같은 영향력을 가지고 있다고 말한다(Miller, Duncan, & Hubble, 1997; 1장을 보라). 따라서 이론의 공통적인 요인은 차이점보다 더 중요할 가능성이 있다.

이론을 배우기 위해 이 책을 사용하는 것에 대한 제안점

먼저, 나는 당신이 이론에 대한 전반적인 감각을 익히기 위해 하나의 이론을 처음부터 끝까지 읽는 데 한두 시간을 따로 확보할 것을 권한다('요약'부터 '모든 정보 통합하기'까지). 몇몇 장은 하나에 여러 개의 이론을 다루고 있기 때문에 장을 한꺼번에 읽는 것이 좋다. 또한 나에게 배웠던 몇몇 사람은 치료계획(템플릿 또는 각 장의 마지막 예시) 또는 다른 절을 먼저 읽는 것이 도움이 된다고 말한다. 그 말은, 내가 대부분의 사람이 선호하는 방법으로 아이디어를 구성하고자 노력했다는 말이다. 그러나 각 개인에게 최선의 방법은 다르기 때문에 나는 당신이 자신에게서 무엇이 최선인지 발견하기를 바란다. 당신이 하나의 장을 끝냈을 때, 이것이 어떻게 진행되는지에 대한 감을 얻기 위해서 당신은 자신 또는 다른 사람의 사례개념화와 치료계획을 완성해 보기를 원할 수도 있다.

마지막으로, 나는 하나의 장을 읽은 후 또는 수업에 참여하고 난 후, 당신이 옛날 스타일로 필기하기를 강하게 추천한다. 맞다. 나는 당신이 자신의 언어로 핵심 개념의 개요를 타이핑하기를(또는 당신이 선호한다면, 손글씨를) 추천한다. 왜 내가 그러한 고통스러운 일을 하라고 주장하는 걸까? 나를 포함해서 우리 모두는 이 책과 같은 두꺼운 책을 읽을 때, 우리가 읽고 있는 것(종종 흥미로운 판타지들에 빠져들거나 또는 덜 흥미롭지만 해야 하는 것들)의 즉각적인 집중도에 따라 기억에 들어왔다가 나가고, 때로 숨이 턱 막힐 정도로 책의 큰 절을 스치듯 지나가기도 한다(아니, 나는 놀라거나 화나지 않는다). 당신이 읽고 있는 개념을 잘 이해했는지 확인하는 유일한 방법은 자신의 고유한 언어를 사용하여 스스로에게 이해가 되는 방법으로 정리하는 것이다. 만약 당신이 자격증을 따기 위한 최종 시험 계획을 세울 필요가 있다면, 마지막 시험을 위해 벼락치기로 공부할 것을 권한다. 정신건강 전문가가 되는 것은 당신이 배운 것을 마스터하고 기반을 쌓는 것이다. 또한 당신이 전문가로 활동하는 모든 시간 동안 이 책에 있는 것이 무엇인지 이해하기를 기대한다(진실로, 그리고 만약 당신이 그것이 나쁘다고 생각한다면, 당신이 평가 수업을 들을 때까지 기다려야 하며, 당신은 심지어 더 긴 책을 외우게 될 것이다). 따라서 만약 밤샘 벼락치기를 하고, 많은 커피를 마셔야 하며, 시험이 끝난 후 기억나는 것이 거의 없는 공부 습관을 가졌다면, 당신은 앞으로 나아가기 위해서 나의 필기 팁 또는 다른 전략을 사용해야 할 것이다.

■ 치료계획을 세우기 위해 이 책을 사용하는 것에 대한 제안

나는 일부 독자가 예시나 지루한 이론을 뛰어넘을 것을 알기 때문에, 수업 또는 당신의 슈퍼바이저에게 무엇인가를 보여 주고자 하기 전에 2장의 치료계획을 읽는 데 몇 분의 시간을 소요하라고 제안하고 싶다. 모든 상담자가 사용하는 좋은 치료계획에는 몇몇 기본적인 '규칙'이 있고, 그것들은 2장에 명확하게 나와 있다. 만약 당신이 당신의 치료계획을 점검받아야 한다면, 2장의 '어떻게'를 읽으면 훨씬 시간이 절약될 것이다.

나는 이 책의 치료계획 양식과 예시는 단지 양식이자 예시일 뿐이라고 강조하고 싶다. 그것들은 유일한 접근법 또는 유일하게 옳은 접근법이 아니라 공통적인 기준과 기대를 근거로 한 기본적인 접근법이다. 당신은 다른 형식을 사용하는 상담 단체 또는 기관에서 일하게 될 테지만, 일반적으로 공통된 법칙(2장에 있다)이 적용된다. 이것은 좋은 목표와 개입을 기록하는 방법에 대한 규칙을 아는 것이 양식을 암기하는 것보다 중요한 이유이다.

또한 템플릿과 예시를 너무 엄격하게 사용하지 말라. 내담자의 고유한 필요에 맞도록 자유롭게 목표를 작성하고 기술을 변경하라. 나는 몇몇 관련된 특정 목표를 제시하였고, 각 내담자의 독특한 필요에 맞추어 변경할 것을 권유한다.

■ 인턴십과 임상 수련에서의 사용에 대한 제안

당신이 인턴 또는 정신건강 전문가 자격으로 일할 때, 이 책은 어떻게 치료계획을 세우는지와 더불어 이론과 기술을 혼자 공부하기에 좋다. 새로운 집단과 문제를 다룰 때, 당신은 다른 치료 모델이 어떻게 이러한 상황에 접근하는지 고려하는 데 관심이 있을 것이다. 이 책은 다른 문제를 찾아내기 위한 주요 자료를 빠르게 찾아내기 위해 고안되었다. 당신은 그 이론을 빠르게 검토하는 것과 교육받지 못한 것처럼 보이는 것을 피하는 데 이 책을 사용할 수 있다. 또한 이 책은 여러 이론을 통합하여 작업할 때, 이론들을 아우르는 공통된 기반을 찾을 수 있도록 쓰여졌다. 그러나 이러한 이론 중 어떤 것이라도 실제로 잘 훈련받으려면, 해당 접근 전문가에게 더 향상된 훈련을 받을 것을 추천한다.

■ 자격 시험 공부를 위한 제안

자격 시험은 불필요하게 까다롭거나 어렵기보다는 당신이 슈퍼비전 없이, 누구도 해치지 않을 정도의 상담과 심리치료 훈련을 위한 지식들을 가지고 있는지 확인하기 위하여 고안되었다. 그리고 이것은 단어 시험이다. 만약 당신이 성실하게 수업에 참여하였고 과제를 다 하였으며 시험과 과제를 위해서 벼락치기 공부를 하지 않았고 괜찮은 슈퍼비전을 받기 위해 노력하였다면, 당신은 자격 시험을 치르기 위한 튼튼한 기반을 다진 것이다. 당신은 이미 시험을 위한 내용을 모두 다루고 있는 (이 책과 같은) 책을 가지고 있을 것이다. 만약 당신의 시험이 석사 후 인턴십 과정의 끝 무렵이라면, 당신은 시험 범위에 있는 많은 이론과 자료를 읽을 2~4년 정도의 충분한 시간을 가진 것이다(몇 년 동안 소설은 못 읽는다).

오래전부터 시험의 자료를 능동적으로 마스터하고자 했던 사람들에게는 이러한 코스가 필요하지 않기 때문에 모든 학생이 길고 비싼 '강의'를 수강하는 것을 추천하지는 않는다. 만약 당신이 시험에 응시한 뒤에 공부를 시작한다면, 당신은 2~4년 정도 늦었으므로 서둘러 수업을 들을 필요가 있다. 정신건강 자격 시험을 위한 나의 기본적인 제안은 다음과 같다. 학위 취득 후 인턴십 과정에서 각 이론의 원서들을 읽고, DSM을 이해하며, 법률과 윤리를 숙지한다. 시험 연습문제들을 구매하고(학습 지도 없이), 시험 통과 기준의 5% 이상의 수준을 지속적으로 유지하면 된다(예: 만약 70%가 통과점수라면 75%). 만약 당신이 어떠한 이론 또는 DSM과 같이 특정 부분에서 약한 것을 알게 됐다면, 자격증 취득을 염두에 두고 만든 텍스트를 이용해 보라. 만약 당신이 계속해서 75%를 받는다면, 당신은 최대의 학습과 최소의 비용으로 시험을 치를 준비가 된 것이다.

■ 학생의 역량과 학습을 측정하는 교수자를 위한 제안

이 책은 교수진과 슈퍼바이저가 학생 역량을 측정하는 것을 간소화하고 능률화하는 것을 돕기 위해 특별히 고안된 것이다. 상담, 심리학, 사회복지, 그리고 가족치료 역량에 대한 학생들의 학습 역량을 평가하기 위한 양식과 평가기준은 이 책의 웹페이지에 나와 있다(www.cengage.com 또는 www.masteringcompetencies.com을 보라). 이 웹사이트에서 교수자는 무료 온라인 강의와 파워포인트, 강의계획서 샘플, 그리고 문제은행을 찾을 수 있다(문제은행은 문제의 보안을 유지하기 위해 센게이지 구매 대표자를 통해서만 이용할 수 있다). 이 텍스트는 상담 이론 강의에서 사용되거나 프리프랙티컴 또는 프랙티컴(실습과목)/현장실습 수업에서 주요하게 사용될 수 있다. 딱딱한 이론과 실제적인 기술의 조합이기 때문에 단위 수업에서 얻을 수 없는 기술인, 학생들의 이론개념화 및 치료계획 수립 능력을 개발하는 것 이상으로 사용될 수 있다.

이러한 치료계획 및 사례개념화를 활용하여 역량과 학생들의 학습을 측정하는 수업을 고안할 때, 나는 초기에 학생들과 평가기준을 함께 만들기를 추천하는데, 마지막 결과물을 예상하고 무엇이 이루어져야 하는지 명확하게 하기 위해 어떻게 이것들이 사용되는지 학생들이 이해하도록 한다. 나는 학생들에게 피드백을 제공하고, 체계적으로 이러한 기술을 발전시키고 만들어 가도록 하기 위해 한 학기에 2~3개 정도의 사례개념화와 치료계획을 제공하는 것이 가장 도움이 된다는 것을 발견하였다. 온라인 교수 자료는 다양한 정신건강 규율에 관한 몇몇 예시를 포함하고 있다. 특별히, 나는 이론에 대한 수업에서 시청하는 비디오를 기반으로 해서 각 이론의 공부를 위한 사례개념화 및 치료계획을 시연하기 위한 소모임을 가지고 있다. 이를 통해 학생들은 내담자의 역동과 치료를 실제적으로 개념화하기 위한 충분한 정보를 갖게 된다. 따라서 전체 강의는 계획의 개발에 대한 예시를 살펴보고 사고과정을 나눌 수 있다. 강의 후 혹은 마지막 과제는 사례를 위한 치료계획(교수자에 의해서 주어지거나, 유명한 영화, 개인의 삶 또는 실제 내담자 중 하나에 의해 주어지는)을 작성하게 하는 것이다. 이러한 활동과 함께한 학기의 마지막 즈음에 학생들은 근거에 기반한 사례개념화 및 치료계획 능력에 대해 자신감을 갖게 될 것이다.

■ 학생용 자료

학생들은 이 책과 센게이지 웹사이트(www.cengagebrain.com)에서 유용한 자료를 찾을 수 있고, 게하르트 협회 웹사이트(www.therapythatworksinstitute.com)에서 선정된 자료를 찾을 수 있다. 여기에는 다음의 내용이 포함된다.

- 온라인 강의: 다양한 장(chapter)을 진지하게 논의한 녹화 강의
- 치료계획과 통합적인 사례개념화를 위한 디지털 양식
- 평가기준
- 관련된 웹사이트와 읽을거리의 링크
- 주요 개념과 용어 사전
- 웹퀴즈

■ 교수자용 자료

교수자는 이 책과 센게이지 웹사이트(www.cengagebrain.com)에서 유용한 자료를 찾을 수 있고, 게하르트 협회 웹사이트(www.therapythatworksinstitute.com)에서 선정된 자료를 찾을 수 있다. 여기에는 다음의 내용이 포함된다.

- 저자의 온라인 강의
- 상담, 심리학, 사회복지, 가족치료에 대한 이론 수업 또는 프랙티컴(실습과목)에서 이 책을 어떻게 사용하는지에 대한 샘플 강의계획서(이러한 강의계획서는 승인 요구사항을 충족하기 위해서 각 규율이 다루어야 하는 능력의 자세한 목록을 포함하고 있다)
- 각 장의 자세한 파워포인트
- 다운로드가 가능한 사례개념화, 치료계획, 그리고 평가기준의 종합적인 버전(지시문들은 각각 CACREP[1)]의 능력과 관련된 것뿐 아니라 가족치료, 심리학, 사회복지를 위한 주요 능력들/벤치마크들과도 관련이 있다)
- 문제은행과 웹퀴즈

■ 다음 단계

지금까지의 내용을 바탕으로 당신은 이 책의 구성에 대해서 알게 되었으며, 이제 일을 시작할 차례이다. 각 장의 흐름에 따라, 당신은 상담과 심리치료 분야의 전문성에 대해 배울 것이고, 그것이 당신과 당신의 미래에서 전문가로서 어떤 의미를 갖는지 배우게 될 것이다. 이러한 여정은 직업을 가질 때 전문가의 윤리적인 의무의 의미가 무엇인지 검토하는 것을 포함하고 있다. 우리는 또한 상담 이론의 목적에 대해 알아보고, 이러한 이론의 사용과 개발에 대한 두 가지 흐름, 즉 연구의 공통 요인과 근거 기반의 치료계획을 고려할 것이다. 당신은 2장의 치료계획의 요점에 대해 배우게 될 것이다. 나는 당신이 치료계획을 세워 보고 나면, 당신이 이 책에서 가장 흥미 있는 부분을 찾은 것이라고 확신한다. 무엇이 매혹적인가에 대한 당신의 관점을 바꾸기 위해 당신의 첫 번째 계획을 써 보라고 압박하는 것은 아니다. 이 책은 20세기와 21세기의 가장 흥미로운 아이디어 중 몇몇에 대하여 장대한 여행을 하게 해 줄 것이다. 나는 이것이 인생의 여행이 될 것이라 확신한다.

여행을 즐겨라! 그리고 이 책의 서론을 읽은 것을 축하한다! 나는 지금부터 당신이 그 가치를 살펴보기 바란다.

---

1) 역자 주: 미국의 심리상담 프로그램들을 인증해 주는 상담 인증 프로그램(Council for Accreditation of Counseling and Related Educational Programs)

제 1 부

상담 이론, 역량, 치료계획에 대한 소개

1장

상담 이론, 역량, 연구, 그리고 당신 -그것들을 연결시키기

상담자와 바텐더를 구분 짓는 것은 무엇인가

상담자 및 치료자를 좋은 바텐더, 미용사, 친구와 구분 짓는 것은 무엇일까? 대부분의 경우 바텐더, 미용사, 친구도 잘 듣고 공감하며 문제의 해결을 돕는다. 물론 바텐더와 친구들은 일반적으로 그들의 서비스에 비해 적은 대가를 받는다(미용사들은 가끔 많이 받기도 한다). 그러나 상담자는 기본적인 도움의 기술을 넘어서는 그 이상의 것을 할 수 있다. 상담자는 이론을 활용하여 ① 내담자와의 관계를 발전시키고, ② 내담자의 상황에 대해 이해한 내용을 보다 유용한 방식으로 표현하며, ③ 내담자의 현재 문제를 해결하기 위한 효과적인 방법을 찾는다. 결국, 바텐더와 상담자와의 차이를 만들어 내는 것은 이론을 능숙하게 적용할 수 있는 능력이다. 상담 이론은 내담자의 상황을 파악하고 문제를 해결할 가장 편리한 방법을 찾을 수 있는 강력한 렌즈를 제공한다. 이 책은 상담자가 이를 실행하는 방식을 담고 있으며, 어쩌면 당신은 이 기술을 활용하여 동네에서 이름난 미용사와 맞먹을 정도의 합당한 대가를 받을 수 있을 것이다.

이론이 중요한 이유

최근 몇십 년간 정신건강 관리의 영역에서 많은 변화가 있었지만(우리를 이끌어 줄 좋은 연구, 뇌에 대한 새로운 지식, 정신건강 장애에 대한 세부사항, 향정신성 약물 사용의 증가 등), 상담자와 치료자가 내담자를 돕기 위해 사용하는 주요한 도구인 이론의 경우에는 큰 변화가 나타나지 않았다. 상담 이론은 내담자가 가지고 온 엄청난 양의 정보를 빠르고 면밀히 조사하는 방법을 제공하고, 특정 생각, 행동 또는 감정의 변화를 목표로 하며, 마침내 내담자가 효과적으로 변화함으로써 자신이 가지고 있던 문제를 해결할 수 있도록 돕는다. 기능적 자기공명영상(Functional Magnetic Resonance Imaging: fMIR), 뉴로피드백 기계(neurofeedback machine), 수백 가지의 약물이 개발되었지만, 어떤 기술도 이론을 대체하지는 못하였다. 그러나 상담 이론이 어떻게 이해되고 사용되는지 알아본다면 정신건강 관리의 풍경이 많이 달라졌다는 것을 알 수 있을 것이다.

이론과 접촉하기: 하나만 선택해야 하나요

몇 년 동안 상담과 심리치료에서 이론의 역할은 매우 불분명해졌다. 처음에는 일반적으로 하나의 이론을 선택하여 훈련하기를 추천했고, 이는 상담자의 주요한 정체성과 작업 스타일이 되었다(이것은 개인적인 선택이었으며, 이야기는 거기에서 끝났다). 이 책과 같은 교재들은 대개 이러한 전통에 뿌리를 두고 있으며, 나 또한 이를 배우며 자랐다. 그러나 많은 상담자는 여러 이론을 통합하여 사용했으며, 상담 분야에서 이 방식은 점차 더 많이 사용되어 일반적인 관습이 되었다('공통 요인 연구: 이론의 재구성' 참조; Miller, Duncan, & Hubble, 2004).

이와 유사하게, 첫 이론 교재를 읽는 많은 학생은 "저는 모든 이론을 좋아합니다. 꼭 선택해야만 하나요?"라고 질문하지만 이내 이런 질문을 한 것에 대해 후회한다. 나는 단순히 그렇다-아니다라는 답을 주지 않는다('아니다'라는 대답을 원하고 물어보는 사람은 없다). 인식론적 기초, 상담자가 되기 위한 발달적 단계, 결과에 대한 연구, 근거 기반 치료 등에 대한 긴 강의를 하는 것으로 답을 대신한다. 15분 내로, 강의실은 매우 조용해진다. 30분 뒤에 대부분은 스트레스로 얼굴을 찡그린다. 첫 시간이 끝날 때쯤, 그들은 간단한 대답을 얻을 수 있다는 희망을 포기한다. 따라서 이제 당신이 이 문제에 대한 답을 들을 차례이다. 당신에게 도움이 될 간단한 개관과 로드맵을 제공할 것이다.

상담 이론과 그것이 어떻게 사용되고 이해되는지는 최근의 두 가지 주요한 움직임에 의해 재정립되어 왔다. 하나는 다양한 문화적 배경의 내담자까지 다룰 수 있는 상담 역량을 키우는 것이고, 다른 하나는 연구 기반과 근거 기반 치료가 널리 사용되는 것이다. 비록 이러한 움직임들이 이론의 필요성 논란을 종결시키지는 못했지만, 이론을 개념화하고 개정하고 적용하는 방식의 변화를 가져왔다. 이 장의 나머지 부분에서는 두 가지 주요 움직임을 다루고, 역량, 이론, 당신(you)과의 관계에 대해 논의할 것이다.

- 역량: 능숙한 이론 활용을 위한 공통점
  - 다양성과 다문화적 역량
  - 연구 역량
  - 법과 윤리
  - 개인으로서의 상담자
- 연구와 근거 기반: 이론의 재구성과 재설계
  - (이론 전반에 대한) 공통 요인 연구
  - 근거 기반 실습과 치료
  - 근거 기반 실습 원리

상담과 심리치료에서의 역량

고정관념은 위험하며 부정확하다. 그럼에도 나는 상담자와 치료자가 다른 사람을 돌보는 것에 대해 일반화하는 위험을 감수할 것이다. 대부분의 상담자는 다른 사람을 돕고 세상을 바꾸는 일을 자신의 소명으로 생각한다. 유명세나 부를 얻기 위한 더 쉽고 편리한 수단이 있기 때문에 이러한 목적으로 상담이라는 직업을 택했다고 보고하는 경우는 거의 없다(이것이 놀랍게 느껴진다면 당신은 직업 상담사와 대화할 필요가 있다). 많은 사람은 정확한 공감, 무조건적인 긍정적 지지, 그리고 진실성이 내담자의 변화를 촉진하기 위한 **필요조건**일 뿐만 아니라 **충분조건**이라는 것을 급진적으로 주장한 칼 로저스(Carl Rogers, 1951, 1961)의 업적에 영감을 받는다. 일반적인 사람의 경우 종종 '상냥'하고, 좋은 마음씨를 가진 사람을 효과적인 상담자라고 묘사한다. 연구 결과에 따르면 이러한 사람과의 만남이 상담과정에서의 변화를 예측하는 강력한 요소 중 하나이다(Miller, Duncan, & Hubble, 1997). 그렇다고 해서 상담 관계가 무조건적인 변화를 장담하지는 않는다. 사실 이것이 충분하지 않다는 데에는 많은 논쟁이 있다.

당신이 로저스의 편이든, 다른 것이 더 필요하다고 생각하는 사람이든 간에, 21세기의 상담은 단순히 돌보는 것이나, 친절한 것, 로저스가 주장한 핵심 조건 이상의 것을 요구한다. 오늘날 치료 환경에서의 실습 기준에는 상담자가 **유능하다고** 여겨지기 위해 숙달해야만 하는 몇 가지 핵심 요소(상담자로서 필요한 핵심 기술)가 있다. 상담자, 가족치료자, 임상 그리고 상담 심리학자 등 상담과 심리치료 서비스를 제공하는 모든 정신건강 전문가는 핵심 역량을 숙달해야만 한다. 유능한 상담의 핵심 요소에 대해서는 여러 학파 간 일관성이 존재하지만, 구체적인 것을 어떻게 실행할지에 대해서는 학파마다 다르다.

당신을 위한 것이 아닌 (내담자를 위한) 역량

나의 10대 내담자에게 자주 사용하는 "이것은 너에 대한 게 아니야."라는 표현은 어쩌면 무신경하게 느껴질지도 모르지만 역량에 대한 태도를 가장 잘 설명해 주는 말이다. 역량이란 당신의 이론적 선호, 상담에서 당신에게 효과가 있는 것, 당신이 잘하는 것, 당신이 흥미를 느끼는 것 또는 당신이 가장 도움이 된다고 믿는 것이 아니다. 유능한 상담을 위해서는 당신이 편안하게 느끼는 데서 벗어나 내담자에게 도움이 되는 소통 방법에 대해 배울 필요가 있다. 요컨대, 당신과 작업하는 모든 내담자에게 도움이 되기 위해서는 광범위한 이론과 기술에 능숙해야 한다. 당신은 이 말의 의미를 이해해야 하며, 이것이 당신의 최대 관심사가 되어야 한다.

예를 들면, 당신은 상담 이론을 활용하여 폭넓은 관점에서 사례개념화를 할 수 있는 성향을 타고났을 수도 있고, 세부적인 면에 집중하는 정신건강 평가와 진단에 흥미를 느끼는 기질을 가지고 있을 수도 있다. 그러나 유능한 상담자가 되기 위해서는 비록 한 가지가 더 쉽게 느껴지고, 이를 더 선호하게 되고, 철학적 호감을 느낄지라도 둘 다 잘할 필요가 있다. 한편, 당신은 통찰력이나 자신을 돌아볼 수 있도록 촉진하는 이론들을 더 선호할 수 있다. 또한 당신의 삶에서 당신에게 영향을 미칠지도 모르는 이론을 더 선호할 수도 있다. 그러나 이는 당신의 내담자에게는 효과가 없을 수도 있으며, 연구들은 이러한 접근이 내담자의 상황 또는 배경에 적합한 것이 아닐 수도 있음을 시사하고 있다. 따라서 당신에게 특별히 관심이 가지 않거나 당신의 상담 이론과 일치하지 않는 이론도 숙달할 필요가 있다. 비록 처음에는 당신이 이 의견을 좋아하지 않을 수 있지만, 이 책의 마지막 즈음에는 이 의견을 좋아하게 될 것이다.

나는 부모가 어린 자녀들의 행동을 다루는 데 어려움을 겪고 있는 가족을 상담하는 과정에서 처음으로 역량에 대한 교훈을 얻을 수 있었다. 이 가족의 두 살배기 자녀는 발작적으로 흥분하여 소리 지르고 할퀴고 깨물곤 했는데, 비록 나는 행동주의를 좋아하진 않았지만, 부모에게 강화계획과 일관성의 중요한 가치를 설명하고 나서야 자녀를 통제할 수 있었다. 당시 나는 포스트모던 접근법에 강한 (실로 열광적인) 애착을 갖게 되었는데, 나는 '무릇 상담가라면 (이상적으로는) 특정 신조나 (대개) 좌절감에 영향을 받아 기존의 안락한 영역에서 벗어나 다재다능하며 유능한 상담가가 되고자 한다'는 사실을 전적으로 신뢰하게 되었다.

역량에서의 공통된 맥락

비록 주요 정신건강 전문가들(예: 상담, 부부/가족 치료, 심리학, 정신의학, 정신의학적 간호, 그리고 약물 의존 상담)은 각각 다른 역량을 사용하지만, 이들 사이에는 많은 공통점이 있다. 바로 다음의 네 가지 영역에서 이론을 능숙하게 사용한다는 점이다.

- **다양성과 역량**: 상담 이론은 항상 다양한 문제의 맥락에 따라 활용된다. 이는 나이, 민족, 성적 지향성, 능력, 사회 경제적 상황, 이민 상황 등 다양한 문제에 근거하여 이론의 적용 및 적용가능성이 달라진다는 것을 의미한다.
- **연구와 역량**: 역량 있는 상담자가 되기 위해 이들은 자신의 이론, 내담자 집단 그리고 호소문제와 관련된 연구와 근거 기반을 잘 숙지하고 있어야 한다.
- **법, 윤리 그리고 역량**: 역량의 가장 명확한 공통점은 아마 법률과 윤리일 것이다. 전문 정신건강 치료에 대한 법률과 윤리 기준에 대해서 확실히 알고 있지 않다면, 아마 당신은 그리 오랫동안 수련할 수 없을 것이다. 비밀보장과 같은 윤리적인 기준을 엄격하게 준수하는 것은 이론을 효과적으로 적용하는 전제 조건이 된다.
- **상담자 개인과 역량**: 다른 직업과는 달리 정신건강 전문가들의 경우, 특정한 개인적 자질이 역량으로서 인정된다.

■ 다양성과 역량

지난 수십 년 동안, 상담자는 상담과정에서 나이, 성별, 민족, 인종, 사회 경제적 상황, 이민 여부, 성적 지향성, 능력, 언어, 종교적 요인 등의 다양성 문제를 심각하게 받아들이기 시작했다. 이러한 요인들은 이론의 선택, 상담 관계의 발전, 평가와 진단 과정, 개입 방법 선택에 대한 정보를 제공한다(Monk, Winslade, & Sinclair, 2008). 요약하면, 당신이 전문가로서 생각하고 행동하고 말하는 모든 것은 맥락화되어야 하며, 다양한 문제를 다루어야 한다. 만약 당신이 다양성에 효과적으로 반응하는 것이 쉽거나 또는 쉽게 익혀진다고 생각한다면, 혹은 당신의 교수자, 슈퍼바이저, 몇몇 유명한 저자가 이를 쉽게 만드는 마법 같은 답변을 제공했다면, 당신은 뜻밖의 불쾌함을 마주하게 될 것이다. 다양성 문제를 다루는 것은 흑백의 문제라기보다는 핑거 페인팅 같은 것이기 때문이다. 따라갈 수 있는 가이드라인이 없고, 모든 사람이 연관되며, 이것을 즐기기 위해서는 열정과 열린 마음이 요구된다.

나는 종종 초심상담자든, 숙련된 상담자든 '자신은 다양하거나 소외된 집단에 속해 있었기 때문에 다양성 문제에 대해 걱정할 필요가 없다'고 주장하는 것을 들었다. 반대로, 주류 집단에서 온 상담자들이 "나는 어떤 문화도 가지고 있지 않다."와 같이 말하는 것을 들었다. 두 집단 모두 다양성에 대해 배울 필요가 있다. 우선, 우리는 모두 거대한 사회학적 집단의 일부이며, 이 속에서 우리는 성별, 민족, 사회 경제적 상황, 종교, 나이에 기인하는 공통적이고 강력한 문화 규범의 영향을 받는다. 대부분의 미국인은 지배적 문화를 따르는 집단과 소외된 문화를 따르는 집단에 속해 있다. 그러나 중요한 것은 몇몇 집단이 다른 집단에 비해서 더욱 외상적이고 고통스러운 소외를 경험하고 있으며, 설상가상으로 각 구성원은 이러한 압력에 대해 다양한 반응을 보이고 있다는 것이다. 즉, 몇몇 사람들은 동성애자임을 밝히는 과정에서 심각한 외상사건을 경험했고, 상담자가 이러한 문제를 보다 조심스럽게 다루어 주길 원한다.

반면, 어떤 사람들은 자신은 굉장히 지지적인 분위기의 공동체에서 살고 있기 때문에 성적 지향성으로 인해 억압받고 있을 것이라고 보여지는 것을 모욕적으로 느낀다. 많은 미국인은 그들이 속해 있는 '미국 문화'가 매우 강하고 다양하다는 사실을 잘 모르는 것처럼 보인다. 사실 미국에는 상담자가 알아야 하는 매우 독특한 특징을 지닌 다양한 지역이 존재한다. 예를 들어, 중서부에 사는 남성들의 경우, 캘리포니아에 사는 남성들과는 다르게 감정을 표현한다. 두 지역의 남성들이 감정을 비슷한 방식으로 처리할 것이라고 생각하는 상담자는 불공평하게도 특정 남성을 병리적으로 간주할 수 있다. 다양성 문제를 능숙하게 다루기 위해서는 각 개인의 독특한 요구를 주의 깊게 살펴야 한다. 이는 상담자 개인의 깊이와 인간성을 더하는 오랜 투쟁이자 여정이라고 말할 수 있을 것이다. 이 책에서 당신은 각 이론에 관한 다양성 문제를 검토하고, 이러한 문제를 치료계획에 통합함으로써 당신의 여정을 시작하게 될 것이다. 각 장의 마지막에서는 현존하는 학문적 기반에 따라 민족, 인종, 성 정체성과 관련된 다양성 문제에 대해 자세하게 논의할 것이다. 각 장에서는 각 이론의 특정 개념과 개입에 관한 구체적이고 실질적인 논의를 확인할 수 있으며, 각 이론의 치료계획과 범이론적 사례개념화(16장 참조)에서 다양성 문제를 생각해 보고 적용해 볼 수 있을 것이다.

■ 연구와 역량

정신건강 역량에서 아주 중요하고 납득할 수 있는 또 다른 공통 요인은 바로 치료에 대해 알리고 치료의 효과성과 내담자의 성장을 측정하는 연구를 활용하는 것이다. 최근 정신건강 관리 분야에서는 근거에 기반한 연구를 하고자 하는 강력한 움직임이 있는데, 거기에는 두 가지 중요한 실천이 포함된다. ① 임상적인 결정과 치료계획을 고지하는 데 현존하는 연구를 활용하는 것과 ② 근거 기반 치료를 활용하는 법을 수련하는 것으로, 이는 특정 집단과 문제를 다루기 위한 구체적이고 구조화된 접근법이다(Sprenkle, 2002). 이에 대한 것은 이 장의 뒷부분에서 보다 자세하게 논의할 것이다(일부는 아주 상세하게 논의할 것이다). 각 상담 이론의 근거 기반 이슈 또한 각 이론에 관한 장의 끝 부분에서 논의할 것이며, 관련된 근거 기반 치료를 함께 살펴볼 것이다. 만약 당신이 이론 연구에 대한 논의에서 벗어나길 원한다면, 처음에는 실망할 수도 있지만, 결국 이러한 통합이 활력을 더한다는 것을 알게 될 것이다.

■ 법, 윤리, 그리고 역량

나는 종종 청소년 내담자에게 우스갯소리로 만약 상담자가 법적·윤리적 절차를 무시하기 원한다면, 차라리 비즈니스 프로그램에 참여하는 것이 좋다고 말한다. 자질구레한 걱정 없이 돈도 벌 수 있고, 대략 4년 이상을 무급인턴으로 일하고 나면 중죄로 징역을 사는 것도 피할 수 있을 것이다. 물론 여기에는 약간의 과장이 섞여 있다는 사실을 인정하지만(비즈니스계에도 윤리의 영역이 존재한다), 이 말에는 분명한 메시지가 담겨 있다. 법적·윤리적 문제들에 대해서 역량을 기르지 못한 상담자는 오래가지 못한다. 비록 이 책이 이러한 문제에 대해 직접적으로 다루고 있지는 않지만, 이런 문제는 전문성에 있어 매우 핵심적인 부분이기 때문에 이론과 치료계획을 설명하기에 앞서 윤리적 문제에 대한 간략한 소개가 필요하다. 당신은 바로 다음 장으로 넘어가서 당신의 내담자, 친구, 가족, 이웃, 반려동물, 자기 자신에게 책의 개념을 적용하고 문제의 근본적인 원인을 파악하고 싶은 마음이 들 수도 있을 것이다. 미국상담학회(American Counseling Association), 미국 결혼과 가족치료학회(American Association for Marriage and Family Therapy), 미국심리학회(American Psychological Association), 전국 사회노동자협회(National Association of Social Workers) 등의 정신건강 전문 기관들은 모두 구성원이 반드시 준수해야 하는 윤리강령을 가지고 있다. 감사하게도 핵심 사항에 대해서는 다양한 기관 간 일반적인 합의가 도출되어 있다. 연방 그리고 주 법률들은 일반적으로 핵심 원칙에 동의한다. 법적·윤리적 이슈의 경우, 미묘한 뉘앙스를 적합하게 다루기 위해서는 그에 맞는 교재를 필요로 하지만, 여기서는 빠르게 적용할 수 있는 몇 개의 가이드를 살펴볼 것이다.

- **비밀보장**: 내담자 정보는 기밀로서, 서면 허가서가 없거나 주 법률이 허락하지 않는 한 다른 사람과 공유할 수 없다. 만약 당신이 실제 내담자의 정보를 사용하려면 내담자를 확인할 수 있는 개인 정보를 지우거나 바꿔야 한다.
- **다양성**: 상담자는 내담자의 민족, 나이, 성별, 사회 경제적 상황, 신체적·정신적 능력, 성적 지향성, 종교적 신념, 언어 등의 다양성을 존중하고, 이에 따라 평가와 치료적 접근을 적절하게 조정해야 한다.
- **능력과 실습의 범위**: 상담자는 오직 자신의 역량 범위 내에서만 실습해야 한다. 즉, 적절한 훈련을 받았거나 슈퍼비전을 받은 분야에 한해서만 실습을 해야 한다. 만약 당신이 이 책을 수업 장면에서 활용하고자 할 때, 당신의 교수자는 이 책의 개념을 어떻게 적용할 수 있는지를 알려 주는 슈퍼바이저의 역할을 할 것이다. **실습의 범위**는 특정 자격증이 개인으로 하여금 허락하는 범위와 관련이 있다(예: 자격증이 있는 상담자는 자격증을 가지고 개인 훈련을 해서는 안 된다).

- **이중 관계**: 상담자는 착취를 피하기 위해 내담자와의 이중 관계를 피해야 하는데, 이것은 상담자가 그들이 다른 장면에서 알고 있는 사람과 상담하는 것을 피해야 한다는 것을 의미한다(비록 나라마다 차이가 있을지라도). 따라서 나는 당신이 이 책의 아이디어를 가족이나 친구들에게 평가 · 치료 · 적용하는 것을 피하길 바란다(때로는 매우 유혹적이지만).
- **내담자를 정의하기**: 개인, 부부, 가족을 상담하기 시작할 때, 상담자는 내담자가 '누구'인지(개인, 부부, 또는 가족 구조) 조심스럽게 탐색해야 하고, 내밀한 정보를 내담자와의 관계에서 어떻게 다루어야 할지에 대해 논의해야 한다.
- **비밀보장에 대한 아동의 권리**: 아동 및 가족과 작업할 때 특히 어려운 점은 아동의 사생활, 비밀보장에 대한 권리와 자녀의 정보에 대한 부모의 권리가 충돌하는 것이다. 각 주(state)는 아동의 사생활을 보장받을 권리에 대한 다양한 법률이 있는데, 진보적인 주는 심각한 장애를 가진 아동 또는 청소년이 부모에게 알리지 않은 채 치료받는 것을 허용하기도 하고(이때 상담자는 잠재적 위험성을 설명해야 한다), 보다 보수적인 주에서는 부모가 자녀의 모든 치료 정보에 대해 접근하는 것을 허락하기도 한다.
- **개인적 우려**: 상담자는 내담자와 소통, 평가 또는 개입함에 있어서 자신의 능력에 영향을 줄 수 있는 개인적 문제를 알게 되었을 때, 개인 심리치료, 슈퍼비전 등의 방법을 통해 자신의 문제를 해결해야 한다.
- **법에 규정된 보고 의무**: 많은 주에서는 상담자에게 아동 학대/방임, 노인 학대/방임, 의존적 학대, 심각한 자살 위협, 자해 위협, 개인 재산에 대한 위협을 보고하도록 하는 상세한 법률을 가지고 있다. 또한 윤리 규정들은 삶을 위협하는 심각한 문제인 자해행동, 가정폭력에 대하여 상담자가 조치를 취하도록 장려한다. 이는 일반적으로 주 법률에 의해 다루어지지 않는 문제들이다.

■ 상담자 개인과 역량

유능한 상담자 및 치료자가 되기 위해서는 정의 내리기 어려운 특정한 개인적 자질을 필요로 한다. 몇몇 개인적 자질(진실성, 정직함, 성실함)은 전문가가 되기 위해 기본적으로 갖추어야 하는 필수조건으로 여겨진다. 그리고 이러한 자질은 내담자의 첫 요청사항을 완수하는 과정에서 발현되는데, 예를 들어 문제가 심각해지기 전에 우려사항 제기하기, 약속에 충실하기 등이 있다. 이러한 기본적 삶의 기술들 없이는 역량을 키우기 어렵다.

내담자와의 관계를 형성하는 데 있어 상담자로서의 개인에게 미묘한 문제가 발생한다. 연구에 의하면, 내담자는 상담자가 자신의 이야기를 경청하고, 이해하며, 수용하고 있다는 느낌을 받아야 한다고 분명히 밝히고 있다. 상담자는 조언을 지양하고 내담자에게 공감한다(Miller et al., 1997). 더욱이, 상담자는 편견이나 정신역동 상담가들이 말하는 **역전이**를 피하기 위해서(3장 참조) 자신의 개인적인 문제를 찾아 해결할 필요가 있다. 비록 수량화하기 어렵지만, 이러한 문제는 내담자, 슈퍼바이저, 교사, 또는 동료들과의 일반적이지 않은 상호작용 관계나 강렬한 감정에 의해 빠르고 명확하게 나타난다. 이를 잘 다루는 것이 유능한 상담자가 되기 위한 과정의 일부이다.

마지막으로, 정의하기 가장 어려운 장면은 **치료적 실재**(theraputic presence)인데, 치료적 실재란 공감, 연민, 카리스마, 영성, 자기초월적 소통, 긍정성, 기대와 같은 요소를 포함하는 개인 내적, 관계적 그리고 초월적 요소를 지닌다고 여겨지는 자질로, 규정하고 다루기 힘들다(McDonough-Means, Kreitzer, & Bell, 2003). 전문가 자신보다 내담자가 이러한 미묘한 자질을 잘 판단할 수 있는데, 한 공간에서 내담자가 상담자를 인간으로서 경험하기 때문이다. 비록 이러한 역량은 측정하기 어렵지만, 그럼에도 불구하고 이러한 역량은 꼭 개발해야 하는 중요한 것이다.

스냅샷: 연구와 근거 기반

연구와 근거 기반은 전통적으로 상담자가 이론에 대해 어떻게 생각해 왔는지에 대한 큰 물음을 던진다. 전통적으로 상담자는 인간의 조건에 대한 개인적인 믿음과 고통에 대한 최선의 치료책에 근거하여 개인적인 선택을 한다. 두 가지 이질적인 연구 흐름(공통 요인 연구와 근거 기반 치료 연구)은 이론의 의도를 어질러 놓고, 상담자와 치료자가 이론에 대한 가정을 새로 정립하도록 강요하는 문제가 있었다. 공통 요인 연구는 상담의 효과성을 설명하는 것은 바로 이론 간의 공통 요인이기 때문에, 어떤 치료가 가장 효과적인지 결정하는 치료 모형 간의 치열한 경쟁을 약화시킨다고 가정한다. 이와 달리 근거 기반 치료는 특정 집단의 치료 결과를 향상시키기 위해 구체적으로 설계된 치료법을 발전시키는 데 집중한다. 따라서 근거 기반 치료는 치료자의 선호보다는 내담자의 요구에 기반한 이론을 선택하는 패러다임을 촉진한다. 예상하는 바와 같이, 연구의 두 가지 흐름은 이 분야의 열띤 논쟁을 불러일으켰는데, 어쩌면 당신도 몇 년 후 이 논쟁에 참여해 있을지도 모른다.

공통 요인 연구: 이론의 재구성

이론의 역할에 대한 수많은 의문은 흔히 **공통 요인 논쟁**이라 불리는 논의가 활발하게 이루어지는 데 일조하였다(Blow, Sprenkle, & Davis, 2007; Duncan et al., 1997; Sprenkle & Blow, 2004; Sprenkle, Davis, & Lebow, 2009). 요컨대, 공통 요인 지지자들은 상담 효과성의 경우, 특정 이론의 독특한 요소보다는 모든 이론에서 발견되는 핵심 요소와 더 깊은 관련이 있다고 주장한다. 논쟁을 요약하자면, **변화를 가져오는 핵심 요소는 모델 간 차이점보다는 공통점에서 비롯된다는 것이다**. 이러한 입장은 이 분야의 여러 연구 결과를 메타 분석(여러 연구들에 대한 연구)한 연구에 의해 지지된다. 혼재 변수(예: 상담자에 대한 충성, 비교집단, 결과의 측정)를 통제했을 때, 한 이론이 다른 이론보다 더 낫다는 것을 지지할 수 있는 근거는 없다(Lambert, 1992; Wampold, 2001).

공통 요인 연구에서는 이론적 모델을 평가하는 데 있어 이견이 있다. 몇몇 연구자들(Duncan et al., 1997)은 이론의 역할을 최소화하고 공통 요인을 강조하는 경향이 있는 반면, 보다 중도적 입장의 연구자들(Sprenkle & Blow, 2004)의 경우 이론은 상담자가 공통 요인을 전달하는 데 활용하는 수단이기 때문에 여전히 중요하며, 특정 이론은 특정한 맥락에서 더 유익하다고 주장한다. 스프렝클과 블로우(Sprenkle & Blow, 2004)에 따르면 공통 요인 접근은 상담자가 상담 모델을 포기하지 않고 모델의 목적을 다르게 이해하도록 요구한다. 공통 요인 지지자들은 상담자가 내담자의 문제를 해결하는 데 필요한 '답변'이나 '진실'을 제시하기보다는 구조화된 치료를 사용하는 것이 더 일관성 있게 공통 요인을 적용할 수 있다고 주장하며, 이 과정에서 내담자는 자신감을 갖게 된다고 주장한다. 이러한 관점에서, 상담 모델은 내담자의 문제를 해결하는 '단 하나의 유일한 길'이기라기보다는 **상담자의 효과성을 증진시켜 주는 도구로서** 이해하는 것이 더 바람직할 것이다.

가장 자주 인용되는 공통 요인 모델은 램버트(Lambert, 1992)의 모델이다. 심리치료 연구의 결과를 바탕으로, 램버트는 결과 변인(어떤 변화가 특정 변인의 영향을 받는 정도)이 다음과 같은 요인들에 의해 영향을 받을 수 있다고 추정했다.

램버트의 공통 요인 모델

- **내담자 요인**: 대략 40%. 내담자의 동기, 자원 등을 포함
- **치료/상담 관계**: 대략 30%. 내담자가 평가하는 상담 관계의 질
- **치료/상담 모델**: 대략 15%. 상담자가 사용하는 특정 모델과 기술
- **희망/플라시보 효과**: 대략 15%. 상담이 도움이 될 것이라는 내담자의 소망과 믿음의 수준

종종 이러한 확률은 '사실'인 것처럼 언급되고 있는데, 비록 이러한 자료가 현존하는 연구의 분석에 기반하여 잘 알려진 추정치일지라도, 숫자들은 실제 조사를 통해 만들어진 것이 아니

다. 이것은 상담자가 어떻게 작업하는지를 알려 주는 정확한 확률이라기보다는 상담자가 어떻게 내담자를 도울 수 있는지를 재고하도록 환기시키는 연구 동향이라고 보는 것이 바람직할 것이다.

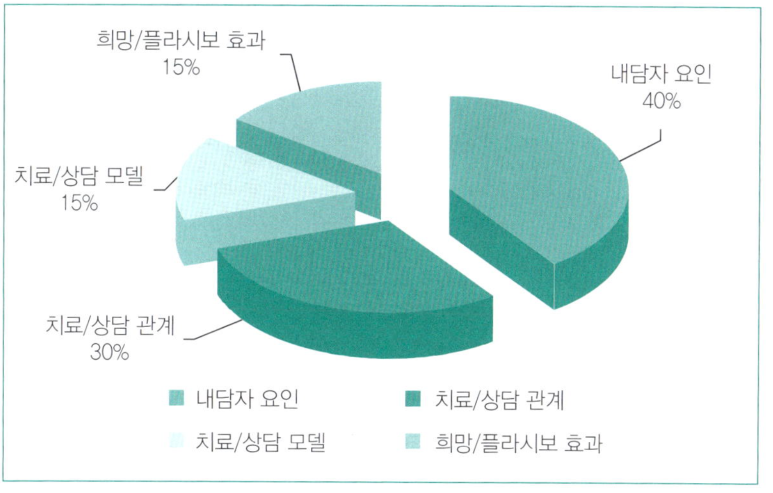

[그림 1-1] 램버트의 공통 요인 모델

웜폴드(Wampold, 2001)는 램버트의 연구와 유사한 메타 분석을 실시하였으나, 두 가지 이상의 실제 상담 모델을 포함한 연구들만을 비교하였다('처치를 가하거나' '처치를 가하지 않은' 통제집단과 비교하는 연구가 아니라). 웜폴드(2001)는 다음과 같은 근거들을 제시했다.

웜폴드의 공통 요인 모델

- **치료/상담 모델**: 8%. 특정 이론의 기여(앞의 15%와 비교하라)
- **일반적 요인**: 70%. 상담 동맹, 기대/희망 등
- **알려지지 않은 요인**: 22%. 알려진 변인들과 연결이 되지 않는 변인

웜폴드의 연구에 따르면 이론 간 공통 요인은 특정 이론의 독특한 요인보다 상담 결과에 긍정적으로 기여한다. 따라서 이론 간 연구는 공통 요인이 상담 결과에 막강한 영향력을 가진다는 사실에 지속적으로 집중한다. 물론 이는 연구 및 다른 요소의 한계에 기인한 결과일 수도 있지만(Sprenkle & Blow, 2004), 지금으로서는 이것이 우리가 말할 수 있는 최선의 정보이다.

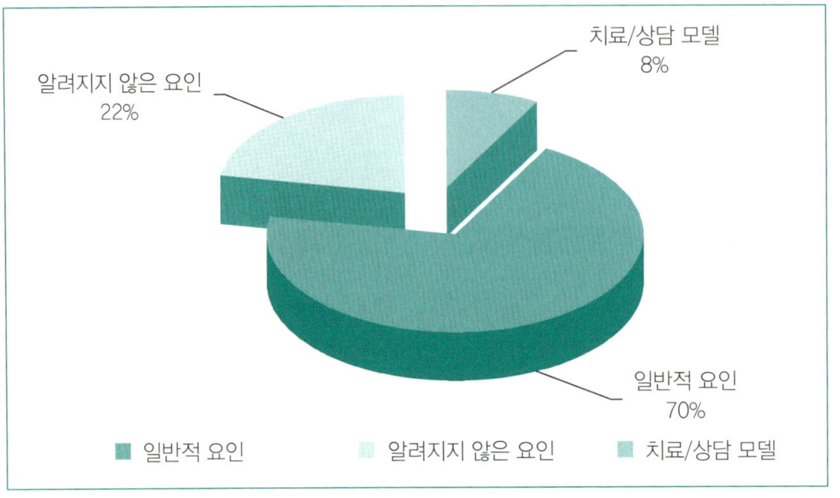

[그림 1-2] 웜폴드의 공통 요인 모형

■ 내담자 요인

밀러 등(Miller et al., 1997)을 따르는 임상가들이 가장 접근하기 용이한 램버트(1992)의 연구는 내담자가 지닌 자원을 활성화시키는 것의 중요성을 강조하는데, 예를 들어 내담자가 지지 네트워크를 만들어 활용하도록 격려하고, 상담과정 중에 내담자의 동기와 참여를 증가시키는 것 등이다. 톨먼과 보하트(Tallman & Bohart, 1999)는 대부분의 이론이 비슷한 수준으로 잘 작동하는 이유에 대해서, 이는 상담자가 어떤 기술이나 통찰력을 제공하든 그것을 잘 적용하고 활용할 수 있는 내담자의 역량 때문이며, 내담자의 변화를 위해 활용하는 로르샤흐 잉크반점 검사처럼 효과적인 상담과정 때문이라고 주장한다. 밀러 등(1997)은 내담자 요인의 두 가지 일반적인 범주, 즉 내담자 특성과 상담 외적 요인을 설명했다.

- **내담자 특성:** 변화하고자 하는 내담자의 동기, 상담/변화에 대한 태도, 변화를 위한 노력, 개인의 강점과 자원들(예: 인지적, 감정적, 사회적, 경제적, 영적), 불만사항의 지속기간 등
- **상담 외적 요인:** 사회적 지지, 공동체 참여, 우연한 인생 사건 등

■ 상담 관계

램버트와 웜폴드의 연구에 따르면 상담 결과를 예측하는 데 있어 상담 관계의 질이 특정 모델보다 더욱 중요하다는 결과가 지속적으로 나타났다. 이러한 결과는 이 분야의 전통적인 가치와 상당히 유사한 맥락을 나타낸다. 효과적인 상담 관계는 내담자의 동기 수준을 수용하는 것, 내담자의 목표를 성취하기 위한 개입, 진실성의 입증, 판단하지 않는 태도 등으로 특징지

어진다. 특히 작지만 흥미로운 발견은 관계에 대한 내담자의 평가가 상담자의 평가보다 긍정적인 결과와 더욱 강하게 연관되어 있다는 것이다(Miller et al., 1997).

상담 관계의 중요성에 대한 명확하고 일관된 연구 결과가 있음에도 불구하고 이 분야 연구의 대부분(특히 근거 기반 치료 연구)은 치료에서 상담자의 영향력을 통제하고 요인을 밝혀내기 위해 노력하고 있다. 이는 효과적인 치료에서 상담자의 역할을 모호하게 만들었다(Blow et al., 2007). 상담 관계의 질을 온전하게 실현하고 측정하기란 어려운 반면, 연구자들은 과학적인 설명을 원하기 때문에(치료는 과학적인 설명이 가능하지만, 관계는 불가능함), 연구 논문들에서는 상담 관계의 중요성에 대해 낮게 평가하거나 과소평가하는 것처럼 보일 수 있다. 공통요인 연구는 상담자에 대한 관심을 상담 관계에 대한 중요성으로 옮겨 놓았다.

■ 특정 이론 요인: 기술

특정 이론 요인이란 상담의 '행위(doing)'를 의미하며, 상담자가 변화를 촉진하기 위해 무엇을 말하고 행동하는지에 관한 것이다. 이는 상담자나 보험금 지급 기관이 변화에 가장 직접적으로 영향을 준다는 생각과 맞닿아 있다. 램버트(1992)의 연구와 추정치에 따르면 기술은 일반적으로 추정되는 것만큼 중요하지 않을 수도 있다. 왜냐하면 상담 관계 변인과 비교했을 때 기술 변인은 딱 절반의 분산을 차지하는 것으로 나타났기 때문이다. 그러나 기술은 여전히 상담자가 주요하게 통제할 수 있는 영향력 있는 변인이다. 따라서 초심상담자는 이 책과 같은 교재를 공부할 필요가 있다.

■ 희망과 기대

램버트(1992)는 특정 내담자 요인으로 희망, 기대, 플라시보 효과를 강조했는데, 이는 상담이 내담자의 문제를 해결할 수 있도록 돕는다는 신념과 관련이 있다. 이에 대해 램버트는 상담과정에서 종종 무시되는 측면을 상담자가 인식하는 것(적어도 문헌연구에서라도)의 중요성을 강조하였다(Blow et al., 2007). 상담자가 희망의 잠재적인 영향력을 알고 있을 때 의식적으로 희망을 주입할 수 있는데, 이는 상담의 초기 단계에서 매우 중요하다.

스스로 해보기

파트너와 함께 소망을 기대했던 상황에 대해 논의해 보세요. 이 경험이 어떻게 당신의 동기와 문제 해결 능력에 영향을 주었나요?

■ 다양성과 공통 요인

공통 요인은 특히 문화, 성, 언어, 능력 등이 다양한 내담자와 작업할 때 유용하다. 다양성이란 언제나 내담자만의 자원과 직면과제를 내포하고 있기 때문이다. 특히 상담 관계, 접근법의 선택, 그리고 희망을 주입하는 전략과 관련하여 내담자의 다양성은 중요한 역할을 한다. 예를 들어, 게이/레즈비언/양성애자/트랜스젠더 내담자 등 사회적으로 소외된 집단과 작업하는 경우, 비록 이들이 일반적인 공동체에서 외면당할지라도 대개는 폭넓은 비공식적 · 공식적 사회관계를 가지고 있으며, 이는 이들만의 사회적 지지를 형성한다. 여러 민족 집단과 장애 또는 만성 질환을 지닌 사람들도 마찬가지이다. 따라서 내담자에게 내재되어 있는 사회적 직면과제는 개인의 독특한 자원에 의해 부분적으로 상쇄된다. 상담자는 내담자가 이러한 자원을 잘 활용하여 다수와의 차이에서 기인하는 직면과제를 잘 관리하도록 돕는다.

마찬가지로 효과적인 상담 관계를 형성하기 위해서는 내담자가 평가받는다기보다는 수용된다는 느낌을 받게 하는 관계를 형성할 필요가 있다. 다양한 내담자를 상담할 때 상담자에게 마음챙김과 사려 깊은 태도가 많이 요구되는데, 이는 상담자가 잘 알지 못하는 역동이나 전통이 존재하기 때문이다. 물론 다양한 지역 공동체에 대한 교육이 당연히 필요하지만, 종종 알지 못하는 것에 대한 겸손과 인정이 더욱 중요할 때가 있다. 왜냐하면 이러한 태도가 존중과 개방성을 촉진하기 때문이다(Anderson, 1997). 만약 상담자가 다양한 내담자에 대한 호기심과 배움의 의지를 유지한다면, 상담자는 내담자에게 희망을 줄 수 있는 독특하고 효과적인 방법을 발견할 수 있다. 이때 상담자는 내담자의 문화와 내담자가 소속된 주요 공동체에서 매우 의미 있는 방식으로 희망을 줄 수 있으며, 내담자와의 상담 관계를 더욱 강화시킬 수 있다.

■ 우리는 아직도 이론이 필요한가

공통 요인 논쟁에 이어서 자연스럽게 따라오는 질문이자 내 학생들이 많이 물어보는 질문은 '우리는 아직 이론이 필요한가'이다. 스프렝클과 블로우(Sprenkle & Blow, 2004)가 언급한 것처럼, 몇몇 상담자는 이론은 거의 역할을 하지 않는다고 하면서 '도도새 효과'[1]에 초점을 맞춘

---

1) 역자 주: 심리학이란 잡힐 듯 잡히지 않는 '인간'이라는 신비를 다루는 것이기 때문에, 마음의 법칙을 규정하는 이론 분야는 물론, 고통을 치료하는 기법에 이르기까지 수많은 학자가 저마다 독특한 주장을 내놓았으며 서로 자기 이론이 우수하다고 목청을 드높였다. 1936년 당시 불과 29살의 젊은 청년 심리학자였던 솔 로젠웩(Saul Rosenzweig)은 이런 상황을 두고 '도도새 평결(Dodo bird verdict)'이라고 풍자적으로 이름 붙였다. 이를 쉽게 풀이하면 누구나 자기 이론이 독특하고 또 그렇기 때문에 우수하다고 주장하지만, 실상은 모두 별 차이도 없고 옳고 그름 역시 도토리 키재기일 뿐이라는 것이다. 1975년 레스터 루보르스키(Lester Luborsky)는 정신의학 분야에서 가장 저명하다고 알려져 있는 「일반 정신의학 아카이브(Archives of General Psychiatry)」라는 저널에 '도도새 가설'이라는 가설을 실었다. 그는 정신질환을 치료하기 위해 도입된 다양한 기법, 예를 들어 프로이트식 정신분석, 융의 분석심리학, 지지치료, 인지행동치료, 인본주의치

다. 스프렝클과 블로우(2004)의 온건적 입장은 "모형은 아주 중요하다. 왜냐하면 모형은 공통 요인을 작동하게 하는 수단이기 때문이다."라고 강조한다(p. 126).

온건적 입장에 따르면 이론은 여전히 초보 임상가와 숙련된 임상가에게 중요한 역할을 하고 있다(하지만 문제는 이론이 처음에 어떤 역할을 할 것이라 기대했던 바와는 다르다는 것이다). 물론 이론의 역할이 내담자의 증상을 완화하고 문제를 해결하도록 돕는 시스템을 제공하는 것이라는 주장은 이성적이고 논리적으로 보인다. 그러나 반드시 이론의 역할이 이것이라고 할 수는 없다. 이론이란 상담자가 내담자를 도울 수 있는 도구로 생각하는 것이 더 낫다. **따라서 이론은 내담자가 아닌 상담자와 가장 깊은 관련이 있다.**

이론은 상담자가 내담자에 대한 정보의 유용한 의미를 만들 수 있는 시스템을 제공하기 때문에 내담자에게 도움이 되는 말과 행동을 하는 데 필요하다. 이론은 또한 상담자로 하여금 내담자와 어떻게 가장 좋은 관계를 맺을 수 있고, 잘 반응할 수 있는지 알려 준다. 이론이 없다면 정보, 감정, 그리고 복잡한 행동의 바다에서 길을 잃기 쉽다. 이론은 상담자에게 내담자가 가져오는 광범위한 어려움을 다루는 데 체계적인 길을 알려 준다. 따라서 이론을 선택하는 것은 상담자가 잘 납득할 수 있으며 거친 정보의 바다에서 방향을 잡아 가는 데 도움이 되는 방법을 찾아내는 것과 관련이 있다. 즉, 앞으로의 연구에서는 특정 모델이 특정 내담자에게 잘 적용되는 시기와 구체적 상황에 대해 더욱 명확하게 밝혀낼 수 있을 것이다(Sprenkle & Blow, 2004).

증거 제시: 근거 기반 치료와 실제

별로 혼란스럽지 않은 상황이라면 공통 요인 연구와 정반대의 맥락을 지니는 이론의 논쟁들에 대한 논쟁의 또 다른 가닥에 주목해 보자. 이는 **경험적으로 지지되는 치료**(Empirically Supported Treatment: EST)로서 일반적으로 **근거 기반 치료**(evidence-based therapies)라고 불린다. 근거 기반 치료란 연구와 무작위 임상 시험(Randomized Clinical Trials: RCTs)을 통해 발전한 상담 모델이다(Sprenkle, 2002). 이는 **근거 기반 실천**(Evidence-Based Practice: EBP)과 헷갈릴 수밖에 없는데, 비록 비슷하게 들릴지라도 이 둘은 서로 다른 개념이다(Patterson, Miller, Carnes, & Wilson, 2004).

료 사이에는 사실상 효과면에서 아무런 차이도 존재하지 않는다고 주장하였다. 심지어 항우울제를 비롯한 약물치료 역시 정신치료와 별 차이가 없다고 주장하여, 학계에 많은 충격과 반론을 야기하였다. 그러나 실상 이러한 사실은 이미 오래전부터 암암리에 회자되어 왔고, 심리학자나 정신과 의사들로서는 그다지 놀랄 일도 아니었다. 이미 많은 학자는 정신치료가 효과를 거두는 비결은 이론의 옳고 그름이 아니라 치료자가 환자에게 보이는 인간적 관심과 열성, 사람과 사람 사이의 허물 없는 소통 등 매우 비특이적인 요소들임을 짐작하고 있었기 때문이다(출처: 네이버 지식백과).

상담자, 자격증 위원회, 자금 기관에서는 상담 모델을 '근거 기반'의 관점에서 이야기하는데, 이는 일반적으로 1993년 미국심리학회(American Psychological Association: APA)의 태스크 포스가 제정한 일련의 기준을 의미하는 것이다. APA의 태스크 포스는 치료에 관한 연구와 개정작업이 항상 활발하게 이루어져야 한다는 변화에 대한 기준과 **경험적으로 타당화된 치료**(empirically validated treatments, 이후 **경험적으로 지지되는 치료**로 불림)에 관한 기준을 정립하였다(APA, 1993; Chambless et al., 1996). APA는 **경험적으로 지지되는 치료**(이하 'EST')를 상세히 설명하는 몇 개의 범주를 정립했으며, 유사한 범주들은 다른 이들이 발전시켜 나갔다. 이 모든 것이 일반적으로 '근거 기반 치료'로 여겨진다.

■ EST에 대하여

EST는 다음의 기준을 충족한다(Chambless & Hollon, 1998).

- 피험자는 치료집단에 무작위로 할당된다.
- 치료를 받은 집단 이외에도 다음의 기준을 반드시 충족해야 한다.
  - 치료를 받지 않은 통제집단(주로 대기명단에 있는 피험자들) 혹은
  - 대안적인 치료를 받은 집단(비교집단으로서 평소와 같이 불특정 치료를 받은 집단) 혹은
  - 플라시보 치료를 받은 집단
- 치료는 처치를 받지 않은 통제집단에 비해서 상당히 효과적이어야 하고, 적어도 대안적 치료와 동일하게 효과적이어야 한다.
- 치료는 내담자를 위한 특정한 기준 또는 내담자를 배제한 기준을 포함한 매뉴얼에 기반을 두고 이루어진다.
- 특정 문제가 있는 특정 집단을 확인한다.
- 연구자는 적절한 통계 도구로 측정한 신뢰할 수 있고, 타당한 결과 수치를 활용한다.

≫ **효과 있는 치료**: 앞의 기준들과 마찬가지로 다음의 기준도 충족해야 한다(Chambless & Hollon, 1998).
  - 두 개의 독립적인 조사(치료 개발에 깊게 관여하지 않았거나 치료의 결과에 투자하지 않은 사람에 의해 실시된 연구)

≫ **효과 있는 특정 치료**: 앞에 제시된 효과 있는 치료에 대한 기준을 충족시키고 난 뒤, 다음의 기준도 추가로 충족시켜야 한다(Chambless & Hollon, 1998).
  - **최소 두 가지**의 독립된 연구의 대안적 치료에 비해 효과가 월등할 것

≫ **EST와 효과 있는 치료의 이점**
  - 과학적으로 더 지지됨
  - 치료를 안내하는 매우 구조화된 매뉴얼
  - 특정 문제를 가지고 있는 특정 집단을 대상으로 함

≫ EST와 효과 있는 치료의 단점

- 적용의 한계: 특정 집단만을 대상으로 하기 때문에 대상이 한정됨
- 큰 비용: 상담자는 모델에 대해서 매우 구체적인 훈련을 받아야 하고, 대부분의 작업환경에서 효과적으로 기능하기 위해서는 여러 모델에 대한 훈련을 받아야 함

■ EST의 실제 적용

EST에 대한 2005년 APA의 추가 연구에서는 근거 기반 치료의 기준을 더욱 광범위하게 정의 내릴 필요성에 대해 강조하였다(Woody, Weisz, & McLean, 2005). 연구 결과에 따르면 학교 장면에서는 높은 비율로 EST를 가르치지만, 1993~2003년에 이르기까지 임상 훈련에서 눈에 띄게 감소된 것으로 나타났다. 슈퍼바이저에게 EST 임상 훈련의 장애물이 무엇인지에 대해 질문했을 때, 이들은 "EST 훈련을 어떻게 개념화해야 하는지에 대한 불명확성, 시간의 부족, 숙련된 슈퍼바이저의 부족, 특정 집단을 위한 EST 개발의 부적절성, 그리고 철학적 위치"라고 말했다(Woody et al., 2005, p. 9). 논쟁적이지만 마지막 장애물을 제외하고 대부분의 장애물은 치료 매뉴얼과 좁은 범위로 한정된 집단 등 EST의 독특한 특징과 관련이 있다. 이와 같은 이유로 EST는 유망하긴 하지만 현재 심각한 실질적 한계에 마주하고 있다.

근거 기반 실천

근거 기반 실천(Evidence-Based Practice: EBP)은 의료 현장에서 보편적으로 사용되는 방법으로, 연구 결과를 활용하여 내담자 케어에 관한 임상적 방법에 대해 알려 주는 것을 의미한다. 패터슨 등(Patterson et al., 2004)은 EBP를 적용하는 다섯 단계를 설명하였다.

- 1단계: 정보 수집을 위해 답변 가능한 질문을 개발하라(예: 감정적 고통을 완화하기 위해 자해를 하는 청소년에게 가장 효과적인 치료는 무엇인가?).
- 2단계: 경험적 근거에 관한 문헌연구를 통해 질문에 답하라[예: 사이크인포(PsycINFO)와 구글 스칼라(google scholar)와 같은 디지털 데이터 베이스에서 '청소년' '자해' '치료' 등의 키워드를 조사하라].
- 3단계: 해당 사례에서 찾은 답의 유용성을 결정하기 위해 연구의 타당도, 영향력 그리고 적용 가능성을 평가하라(예: 이 연구는 무선 표집인가? 비교집단이 있는가? 치료의 효과 크기는 어느 정도인가? 결과가 임상적으로 연관이 있는가?).
- 4단계: 연구 결과를 현재 내담자의 상황에 적용할 수 있는지 결정하라(예: 현재의 내담자에게

이러한 연구를 적용하는 데 잠재적인 이점과 위험 요소가 무엇인가? 나이, 민족, 계층, 가족 구조 등에서 고려해야 할 요인이 존재하는가?).

- **5단계: EBP를 적용한 이후, 내담자의 사례에서 효과성을 평가하라**(예: 내담자가 어떻게 응답하였나? 나아짐, 변화 없음, 또는 나빠짐에 대한 신호가 있는가?).

EST와 비교해서 EBP는 상담 장면에서의 실천을 고양시키기 위해 연구를 활용하는 실용적이고 실천 가능한 접근법이다.

전체적 관점에서 연구

상담자는 거시적으로 근거 기반 상담의 동향을 계속해서 유지할 필요가 있다. 대부분의 연구는 어떤 상담이라도 아무런 치료가 없는 것보다는 낫다고 말한다. 이는 공통 요인 동향 다음으로 중요한 동기 요인 중 하나이다(Miller et al., 1997; Sprenkle & Blow, 2004). 근거 기반 상담 접근은 우리가 알고 있는 것을 개선하고, 보다 바람직하고 구체적인 이론들을 개발하는 것을 목적으로 한다. 하지만 이전에는 이 분야에서 어떠한 연구나 분석이 이루어지지 않았다고 오해해서는 안 된다. 오히려 정신건강 이론을 통해 의미 있는 연구 역사가 전개되어 왔으며, 보다 정확하고 지속적으로 연구하는 능력이 증가했다고 평가하는 것이 합리적이고 현실적이다. 처음부터 이러한 연구과정은 정신건강 과정의 일부분이었으며, 가치를 두고 확장되어 왔다. 비록 연구 지향성이 새롭지는 않지만, 꼼꼼하고 유용한 연구를 수행하는 능력이 계속해서 발전하고 있다.

스스로 해보기

파트너와 함께 공통 요인과 근거 기반 치료에 동의하는지, 반대하는지에 대해 논쟁해 보세요. 어떤 면이 당신에게 더 와닿나요? 그 이유는 무엇인가요?

가위바위보, 그리고 기타 이론 선택 전략

역량과 연구 동향에서 기인하는 문제들과는 관계없이, 실제 적용할 수 있는 상담 이론을 찾는 것은 사랑을 찾는 일과 비교할 수 있다. 일부 전문가들은 '단 하나 유일한 것'을 선호하고, 다른 전문가들은 '들판에서 자유롭게 뛰노는 것'을 선호한다. 완벽한 상대와 약혼하기를 갈망하는 사람들은 집중적이고 열정적으로 정보를 찾는다(인터넷에서 찾아보고, 책을 읽고, 세미나에 가고, 또는 당신의 믿음, 스타일, 느낌들을 공유하는 **하나**의 이론을 찾으며, '운명적' 만남을 염원한다). 다른 사람들은 하나의 이론에 헌신하는 것을 원하지 않고, '얽매이지 않은' 자유를 누리면서 가볍게 데이트하는 것을 선호한다. 이러한 두 가지 방식 중 하나에 완전히 몰입하기에 앞서, 나는 그 어떤 접근도 상담 이론의 열반, 즉각적 능력 또는 비슷한 형태의 행복으로 이끌어 주지 않는다는 주의를 주고 싶다. 당신의 의도를 공언하기 전에 상담에서 이론의 역할에 대한 연구를 세심하게 살펴볼 필요가 있다. 당신이 첫사랑에 실패한 직후처럼 조금 더 조심성을 가지고 진행하다 보면 확신을 갖게 될 것이다(로맨틱하고 자유연애를 추구하는 독자들의 흥을 깨게 되어 사과한다).

다음 장에 계속……

"다음 회에 계속……" 제일 좋아하는 TV쇼에서 내가 가장 두려워하는 시즌의 마지막 결론이다. 이제 나는 이 교재에서 이 말을 하겠다. 미안하다. 지금부터 나는 당신이 '운명적인 만남'이라고 믿는 이론을 찾아다니는 것과 다방면에서 '절충적'인 태도로 모든 것을 할 수 있다고 가정하는 것 둘 다 하지 않았으면 좋겠다. 대신, 다음 장(3~14장까지)에서 각 이론의 복잡한 사항들을 하나씩 이해하는 데 초점을 맞추어라. 호기심과 열린 마음을 가지고, 상담과 심리치료의 기초적인 학파를 하나씩 알아 가는 재미를 느껴라.

주의 이 책의 결론을 기다릴 수 없는 사람들은 15장과 16장을 참고하여 효과적인 통합이 무엇인지 확인하라.

개인적 성찰과 토론을 위한 질문

1. ‘유능한 상담자’ 또는 ‘유능한 심리치료자’를 어떻게 정의할 수 있나요? 어떤 경험과 책이 이러한 정의를 만들었나요?
2. 정신건강 전문가의 작업에서 사용되는 상담 이론에 대해서 어떻게 생각하나요?
3. 상담 장면에서 문화적 역량이 핵심 역할을 할 수 있는 하나의 구체적인 예시를 들어 보세요.
4. 상담에서 마주하는 사람에게 당신이 내놓을 수 있는 개인적인 강점에는 무엇이 있나요? 당신이 (상담자로서) 성장하기 위해 필요한 방법은 무엇인가요? 어떻게 그러한 성장을 추구할 수 있나요?
5. 공통 요인 모델 또는 근거 기반 치료 모델 중 더 관심이 가는 것은 무엇인가요? 무엇 때문에 그러한 선호가 생긴 것 같나요?
6. 어떤 공통 요인이 가장 흥미로웠나요? 그 이유는 무엇인가요?
7. 연구가 당신의 작업을 안내할 수 있을 것이라는 데 대하여 어떻게 생각하나요?
8. 어떤 작업을 하는지에 따라 상담 이론을 선택하는 것에 대해서 어떻게 생각하나요?
9. 통합적 접근에 대한 당신의 생각은 어떤가요?

2장

상담 및 심리치료 계획

치료계획

내가 섀너를 처음 만났을 때 그녀는 열두 살이었다. 3년 전 그녀는 어머니가 뇌졸중으로 돌아가시는 모습을 홀로 목격하였다. 그 일이 있은 후 1년간 그녀의 이모는 그녀를 돌보고자 노력했지만, 더 이상 감당하기 힘들어지자 그녀를 사회복지단체에 맡겨야 했다. 사실, 섀너는 자주 가출을 하고 말대꾸를 했으며 숙제를 하지 않는 등의 문제를 일으켰다. 그녀의 양부모도(지난 2년간 여러 명이 있었는데) 이와 비슷한 경험을 했다. 그래서 나는 지역의 정신건강센터에 다음과 같은 목표를 포함하여 치료계획서를 제출하였다.

1. 가출하는 행동을 줄이고, 이를 3개월간 유지하기
2. 양부모와의 논쟁이 일주일에 한 번 이상 일어나지 않도록 하기
3. 매주 숙제의 완성도를 90%까지 달성하고, 이를 3개월간 유지하기
4. 어머니의 죽음과 관련하여 애도 작업하기

나의 치료계획은 거절되었다. 이에 나는 지역 정신건강센터에 연락하여 이 계획을 수정하는 최선의 방식이 무엇인지에 대해 문의하였다. 평가자는 전화를 끊을 때쯤, "마지막 목표를 측정 가능하게 수정해야 합니다."라고 말했다. 나는 농담조로 "제 내담자가 매주 얼마나 울었는지 세는 것 같은 거요?"라고 말했다. 정말 충격적이게도 그녀는 조금의 망설임도 없이 "네, 그거 완벽하네요."라고 말했다. 이때 비로소 나는 현재 직면하고 있는 문제가 내담자의 행복

을 증진시키는 시스템이 아닌 통제 불가능한 관료주의임을 깨달았다. 나는 내담자의 상실 경험 평가를 제외한 세 가지 목표만을 승인해 달라고 요청했고, 그녀는 이에 동의했다. 그 후 나는 섀너가 양부모와의 관계에서 힘들어하는 부분과 학교에서 스스로에게 집중하지 못하게 하는 죄책감을 덜어 주기 위한 애도 작업의 과정을 기록했다.

그러나 눈물을 흘린 횟수로 부모에 대한 애도를 단순화시켜 버리는 비인간적인 행태에 대해 나는 분노했고, 이를 계기로 분노를 다루는 방법을 주제로 한 저서를 집필하게 되었다. 그 일이 있은 이듬해, 나는 주말을 이용하여 '어머니의 상실과 관련한 애도 작업하기'라는 책을 쓰기 시작하였고, 이를 통해 '애도'의 목표와 그 필요성을 역설하였다. 이러한 책이 있다면, 다음에 같은 상황이 발생했을 때 훨씬 잘 대처할 수 있을 것이라 생각했기 때문이다. 나는 『결혼 및 가족치료 이론 기반 치료계획(Theory-based treatment planning for marriage and family therapists)』이라는 책을 통해 이론 기반 치료계획 접근법을 개발함으로써 학생들이 자신의 사례를 개념화할 때 도움을 받을 수 있도록 하였다. 그 이후로 10년 간 나의 치료계획 접근법은 보험금 지급 기관과 개정된 연방 지침의 새로운 요구에 맞게끔 발전해 왔다. 이 장에서 당신은 보다 포괄적인 치료계획 모델을 학습하게 될 것이며, 내담자가 흘린 눈물의 횟수 세기를 목표에 추가하지 않고도 처음 제출안을 승인받을 수 있게 될 것이다.

창의적인 계획

치료계획을 세우는 일은 상담자로서 가장 창의적이고 즐거운 활동 중 하나일 것이다. 그러나 치료계획을 세우는 일에는 전문적인 책임 또한 뒤따른다. 상담자는 특정 내담자, 특정 문제, 그리고 특정 상담자-내담자 관계에 가장 적합한 이론과 기법을 자유롭게 선택하여 내담자를 위한 치료계획을 세울 수 있으며, 이에 대한 책임을 진다. 상담자는 치료계획을 수립함에 있어 내담자의 호소문제, 내담자의 인구 통계학적 자료, 명확한 근거를 기반으로 한 이론 선택 등에 대하여 고려해야 한다. 궁극적으로, 상담자의 역할은 내담자의 문제를 효과적으로 다루는 개입과정을 이끄는 안내자이며, 일관적이고 세밀한 치료계획은 그렇게 할 수 있는 능력을 입증하기 위한 주요 수단이다.

정신건강 치료계획의 간략한 역사

정신건강 치료계획의 역사는 매우 짧기 때문에 이 부분은 간략하게 소개하고자 한다. 기존의 이론가들은 치료계획에 대해 언급하거나 치료계획서를 작성하지 않았다. 실제로 문헌연구를 해 봐도 의료보험금 지불 승인에 대한 내용은 찾을 수 없을 것이다. 만약 정신건강 문헌에서 인증된 치료계획서를 찾지 못하였다면, 이것은 어디에서 온 것인가? 답은 간단하다. 바로 의학 분야이다.

상담자 대다수의 치료계획은 제3자의 금전적 지원을 받기 위해 작성된 것으로, 이러한 치료계획서는 의사들이 21세기 표준 의료 관리 지침을 기반으로 하여 의학적 치료를 위해 활용하는 의학 모델에서 비롯되었다. 정신건강 분야에서 좀즈머(Jongsma)와 그의 동료들(Dattilio & Jongsma, 2000; Jongsma, Peterson, & Bruce, 2006; Jongsma, Peterson, McInnis, & Bruce, 2006; O'Leary, Heyman, & Jongsma, 1998)은 내담자의 의학적 증상에 온전히 초점을 맞춘 **증상 기반 치료계획**을 개발하였으며, 이는 매우 광범위한 모델로 알려져 있다. 정신건강 치료계획에 관한 출간물은 대부분 증상 기반 모델(Johnson, 2004; Wiger, 2005)을 활용했다. 증상 기반 모델을 토대로 한 치료계획의 강점은 의학적 치료계획과 관련이 있다는 것이다. 그러나 이러한 치료계획은 상담자가 치료를 유용한 방식으로 개념화하는 데 충분한 도움이 되지 않는다는 약점 또한 지니고 있다.

예를 들어, 부모가 투정이 심한 자녀에 대해 상담을 신청했다고 가정해 보자. 이때 만약 상담자가 '아동이 투정부리는 횟수를 일주일에 한 번 이하로 줄이기'와 같이 현재 드러나는 문제 행동을 중심으로 치료계획을 세우고, 이론적 관점에서 꼼꼼히 사례개념화를 하지 않은 치료계획을 적용한다면, 이 치료계획은 성공적이지 못할 가능성이 높다. 이와 같은 상황에서는 아동의 문제 행동에 영향을 미치는 요인이 부부간 다툼이나 양육 문제로 평가되는 경우가 많다. 나는 많은 사례를 통해 결혼 생활의 갈등 해소를 위한 부부 상담이 자녀의 투정을 감소시킬 수 있는 가장 좋은 방법이라는 사실을 발견했다. 증상 기반 치료계획의 위험성은 상담자가 사례개념화를 할 때 증상에 과도하게 집중한 나머지 상담 이론을 간과할 수 있다는 점이다. 다시 말해, 나무에만 집중하여 숲을 보지 못할 수 있다는 것이다. '좋은' 상담자는 절대 이러한 실수를 하지 않는다. 그러나 오늘날 상담자 업무의 실상은, ① 과도한 사례 관리, ② 첫 회기가 끝날 때 진단과 치료계획서를 완성해야 하는 압박, ③ 엄격하게 구조화된 문서 작업과 지불 시스템들을 포함하는데, 이 모든 것은 좋은 상담자가 본연의 업무를 할 수 없도록 방해한다. 이러한 점에서 증상 기반 치료계획이 편리하기는 하지만 오늘날의 업무 환경에는 적합하지 않다.

게하르트와 터틀(Gehart & Tuttle, 2003)의 연구에서는 임상적인 치료계획으로, 증상 모델보다 이론 기반 치료계획이 적합하다고 논의한 바 있다. 또한 버먼(Berman, 1997)은 전통적인 심리치료와 비슷한 접근법을 개발하였는데, 이 모델의 강점은 임상 이론을 토대로 한 목표를 포함하고 있다는 것이다. 그러나 나는 초심상담자가 이론 근거 치료계획을 활용하는 과정에서, 이론 근거 목표와 개입을 혼동하는 것을 발견하였는데, 그 이유는 둘 다 같은 이론 근거 언어를 사용하기 때문이었다. 더욱이 대부분의 학생은 이론 근거 치료계획에서 문제 진단과 임상적 증상을 구분하는 데 있어 많은 어려움을 보였는데, 이는 두 체계의 언어가 근본적으로 다르기 때문이다. 이에 나는 이론 근거 치료계획과 증상 근거 치료계획의 장점을 조합한 새로운 모델을 개발하였으며, 최근에는 측정의 용이성을 보완하였다.

임상적 치료계획

치료에 대하여 간단하고 포괄적인 개요를 제공하는 임상적 치료계획은 내담자의 삶이 변화되길 바라는 특정 영역으로서의 **내담자 목표**(client goals)와 상담자의 책임하에 이루어지는 치료 요소로서의 **치료 과제**(treatment tasks)로 구분된다.

임상적 치료계획은 다음과 같은 요소를 포함한다.

- **도입**: 치료계획은 개인, 부부, 가족 집단에 맞게 계획된 양식, 빈도, 예상 치료 기간에 대한 간단한 소개로 시작한다.
- **치료 과제**: 치료 과제란 상담자가 상담의 각 단계, 즉 초기 · 작업 · 종결 단계에서 일반적으로 수행해야 하는 '표준화된' 업무를 의미한다. 윤리적 · 법적 문제뿐 아니라 이론적 특성이 반영된 치료 과제는 여타의 다른 치료계획에서는 찾아보기 힘들다. 내용은 신중하게 고려하여 간결하게 기록하는 것이 좋다.
- **다양성**: 각 치료 과제에서 내담자의 나이, 성별, 인종, 능력, 성 정체성 등에 따른 다양한 문제를 잘 다루기 위해 상담자는 상담과정을 구체적으로 계획해야 한다. 이 부분은 보상에 필요한 공식적 계획에 포함되지는 않지만, 문화 및 다양성 문제에 있어 전문성을 갖고자 하는 상담자에게는 필수적인 과정이다. 상담자가 특정 이론을 활용하여 내담자와 상담 관계를 발전시키고자 할 때, 모든 내담자에게 동일한 개입방식을 활용할 가능성이 크다. 그러나 6세 소녀, 14세 남자 청소년, 80세 참전 군인에 대한 개입 방법은 각 내담자에 맞게 변형하여 적용되어야 할 것이다.
- **내담자 목표**: 모든 치료계획에서 가장 중요한 요소인 내담자 목표는 치료 결과, 행동, 사고, 감정, 상호작용의 증가 혹은 감소와 같이 내담자에게 나타난 독특한 변화 등에 대한 기술이다. 내담자 목표는 호소문제에 대한 평가에 기인하며, 이론에 입각한 표현을 사용

한다. 내담자 목표는 모든 형태의 치료계획에 포함되어 있다.

- **개입**: 상담자 자신이 선택한 이론을 활용하여 목표를 성취하기 위해서는 2~3가지의 개입방법이 요구된다. 그러나 경우에 따라 개입을 치료계획에 포함시키지 않을 수 있다.
- **내담자 관점**: 마지막 요소는 치료계획의 개요에 대한 내담자의 동의와 우려에 관한 것이다. 최근 공공정신건강기관에서는 서명 또는 진술을 통해 내담자가 치료계획에 동의하였다는 사실을 나타내는 치료계획서 작성이 증가하는 추세이다.

치료계획을 세우기 전에 상담에서 무엇을 다룰 것인지에 대한 아이디어를 가지고 있어야 하며, 여기서 사례개념화가 시작된다.

이론에 입각한 사례개념화

특정 이론에 입각한 사례개념화 작업은 가장 중요하면서도 어려운 치료계획 과정으로, 대부분의 초심상담자는 이 과정을 생략하기 원한다. 왜냐하면 사례개념화에는 사색적이고 비판적인 사고가 요구되는 것은 물론 정해진 공식이 없기 때문이다. 내담자의 호소문제를 이론적으로 개념화하는 것은 많은 시간과 노력을 요하는 작업이다. 사례개념화 작업은 책에 설명되어 있는 것처럼 명확하지 **않다**(불편한 사실은 우리 삶의 모든 일이 그러하다는 점이다). 하지만 이 과정에서, 당신은 이론의 적용 방법에 대해 실제적으로 배우게 될 것이며, 이를 통해 유능한 상담자가 될 것이다. 다행히도 당신은 이 책을 통해 사례개념화에 필요한 자료를 찾을 수 있을 것이다. 각 이론의 '모든 정보 통합하기' 섹션에서 특정 이론 중심의 사례개념화 관련 예시를 찾을 수 있다. 이 모든 개념은 '조망하기: 사례개념화' 섹션에 자세하게 설명되어 있다. 마지막으로, 각 이론에 관한 장 마지막에서 최종 사례개념화가 어떻게 나올 수 있는지에 대한 아이디어를 제공하는 예시를 찾을 수 있다.

사례개념화를 완성한 후, 한 걸음 뒤로 물러서서 스스로 다음의 질문에 답해 보아라. 사례개념화에 나타나는 두세 가지 핵심 주제는 무엇인가? 이러한 핵심 주제는 다음 치료계획의 작업 단계와 종결 단계 목표의 핵심이 될 것이다. 한편, 잠재적 위기 문제는 초기 단계 목표에서 집중적으로 다루어지게 될 것이다. 만약 특정 이론이 건강 및 정상 여부에 대한 요소를 포함하고 있다면, 종결 단계의 목표는 이와 관련되어 수립되어야 한다. 예를 들어, 정신역동, 인간중심 또는 변증법적 행동치료와 같은 몇몇 이론은 자아 강도, 자아실현, 외상 극복 등과 같이 이론적으로 명확하게 정의된 장기적인 목표를 가지고 있다. 상담자는 이러한 이론을 적용함에 있어 광범위한 목표를 염두에 두고 상담을 시작해야 하며, 작업 단계 목표를 설정함으로써 내담자로 하여금 종결 단계 목표를 준비할 수 있도록 이끌어야 한다.

치료계획 양식

치료계획

날짜: ____________ 사례/내담자 #: ____________
상담자 이름: ____________ 이론: ____________

대상: ☐ 성인 개인 ☐ 아동 개인 ☐ 부부 ☐ 가족 ☐ 집단: ________
추천 회기 빈도: ☐ 주 1회 ☐ 격주 ☐ 기타: ____________
예상 치료 기간: ______개월

치료의 초기 단계

초기 단계 치료 과제

1. 치료 관계를 형성하기. 다양성의 고려사항: [내담자와 관계를 형성하는 과정에서 내담자의 다양성에 따라 자신의 접근법을 어떻게 민감하게 조정할지 구체적으로 설명하라. 감정 표현을 위해 그들의 다양한 문화와 성별에 관한 내용이 포함되어야 한다.]
   관계 형성 접근/개입:
   a. ____________

2. 개인적이고 체계적이며 다양한 문화적 역동을 평가하기. 다양성의 고려사항: [문화, 사회·경제적 지위, 성 정체성, 성별, 그 외 고려사항에 대한 평가 방법을 설명하라.]
   평가 진략:
   a. ____________
   b. ____________

초기 단계 내담자 목표: 위기 관리하기, 고통스러운 증상 줄이기

1. ☐ 증가
   ☐ 감소

__________________ (증상을) 감소시키기 위해 (이론의 개념을 활용하여 개인적인 또는 관계에서의) ______________________ (어려움을) 감소시킨다.

개입:

a. ______________________________

b. ______________________________

치료의 작업 단계

작업 단계 치료 과제

1. 작업 동맹의 질을 점검하기. 다양성의 고려사항: [내담자와 상담자의 지속적 유대감을 어떻게 관찰할 것인지, 내담자의 나이, 성별, 문화, 성 정체성, 사회・경제적 상황 등에 따라 개입 방법을 어떻게 조정해 나갈 것인지를 설명하라.]
   a. 평가 개입: ______________________________

작업 단계 내담자 목표(2~3개 목표): 이론적 용어를 활용한 개인적・관계적 역동을 목표로 설정하기(예: 친밀감의 회피 감소시키기, 감정의 알아차림 증가시키기, 주체성 증가시키기 등)

1. □ 증가
   □ 감소
   __________________ (증상을) 감소시키기 위해 (이론의 개념을 활용하여 개인적인 또는 관계에서의) ______________________ (어려움을) 감소시킨다.
   개입:
   a. ______________________________
   b. ______________________________

2. □ 증가
   □ 감소
   __________________ (증상을) 감소시키기 위해 (이론의 개념을 활용하여 개인적인 또는 관계에서의) ______________________ (어려움을) 감소시킨다.
   개입:
   a. ______________________________
   b. ______________________________

3. □ 증가
   □ 감소
   ________________ (증상을) 감소시키기 위해 (이론의 개념을 활용하여 개인적인 또는 관계에서의) ____________________ (어려움을) 감소시킨다.
   개입:
   a. ____
   b. ____

치료의 종결 단계

종결 단계 치료 과제

1. 추후 관리 계획을 세우고 성과 유지하기. 다양성의 고려사항: [치료가 종결된 이후 내담자를 돕기 위해 내담자가 속한 공동체의 자원을 어떻게 활용할지 설명하라.]
   개입:
   a. ____

종결 단계 내담자 목표(1~2개 목표): 건강 및 정상 여부에 대한 이론적 정의에 의해 규정되는 목표

1. □ 증가
   □ 감소
   ________________ (증상을) 감소시키기 위해 (이론의 개념을 활용하여 개인적인 또는 관계에서의) ____________________ (어려움을) 감소시킨다.
   개입:
   a. ____
   b. ____

2. □ 증가
   □ 감소
   ________________ (증상을) 감소시키기 위해 (이론의 개념을 활용하여 개인적인 또는 관계에서의) ____________________ (어려움을) 감소시킨다.
   개입:
   a. ____
   b. ____

내담자 관점

치료계획을 내담자와 함께 검토했는가: □그렇다 □아니다; 아니라면, 그 이유를 설명하라.

____

내담자가 동의한 부분과 걱정하는 부분에 대해 설명하라.

__________, __________, __________, __________

치료자 서명, 인턴 근무일자, 슈퍼바이저 서명, 자격증 날짜

____

치료 과제 작성하기

치료 과제는 일반적으로 구조화되어 있기 때문에 치료계획 중 가장 용이한 작업이다. 각 이론에는 내담자와의 라포 형성 방법을 설명하는 용어와 개입 방법이 있으므로, 이러한 차이를 반영하여 치료계획을 세워야 한다. 예를 들어, 인간 중심 상담자는 관계의 정서적인 부분에 집중하는 반면, 인지 중심 상담자는 현실적이고 문제 중심적인 접근을 활용할 것이다.

초기 단계 치료 과제

일반적으로 상담자는 치료의 초기 단계에서 가장 많은 과제를 수행하게 된다. 이 단계에서 상담자는 상담의 기반을 다지게 되는데, 거의 모든 이론에서 상담 초기에 과제를 함께 제시하기 때문이다.

- 내담자와 라포 형성하기
- 개인, 가족, 사회적 역동 평가하기

각 이론에 따라 초기 치료 과제에 접근하는 방법은 다르지만, 상담자로 하여금 치료 초기 단계에서 보다 수월하게 사례개념화를 할 수 있도록 돕는 것은 공통적이다.

작업 단계 치료 과제

작업 단계의 주요 과제는 치료가 중단되지 않고 진행되는 것이다. 상담자는 그들이 내담자와 강한 라포를 유지하고 있는지 점검하기 위해 관계를 면밀히 관찰해야 한다. 상담 진행 과정에서 진전의 난항, 불가피한 직면, 시의적절하지 않은 상담자의 자기 개방, 잘못된 해석, 모르는 사람에 의한 무작위 발언, 구글 검색 결과 등 명백한 또는 명백하지 않은 수많은 요인에 의해 상담 관계는 약화될 수 있다. 따라서 상담자는 치료계획 수행을 위한 작업의 기반이 탄탄한지의 여부를 확인하게 위해 내담자와의 관계를 지속적으로 점검해야 한다. 내담자와의 관계는 주기적이고 꾸준한 관찰 및 구두로 확인되어야 한다.

종결 단계 치료 과제

간단히 말해, 종결 단계의 주요 과제는 상담자가 내담자의 삶에서 불필요해지는 것이다. 이 단계에서 상담자는 내담자와 함께 추후 치료계획을 세우게 되는데, 이 계획에는 ① 내담자는 변화를 위해 지금까지 어떠한 노력을 기울였는가, ② 상담을 통해 이룬 성공 경험을 어떻게 유지할 것인가, ③ 상담 이후 만나게 되는 삶의 도전과제에 어떻게 대처할 것인가에 대한 확인 작업이 포함된다. 각 상담 이론에는 이러한 과제 수행에 필요한 저마다의 방법이 있으나 기본적으로 모든 이론에는 치료 과제 수행에 유용하게 활용할 수 있는 일관된 논리가 존재한다. 상담이 잘 마무리되었을 때, 내담자는 삶에서 부딪히게 될 불가피한 문제에 보다 잘 대처할 수 있을 것이라는 자신감을 갖게 될 것이다. 체계적 상담의 전문가인 존 위클랜드(John Weakland)의 보고에 따르면, "내담자는 같은 문제를 반복해서 경험한다. 내담자의 삶에서 어떤 문제 이후 다른 문제가 생겼다면 치료는 성공적이라고 할 수 있다"(Gehart & McCollum, 2007, p. 214).

다양성과 치료 과제

각 치료 과제마다 당신은 문화, 민족, 인종, 성 지향성, 성 정체성, 종교, 언어, 능력, 나이, 성별 등과 같은 다양성 문제를 어떻게 다룰 것인지 확인해야 한다. 예컨대, 당신은 나이, 민족, 젠더 등 내담자의 다양한 특성에 맞추어 관계 방식을 조정해 나가야 한다. 내담자의 기능에 대한 평가에서도 다양성의 변수를 항상 고려해야 한다.

사실 모든 사례에서 성별, 나이, 민족, 사회·경제적 지위는 다양성의 고려사항이다. 매번

이 모든 것을 강조할 필요는 없지만, 매 치료 과제마다 최소 하나의 중요한 문제를 구체적으로 탐색해야 한다. 또한 상담자는 다양성이라는 관점에서 **상담자–내담자 차이**를 다루는 방법에 유념해야 한다.

치료 과제에서 다양성을 다루는 방법에 관한 예시는 다음과 같다.

- 10대 청소년과 남성에게 유머를 사용하라.
- 전문가와 공적이고 상호 존중하는 관계를 선호하는 민족적 배경을 지닌 내담자(이민자)에게는 보다 공적이고 존중하는 자세로 대하라(예: 라틴계 내담자).
- 히스패닉, 라틴계 내담자에게는 **인격주의**(personalisimo)를 사용하라.
- 영성, 종교적 신념과 자원을 활용하라.
- 대가족 및 부족 시스템을 주요한 제도적 배경으로 지닌 내담자의 경우, 가족 및 부족의 구성원을 치료과정에 참여시켜라.
- 과거 탐색에 가치를 두지 않는 내담자에게는 현재 중심적이고 문제 중심적인 접근을 사용하라.
- 아시아계 내담자의 경우, 수치스럽다고 느낄 수 있는 논의를 피할 수 있도록 개입하고 평가하고 질문하라.
- 문화적으로 적절한 자원과 개인을 치료에 포함하라.
- 게이, 레즈비언, 양성애자, 트렌스젠더 내담자의 가족을 평가하라.
- 평가과정에서 소외와 차별로 인해 느낄 수 있는 스트레스에 대해 설명하라.

다양성과 관련된 과제는 힘들고 어렵다. 상담자로서 다양성 문제를 '완성하기'는 불가능하다. 이 분야에서 새로운 역량을 발전시켜 나가는 일이란 마치 끝나지 않는 여행과도 같다. 내담자, 친구, 가족 구성원 그리고 낯선 이들은 당신에게 배울 수 있는 기회를 제공한다. 기회가 찾아올 때 당신이 언제든 이러한 제안을 받아들이길 바란다. 물론 당신은 상담을 시작하는 데에 도움이 되는 보다 명확한 정보를 원할 것이다. 상담에서 다양성을 다루는 방법에 대해 배울 수 있는 하나의 시작점이 바로 이 책이다. 3~14장에서는 민족, 인종, 성적 다양성을 가진 집단에게 적용할 수 있는 이론들이 설명되어 있다. 또한 이 책의 사례 연구에서는 당신이 활용할 수 있는 예시를 제공한다. 한편, 민족 및 종교와 관련하여 맥골드릭, 지오다노와 가르시아 프레토(McGoldrick, Giordano, Garcia-Preto, 2005)는 53개 민족의 감정 표현, 의사소통 방식, 일반적인 가족 역동과 일반적인 임상적 문제에 관한 문화적 규범에 대해 밝힌 바 있다. 상담자는 아동(Adler-Tapia, 2012), 남성(Good & Brooks, 2005), 노인(Knights, Nordhus, & Satre, 2003)과의 상담에 있어 기본적인 원리를 잘 익히고 있어야 한다. 친숙하지 않은 종교, 장애 또는 만성 질환과 같은 문제를 가지고 있는 내담자를 만났을 때, 내담자의 상황에 대해 적극적으로 숙지함으로써 내담자를 보다 효과적으로 지지하고 지원하는 것은 상담자의 윤리적 책임이다.

스스로 해보기

상담자가 내담자와 라포를 형성하고, 내담자의 개인, 가족, 사회적 역동을 평가하는 데 있어 내담자의 독특한 다양성 요소를 어떻게 활용할 수 있을지 설명해 보세요.

내담자 목표

중요한 진실 하나를 알려 주고자 한다. 내담자 목표를 잘 세우는 것이 쉽지만은 않다. 훌륭한 목표를 세우는 것은 꽤나 까다로운 일이다. 목표는 상담자의 사고 명확성으로, 이는 상담자가 내담자의 호소문제, 개인 역동, 관계 역동 간의 복잡한 상호작용을 이해하고 개념화할 수 있으며, 정신증적 증상들을 밝힐 수 있는 능력을 가지고 있음을 의미한다. 의미 있는 목표는 관련 없어 보이는 역동과 문제를 연결하는 두세 가지 핵심 가닥에 초점을 맞춘다. 만약 당신이 튼튼한 끈으로 묶인 큰 밀가루(또는 설탕, 고양이 모래, 새 모이 등) 포대를 열어 보려고 했던 적이 있다면, 이 과정을 이해할 것이다. 당겨야 하는 정확한 실을 찾는다면 당신은 큰 노력 없이 빠르게 목표를 성취할 수 있다. 그러나 정확한 실을 찾지 못한다면, 당신의 긴장감은 점차 고조될 것이며, 결국 욕을 하면서 가위를 사용하여 실타래를 풀어야 할 것이다(이때 밀가루는 당신의 얼굴에 튈 것이고, 이로 인해 모욕감을 느낄 것이다. 지금 웃고 있는 사람들은 아마도 유사한 경험을 했을 것이다). 마찬가지로 상담에서 상담자가 어떠한 실을 당겨야 할지 알고 있을 때, 상담은 쉽게 진행된다. 만약 모른다면 변화는 일어나지 않을 것이며 좌절하게 될 것이다. 정확한 실을 찾고자 한다면 다음의 목표 세우기 활동지를 참조하기 바란다.

목표 세우기 활동지

치료계획에서 내담자의 목표를 기록할 준비가 되었다면 목표를 기록하는 활동지를 완성하는 것부터 시작해 보라. 이것은 문제에 대한 내담자의 보고와 변화를 위한 내담자의 개인 및 관계 역동을 신속하게 확인할 수 있도록 돕는 사례개념화의 결과로, 치료계획의 토대가 된다.

목표 세우기 활동지

호소문제: 문제의 역동을 확인하는 데 도움이 된다.

내담자의 호소문제는 무엇인가? 가능한 내담자의 언어와 표현을 사용하라.

1. ______
2. ______
3. ______
4. ______

역동: 목표를 수립하는 데 사용된다.

각 장의 '조망하기: 사례개념화' 또는 16장의 통합적 사례개념화를 참조하라. 사례개념화를 통해 2~4가지 정도의 핵심적인 심리 역동 또는 관계 역동을 찾아라. 이는 내담자의 호소문제에 영향을 미칠 가능성이 높은 역동이다. 당신은 몇 가지 사례를 통해서 특정 역동이 중복되거나 연관된다는 사실을 확인할 수 있을 것이다. 이때 중복되는 역동들을 하나의 요점으로 요약해 보라.

1. ______
2. ______
3. ______

증상

2~4가지 정도의 중요한 심리적 증상이나 문제(예: 우울, 불안, 약물 사용, 사랑하는 사람과의 갈등, 고립, 흥미의 상실, 환각)를 찾아서 다음에 써 보라.

1. ______
2. ______
3. ______

모든 정보 통합하기

우리를 솔직하게 만드는 활동이다. 모든 조각이 하나로 잘 맞춰지는지 확인해 보자.

역동: 중요한 심리적 · 관계적 역동의 목록을 적어 보기	문제: 역동과 관련 있는 내담자의 호소문제에는 어떤 것들이 있는지 확인하기	증상: 문제가 되는 역동을 개선하였을 때 호전될 가능성이 높은 증상 확인하기
1.		
2.		
3.		

주의 만약 당신이 선택한 역동과 호소증상 간의 연관성을 찾을 수 없다면, 당신의 사례개념화를 다시 한번 점검하라.

근거 기반 치료(선택 사항): 당신이 이론과 기술을 결정할 수 있도록 돕는다.

사이크인포(PsycINFO) 혹은 이와 유사한 검색 엔진을 활용하여 ① 내담자의 호소문제, ② 진단, ③ 개인의 인구 통계학적/다양성 관련 요인 및 ④ 상담자가 의도한 상담 접근법과 관련된 선행 연구를 검토하라. 아래에 핵심 개입 방법, 기법, 가이드라인을 기술하라.

1. ____________________________
2. ____________________________
3. ____________________________

내담자의 요구뿐만 아니라 가장 핵심적인 역동과 근거를 기반으로, 섀너의 사례에 적용할 수 있는 이론 및 기술에는 어떤 것들이 있는지 서술하라.

____

____

일단 핵심적 역동을 확인했다면, 당신은 선행 연구 검토를 통해 내담자와 특정한 연관성이 있는 치료법을 확인해야 한다. 예를 들어, 만약 당신이 약물 남용 문제를 호소하는 청소년 내담자와 작업한다고 가정해 보자. 이때 당신은 사이크인포 또는 구글 학술 검색을 통해 이러한 내담자에게는 체계적 가족치료가 가장 효과적이라는 사실을 빠르게 확인할 수 있을 것이다. 이 경우 당신은 치료계획에 가족치료 회기를 포함하게 될 것이다.

목표 세우기 과정

치료 목표를 세우는 것은 매우 어려운 일이다. 모든 내담자는 저마다의 독특한 특징을 지니고 있기 때문에 목표를 세우는 데 있어 모든 상황에 적용할 수 있는 규칙은 없다. 그러나 몇 가지 유용한 가이드라인은 있다.

목표를 기록하는 데 있어 유용한 지침

- **선택한 이론의 핵심 개념 및 평가 영역으로 시작하라**: 우선 '~증가시키기' 또는 '~감소시키기'와 같은 목표를 세우고 난 뒤, 당신이 선택한 이론의 용어를 사용하여 앞으로의 변화에 대해 설명하라.
- **증상과의 연관성을 확인하라**: 개인 · 관계 역동의 변화를 통해 어떠한 증상을 치료할 수 있는지 설명하라.
- **내담자의 이름을 사용하라**: 내담자의 이름(또는 이와 동등한 명칭)을 사용하여, 형식적인 목표가 아닌 독특한 목표임을 나타내라.

내담자 목표 해부해 보기

[이론적 개념/평가 영역] +'증가/감소시키기' + [증상] + '감소시키기'

파트 A / 파트 B

각 파트는 서로 다른 기능을 가지고 있다.

목표 서술의 파트 A와 B의 기능

파트 A: 상담자가 선택한 이론에 부합되는 치료의 초점을 제공한다.

파트 B: 보험금 지급 기관에 개인의 정신의학적 증상에 나타날 변화에 대한 정보를 제공한다.

파트 A는 상담자가 사례개념화를 하는 데 있어 가장 유용한 부분이다. 한편, 파트 B는 의학적 모델 평가를 요구하는 보험금 지급 기관에 필요한 부분이다. 만약 상담자가 파트 A와 B를 함께 다루는 치료 목표를 세운다면, 보험금 지급 기관의 욕구를 충족시켜 주는 동시에 상담자가 원하는 방식대로 작업할 수 있는 자유와 유연성을 획득하게 된다.

목표 예시

- 몸에 대한 긍정적 자기 대화를 **증가시킴으로써** 폭식과 왜곡된 신체 이미지 **줄이기**(인지행동치료)
- 타인을 행복하게 해야 한다는 사회적 '당위성'에 대한 순응을 **줄임으로써** 성인 남성(AF)의 무기력과 우울감 **줄이기**(인간중심치료)
- 사회적 상호작용 및 음악과 스포츠 취미에의 몰입 빈도를 **증가시킴으로써** 우울감의 심각

성 감소시키기(해결중심치료)

초기 단계 내담자 목표

(일반적으로 첫 번째 회기에서 세 번째 회기에 이르는 상담의 초기 단계에서) 내담자 목표는 대부분 자살・자해에 대한 생각, 심각한 우울 또는 공황장애와 같은 위기 증상 안정화시키기, 섭식 및 수면 패턴 안정화시키기, 아동・피부양 성인・노인 학대 문제 다루기, 약물 및 알코올 남용 문제 다루기, 손목 긋기와 같은 자해 행동 중단하기 등과 관련이 있다. 몇몇 이론은 위기 문제를 안정화시키는 것 이외에 초기 단계에서 다루어야 하는 구체적인 임상적 목표를 가지고 있다. 예컨대, 해결 중심 상담자는 첫 회기에서 내담자의 희망 수준을 높이는 것뿐 아니라 바람직한 행동에 대해 작고 측정 가능한 목표를 세우는 것으로 임상적 증상을 다루기 시작한다(O'Hanlon & Weiner-Davis, 1989).

작업 단계 내담자 목표

작업 단계의 내담자 목표는 내담자의 증상과 문제를 야기하거나 지속시키는 역동을 다루는 것이다. 이는 보험금 지급 기관이 가장 관심 있어 하는 목표이다. 작업 단계 내담자 목표를 잘 수집하는 비결은 사례개념화에 사용된 **이론적 언어**로 목표를 구조화한 후, 이러한 언어들과 정신의학적인 증상을 연결시키는 것이다. 상담자가 이론적 언어를 사용하여 목표를 진술할 때에는 약물을 처방하기 위한 언어가 아닌 사례개념화를 위한 언어를 사용해야 한다.

예를 들어, 내담자가 우울증 진단을 받았을 때, 대부분의 상담자는 '우울감 줄이기'와 같은 목표를 세운다. 그러나 이런 식으로 우리 자신을 속이지는 말자. 솔직히 이러한 목표를 찾아내는 데 2,000~4,000시간의 훈련과 석사 학위를 필요로 하지는 않는다. 의학 모델, 즉 증상 기반 목표는 상담자가 실제로 무엇을 할지에 대한 단서를 제공해 주지 않는다. 더욱이 매주 내담자의 우울 수준을 관찰하기 위해서는 매 회기 보고서에 이와 관련된 내용이 포함되어 있어야 한다. 따라서 내담자의 임상적 목표에서는 우울의 감소를 이끄는 이론적인 개념화를 다루어야 한다. 다음은 몇 가지 예시이다.

- **정신역동**: 주지화를 줄이고, 직접적인 감정 경험 능력을 증진시킴으로써 우울감 줄이기
- **인본주의**: 지금-여기에서의 진실한 정서 경험 능력을 증진시킴으로써 우울감을 줄이고 주체성 증가시키기

- 인지행동: 사회적 수용과 관련된 부정적 자기 대화를 줄임으로써 긍정적 기분 증진시키기
- 이야기치료: 자기 가치에 대한 가족 및 사회적 평가의 영향력을 줄임으로써 자율성을 증진시키고 우울감 줄이기

이러한 목표는 내담자의 우울감을 다루면서도 명확한 임상적 개념화와 방향성을 제시하고 있다는 점에서 상담자에게는 '우울감 줄이기'라는 의료적 목표보다 유용하다.

종결 단계 내담자 목표

종결 단계의 내담자 목표는 ① 내담자가 상담에 가지고 온 문제를 보다 폭넓고 보편적으로 다루고, ② 상담자의 이론적 관점에서 볼 때, 보다 '건강한' 방향으로 내담자가 변화되는 것이다. 초기의 목표가 부부간 불화와 같이 현재 내담자가 호소하는 문제를 단편적으로 다루는 것이었다면, 상담 후기에는 양육 문제를 함께 다루게 된다. 이와 마찬가지로 내담자는 상담 초기에 우울과 불안을 호소하지만, 상담 후기에는 관계 문제 혹은 가족과의 미해결 문제에 대해 다루기를 원한다. 또한 부부는 작업 단계에서 불화나 성적인 고충과 같은 문제를 드러내지만, 상담 후기에는 정체성이나 관계적 합의를 재정의하는 등의 보다 폭넓은 문제를 탐색하기 원한다.

종결 단계 내담자 목표의 두 번째 유형은 상담자의 제안에 따라 설정된다. 인본주의나 정신역동과 같은 몇몇 이론은 상담자가 지향해야 하는 건강에 대해 아주 명확하게 정의하고 있다. 반면, 체계적 치료나 해결중심치료 이론에서는 장기적인 목표나 건강에 대한 이론이 명확하게 제시되어 있지 않다. 따라서 종결 단계의 목표는 내담자가 말로 표현하지 않은 사항을 포함한다. 예를 들어, 인본주의 상담에서 자율성을 증진시키는 것은 이론에 내재된 장기 목표이자 내담자를 위한 장기 목표이다. 이러한 보편적 목표에 '결혼이나 직장 등의 사회적 관계에서 자율성을 증진시키기'와 같은 세부 사항을 추가할 수 있다. 목표가 구체적일수록 성취 가능성은 높아진다.

측정 가능한 목표로 기술하기

많은 제3의 지불자들은 '측정 가능한' 목표를 요구하는데, 이는 내담자와 상담자가 목표의 성취 시기를 알고 있어야 함을 의미한다. 이에 대한 노력의 일환으로 '~ 증가/감소시키기'라는 목표를 세운다. 이 외에도 몇몇 제3의 지불자는 구체적인 목표 달성 기준을 상담자에게 요

구하기도 한다. 이러한 요건을 충족시키기 위해 다음의 예시를 활용할 수 있다.

[측정]

________________ 을 ________________ □주 □개월의 기간 동안 유지할 수 있다.

[예시]

- 긍정적인 기분을 2 □주 ⊠개월 동안 유지할 수 있다.
- 긍정적 상호 관계를 2 □주 ⊠개월 동안 유지할 수 있다.
- 술에 취하지 않은 상태를 6 □주 ⊠개월 동안 유지할 수 있다.
- 평균 C학점을 4 □주 ⊠개월 동안 유지할 수 있다.

스스로 해보기

세 가지의 개인적 목표를 세우고, 이를 측정 가능하게 표현해 보세요.

유용한 개입 방법 작성하기

치료계획의 마지막 요소에는 각각의 치료 과제 또는 내담자 목표를 달성하도록 돕는 개입이 포함된다. 당신이 치료를 개념화하고 치료 과제와 내담자 목표를 확인했다면, 유용한 개입 방법을 찾는 것은 간단하다. 개입 방법은 상담자가 선택한 이론에서 비롯되어야 하며 내담자에게 구체적이어야 한다.

개입 방법 작성 지침

- **선택한 이론에서 도출한 특정 개입 방법 사용하기**: 개입은 치료 과제와 내담자 목표를 개념화하기 위해 사용된 이론에서 도출되어야 한다. 만약 다른 이론에서 비롯된 개입이 혼재되어 있다면, 수정사항을 명확하게 설명해야 한다.
- **내담자에게 구체적으로 개입 방법 설명하기**: 기호(예: 성인 여성은 AF, 성인 남성은 AM)를 활용하여 최대한 구체적이고 명확한 목표를 전달한다(예: 'AF가 AM에게 감정을 효과적으로 표현할 수 있는 능력을 증진시킨다').
- **최대한 정확한 용어 사용하기**: 상담자는 언제나 정확한 질문과 표현을 사용하여 개입해야 한다(예: 1~10까지의 숫자 중 당신의 현재 행복 수준은 어떤 점수에 해당되나요?).

계획이 중요한가

당신은 구체적인 치료계획을 세우는 방법에 대해 알게 되었다. 이제 당신에게 작은 비밀 하나를 알려 주고자 한다. 인생과 마찬가지로 상담은 계획대로 흘러가지 않는다. 우리 삶은 항상 무슨 일인가가 있고, 새로운 문제들이 발생하며, 본질은 그 중요성을 잃고, 예상치 못한 곳에서 새로운 스트레스 요인들이 생겨난다. 그렇다면 계획을 세우는 것은 의미 없는 것인가? 절대 아니다. 치료계획은 상담자에게 여러 방면에서 도움이 된다. 다만, 처음에는 대부분의 치료계획이 명확하지 않을 뿐이다.

- 치료계획은 어떤 역동이 어떻게 변화되어야 하는지 상담자가 충분히 생각할 수 있도록 돕는다.
- 치료계획은 상담자에게 내담자의 상황에 대한 명확한 이해를 제공하기 때문에 상담자는 보다 빠르고 능숙하게 새로이 발생하는 위기 문제나 스트레스 요인을 다룰 수 있게 된다.
- 치료계획은 상담자가 새로운 문제에 적절하게 반응하도록 돕는 자신감과 사고의 명료성을 증진시켜 준다.
- 상담자는 치료계획을 통해 자신의 이론과 내담자의 임상적 증상이 갖는 관련성에 대해 이해할 수 있을 뿐 아니라 자신의 이론에 기반을 둔 치료계획을 세울 수 있다.

요컨대, 상담이 계획대로 진행되지 않는다고 놀랄 필요가 없다. 대신 여러 가지 가능성을 예측할 수 있게 된다. 당신이 치료계획을 세우기 위해 투자한 시간이 있기에 이후 예상치 못한 돌발 상황에 보다 잘 대응할 수 있다는 사실을 명심하라.

개인적 성찰과 토론을 위한 질문

1. 당신은 치료계획 작성을 선호하나요? 왜 그런가요? 또는 왜 그렇지 않은가요?
2. 치료 과제와 공통 요인 모델 간의 관련성에 대해 설명해 보세요.
3. 몇몇 이론은 '인본주의 접근의 자아실현'과 같이 정신건강 분야에서 추구하는 장기적인 목표를 미리 설정해 두었습니다. 당신은 이러한 방식을 선호하나요? 왜 그런가요?
4. 다음에 제시된 내담자의 다양성에 대해 당신의 의사소통 방식을 어떻게 조정할 수 있을지 예를 들어 설명해 보세요.
   ① 나이
   ② 성별
   ③ 민족
   ④ 성 정체성

제2부

상담과 심리치료 이론들

3장

정신분석과 정신역동 상담 및 심리치료

들어가며

한 세기가 넘는 기간 동안 발전해 온 정신분석과 정신역동 이론에는 카우치[1]에 몸을 기댄 내담자에게 자유연상을 실시하는 '빈 서판(blank slate)' 분석가, 공감적인 자세로 초기 어린 시절의 관계를 다루는 상담자, 내담자와의 공동작업을 추구하는 관계지향적 치료자, 약물 남용과 관련하여 매뉴얼화된 치료를 제공하는 정신역동 치료자 등 다양한 치료가 포함되어 있다. 융(Jung)의 분석심리학(4장)과 아들러(Adler)의 개인심리학(5장)과 마찬가지로 의식보다 '깊은' **무의식**에 관해 탐색한다는 점에서 **심층심리학**으로 간주되는 이들 이론은 모든 심리치료 역사상 가장 긴 역사를 가지고 있기 때문에 이 장의 내용은 길고 풍부하다. 그럼, 프로이트(Freud)부터 살펴보자.

최초의 심리치료인 프로이트의 **정신분석**(psychoanalysis)은 자아심리학(Ego psychology), 대상관계 이론(Object relations), 자기심리학(Self psychology), 관계적/상호주관성 이론을 비롯한 모든 정신역동적 접근의 뿌리이다. 용어 사용에 있어 약간의 논쟁이 있으나, **정신분석**이 프로이트가 사용한 접근 방식이라는 사실에는 이견이 없다. 또한 한 사람의 성격을 분석하는 데 있어 정신분석이 자아심리학, 대상관계 이론, 자기심리학, 관계적 접근을 사용하는 장기 상담이라는 사실도 대부분 알고 있다. 정신분석에서 분석가는 빈 서판 기법과 카우치를 사용하며,

1) 역자 주: 카우치(couch)는 비스듬히 기대어 휴식하는 소파이다. 정신분석, 나아가 정신과를 상징하기도 하는데, 이는 프로이트가 고안한 최초의 정신분석 기법에서 환자를 카우치에 눕히고 진행했던 데에서 기인한다(출처: 나무위키).

일반적으로 내담자와 따뜻한 관계를 맺지 않는다. 이는 우디 앨런(Woody Allen)의 영화나 다른 할리우드 영화에서 자주 풍자되기도 하였으며, 최근에는 찾아보기 힘든 형태의 치료가 되었다.

한편, 정신역동 치료 및 상담은 정신분석 치료에 비해 표준적이고 단기적이다. 일반적으로 성격 분석보다는 우울이나 불안과 같이 구체적인 호소문제를 다루며, 주 1회 외래상담으로 진행된다. 자아심리학, 대상관계 이론, 자기심리학, 관계분석은 정신분석 또는 정신역동 접근에 모두 사용될 수 있다. 또한 '정신역동'은 경우에 따라 프로이트와 동시대 인물인 칼 융(Carl Jung, 4장)의 접근 방법을 의미하기도 한다.

이 장에서는 정신분석과 정신역동 접근 방식을 소개함으로써 이들 접근에 대한 당신의 이해를 돕고자 한다. 5개의 주요 학파(프로이트 추동 이론, 자아심리학, 대상관계 이론, 자기심리학, 관계 분석)는 서로 많은 공통점을 가지고 있으며, '정신역동' 상담자들은 이를 통합하여 사용하기도 한다. 여기서는 이러한 이론들 간 비교가 용이하도록 그 차이점을 중심으로 논의하되, 현재 치료의 주류를 이루고 있는 대상관계 이론, 자기심리학, 관계심리학을 중심으로 살펴보고자 한다. 그 내용을 요약하면 다음과 같다.

- **정신분석**: 프로이트의 독자적인 이론을 기반으로 한 고전적 정신분석은 상대적으로 드문 편이나 여전히 행해지는 접근 방식으로, 내적 추동이나 전이 문제 분석에 초점을 둔다.
- **자아심리학**: 관계 형성 측면에서는 프로이트의 이론과 유사하지만, 자아심리학은 자아가 내적 추동을 관리하기 위해 어떠한 방어기제를 사용하는지에 대한 분석에 초점을 둔다.
- **대상관계 이론**: 보다 공감적이고 따뜻한 상담 관계를 맺는 대상관계 치료자는 상담을 통해 교정적 감정 경험을 제공함으로써 내담자의 어린 시절 대상과의 관계 패턴을 교정하는 데 초점을 둔다. 대상관계 이론에 해당하는 각각의 학파는 고유의 분석 체계를 갖고 있는데, 보통 ① 통합적 추동 이론과 ② 순수관계 이론으로 나눌 수 있다.
- **대인관계 분석**: 설리반(Sullivan, 1953, 1954)의 대인관계 분석은 주로 관찰 가능한 데이터에 근거하여 이루어지는 방식으로, 무의식보다는 대인관계 상호작용에 초점을 둔다는 점에서 독특하다.
- **자기심리학**: 코헛(Kohut)의 이론에 근거한 자기심리학은 내담자의 내면세계에 대한 공감적 몰입, 자기대상 분석, 자존감의 향상에 초점을 둔다.
- **관계적/상호주관성 이론**: 현실의 상호주관적 특성에 대해 강조하고, 내담자와 함께 해석하는 등 보다 협력적인 상담 관계 형성을 강조하는 현대적 접근이다(Stolorow, Brandschaft, & Atwood, 1987).

- 단기 정신역동 이론: 시간 제한적인 근거 기반 접근으로 우울증과 약물 남용에 효과적인 것으로 증명되었다.

정신역동의 기본 가정

대부분의 정신역동 이론가는 다음의 기본 가정을 공유한다(Greenberg & Mitchell, 1983; Mitchell & Black, 1995; St. Clair, 2000).

- 한 개인의 역사는 현재 행동과 관계에 영향을 미친다.
- 무의식은 현재 행동에 중대한 영향을 미친다.
- 성격은 자아, 원초아, 초자아와 같은 다양한 하위구조로 구성되어 있다.
- 개인의 성격은 초기 관계, 특히 어머니와의 관계에 의해 큰 영향을 받는다.
- 한 개인의 성격과 내부 역동에 대한 이해는 다양한 정신병리를 해결하는 데 도움이 된다.
- 내담자는 주로 어린 시절 부모와의 미해결 과제에서 기인한 대인관계 패턴을 상담자에게 투사하는데, 이러한 패턴의 전이는 상담 관계에서 변화를 촉진하는 데 이용될 수 있다.

정신역동 이론

요약: 당신이 알아야 할 기본적인 내용

기본적으로 정신역동 이론은 개인의 성격, 즉 개인 특유의 성향을 분석하는데, 그 이유는 이러한 역동이 현재 문제와 전반적인 삶의 질에 어떠한 영향을 미치는지 보다 잘 이해하기 위해서이다. 정신분석과 정신역동 접근은 ① 성격 구조와 기능의 분석 혹은 개념화, ② 내담자의 성격 역동에 대한 통찰, ③ 통찰을 바탕으로 한 작업으로 이루어진다. 그러나 각 이론마다 상담 관계의 질(예: 중립적인 관계 대 공감적인 관계), 사례개념화를 위한 선호 개념(예: 방어기제, 자아/원초아/초자아, 일반적인 무의식 등)에는 차이가 있다. 예를 들어, 프로이트의 추동 이론가들과 자아심리학자들은 감정에 좌우되지 않는 상담 관계를 사용하는데, 이는 내담자의 변화를 촉진하기 위해 투사(projection)의 사용을 독려하기 때문이다. 반면, 대상관계 이론가, 자기심리학자, 상호주관성 이론가들은 교정 경험을 촉진시킬 수 있는 관계를 형성하기 위해 공감적이고 따뜻한 상담 관계를 선호한다. 주요 이론들 간의 차이점은 〈표 3-1〉과 같다.

〈표 3-1〉 주요 이론들 간의 차이점

구분	이론					
	추동 이론	자아심리학	대상관계 이론	자기심리학	대인관계	관계적/ 상호주관성
이론가	S. Freud	A. Freud Erickson Horney	Kernberg Klein Fairbairn Mahler Winnicott	Kohut	Sullivan	Mitchell Greenberg Stolorow
분석의 초점	추동 이론, 원초아, 본능	자아, 방어기제	양육자의 심리내적 표상	자기와 자기 대상과의 관계	관찰 가능한 상호작용, 자기체계	대인관계, 관계 매트릭스
문제의 근본 원인	원초아와 초자아 간의 갈등	유아적 추동을 관리하기 위해 사용되는 방어기제	병리적인 내적 대상관계	왜곡된 자기상	(무)의식으로부터 대인 간 상호작용의 요소들을 추출하기	대인관계에 대한 왜곡된 기대
변화 기제	무의식의 의식화	성숙한 방어기제 개발, 자아 강도 증가	대상에 대한 좋고 나쁨의 통합, 잠재의식으로부터 나쁜 대상을 해방, 타인에 대한 현실적 관점	보다 현실적인 자아상과 자기 가치감의 개발	건강한 대인관계 유지를 위한 능력 개발	관계에 대해 보다 현실적인 기대와 해석 발달
내담자-상담자 관계	거리를 두는 상담자. 내담자를 위해 '빈 서판'이 되어 주기	거리를 두는 상담자. 내담자를 위해 '빈 서판'이 되어 주기	공감적, 대상관계 패턴을 반영하기 위한 관계 사용	공감적, 자기상 회복을 위해 거울기법 사용	대인관계 역동을 파악하기 위한 관계 사용	대인관계 패턴을 파악하기 위한 관계 사용
일반적인 기법	자유연상, 꿈 분석	방어분석, 자유연상, 꿈 분석	초기 관계 분석, 상담자 및 타인과의 현재 관계 분석	자기대상 관계 분석, 거울기법, 공감	대인관계에서의 행동 분석	상담자와의 관계에 대한 내담자의 경험 탐색

핵심: 이 이론의 중요한 공헌

이 장에서 한 가지를 기억해야 한다면, 그것은 바로 다음의 내용이다.

■ 전이와 역전이

전이 정신분석의 고전적인 개념으로, 사실상 모든 학파에서 핵심적으로 사용되고 있는 전이는 주양육자와의 미해결 과제에 기인한 감정을 내담자가 상담자에게 투사함으로써 나타나는 현상이다. 상담자는 내담자의 통찰력을 촉진하고 이러한 갈등을 해결하기 위해 즉각적인 상호작용을 한다(Kernberg, 1997; Luborsky, O'Reilly-Landry, & Arlow, 2008). 전이과정은 내담자가 반복해서 관계의 장면으로 가져오는 무의식의 세계를 드러낸다. 예컨대, 만약 내담자에게 비판적인 부모가 있었다면, 내담자는 상담자의 침묵, 중립, 모호한 언급을 자신에 대한 비판으로 해석하기 쉽다. 극단적인 예로, 반복적이고, 열정적이며 과장된 표현(예: "당신은 대단해요, 최고예요. 내가 만나 본 최고의 내담자예요."—물론 이러한 진술은 상담에서 적절하지 않다)이 없는 경우, 이러한 내담자들은 비난받거나 무시당했다고 느껴 상담자로부터 인정을 받고자 필사적으로 노력한다.

추동 이론가와 자아심리학자는 내담자가 상담자에게 투사한 미해결 과제인 전이를 내담자에게 해석해 주고 촉진시키기 위해 중립적 자세를 유지한다. 예를 들어, 상담자는 "제가 여기 앉아 조용히 경청할 때, 당신은 어렸을 때 당신 아버지가 그랬던 것처럼 제가 당신을 부적절하게 판단한다고 생각하는 것 같습니다."라며 전이에 대해 분석할 것이다. 대상관계 이론, 자기심리학, 관계적 정신분석 상담자들은 전이를 조금 다르게 사용하는데, 이들은 내담자와 중립적인 관계가 아닌 공감적인 관계를 형성하기 때문이다. 공감적인 관계에서 전이가 나타나면, 상담자는 내담자와 함께 전이의 패턴에 대해 논의하고, 현재 관계에서 어떻게 전이가 나타나고 있는지 설명한다. "제가 조용히 경청하는 것을 당신은 왠지 제가 당신을 판단한다고 생각하는 것 같아요. 저는 열심히 듣고 있는 중이에요." 또한 '실제' 전이되지 않는 관계가 치료에서 가능한지, 또는 모든 상호작용은 본질적으로 전이의 한 형태인지에 대해 정신분석학자에 따라 다양한 의견이 존재한다. 일부 정신분석학자는 긍정적인 치료동맹에도 "유아와 엄마 사이에서 획득된 신뢰관계에 기인한 전이관계가 반영되어 있다."고 주장한다(Kernberg, 1997, p. 10).

최근 학자들은 전이분석과 관련하여 중요한 주의사항을 추가하였다. 바로 '내담자가 옳을 수도 있다!'는 것이다. 어떤 지각에도 진실의 낱알은 있다(Gill, 1982). 따라서 상담자는 모든 내담자의 지각과 반응을 단순한 전이로 생각해서는 안 된다. 일반적으로 내담자의 지각은 현실의 특정 측면을 표현하고 있는 경우가 많기 때문이다. 관계 이론가들은 상담자의 성격이 불가피하게 내담자의 전이에 영향을 미칠 수 있다고 주장한다. 상담자는 내담자의 행동 방식에 영향을 미칠 수 밖에 없다(Greenberg & Mitchell, 1983). 나아가 상담자는 '저항'의 개념을 내담자와 상담자 간의 대립적인 관계를 강화하고 상담자의 견해를 내담자에게 강요하는 것으로 인식한다(Kernberg, 1997, p. 9). 성별, 연령, 문화, 경제, 교육 그리고 여러 다양성 문제를 모두 고려할 때, 정확한 표현으로 전이를 분류하는 과정은 특히 더 혼란스러울 수 있다. 어떤 문화에서는 공손하다고 여겨지는 행동(예: 말을 할 때 상대의 눈을 쳐다보는 것)이 다른 문화에서는 매우 무례하다고 여겨질 수 있다. 이런 사소한 차이는 당사자 모두에게 많은 오해를 낳을 수 있다. 그러므로 상담자는 전이를 분석할 때 내담자의 성별, 성적 지향성, 문화, 경제적 지위, 교육 수준을 신중하게 고려하여 진행해야 한다.

역전이 상담자는 역전이 문제 또한 고려해야 한다. 역전이는 상담자가 자신의 치료적 중립성을 잃고 내담자에게 강한 정서적 반응을 일으키며 내담자에게 역으로 투사하는 것을 의미한다. 역전이는 상담자가 의식하지 못한 상태에서의 역기능적 투사뿐만 아니라 전반적인 정서적 반응까지 포괄하면서 수년간에 걸쳐 그 의미가 확장되어 왔다(Kernberg, 1997). 역전이는 두 가지 기본적인 방식으로 사용될 수 있는데, 정신분석의 학파마다 강조점이 다르다.

- **무의식적 투사로서의 역전이:** 초심상담자 또는 개인적 문제를 가지고 있는 상담자의 경우, 역전이 반응은 상담자의 무의식적 투사로 나타난다. 이러한 역전이는 슈퍼비전을 통해 분석을 받아야 한다. 다만, 내담자와 함께 다루는 것은 부적절하다.
- **타자에 대한 의식적 경험으로서의 역전이:** 상담자가 자기 자각이 되고 역전이의 원인들을 정확하게 파악할 수 있다면, 역전이는 타인이 내담자를 경험하는 방식, 내담자가 타인에게 유발하는 반응을 이해하는 데 도움을 줄 수 있다(Luborsky et al., 2008). 이러한 경우, 역전이는 내담자의 통찰력을 증진시키는 데 활용될 수 있다.

추동 이론에 근거한 자아심리학과 대상관계 이론 등 전통적인 접근들은 상담자의 역전이보다는 내담자의 전이에 주로 초점을 맞춘다. 이와 달리 "대인관계 정신분석은 전이와 역전이에 대해 거의 동등한 주의를 기울이며", 이러한 현상은 평가와 치료의 과정에서 두드러지게 나타난다(Kernberg, 1997, p. 7).

교정적 정서 경험(교정적 정서 체험) 일단 전이와 역전이의 패턴이 주의 깊게 고려되고 평가 되고 나면, 관계 중심 분석가는 내담자에게 **교정적 정서 경험**(corrective emotional experience)을 제공하기 위해 내담자의 정보를 탐색한다. 즉, 상담자는 내담자의 내적 갈등을 해소하기 위해 내담자가 어린 시절 경험했던 것과 다르게 반응한다. 예컨대, 내담자가 강한 동의 의사를 표현하지 않는 상담자의 태도에 대해 이를 공격적 입장으로 받아들인다면, 상담자는 내담자에게 중립적인 입장은 공격이 아니며, 지지와 관심의 다른 표현임을 이해할 수 있도록 돕는 기회로 만들 수 있다.

전이와 역전이를 다루기 위한 자기평가 문항

- 내담자가 구체적으로 당신에 대해 어떻게 인식하는가?: 태도, 감정, 행동, 생각
- 내담자는 어떠한 행동, 말, 비언어적 행동에 반응하는가?
- 내담자에게 일어나고 있는 경험에 대하여 정확한 설명을 할 수 있는가?
- 내담자의 경험 요인이 이전의 관계 또는 주양육자와의 관계와 관련이 있는 것으로 보이는가?
- 연령, 성별, 문화, 성적 지향성, 교육 등에 있어 당신에 대한 당신과 내담자의 인식 차이를 설명할 수 있는가?
- 내담자의 전이에 대해 당신에게 내면의 정서적 반응이 있었는가? 화가 나거나 모욕적이거나 독선적이었는가? 아니면 침착하고 비반응적인 공감을 유지했는가?
- 당신이 인식한 역전이 문제가 있는가? 아니면 당신이 인식하지 못한 어떤 문제가 있는가?
- 내담자가 당신에게 가장 많이 상기시켰던 사람은 누구인가? 당신은 그 사람에게 어떻게 반응하는가? 이러한 패턴이 반복되고 있는가?
- 당신과 비슷한 반응을 보이는 사람이 내담자의 삶에 존재하는가? 그 사람은 내담자에게 어떻게 반응하는가? 보다 효과적인 반응을 제공하기 위해 당신은 어떻게 반응해야 하는가?

스스로 해보기

파트너를 찾아 이전의 상담 경험에 대해 토의해 보세요. 전이나 역전이가 일어났다면 그것에 대해 묘사해 보세요. <전이와 역전이를 다루기 위한 자기평가 문항>을 활용하여 토의를 풍부하게 할 수도 있습니다.

풍문: 사람들과 그들의 이야기

■ 추동 이론

지그문트 프로이트 지그문트 프로이트(Sigmund Freud)는 1856년 오스트리아 제국의 체코 지역에서 유대계 양모 상인 집안에서 태어났고, 최초로 정신분석 이론을 개발했으며, '말하기 치료(talking cure)'를 처음으로 사용한 사람이다. 많은 사람들은 그가 이 책에 나오는 대부분의

내용을 창시한 조상이라고 말할 것이다. 그가 만들어 낸 개념 중 일부는 현재 사용되지 않고 있으며, 그가 했던 치료들 중 많은 부분이 현대 치료에서는 부적절한 것으로 판단되고 있다. 그렇지만 무의식, 전이, 방어기제와 같은 그의 아이디어는 여전히 현대의 상담 장면과 인간의 마음을 이해하는 데 핵심으로 쓰이고 있다.

프로이트는 19세기 후반 오스트리아 빈에서 자랐는데 이 시기의 빈은 유럽 지성의 중심이었고 19세기와 20세기의 많은 위대한 사상가의 고향과도 같은 곳이었다[당신은 빈이 이 책과 『가족치료 역량 마스터하기(Mastering Competencies in Family Therapy)』라는 책에 나오는 많은 사람의 고향이라는 것을 알게 될 것이다]. 프로이트는 마르타 베르나이스(Martha Bernays)와 53년간 결혼생활을 하였고 그들 사이에는 6명의 자녀가 있었다. 그중 막내인 안나(Anna)는 유명한 자아심리학자가 된다. 1973년에 고등학교를 졸업한 프로이트는 에른스트 빌헬름 폰 브뤼케(Ernest Wilhelm von Bruke)의 지도하에 빈 대학에서 신경학을 공부하기 시작했다. 브뤼케는 정신역동의 개념을 발달시킨 사람으로서, 정신과정은 다른 물리체계와 유사한 법칙을 따르는 에너지의 흐름이라고 주장했다. 물고기의 신경구조에 대한 연구로 박사 학위를 취득한 후, 프로이트는 장 마르틴 샤르코(Jean Martin Charcot)와 연구하기 위해 펠로우쉽을 받으며 운명적인 커리어 전환을 한다. 샤르코는 신체화 장애로도 알려진 히스테리를 공부한 프랑스 체면술사였다. 신체화 장애를 겪는 환자들은 의학적으로 원인이 발견되지 않는 신체 증상을 호소하는데, 신체 증상의 원인은 결국 심리적 문제에 있다는 것이다. 이 경험을 계기로 프로이트는 정신병리를 연구하게 되었다.

샤르코와 달리 프로이트는 자유연상('자유연상' 참조)과 꿈의 해석이 정신병리를 치료하는 데 가장 효과적인 방법이라고 생각했다. 그의 혁신적인 작업은 **무의식**이 정신적 문제의 발달과 치료에 가장 핵심적인 역할을 한다는 이론에 다다르게 했다. 이 이론은 현대 심리 전문가들에 의해 여전히 인정받고 있다. 그의 다른 중요한 이론은 심리성적 발달 이론, 성격 구조(원초아, 자아, 초자아)와 추동 이론이다. 그는 다작 작가로, 『방어의 신경심리학(The neuropsychoses of Defense)』(1974d), 『히스테리 연구(Studies on Hysteria)』(1974e), 『꿈의 해석(The Interpretation of Dreams)』(1974b), 『성에 관한 세 편의 에세이(Three Essays on Sexuality)』(1974f), 『나르시시즘에 대하여(On Narcissism)』(1974c), 『에고와 이드(The Ego and the Id)』(1974a) 등을 출판하였다.

1902년에 프로이트는 일명 수요 모임(Mittwochsgesellschaft)이라는 비공식적 토의 모임을 만들었다. 이 모임은 최신 심리 이론을 토론하기 위해 프로이트의 아파트에서 수요일마다 이루어졌고 후에 빈 정신분석 학회가 된다. 이 모임에는 실용적이고 가족 중심의 이론을 펼친 알프레드 아들러(Alfed Adler; 5장 참조), 영적이고 다문화적인 이론을 펼친 칼 융(이 장의 후반 참조)이 있었다. 두 사람은 각자의 상담 이론과 방법을 추구하기 위해 프로이트와 결별한다. 이 두 사람이 프로이트의 '학생'에 더 가까웠는지 아니면 '동료'에 더 가까웠는지에 대해 역사학자들 사이에 의견이 분분한데, 프로이트의 동료 및 학생들과 함께한 수많은 보고서가 있다고 말하는 것이 가장 적절할 것이다. 왜냐하면 프로이트의 이론에 동의하지 않았다면 에프터눈티 모임이나 그의 그룹에 들어가지 못했을 것이기 때문이다. 프로이트를 둘러싼 많은 루머가 있다. 프로이트는 처제 안나 오(Anna O.)와 불륜관계였고, 수많은 공포증과 정신 · 신체장애가 있었으며, 코카인을 항우울제와 만병통치약으로 실험해 보기도 했다.

1933년 독일을 장악하고, 1938년 오스트리아를 합병한 나치 정권은 프로이트의 모든 기록을 태워버렸다. 그리고 그해 6월 동료 의사이자 프로이트의 업적을 높게 산 나치 장교의 도움으로 망명하여 프로이트와 그의 가족은 런던의 햄스테드에 정착했다. 구강암 수술의 실패가 반복되자, 1939년 9월 프로이트는 그의 주치의에게 자살하도록 도와달라고 부탁한다.

■ 자아심리학

안나 프로이트 프로이트의 막내딸인 안나 프로이트(Anna Freud)는 원초아와 추동 이론을 바탕으로 아버지의 이론을 발달시켰고, 자아의 기능과 방어기제를 분석했다. 이러한 이유로 그녀의 이론은 자아심리학이라고 불린다. 주로 런던에 있는 유치원 아이들과 지내면서, 안나는 아버지로부터 시작된 이론을 확장시켜 10개의 방어기제를 발견하였다. 아버지와의 주요한 차이점은 동기가 내적뿐만 아니라 외부 자극으로부터도 형성된다고 밝힌 점이다.

에릭 에릭슨 안나 프로이트의 제자였고 자아심리학자인 에릭 에릭슨(Erik Erickson)의 가장 큰 공헌은 8단계의 심리사회적 발달 모델이다. 이 모델은 프로이트의 심리성적 발달 모델보다 더 많이 이용되고 인정받는다.

카렌 호나이 1885년 독일 함부르크에서 출생한 카렌 호나이(Karen Horney)는 베를린 정신분석연구소(Berlin Psychoanalytic Institute)의 창립 멤버이자 최초의 여성 교수로, 정신분석 분야에서의 여성개척자라 할 수 있다. 1920년대와 1930년대에 그녀는 프로이트의 이론과 그 이론의 여성 심리사회적 발달에 대한 적용 가능성을 면밀히 연구했다. 1932년에 미국으로 이주하였고, 뉴욕 정신분석연구소(New York Psychoanalytic Institute)에서 활동하게 되는데, 후에 프로이트에 대한 비판을 담은 『정신분석학의 새로운 방법들(New Ways in Psychoanalysis)』(1939)이라는 책 때문에 퇴출당하게 된다. 지금도 여전히 건재하는 미국 심리학연구소(American Institute of Psychology)를 설립하였다.

■ 추동 이론을 통합한 대상관계 이론가들

오토 컨버그(미국 대상관계 학파) 1928년 빈에서 출생하여 칠레에서 교육을 받았으며, 캔자스주에 있는 메닝거 클리닉(Menninger Clinic)에서 훈련을 받고 뉴욕을 기반으로 활동했다. 오토 컨버그(Otto Kernberg)는 추동 이론과 대상관계 이론을 통합하였고, 주로 경계선 성격장애를 중점적으로 연구하였다.

멜라니 클라인(영국 대상관계 학파) 1882년 빈에서 태어나 1926년 런던에 정착하였다. 멜라니 클라인(Melanie Klein)은 프로이트의 추동 이론과 대상관계 이론을 통합하여 독특한 형태의 대상관계 치료를 발달시켰다. 그녀는 이 분야에서 프로이트 이래로 가장 영향력 있는 인물로 여겨진다(Mitchell & Black, 1995). 프로이트와 달리, 문제 행동을 보이는 아동들과 직접 함께 작업한 그녀는 아동치료와 놀이치료 분야의 선구자이다(Klein, 1975).

마가렛 말러(미국 대상관계 학파) 1897년 빈에서 태어났고 1938년 뉴욕으로 망명 와 뉴욕주립 정신의학연구소(New York State Psychiatric Institute)의 아동복지 상담사가 된 유대인 의사이자 정신분석가이다. 마가렛 말러(Margaret Mahler)는 '심리적 탄생'의 과정을 상세히 개진한 분리 개별화 이론을 개발했다. 이 이론에 따르면 유아는 생후 3년 이후에 양육자로부터 심리적으로 분리된다(Mahler, Pine, & Bergman, 1975).

■ 추동 이론을 사용하지 않은 대상관계 이론가들

윌리엄 로널드 도즈 페어번(영국 대상관계 학파) 1889년 에딘버러에서 출생한 윌리엄 로널드 도즈 페어번(William Ronal Dodds Fairbairn)은 생물학적 추동 요소를 배제하고 단지 심리적인 요소만을 고려하는 '순수' 대상관계 이론을 개발했다. 그는 "자아가 단순히 만족만 찾는 것이 아니라 다른 대상들과 관계를 맺고자 노력한다고 이해하였다."(St. Clair, 2000, p. 50).

도널드 위니컷(영국 대상관계 학파) 영국의 소아과 의사이다. 도널드 위니컷(Donald Winnicott)의 이론은 정신분석가나 심리치료사가 일상적인 치료에서 볼 수 있는 평범하면서도 중요한 문제를 이해하는 데 있어 프로이트 이래로 가장 큰 영향을 미쳤다(Bacal & Newman, 1990, p. 189). 그가 만든 개념으로는 이행대상(transitional object), 충분히 좋은 어머니(good-enough mother), 참 자기(true self), 거짓 자기(false self) 등이 있다.

■ 대인관계

해리 스택 설리번 1892년 뉴욕에서 태어났고, 미국의 초창기 정신분석가 중 한 명이다. 해리 스택 설리번(Harry Stack Sullivan)의 연구는 미국식 삶의 방식을 잘 반영한 접근일 뿐만 아니라 인간의 본성에 대한 보다 낙관적인 견해를 나타낸다. 그가 추동 이론의 한 형태를 사용하기는 했지만, 그의 접근은 성이나 공격성에 대한 추동보다는 관계성에 대한 추동이 일차적인 추동임에 강조점을 둔다. **대인관계 이론**이라고 불리는 그의 이론은 대상관계 이론과는 구별된다(Mitchell & Black, 1995). 그의 연구는 정신질환을 이해하는 데 있어 처음으로 문화와 관계의 영향을 고려하였다. '심층'이나 무의식을 강조하지 않고 무의식보다는 증명하고 관찰할 수 있는 자료 분석을 선호한 그의 이론은 일부 사람들에 의해 이단으로 여겨지기도 했다(Greenbrerg & Mitchell, 1983). 그의 접근은 관계적 정신분석과 체계적 가족치료 등 다른 접근의 발달에 중대한 영향을 끼쳤다(11장 참조).

■ 자기심리학

하인즈 코헛 1913년 빈에서 태어난 하인즈 코헛(Heinz Kohut)은 빈 대학에서 신경학으로 석사 학위를 받고 다른 영향력 있는 오스트리아의 유대인들과 마찬가지로 1939년 망명했다. 그는 시카고에 정착했고, 시카고 정신분석학회의 저명한 멤버 중 한 명이 되었다. 자기심리학의 정신분석적 접근을 발달시켰는데, 전통적인 분석으로는 치료가 되지 않는 자기애성 성격장애 환자들과 함께하면서 자신의 이론을 발달시켰다. 프로이트의 성격 구조(원초아, 자아, 초자아)를 거부하는 대신에 개인의 자기와 자기 가치에 대한 감각에 초점을 맞추었다.

■ 관계적 모델

제이 그린버그 제이 그린버그(Jay Greenberg)는 스티븐 미첼(Stephen Mitchell)과 공동으로 관계 이론의 기초를 다룬 『정신분석에서의 대상 관계(Object Relations in Psychoanalysis)』(Greenberg & Mitchell, 1983)를 집필하였다. 이 책에서 그들은 그들이 보기에 이론적으로 양립할 수 없는 정신분석 접근을 2개로 구분하였다. 예를 들면, 심리 지향의 대상관계 이론, 자아심리학, 새롭게 떠오르는 관계 정신분석을 포함하는 프로이트의 추동 이론을 관계적 모델과 구분하였다. 윌리엄 앨런슨 화이트 정신의학 · 정신분석 · 심리학 연구소(William Alanson White Institute of Psychiatry, Psychoanalysis, and Psychology)의 교육 분석가였으며, 뉴욕 대학교의 임상 심리학 부교수였다.

스티븐 미첼 스티븐 미첼(Stephen Mitchell)은 그린버그와의 연구를 마친 후, 그의 여생을 정신분석의 관계적 모델을 구체화하는 데 보냈다. 이 모델은 개인의 대인관계 경험으로부터 발달된 내부 구조에 초점을 맞춘다(Mitchell, 1988: Mitchell & Black, 1995).

로버트 스톨로로우 로버트 스톨로로우(Robert Stolorow)는 정신역동 연구에 상호주관적 관점을 처음으로 도입한 사람이다. 이 관점은 분리되고 개별적인 마음에 대한 절대적인 믿음에 도전장을 던지고, 대신 상호 연결된 심리적 시스템이나 관계 있는 둘 이상의 사람들에 의해 형성된 장 내에서 정서 경험이 일어난다고 보았다(Stolorow et al., 1987).

큰 그림: 상담과정의 개관

■ 경청, 해석, 훈습

일반적으로 현대 정신역동 상담은 다음의 세 단계를 포함한다.

1. 방어적인 태도를 줄이고 해석에 귀 기울이고자 하는 의지를 향상시키기 위한 공감과 경청
2. 통찰력을 증진시키기 위한 해석
3. 새로운 행동을 촉진하기 위한 통찰력 훈습

- 공감과 경청: 정신분석 치료자의 주요 기법은 조언하기, 안심시키기, 확인 혹은 직면하기, 내담자의 이야기를 객관적으로 듣기 등이다. 공감은 무의식의 역동에 대한 치료자의 해석을 내담자가 방어적이지 않은 태도로 들을 수 있도록 돕는 데 사용된다.
- 이해와 통찰력 증진: 다음 단계는 개인적·대인관계적 역동에 대한 통찰력을 증진시키는 데 초점이 맞추어진다. 이 과정에서 상담자는 내담자에게 다양한 사례개념화 접근 방식을 활용한 해석을 제공함으로써 통찰력을 증진시킨다. 사례개념화 방식은 다양한 학파들 간 가장 구별되는 특징이다.
- 훈습: 마지막으로, 훈습은 무의식이 의식화될 수 있도록 억압된 욕망과 방어 반응에 반복적으로 접촉하는 과정을 의미한다(St. Clair, 2000). 상담자는 이러한 과정을 통해 내담자에게 '현실적인 자아(realistic ego)'를 제공하게 된다. 이를 통해 내담자는 충동과 욕구, 과거에는 인식하지 못했던 패턴을 인식하고 이해할 수 있게 되면서 자신의 불안을 견딜 수 있게 된다. 이것은 훈습과정의 첫 단계일 뿐이다. 당신이 엄마와의 관계에서 발생한 감정과 기대를 당신의 배우자에게 투사하는 경향이 있다는 사실을 통찰하는 것은 별로 어렵지 않다. 그러나 당신이 거절당한다거나 보살핌을 못 받는다고 느낄 때 당신의 배우자

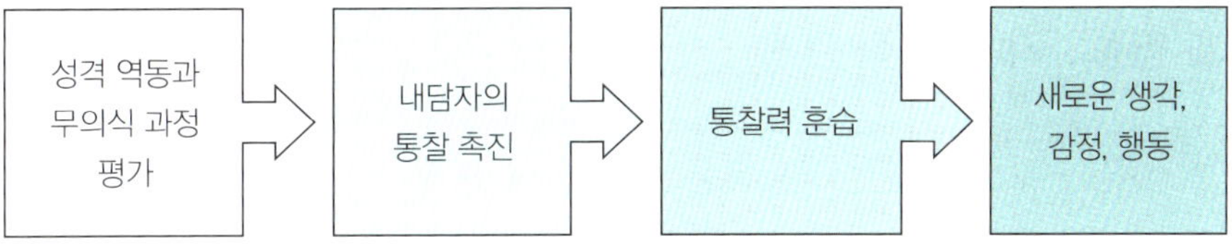

[그림 3-1] 기본적인 정신역동 과정

에게 반응하는 방식을 바꾼다는 것은 매우 어려운 일이다.

■ 정신분석

정신분석은 의미 있고 지속 가능한 성격 변화를 돕기 위해 계획된 집약적인 접근이다(Abend, 2001; St. Clair, 2000). 일반적으로 분석가는 수년간 일주일에 3~5일씩 내담자를 만난다. 따라서 한 사람이 우연히 정신분석을 받게 되는 것도, 분석가가 장기간의 정신분석으로 누군가를 꾀는 것도 아니다. 서로 숙지하고 합의된 상태에서 시작되는 과정이어야 한다(McWilliams, 1999). 정신분석에서 상담과정은 위의 기본 과정을 따르며, 분석-통찰-훈습-행동으로 이어지는 과정이 깊고 심오한 수준에서 반복된다. 분석이 진행됨에 따라 모든 것이 수월하게 잘 진행되어 간다면 내담자는 분석가의 통찰에 점점 덜 의존하게 되고, 새로운 통찰의 훈습에 보다 능숙해지며 이를 통해 실제적인 변화를 가져오는 과정이 촉진된다. 일반적으로 정신분석은 내담자에게 비용이 많이 드는 노력을 제공한다. 이러한 이유로 정신분석은 부유하고 통찰력을 높이 평가하는 심리학적 사고를 가진 사람으로부터 관심을 받는 경향이 있다.

■ 정신역동 상담 및 심리치료

정신분석과는 달리, 정신역동 상담 및 심리치료는 우울증 또는 이혼으로부터의 회복과 같은 특정 증상 또는 문제를 대상으로 한다. 일주일에 한 번 정도 이루어지며 수개월부터 환자의 필요에 따라 수년간 지속되기도 한다(Altman, 2008). 최근에는 12~16주간 지속되는 정신역동 상담 양식이 개발되었다. 다시 말해, 기본 과정은 동일하지만 종결에 대한 명확한 기준이 생기면서 상담 목표를 한정시킨다(예컨대, 내담자가 직업 활동과 사회 활동을 적절히 유지할 수 있을 때 상담은 종결된다). 당신이 생각하고 있는 바와 같이 정신역동 상담은 정신분석에 비해 보편적이다. 이 장에 등장하는 모든 학파의 이론들(추동 이론, 자아심리학, 대상관계, 자기심리학, 관계적 접근)은 정신분석이나 정신역동 상담에서 사용될 수 있다.

관계 형성하기: 치료적 관계

■ 정신분석적 관계 도입: 한 사람 혹은 두 사람의 관계

정신역동 상담의 각 학파들은 내담자와 거리를 유지하며 빈 서판 역할을 하는 추동 이론부터 내담자와의 관계에 참여적이고 깊이 관여하는 상호주관적 접근까지 관계에 있어 다양한 접근 방법을 가지고 있다. 미첼(2000)은 이러한 두 가지 일반적인 유형, 즉 **한 사람 심리학**(one-person psychology)과 **두 사람 심리학**(two-person psychology)을 구분 짓는다. **한 사람 심리학**을 강조하는 접근의 전체적인 초점과 분석 과정은 한 사람, 즉 내담자이다. 정신역동 접근에서 한 사람 심리학 관계는 그 사용빈도가 점차 감소하고 있으며 추동 이론과 자아심리학을 강조하는 전형적인 분석에만 이용된다(Marmor, 1995).

두 사람 심리학에서 분석은 상담자와 내담자 두 사람을 포함한다. 이 접근에서 상담자는 내담자에게 미치는 상담자의 영향에 대해 매우 잘 알고 있다. 대상관계와 자기심리학 치료자에 의해 처음으로 설명되고, 관계 중심 치료자에 의해 발달된 두 사람 심리학은 대부분의 정신역동 치료자에 의해 사용되고 있다. 정신역동 치료의 새로운 형태는 보다 관계적인 두 사람 심리학을 강조하는 한편, 전통과 분석에 초점을 둔 치료자는 한 사람 심리학을 강조한다고 할 수 있다.

■ 전이와 역전이(앞의 '핵심' 참조). 중립과 빈 서판(추동 이론과 자아심리학)

프로이트 학파와 자아심리학 분석가는 내담자와의 관계에서 **중립**을 유지한다. 이는 내담자가 무의식을 투사할 수 있도록 빈 서판을 제공하기 위해서이다. 전적인 **절제의 법칙**(the rule of abstinence)이라고 불리는 이 입장은 내담자가 상담자와 보다 친밀해지고 싶어 하거나 자신의 주제에 대해 상담자의 전적인 동의를 받기 원하는 내담자의 본능적 욕구를 상담자가 충족시켜 주지 않을 것을 명시한다. 컨버그(1997)는 "정신분석가는 자기 노출 없이, 자신의 구체적인 기술적 기능을 넘어선 내담자의 호기심이나 전이 욕구 등을 만족시켜 주는 것 없이, 사회적 상호작용의 일반적인 규준 내에서 최대한 중립적으로 행동해야 한다고 생각한다."(p. 12)라고 하였다.

이러한 중립적 자세는 내담자에게 좌절감을 주기 위함이 아니라 내담자를 보다 잘 돕기 위한 필수 요소이다. 공식적인 분석에서 분석가는 짧은 반응을 유지하고, 대화에 새로운 정보를 거의 제공하지 않는다. 개인적인 정보나 의견은 드러내고(언어적이든 비언어적이든), 당면한 문제와 관련이 없는 주제에 대한 논의는 피한다. 보다 수용적인 입장에서 내담자의 내적이고 무의식적인 과정을 연구하기 위해 분석가는 내담자를 면밀히 살피고, 무엇보다 내담자에게 전이를 허용한다. 예를 들어, 내담자가 똑똑하지 못한 데 대한 두려움을 가지고 있다면, 내담자는 이 두려움을 상담자의 냉담한 상호작용에 투사할 것이고, 내담자는 상담자가 자신을 멍청하다거나 자신의 두려움을 어리석다고 여길 것이라 생각한다. 내담자에게 맞는 접근이 잘 이루어지게 되면, 공감(표현되지는 않았을지라도)을 통해 내담자가 보다 빨리 대인관계 패턴에 대한 통찰력을 얻고, 이러한 통찰력이 삶의 의미 있는 변화로 이어질 수 있도록 할 수 있다.

■ 안아 주는 환경(대상관계)

위니컷(1965)은 충분히 좋은 어머니(다음의 **충분히 좋은 어머니**와 **참 자기** 참조)와 관련해서 **안아 주는 환경**에 대해 논의했다. 안아 주는 환경은 어머니에 의해 제공되는 양육환경으로, 자녀로 하여금 통합되지 않은 상태에서 구조화되고 통합된 자기로 이행하는 것을 가능케 한다. 성공적인 안아 주는 환경은 자녀가 감당할 수 없는 압도적인 자극을 감소시켜 준다. 따라서 안아 주는 환경은 어머니 또는 주 양육자의 능숙한 공감능력이 요구된다. 압도적인 환경으로부터 자녀를 보호함으로써 자녀는 자아 분열을 피하고, 자기 자신과 진정한 자기라는 긍정적 감정을 발달시킬 수 있다.

안아 주는 환경이라는 개념은 상담자-내담자 관계에서도 나타나는데, 이 관계에서 상담자는 내담자가 어린 시절에 경험하지 못했던 지지적이고 양육적인 환경을 제공함으로써 내담자로 하여금 구조적이고 통합된 자기와 자신에 대한 긍정적인 감정을 발달시키도록 돕는다(Brown, 1981). 안아 주는 환경을 상담과정에 적용할 때, 안아 주는 환경은 압도적인 자극을 걸러 내고, 정신분석을 받을 수 있을 만큼 내담자의 자아 강도를 향상시킴으로써 체계와 일관성, 훈습을 제공하는 것이다. 상담과정은 내담자가 갈등과 발달적 어려움을 헤쳐나가는 데 필요한 에너지를 갖기 위해 자아 유지 기능을 갖출 수 있도록 돕는 데 초점을 맞춰야 한다.

■ 공감(대상관계, 자기심리학, 관계 이론)

타인의 내적 세계를 이해하는 능력인 공감은 모든 상담자에게 요구된다. 그러나 공감 사용과 시연 방식은 상담자가 지향하는 이론마다 매우 다르다. 예를 들어, 전통적인 프로이트 분석가는 공감을 매우 많이 사용하지만, 그들의 공감은 '나는-당신의-아픔을-느낀다'처럼 따뜻한 태도보다는 매우 논리적인 해석상의 통찰을 통해 표현된다. 정신역동 학파 내에서 코헛은 정신분석의 지지적인 공감 표현을 처음으로 강력하게 옹호한 사람으로, 교정적 정서 경험을 위해 내담자와 상담자 사이에 긴장이 있을 때 주로 공감을 사용했다(Kohut, 1984). 그러나 그가 공감을 처음으로 사용한 사람은 아니었다. "자기심리학이 정신분석에게 새로운 종류의 공감을 제공했다고 말할 수는 없지만, 공감적 지각의 영역을 넓히고 깊이 있게 만드는 새로운 이론들을 제공했다고는 말할 수 있다."(Kohut, 1984, p. 175). 코헛은 공감기법을 상담자가 정확히 이해한 내담자의 느낌과 이해를 내담자에게 말로 표현하는 것이라고 설명했다. 따라서 공감적 표현은 먼저 이해한 후에, 이러한 이해를 소리 내어 공유하는 것이다. 공감의 개념은 자기자신, 투사, 자기로부터의 분열 등 내담자가 받아들일 수 없는 것에 대해 상담자가 공감하는 것 또한 포함하여 확대되어 왔다(Kernberg, 1997).

■ 거울기법(자기심리학)

자기심리학 용어인 '**거울기법**(mirroring)'이라는 용어는 상담자가 내담자의 자의식을 확인하는 것이다. 코헛은 "건강한 성인은 자기대상[자기 기능과 정체성의 일부로 경험하는 자기]으로 자기됨을 끊임없이 확인해야 한다."고 믿었다(St. Clair, 2000, p. 146). 다른 사람과 친해지고 싶지만 상대방이 무관심한 반응을 보일 때, 사람은 무력하고 공허하며, 낮은 자존감에 사로잡혀 있게 된다. 이때 상담자는 거울기법을 활용하여 내담자에게 내담자의 가치를 언어적 · 비언어적으로 확인시켜 줄 수 있다. 내담자의 주관적인 현실, 특히 정서 상태를 확인하고 반영하는 것은 공감과 다르다. 이 장의 마지막에 제시된 사례 연구에서 상담자는 나치가 오스트리아를 침공했을 때 어린 자신을 두고 전쟁을 피해 도망친 가족을 둔 73세의 은퇴한 은행가 하이디(Heidi)에게 거울기법을 사용한다.

■ 관계 정신분석과 상호주관성

사회구성주의 이론에 따르면(13장 참조), 관계 정신분석과 상호주관적인 정신분석 접근은 상담자가 중립적일 수 없으며 매 회기 발생하는 역동적인 상호작용 안에서 적극적인 역할을 한다고 주장한다(Stolorow et al., 1987). 그린버그(2001)는 관계 정신분석가가 상담 관계를 이해하는 데 사용하는 네 가지 가정을 발견했다. 이 가정들은 다른 정신역동 학파들과 공유되지 않는 관점들이다.

1. 상담자는 내담자에게 깊고 인격적인 영향을 미치는데, 일반적으로 알려진 것보다 더 큰 영향력을 가지고 있다.
2. 상담자의 행동이 미치는 영향은 상담이 진행되고 있는 동안에는 이해할 수 없다.
3. 상담자는 예측 가능한 분위기와 관계를 보장하는 중립적 혹은 공감적 태도를 포함하여 어떠한 태도도 취할 수 없다. 다만, 상담자–내담자 관계는 내담자와 상담자에 맞춰 고유하게 조율되어야 한다.
4. 상담과정에서 상담자는 주관적인 참가자이며, 객관적인 중립은 불가능하다.

관계 정신분석에서 상담자의 역할은 유용한 아이디어를 제공하고 그들 관계의 상호작용을 분석하여 내담자가 목표하는 바에 도달할 수 있도록 도와주는 것이다. 다른 정신분석 학파와 달리, 관계 정신분석은 내담자보다 정확한 진실, 이해, 해석이 있다고 보지 않는다. 관계 정신분석 상담자는 내담자와 상호주관적인 관계를 만들기 위해 내담자와 함께 노력한다. 이러한 관계는 상담자와 내담자 모두에게 영향을 미쳐 자신과 다른 사람들에 대해 보다 나은 이해와 해석을 함께 만들어 가도록 해 준다.

■ 개인 분석

다른 접근과 달리, 정신분석은 내담자에게 도움을 주기 위해 상담자 자신부터 면밀히 분석받을 것을 권장한다. 사실 상담자로서의 신뢰성은 상담을 하는 사람에 의해 확립된다. 만약 상담자가 자신의 무의식 패턴을 깊게 분석하지 않았다면, 무의식 패턴은 불가피하게 내담자에게 투사되고, 이는 내담자의 삶에서 행동으로 나타나거나 잘못 해석되기도 한다. 따라서 정신역동 상담자가 되기 위한 '훈련'에서는 먼저 수년간 자신에 대한 분석이 선행되어야 한다. 사실 많은 상담자들은 개인분석 과정을 경험하지 않은 채 정신역동 상담과 분석을 하는 것은 비윤리적이라고 본다.

조망하기: 사례개념화

■ 정신역동 사례개념화의 소개

당신은 '조망하기' 섹션이 이 장에서의 '실행에 옮기기' 섹션보다 훨씬 더 길고 복잡하다는 것을 이미 알아차렸을 것이다. 도중에 나에게 악담을 퍼붓고 싶다면 그것은 '투사'('방어기제' 참조)의 한 형태라는 점을 기억하라. 나는 단지 전달자일 뿐이다. 주목해야 할 점은 정신역동 상담에서 상담자의 가장 중요한 역할은 조망하기, 즉 사례계념화라는 것이다. 사례개념화는 포괄적인 접근 가운데 하나로, 비교적 복잡하지 않다. 사례개념화를 할 때 정신역동 상담자는 자유롭게 하나의 학파 혹은 다른 학파로부터 개념을 빌려 온다(엄격하게 하나의 이론이나 또 다른 이론만 고집하기보다는 추동 이론, 자아심리학, 대상관계, 자기심리학, 관계 이론을 비롯하여 단기 접근 방법을 차용하기도 한다; McWilliams, 1999). 이는 상담자가 각 내담자마다 그에 맞는 적합한 사례개념화를 하기 위함이며, 내담자에게 흔히 사용되지 않는 개념들에 대해서도 상담자들이 마스터하고 있어야 함을 의미한다.

■ 의식 수준: 의식, 전의식, 무의식(추동 이론)

프로이트의 업적 중 가장 오랫동안 회자되는 공헌 가운데 하나는 의식의 세 가지 수준인 의식(conscious), 전의식(preconscious), 무의식(unconscious)을 설명한 것이다. **의식**은 피곤하고, 배고프고, 지금 오랫동안 정신분석 장을 읽고 있는 것과 같이(부디 너무 지루하지 않기를 바라지만), 인간이 의식하고 있는 감각과 경험을 포함한다. 프로이트는 의식 상태를 정신생활의 작은 부분이라고 믿었다. **전의식**은 사람이 마음대로 쉽게 기억해 낼 수 있는 기억과 경험으로, 가령 당신이 지난 저녁식사로 무엇을 먹었는지, 당신이 가장 좋아하는 노래 가사는 무엇인지, 이 장에서 기말고사에 나올 것이라고 생각하는 부분은 무엇인지 등이다. **무의식**은 의식 수준이 받아들일 수 없는 타고난 욕구의 근원인 기억, 생각, 추동을 담당한다. 의식에서 무의식이 가장 큰 부분이라고 생각한 프로이트는 특별히 무의식을 의식화하는 데 관심을 기울였다. 따라서 대부분의 프로이트 학파 기법은 꿈 분석과 자유연상처럼 무의식을 의식화하는 방법이다(Kernberg, 1997). 최근의 상담자들은 '현재' 무의식을 한 사람의 어린 시절 또는 '과거' 무의식과 구분하는데, 주로 (내담자의 현재 경험과 관련하여) 비교적 '최근의 경험'이면서 지금–여기의 무의식적 의미를 분석하면서 내담자에 대한 치료를 시작한다(Kernberg, 1997).

■ 자기 구조: 원초아, 자아, 초자아(추동 이론)

정신역동 용어에서의 **자기**(self)는 개인을 구성하는 모든 정신 구조의 조직과 통합을 나타낸다(St. Clair, 2000). 대상관계는 자아 혹은 원초아처럼 자기 요소와 대상 간이 아니라 항상 전체적인 자기와 대상 간에 일어난다. 프로이트는 자기를 세 가지 구조로 개념화하였다. 이러한 구조는 개념적으로 정신역동을 이해하고 논의하는 데 사용되지만, 구조 개념들을 실제의 '것'으로 생각하지는 않는다.

- Das Es('The It'): **원초아**(Id)의 라틴어식 표현(라틴어 발음은 영어로 'Id'라고 부르는 것보다 더 기술적이고 오묘한 발음이다)으로, 본능적인 욕구에 의해 움직이며, 성격의 조직화되지 않은 부분을 가리킨다. 이는 거의 무의식적이며, 우리를 '쾌락 원리'에 따라 행동하게 만든다. 인간은 원초아적인 충동만 가지고 태어나며 인생의 처음 몇 개월 동안 다른 성격 구조들을 발달시킨다.
- Das Ich('The I'): **자아**(Ego)의 라틴어식 표현으로, 자아는 '현실 원리'에 따라서 작동하며, 사회적으로 적합한 방법으로 자아의 요구를 만족시키기 위해 노력한다. 사람의 의식적인 부분에 더 가까우며, 자아는 사고, 인식, 방어기제, 그 밖의 실행 기능을 포함하는 성격 부분으로, 초자아와 원초아 사이를 중재하는 역할을 한다.

- Das Über-Ich(The Over/Above-I): **초자아**(Superego)의 라틴어식 표현으로, 초자아는 항상 완벽함을 이루기 위해 노력하고, 자아와 사회적 이상을 나타내며, 사회적으로 적절하지 않은 원초아의 추동과 환상을 막아 준다.

프로이트 학파 분석가는 원초아의 추동과 초자아의 금지 간에 계속되는 충돌을 자아가 어떻게 관리하는지 살펴봄으로써 내담자의 문제를 개념화한다. 대부분의 경우에 자아는 방어기제를 활용하여 이러한 긴장을 '관리'한다.

■ 심리성적 발달단계와 오이디푸스 콤플렉스(추동 이론)

추동 이론에 기초하면서 가장 많은 논란이 되어 온 프로이트의 **심리성적 발달단계**는 생후 5년 동안 성격(원초아, 자아, 초자아)이 어떻게 발달하는지 설명한다. 프로이트는 성적 쾌락이 생식기에 위치하는 청소년기까지 인간은 신체의 다양한 부분을 통해 성적이고 감각적인 만족감을 경험한다고 믿었다. 그는 이 이론에 대해 "충분히 이상하게 들릴 것이다…… [그러나] 우리는 지금까지 상당히 도외시되어 왔던 유아기 감각에 대하여 관심을 갖게 할 만한 충분한 동기를 제공할 것이다."(Freud, 1963a, p. 13)라고 하였다.

현대 상담자들은 일반적으로 두 가지 '진영'으로 나뉜다. 추동 이론과 심리성적 단계를 사용하는 사람들(프로이트 학파 추동 이론 분석가, 자아심리학자, 몇몇 대상관계 실무자)과 추동 이론, 심리성적 단계가 대상관계 이론과 양립할 수 없다고 믿는 사람들(자기심리학자, 대인관계 이론가, 그리고 그 나머지 대상관계 실무자)이다(Greenberg & Mitchell, 1983; Kernberg, 1997). 심리성적 단계를 문자 그대로 해석하는 방법과 비유적으로 해석하는 방법 간의 논쟁이 있다. 미국인은 유럽인에 비해 문자 그대로 해석하는 경향이 있다. 남녀평등주의자/페미니스트는 남성성에 높은 가치를 부여하고, 남성성을 기준으로 여성을 이해하고자 했던 남성 편향성 등을 이유로 프로이트의 심리성적 단계의 많은 영역을 비평해 왔다(Friedan, 1963). 그럼에도 불구하고 프로이트의 심리성적 단계는 성적이고 공격적인 욕구가 어떻게 성격을 형성하는지, 그리고 더 중요하게는 초자아와 도덕성의 발달을 어떻게 형성하는지에 대한 이해를 제공한다.

- **구강기-의존과 신뢰(생후~18개월)**: 이 기간 동안 유아는 입으로 빨기, 물기, 뱉기를 통하여 자신의 욕구를 충족시키기 위해 어머니에게 의존한다. 만약 이 단계에 유아가 지나치게 어머니에게 의존하게 되면 성인기에도 의존적이게 된다. 반면, 자신의 욕구를 잘 충족시키지 못한 유아는 성인이 되어 불안정한 양상을 보이게 된다. 사례개념화에서 정신역동 상담자는 보살핌에 대한 욕구가 큰 사람을 '구강 의존적인' 성격이라고 표현한다.

- **항문기-통제(18개월~3세)**: 항문기 동안 아동은 괄약근을 조절하는 방법에 대해 배움으로써, 이완과 경직의 양극성을 관리하는 방법에 대해 학습한다. 이 단계에 고착된 아동은 욕구를 통제하고 이를 유지하고자 하는 항문 보유적(anal retentive)이 되거나 본능적 욕구에 대한 통제가 어려워지는 항문 배출적(anal explosine)이 될 수 있다.
- **남근기-도덕성과 초자아(3~6세)**: 프로이트의 이론 중 가장 논쟁이 많은 남근기는 오이디푸스/일렉트라 콤플렉스, 거세불안, 남근선망에 의해 특징지어진다. 소포클레스의 유명한 그리스 비극에서 이름을 따온 **오이디푸스 콤플렉스**는 일반적으로 남자아이의 감각적인 충동이 어머니를 향해 있고, 아버지를 향해서는 공격적인 충동을 가지고 있음을 의미한다. 한편, **일렉트라 콤플렉스**는 자신의 아버지를 원하고 어머니를 없애고 싶어 하는 여아의 욕구를 의미한다. 아동은 이러한 리비도의 본능을 초자아로 발달시키면서 이를 성공적으로 해결해 나간다. 초자아는 동성 부모와 동일시하고 반대의 성을 가진 부모에 대한 성적인 사랑이 성적이지 않은 사랑으로 변화하는 것을 가능케 한다. **거세불안**은 자위행위, 오이디푸스 충동, 혹은 다른 리비도 에너지 표현에 대한 처벌로 거세당할 것 같은 남아의 두려움을 나타낸다. 이 모든 것은 프로이트 시대에 엄격하게 금지되었던 것으로, 당시 남아들은 자신의 성기를 가지고 놀면 거세당할 수 있다는 경고를 받았다. 반면, 여아는 자신이 무언가 잘못하여 잃었던 것은 아닐까 하고 궁금해하면서 **남근선망**을 발달시킨다. 이러한 이론은 프로이트의 초기 여성 환자들이 나이 많은 남성으로부터 성적인 접근을 받았다는 보고로부터 발전하였다. 처음에 프로이트는 이를 성적 학대로 보았으나 후에 그는 여성환자들이 환상 속에 사로잡혔다고 믿었다. 당신이 상상한 대로 현대 남녀평등주의자/페미니스트들뿐 아니라 게이/레즈비언 옹호자들은 이 이론에 강하게 반대했다. 동성애는 발달단계에서의 실패이고, 아동이 성적으로 그들의 부모를 원하므로 성적 학대는 부모를 '유혹한' 아이의 책임이라는 시각 때문이었다.

  비유적 측면에서 가장 잘 이해될 수 있는 남근기의 중요한 결과는 초자아와 도덕성의 발달이다. "초자아는 부모의 초자아를 성공적으로 동일시하도록 구현하며, 그 영향력은 지속적으로 나타난다."(St. Clair, 2000, p. 26) 비슷한 맥락에서 프로이트는 한 사람이 사회에 잘 적응하는 데 있어 의식 혹은 초자아의 발달을 통한 궁극적인 결과의 중요성을 강조했다. "한 사람이 자신의 아버지를 죽이든 아니든 그것은 중요하지 않다. 어느 경우에나 그 사람은 죄책감을 느낄 것이다."(Freud, 1961, p. 89)
- **잠복기-성 정체성 잠복기(6~12세)**: 잠복기에서 리비도의 에너지는 학교, 우정, 취미와 같은 일반적인 아동기의 활동으로 나타난다. 이 시기에 리비도의 성적 충돌은 존재하지 않는다.

- 성기기–성인 성 정체성(12세 이후): 이 단계에서 성적 에너지는 이성에게 집중된다. 만약 초기 단계에서 문제가 적절하게 해결되지 않았다면, 성인기에 문제 행동이나 증상이 발현될 수 있다.

■ 심리내적 갈등으로서의 증상: 1차적 이득과 2차적 이득

공포증, 우울증, 정신장애와 같은 증상은 내적 혹은 **심리내적 갈등**에 대한 표현으로 보며, 때로는 의식적으로 인식하거나 표현할 수 없는 감정에 대한 비유로도 여겨진다(Luborsky et al., 2008). 상담자는 이러한 증상을 내담자의 근본적인 내적 갈등의 단서로 본다. 이때 치료 목표는 알아차림을 얻고 이러한 감정을 표현할 수 있도록 안전한 환경을 조성하는 것이다. 예를 들어, 만성적인 요통을 호소하는 내담자는 관계 혹은 직장에서 부담을 느낄 수 있고, 고소공포증이 있는 내담자는 그의 잠재성을 알아차리는 것에 대해 두려워할 수도 있다.

특정 증상의 **1차적 이득**과 **2차적 이득**은 평가에서 고려된다(McWilliams, 1999). 1차적 이득은 증상의 1차적 이익을 나타낸다. 예를 들어, 10대 우울증의 1차적 이득은 에너지와 흥미의 상실이 고통을 불러일으키는 활동에 대해 어떤 방식으로든 피할 수 있게 해 준다는 것이다. 또한 직접적으로 관련되어 있지는 않지만 당연한 결과로 얻어지는 **2차적 이득**도 있다. 예를 들어, 우울증 때문에 학교에서 친구들로부터 관심을 받을 수도 있고, 집안일과 친척집 방문으로부터 해방될 수 있으며, 상담자로 하여금 자신의 편이 되게 할 수도 있다. 따라서 상담자는 도와준다는 명목하에 무심코 2차적 이득을 만들지 않도록 신중할 필요가 있다. 왜냐하면 한 내담자를 위한 치료법은 다른 내담자에게는 2차적 이득이 될 수 있기 때문이다.

■ 방어기제(추동 이론, 자아심리학, 대상관계, 자기심리학)

방어기제는 심리적인 위협으로 인지된 것에 대한 자동적인 반응이며 종종 무의식적 차원에서 활성화된다(Luborsky et al., 2008). 자아가 원초아와 초자아 간의 긴장을 조정할 수 없을 때 혹은 용인될 수 없는 욕구를 다룰 때, 겉보기에 양립할 수 없는 갈등을 해결하기 위해 하나 혹은 그 이상의 방어기제를 사용한다. 주기적으로 방어기제가 사용될 때, 이는 스트레스에 대처하는 적합한 방법이 될 수 있다. 그러나 습관적으로 방어기제를 사용할 때에는 문제가 될 수 있다. 프로이트는 그의 초기 연구에서 방어기제들을 찾아내기 시작했고, 후에 다른 이론가들이 계속해서 그 목록을 추가해 나갔다. 다음은 보다 흔한 형태의 방어기제들이다(방어기제에 대한 추가적인 논의는 16장 참조). 이 장의 마지막 부분에 있는 사례 연구에는 감정을 억제하기 위해 여러 가지 방어기제에 장시간 의존해 온 내담자가 결국 만성적인 증상으로 악화되어 가는 모습이 그려져 있다. 상담자는 내담자가 이러한 감정들을 그의 의식으로 가져와서 보다 효과적으로 다룰 수 있도록 돕는다.

- **부인**: 프로이트에 의해 발견된 최초의 방어기제 중 하나로, 부인은 외적 현실 혹은 사실에 대한 수용을 거부하는 것이다(Luborsky et al., 2008). 부인은 약물 남용, 알코올 남용을 하는 내담자의 가족뿐 아니라 진로와 대인관계에서 희망이 없는 사람들에게서도 나타난다.
- **내사**: 아동에 의해 사용되는 동일시의 초기 형태인 내사는 한 사람이 다른 사람의 행동, 신념, 태도의 '전체를 받아들이는 것'을 의미한다. 아동의 경우 초기 대상관계는 그들의 주 양육자의 내사에 의해 형성된다. 내사는 긍정적 혹은 부정적 감정을 가질 수 있다. 초기에 아동은 이를 두 가지의 기억으로 '분리'하고, 건강한 발달 속에서 이러한 기억은 통합된다(Kernberg, 1976). 내사의 방어기제를 사용하는 사람은 타인의 승인을 얻거나 동일시하기 위해 다른 사람의 성격과 스타일, 의견 '전부를 그대로' 받아들인다. 의견, 방식, 그리고 다른 사람의 특성을 '전체로 삼킨다'.
- **분열(대상관계, 자기심리학)**: 대상관계 및 자기심리학자가 특별한 관심을 보이는 방어기제인 분열은 개인을 긍정적인 면과 부정적인 면이 모두 있는 통합된 전체로 보지 못하는 것을 의미한다(St. Clair, 2000). 분리는 아동에게 일반적으로 나타나며, 성장해 가면서 이에 대해 이해하게 된다. 자신이 배고플 때 먹을 것을 주는 어머니('좋은 어머니')와 불편한 카시트에 안전벨트를 채워 주는 어머니('나쁜 어머니')가 같은 사람이라는 것을 아는 것이다. 성인이 방어기제로 분열을 사용할 때, 사람을 모두 좋게 보거나 모두 나쁘게 본다. 경우에 따라서는 한 사람에 대한 관점이 모두 좋았다가 모두 나빠짐으로써 관계에 있어 거대한 혼란이 야기되기도 한다. 당신이 상상한 대로 이것은 인간관계를 매우 어렵게 만든다. 나의 10대 내담자는 이런 사람들을 '극적인 왕(여왕)'으로 부른다. 분열은 경계선 성격장애에서 흔히 볼 수 있는 방어기제이다.
- **투사**: 투사는 자신의 용납할 수 없는 감정, 충동, 소망을 타인의 잘못으로 돌리는 것을 의미한다(예: 다른 사람을 탐욕스럽게 보지만 이것이 자신의 성격이라는 것을 깨닫지 못한다; Mitchell & Black, 1995). 임상 현장에서는 외도를 저지른 사람이 배우자에게 이러한 의도를 투사하는 경우가 종종 있다.
- **투사적 동일시**: 일반적인 투사와 비슷하게 투사적 동일시는 한 사람의 용납할 수 없는 감정을 타인의 탓으로 돌리는 것을 의미한다. 그러나 이 경우에는, "투사된 것이 단순한 별개의 충동이 아니라 자기 자신의 한 부분이다. 단순히 공격적인 충동이 아니다. 예를 들어, 나쁜 자기는 지금 다른 사람에게 위치해 있다"(Mitchell & Black, 1995, p. 101). 투사된 것은 자신의 일부이기 때문에, 연결과 통제를 유지하는 무의식적 확인이 강하게 지속된

다. 대부분의 경우, 한 사람의 통제 행동은 다른 사람이 그 투사를 확실시하는 쪽으로 행동하게 하는 결과를 낳기 때문에 누가 누구에게 먼저 했는지를 명확하게 구분하는 것을 어렵게 만든다. 투사의 고전적인 예는 질투심이다. 어떤 남자가 자신의 파트너와 다른 남자들과의 관계를 질투하면서 그녀의 행동이 문제라고 주장한다. 그녀는 그의 질투심으로 인한 갈등을 피하기 위해 자신의 행동을 숨기게 되고, 발각이 될 때마다 남자가 가지고 있는 가설을 더욱 확신하게 만듦으로써 악순환이 계속된다. 투사적 동일시는 폭력을 반대하는 급진적 행동주의자의 양상을 나타내기도 한다(동물, 아동, 태아, 여성 등). 그들은 타인에게 공격적 충동을 투사하고, 비폭력 운동을 위해 강박적인 노력을 하게 되는데, 그때 폭력적인 은유나 수단을 사용한다. 대의를 옹호할 때조차도, 이러한 사람들은 누군가의 관계, 직업, 안녕이 피해를 입을 때까지 나쁜 점을 파헤친다.

- **억압**: 프로이트 접근의 중심 개념이면서 컨버그(분리와 함께; 1976)의 두 가지 기본 방어 중 하나인 억압은 초자아가 원초아의 내적 충동과 욕구를 억누를 때 발생하는 **무의식** 과정을 말한다(St. Cliar, 2000). 추동 이론에서 억압은 강박, 충동, 환각, 정신・신체적인 불평, 불안, 우울과 같은 광범위한 신경증 증상의 원인이다. 억압은 인식 외부에서 발생하기 때문에 충동을 마음에서 몰아내는 **억제**보다 더 병리적인 것으로 간주된다.
- **억제**: 억압과 달리, 억제는 내적 사고, 감정, 욕망의 어려움에 대한 **의도적인** 회피이다. 비탄, 상실 등과 같이 장기간 고통스러운 감정들을 직면해야 할 때 이 방어는 유용하다.

■ 에릭슨의 심리사회적 발달단계(자아심리학)

널리 사용되는 발달 모델 중 하나인 에릭슨(1994; Erickson & Erickson, 1998)의 8단계 심리사회적 발달 모델은 인생에서 중요한 8가지 시점에서 반드시 논의되어야 하는 발달적 위기에 대해 설명한다(16장 참조). 만약 이러한 위기를 극복하지 못한다면, 그 어려움을 그 이후의 단계에서 맞닥뜨리게 된다. 에릭슨의 발달단계는 초기에 프로이트의 심리성적 단계와 매우 유사하였으나, 이후 전 생애로 확장되었다.

- **신뢰감 대 불신감-영아기**: 생후 1~2세에 해당하는 영아는 이 단계에서 자신의 초기 양육자와의 경험을 근거로 신뢰와 불신의 건강한 균형을 발달시킨다. 신뢰의 건강한 균형은 주의가 필요한 때를 깨닫게 되면서 세상에 대한 희망과 안전에 대해 이해하게 되는 것이다. 어린 시절 외상 경험을 가지고 있거나 부모가 과잉보호했던 사람은 언제, 어디서, 누구를 믿어야 할지에 대해 혼란스러워한다. 이는 비현실적인 자기감 혹은 불필요한 두려움을 야기한다.

- **자율성 대 수치심과 의심-유아기:** 유아는 삶에 대한 자율성과 영향력을 발달시키는 과정에서 자신의 능력에 대한 한계를 배우게 된다. 만약 양육자가 방치하거나 과잉보호한다면 자녀는 과도한 수치심을 느끼게 되며, 극심한 자기 회의 또는 심신을 약화시키는 수치심 혹은 수줍음을 일생 동안 가지고 갈 수도 있다. 한편, 자녀가 수치심과 자기 회의적인 경험을 하는 것에 대해 부모가 용납하지 않는다면, 이들은 충동적이고 타인을 배려하지 않는 사람으로 성장하게 될 것이다.
- **주도성 대 죄책감-학령 전기:** 이 시기의 아동은 주도성과 함께 자신의 행동이 누군가에게 해를 끼칠 때 그러한 주도성이 누그러지는 과도기적인 발달단계를 경험한다. 과잉보호하거나 방치하는 부모의 자녀는 자신의 결정에 대한 강한 죄책감과 불안이 생길 수 있으며, 이는 위험 회피와 억제로 이어진다. 반면, 죄책감과 자신의 행동이 다른 사람에게 어떻게 영향을 미치는지에 대한 인식이 충분히 발달하지 못한 아동은 매우 공격적이고 무자비해진다.
- **근면성 대 열등감-학령기:** 학령기 초기의 아동은 새로운 기준을 습득하면서 유능감을 경험하게 되고, 이러한 유능감으로부터 자존감이 형성된다. 따라서 이 단계의 과업은 능력에 대한 자신감을 형성하기 위해 부지런히 활동에 참여하는 것이다. 자주 비난받거나, 타인과 비교당하거나, 부족함을 지적받은 아동은 전반적으로 열등감에 시달리게 된다. 또한 최근 연구에서 실패와 난관의 경험으로부터 보호받으며, 과도하게 칭찬받은 아동 역시 열등감이 발달한다고 보고하고 있는데, 이는 진정한 유능감이 발달하지 못했기 때문이다(Seligman, 2002). 따라서 부모의 의도와는 반대로 계속해서 게임에서 지고, 낮은 성적을 받고, 혼자 남겨지는 등의 상황에서도 열등감으로부터 보호받는 아이들은 만성적인 부적절감이 발달될 수 밖에 없으며 결과적으로 부진아라는 판정을 받게 된다. 반면, 과도하게 자신의 성실함을 입증하는 아동은 활동에서 강박적인 모습을 보이게 된다.
- **자아정체감 대 역할 혼미-청소년기:** '나는 누구인가 그리고 나는 어떻게 해야 하는가?'와 같은 질문에 답을 얻고자 하는 이 시기를 에릭슨은 정체성 발달의 시기로 보았다. 발달적으로 이 시기는 정체성과 사회적 역할을 탐색하는 시기로, 자극적인 복장, 형형색색의 머리 색깔, 반항적인 음악, 다양한 사회적 활동, 부모를 화나게 하는 행동 등을 통해 자신을 표현하기도 한다. 자신의 정체성을 탐색하도록 허용되지 않거나 특정한 삶의 방향을 추구하지 못한 데 대한 죄책감을 느끼는 10대들은 역할 혼란을 경험할 수 있으며, 명확하고 실현 가능한 정체성을 실현하는 데 어려움을 겪는다. 역할 혼란은 사회적 역할 확립에 실패하게 만들고, 약물 남용, 급진적 사회집단, 범죄집단의 조직원, 고등학교 중퇴와 같은 반동적인 정체성을 개발하게 된다. 이러한 경우 10대들은 자기 자신을 가족이나 사회의

생산적인 구성원으로 인식할 수 없다.

- **친밀감 대 고립감–청년기:** 최근에는 보다 많은 사람들이 고등 교육을 추구하고 결혼과 정착에 대한 관점이 바뀌면서 청년기가 이전보다 길어졌다. 이 기간 동안 인간은 가정과 사회적인 네트워크를 만들면서 개인, 사회, 직장 생활에서 친밀한 관계를 형성한다. 이 단계에서 어려움을 겪는 사람은 과도하게 관계에 집착하거나 관계의 어려움으로 인해 사회적으로 고립될 수 있다.
- **생산성 대 침체성–장년기:** 장년기의 발달과업은 자신이 사회와 다음 세대를 위해 의미 있는 기여를 한다는 생각에 집중되며, 이는 개인이 자기 삶의 업적에 만족하는지에 의해 평가될 수 있다. 중년의 위기는 자신의 인생이 침체되었다고 느끼거나, 이탈되었다고 느끼거나, 수정되어야 할 필요가 있다고 느끼는 것이다. 그래서 이들은 극적인 삶의 변화를 추구하기도 하는데, 이러한 변화는 장년을 더 힘들게 하기도 한다. 이전 발달단계에서의 결함은 이 시기에서 곪아 터질 수 있으며, 적절히 잘 다루어질 수도 있다. 이 단계에서의 발달 문제는 사회 또는 직업에서 과도하게 활동하거나, 냉소적이고 단절되는 형태로 나타난다.
- **자아통합감 대 절망감–노년기:** 나이가 들수록 전문적인 상담을 더 많이 받고 있는 실정인 만큼 상담자가 이 단계를 잘 이해하는 것이 더욱 중요해지고 있다. 이 단계에서 사람들은 자신의 삶을 되돌아보고 죽음의 불가피성에 직면하면서 자아통합감과 절망감의 균형을 유지한다. 자아통합감과 지혜를 가지고 인생의 끝을 직면할 수 있는 사람은 의미를 만들고, 내가 무엇을 했고, 나는 누구인지 받아들이면서 삶의 경험을 통합시킬 수 있다. 반대로, 자신의 생활 및 삶과 화해하기 위해 애쓰고 슬픔과 상실감을 경험할 수도 있으며, 오만과 독선으로 이어지는 자만심이 발달하기도 한다.

■ 대상관계 이론

프로이트에 의해 처음으로 만들어진 용어이자 현대인들이 듣기 꺼려하는 용어인 (말장난은 아닌) 정신역동 이론에서 **대상**은 개인의 욕구, 관심, 또는 '추동'의 '대상'을 나타내는 데 사용되었다('나의 애정의 대상'을 생각하라; St. Clair, 2000). 대상은 종종 사람을 나타내는데, 대부분은 어머니이다. 이것은 고전 문법에서 주어/목적어의 구분에서 비롯되었다. 문장의 주어는 목적어에게 무언가를 한다. 목적어는 **내적**(개인의 내적 세계에서 작동하는) 또는 **외적**('현실' 세계에 존재하는)일 수 있다. 프로이트의 추동 이론은 인간이 심리성적 추동의 대상 및 삶/죽음의 추동의 '대상'과 어떻게 관계하는지 분석한다. 한편, 대상관계 이론은 개인의 성격 역동을 이해하기 위해 그가 외적 혹은 내적 대상과 어떻게 관계하는지를 분석한다. 대상관계 이론가는 '대상, 즉 주 양육자와의 외적 상호작용 패턴의 내면화와 **내적 투사**'의 결과로 성격이 발달한다고 믿는다(Fairbairn, 1954; Kernberg, 1976; St. Clair, 2000). **양육자와의 관계는 훗날 모든 관계의 기준이 될 수 있다.** 이러한 이유로 양육자와의 관계는 추후에 나타날 수 있는 문제를 이해하기 위해 신중하게 평가되고 분석된다.

대상관계 이론가는 유아가 생후 3년 동안 관계를 어떻게 내면화하고 이러한 영향이 성인의 성격 발달에 어떠한 영향을 미치는지 분석하는 데 관심을 갖고 있다. 처음 "긍정적인 요소의 내사와 부정적인 요소의 내사는 분리되어 유지되는데, 이것은 그것들이 단순히 따로 발생했기 때문이기도 하고 비슷한 요소에 의해서는 내사를 통합하지 못하는 자아의 무능 때문이기도 하다"(Kernberg, 1976, p. 35). 생후 3년 동안 가장 중요한 과업은 **분리**과 **억압**이라는 방어기제를 사용하지 않으면서도 '좋은' 그리고 '나쁜' 대상이 현실적으로 다르다는 것을 이해하고 이를 일관되게 통합하는 것이다. 어린아이가 학대당하고 낙담하는 상황에서 어떠한 통제도 할 수 없을 때의 일반적인 대처 전략은 대상을 '좋은' 면과 '나쁜' 면으로 '분리'하는 것이다. 외부의 통제할 수 없는 대상을 '좋은 것'으로, 자기 자신을 '나쁜 것'으로 만들면서, '나쁜 자기'를 내면화한다. 따라서 학대당한 아동은 정서적으로 살아남기 위해 성인기에도 희생의 패턴을 반복적으로 보이며 자신을 싫어하게 되고 폭력적인 양육자를 사랑하게 된다. 이러한 사례에서 치료의 초점은 일관성 있는 정체감을 형성하고, 타인에 대한 현실적인 기대를 가지며, 새로운 관계 패턴을 형성하기 위해 좋은 면과 나쁜 면을 발견하고, 알아차리고, 통합하는 것이다.

■ 충분히 좋은 어머니와 참 자기(대상관계)

위니컷의 연구에서는 완벽하지 않은 유아와의 의사소통에 반응할 수 있고, 독립적인 행동에 대한 허용이 필요하다고 느끼는 엄마는 '충분히 좋은' 어머니 역할을 할 수 있으며, 그 자녀는 **참 자기**를 발전시킬 수 있다고 하였다. 참 자기일 때 사람들은 자신의 욕구와 욕망에 대해 표현할 수 있으며, 자신과 타인을 명확하게 구분할 수 있다. 반면, 어머니가 너무 냉정하거나 차갑거나 혼란스러워 '충분히 좋은' 어머니가 아니라면, 그 자녀에게는 '거짓된 자기'가 발달하게 된다. '거짓된 자기'는 타인에게 맞추기 위해 과도하게 불안해하고, '비현실감'을 느끼며, 관계에서 어려움을 겪는다. 위니컷의 치료 목표는 내담자가 양육에서의 피해를 극복하고 '참 자기'를 회복하는 것이다. 현대의 뇌 발달 연구는 유아와 부모 간 상호작용의 질이 건강한 뇌 발달과 관련되어 있다고 하며, 위니컷의 이론을 지지한다(Siegel, 1999).

■ 분리와 개별화 단계(말러의 대상관계)

마가렛 말러는 생후 3년 동안 **분리-개별화** 과정이 일어나며, 이 과정에서 유아는 자신이 독립적 개체라고 느끼는 심리내적인 자기감을 형성한다고 하였다. 따라서 그녀의 이론은 어떻게 인간이 '심리적으로 태어나는가'를 설명한다. 그녀는 발달과정의 3단계를 다음과 같이 제시하였다(St. Clair, 2000).

- 1단계—정상적 유아 자폐 단계: 생후 첫 달 동안, 갓난아이는 자신의 행위와 양육자를 구별하지 못한다. 주된 과제는 자궁 밖에서 항상성의 균형을 유지하는 것이다.
- 2단계—정상적 공생 단계: 생후 2개월 동안, 이중정체성을 형성하는 어머니와 자녀의 공생적 관계를 지지하는 심리적 보호막이 형성되기 시작한다. 이 시점부터 유아는 자신의 욕구를 충족시켜 주는 대상(즉, 어머니)을 인식하기 시작한다. 말러는 심각하게 안정감을 훼손당한 유아는 정신이 융합된 상태에서 퇴행한다고 믿었다. 좋은 어머니는 자녀가 환경에 대한 감각을 인식하도록 격려한다.
- 3단계—분리 개별화 단계: 생후 5개월부터 3세에 이르는 마지막 단계에서 유아는 ① 심리내적 자율성을 형성하면서, ② 심리적으로 어머니와의 분리가 이루어진다. 3단계에는 4개의 하위 단계가 있다.
  - 하위 1단계(분화와 신체 이미지 발달): 운동 기능을 익힐 때, 유아는 어머니로부터 약간의 신체적 거리를 두고자 한다. 다만, 어머니가 여전히 그 자리에 있는지 확인하기 위해 '점검'한다.
  - 하위 2단계(연습기): 영·유아가 걷기 시작하면, 그들은 모험을 하기도 하고, 중간중간 정서적 연결을 위해 돌아오기도 한다. 이 시기에 유아는 자신의 이상화된 상태에 대해 전지전능함과 절정을 느낀다.
  - 하위 3단계(화해기): 2세 후반, 유아는 신체적인 분리를 보다 많이 인식하는 한편, 전능감이 감소되고, 분리불안을 재경험한다. 이 시기에는 친밀감의 욕구와 자율성의 욕구 충돌로 인해 내적 갈등이 나타난다.
  - 하위 4단계(정체성 확립과 정서적 대상항상성): 3세 초반의 유아는 자신에게 위안을 주는 어머니의 좋고 나쁜 내적 이미지를 통합하면서 정서적으로 대상 항상성을 발달하기 시작한다. 온전한 대상 표상은 아동이 통합된 자기 이미지를 발달시킬 수 있도록 돕는다.

■ 자기애과 자기 대상(자기심리학)

코헛의 자기심리학은 코헛이 자기애성 성격장애로 진단받은 사람과 작업하면서 개발한 대상관계의 독특한 형태이다(St. Clair, 2000). 프로이트는 자기애적인 사람들은 다른 사람들과 관계를 형성할 수 없기 때문에 치료가 불가능하다고 하였다. 반면, 코헛(1977)은 대상(타인)을 마치 자신의 한 부분 또는 자신의 중요한 기능을 수행하는 부분으로 바라보면서 이러한 사람들은 **나르시시즘**(자기애성) **대상관계**를 가지고 있다고 개념화했다. 코헛은 추동(drives)이 자기애에 앞선다는 프로이트의 가정을 뒤집었다. 즉, "코헛의 이론에 따르면 사람을 발달시키는 동기부여의 핵심은 자기(self)이다. '추동(drive)' '사로잡힘(drivenness)', 격노(rage), 병적 집착(perversions)은 구조적 취약성, 자기 대상 실패 경험, 자기 붕괴 징후의 증거이다. 이것이 코헛이 이끄는 정신분석 연구의 방향이다(Lachmann, 1993, p. 227)".

코헛이 개념화한 대로 자기 대상은 자기의 부분으로 경험되거나 정체성을 제공하기 위한 자기의 개념으로 사용된 사람 또는 대상이다(Kohut, 1984; St. Clair, 2000). 그들은 온전한 대상은 아니지만 일련의 무의식적인 패턴과 주제이다. 아동은 ① **부모에 대한 이상적인 이미지**('우리 부모님은 완벽해.')와 ② **자기에 대한 과대 이미지**('나는 내가 원하는 것을 얻을 만해.')를 기반으로 자기대상을 형성한다. 이것은 아동이 해야 하는 일(부모의 의도, 즉 이상적인 자기대상)과 아동이 하고 싶은 일(과대 자기) 사이에서 긴장을 발생시킨다. 부모와 자녀 사이의 공감적인 관계는 자녀가 **자기 응집성**을 형성할 수 있도록 돕는다. 트라우마적이지 않은 부모의 반응성 실패 경험(배고픈 아이에게 따뜻한 음식을 주는 것을 지체하는 것처럼 아이의 요구에 반응하는 것에 대한 잠깐의 지연)은 사실상 핵심 자기를 형성할 수 있도록 돕는다. 반대로, 어린 시절 트라우마와 박탈은 자기의 건강한 발달을 방해한다. 따라서 "과대 자기와 이상화된 대상은 변함없는 형태를 유지하며 오래된 욕구를 달성하기 위해 분투한다"(St. Clair, 2000, p. 144). 이러한 상황에서 "자기대상 경험은 인생의 모든 선행 단계에서 무의식적으로 반향을 불러일으킨다"(Kohut, 1984, p. 50). 이는 자기심리학 치료의 초점이 된다.

■ 관계 매트릭스

관계 정신분석가는 임상 정보를 조직하고 틀을 잡고 해석하기 위해 추동 이론을 포기하고, **관계 매트릭스**를 사용한다(Mitchell, 1988). 이 기반은 자기, 대상, 교류 패턴을 포함하고 있으며, '마음'이 어떻게 정의되어 있는지에 대해 재정립한다. 즉, "**마음은 개인 유기체 내부에서 형성되어 미리 결정된 일련의 구조가 아니라 상호 대인관계에서 형성된 교류 패턴과 내적 구조로 재정의된다**"(p. 17). 관계 이론에 따르면 '자기'는 대인관계를 벗어나서는 의미 있게 경험되거나 이해될 수 없는 것이다. 사실, 관계 이론가에게 "모든 의미는 관계에서 생성되므로 추동 모델과 같이 완전히 같은 방식으로 선천적인 것은 없다."(p. 61).

관계 접근은 사람들은 서로 연결되어 있으면서도 서로 다르다는 개념을 반영한 관계 매트릭스 또는 상호작용 영역 안에서 개인을 개념화한다. 분석의 기본 단위는 개인이 아닌 상황 속에서 개인을 평가하고, 다양한 내담자에게 적용 가능한 형태로 만들어진다. 심리내적 · 대인관계 역동은 모두 상호작용 영역의 일부분이며, 서로에게 영향을 미친다. 상호작용 영역 모델에서의 자기는 각각의 관계를 다르게 경험하기 때문에 자기대상 관계도 다르게 경험한다. 자기는 서로 다른 관계에서 서로 다른 자기들이 경험되기 때문에 자기는 불연속적이다. 예를 들어, 당신은 친한 친구에게는 자신감이 있지만, 배우자에 대해서는 편안하지 않고, 자신이 없으며, 부모님을 기쁘게 해 드리는 것이 어려운 사람일 수 있다.

■ 무의식적 조직 원리와 문화

관계 이론의 특정 형태인 상호주관성 이론은 구성주의 이론, 자기심리학, 관계분석 방법을 활용한다(Stolorow, Brandschaft, & Atwood, 1987). 포스트모던 구성주의자의 철학을 기반으로 한 상호주관성 이론은 "인간은 초기 관계 경험을 기반으로 형성된 그들의 특정 조직 틀(독특하고 무의식적 원리 또는 양식)을 통해 세계를 경험한다."고 가정한다(Leone, 2008, p. 83). 이러한 무의식적 원리는 왜곡이나 투사가 아니며, 자신의 경험을 이해하기 위해 개인이 불가피하게 개발한 렌즈이다. 인간은 누구나 이러한 원리나 양식을 가지고 있으며, 이것 없이 인간은 자신의 경험을 조직화하지 못한다.

이러한 무의식적 조직 원리는 초기 어린 시절 관계뿐만 아니라 문화에 의해서 만들어지기도 한다. 문화는 그 자체로 일련의 공유된 무의식적 조직 원리이다(Rubalcava & Waldman, 2004; Waldman & Rubalcava, 2005). 각 개인마다 부여된 문화 안에서 성별, 연령, 교육 등과 같은 다양성 변수뿐 아니라 초기 관계를 기반으로 자신의 무의식적 조직 원리를 형성한다. 이러한 무의식적 조직 원리는 인간의 삶에서 매 순간, 자신의 자기감, 감정 그리고 행동을 인식하는 데 사용된다. 예를 들어, 친구가 등을 가볍게 치는 것을 친절, 무례함 혹은 부적절한 것 중 어느 것으로 해석하는지는 이러한 무의식적 양식에 달려 있다. 따라서 상호주관성 이론가는 전이를 상담자의 행동을 해석하기 위해 내담자가 사용하는 무의식적 조직 원리의 일반적인 과정이라고 명확하게 재정립했다. 내담자는 이를 피할 수 없으며, 상담자도 역전이를 피할 수 없다. 상호주관성 이론가는 이러한 원리를 분석하기 위해 상담 관계의 즉시성을 이용하고 이것을 현재 문제와 관계를 드러내는 데 필수적이라고 설명한다. 이 장의 마지막에 있는 사례 연구에서 상담자는 하이디의 어린 시절 초기 트라우마와 가족 상실에 의해 형성된 자아를 정의하는 것의 중요성에 대한 무의식적 조직과정을 탐색할 것이다.

변화를 겨냥하기: 목표 설정

■ 정신분석의 일반적인 목표

건강에 대한 특정 이론과 정신분석 접근은 비슷한 장기 목표를 공유한다. 이것은 '정신건강'으로 규정된 일반적인 목표로, 다음의 내용을 포함한다.

- 비이성적인 충동 감소(초기와 중기 단계)
- 스트레스 관리 능력 향상, 방어기제 사용 감소(초기와 중기 단계)
- 자아 강도, 자아 존중감, 자기 통합 향상(중기와 종결 단계)
- 통찰 후 주체성 향상(중기와 종결 단계)
- 정서적 성숙과 지능 향상(중기와 종결 단계)
- 완벽주의 감소(중기와 종결 단계)
- 내적 갈등 감소와 인격 통합(종결 단계)
- 성숙한 의존과 친밀감을 경험하는 능력 향상(종결 단계)

비이성적인 충동 치료에서 초기 목표는 충동적인 또는 강박적인 행동, 자해행위, 약물 남용, 우울 사고, 부적절한 성적 충동 등을 야기하는 비이성적인 충동의 감소로 설정한다(Messer & Warren, 1995). 이러한 충동적인 행동과 강박적인 사고는 일반적으로 많은 내담자가 치료를 찾는 이유이다. 따라서 내담자는 매우 의욕적이고 어느 정도의 빈도 감소를 확인하고 싶어 한다. 특히 초기 목표는 단순한 감소(예: 적어도 일주일에 1회 이상 폭식 감소) 또는 행동의 완전한 제거(예: 2개월 동안 폭식 없음)이다.

스트레스 관리와 방어기제 초기 목표는 내담자의 방어기제 사용 감소와 방어기제 없는 스트레스 관리 능력 향상이다. 목표를 설정할 때 제거를 목표로 설정된 특정 방어기제는 구체적이어야 한다. 왜냐하면 우리는 상황과 관계에 따라 선호하는 방어기제를 가지고 있으며, 각 방어기제(예: 부인, 투사, 내사, 수동공격)마다 다른 개입을 필요로 하기 때문이다.

자아 강도, 자아 존중감, 자기 통합 원초아의 욕구 추구 충동과 초자아의 도덕적인 명령 간의 중재자로서 자아는 건강한 균형을 유지하기 위해 강해져야 할 필요가 있다. '자아 강도를 가진다는 것'은 개인이 어려운 현실을 부인하지 않고, 원초아의 욕구, 초자아, 현실 세계의 욕구 갈등을 통합하여 대처하는 방법을 찾는 것을 의미한다(McWilliams, 1999). 인간은 원초아의 쾌락 추구, 초자아의 엄격한 규칙, 현실의 제한된 한계를 맹목적으로 따르지 않는다. 대신 자아는 선행학습에 의해 형성된 긴장에 관여하고, 다양한 요구와 필요를 충족시키고 간극을 중재하기 위해서 합리적인 방법을 찾는다. 예를 들어, 어려운 시험을 앞둔 상황에서 자아 강도를 가진 개인은 보다 생산적인 일을 찾아 함으로써 원초아의 욕구를 충족시킨다. 보다 열심히 공부를 하거나 잠깐 휴식을 취하거나 도움을 청하거나 추가적으로 공부할 시간을 확보하여 시험에 대비함으로써 현실의 욕구를 충족시킨다(먼저, 당신의 휴식을 즐겨라. 우리는 여기서 당신을 기다릴 것이다).

통찰 후 주체성 통찰에 이어 내담자의 행동 변화가 일어난다면, 이것은 의미 있는 상담이다. 치료적 통찰은 번개를 맞은 듯 급작스럽게 일어나며, 통찰 후에는 개인이 가지고 있던 예전의 방식으로 쉽게 돌아가지 않는다. 만약 내담자가 빈번한 통찰을 경험하지만 변화가 없다면, 당신은 정곡을 찌르는 메시지를 방해하는 내담자의 주지화 방어기제에 대해 작업할 필요가 있다. 프로이트와 그의 뒤를 잇는 많은 사람들은 통찰을 '치유력'이 있다고 간주했고, 최근 10년간 실무자들은 통찰에 의한 변화가 일어나지 않는다면 그것은 치유로서 충분하지 않다는 것을 인정하였다(McWilliams, 1999). 관계 중심적인 현대 상담자들은 통찰에 도달하는 데 있어 상담자가 내담자에게 통찰을 제공하는 전통적인 방식보다는 상담자와 내담자의 협력이 효과적이라는 신념을 가지고 있다.

정서적 성숙과 지능 정신분석 상담은 대니얼 골먼(Daniel Goleman, 1995)이 최근에 **정서적 지능**이라 지칭한 것과 밀접한 연관성이 있는 정서적 성숙의 개발을 돕는다(McWilliams, 1999). 정서적 성숙 또는 지능은 원초적 충동 또는 엄격한 초자아의 도덕적인 규정에 근거하여 맹목적으로 반응하는 것이 아니라 현재 느끼는 감정, 왜 이렇게 느끼는지에 대한 이해, 성숙하고 지적으로 감정을 조절하는 방법에 대한 인식을 포함한다. 최근 신경학 연구는 감정 표현을 위해 단어를 찾는 작업을 지지하는데, 이는 뇌의 원시적이고 비언어적인 부분에 저장된 감정 기억을 전두엽 피질에서 탐색하고, 이해하여, 언어 또는 더 나은 이해로 변형할 수 있기 때문이다.

완벽주의 또 다른 정신분석 상담의 목표는 일반적으로 완벽주의 형태를 취하는 초자아의 가혹한 본성을 감소시키는 것이다(Messer & Warren, 1995). 인간의 초자아가 성격을 지배할 때, 인간은 사회적으로 부과된 규칙을 비록하여 개인적인 필요와 욕구의 균형이라는 성공의 정의를 따르는 데 강박적이게 된다. 초기에 완벽주의는 세속적인 성공에서 많은 이점을 가지지만 시간이 지남에 따라 섭식장애, 우울, 불안과 같은 잠재적 신경증을 야기한다.

성격 변화 정신역동 상담 접근은 성격과 성격 구조를 변화하기 위해 고안되었다. 이는 장기적이고 가장 중요한 목표이다. 성격 변화는 내적이고 무의식적인 갈등을 해결함으로써 이루어지는데, 이 과정에서 자신에 대한 이해가 깊어진다. 프로이트는 통찰에 치유력이 있다고 믿었지만, 오늘날 대부분의 상담자는 통찰로는 충분하지 않다고 본다. 통찰은 행동, 사고, 감정에서 의미 있는 변화를 입증해야만 한다(Abend, 2001). 가장 주목할 만한 변화 중 하나는 대인관계에서의 해석이다. 즉, 내담자는 삶에서 중요한 사람들과 더 의미 있고 덜 충돌적인 관계를 맺을 수 있어야 한다.

성숙한 의존과 친밀감 정신분석은 유아기와 아동기의 의존 문제를 다룸으로써, 성인이 타인에 대한 성숙하고 건강한 의존감과 친밀감을 개발하도록 돕는다(Mc Williams, 1999; Messer & Warren, 1995). 성숙한 의존은 명확한 정체성을 유지하면서 지역사회가 인간에게 필요한 것임을 인지하고, 지지적인 배우자와 친구를 선택하며, 정서적으로 민감해지고, 정서적 · 신체적인 친밀감을 경험하는 것 등이다. 타인이 자신을 온전히 보살펴 주거나 자기 삶의 문제에 만병통치약이 되기를 기대하지는 않지만, 통합된 전체로서 좋은 부분과 나쁜 부분을 받아들인다. 또한 내담자는 정신분석을 통해 심리적이고 성적인 취약성을 내포하고 있는 친밀감에 대한 능력을 개발한다.

실행에 옮기기: 개입

■ 저항을 해석하고 훈습하기

모든 정신분석적 접근은 내담자의 통찰을 촉진하기 위해 무의식적인 자료의 해석을 활용한다.

- 꿈, 환상, 백일몽
- 증상
- 전이와 역전이
- 가장 좋아하는 단어와 은유 선택
- '프로이트 식의' **말실수**(우연히 잘못 말한 단어로, 무의식적 동기를 나타냄)
- 농담과 여담

상담자는 사례개념화와 분석에서 자신의 스타일에 따라 성적으로 억압된 문제(추동 이론),

방어기제(자아심리학), 초기 어린 시절 사건(대상관계 이론), 자기대상 갈등(자기심리학)을 해석한다.

삶에서 많은 것이 그러하듯 중요한 것은 타이밍이다. 만약 내담자가 준비되지 않았다면, 저항에 대비하라. 이러한 경우, 내담자는 무의식적 문제를 의식적 인식으로 가져올 준비가 되지 않은 것이다. 대부분의 사례에서, 전의식과 가까운 내용일수록 내담자는 해석을 받아들일 준비가 더 많이 되어 있다. 예를 들어, 남편에게 몹시 화가 나 있음에도 이러한 해석을 받아들일 준비가 되어 있지 않은 내담자가 있다고 가정해 보자. 어느 날 내담자가 남편에게 소리를 지르는 꿈을 꿨으며, 이 때문에 몹시 신경이 쓰인다고 보고한다면, 상담자는 그제야 해석을 제시할 기회를 엿볼 수 있을 것이다.

초기에는 해석이 인지적 통찰을 촉진시키는 데 사용되었지만, 정신분석 학파의 상담자는 해석의 효과를 만들고 평가함에 있어 점차 내담자의 정서적 경험에 주의를 기울이기 시작했다. 즉, "임상 장면에서 정서적인 면에 집중하는 편향은 분석적 개입에 있어 적절한 방법으로 받아들여지고 있다"(Kernberg, 1997, p. 8). '정서적인 측면에의 집중'은 단순히 뚜렷한 감정을 나타내고자 하는 것이 아니라 전이, 유아기의 경험, 역전이 등을 포함하여 의식과 무의식의 전체 범위에 걸쳐 감정 에너지가 집중된 곳에 대한 전체적인 분석이다.

효과적인 해석을 위한 단계

1. **사례개념화를 시작하기**: 해석은 막무가내로, 즉흥적으로, 마음이 내킬 때 할 수 있는 것이 아니다. 대신, 첫 번째 단계로 상담자는 내담자가 정서적 에너지를 어디에 집중했는지 탐색하고, 이러한 내용이 잘 드러나는 사례개념화를 작성할 수 있어야 한다(다양한 옵션은 '조망하기: 사례개념화' 섹션 참조).
2. **'순간'을 기다리기**: 내담자의 역동과 문제를 명확하게 안다고 해서, 통찰력 있는 진실을 보여 주기 위해 다음 회기로 급하게 넘어가서는 안 된다. 사실 정교화된 해석을 잘하는 것은 어려운데, 이를 효과적으로 하기 위해서는 내담자에게 들을 준비가 되어 있어야 한다. 이 시기는 새롭고, 고통스럽거나 힘겨운 사건과 관련된 일들이 일어난 이후이다. 상담자가 어떤 일이 일어났는지를 이해하기 위해 애쓰는 순간, 대부분의 내담자는 상담자로부터 대안적인 관점을 듣기 위해 더 마음을 열게 된다. 내담자가 여전히 정서적인 격변에 사로잡혀 있을 때, 그들은 해석에 저항할 가능성이 높다. 정서적 혼란과 이를 극복하고자 하는 바로 그때 내담자는 잠시 멈추어서 고민하고 되돌아보고 이유를 묻기도 한다. 그때가 그들이 준비되어 있는 순간이다. 장담컨대, 시간이 지남에 따라 이 시기를 분별하는 능력이 생기게 된다. 놓치더라도 당연한 것이지만 말이다.
3. **현재부터 과거까지 작업하기**: 대부분의 사례(한 가지 기술이 모든 문제에 적용되는 것은 아니지만)는 현재 문제(예: 상담자와 내담자 간에 또는 회기에서 무엇이 발생했는지, 직장생활에서 무슨 일이 발생했는지, 가장 속상했던 일)의 역동을 설명함으로써 시작한다. 그리고 과거(예: 어머니, 아버지와의 관계, 과거 약물 남용 등)와 연결한다(Kernberg, 1997).

4. **내담자의 반응 평가하기**: 당신은 해석에 대한 내담자의 반응이 어떤지 평가해야 한다. 저항했는가? (즉, '나는 전혀 그렇게 생각하지 않아요.') 또는 동의했는가? (즉, '이전에는 그렇게 생각해 본 적이 없지만, 당신 생각이 맞다고 생각해요.') 아니면 그 중간에 속해 있는가? ('나는 몰라요. 하지만 일부는 진실이에요.') 학파와 상담자 개인에 따라 각각의 반응에 대한 접근법이 다르다. 초심상담자는 내담자의 주관적인 세계를 '이해'할 뿐만 아니라 보다 협력적·관계적 접근으로 내담자의 현실을 다루면서 일상생활에서의 행동, 감정, 사고의 변화로 옮겨갈 수 있도록 해석을 재해석하는 것이 가장 안전할 것이다.

스스로 해보기

파트너와 함께하거나 혼자, 당신이 특정한 방어기제를 사용할 때를 찾아 적어 보세요. 그 상황에서 무슨 일이 일어났는지에 대한 해석을 발달시키기 위해 앞에서 제시한 단계를 사용할 수 있습니다.

■ 공감: 이해–설명 순서

코헛(1984)은 상담 관계를 확고히 하고 의미 있는 해석을 제공하기 위해 **이해–설명 순서**를 제시하였다. 일반적으로 이 두 가지는 상담자의 단일 발언에서 함께 나타난다. 그러나 코헛은 경우에 따라 심각한 외상을 경험한 사람들에게는 이 단계만 오래 지속될 수 있다고 강조했다.

공감적 이해–설명 순서

이 과정은 2단계, 즉 이해와 설명을 포함한다.

1. **이해**: 이해 단계는 공감의 표현이다. "제가 지각해서 당신이 화난 것에 대해 저는 이해할 수 있습니다."
2. **설명**: 두 번째 설명 단계는 내담자의 감정을 이해하는 것을 도와주는 몇 가지 해석을 제공한다. "우리는 모두 우리 주변의 사람들이 우리를 어떻게 생각하고 대하는지에 대해 신경을 씁니다. 특히 우리에게 중요한 사람들이라면 더더욱 그렇지요. 예전에 우리 부모님이 우리에게 중요했던 것처럼요. 당신 어머니의 비일관적인 태도와 아버지의 무관심을 생각해 볼 때, 제 행동이 무척이나 당신에게 상처가 되었을 것 같아요."

코헛은 교정적 정서 경험을 제공하고 내담자가 보다 통합된 자기감을 발달시키는 데 도움이 되는 공감적인 표현을 하기 위해서 이 두 가지를 함께 사용하였다.

코헛(1977)은 상담자가 특정한 공감적 해석이 옳다는 증거를 찾는 것에 대해 경고했다. "우리는 직감을 통해 정립된 사고방식에 빠져 반복적인 오류를 범하지 않도록 해야 한다. 이를 위해서는 중요한 안전장치 역할을 하는 임상적 장면에서의 필수적 요소로서의 태도에 대해 알아야 한다. 그것은 직관적 지식에서 오는 '아, 그렇구나.' 경험의 편안한 확실성에 휩쓸리지 않고 가능한 많은 대안을 수집하기 위해 마음을 열고 계속해서 공감을 시도하는 의지이다."라고 하였다(Kohut, 1977, p. 168). 코헛은 증상과 행동패턴의 점진적인 변화만이 상담자의 공감 해석이 맞았다는 증거를 제공해 준다고 믿었다. 이 장의 마지막에 있는 사례 연구에서, 상담자는 하이디가 가족보다 커리어를 추구하게 된 이유, 그리고 그녀가 친밀한 관계를 유지하는 데 어려움을 겪는 이유를 이해할 수 있도록 돕기 위해 이해-설명 단계를 활용한다.

■ 자유연상

프로이트에 의해 개발된 자유연상은 내담자에게 '당신의 어머니'와 같이 주어진 주제에 대해 '마음에 떠오르는 것을 그냥 말하라'고 하는 것으로, 무의식적인 내용이 떠오르는 것을 허용한다. 내담자는 최근 사건, 기억, 감정, 환상, 신체 감각, 또는 그 밖의 다른 것에 대해 말할 것이다. 상담자는 내담자를 의자에 앉히지 않고 카우치에 눕혀 편안하게 함으로써 자유로운 사고의 과정이 무의식을 통해 드러나도록 격려한다. 상담자는 흔치 않은 관계, 기이한 논리, 말실수, 수정하거나 비밀로 하려는 노력에 대해 신중하게 듣는다. 이러한 과정 후에 상담자는 내담자의 통찰력을 증진시키도록 돕는 해석을 제공한다.

■ 꿈 분석

"…… 일반적으로 꿈은 해석될 수도 있고, 해석 작업 후에는 마음속에서 알아차릴 수 있는 위치를 찾아 완전하고 정확하게 구성된 사고로 대체될 수 있다."(Freud, 1963b, p. 29)

과학자들이 꿈을 '신체적 표현'으로 바라보던 시대에 프로이트의 꿈 분석 접근은 획기적이었다. 기존 의학계의 입장과는 달리 그는 "나는 꿈은 의미를 가지고 있고 꿈 해석의 과학적인 절차는 가능하다고 생각한다."라고 하였다(Freud, 1974b, p. 83). 프로이트에 의해 '무의식에 이르는 지름길'로 이름붙여진 꿈 분석은 정신분석이 나타난 이후 핵심적인 작업이 되었다(Luborsky et al., 2008). 프로이트의 전통에서 꿈을 꾼 사람은 꿈의 의미를 상징화하기 위한 핵심이다. 미리 정해진 의미는 없다. '담배는 그냥 담배이다!' 꿈의 연상과 상징은 꿈의 근본적인 무의식적 의미의 단서를 제공한다. 꿈 분석에서 꿈은 두 가지 층을 가지고 있다. **현시적 내용**은 꿈 내용 그대로를 의미하며, **잠재적 내용**은 평가받기 위해서 해석되어야 하는 근본적인 무의식적 문제이다.

■ 상호주관적 반응

관계 정신역동 상담자는 내담자가 통찰력을 얻고, 변화를 만들어 내며 **상호주관적 반응**을 나타내는 기회를 만들기 위해 상담 관계에 의지한다. 포스트모던 접근법을 사용하는 상담자는 상담 관계의 모든 경험을 어린 시절 경험과 관련시킬 필요가 없다고 주장한다. 대신 그들은 현재 관계와 문화, 성별, 경제적 지위, 교육, 경험과 관련된 내담자의 해석에 중점을 둔다. 예를 들어, 내담자가 상담자의 진심이 느껴지지 않아 좌절감을 느낀다면 상담자는 방어적이지 않고 겸손한 태도로 내담자의 어린 시절 관계를 포함하여 다양한 요인과 관련된 이전의 사건들, 인식, 이면의 기대에 대해 호기심을 가지고 탐색해야 할 것이다.

모든 정보 통합하기: 정신역동 사례개념화와 치료계획 양식

이론에 특화된 사례개념화: 정신역동

이론에 특화된 사례개념화를 발달시키기 위해 다음의 내용을 사용하라. 이 장의 마지막에 제시된 사례 연구는 하나의 예이다.

- 의식 수준: 의식 대 무의식 과정의 핵심적인 역동을 기술하라.
- 자기 구조: 내담자의 자아, 초자아, 원초아 간의 기능과 관계를 기술하라.
- 추동 이론: 리비도 에너지와 관련된 역동을 기술하라.
- 2차적 이득: 내담자의 증상과 관련하여 발생할 수 있는 2차적 이득을 기술하라.
- 방어기제: 내담자가 가장 많이 사용하는 방어기제 3~4가지를 기술하라. 다음과 같은 내용이 포함될 수 있다.
  - 행동화
  - 치환
  - 유머
  - 투사
  - 합리화
  - 억압
  - 승화
  - 부정/부인
  - 도움 · 거절 및 불평
  - 수동 공격성
  - 투사적 동일시
  - 반동형성
  - 분열
  - 억제
- 에릭슨의 심리사회적 발달단계: 각 발달단계에서 현재 단계까지의 핵심적인 과업을 기술

하라.

- 신뢰감 대 불신감(영아기)
- 자율성 대 수치심과 의심(유아기)
- 주도성 대 죄책감(학령전기)
- 근면성 대 열등감(학령기)
- 자아정체감 대 역할혼미(청소년기)
- 친밀감 대 고립감(청년기)
- 생산성 대 침체성(장년기)
- 자아통합 대 절망감(노년기)

• **대상관계 이론/참 자기:** 애착(안정, 불안정, 회피, 혹은 불안정-회피), 일반적인 관계의 특성, 트라우마를 지닌 애착에 대해 기술하라.
  - 초기 양육자, 과거와 현재
  - 현재 친밀한 관계(배우자, 자녀, 친한 친구)

• **관계 매트릭스:** 자기와 세계에 대한 이해를 통한 관계망(web of relationship)과 상황을 기술하라. 여기에는 개인 내적 및 대인관계와 관련된 역동이 포함된다.

• **무의식적 조직 원리 및 문화:** 인종, 민족, 성별, 사회적 지위, 성 정체성, 능력, 그 외 문화적 역동에서 파생된 것을 강조하면서 무의식적 조직 원리를 설명하라.

치료계획 양식: 정신역동

우울, 불안, 강박 문제를 호소하는 내담자를 위하여 치료계획을 세울 때, 다음의 치료계획 양식을 사용하라. 특정 내담자, 호소문제, 치료적 맥락에 따라 이 양식의 목표나 개입 방식은 다소 변경될 수 있다. 필요에 따라 이 치료계획을 적절하게 변경하여 사용할 것을 권장한다. 이 계획을 치료에 효과적으로 적용하기 위해서는 내담자가 경험하고 있는 특정 신념, 행위, 감정을 중심으로 목표와 개입 방식이 명확하게 작성되어야 한다. 구체적일수록 당신에게 유용할 것이다.

치료계획

치료의 초기 단계

초기 단계 치료 과제

1. 치료 관계를 형성하기. 다양성의 고려사항: [내담자와 관계를 형성하는 과정에서 내담자의 다양성에 따라 자신의 접근법을 어떻게 민감하게 조정할지 구체적으로 설명하라. 감정 표현을 위해 그들의 다양한 문화와 성별에 관한 내용이 포함되어야 한다.]

관계 형성 접근/개입:

a. 내담자에게 지지적이고 안아 주는 환경을 제공하기 위해 **공감과 거울 기법**을 사용하라.

2. 개인적이고 체계적이며 다양한 문화적 역동을 평가하기. 다양성의 고려사항: [문화, 사회 · 경제적 지위, 성 정체성, 성별, 그 외 고려사항에 대한 평가 방법을 설명하라.]

평가 전략:

a. 증상의 기저에 있는 **무의식적 갈등**과 이를 관리하는 **방어기제**의 역할을 분석하라.

b. 현재 나타나는 관계의 특성과 유아기 발달배경을 포함하여 **대상관계와 자기대상 패턴**을 분석하라.

c. 관계 매트릭스와 내담자의 세계관을 형성하는 무의식적 조직화 원리(문화적으로 규정된)를 평가하라.

초기 단계 내담자 목표

1. [특정 위기 증상] 감소를 위해 **자기에 대하여 인지된 위협**에 대한 정서적 반응 수준을 감소시키기

개입:

a. 내담자 자신을 위협하는 외적 세계에 대한 부정확한 통찰을 감소시키기 위해 **이해-설명 순서**를 사용하여 **공감**을 제공하라.

b. 부정확하게 인지된 위협에 반응하는 **방어기제** 사용 욕구를 줄이기 위한 분석을 하라.

치료의 작업 단계

작업 단계 치료 과제

1. 작업 동맹의 질을 점검하기. 다양성의 고려사항: [성별, 문화, 성 정체성, 사회 경제적 지위, 가족역동 등과 관련된 갈등의 패턴에 대해 어떻게 반응할 것인지 기술하라.]

평가 개입:

a. **전이와 역전이**에 대해 점검하고 훈습하라.

작업 단계 내담자 목표

1. [특정 증상: 우울, 불안 등]의 감소와 [인지된 특정 위협]으로부터 자신을 보호하기 위한 [특정 방어기제] 사용 감소시키기

개입:

a. **방어기제**의 역할에 대한 해석과 초기 어린 시절 경험에서 발달된 방식 및 현재 부적절하게 사용되고 있는 방어기제에 대해 파악하라.

b. 상담자와의 관계에서 방어기제가 사용되었을 때 회기 내에서 전이를 분석하라.

2. [특정 증상: 우울, 불안 등] 감소를 위해 **자아 강도**와 **자기 통합**을 증가시키기
개입:
a. 내담자의 자기 가치감을 확고히 하기 위해 **거울기법**을 사용하라.
b. 내담자의 통합성을 높이기 위해 **이해-설명 순서**를 사용하여 공감하라.
c. 내적 갈등의 근원을 의식적 자각으로 가져오기 위해 **꿈 분석**과 **자유연상**을 사용하라.

3. [특정 증상: 우울, 불안 등] 감소를 위해 정서 지능을 바탕으로 개인의 주체성 증가시키기
개입:
a. 회기 내에서 내담자의 자기 인식을 높이기 위해 감정적·관계적 맥락에 맞는 **상호주관적 반응**을 하라.
b. 통찰을 행동으로 옮기는 데 대한 **저항**을 훈습하라.

치료의 종결 단계

종결 단계 치료 과제

1. 추후 관리 계획을 세우고 성과를 유지하기. 다양성의 고려사항: [치료가 종결된 이후, 내담자를 돕기 위해 내담자가 속한 공동체의 자원에 어떻게 접근할지 설명하라.]
개입:
a. 임박한 종결 과제로서 **전이**와 **유기** 문제를 분석하라.

종결 단계 내담자 목표

1. [특정 증상: 우울, 불안 등] 재발 가능성 감소를 위해 인격 통합을 증가시키고 내적 갈등을 감소시키기
개입:
a. 치료 종결과 관련된 일반적인 내적 갈등을 확인하기 위해 **꿈 분석**, **자유연상**과 정체성에 대한 **전이를 분석**하라.
b. 완전한 인격 통합을 위해 내적 갈등을 성공적으로 관리하며 의식적으로 억누르고 있는 것을 확인할 수 있도록 하라.

2. [특정 증상: 우울, 불안 등] 재발 가능성 감소를 위해 성숙한 **의존과 친밀감**을 경험하는 능력 증가시키기
개입:

a. 회기 안과 밖의 친밀감에 대한 **전이**를 분석하고 저항에 대해 훈습하라.
b. 내담자가 다른 사람들과 관련하여 사용하는 무의식적 조직화 원리를 비판적으로 살펴보기 위해 **상호주관적 반응**을 하라.

스냅샷: 연구와 근거 기반

연구 지원이 부족했음에도 불구하고 정신역동 상담은 존경받아 왔으며 근거 기반으로 성장하고 있다(Leichsenring, 2009: Shedler, 2010). 가장 우수하고 엄격하게 연구된 정신역동 접근법은 미국 국립보건원(U. S. National Institutes of Health)에 의해 증거 기반 접근으로 인정받은 단기 정신역동 접근이다(Luborsky et al., 2008; Weissman, Markowitz, & Klerman, 2000, 2007). 가장 강력하고 일반적인 정신역동 상담의 효과는 정신역동을 인지행동, 인본주의 등 다른 접근법과 비교한 대규모 연구를 통해 확인할 수 있었는데, 최근 영국에서 실시한 연구에서 이론 간 결과의 유의미한 차이가 없는 것으로 나타났다(Stiles, Barkham, Mellor-Clark, & Connell, 2008). 보다 최근의 연구들은 지속적인 성과는 물론 상담이 끝난 후에도 효과가 증가하는 경향을 보여 주고 있으며(Abbass, Hancock, Henderson, & Kisely, 2006; Leichsenring, 2009), 이는 구체적인 정신역동 개념을 지지한다. 예를 들어, 루보스키와 동료들(Luborsky et al., 2008; Luborsky & Crits-Christoph, 1998; Luborsy & Luborksy, 2006)은 핵심 갈등 관계를 주제로 한 연구에서 정신분석학적 전이에 대한 개념을 뒷받침하는 증거를 발견했다. 특정 주제에 있어 효과가 다른지를 확인하기 위해 정신역동 이론과 다른 모델을 비교하기 위한 추가적인 연구가 필요하다(Leichsenring, 2009). 정신역동 상담에서 새로운 연구 분야는 정신역동 과정의 신경적 및 신체적 반응에 초점을 두고 있으며, 무의식적 과정과 애착을 개념화할 수 있는 새로운 방법에 대해 밝히고 있다(Marci & Riess, 2009; Roffman & Gerber, 2009).

증거 기반 치료: 단기 정신역동 상담

요약: 당신이 알아야 할 기본적인 내용

'단기 정신역동' 접근법은 연구를 통해 발전해 왔고 입증되어 왔다(Book, 1998; Messer &

Warren, 1995). 단기 정신역동 접근은 전통적인 정신역동 접근법으로, 전통적인 정신역동 접근과 동일한 사례개념화 기법을 사용한다. 그러나 상담관계의 질, 목표의 구체성 및 개입의 직접성 측면에서 차이가 있다. 이러한 '단기' 접근법은 12~50회기를 요구하지만 일반적으로는 20회기에 종결된다. 다른 정신역동 접근법과 유사하게 그들은 초기 아동기의 관계가 이후의 문제에 많은 영향을 미치기 때문에 방어기제를 치료 목표로 삼아야 한다고 믿는다. 따라서 대부분 단기 정신역동 접근법의 목표는 충동을 조절하고 내적 갈등을 해결하기 위해 자아를 강하게 하는 것이다. 이러한 접근에서 상담자는 보다 적극적이며, 개입의 목표가 되는 핵심 역동을 빠르게 확인해야 한다. 상담자-내담자의 관계는 상담자의 반응이 내담자의 오래된 트라우마를 바로잡는 데 도움이 되는 **교정적 정서 경험**을 제공하는 배움의 장과도 같다.

큰 그림: 상담과정의 개관

시프너스(Sifneos, 1979)는 단기 정신역동 상담 및 심리치료의 5단계를 다음과 같이 설명했다.

1. **내담자-상담자 만남**: 내담자와 상담자는 라포를 형성하고 치료의 초점에 대해 상호 간 동의한다. 이 과정에서 상담자는 확인된 호소문제에 초점을 맞춰 내담자의 역동을 사례개념화한다.
2. **초기 치료**: 상담자는 현실적 · 긍정적 전이에 맞서고, 내담자가 상담자와 상담과정에 대해 갖고 있는 현실적인 기대를 자신의 희망과 구별하도록 돕는다.
3. **치료 단계**: 이 과정에서는 회기 중 드러난 현재 문제와 전이 문제를 보다 잘 이해하기 위해 과거를 분석한다. 내담자는 이 두 가지를 회기 안과 밖에서 연관시키는 새로운 방법에 대해 배운다.
4. **변화의 근거**: 내담자는 일상생활에서 상담 회기 때 배운 내용을 적용한다.
5. **종결**: 목표를 달성하게 되면, 상담자는 새로운 목표를 찾기보다는 내담자가 종결을 향해 나아가도록 돕는다. 치료가 끝날 무렵, 상실과 분리 문제에 대한 신중한 태도가 요구된다.

관계 형성하기: 치료적 관계

■ 교정적 정서 경험

단기 정신역동 상담자는 초기 어린 시절 관계에 대한 통찰력을 증진시키기 위해 전이와 역전이를 사용하기보다 **교정적 정서 경험**을 증진시키기 위해 회기 내에서 즉각적인 상호작용을 사용한다. 교정적 정서 경험은 오래된 어린 시절 트라우마와 대인관계 패턴을 바탕으로 상담관계에 대해 다루는 것을 의미한다(Mallinckrodt, 2010). 예를 들어, 내담자가 상담자의 전문적인 태도를 상담자가 자신에 대해 못마땅해 하는 것으로 여긴다면, 상담자는 이 기회를 통해 자신의 태도가 어릴적 내담자의 부모가 그러했듯 내담자를 판단하는 것이 아니라 말 그대로 전문성을 위한 경계임을 명확하게 설명할 수 있을 것이다. 이러한 작업이 진정성 있게 이루어졌을 때 내담자에게는 깊은 치유의 경험이 될 수 있다.

구체적인 단기 정신역동 접근

■ 대인관계 심리치료

처음에는 우울을 치료할 목적으로 개발된 **대인관계 심리치료**는 부부, 성인, 양극성 성격장애, 섭식장애, 불안장애, 경계선 성격장애에 사용되어 왔다(Weissman, Markowitz, & Klerman, 2000, 2007). 미국에서 가장 많이 이루어진 정신건강 연구 가운데 하나인 대인관계 심리치료는 인지치료와 항우울제 처방과 비교했을 때 비슷한 효과를 갖는 것으로 밝혀졌다(Krupnick, Elkin, Collins, Simmens, Sotsky, et al., 1994). 따라서 대인관계 심리치료는 높이 평가되는 근거 기반을 가지고 있다. 이 접근은 성인기에 스트레스가 많은 대인관계는 어린 시절 애착 문제로 인해 촉발되는 경우가 많고, 우울 또는 비슷한 장애를 야기한다는 가정을 기반으로 한다. 이 접근은 재발 가능성을 줄이기 위해 건강한 대인관계 형성에 초점을 둔다.

치료는 시간이 제한되어 있으며, 다음 네 가지 영역에 초점을 맞춘다.

1. 대인관계 결핍(기술 또는 지식 부족)
2. 역할 기대와 갈등(현실적인 기대 만들기)
3. 역할 전이(발달과 상황적 맥락을 기반으로 관계 재정의)
4. 애도 문제(과거와 현재 관계의 상실을 다루기)

대인관계 심리치료에는 3가지 하위단계가 있다.

[1단계] 초기 회기: 앞서 열거된 네 가지 목록 중에서 한두 가지 문제를 확인하는 데 중점을 둔다. 상담과정 및 진단은 해당 과정 및 그 과정이 내담자에게 어떻게 도움이 될 것인지를 내담자가 완전히 이해할 수 있도록 설명된다.

[2단계] 중간 단계: 이 과정에서 상담자는 적극적으로 심리교육, 패턴 분석, 조언하기, 통찰

력 자극 질문, 행동 변화 기술을 포함한 개입을 광범위하게 사용하여 내담자가 목표한 문제를 다룰 수 있도록 돕는다.

[3단계] 종결: 내담자로 하여금 자신이 배운 기술을 활용해 미래 문제에 대처할 수 있다는 자신감을 갖도록 돕기 위해 종결은 2~4회기를 필요로 한다.

■ 핵심 갈등 관계 주제 방법

루보스키와 동료들(Luborsky & Crits-Christoph, 1998; Luborsky & Luborsky, 2006; Luborsky et al., 2008)은 단기 정신역동 방법 내에서 전이를 조작할 수 있도록 하기 위해 핵심 갈등 관계 주제 방법을 개발했다. 이 방법은 갈등과 문제를 만드는 핵심 관계 주제를 확인하기 위해 내담자가 보고하는 타인과의 모든 상호작용을 분석하는 것이다. 상담자는 내담자에 의해 보고된 각각의 만남에서 세 가지 요소를 분석한다.

- W(Wish): 내담자의 소망, 언급되거나 암시된 것(예: 사랑받고 싶고, 인정받고 싶음 등)
- RO(Response of Others): 타인의 반응, 실제이거나 상상된 것(예: 거부, 반감, 비판, 무시 등)
- RS(Response of Self): 자기의 반응(예: 분노, 슬픔, 철수, 타인 공격, 자기 비난, 사방이 막힌 듯한 느낌 등)

상담자는 내담자가 말한 각각의 문제 상황에서 세 가지 요소를 찾아내고, 내담자가 이러한 패턴에서 통찰력을 얻고 그들의 반응을 바꿀 수 있도록 도와준다. 연구에 따르면, 내담자의 소망은 여전히 같은 상태로 남아 있는 반면, 자기 반응과 타인 반응은 변화하는 것으로 나타났다.

■ 단기 역동적 심리치료

성격장애로 진단받은 사람을 치료할 목적으로 개발된 단기 역동적 심리치료는 교정적 정서 경험을 촉진하기 위해 상담 관계에서 사용된다(Levenson, 2003). 내담자는 자신의 삶 속에서 다른 사람과 관계를 맺던 방식으로 상담자와 상호작용한다. 단기 역동적 접근을 사용하는 상담자는 내담자가 상담 회기 밖에서 타인과의 상호작용 방식을 바꿀 수 있도록 하는 새로운 경험을 제공하기 위해 상담 관계 내에서 그들의 반응을 활용한다. 상담자는 긍정적이고 지지적인 접근을 사용하여 내담자로 하여금 오래된 대인관계 패턴을 안전하게 탐색할 수 있도록 돕는다. 초기에 상담자는 현재 관계 패턴을 확인하는 것으로 시작하지만, 이후에는 관계 패턴의 초기 원인을 분석한다. 상담자는 내담자에게 이러한 패턴이 삶의 초기에는 유용했을지 몰라도 현재는 같은 기능을 해 주지 못하고 있음을 깨달을 수 있도록 돕는다.

다문화적 접근: 다양한 집단과 작업하기

문화와 인종의 다양성

전통적인 정신분석은 일반적으로 다른 문화(Green, 2004; Luborsky et al., 2008) 혹은 성 소수자(Glassgold & Iasenza, 2004)에게는 적용할 만한 것으로 간주되지 않았으며, 같은 분야 내에서도 여성에게 차별적이라고 오랫동안 비판받아 왔다(Horney, 1939). 사실상 전통적인 정신역동 접근법에 대한 모든 연구는 백인 내담자 대상으로만 진행되어 왔다(Watkins, 2012). 그러나 가장 최근에 개발된 관계 접근은 정신역동 상담자로 하여금 상담과정 안에서 내담자의 독특한 대인관계적 맥락에 대한 탐색을 가능하게 해 준다(Altman, 2008; Waldman & Rubalcava, 2005). 특히 관계적 그리고 상호주관적인 접근은 상담자와 내담자를 "자신의 무의식 조직 원리의 측면에서 다른 사람의 영향, 행동, 표현을 이해하는 존재로 인식한다. 이러한 역동은 상호주관적인 영역을 평가할 때 일어난다."(Rubalcava & Waldman, 2004, p. 138). 게다가 프레드 파인(Fred Pine, 1990)과 같은 몇몇 상담자들은 경제적으로 어렵고 교육 수준이 낮은 내담자와 작업할 때, 더 '지지해 주기' 위해 정신역동 기법을 조금씩 변화시켜 왔다. 파인은 내담자가 듣기 힘들어하는 해석을 제공하기 전에 내담자에게 미리 마음의 준비를 시키고, 감정에 이름을 붙이는 등의 '자아 형성' 개입을 사용하였다.

라틴계 남성/여성 겔먼(Gelman, 2004)은 라틴계 남성 상담자가 라틴계 남성 내담자에게 얼마나 적절하게 정신역동 치료를 적용하는지 탐색하기 위해 근거 이론(grounded theory) 연구를 설계하였다. 그의 연구에서 상담자는 정신역동 이론을 사용하여 라틴계 남성과 작업 시, 보다 효과적인 상담을 위해 다음의 요소들이 수정되어야 한다고 보고했다.

- **상담 관계와 인격주의:** 라틴 문화에서 온정, 존경, 진심은 그 사람의 인격을 나타내며, 개인적 관계의 발전은 같은 언어로 말하고 비슷한 문화를 공유함으로써 가능하다. 이러한 문화적 특징으로 인해 정신역동적 상담자는 내담자와 과잉동일시(overidentification)하는 데 큰 어려움을 느낀다고 말했다. 따라서 상담자의 자기인식은 전이와 역전이의 역동을

탐색하는 데 필요하다.

- **개별성과 개별 맞춤**: 라틴 문화의 이질성 그리고 사회 경제적 지위와 문화접변(acculturation)의 영향을 고려하여 각 내담자에게 맞는 상담과정을 진행한다.
- **접근법의 유용성**: 상담자는 회기가 진행되는 동안 통화를 허용하는 등 보다 융통성 있는 정신역동 접근을 사용한다고 보고했다.
- **외적 현실 드러내기**: 분석과정에서 심리사회적 압박을 포함한 외적 현실이 드러난다. 이미 굳어진 문제들은 정신역동 과정에서 드러난다.
- **자기개방**: 라틴계 상담자는 문화적으로 잘 통하기 때문에 라틴계 내담자에게 보다 많은 자기 개방을 한다고 보고했다.
- **선물 주기**: 라틴계 문화에서 선물을 주는 것은 중요한 부분이기 때문에 상담자는 라틴계 내담자와 작업할 때 문화적으로 적절한 선물을 받기 쉽다.
- **신체적 접촉**: 상담자는 내담자와의 악수, 등 토닥거려 주기, 거리감을 줄이는 것과 같은 합리적이고 적절한 신체적 접촉을 보고했다. 상담자는 개별 내담자와 갖는 접촉의 잠재적인 의미를 설명했다.
- **활동과 방향**: 상담자는 내담자가 자원에 접근하도록 도와주는 측면에서 보다 적극적이고 직접적이라고 보고했다.
- **치료적 기법으로서의 언어**: 상담자는 라틴계 내담자와 비라틴계 내담자에게 서로 다른 언어를 사용한다고 보고했다. 상담이 스페인어로 종결되었을 때, 정중한 표현인 '당신(usted)'을 구어체인 'tú'로 바꾸어 표현함으로써 편안함과 신뢰감을 향상시킨다. 상담자가 모국어로 말하는 것은 제2의 외국어가 범접할 수 없는 정신에 접근한다고 믿는다. 따라서 모국어로 말하는 것은 직접적인 경험과 감정에 보다 가까이 접근하는 것으로 본다. 상담자가 제2의 외국어를 선호한다는 것은 여러 가지 잠재적인 목적과 의미, 즉 경험에 관여하지 않기, 치료적 관계에 관여하지 않기, 내담자에게 동화되는 것 증명하기, 혹은 동화되는 것 선호하기 등을 가지고 있는 것처럼 보인다. 또한 언어는 감정을 조절하는 데 사용된다. 즉, 모국어로 바꿈으로써 정서 표현을 증가시키고 제2의 외국어로 바꿈으로써 감정적 부담을 줄이는 것이다.

동아시아계 미국인 이(Yi, 1995)는 정신역동 치료가 아시아계 내담자에게는 효과적이지 않다고 생각하는 많은 사람들에게 주관적인 이론(subjectivity theory)을 사용하여 전통적인 정신역동의 몇 가지 개념을 수정할 것을 제안했다(Stolorow, Brandschaft, & Atwood, 1987).

- **자기대상 관계**: 초기 어머니-자녀 관계가 자기대상 관계의 기반으로 여겨지는 만큼, 이러한 패턴이 형성된 문화의 차이를 인식하는 것은 중요하다. 서구에서 개인주의가 가치 있게 여겨지는 반면 동양에서는 타인에 대한 공경과 상호의존이 중요한 가치로, 어머니는 이러한 가치를 반영하고 있다.
- **유교적 자기**: 매우 구조적이고 위계적인 가치 체계의 영향을 고려해 볼 때, 동아시아인은 명확히 정의된 역할을 가진 채 자기와 타인에 대한 유사한 위계적 표현을 내면화한다. 일반적인 서구의 계급 개념과 달리, 유교적 계급은 일방적인 권력이 아닌 상호 간의 의무와 책임감을 의미한다.
- **역전이 고려사항**: 동양 문화에서 권위를 나타내는 것은 권위 있는 사람의 힘과 지혜에 관한 긍정적인 이상화, 그리고 자애로운 가르침과 보호의 기대를 포함한다. 존경심은 종종 제안을 받아들이고 입장을 들음으로써 나타난다. 권위 있는 인물에 대한 전통적인 동양인의 접근법이 억압의 형태나 수동적인 의존성으로 해석되어서는 안 된다. 대신에 정신역동 상담자는 내담자의 사회화 수준을 신중하게 고려하여, 문화적 규범 내에서 내담자를 평가하고, 적절한 상담관계를 함께 형성해야 한다.
- **공감-자기성찰 접근법**: 이(Yi)는 동양인 내담자의 경우, 내담자의 주관적인 세계에서 내담자를 이해하고, 한 개인의 주관적인 조직 원리가 상담과정과 내담자의 해석에 어떻게 영향을 미치는지 살펴보기 위해 상담자가 개인적인 성찰을 하면서 공감-자기성찰 접근법을 사용해야 한다고 주장하였다. 상담자는 내담자의 경험 세계를 보다 정확하게 이해하기 위해 문화적 차원에서의 가정과 신념을 계속해서 살펴보아야 한다.

성 정체성의 다양성

프로이트는 동성애에 반대하는 입장과 진술로 알려져 있다. 그러나 그는 동성애를 불법화하지 않았으며, 동성 간에 성적 매력을 느낄 수 있지만 대부분 동성애에 대한 사고와 감정이 억압되어 있다고 강력하게 주장하였다(Rubinstein, 2003). 프로이트의 심리성적 발달단계 이론은 동성애를 건강한 발달의 '자연스러운 결과', 병리적인 측면에서 '발달을 방해하는' 것으로 나타내었다(Izzard, 2000, p. 107). 수년간 그의 관점은 동성애에 대한 관점에 큰 영향을 미쳤다. 1940년대 그의 추종자들은 프로이트의 이론을 인용하면서 동성애에 대해 병리적인 입장을 취하였다(Rubinstein, 2003). 또한 최근 남성 동성애에 찬성하는 분석가들은 동성애 관련 작업에 병리적이지 않은 접근을 지지하기 위해 프로이트의 이론을 인용하였다(Izzard, 2000; Rubinstein, 2003).

최근 10년간 페미니스트(남녀평등주의자)와 포스트모더니스트의 영향을 받은 대부분의 정신역동 상담자들은 동성애는 병리적이지 않다는 현대적인 관점을 취하고 있다(Cornett, 1993; Izzard, 2000). 대부분의 문헌은 상대적으로 재개념화 이론에 대한 분량을 최소화하고, 임상가의 개인적인 입장과 실습에 대한 변화에 중점을 두었다(Izzard, 2000). 정신역동 문헌에서 가장 많이 논의되는 두 가지 문제는 내재화된 동성애 혐오증과 중립적인 치료적 태도이며, 이러한 문제를 내면화한 동성애자 내담자의 사례개념화를 다루었다.

- **내재화된 동성애 혐오증–수치심과 자기혐오**: 정신역동 분석은 동성애자와 양성애자들이 동성애 혐오증을 내면화하는 과정을 이해하는 데 도움을 준다(Izzard, 2000). 동일시와 내사의 과정을 통해 동성애 차별주의 사회에서 사실상 모든 사람(동성애자 또는 이성애자)에게는 동성애 혐오증이 생긴다. 이에 동성애자들은 자기혐오와 수치심을 느끼게 된다. 경험에 대한 거울기법의 결여는 사회적 낙인과 고립을 심화시킨다. 정신분석 과정은 내면화된 동성애 혐오증을 다루는 작업에서 내담자가 자기 수용감을 발달시키는 데 사용된다. 이 과정에서 임상가들은 동성애 내담자가 동성애에 대해 갖는 느낌, 그들의 성적 지향성에 대한 불만족, 실망감 등 동성애의 '그늘진 면(shadow side)'을 논의하는 공간이 필요하다고 느꼈다(Izzard, 2000). 이러한 점에서 정신역동 상담자는 현실 세계에서 내면화된 동성애 혐오증에 대처하는 것보다 내면화된 교정 치료를 받는 것이 더 중요하다고 강조한다. 동성애 입장에 동의하는 정신역동 상담자로서 이에 대해 얼마나 옹호하는지에 관한 논쟁은 여전히 존재한다(Cornett, 1993).
- **치료적 태도–동성애자 옹호 대 중립**: 정신역동 접근의 핵심은 내담자의 관계 패턴과 심리내적 요소를 명확하게 떠오르게 하고 보이는 것을 수용하는 상담자의 중립적인 태도이다(Izzard, 2000). 대부분의 정신역동 상담의 형태에는 확언 혹은 안심시키는 말이 없다. 이러한 중립적 형태는 내재화된 동성애 혐오증을 나타내는 데 도움이 될 수 있으나 '동성애를 옹호'하는 입장을 취하지는 못한다(Cornett, 1993; Izzard, 2000). 동성애를 옹호하는 입장은 중립적이지 않기 때문이다. 임상 현장에서 동성애를 옹호하는 상담은 내담자의 성적 지향성에 동의하면서 옹호적인 입장을 취하며 동성애에 대한 내담자의 부정적인 느낌을 상담자가 분석할 수 없게 이끌 수도 있다. 동성애를 옹호하는 입장은 편견과 사회적 현실에 대한 관심을 포함한다. 반면, 동성애를 우려하는 입장은 동성애에 대한 과민반응이며, 내담자에게 정신분석의 '탐색'과정에 참여하는 것을 허용하지 않는 것이라고 하였다(Shelley, 1998). 이에 프럼머(Frommer, 1995)는 상담가가 분석과정에서 중립성을 유지하면서도 동성애 혐오와 사회적 고립의 영향에 대해서도 깨어 있는 양가적 과제를 수

행하는 것이 중요하다고 주장했다.

■ 양성애의 정신역동

양성애자와 작업하기 위해서는 그들의 독특한 경험에 민감해야 한다(Friedman & Downey, 2010; Rubinstein, 2003). 양성애자는 남성과 여성 모두에게 매력을 느끼는 것으로, 동성애/양성애 균형에 따라 각기 다를 수 있다. 삶에서 다수의 동성애를 경험한 사람은 상대방의 성별에 따라 양성애인지 이성애인지 확인한다. 동성애 파트너와 마찬가지로 양성애자 또한 내면화된 동성애 혐오증과 싸운다. 한편, 내면화된 자기 억압(Dworkin, 2001) 및 자기와 타인의 비현실적인 기대로 많은 사람이 '양성애 혐오'를 경험한다. 어떤 사람들은 양성애 경험은 아니지만 양성애를 '마음을 정할 수 없음' 또는 '선택권이 있음'으로 가정하기도 한다(Friedman & Downey, 2010). 그들은 일반적으로 혼란, 문제, 중요한 삶의 격변을 만들면서 자신과 '사랑에 빠진' 이성/동성을 찾는다고 보고한다(Friedman & Downey, 2010). 또한 양성애자들은 개인적으로든 혹은 대인관계에서든 부정적인 편견에 시달릴 수도 있는데, 부정적인 편견에는 전념에 대한 두려움, 진정한 동성애의 정체성을 인정하는 것에 대한 두려움, 혹은 충실할 수 없음이 포함된다(Dworkin, 2001).

정신역동 관점에서 양성애자의 무의식적 갈등은 이성애나 동성애와는 다르다(Friedman & Downey, 2010). 개인이 일관되게 한 성별에 마음이 끌릴 때, 성적인 이미지는 고정되고 변함이 없다. 반면, 성적인 이미지를 바꿀 수 있는 양성애는 종종 성적 지향성에 대한 무의식적 갈등에서 비롯된 외상 사건과 불안을 포함한 외부 요인에 의해서 많은 영향을 받는다. 따라서 상담자는 양성애자에게 이성애/동성애의 균형에 영향을 미치는 근본적인 역동에 대해 신중하게 탐색할 필요가 있다. 상담자의 성적 지향성(만약 드러나게 된다면)과 가치 판단은 외적 요인으로 작용할 수 있다(Friedman & Downey, 2010). 따라서 상담자는 성적 지향성을 논의할 때 양성애자인 그들의 잠재적인 성향을 신중하게 고려할 필요가 있다.

정신역동 사례 연구

72세 여성인 하이디(Heidi)는 최근 나쁜 일이 벌어질 것에 대해 걱정하는 습관이 전보다 더 심해지고 있음을 이야기했다. 그녀는 수년간 경영진으로 있었던 은행에서 68세의 나이에 퇴직을 했다. 그녀의 부모님은 제2차 세계대전 동안에 오스트리아로 피난을 갔고, 남아메리카에서 수년간 살다가 미국에 정착하게 되었다. 그녀는 부모님을 자식을 위해 열심히 살았던 자랑스러운 사람으로서 묘사했다. 비록 그들이 소수민족인 유대인이지만, 그녀는 자신들의 신앙심이 그다지 독실하지 않다고 말했다. 그녀가 피난을 가기 직전에는 매우 격동의 시기였으며, 이때 그녀의 부모님은 그들의 삶을 다시 일으키는 데 집중하였다고 하며, 수용소에서 부모를 잃은 것에 대해 애도하고 있었다. 그녀는 형제자매가 아무도 없었다. 그녀는 자신의 아버지가 자신과 가장 가까운 사람이었으며, 조용한 사람이었지만 자신의 딸을 직업적으로 격려하는 따뜻한 사람이었다고 말했다. 그녀의 어머니는 매우 근엄하고 엄격한 사람이었으며, 집안일과 자녀의 학업에 관심을 가지고 있었다. 하이디는 자신의 삶을 충분히 잘 살고 있지 못했다는 사실에 어머니가 실망했을 것이라고 느끼고 있다. 결혼을 했거나 가정이 있는 것은 아니지만, 현재 가족이라고 여기고 있는 가까운 친구들이 몇 명 있다.

사례개념화: 정신역동

이 사례개념화는 이 장의 '조망하기: 사례개념화' 섹션의 핵심적인 개념을 토대로 이루어져 있다. 당신은 사례개념화 섹션에 언급된 개념을 활용해 앞의 사례 또는 다른 사례의 사례개념화에 적용할 수 있다.

■ 의식 수준

하이디의 불안과 걱정은 오랜 역사를 가지고 있기 때문에(그녀는 자기가 대부분의 인생에서 걱정을 많이 했다고 말했다), 그녀의 현재 상태와 관련된 상당한 양의 무의식적 요소들이 있을 가능성이 높다. 더욱이 어린 시절의 외상과 다양한 외상 경험을 고려해 볼 때, 의식보다 무의식이 더 많을 수 있다.

■ 자기 구조

하이디의 문화적 배경에서 흔한 증상, 역사, 직업 선택을 통한 증거로, 하이디는 과도한 초자아를 가지고 있고, 이는 그녀가 전문적으로 성공하기까지 많은 도움이 되었다. 그러나 현재는 이것이 그녀를 더욱 고통스럽게 만들고 있다. 그녀는 아주 강한 초자아의 주된 원천으로서 자기 어머니의 비평에 대해 설명한다.

■ 추동 이론(추동 이론과 자아심리학)

여러 방면에서 하이디는 관계를 피하고 자기 타당화의 일관된 명분을 발견하기 위해 직업으로 자신의 리비도 에너지를 전환하였다. 퇴직 후, 그녀는 이를 잃게 되었고, 이것은 현재 그녀 자신과 자기 가치를 더욱 의심하게끔 하고 있다.

■ 2차적 이득

그녀의 걱정에 대한 2차적 이득은 그녀가 항상 친구들과 나눌 이야깃거리가 있으며 지속적인 연결을 유지할 수 있는 수단이 된다는 것이다. 그녀는 자신의 재정, 건강 등의 최근 문제에 대해 공유하기 위해 친구들에게 방문하도록 요청하거나 부탁한다. 그녀는 일반적으로 공감을 얻거나 또는 그렇지 않더라도 최소한의 사회적 유대감을 얻는다.

■ 방어기제

하이디는 그녀의 어린 시절뿐만 아니라 성인이 된 후 삶에서의 분리 경험을 가지고 있으며, 그녀는 나쁜 것은 모두 어머니이고 좋은 것은 모두 아버지라고 보았다. 성인이 되어 그녀는 타인이 충분한 충성과 관심을 보여 주지 않는다고 느껴지면 주기적으로 관계를 끝냈다. 그녀는 자신이 약해 보이고 다른 사람에게 도움이 필요해 보이는 것처럼 보이지 않기 위해 자신의 취약한 감정들을 억압했다. 그녀는 걱정스럽더라도 두려워하는 대신 좌절하거나 화를 내버리곤 한다. 그녀는 타인들에게 비판당하는 감정을 투사하며 타인이 모욕을 주지 않았는데도 모욕감을 종종 느끼곤 했다.

■ 에릭슨의 심리사회적 발달단계

그녀의 심리사회적 발달 단계에서 두 가지 핵심 문제가 두드러진다. 첫 번째로, 그녀는 친밀감에 대한 강한 수용력을 발달시키지 못한다. 대신에 생산적인 전문가가 되는 데 집중하였다. 현재 삶의 후반에 접어들면서, 그녀는 자신의 삶을 이해하기 위해 애쓰고 절망감에 대항하고 있다. 이전의 그녀는 많은 꿈과 안전에 대한 갈망을 억압했지만, 지금은 수년간 이것에 대한 억압의 영향들을 다루는 중이다.

■ 대상관계 이론/참자기

어머니에 대한 하이디의 정서적 거리감뿐만 아니라, 어린 시절, 그녀의 가족에게 있었던 격변과 트라우마 때문에 하이디는 많은 초기 문제들을 해결하지 못했다. 그녀는 어머니의 비난을 내면화했고 타인으로부터의 비난을 알아차리는 데 재빨랐다. 비록 그녀의 아버지는 지지적이었지만, 이는 어머니에 대한 반감을 능가하지 못하는 것처럼 보였다. 여러 방면에서 그녀는 자신의 어머니를 기쁘게 하기 위해 발달시킨 거짓 자기와 여전히 살고 있다.

▪ 유기적 기반

하이디의 유기적 기반은 최근 몇 년간 급격히 감소했다. 따라서 그녀는 자신의 가치를 함께 회상할 사람(혹은 활동)들이 더 줄었다. 그녀와 친구들의 나이가 들어감에 따라 그녀는 친구와의 네트워크가 줄어들 것에 대해 염려한다. 대부분 그녀의 친구들은 밝고, 과거의 그녀처럼 지역 미술이나 음악에 적극적으로 참여 하던 전문가들이다. 이 네트워크는 그녀가 기대하던 유대감을 제공한다.

▪ 무의식적 조직 원리와 문화

하이디의 아버지는 제2차 세계대전 초기에 가족들과 함께 피난을 가기 전, 오스트리아에서 의사로 활동했다. 기존 삶의 방식을 잃어버리고 다른 가족 구성원들을 잃는 경험은 몰락과 죽음이 매우 가까이에 와 있다는 것을 직감하게 해 주었다. 오스트리아에서 남미로 이주하고 그 후에 미국으로 간 것은 뿌리 깊은 연대감과 유대감을 가질 수 없도록 했다. 그들의 가장 큰 기쁨인 깊은 안정감은 명망 있고 유리한 직업을 갖는 것으로 바뀌었고, 이러한 직업은 경제적인 보장과 안정성을 만들어 주었다.

치료계획: 정신역동

치료의 초기 단계

초기 단계 치료 과제

1. 치료 관계를 형성하기. 다양성의 고려사항: 내담자가 편안해 하는 수준에서 감정 표현의 강도와 방식을 조정하라. 외상 증상에 주의를 기울여라. 연령의 차이를 존중하라.
   관계 형성 접근/개입:
   a. 성인 여성(AF)에게 지지적이고 안아 주는 환경을 제공하기 위해 **공감**과 **거울기법**을 사용하라. 솔직한 감정 표현을 꺼리는 그녀의 문화/가족 배경에 대한 인식을 유지하라.

2. 개인적이고 체계적이며 다양한 문화적 역동을 평가하기. 다양성의 고려사항: 이주와 대학살 문제, 그리고 오스트리아인, 남미, 미국인의 사회적 규범(특히 어린 시절)에 주의를 기울여라.
   평가 전략:
   a. 근본적인 불안의 **무의식적 갈등**과 이를 관리하는 **방어기제**의 역할을 분석하라.
   b. 평가 전략: 최근 관계에서의 표현 및 가족이 나치를 피해 피난을 갔던 유아기 시절에 형성된 역사적인 발달 등 **대상관계와 자기대상 패턴**을 분석하라.

c. 평가 전략: **유기적 기반** 및 내담자의 세계관을 형성하는 문화적으로 규정된 무의식 조직 원리를 평가하라. 그리고 오스트리아인과 유대인의 가치관, 대학살이 남긴 실상, 그리고 가족의 외상적 이민 경험에 세심한 주의를 기울여 다루어라.

초기 단계 내담자 목표

1. 불안, 걱정 감소를 위해 **인지된 비난**에 대한 정서적 반응을 감소시키기

개입:

a. 타인으로부터의 비난에 대한 내담자의 부정확한 인식을 줄이기 위해 **이해-설명 순서**를 사용하여 **공감**을 제공하라.

b. 부적절하게 인지된 위협에 반응하는 억압과 분리 사용 욕구를 줄이기 위해 부모님과의 관계 패턴을 해석하라.

치료의 작업 단계

작업 단계 치료 과제

1. 작업 동맹의 질을 확인하기. 다양성의 고려사항: 그녀의 나이, 문화, 직업적 규범에 대한 기대에 적응하라. 내담자가 상담자에게 투사하고 있다고 추측하기 전에 문화적이고 외상적인 문제를 먼저 고려하라.

평가 개입:

a. **전이와 역전이**에 대해 점검하고 훈습하라.

작업 단계 내담자 목표

1. 불안, 걱정 감소를 위해 타인과 자신에 의한 비난의 감정으로부터 자신을 투사하기 위한 분리, 억압, 투사의 사용을 감소시키기

개입:

a. **방어기제**의 역할과 어린 시절 이민과 외상적 경험을 발달시킨 과정, 그리고 최근 부적절하게 사용되고 있는 방어기제에 대해 파악하라.

b. AF 내담자가 모두 좋거나 모두 나쁜 것으로서 상담자를 바라보거나 또는 비판적인 관점으로 상담자를 인식할 때, 회기에서 **전이**의 분석을 문화적으로 민감하게 다루어라.

2. 불안, 걱정 감소를 위해 **자아 강도**와 **자기 일관성**을 증가시키기

개입:

a. 취약한 감정을 인정하는 것에 대한 강조와 함께 성인 여성(AF)의 가치와 자존감을 향상시키기 위한 **거울기법**을 사용하라.

b. 내담자의 일관성을 증가시키기 위해 **이해-설명 순서**를 사용하여 공감하라.

c. 내적 갈등의 근원을 의식적 자각으로 가져오기 위해 **꿈 분석과 자유연상**을 사용하라. 이것은 특히 나치와 이민으로부터 피난과 관련된 어린 시절 초기/가족 외상에 대한 것이다.

3. 사회적 갈등과 회기 내 저항 감소를 위해 정서적 지능인 개인의 주체성 증가시키기

개입:

a. 다양한 감정적 · 관계적 맥락을 고려하여, 회기 내에서 내담자의 자기 인식을 증가시키기 위해 **상호주관적 반응**을 하라.

b. 통찰을 행동으로 바꾸는 데 대한 **저항**을 훈습하라.

치료의 종결 단계

종결 단계 치료 과제

1. 추후 관리 계획을 세우고 성과를 유지하기. 다양성의 고려사항: 대학살 및 이민과 관련된 세대 간 상실 문제를 고려하라. 잠재적인 유대인의 문화 공동체 자원을 확인하라.

개입:

a. 임박한 종결 과제로서 **전이**와 **유기** 문제를 분석하라.

종결 단계 내담자 목표

1. 인생의 끝과 마주하는 순간, 절망감 감소를 위해 과거와 현재 인생의 결정사항과 관련된 진실성을 증가시키기

개입:

a. 미해결된 과거 외상과 상실에 대해 알아보기 위해 **꿈 분석**, **자유연상**과 정체성에 대한 **전이**를 **분석**하라.

b. 어린 시절과 관련된 외상 및 **과거**의 상실뿐만 아니라 관계/가족에 대한 그녀의 욕구를 무시하고 직업에 모든 에너지를 집중하는 방법을 선택한 이유에 대해 내담자로 하여금 **다루도록** 하라.

2. 친구들과의 관계를 유지하는 데 있어 그녀의 불안 감소를 위해 성숙한 **의존과 친밀감**을 경험하는 능력 증가시키기

개입:

a. 회기 안과 밖의 관계적 친밀감에 대한 **2차적 이득**과 **전이**를 **분석**하고 저항에 대해 훈습하라.

b. 내담자가 관계에서 사용하는 무의식적 조직 원리와 그녀가 관계를 형성하는 방법을 비판적으로 살펴보기 위해 **상호주관적 반응**을 하라.

개인적 성찰과 토론을 위한 질문

1. 정신역동 이론의 어떠한 요소가 당신에게 유용하거나 '진실'하다고 생각하나요? 그 이유는 무엇인가요?
2. 정신역동 이론의 어떠한 요소가 당신에게 유용하지 않거나 '진실'하지 않다고 생각하나요? 그 이유는 무엇인가요?
3. 어떠한 내담자 유형이 당신으로 하여금 역전이를 일으킬 것 같나요? 당신은 이러한 역동을 어떻게 인식하거나 예방할 것인가요?
4. 한 사람 또는 두 사람의 상담 관계 중 당신은 무엇이 더 잘 이해가 되나요? 어떤 경험이 당신의 대답을 지지하도록 이끌었나요?
5. 어떤 면에서 정신역동이 특정한 내담자와 함께 작업하기에 유용했나요? 어떤 면에서 다양한 내담자와의 작업에 적용될 수 있도록 하였나요?
6. 당신의 언어로 자아 강도를 정의하고, 당신 개인 삶에서의 예시를 들어보시오.
7. 당신의 개인적 역동 안에서 결정적인 통찰의 순간을 설명하시오. 이것은 당신에게 감정적으로나 행동적으로 어떠한 영향을 주었나요?
8. 꿈 분석에 대한 당신의 생각은 어떤가요? 당신은 스스로 분석해 본 적이 있나요? 만약 그렇다면, 그것은 어떻게 도움이 되었나요?

4장

융의 분석심리학

> 무의식은 본래 악한 것만이 아니라 가장 좋은 선의 원천이기도 하다. 그것은 반인반수 같고 악마 같지만, 반대로 초인간적이고 영적이기도 하다. 이처럼 무의식은 어둠뿐 아니라 빛을 지녔으며 '신성한(divine)'이라는 단어의 고전적 의미이기도 하다.
>
> – 융(Jung, 1956a, p. 364)

융의 분석심리학

요약: 당신이 알아야 할 기본적인 내용

문화적이고 영적인 요소를 강조하는 대표적 접근 방법인 융의 분석은 **집단무의식**, 보편적 원형, 신화, 동화 및 경험의 저장소에 기반을 두고 있으며, 이는 인간 마음(psyche)의 일부분으로서 심리치료에 활용될 수 있다(Douglas, 2008). 상담 목표는 개인이 자신만의 독특한 개성과 삶, 우주, 신과 연결된 느낌을 창조하기 위해 **자아**(ego: 자신을 바라보고 경험하는 방식)와 **자기**(Self: 전체적이고 완전한 고차원적인 자신), 의식(conscious)과 무의식(unconscious) 사이의 관계를 구축하는 것이다. 융 학파 상담자들은 내담자가 개인무의식과 집단무의식을 보다 잘 자각할 수 있도록 돕기 위해 원형적 · 신화적 · 전설적 주제를 통해 그들의 꿈, 동시적 경험 및 삶의 패턴을 분석한다.

핵심: 이 이론의 중요한 공헌

당신이 이 장에서 한 가지를 기억한다면, 그것은 바로 다음의 내용이다.

■ 원형

원형(archetypes)은 문화 전반에 걸쳐 추적할 수 있고 사람들의 생각, 느낌, 행동에 영향을 미치는 무의식적인 보편적 패턴이다. 융(1959a)은 원형을 이해(apprehension)의 전형적인 방식으로 정의했다. 원형은 한 개인이 어떻게 관계 맺는가에 따라서 파괴적일 수도 있고 치료적일 수도 있는 강력한 힘이다. 자기, 아니마/아니무스, 그림자와 같은 특정 원형은 모두에게 존재한다. 특정 시간에 특정 사람에게만 나타나는 원형들은 아버지, 어머니, 사기꾼, 영웅, 신의 아들 등이 있다. 몇몇 주요 원형은 다음과 같다.

자아 프로이트의 자아와 융의 자아(ego)는 다른 의미를 갖는다. 융의 자아는 개인적·집단적 의식과 무의식 요소들을 모두 지닌 복잡한 자기 표상을 의미한다(Hopcke, 1989). "간단히 말하자면, 자아는 그러한 관점에 수반되는 의식적이고 무의식적인 감정에 따라 자기 자신을 보는 방법이다…… 그것은 우리를 인간답게 만드는 극히 어려운 자기 인식(self-awareness)을 대표한다."(p. 77) 그는 자아의 이상화는 자기 존재의 다른 요소, 특히 자기와의 불균형을 일으킬 수 있다고 주장했다. 이 장 말미에 있는 사례 연구에서, 아프리카계 미국인 기업 임원인 마틴(Martin)은 우울증으로 인해 어려움을 겪고 있다. 융의 분석에서 그의 기분장애는 자아의 과잉동일시와 연관되어 있으며, 이 점이 그의 자기(self)에 손상을 주었다고 보았다.

자기 자기(Self, 대문자 S로 시작)는 삶과 모든 인류의 깊은 연결로부터 나온 전체성(wholeness)의 원형이다(Harris, 1996; Hopcke, 1989). 자기(Self)는 정신(Psyche)의 상위 개념이자 구성원리로, 여러 면에서 다른 모든 것을 통합한다. 융의 상담과정은 사람들이 이러한 자기(Self)를 보다 잘 알아차리도록 돕기 위해 설계되었다.

그림자 "그림자는 상당한 도덕적 노력 없이는 아무도 그 그림자를 의식할 수 없기 때문에 자아–성격 전체(whole ego-personality)에 도전하는 도덕적 문제라고 볼 수 있다. 그림자를 자각하기 위해서는 성격의 어두운 측면을 현재와 실재로서 인식해야 한다."(Jung, 1983, p. 91) 그림자 원형(shadow archetype)은 개인의 억압되거나 무의식적으로 자리하고 있는, 일반적으로 불쾌하고 사회적으로 용인되지 않는 부도덕한 측면을 나타낸다. 이것은 신경증, 정신증 또는 강박행동의 원인이 될 수 있다(Douglas, 2008; Hopcke, 1989). 상담과정에서는 일반적으로 그림자와 그 내용을 다루는데, 이는 그림자가 부정적이든 그렇지 않든, 그것이 영향을 미치지 않더라도 자기(self)의 일부로 받아들이는 것을 배우기 위함이다.

페르소나 융의 보다 실용적이고 실제적인 개념 중 하나인 **페르소나**(persona)는 "우리의 상호작용, 의식적인 외면, 사회적 가면에 의해 개발되고 이용되는 성격의 일부"이다(Hopcke, 1989, p. 86). 한 개인의 '공적인 얼굴(public face)'로 작용하는 페르소나는 외적 세계와 내적 세계 사이를 중재하는 중요한 역할을 한다(Douglas, 2008). 페르소나는 본질적으로 좋거나 나쁜 것은 아니지만 종종 개인이 자기(Self)보다 페르소나와 동일시할 때 문제가 된다.

아니마/아니무스 논쟁이 많은 개념 중 하나인, 아니마(anima)/아니무스(animus)는 융의 관찰로부터 발전하였으며, 이는 의식적인 남성적 성격 아래에 여성적 측면(anima)이 있음을 의미한다. 또한 이후에 융은 여성도 남성적 측면을 가지고 있다는 개념을 덧붙였지만 이를 완전히 발전시키지는 못했다(animus; Harris, 1996). 이 원형에 대한 탐구는 우리가 현시대의 성을 이해하는 데 깊은 영향을 준다. 남성과 여성 모두 반대 성과 접촉하고 그들 안에 다양한 특성들을 표현하는 것이 점차 용인되고 있다. 융은 이러한 것들이 주로 무의식 상태로 남아 있지만 개인의 자아와 내면의 삶 사이에서 중요한 중재 역할을 한다고 믿었다.

영웅 가장 명확하고 부정하기 어려운 보편적인 원형 중 하나인 영웅(hero)은 사회적 수준뿐만 아니라 개인적 수준에서도 중요한 역할을 하며, 종종 페르소나로 기능한다(Harris, 1996). 융은 영웅 이야기의 몇 가지 보편적인 요소들을 확인했다. 예를 들어, 패배, 죽음, 부활뿐만 아니라 신성한 탄생, 지하 세계로의 하강, 거의 불가능해 보이는 장애물 극복, 도움을 주는 동료가 있다. 비록 영웅도 다른 모든 원형과 마찬가지로 본질적으로 좋지도 나쁘지도 않지만, 융은 이와 과잉동일시를 할 경우 흔히 자만심과 오만, 즉 궁극적인 패배나 치욕과 관련된 문제로 이어진다고 믿었다.

현명한 노인 또는 노부인 쉽게 알아볼 수 있는 원형인 **현명한 노인**(wise old man)은 대부분의 세계 문화에서 찾아볼 수 있으며, 이는 남성다움의 특정 자질인 힘, 과묵함, 강인함뿐 아니라 인류의 집단적 지혜를 나타낸다(Harris, 1996; Hockle, 1989). 현명한 노부인(wise old women)은 종종 성모 마리아 또는 보살의 형태로 나타나며, 일반적으로 양육과 용서와 같은 여성스러운 특성을 보여 준다. 현명한 노인과 노부인 원형은 내담자가 보다 큰 내적 알아차림

(inner awareness)을 향해 나아감에 따라 주로 상담의 마지막 단계에서 나타난다.

사기꾼 아, 사기꾼! 사기꾼은 종종 상담자를 속이기도 한다! 사기꾼은 대부분의 세계 문화에서 찾아볼 수 있다. 여기에는 유럽의 궁전 어릿광대, 티베트의 신화 밀라레파(Milarepa), 아프리카 원주민의 코코펠리(Kokopelli), 그리스의 헤르메스(Hermes) 등이 있다(Harris, 1996; Hopcke, 1989). 사기꾼은 역설(paradox)을 통해 진실을 말하는 데 능하다. 또한 최초로 "황제는 아무것도 입고 있지 않다(the emperor has no clothes)."라고 선언하기도 하며 장례식에서 웃기도 한다. 자유자재로 본질적 형태를 바꾸는 사기꾼은 예상치 못한 반전을 드러내고 변화와 변형의 징조로도 볼 수 있다. 상담 장면에서 사기꾼은 자주 등장하는데, 이는 종종 상담자를 찾는 불행한 원인, 과정 중에 예상치 못한 긍정적인 방향과 부정적인 방향 전환의 원천, 때로는 빠른 종결의 원인으로도 나타난다.

스스로 해보기

파트너와 함께 당신의 현재 삶에서 특히 관련이 있다고 생각되는 원형에 대해 논의해 보세요. 당신의 삶에서 어떤 방법들로 이러한 원형이 작용하고 있나요? 이것과 관련된 당신의 첫 번째 경험은 무엇인가요? 원형은 당신이 성장하는 데 어떻게 도움이 되었나요?

풍문: 사람들과 그들의 이야기

▪ 칼 구스타프 융

칼 구스타프 융(Carl Gustav Jung)은 1875년에 스위스 북동부 지방에서 스위스 개혁 교회 목사의 아들로 태어났다. 융은 조용하고 내성적인 아이로 인류학과 신비주의, 철학에 관심이 있었다. 이러한 흥미는 그가 후에 발전시키는 상담적 접근에 분명하게 나타난다. 그의 어머니는 영성(spirit)을 보고 교감할 수 있다고 말하는 기이한 여성이었으나 그녀의 아들과 자주 교감하지는 못했다.

융은 의학공부를 시작했지만, 이후에 정신의학 분야로 전향했다. 1903년, 그는 「이른바 불가사의한 현상의 심리학과 병리학에 관하여(On tne Psychology and Pathology of So-Called Occult Phenomena)」라는 학위 논문을 발표했다. 1906년, 융이 프로이트에게 '단어 연상에 관한 연구(Studies in Word Association)' 자료의 복사본을 보내 주면서 6년이라는 짧은 시간 동안 매우 의미 있고 생산적이고 역사적인 두 사람의 교류가 시작된다. 1912년, 융은 『무의식의 심리학(Psychology of the Unconscious)』이라는 책을 출판하면서 프로이트와 의견이 갈리게 되고 그들의 교류는 끝이 난다.

융은 제1차 세계대전에서 군의관으로 복무한 후 집으로 돌아와 엠마 라우센바흐(Emma Rauschenbach)와 결혼하고 다섯 명의 아이들을 갖게 된다. 그는 자신의 이론을 지속적으로 발전시켰는데, 그 이론은 기독교, 불교, 힌두교, 도교, 그리고 서양에 막 도입된 다른 세계의 종교들로부터 영향을 받아 깊이 있고 영적인 성격이 강했다. 그는 『티베트 사자의 서(The Tibetan Book of the Dead and I Ching)』라는 책의 첫 영어 번역판의 도입부를 쓰기도 하였다. 그는 신비주의자였고 각 개인은 신과 직접적으로 접촉할 수 있다고 믿었다. 그의 접근은 이러한 믿음의 표현이었다.

큰 그림: 상담과정의 개관

비록 이론의 많은 요소가 너무 추상적이고 현재의 일반적인 호소문제와는 다소 거리가 있어 보일 수 있지만 실제로 융의 연구는 현실적이고 실용적이며 고통을 완화하는 데 초점이 맞춰져 있다(Hopcke, 1989). 프로이트처럼 융은 내담자의 문제 해결은 억압된 생각과 감정을 자각하게 함으로써 무의식적 갈등(unconscious conflict)을 푸는 것이라고 믿었다. 융은 내담자의 개인치료에 도움을 주는 데 있어 사전에 형성된 이론을 포기하는 것이 그들의 치료에 더 효과적이라고 판단되면, 프로이트나 다른 정신역동 이론가들보다 이를 빨리 이행했다. 왜냐하면 그는 각 개인의 개성화(individuation)와 전체성(wholeness)을 향한 여정은 완전히 고유하다고 믿었기 때문이다. 따라서 그는 중재된 개입 방법을 고수하기보다는 창의적이며 수용적이었고, 특정한 내담자에게 가장 도움이 될 것 같은 것들을 사용하였다. 그는 자신의 역할을 치료자나 안내자 이상으로 보고 내담자가 내적 양극성, 무의식과 의식, 우주와의 궁극적 연결에 대한 통합으로 나아가는 것을 도왔다. 융(1956a)은 다음과 같은 상담의 네 단계를 밝혔다.

1. **고백**: 첫 번째 단계에서 내담자는 자신의 인생 이야기를 '고백(confess)'하거나 재검토한다. 이는 종종 카타르시스나 감정 해방의 느낌을 갖게 한다. 상담자는 내담자가 다른 사람과 연결되어 있다는 것을 느낄 수 있도록 도우며, 판단하지 않고 공감하며 듣는다.
2. **명료화**: 두 번째 단계에서 상담자는 내담자가 미해결된 문제와 관련이 있는 어린 시절의 기억뿐만 아니라 전이 관계에 대한 통찰을 가질 수 있도록 돕는다.
3. **교육**: 융은 교육 단계에서 "고백과 설명이 아무리 많아도 굽은 식물이 곧게 자라게 할 수 없고, 정원사의 솜씨에 의한 지지대 위에서 길러야 한다는 것을 지적한다. 그래야만 정상적인 적응에 도달할 수 있을 것이다."라고 설명했다(p. 68). 이 단계에서의 통찰

(insight)은 의미 있는 새로운 행동으로 변화된다.

4. **변형**: 최종 단계인 변형은, 일반적으로 3단계에서 달성되는 단순한 증상 완화가 아닌 개성화를 추구하고자 하는 내담자들에게만 적용된다. 융은 생의 후반기에 개성화가 이루어진다고 보았으며, 이 단계를 연금술사가 금속을 금으로 바꾸는 **연금술**(alchemy)에 비유했다. 융은 금속을 변형시키는 연금술사처럼, 상담자도 내담자의 생활을 변화시켜 나가야 내담자의 개인적 변화를 이룰 수 있다고 믿었다. 이 단계에서 내담자는 자신의 자기 및 집단무의식과 보다 깊이 의식적으로 연결된다.

관계 형성하기: 치료적 관계

■ 협력적인 교육자

상담 공간에서 융의 상담 스타일 중 하나는 동료애로, 상담자는 각자의 고유한 개성화를 추구하는 과정에서 내담자와 **협력**한다. 동시에 융 학파 상담자는 **교육자**로서의 역할도 수행하는데, 이는 원형의 역할과 의미에 관한 정보와 통찰력을 제공한다. 프로이트에 비해 융은 상담자에게 유연한 역할을 요구했던, 보다 실용적이고 '뭐든지 효과 있는 방법으로'의 태도를 유지했다(Hopcke, 1989).

■ 자신을 치유하는 치료자

융은 상담자를 원형적 치료자로 보았고 상담자 역시 자신을 치유하기 위해 원형적 여정에 임해야 한다고 생각했다. 또한 내담자를 안내하기 위해 이 여정에 반드시 참여해야 한다고 강조했다. 한 개인에 대한 원형, 무의식, 집단무의식의 작업은 다른 이들도 그렇게 행할 수 있도록 돕는 유일한 방법이다. 이 광범위하고 신비스러운 영역에 대한 직접적이고 개인적인 지식이 없는 상담자는 자신의 길을 쉽게 잃을 것이다. 개성화의 여정 중 많은 요소들이 원형적이기 때문에 상담자가 스스로의 여정에서 중대한 발전을 이루었다면 내담자를 돕는 것도 훨씬 수월해질 것이다. 따라서 다른 심층심리학자와 유사하게 융학파 상담자도 훈련의 일부로서 자기분석을 해야 한다.

조망하기: 사례개념화

■ 집단무의식

심층심리학의 다른 형태와 달리 칼 융은 집단무의식을 소개했다. **집단무의식**이란 개인 너머에 존재하는 것으로서 전 세계에 걸친 문화에서 찾아볼 수 있는 원형, 신화, 심상, 상징과 같이 인류의 진화적인 마음을 대표한다. 융은 보편적 무의식(universal conscious)이 프로이트가 말한 의식과 무의식에 **추가적인** 것이라고 믿었다. 융의 말에 따르자면, "무의식의 이러한 부분은 개인적인 것이 아니라 보편적인 것이기 때문에 나는 '집단'이라는 용어를 선택했다. 개인의 정신과 대조적으로, 이것은 어디서나 모두에게 거의 동일하게 나타나는 행동의 내용과 양식이다. 다시 말하자면, 모든 인간에게 동일하고 우리에게 매일 나타나는 초인간적인 공통의 심리적 기질을 구성한다."(Jung, 1959a, pp. 3-4).

융이 묘사한 성격의 구조는 다음을 포함한다.

- **의식**(conscious mind): 사람이 인식하는 마음의 일부분이며 자아를 포함한다.
- **개인무의식**(personal unconscious): 잊혀진 요소, 억압된 기억, 결코 의식한 적이 없는 것들을 포함한다(Harris, 1996).
- **집단무의식**(collective unconscious): 모든 개인이 접근할 수 있는 원형으로 이루어진 보편적 무의식이다.

■ 콤플렉스와 카타르시스

융은 초기에 자발적인 단어 연상 작업을 할 때 개인의 병리학과 관련하여 복받친 감정의 패턴들이 나타나는 데 주목했다(예: '사방치기 놀이' '정글짐'과 같은 단어에 반응하는 슬픔과 상실의 주제; Harris, 1996; Hopcke, 1989). 그는 이와 같이 감정적인 반응들의 집합체를 **콤플렉스**(complex)라고 했다. 융은 콤플렉스란 잠재적으로 의식적이긴 하지만 일반적으로 무의식적이며, 모든 콤플렉스에는 탐구해야 할 원형적 요소가 있다고 믿었다. 분석과정은 콤플렉스를 무의식에서 의식적인 자각으로 가져오게 함으로써 개인이 재해석하고, 새로운 관계를 맺고, **카타르시스**(catharsis)나 감정의 해방을 경험할 수 있도록 하는 것이다.

■ 양극성과 대립구도

융은 많은 형태의 정신병리학은 **양극성**(polalities)과 관련하여 발달된다고 믿었다. 양극성이란 확대되거나 축소되는 개인적인 특질을 의미한다(Hopcke, 1989). 예를 들어, 놀이나 휴식 없이 일에만 매진하는 것은 삶의 불균형과 우울, 불안, 사회적인 고립과 같은 정신병리를 초래한다. 그러므로 '좋은 직업 윤리(good work ethic)'와 같은 도덕적인 자질이라 할지라도 양극화가 된다면 문제의 근원이 될 수 있다. 이 장 말미에 있는 사례 연구에서 마틴은 책임과 자유의 양극성과 관련해 어려움을 겪고 있다. 그는 매우 책임감 있는 아버지이자 남편이고 샐러리맨이지만, 시간이 가면 갈수록 자신의 삶에서 자유를 잃어 가고 있다고 느끼며 우울감이 생기게 되었다. 그의 생활이 극단적으로 힘들게 흘러가는 때에, 그의 가장 큰 개인적 강점이라 생각했던 것들이 그의 삶 안에서 계속해서 고통의 근원이 되어 가고 있었던 것이다. 이 역설을 다루는 것은 특히 통찰과 복잡성을 아우르는 능력이 요구되는 어려운 투쟁이다.

심리 유형의 사례개념화에서 융은 성격 요인을 양극성으로 개념화했고, 성숙(maturity)은 양극을 이루는 2개의 요소가 건강하게 균형을 이루는 것이라고 믿었다. 비슷한 개념인 **대립구도**(enantiodromia)는 "모든 것은 조만간 반대로 변한다."라는 헤라클레이토스의 법칙을 의미한다(Douglas, 2008, p. 117). 이 과정은 영성과 금욕의 초순수한 형태를 추구하는 사람들에게 자주 보인다. 이들은 종종 성적 문란, 약물 남용 또는 경솔한 소비의 극단적인 형태에 빠지기도 한다(내가 말하지 않더라도, 뉴스에서 본 몇 개의 예시들을 떠올릴 수 있을 것이다). 이와 유사하게 극단적인 형태의 명성을 추구하는 사람들도 종종 비슷한 상황에 처한다.

■ 심리 유형

융의 영속적인 작업 중 하나인 그의 심리 유형 이론은 세 가지 요소를 포함하며, 각 요소는 두 개의 양극을 포함한다.

• 외향/내향

현재는 비전문가들에 의해서도 사용되는 용어이지만, 융은 **외향성/내향성**이라는 단어를 원래 리비도 에너지에 대한 개인의 기본적인 접근으로 사용했다. 외향성이라는 뜻은 개인의 에너지가 개인의 내부에서 외부로 전환되어 있다는 것을 말한다. "외향성은 외부의 것에 대한 관심, 반응성, 외부에서 일어나는 것에 대한 즉각적인 수용, 어떤 사건에 영향을 주거나 받으려는 욕구, 참여하고 싶은 욕구로 특징지을 수 있다."(Jung, 1983, p. 140) 이와 반대로, 내향적인 사람들의 리비도 에너지는 외부에서 내부를 향해 움직인다. "내향성은 객체가 아니라 주체로 향해 있다는 뜻이다. 외부에서 일어나는 일에 대해서는 그다지 반응이 없고 참여하길 원하지 않는다. 내향적인 사람들에게는 자신과 대화하는 것이 즐거움이다. 그들의 세계는 마치 안전한 항구나 벽으로 둘러싸여 조심스럽게 손질된 정원과 같다."(pp. 141-142) 내향과 외향 둘 중 무엇이 더 낫다고 할 수 없으며 각각 심리적 건강에 중요한 역할을 한다. 상담에서 중요하게 초점을 두어야 할 부분은 그 둘 사이의 건강한 균형을 찾는 것이다.

• 사고/감정

융은 사람들이 어떻게 정보를 구성하고 결정을 내리는지에 대해 다음과 같은 두 가지 성향

(사고와 감정)을 근거로 설명했다. 사고 유형은 분석이나 논리를 선호하는 반면, 감정 유형은 가치나 도덕(반드시 감정은 아니다)에 집중한다. 사람의 유형을 이해하는 것은 한 개인의 동기와 의사결정 이유를 알아가는 데 도움을 준다.

• 직관/감각

마지막으로, 융은 한 개인이 세상을 '경험하는' 고유한 방식을 직관(무의식이나 집단무의식 정보에 크게 의존하는 것) 및 감각(감각을 통한 정보에 의존하는 것)으로 특징지었다. 상담자는 경험에 대한 개인의 선호도 정보를 이용하여 내담자에게 '이해가 되는' 개입을 해야 한다.

마이어스와 브릭스 모녀가 개발하여 기업, 대학상담 외 수많은 곳에서 사용되는 MBTI는 융의 성격 특성에 기반을 두고 있다. 그들은 일반적으로 개인의 성격 유형을 파악하는 데 사용되는 도구를 개발했다(Myers, 1998). 마이어스(Myers)와 브릭스(Briggs)는 융의 세 가지 차원에 판단/인식이라는 하나의 차원을 더 추가했다.

• 판단/인식

판단과 인식은 외부 생활에 어떻게 적응하는가에 관한 것이다. 판단 유형은 어떤 일을 계획하고 순서를 정하고 조직화하는 것을 선호한다. 그들은 결정이 이루어진 후에 가장 편안하게 느낀다. 이에 비하여 인식 유형은 가능성을 탐색하는 과정을 즐기고 삶에 자발적으로 접근한다. 그들은 새로운 정보와 경험을 즐긴다.

추가적으로 기존의 성인 버전 외에 아동을 위한 아동용 성격유형검사도 개발되었다(McPeek & Breiner, 2013).

변화를 겨냥하기: 목표 설정

▪ 개성화

융 분석의 목표는 보다 큰 인류 경험과 연결되어 있으면서도 의식과 무의식, 자아(ego)와 자기(Self) 사이의 관계를 만드는 것이다(Hopcke, 1989). 이러한 과정을 **개성화**라고 부른다. 이 책의 6장 **인본주의**와 마찬가지로 융은 인간의 영성(spirit)은 자연적으로 전체성을 향해 가고 전체성을 추구한다고 믿었다. 이는 자기(Self)의 원형에 나타나 있으며 융 접근의 핵심이다. 전체성을 향한 여정은 인간의 정신(psyche) 내에 양극성을 조화시키는 것을 포함한다. 이는 인류의 다채로운 요소들을 의식으로 가져오는 것이다. 융은 초기 성인기의 성취가 잘 이뤄진 다음의 과정으로 삶의 중·후반기 동안에 이루어지는 개성화 과정을 가장 주목하며 보았다 (Jung, 1956b).

목표의 예

- 어린 시절의 경험과 관련된 카타르시스를 촉진시키기(초기 단계)
- 페르소나에 대한 자각 및 페르소나가 어떻게 유지되고 있는지에 대한 자각을 증가시키기(초기와 중기 단계)
- 자기의 그림자 요소들에 대한 자각과 수용을 증가시키기(중기와 후기 단계)
- 자기의 의식적 이해와 함께 그림자 요소를 통합하기(중기와 후기 단계)
- 전체성과 안녕감의 감각을 증진시키기(후기 단계)
- 타인과 인류, 신과 연결된 감각을 증진시키기(후기 단계)

실행에 옮기기: 개입

■ 상징

융 학파 상담자는 내담자의 꿈 분석(다음 '꿈 분석' 참조), 은유의 선택, 동시에 발생하는 사건들(다음의 '동시성' 참조), 증상, 환상, **상징**(symbols)을 다루어야 한다. 융은 상징을 완전히 이해되지 않은 의미를 가리키는 것으로 보았다. 상징은 단순 표현인 신호(sign)와는 구별된다. "상징은 딜레마의 출구를 알려 주고, 이것은 반대되는 것과 함께 온다."(Harris, 1996, p. 56) 상담자는 내담자가 ① 개인적으로 연관된 상징들을 식별하도록 돕고, ② 내담자를 위해 개인적인 의미를 해석해 주며, ③ 치유를 촉진하도록 그것들을 사용한다. 예를 들어, 백조는 자신의 신체에 대한 이미지를 수용하는 데 어려움을 겪고 있는 여성에게 중요한 상징이 될 수 있다. 그 상징은 그녀의 꿈에 나타났을 수도 있고, 동시적으로 우연히 일어난 일의 일부일 수도 있고, 그녀를 치유하는 개인적인 상징이 될 수도 있다. 동화 『미운 오리 새끼』는 그녀가 새로운 방법으로 자기 신체의 아름다움을 수용함으로써 여성을 위한 영감을 주는 이야기가 될 수도 있다. 이처럼 상담자는 내담자가 스스로 자신의 삶을 해석하고 새로운 태도와 행동을 경험할 수 있도록 돕기 위하여 그녀에게 상징을 사용하는 방법에 대해 안내해 줄 수 있다.

■ 꿈 분석

꿈 분석은 프로이트의 정신분석에서와 같이 융의 분석에서도 핵심적인 기술이다. 프로이트와 융 모두 꿈은 무의식적인 것에 의해 드러나는 것이라는 데 동의했지만, 그들은 각자 무의식에 대한 정의가 달랐기 때문에 꿈에 대해서는 매우 다르게 접근했다. 프로이트는 꿈은 꿈을 꾼 사람이 의식적으로 인식할 수 없는 억압된 리비도 혹은 공격적인 충동을 다루는 역할을 수행한다고 믿었고, 이러한 관점으로 거의 모든 꿈을 분석했다. 이와 대조적으로 융은 보다 직관적이고 다양하게 꿈에 접근했고, 그는 꿈이 상징이라는 것을 이용하여 무의식적 표현을 통해 자신을 드러내는 것이라고 믿었다. 예를 들어, 꿈은 억압된 것을 표현하기도 하고, 때로는 미래의 전조가 되기도 하고, 종종 개성화 과정에서 방향을 제시해 주기도 한다. 꿈은 의식적인 마음이 그것을 이해하고 개성화 과정에서 사용할 수 있도록 해석될 필요가 있다. "융에게 있어서 꿈 작업의 핵심은 해석 또는 의식적인 이해와 무의식적인 과정을 지성적, 감정적, 직관적으로 만족할 수 있도록 통합하는 일련의 해석들에 도달하는 것이다."(Hopcke, 1989, p. 26)

융의 꿈 분석에서는 보편적인 원형적 상징과 꿈을 꾼 사람의 독특한 연관성 및 의미가 결합된 신화(myth)를 종합한다. 궁극적으로 프로이트의 접근 방식과 같이 꿈은 꿈꾸는 사람의 고유한 의미들을 사용해서 해석되어야 한다. 융의 꿈 해석은 일반적으로 다음의 세 단계를 포함한다.

융의 꿈 분석

[1단계] 꿈꾸는 사람의 연관성을 확인하기: 상담자는 꿈을 꾼 사람이 꿈을 공유하는 도중에 혹은 꿈을 공유한 후에 꿈에서의 중요한 사람, 장소, 사건, 항목과 꿈을 꾼 사람과의 연관성에 대한 질문을 한다. 질문의 예시는 다음과 같다.

- 꿈에서 두드러지게 부각됐다거나 계속 남아 있는 세부적인 것(크기, 모양, 색상, 대상, 장소, 일반적인 느낌)은 무엇이었습니까?
- 꿈의 요소들은 친숙했습니까, 아니면 낯설었습니까?
- 그 요소들은 새롭거나 오래됐거나 또는 현재나 미래, 아주 먼 시간의 것들이었습니까?
- 꿈속에서 당신의 감정 상태는 어땠습니까?
- 꿈에서 깨어난 후 (그리고 꿈꾸는 중에), 당신은 어떤 감정적인 반응을 했습니까?
- 당신이 꿈과 구체적인 관련이 없는데, 꿈에서 나타난 사람, 장소, 시간들이 어떻게 당신의 기억에 남아 있습니까?

[2단계] 보편적인 상징과 상징 확충을 알아차리기: 상징 확충(symbol amplification)이라고 부르는 과정에서 분석가는 꿈의 잠재적이고 원형적인 요소들을 식별한다(Hopcke, 1989).

- 꿈의 요소들이 신화, 전설 또는 민화를 연상시켰나요?

• 그 꿈의 특징들이나 요소들이 원형을 나타내나요? 만약 그렇다면, 이러한 요소들이 긍정적/부정적 또는 전통적/비전통적으로 나타났나요?
• 특별히 기억에 남는 상징들 중에서, 특히 강한 감정적 동요를 일으키는 요소들이 있었나요?

[3단계] **해석 통합하기**: 마지막으로, 상담자와 내담자는 가능한 해석의 집합들을 잘 공유하고 내담자에게 개인적으로 하나 또는 그 이상의 의미 있는 해석으로 통합한다.

스스로 해보기

상대를 찾거나 기사를 이용하여 앞의 단계에 따라 최근의 꿈을 분석해 보세요.

이 장 말미에 있는 사례 연구에서, 마틴과 그의 상담자는 마틴이 반복적으로 꾸는 꿈을 분석했다. 그 꿈에서 마틴은 한 교도소에 갇혔다. 마틴을 쳐다보고 있던 교도관은 "너는 절대 이곳을 벗어나지 못할 거야."라고 하면서 낄낄거리며 웃었다. 그리고 그 교도관은 열쇠를 삼켜 버렸다. 융 학파 상담자는 마틴과 함께 이 꿈을 다방면으로 분석했는데, 그 꿈의 경우는 마틴의 가정과 직장 생활 모두에 적용될 수 있었다. 마틴처럼 자아 동일시가 강한 내담자는 셋째 아이가 생겼다는 소식에 대한 기쁨과 자신이 '덫에 빠진' 듯한 감정들을 모두 어떻게 느낄 수가 있는지 인식하기가 특히 어려울 수 있다. 유사하게 마틴은 자신과 가족에게 미치는 영향 때문에 꿈을 통해 자신이 감사하게 여기고 있는 연봉이 높은 직장을 '감옥'이라고 자각하는 것이 매우 도전적이고 힘든 현실이 될 수 있다. 따라서 꿈은 복잡하고 모순적인 감정을 강조하는 데 종종 도움이 된다.

■ 적극적 상상: 꿈을 꾼 이후

적극적 상상(active imagination)은 꿈 작업과 관련된 기법으로, 무의식이나 원형과의 관계를 개발하는 데 도움을 준다(Hall, 1986; Harris, 1996; Hopcke, 1989). 대부분 꿈에서 꿈을 꾸는 사람은 공연을 감독하고, 단원을 선발하며, 이야기를 써 내려가는 무의식의 지배를 받는 수동적인 존재이다. 적극적 상상에서 내담자는 꿈이나 다른 수단을 통해 무의식으로부터 얻어진 내용을 사용하고, 그것을 치료와 변화의 촉진을 위해 의식적으로 종합한다. 이에 따른 목표는 불규칙한 양극성을 조화롭게 하고 교정하기 위해 의식적이고 무의식적인 마음이 동시에 나란히 작동하도록 하는 것이다. 따라서 그것은 자아가 엉뚱한 환상을 갖거나 단순히 꿈을 다시 꾸는 것을 허용하지 않는 대신에 일반적으로 이 두 세계를 연결하는 시각화 기법(visualization technique)이다. 예를 들어, 악몽을 꾸는 사람은 당황스러운 상황에 대한 새로운 반응을 경험할 수 있고 이는 새로운 결말을 낳기도 한다. 그 사람은 꿈에서의 자신을 상상하는 것으로 시작하고, 마음에 다양한 요소를 불러일으킨다. 의식적인 마음이 이러한 환경에서 시간을 보내도록 허용한다면 그 마음이 자연적으로 그 장면과 함께 작용하도록 하고 무엇이 펼쳐지는지를 탐구할 수 있게 해 준다.

■ 융 분석에서의 전이

다른 심층심리학자와 같이 융 심리학자도 전이(transference)가 상담과정에서 중요한 역할을 한다고 했지만 그들은 독특한 세 단계 접근 방식을 가지고 있었다(Douglas, 2008; Jung, 1959b). 첫 번째 단계에서 내담자의 투사(projection)는 각자의 개인적인 역사, 특히 어린 시절과 관계가 있다. 이 단계에서 상담자는 투사가 내담자로부터 비롯된 것임을 인식하고, 내담자가 상담자에게 향한 투사를 제거하고 개인의 성격을 통합할 수 있도록 도와야 한다. 예를 들어, 만약 내담자가 상담자에게 가혹함(harshness)을 투사했다면, 상담자는 내담자가 투사한 것을 인식하도록 돕고, 자신으로 향하건 타인으로 향하건 자신의 가혹한 측면을 인정하는 것을 돕는다. 두 번째 단계에서 내담자는 투사의 어떤 요소가 개인적인 것인지 어떤 요소가 원형적인 것인지를 구별하도록 배운다. 이것은 융의 전이 분석에서 독특한 요소이다. 이 단계는 투사의 문화적 · 성별적 · 원형적 요소를 확인하는 것을 포함한다. 마지막 단계에 가면, 상담자의 개인적 현실은 투사된 이미지와는 구별되고 인간 대 인간의 연결이 형성된다.

융은 더 나아가 전이와 관련하여 상담자에게 깊은 개인적 책임이 있다고 강조했다. 일단 상담자는 일반적인 전이 문제에 대해 잘 알고 있어야 한다. 이는 모든 정신역동 접근에서도 마찬가지이다. 그러나 융은 더 나아가 "의사는 적어도 자신의 직업을 우연히 선택하지 않았다는 것을 알아야 한다. 특히 심리치료사들은 정신적 감염(psychic infection)이 더 이상 일어나지 않는다 할지라도, 이는 사실 그들의 작업에 있어서 숙명적으로 수반되며 자기 삶의 본능적인 배치와 조화를 이루어야 한다는 것을 알아야 한다. 이러한 깨달음은 그가 그의 환자들을 바른 태도로 대할 수 있게 한다. 그렇게 되면 그의 환자는 그에게 개인적으로 어떤 의미가 있게 되고 이는 치료를 위한 가장 좋은 기초를 제공한다."라고 말했다(1959b, p. 177).

■ 동시성

동시성(synchronicity)은 우연에 의해 합리적으로 설명할 수 없는 초자연적인 일치를 의미한다. "우연의 일치가 이런 식으로 반복되면 한 개인은 그것들에 대해 감명받지 않을 수가 없다."(Jung, 1960, p. 105) 예를 들면, 어느 날 당신이 몇 년 동안 연락하지 않은 친구를 생각했는데 그다음 날 그에게서 전화가 오는 것이다. 당신이 다이아몬드에 대한 꿈을 꾸었는데, 그다음 날 실제로 당신은 다이아몬드 회사의 청소부를 지나치며 다이아몬드 회사 배관 트럭 뒤에서 교통 체증에 갇혀 있는 자신의 모습을 발견한다. 그 이후에 당신의 동료가 당신에게 약혼녀와 맞춘 새로운 다이아몬드 반지를 보여 준다. 또는 융 학파 분석가가 당신의 영웅 원형을 탐색한 후 몇 주 뒤 휴식시간에 다양한 매체를 통해서 슈퍼 히어로를 마주친다. 융은 이러한 경험은 집단무의식의 가설 없이는 설명할 수 없다고 믿었다. 상담자는 내담자의 개성화 과정을 촉진하기 위해 그들의 집단무의식으로부터 어떤 주제나 원형에 대해 주의를 기울여야 하는지에 대한 정보로서 동시적 사건들을 이해해야 한다.

특수 집단을 위한 개입

▪ 모래 놀이

일반적인 개입과는 달리, 모래 놀이는 작은 모형 인형과 모래 상자를 이용하는 고도로 발달된 융의 접근법이다. 이것은 다른 상담 접근에서도 활용될 수 있는데, 다만 일반적인 모래 상자와는 구별된다. 본래 전통적으로 내려온 모래 놀이는 불교에 관심이 있는 융 학파 분석심리학자인 도라 칼프(Dora Kalff)에 의해 개발되었다. "그녀는 모래놀이가 외부의 현실과 아동을 연결시켜 줄 뿐만 아니라 아동을 위한 자연적인 치료 양상을 제공해 준다고 믿었다."(Mitchell & Friedman, 1994, p. 50) 칼프는 모래 놀이가 자아(ego)와 자기(Self) 사이의 연결을 재설정하여 전체성과 치유(healing)를 향해 정신(psyche)을 활성화할 수 있다고 믿었다(Boik & Goodwin, 2000). 모래 놀이는 처음엔 아동을 위해 개발되었지만, 이후 연인이나 가족뿐 아니라 특히 트라우마 및 상실을 경험한 성인에게도 일반적으로 이용되고 있다. 일반적인 형태의 모래 상자 치료와는 달리, 모래 놀이에서 상담자는 내담자의 모래 상자가 완성되기 전까지 내담자에게 아무런 해석을 제공하지 않고, 내담자가 모형 인형으로 모래에 장면을 완성시키며 점차 발전시켜 나가는 것을 조용히 관찰하는 역할을 한다.

모래 상자 모래 놀이 상담자는 특정한 차원(dimension)의 모래 상자(sand tray)를 사용한다. 여기서 말하는 모래 놀이 상자의 차원은 모래 속에 창조되는 장면들을 쉽게 심리적 마음(mind)에 '수용'할 수 있게 허용하는 것이다. 모래 상자는 3인치 깊이로 가로 28.5인치, 세로 19.5인치의 크기이며, 약 30인치 높이의 테이블 위에 위치해야 한다. 그 상자는 일반적으로 물이나 하늘을 표현하기 위해 내부에 파란색 페인트로 칠해져 있고, 아주 좋은 등급의 모래가 상자를 채우고 있다([그림 4-1] 참조). 정식적인 모래 놀이방은 '건조'하고 '젖은' 모래가 모두 준비되어 있다.

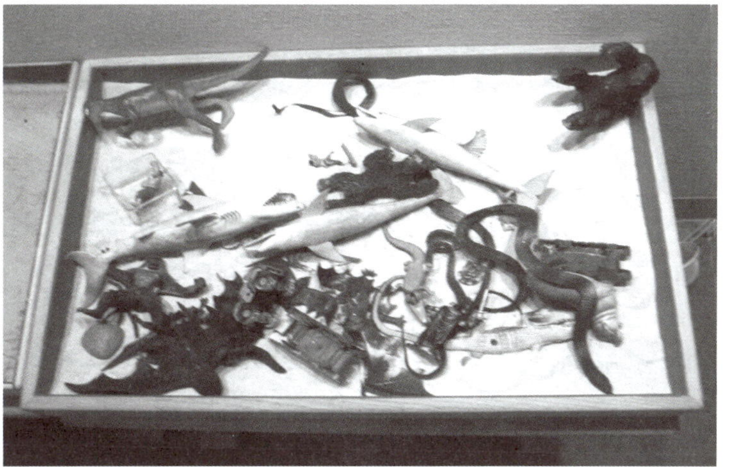

Photo by Rie Rogers Mitchel

[그림 4-1] 혼돈 주제의 모래 상자(아동)

인형 모래 놀이 인형은 눈으로 쉽게 볼 수 있도록 열려 있는 선반에 주로 보관된다([그림 4-2] 참조). 융의 이론에 따라 인형들은 '진화'의 순서로 배열된다. 무생물과 자연적인 물체는 아래에 놓고(예: 돌), 그런 다음 식물과 잎, 그리고 공룡, 바다 생물, 파충류, 새, 포유류, 인간의 순서이며, 맨 위에 영적 존재의 인형이 배열된다(주의: 모래 놀이는 다른 어떤 종류의 치료보다 청결함이 요구된다).

상자 소개 상담자가 내담자와 치료적 관계를 형성한 후 모래 놀이가 적절한 개입이 될 것 같다고 판단되면, 상담자는 인형이 진열된 곳을 가리킨 후 "모래 놀이 한번 해 볼래? 모래 상자 안에 네게 떠오르는 것들을 한번 집어서 넣어 볼래?"와 같이 직접적이지 않은 문장을 이용하여 모래 놀이 활동을 소개할 수 있다(Mitchell & Friedman, 1994, p. 54).

상담자 역할 상담자의 주요 역할은 내담자가 안전하고 보호받는 느낌을 가지고 편안하게 탐색할 수 있도록 자유롭고 안전한 심리적 공간을 만드는 것이다(Mitchell & Friedman, 1994). 일반적으로 상담자는 옆쪽으로 떨어져 앉아 내담자가 인형들을 가지고 모래에서 장면을 만드는 것을 조용히 지켜본다. 해석은 장면이 완료되는 시점에서 제공되지 않는다. 대신 상담자는 내담자와 이야기할 수 있도록 여러 개의 모래 상자가 완성될 때까지 기다린다([그림 4-3] 참조). 이러한 상담자의 차분함과 지지적이며 신뢰적인 존재감은 치료 작용을 촉진하기 위해 내담자가 자신의 무의식에 접근하고 표현하는 것을 보다 용이하게 한다.

녹화 대부분의 경우에 상담자는 내담자가 회기 공간을 떠난 후에 각각의 상자를 사진으로 남긴다. 후에 내담자가 모래 상자에 담겨 있는 상징이나 의미를 탐색할 준비가 되어 있을 때 상담 장면에 바로 사용하기 위해서이다. 만약 카메라가 없거나 사진을 찍지 못했을 경우에 상담자는 회기 도중 모래 상자를 스케치할 수도 있다(Mitchell & Friedman, 1994).

Photo by Rie Rogers Mitchel

[그림 4-2] 분열 주제의 모래 상자(아동)

Photo by Rie Rogers Mitchel

[그림 4-3] 모래 놀이 과정 중 종결 단계의 모래 상자: 더 일관성 있고 안정성 있는 구역

모든 정보 통합하기: 융의 사례개념화와 치료계획 양식

이론에 특화된 사례개념화: 분석심리학

이론에 특화된 사례개념화를 발달시키기 위해 다음의 내용을 사용하라. 이 장의 마지막에 제시된 사례 연구는 하나의 예이다.

■ 자아정체성

주목할 만한 무의식과 함께 내담자가 자신에 대해 어떻게 정의하고 바라보는지 기술하라.

■ 집단무의식

내담자의 삶에 있어서 특별히 더 중요하게 보이는 집단무의식의 어떤 양상이라도 기술하라. 이것은 내담자의 삶에서 특정 방식으로 작용하는 문화적, 인종적, 종교적 혹은 더 큰 공동의 주제나 특정 신화, 동화와 연관되어 있을 수 있다.

■ 자기에 대한 자각

내담자는 융의 분석에서 말하는 자기(Self)에 대해 어떤 방식으로 얼마만큼 인지하고 있는가?

■ 그림자

내담자의 삶에 그림자의 어떤 요소가 작동하고 있는가? 이것은 직접적 혹은 간접적으로든 내담자가 갖고 있는 문제와 연결되어 있는가?

■ 원형적 그리고 신화적 주제

꿈, 상상, 삶의 패턴에서 나타나는 원형적 주제에 대해 확인해 보라. 이것들은 다음의 것들과 연관되어 있을 수 있다.

- 아니마/아니무스
- 영웅
- 현명한 노인 또는 노부인
- 사기꾼

■ 양극성

현재 문제와 관련 있는 양극성에 대해 확인하라. 다음의 것들이 있다.

- 일/놀이
- 완벽/실패
- 친절/냉담
- 감정/이성
- 책임/자유

■ 콤플렉스

콤플렉스나 주목할 만한 원형적 주제에 대해 기술하라.

■ 성격 유형

마이어스와 브릭스의 4/8개 영역에서 각각 내담자의 기능이 어떻게 작동하는지 설명하고, 그 특정 영역이 현재의 문제와 어떻게 연결되는지 살펴보아라.

- 외향/내향
- 감각/직관
- 사고/감정
- 인식/판단

치료계획 양식: 융의 분석심리학

우울, 불안, 강박 문제를 호소하는 내담자를 위하여 치료계획을 세울 때, 다음의 치료계획 양식을 사용하라. 특정 내담자, 호소문제, 치료적 맥락에 따라 이 양식의 목표나 개입 방식은 다소 변경될 수 있다. 필요에 따라 이 치료계획을 적절하게 변경하여 사용할 것을 권장한다. 이 계획을 치료에 효과적으로 적용하기 위해서는 내담자가 경험하고 있는 특정 신념, 행위, 감정을 중심으로 목표와 개입 방식이 명확하게 작성되어야 한다. 구체적일수록 당신에게 유용할 것이다.

치료계획: 융 분석심리학

치료의 초기 단계

초기 단계 치료 과제

1. 치료 관계를 형성하기. 다양성의 고려사항: [내담자와 관계를 형성하는 과정에서 내담자의 다양성에 따라 자신의 접근법을 어떻게 민감하게 조정할지 구체적으로 설명하라. 감정 표현을 위해 그들의 다양한 문화와 성별에 관한 내용이 포함되어야 한다.]

   관계 형성 접근/개입:

   a. **'협력적 교육자'** 관계를 형성함으로써 내담자가 상담자를 치유와 개성화의 개인적 여정에 함께하는 하나의 자원으로 보게 하라.

2. 개인적이고 체계적이며 다양한 문화적 역동을 평가하기. 다양성의 고려사항: [문화, 사회・경제적 지위, 성 정체성, 성별, 그 외 고려사항에 대한 평가 방법을 설명하라.]

   개입:

   a. 평가 전략: 편집되지 않은 이야기를 **'고백'**하거나 말을 하게 하라.

   b. 평가 전략: **자기에 대한 원형, 양극성, 콤플렉스, 그림자 요소**들과 관련된 주요한 갈등을 확인하라.

   c. 평가 전략: **MBTI 심리 유형**을 확인하라.

초기 단계 내담자 목표

1. [특정 위기 증상] 감소를 위해 위기로 확대되는 **무의식적 갈등**을 감소시키기

   개입:

   a. 위기를 촉발하는 **콤플렉스, 양극성, 원형적 패턴**을 분석하라.

   b. 대처 기술을 향상시키고 위기에 대한 대안적 반응을 발달시키기 위해 **적극적 상상**을 이용하라.

치료의 작업 단계

작업 단계 치료 과제

1. 작업 동맹의 질을 확인하기. 다양성의 고려사항: 작업 동맹을 유지하는 데 있어 다양성 이슈와 성격 유형을 설명하라.

   평가 개입:

   a. **전이**를 점검하고 분석하라. **성격 유형**을 수용하기 위해서 관계를 조절하라.

작업 단계 내담자 목표

1. [특정 증상: 불안, 우울 등] 감소를 위해 [특정 문제 또는 맥락]에 관련된 **무의식적 갈등**과 **콤플렉스**를 감소시키기

   개입:

   a. 무의식적 갈등을 의식적 자각으로 가져오고 카타르시스를 허용하기 위해 **어린 시절의 경험, 상징, 꿈, 원형**을 분석하라.

   b. 개성화 과정에서 자신의 역할을 확인하고 갈등을 이해하기 위해 갈등의 **동시성**을 분석하라.

2. [특정 증상: 우울, 불안 등] 감소를 위해 [특정 **원형**]의 역할뿐만 아니라 **페르소나, 그림자, 자기**의 역할에 대한 자각을 증대시키기

   a. 무의식적 원형 갈등과 자기에 대한 그림자 요소들을 의식적 알아차림으로 가져오기 위해 **어린 시절의 경험, 상징, 꿈, 원형**을 분석하라.

   b. 페르소나, 그림자, 자기, 다른 원형의 역동성을 탐색하기 위해 **모래 놀이**를 활용하라.

3. [특정 증상: 우울, 불안 등] 감소를 위해 성격에서의 **양극성 통합**과 의식을 증가시키기

   a. 양극성을 확인하고 통합하기 위해 **전이**를 분석하라.

   b. 양극성의 통합을 촉진하기 위해 **동시적으로** 일어나는 사건을 분석하라.

치료의 종결 단계

종결 단계 치료 과제

1. 추후 관리 계획을 세우고 성과를 유지하기. 다양성의 고려사항: [치료가 종결된 이후, 내담자를 돕기 위해 내담자가 속한 공동체의 자원에 어떻게 접근할지 설명하라.]

   개입:

   a. 내담자가 평생 동안 이어지는 개성화 과정을 독립적으로 지속시킬 수 있도록 내담자에게 **동시성, 꿈, 상징**을 분석하는 방법을 교육하라.

종결 단계 내담자 목표

1. [특정 증상: 우울, 불안 등] 재발 가능성 감소를 위해 지속적으로 **자기**와 연결되고 자기로부터 행하는 능력을 증가시키기

   개입:

   a. **꿈, 상징, 동시적으로** 일어나는 사건을 내담자가 상담자로부터 도움을 덜 받으며 분석하는 방법을 교육하라.

   b. 갈등과 콤플렉스를 의식적으로 전환하기 위해 **적극적 상상**을 이용하라.

c. **자기**와 공고히 연결되기 위해서 개인적으로 의미 있는 상징을 이용하라.

2. [특정 증상 : 우울, 불안 등] 재발 가능성 감소를 위해 타인, 인류 그리고 신과 **연결된 느낌**을 증가시키기
   개입:
   a. 내담자에게 다른 **성격 유형**과 세상에 존재하는 다양한 존재방식에 대한 이해와 관용을 어떻게 증가시킬 수 있는지 교육하라.
   b. 신과의 견고한 관계를 지속시키기 위해 개인적으로 의미 있는 **상징**과 **동시성**을 이용하라.

스냅샷: 연구와 근거 기반

융 심리학의 효과와 결과에 대한 연구는 제한적이며, 가장 일반적인 형태의 연구는 단일 사례 연구이다(Douglas, 2008). 독일의 한 연구에서는 장기적인 융 학파 분석을 받은 내담자의 76%가 5년 후에 의료 보험 청구에서 상당한 감소를 보였으며, 이는 장기적인 상담 분석이 비용 절감 효과가 있음을 의미한다(Keller, Westhoff, Dilg, Rohner, & Studt, 2002). 가족에 관한 소규모의 연구(Kaplan, Saayman, & Faber, 1981)에서는 꿈 분석의 내용을 기초로 하여 문제 영역, 가족 전이(family transactions), 치료 결과를 정확하게 진단하기 위해 양적 및 질적 분석을 하였다.

융의 아이디어가 가장 많이 적용된 연구 분야는 MBTI이다. 가장 최근의 MBTI 연구 대부분은 도구(instrument)들의 번역을 발전시키는 데 집중하고 있다. 구체적으로, 최근의 연구들은 터키판(Atay, 2012), 한국판(Sim & Kim, 1993), 슬로바키아판(Ruisel & Ruiselová), 중국판(Broer & McCarley, 1999)을 포함한 여러 번역의 타당도를 검증하고 있다. 로프레도와 옵트(Loffredo & Opt, 2006)가 진행한 연구는 MBTI 성격 유형과 '논쟁적임(argumentativeness)' 사이의 상관관계를 조사했다. 이들은 사고(Thinking)와 직관(Intuitive) 유형이 감각(Sensing)이나 감정(Feeling) 유형보다 더 논쟁적이라고 밝혔다. 6,280명을 대상으로 MBTI 유형과 학업 성취에 대해 밝힌 연구에서 다리엔조, 다스, 신, 키츠와 맥그래스(DiRienzo, Das, Synn, Kitts, & McGrath, 2010)는 판단(Judging) 유형이 인식(Perceiving) 유형보다 학업 성적 평균이 높음을 발견했다. 또한 이 연구자들은 모든 전공(경영 전공 제외)에서 내향(Introverted), 감정, 판단 유형의 학업 성적이 평균 이상임을 밝혔다. 게다가 이들은 학업 전공과 관련된 차이들을 알아내면서, 직관, 감정, 인식 유형이 순수미술을 더 많이 전공했다고 밝혔다.

다문화적 접근: 다양한 집단과 작업하기

문화적 다양성

집단무의식에 대한 융의 개념은 한 개인의 정신(psyche)에 대한 공동체와 문화의 영향을 인정하고 분석하기 위한 공식적인 개념을 제공한다(Stein & Jones, 2010). 융의 치료는 내담자 문화의 민속, 신화, 상징을 기꺼이 초대하고 수용하며, 문화적 전통이 전하려고 하는 삶의 지혜와 교훈들을 가치 있게 여긴다. 따라서 다른 분석적 접근보다도 융의 분석은 다양성을 가지고 작업하기 좋은 이론적인 토대를 제공해 준다. 더불어, 영성과 원형을 강조하는 융의 접근은 종교적이고 영적인 것을 지향하는 내담자와 작업할 때 독특한 함의를 가지고 있다. 다른 접근과는 달리, 융의 분석은 상담과정에서 영성과 종교적 상징의 통합을 요청하고 촉진한다. 예를 들어, 죄인과 성자의 원형은 기독교인 내담자와 신(God)의 관계를 명확하게 하고 깊어지게 할 뿐만 아니라 내담자로 하여금 자신에 대한 이해 또한 깊어지게 하는 데 이용될 수 있다. 그러나 이러한 접근이 사회정치적 불평등과 억압에 주의를 기울이지 않고 사용되었을 때, 이는 '본질주의자', 심지어는 '인종 차별주의자'라고 묘사되어 왔다(Roper, 1992). 예를 들어, 개성화 과정을 추구하는 융의 목표는 분리와 독립과 같은 서구적 가치로 가득한데, 집단적인 문화로부터 온 내담자에게는 다소 부적절할 수도 있다. 이와 유사하게, 융의 아니마/아니무스의 개념도 전형적인 남성과 여성의 행위와 성 역할을 강화하는 데 이용될 수 있다.

융 분석은 다문화적 맥락에서도 명확한 표현을 가지고 있다. 헤이어(Heyer, 2012)는 한 개인이 서로 다른 가치 체계를 가진 여러 다른 문화권에서 살 때, 그 개성화 과정은 여러 형태의 복합성(complexity)을 갖는다고 언급했다. 여기서 말하는 개성화 과정이란 집단무의식 내에서 평화롭게 지내면서도 역설적으로 집단무의식으로부터 자신을 분리시키는 것을 의미한다. 하나 이상의 문화권에 사는 사람들은 다양한 집단무의식의 일부분을 나타내며, 이에 그들은 한 발자국 물러서 의문을 가져 보거나 궁극적으로는 그 안에서 사는 법을 배워야 한다. 따라서 융 학파 상담자는 다문화 내담자와 작업할 때, 내담자가 여러 가지의 의미 있는 체계로부터 상징적인 것을 그릴 가능성을 인지하고, 분석과정에서 보다 조심스럽게 상징에 대해 탐구해야 한다. 예를 들어, 이란계 이민자인 미국인 무슬림 여성의 꿈(dream)에서 주어진 상징(예: 스카프)은 이란 여성, 미국 여성, 미국계 무슬림, 이란계 무슬림, 이주자 등을 고려하여 가능한 집단적 의미로부터 탐구되어야 한다. 집단적 의미의 다양한 층(layer)은 그녀의 사회 경제적 상황에 근간을 둔다(예: 엘리트, 부, 시골 등). 종합하자면, 융의 개념은 상담과정에 내담자의 문화를 참여시키는 생산적이고 중요한 방법을 제공하지만, 이 접근은 서구적 가치의 고유한 문화적 편향에 대한 비판적인 분석으로 적용되어야 한다.

■ 일본인에게 적용

융의 분석은 일본에서 가장 영향력 있는 서구의 접근법 중 하나이다(Kitanaka, 2003; Kawai, 2008). 이 접근법이 특히 일본에 적절한 이유는 집단무의식의 개념이 개인의 정신(psyche)과 내적 세계에서 공동체의 역할을 인정하는 유용하고 구체적인 수단을 제공하기 때문이다. 일본은 명백한 집단주의 문화로서, 한 개인의 행동이 가족과 사회에 미칠 영향을 중요하게 고려하는 것을 가장 기본적인 가치로 삼는다. 이는 다른 서양의 치료에서는 쉽게 다루어지지 않는 부분이다. 뿐만 아니라 집단무의식의 개념은 일본 신화와 민속의 오랜 전통과 풍부한 전통을 상담실로 가져와, 내담자로 하여금 익숙하고 신뢰받는 과정을 통해 이를 연결시킬 수 있도록 한다. 융의 접근은 현재에도 일본인의 의식 속에 존재하고 있는 전근대적 및 근대적 일본의 갈등을 탐색하는 장을 마련해 준다(Kawai, 2010).

융의 접근법이 일본에서 널리 수용된 또 다른 이유는 내담자를 참여시킬 수 있는 모래 놀이, 꿈 분석, 예술과 같은 독특한 양식들을 사용하기 때문이다(Kawai, 2010; Kitanaka, 2003). 이러한 방법들, 특히 모래 상자와 같은 방법은 내담자가 굳이 자신의 감정을 말로 표현하지 않고도 주도적인 과정으로 자기발견을 경험할 수 있게 도울 뿐 아니라 일본 및 동아시아 문화에서 일반적으로 중요한 가치인 난처한 정보를 드러내는 데 발생할 수 있는 잠재적인 수치심을 줄일 수 있기 때문이다(Kitanaka, 2003). 이처럼 일본인 내담자는 감정적으로 어려운 것들을 표현함에 있어 간접적이고 창의적인 수단을 선호한다. 카와이(Kawai, 2010)는 더 나아가 이 치료적 활동에서 나타나는 상징을 언어적으로 해석하는 것이 모든 일본인에게 도움이 되는 것은 아니라고 밝혔다. 대신에 그는 몇몇 일본인 내담자와 상담을 할 경우 상징적 연극, 예술, 꿈을 언어로 분석하지 않고 그들이 지닌 심리적 자원과 연관지어 생각해 볼 것을 추천했다. 또한 그는 이 두 가지 유사한 세계(문제의 논의와 상징적 모래 놀이, 예술, 꿈)가 언어적으로 서로 연결하려는 시도 없이 공존할 때 서서히 변화가 나타날 것이라고 말했다. 그는 이 두 개의 유사한 세계를 현대 일본인의 의식에 공존하는 전근대적 세계와 현대적 세계로 비유한다. 두 세계 모두 나란히 존재하지만 서로 의미 있게 상호작용하지는 않는다.

이러한 인기 있는 융의 접근은 일본인으로 하여금 자신을 풍부하게 분석할 수 있도록 하는 데 기여하고 있다(Kitanaka, 2003). 진정한 사랑을 찾기 위해 역경을 극복하는 영웅적인 여정을 묘사한 서양 전설과는 달리, 일본의 전설은 '아무것도' 일어나지 않았다는 것을 강조하는 다소 애매한 결말로 끝난다. 일본 소설은 힘과 활동(즉, 어떤 것이 일어나는 것)의 부성적 측면

보다는 돌봄과 보살핌(즉, 관계적 연결)의 모성적 측면을 강조한다. 모성적인 이미지의 중요성은 최근에 더욱 증가하고 있다. 왜냐하면 아버지는 가족으로부터 떨어져 오랜 시간 동안 일을 하는 반면, 어머니는 자녀를 돌보는 주된 양육자이기 때문이다(Kitanaka, 2003). 현대 일본 문화에서의 모성, 부성과 같은 주제들은 융의 분석을 통해 탐구될 수 있다.

성 정체성의 다양성

융은 동성애에 대해 거의 언급하지 않았다. 이는 그가 프로이트와 비교했을 때 성적 취향에 대해 상징적 접근을 하는 경향이 있기 때문이다(Haslam, 2000). 만약 그가 동성애를 언급했다면, 퇴보의 한 형태인 '콘트라섹슈얼(contrasexual) 경향성'으로 보았을 것이다. 그럼에도 불구하고, 융의 접근에서 전체성을 향한 개인의 여정은 집단이나 사회적 태도에 의해 제한되거나 제약받지 않아야 한다는 것을 대단히 중요한 가치로 여긴다. 각 개인의 특유한 개성화 여정을 존중하는 것은 현대 융 학파 치료에서 이루어지는 대안적 성의 탐색에 있어 풍부한 근간을 제공한다.

무의식의 상징을 해석하는 데에 초점을 둔 융 분석은 동성애자와 작업할 때 신선한 관점을 가져다줄 가능성이 있다(Miller, 2010). 융의 접근은 '동성애 이론(theory of homosexuality)'을 개발하려 한다기보다는, 내담자와의 관계 및 그들의 정신(psyche)에 관한 이해를 깊이 있게 추구하는 데 목적을 둔다. 여기에서 꿈의 이미지와 환상은 개인이 전체성을 추구하는 과정의 일부로 근본적인 의미와 상징을 위해 탐색된다. 따라서 현대 융의 체계에서 동성애(same-sex attraction)와 대안적 성 정체성(alternative gender identity)은 병적인 것도, 건강한 것도 아니라고 여겨지며, 오히려 이는 정신(psyche)에 대한 지식을 보다 깊게 탐구하기 위한 요구로 간주된다. "이는 본질적으로 그것들을 통제하거나 규정하려 하지 않는다. 대신에 우리의 성 정체성, 우리의 삶을 창조하는 요소와의 관계를 탐색하고 정신(psyche)에 내재되어 있는 본성의 중요한 요구를 배우는 것을 의미한다."(Miller, 2010, p. 123)

성 소수자와 작업할 때, 융 학파 분석가는 자기, 그림자, 아니마, 아니무스에 대한 내담자의 원형에 특별히 관심을 두어야 한다. 성 소수자들이 상당한 소외감과 수치심을 경험한다는 것을 감안할 때, 전체성의 추구는 그동안 거절당하고 거부된 내담자의 그림자를 수용하고 받아들이는 것을 포함한다(Haslam, 2000). 더욱이 성적 취향은 성(gender) 경험과 밀접히 연결되어 있기 때문에 자신을 대안적 성 정체성을 지녔다고 밝힌 내담자와 작업함에 있어 아니마와 아니무스의 원형은 특히 더 중요하다고 볼 수 있다. 해슬램(Haslam, 2000)에 따르면, 그는 성 소수자를 이해함에 있어 성 원형에 대한 전통적인 해석은 문제가 있을 수 있다고 주장했다. 왜냐하면 융은 아니마를 이상화하려 하고 아니무스를 다소 병적으로 보려고 하는 경향이 있기 때문이다. 이와 같은 이유로 해슬램은 게이, 레즈비언, 양성애자들의 원형들을 이해하는 데 있어 보다 현대적이고 덜 본질적인 접근이 필요함을 강조했다.

■ 레즈비언 가족에서의 남성적 원형

융의 이론은 동성애 관계와 가족에서의 성 원형을 이해하는 데 독특한 이해의 틀을 제공한다. 웨스턴(Weston, 2008)은 개성화와 원형에 대한 융의 이론이 자녀를 양육하는 레즈비언 가족에게 어떻게 적용될 수 있는지 설명했다. 융에 따르면, 개성화 과정은 자신의 선천적이고 고유한 잠재력을 알아차리고 자기의 모든 측면, 즉 그림자와 자기 내의 대립되는 긴장들과 관계 맺는 것을 포함한다. 웨스턴은 레즈비언에게 특히 관련 있는 양극성을 확인했다. 하나는 사회적으로 익숙한 것과 아닌 것(이성애 대 동성애)이고, 다른 하나는 남성/여성이다. 커밍아웃 과정은 한 개인이 '타인'으로 정의되는 사회와 동일시하고 잠재적인 성 정체성, 성 역할, 성적 취향을 탐구하는 것을 배우면서 이 두 가지 극성을 둘러싼 개성화를 필요로 한다. 융은 모든 사람의 자기에는 남성적 측면과 여성적 측면이 모두 존재한다고 주장했다. 자기에 대하여 이러한 요소들을 더 많이 인식하고 수용할 수 있다면 한 개인은 완전히 개성화될 수 있다.

성 소수자로서 레즈비언은 그들의 정체성 발달과 커밍아웃 과정에서 성 정체성에 대한 의식적인 탐구에 특히 많이 참여하게 된다. 이 과정에서 그들은 자신의 성 순응적인 부분과 성 순응적이지 않은 부분에 대한 가슴 아픈 자각을 더 많이 하게 된다. 그래서 레즈비언 커플이 부모가 될 때, 그들은 남성적 방법과 여성적 방법 모두를 활용하여 부모 역할을 하려 하고, 이를 통해 자녀들은 부모의 세계에 대해 이러한 원형적 방법으로 남성성과 여성성에 노출된다.

웨스턴은 레즈비언 가족들이 공동 활동, 특히 스포츠를 통해 자신의 자녀를 남성성에 노출시킨다고 주장했다. 남성성 원리는 목표 지향적이고 타인과 외부 세계를 정복하고 익히는 것이다(Weston, 2008). 따라서 많은 아이들 중, 특히 남자 아이들의 경우, 이러한 남성성의 에너지는 영웅 신화나 원형으로 방향을 잡는다. 영웅은 장애물과 적을 정복시킴으로써 자신의 가장 높은 열망을 추구하는 여정을 보여 준다. 현대 미국 문화에서 이 원형의 대표적인 것은 팀 스포츠이다. 스포츠는 소년들이 남성 원형의 영웅적 활동(예: 경쟁, 목표 추구, 분투, 겨룸, 실패, 발전, 정복)에 안전하게 참여할 수 있도록 한다. 스포츠를 통해 소년들은 남성성을 표현하고 구현할 많은 기회를 가지며 그들이 구현하는 영웅적 시도를 통해 자신을 발전시키는 방법에 대해 배워 나간다. 스포츠나 그와 유사한 활동들은 남성성이나 영웅 원형을 활성화하고 성취하도록 하는 데 도움이 되므로 개성화 과정에서 남자 아이들을 돕기 원하는 레즈비언 가족들에게 특히 더 적절할 수 있다.

융 사례 연구

마틴은 41세의 아프리카계 미국인이며 큰 항공우주회사의 간부이다. 그는 불안과 우울 때문에 치료를 원했고 종종 그의 아내에게 화를 폭발시켰다. 그는 지난 3년 동안 회사에 가는 것이 '귀찮은 일'로 여겨졌고, 우울하고 무기력한 상태로 집에 돌아왔다고 말했다. 마틴은 자신이 '멋진 가족과 보수가 좋은 직업'을 갖고 있으면서도 왜 우울한지 알 수 없다고 말했다. 마틴에게는 두 명의 아들이 있는데, 첫째는 고등학생이고 둘째는 중학생이었다. 그는 아이들을 매우 사랑했고 아이들의 삶에도 깊이 관여하고 있었다. 마틴의 아내는 현재 딸을 임신 중이었다. 그는 "이건 기적 같은 일이었어요. 우리는 6년 전에 임신을 하려고 노력했지만 뜻대로 되지 않았어요. 제 아내는 늘 딸을 원해 왔었거든요."라고 이야기했다. 최근에 마틴은 교도소 교도관이 "너는 여기서 절대 나가지 못할 거야."라고 비웃으며 걸어가고 자신이 교도소에 갇히는 꿈을 반복해서 꾸고 있다고 했다. 꿈에서 그 교도관은 마틴을 지긋이 바라보며 열쇠를 삼켜 버리고 비웃 듯이 웃었다고 했다. 마틴은 교도관을 향해 "나는 아무것도 잘못한 게 없어. 나는 선한 사람이야."라고 소리쳤고, 마침내 교도관이 어깨를 으쓱거리고 사라졌다고 한다.

사례개념화: 융

■ 자아정체성

마틴은 스스로를 가정에 충실한 아버지이자 남편으로 묘사했다. 그는 자신이 가족에게 충분히 경제적·정서적으로 제공하고 있다고 보았다. 그는 현재 자신이 소속된 대기업에서 꽤 높은 위치에 있고 많은 돈을 버는 성공한 기업 간부로서 자신을 자랑스러워했다. 또한 그는 다른 아프리카계 미국인 남성들이 자신을 성공적인 롤 모델로 볼 것이라고 여겼고, 또 자신이 다른 아프리카계 미국인에 대한 부정적인 선입견을 전환하는 데 일조했을 것이라고 생각했다. 그러나 이러한 마틴의 유능한 가장으로서의 자아정체성은 이 정체성에 맞지 않는 자기 자신의 다른 무의식적인 부분을 인정하지 못하도록 방해할 수도 있다. 마틴은 직업을 바꾸고 더 도전적이고 자기 성취감을 주는 일을 찾고자 하는 그의 무의식적 욕구를 모를 수도 있다. 또한 그는 아이가 한 명 더 생김에 따라 또다시 어린아이를 둔 부모로 돌아가고 싶지 않은 욕망과 그에 대한 자신의 분노를 의식하지 못하고 있는 것일 수도 있다.

▪ 집단무의식

마틴은 아프카계 미국인 사회의 집단무의식적 요소와 깊게 연관되어 있는 것처럼 보였다. 전체 사회를 고무시키고 과거의 정의롭지 못한 것들을 바로잡는 것에 부담을 느끼는 것 같았다. 그는 여러 세대를 통해 형성된 고통의 무게를 짊어지고 있는 것처럼 보였고, 다른 사람의 삶을 보다 좋게 만들기 위해 자신을 희생해야 한다고 생각하는 것 같았다. 기독교적 주제인 순교가 이런 방식으로 그의 삶에 작용하고 있었다.

▪ 자기에 대한 자각

마틴은 자기에 대해 완전히 자각하고 있지는 않았지만 그는 개성화의 초기 단계에 있었다. 그는 안정적인 직업, 의미 있는 결혼, 성장하는 가족을 가진 인생의 중・후반기에 있었고 그의 삶에 대한 탐색이 필요한 특정 부분들을 의식하는 과정을 시작하고 있었다. 이것들은 의식화되고 싶어 하는 마틴의 일부분들로, 그의 꿈에서 반복되어 나타나거나 그의 직업으로부터 오는 우울 증상을 통해 나타난 것이다. 그렇지만 마틴은 아직까지는 그의 무의식적인 감정이나 욕구에 대해서 인식하지 못하고 있었다.

▪ 그림자

마틴은 그림자 부분의 많은 것들을 아직 알아채지 못했다. 그의 그림자는 다시 임신해 버린 아내를 향한 분노, 그의 직업적 상황에 대한 무력감, 가족들로부터 해방되고 싶다는 욕구, 가장으로서의 역할과 사회적 롤 모델의 책임감으로부터 해방되고 싶다는 욕구 등을 포함하고 있었다. 그의 이러한 탐색되지 않은 부분들은 그를 의기소침하고 억눌리게 만들었고 이것은 종종 아내를 향한 분노로 분출되었다.

▪ 원형적 그리고 신화적 주제

영웅 다양한 차원에서 마틴의 삶은 영웅 원형으로 정의될 수 있다. 그는 가장으로서 가족들에게 충분히 필요한 것을 제공하고, 부정적인 사회적 편견을 극복하기 위해 사회적 성공을 추구하며 자신을 매우 강하게 몰아붙였다. 그는 이러한 성취감을 즐기긴 했지만, 이에 대한 대가로 자유와 개인적 욕구를 성취하는 것을 부정당한 것이다.

사기꾼 마틴의 꿈에서 사기꾼은 마틴을 보고 웃으며 교도소 열쇠를 삼켜 버리는 교도관으로 나왔다. 마틴의 꿈은 마틴이 자기 직업에 대해 느끼는 감정과 그의 삶의 후반기에 아이를 더 가지게 된 것에 대해 아내에게 느끼는, 덫에 빠진 듯한 감정을 묘사하고 있다. 꿈의 마지막에서 마틴이 그의 순수성과 좋은 성품에 대해 호소함에도 불구하고 그 소리는 무시당하는 것처럼 보였고, 이는 마치 마틴이 좋은 사람임에도 불구하고 그가 덫에 빠져 있다는 것을 의미하는 것 같다. 사기꾼은 '멋진' 삶에서 덫에 빠진 듯한 감정이라는 역설을 나타내 주는 것 같다.

■ 양극성

마틴은 자유와 책임에 대해 자신 안에서 충돌하고 있는 욕망들과 분투하는 중이었다. 한편으로 마틴은 좋은 아빠, 남편, 경제적 제공자로서 헌신적이고 가정적인 남편이다. 다른 한편으로 마틴은 자신의 직업적 열망을 추구하고 싶어 했고, 어린아이의 아빠 역할을 더 이상 맡고 싶지 않아 했다. 마틴은 이 두 양극성의 균형을 잡는 것에 어려움을 느끼는 것처럼 보였다. 그는 자유에 대한 욕구를 만족시키는 것을 무시한 채 그저 충실하고 책임감 있는 자기로 맞추어져 있다. 이것이 그를 우울하게 만든 이유 중 하나이다.

■ 콤플렉스

마틴은 영웅과 순교의 주제로 분투하고 있는 것처럼 보였다. 이 영웅과 순교의 주제는 극에 이르렀고, 이에 현재 그는 자신이 만들어 낸 '영웅적' 삶에 갇혀 있는 것처럼 느꼈다. 왜냐하면 그는 자신이 이루어 낸 성취에 대해 자랑스러워했기 때문에 그의 성공에 의해 어떻게 덫에 빠져 있는지를 알아차리는 것은 어려운 일이었다. 그는 짐을 덜고자 하는 인식하지 못한 욕망이 그가 그토록 힘들게 만들어 낸 자아정체성과 맞지 않기 때문에 마틴을 더욱 혼란스럽게 만들고 있었다.

■ 성격 유형

외향 대 내향 사회적으로든 직업적으로든 모든 것에 활동적으로 참여하는 마틴의 열정을 통해 알 수 있듯이 그는 매우 외향적인 사람이다. 마틴은 사람들과 상호작용하는 것을 즐거워하며, 자신의 일에서 새로운 활동들을 추구하는 욕구를 항상 가지고 있었다. 이러한 그의 외향적인 성향은 그가 직업적으로 성공하고, 그의 회사에서 이사 직위의 자리까지 승진하는 것에 도움이 됐다. 그러나 마틴은 현재 자신이 일에서 정체되어 있나는 것을 인식하게 되면서 무력감을 느끼게 되었고, 이는 그의 전반적인 우울감에 깊은 영향을 미치고 있었다.

감각 대 직관 마틴은 감각을 통해 세상을 경험했다. 그는 구체적이고 실제적인 정보들을 신뢰했다. 마틴은 경험될 수 있는 개입에 더 반응할 것이다. 마틴의 무의식에 대한 해석들이 그에게 의미가 있으려면 그에 대한 근거가 뒷받침되어야 할 것이다.

사고 대 감정 마틴은 사고를 통해 정보를 조직하고 결정을 내린다. 그는 매우 이성적이고 논리적이다. 그는 가족과 관련된 결정을 내릴 때 자신의 감정을 앞세우기보다는 이성적으로 결정을 내린다. 따라서 그는 가족과 자신의 개인적 직업 추구 욕구를 대조해서 생각해 볼 때, 가족의 요구를 우선적으로 따를 가능성이 훨씬 높다.

판단 대 인식 마틴은 외적 세계를 다루는 데에 있어 인식에 해당하는 유형이다. 그는 자신의 삶에서 즉흥적인 부분들을 선호하고 새로운 가능성을 탐색하는 것을 즐긴다. 이는 그가 반복되는 일상으로 인해 힘들다고 느끼는 이유 중 하나이기도 하다.

치료계획: 융 분석심리학

치료의 초기 단계

초기 단계 치료 과제

1. 치료 관계를 형성하기. 다양성의 고려사항: 적절한 시기에 전문적인 용어를 사용하라. 그가 존경받는 아프리카계 미국인이라고 느낄 수 있도록 대하라. 성인 남성(AM)이 '소리내어 생각'할 수 있도록 하고, 구체적인 예시를 사용하여 논리적인 설명을 제공하고, 여러 가능성을 탐색할 수 있도록 하여 MBTI 유형에 맞게 의사소통을 조정하라.
   관계 형성 접근/개입:
   a. '**협력적 교육자**' 관계를 형성함으로써 내담자가 상담자를 치유와 개성화의 개인적 여정에 함께하는 하나의 자원으로 보게 하라.

2. 개인적이고 체계적이며 다양한 문화적 역동을 평가하기. 다양성의 고려사항: 다세대 시스템, 현지 아프리카계 미국인 공동체 역동, 전문직 공동체, 주변화 경험 평가하기
   평가 전략:
   a. 편집되지 않은 이야기를 '**고백**'하거나 말을 하게 하라.
   b. **자기에 대한 원형, 양극성, 콤플렉스, 그림자 요소들**과 관련된 주요한 갈등을 확인하라.
   c. **MBTI 심리 유형**을 확인하라.

초기 단계 내담자 목표

1. 내담자가 아내를 향한 분노 감소를 위해 위기로 확대되는 **무의식적 갈등**을 감소시키기
   개입:
   a. 분노 폭발을 촉진하는 **콤플렉스, 양극성, 원형적 패턴**을 분석하라.

b. 대처 기술을 향상시키고 위기에 대한 대안적 반응을 발달시키기 위해 **적극적 상상**을 이용하라.

치료의 작업 단계

작업 단계 치료 과제

1. 작업 동맹의 질을 확인하기. 다양성의 고려사항: 사용하는 언어가 그의 직업적 배경, 문화적 규범, 성격 유형에 맞는지 확인하기 위해 대화에 대한 내담자의 반응 관찰하기

   평가 개입:

   a. **전이**를 점검하고 분석하라. **성격 유형**을 수용하기 위해 관계를 조절하라.

작업 단계 내담자 목표

1. 우울 감소를 위해 내담자의 직업과 인지된 가족 역할에 관련된 **무의식적 갈등**과 **콤플렉스**를 감소시키기

   개입:

   a. 무의식적 갈등을 의식적 자각으로 가져오고 카타르시스를 허용하기 위해 **어린 시절의 경험, 상징, 꿈, 원형**을 분석하라.

   b. 개성화 과정에서 자신의 역할을 확인하고 갈등을 이해하기 위해 갈등의 **동시성**을 분석하라.

2. 불안 감소를 위해 사기꾼의 역할뿐만 아니라 **페르소나, 그림자, 자기**의 역할에 대한 자각을 증대시키기

   개입:

   a. 무의식적 원형 갈등과 자기에 대한 그림자 요소들을 의식적 자각으로 가져오기 위해 **어린 시절의 경험, 상징, 꿈, 원형**을 분석하라.

   b. 페르소나, 그림자, 자기, 다른 원형의 역동성을 탐색하기 위해 **모래 놀이**를 활용하라.

3. 우울, 불안 감소를 위해 성격에서의 **양극성 통합**과 의식을 증가시키기

   개입:

   a. 양극성을 확인하고 통합하기 위해 **전이**를 분석하라.

   b. 양극성의 통합을 촉진하기 위해 **동시적으로** 일어나는 사건을 분석하라.

치료의 종결 단계

종결 단계 치료 과제

1. 추후 관리 계획을 세우고 성과를 유지하기. 다양성의 고려사항: 지지적인 종교적 자원과 공동체 자원에 연결할 가능성 탐색하기

   개입:

   a. 내담자가 평생 동안 이어지는 개성화 과정을 독립적으로 지속시킬 수 있도록 내담자에게 **동시성, 꿈, 상징**을 분석하는 방법을 교육하라.

종결 단계 내담자 목표

1. 우울 재발 가능성 감소를 위해 지속적으로 **자기**와 연결되고 자기로부터 행하는 능력을 증가시키기

   개입:

   a. **꿈, 상징, 동시적으로** 일어나는 사건을 내담자가 상담자로부터 도움을 덜 받으며 분석하는 방법을 교육하라.

   b. 갈등과 콤플렉스를 의식적으로 전환하기 위해 **적극적 상상**을 이용하라.

   c. **자기**와 공고히 연결되기 위해서 개인적으로 의미 있는 상징을 이용하라.

2. 우울 재발 가능성 감소를 위해 타인, 인류 그리고 신과의 **연결된 느낌**을 증가시키기

   개입:

   a. 내담자에게 다른 **성격 유형**과 세상에 존재하는 다양한 존재방식에 대한 이해와 관용을 어떻게 증가시킬 수 있는지 교육하라.

   b. 신과의 견고한 관계를 지속시키기 위해 개인적으로 의미 있는 **상징**과 **동시성**을 이용하라.

개인적 성찰과 토론을 위한 질문

1. 당신은 융의 집단무의식에 대해 어떻게 생각하나요? 당신의 의견을 뒷받침할 수 있는 경험들이 있나요?
2. 당신이 생각하는 삶의 원형 패턴에 대해 설명해 보세요. 이것이 당신의 삶에 있어서 어떻게 작용하고 있나요?
3. 이 책을 읽는 대부분의 독자는 '치료자(healer)' 원형에 영향을 받았을 겁니다. 이 원형이 자신의 삶에서 어떤 작용을 하고 있나요? 그것은 순교자 원형과 관련 있지는 않나요?
4. 소개된 접근 방식들은 다양한 내담자와 작업을 하는 데 있어서 어떤 강점 및 한계를 지니나요?
5. 이 장의 설명 및 이전의 경험에 기초하여, 당신의 MBTI 유형은 무엇이라고 생각하나요?
    - 당신이 생각하고 있는 강점이 어떤 양극성과 연관되나요?
    - 당신이 생각하고 있는 약점이 어떤 양극성과 연관되나요?
6. 융 학파 분석은 많은 영적인 개념을 통합합니다. 이것이 융의 접근법에서 강점 또는 한계라고 생각하나요? 그 이유는 무엇인가요?
7. 당신은 상담과정에서 영성을 통합하는 것에 대해 어떻게 생각하나요?

5장

아들러의 개인심리학

삶에서 가장 위험한 일은 지나치게 조심(대비)하는 것이다.

– 알프레드 아들러(Alfred Adler)

내가 개인적으로 좋아하는 문구는
세상에 정상적인 사람이 있다면 그는 당신이 잘 모르는 사람일 뿐이다.

– 알프레드 아들러

오스트리아 잘츠부르크 대학교에서 나는 처음으로 아들러에 대해 공부했다. 당시 내가 수강했던 '심층심리학(Tiefenpsychologie, depth psychology)' 수업에서는 프로이트, 융, 그리고 아들러를 다루었다. 학부 시절 윌리엄 메리 대학에서 2년간 심리학 수업을 수강했기 때문에 프로이트와 융 학파 이론은 익숙했지만, 아들러학파 이론은 매우 생소하게 느껴져 사실 아들러가 독수리를 뜻하는 것인가 하는 생각을 한 적이 있다.[1] 물론 일부 오스트리아인들은 아들러가 확실히 프로이트나 융과 같은 수준에 있다고 생각했을 터이지만 말이다. 나는 아들러가 더 이상 큰 영향력을 미치지 못하는, 오히려 지역적 영웅에 가까운 사람이 아닌가 하는 의구심을 가지고 있었다. 그러나 학부 시절 대부분의 생각들이 그랬듯이, 이 생각 또한 완전히 틀렸다는 사실을 알게 되었다. 아들러의 관점은 21세기 주된 상담 이론의 근간을 이루고 있었다. 그러나 많은 아들러학파가 안타까워하듯 후대에서는 이러한 아들러의 업적이 거의 인용되지 않

1) 역자 주: 아들러는 독일어로 독수리를 뜻한다.

고 있었다. 윌리엄 메리 대학에서 인지행동치료를 전공하고 있는 동료 교수들까지도 포함해서 말이다(Sweeney, 2009). 객관적으로 말하자면, 후대 사람들은 아마 자신의 이론을 발전시키는 과정에서 아들러의 저서를 직접 읽어 보지 않았을지도 모른다. 이에 대해 학계에서는 논란의 여지가 많지만, 큰 이론적 틀에서 봤을 때 아들러는 오늘날 우리가 흔히 알고 있는 많은 상담 원리들을 글로 옮겨 설명한 최초의 인물이다. 그러므로 이 장을 읽으면서 아들러의 이론을 주의 깊게 살피고, 이후 장에서 그가 후대에 남긴 조용한 영향력을 발견하길 기대한다.

들어가며

상담과 심리치료에서 널리 칭송받지 못한 영웅, 알프레드 아들러의 이론은 대부분 현대 상담 형태의 근간을 이루고 있다. 비록 아들러가 직접적으로 인용되지 않았다 하더라도, 대상관계, 자기심리학, 인본주의, 인지행동주의, 가족체계, 여성주의, 다문화, 그리고 포스트모더니즘 접근 등 다양한 이론에서 아들러 이론의 핵심 요소를 확인할 수 있다. 아들러 접근법의 중요한 특징은 체계적인 요인을 포함하는 분석적 · 인지적 · 행동적 접근법이라는 점이다(Mosak & Maniacci, 1999). 프로이트, 융과 동시대를 살며 빈 대학에서 함께 연구하기도 했던 아들러는 프로이트의 정신분석과는 구별되는 독자적인 상담 접근법을 개발했다. 현대의 아들러 개인심리학을 실시하는 전문가들은 아들러학파 이론을 현대식으로 변용하여 사용하지만(Carlson, Watts, & Maniacci, 2006; Sweeney, 2009), 대부분의 경우에는 1910년 아들러가 확립한 것과 동일한 주요 개념과 개입 방법을 개인심리학의 주된 기반으로 활용한다. 또한 아들러학파 이론 기반은 집단 상담과 교육 현장에서도 적용되고 있다(Alder, 1978; Carlson et al., 2006; Sweeney, 2009).

요약: 당신이 알아야 할 기본적인 내용

다음에 제시된 바와 같이, 아들러의 개인심리학은 오랜 동료인 프로이트와 융의 이론과 여러 관점에서 차이가 나타난다.

- **총체적 관점**: 아들러는 사람을 단일한 인격체 혹은 '개인'으로서 **총체적으로** 바라봐야 한다고 주장했다.
- **사회적 요인**: 프로이트의 결정론적 관점과 달리, 아들러는 한 개인의 **사회 환경**이 개인의

성격 발달에 영향을 미치는 결정적인 요인임을 강조하였다.

- **선택**: 아들러는 개인이 자신의 삶을 이뤄 나가는 방식을 **선택**할 수 있으며 과거가 미래를 결정한다고 보지 않았다.
- **사회적 동기**: 아들러에 따르면 개인의 동기는 타고난 본래의 추동보다는 **사회적 관심**, 즉 사회적 유대감에서 비롯된다고 주장했다. 또한 그는 높은 수준의 사회적 관심과 사회 친화적 행동이 심리적으로 건강하다는 증표라고 믿었다.
- **목적론적 · 목표 지향적 관점**: 아들러는 개인의 행동에는 **목적이 있으며**, **모든 사람은 목표 지향적**이라고 주장했다. 즉, 인간은 의미 있는 활동을 하고자 애쓰고, 성공과 성취를 얻고자 노력한다고 믿었다.
- **주관적 · 현상학적 관점**: 프로이트와 달리, 아들러는 한 개인의 **주관적인 현실 세계**를 이해하고 평가하는 데 관심을 가졌다. 이는 현상학적인 접근법에서도 강조되는 원리이다(6장 참조).

아들러는 한 개인이 **우월성**과 자기 성장을 추구하는 과정에서 **삶의 방식** 혹은 **생활양식**을 형성한다고 주장했다. **삶의 방식** 혹은 **생활양식**이란 개인의 삶을 이해하는 데 도움이 되는 일련의 특징적 태도와 가정을 일컫는다. 이러한 생활양식은 생애 초기 6년 동안 뚜렷하게 나타나며, 이후 개인이 경험하는 발달과 생애 사건들이 생활양식의 형성에 영향을 준다. 개인의 생활양식은 모든 삶의 사건을 해석하는 기본적인 틀이 된다. 잘못된 해석과 개념은 문제를 일으키거나 삶의 어려움을 야기할 수 있다. 아들러학파의 상담 목표는 개인이 **기본적 오류**나 잘못된 개념들을 수정하도록 도움으로써 새로운 생활양식을 **의식적으로 선택**할 수 있도록 하는 것이다(이제 당신은 아들러와 프로이트가 란트만 카페에서 에스프레소와 사과파이를 사이에 놓고 왜 격렬한 논쟁을 벌였는지 이해할 수 있을 것이다).

아들러학파의 상담과정 자체는 짧고(보통 20회기 이하; Bitter & Nicoll, 2000), 현재와 미래 지향적이며(일부 과거에 대한 평가 포함), 지시적이다(Carlson et al., 2006). 상담자의 주요한 역할은 **교육하는** 것으로서 내담자가 자신의 생활양식에서 비롯된 잘못된 신념을 이해하도록 돕고, 사회적 관계를 증진할 수 있도록 하며, 의미 있는 목표를 향해 노력하고, 자기를 온전히 이해할 수 있도록 돕는다. 상담자는 내담자가 자신의 목표를 향해 나아갈 수 있도록 **격려**한다. 내담자는 **초기 회상**, **가족구도**, **출생순위** 그리고 **생활양식**을 이해하는 과정을 통해 통찰력을 얻고 자기 이해를 확장한다. 통찰이 이루어지면 상담자는 내담자가 자신의 삶과 인간관계에서 새로운 행동을 취하고, 새로운 결정을 내릴 수 있도록 용기를 북돋는다.

핵심: 이 이론의 중요한 공헌

이 장에서 한 가지를 기억해야 한다면, 그것은 바로 다음의 내용이다.

▪ 사회적 관심과 공동체 의식

아들러학파는 인간은 본래 사회적 동물이라고 주장한다(현대에는 '유전적으로 연결된'라고 번역된다; Adler, 1924, 1959; Dreikurs, 1989). 인간이라는 종족은 생존하기 위해 서로가 서로를 필요로 한다. **사회적 관심** 혹은 **공동체 의식**[독일어로 **연대감**(Gemeinschaftsgefühl)]은 한 개인이 주관적으로 타인과 일맥상통하는 경험을 하며, 공동체의 일원으로서 타인과 협력하여 이익을 얻는 것을 의미한다(Mosak & Maniacci, 1999). 나아가 드레이커스(Dreikurs, 1958)는 사회적 관심 혹은 공동체 의식이란 단순한 소속감이 아닌 그 이상의 것을 의미한다고 강조했다.

> "사회적 관심의 이상적 표현은 개인에게 내재된 협력 요구에 따라 삶을 정정당당하게 살아가는 능력이며, 자신이 속한 집단이 완벽한 사회 생활양식에 가깝게 진화할 수 있도록 돕는 능력이다. 이는 불필요한 적개심이 없는 과정을 의미한다."(p. 8)

부분적으로 사회적 관심은 되돌려 받는 것보다 공동체에 더 많은 것을 기여하고자 하는 의지, 즉 관대한 정신(spirit)을 갖는 것이라고 설명할 수 있다(Dreikurs, 1989). 더욱이 삶에 잘 적응하는 개인에게 있어 핵심적인 조직화 가치(organizing value)는 바로 유대감이다. 반면에 "무엇을 얻는지를 통해 자신의 행복과 만족감을 평가하는 사람들은 사고의 오류로 인해…… 불행과 고통으로 돌려받는다."(p. 6). 아들러의 말을 번역하자면, 드레이커스는 사회적 정의와 다문화적 인식에 대한 기반을 형성한 인물로서 "때때로 다양한 집단 간의 이해관계가 충돌하기도 한다. 이러한 복잡한 상황에서 사회적 관심은 우리로 하여금 각 집단의 이익이 아닌 모든 집단이 공통적으로 공유하는 이익, 즉, 객관적 욕구로 정당화되는 상위집단의 이익을 최우선시하도록 한다. 우리는 모든 인류를 아울러 우리가 할 수 있는 것을 함으로써 사람들이 바람직한 사회를 건설할 수 있도록 돕고자 한다."고 말했다(p. 8).

아들러는 사회적 관심이 핵심적인 역할을 하는 세 가지 주요한 사회적 영역으로 ① 공동체 생활, ② 직장, ③ 연인 관계를 제시했고(Ansbacher & Ansbacher, 1956), 개인이 삶에 잘 적응하기 위해서는 세 영역에서 모두 성공적이어야 한다고 주장했다. 이후 현대 아들러학파는 ④ 자기 수용, ⑤ 영성, ⑥ 양육 세 가지 영역을 추가했다(Carlson et al., 2006; Dreikurs & Mosak, 1967; Mosak & Dreikurs, 1967; Sweeney, 2009). 긍정적인 관점으로 보자면, 개인이 각각의 삶의 영역에 건강하게 적응한다는 것은 스스로 **완벽**에 대한 목표를 성취하기 위해 노력하며 각 영역에서 최선을 다하는 것이다. 반면, 삶에 잘 적응하지 못하는 사람들은 **개인적 우월감**을 성취하고자 하는 목표에 몰두하며, 타인보다 더 나은 삶을 살기 위해 노력한다. 이러한 점에서 아들러 이론에서는 뚜렷한 차별성이 나타난다.

아들러는 **개인적 열등감**이 사회적 관심을 저해할 수 있다고 설명한다. 이러한 **개인적 열등감**은 아들러에 의해 정립된 세 가지 열등감 중 하나의 형태를 취한다(Dreikurs, 1989).

1. **생물학적 열등감**(biological inferiority): 물리적 생존을 위해 집단을 형성하고자 하는 욕구를 기반으로 한다. 이러한 형태의 열등감은 사회적 관심을 증진시킨다.
2. **실존적 열등감**(cosmic inferiority): 필연적인 죽음과 인간 존재의 한계를 인식하는 것이다. 이러한 형태의 열등감은 사회적 관심을 증진시킨다.
3. **개인적 열등감**(personal inferiority): 자신이 타인에 비해 힘, 능력, 가치적 측면에서 부족하다고 느끼는 감정이다. 이러한 형태의 열등감은 개인으로 하여금 공동체에 소속되지 못했다는 느낌을 갖게 하여 사회적 관심을 **저해한다**.

개인적 열등감은 내담자가 현재 겪는 문제의 근원이 된다. “열등감에 시달리는 사람들은 언제나 타인이 가지고 있다고 여겨지는 우월성을 상쇄하기 위해 권력을 얻고자 노력한다. 즉, 개인은 열등감으로 인해 사회적 중요성(significance)을 추구하게 된다.”(Dreikurs, 1989, p. 22) 이러한 현상들이 패턴화될 경우, **열등감 콤플렉스**로 발전하게 된다(Mosak & Maniacci, 1999).

사람은 열등감을 느끼면 보통 두 가지 방식으로 반응한다. 개인은 ① 성취를 통해 중요성(의미)을 얻거나, ② 마땅히 해야 할 의무, 위험이 수반되는 결정, 그리고 타인과의 유대를 피한다. 뛰어난 성취를 추구하는 것은 심지어 공포에서 비롯되었다 할지라도 사회에 무언가를 기여할 수 있다. 하지만 무자비하고 비도덕적인 사람이 성취를 추구하는 것은 아들러의 표현에 따르면 “인생의 쓸모없는 측면”에 삶을 허비하고 있는 것이다(Dreikurs, 1989, p. 24). 상담자의 역할은 내담자가 자신의 열등감을 사회적 관심을 효과적으로 촉진시키는 방향으로 변화시키고, 결과적으로 전반적인 열등감 수준을 줄이도록 격려하는 것이다.

사회적 관심 평가하기

사회적 관심을 평가할 때, 아들러학파 상담자는 내담자가 자신의 삶과 문제에 대해 어떻게 설명하는지를 주의 깊게 듣는다. 일반적인 세 가지 종류의 사회적 관심은 다음과 같다(Sweeney, 2009).

구분	질문 구성하기	대화의 내용
높은 사회적 관심	나는 무엇을 하고 있는가?	나눔, 즐거움, 창조
낮은 사회적 관심 '성공한 개인'	나는 어떻게 하고 있는가?	권력, 지위, 소유
낮은 사회적 관심 '실패한 개인'	나는 어떻게 하고 있는가?	불평, 비난, 공포, 변명.

풍문: 사람들과 그들의 이야기

■ 창시자들

알프레드 아들러 1870년, 오스트리아 빈의 유대인 가정에서 태어난 알프레드 아들러는 생애 초기에 많은 어려움을 겪었다. 아들러는 구루병을 앓았고, 심각한 폐렴으로 인해 죽을 고비를 넘겼으며, 두 번의 교통사고를 겪었다. 그는 큰 형과 경쟁하며 사는 평범한 학생이었다(아들러는 육남매 중 둘째였는데, 이는 아들러의 이론이 출생순위에 중요성을 둔다는 점에서 주목할 만하다; Carlson et al., 2006; Sweeney, 2009). 의대를 졸업한 이후, 그는 빈 프라터 놀이 공원 근교에서 일반 내과의이자 안과 의사로 활동하였다. 아들러의 환자들 중에는 프라터 놀이 공원의 서커스 단원 사람들이 많았는데, 아마도 아들러는 이들에게서 사람이 가진 놀라운 힘에 대해 배웠을 것이다. 이 시기에 그는 빈에서 유학하는 러시아 출신의 사회주의 운동가인 라이사(Raissa)를 만났고, 훗날 이 여성과 결혼하여 네 명의 아이를 낳았다.

1902년 프로이트는 촉망받는 정신과 의사들과 함께하는 비공식적 토론 모임에 아들러를 초대했다. 일명 수요 모임(독일어로 Mittwochsgesellschaft)은 정신분석학 운동의 시초가 된다. 대부분의 전기 작가들은 시작부터 아들러의 사고와 프로이트의 사고에 차이가 있었다는 데에 동의한다. 빈 정신분석학회의 회장을 역임한 이후, 1911년 아들러와 그의 추종자들은 최초로 프로이트의 모임을 떠났다. 대부분 학자는 아들러가 한 번도 프로이트의 제자인 적이 없었다고 말한다. 오히려 초창기에 그들은 동료 관계였으며(Sweeney, 2009), 새로운 치료 형태인 '대화 치료(talk therapy)'를 발전시켰다는 공통점이 있다. 이 두 사람이 견해가 달라 서로를 탐탁지 않아 했다는 사실은 문서에 잘 기록되어 있는데, 이는 심리치료에 대한 각자의 접근법이 극단적으로 다른 점을 생각해 볼 때 그리 놀라운 일도 아니다. 그럼에도 불구하고, 아들러는 프로이트가 심리치료 분야에 공헌한 부분을 존중하였고, 특히 프로이트의 꿈 해석 연구를 높이 평가했다. 아들러와 프로이트 이론 간의 가장 큰 차이는 아들러가 **사회적 영역**(social realm)이 개인 **내적 세계**(inner world)만큼 중요하다고 믿었던 반면, 프로이트는 후자인 개인 내적 세계에만 중점을 두었다는 데에 있다.

1912년 아들러는 개인심리학회(Society for Individual Psychology)를 창설하였고, 25년간 전 세계를 누비며 자신이 고안한 사회 지향적 접근법에 대해 강연하였다. 1920년대에는 다수의 아동상담소를 설립하였으나, 훗날 유대인이라는 아들러의 신분으로 인해 문을 닫게 되었다. 1930년대에 제2차 세계대전이 발발하면서, 그는 뉴욕 롱아일랜드 의과대학의 교수 자리를 수락하였다. 그는 1937년에 순회강연을 하던 도중 심장마비로 사망했다.

루돌프 드레이커스 1897년, 아들러의 제자인 비엔나 출신의 드레이커스(1958, 1989; Dreikurs & Loren, 1968; Manaster & Corsini, 1982)는 아들러가 생을 마감한 후에도 개인심리학을 전파하기 위해 애썼다. 그는 미국에 아들러의 업적을 널리 알린 주요한 인물로 평가받는다. 특히 일상생활에서 활용할 수 있는 쉬운 용어로 아들러의 개념에 대해 설명하였고, 일반상담자들이 이를 잘 사용할 수 있도록 도와주었다. 드레이커스는 주로 사춘기 이전의 아동을 대상으로 작업하였고, 행동주의적 개입에서 사용하는 처벌 혹은 보상 없이 협력적인 행동을 이끄는 작업에 집중하였다. 그는 아동상담소를 발전시키는 데 대단히 중요한 공헌을 하였으며, 이와 더불어 개인심리학의 원리를 교실 안에서 학생들의 학습능력을 키우는 데 적용하기도 하였다(Dreikurs, 1968).

■ 현대의 아들러학파

하인즈와 로위나 안스바흐 하인즈와 로웨나 안스바흐(Heinz and Rowena Ansbacher)는 영어권 독자들을 위해 아들러가 쓴 원문을 수집하고 편집했다(Ansbacher & Ansbacher, 1956, 1954). 이들은 아들러의 원문을 보존하고, 원문의 내용을 해석하는 작업을 하였으며, 독자들의 이해를 돕기 위해 이를 영어로 번역하여 명료하게 설명하였다.

제임스 비터 제임스 비터(James Bitter)는 단기 치료와 가족 치료적인 접근에서 아들러의 상담 원리를 사용할 수 있도록 개발한, 영향력 있는 아들러학파 상담자이다(Bitter, Christensen, Hawes, & Nicoll, 1998; Bitter & Nicoll, 2000).

존 칼슨 존 칼슨(Jon Carlson)은 아들러학파 상담이 부부, 가족, 그리고 다양한 집단을 위해 적용될 수 있도록 발전시켰다(Carlson et al., 2006). 그는 'APA 상담치료 비디오 테이프 시리즈 III(APA Psychotherapy Video Tape Series III)' '단기 치료의 모든 것(Brief Therapy Inside and Out)' '전문가와 함께하는 가족 치료(Family Therapy with the Experts)' '전문가와 함께하는 심리치료(Psychotherapy with the Experts)' 등의 비디오 상담훈련 시리즈의 진행자이기도 하다(Carlson, n.d).

던 딩크마이어, 개리 맥케이, 조이스 맥케이 던 딩크마이어(Don Dinkmeyer), 개리 멕케이(Gary Mckay), 조이스 멕케이(Joyce Mckay)(Dinkmeyer, McKay, & McKay, 2007)는 효과적인 양육을 위한 체계적 양육 프로그램(Systematic Parenting for Effective Parenting Program: STEP)을 개발했다. 이는 아들러 이론의 원리를 사용한 근거 기반 양육 프로그램이다.

해롤드 모작 해롤드 모작(Harold Mosak)은 아들러학파 접근을 현대 사회에서 어떻게 적용할지에 대해 실제적으로 설명하는 수많은 입문서와 글을 썼다(Mosak & DiPietro, 2006; Mosak & Dreikurs, 1967; Mosak & Maniacci, 1999; Mosak & Sculman, 1988).

토머스 스위니 토머스 스위니(Thomas Sweeney, 2009)는 긍정심리학의 요소들을 통합한 현대 아들러학파 접근법을 발전시켰으며, 이를 직장 · 부부 · 가족 · 집단 상담에 적용하였다.

큰 그림: 상담과정의 개관

아들러학파 상담은 네 단계가 있다(Sweeney, 2009)

- 1단계: 평등한 관계 형성하기
- 2단계: 생활양식과 사적 논리 평가하기
- 3단계: 통찰과 자기 이해 격려하기
- 4단계: 교육하기 및 재정향하기

■ 1단계: 평등한 관계 형성하기

'관계 형성하기' 섹션에서 자세히 설명하고 있듯이, 첫 번째 단계에서는 상담자가 내담자의 강점과 능력에 초점을 두어, 내담자와 긍정적이고 따뜻한 유대감을 형성한다. 아들러학파 상담자는 모든 사람이 지금보다 더 나은 대처 방식을 찾을 수 있고, 소속감을 향상시킬 수 있으며, 공동체 사회에 의미 있는 기여를 할 수 있다는 깊은 희망을 품고 있다.

■ 2단계: 생활양식과 사적 논리 평가하기

두 번째 단계에서 상담자는 내담자의 생활양식과 사적 논리를 평가한다. 이는 '조망하기: 사례개념화' 섹션에서 보다 자세히 다룰 것이다. 일반적으로 이러한 평가 단계는 다음의 항목을 재검토하는 과정을 포함한다.

- 사회적 관심 수준
- 생활양식과 사적 논리
- 가족구도와 출생순위
- 초기 회상
- DSM(Diagnostic and Statistical Manual of Mental Disorders) 진단

■ 3단계: 통찰과 자기 이해 격려하기

세 번째 단계에서 상담자는 내담자가 스스로를 보다 잘 이해할 수 있도록 돕고 **통찰**을 촉진한다. 여기서의 통찰은 정신분석적 접근에서 일반적으로 말하는 통찰과는 다른 형태이다. 아들러학파의 작업에서 상담자는 통찰 그 자체를 목적으로 삼기보다 긍정적인 동기부여의 원천이나 **자극**(impetus)으로 활용하여 내담자가 행동을 취하고 변화를 만들어 낼 수 있도록 격려한다. 이 단계에서 상담자는 내담자 문제의 기저에 깔린 동기를 확인함으로써 내담자가 취한 행동에 대한 가능성 있는 **해석**을 제공한다. 예를 들어, 내담자는 열등감으로 인해 연인 관계에 몰입하는 것을 회피할 수 있다. 프로이트학파의 해석과는 달리 아들러학파는 정확한 해석을 위하여 상담자의 객관적인 관점에만 의존하기보다는 내담자와 **협력적으로** 작업하여 내담자의 동기에 대한 유용하고 의미 있는 해석을 발견한다.

■ 4단계: 교육하기 및 재정향하기

마지막 단계는 바로 행동하는 것이다. 상담자는 내담자가 스스로의 통찰에 기반을 두어 삶을 변화시킬 수 있도록 용기를 북돋는다. 이런 행동의 변화를 **재정향**(reorientation)이라고 하며, 이는 개인이 지닌 **생활양식** 속에 있는 **기본적 오류**를 바로잡으면서 삶의 방향을 '재정립'해야 함을 의미한다. 이 단계에서는 주로 삶에 대한 정확하고 효과적인 접근에 관한 교육을 기초로 하여 내담자가 행동할 수 있도록 격려한다.

관계 형성하기: 치료적 관계

■ 평등주의

> 심리치료사는 반드시 자신에 대한 모든 생각과 스스로 심리적으로 우위에 있다는 모든 민감도를 지워야 하며, 환자에게 어떤 것도 요구해서는 안 된다. 내담자는 항상 어느 정도의 사회적 관심을 갖고 있으며, 심리치료사와의 관계에서도 가장 적절한 표현을 찾는다.[2] 내담자는 심리치료의 과정에 있어서 어떤 상황에서도 완전히 자유롭다는 확신이 있어야 한다. 내담자는 자신이 원하는 대로 치료를 계속할 수도 있고, 그만둘 수도 있다(Ansbacher & Ansbacher, 1964, p. 341; 아들러의 1933년 논문인 「Sinn des Lebens, 어떤 인생이 당신에게 의미 있습니까」 번역).

심리학 분야에서 정신분석이 지배적이던 시기에 아들러는 내담자가 주체성을 갖고 스스로 선택할 수 있다는 **평등한 관계**를 지지했다(Sweeney, 2009). 상담자는 내담자를 돕는 입장에 있을지라도 스스로 내담자보다 더 우월하다고 여겨서는 안 된다. 그 대신, 해석과 교육을 제공하는 역할을 하는 아들러학파 상담자는 자신이 제시한 내용이 내담자의 주관적 세계에 실제로 들어맞을 수 있고 아닐 수도 있다는 것을 이해하면서 내담자에게 잠재적으로 유용한 것을 제공하는 겸손한 자세로 다가가야 한다.

■ 격려

다른 상담 접근법과 구별되는 특징 중 하나는 "아들러학파 접근은 내담자를 격려하려는 의도적인 노력으로 특징지어진다는 것이다."(Dreikurs, 1989, p. 88). 그러나 아들러학파의 격려는 소설 『폴리애나(Pollyanna)』에 나온 치어리더처럼 그저 '할 수 있어(just do it)'라고 격려하는 것과는 다르다. 아들러학파의 격려는 한 사람이 **개인적 열등감**을 느낀다고 할지라도 삶의 문제가 개인적인 실패나 선천적인 성격적 결함에서 비롯된 것이 아니며, 삶에 대한 잘못된 신념의 결과라는 철학적 전제를 기반으로 한다(이는 인지치료의 가정과 동일하다). 따라서 아들러학파는 내담자가 스스로의 문제를 해결할 수 있도록 도울 수 있음에 대해 낙관적이고 긍정적인 입장을 취한다. 또한 상담자는 내담자가 자신의 삶을 보다 나은 방향으로 이끌 수 있음을 믿기 때문에 내담자가 직접 실천에 옮길 수 있도록 격려한다.

---

2) 역자 주: 즉, 사회적 관심의 수준이 높으면 심리치료사와의 관계도 좋을 것이다.

"친절하고, 쾌활하며, 사려 깊고, 상식이 풍부한 이상적인 '삼촌'"(Manaster & Corsini, 1982, p. 168)의 모습으로 묘사되는 아들러식 격려 작업은 따뜻함, 정직함, 현실성이 함께 녹아 있다. 효과적으로 격려하기 위해서 상담자는 반드시 언어 표현과 더불어 미소를 띠고, 경청하며, 인내심 있게 기다려 주고, 필요하다면 행동을 취하는 것과 같은 비언어적 표현도 함께 사용하여 내담자를 격려해야 한다(Sweeney, 2009). 이 장 말미에 있는 사례 연구에서 아들러학파 상담자가 희귀한 신경계 질환으로 인해 장애를 갖게 된 인도네시아 이민자 부디(Budi)에게 폭넓은 격려를 활용하여 작업하는 것을 확인할 수 있다.

격려를 전달하기 위한 전략들

- 내담자의 특별한 취미나 능력 또는 흥미에 관해 호기심을 갖고 질문하라.
  "어떻게 X를 배우게 되었는지 좀 더 말해 주세요."
- 언어적으로 표현하라.
  "이런 부분들이 바로 당신이 할 수 있다고 제가 믿는 부분입니다"
- 내담자가 사용하는 대처 능력에 대해 칭찬하라.
  "당신은 지금까지 배우자 없이 두 아이를 키우는 엄청난 일을 해 오셨습니다."
- 새로운 행동에 대해 이야기할 때 희망의 말을 해 주어라.
  "최근 몇 년간 실패할 두려움에 떨며 축 처져 있었던 것보다 X라는 새로운 행동(어떤 사회적인 행사에 참여하는 것 같은)을 하는 게 훨씬 쉬울 거예요."
- 내담자 스스로에 대해 지닌 잘못된 생각을 긍정적인 방향으로 바로잡아 주어라.
  "당신은 아마 열등감을 느낄지도 모릅니다. 그러나 당신이 느끼는 열등감은 당신 능력에 대한 현실적 평가에 기초한 것은 아닌 것 같습니다."

■ 공감과 사회적 관심

상담자는 사회적 관심에 있어 내담자에게 역할 모델이 되어야 한다. 아들러가 정의했듯이, 사회적 관심에는 본질적으로 공감이 내재되어 있다. 아들러는 당시의 사회적 관심과 사회적 감정에 대해 가장 잘 정의 내린 신원 미상의 '영국 저자'(이는 인용에 대한 이전 버전의 APA 스타일 양식을 따른 것이다. 아들러는 눈에 띄는 생략으로 인해 상당한 비판을 받았다.)의 말을 인용했다. 이 저자에 따르면 사회적 관심과 사회적 감정이란 "타인의 눈으로 바라보는 것, 타인의 귀로 듣는 것, 타인의 마음으로 느끼는 것"이다(Ansbacher & Ansbacher, 1956, p. 135). 칼슨 등(2006)은 아들러학파의 상담자가 지닌 사회적 관심 정도를 칼 로저스의 공감에 비유했다(6장 참조). 이와 유사하게, 칼슨 등(2006)은 아들러의 격려라는 개념을 로저스의 무조건적인 긍정적 존중의 핵심 조건과 연결시켰는데, 두 접근 모두 기본적으로 동일한 가정, 즉 내담자는 그 자체로 가치가 있다는 가정을 한다.

■ 지시

아들러학파의 상담 관계에서 보이는 마지막 특징은 앞선 세 가지 특징과는 다르게 보일 수 있다. 아들러학파 상담자들은 지시적이다(Carlson et al., 2006). 어떻게 상담자가 평등주의적이면서 동시에 지시적일 수 있다는 말인가? 이렇게 지시적인 측면은 **교육**이라는 형태로써 이뤄지면 가능하다. 실질적이고 도움이 되는 정보들을 제공하는 것이다. 여기서의 핵심은 교육과 '격려'가 비위계적 방식으로 이루어진다는 것이다. 즉, 교육의 근본적인 메시지는 "저는 제가 유용하다고 생각하는 정보를 제공합니다. 당신은 이 정보를 받아들일 수도 있고, 받아들이지 않을 수도 있습니다."이다. 상담자는 구매를 강요하는 판매원이 아니다. 상담자는 열정과 희망으로 내담자를 가르치며, 내담자는 의지가 충만한 학생이 된다.

조망하기: 사례개념화

■ 생활양식 평가

생활양식 평가는 아들러학파의 평가에 있어 핵심이다. **생활의 양식** 혹은 **삶의 양식**은 아마 아들러가 원래 사용한 독일어 'Lebensstil'과 가장 뜻이 비슷한 현대식 번역일 것이다. 생활양식이란 '한 개인이 타인과 환경에 대해 **어떻게** 특징적으로 반응하는가'로 정의할 수 있다(Manaster & Corsini, 1982). 모작과 마니아치(Mosak & Maniacci, 1999)는 생활양식을 "삶에 대해 생각하고, 보고, 느끼는 한 개인의 특징적인 방식이며, 다른 학자들이 말하는 '성격'과 유사한 의미를 가진다."라고 말했다(p. 31).

아들러는 생활양식을 **사회적 환경에서 한 개인이 자신을 드러내는 개성**이라고 생각했다(Ansbacher & Ansbacher, 1956). 아들러는 생활양식이 발달하는 과정을 이해할 수 있도록 소나무를 빗대어 설명했다. 같은 종류의 소나무일지라도 협곡의 보호를 받고 자라난 소나무와 산꼭대기에서 자라는 소나무는 구별될 것이다. 이와 마찬가지로 인간은 사회적 환경에 따라 자신의 개성을 다르게 나타낸다. 소나무와 달리 인간은 자신을 어떻게 표현할지에 대하여 보다 많은 선택지를 가지고 있다. 우리는 유동성(mobility)을 가지고 있기 때문에 소나무보다 '유리하다'.[3]

아들러는 생활양식을 자유롭고 다양한 방식으로 활용하여 자기(self), 성격, 성격의 통합, 개

---

3) **역자 주**: 저자는 이 구절을 "leg up on those trees"라고 표현하는 언어 유희를 사용했다.

성, 문제에 직면하는 방식, 자신의 의견, 삶의 문제를 보는 관점, 삶에 대한 전반적인 태도라고 표현했다(Ansbacher & Ansbacher, 1956). 따라서 만약 생활양식이라는 개념이 모든 것을 포함한 광범위한 의미를 가진 듯한 느낌이 든다면, 당신은 제대로 파악한 것이다. 대개 현대 아들러학파 상담에서는 개인의 생활양식이란 인생에서 가치 있는 것이 무엇이며, 이상적인 것이 무엇인지, 그리고 어떤 것을 회피하고자 하는지에 대한 근본적인 믿음이라고 정의한다. 아들러는 한 사람이 가진 생활양식은 즉시 명백한 형태로 나타나지 않는다고 강조했다. “우호적인 환경에 있을 때, 우리는 그 사람의 생활양식을 분명하게 알 수 없다. 하지만 어려움에 직면한 새로운 환경에서는 그 사람의 생활양식이 명확하고 뚜렷하게 나타나는 것을 알 수 있다.” (Ansbacher & Ansbacher, 1956, p.173) 아들러는 한 개인의 생활양식이 5세 무렵 형성된다고 믿었고, 이러한 주장은 일반적인 성격 발달에 관한 많은 연구에서 뒷받침된다(Manaster & Corsini, 1982).

스위니(2009)와 칼슨 등(2006)은 생활양식 평가에 대한 현대적 접근법을 개발해 왔으며, 일반적으로 다음과 같은 영역들을 평가한다.

- 부모의 양육방식
- 가족구도와 출생순위
- 초기 회상
- 기본적 오류
- 기관 열등감 혹은 신체적 결함
- 꿈 분석
- ‘질문’: 증상의 기능

■ 부모의 양육방식

아들러는 특히 두 가지 양육방식에 관심을 가졌다. 이는 과잉보호와 양육방임으로, 아이에게는 양육방임보다 과잉보호가 더 해로운 영향을 미친다(Mosak & Maniacci, 1999). 아들러는 부모의 과잉보호 아래 자란 아이들은 ‘받는 것(getting)’에 대해 너무 익숙해져 있어서 자신이 원하는 모든 것을 요구한다고 말했다. 이로 인해 낮은 사회적 관심을 갖게 되며, 성숙한 성인으로 자라지 못한다고 주장했다. 반면에 양육방임으로 인해 방치된 아이들은 고통을 겪지만 과잉보호를 받고 자란 아이들에 비해 보다 높은 사회적 관심과 자기 성장을 추구하는 경향이 있다. 그렇지만 아들러는 아이들은 수동적으로 영향을 받는 존재가 아니며 부모와 함께 상호교류를 하면서 행동을 형성해 간다고 주장했다. 또한 아들러는 부모의 양육방식에 대한 아이들의 **주관적인** 인식이 생활양식의 형성에 있어 궁극적인 영향을 미친다고 보았다.

부모의 양육방식을 평가하는 질문

- 어린 시절 부모님과의 관계에 대해 설명해 주세요. 부모님은 당신에게 너그러웠나요? 아니면 엄격했나요? 변덕스러웠나요? 혹은 지지적이었나요?
- 필요한 것을 어떻게 얻으셨습니까? 원하는 것을 어떻게 얻으셨습니까?
- 당신이 간절히 바라는 것을 얻기 위해 즐겨 사용하는 전략이 있었나요?
- 가족구도에서 부모님에게 가장 큰 영향력을 미치는 자녀는 누구인가요? 반대로 가장 적은 영향을 미치는 자녀는 누구인가요?

스스로 해보기

혼자 또는 상대방과 함께 위 질문을 종이에 적어 응답하면서 양육방식에 대해 평가해 보세요.

■ 가족구도와 출생순위

앞서 '풍문: 사람들과 그들의 이야기'에서 설명했듯이 아들러는 가족 내의 사회심리적 형태 혹은 구도(configuration or constellation)를 출생순위와 함께 강조했다(Sweeney, 2009). 아들러는 가장 나이가 비슷하거나 가장 다른 성격 및 특징을 나타내는 형제자매가 자기를 정의 내리는 데 있어 큰 영향을 미친다고 주장했다. 특히 가족구도에 대한 개인의 주관적 해석은 생활양식에 지속적인 영향을 미친다.

134년 간의 논쟁에도 불구하고 출생순위가 성격을 형성하는 데 미치는 영향력에 대해서는 여전히 합의점을 찾지 못했다(Hartshorne, Salem-Hartshorne, & Hartshorne, 2009). 아들러는 출생순위를 중요하게 고려했지만, 인간의 행동을 이해하는 데 있어 결정적인 변인(프로이트의 결정론을 떠올려 보아라)은 아니라고 했다(Sweeney, 2009). 하지만 수년에 걸친 연구는 출생순위가 개인의 발달에 영향을 미치는지 아닌지, 미친다면 어떻게 영향을 미치는지에 대한 명확한 결과를 도출하지 못했는데, 이는 대부분의 선행 연구들이 대가족 체계와 관련된 사회경제적 지위나 민족적 배경에 관한 변인들을 통제하지 못했기 때문이다(Hartshorne et al., 2009; Sweeney, 2009). 그러나 출생순위와 관련하여 보다 잘 통제된 연구들은 계속해서 진행되고 있다. 최근 연구에서는 출생순위가 동일한 사람들끼리 더욱 친밀한 관계를 형성하며 연인 관계로 발전할 가능성이 높은 것으로 나타났다(Hartshorne et al., 2009).

- 첫째 아이: 대개 첫째 아이는 태어날 때부터 관심의 대상으로, 일반적으로 부모는 첫째 아이가 가족 구성원 중에서 '새로 온 아이(newcomers)'라는 사실을 인식시켜 주는데, 첫째

아이는 이를 당연하게 받아들이며 적응해 나간다(Sweeney, 2009). 첫째 아이는 어른들과 관계를 잘 형성하는 경향이 있고, 사회적 책임감을 느끼며, 사회적으로 적절한 형태의 대처 방법을 발전시킨다. 첫째들의 생활양식은 때로 우월성을 추구하고자 하는 측면이 있는데, 오랜 시간이 흐른 뒤에도 이러한 태도가 잘 조절되지 않는다면 문제로 발전할 수 있다.

- 둘째 아이: 둘째 아이는 일반적으로 첫째와는 정반대의 모습을 보인다. 이는 둘째가 가장 쉽게 선택할 수 있는 역할이기 때문이다. 평균적으로, 둘째는 첫째에 비해 책임감이 덜하고, 더 독립적이거나 손위 형제자매에 비해 더 많은 것을 요구한다. 만약 부모가 형제자매들 간의 경쟁을 저지하지 않고 비교하는 경우에 둘째는 형제간 경쟁(sibling rivalry)에 뛰어들어 최고가 되기 위해 노력한다. 이때 일부 둘째들은 낙담하면서 포기하지만, 다른 대부분의 둘째는 자신의 가치가 성취에서 비롯된다는 잘못된 신념으로 동기부여를 받고, 사회적으로 생산적인 모습을 보인다.
- 중간 아이: 아이가 셋 혹은 그 이상으로 구성된 가족 구성원 중에는 다른 형제자매들 사이에 '끼어 있다'는 느낌을 받는 중간 아이가 있다. 첫째 또는 막내도 아닌 중간에 있는 많은 아이들은 자신이 가족 내에서 명확하거나 특별한 역할이 없는 것처럼 느낀다. 둘째와 비슷하게 중간 아이는 일반적으로 자신보다 나이 많은 형제자매와 정반대로 자신의 정체성을 확립한다. 게다가 중간 아이는 더 독립적이고, 민감하며, 심지어 반항적이고, 부모님에게 직접적으로 자신을 사랑하는지 확인받고 싶어 한다. 중간으로 태어난 자녀의 장점은 능숙한 중재자 역할을 배운다는 점, 사회적인 스트레스에 잘 대처한다는 점, 손위 형제자매들이 하는 실수로부터 배운다는 점이 있다. 물론 손위 형제들의 실수를 고소해하거나 욕설을 내뱉기도 한다.
- 막내 아이: 대개 가족 내 '가족의 아기' 역할을 하는 막내 아이의 경우, 너무 많은 가족 구성원들이 막내의 욕구를 보살펴 주게 되면 관심의 중심이 되는 것을 즐기고 제멋대로 행동하는 경향이 있다. 막내 아이는 종종 자신의 매력을 교묘히 이용하여 사람을 조종하는 경향이 있으며, 때론 인생의 즐거움을 탐욕스럽게 추구하기도 한다. 부모가 막내에게 성취를 강조한다면 막내 아이는 자신의 위치와 궁극적인 가치를 증명하기 위해 가장 열심히 노력할 것이다.
- 외동 아이: 외동 아이는 동생이 태어나서 부모의 사랑을 물려줄 일이 절대 없다는 것과 일반적으로 자신과 비슷한 경쟁자의 압박이 없다는 것만 제외하고는 첫째 아이들과 비슷하다. 외동으로 자란 아이는 어른들의 세계를 일찍 접하고, 책임감이 있으며, 협력적이고, 또래에 비해 성숙한 경향이 있다. 그러나 또래 친구들과의 관계 형성이나 특히 다른

사람과 무언가를 공유하는 데 있어 어려움을 겪는다.

상담자는 출생순위를 평가하기 위해서, 단순하게 "첫째인가요? 혹은 막내인가요?"라고 묻지 않아야 한다. 의미 있는 평가는 이러한 질문보다 더 많은 추가적 정보를 필요로 한다.

출생순위와 가족구도를 평가하는 질문

- 당신은 형제자매가 있나요? 만약에 있다면, 형제자매 중 첫째, 둘째, 막내 등 가족 구성원이 어떻게 되나요?
- 가족 내에서 각 자녀들의 역할에 대해 설명할 수 있나요? 당신의 부모님은 이러한 각자의 역할들을 어떻게 격려하거나 저지하였나요?
- 당신의 부모님 관계를 부부, 그리고 양육동반자로서 설명해 주세요.
- 형제자매 중 엄마/아빠와 가장 비슷한 사람은 누구인가요? 당신은 형제자매 중 누구와 가장 비슷하거나 다른가요?
- 당신이 '특별히 좋아하는 가족 구성원' 혹은 '같은 팀/편'이 있나요? 시간이 흐르면서 이러한 역할은 변화했나요?
- 어릴 적 다양한 순간(유치원, 학창시절, 고등학교, 그리고 성인이 된 후)에 형제자매에게 행동했던 당신의 태도를 기억하나요?
- 형제자매 간의 경쟁 및 형제자매 간의 차이와 관련하여 당신이 가장 좋아하는 가족 내 사건, 속담 혹은 별명은 무엇인가요?
- 가족 내 당신의 역할을 통해 배운 것이 무엇이라고 생각하나요?

■ 초기 회상

아들러는 한 사람의 생애 초기 회상을 그 사람의 생활양식을 이해하는 도구로써 사용하였다(Ansbacher & Ansbacher, 1956). **초기 회상**은 자신에게 일어난 사건이나 상황에 관련한 최초의 명확한 기억을 말한다. 일반적으로 이러한 초기 회상은 종종 가치, 타인, 삶 전반에 대해 한 사람이 가진 근본적인 믿음의 원천을 나타낸다. 즉, 초기 회상은 한 사람의 생애에서 신화적인 역할을 하는 결정적 순간이 되는 경향이 있다. 예를 들어, 놀이터에 홀로 남겨진 기분, 엄마와 함께 사과 따기, 혹은 아빠와 함께 드라이브하기 등이다. 일반적으로 최소한 세 가지 기억들이 초기 회상의 패턴을 확인하기 위해 요구된다. 그러나 다양한 생활양식의 요소가 어떻게 형성되는지를 더 분명하게 이해하기 위해서는 주제가 복잡한 정도에 따라 더욱 많은 초기 기억을 필요로 할 수도 있다.

생애 초기 회상을 평가하는 질문

- 대략 일곱 살 이전의 어린 시절을 회상할 때, 떠오르는 가장 초기 기억은 무엇인가요? 혹은 당신의 어린 시절 중 가장 초기의 기억이라고 믿고 있는 기억들에 대해 설명해 주세요. 아마 당신이 초등학교를 들어가기 전이나 유치원 시절에 대한 기억일 것입니다.
- 그 당시 기분은 어떠하였나요? 다른 사람의 기분은 어떠하였나요?
- 당시 상황이 어떻게 진행되었는지에 대해서 무엇을 이해했고 무엇을 이해하지 못하였나요? 다른 사람들은 어떻게 생각하였나요?
- 그때의 기억 중 가장 생생한 부분은 무엇인가요? 왜 그 부분이 여전히 선명하게 남아 있다고 생각하나요?
- 그 경험으로부터 얻은 것이 무엇이라고 생각하나요?

▪ 기본적 오류

기본적 오류는 어린 시절 아이들이 자신의 외로움, 부모님의 분노, 외상, 상실감 등의 경험을 납득하는 과정에서 형성되는 잘못된 가정을 의미한다. 모든 사람은 어린 시절의 잘못된 판단들을 어느 정도 지닌 채 성인이 된다. 그러나 기본적 오류가 **열등감**이나 **낮은 사회적 관심**으로 이어진다면 문제 증상이 생길 수 있고 결국에는 상담자를 찾게 된다. 이런 경우 아들러는 "내담자의 통각 도식(apperception-schema)은 모든 인상이나 느낌이 마치 근본적인 문제인 양 평가하고, 이를 위-아래, 승리자-패배자, 남성적-여성적, 아무것도 아닌 것-모든 것 등과 같이 의도적으로 이분화한다."고 주목했다(Ansbacher & Ansbacher, 1956, p. 333). 간단히 말해서, 기본적 오류란 삶을 한쪽 측면이 다른 쪽보다 '더 낫다'라고 가치를 두는 양자택일 혹은 흑백논리로 바라보는 것이다. 당신이 상상해 볼 수 있듯이 이러한 내담자의 기본적 오류는 다양한 영역에서 쉽게 열등감을 느끼도록 한다.

모작과 마니아치(1999)는 다섯 가지 기본적 오류의 유형을 구분하며, 다음과 같이 좀 더 자세히 설명하였다.

1. **과잉일반화**: 과잉일반화를 하는 사람들은 맥락적 사실을 이분법적으로 진실 아니면 거짓이라고 판단하는 경향이 있다(예: "내 남자친구가 바람 피웠어." 따라서 "남자는 믿을 수 없어.").
2. **안전 추구를 위한 잘못된 혹은 불가능한 목표**: 어떤 사람들은 삶에서 모든 위험을 제거할 방법을 찾기 위해 노력하며, 종종 다른 사람에게 비합리적인 요구를 한다(예: "당신이 나를 사랑한다면, 당신은 절대 나한테 상처를 줘서는 안 돼." 심지어 이를 의도치 않게 요구하는데, 이는 굉장히 낭만적이고 이상적인 말이지만 평범한 인간에겐 현실적으로 실현하기 힘든 일이다.

오직 가상 현실에서만 가능하다).

3. **삶과 삶의 요구에 대한 잘못된 지각**: 몇 가지 기본적 오류의 핵심은 삶의 불가피한 규칙을 이해하지 못하는 데서 비롯된다. 이러한 규칙에는 '모든 인간은 죽는다' '살아남기 위해서는 많은 노력이 필요하며 함께 협력해야 한다' '친절은 중요하다' '자연의 법칙은 모두에게 동등하게 적용된다' '타인을 해치는 것은 결국 자신을 해치는 일이다' '삶에서 확실히 보장되는 것은 없다'와 같은 규칙들이 있다(예: '나에게 상처 주지 않을 거라는 확신이 드는 사람과 사랑에 빠지고 싶어.'라고 생각하는 사람에게는 래브라도 리트리버[4]가 가장 좋은 선택지일 것이다).
4. **개인의 가치에 대한 최소화 및 부인**: 사람들은 자신의 열등감을 기꺼이 수용하고, 자신에게 내재된 가치를 부인한다(예: '누가 나를 사랑하고 싶겠어? 나는 태어날 때부터 결함이 있는 존재인데 말이야').
5. **그릇된 가치**: 어떤 사람들은 그릇된 가치, 즉, 사회적 관심이 아닌 자기 성취에 관한 가치를 통해 삶에 대처하려고 한다(예: '만일 내가 충분히 성공하고 성취한다면, 사람들은 나를 반드시 사랑해야 한다').

이러한 기본적 오류를 평가하는 것은 이를 판단하는 간단한 질문이 존재하지 않는다는 점에서 굉장히 까다롭다. 상담자는 가족구도, 초기 회상 및 현재 문제들에 대해 질문함으로써 내담자의 기본적 오류를 알아내야 한다. 상담자는 내담자의 기본적 오류를 확인하는 초기 평가 단계에서 아주 조심스럽고 신중한 태도를 취함으로써 초기 평가 과정을 수월하게 진행할 수 있다.

■ 기관 열등감 혹은 신체적 결함

현대인들에게는 이상하게 들릴지도 모르겠지만, 아들러가 주장한 개념인 **기관 열등감**은 신체적으로 다른 부분보다 약한 부분을 가리킨다. 신체적 관점에서 기본적 오류와 대응하는 개념이다. "기관 열등감과 몸의 관계는 기본적 오류와 마음의 관계와 같다."(Carlson et al., 2006, p. 90) 실제로 한 개인이 지닌 신체적 결함 혹은 자신이 열등하다는 믿음은 개인의 삶의 양식에 상당한 영향을 미칠 수 있다. 아들러가 이 용어를 사용했을 때, 그는 일반적으로 20세기 초 시각장애를 겪는 아이, 신체적인 결함이 있거나 만성적 질병을 진단받은 아이들을 의미했다. 그러나 현대의 신체적 문제들은 종종 또래들과 비교한 자신의 몸무게, 외모, 운동 능력에 대한 개인적 인식

---

4) 역자 주: 개의 품종 중 하나, 원산지는 캐나다(출처: 나무위키).

을 다루며, 상당수의 미국 여성 청소년의 경우 포토샵을 한 슈퍼모델과 자신을 비교한다.

■ 꿈 분석

프로이트와 마찬가지로 아들러는 꿈 분석이 내담자의 내면에서 일어나는 과정에 대한 통찰을 제공한다고 믿었다. 그러나 프로이트와 달리 아들러는 내담자 내면에서 일어나는 기제가 유아기적 성적 욕구와 연관되어 있지 않다고 주장했다(Ansbacher & Ansbacher, 1956). 대신 아들러는 꿈의 주제를 내담자의 삶의 양식을 분석하기 위한 단서로 사용했으며, 내담자가 겪는 문제에 대한 잠재적인 해결책을 밝히는 도구로 사용하였다. 나아가 아들러는 **꿈의 의미는 그 꿈을 꾸는 사람에게만 구체적이기 때문에** 상담자는 내담자가 꾼 꿈을 해석하는 데 최종 결론을 내리는 사람이 아니라고 했다. 예를 들어, 장애물로 인해 방해를 받거나, 목적지에 도달하지 못하거나, 중요한 사람을 만날 수 없게 된 꿈들은 모두 (그들의 선택이나 행동이 아닌) 그들의 세계가 자신의 성취를 막고 있다는 비슷한 주제를 가지고 있는 것처럼 보인다.

■ '질문': 증상의 목적

가장 좋은 것은 나중을 위해 남겨 두는 것이라는 속담처럼, '질문'은 내담자가 호소하는 증상의 기저에 깔린 목적과 요구들을 평가하는 데 사용된다(Ansbacher & Ansbacher, 1964; Carlson et al., 2006). 그 질문은 다음과 같다.

> "만약 당신에게 그 문제가 없었더라면, 당신의 삶에서 무엇이 달라졌겠는가?"(Carlson et al., 2006, p. 110)

내담자의 반응은 종종 그 증상을 겪으면서 무엇을 피할 수 있는지에 대한 단서를 제공한다. 예를 들어, 어떤 우울한 사람은 아마 자신은 직장에서 더욱 성공적인 사람이 되었을 것이라고 말할 수 있다. 반면, 또 다른 사람은 친구들과 시간을 보내곤 했던 '과거의 자신'으로 돌아갈 것이라고 말할 수도 있다. 첫 번째 반응의 경우 직장에서 성공적으로 잘 해내는 데에 필요한 자신의 능력에 대한 불안감이 숨겨져 있고, 두 번째 반응에서는 가족을 두고 혼자 즐기는 것이 엄마와 아내로서 역할을 충분히 수행하지 못하는 것이라는 두려움이 반영되었음을 알 수 있다. 최근 들어 해결 중심 치료에 기반을 둔 상담자들은 **기적 질문**(miracle question)을 사용하는데, 이는 아들러의 본래 질문에서 변형된 것이다(12장 참조). 이 장 말미에 있는 사례 연구에서 상담자는 내담자 부디가 수년간 다양한 형태로 경험한 우울의 목적을 평가하기 위한 '질문'을 사용한다.

■ 정신역동 가설

개인의 삶의 양식을 평가할 때 아들러학파는 증상의 기능에 대한 기본적인 정신역동 가설을 염두에 둔다(Carlson et al., 2006). 내담자를 위한 정신역동 가설은 세 가지 범주로 나뉜다. 이는 신경증(신체적 혹은 정신적 장애를 통해 나타나는 정서적 장애; 일반적으로 행동은 사회적 규범 내에서 발생한다), 정신증(현실 감각을 상실한 상태), 성격장애(타인과의 관계를 방해하는 만성적 행동 패턴)로 구성되어 있다. 아들러학파는 내담자의 삶의 양식을 이해하기 위해 〈표 5-1〉의 기본적인 지침을 사용하였다.

〈표 5-1〉 내담자의 삶의 양식을 이해하기 위한 기본 지침

사람 유형	도전해야 할 반응
격려받는 사람(자신감이 있는 사람)	'할 수 있다'는 태도. 타인이 어떻게 생각할지에 대한 걱정 없이 필요한 행동을 적절히 취할 수 있다.
신경증을 가진 사람	'그래요, 그런데'의 태도. "나에게 이 문제만 없었다면 해낼 수 있었을 것이다." 이들은 사회적 인정을 계속 얻으면서도("내 증상이 문제예요."), 자신이 원하는 바(사회적 관심 피하기)를 이루기 위한 용도로 자신의 증상을 이용한다.
정신증을 가진 사람	현실도피적 태도. 그들은 삶의 요구를 회피하기 위해 현실 속에서 살기보다는 공상 속에서 산다. 그들은 사회적 요구에 대해 "아니요."라고 대답한다.
성격장애를 가진 사람	'내 방식이 아니면 안 된다'의 태도. 이들은 다른 사람의 욕구나 반대되는 증거에도 굴하지 않고 자신이 옳다는 것을 타인에게 끊임없이 설득하려고 한다. "내 방식을 따른다면 협조할 것이다."

■ 인생 과업과 사회적 관심

또한 아들러학파 평가에는 여섯 가지 인생 과업에서 개인이 지닌 사회적 관심의 수준을 확인하는 작업도 포함된다(Ansbacher & Ansbacher, 1956; Carlson et al., 2006; Dreikurs & Mosak, 1967; Mosak & Dreikurs, 1967; Sweeney, 2009).

- **일**: 이윤을 추구하는 일에만 한정된 개념이 아니다. '일'은 개인이 사회 구성원으로서 기여하는 주요 수단을 의미한다. 따라서 여기에는 교육, 집안일, 아이들 돌보기, 자원봉사 활동 등이 포함된다.
- **공동생활과 교우관계**: 타인과 사회적으로 연결되는 것, 다른 사람과의 유대감을 즐기는 것은 인생의 중요한 과업이며, 개인의 사회적 관심 수준을 평가하는 잣대가 된다.
- **연인 관계**: 모든 인생 과업 중에서 가장 어려운 일인 사랑하는 관계를 유지하는 것은 용기와 가장 높은 수준의 사회적 관심을 필요로 한다.

- **자기 수용**: 현대에 와서 추가된 이 개념은 아들러의 기존 이론에도 암시되어 있다. 자기 자각과 더불어 자기 수용을 발달시키는 것은 타인과 성공적인 관계를 맺는 일의 기초가 된다.
- **영성**: 최근 들어 아들러학파는 자기보다 더 큰 존재와의 관계를 발전시키는 것을 인생의 핵심 과업으로 추가했다.
- **양육**: 모든 사람에게 다 적용할 수는 없지만, 양육을 하는 것은 특별한 형태의 사회적 기술과 기능을 필요로 하며, 이는 다른 인생 과업과 반드시 구분하여 평가되어야 한다.

균형적인 삶은 인생의 모든 영역에 적극적이고 성공적으로 관여하는 것이다. 즉, 평가 과정에서 상담자는 내담자가 어떠한 영역에서 가장 잘 기능하고 있는지 그리고 어떠한 영역이 가장 문제인지를 판별해야 한다. 치료계획을 세울 때는 반드시 각 영역마다 구체적인 목표가 있어야 한다. 매너스터와 코르시니(Manaster & Corsini, 1982)는 치료 과정을 평가하기 위해 상담 전후로 각 영역마다 내담자가 느끼는 행복의 수치를 측정하였다.

■ DSM 진단

아들러는 개개인의 내담자를 치료하기 위해서 진단체계를 활용하지 않았다(Ansbacher & Ansbacher, 1956). 그러나 사회적 관심이라는 아들러의 원칙에 충실한 현대 아들러학파 상담자는 다른 전문가들과의 원활한 의사소통을 위해 DSM 진단 체계를 적극적으로 사용하기로 했다(Sweeney, 2009). 아들러의 이론과 DSM의 접근법에는 수많은 차이가 존재한다(Carlson et al., 2006; Sweeney, 2009).

〈표 5-2〉 DSM과 아들러학파의 진단 방법 비교

구분	DSM	아들러학파
정신병리에 대한 접근	기술적: 증상을 설명함	탐색적: 원인을 설명함
언어	정신병리와 결핍 기반	격려하며 긍정적으로 바라봄
초점	외부적, 측정 가능한 행동	주관적인 경험

마니아치(2002, p. 360)는 DSM-III와 DMS-IV(APA, 2000)의 다축진단체계를 아들러학파 상담과 통합하는 독특한 접근법을 제안하였다. 비록 DSM-5(APA, 2013)가 이러한 다축진단체계를 더 이상 사용하지 않지만, 아들러학파의 작업과 비교해 보는 것은 실질적으로 유용할 수 있다.

- 축 I: 증상 발현 방식(the arrangement)(내담자가 삶에 대응하기 위해 증상들을 어떻게 '배열'했는가; DSM 진단체계의 임상적 증후군과 임상적 초점 영역에 대응하는 개념)
- 축 II: 생활양식(DSM 진단체계의 성격장애와 성격 특징에 대응하는 개념)
- 축 III: 기관 열등감/기관 은어(DSM 진단체계의 심리치료와 관련 있는 신체장애에 대응하는 개념)
- 축 IV: 충격적인 일(DSM 진단체계의 심리사회적 스트레스에 대응하는 개념)
- 축 V: 인생 과업의 지표(DSM 진단체계의 전반적인 기능 수준을 평가하는 100점 척도에 대응하는 개념)

지금부터 앞의 개념들을 차근차근 살펴보도록 하자. 아들러학파 상담자는 생활양식에 대응하는 개념인 축 II에 초점을 두면서 설명을 시작할 것이다. 그러나 이는 모든 사람에게 성격장애가 있다고 생각한다는 것은 아니다. 또한 진단 코드를 자주 사용한다는 것을 암시하는 것도 아니다. 대신에 그들은 생활양식이란 마치 축 II의 성격 '특징'처럼 삶 전체에 만연한 패턴화된 반응이라고 보았다(American Psychiatric Association, 2000). 축 II와 함께 아들러학파는 축 III의 신체장애(즉, 기관 열등감) 또는 신체 표현(즉, 기관 은어)을 내담자의 생활양식과 관련지었다. 예를 들어, 운동능력이 부족한 아이로 선택되었다고 느낀 아이들은 아마 배척당하거나 굴욕을 당한 느낌을 그대로 가지고 일과 사랑 관계와 같은 성인의 영역으로 들어설 것이다. 축 IV는 '충격적인 일'이나 삶의 도전과제(즉, 실업, 이혼 또는 실연)를 일컫는다. 이는 내담자의 대처 방식을 압도하며, 열등감을 해소하기 위해 축 I의 증상과 증후군(즉, 우울, 불안 또는 과식)을 촉발한다. 축 V는 개인의 기능에 대한 전반적인 영향력을 기록한다. 처음에는 좀 이상해 보일 수 있지만 이러한 양식은 DSM과 아들러 이론을 연결하고 통합하는 데 유용한 방식이다.

변화를 겨냥하기: 목표 설정

■ 장기 목표: 사회적 관심을 발달시킬 용기

아들러는 **정상적 적응**을 "삶의 문제와 어려움이 찾아왔을 때 이를 마주할 충분한 에너지와 용기를 갖는 것"이라고 정의했다(Ansbacher & Ansbacher, 1956, p. 154). 삶의 어려움은 일, 사랑, 교우관계, 영성, 자기 수용 또는 양육을 포함한 여섯 가지 인생 과업에서 발생할 수 있다. 높은 수준의 사회적 관심은 이러한 각각의 영역에서의 기능을 향상시킨다(Dreikurs, 1989). 즉, 아들러학파 상담은 내담자가 자신의 불안정한 모습을 직면하고, 그 지점에서 그들이 가장 두려워하는 일을 행할 수 있도록 용기를 북돋아 준다. 상담자의 역할은 내담자가 인생 과업을 잘 수행하기 위한 사회적 관심을 발달시키는 데 필요한 위험을 감수하도록 격려하는 것이다.

■ 웰니스, 긍정심리학, 그리고 사회적 관심

현대 아들러학파는 사회적 관심과 긍정심리학의 웰니스[wellness: 웰빙(well-being)과 피트니스(fitness)를 결합한 말] 연구 사이의 연관성을 탐색하고 있다(Carlson et al., 2006; Leak & Leak, 2006; Myers, 2009). 아들러 이론과 긍정심리학은 둘 다 약점을 치료하기보다 강점을 다루는 것을 선호하는 접근법으로서 내담자의 강점을 발전시키는 것을 강조한다. 이에 더해 두 접근법 모두 웰니스를 장기 목표로 세운다는 공통점이 있는데, 이때 웰니스란 신체적 건강을 의미하는 개념이 아니다. 웰니스란 의식적인 노력을 통해 얻어지는 신체적·정서적·사회적 안녕감을 뜻하는 반면, 건강은 좀 더 중립적인 상태로서 아프지 않으며 의식적 노력이 필요치 않은 상태를 말한다(Myers, 2009). 사회적 관심의 증진이라는 아들러학파의 주요 목표는 사회적 유대감, 이타주의, 공감, 사회적 의식이 행복과 매우 높은 상관이 있다는 긍정심리학 연구 결과와 관련이 있다(Leak & Leak, 2006). 이와 유사하게 여섯 가지 인생 과업의 영역에서 사회적 관심을 발달시키는 것을 강조한 아들러의 이론은 의미 있는 관계, 만족스러운 업무, 자기 수용, 그리고 영성이 모두 삶의 만족과 강력한 연관성이 있다는 것을 강조하는 긍정심리학 연구와 맥락을 같이한다(Myers, 2009). 따라서 목표를 설정할 때 아들러학파 상담자들은 지속 가능한 웰니스로 이어지는 개인적 선택과 긍정적 행동을 강조하는 웰니스 관점을 활용할 수 있다. 간단히 말해, 증상의 빈도를 줄이는 것은 장기 목표를 성취하기 위한 첫 단계일 뿐이다. 나아가 아들러학파 상담과 마찬가지로 웰니스 상담은 긍정심리학의 심리교육과 행복과의 상관을 살펴본다.

■ 아들러학파 목표 진술문 발전시키기

일반적 원칙 아들러 이론은 초기·작업·종결 단계의 상담 목표를 세우는 방법에 대한 명확한 지침을 제공한다.

- **초기 단계 목표**: 최초의 위기 증상을 다룬다.
- **중기 단계 목표**: 현재 겪는 문제와 관련한 증상을 줄인다. 사회적 관심을 키우고 현재 겪는 문제와 가장 밀접하게 관련된 인생 과업의 기능을 증진시킨다.
- **종결 단계 목표**: 다른 인생 과업의 핵심 영역에서 기능과 사회적 관심을 증진시킨다.

초기와 중기 단계 목표의 예시 초기와 중기 단계의 목표는 불안감(insecurity)과 현재 문제를 유발하는 기본적 오류들을 감소시키는 데 중점을 둔다.

- 우울한 생각을 하게 만드는 불안감을 감소시키기
- 인간관계에서 질투심을 유발하는 불안감을 감소시키기
- 직장에서 일을 효율적으로 하지 못하게 하는 불안감을 감소시키기
- 직장 내 업무 수행과 관련하여 보다 현실적인 목표를 설정하기
- 배우자와 말다툼을 이끄는 과잉일반화의 경향을 감소시키기
- 친밀감을 증진하기 위해 관계에서 위험을 감수하는 능력을 향상시키기
- 업무수행 능력으로만 자기 가치를 평가하는 경향을 감소시키기

종결 단계 목표의 예시 종결 단계 목표는 내담자가 기본적으로 건강한 상태(증상 없음)를 넘어서 여섯 가지 주요 기능 영역, 즉 일, 교우관계, 사랑, 자기 수용, 영성, 양육에서 사회적 관심과 웰니스를 증진시킬 수 있는 삶의 습관을 발달시키는 것이다.

- 원가족에서 친밀감과 유대감을 증진시키기
- 친구들이나 지역 공동체에서의 유대감을 증진시키기
- 영성적인 활동을 통해 신에 대한 유대감을 증진시키기
- 성적 지향성에 관한 자기 수용을 확대하기
- 성인인 자식과 정서적 유대감을 증진시키고 그들과의 관계를 재정의하기
- 개인적으로 만족감을 주는 직업(혹은 자원봉사)을 추구하기 위해 단계적으로 준비하기

실행에 옮기기: 개입

■ 심리교육과 과제 설정

아들러학파가 상담의 모든 단계에서 사용하는 주요한 개입 방식은 심리교육이다(Carlson et al., 2006). 심리교육은 내담자가 자신의 생각, 감정, 행동을 변화시키는 데 활용할 수 있는 심리학적 정보를 제공하는 것을 포함한다. 심리교육이 실제적으로 유용하기 위해서 상담자는 새로운 정보에 기반한 구체적인 과제들을 선정하여 진행할 필요가 있다(Sweeney, 2009). 이 장 말미에 있는 사례 연구에서, 상담자는 심리교육을 활용하여 부디가 자신의 우울증과 장애 진단이 미친 심리적 영향력을 이해하도록 돕고, 가족 내에서 장남으로서의 역할이 타인과의 관계에 어떤 영향을 미쳤는지를 이해하도록 돕는다.

- 1단계 심리교육의 주제: 평등한 관계 형성하기
  - 목표를 설정하고 논의할 주제를 결정하는 것을 포함하여, 상담과정 내에서 내담자의 역할과 권리에 대해 설명하기
  - 아들러학파 상담에서 현재 호소 문제를 다루고 작업하는 방법에 대해 설명하기
  - 내담자의 문제에서 사회적 관심과 그 역할에 대해 정의하기

- 2단계 심리교육: 생활양식과 사적 논리 평가하기
  - 평가 과정을 뒷받침하는 근거 제시하기
  - 생활양식을 정의하고, 사적 논리 형성 과정을 설명하며, 이것이 호소 문제와 어떠한 관련성이 있는지 설명하기

- 3단계 심리교육: 통찰과 자기 이해 격려하기
  - 문제를 촉발시킨 부정확하고 비현실적인 사적 논리를 직면하는 정보와 연구 결과 제공하기
  - 아들러 이론을 기반으로 생활양식의 심리적 형성 과정에 대한 설명 제공하기

- 4단계 심리교육: 교육하기 및 재정향하기
  - 내담자가 구체적인 호소 문제에 관한 새로운 행동을 할 수 있도록 동기를 부여하기 위해 이론을 근거로 한 신뢰할 만한 연구와 정보를 제공하기
  - 행동이나 생각의 습관을 변화시킬 수 있는 효과적인 접근 방법에 대한 구체적인 지침 제공하기

심리교육과 과제 설정을 효과적으로 제공하기 위한 지침

- **연습하라**: 진지하게 이야기하는데, 초심상담자에게 가족이나 친구들을 대상으로 '연습'하기를 추천하는 상담이나 심리치료 기법은 그다지 많지 않지만, 심리교육은 예외이다. 이러한 종류의 책을 읽어 보지 않은 사람에게 개념과 연구 결과에 대해 설명해 보라. 개념을 설명한 후에 그들이 하는 질문의 유형을 주목해 보라. 당신이 빠뜨린 것이 무엇인지, 정의하는 데 어떤 단어가 필요한지, 사람들이 실제로 도움이 되었다고 한 것이 무엇인지에 대해서 알게 될 것이다.
- **먼저 질문하라**: 심리교육을 수행하는 데 가장 중요한 한 가지는 '타이밍'이다. 내담자가 받아들일 수 있는 상태일 때, 정보를 제공한다. 당신은 내담자가 준비되었다는 것을 어떻게 알 수 있는가? 내담자에게 "당신은 X에 대해 좀 더 배워 볼 마음이 있나요?"라고 질문해 보자. 만약 질문하는 데 실패한다면, 당신은 협력적 관계가 깨질 위험에 빠질 수 있다.

- **최대한 간결히 하라**: 50분의 회기 동안, 심리교육은 1분에서 최대 2분을 넘기지 않을 것을 추천한다. 대부분의 내담자는 이보다 더 많은 내용을 의미 있게 통합하고 실천할 수 없기 때문에 꼭 공유해야만 하는 중요한 정보는 다음 회기를 위해 남겨 두어야 한다. 이렇듯 성격 특징 중 상담자의 외향성이 아킬레스건이 될 수 있기에 심리교육에 대한 개입을 할 때 연설을 하고 있다면 최대한 빨리 멈춰야 한다.
- **한 가지 요점만을 가르쳐라**: 예를 들어, '사회적 관심의 역할'처럼 한 회기 내에서는 단 한 가지의 개념, 요점, 기술에 대해서만 가르쳐라. 그 이상이 되면 실질적으로 유용하지 않다.
- **이해와 수용의 태도를 유지하라**: 간단하게 정보를 제공한 후에 즉시 내담자가 이해했는지 혹은 그 정보가 실생활에 유용하고, 현실에 적합한지에 대해 질문하라.
- **즉시 적용하라**: 정보를 제공한 후에 내담자의 삶에서 지난 일주일간 혹은 다음 주에 일어나게 될 문제에 대해 실제로 어떻게 적용할 수 있는지 즉시 확인하라.
- **순차적 과제를 개발하라**: 심리교육을 2분간 제공한 후에 48분간 학습한 정보를 어떻게 현재 문제를 해결하는 데 적용할 수 있는지에 대한 순차적인 지침을 제공한다. 누가 무엇을, 언제, 어디서, 얼마나 자주 하는지를 구체화하라.
- **후속 작업**: 다음 회기에 만나서, 내담자가 그 정보를 어느 정도 사용했는지 질문하라. 만약 하지 않았다면 왜 안 했는지, 했다면 무슨 일이 일어났는지 확인하라. 어떤 내담자들은 다른 방식보다 심리교육을 통해 더 많은 도움을 받는다. 그리고 상담자는 종종 내담자가 자신의 예상과는 현저하게 다른 방식으로 심리교육의 정보를 활용한다는 것을 알게 될 것이다.

스스로 해보기

파트너와 함께 앞에서 설명한 개념을 활용하여, 앞에서 제시한 단계에 따라 심리교육을 해 보세요.

심리교육의 예: 웰니스 산드라(Shandra)는 '삶에 대한 열정을 잃은 것'에 대한 어려움을 호소하는 43세의 기업 임원과 상담을 진행하고 있다. 그는 자신의 아내와 두 아이들을 '사랑'하지만 주중에 긴 시간 동안 일을 하고, 주말에도 이메일과 전화를 수시로 체크한다고 말했다. 생활양식을 평가하는 과정에서 상담자는 그가 지닌 기본적 가정의 오류를 발견하게 되었는데, 그는 자신의 인간으로서의 가치가 일의 성과가 연합되어 있다고 믿었으며, 그 결과 그는 끊임없이 자신의 가치를 확인하기 위해 일하고 있었다. 그는 통찰 단계에서 이러한 해석에 쉽게 동의하고, 재정향 단계에서 변화할 준비를 하고 있다. 이때 산드라는 그가 웰니스에 대해 더 배울 필요가 있다고 생각하고 있다.

산드라: "지난주에 우리는 당신의 업무와 가정생활 사이에서 균형을 찾는 방법에 대해 이야기를 시작했어요. 그

래서 저는 웰니스에 대한 정보를 공유하는 것이 유용할 것이라는 생각을 했죠. 제가 말하려는 것에 대해서 들어 보실 의향이 있으신가요?" (허락을 구하기)

리카르도: "네, 물론입니다. 제가 생각해 봐야 할 만한 것처럼 느껴져요."

산드라: "상담자와 심리학자들은 웰니스를 질병/불행과 건강의 연속선상에 있다고 생각해요."

그녀는 화이트보드 위에 이렇게 그렸다.

웰니스 ———— 건강 ———— 질병/불행

"우리 모두 질병과 불행은 무엇인가 '잘못된' 상태라고 생각하죠. 우리는 슬픔, 분노, 불행을 느껴요. 바로 이 부분이 당신이 나를 처음에 찾아왔을 때 느꼈던 감정들이죠. 그다음에 건강이 있어요. 이것은 아무런 질병도, 문제도 없는 상태죠. 현재 당신의 상태와 가깝죠. 당신은 자신의 삶에 대해 슬픔을 조금씩 느끼기 시작했어요. 그다음으로 웰니스가 있어요. 웰니스는 단순히 문제나 병이 없는 상태가 아니라 마음과 육체적 · 영적 영역 전반에서 안녕감을 느끼는 상태를 말해요. 웰니스와 건강의 가장 주요한 차이 중 하나는 한 개인의 주도성에 있는 것이죠. [리카르도 씨는 전문직업인으로서, 이와 같은 개념을 이해할 수 있기 때문에 이렇게 설명해도 되지만, 그렇지 않다면 '실천하기 위해서는 선택해야 한다'라고 설명하라.] 우리는 주도성을 가지고 안녕감으로 이끄는 습관을 채택함으로서 웰니스를 성취할 수 있어요. 우선, 여기까지 잠시 이야기를 멈추고, 당신이 나의 말을 얼마나 따라왔는지 혹은 다른 궁금한 질문은 없는지 알고 싶군요." [그녀는 간결함을 유지했고 중요한 용어만 정의했다. 또한 그 개념들을 화이트보드에 적으며, 이 내담자가 이해했는지 확인했다.]

리카르도 : "네. 마치 제게 필요하다고 생각했던 개념을 언어로 구체화시킨 것 같아요. 저는 다른 방식으로 행동할 필요가 있어요. 그다지 변화를 원하진 않지만, 당신의 말이 옳다는 것을 알아요."

남은 48분 회기 동안 산드라는 리카르도가 주말에 가족에게만 에너지를 쏟기 위해 자신의 이메일을 확인하지 않는 것과 같이 앞서 이해한 개념을 실제 적용할 수 있는 한 가지 방법을 구체화하도록 도왔다(과제 설정). 산드라는 더 많은 심리교육을 제공하는 것을 지양하고(상담 회기가 수업이 되버릴 수 있다), 대신에 제공한 정보를 적용하는 것에 초점을 맞춘다. 만약에 리카르도가 이 정보를 적용할 수 있다면, 다음 회기에 그녀는 그에게 유익할 수 있는 긍정심리학 연구의 다른 부분을 조금 더 공유할 수 있을 것이다.

■ 과제

아들러학파 상담자는 심리교육과 과제 설정의 후속 작업으로 과제를 내 주는데, 이는 회기 사이에 이루어진다(Manaster & Corsini, 1982). 과제 제공은 상담 단계 혹은 내담자가 다루고 있는 특정한 이슈에 따라 다양하게 줄 수 있다. 과제의 예는 다음과 같다.

- 소원해진 친척에게 전화하기
- 아내와 데이트하기(이번 주 또는 일주일에 한 번씩)
- 직장에서 당신을 꼼짝 못하게 하는 두려움에 대한 상세한 목록을 작성하기. 다음에 당신이 열등감을 느끼기 시작할 때, 이러한 인식에 대해 '찬성' 혹은 '반대'하는 증거 목록을 작성하기
- 대인관계를 넓히기 위해 다시 연락할 수 있는 친구들을 확인해 보기
- 저녁에 퇴근해서 집에 올 때, 배우자가 하지 않은 일에 불평하기보다는 집에서 한 일에 대해 감사하는 마음으로 저녁식사를 시작하기

■ 증상에 대한 해석

아들러 상담의 세 번째 단계에서 상담자는 증상의 목적에 대한 '해석'을 하는데, 증상의 목적에는 내담자가 처한 상황에 대한 내담자의 통찰이 포함되어 있다. 정신분석의 해석과는 달리, 아들러학파의 해석은 **증상의 목적**과 내담자의 생활양식 안에서 증상의 역할을 분명히 하는 것에 초점을 둔다(Ansbacher & Ansbacher, 1956; Sweeney, 2009). 예를 들면, 상담자는 생활양식 평가를 기반으로 일을 미루는 습관은 앞으로 닥쳐올 수 있는 위험이나 실패를 회피하는 방법의 일환이라고 해석할 수 있다. 다음은 아들러학파에서 해석을 제공하는 일반적인 지침이다.

- **목표의 초점화**: 해석은 **행동**(예: 미루는 습관)의 **목표**(goal)나 **목적**(purpose)에만 초점을 두어야 하고, 개인의 전반적인 면에 대해 진단을 내리는 것(예: 게으른, 두려워하는, 욕구의 부족)은 지양해야 한다.
- **잠정적 제안**: 해석은 부정할 수 없는 진실을 말하기보다 **잠정적으로** 제공되어야 한다(예: "미루는 습관은 실패에 대한 위험을 피하기 위한 행동일 가능성이 있나요?").
- **수정에 대한 개방성**: 상담자는 내담자가 재진술하거나 상담자의 말을 정정하는 것을 격려하고 허용해야 한다(예: "제가 단지 실패의 두려움 때문에 위험을 피하는 것은 아니에요." 혹은 "제 생각에는 그건 저의 문제가 아닌 것 같아요. 제가 원하지 않는 일에 대해서도 하겠다고 얘기하는 것 같아요").
- **강점 강조**: 해석 과정에 있어 전반적인 어조는 지지적이며, 잠재적인 강점과 희망, 회복탄력성을 강조해야 한다(예: "그렇다면, 어떤 측면으로는 미루는 습관이 안정감을 추구하기 위한 것이겠군요. 하지만 예전만큼 필요해 보이지는 않네요").

■ 자기 개념 진술문

아들러학파는 **자기 개념 진술문**에 경청한다. 이 진술문은 내담자가 자신을 어떻게 바라보는지를 보여 준다. 칼슨 등(2006)은 개입을 위해 상담자가 목표로 할 세 가지 유형의 진술문을 명료화하였다.

1. **열등감을 기반으로 한 자기 진술:** 내담자의 자기개념은 개인적인 이상적 기준을 충족시키지 못한 상태이다(예 : "나는 바보 같고, 쓸모없어").
2. **불충분함/무능함을 기반으로 한 자기 진술:** 내담자의 자기개념은 내담자가 세계관이나 문화적 가치라고 믿는 것을 충족시키지 못한다고 느끼는 상태이다(예: "나는 무능한 사람이고 멍청이고 패배자야").
3. **죄책감을 기반으로 한 자기 진술:** 내담자의 자기개념은 윤리나 도덕적 신념에 위배되었다고 느끼는 상태이다(예 : "나는 나쁘고, 악하고, 용서받을 수 없어").

만약 상담자가 이러한 세 가지의 내담자 진술을 듣는다면, 내담자로 하여금 비교 과정을 탐색하고 더 유용하고 공정하고 정확한 비교를 할 수 있는 방법을 탐색하도록 도울 수 있다. 경우에 따라 어떤 내담자는 어리석은 결정을 내리며, 이로 인해 죄책감을 느낀다. 이때 상담자는 내담자에게 어떻게 이러한 상황이 발생하게 되었는지를 명확히 알려 주어, 올바른 해결 방안을 찾을 수 있도록 도움을 제공한다. 만약 내담자가 비현실적인 우월성 기준을 엄격하게 추구한다면, 상담자는 내담자가 왜 이러한 방식을 추구하게 되었는지 탐색하고, 자신에게 보다 현실적이고 합리적인 평가 기준을 마련할 수 있도록 돕는다. 이 장 말미에 있는 사례 연구에서 상담자는 부디가 타인을 돌보는 능력에 기반을 두는 것 대신에 자기 존재감을 높이거나 자신의 욕구가 고려된 보다 평등한 관계 맺음을 배울 수 있도록 돕기 위해 자기진술을 사용한다.

■ 기본적 오류와 사적 논리에 대한 도전과 재구성

내담자가 충분한 통찰력을 갖게 되면, 상담자는 개인의 사적 논리의 사실성 혹은 타당성을 직접적으로 직면하게 하거나 온화한 태도로 신념을 **재구성**하도록 도울 수 있다. 기본적 오류에 도전하는 예를 들면, 다른 사람보다 우월해야 한다고 생각하는 내담자에게 "모든 사람이 그런 생각을 갖는다면, 어떤 일이 일어날까요?"라는 질문을 할 수 있다(Carlson et al., 2006, p. 140). 상담자는 질문에 이어 모든 사람이 다른 사람보다 더 우월한 세상에 존재한다는 것은 불가능하고, 그러한 신념을 가지고 사는 세상은 형편없을 것이라는 사실을 강조할 수 있다.

이와 유사하게, 많은 사례에서 부정적인 상황은 더욱 긍정적인 방식으로 **재구성**될 수 있다. 예를 들어, "이러한 걱정의 긍정적인 면은 당신이 세심해질 수 있다는 점이군요."라고 말할 수 있다. 상담자는 내담자를 격려하고 기본적 오류를 해결하기 위해 긍정적인 재정향을 사용할 수 있다.

■ 자연적 결과와 논리적 결과

드레이커스에 따르면 아들러학파 상담에서 자연적 결과와 논리적 결과라는 두 가지 형태를 갖는데, 이 개념은 아동상담에서 주로 사용된다(Mosak & Maniacci, 1999; Sweeney, 2009). **자연적 결과**는 사람의 의식적인 개입 없이 물리적이거나 사회적인 환경의 한 부분으로 이루어진다. 만일 아이가 숙제를 하지 않는다면, 점수가 낮아지고, 적절히 학습하지 못하여 결국 성적에 타격이 갈 것이다. 만약 당신이 친구에게 함부로 말한다면, 당신은 우정에 금이 가거나 친구를 잃게 될 수도 있다. 아들러학파 상담자는 최대한 부모가 자연적 결과를 사용하도록 격려함으로써 자녀들과 다른 사람들이 경험을 통해 학습할 수 있도록 돕는다. 그러나 만일 자연적 결과가 명확하지 않거나 충분하지 않다면, 자녀가 더 나은 결정을 할 수 있도록 격려하기보다는 **논리적 결과**를 사용한다(예: "네가 장난감을 깔끔히 정돈하지 못하는 것은 네가 정리할 수 없을 만큼 수많은 장난감이 있다는 것이니까, 네가 효과적으로 관리할 수 있을 때까지 일부 장난감은 가져갈게"). 이러한 결과와 격려는 처벌과 보상을 원리로 하는 행동주의적 관점에서 선호된다.

■ 반암시

전통적인 아들러학파 기법인 **반암시**(antisuggestion)는 **역설적 기법** 유형 중의 하나이다. 반암시는 상담자가 변화를 방해하고 증상을 격려하는 역설적인 태도를 취하는 것으로, 특히 내담자가 증상을 '통제할 수 없다'고 할 때 이러한 태도를 취한다(예: 걱정하거나 불안해하는 것; Ansbacher & Ansbacher, 1956; Carlson et al., 2006; Sweeney, 2009). 반암시는 상담회기 중이나 회기를 벗어나서도 사용할 수 있다. 예를 들면, 이 기법이 적합하고 안전하다고 여겨지는 상황에서 내담자가 매일 아침마다 더 많은 시간 고민을 하도록 하는 등의 증상을 과장하도록 만들 수 있다.

> "다음 한 주 동안 당신이 집에서 외출하기 전까지 10분 동안 타이머를 맞추고 걱정하는 시간을 가지세요. 그 시간이 지난 후 더 이상 걱정할 게 없어진다면, 당신은 걱정해야 할 것이 무엇이 있는지 더 찾아보세요. 오후에 걱정을 계속 해 보시는 것도 좋아요. 좋든 싫든 매일 아침 10분 동안은 꼭 걱정하는 시간을 가지세요."

이 과제를 수행하는 내담자는 자신이 어떻게 걱정과 불안감이 발생되는지에 대한 통찰력을 신속히 갖게 된다. 심지어 불안장애를 지닌 사람이라도 시간 맞춰 걱정을 하는 것은 어렵다. 증상을 '강화'하는 과정 속에서 내담자는 걱정을 조절할 수 있는 통제력을 얻게 된다. 따라서 자연스럽게 내담자가 의식적으로 걱정하기를 멈출 수 있게 된다.

■ 수프에 침 뱉기[5]

보기보다 위생적이고 사람들의 이목을 집중시키는 상담기법인 **수프에 침 뱉기**는 내담자가 증상을 유지하는 것의 은밀한 이점과 숨겨진 힘을 드러내는 것을 말한다. 증상의 숨겨진 이점이 밝혀지면, 결국 이 증상은 내담자에게 '씁쓸한 뒷맛'으로 남게 된다. 다음은 이에 대한 예시이다.

- 우울이 주는 이득 중 하나는 당신이 모든 가족의 관심을 받는다는 것이다.
- 지하철에서 모든 사람이 당신을 쳐다보게 하려면, 당신은 록스타만큼 유명한 위치에 올라가야 한다.
- 공황(panic)이 주는 긍정적인 부분은 당신의 아내가 쇼핑을 빨리 끝내고, 당신의 돈도 절약된다는 점이다.
- 학교의 다른 엄마가 그녀의 자녀에 대해 그렇게 많이 걱정하지 않는다는 것을 아는 것은 매우 보람 있다.
- 분노발작의 가장 좋은 점은 당신의 장난감 상자를 가장 빠르게 채울 수 있다는 것이다.

특수 집단을 위한 개입

■ 부부 및 가족

수많은 상담자와 치료자들은 부부와 가족을 위한 아들러학파 접근법을 개발해 왔다. 제2차 세계대전이 일어나기 전 아들러와 드레이커스는 빈에 세계 최초로 아동상담소를 개설했는데, 이로 인해 아들러학파 접근법은 최초의 가족상담 접근법이 되었다. 드레이커스는 상담자로서 자기 삶의 대부분을 아동을 위한 접근법을 개발하면서 보냈다. 최근에 딩크마이어와 매케이(Dinkmeyer & Mckay, 2007)는 아들러 상담의 원리를 적용한 근거 기반의 부모교육 프로그램

---

5) 역자 주: 내담자가 자기패배적 행동을 할 때, 상담자는 내담자의 이러한 행동의 이면에 숨겨진 의도나 목적을 드러내 줌으로써 결과적으로 그러한 행동이 전혀 매력적이지 않다는 것(결과적으로 수프의 맛이 떨어진다는 것)을 알려 준다.

을 개발했다('연구와 근거 기반' 참조). 칼슨 등(2006)은 부부 상담을 위한 간결한 아들러학파 접근법을 4단계로 설명하였다.

> **[1단계] 관계**: 상담자는 부부의 말을 들어 주고, 수용받는다는 느낌이 들 수 있도록 이끌어 주며, 각자의 파트너를 격려함으로써 자기 자신의 자원과 강점에 접근하는 관계를 성립할 수 있도록 돕는다.
>
> **[2단계] 평가**: 다음으로 상담자는 내담자로 하여금 부부관계에서 겪는 문제 행동의 기저에는 신념, 감정, 동기, 목표와 같은 생활양식이 있다는 사실을 잘 이해할 수 있도록 돕는다. 예를 들면, 상대방의 명백한 '무관심' 또는 '거리감'은 상대방이 열등감을 표현하는 하나의 방식일 수 있다. 이와 유사하게, 상대방의 '관심과 유대감에 대한 요구'는 상대의 열등감이나 소속감에 관한 욕구를 표현하는 것일 수 있다. 상담자는 두 사람이 각 행동에 동기부여를 하는 역동과 이러한 개인 역동들이 어떻게 부부간의 상호작용에 영향을 미치는지 잘 이해하도록 돕는다.
>
> **[3단계] 통찰**: 상담자는 평가를 통해 얻어진 정보를 사용하여 부부가 서로의 신념, 정서와 목표에 대한 통찰을 갖도록 이끌며, 어떻게 이러한 가치관이 부부 사이의 문제적 역동으로 이어지는지에 대한 통찰을 갖도록 이끈다. 상담자는 심리교육을 통해 이러한 과정을 촉진할 수 있다.
>
> **[4단계] 재정향**: 부부가 통찰을 갖게 되는 것은 그들이 문제 행동에 대해 조치를 취하고 다른 대안을 발견할 준비가 되었다는 것을 의미한다. 상담자는 내담자 부부와 함께 작업하면서 그들의 행동을 변화시키고 새로운 관계 기술을 유지하는 데 도움이 되는 전략을 찾기 위해 노력한다.

모든 정보 통합하기: 아들러학파의 사례개념화와 치료계획 양식

특정 이론 사례개념화: 아들러학파

이론에 특화된 사례개념화를 발달시키기 위해 다음의 내용을 사용하라. 이 장의 마지막에 제시된 사례 연구는 하나의 예이다.

생활양식 평가는 다음과 같은 사항을 포함한다.

- **사회적 관심과 열등감**
  - **높은 사회적 관심:** 일반적으로는 증상이 거의 없고, 경미한 호소 문제가 있을 수 있음
  - **낮은 사회적 관심, 성공한 사람:** 힘, 지위, 소유물
  - **낮은 사회적 관심, 실패한 사람:** 불평, 비난, 두려움, 변명
- **양육방식:** 다음 사항을 기술하기
  - 부모(주 양육자)의 성격을 포함한 특징, 외상 내력, 가치, 민족/종교 배경 등의 일반적 특징
  - 부모(주 양육자)와 내담자 관계의 질과 부모(주 양육자)의 양육방식
  - 신체적 · 심리적 · 정서적 욕구가 잘 충족되었는지 확인
  - 부모로부터 내담자가 원하는 것을 얻었던 방식
- **가족구도와 출생순위:** 가족구도에 대한 설명은 다음과 같은 사항을 포함한다.
  - 내담자의 출생순위: 첫째, 둘째, 중간, 막내 또는 외동
  - 내담자 개인이나 가족 안에서 형제자매의 역할
- **초기 회상:** 다음을 포함하여 내담자의 초기 회상에 대해 2~5개 정도 기술하기
  - 기억에 대한 이야기
  - 기억에서 가장 생생한 순간
  - 기억과 관련된 지배적인 정서
- **기관 열등감 혹은 신체적 결함:** 신체적 약점이나 한계점에 대해 기술하기
- **증상의 역할:** 질문(만약에 이 문제가 없었다면, 당신의 삶에서 어떤 것들이 달라졌을까요?)에 대한 내담자의 답변을 기술하기
- **기본적 오류:** 다음의 내용과 연관된 것을 포함하여 내담자의 기본적 오류 신념 기술하기
  - 과잉일반화
  - 안전 추구를 위한 잘못된 혹은 불가능한 목표
  - 삶과 삶의 요구에 대한 잘못된 지각
  - 개인의 기본적 가치에 대한 최소화 혹은 부인
  - 그릇된 가치
- **생활양식 주제:** 내담자의 생활양식에 대한 기본적 주제 기술하기
  - 통제
  - 우월감
  - 즐거움
  - 편안함

- 인생 과업: 각 인생 과업 영역에서 사회적 관심과 일반적 기능의 수준 기술하기
  - 일
  - 공동생활과 교우관계
  - 연인 관계
  - 자기 수용
  - 영성
  - 양육

치료계획 양식: 아들러 이론

우울, 불안, 강박 문제를 호소하는 내담자를 위하여 치료계획을 세울 때, 다음의 치료계획 양식을 사용하라. 특정 내담자, 호소문제, 치료적 맥락에 따라 이 양식의 목표나 개입 방식은 다소 변경될 수 있다. 필요에 따라 이 치료계획을 적절하게 변경하여 사용할 것을 권장한다. 이 계획을 치료에 효과적으로 적용하기 위해서는 내담자가 경험하고 있는 특정 신념, 행위, 감정을 중심으로 목표와 개입 방식이 명확하게 작성되어야 한다. 구체적일수록 당신에게 유용할 것이다.

치료계획

치료의 초기 단계

초기 단계 치료 과제

1. 치료 관계를 형성하기. 다양성의 고려사항: [내담자와 관계를 형성하는 과정에서 내담자의 다양성에 따라 자신의 접근법을 어떻게 민감하게 조정할지 구체적으로 설명하라. 감정 표현을 위해 그들의 다양한 문화와 성별에 관한 내용이 포함되어야 한다.]
   관계 형성 접근/개입:
   a. 내담자와 **자유 의지**를 가진 **평등한 관계**를 형성하기 위해 **격려, 공감, 교육**을 활용하라.

2. 개인적이고 체계적이며 다양한 문화적 역동을 평가하기. 다양성의 고려사항: [문화적, 사회·경제적 지위, 성 정체성, 성별, 그 외 고려사항에 대한 평가 방법을 설명하라.]
   평가 전략:

a. **생활양식, 기본적 오류, 양육방식, 가족구도, 초기 회상, 기관 열등감, 꿈**에 대해 평가하라.
b. 증상의 목적과 치료 목표를 결정하는 것을 돕기 위해 '**질문**'을 사용하라.

초기 단계 내담자 목표

1. [특정 위기 증상] 감소를 위해 위기 사고와 행동의 원인이 되는 **불안정감**과 **기본적 오류 가정** 감소시키기
   a. [위기 행동]을 어떻게 다루어야 하는지에 대한 **심리교육**을 실시하라. 위기의 단서가 되는 감정에 대해 새로운 반응을 할 수 있도록 **격려**하라.
   b. 위기 사고 및 행동과 관련된 **기본적 오류**와 **가정**에 도전하라.

치료의 작업 단계

작업 단계 치료 과제

1. 작업 동맹의 질을 확인하기. 다양성의 고려사항: [내담자가 상담자에 대해 느끼는 유대감을 상담자는 어떻게 모니터링하고 있는지, 이 모니터링 결과 및 내담자의 연령, 성별, 문화 및 성 정체성, 사회·경제적 지위 등을 기반으로 한 상담 관계에 상담자 자신을 어떻게 맞추어 나갈 것인가에 대해 설명하라.]
   평가 개입:
   a. 내담자가 관계에서 **평등성**과 **주도성**을 갖는지에 대한 단서를 확인하라.

작업 단계 내담자 목표

1. [특정 증상: 우울, 불안 등] 감소를 위해 [특정 역동 또는 문제]를 유발하는 불안정감을 감소시키기
   개입:
   a. **기본적 오류**의 신념을 **수정**하기 위한 **심리교육**을 실시하라: [구체적 기술]
   b. 비현실적 **자기개념 진술문**과 **기본적 오류 신념**에 도전하라: [구체적 기술]

2. [특정 증상: 우울, 불안 등] 감소를 위해 [일, 관계, 공동체 등과 같은 구체적인 영역]에서 **인생 과업**과 **사회적 유대감**의 회피를 감소시키기
   개입:
   a. 내담자가 잘못된 아동기 시절로 인해 사회적 접촉, 두려움, 핵심적인 인생 과업 등을 회피하는 행동에 대해 **해석**하라.
   b. 내담자가 두려움을 느끼는 인생 과업을 회피할 수 있게 해 주는 증상의 역할을 밝히기 위해 **수프에 침 뱉기**와 **반암시** 기술을 사용하라.

3. [특정 증상: 우울, 불안 등] 감소를 위해 외적인 성취와 타인으로부터의 인정에 근거하여 **자신을 평가**하는 경향을 감소시키기

개입:

a. 자신의 가치가 성취나 타인의 인정에 근거한다는 **기본적 오류 신념**에 도전하라.

b. '내가 어떻게 하고 있는가?'보다 '내가 무엇을 하고 있는가?'에 초점을 두어 보다 현실적인 자기평가를 반영하는 **자기개념 진술문**을 수정하라.

치료의 종결 단계

종결 단계 치료 과제

1. 추후 관리 계획을 세우고 성과를 유지하기. 다양성의 고려사항: [치료가 종결된 이후, 내담자를 돕기 위해 내담자가 속한 공동체의 자원에 어떻게 접근할지 설명하라.]

개입:

a. 행복감과 안녕감을 유지하는 핵심 요인을 명확히 확인하기 위해 **웰니스**와 **긍정심리학**에 대한 **심리교육**을 실시하라.

종결 단계 내담자 목표

1. 증상 재발 가능성 감소를 위해 **자기 수용**과 전반적인 웰니스를 증가시키기

개입:

a. 견고한 사회적 네트워크, 만족감을 주는 활동, 긍정적인 기본적 가정과 같은 웰니스의 습관을 발달시키기 위하여 **사회적 관심**과 **긍정심리학**에 관한 **심리교육**을 실시하라.

b. **기본적 오류** 가정과 **사회적 관심**으로부터 활성화된 **자연적 결과**를 검토하라.

2. 증상 재발 가능성 감소를 위해 친밀한 관계, 직장, 양육, 영적 맥락에서 사회적 유대감 증가시키기

개입:

a. 균형을 이루기 위해 모든 **인생 과업**에서 기능하는 것의 중요성에 대한 **심리교육**을 실시하라.

b. 삶의 모든 영역에서 **사회적 관심**을 지지하는 과제와 생활습관을 개발하라.

다문화적 접근: 다양한 집단과 작업하기

민족과 인종의 다양성

아들러학파 이론은 가장 오래된 접근법 중 하나임에도 불구하고, 놀랍게도 현대 페미니스트와 다문화적인 가치에 기반을 두고 있다(Mansager, 2008; Newlon & Arciniega, 1983). 알프레드 아들러는 정신건강을 높은 수준의 사회적 관심, 공동체 의식, 타인을 향한 공감을 갖는 것으로 보았다(Ansbacher & Ansbacher, 1956). 그는 자주 여성들의 종속적 지위와 부당한 처우에 대해 언급했으며, 평가와 진단 과정에서도 이러한 측면을 고려했다. 이는 오늘날에는 매우 당연한 것이지만, 1910년대의 사회적 통념으로는 매우 급진적인 견해였다. 최근 들어 아들러학파는 게이, 레즈비언, 양성애자와 트레스젠더를 옹호해 왔다(Mansager, 2008; 다음에 나오는 '성 정체성의 다양성' 참조).

아들러 이론의 몇 가지 핵심 개념은 아들러 개인 심리학이 다양한 내담자와 함께 작업하는 데 있어 매우 적합하다.

- **사회적 관심**: 사회적 관심의 강조점은 개성이나 독립성보다는 가족과 공동체를 더 가치 있게 생각하는 전통적 · 집단주의적 문화에 특히 더 적합하다는 것이다. 나아가 이러한 접근법의 주요한 기본 목표는 사람들에게 높은 '공동체 의식'을 가지게 하며, 폭넓은 지역 사회의 결속력을 증진시키는 데 있다. 이것은 특별히 성적 지향성, 언어적 · 신체적 능력이나 민족적 근원 때문에 배척당하고 소외당하는 집단에게 더 중요하다. 이러한 정의에 따르면, 소외감을 줄이는 중요한 방법은 소속감을 느끼게 해 주는 것이다. 이 접근의 기본 목표로서 사회적 관심은 특정한 공동체나 지배 사회로부터 소외감을 느끼는 사람들에게 적합하다.
- **우월감, 인종차별주의와 기타 다른 '–주의(–isms)'**: 아들러는 다른 사람보다 우월해지고자 하는 모든 시도를 부적응에 대한 단서라고 보았다. 따라서 그의 이론의 기반에는 인종차별, 성차별, 동성애 차별에 반대하는 기반이 강하게 깔려 있다(Mosak & Maniacci, 1999).
- **영성**: 많은 이론이 종교와 영성을 무시하거나 의심스러워하는 반면, 아들러 이론은 개인이 '자신보다 더 위대한 존재'와 맺는 관계를 중요한 관계로 보았다(Carlson et al., 2006; Sweeney, 2009). 이러한 영성에 대한 강조점은 많은 전통적인 문화와 민족 집단의 가치와 일치한다.

- 정신건강에 영향을 미치는 사회적 요인: 아들러는 사회와 가족 요인이 문제의 발달에 미치는 영향을 평가하고 고려했다. 각 개인과 그들의 증상은 **환경적** 맥락에서 고려되어야 하며, 이를 소외된 소수 집단에 속한 개인과의 작업에서 실천하는 것은 중요하다.

다양한 내담자와 함께 작업할 때, 아들러학파 상담자는 상담 관계를 수립하고, 평가하며, 치료를 구상하고, 개입하는 과정에서 다음과 같은 사항을 고려해야 한다. 이와 관련된 요점은 치료계획 중 '다양성의 고려사항'에서 확인할 수 있다.

▪ 다양한 내담자와의 상담 관계를 발전시키고, 점검하기

격려의 표현 내담자가 상담자의 '격려' 표현을 어떻게 받아들이는가는 관계의 복합적인 역동(즉, 각자의 나이와 성별, 인종과 사회계층, 전반적인 기능의 지각된 격차)과 관련이 있다. 예를 들면, 전통적인 남성성을 가진 남성 내담자, 체면을 중시하는 문화적 규범을 지닌 내담자, 상담자보다 현저하게 나이가 많은 내담자에게는 특정한 격려의 표현(예: "나는 당신이 그것을 해낼 수 있다는 것을 알아요.")이 정감 가지 않고 때로는 공격적으로 느껴질 수 있다. 반면에 내담자와 상담자 간 입장이 뒤바뀐 경우에는 앞선 표현이 매우 효과적일 수도 있다. 그러므로 아들러학파 상담자는 상담 관계를 위협이 아닌 강화를 위해 격려를 사용할 때, 나이, 문화적 규범과 성별의 역동 등의 요인들을 주의 깊게 고려해야 한다.

치료계획에서 다양한 역동에 주목하는 예시

- 내담자가 유능감과 체면을 유지할 수 있도록 하는 격려의 표현 사용하기
- 무력하게 느낄 수 있는 격려의 표현 피하기
- 내담자의 업적과 성숙을 존중하는 격려의 표현 사용하기

다양한 내담자와의 '평등한' 관계 내담자와 신속하게 평등한 관계를 맺고자 하는 아들러학파의 가치는 다양한 내담자와 함께 작업을 할 때 다소 복잡해진다. 진보적이고 모던한 감각을 지닌 상담자는 모든 내담자가 상담자나 치료자와의 평등한 관계를 좋아하는 것은 아니라는 점이 놀라울 것이다. 많은 전통 문화에서는 의사나 상담자 같은 '치료자'를 사회 내에서 특별하거나 높은 위치를 갖고 있는 것으로 보았으며, 이에 내담자는 상담자를 전문가 위치에 놓고 대하는 것을 더 편안해할 수 있다(Qureshi & Collazos, 2011). 게다가 평등한 관계를 이루려고 노력함에도 사회 권력이 다양한 형태로 나타나기 때문에 어떤 관계도 진정한 '평등'이라고 이야기하기는 어렵다. 즉, 이러한 역동은 다양한 배경을 가진 내담자와의 사이에서 더욱 명확

히 드러난다(Monk, Winslade, & Sinclair, 2008).

그러므로 상담자는 아들러의 평등주의 개념에 입각해서 내담자와의 관계를 수립해 나갈 때, 이론에 기반을 둔 가치의 적합한 형태와 표현에 대해 고심해야 한다. 가장 결정적으로 특권을 가진 사회적 위치(예: 특정한 민족/인종적 배경, 성별, 성적 지향성 또는 사회계층 등)에 있는 상담자가 보다 낮은 사회적 위치의 내담자와 작업을 할 때, 상담자는 내담자의 고유한 욕구와 평등한 상담 관계의 근본적 목적인 내담자의 주체성을 가장 잘 촉진할 수 있는 방법을 고려해야 한다(Sweeney, 2009). 경우에 따라 내담자의 주체성을 촉진하는 것은 관계의 평등주의적 본질을 강조하는 것과 관련이 있는데, 상담자는 사회계층 혹은 연령과 같은 지각된 신분 차이를 무효화하기 위해 종종 내담자의 전문 지식을 대화 주제로 삼는다. 또 다른 내담자의 경우, 상담자는 일부 위계질서의 요소가 존재하는 공적인 상담 관계에 대한 내담자의 문화적 선호도를 존중함으로써 평등주의를 가장 효과적으로 달성할 수 있다. 이때 상담자는 미묘한 격려의 표현을 활용하여 내담자의 주체성을 계속 증진시켜야 한다. 요약하자면, 상담 관계가 적절하게 평등적인지 아닌지에 대한 평가는 내담자가 회기 동안 주체성을 느끼고 일상생활에서도 이 주체성을 잘 적용할 수 있는지와 깊은 관련이 있다.

치료계획에서 다양한 역동에 주목하는 예시

- 전문가적인 답을 제공하기보다 내담자의 관점에 대해 자주 질문함으로써 연령/성별 차이[또는 다른 차이점]를 불문하고 평등한 관계를 수립하기
- 평등한 상담 관계 형성을 증가시키기 위해 자조적인 유머 사용하기
- 내담자에게 상담에서 다루고 싶은 것이나 선호하는 것을 물어봐 줌으로써 '전문가'의 도움을 원하는 내담자의 욕구와 주체성을 형성하도록 돕는 반영을 통해 균형 맞추기

■ 다양한 내담자의 개인적, 체계적, 그리고 더 넓은 범위에서의 문화적 역동 평가

우월감, 인종차별주의와 기타 '-주의'들

아들러는 자신을 다른 사람보다 우월하게 보려는 모든 시도를 역기능의 지표로 보았으며, 이에 따라 그의 이론에서 인종차별, 성차별, 동성애 차별에 강력히 반대하는 주장의 토대를 제공했다(Mosak & Maniacci, 1999). 이러한 우월감의 시도는 근본적 열등감, 기본적 오류와 낮은 사회적 관심에 기인한다. 그러므로 상담자는 내담자를 평가할 때 내담자가 이러한 관점으로 인해 어디에서, 어떻게 소외되는지를 여러 방면으로 다루어야 한다.

치료계획에서 다양한 역동에 주목하는 예시

- 개인적 · 직업적 · 공동체적 맥락에서 어떻게 내담자가 인종차별, 성차별, 동성애 차별, 노인차별 등을 경험할 수 있는지 평가하기
- 내담자가 성적 지향성, 인종, 이민 지위, 사회계층 등으로 인한 괴롭힘과 소외감을 경험하는 맥락 평가하기

다양한 내담자의 생활양식 평가 아동기 경험과 초기 회상을 강조하는 생활양식의 평가는 실용적인 접근을 더욱 선호하거나 과거 사건들이 개인의 성격을 형성한다는 서구의 지배적 가정에 동의하지 않는 사람에게는 적절하지 않을 수도 있다. 그러므로 상담자는 이러한 내담자와 상담할 때 생활양식 평가의 필요성과 한계에 대해 설명하는 시간을 가질 필요가 있다.

더욱이 다양성을 가진 내담자의 생활양식을 제대로 평가하기 위해서 상담자는 문화적 가치, 이민 유형, 계층 차이와 문화적 적응 패턴 등을 포함한 내담자의 문화에 대해 독학해야 한다. 예를 들면, 레디와 한나(Reddy & Hanna, 1998)는 힌두교 여성들, 특히 상류층의 여성들이 전통적 가치와 남성에 대한 의존적 생활양식을 상호의존적이고 자기 주장적인 현대 생활양식으로 변화시킬 수 있는지에 대해 설명한다. 이와 유사하게 더피, 칸스, 칸스와 가르시아(Duffey, Carns, Carns, & Garcia, 1998)는 중산층의 멕시코계 미국인 여성이 어떻게 멕시코의 전통적인 문화적 가치와 현대적 가치를 결합하는지 또한 어떻게 협력적이고 자기 성장적이 되는지 설명한다. 끝으로, 청과 베막(Chung & Bemak, 1998)은 이민 전 큰 외상을 겪은 상태에서 대단히 다른 두 문화의 가교 역할을 해야만 했던 베트남 이민 여성들의 생활양식에 대한 통찰을 제공한다.

치료계획에서 다양한 역동에 주목하는 예시

- 생활양식을 평가할 때 내담자의 문화적/민족적 배경[그리고 이민이나 소외경험]을 보다 깊게 이해하는 데 초점 맞추기
- 생활양식 평가의 일환으로 과거를 탐색하는 것에 대해 내담자가 편안해하고 가치 있게 생각하는지 확인하기
- 내담자가 무관심하고, 저항적이라면, 아동기 경험에 대해 이야기하는 것의 목적에 대한 설명을 제공하기

영성 많은 이론이 종교와 영성에 대해 무시하거나 의심을 표하는 반면에, 아들러 이론은 개인이 '자신보다 더 위대한 존재'와 맺는 관계를 함양시켜야 할 중요한 관계라고 보았다

(Carlson et al., 2006; Sweeney, 2009). 이러한 영성에 대한 강조점은 많은 전통 문화 및 민족 집단의 가치와 일치한다. 그러므로 다양한 집단의 내담자와 작업할 때 영성은 특별히 초점을 둬야 할 영역이 될 수 있다.

치료계획에서 다양한 역동에 주목하는 예시

- 안녕감이 향상되고, 스트레스를 극복하는 데 도움이 되는 공동체의 지원과 영적인 활동을 포함하는 잠재적인 종교적 · 영적 자원을 구체적으로 평가하기
- 내담자의 종교적 공동체와 이것이 개인과 가족생활에서 어떤 역할을 하는지에 대한 평가를 포함하기

▪다양한 내담자와 치료 목표를 수립하고 진행 과정 검토하기

사회적 관심의 가치

사회적 관심을 발달시키는 아들러학파의 목표는 개인보다 가족이나 공동체를 더 우선시하는 문화 및 하위 문화에서 특별히 더 중요하다. 이러한 경우 사회적 관심은 대부분 전통적인 문화 가치와 일치하여 환영을 받고 특히 뚜렷한 장기 목표가 된다. 게다가 '공동체 의식'과 폭넓은 지역사회와의 연대감은 성적 지향성, 언어능력, 신체능력이나 인종의 기원 등을 원인으로 소외된 사람들의 장기적 안녕감에 있어 중요하다.

그러나 사회적 관심의 표현에 대한 특정 형태는 문화, 사회계층, 연령, 성별, 종교와 심지어 성격까지 매우 다양하다는 것을 기억하는 것이 중요하다. 모든 내담자가 아들러학파가 중시하는 공동생활, 일, 연인 관계, 자기 수용, 영성, 양육의 모든 영역에서 사회적 관심을 증진해야 한다는 목표에 동의하진 않을 것이다(Carlson et al., 2006; Sweeney, 2009). 그러므로 치료 목표를 세우고 진행 과정을 관찰할 때, 상담자는 내담자의 특정한 가치와 신념에 부합하도록 이것들을 조절할 필요가 있다.

치료계획에서 다양한 역동에 주목하는 예시

- 인생 과업과 사회적 관심에 대한 내담자의 관점과 가치에 대해 탐색하기
- 문화적/종교적 배경에 적절한 사회적 관심의 형태 확인하기
- 문화적/종교적 가치에 부합하는 목표 조절하기
- 상담과정에서 일어난 변화가 내담자의 관점/목표에 부합하는지 확인하기

■ 추후 관리 계획과 치료 성과 유지하기

공동체와 사회적 관심 확립하기

아들러 상담에서 사회적 관심의 강조는 상담 서비스 종결 후에 내담자가 성과를 유지하는 데 도움이 될 수 있도록 도와준다. 긍정심리학자들이 반복해서 주장한 바와 같이, 견고한 사회적 네트워크를 가진 사람들은 행복감과 충만감을 보다 많이 보고한다(Leak & Leak, 2006). 그러므로 내담자가 삶의 다양한 영역에 견고한 사회적 관심을 개발시키는 것을 도움으로써, 내담자가 치료 없이 그들이 성장하도록 돕는 충분한 사회적 네트워크를 쉽게 형성할 수 있다. 특히 소외된 공동체에 속하는 많은 내담자는 후원 단체, 사회적 네트워크와 공공 기관과 같은 지지적이고 쉽게 찾을 수 있는 네트워크를 이용할 수 있다. 상담자는 상담과정이 종결되기 전에 내담자가 적절한 유대 관계를 찾고 그 관계를 유지할 수 있도록 돕는 작업뿐만 아니라 지역사회 자원에 대해서도 충분한 안내를 제공해야 한다.

치료계획에서 다양한 역동에 주목하는 예시

- 내담자가 종교 집단을 통해 지지받을 수 있는 관계를 형성하도록 돕기
- 내담자가 게이/레즈비언 집단을 통해 지지 관계를 형성하도록 돕기
- 내담자가 확대가족의 지지 관계를 형성하도록 돕기

성 정체성의 다양성

아들러는 성별, 사회적 불평등에 관해 그의 시대에 비해 앞서 있었지만, 성적 지향성에 대해 진보적인 생각을 가지고 있지는 않았다. 정신역동 이론과 같이, 아들러 이론에서는 동성애를 신경증의 한 형태로 개념화했다(Chernin & Holden, 1995; Mansager, 2008). 그러나 현대 개인 심리학 임상가들은 이러한 개념을 바로잡기 위해 상당한 시간을 보내 왔다. 이 중 가장 주목할 만한 것은 현대 아들러학파가 공식적으로 ① 역사적으로 동성애를 병리적으로 본 것은 부당하고 잘못된 접근이었다는 것을 인정한 것, ② 잘못된 이론적 개념화로 인해 상처를 받아 온 LGBT[6]들에게 공개적으로 사과를 했다는 것, ③ 이론을 교정하고 발전시키기 위해 개인 심리학의 해당 이론을 수정 및 개정했다는 것, ④ 개인심리학회는 전문가들과 대중에게 LGBT

6) 역자 주: 레즈비언(lesbian)과 게이(gay), 양성애자(bisexual), 트랜스젠더(transgender)의 앞 글자를 딴 것으로 성소수자를 의미한다.

개인의 안녕감을 확인하고 증진시킬 것을 전문가들과 대중에게 단언했다(Mansager, 2008).

동성애에 대한 이론적 재개념화의 일환으로, 피셔(Fisher, 1993)는 아들러 이론을 기반으로 게이와 레즈비언 커플과의 작업에 활용할 수 있는 독특한 세 가지 문제점을 발견하였다.

- **자기(self)와 관계에 투사된 열등감**: 게이와 레즈비언은 심오하고 다양한 형태의 사회적인 배척을 경험하기 때문에 그들의 생활양식은 대개 개인적으로나 관계적으로 열등감에 잠식되어 있다. 자기 혐오는 종종 동성애 혐오로 나타나기도 하는데, 이러한 열등감은 관계에 극단적인 어려움을 야기하기도 하고, 커플 간 갈등 원인이 되기도 한다.
- **긍정적인 역할 모델의 부족**: 게이와 레즈비언 커플은 상호적으로 만족스러운 관계를 형성하는 데 도움을 줄 긍정적인 역할 모델이 부족한 실정이다. 종종 그들은 효과적이지 못하고, 문제가 많은 부모들의 이성애적 관계를 모델링하는 것에 의존하기도 한다.
- **동성애를 '비밀'로 할 경우에 발생할 사회적 관심의 부족**: 한쪽 또는 양쪽 파트너가 '비밀'로 할 경우, 행복감과 관련된 사회적 관심을 개발하는 것은 매우 어려울 수 있다. 그들의 관심이 사회에서 자신을 보호하는 것에 초점이 맞춰져 있기 때문에, 정체성을 숨기는 개인은 그들의 파트너나 공동체의 요구에 응하기 어렵다. 동성애를 공개적으로 밝힌 커플 역시 다른 강도의 긴장과 어려움을 경험하게 된다.

게이와 레즈비언 내담자의 생활양식 평가를 할 때, 피셔(1993)는 다음과 같은 질문을 추가할 것을 추천한다.

- 처음 동성에게 매력을 느꼈던 적은 언제였습니까? 당시의 경험과 느낀 감정에 대해 설명해 주시겠습니까?
- 동성애에 대한 당신 어머니의 관점은 무엇이었나요? 아버지 혹은 형제자매의 관점은 무엇이었나요?
- 당신이 게이/레즈비언/양성애자라는 것을 어떻게 처음 알게 되었나요? 누군가에게 이 사실을 말한 적이 있나요? 말을 했다면, 상대방의 반응은 어땠나요? 처음에 당신은 자신에 대해 어떻게 느껴졌나요?
- 그때 당시 당신은 게이/레즈비언/양성애자에 대해 어떻게 느꼈나요? 지금은 어떻게 느끼나요?
- 당신이 사랑했거나 존경한 사람 중에 LGB인 사람이 있나요?
- 당신은 누군가에게 '커밍아웃'을 한 적 있나요? 그렇다면 그 이유는 무엇인가요? 당신은

누군가에게 커밍아웃을 하지 않기로 결심한 적이 있나요? 그 이유는 무엇인가요?
- 당신이 파트너로 선호하는 사람의 특성은 무엇인가요? 당신이 생각하는 건강한 관계의 모델은 누구인가요?

스냅샷: 연구와 근거 기반

아들러학파 상담은 이론을 사용하는 치료자가 주로 활용하는 사회적 관심과 같은 개념을 조작하는 데 어려움이 있어 임상 실험에서 제대로 효과성을 측정하며 연구할 수 없었다(Sweeney, 2009). 그러나 **효과적인 양육 방식을 위한 체계적 훈련**(STEP)은 예외적인데, 이러한 아들러학파 이론에 기반을 둔 양육방식 프로그램은 부모교육을 위한 '효과적인' 근거 기반 치료로 손꼽힌다.

아들러학파 이론에 초점을 두고 있는 연구는 부모-자녀와 교사-아동의 관계에 대해 초점을 두었다. 예를 들어, 맥비타와 베스트(McVittie & Best, 2009)는 아들러학파 이론에 기반을 둔 양육 프로그램의 효과성에 대한 연구를 수행했다. 그들은 대규모의 자기보고식 연구에서 부모들은 명확한 허용지점을 설정하게 되었고, 긍정적인 유대감이 증진되었으며, 자녀에 대한 엄격함이 감소했다고 보고했다. 이와 유사하게, 켈리와 대니얼스(Kelly & Daniels, 1997)는 초등학교 4학년부터 고등학교 10학년까지의 학생들을 대상으로 칭찬을 한 교사와 격려를 한 교사의 행동에 대해 효과성을 검증했다. 연구 결과에 따르면, 격려를 한 교사는 칭찬을 한 교사보다 효과성이 더 큰 것으로 나타났다. 필킹턴, 화이트와 매트니(Pilkington, White, & Matheny, 1997)는 학령기 아동을 대상으로 출생순위와 대처자원의 상관관계를 알아보는 연구를 수행하였다. 첫째 아이가 가장 높은 수준의 대처를 하는 반면 중간 아이는 가장 낮은 수준의 대처를 한다는 차이점을 밝혀냈다. 이러한 초기 연구에도 불구하고, 아들러학파 이론과 실제는 보다 정교화된 연구를 통해 접근의 방법론과 효과성이 검증되고 있다.

근거 기반 치료: 효과적인 양육을 위한 체계적 훈련(STEP)

효과적인 양육을 위한 체계적 훈련(STEP)은 아들러학파 이론을 토대로 구성된 유망한 근거 기반 양육 프로그램이다(Dinkmeyer & McKay, 2007). STEP 프로그램은 거의 40여 년 동안 연구되어 왔고(Gibson, 1999), 최근에는 주나 연방 정부에 의해 '효과적인 기법'으로 등재되었다. 아들러 학파의 원칙을 사용한 STEP 프로그램은 격려, 공감, 아동의 행동과 부모-자녀 관계를 개선하는 동기를 사용하는 극도의 긍정적인 양육 접근이다. 깊게 들여다 보면, 이것은 부모가 사회적 관심과 협력적 행동을 개발시키고, 고전적인 아들러 이론의 개념인 '불완전할 수 있는 용기'를 직접적으로 다룰 수 있도록 돕는 것이다. 이 프로그램은 6세 미만의 아동(Dinkmeyer & McKay, 2008)과 10대 청소년(Dinkmeyer, McKay, & McKay, 2007)을 위한 특정 프로그램을 포함한다.

이 프로그램은 다음의 수업을 포함한다.

- 당신 자신과 자녀를 이해하기
- 신념과 감정을 이해하기
- 자녀와 자신을 격려하기
- 자녀의 이야기를 경청하고 대화하기
- 자녀가 협력하는 것을 배우도록 돕기
- 상황에 맞게 납득할 수 있도록 훈육하기
- 자신의 접근 방법을 선택하기

아들러학파 사례 연구

부디는 44세 인도네시아인 이민자로 전에도 가끔씩 우울감을 호소했지만, 2년 전부터는 상태가 매우 나빠졌다. 신경쇠약 진단을 받고 휠체어 신세를 지게 되면서부터 우울증이 시작되었다. 정상 기능을 회복할 가능성은 희박한 상태이다. 그는 여전히 일하고 있으며, 일하는 것을 좋아한다. 그는 보통 독서를 하는 조용한 남자이고, 아마추어 경기에도 나가는 체스 선수이다. 그는 결혼을 했고, 세 살 된 딸이 있다. 그는 엔지니어로서 교육을 더 이어 가기 위해 미국으로 이주했다. 4남매 중의 첫째인 그는 대학을 마친 뒤 고향으로 돌아갈 계획을 가지고 있었지만, 고향에 있는 가족들을 지원하기 위해 미국에 남았다. 그는 전통적인 인도네시아 무슬림 가정에서 자랐으며, 그의 가족관계는 매우 끈끈했고, 위계질서는 매우 엄격했다. 민감한 이야기는 가족 안에서 직접적으로 나누지 않았으며, 특히 수치가 될 만한 일은 어떤 대가를 치러서라도 숨겼다. 자녀들은 순종하도록 양육되었다.

사례개념화: 아들러학파

이 사례개념화는 이 장의 '조망하기: 사례개념화' 섹션의 핵심적인 개념을 토대로 이루어져 있다. 당신은 사례개념화 섹션에 언급된 개념을 활용해 앞의 사례 또는 다른 사례의 사례개념화에 적용할 수 있다.

- 사회적 관심과 열등감
- 양육방식
- 가족구도와 출생순위
- 기관 열등감 혹은 신체적 결함
- 초기 회상
- 증상의 역할
- 기본적 오류
- 생활양식
- 인생 과업

■ 사회적 관심과 열등감

종합적으로, AM(성인 남성, 즉 사례에서 내담자를 위해 익명을 유지하고자 할 때 쓰는 기호)은 '사회적 관심이 낮은 성공한 개인'이다. 그는 자신이 무엇을 하는지보다는 자신이 삶에서 얼마나 잘하고 있는지에 더 관심을 둔다. 그의 관심은 자신이 다른 사람을 지원하고 도움을 제공할 수 있는지의 여부에 있기에 그는 사회적으로 연결되어 있고 사회적 관심의 많은 긍정적인 요소들을 보여 주고 있다. 그러나 그의 사회적 상호작용의 목적은 개인적으로 보람 있고 성취감을 주는 사회적 유대감을 만드는 것보다는 사회적 인정을 얻는 데에 있다. 이와 같이 그 자신에 대한 관심 부족은 무기력과 우울감을 초래했다.

■ 양육 방식

AM의 부모는 조부모가 가족 전반에 막강한 영향력을 행사하고, 아버지, 어머니 다음으로 맏이인 AM으로 이루어지는 명확한 위계서열이 있는 전통적인 인도네시아 가족 구조에서 AM을 양육했다. 그의 부모는 비교적 엄격했으며, 어린 동생들을 잘 돌보고, 모범이 되길 기대했다. 맏이로서 그는 동생들이 받지 못하는 특권을 누렸지만 한편으로는 이 때문에 분리되거나 외롭다는 느낌을 받았다. 왜냐하면 그는 어른이 아니었지만 많은 점에서 동생들과는 구별되었기 때문이었다. 그는 모든 부담감으로부터 편안함을 느끼게 해 주는 외할머니와 가장 가까웠다. AM은 어린 딸에게 다정하게 대하고, 좋은 관계를 유지하기 위해 노력해 왔지만, 미국의 기준으로 보면 그는 다소 냉랭했고 딸의 삶에서 본다면 없는 존재나 마찬가지였다.

■ 가족구도와 출생순위

AM은 인도네시아 문화의 전형적인 첫째의 특성을 지니고 있다. 그는 가족에 대한 막중한 책임감을 가지고, 매달 가족들을 부양하기 위해 돈을 송금해 왔다. 그는 어린 시절에 동생들을 잘 돌봐야 한다는 막중한 책임감과 동생들에게 좋은 롤 모델이 되어야 한다는 중압감을 가지고 있었다. 그는 성인이 되어서도 계속 우월감을 얻기 위해 노력해 왔다.

형제자매

- 여동생–AF 42세(두 살 차이): 사교적이고, 다정다감한 성격으로, 44세인 오빠와는 많은 면에서 반대이다. 그들은 좋은 관계를 유지하고 있으며, AM은 부모님과 가족을 돌보는 일에 있어서 여동생에게 의지할 수 있다는 것을 알고 있다. 그녀는 전업주부이다.
- 남동생–AM 40세(네 살 차이): 활기찬 모험가인 44세 AM은 반항기 넘치는 10대를 보낸 남동생을 항상 주의 깊게 살펴봐야 한다고 느낀다. 둘 다 어린 시절에는 친했지만, 현재는 다소 형식적인 관계를 유지하고 있다. 40세의 AM은 정비공으로 일하고 있으며, 최근에 가정을 꾸렸다. 44세의 AM은 동생이 가정을 꾸림으로써 자신과 공통점이 많아지길 기대하고 있다.
- 여동생–AF 36세(여덟 살 차이): 가족 중 막내이며, 가족들에게 관심과 주목을 받는 것을 좋아했고 오빠와 아빠로부터 보호를 받아 왔다. 어린 나이에 결혼을 해서 세 아이를 두었고, 현재는 소매상에서 일을 한다.

■ 기관 열등감 혹은 신체적 결함

신경질환으로 휠체어 신세를 지게 된 AM은 다양하고 많은 스트레스를 받고 있다. 우선, 그의 정체성은 다른 사람들을 돌보는 능력을 기반으로 구축되었기 때문에, 그는 자신이 직면한 상황에 익숙하지 않아 무서웠고, 이 일로 표면화되는 취약한 유대감과 자기 가치감은 그에게 위협적으로 다가왔다. 게다가 익숙한 일상생활을 영위하는 데 많은 제약이 생겼다. 그는 여전히 일하고 있었으며, 대부분의 가족행사에 참여하고 있었지만, 귀찮음 때문에 스포츠에 참여하지 않을 뿐만 아니라 사회활동조차도 회피하게 되었다. 마지막으로, 진단이 확정된 것이 아니기 때문에 상태가 나아질 수도 있다는 희망을 여전히 품고 있었고, 자신의 현재 상황들을 수용하지 못하고 있다.

■ 초기 회상

- 4세 때, 그의 가족은 그들과 친분이 있는 한 가정을 방문했다. 방문 중에 그는 가정에서 아끼는 꽃병을 깨뜨렸다. 한 마디 말도 없이 그의 아버지는 그의 뺨을 세게 때렸다(가장 선명하게 기억나는 부분). 너무 무서운 나머지 바지에 오줌을 쌌다. 그의 아버지 눈에서 업신여김과 함께 모욕감을 보았다고 보고했다.
- 6세 때, 4세 여동생을 돌보고 있었는데, 동생 손가락이 문에 심하게 끼였다. 여동생의 손가락에서 피가 났고, 문설주에도 피가 묻었다(가장 선명하게 기억나는 부분). 평상시에 거의 화를 내지 않던 어머니는 매우 화를 내며, 그를 때렸다. 그는 수치심과 패배감을 느꼈다고 기억하였다.
- 7세 때, 해변에서 남동생, 여동생과 함께 모래 놀이(가장 선명하게 기억나는 부분)와 물놀이를 했다. 이것은 어린 시절에 그가 동생들과 함께 지냈던 가장 좋은 기억 중 하나이다. 그는 이 기억을 회상하면서 즐거움과 자유로움을 보고했다.

■ 증상의 역할

AM은 우울증 문제가 아니었다면, 신경질환의 호전 상태 여부와 상관없이 딸과 즐겁게 놀아 주고, 체스 경기에 참가하며, 여행을 다녔을 것이라고 말했다.

■ 기본적 오류

AM의 기본적 오류에 대한 가정은 아래에 언급하는 바와 같이 형제자매를 돌보는 가족 내 초기 역할에 기인하고 있다.

- 나는 타인을 돌보고, 가족의 기본적인 욕구를 충족시키기 위해 나의 개인적 욕구를 두 번째로 두어야 한다.

■ 생활양식

AM의 생활양식은 우월감을 추구하는 것으로 특징지어지며, 이는 전문적인 경력을 추구하기 위해 미국에 이민 온 것과 고향에 있는 가족들을 지원하는 것을 포함한다. 그는 가족과 공동체 내에서 뛰어난 사람이 되기 위해 노력하며 어떤 대가를 치르더라도 수치심을 피하고자 한다. 그의 현재 신체 상태는 지금까지 항상 삶의 모든 국면을 이전보다 더 좋게 만들어 왔다는 자기감(sense of self)을 유지하는 능력에 심각한 타격을 가져왔다. 처음으로 해결할 수 없는 위기를 만난 것처럼 보인다.

■ 인생 과업

많은 면에서 AM은 중요한 인생 과업들을 잘 수행해 왔다. 그는 좋아하는 직업을 가지고 있고, 가족들과도 친밀하다. 그러나 그는 미국에서 체스를 같이 할 친구는 있지만, 폭넓은 인간관계나 공동체를 갖고 있지는 않다. 인도네시아에서 무슬림으로 자랐지만, 미국에서는 신앙생활을 잘하지 못했다. 그러나 여전히 신에 대한 믿음을 가지고 있다.

치료계획: 아들러학파

치료의 초기 단계

초기 단계 치료 과제

1. 치료 관계를 형성하기. 다양성의 고려사항: 수치심을 일으킬 수 있거나 직접적인 문제에 대해서는 조심스럽게 접근하라. 공손하고 존중하는 목소리와 접근을 유지하라.
   관계 형성 접근/개입:
   a. AM이 **자유 의지**와 선택권을 가졌다는 느낌을 받을 수 있는 **평등한 관계**를 형성하기 위해 **격려, 공감, 교육**을 활용하라.

2. 개인적이고 체계적이며 다양한 문화적 역동을 평가하기. 다양성의 고려사항: 문화적 규범과 가족의 역할을 적용하라.
   평가 전략:
   a. **생활양식, 기본적 오류, 양육방식, 가족구도, 초기 회상, 기관 열등감, 꿈**에 대해 평가하라.
   b. 증상의 목적과 치료 목표를 결정하는 것을 돕기 위해 **'질문'**을 사용하라: 만약 당신이 우울하지 않다면, 무엇이 달라지는가? 만약 당신이 휠체어를 타지 않고 생활할 수 있다면, 무엇이 달라지는가?

초기 단계 내담자 목표

1. 무력감 감소를 위해 **불안정감**과 **기본적 오류 가정** 감소시키기
   개입:
   a. 장애와 관련된 우울한 감정을 어떻게 다루어야 하는지에 대한 **심리교육**을 실시하라. 위기의 단서가 되는 감정에 대해 새로운 반응을 할 수 있도록 **격려**하라.
   b. 우울과 다른 사람을 돌보려는 욕구와 관련된 **기본적 오류**와 **가정**에 도전하라.

치료의 작업 단계

작업 단계 치료 과제

1. 작업 동맹의 질을 확인하기. 다양성의 고려사항: 진중하고 공손한 어조를 유지하라.

평가 개입:

a. 내담자가 관계에서 **평등성**과 **주도성**을 갖는지에 대한 단서를 확인하라.

작업 단계 내담자 목표

1. 우울 감소를 위해 자신의 꿈을 다루지 않으면서까지 타인을 돕게 만드는 불안정감을 감소시키기

개입:

a. 자신의 가치가 자신을 희생시키면서까지 타인을 돌보는 것에 있다는 **기본적 오류**의 신념을 **수정**하기 위한 **심리교육**을 실시하라.

b. 비현실적 **자기개념 진술문**과 **기본적 오류 신념**[(장애 때문에) 타인을 돌보지 못하면, 타인이 자신을 버릴 것이다]에 도전하라.

2. 우울 감소와 사회적 네트워크 증가를 위해 **개인적으로 만족하는 활동**과 목표 추구에 대한 회피를 감소시키기

개입:

a. 회피행동이 어떻게 내담자가 개인적 삶에 대한 결정과 자신의 행복에 책임을 지는 것을 피하도록 했는지에 대한 관점에서 **회피행동**을 **해석**하라.

b. **출생순위**와 그것이 내담자가 인생에서 내려야 하는 결정과 현재 상황에 미친 영향에 대해 검토하라.

3. 우울 감소를 위해 외적인 성취와 타인으로부터의 인정에 근거하여 자신을 **평가**하는 경향을 감소시키기

개입:

a. 자신의 가치가 성취나 타인의 인정에 근거한다는 **기본적 오류 신념**에 도전하라.

b. '내가 어떻게 하고 있는가?'보다 '내가 무엇을 하고 있는가?'에 초점을 두어 보다 현실적인 자기평가를 반영하는 **자기개념 진술문**을 작성하라.

치료의 종결 단계

종결 단계 치료 과제

1. 추후 관리 계획을 세우고 성과를 유지하기. 다양성의 고려사항: 건강한 사회적 관심을 갖기 위해 인도네시아인과 무슬림의 자원 및 관점을 고려하라.

   개입:

   a. 행복감과 안녕감을 유지하는 핵심 요인을 명확히 확인하기 위해 **웰니스**와 **긍정심리학**에 대한 **심리교육**을 실시하라.

종결 단계 내담자 목표

1. 우울 재발 가능성 감소를 위해 **자기 수용**, 신체적인 한계에 대한 수용, 전반적인 웰니스 증가시키기

   개입:

   a. 견고한 사회적 네트워크, 만족감을 주는 활동, 긍정적인 기본적 가정과 같은 웰니스의 습관을 발달시키기 위한 **사회적 관심**과 **긍정심리학**에 대한 **심리교육**을 실시하라.

   b. **기본적 오류** 가정과 **사회적 관심**으로 활성화된 **자연스러운 결과**를 검토하라.

2. 우울 재발 가능성 감소를 위해 지역 공동체에서 사회적 유대감 증가시키기

   개입 :

   a. 균형을 이루기 위해 모든 **인생 과업**을 시행하는 것의 중요성에 대한 **심리교육**을 실시하라.

   b. 삶의 모든 영역에서 **사회적 관심**을 지지하는 과제와 생활습관을 발전시켜라.

개인적 성찰과 토론을 위한 질문

1. 아들러의 사회적 관심에 대한 개념은 당신의 인생 경험에 비추어 볼 때 와닿나요? 어떻게 와닿나요? 또는 그렇지 않은 이유는 무엇인가요?
2. 당신은 상담자가 격려해야 한다는 생각에 동의하나요? 당신은 이러한 접근의 강점이 무엇이라 생각하나요? 잠재된 문제들이 있나요?
3. 이러한 접근은 다양한 내담자와 작업하는 데 있어 어떤 강점을 갖고 있나요? 어떠한 한계점이 있나요?
4. 당신과 다른 부분(예: 성별, 나이, 민족, 인종 등)이 많은 내담자의 생활양식을 평가하는 데 있어 어떤 어려움이 있나요? 당신은 이러한 차이를 어떻게 극복할 수 있을까요?
5. 당신은 가족 출생순위에서 어느 위치에 있나요? 아들러가 설명한 출생순위 역할이 당신과 당신의 형제자매와 어떤 부분에서 부합된다고 생각하나요? 어떤 부분에서는 맞지 않다고 할 수 있나요?
6. 당신은 모든 내담자가 다양한 삶의 영역의 기능을 개선할 수 있도록 돕는 아들러의 접근 방법을 선호하나요? 이것은 어떤 면에서 장점이 될 수 있나요? 그리고 어떤 특정한 상황에서 내담자에게 문제가 될 수 있나요?

6장

인간중심 상담과 심리치료

좋은 삶은 과정이지, 어떠한 상태가 아니다. 그것은 목적지가 아닌 방향이다.

—칼 로저스(Carl Rogers)

들어가며

이 장은 당신이 온전히 집중하여 읽어 보면 좋을 내용들을 다룬다. 인간중심 상담은 가장 영향력 있고 널리 사용되는 방법 중 하나이다. 이 책을 다 끝내고 나면, 당신이 어떤 이론을 사용하고자 하는지와 관계없이, 인간중심 접근 방식으로 내담자와 상담 관계를 형성하는 데 많은 도움이 될 것이다. 우리가 새로운 친구인 로저스에 대해 알아 가기 전에, 인간중심과 같은 인본주의 · 실존주의 이론의 철학적 기초를 먼저 이해하는 것이 중요하다.

인본주의 · 실존주의 상담 접근은 개인의 주관적인 내적 세계를 탐구하는 현상학적 철학에 기초하고 있다. 이러한 접근은 내면의 경험에 집중하기 때문에 **경험적** 접근이라고도 불린다. 현대의 상담자들은 일반적으로 인본주의 · 실존주의 접근을 광범위한 의미로 사용하고 있지만, 사실 인본주의 · 실존주의 접근은 초기에 세 개의 다른 상담 접근에서 발달되었다.

- **인간중심 상담(6장)**: 내담자 중심 혹은 로저스 상담으로도 알려진 인간중심 상담은 본질적인 상담 접근 기법 중 하나이다. 로저스(1942, 1951)에 의해 발전된 이 접근법은 정확한 공감, 상담자의 진실성, 무조건적 존중이라는 세 가지 핵심 조건이 내담자의 변화를 촉진하기에 충분하다는 주장에 근거한다. 초점은 원하는 결과를 달성하기 위해 특정 기술을 사용하는 것이 아니라 변화를 촉진하는 정서적 관계를 맺는 과정에 있다. 이 접근법은 인간이 **본능적으로** 긍정적 성장을 향해 가는 경향이 있다고 가정한다.
- **실존주의 상담(7장)**: 실존주의 상담은 실존주의 철학에 기초한다. 인간중심 상담의 낙관적인 인본주의적 기반에 비해, 실존주의 철학은 인간의 조건에 대해 보다 중립적인 가정을 가지고 있다. 실존주의 상담은 내담자가 실존적인 문제들을 회피하거나 보다 효과적으로 다루기 위해 증상이나 고통을 겪는다고 가정한다. 이때 실존적인 문제들은 인간 개개인의 궁극적 분리, 죽음, 상실 및 실존적 불안 등 폭넓은 주제를 포함한다. 이 접근법은 내담자의 현재 문제를 유발하는 근본적인 불안을 보다 효과적으로 해결하기 위해 실존적 문제에 대한 통찰과 반영을 강조한다.
- **게슈탈트 상담(8장)**: 인간중심 상담과 유사하게 게슈탈트 상담은 사람들이 자아실현을 하거나 보다 온전하게 자기 자신이 되게끔 돕는 데 초점을 맞추는 인본주의적 접근법이다. 그러나 이 기법들은 인간중심 접근법에 비해 정서적으로 자극적이고 직면적이다.

철학적 토대

분석적 접근의 장(chapter)들에 비해, 인본주의 · 실존주의 치료에서 전통 철학은 훨씬 더 중심적인 역할을 한다(13장 포스트모던 치료 또한 마찬가지이며, 그 장에서도 철학자들에 대해 자세히 다루는 시간을 가질 것이다). 따라서 인간중심과 실존주의뿐만 아니라 게슈탈트 치료의 토대를 제공해 주는 철학적 담론의 맥락을 간단히 설명하겠다.

■ 현상학

이 세 가지 상담 접근법은 현상학이라는 동일한 철학적 전통에 기반을 두고 있다. 현상학은 내면의 삶, 특히 감정과 같은 인간의 의식을 연구하는 학문을 말한다. 이것은 외적이고 객관적인 현실에 기반을 두면서 논리적 실증주의에 기초한 접근 방식(즉, 인지행동 접근법)과는 대조적이다. 현상학은 쉽게 관찰하거나 측정할 수 없는 **주관적인** 내적 세계에 집중한다. 따라서 상담자는 정서와 인지가 어떠한 영향을 미치는지에 대한 일반적인 이해를 가지고, 무엇을 경험하는지에 대한 내담자의 **자기보고**에 상당히 많이 의존한다. 잘 알려진 현상학자들로는 에드문트 후설(Edmund Husserl), 마르틴 하이데거(Martin Heidegger), 폴 리쾨르(Paul Ricoeur), 알프레드 슈츠(Alfred Schutz)가 있다.

■ 인본주의

넓은 의미에서(즉, 지나치게 단순화된 용어인) **인본주의자**들은 보다 긍정적인 현상학자들이다. 현상학의 구체적인 표현인 인본주의는 모든 사람이 자연스럽고 긍정적으로 성장한다는 전제에 기반을 두기에, 인본주의자들은 많은 희망과 열정을 발산하고 모든 사람의 성장 가능성에 대한 믿음을 가지고 있다. 인본주의 상담자의 역할은 결핍을 교정하기보다는 자아실현을 향한 본능적 경향을 막는 **장애물을 제거**하는 것이다. 상담자는 변화를 촉진시키는 기술자이기보다 자연적인 성장과 발전 과정의 촉진을 돕는 일종의 산파로서 역할을 한다. 에이브러햄 매슬로(Abraham Maslow), 윌리엄 제임스(William James), 토머스 만(Thomas Mann), 알베르트 아인슈타인(Albert Einstein), 커트 보니것(Kurt Vonnegut)은 인본주의 전통을 따르는 대표적인 인물이다.

■ 실존주의

실존주의자들은 현상학 집단에서의 현실주의자들이다. 그들은 삶을 본질적으로 긍정적이거나 부정적인 것으로 여기기보다, 인간이 의미를 찾기 전까지는 본질적으로 무의미하거나 중립적인 것으로 여긴다. 따라서 이러한 접근법에서 상담자는 삶에서 의미를 찾아가는 방향으로 내담자를 격려하고 길을 알려 주는 산파와 코치 사이의 역할을 맡는다. 인본주의자들과는 달리 실존주의자들은 개인이 실현해야 하는 미리 결정된 자신이 있다고 믿지 않는다. 대신에 한 개인은 자신이 어떠한 사람이 될지를 자유롭게 선택할 수 있고, 의식적으로 선택을 하지 않더라도 그것 또한 행복한 결말을 얻지 않겠다는 선택이라고 믿는다. 삶에서 의미를 찾는 것 또는 만드는 것에 대한 책임은 내담자 자신에게 있다. 상담자의 역할은 내담자가 자신의 삶에 책임을 지고 의미를 만들기 전까지 실존은 무의미한 것임을 깨닫는 어려운 과정을 경험하도록 격려하는 것이다. 유명한 실존주의 철학자에는 쇠렌 키르케고르(Søren Kierkegaard), 프리드리히 니체(Friedrich Nietzsche), 장-폴 사르트르(Jean-Paul Sartre), 알베르트 카뮈(Albert Camus)가 있다.

■ 현상학적 활동

21세기에 활동하고 있는 대부분의 현상학적 상담자들은 내담자와 작업할 때 인본주의와 실존적 전통에 기반한다(Kirschenbaum & Jourdan, 2005). 따라서 인간중심, 게슈탈트, 실존주의의 세 접근법은 인간의 본성에 대해 상대적으로 더 인본적이거나 더 실존적인 관점을 가지고 있을 수 있는데, 일반적으로는 두 관점과 6~8장에서 다룰 세 가지의 현상학적 이론 모두에서 관점을 끌어온다. 또한 현상학에 기반을 둔 가족상담 접근법들이 있는데, 버지니아 사티어(Virginaia Satir)의 인간 성장 모델, 칼 휘태커(Carl Whitaker)의 상징-경험주의, 수 존슨(Sue Johnson)의 정서중심 커플 상담 접근(경험적으로 잘 증명된 치료법; 1장 참조)이 가장 잘 알려져 있다(더 많은 부분은 Gehart, 2014 참조).

인본주의 · 실존주의 이론의 공통점

이 접근들은 다음에서 설명할 몇 가지 공통적인 가정 및 관행을 공유한다.

▪ 주관적 현실에 집중하기

이 세 가지 접근은 **주관적이며 내적인 세계**에 초점을 맞추는 현상학의 철학적 전통에 기반한다(이는 **객관적이며 외적인 세계**를 탐구하는 논리실증주의의 철학적 전통과 비교된다; Rogers, 1951). 간단히 말하면, 이 철학적 입장은 외부의 '사실'보다는 내담자의 **주관적이고 내적인 세계**에 상담자의 관심, 호기심을 두고 질문의 방향을 정한다. 예를 들어, 인본주의 상담자는 내담자가 화가 났다는 것을 들으면, 왜 그녀가 화가 났는지에 대한 논리적인(또는 비논리적인) 이유를 찾는 것이 아니라, 화라는 내담자의 내적 경험에 관심을 두고 질문을 한다. 따라서 이 접근법의 평가와 개입은 내담자의 내적 세계에 관심을 가짐으로써 변화를 촉진시킬 수 있다는 믿음에 근거하여 외적 세계보다는 주로 내담자의 내적 세계와 내적 경험에 초점을 둔다.

▪ 따뜻함과 공감

현상학과 인본주의에 입각한 치료의 또 다른 전형적인 특징은 상담자의 진심 어린 따뜻함과 공감의 표현이다. 21세기에, 상담자의 사무실에 가는 대부분의 사람들은 상담자가 '친절하고' 이해심이 깊을 것이라 기대한다(Miller, Duncan, & Hubble, 1997, 2004). 과거에는 항상 그렇지만은 않았는데, 이러한 상담자에 대한 새로운 기대는 단적으로 현상학 기반 접근 방식을 사용한 상담의 영향에 의한 것이다. 대부분의 사람들이 알고 있는 것처럼, 초기 정신역동과 정신분석 상담자들은 따뜻하고 부드럽지 않았다. 그들은 내담자를 카우치에 눕히고, 내담자 뒤에 앉아 주기적으로 눈썹을 씰룩이고 조용히 받아 적으며 "매-우 흥미롭군요."라는 식이었다(헐리우드식 표현법일 수 있고, 약간 과장스러울 수 있지만 핵심이긴 하다). 그러나 현상학적 상담자들의 영향을 받아 정신역동 상담의 최근 형태들은 공감을 권장한다. 뿐만 아니라 행동, 인지, 그리고 인지행동 상담자들의 첫 세대는 공감에 대해 거의 강조하지 않았지만, 시간이 흐르면서 그다음 세대들은 공감을 장려했다. 인본주의 학자들, 특히 로저스는 상담자가 따뜻함과 공감을 통하여 내담자와 관계를 맺어야 한다고 주장했다.

로저스는 상담자가 '친절해야' 한다고 생각하거나, '다정하게' 대하는 것이 내담자의 기분을 더 좋게 만들 것이라고 생각해서 이러한 견해를 지지한 것이 아니다. 로저스는 그의 주장에 대한 철학적인 이유가 있었다. 그는 오직 이러한 따뜻함, 진실한 공감적 환경 속에서 내담자들이 그들의 내적 세계, 즉 그들의 정서적 내적 경험을 ① 확인하고, ② 경험하고, ③ 비판적으로 되돌아볼 용기를 가질 정도로 충분한 안전감을 느낄 것이라고 믿었다. 그러므로 인본주의 상담에서 **공감은 치료적 변화를 위한 주요 수단**이다. 이것은 자아심리학이나 새로운 형태의 인지행동 접근에서, 상담자는 공감적이어야 한다고 격려하는 것과는 상당히 다르다. 인본주의자들에게 공감은 변화를 위한 메커니즘이다. '공감'을 사용하는 다른 상담자들은 **내담자가 변화를 촉진하는 다른 메커니즘**(예: 대인관계에서의 역동 분석 또는 사고 중지 기법)에 참여하기에 충분히 안전하다고 느낄 수 있는 관계를 형성하기 위하여 공감을 사용한다.

■ 상담자의 자아

현상학에 기반을 둔 치료의 또 다른 중요한 특징은 상담자의 자아가 변화를 촉진하는 데 사용된다는 것이다. 이것은 어떤 의미인가? 현상학적 상담자는 상담자가 거리감 있는 전문가로서의 역할이 아니라, 전체로서 진실되고, 편집되지 않은 사람으로서 내담자와 관계를 맺어야 한다고 믿는다. 어떻게 이렇게 할 것인지는 접근 방식에 따라 다를 수 있다. 예를 들어, 인간중심 상담자는 좀 더 부드러운 방식을 유지하는 경향이 있다. 반면, 일부 게슈탈트 상담자는 내담자와 관계를 맺을 때, 화, 좌절, 권태와 같은 극도로 어려운 감정들을 다루는 데에도 현실적이어야 한다고 주장한다. 그러므로 인간중심 상담 특유의 부드러운 방식과 때로 매우 극적이고 도발적인 게슈탈트 상담 방식 모두 상담자의 진실한 자아를 사용한다는 원칙에서는 동일하다.

상담자의 자아는 내담자에게 ① 롤 모델과 ② 진정한 인간적인 만남을 함께할 수 있는 진실한 사람으로서의 역할을 한다. 상담과정에 풍부한 인간성을 가져옴으로써, 내담자는 진정한 친밀감과 인간적 유대감을 경험할 기회를 가질 수 있는데, 이는 보통 그들이 이전에 경험한 적이 없는 방식인 경우가 많다. 그렇다고 내담자와 상담자가 완전히 평등한 관계에 있다는 것을 의미하는 것은 아니다. 여전히 대화와 상담 과정은 내담자 중심이다. 상담자는 고통과 힘든 일들에 대해 이야기한 적이 없더라도, 그것에 대해 알고 있는 또 다른 한 사람의 입장에서 듣고 말한다. 적당히 표현할 길이 없는데, 비록 상담자의 '고통'이 한 번도 언급되거나 보이지 않았음에도 불구하고 그 공간의 '분위기'는 '나는 당신의 고통을 느낀다.'는 것이다.

■ 자아실현과 매슬로의 욕구 단계 이론

매슬로(1954)는 다섯 개의 기능 영역을 포함하는 **욕구 단계**의 측면에서 인간의 동기를 설명한 (치료자가 아닌) 초기 인본주의 학자이다.

- **생리적 욕구**: 숨쉬기, 음식, 성관계, 고통으로부터의 자유
- **안전 욕구**: 주거지, 경제적 안정, 개인적 안전, 건강
- **소속 및 애정 욕구**: 친구, 가족, 공동체, 사회적 유대감
- **존중 욕구**: 스스로와 타인으로부터 존중받는다는 느낌
- **자아실현 욕구**: 자신의 충분한 가능성을 실현하는 것, 자신이 누구인지 점차 알게 되는 것

모든 인본주의와 실존주의 치료의 궁극적인 목표는 자아실현으로, 첫 번째 네 영역은 이를 위해서 필요한 가장 기본적인 욕구이다. 그러므로 매슬로의 이론은 종종 인본주의 상담자에 의해 언급된다. 자아실현은 평범한 인간 존재(실존적 현실)와 개인적으로 본인이 인식하는 자기 존재(주관적 현실)의 긍정적인 면과 부정적인 면에 대한 겸손한 수용을 포함하며, 더 충분한 사람과 온전한 자신이 되고 충분히 살아 있고자 하는 멈출 수 없는 욕구와 결합되어 있다. 높은 수준의 자아실현을 성취한 사람은 인류에 좋은 방향으로 기여하고 명확한 윤리적·도덕적 규범을 따르며, 자신을 입증하고자 타인으로부터의 수용에 의존하지 않기 위해 노력한다.

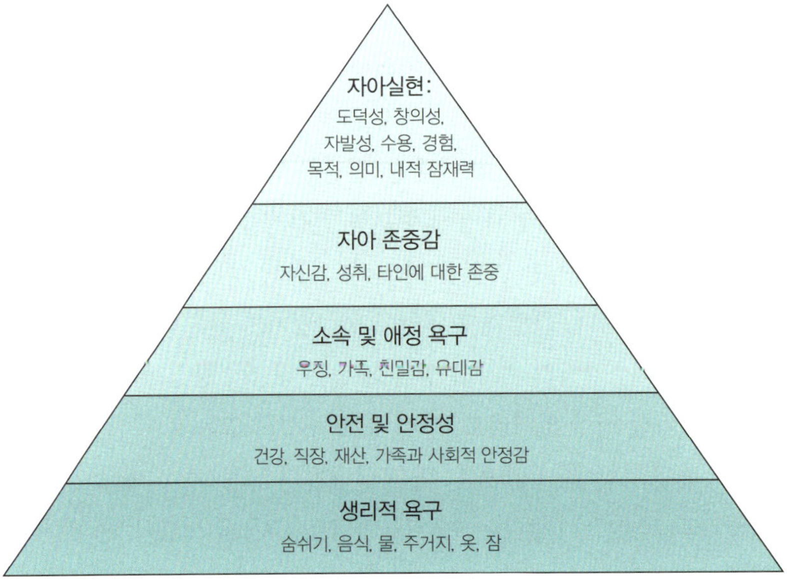

[그림 6-1] 매슬로의 욕구 단계

인간중심 상담

요약: 당신이 알아야 할 기본적인 내용

상담 분야에서 가장 영향력 있는 이론 중 하나인 인간중심 상담은 사람들이 보다 완전히 그들 자신이 되게끔 돕는 과정 중심 접근이다(Kirschenbaum & Jourdan, 2005). 칼 로저스(1942, 1951, 1961, 1980)에 의해 개발되었기 때문에 종종 로저스식 상담 또는 초기 용어로 내담자 중심 상담이라고 불린다. 인간중심 상담에서 치료적 변화를 위한 필요충분조건은 ① 상담자의 일치성 또는 진실성, ② 내담자에 대한 정확한 공감적 이해, ③ 무조건적인 긍정적 존중이라는 급진적이고 놀라운 명제에 기반을 두고 있다. 로저스는 이 세 가지가 모두 성립된다면, 시간이 지남에 따라 내담자가 보다 완전한 자기 자신이 되고, 그들을 상담으로 이끈 문제가 해결될 것이라고 주장했다. 인간중심 상담은 우울, 배우자와의 갈등, 또는 진로 결정에 대한 망설임과 같이 내담자가 제시한 문제를 직접적으로 다루는 치료계획을 수립하지 않는다. 대신, 상담은 내담자가 그들이 내세우던 허울과 그들의 삶을 구성하던 사회적으로 부가된 당위들을 표출함으로써, 내적 경험의 순간을 경험할 수 있도록 돕는다. 내담자는 상담자와 관계를 맺는 동안 자기 자신을 보다 정확하고 깊이 있게 경험할 수 있으며, 결정해야 할 것들에 있어서 유능하게 의사결정을 내릴 수 있다. 또한 자기 자신을 보다 충분히 그리고 정확하게 경험할 수 있으며, 타인과 관계를 잘 맺을 수 있다. 이 모든 것이 결합되어 상담실에 그들을 오게 만든 문제를 잘 해결할 수 있게 된다. 그러므로 한 사람의 내적 세계를 보다 완전하고 정확하게 알 수 있는 기본적인 과정을 촉진하기 위해 상담자의 기법 사용은 지양된다.

■ 일반적인 통념

인간중심 상담을 둘러싼 수많은 통념과 오해가 있다. 따라서 인간중심 상담에 대해 더 알아보기 전에 일부 통념과 오해를 살펴보도록 하자.

- 통념: 인간중심 상담자는 '친절하고' 항상 내담자를 '기분 좋게' 만든다.
- 진실에 가까운 것: 인간중심 상담자는 내담자가 형편없는 결정을 내리고 타인에게 상처를 주며 끔찍한 행위를 할 수 있다는 것을 여전히 인정하면서도, 사람들에게 무조건적인 긍정적 존중을 표하는 태도를 유지한다.

종종 무조건적인 긍정적 존중이 상담자가 내담자의 불일치, 위험한 결정 또는 비현실적인 생각을 절대로 직면하지 않는 것으로 비춰지는 경우가 있는데, 이것은 오해이다. 초심 상담자는 무조건적인 긍정적 존중을 단순히 일반적인 의미에서의 '친절함'으로 오역하기도 한다. 불행하게도 무조건적인 긍정적 존중은 대부분의 사람들이 생각하는 친절함과 매우 관련이 적다. 대신에 이것은 질적인 부분에서 영적이며 마더 테레사 또는 간디의 친절함과 유사하다. 무조건적인 긍정적 존중은 본질적인 수준에서 내담자라는 인간의 기본적인 가치에 초점을 맞추는 태도이다. 인간은 자유의지를 가지고 있고, 나쁜 의사결정을 내릴 수도 있고, 불합리한 두려움을 가지고 있으며, 자신 스스로와 타인을 해칠 수 있다는 것 또한 인식하고 있다. 본질적으로 무조건적인 긍정적 존중은 '모든 사람이 좋고, 모든 감정이 좋으며, 모두 다 좋다.'는 지나친 낙관주의자의 단순한 접근법이 아니라, 밝고 어두운 측면을 둘 다 가진 인간의 전체적인 면을 포용하는 것이다. 무조건적인 긍정적 존중과 함께 내담자를 뜻깊게 포용할 수 있게 되는 것은 일생 동안의 작업을 통해 추구해야 할 만큼 이상적이고 고귀한 목표이다.

- **통념**: 인간중심 상담자는 항상 내담자의 편에서 내담자의 기분을 '맞춰 준다'.
- **진실에 가까운 것**: 인간중심 상담자는 각 개인의 주관적인 경험을 그 당사자 자신의 고유한 경험으로서 존중하고 '인정한다'. 또한 개인의 주관적인 경험이 같은 사건을 경험한 타인의 경험과 매우 유사하거나 유사하지 않을 수 있다는 것을 이해한다.

친절함과 관련하여, 많은 초심 인간중심 상담자는 내담자의 감정을 '인정하는 것'에 대해 듣고, 이것을 어떠한 문제에 대해서도 항상 내담자의 편에 서야 하는 것으로 이해하는데, 이것은 매우 위험하다. 왜냐하면 각각의 내담자와 작업할 때, 당신은 상담 장면 밖의 다른 사람을 평가하거나 그들에게 영향을 미칠 수 없기 때문이다. 그러므로 만약 당신이 내담자의 감정과 인식을 통해 판단해 볼 때, 타인이 '잘못했고' 내담자가 '옳고 정당하다'는 느낌을 주더라도, 이 회기 이후에 변화될 부분은 거의 없다. 대신, 미묘하지만 중요하게 구분되어야 할 점이 있다. 개인은 상황에 대한 그들의 독특한 경험과 감정적인 반응을 가지며 이 중 대부분은 인정될 수 있다는 것이다. 하지만 그것은 우리의 감정이 타인의 정확한 인식이나 현실적인 예상을 바탕으로 한다는 뜻은 아니다. 나는 내 남편이 내가 차를 어떻게 마시는지 기억하지 못하는 것에 대해 화가 날 수 있다. 타인의 현실적인 예상과 해석의 측면에서 이러한 감정들이 '타당하다'는 것은 아니다. 대신에 나는 "그래, 이게 내가 느끼는 기분이에요."라는 말로 인정하는 것이 필요할지도 모른다. 이러한 상황에서 상담자의 역할은 나의 기대가 어디에서 왔는지 탐색하는 것과 남편과의 상호작용에서 내 반응에 대해 책임지는 것을 돕는 것이다.

- **통념**: 가장 유용한 기술 중 하나는 내담자에게 "그것이 당신으로 하여금 어떠한 감정을 느끼게 하나요?"라고 묻는 것이다.
- **진실에 가까운 것**: "그것이 당신으로 하여금 어떠한 감정을 느끼게 하나요?"라고 묻는 것은 상담자가 내담자의 감정적 경험에 관심 있다는 것을 의미하지만, 공감이 부족하기 때문에 정확하게 내담자의 주관적 경험을 확인할 수 없다는 것을 의미한다.

전통적인 정신건강의학과 치료 분석 다음으로, 이것은 상담자를 조롱하고 우리가 하는 행동들을 이상한 것으로 여기는 데 있어 할리우드에서 가장 좋아하는 방법 중 하나이다. "그것이 당신으로 하여금 어떠한 감정을 느끼게 하나요?"라는 질문은 인간중심 접근을 시도하는 초심 상담자에 의해 종종 사용된다. 이 질문은 인간중심 접근과 다른 접근법에서도 사용되지만, 특별히 좋거나 핵심 질문은 아니다. 인간중심 상담에서 공감을 핵심 조건이라고 단정하기 때문에, 상담자들은 반드시 공감이 내담자를 어떻게 느끼게 만드는지와 그것을 다시 내담자에게 반영하는 것에 대한 꽤 적절한 신념을 가지고 있어야 한다. 따라서 이 접근법에서 질문은 거의 필요하지 않다. 그러나 초기 단계에서 초심상담자는 내담자가 어떻게 느끼는지에 대해 좋은 감각을 가지고 있지 않다고 생각하여, 감정을 알아내기 위해 이 질문을 사용할 수 있다. 하지만 너무 자주, 혹은 한 회기에서 한 번 이상 사용된다면, 이 질문은 금새 짜증을 유발할 수 있다. 왜냐하면 대부분의 내담자가 영화나 TV에서 이 질문을 하는 상담자의 모습을 조롱하듯 보여 주는 것을 본 적이 있기 때문이다.

핵심: 이 이론의 중요한 공헌

만약 이 장에서 한 가지를 기억해야 한다면, 그것은 바로 다음의 내용이다.

▪ 핵심 조건

로저스(1957)에 의해 밝혀진 성격 변화에 대한 필요충분조건은 틀림없이 상담과 심리치료 분야에서 주장된 가장 영향력 있는 견해 중 하나이다(Kirschenbaum, 2004; Kirschenbaum & Jourdan, 2005). 로저스(1957)는 일정 기간 동안 건설적인 개인의 성격 변화를 위해 필요한 여섯 가지 조건을 다음과 같이 제시하였다.

1. 두 사람은 심리적인 접촉 상태에 있다.
2. 우선, 내담자는 불일치 상태이며, 취약하거나 불안한 상태에 있다.

3. 우리가 상담자라고 명명할 두 번째 사람은 관계에 있어 일치되거나 통합된 상태이다.
4. 상담자는 내담자에 대하여 무조건적인 긍정적 존중을 한다.
5. 상담자는 내담자의 내부 틀에 대한 공감적 이해를 경험하고, 내담자에게 이러한 경험으로 소통하고자 노력한다.
6. 공감적 이해와 무조건적 긍정적 존중을 바탕으로 한 상담자와 내담자 간 소통이 성취된다(p. 241).

이후의 글에서, 이 여섯 가지 조건은 상담자가 상담 관계에서 반드시 형성해야 하는 세 가지 조건으로 축약된다.

1. 상담자의 일치성 또는 진실성
2. 무조건적인 긍정적 존중
3. 정확한 공감

이 세 가지 조건은 인간중심 상담의 핵심이다. 로저스(1957)는 상담자의 이론적 선호나 내담자의 현재 문제와는 상관없이, 이 세 가지를 성격 변화를 위한 필요충분조건으로 보았다. 그는 이것이 경험적으로 입증될 때까지 이는 자신의 가설일 뿐이라는 것을 분명하게 밝혔다. 로저스는 이 논문에서 가설을 제시한 이후 30년 동안 연구하였고, 그 이후에도 많은 학자들이 그의 가설을 검증하고 보완해 왔다(Kirschenbaum & Jourdan, 2005). 그럼에도 불구하고, 그의 가설이 맞는지 여부에 대한 논쟁은 지속되고 있다(Brown, 2007; Hill, 2007; Kirschenbaum & Jourdan, 2005; Mahrer, 2007; Wachtel, 2007). 현재 대부분은 1957년 로저스가 말한 조건들이 필요하지도 충분하지도 않다는 것에 동의할 것이다. 그러나 그 조건들이 분명히 촉진적이고 '결정적'이라는 상당한 양의 증거가 존재하며, 이는 변화를 촉진하는 데 있어 이 조건들이 매우 도움이 될 수 있음을 의미한다(Kirschenbaum & Jourdan, 2005). 더 간단히 말하면, 몇 가지 예외를 제외하고는 대부분의 사례에서 로저스가 밝혀낸 이 조건들이 긍정적인 상담 성과와 매우 상관이 높았다. 이러한 조건을 사용하는 것이 부적절하다는 특정 집단 혹은 문제를 규명한 연구는 없다. 공통요인 연구(1장 참조)는 로저스에 의해 지지된 특성이 상담자의 선호 이론보다 긍정적인 치료 성과와 매우 관련이 높다는 것을 나타내는 연구의 결과물이다. 요약하면, 이 특성은 모든 사례에서 모든 내담자에게 필요충분하지 않을 수도 있지만, 당신이 상담을 함에 있어 선택하는 상담 이론과 관계없이 긍정적인 성과를 위해서는 매우 중요하다. 따라서 다음 설명을 자세히 읽어라. 좋은 상담자가 되기 위한 내용을 다루는 가장 중요한 부분이라고 할 수 있다.

진실성 또는 일치성 첫 번째 조건은 상담자의 **진실성**으로(Rogers, 1957), 이것은 나중에 **일치성**이라 불렸으며, 상담자의 내적 경험과 '일치'하는 외적인 표현을 말한다(Rogers, 1961). 21세기의 말로, 우리는 이것을 '진실함'이라고 부른다. 그러나 로저스는 대중문화가 의미하는 바가 아닌, 진실하고 전체적이며 통합된 의미의 인본주의적 · 철학적 정의를 언급한다. 로저스의 정의는 자유롭고 깊이 있게 한 사람이 되어 경험하는 것을 **정확하게** '받아들일 수 있는' 것과 동시에 그 경험의 내적 과정을 자발적으로 인식하는 것을 강조하였다. 로저스는 일치를 "심리치료사가 경험하고 있는 감정은 그들 스스로 접근 가능하고, 인식을 가능하게 하며, 이 감정을 느끼는 것은 물론, 그들 스스로가 될 수 있도록 하며, 적절한 때 그들과 소통할 수 있도록 하는 것을 의미한다. 누구도 완전하게 조건을 성취할 수는 없지만, 심리치료사가 자신의 내부에서 어떤 일이 일어나는지를 흔쾌히 받아들이며 귀 기울일수록, 자신의 감정의 복잡성에 두려움 없이 존재할 수 있으며, 보다 높은 수준의 일치를 경험한다."고 설명하였다(Rogers, 1961, p. 61). 그러므로 일치성 또는 진실성은 상담자가 지속적으로 완전히 성취하기 위한 이상적인 목표이며, 모 아니면 도의 상태가 아닌, 지속적으로 발전하고 끊임없이 깊이를 더하는 과정이다.

진실성에 대한 로저스의 정의를 이해하는 또 다른 방법은 반대로 접근하는 것인데, 이는 '전문가로서의' 역할과 같이 역할을 맡거나 허울을 쓰는 것을 말한다(Rogers, 1957). 일치된다는 것은 전문적으로 '행동'하거나 '도움을 주려고' 어떠한 역할을 맡거나 가면을 쓰려고 시도하지 않는 것을 의미한다. 이것은 좋은 구별일 수 있는데, 어떤 경우에는 유지될 필요가 있는 전문적인 경계가 존재하기 때문이다. 이것은 친구관계가 아닌 특정한 법적 · 윤리적 제약이 있는 조력관계이다. 반대로, 로저스가 자신의 이론을 발전시킨 시대에 성행했던, 정서적으로 분리된 전문가의 태도 또한 적절하지 않다. 골디락스(Goldilocks)와 매우 유사하게도 적당한 중간 지점이 존재하며, 이 지점은 내담자에 따라 그 양상이 다르다.

마지막으로, 나는 처음부터 이러한 방식으로 진실해지는 것이 매우 어렵다는 것을 언급하겠다. 왜냐하면 초심 상담자는 사전 동의 얻기, 정신상태 면접 실시하기, 위험 평가하기, 진단하기, 새로운 개입 활용하기 등과 같이 고려해야 하는 것들이 매우 많기 때문이다. 상담자의 마음이 이러한 것들을 기억하려 할수록 초점은 다른 곳으로 분산되기 때문에 덜 진실해질 수밖에 없다. 하지만 시간이 흐름에 따라 이러한 업무들은 간단한 일로 받아들여질 것이며, 진실되기 더 쉬워질 것이다. 아마 상담자의 진실성을 알 수 있는 최선의 지표 중 하나는 내담자가 무슨 말을 하거나 어떤 행동을 하는지에 관계없이 내적 안정과 집중도에 대한 풍부한 감각을 갖는 것이다.

무조건적인 긍정적 존중 무조건적인 긍정적 존중은 내담자가 무슨 말을 하거나 어떠한 행동을 하든지 가치 있게 여기는 것이며(Rogers, 1957), 따뜻한 수용, 비소유적 온화함, 소중하게 여기는 것, 긍정, 존중, 지지 및 배려와 같은 것으로써 설명된다(Hill, 2007). 지나치게 낙관주의자처럼 들릴 수 있지만, 로저스가 진정으로 의미한 것이 무엇인지 분석해 보자. 여기에서 근본적인 태도는 '모든 사람은 선하다' '모든 사람을 사랑한다'는 일차원적인 의미가 아니다. 상담자는 아동 성추행범, 범죄자, 배우자와 이혼한 사람, 갱단의 일원, 방임적인 부모, 물질 남용자 등 이 사회에서 가장 까다롭고, 신경질적이며, 심술궂은 사람들과 함께한다. 만약 모든 사람이 좋을 것이라는 낙관적 개념을 기반으로 무조건적인 긍정적 존중을 할 경우, 이러한 내담자와의 작업은 실패하게 될 것이다. 대신, 무조건적인 긍정적 존중은 보다 미묘하고 반영적인 철학적 전제를 기반으로 구축될 필요가 있다.

무조건적인 긍정적 존중은 우리 모두가 인간이고, 모두 고통받으며, 선과 악(혹은 파괴적인 행동)을 함께 갖고 있다는 생각에 기초한다. 만약 당신이 소아 성애, 보복 이혼 혹은 비행 청소년 집단보다 스스로를 단연 우월하다고 여긴다면, 아마 당신은 우리 각자의 내면에 있는 더욱 어두운 측면에서의 잠재력을 자각하지 못하고 있을 것이다. 따라서 무조건적인 긍정적 존중은 인간다워지는 것이 얼마나 어려운지와 탈선을 하고 나쁜 결정을 내리기가 얼마나 쉬운지에 대한 깊은 연민의 감정에 의해 동기를 가장 잘 부여받는다. 이 관점에서 내담자를 살핀다면, 당신은 그들에게 여전히 과거와 현재의 의사결정에 대한 책임을 물을 수 있고, 현재 상황과 미래에 대하여 연민과 기대를 지닐 수 있게 된다.

정확한 공감 로저스는 공감을 "'마치 ~처럼'의 조건을 잃지 않은 채, 내담자의 내적 세계를 마치 자신의 것처럼 느낄" 수 있는 것으로 정의한다(Rogers, 2007, p. 243). 상담 실무에서 공감은 내담자의 내적 세계를 지각할 수 있는 능력뿐만 아니라 이러한 이해를 의미 있게 내담자와 공유하는 능력을 포함한다. 로저스(1957)는 다음과 같이 이야기하였다. "자신의 분노, 두려움 혹은 혼란에 빠져 있지 않은 상태로, 마치 당신의 것인 것처럼 내담자의 분노, 두려움 혹은 혼란을 느끼는 것이 우리가 설명하려고 애쓰는 공감이다. 내담자의 세계가 상담자에게 명확해질 때, 치료자는 이 속에서 자유롭게 움직일 수 있고, 내담자에게 명확하게 알려진 것에 대해 이해한 바를 소통할 수 있게 되는 것은 물론, 내담자가 거의 의식하지 않는 내담자 경험에서의 의미에 대해 목소리를 낼 수 있게 된다."(p. 243) 정확하게 공감하는 것은 상담자가 타인의 내적 세계가 어떻게 함께하고 있는가를 인식하기 위해 충분히 분명한 경계를 가지면서, 예민하게 자신의 내적 세계에 조화되어 있을 것을 요구한다.

내담자가 느낄 수도 있는 것에 대해 상담자가 지각하게 되면, 상담자는 그것을 내담자에게 반영하여 되돌려 주어야 한다. 이는 ① 상담자가 이해하였다는 것을 알려 주기 위함이며, ② 상담자가 정확하게 이해하였는지를 확실하게 알아보고, ③ 내담자에게 그들의 내적 경험을 타인의 언어와 같은 외적 맥락에서 바라보도록 하기 위함이다. 다른 사람에 의해 묘사되는 한 사람의 사적 세계는 종종 그 사람의 경험과 지각, 그리고 그 사람만의 경험에 대한 이해를 변화시키는 감동적인 경험이 된다. 그것이 바로 상담이 이루어지는 지점이다. 이러한 이유로, "그것이 당신으로 하여금 어떠한 감정을 느끼게 하나요?"('일반적인 통념' 참조)라는 질문은 일반적으로 정확한 공감을 전달할 수 있게 되는 것만큼 도움이 되지 않는다.

공감은 조심스럽게 전달되어야 하며, 상담자는 내담자가 "아니요, 그것은 제가 느낀 감정이 아니에요."라고 말할 수 있고 내담자가 어떻게 느끼는지에 대해 누가 옳은지 겨루지 않기 위해 관계 내에서 충분한 분위기를 조성해야 한다. 장담컨대, 상담자의 반영이 정확하더라도 내담자가 그것을 부인할 때가 있다. 이러한 경우에, 상담자는 덜 극적인 방법으로 그것을 재진술하기를 원할 수 있고("당신은 엄마에게 화가 났군요."라고 말하기보다는 "어제 엄마가 한 말이 마음에 들지 않았군요."라고 말하기), 나아가 내담자로 하여금 그들만의 속도로 그것을 탐색하게 할 수 있다. 공감에서의 다행스러운 점은 당신이 항상 올바르게 이해하지 못하여도 괜찮다는 것이다. 만약 내담자와 단단한 관계를 형성하였고 잘 이해하는 것처럼 보였다면, 당신이 그러하지 못할 때에도 내담자는 당신을 바로잡아 줄 수 있을 정도의 안정을 느끼고 있을 것이다. 사실 타인을 만족시켜 주기를 원하는 내담자와 작업할 때, 나는 내담자가 내가 잘못 이해하였음을 말해 줄 정도로 안전함을 느끼기 전까지는 라포가 형성되었다고 믿지 않는다. 오직 내담자가 사람들을 만족시켜야만 한다는 허울을 내려놓고 나에게 진실될 수 있을 만큼 안정을 느낄 때에만 라포가 형성되었다고 믿는다. 이 모든 것을 고려하였을 때, 당신이 강력한 라포를 형성한다면, 자주 놀림 당하는 질문인 "그것이 당신으로 하여금 어떠한 감정을 느끼게 하나요?"와 같은 질문은 효과를 발휘할 것이다.

문화 및 성별 고려사항 이론적으로는 아주 간단하지만, 적절한 공감에 대해 설명하는 것은 생각보다 훨씬 어려운 작업이다. 왜냐하면 문화와 성별은 한 사람이 공감을 표현하는 방식과 무엇을 공감적으로 경험하는지에 굉장한 영향을 미치기 때문이다. 예를 들어, 어떤 사람들은 다음과 같은 진심 어린 따뜻한 공감을 기대한다. "당신은 딸의 선택 때문에 깊은 배신감을 느끼고 있군요." 반면에 또 다른 사람들은 이러한 공감적 진술을 수치스럽고 사려깊지 못한 발언이라고 느끼는데, 체면을 잃거나 자신이 하지도 않은 말을 한다고 생각하기 때문이다. 이러한 사람들은 이해의 눈빛을 동반한 조용한 끄덕임과 같은 미묘하거나 비언어적인 공감의 표현을 더욱 진실하고 의미 있는 것으로 경험할 것이다. 그러므로 상담자는 공감을 전달하는 다양한 방법에 숙련될 필요가 있다. 이 장의 말미에 있는 사례 연구에서는 상담자가 불안과 완벽주의로 힘겨워 하고 있는 대만계 미국인 여성 메이(May)와 작업하기 위하여 문화적으로 적절한 방법으로 감정을 표현하며 핵심 조건을 적용한다.

공감도 측정 실습 수업에서 당신은 공감을 측정하기 위한 카커프(Carkhuff, 1969)의 공감적 이해 5단계에 대해 배운 적이 있을 것이다. 이 척도는 초심 상담자들이 자신의 공감 반영 기술을 어떻게 증진시킬 수 있는지 돕는 데 사용된다. 이 척도는 다음과 같다.

- **[1단계] 공감 없음**: 반영은 내담자의 메시지 내용이나 지적인 부분에 초점을 맞춘다.
  "당신은 딸이 잘못된 결정을 했다고 생각하는군요."
- **[2단계] 일부만 공감**: 일부 공감적 표현은 있지만 정서적 경험의 일부분은 무시되거나 놓치게 된다.
  "당신은 딸의 결정을 좋아하지 않는군요."
- **[3단계] 기본적 공감**: 내담자가 표현하는 것과 동일한 수준에서 내담자의 감정을 반영한다.
  "당신은 딸의 결정에 화가 났군요."
- **[4단계] 깊은 공감**: 내담자가 표현한 것보다 약간 더 깊은 수준에서 내담자의 감정을 반영하고, 내담자의 내적 과정 탐색에 대한 이해를 증진시킨다.
  "당신이 딸의 결정에 실망하고 당황한 것처럼 들리는군요."
- **[5단계] 상당히 깊은 수준의 공감**: 상담자가 내담자의 명확하게 표현되지 않은 미묘한 감정을 확인하며 심화되고 확장된 반영을 한다.
  "딸의 결정에 대해 당신은 배신감과 함께 죄책감도 느끼는 것처럼 들리는군요."

상담자로서 당신이 하는 모든 말이 5단계에 해당할 수는 없으며, 그렇게 해서도 안 된다. 5단계의 수준에 도달하기 위해 나누는 대화들이 필요하기 때문이다. 또한 당신은 기껏 해 봐야 괴짜라는 소리를 듣거나 최악의 경우에는 엄청나게 짜증스러운 대화 상대가 될 수 있다. 그럼에도 불구하고, 열심인 학생이었던 나는, 이 척도를 사용하여 훈련받던 시기에 모든 반응을 5단계의 수준에서 해야 한다고 오해했다. 여기서 기억해야 할 핵심은 한 회기 동안 5단계 수준의 표현을 한 번 혹은 몇 번 하도록 노력하는 것이 적절한 목표라는 것이다. 사실 당신이 해야 할 것은 내담자에게 진실로 의미 있는 한 번의 5단계 수준의 반영을 하는 것이다. 이것이야말로 내담자에게 온전히 도움이 되면서 한 회기 내에서 이루어져야 하는 전부라고 할 수 있다.

풍문: 사람들과 그들의 이야기

■ 칼 로저스

칼 로저스는 심리치료의 역사에서 가장 중요한 인물로 간주된다. 1982년과 2007년에 『심리치료 네트워커(Psychotherapy Networker)』의 독자들은 미국에서 압도적으로 가장 영향력 있는 심리치료사로 그를 지명하였다. 그는 지속적으로 명백하게 그의 글과 작업을 통해 따뜻함과 배려의 정신을 구현하였다. 그는 자신의 영향력을 지속적으로 성장시키는 실로 놀라운 사람이었다.

1902년 시카고 외곽에서 태어난 그는 감정 표현을 중요한 가치로 두지 않는 보수적인 개신교 중서부 가정에서 자랐다(Kirschenbaum, 2004). 그는 그의 아버지를 따라 농부가 되려고 대학에 들어갔으나, 종교 분야로 학업을 이어 가기로 결정했다. 뉴욕에 있는 유니온 신학교(Union Theological Seminary)에서 공부하는 동안 그는 심리학 수업을 들었고, 그 후 아동지도연구소(Institute for Child Guidance)에서의 연구직을 마무리하며 임상심리학에서 박사 학위를 이어 가기로 결정하였다. 1928년 자신의 논문을 마무리하는 동안, 그는 뉴욕 로체스터에서 직책을 맡게 되었고, 그곳에서 12년간 로체스터 아동학대방지협회 아동학부(Child Study Department at the Rochester Society for the Prevention of Cruelty to Children)와 로체스터 안내센터(Rochester Guidance Center)의 관리자로 일하였다. 이 기간 동안 그는 '관계 치료'를 하는 오토 랭크(Otto Rank)의 제자에게 영향을 받았다. '관계 치료'는 치료적 관계에서 내담자의 자기 통찰과 자기 수용을 중요시한다. 로체스터에서의 마지막 몇 년 동안에 로저스(1939)는 그의 첫 번째 책 『문제아동의 임상치료(The clinical Treatment of the Problem Child)』를 집필했다.

이 책의 성공을 바탕으로 그는 오하이오 주립 대학의 전임 교수로 취임하였고, 많은 사람들이 상담 업계의 시작이라고 간주하는 『상담 및 심리치료: 실행의 새로운 개념(Counseling and Psychotherapy: New Concepts in Practice)』(Rogers, 1942)라는 혁명적인 책을 출간하였다. 오하이오에서 4년을 보낸 후, 그는 시카고 대학에서 자리를 잡았고(1945~1957), 그곳에서 **내담자 중심 치료**라고 칭했던 자신의 이론에 대해 더 연구할 수 있었다. 1957년에 그는 심리학과와 정신의학과에서 공동 직위를 얻었고, 조현병에 대한 연구를 수행했던 위스콘신 대학으로 이동하였다. 1961년에 그는 그의 가장 유명한 책인 『인간이 되는 것에 대하여: 심리치료사의 관점(On Becoming a Person: A Therapist's View of Psychotherpy)』을 출판하였다.

자신의 연구를 확장하고자 그는 1963년에 캘리포니아의 라호이아로 이동하여, 서양 행동과학연구소(Western Behavioral Sciences Institute)에서 자리를 잡았다. 1973년에 다른 사람들과 함께 인물연구센터(Center for Studies of the Person)을 만들었고, 그곳에서 그의 마지막 15년을 보냈다. 그는 캘리포니아에서 경영, 교육, 집단 리더십, 그리고 다른 건강 관련 분야에 적용하기 위해 **인간중심 치료**를 확장시켰다. 그의 학생중심교육이론(Rogers, 1969)은 현대 교육을 변화시키는 데 특히 영향력이 있었다. 뿐만 아니라 삶의 마지막 수십 년 동안, 그는 평화를 증진시키고 국제 분쟁을 감소시키는 데 자신의 인간중심 접근법을 사용했다. 그는 북아일랜드의 개신교와 천주교, 남아프리카 공화국의 흑인과 백인, 남아메리카 대륙과 상충하는 집단과 작업하기도 했다. 로저스는 1987년 죽음에 이를 때까지 적극적으로 칼 로저스 평화 프로젝트를 진행하였다.

▪ 나탈리 로저스

칼 로저스의 딸, 나탈리 로저스(Natalie Rogers, 1997)는 주로 예술과 표현치료의 영역에 로저스의 이론을 적용시키는 방법으로 아버지의 작업을 이어 나갔다.

▪ 로버트 카커프

로버트 카커프(Robert Carkhoff)는 치료에서 긍정적인 결과와 상관관계가 있는 조건들을 연구하는 것으로 그의 작업을 시작하였다. 그가 발견한 것들은 로저스의 연구와 매우 비슷하였다(Truax & Carkhuff, 1967). 그의 후기 연구에서는 '통찰'과 '행동'의 균형을 맞추기 위해 인간중심 접근법과 행동주의 접근법을 통합하였다. 카커프는 로저스의 핵심 조건들을 측정하는 척도뿐만 아니라 그의 연구를 통해 확인한 다른 핵심 조건을 측정하는 척도 또한 개발하였다(Brazier, 1996). 카커프의 핵심 조건들은 보다 행동주의적이기 때문에 흔히 초심 상담자들에게 기초적인 기술을 가르치는 데 사용되었다.

큰 그림: 상담과정의 개관

인간중심 상담은 **과정 지향적인** 접근으로, 상담자의 관심은 **무슨 일**이 발생하고 있는지(내용)보다는 **어떻게** 그 일이 발생하고 있는지(과정)에 있다. 그 이름에서 알 수 있는 바와 같이, 초점은 문제보다 **사람**, 특히 그들의 내적 과정에 있다(Rogers, 1961). 인본주의적인 접근에 따라 상담자의 주요 목표는 내담자가 보다 충분히 그들 자신이 되고, 더 진실해지고, 사회적 역할이나 기대에 덜 얽매이도록 돕는 것이다. 인간중심 상담자는 내담자가 자아실현을 함에 따라 증상은 저절로 해결된다는 강한 믿음을 갖는다. 내담자가 자아실현을 할수록 그들이 문제를 다르게 보고 감정과 삶의 상황들에 더욱 책임감을 느끼기 때문이다.

자아실현의 과정은 말처럼 그리 쉽거나 순조롭지만은 않다. 회기 중에 상담자는 내담자의 삶의 내용(불안을 덜 유발하는)에 주의를 덜 기울인다. 대신에 내담자가 자기 자신, 타인, 그리고 삶에서 겪는 어려움과 상호작용하는 **방법**에 초점을 맞춘다. 예를 들면, 상담자는 "내담자는 다른 사람을 비난하는 경향이 있나요?" "내담자는 자신의 삶에 책임감을 가지나요?" "내담자가 외부 사건의 세부사항에 집중하나요?" "내담자가 자기 자신 안에서 무슨 일이 일어나고 있는지 알아차릴 수 있나요?" "내담자는 자기와 타인에 대해 현실적인 기대를 가지고 있나요?" 등의 질문을 던질 수 있다. 그 과정은 항상 쉽지만은 않은데, 상담자는 내담자를 자아실현으로부터 멀어지게 하는 태도, 신념 그리고 모순과 부드럽게 '직면'시켜야 하기 때문이다. 상담자는 부드럽고 일관된 방식으로 내담자가 자신의 사고, 감정, 그리고 바람, 특히 당황스러움, 화, 수치심, 분노 등 자기 자신이나 타인에 대해 인정하기 힘든 것들을 보다 분명하게 말할 수 있도록 이끌어 준다. 이 과정을 통해 내담자는 자기의 모순과 덜 완벽한 부분을 통합시키기 시작하고, 방어를 감소시키며, 경험에 대한 개방성을 증가시킨다. 상담자의 주요한 역할은 내담자가 자신만의 자아실현을 할 수 있도록 내담자 스스로가 만든 장애물을 제거할 수 있도록 도와주는 것이다.

로저스(1961)는 일반적으로 상담을 처음 경험하는 시기부터, 적어도 어느 정도의 자아실현을 성취하기까지 개인이 경험하는 과정을 7단계로 묘사하였다.

▪ 변화과정의 7단계

1. **첫 번째 단계:** 이 단계에서 내담자의 성격은 고착되어 있는 것처럼 보이고, 개인적인 문제들이 인지되지 않으며, 경험하는 것과 동떨어져 있고, 변화에 대한 소망이 거의 없다. 이 내담자는 자발적으로 상담에 참여할 가능성이 적다.
2. **두 번째 단계:** 만약 첫 번째 단계에 있는 내담자가 상담자에게 '받아들여진' 기분을 느낄 수 있다면, 그들은 긴장을 풀기 시작하고, 문제에 대한 개인적인 책임감 없이 외부를 향해('나쁜 일이 내게 일어난다.') 더욱 개방적이 된다.
3. **세 번째 단계:** 만약 내담자가 상담자에 의해 수용받고 이해받는 느낌을 지속적으로 갖게 된다면, 그들은 이전의 감정들과 개인적인 의미들을 보다 잘 표현할 수 있게 된다.
4. **네 번째 단계:** 내담자가 계속해서 상담자와 함께 있는 것에 대해 안전하다고 느끼면, 그들은 자신과 타인에 대한 구성 개념을 재고하는 데 더욱 개방적이게 되고, 점점 깊은 감정을 언어화할 수 있게 된다.
5. **다섯 번째 단계:** 내담자는 상담 관계의 안정감 속에서 자신에 대한 탐색을 지속함에 따라 점차 순간에서의 감정과 경험을 언어화할 수 있고, '진정한 나'가 되고자 하는 욕구를 가지게 된다.

6. **여섯 번째 단계:** 로저스는 여섯 번째 단계에서 뚜렷한 변화를 설명했다. 이 단계에서 개인은 현재의 어려운 감정들이 떠오를 때, 두려움과 부인, 투쟁보다는 수용과 더불어 그것을 경험할 수 있게 된다.[1] 일단 이 변화가 발생하면 되돌릴 수 없게 되는데, 이는 내담자가 가장 어렵게 여기는 감정일지라도 부인하기보다는 계속해서 수용할 것임을 의미한다.
7. **일곱 번째 단계:** 이 단계에서 내담자에게 여전히 도움이 될지라도 내담자의 자아실현을 위해 상담자의 도움이 더 이상 필요하지 않다. 내담자가 외부의 도움 없이 자아실현의 과정을 어떻게 유지하는지 학습해 왔기 때문이다. 이 단계는 일반적으로 상담 관계의 외부에서 발생한다.

관계 형성하기: 치료적 관계

▪ 변화 촉진자로서의 관계

대부분의 심리치료와 달리 인간중심 상담자는 상담 관계를 상담자의 개입이 아닌 변화를 위한 주요한 수단으로 본다. 인간중심 상담자는 내담자와 상담자 사이의 진실한 인간관계를 통해 내담자가 앞에 설명한 7단계를 경험할 수 있고, 진정한 자기 자신이 될 수 있다고 믿는다(Rogers, 1961). 이것은 치료적 관계에서 내담자가 자신들의 문제를 '훈습'하고 상담자가 '바로잡고' '수정하는' 치료적 역할로 상호작용하는 정신역동적 접근과는 다르다. 인간중심 상담자는 상담 관계를 두 명의 진솔한 인간이 관계를 맺는 것으로 본다. 내담자가 관계 속에서 온전한 자신으로 허용되는 경험을 할 때, 긍정적인 성장을 갈망하는 개인의 타고난 경향성이 활성화된다.

▪ 치료적 현존와 핵심 조건

앞 부분에서 다루었듯이(우리는 이 장에서 계속해서 핵심 조건에 대해 살펴볼 것이다), 칼 로저스(1961, 1980)가 내담자의 변화를 촉진하기 위해 사용하는 인간중심 접근은 상담자의 세 가지 자질에 기반하고 있다. 그 핵심 조건은 ① 상담자의 일치성 또는 진실성, ② 정확한 공감, ③ 무조건적인 긍정적 존중이다. 이 세 가지 조건은 상담 관계에서 핵심이지만, 그 자체가 목적은 아니다. 이러한 요소들은 화학반응 내에서 최선의 핵심적인 구성요소로 여겨지며, 비활성적인 구성요소 하나로서보다 함께 혼합되었을 때 더욱 대단하고 강력한 무엇을 만들

---

1) **역자 주:** 이러한 즉각적인 경험의 수용은 9장의 인지행동치료에서 가장 많이 개발된 마음챙김의 목표이다. 인본주의 치료자들은 또한 이 단계에서 로저스가 설명한 살아 있는 경험의 유형을 기르기 위해 마음챙김을 통합한다.

어 낸다. 이 경우에서 이러한 화학작용의 결과는 **치료적 현존**이라고 일컬어진다(Gehart & McCollum, 2008; Geller & Greenberg, 2002; McDonough-Means, Kreitzer, & Bell, 2004). 치료적 현존이란 공감, 연민, 카리스마, 영성, 초개인적(transpersonal) 의사소통, 내담자의 반응성, 낙관주의, 기대를 포함하는 개인 내적, 대인관계적, 초개인적 요소들을 갖는 존재의 자질이다. 따라서 치료적 현존은 규정하기 어렵고 조작적 정의가 어려운 개념이다. 하지만 연구에 따르면 내담자는 치료적 현존을 느꼈을 때 그것이 무엇인지 알게 된다.

내담자는 상담자의 존재 특성을 파악한 후, 상담자와 어떠한 정보를 얼마나 공유할 것인지 정확하게 감지하는 경향이 있다(Geller & Greenberg, 2002; McDonough-Means et al., 2004). 만약 내담자가 성적 학대나 외상에 관한 이야기를 할 때, 상담자가 미세할지라도 불안을 보이거나, 관계나 음주 일화에 관한 이야기를 공유할 때 판단의 낌새를 풍긴다면, 내담자는 자신의 경험을 늘어놓는 것을 수정하거나 재구성하려 하고, 갑자기 짧게 끝낼 수 있다. 만약 상담자가 현재의 순간에서(즉, 즉시성) 발생하는 감정에 대해 공유하는 것이 불편하다면, 내담자 또한 그럴 것이다. 상담자가 회기 내에서 개인적 반영과 자기 돌봄을 하면서 상담에 더욱 숙련됨에 따라 그들의 치료적 현존의 특성은 더욱 촉진적이고 분명해질 수 있다.

조망하기: 사례개념화

칼 로저스가 사람들과 대화할 때, 그는 단순히 무조건적인 긍정적 수용과 공감을 경험하지만은 않았다. 그는 사람들이 스스로의 진실한 자아들과 얼마나 접촉하고 있는지를 평가하기 위해 그들이 무엇을 말하는지 그리고 그들이 어떻게 말하는지를 세심하게 관찰했다. 그는 7단계의 모델을 개발하였는데(Rogers, 1961), 이는 로저스가 고정적 정의에서의 자아부터 더욱 풍부하고 계속 변화하는 자아 경험까지의 연속선을 따라 움직이는 사람들을 어떻게 바라보았는지를 설명한다. 로저스(1961)는 자아의 의미를 단순히 하나의 고정된 정체성에서 다른 것으로 변화하는 것으로 보지 않고, 자아실현이 자아의 고정된 의미에서 벗어나는 것과 하나의 단일한 정체성 대신에 자아의 유동적인 경험을 점차적으로 수용하는 과정을 포함한다고 믿었다.

초기 단계에서 내담자는 자신의 감정을 잘 인식하지 못하고, 자기 자신보다는 타인에 대해 더 많이 이야기하며, 종종 그들의 삶의 이야기에서 주인공이기보다는 피해자가 된 것 같은 느낌을 더 많이 갖는다. 사람들이 상담을 통해 핵심 조건들의 효과를 경험한다면, 이것들은 변화하기 시작한다. 내담자는 순간에 발생하는 감정을 경험하기 시작한다. 그들은 자신이 지금 무엇을 느끼는지 쉽게 알아차릴 수 있고, 어떤 일이 벌어지고 있는지 그리고 그것에 어떻게 대처하는지에 관하여 보다 많은 책임감을 갖게 된다. 이러한 단계들은 내담자가 자아실현의 선상에서 자신의 위치를 개념화하는 데 이용된다. 로저스는 특정한 시간이나 특별한 맥락에서 예외가 있을 수도 있지만 내담자는 일반적으로 대부분의 모든 기능 영역에서 단일 단계를 맴돈다고 주장했다. 〈표 6-1〉은 내담자가 단계를 진행해 나가는 과정에서의 변화를 보여 준다.

〈표 6-1〉 로저스의 변화과정에 관한 7단계

구분	1단계	2단계	3단계	4단계	5단계	6단계	7단계
자기 경험과 의사소통	외부세계에 관한 의사소통	비자기 주제를 논할 수 있음	대상으로서 자기 표현과 자기 경험	자기에 대한 인식 증가	'진정한 나'가 되려는 욕망	대상으로서의 자기가 사라지려는 경향	과정으로서의 자기
감정의 인식	인식되지 않거나 소유되지 못함	원치 않거나 과거의 대상으로 묘사됨	감정을 거의 수용하지 못함	현재의 대상으로서 묘사된 감정	감정을 소유하기 시작함	감정을 기꺼이 수용함	감정을 수용하고 소유함
감정의 표현	거의 없음	나타날지 모르나 소유되지 않음	감정에 대한 묘사	과거 감정에 대한 더욱 강력한 묘사	현재에 자유롭게 표현됨	충분함, 신체적 이완	완전하고 유연함
현재의 순간 경험하기	거의 없음	과거의 구조에 얽매임	주로 과거에 얽매여 있음	과거에 덜 얽매이고, 덜 동떨어짐	더 즉각적이나 여전히 다소 놀라움	즉각적이고 풍부함, 과정의 질, 생리적인 이완	상담회기 내외에서 즉각적이고 풍부함
개인적 구성개념	극히 경직됨, 흑백논리	'사실'로 간주됨	경직되어 있으나 구성 개념으로 인식됨	구성개념의 발견	구성개념에 대한 비판적인 고찰	순간을 경험하는 것에 녹아듦	잠정적으로 유지됨
복잡성과 모순	인식되지 않음	표현하나 인식되지 않음	모순에 대한 인식	불일치에 관한 염려	감정이 지나가는 동안의 두려움과 놀라움, 더욱 수용적	생생하게 경험되며 일치감에 녹아듦	감정이 변화하는 것에 대한 수용과 주인의식
문제의 지각, 상황에 대한 책임감	인식되지 않음	자기의 외부에 있음. 개인적 책임감에 대한 감각이 없음	개인적인 선택은 비효과적인 것으로 간주	문제와 관련된 약간의 자기 책임감	증가된 책임감	더 이상 외부적이거나 내부적이지 않음. 문제가 대상으로서 지각되지 않음	자기와 감정에 대한 완전한 책임감, 과정으로서의 자기에 대한 자신감

■ 자기 경험과 의사소통

사람들이 자아실현을 하게 됨에 따라 그들이 스스로를 경험하는 방식도 변화하게 된다. 자기에 대한 감각은 고정된 실체로부터 끊임없이 전개되고 변화하는 과정으로 진화한다. 역설적으로, 일관된 자기를 '발견하기'보다는 인간은 자기가 끊임없이 변화하며 밝혀지고 있다는 것을 발견하게 된다.

■ 감정의 인식

로저스는 자아실현을 한 사람일수록 스스로의 감정을 보다 잘 파악하고 소유할 수 있다고 주장했다. 내담자를 평가함에 있어, 상담자는 내담자가 자신을 상담실로 이끈 문제들을 다룰 때 다양한 감정을 발견할 수 있는지를 확인한다. 그들은 분노, 상처, 기쁨 혹은 두려움의 감정을 알아차릴 수 있는가? 상담을 찾는 대부분의 경우, 내담자는 다양한 감정을 경험하고 있을 것이다. 일부 사례에서, 내담자는 어떤 감정을 파악하는 데 큰 어려움을 지니고 있을 수도 있다. 다른 경우에서는 분노와 상처처럼 특별히 더 잘 느껴지는 감정이 있을 수도 있다. 자아실현이 보다 더 이루어진 사람일수록 다양한 범위의 감정을 가지고 있고, 수치심, 두려움 혹은 어색함 없이 감정을 느낌으로써 그 감정들을 보다 잘 '소유'할 수 있는 능력을 갖게 된다.

■ 감정의 표현

자아실현의 과정에서, 사람들은 폭넓은 감정을 보다 잘 표현할 수 있고 편안해진다. 초기 과정에서, 내담자는 어떠한 감정도 표현하지 않을 수 있다. 그들은 거의 감정이 없는 것처럼 보이고 때로 자신과 타인에게 '모든 것을 통제 하에' 두는 것처럼 보일 수 있다. 그러나 이러한 통제감은 극도로 연약하다. 상담과정을 통해, 내담자는 그들의 감정에 대해 보다 잘 자각하게 되는데, 처음에는 그 감정이 다른 제3자에게 발생하는 것처럼 묘사한다. 상담이 계속되면서, 그들은 점차 과거와 현재의 감정을 모두 충분하게 그리고 물 흐르듯 자연스럽게 묘사할 수 있게 된다.

성별과 인종적 배경은 어떠한 감정이 표출되는지 그리고 그 감정이 어떻게 표출되는지에 큰 영향을 미친다. 예를 들어, 대부분의 문화권에서 여성은 남성보다 감정을 더 자유롭게 표현하도록 허용된다. 모든 문화권은 어디서, 어떻게, 누구의 감정이 가장 잘 표현되는지 그리고 어떤 상황에서 어떤 감정이 사회적으로 수용되는지를 규정하는 정서적 표현과 관련된 가치를 지닌다. 예를 들어, 일본의 문화는 대부분의 공적인 상황에서 감정에 대한 통제를 가치 있게 여기는 반면, 그리스나 이탈리아와 같은 지중해 문화권에서는 동일한 상황에서 비교적 과감한 정서 표현을 가치 있게 여긴다. 따라서 상담자는 인간의 정서 표현을 타당하게 해석하기 위해 연령과 사회경제적 지위뿐만 아니라 성별과 문화를 주의 깊게 고려할 필요가 있다. 이 장의 마지막 사례 연구에서 상담자는 내담자의 정서 표현의 패턴을 평가함에 있어 정서 표현에 대한 규범들, 내담자의 사회화 수준, 내담자의 증상을 주의 깊게 고려한다.

■ 현재의 순간 경험하기

현재의 순간 경험하기는 현재의 순간에 집중하여 감정을 경험할 수 있는 능력을 의미한다. 지금–여기에서 감정을 경험할 때, 개인은 ① 실제로 감정을 느낄 수도 있고, ② 감정을 반사적으로 표현할 수 있다(예: 다른 사람을 비난하는 장황한 비판을 늘어놓고 시작하기보다는 "나는 분노를 느껴요."라고 말한다). 한 개인이 현재의 강렬하고 어려운 감정을 경험하면서 그것에 대해 생산적으로 대화를 할 수 있을수록 그들의 자아실현 수준은 높다고 할 수 있다. 상담 초기에 대부분의 내담자는 현재 순간의 경험이 거의 없다. 그들이 하는 경험은 주로 과거나 미래에 대한 생각과 염려에 관련되어 있다. 상담과정을 통해 내담자는 현재 순간에서의 그 감정을 점점 더 느낄 수 있게 되고, 그 경험을 자각하게 되면서 경험을 체험하는 동시에 목격하게 된다.

■ 개인적 구성개념과 허울

로저스(1961)는 진실함 없는 생활을 '가면' 혹은 허울 뒤의 생활로 묘사했다. 이러한 허울은 개인적 구성개념으로, 우리가 누구인지, 어떻게 행동해야 하는지, 어떤 것을 가치 있게 여기는지 알려 주는 데 이용된다. 이와 대조적으로, 진실한 삶이란 인간다운 삶을 사는 과정을 말하며, 단일한 구성개념이나 우리가 누구인지에 관한 정의에 의해 포착되지 않는 경험의 다채로운 흐름을 받아들이는 것이다. 예를 들어, 만약 한 사람이 자신이 '좋은' 사람이라는 구성개념을 유지하려고 한다면, 그녀는 분노, 실망, 따분함, 반감과 같은 매우 진실하고 평범한 인간적인 반응을 억압하고 무시하거나, 혹은 묵살해 버려야만 할 것이다. 즉, 그녀는 그 허울을 고수하기 위해 자신의 일부를, 그리고 중요한 무언가를 무시해야 할 것이다. 초기에, 한 개인의 개인적 구성개념은 경직되어 있고, '내가 Y가 아니라 X이다'처럼 흑백논리적이다. 이러한 구성개념들은 개인이 더욱 자아실현을 하고, 고정된 독립체라기보다 넓어지는 과정으로서 스스로를 경험할수록 덜 중요해진다. 대신에 사람들은 자신을 인생의 경험을 넓혀 나가는 연속성을 가진 복잡한 존재로서 경험하게 되며, 이러한 과정은 유동적이고도 적응적인 자아에 대한 감각을 포함한다. 이 장의 마지막 사례 연구에서, 상담자는 내담자인 메이가 지속적으로 진화하는 과정으로서의 그녀 자신을 경험하는 것을 허용하며, 완벽주의와 높은 성취적 허울에 덜 동일시되도록 돕는다.

■ 복잡성과 모순

인본주의 상담자는 우리의 내적인 삶과 생활을 보다 평범하게 특징짓는 복잡성과 모순에 관여할 수 있는 개인의 능력 또한 평가한다. 우리는 종종 인간이 이성적인 의견과 감정을 갖고, 의미를 만들어 내는 '논리적인' 존재라고 믿는다. 이러한 근거 없는 믿음은 당신이 60초 동안이라도 마음챙김 명상을 해 본다면, 빠르게 사라질 것이다. 불교도들은 마음을 이 나무에서 저 나무로, 위에서 아래로, 불규칙하게 예측할 수 없는 패턴으로 옮겨 다니는 원숭이에 비유했다. 마음도 반드시 일관적이거나 논리정연함 없이 한 주제에서 다른 주제로, 과거에서 미래로, 생각에서 감정으로 옮겨 간다. 사실 복잡한 주제일수록 사람은 모순되는 감정이나 생각을 경험하기 쉽다. 중요한 타인을 사랑하기도 하지만 동시에 미워하기도 하고, 자신의 직업을 좋아하면서 동시에 싫어하기도 하는 것처럼 말이다.

상담과정의 초기에, 대부분의 내담자는 자신들의 모순되는 생각이나 감정을 전혀 자각하지 못한다. 그들은 자신의 모순되는 생각이나 감정을 더 많이 자각하게 됨에 따라 점점 일치성의 부족에 대해 염려하게 된다. 자아실현의 과정은 '한쪽을 선택'하는 것이나 모순을 없애는 것이 아니라, 이러한 상반된 점을 인간의 복잡성과 '혼란'의 일부로 수용하는 쪽으로 나아간다. 자신, 타인, 인생에 대해 이러한 본래의 모순을 수용하는 능력이 커질수록, 개인은 생활 스트레스 요인에 대하여 더욱 기지를 발휘하게 된다.

■ 문제의 지각과 책임감

초기 단계에서, 문제들은 주로 타인, 상황 등 외부 세계에 의해 야기된다고 인식된다. 사람들이 단계를 거쳐 나갈수록 모든 상황에서 각 개인의 책임감과 주체감에 대한 자각이 증진되며, 문제는 점차 그 사람이 상황에 어떻게 기여하는지 혹은 어떻게 상황을 지속시키는지에 대한 강조와 더불어 설명된다. 예를 들어, 내담자는 "내 아내는 항상 나에게 잔소리해요." 혹은 "내 남편은 집안일을 한 번도 도와준 적이 없어요."라고 불평하는 대신, 점차 그 문제에 대해 "제 스스로 그 일을 하도록 동기부여하는 데 어려움이 있어요." 혹은 "제 자신과 다른 사람들에 대한 기대가 지나치게 높아요."라고 말한다.

인생은 '우리에게' 일어나는 것처럼 느껴진다. 즉, 사람들은 우리를 화나게 만들고자 일하거나 상처를 입히며, 우리가 원하는 것을 얻지 못하게 방해한다. 그들은 무심한 말을 뱉는 연인, 승진에서 나를 제외하는 상사, 혹은 우리를 위해 시간을 할애하지 않는 부모일 수 있다. 한 개인은 자아실현을 할수록, 삶이 쌍방향이라는 것을 더욱 자각하게 된다. 대부분의 사례에서, 우리가 타인과 어떻게 상호작용하는지가 타인이 우리에게 어떻게 반응하는지에 영향을 미친다는 것을 알 수 있다. 우리는 모든 경우에 행동, 언어, 심지어 감정에 있어 어떻게 반응할 것인지를 통제할 수 있다. 내담자가 인생의 주체로서의 관점에서 문제를 바라본다면, 내담자는 문제의 내용이 무엇이든 그 근원에 상관없이 문제를 만들어 낸 것에 대한 자신의 책임을 알아차리고 문제를 해결하려는 방향으로 책임을 지려고 한다. 반대로, 낮은 수준의 주체의식을 지닌 내담자는 피해 입은 것처럼 느끼는 경향이 있고, 종종 어떻게 문제를 해결해야 할지에 대해 혼란스러워하게 된다.

▪ 절정 경험과 몰입

로저스는 자아실현된 자아를 '유동적'이며, '몰입하는' 것으로 묘사했다. 최근 긍정심리 연구자들은 이러한 절정 경험을 **몰입** 상태로 묘사하는데, 이는 자신이 충분한 역량을 가진 도전적인 활동에서 완전히 현재를 느끼고, 조화를 이루며, 몰두되는 느낌을 경험하는 독특한 질적 상태를 의미한다(Carr, 2004). 일반적으로 몰입 경험 동안, 시간은 더 천천히 흐르는 것 같고, 활동은 노력이나 생각 없이 일어나는 것처럼 보인다. 전형적인 예는 다른 선수에게 거의 불가능해 보이는 패스를 한 미식축구의 쿼터백이다. 나중에 인터뷰를 해 보면, 그 선수는 그 순간 자기 자신과 공, 그리고 받는 사람이 하나가 된 것처럼 묘사할 것이다. 또 다른 일반적인 몰입 경험은 음악을 연주하는 것, 요리하는 것, 글 쓰는 것, 달리는 것, 춤추는 것과 같은 유사한 활동들을 포함한다. 몰입 경험은 일반적으로 노력과 연습을 필요로 하는 활동들과 연관되어 있다. 적정 수준에 도달하게 되면, 이 활동은 노력을 필요로 하지 않게 되고, 자동적이며, 시간이 지나도 양질의 수준을 유지하게 된다. 이러한 것들은 자아실현에 대한 인본주의적 관점과 관련 있는 절정경험의 한 종류이다. 상담자는 내담자의 기능 수준을 평가하기 위해 이러한 몰입 경험의 빈도와 질에 대해 질문할 수 있다. 예를 들어, 우울감은 일반적으로 몰입이 거의 존재하지 않는 경험이다. 사람들은 회복하기 시작함에 따라, 종종 몰입 경험이 돌아옴을 발견한다.

변화를 겨냥하기: 목표 설정

▪ 자아실현: '진정한 자신이 되기'

인간중심 치료계획에서 최종 목표를 정하는 것은 간단한 일이다. 왜냐하면 인간중심 상담에서의 포괄적인 목표는 다른 인본주의적 접근과 일관되기 때문이다. 그것은 바로 자아실현을 촉진하는 것이다. 자아실현은 한 개인의 잠재력을 발현하고, 진정 의미 있는 삶을 사는 것이다. 로저스(1961)는 자아실현을 '진정한 자신이 되는 것'으로 설명했다(p. 163). 자아실현은 로저스(1961)의 7단계의 발달 수준과 관련 있다. 실존주의자들과 달리, 로저스는 인간이 선천적으로 긍정적이고 친사회적인 방향으로 성장하는 경향이 있다고 확고히 믿었다. 상담자의 주요한 역할은 이러한 성장을 촉진하는 올바른 환경을 제공하는 것이다(예: 핵심 조건들). 매슬로(1854) 또한 자아실현을 인간 욕구단계의 최상위로 명시하였는데, 이는 보다 기본적인 생리적, 안전, 사회적, 그리고 자아 존중감의 욕구를 충족시킨 후에야 비로소 가능하다고 보았다.

자아실현(Rogers, 1961)은 다음과 같은 특징을 지닌다.

- 감정을 경험하는 현재의 순간에 대한 개방성
- 스스로(자아)에 대한 믿음
- 평가와 통제에 대한 내적 소재
- 규칙, 허울, 의무 혹은 사회적 기대 없이 사는 것
- 고정된 독립체보다는 복합적이고 역동적으로 전개되는 과정이 되기
- 경험에 대한 개방성
- 타인에 대한 수용

자기실현은 장기적인 후기 단계의 목표이다. 이는 상담을 위한 폭넓고도 대단히 중요한 방향이다. 안타깝게도, 만약 중기 단계에서 장애물을 다루는 작은 목표가 수립되지 않는다면 이는 모호한 목표일뿐이다.

▪ 과정 목표

자아실현이 **원대한 목표**라는 것은 잘 알려진 사실이다. 하지만 상담에서 대부분의 작업은 **과정** 문제(개인의 내적 과정)를 다루는 방식에 따라 보다 작은 목표 내에서 이루어진다. 다음은 당신의 사례개념화가 이루어지는 것에 대한 예시이다. 당신은 성장의 영역을 확인할 수 있고, 이것이 중기 단계의 목표가 된다. 예를 들어, 한 여성이 '좋은 아내'가 되기 위해 해야만 하는 모든 것에 의해 그녀의 인생이 제한되었다고 호소한다면, 상담자는 '해야 하는 일들의 목록에 의한 삶을 살기보다 의식적인 선택에 의한 삶을 사는 것'을 목표로 설정하도록 돕는다. 이와 유사하게, 남성이 스스로 피해를 입으면서도 지속적으로 남의 비위를 맞추는 것을 원한다고 보고한다면, 과정 목표는 그가 겪는 좋지 않은 영향을 고려하여 '개인적인 욕구를 손상시키는 방향으로 남의 비위를 맞추려는 시도를 감소시키는 것'이 될 수 있다.

구체적인 기능의 한 영역과 관련된 목표(예시)

정서적 표현과 지금–여기의 경험

- '현재의 순간에서 감정을 알아차리는 능력 증진시키기'

피해의식과 문제에 대한 경험

- '자신의 문제와 문제의 해결에 대한 책임감 증진시키기'

주체성

- '직장 생활에서 주체성과 주도적 행동 증진시키기'

허울과 가면

- '친밀감의 경험을 증가시키기 위해 개인적인 관계에서의 허울을 감소시키기'

절정 경험과 몰입

- '업무 영역에서의 절정 경험과 몰입의 빈도 증가시키기'

완벽주의와 비현실적인 기대

- '수용을 증가시키기 위해 자기와 타인에게 현실적인 기대를 하는 능력 증진시키기'

자신에 대한 믿음(진정한 자아)

- 진정한 '자아의 진화하고 변화하는 본능을 신뢰하는 능력 증진시키기'

실행에 옮기기: 개입

■ 상담자의 자아와 핵심 조건

인간중심 상담에서 개입의 근본적인 '도구'는 상담자가 세상에 존재하는 방식인 그의 '자아'이다. 이것은 매우 모호하기 때문에, 당신은 '상담자'라는, 변화에 필수적인 단 하나의 도구를 구축하려는 모든 시도인 또 다른 '기법'의 목록을 여기에서 확인할 수 있을 것이다. 인간중심 상담은 매우 관계적인 형태의 상담으로, 상담자의 개인적인 특질에 크게 의존하는데, 이는 내담자가 자신의 진정한 자아를 경험하는 데 보다 편안해지도록 돕는 현존의 특성을 불러오기 위함이다. 더 간략하게 요약하자면, 상담자의 자아가 핵심 조건들이 확립되는 수단이라는 것이다. 따라서 인간중심 상담에서 변화의 가장 중요한 부분은 상담자와 내담자 간 관계의 질이다.

실질적인 면에서 상담자의 자아를 활용한다는 것은 공감을 표현하는 것, 유머를 사용하는 것, 자기 개방 등 다양한 활동을 포함한다. 상담자에게 요구되는 것은 내담자, 문제, 대화의 주제, 그리고 상담의 목표에 따라 달라진다. 궁극적으로 내담자가 진정한 자기 자신을 확인하고, 탐색하고, 자유롭게 표현하게끔 하는 것은 분명하게 소통된 상담자의 진실성이다. 개인적 특질을 활용하여 타인의 진정성을 촉진시키는 방법을 아는 데에는 상담자의 상당한 성숙, 자기 자각, 심사숙고를 필요로 한다. 이는 단지 이 책에서 배우거나 깊은 수준의 공감을 연습함으로써 얻어지지 않는다. 이는 훌륭한 슈퍼바이저와 함께 시간을 들여야 하는 일이다.

▪ 경청 혹은 주의 기울이기

"치료사로서 일하던 아주 초기에, 나는 내담자의 이야기를 매우 신중하게 경청하는 것이 큰 도움을 줄 수 있는 중요한 방법이라는 것을 알게 되었다. 그래서 내가 적극적으로 무엇을 해야 할지 의구심이 들 때, 나는 경청하였다."(Rogers, 1980, p. 137) 이것은 단지 상담 장면에서뿐만 아니라 거의 대부분의 삶의 영역에서 유용하고 훌륭한 조언의 일부이다. **의구심이 들 때, 경청하라.** 여전히 확신이 안 가는가? 더욱 더 경청하라.

초심 상담자가 배워야 하는 가장 중요한 기법 가운데 하나는 경청이다. 인간중심 상담에서 경청은 현상학의 철학적 토대에 근거한 매우 구체적인 방식이다. 이 장의 도입부를 기억할 것이다. 현상학은 내적 및 주관적 세계에 대한 연구를 포함한다. 따라서 인간중심 상담자가 자신의 이야기를 공유하는 내담자를 경청할 때, 상담자는 인간의 **내적 세계**에 대한 묘사를 경청하고 주의를 기울인다. 이때의 내적 세계는 대부분 정서적인 내면세계와 연결되어 있는 그들의 감정과 논리이다. 예를 들어, 한 여성이 남편에게서 더 이상 사랑받지 못하는 것 같은 기분을 설명하기 시작하면, 상담자는 그녀의 남편이 무엇을 하는지, 그녀가 다르게 행동할 수 있는 것은 무엇인지, 혹은 그녀가 벌어지고 있는 일을 어떻게 다시 구성할 수 있는지에 중점을 두는 것이 아니라, 오히려 그녀의 내적 세계의 윤곽을 궁금해한다. 그녀가 배신감과 절망감, 거절당함, 추함, 분노 혹은 슬픔을 느낄까? 상담자는 내적 감정 경험에 대한 그녀의 풍부하고 미묘한 묘사를 경청하며, 짚어 줄 부분이나 물어볼 부분을 선정한다.

▪ 요약하기

삶이 고단하고 녹록치 않다고 생각하며 '효과적인 상담'이 힘들 것이라 가정하는 사람에게 상담 개입으로서의 요약하기란 이해하기 어려울 수 있다. 한 사람이 방금 한 말을 단순히 재진술하는 것이 어떻게 그 사람에게 도움이 되고 대가를 지불할 만한 가치가 있다고 할 수 있는가? 기본적으로 우리는 대부분 말할 때 주의 깊게 듣지 않는다. 설사 주의 깊게 듣는다 해도 다른 누군가가 말하는 것은 매우 다르게 들리는데, 이는 특히 어려운 주제에 관한 것일 때 더욱 그렇다. 예를 들어, 많은 사람들은 종종 자기 자신을 비웃거나 비하한다. 하지만 다른 사람이 그렇게 똑같이 말한다면, 혹은 단지 그 의견(비웃거나 비하하는)에 동의한다고만 해도 사람들은 공격받았다고 느끼고 상처받으며 화나는 감정을 느낀다. 이것이 요약 작업 시 발생하는 원리이다. 내담자가 방금 말한 것의 요점을 상담자가 다시 말해 준다면, 내담자는 자신이 말한 것을 다른 방식으로 듣게 된다. 대부분의 경우에, 내담자는 그들이 스스로 말했을 때보다 큰 타격을 받는다. 또한 다른 사람이 정서적으로 어려운 요소를 능숙하게 요약할 때, 내담자는 새로운 방식으로 듣고 느끼게 된다. 상황에 대한 현실은 종종 큰 안도감으로 나타난다.

요약이 효과적이기 위해서는 ① 시의적절해야 하고, ② 통찰력이 있어야 하며(단지 내담자가 말한 것이 아닌), ③ 내담자의 언어여야 하고, ④ 상담자의 가치, 가정, 욕구에 의해 편향되지 않아야 한다. 예를 들어, 한 여성이 결혼할 계획을 가진 남자친구와 함께하는 것이 행복하지 않다고 말하고 관계가 끝날 것임을 안다고 진술한다면, "당신은 처음에 그가 당신과 결혼할 단 한 사람이라고 생각했었지만, 최근 몇 달 동안 일어난 일로 인해 이 관계가 장기적으로 갈 수 없다는 것을 깨닫기 시작했군요."라고 요약할 수 있다. 이러한 요약은 그녀가 자신에 대한 통찰을 확고하게 하는 데 도움이 된다. 만약 내담자가 이 현실에 대항하여 분투하고 있다면, "당신은 최근 몇 달간의 사건을 근거로 하여 이 관계가 당신에게 좋을지에 대해 의문을 갖기 시작한 것처럼 보이는군요."와 같이 의문의 형태로 요약을 재구성할 수도 있다.

스스로 해보기

파트너를 찾아 함께 요약하는 것을 교대로 연습해 보세요. 다른 사람의 언어로 요약된 당신의 경험에 대해 어떤 느낌이 드는지 나누어 보세요.

■ 명료화하기

요약하기와 유사하게, 진술과 질문을 명료화하는 것은 그리 쉽지 않다. 진술과 질문들이 너무 단순해서 당신은 때때로 이것이 질문할 만한 가치가 있는지 의구심을 가질 수 있다. 그럼에도 불구하고 명료화 질문은 매우 중요한 부분이다. 왜냐하면 종종 간단하고 명백해 보이는 것이 사실은 그렇지 않기 때문이다. 이름에서도 알 수 있듯이, 명료화 질문들은 내담자가 말하고 있는 것에 대한 추가적인 세부사항이나 설명에 대한 촉구를 포함한다. 명료화 질문은 두 가지 유형으로 분류될 수 있으며, 이는 각각 중요한 역할을 한다. 명료화 질문의 첫 번째 유형은 '누가, 무엇을, 어디서, 그리고 어떻게'와 같이 사실에 기반을 둔 주제를 다루는 것이다. 이러한 명료화 질문은 인간중심 상담에서 그 자체로 치료적인 것으로 간주되지는 않으며, 이것이 남용된다면 상담과정을 방해할 수 있다. 하지만 다양한 배경의 사람들과 함께 상담할 때, 이것은 특히 중요한 질문일 수 있다. 상담자는 내담자의 경험을 구성하는 기초적 정보를 이해하기 위해 사실 중심의 명료화 질문들을 활용한다. 이러한 질문들은 상담자가 내담자에게 그들에 대한 상담자의 가정을 투사하지 않는다는 것을 확신하게 함으로써 편향을 피하도록 돕는다. 다음의 질문들은 내담자가 그들의 이야기를 공유하도록 돕는다. "그 밖의 다른 사람이 있었나요? 이것이 발생한 때는 언제였나요? 다음에는 무엇이 발생했나요?"

명료화 질문의 다른 유형은 내담자의 감정적인 과정에 초점을 둔다. 이러한 질문은 내담자가 내적 과정을 더욱 분명하게 설명하고 개념화할 수 있도록 도우며, 자아실현을 촉진하는 데 필수적이다. 이러한 명료화 질문들은 내담자가 보다 깊이 내적이고 정서적 삶을 살피고 탐색하도록 돕는 데 사용된다. 예를 들어, "당신은 당신이 '화가 났다.'고 말했습니다. 이것이 의미하는 것이 무엇인지 좀 더 말해 줄 수 있을까요?" 혹은 "이 상황에 대해 많이 슬퍼하는 것 같네요. 당신을 가장 슬프게 한 것은 무엇인지 나눌 수 있을까요?"와 같은 질문들은 내담자가 그들의 감정을 확인하고, 명명하고, 공유하는 능력을 선명하게 함으로써 내적 삶을 보다 잘 이해하고 수용하게 한다.

■ 감정 반영하기

인간중심 상담자가 하는 것들 중 가장 쉽게 구별 가능한 감정 반영하기는 내담자가 묘사하거나 무심코 말했던 것의 기저에 있는 듯한 감정을 확인하는 것을 의미한다. 예를 들어, 내담자가 직장에서의 사건에 관하여 불평을 한다면, 상담자는 누가 무엇을 누구에게 했는지에 초점을 두기보다 내담자의 정서적 경험을 경청하는데, 이때의 경험은 배신당했거나 이용당했거나 손실을 입었을지도 모르며, 심지어는 세 가지 모두에 해당할 수도 있다. 이 기법은 내담자의 정서와 반응, 그리고 감정에 대한 자각을 강조하고 증폭시켜서 내담자가 의식적으로 이러한 것들을 보다 잘 경험할 수 있게 해 준다. 이 기법은 정서를 확인하고 평가하며, 경험하기 어려운 자아실현의 초기 단계에서 특히 유용하다. 자신의 감정을 확인하는 데 능숙한 내담자와 작업하더라도 자신의 정서적 상태를 다른 사람이 설명하는 것은 한 사람의 주관적 경험에 대한 통찰력을 제공하는 강력한 경험이 될 수 있다.

스스로 해보기

파트너를 찾아 현재 힘든 일에 관해 교대로 논의해 보세요. 상대방 이야기에서 감정을 반영하고자 시도해 보세요. 누군가 당신의 감정적 경험을 알아차리는 것에 대해 어떻게 느꼈는지 나누어 보세요.

■ 과정 질문

과정 질문은 내용보다는 내담자의 내적 과정에 내담자의 초점을 맞추는 질문이나 언급 등을 의미한다. 일상의 대화에서 사람들은 무엇이 일어났는지에 대한 내용을 묻는 경향이 있다. 누가 누구에게 무엇을 언제 말했는지와 같이 말이다. 대화는 무엇이 일어났는가에 대한 사실적 수준의 묘사에 머문다. 그 일이 왜 발생했는지에 대한 추측은 내담자의 내적 과정을 방해한다. 반면에 상담자는 내담자가 그들의 내적 경험, 감정, 주관적 현실에 초점을 맞추는 것을 돕기 위해 과정 질문을 사용한다. 간단히 말하자면, 머리에 위치해 있는 내담자의 관심을 몸과 마음으로 돌리는 것이다. 그러므로 초점은 무엇이 발생했는가에 대한 사실적 묘사나 합리적 분석이 아니라 내적인 **정서적 과정**에 있다. 과정 질문은 다음을 포함할 수 있다.

- 당신이 그 소식을 들었을 때, 당신의 내면에서 무슨 일이 발생했는지 묘사할 수 있나요?
- 문 닫는 소리를 들었을 때, 당신의 내면에서는 무슨 일이 발생했나요?
- 지금 이 얘기를 하는 동안, 어떤 감정이 일어나나요? 그 일이 발생할 때 느꼈던 감정과 이 감정이 같은가요? 다른가요?

■ 카커프의 핵심 조건

카커프(1969, 2000; Truax& Carkhuff, 1976)는 상담에서 변화를 촉진하는 관찰 가능하고 측정 가능한 행동들을 연구함으로써 로저스의 연구를 확장시켰다. 다양한 촉진 조건들을 연구하면서 카커프는 초심 상담자의 기초적인 상담기술을 발전시키도록 돕는 데 사용되는 일곱 가지 핵심 조건을 발견하였다. 그 핵심 조건은 다음과 같다.

- 공감(로저스의 정확한 공감과 유사)
- 진실성과 진정성(로저스의 진실성과 유사)
- 존중(로저스의 무조건적인 긍정적 존중과 유사)
- 구체성과 특이성
- 자기개방

- 직면
- 즉시성

처음 세 가지 조건은 앞에서 상세히 다루었으므로, 여기에서는 나머지 네 가지에 주목하겠다.

■ 구체성과 특이성

카거프는 구체성과 특이성을 상담과정을 촉진하는 상담자의 행동이라고 밝혔다. 상담자는 내담자가 모호하게 표현한 것을 분명하게 할 수 있도록 돕는 질문과 진술을 통해 구체성과 특이성을 나타낸다. 예를 들어, "기분이 언짢다."라고 스스로를 표현하는 것은 충분한 것들을 나타내지 않는다. 몇몇에게 이는 분노를 느낀다는 것을 의미하지만, 다른 사람들은 슬퍼하기도 하며, 또 다른 사람들은 불안을 느끼는 것을 의미한다. 유사하게, "엄마의 죽음은 나를 슬프게 만들었다."라고 이야기하는 것은 더 많은 이야기가 뒤따르지 않는다면 꽤 모호해진다. 이러한 중대한 상실은 다른 많은 방법으로 애도되기 때문이다. 상담자는 내담자가 자신의 주관적인 경험에 대해 조금 더 명확하고 구체적일 수 있도록 돕는 질문을 함으로써 내담자로 하여금 그들의 내적 자각을 향상시키도록 도울 수 있다.

■ 자기 개방

자기 개방은 샤프란(saffron)과 조금 비슷하다. 샤프란은 가장 가치 있는 향신료 가운데 하나로, 많은 양을 사용하거나 잘못 조리한다면 되돌릴 수 없는 참사가 발생한다. 상담에서의 자기개방 역시 마찬가지다. 나는 초심상담자들에게 자기 개방을 수련의 첫해가 끝날 때까지 사용하지 말라고 주의를 주는데, 이것을 지키는 것은 매우 어렵다. 이것은 항상 가능하지 않으며, 당신이 낀 결혼반지, 당신의 옷 스타일, 그리고 당신이 선택한 핸드폰 모두 어느 정도 개방의 형태라는 점을 감안한다면, 어떤 의미에서 이것은 불가능하다. 하지만 인간중심 상담자가 자기개방이라고 칭하는 것은 내담자의 목표를 성취하는 것을 돕겠다는 단 하나의 유일한 목표 아래, 내담자와 관련된 개인적인 경험(대개 내담자가 다루고 있는 것과 유사한 개인적인 분투)을 공유하는 것을 포함한다. 자기개방은 롤 모델 제공하기, 희망을 제공하기, 혹은 내담자의 경험이 자연스럽고 정상적인 것이라고 일깨워 주기와 같은 몇 가지의 임상적 목적을 제공한다. 이런 것들은 자기 개방의 적절한 사용이며, 적절한 시기에 적절한 사람에게 쓰였을 때 가장 효과적이다. 하지만 잘못된 시기에 부적절한 내담자에게 사용된다면 치료적 관계에 입은 손상은 종종 회복할 수 없다. 한 번 개인적 정보를 밝혔다면, 그것을 주워 담거나 없던 일로 되돌리는 것은 불가능하기 때문이다. 만약 의사소통에 오해가 생긴다면, 이는 해결할 수 있다. 하지만 당신의 내담자가 당신의 신뢰성에 대해 의구심을 갖기 시작하거나 기분이 상했다면 긍정적인 성과의 기회는 크게 감소함과 동시에 상담 관계를 회복하는 것은 어렵거나 불가능할 수 있다. 그러므로 자기 개방은 내담자에게 가장 도움이 되는 것이 무엇인지에 대한 탁월한 판단을 필요로 한다.

▪ 직면

인간중심 상담에서 사용되었을 때 특히 자주 오해를 받는 기법 중 하나인 정서적인 직면은 혹독하고 비판적인 직면이 아니라, 오히려 언어화, 자각 혹은 몸짓 언어의 불일치를 다루기 위한 상담자의 노력이다. 첫 번째 사례에서, 상담자는 내담자가 방금 한 이야기가 이전에 말했던, 혹은 다른 대화에서 이야기한 것과 맞지 않음을 지적한다. 예를 들면, "당신은 지금 신경 쓰지 않는다고 얘기하고 있지만, 이전에 당신은 화가 났었다고 얘기했었습니다." 등이다. 또한 상담자는 각자 책임이 있는 상황에서 어떻게 '모든 것이 다른 사람 탓'이고 내담자가 무고한 희생자인지에 대해 불일치를 지적해 줄 수 있다. 예를 들면, "당신은 남편이 당신에게 말하는 방식을 좋아하지 않는다고 말합니다. 당신은 남편에게 어떻게 이야기하는지 설명해 줄 수 있습니까?" 등이다. 뿐만 아니라 상담자는 내담자의 몸짓 언어(예: 눈물이 맺힘)가 내담자의 이야기(예: "저는 괜찮습니다.")와 어떻게 일치하지 않는지에 대해 언급할 수 있다. 게슈탈트와는 달리 이러한 직면의 의도는 일반적으로 도전보다는 호기심의 한 형태이며 지지이다.

▪ 즉시성

'즉시성'은 상담자와 내담자가 함께 내담자의 즉각적인 감정 상태에 대해 토론할 수 있는 조건을 일컫는데, 내담자의 감정 상태는 ① 외부와 관련된 주제, ② 상담회기 내에서의 행동, ③ 상담자–내담자 간 관계와 관련이 있을 수 있다. 순간의 감정을 느끼고 즉각적으로 반영하고 다룰 수 있는 능력은 정서 표현의 높은 수준이며, 상담의 궁극적 목표인 자아실현의 높은 수준으로 간주될 수 있다. 상담자는 몇 가지 방식으로 즉시성을 촉진할 수 있다. 한 가지는 "내가 방금 한 말 때문에 감정이 상한 것처럼 보이네요."와 같이 상담자가 확실하게 관찰할 수 있는 정서에 대해 언급하는 것이다. 또 상담자는 내담자가 그 순간에 무엇을 느끼는지 알아차리도록 다음과 같은 질문을 통해 유도할 수도 있다. "당신이 약속에 오는 길에 봤던 자동차 사고에 대해 나에게 말을 할 때, 당신은 어떤 감정이 들었습니까?" 혹은 "우리가 이혼에 대한 당신의 생각에 대해 이야기할 때, 당신은 어떤 감정이 들었습니까?" 즉시성은 강력하고도 은밀하므로 주의를 기울여 사용되어야 한다. 만약 상담 동맹이 충분히 끈끈하지 않다면, 내담자는 곤혹스러운 기분이 들고, 공격당하거나 혹은 과소평가 받았다고 느낄 수 있다. 이는 대부분의 사례에서 자주 쓰이는 기술은 아니며, 어떤 내담자에게는 한 회기에 한 번도 많을 수 있다. 또한 내담자가 취약하다는 느낌과 노출된다는 느낌에 개방되는 순간에 잘 맞추어 이루어져야 한다. 이 장의 마지막에 있는 사례 연구에서, 상담자는 다른 사람과의 관계에서 진정한 모습의 자신을 경험할 기회를 주기 위해 메이에게 종종 즉시성을 사용한다.

스스로 해보기

파트너를 찾아, 당신의 현재 정서 상태를 공유하기 위해 즉시성을 사용해 보세요. 가능하다면 현재 순간에 당신이 파트너를 어떻게 경험하고 있는지에 대해 묘사해 보세요.

■ 초점화

젠들린(Gendlin, 1984; Gendlin, Beebes, Cassens, Klein, & Oberlander, 1968 참조)은 내담자가 자신의 정서와 더 빨리 접촉할 수 있도록 돕기 위해 **초점화**라고 불리는 기술을 발전시켰다. 이 기술은 신체 혹은 다른 곳을 통해 인식되는, 언어로 표현되기 이전의 경험들을 알아차리도록 내담자를 이끄는 것을 포함한다. 그리고 내담자는 그 경험에 세심하게 주의를 기울여 단어로 표현해 보고, 행동으로 옮겨 보며 진전하도록 격려받는다.

■ 인간중심 상담자가 해서는 안 되는 것

효과적인 상담은 당신이 무엇을 하는가보다 하지 않아야 하는 것들에 관한 것인 경우가 더 많다. 인간중심 상담에서 다음에 제시된 각각의 내용들은 내담자가 그들의 내적 과정에 참여하는 것을 막기 때문에 상담자가 특히 중요하게 피해야 하는 행동들이다.

- **안심시키는 상투적인 문구 사용하기**: "결국 괜찮아질 거예요." 혹은 "훨씬 더 안 좋은 상황에 있는 사람들도 있습니다."라는 문구는 좀처럼 누군가의 기분을 나아지게 만들 수 없다. 당신이 직접 겪어 봐서 알 수도 있겠지만, 이와 같은 문구를 말하는 것은 대개 사람들에게 편안함보다는 분노를 조장한다. 이러한 상투적인 문구를 인간중심 상담과정에서 더 안 좋게 생각하는 이유는 상투적인 문구가 내담자가 자아실현을 위해 거쳐야 할 내적 과정을 중단시키기 때문이다.
- **조언하기**: 인간중심 상담에서 유혹적이지만 도움이 되지 않는 또 다른 행동은 조언하기이다. 대부분의 내담자는 조언을 원한다. 몇 가지 사례를 보면, 조언은 그들이 바라는 전부

고, 만약에 당신이 조언을 제공하지 않으면 그들은 좌절한다. 하지만 인간중심 상담자는 조언을 제공하는 것이 아니라 오히려 내담자가 자기 내면의 조언과 대답을 찾을 수 있도록 내면을 들여다볼 것을 격려한다. 그러나 다문화 혹은 이주한 내담자와 상담을 진행할 때, 상담자는 내담자의 기대와 욕구에 맞춰 특정한 형태의 조언이나 교육이 필요할지 고려해야 한다.

- 설명을 요구하기: 현상학의 핵심은 묘사하는 것에 있다. 즉, 각 개인의 주관적이고 내적인 경험에 대한 묘사를 추구한다. 상담자의 관심은 어떻게 이러한 조각들이 서로 맞춰지는가에 대한 논리적인 설명보다는 내면 세계의 정서적 영역에 대해 보다 좋고 풍부한 묘사에 있다. 정서적 영역을 묘사하는 것에 대한 끈질긴 집중은 특정한 마음의 상태를 요구하는데, 이는 단순한 정보를 질문하는 것에 의해 빠르게 흐트러진다. 대중 심리학의 언어를 사용하자면, 인간중심 상담은 '우뇌' 활동이다. 설명을 요구하는 것은 이 과정에 대한 '좌뇌'의 침범이다.
- 내담자에게 동의하기: 아! 이것은 초심상담자가 가장 빠지기 쉬운 함정이다. 내담자는 상담자가 자신의 관점에 동의함으로써 그들을 '지지'해 주는 것을 필요로 하지 않는가? 나는 내담자에게 동의하는 것에 대한 위험성을 한 장(chapter) 길이로 다룰 수 있다. 동의하는 것이 도움이 되는 드문 경우들이 있긴 하지만, 상담자의 자기개방처럼 역효과가 날 가능성이 더 높다.

따라서 겉보기에는 친근하고, 친절하며, 온화한 행동들이지만 진전을 막거나 더 안 좋아지게 할 수 있는 많은 방법 중 몇 가지를 살펴보고자 한다. 첫째, 상담자가 내담자에게 동의할 때, 상담자는 내담자의 내적인 대화와 스스로에 대한 질문에 대답하기 위한 노력을 끝내 버리며, 내담자가 자신의 내적 통제의 소재를 발전시킬 수 있는 능력(이것은 자아실현과 장기적인 행복 둘 다와 관련이 있다)도 빠르게 흐트러트린다. 둘째, 내담자는 종종 회기의 중간이 아니더라도, 치료가 진행되는 동안 그들의 의견과 감정을 바꾸는데, 이는 우리가 대부분 거의 모든 것에 대해 모순된 감정을 가지고 있기 때문이다(이전에 나온 '복잡성과 모순' 참조). 이 문제는 배우자에게 폭력을 당하는 여성과 상담을 진행할 때에 많이 나타난다. 이러한 관계에 대한 논리의 일부는, 사람은 폭력적인 상대방에 대해 극단적으로 다양한 감정을 가지고 있다는 것이다. 따라서 그녀는 첫 번째 주에는 파트너와 머물고 싶어 하다가 다음 주에는 떠나고 싶어 한다. 만약에 상담자가 한쪽의 의견에 편을 든다면, 내담자는 감정이 바뀔 때 말하고 싶지 않아 할 것이다. 셋째, 다른 사람 혹은 상황을 묘사할 때, 우리 모두가 그런 것처럼 내담자는 그들의 관점에서 상황을 바라본다. 하지만 미묘하게 혹은 직접적으로 상황이 얼마나 '불공정한지' 혹은 그들이 얼마나 잘못된 처우를 받았는지에 대해 내담자에게 '동의'함으로써, 당신은 책임감을 갖는 것과 다른 사람을 수용하는 것을 포함하는 자아실현 과정을 약화시킨다. 요약하자면, 내담자에게 동의하는 것은 원하는 목표로부터 더 멀어지게 만드는 위험한 비탈길이다.

- 내담자에게 동의하지 않기: 당신이 내담자에게 동의하고 싶지 않은 이유를 이해하는 것이 아마도 더 쉬울 것이다. 한편으로, 동의하지 않는 것은 일반적으로 공감의 느낌을 전달하는 것에 도움이 되지 않는다. 하지만 중요한 점은, 상담자는 그들이 동의하는 것을 피해야 하는 것과 같은 이유로 동의하지 않는 것을 피해야 한다는 것이다. 동의하지 않는 것은 인간중심 상담의 궁극적인 목표인 자기반성의 보다 중요한 내적 과정을 피해 가게 한다.
- 승인하기: 승인하기는 상담에 있어 다루기 어려운 또 다른 부분이다. 종종 당신은 상담자가 "나는 그녀가 자신의 감정을 가지도록 허용해 줘요." 혹은 "나는 그녀의 감정을 인정해 주었어요."라고 얘기하는 것을 들었을 것이다. 인정과 허용은 미묘하지만 중요한 차이점을 다양하게 포함하고 있다. 당연히 상담자는 행동이나 감정을 '승인'해 주려는 의도를 가져서는 안 된다. 상담자는 신, 대통령 혹은 다른 누군가에게 무엇이 수용 가능하고, 무엇이 수용될 수 없는지를 결정할 수 있는 특별한 허가를 받지 않았다. 비슷하게, 만약 상담자가 내담자의 감정을 '인정'하거나 혹은 정서를 느끼도록 '내담자를 허용해' 주고, 내담자가 자신의 감정, 행동, 결정에 대하여 '괜찮은 것'이라고 느끼기 위해 상담자를 이용한다면, 이것 또한 자아실현의 과정을 약화시킬 수 있다. 대신, 상담자는 내담자가 그렇게 하기 위해 외적 요소에 의존하기보다 그들 자신의 감정을 인정하고 스스로 느끼는 것을 허용하도록 독려하는 것에 주의를 기울이기를 원한다. 그것이 목적인 것이다. 하지만 특정한 상황, 특히 치료의 초기 과정에서, 내담자는 상담자가 자신을 도와주기를 원할 수도 있다. 그럼에도 불구하고, 목표는 내담자가 인정받기 위해 상담자를 바라보는 것보다 오히려 내담자가 자기 정서의 가치와 적절성을 결정하도록 그들을 독려하는 것이 되어야 한다.
- 반대 표현하기: 동의하지 않는 것과 유사하게, 상담자는 반대를 표현하는 것을 피한다. 왜냐하면 승인을 해 주는 것과 같은 방식으로 내담자의 주체성을 해치기 때문이다. 심지어 불륜, 신체적 폭력 혹은 약물 남용과 같이 내담자가 사회적으로 정상적인 행동을 하지 않는 상황에서도 상담자는 반대를 표현하는 것을 삼가는 것이 좋다. 그렇게 되면 내담자는 반대와 변화하고자 하는 욕망을 더 드러낼 것이다. 만약 상담자가 먼저 변화가 필요하다고 제안한다면, 내담자는 더 많이 저항하는 경향이 있다. 설령 내담자가 그 의견에 동의한다고 하더라도 그 의견은 내담자가 제시한 것이 아니기 때문이다.

특수 집단을 위한 개입

■ 비지시적 놀이치료

놀이치료 중 가장 인기 있는 형태 가운데 하나인 버지니아 액슬린(Virginia Axline, 1989)의 비지시적 놀이치료는 로저스의 상담 원칙에 그 기반을 둔다. 액슬린의 놀이치료는 예술매체, 인형의 집, 인형, 액세서리, 게임, 모래 상자 그리고 다른 놀이치료 도구를 가지고 놀 수 있는 교실에서 이상적으로 진행된다. 이러한 환경에서 상담자는 아동이 활동을 선택하면서 놀이를 이끄는 것을 허용한다. 놀이를 하는 동안 상담자는 감정과 내적 과정들을 반영하기 위해 아동과 상호작용한다.

액슬린 놀이치료의 여덟 가지 원칙 인본주의적인 원칙을 사용하면서, 액슬린(1989)은 비지시적 놀이치료의 여덟 가지 원칙을 명확히 했다.

1. 치료자는 아동과 따뜻하고 우호적인 관계를 발전시켜야 하며, 그러한 관계에서 좋은 라포는 빨리 형성될 것이다.
2. 치료자는 아동을 있는 그대로 정확하게 받아들인다.
3. 치료자는 관계 내에서 아동이 그의 감정을 완전히 자유롭게 표현할 수 있도록 허용적인 분위기를 조성한다.
4. 치료자는 아동이 표현하는 감정을 민감하게 느끼고 인정하며, 이러한 감정을 그가 자신의 행동에 대한 통찰력을 얻을 수 있는 방법으로 다시 반영시켜 줘야 한다.
5. 치료자는 기회가 주어진다면 자신의 문제를 해결할 수 있는 아동의 능력에 대해 깊은 존중을 유지해야 한다. 선택의 책임과 변화를 시도할 자유는 아동에게 있다.
6. 치료자는 어떠한 방법으로든 아동의 행동이나 대화를 지시하려는 노력을 하지 않는다. 아동이 그 방법의 인도자가 되고 치료자는 따라갈 뿐이다.
7. 치료자는 서두르려는 노력을 하지 않는다. 치료자는 치료가 점진적인 과정임을 인식하여야 한다.
8. 치료자는 치료가 현실 세계에 기초하도록, 그리고 아동이 관계에서 자신의 책임감을 인식하도록 할 때에만 제한을 가할 수 있다(pp. 73-74).

액슬린은 이 접근이 모든 아동에 대하여 항상 효과적인 만병통치약이 아님을 기꺼이 인정했다. 더욱이 그러한 효과적인 관계를 형성하는 것은 쉽지 않은 일이며, 상담자는 성공적으로 이루기 위해 열심히 작업할 필요가 있다. 그럼에도 불구하고, 액슬린의 방법은 널리 사용되고 있으며, 특히 외상 사건, 폭행 혹은 상실을 경험했고 그리고/혹은 우울, 비통함 혹은 불안 같은 내면적인 증상을 경험하는 아동들에게 사용되고 있다. 개리 랜드리스(Gary Landreth)와 그의 동료들(Bratton, Ray, Edwards, & Landreth, 2009)은 아동중심 놀이치료에 대한 그들의 모델에서 아동들과의 인본주의 치료의 발전을 지속하고 있다.

■ 표현 예술 치료

칼 로저스의 딸인 나탈리 로저스(1997)는 아동과 성인을 대상으로 예술적 표현에 인간중심 상담의 원칙을 적용했다. 그녀의 방법은 사람들이 완전히 의식적이지 않거나 언어로 표현하기에는 너무 다면적이기 때문에 단어로 표현하기 힘든 깊은 감정들과 접촉할 수 있도록 돕는다. 그녀는 그녀 부친의 작업에 기반을 두고 ① 심리적으로 안전한 환경과 ② 상담 관계라고 불리는 심리적으로 자유로운 환경을 조성하고자 하였다. 나탈리는 개인적 성장을 조성하기 위해 추가적인 세 번째 요소가 필요하다고 믿었다. 그것은 자극적이고 도전적인 경험으로, 그녀가 지속적으로 창의적 표현에 대한 기회를 제공하는 것이다. 그녀의 작업은 다음의 규칙들 중 몇 가지에 기반을 둔다.

- 모든 사람은 창의성을 발휘할 수 있는 선천적인 능력을 가지고 있다.
- 창조적인 과정은 치유이다. 표현의 산물은 개인에게 중요한 메시지를 제공하지만, 깊이 있는 변화를 만드는 것은 창조의 과정이다.
- 개인의 성장과 보다 높은 의식 상태는 자기 인식, 자기 이해, 통찰을 통해 성취된다.
- 자기 인식, 자기 이해, 통찰은 우리의 정서를 탐구함으로써 성취된다. 비통함, 분노, 고통, 두려움, 즐거움, 황홀함의 감정들은 우리가 반대쪽(자기 인식, 이해, 그리고 온전함을 향하는)에 도달하기 위해 지나야만 하는 터널이다.
- 우리의 느낌과 정서는 에너지의 원천이다. 그 에너지는 표현되고 변화하기 위해 표현 예술로 나타날 수 있다.
- 동작, 미술, 글쓰기, 소리, 음악, 명상, 이미지 등의 표현 예술은 우리를 무의식으로 이끈다. 이는 종종 우리가 자신에 대해 알지 못했던 측면을 알 수 있게 해 주고, 그 결과 새로운 정보와 인식에 대한 빛을 가져온다.
- 예술의 형태는 본인이 창조적 연결이라고 칭하는 것과 서로 연관되어 있다. 우리가 움직일 때, 이는 우리가 어떻게 쓰거나 그리는지에 영향을 준다. 우리가 쓰거나 그릴 때, 이것은 우리가 어떻게 느끼고 생각하는지에 영향을 준다. 창조적 연결은 우리에게 내면적인

연결 혹은 우리 삶이 갖는 힘의 원천이 되는 기초를 가져오는 과정이다.

- 우리의 생명력, 다시 말해 내면의 핵 혹은 영혼은 다른 모든 존재의 본질과 연결되어 있다.
- 그러므로 우리의 핵심이나 온전함에 도달하기 위해 내면으로 여행을 떠날 때, 우리는 외부 세계와 우리 자신의 연계성을 발견하게 된다. 내부와 외부는 하나가 된다(N. Rogers, 1993, p. 30).

모든 정보 통합하기: 인간중심 사례개념화와 치료계획 양식

이론에 특화된 사례개념화: 인간중심

이론에 특화된 사례개념화를 발달시키기 위해 다음의 내용을 사용하라. 이 장의 마지막에 제시된 사례 연구는 하나의 예이다.

로저스가 제시한 변화과정의 단계에 기초해서 내담자의 기능 영역을 설명하라.

- **변화 과정의 단계:** 변화 과정(1~7단계) 중에서 내담자의 대략적인 단계를 설명하라.
- **문제의 경험:** 문제들은 내적인 것으로 인식되는가, 혹은 외적인 것(타인, 상황 등에 의해 유발된)으로 인식되는가?
- **주체성와 책임감:** 자신이나 타인이 이야기의 주체로서 논의되고 있는가? 내담자는 상황에 대한 정확한 책임감을 가지고 있는가? 내담자는 자신을 타인 혹은 삶의 희생자로 자주 묘사하는가?
- **감정의 인식과 표현:** 감정은 순조롭게 인식되고 소유되고 경험되는가?
- **지금-여기 경험하기:** 내담자는 현재의 순간에 일어나는 상황에 대한 감정을 폭넓게 경험할 수 있는가?
- **개인적 구성개념과 허울:** 내담자는 자신의 역할을 인식하고 넘어설 수 있는가? 정체성은 경직되어 있는가? 혹은 자신을 시험적으로 내려놓을 수 있는가?
- **복잡성과 모순:** 내적인 모순을 가지고 있으며 그것은 탐색되는가? 내담자는 정체성과 삶의 복잡성을 충분히 이해하는가?
- **'해야만 하는 것들(shoulds)':** 내담자는 사회적으로 부과된 '해야만 하는 것들'과 '의무'에 의문을 던질 수 있는가? 내담자는 타인에게 맞추려는 욕구와 자신의 소망을 충족하고자

하는 욕구 사이의 균형을 맞출 수 있는가?
- 타인 수용: 내담자는 타인을 수용할 수 있으며 타인에 대한 기대를 조금 더 현실적으로 수정할 수 있는가?
- 자기 신뢰: 내담자는 자신을 고정된 대상이 아니라 과정으로서 신뢰할 수 있는가?

치료계획 양식: 인간중심

우울, 불안, 강박 문제를 호소하는 내담자를 위하여 치료계획을 세울 때, 다음의 치료계획 양식을 사용하라. 특정 내담자, 호소문제, 치료적 맥락에 따라 이 양식의 목표나 개입 방식은 다소 변경될 수 있다. 필요에 따라 이 치료계획을 적절하게 변경하여 사용할 것을 권장한다. 이 계획을 치료에 효과적으로 적용하기 위해서는 내담자가 경험하고 있는 특정 신념, 행위, 감정을 중심으로 목표와 개입 방식이 명확하게 작성되어야 한다. 구체적일수록 당신에게 유용할 것이다.

치료계획

치료의 초기 단계

초기 단계 치료 과제

1. 치료 관계를 형성하기. 다양성의 고려사항: [내담자와 관계를 형성하는 과정에서 내담자의 다양성에 따라 자신의 접근법을 어떻게 민감하게 조정할지 구체적으로 설명하라. 감정 표현을 위해 그들의 다양한 문화와 성별에 관한 내용이 포함되어야 한다.]
   관계 형성 접근/개입:
   a. 변화를 위한 필요조건을 수립하기 위해 **무조건적인 긍정적 수용, 정확한 공감, 진실성**을 사용하라.
2. 개인적이고 체계적이며 다양한 문화적 역동을 평가하기. 다양성의 고려사항: [**정서 표현**과 **자기 구성개념**에 대한 문화적 · 성별 규범에 대한 평가를 조심스럽게 적용하라.]
   평가 전략 :
   a. **현재 순간의 감정**을 확인하고, 표현하고, 경험하는 능력을 평가하라.
   b. **전개되는 과정**으로서의 자기를 경험하는 능력, **문제에 대한 적극적인 책임감을 수용하는 능력, 복잡성과 모순을 포용하는 능력, 흐름을 경험하는 능력**을 평가하라.

초기 단계 내담자 목표

1. [특정 위기 증상] 감소를 위해 압도적인 감정과 무력감의 경험을 감소시키기

   개입:

   a. 내담자가 위기 행동의 기저에 있는 **정서를 확인**하고 소유하고 **수용**하도록 도와라.

   b. 내담자가 위기의 기저에 있는 **복잡성**과 도전과제와 관련하여 적극적이고 **유능한 자기 자신에 대한 느낌**을 발전시키도록 도와라.

치료의 작업 단계

작업 단계 치료 과제

1. 작업 동맹의 질을 확인하기. 다양성의 고려사항: [성별과 정서 표현, 독립성, 공동체 가치의 문화적 형태와 성별에 대응하기 위해 당신이 어떻게 관계를 조정하고 살펴볼 것인지 설명하라.]

   평가 개입 :

   a. 자신을 진정으로 표현하고 상담자에게 적극적으로 동의하지 않는 능력을 평가하라(회기 평가 척도).

작업 단계 내담자 목표

1. [특정 증상: 우울, 불안 등] 감소를 위해 감정을 **인식**하고 적극적으로 **표현**하는 능력을 증가시키기

   개입:

   a. 내담자가 표현하기 힘든, 의식하지 못하는 감정을 **공감적으로 반영하라**.

   b. **즉시성**을 사용하여 내담자가 현재 순간에서 **정서를 경험**하도록 도와라.

2. [특정 증상: 우울, 불안 등] 감소를 위해 허울 없는 **진정한 자신을 인식**하는 능력을 증가시키기

   개입:

   a. 내담자가 자신에 대한 내적 경험을 명확히 할 수 있도록 자신의 덜 이상적인 측면을 다루는 **과정 질문**을 사용하라.

   b. 상담자와의 관계에서 내담자가 자아를 경험하는 것을 돕기 위해 **즉시성**을 사용하라.

3. [특정 증상: 우울, 불안 등] 감소를 위해 자신을 문제 상황에 대한 **책임**이 있고 변화를 만드는 데 **적극적인 주체**로서 바라보는 능력을 증가시키기

   개입:

   a. 무력감 및 피해의식과 관련된 **모순에 직면**하라.

   b. 내담자가 상담 관계와 현재 경험에서 **주체성**의 의미를 경험하도록 돕기 위해 **즉시성**을 사용하라.

치료의 종결 단계

종결 단계 치료 과제

1. 추후 관리 계획을 세우고 성과를 유지하기. 다양성의 고려사항: [치료가 종결된 이후, 내담자를 돕기 위해 내담자가 속한 공동체의 자원들에 어떻게 접근할지 설명하라.]
   개입:
   a. 잠재적인 미래의 도전과제들을 잘 처리하기 위한 방법을 확인하도록 돕기 위한 **과정 질문**. 내담자가 도움 없이 자신에 대해 숙고할 수 있는 능력을 개발한 후에만 종결하라.

종결 단계 내담자 목표

1. [특정 증상: 우울, 불안 등] 재발 가능성 감소를 위해 개인적 구성개념을 고수하지 않으면서 **전개되고 진화하고 복합적인 과정으로서의 자기를** 경험하는 능력을 증가시키기
   개입:
   a. 내담자가 자신의 모든 부분을 수용할 수 있도록 돕기 위한 **무조건적인 긍정적 존중**을 하라.
   b. 지금-여기에서 자신에 대한 경험을 촉진하기 위한 **즉시성**을 동반한 **과정 질문**을 하라.

2. [특정 증상: 우울, 불안 등] 재발 가능성 감소를 위해 진정한 자신으로서 타인과 진정성 있게 소통함과 동시에 타인도 진정한 자신이 되는 것을 가능하게 하고 그를 존중하는 능력 증가시키기
   개입:
   a. 내담자가 진실해질 수 있는 안전한 환경을 제공하기 위해 **진정성과 진실성**을 사용하여 내담자와 관계를 맺어라.
   b. 진정한 자신으로서 타인과 효과적으로 관계를 맺는 능력을 높이기 위해 회기 내에서 내담자가 상담자에 의해 어떻게 경험되는지에 대한 **즉시성**을 사용하라.

다문화적 접근: 다양한 집단과 작업하기

문화, 인종, 성별 다양성

다양한 내담자에게 사용되는 인본주의 · 경험주의 접근은 명확하고 일치적인 감정 표현과 기꺼이 취약해지고자 함을 가치 있게 여긴다. 그러므로 정서 표현에 대해 다른 태도를 가지고 있거나 이러한 취약성이 안전하지 않다고 느끼는 치료적 맥락의 사람들과 작업할 때, 상담자는 신중하게 진행할 필요가 있다. 예를 들어, 경험주의적 접근에서 촉진되는 정서 표현은 몇

몇 남성이나 동아시아 미국인들(Wang, 1994), 일반적으로 덜 표현적이고 간접적인 정서 표현에 가치를 두는 사람들에게는 불편함을 줄 수 있다. 따라서 이는 주의해서 사용되어야만 한다. 그렇지만 최근 한 연구에서 자기 표현적인 글쓰기가 대부분의 사람들에게 유익하고, 특히 아시아계 사람들에게 유익하다는 점이 발견되었다(Lu & Stanton, 2010). 이와 유사하게, 또 다른 연구에서는 아시아계 여자 대학생들이 경험적 치료 접근을 인지행동 혹은 정신역동 접근보다 더 긍정적으로 평가하는 것으로 나타났다(Yu, 1998).

■ 문화적으로 능숙한 인간중심 상담

퀸(Quinn, 2013)은 문화적으로 능숙한 인간중심 상담을 제공하기 위해 다양한 내담자와 작업하는 인간중심 상담에 대한 세심한 문헌고찰에 근거하여 두 개의 구체적인 적응이 필요하다는 가설을 세웠다.

- 질병에 대한 내담자의 근거 없는 믿음(즉, 문제에 대한 신념 혹은 이론)에 대한 상담자의 일치
- 상담자를 향한 내담자의 지각과 태도에 대한 상담자의 공감적 이해

첫째, 서구 담론에서의 정신건강 장애에 관한 내담자의 근거 없는 믿음을 이해하는 것은 ① 내담자의 배경(내담자에게만 한정된)에 기초한 문화적 신념에 대해 자각하고 친숙함을 갖는 것, ② 문제 상황(내담자에게 한정되지 않은)에 대한 내담자의 개인적인 해석을 주의 깊게 경청하는 것을 모두 포함한다. 이것은 내담자에 대한 상담자 이해의 정확성을 빈번하게 확인하는 순환적 과정에서 발생한다. 상담자가 내담자에 대해 비판단적인 자세와 무조건적인 긍정적 존중을 유지할 때, 이러한 탐색은 상담자가 질병에 대한 내담자의 근거 없는 믿음에 대해 일치하는 것을 가능하게 한다.

두 번째 적응은 더 도전적이다. 다문화 내담자, 특히 문화 적응이 덜 된 내담자는 아마 상담자의 '진정한 관심'의 표현을 신뢰하는 데 더 오래 걸릴 것이다. 인간중심 상담자의 과업은 보다 직접적인 방식으로 전환하기보다 비교문화적으로 신뢰를 형성하는 것에 대한 애매함을 감내하는 것이고, 이는 양측 모두에게 불안을 덜 유발할 것이다. 따라서 내담자가 만드는 침묵이나 다른 주저함을 인지할 때, 상담자는 공감적이고 비판단적으로 다음과 같이 반응한다.

> "나는 당신에 대해 듣고 싶은데, 특정한 것들에 있어서 나를 믿기 어려운 것 같아 보입니다. 당신은 내가 이해할 수 있다고 생각하지 않을 수 있습니다. 이러한 생각은 당연하고 합리적입니다. 사실 제가 이해하지 못할 수도 있습니다. 하지만 나는 내가 당신을 이해하고 싶을 뿐만

아니라 당신에게 도움이 되고 싶어 한다는 것을 확실히 말해 줄 수 있습니다. 나는 기꺼이 당신에게 편하게 느껴지는 속도로 다가갈 것입니다."

촉진적인 조건을 사용함으로써 인간중심 상담자는 문화적 차이를 넘어 신뢰가 성립되도록 하는데, 이는 내담자에게 적절한 형태와 속도로 안전하게 다가가기 위함이다.

■ 성별

비교문화적 차이는 물론, 정서 표현 또한 내담자와 상담자의 성별과 관련된 중요한 문제이다. 특히 상담자는 내담자의 성별에 따라 정서 표현과 관련된 그들의 기대를 비판적으로 점검할 필요가 있다. 한 연구는 남성과 여성 상담자를 모두 경험해 본 비전통적인 여성 내담자가 여성 상담자가 특정한 성별에 특화된 방식으로 내담자들이 그들의 정서를 표현할 것이라 기대한다고 믿었음을 보고하였다. 이러한 내담자는 상담자에 의해 판단받고 오해받는 느낌을 받았다. 왜냐하면 그들은 성별에 특화된 감정 표현의 상투적인 방식에 동의하지 않았기 때문이다(Gehart & Lyle, 2001). 동일한 연구에서 남성 내담자는 여성 상담자와 함께할 때, 보다 취약한 정서를 공유하는 데 더욱 안전한 느낌을 받았다고 보고하였다. 남성과 여성 내담자는 모두 남성 상담자가 정서보다 문제 해결과 현실적인 문제에 관심을 갖는 것 같다는 느낌을 보고하였다. 따라서 동일한 성별의 특성을 반영한 내담자와 반대 성별의 특성을 반영한 내담자와 더불어, 상담자는 정서 표현을 위한 문화적 규범이 잠재적으로 어떻게 인본주의 · 실존주의 상담과정을 형성하거나 방해하는지를 자각할 필요가 있다. 그러므로 성별과 관련하여 섬세하게 작업하는 것의 일환으로, 상담자는 ① 감정 표현과 관련하여 저마다 다른 문화적 · 성적 규범과 가치에 근거하여 부정확한 평가를 내리는 것을 피하고, ② 내담자의 편안함 수준에 걸맞게 치료 동맹에서의 친밀감 수준을 조절하며, ③ 내담자로 하여금 편안한 수준에서 능동적으로 참여하도록 하는 개입 방법을 선택하는 데에 주의를 기울일 필요가 있다.

성 정체성의 다양성

진정한 자기 표현의 가치에 입각하여, 인본주의 · 실존주의 상담자들은 규준과 행동에 기반을 둔 성의 개념화를 피한다(Kleinplatz, 1996). 그 결과, 인본주의 · 실존주의 접근은 레즈비언, 게이, 양성애자, 트랜스젠더, 성 정체성이 아직 확립되지 않은 내담자(LGBTQ)[2]에게 널리 사

2) 역자 주: 성소수자 및 성 정체성을 명확히 할 수 없는 말을 통칭하는 말.

용되어 왔다(Davies, 2000). 주관적이고 실제 경험을 묘사하는 것과 병리화를 피하는 것에 대한 현상학적 강조는 인본주의·실존주의 접근을 LGBTQ 내담자들을 위해 실행할 수 있는 선택사항으로 만들었다(Milton, 2000). 더 구체적으로, 커밍아웃 과정은 자아실현 과정 및 로저스와 인본주의자에 의해 기술된 '일치'를 향한 욕구의 중요한 부분으로 여겨질 수 있다(Beane, 1981; Davies, 2000).

인본주의 상담 집단 내에서도, '동성애 우대 심리치료(gay affirmative therapy)'가 무엇을 의미하는지에 대한 논란이 있어 왔다(Milton, 2000; Langdridge, 2007). 동성애 우대 심리치료의 '약화된' 형태인 윤리적 긍정은 근본적인 현상학 그리고 인본주의적 접근을 활용하여 LGBTQ 내담자가 살아가는 현실을 존중한다(Milton, 2000). 반대로, 동성애 긍정이라 간단하게 불리는 더욱 강경한 형태는 동성애자에 대한 사회적 편견의 영향을 직접적으로 개선하기 위한 옹호와 긍정적인 지지를 포함하며, 상담자의 입장에서 확실한 소정의 견해와 실습을 포함한다. 비록 이러한 옹호적인 입장이 좋은 의도를 가지고 있다고 하더라도, 이는 궁극적으로 내담자의 주관적인 생활 경험에 특혜를 주지 않는, 그렇지만 정치적이고 사회적인 현실을 중시하는 전문가 입장이다. 그 결과, 동성애에 대해 긍정적인 인본주의 상담자는 이 모델(더 정치적인 활동가의 입장)의 가정 내에서 작업하는 한편, 반드시 내담자의 주관적인 세계관 내에서 작업하는 것과 동성애에 대하여 내면화된 강력한 차별의 메시지를 다루고 잠재적으로 대응하는 것과의 균형을 세심하게 맞추어야 한다(더욱 '이론적인' 인본주의적 접근).

LGBTQ 내담자의 경험을 고려할 때, 인본주의 상담자는 내담자의 진정한 자아에 대한 사회적 거부에 대한 부담감에 초점을 맞추고, 진정한 자신을 표현할 수 있는 안전한 방식과 맥락을 찾아 나아갈 수 있도록 내담자를 도울 수 있다(Pachankis & Bernstein, 2012). 인본주의 상담자는 내담자의 사회적 맥락이 지지적 혹은 비지지적 가족 구성원과 더불어 동료나 낯선 사람들과의 친밀한 관계 내에서 어떻게 내담자의 의사소통 방식을 심각하게 제한할 수 있는지를 고려해야 한다. 버지니아 사티어(Virginia Satir)의 부분들의 잔치(Parts Party)와 가족 재구조화(인간주의적 가족 치료자)와 같은 경험주의적 실습은 동성애자 집단 프로그램에서 그들이 지지와 원가족 관계를 새롭고 더욱 힘을 실어 주는 방식으로 재경험될 수 있도록 사용되고 있다.

스냅샷: 연구와 근거 기반

로저스(1961, 1981)는 상담 및 심리치료 연구의 초기 선구자이다. 그는 폭넓고 지속적인 연구에 기반을 두어 인간중심 상담을 발전시켰다. 하지만 1970년대 중반 로저스와 트룩스

(Traux)(Quinn, 2013)의 죽음 이후, 인간중심 상담에 대한 연구는 근본적으로 막을 내렸다. 스트레스를 받는 부부를 위한 치료이자 경험적으로 지지되는 치료인 정서중심 부부치료(Johnson, 2004)를 제외하고는 현대의 인본주의적 접근은 '경험적으로 지지되는 치료' 운동의 선두가 되지 않았다. 하지만 상담 관계의 중요성은 상담 및 심리치료 연구 영역에서 가장 중요하고 강력한 발견 중 하나이다. 근거들은 상담 관계에서 무엇이 도움이 되는지에 대한 로저스의 많은 개념에 대해 강하고 일관적인 지지를 제공한다.

칼 로저스는 그의 1957년 논문인 「치료적 변화의 필요충분조건(The necessary and sufficient conditions of therapeutic change)」에서 다가올 세대를 위한 심리치료의 방향을 재정립하는 네 번째 연구 가설을 발표하였고, 이는 그의 경력에 큰 영향을 미쳤다. 이 논문의 출판 이후 수십 년 동안, 그는 그의 핵심 조건이 필요한지, 충분한지를 확실히 하기 위해 세심한 연구 주제를 추구했다. 답을 찾는 과정에서 로저스는 상담과정을 기록한 첫 번째 연구자가 되었는데(Brazier, 1996), 이는 변화를 촉진하거나 방해하는 회기 내의 상담과정에 대한 연구인 **과정 연구**를 위한 기술적이고 윤리적인 토대를 제공하였다. 지난 40년 동안의 방대한 주요 연구에서는 핵심 조건에 대한 **내담자**의 지각이 상담자 혹은 중립적인 제3자의 지각보다 긍정적인 성과와 많은 관련이 있다는 것을 발견하였다(Kirschenbaum & Jourdan, 2005). 하지만 공감, 긍정적 존중 그리고 일치성의 중요성에 대한 강력한 지지가 있음에도 불구하고 대부분은 핵심 조건이 필요도 충분도 아니라는 점을 인정하였다(Kirschenbaum & Jourdan, 2005). 그럼에도 불구하고, 이 조건들은 사실상 모든 내담자에게 '극적으로 도움이 된다'고 여겨진다.

공통 요인 연구는 로저스의 핵심 개념의 중요성을 재도입하고 재맥락화해 왔다(Miller, Duncan, & Hubble, 1997; 1장 참조). 공통 요인 모델은 변화를 설명하는 특정한 모델들보다 결과 변수를 30% 정도 높게 차지하며, 모델들 간의 차이점보다는 유사점이 성공적인 상담 결과 및 상담 관계와 더욱 관련이 있다는 것을 상정한다(Miller, Duncan & Hubble, 1997). 이러한 발견들은 인간중심 상담과 인지행동, 정신역동 상담을 비교하는 큰 규모의 연구에서 지속적으로 설명되고 있다(Stiles, Barkham, Mellor-Clark, & Connell, 2008). 그 결과, 로저스 연구의 재유행에 힘입어 인간중심 모델은 다른 인본주의적, 경험적 그리고/혹은 실존주의적 접근들과의 결합 내에서 적용될 것으로 보인다(Kirschenbaum & Jourdan, 2005).

뿐만 아니라 정서 표현이 안녕감(well-being)을 향상시킨다는 경험주의 상담자의 주장을 지지하는 연구의 중요한 흐름이 있다(Stanton & Low, 2012). 구체적으로, 감정을 표현하기 위한 글쓰기는 사건과 관련된 의미를 변화시키고 긍정적인 정서를 증가시키는 것으로 나타났다(Langens & Schüler, 2007). 특히 흥미로운 것은, 건설적인 정서 표현은 더욱 만족스러운 초기 관계를 특징짓는다는 것이다(Yoshida, 2011). 게다가 정서 표현에 대해 긍정적인 태도를 가진 젊은 가족들은 사회적 지지에 대하여 보다 높은 수준의 감각을 보고하였는데, 이는 정서 표현에 대한 긍정적인 태도가 관계를 다각적인 수준에서 강화시킬 수 있음을 의미한다(Castle, Slade, Barranco-Wadlow, & Rogers, 2008). 요컨대, 특정한 개입과 전반적인 성과간 유의한 상관은 나타나지 않았지만, 상담 관계와 정서 표현을 촉진하기 위한 인본주의적 접근의 원칙과 실무는 강하고 일관된 지지를 받고 있다.

인간중심 사례 연구

대만계 미국인 2세인 메이는 24세로, 수의과 대학에서의 첫 1년 동안 공황 발작을 겪었다고 보고했다. 그녀는 "갑자기 세상이 내 위로 무너지는 것 같은 느낌을 받았습니다. 심장은 몹시 뛰었고, 거의 말을 할 수 없었습니다."라고 진술했다. 그녀는 학교 기숙사에서 살고 있었으며, 그녀의 부모님과 동생은 3시간 거리에 살고 있었다. 그녀는 학업적인 면에서 항상 뛰어났으며 과학과 수학보다는 미술, 역사 그리고 문학과 같은 과목을 더 좋아했다. 그녀의 부모님은 그녀가 의학 같은 현실적이고 수입이 높은 직무를 선택해야 한다고 주장했고, 메이가 동물을 좋아했기 때문에 수의학과에 진학하는 것으로 타협하였다. 그녀는 수의학을 지속하는 자신의 선택이 행복하다고 말한다. 많은 부분에서 사회화 수준이 높음에도 불구하고, 메이는 그녀의 감정을 표현하거나 그녀나 그녀의 가족에게 수치스러운 주제에 대해 논의할 때에는 억제되어 있고 조심스러워한다. 그녀는 항상 스스로 침착하고 우아하게 행동하려고 한다. 그녀는 자신의 부모님에게 자신이 학교건강센터에서 하는 상담을 받으려고 한다는 것을 말하지 않았다.

사례개념화: 인간중심

이 사례개념화는 이 장의 '조망하기: 사례개념화' 섹션의 핵심적인 개념을 토대로 이루어져 있다. 당신은 사례개념화 섹션에 언급된 개념을 활용해 앞의 사례 또는 다른 사례의 사례개념화에 적용할 수 있다.

■ 변화과정의 단계

성인 여성(AF)은 변화과정의 두 번째 단계에 있다. 그녀는 자신에게 문제가 있다고 인식하기 시작했고, 그 문제를 자신의 것이 아닌 외적인 것으로 여기고 있다.

■ 문제의 지각

현재 상황에서, AF는 문제가 대부분 외부 또는 어딘가에서 오는 것으로 지각한다. 그녀는 대학원과 관련된 스트레스와 일부 관련되어 있을 '것이라' 예측하지만, 이는 확실하지 않다.

■ 주체성와 책임감

AF는 다른 사람을 비난하지 않으며, 그녀 삶에서의 주체성을 경험하지도 않는다. 주요한 인생의 결정과 관련하여 그녀는 여전히 자신이 '선택권을 가지고 있지 않고' 그녀 부모님의 이야기를 들어야 한다고 믿는다. 그녀는 어른들의 지혜를 존중하는 대만의 전통적인 문화적 가치를 고수할 것인지, 스스로 의식을 갖고 자유롭게 선택할 것인지 명확히 알지 못한다. 일상생활에서 그녀는 자신의 학교생활과 업무를 관리하는 것에 책임감을 갖는다.

■ 감정의 인식과 표현

AF는 그녀의 감정 중 일부를 인식할 수 있지만 친밀하거나 수치스러운 주제를 다룰 때에는 대만 문화의 흔한 방식에 따라 감정을 배제하거나 표현하지 않는다. 심지어 그녀의 공황 발작에 대해 다루는 회기에서도, AF는 '모든 것이 통제하에 있는 것'처럼 보이기 위해 노력한다. 그녀는 자신의 감정의 대부분을, 심지어 긍정적인 감정까지도 다른 사람에게 일어나거나 오래전에 일어난 것처럼 묘사했다. 그녀의 정서 표현 방식은 상당히 전형적인 대만/중국 문화의 모습이다. 하지만 이러한 경향은 대학원에서 그녀의 스트레스를 관리하기 위한 노력에 영향을 미칠 수 있다.

■ 지금-여기 경험하기

AF는 회기 내에서 그녀의 현재 순간의 생각과 정서를 알아차리고자 노력하는 것을 힘겨워한다. 하지만 약간의 도움과 촉진을 통해 그녀는 자신의 정서를 인식할 수 있다.

■ 개인적 구성개념과 허울

AF는 학문적 성공에 의해 증명되듯이 똑똑함과 감정을 항상 통제한다는 개인적 구성개념을 발달시켜 왔다. 그녀는 주로 완벽을 추구한다. 대학원 생활에서의 압박은 이러한 허울과 사회적/가족적 역할에 문제를 일으켰으며, 그녀의 공황 발작에 기여하는 요인이다.

■ 복잡성과 모순

또래가 그러하듯, AF는 그녀의 많은 내면적 모순과 삶의 복잡성을 포용하지 못하고 있었다. 대학원에서 일어나는 새로운 도전적 문제들은 그녀에게 실패와 미래에 대한 두려움을 마주하는 것과 같은 문제들을 불러일으키고 있는지도 모른다. 또한 그녀는 선택한 직업에 집중하기 위해 예술적이고 문학적인 활동을 포기해 왔다. 이러한 선택은 진정한 그녀 자신에게 필수적이고 중요한 부분을 부정하는 것으로, 불안을 야기한다.

■ '해야만 하는 것들'(당위)

AF는 그녀의 부모님에 의한 메시지뿐만 아니라, 중국계 미국인이자 이민자, 중산층의 대만인 중국계 문화로부터 비롯되었을 수 있는, 그녀의 삶을 구성하는 발견되지 못한 많은 '당위'를 갖고 있다. 그녀는 반에서 학업적으로 최상위권이어야 하고 그녀 삶의 모든 영역에서 성공해야 한다는 압력을 받아 왔다. 게다가 그녀는 독립과 자유에 대한 미국의 가치와 비교되는 그녀의 가족과 문화적 가치(부모에 대한 충성과 의무를 강조하는)에 모순을 느낀다.

■ 타인 수용

일반적으로, AF는 그녀 자신보다 타인에게 더 수용적이다. 하지만 그녀는 여전히 다른 사람들을 진정한 그들 자신보다는 역할의 차원에서 인식한다.

■ 자기신뢰

AF는 직업적 측면에서의 갈등 때문에 자신의 진정한 자아를 모호하게 인식하고 있다. 특히 그녀는 자신과 다른 사람을 고정적인 개체로 경험하며, 그녀 자신에 대한 묘사는 '나는 항상 X해 왔다.'와 같이 고정적이다. 현재 그녀는 스스로에 대한 이미지에 맞지 않는 자신의 일부를 이해하기 힘든 상태이다.

치료계획: 인간중심 상담

치료의 초기 단계

초기 단계 치료 과제

1. 치료 관계를 형성하기. 다양성의 고려사항: 잠정적으로 수치스러운 화제에 대해 더 절제된 정서적 말투와 조심스러운 접근을 유지하라.

   관계 형성 접근/개입:

   a. 변화를 위한 필요조건을 수립하기 위해 **무조건적인 긍정적 존중, 정확한 공감, 진실성**을 사

용하라.

2. 개인적이고 체계적이며 다양한 문화적 역동을 평가하기. 다양성의 고려사항: 전반적으로 다문화적 사회화가 잘 되어 있음을 고려하여, **정서 표현**과 **자기 구성개념**에 대한 대만계 미국인의 규범에 대한 평가를 조심스럽게 적용하라.

   평가 전략:

   a. **현재 순간의 감정**을 확인하고, 표현하고, 경험하는 능력을 평가하라.

   b. **전개되는 과정**으로서의 자신을 경험하는 능력, **문제에 대한 적극적인 책임감을 수용하는 능력, 복잡성과 모순을 포용하는 능력, 흐름을 경험하는 능력**을 평가하라.

초기 단계 내담자 목표

1. 공황 경험 감소를 위해 **당위와 의무**를 감소시키기

   개입:

   a. 내담자가 공황의 기저에 있는 **정서를 확인**하고 인정하고 **수용**하도록 도와라. 내담자에게 매일 일기를 쓰면서 이렇게 하도록 지시하라.

   b. 대학원 시작의 일부인 **어려움** 및 **복잡성**과 관련하여, 내담자가 **자신에 대한 적극적이고 능숙한 감각**을 발전시키도록 도와라.

치료의 작업 단계

작업 단계 치료 과제

1. 작업 동맹의 질을 확인하기. 다양성의 고려사항: 단절 혹은 수줍음에 대한 미묘하고 비언어적인 표현을 찾으면서, 내담자가 상담 관계에서 안전하고 수용받는다고 느끼는지에 대해 지속적으로 확인하라.

   평가 개입 :

   a. 자신을 진정으로 표현하고 상담자에게 적극적으로 동의하지 않는 능력을 평가하라(회기 평가 척도).

작업 단계 내담자 목표

1. 공황 감소를 위해 문화적으로 적절한 방법으로 감정의 모든 영역을 **인식**하고 적극적으로 **표현**하는 능력을 증가시키기

   개입:

   a. 내담자가 표현하기 힘든, 의식하지 못하는 감정을 **공감적으로 반영하라**. 정서 표현과 관련된 문화적 규칙과 가족 규칙을 다루어라.

   b. 회기 내에서 **즉시성**을 사용하여 내담자가 현재 순간에서 **정서를 경험**하도록 도와라.

2. 고성취 완벽주의 경향 감소를 위해 허울 없는 **진정한 자신을 인식**하는 능력을 증가시키기
   개입:
   a. 내담자가 자신에 대한 내적 경험을 명확히 할 수 있도록 자신의 덜 이상적인 측면을 다루는 **과정 질문**을 사용하라.
   b. 상담자와의 관계에서 내담자가 자아를 경험하는 것을 돕기 위해 **즉시성**을 사용하라.

3. 그녀의 '갑작스러운' 공황 발작과 관련된 무력감 감소를 위해 자신을 삶의 상황에 대해 **책임**이 있고 변화를 만드는 데 **적극적인 주체**로서 바라보는 능력을 증가시키기
   개입:
   a. 가족 및 학교 환경과 관련이 있는 완벽주의, 그리고 무력감과 관련된 **모순에 직면**하라.
   b. 내담자가 상담 관계와 현재 경험에서 **주체성**의 의미를 경험하도록 돕기 위한 **즉시성**을 사용하라.

치료의 종결 단계

종결 단계 치료 과제

1. 추후 관리 계획을 세우고 성과를 유지하기. 다양성의 고려사항: 대만/중국 그리고 학교/직업 공동체의 잠재적 자원을 확인하도록 도와라.
   개입:
   a. 잠재적인 미래의 도전과제를 잘 처리하기 위한 방법을 확인하도록 돕기 위한 **과정 질문**. 내담자가 도움 없이 자신에 대해 숙고할 수 있는 능력을 개발한 후에만 종결하라.

종결 단계 내담자 목표

1. 공황 증상 재발 가능성 감소를 위해 개인적 구성개념을 고수하지 않으면서 **전개되고 진화하는 복합적인 과정으로서의 자기를** 경험하는 능력을 증가시키기
   개입:
   a. 내담자가 자신의 모든 요소를 수용할 수 있도록 돕기 위한 **무조건적인 긍정적 존중**을 하라.
   b. 지금-여기에서 자신에 대한 경험을 촉진하기 위한 **즉시성**을 동반한 **과정 질문**을 하라.

2. 공황이나 완벽주의 재발 가능성 감소를 위해 자신으로서 가족과 진정성 있게 소통함과 동시에 나머지 가족들도 충분히 자기 자신으로 소통하는 것을 존중하고 가능하게 하는 능력을 증가시키기
   개입:
   a. 내담자가 진실해질 수 있는 안전한 환경을 제공하기 위해 **진정성과 진실성**을 사용하여 내담

자와 관계를 맺어라.

b. 진정한 자신으로서 타인, 특히 가족들과 효과적으로 관계를 맺는 능력을 높이기 위해 회기에서 내담자가 상담자에 의해 어떻게 경험되는지에 대한 **즉시성**을 사용하라.

개인적 성찰과 토론을 위한 질문

1. 변화를 위한 핵심 조건들에 대한 당신의 생각은 어떤가요?
    - 어떤 유형의 내담자에게 이것이 적절한가요?
    - 어떤 유형의 내담자에게 이것이 적절하지 않은가요?
2. 다른 사람의 공감 표현이 당신의 삶을 다르게 만들었던 상황에 대해 설명해 보세요. 공감은 당신에게 어떠한 영향을 미쳤나요?
3. 로저스의 변화 과정에 대한 7단계 모델에 대해 당신은 어떻게 생각하나요?
    - 이것이 가진 강점은 무엇인가요?
    - 한계점은 무엇인가요?
    - 다문화 상담 상황에서 이것은 어떻게 적용될까요?
4. 당신의 경험에 따르면, 당신은 사람들의 다음 사항에 따른 감정 표현에서 어떠한 차이점을 알아챘나요?
    - 연령
    - 민족성 혹은 인종
    - 성별
    - 성적 지향성
    - 이민자 신분
5. 다양한 내담자와 작업할 때 이 접근법이 갖는 강점은 무엇인가요? 한계점은 무엇인가요?
6. 당신은 일상적인 상호작용에서 타인의 정서적 상태를 어떻게 확인하는 경향이 있나요? 어떤 것이 가장 도움이 되나요? 어떤 것이 방해가 되나요?

7장

실존주의 상담과 심리치료

왜(why) 살아야 하는지를 아는 사람은 그 어떤(how) 상황도 견뎌낼 수 있다.

– 빅터 프랭클(Viktor Frankl)

들어가며

실존주의 상담은 '삶의 의미와 목적은 무엇인가?' '왜 우리는 고통받는가?' '죽음은 무엇인가?'와 같이 '실존'과 관련된 질문들을 다루는 실존주의 철학을 기본으로 한다. 실존주의 상담은 실존주의 철학과 많은 부분에서 공통점을 갖지만, 몇 가지 구분되는 점이 있다(Cooper, 2003).

- **현존재분석**: 현존재분석은 내담자가 자신의 세계를 개방하고, 그들의 세계 내 존재 방식이 경험하고 있는 고통에 어떠한 영향을 미치고 있는지에 대하여 탐색하도록 돕기 위해 다양한 분석적 접근을 활용한다.
- **로고테라피**: 실존주의 접근 가운데 하나인 로고테라피는 삶은 본질적으로 의미있다는 믿음을 기반으로 한다.
- **미국의 실존적 인간중심 접근**: 세계 내 존재로서의 본질을 강조하는 현존재분석과는 달리, 미국의 실존적 인간중심 접근은 개인이 스스로의 주관적인 경험에 진솔해짐으로써 내면에 보다 집중해야 할 필요성에 주목한다.

• 영국의 실존분석학파: 최근 개발된 영국의 실존분석학파는 물리적 · 사회적 · 개인적 · 영적인 실존의 네 가지 차원을 탐색한다.

이러한 실존적 접근들은 기본적인 전제와 그 기법에 있어 공통된 부분이 상당하기에 이 장에서 전체적으로 다루고자 한다.

요약: 당신이 알아야 할 기본적인 내용

실존주의 상담 및 심리치료는 겁이 많거나 우리 삶에서 요구되는 질문에 대하여 흑백논리의 단순한 답을 선호하는 사람들을 위한 것이 아니다. 그 명칭에서 알 수 있는 바와 같이 실존주의 상담 및 심리치료는 개인이 삶의 의미를 찾고, 정체성의 위기를 다루며, 본질적인 외로움에 직면하면서 불안이라는 실존적 문제를 다룰 수 있도록 돕는 데 집중한다. 실존적인 문제는 '인생에서 무엇을 해야 하는가? 인생에서 무엇을 해 왔는가? 인생에서 왜 그것을 하지 않았는가? 나 외에 내 삶을 책임질 신 또는 누군가가 있는가?'와 같은 질문들이다. 요컨대, 실존주의 상담은 "개인이 삶의 딜레마를 수용하도록 돕는 것이다."(Van Deurzen, 2002, p. viiv).

실존주의 상담자들은 개인이 상담 장면에 가져오는 대부분의 문제들은 실존주의에 기반하고 있다고 주장한다. 증상뿐만 아니라 실존 자체에 대한 주제도 다룸으로써, 삶의 의미와 가치와 같은 심오한 문제는 물론 호소 문제도 해결되어 상담의 효과는 오래 지속된다. 실존주의적 접근은 각 회기를 어떻게 운영해야 할지에 대한 일련의 구체적인 기법이라기보다는 철학적인 견해에 가깝다. 실존주의의 철학은 인간은 자유로우며 그들의 선택과 행동에 책임이 있음을 강조한다. 실존주의 상담과정을 통해 내담자는 스스로를 환경의 희생자라고 느끼기보다는 자신과 자신의 삶에 대해 개념화하는 방법을 배운다. 실존주의 상담은 정신질환이나 심리적 문제를 '치유한다'기보다는 개인이 삶의 의미와 목적을 가지고 진정한 삶을 살도록 돕는다.

핵심: 이 이론의 중요한 공헌

이 장에서 한 가지를 기억해야 한다면, 그것은 바로 다음의 내용이다.

▪ 나–너 관계

너(Thou)가 말한다면, 나–너(I–Thou) 관계에서의 나(I)는 너와 함께 대화한다.

> 그것(It)이 말한다면, 나-그것(I-It) 관계에서의 나(I)는 그것과 함께 대화한다.
> 나-너(I-Thou)의 고유한 언어는 전체와 함께 해야만 말할 수 있다.
> 나-그것(I-It)의 고유한 언어는 결코 전체와 함께 말할 수 없다(Buber, 1958, p. 1).

상담자가 되기 위해 공부를 하다 보면 그 과정에서 접하는 각종 서적은 다이너마이트처럼 당신이 알고 있다고 생각했던 것들의 기반을 산산이 부숴뜨릴 것이다. 나는 독자의 준비 상태와 타이밍이 글이 담고 있는 지식만큼이나 중요하다고 믿는다. 마틴 부버(Martin Buber, 1958)의 『나와 너(I-Thou)』는 나를 격변하게 한 책 가운데 하나였다. 내가 처음 그 책을 접했을 때, 나는 항상 그 책을 들고 다니며 시간이 날 때마다 읽었다. 헬스장에서도, 주유를 하면서도, 과자를 먹으면서도, 수업을 기다리면서도 읽었다. 다른 사람은 매우 귀찮았을테지만 너무 흥미로운 나머지 나는 그 책에 대해 이야기하는 것을 멈출 수 없었다. 이에 신입 교수로서 생활한 지 몇 년이 지난 후, 나는 학생들이 부버의 책을 읽고, 나와 같이 삶을 뒤흔드는 경험을 해 보기 원했다. 하지만 학생들은 부버의 『나와 너』는 상담이나 현대 사회와 어떠한 관계도 없는 난해한 시라고 하며, 읽기를 거부하였다. 나는 학생들이 학기가 끝나기 전에 그 책을 서점에 되팔았을 것이라 확신하며, 다시는 부버의 책 읽기를 과제로 내지 않았다. 하지만 끈질기고 집요하게 나는 그 책과 관련된 실험 과제를 개발하였고, 학생들은 나-너 원리의 사용을 좋아하게 되었다. 이에 대해 이야기하기 전에, 몇몇 용어에 대한 개념을 정리하고자 한다.

부버는 존재를 **관계적 만남**으로 보았다. 인간은 나-너(I-Thou; 독일어로는 Ich-Du) 또는 나-그것(I-It; 독일어로는 Ich-Es)이라는 두 가지 방식 중 하나로 관계할 수 있다. 나-너 만남에서 한 개인은 타인을 완전히 독립된 주체로서 경험한다. 각 개인은 이 순간에 온전하게 진실하며 다른 사람의 진정성에 대해서도 수용적이다. 이러한 만남은 정보교환을 위한 것이 아니라 말없이 상대의 존재 그 자체를 바라보고 목격하는 심오한 순간이다. 대개 나-너 만남의 경험은 관찰자와 자연 경관, 어머니와 아기, 종교적 구도자와 신과 같이 서로 사랑하는 두 존재를 전제한다. 이와 대조적으로, 나-그것의 만남에서는 독립적이고 진실한 존재로서보다는 개인의 심적 표상(mental representation)이나 사물과 같은 객체로서 타인과 관계를 맺는다. 궁극적으로 나-그것 관계에서 사람은 실재하는 상대가 아닌 상대에 대한 자기 개념화(conceptualization)와 관계 맺는 것이라 할 수 있다. 인간의 삶은 대부분 '나-그것'의 만남으로 이루어진다. 음식점에서 점심을 주문하는 것도, 환자를 진단하는 것도, 결혼 준비도 말이다.

부버는 효율성과 생산성, 사회적 지위를 강조하는 현대 사회에서 나-너의 순간들은 매우 드물고 평가절하되어 있다고 하며 인간 존재가 이 두 가지 존재 방식 사이에서 동요하고 있다고 주장하였다. 뿐만 아니라 그는 '나-너'의 순간에서만 인간이 인간성과 목표, 궁극의 즐거움을 경험할 수 있음을 강조하였다. 인본주의 및 실존주의 상담자와 심리치료사들은 상담자와 내담자의 관계를 독립적이고, 진정한 자기로서 상대방과 만나는 나-너 만남으로 개념화하기 위해 부버의 나-너(I-Thou) 판별법을 활용하였다.

부버의 글이 너무 난해하다고 말하는 학생들에게 나는 나-너(I-Thou) 만남과 관련된 작은 '실험'에 참여하도록 하였다. 한 주간의 수업 동안 나는 학생들에게 세 부류의 사람(낯선 사람, 아는 사람, 친밀한 사람)을 고르고, 그들과 나-너 만남과 나-그것 만남을 갖기 위해 노력하라고 하였다(낯선 사람의 경우 두 명을 선택하라고 했다). 물론 의도된 바였으나 그다음 주에 놀랍게도 대부분의 학생은 가게 점원이나 행인과 같은 낯선 사람과의 나-너 만남이 가장 쉬웠다고 보고하였다. 친구들과 가족들은 학생의 의도를 알아채지 못하거나 '심각한 주제'가 제기되는 것을 두려워하여 그 상황을 경계하였다. 반면, 낯선 사람은 기꺼이 만나 주고, 수용해 주는 경향이 있었다(상대가 방심을 했거나 상대에게 진심 어린 제스처를 기대하지 않아서일 수 있다). 이는 상담 및 심리치료에서 사생활과 비밀 보장에 대한 강력한 전통이 발달한 이유를 설명해 주는 대목이다.

스스로 해보기

두 가지 대화를 나눌 파트너를 구한 후에, 먼저 이 장에 나오는 개념들을 학습하기 위해 상대방과 어떻게 협력할 수 있을지에 대해 논의해 보세요. 이는 나-그것(I-It)의 토론이며, 그 후 상대방이 이 장에 나오는 내용들을 어떻게 경험하는지에 대하여 두 번째 대화를 시작해 보세요. 이때 상대방이 어떻게 독특한 의미를 만들어 내는지, 그것이 상대방에게 어떠한 영향을 미치는지 등에 대해 질문하며, 상대방의 경험을 충분히 이해하려고 노력해 보세요.

풍문: 사람들과 그들의 이야기

■ 빅터 프랭클

빈의 유대인 가정에서 태어난 프랭클(Viktor Frankl)과 그의 아내, 그의 부모님은 아우슈비츠와 투르크하임 강제 수용소로 보내졌다. 호주로 탈출한 여동생을 제외하고 그는 수용소에서 생존한 유일한 사람이었다. 정신건강의학과 의사로서, 그는 수용소에 새로 들어오는 입소자들이 충격과 슬픔에 대처할 수 있도록 도울 것을 요청받았고, 프랭클은 수용소 내에서 자살 감시 프로그램을 만들었다. 그는 동료 수감자가 낙담과 무력감을 극복할 수 있도록 돕는 역할을 하였다. 수용소에서의 특별한 경험을 토대로 그는 의미를 통한 치료인 로고테라피(logotherapy)를 창안하였다. 그는 가장 비인간적이고, 고통스럽고, 불합리한 상황에서도 인간은 삶의 목적과 의미, 그리고 삶에 대한 의지를 발견할 수 있다고 믿었다. 수용소 안에서 많은 사람의 생존과 죽음을 가른 것은 삶의 의미 발견을 통한 생존 의지였다. 종전 후 그는 『죽음의 수용소에서(Man's Search for Meaning)』(Frankl, 1963)를 썼으며, 그 후 『Frankl의 실존분석과 로고테라피(The Doctor and the Soul)』(1965), 『의미를 향한 소리 없는 절규(The Unheard Cry for Meaning)』(1978)를 집필했다.

■ 마틴 부버

오스트리아 출생의 유대인 철학자인 마틴 부버(1958)는 그가 1923년에 집필한 『나와 너』로 유명하다. 그는 프랑크푸르트 암마인 대학에서 근무하다가 1938년, 히틀러가 정권을 장악하자 이스라엘로 망명하여 예루살렘에 정착하였으며, 그곳에서 종교적 실존철학에 대한 작업을 이어 갔다.

■ 롤로 메이

오하이오에서 태어난 롤로 메이(Rollo May, 1961, 1969, 1973, 1981, 1983)는 부모님의 이혼과 여동생의 조현병 치료를 경험하며 불우한 어린 시절을 보냈다. 메이는 실존주의를 미국으로 가져와 심리치료와 실존주의를 결합한 주요 인물이다. 그는 그의 저서에서 불안에 저항하기 위해서는 용기가 있어야 한다는 점과 개인의 선택은 그 자신의 모습을 결정짓고 형성해 나간다는 점을 강조했다. 메이는 샌프란시스코에서 세이브룩 대학원을 설립하였다.

■ 어빈 얄롬

워싱턴의 가난한 유대인 가정에서 태어난 어빈 얄롬(Irvin Yalom)은 정신과 의사로서 스탠퍼드 대학의 교수를 역임하였다. 그의 실존주의 접근에서는 실존에 대한 '네 가지 주제', 즉 죽음, 자유, 소외, 무의미를 제시하였다(Yalom, 1980). 또한 그의 『집단 치료의 이론과 실제(Theory and Practice of Group Psychotherapy)』(1970)는 이론과 관계 없이 사실상 모든 집단 치료사들이 사용하는 매우 영향력 있는 책이다.

큰 그림: 상담과정의 개관

실존주의 상담의 목표는 내담자가 자신의 삶에 책임감을 가지고, 보다 의미 있고 진정한 삶을 살기 위해 의식 있는 선택을 하도록 돕는 것이다. 얄롬(1980)은 실존주의 상담이 내담자로 하여금 ① 죽음과 불안, ② 자유와 책임, ③ 소외와 관계, ④ 무의미라는 네 가지 주제를 다룰 수 있도록 돕는 것이라고 하였다. 상담자와의 진정한 관계(Buber, 1958)인 나–너 관계를 통해, 내담자는 그들이 상담에 가져온 문제와 걱정에 내재되어 있는 실존적 불안을 확인하고 직면할 수 있게 된다. 실존주의 상담은 다른 인간중심 현상학적 접근에 비해 정신역동 상담이론에서 표방하는 통찰력을 강조한다(Yalom, 1980). 실존주의 상담자들은 상담의 점진적인 단계에 대해 정의하지는 않았지만, 일반적으로 내담자가 상담과정 동안 거치는 세 단계가 있다.

- 1단계: 현재 문제가 내담자의 실존적 가정 및 믿음과 어떻게 관련되어 있는지에 대해 확인한다.
- 2단계: 내담자는 죽음, 자유, 불안, 책임, 선택, 의미, 무의미, 소외 등에 대한 자신의 태도를 검토하고 재정의한다.
- 3단계: 내담자는 보다 성취적이고 의미 있으며 자아실현적인 삶으로 나아갈 수 있는 구체적인 행동을 취한다.

관계 형성하기: 치료적 관계

■ 상담자와 내담자 간 나-너 관계

상담 관계에서는 나-그것의 만남이 이루어지기도 하는데, 이와 관련된 자료는(Buber, 1958; '나-너 관계'의 요약 참조) 나-너 관계를 특징짓는 유형을 구축하는 데 활용된다. 나-너 만남 상담에서 상담자는 내담자들 전인격적으로 만나고 존중하는 방법에 대하여 고심한다. 이는 내담자가 깊은 수준에서 '바라봐지고' '경청받는'다고 느낄 수 있도록 하기 위함이다. 나-너의 관점에서, 상담자는 내담자가 상담자의 격려나 지지에 과도하게 의존하지 않고도 어려운 현실에 대처해 나갈 수 있는 능력이 있다고 전제한다. 상담자는 공감이나 걱정을 보이기도 하지만 기본적으로 내담자가 진정한 방식으로 삶을 살아갈 수 있다는 믿음을 갖고 있다.

■ 지금-여기의 존재

실존주의 상담자는 내담자가 자기 인식을 증진시키고, 통찰력을 개발하며, 책임감을 가지고 선택할 수 있도록 돕는 데 있어 존재의 특성을 활용한다(Bugental, 1987; Krug, 2009). 그들은 내담자가 지금-여기를 경험하는 현재 순간에 집중하는 것이 자신 및 타인과 관계 맺는 방법을 변화시키는 데 있어 가장 효율적인 방법이라고 믿는다. 실존주의 상담자는 **개인 내적**(예: 전언어적, 운동 감각적, 암묵적 차원의 경험), **대인관계적**(예: 안전하고 친밀한 관계) 존재 양식을 모두 중시한다. 그들은 현재 순간에 내담자가 무엇을 느끼고 경험하는지를 확인하고, 내담자로 하여금 이러한 감정들의 기저를 이루는 두려움과 불안, 갈망에 대해 탐색하도록 독려한다.

■ 책임감과 독립심 고취시키기

실존주의 상담자는 내담자가 실존적 소외 및 상담자를 포함한 타인과의 분리에 직면하도록 함으로써, 책임감과 독립심을 최대화하기 위한 방향으로 내담자와 관계를 맺는다(Yalom, 1980). 실존주의 상담자는 내담자에게 공감은 하지만, 궁극적으로 인간은 혼자이기 때문에 '나는 당신과 함께 있어.'라는 인식을 주지 않고자 주의를 기울인다. 실존주의 상담자는 내담자로 하여금 소외의 충만함과 현실성을 경험하도록 함으로써(고통스럽거나 무신경하지 않게끔 말이다), 보다 진실되게 살고, 보다 좋은 선택을 하도록 동기화한다. 따라서 실존주의 상담자는 과도하게 안심시키거나, 과도하게 지지적이거나, 과도하게 도움을 주고자 하지 않고, 내담자가 자신의 삶에 강한 책임감을 느낄 수 있도록 한다.

조망하기: 사례개념화

실존주의 상담자들은 사례개념화를 위해 구조화된 방식을 사용하기보다는, 다음과 같이 내담자의 삶 속에 있는 보편적이고 실존적인 문제를 탐색한다.

- 의미, 무의미, 삶의 목적
- 자유와 책임감
- 자기 인식 및 의식 능력
- 죽음에 대한 불안
- 실존적 불안
- 신경증의 원인

■ 의미, 무의미, 삶의 목적

대부분의 실존주의자는 인생이 본질적으로 무의미하다고 믿는다(Yalom, 1980). 그들은 삶에 큰 계획이 있다거나 특별한 목적을 가지고 존재한다고 믿지 않으며, 이러한 점에서 모든 인간은 자아실현이라는 삶의 목적을 갖고 있다는 인본주의 상담자와는 다르다(Rogers, 1961). 키르케고르(Kierkegaard: 독실한 기독교도이자 실존주의 철학자)의 저서에서 처음 언급되었던 기독교적 실존주의자는 인간 개개인은 자유의지가 있으며, 삶의 명백한 무의미성에 마주하였을 때 '믿음의 도약'을 위한 선택을 해야 한다고 하였다(Bretherton, 2006). 물론 실존주의자들도 의미나 목적이 없을 때, 인간은 인생에서 표류할 수 있음을 알고 있다. 따라서 이들은 각 개인이 삶의 의미와 목적이 되는 자원을 의식적으로 선택해야 한다고 믿는다. "삶의 의미는 사람마다 다르고, 매일 매시간마다 다르다. 그러므로 중요한 것은 일반적인 삶의 의미가 아니라 주어진 순간에서 개인의 삶이 갖는 특별한 의미이다."(Frankl, 1963, p.113) 프랭클은 **의미에 대한 의지**가 개인의 삶에서 주요한 동력이라고 주장했다.

실존주의 치료자는 내담자가 삶의 **의미**('Meaning'에서 대문자 'M'을 쓴 것에 주목하라)를 발견하도록 돕는 데 집중한다. 그들은 사람들이 한 발자국 뒤로 물러나 삶의 큰 그림을 보고 다음과 같은 질문을 던져 보도록 돕는다. "이것이 진정 내가 삶에서 원하는 것인가?" "나는 의미 있는 삶을 살고 있는가?" "이것이 내가 꿈꿔 온 삶인가? 그렇지 않다면, 무엇 때문인가?" "내가 원하는 곳으로 나아가려면 어떻게 해야 하는가?" 당신이 만약 초심상담자라면, 이러한 질문들은 상담자가 다루어야 한다고 생각할지도 모른다. 하지만 대부분의 내담자는 너무 우울해서 아침에 일어나거나, 일을 나가거나, 배우자, 자녀와 대화를 할 수 없는 등 일상생활상의 어려움에 처해 있는 경우가 많고, 이혼 소송 중이거나, 실직하거나, 정신 발작 등과 같은 삶의 위기에 놓여 있기도 하다. 상담에서의 작업은 대부분 미시적 관점에서 일상의 어려움을 밝혀내고 해결하는 것이기에, 실존적인 문제와 같은 거시적 수준의 관점으로 전환하는 것은 어려울 수 있다.

최근 행복을 주제로 긍정심리학자들에 의해 이루어지고 있는 연구에서는 정신건강의 회복뿐 아니라 특별한 의미를 지닌 삶의 향유를 강조한다. 평균보다 행복해 보이는 사람들을 대상으로 한 연구에서 연구참여자들은 자신의 삶은 의미와 훌륭한 목적을 가지고 있다고 보고하였다(Seligman, 2002). 한편, 심각하고 지속적인 정신병을 진단받은 사람들을 대상으로 진행한 회복 중심 치료의 주요 목표는 증상의 빈도를 줄이는 것이 아니라 삶의 의미와 목적을 회복하는 것이었다. 일단 삶의 의미와 목적을 갖게 되면 회복 가능성이 높아지기 때문이다(Davidson, Tondora, O'Connell, Lawless, & Rowe, 2009).

삶의 의미를 주제로 한 상담은 여러 단계로 이루어져 있다. 우선, 상담자는 내담자가 삶의 의미와 목적을 확인하도록 도와야 한다. 현재 어떤 행동으로 나타나는 것은 아니지만 삶의 의미와 목적을 명확히 표현할 수 있는 사람들에게는 이 작업이 쉬울 것이다. 내담자들 중에는 현실적인 직장에 정착하거나 계획보다 일찍 가정을 꾸리게 되면서 삶의 꿈과 목표를 버렸을지도 모른다. 누군가에게는 의미의 중요성과 진정한 원천을 확인하는 것이 매우 어려운 과제일 수 있다. 경우에 따라 내담자들은 어떤 방식으로도 목표와 꿈, 아동기와 청소년기의 의미를 표현하지 못하는데, 아마도 이는 내담자와 그의 부모가 내적으로 형성된 삶의 방향을 좇기보다는 사회적 기대를 충족시키는 데 집중했기 때문일 것이다. 이러한 내담자들을 위해 상담자는 무엇이 내담자에게 영감을 주고 스스로를 움직이게 하는지를 발견할 수 있도록 보다 천천히 그리고 창의적으로 접근해야 한다. 이는 내담자들에게 새로운 삶의 경험이 될 것이다.

내담자가 삶이 갖는 의미의 잠재적인 본질을 확인하고, 명료화하고 나면 다음 단계에서는 이러한 것들을 어떻게 현실 세계에서 행동으로 변환시킬지에 대해 결정한다. 대부분의 경우, 진심으로 추구하는 꿈들은 여러 가지 이유로 좌절될 수 있다. 예를 들어, 화가가 되기 위해 또는 전 세계를 항해하는 꿈을 이루기 위해 네 명의 가족을 부양하던 고소득 직업을 그만두는 것은 즐거움보다는 스트레스를 유발할 수 있다. 따라서 대부분의 경우, 과제는 현재 삶의 기본적인 구조 내에서 그 의미를 창출해 내는 다양한 방법—취미, 전직, 새로운 관계 형성, 운동—을 찾는 것이다. 또한 목적 있는 삶을 창조한다는 것은 개인이 현재 형성하고 있는 관계, 직업, 그리고 과거를 새로운 관점으로 바라보는 것이라고 할 수 있으며, 이 과정에서 진솔한 마음을 갖는 것은 매우 중요하다. 일에만 과도하게 몰두하고 가정에는 소홀하던 아버지이자 남편이 관점을 바꾸고 우선순위를 재정립하자 유대감 및 삶의 목적에 대한 인식에 있어 극적인 변화를 보인 사례가 그 대표적인 예이다. 이 장의 마지막에 제시된 사례 연구에서, 상담자는 음주 문제로 힘들어하는 34세 게이 남성 벤(Ben)이 주말마다 참석하는 파티로 정의되던 좁은 삶의 의미에서 벗어나 보다 효과적이고 중요한 삶의 의미를 찾도록 조력한다.

스스로 해보기

종이에 적거나 상대방과의 대화를 통해, 당신의 삶에서 가장 중요한 의미를 확인해 보세요. 그것이 당신의 선택, 행동, 가치관, 관계 형성에 어떠한 영향을 미치나요?

■ 자유와 책임감

프랭클(1963)은 책임감 있는 삶에 대해 다음과 같이 조언한다. "두 번째 인생을 사는 것처럼 살아라. 그리고 당신이 지금 막 하려고 하는 행동이 첫 번째 인생에서 그릇되게 했던 바로 그 행동이라고 생각하라."(p. 114) 실존주의자는 비록 인간에게 자유에 대한 제약이 있기는 하지만(예: 인간은 외부를 통제할 수 없다), 상황에 어떻게 반응할지에 대해서는 선택의 자유가 있다고 주장한다. 4곳의 수용소에서 살아남은 끔찍한 상황에서도 존엄성과 진솔성을 가지고 어떻게 반응할지 선택할 수 있다는 이 주제는 프랭클이 롤모델이 되어 이론의 여지를 주지 않고 있다. 궁극적으로 한 인간이 갖는 최고의 자유는 자신을 둘러싼 삶의 환경을 어떻게 해석하고(의미를 만들고) 반응하는가이다. 나아가 얄롬(1980)은 인간은 단순히 자유로운 존재가 아니라 책임감을 전제로 한 자유 안에서 "자유로울 수 있다"고 설명하였다. 의미를 만들고 반응할 수 있는 자유는 한 사람이 어떻게 자신의 삶을 형성하고 방향을 잡아 나가는가에 대한 책임을 의미한다. 사람은 자신이 한 행동뿐만 아니라 자신이 하지 않은 행동(실패한 행동)에도 책임이 있다. 또한 메이(2009)는 "자유는 저절로 오지 않는다. 그것은 성취되는 것이다. 자유는 한번에 성취되지 않으며 매 순간 성취해야 한다. 내적인 자유를 성취하는 기본 단계는 '자기 자신을 선택하는 것'이다."라고 하였다(p. 125).

사례개념화를 시작할 때, 상담자는 내담자가 자기 삶의 상황들을 어떻게 묘사하는지—자신을 삶의 피해자로 보는지, 아니면 현실의 창조자로 보는지, 삶이 힘들 때 그들이 누구를 비난하는지, 회복하기 위해 누구에게 의지하는지, 반응하는 데 있어 통제권이나 자유를 가지고 있다고 느끼는지, 아니면 '타인에 의해' 반응하는지 혹은 책임감 없이 자유만 갖고 있다고 느끼는지—경청해야 한다. 한 개인이 자유 그리고 그에 수반되는 책임감에 대한 실존적 인식을 온전히 받아들이는 데에는 그렇게 오랜 시간이 걸리지 않는다.

■ 자기 인식 및 의식 능력

메이(2009)는 자기 인식 능력을 인간의 특징적인 자질이라고 밝혔다. 인간은 '나'와 나머지 세계를 구분할 수 있다. 자신에 대한 인식은 개인으로 하여금 타인 및 그들의 욕구와 시간, 그리고 그것들이 자신에게 갖는 함의를 인지하도록 해 준다. 또한 자신의 지난 삶과 그것이 의미하는 바에 대해 검토하고, 이에 대한 자신의 자각 그 자체를 숙고할 수 있게 해 준다. 내담자와 작업할 때, 상담자는 내담자가 그 자신의 생각, 감정, 선택, 욕구, 행동 그리고 그것이 다른 사람에게 어떠한 영향을 미치는지에 대해 어느 정도까지 자각하고 있는지에 대해 평가해야 한다. 존재의 모든 측면에 대한 자각을 증진하는 것은 실존주의 상담의 핵심 목표이다.

■ 죽음에 대한 불안

실존주의자들은 인간의 실존에 있어 부정할 수도 바꿀 수도 없는 죽음에 대한 불안이 정신병리에서 중요한 역할을 한다고 주장한다(Yalom, 1980). 사실 인간은 죽음을 부정하거나 현실을 회피하기 위한 일종의 방어기제를 사용한다. 죽음에 대한 방어의 양상은 개인의 성격 구조를 형성한다. 예를 들어, 건강하게 삶으로써 죽음을 최대한 미루려고 하는 것, 죽음을 초월하고자 종교적 행위에 몰두하는 것, 안전과 건강에 대해 염려하는 것, 죽음의 영향을 받지 않고 살거나 죽음에 대해 생각할 여유조차 없을 정도로 바쁘게 사는 것 등이 있다. 일반적으로 이러한 전략이나 이와 유사한 전략들은 죽음에 대한 불안 수준을 감소시켜 준다. 그러나 정신병리가 있는 개인은 이러한 불안을 관리할 만한 효과적인 방법을 찾지 못한다. 따라서 내담자를 평가할 때, 실존주의 상담자들은 다음과 같은 질문들을 고려한다.

- 내담자의 실존적 불안을 다루는 데에 있어, 내담자의 증상이 어떠한 영향을 미치고 있는가?

- 죽음에 대한 특정 공포를 강화시키는 내담자의 신념과 그 신념의 근거는 무엇인가?
- 내담자는 죽음, 죽음에 대한 두려움, 죽음에 대한 관점에 대해 말할 수 있는가?

실존주의 상담자들이 상담의 초기 단계에서 반드시 이 주제를 다루어야 할 필요는 없지만, 죽음에 대한 불안이 현재 봉착한 문제에 어떠한 영향을 미치고 있는지 알아보기 위해 상담자는 문제와 그 문제를 어떻게 다루어 왔는지에 대한 내담자의 기술(description)을 활용한다. 그리고 상담자는 내담자가 그 자신 및 자신이 사랑하는 모든 사람이 죽는다는 사실을 수용할 용기를 갖도록 격려한다. 이 사실을 깊이 인정할수록, 개인은 자신의 삶에 대해 보다 높은 수준의 책임감을 갖게 되고, 보다 훌륭한 선택을 하며, 의미 있는 삶을 살게 된다. 삶의 한계에 대한 인식 없이 사는 것은 삶에 대하여 무책임하고 후회스러운 결정들로 이어질 가능성이 크다.

▪ 실존적 불안

실존주의자들은 모든 사람이 **실존적 불안**을 경험한다고 주장한다. 여기서 말하는 실존적 불안을 진단 분류에서 보았던 일반적인 신경증적 불안과 혼동해서는 안 된다(May, 2009). 실존적 불안은 인간 존재의 한 부분으로, 자유, 선택, 소외, 무의미, 죽음 등으로 인한 스트레스와 같이 걱정과 문제를 증폭시키거나 그 기저에 깔린 불안으로 설명된다. '각자에게는 선택의 자유가 있으며, 이러한 선택은 나와 타인, 그리고 삶에 미치는 영향에 대한 책임이 있다'는 실존적 현실을 보다 많이 인식할수록 보다 높은 수준의 실존적 불안을 경험하게 된다. 실존적 불안을 경험하는 순간, 개인의 선택이 자신의 삶을 되돌릴 수 없게 형성해 나가는 것은 물론 선택과 자유의 무거움은 피할 수 없다는 사실을 강렬하게 인식하게 된다. 일반적으로 실존적 불안은 DSM(Diagnostic and Statistical Manual of Mental Disorders)에 기재된 바와 같이 정신병리가 아닌 **정상적인** 불안으로(Reeves, 1977), 의식적인 삶의 본질적인 부분이라 할 수 있다. 사실 대부분의 내담자에게 보이는 실존적 불안은 인간으로서 처한 상황에 내재된 선택과 자유, 책임을 보다 높은 수준으로 인지하고 있다는 일종의 신호이다. 사람은 실존적 불안에 직면함으로써 존재를 보다 강하게 자각할 수 있으며, 세상에 자기 자신으로서 존재하고 자신을 긍정할 수 있다.

▪ 신경증의 원인

메이(1961)는 모든 사람(이 문제에 있어서는 식물과 동물 모두)은 "자기중심적이며, 중심에 대한 공격은 자신의 실존 자체에 대한 공격이다."라고 주장했다. 그는 현재 당면한 문제와 불안, 신경증이 사람의 자기중심성, 자기에 대한 자각, 궁극적으로 자신의 존재를 보호하는 역할을 수행한다고 보았다. 예를 들어, 두려움과 신경증적 불안은 지각된 위협을 피하기 위한 각 개인의 반응이고, 분노와 공격성은 공격 위협으로부터 자신을 보호하기 위한 시도이며, 우울은 위협으로부터 도피하기 위한 시도이다. 증상을 손상이나 소멸의 위협으로부터 자신을 지키기 위한 전략으로 바라보기 때문에 실존주의 상담자들은 어느 지점에 중요한 선택과 책임감이 필요한지 신속하게 파악할 수 있다. 예를 들어, 이 장의 마지막 부분에 제시된 사례 연구에서 상담자는 벤이 인위적이고 불안정한 의미를 만들어 그의 인생에서 매우 중요한 두 개의 꿈을 포기하는 등 중요한 실존적 현실에의 직접적 직면을 피하기 위해 어떻게 음주를 이용하는지에 대해 깨닫도록 돕는다.

변화를 겨냥하기: 목표 설정

실존주의 상담의 목표는 내담자가 광범위한 실존적 불안과 관계 맺는 방식을 바꿈으로써 보다 진정한 삶을 살고 삶의 의미를 만들어 내도록 돕는 데 초점을 맞춘다. 이때 접근 방식은 내담자가 호소하는 일상적인 증상보다는 실존적 수준에서의 장기적 변화에 초점을 둔다. 예를 들어, 어떤 여성이 이별 후에 우울감을 호소한다면, 치료의 목표는 단순히 그녀의 우울한 기분을 감소시키는 데 초점을 두기보다는 그녀가 혼자가 된 것을 어떻게 경험하는지, 연인관계가 그녀의 정체성에 어떠한 영향을 미쳤는지를 탐색하는 것이다. 실존주의 상담자들의 주장에 따르면, 변화되어야 할 것은 내담자의 상황이 아니라 문제에 내포되어 있는 의미인 것이다. 따라서 초기와 중기 단계의 목표는 보다 광범위한 삶의 목표를 달성하기 위해 세분화된 여러 단계로 나뉜다.

목표는 다음과 같은 주제들을 다룬다.

- 의미와 목적에 대한 개인의 자각 증진
- 실존적 불안과 혼자가 되는 것에 대한 불안감 완화
- 죽음, 상실, 변화에 대한 수용력 향상
- 직업, 경제적 지위, 관계 상태 등 외적 조건의 영향을 덜 받는 정체감의 형성

작업 및 종결 단계의 내담자 목표의 예는 다음과 같다.

- 타인의 의견에 의존하지 않고, 개인 삶의 의미와 목표를 만들어 내는 능력 향상시키기
- 혼자인 것에 대한 실존적 불안 관리 능력 향상시키기

- 나이를 먹는 과정에 대한 수용력 향상시키기

실행에 옮기기: 개입

인간중심 상담과 유사하게, 실존주의 상담자들은 표준화된 개입을 사용하지 않는 대신 변화를 촉진하는 데 있어 상담자라는 사람을 매우 중요시한다. 내담자가 보다 진실해지고 자기자각을 잘할 수 있도록 돕기 위해 상담자 자신의 존재를 이용하는 데 있어 특별히 집중하는 몇 가지 부분이 있다. 이는 다음과 같다.

■ 의미를 찾고 선택 촉진하기

"우리는 희망이 없는 상황에 직면했을 때에도 인생에서 의미를 찾을 수 있다는 것을 절대 잊어서는 안 된다. 우리가 더 이상 상황을 변화시킬 수 없을 때(수술이 불가능한 암과 같이 치료 불가능한 질병을 생각해 보라), 우리는 우리 스스로를 변화시켜야 한다"(Frankl, 1963, p. 116). 실존주의 상담자들은 내담자가 삶의 어려움에 직면했을 때, 변화 불가능한 상황에 대해 애통해하기보다는 어떻게 바라보고 어떻게 반응할 것인가에 대한 선택 방법을 변화시키는 데 있어 그들의 에너지를 사용하도록 함으로써 내담자가 삶의 의미와 목적을 발견할 수 있도록 돕는다. 이 과정에서 상담자들은 영적 차원, 실존적 요소, 재해석 가능한 자원에 초점을 둘 수 있다. 예를 들어, 말기암 진단을 받은 내담자에 대해 실존주의 상담자는 존엄성을 가지고 남은 생애를 살아가도록 내담자의 초점을 바꿀 것이다.

상황을 변화시킬 수 없을 때, 자신을 변화시키는 데 초점을 두고, 의미를 선택하는 일반적인 전략들은 다음과 같다.

- **영적 관점**: 현재 처한 상황에 대하여 보다 큰 희망과 의미를 찾고 재해석하기 위해 종교적이고 영적인 믿음을 활용(예: 사후 세계가 있다는 믿음)
- **실존주의 철학적 관점**: 주체성을 촉진시키기 위해 죽음, 소외, 책임감, 자유에 대한 실존주의 철학적 관점을 제공(예: 나는 남은 시간에 무엇을 할 것인지 자유롭게 선택할 수 있으며, 선택에 따른 책임은 나에게 있다는 관점)
- **관계적 관점**: 개인의 선택이 중요한 타인에게 어떻게 영향을 미치는지에 대해 검토함으로써 목적과 의미를 생성시킴(예: 나는 나의 자녀들, 남편을 보아서라도 용기를 가지고 남은 세 달을 살 것이라는 관점)
- **정체성 유지**: 자신의 관점과 일치하는 행동을 취하도록 결정하는 것(예: 나는 지금까지 위엄

과 용기를 가지고 살아왔기에 같은 방식으로 죽음에 다가갈 것이라는 관점)

■ 실존적 소외 인정하기

소외는 다양한 형태로 나타나지만, 실존적 소외는 "자신과 다른 존재 사이의 메울 수 없는 격차"를 뜻한다(Yalom, 1980, p. 355). 실존주의자들은 이러한 소외를 인정하는 것이 삶의 의미, 창조 및 자기 삶에 책임감을 갖는 데 있어 중요하다고 역설하였다. "깊은 외로움은 자기 창조의 행위에 내재되어 있다."(p. 357) 따라서 사람은 스스로 고독의 무게를 받아들이기 전까지, 자신이 누구이고 어떤 사람이 되고 싶은지에 대해 적극적 책임감을 갖는 데 있어 동기화되지 않는다. 상담 초기에 상담자들은 실존적 소외를 무시하는 것이 내담자가 당면한 삶의 문제에 어떠한 영향을 미치는지를 알려 줄 적절한 순간을 찾는다. 실존적 소외를 무시함으로써 발생하는 흔한 문제들에는 사랑하는 사람(예: 배우자, 부모, 또는 친구)이 찬성하지 않을 것이기 때문에 자신의 고유한 욕구를 의식적으로 인정하지 않는 것, 외로움을 피하기 위해 잘못된 결정을 내리는 것, 학대받는 관계를 계속 유지하는 것 등이 있다.

■ 자신을 정의하고 긍정하기: 자유의 성취

메이(1961)는 상담자로 하여금 내담자가 호소하는 문제의 **왜**와 **어떻게**에 집중하는 대신에 "이 공간에 나와 함께 있고 현존하는 사람"으로서, 내담자가 갖는 복잡성에 집중할 것을 권한다(p. 74). 내담자는 자신을 향한 위협으로 증상을 바라보기에 상담자는 내담자 자신에 대한 주관적 자각과 자신에 대한 위협으로 인지된 것들을 이해하는 데 집중해야 한다. 예를 들어, 내담자가 자신의 일에 대하여 '스트레스'를 경험하고 있다면, 상담자는 그것이 내담자 자신에게 위협으로 인지되는 이유에 대해 확인하고, 신경증적 불안으로부터 실존적 불안을 구분하며, 직장생활에서 인지된 자기인식과 자기중심성에 대한 책임감을 갖도록 결정하게 한다.

■ 용기와 격려

대부분의 실존주의 상담자들은 개인의 존엄성을 충분히 자각하는 데 필요한 **용기**를 촉진시키는 작업을 한다(Frankl, 1963; May, 2009). 죽음, 고독, 인생에 대한 책임감이라는 현실에 직면하는 것이 썩 유쾌한 일은 아니다. 이러한 진실로부터 도망치는 것이 인간의 본성이다. 하지만 인간으로서 인생의 어느 시점에서는 이러한 현실에 직면하게 되는데, 내담자로 하여금 가장 두려워하는 곳에 가 보도록 독려하는 등 직면을 위해서는 격려가 필요하며, 이것이 바로 실존주의 상담자들이 제공하는 것이다. 왜 우리가 여기 존재하는지, 내가 누구인지, 인생을 어떻게 살아야 하는지와 같은 실존적 질문들에 대한 단순하고 쉬운 대답은 불가능하기 때문에 결국 상담자가 제공할 수 있는 것은 격려가 전부이다. 대부분 격려는 그 문제를 실제적으로 분석할 용기를 보여 주는 상담자에 의해 비언어적으로 이루어진다. 이 장의 마지막에 제시된 사례 연구에서, 상담자는 격려를 통해 벤으로 하여금 음주가 그의 인생에 끼치는 악영향에 대해 깨닫도록 하고, 오랫동안 포기해 왔던 인생의 꿈에 대해 다시 생각해 보도록 돕는다.

■ 사랑과 소속감

실존주의 상담자들은 소외가 갖고 있는 절대적인 힘과 인간관계의 중요성에 대해 알고 있다. 메이(2009; Reeves, 1977)는 사랑을 인간 존재의 중요한 요소로 정의하였다. 높은 수준의 자기실현을 추구하는 메이의 구체적 정의에 따르면, 사랑은 다른 사람의 존재로 기쁨을 누리는 것이며, 상대방의 가치와 발전을 자신의 그것만큼 긍정하는 것이다. 자아실현을 성취한 사람에 의해 경험되는 사랑에는 의식적인 의지, 자유, 자기 인식, 공감, 선택, 용기가 포함되어 있다. 그는 "'사랑'이 외로움을 이겨내기 위한 목적이라면, 그 목적은 두 사람 모두에게 공허함을 증폭시키는 대가를 치르고서만 달성된다."고 경고했다(May, 2009, p. 183). 그러한 사랑은 단순히 의존의 형태이기 때문이다. 이에 대해, 메이는 "당신은 당신의 독립적 역량만큼만 사랑할 수 있다."고 하였다(p. 183). 상담 회기 중, 실존주의 상담자들은 내담자의 요구와 의존성을 최소화시키는 동시에 타인과 함께 하는 기쁨을 누리기 위한 의식적 선택을 통해 내담자가 사랑의 관계를 발전시켜 나갈 수 있도록 돕기 위하여 메이가 정의내린 사랑의 개념을 이용한다.

■ 역설적 의도

프랭클(1963)은 실존적(정상적) 두려움과 신경증적 두려움을 구분하였으며, 이 두 가지를 다룸에 있어 서로 다른 기법을 사용하였다. "죽음에 대한 두려움과 같은 현실적 두려움은 정신역동적 이해를 통해 해결될 수 없다. 반면, 광장공포증과 같은 신경증적 두려움은 철학적 이해를 통해 치료될 수 없다."(p. 124) 신경증적 그리고 공포적 두려움에 대해, 그는 내담자로 하여금 두려운 상황이 발생했다고 상상하거나 생각해 보도록 하는 **역설적 의도**의 사용을 권하였다. 프랭클은 이 기법이 자기분리를 촉진하는 장난스럽고 익살스러운 기분에서만 사용되어야 한다고 강조하였다. 예를 들어, 공공장소에서 공포를 느끼는 내담자에게 상담자는 공공장소에 가는 것에 대한 구체적인 계획을 세우고 공황 발작의 강도를 높이도록 권유한다. 이 과정에서 내담자는 공황 발작을 보다 크고, 극적이며, 충격적으로 느낄 것을 직접적으로 요구받게 된다. 이러한 과제는 내담자로 하여금 그 자신이 통제할 수 없어 보였던 것을 통제할 수 있다는 것을 깨닫게 함으로써 역설적 효과를 가져온다. 이러한 기법은 인지행동 접근법과 체계적 가족 접근법에서도 활용된다.

모든 정보 통합하기: 실존주의 사례개념화와 치료계획 양식

이론에 특화된 사례개념화: 실존주의

이론에 특화된 사례개념화를 발달시키기 위해 다음의 내용을 사용하라. 이 장의 마지막에 제시된 사례 연구는 하나의 예이다.

- **의미, 무의미, 삶의 목적**: 내담자에게 의미의 근원에 대해 설명하라. 여기에는 다음과 같은 주제가 포함된다.
  - 개인적 성취와 일
  - 중요한 타인
  - 자녀
  - 원가족
  - 사회적 대의 및 타인에 대한 기여
  - 종교/영성
- **자유와 책임감**: 내담자가 얼마나, 어떻게 실존적 자유를 경험하고 있으며, 실존적 자유와 실존적 책임 간 균형을 맞추고 있는지 설명하라.
- **자기 인식 능력**: 내담자의 깊은 자각 및 자기 성찰 능력에 대해 설명하라.
- **죽음에 대한 불안**: 내담자가 의식적으로 죽음에 대한 두려움을 말하지 않아도, 인생의 선택과 결정에 죽음에 대한 불안이 어떻게 반영되어 있는지 설명하라(예: 조심스러운, 규칙을 준수하는, 위험을 감수하는 등).
- **실존적 불안**: 내담자가 언어적으로 실존적 불안을 표현하지 않는다 해도, 내담자의 행위와 선택이 근본적인 소외, 분리, 무의미에 대한 태도와 어떻게 관련되어 있는지 설명하라.
- **신경증의 원인**: 내담자가 호소하는 문제와 증상이 실존적 불안과 무의미로부터 어떻게 내담자를 보호할 수 있는가?

치료계획 양식: 실존주의

우울, 불안, 강박 문제를 호소하는 내담자를 위하여 치료계획을 세울 때, 다음의 치료계획 양식을 사용하라. 특정 내담자, 호소문제, 치료적 맥락에 따라 이 양식의 목표나 개입 방식은 다소 변경될 수 있다. 필요에 따라 이 치료계획을 적절하게 변경하여 사용할 것을 권장한다. 이 계획을 치료에 효과적으로 적용하기 위해서는 내담자가 경험하고 있는 특정 신념, 행위, 감정을 중심으로 목표와 개입 방식이 명확하게 작성되어야 한다. 구체적일수록 당신에게 유용할 것이다.

치료계획

치료의 초기 단계

초기 단계 치료 과제

1. 치료 관계를 형성하기. 다양성의 고려사항: [내담자와 관계를 형성하는 과정에서 내담자의 다양성에 따라 자신의 접근법을 어떻게 민감하게 조정할지 구체적으로 설명하라. 감정 표현을 위해 그들의 다양한 문화와 성별에 관한 내용이 포함되어야 한다.]
   관계 형성 접근/개입:
   a. **나-너 관계의 만남**과 경험을 위한 기회를 제공하라. **독립성**과 **책임감**을 촉진하라.

2. 개인적이고 체계적이며 다양한 문화적 역동을 평가하기. 다양성의 고려사항: [성별에 따른 **자유와 책임**, 집단주의 대 개인주의에 따른 문화 기대를 평가하라.]
   평가 전략:
   a. **삶의 의미**와 **목적**의 근원, **자유와 책임**에 대한 인식을 확인하라.
   b. **자기 인식**에 대한 능력뿐 아니라 **죽음에 대한 불안 및 실존적 불안**과 관련된 대처 방식을 평가하라.

초기 단계 내담자 목표

1. [특정 위기 증상] 감소를 위해 **실존적 불안**과 **책임**을 회피하고자 하는 내담자의 시도를 감소시키기
   개입:
   a. 내담자 자신에 대하여 인지된 위협을 확인하고 이러한 위협과 관련된 자기 자신을 인정하라.
   b. 내담자가 도피하고자 했던 두려움과 불안을 온전히 경험하고 인정하도록 **격려**하라.

치료의 작업 단계

작업 단계 치료 과제

1. 작업 동맹의 질을 확인하기. 다양성의 고려사항: [내담자가 상담자에 대해 느끼는 유대감을 상담자는 어떻게 모니터링하고 있는지, 이 모니터링 결과 및 내담자의 연령, 성별, 문화 및 성 정체성, 사회·경제적 지위 등을 기반으로 한 상담 관계에 상담자 자신을 어떻게 맞추어 나갈 것인가에 대해 설명하라.]

   평가 개입:

   a. 회기 중에 **나–너** 관계를 편하고 온전히 경험할 수 있는 능력이 향상되었는지 확인하라.

작업 단계 내담자 목표

1. [특정 증상: 우울, 불안 등] 감소를 위해 **삶의 목적과 의미를 이루고 있는** 중요한 근원들을 확인하는 능력 향상시키기

   개입 :

   a. 살 가치가 있고 투쟁할 만한 의미의 근원들을 발견할 수 있도록 내담자를 **격려**하라.

   b. 지각된 삶의 **목적**뿐만 아니라 지각된 위협과 관련된 내담자의 **자기 인식**을 확인하라.

2. [특정 증상: 불안, 우울 등] 감소를 위해 일상적 선택 및 중요한 삶의 방향에 대해 **책임**을 지는 능력 향상시키기

   개입:

   a. 달리 변화되지 않거나 내담자가 바로잡을 수 없는 상황에서 자신에 대한 책임감을 가질 수 있도록 내담자를 격려하라.

   b. **실존적 소외** 및 실존적 소외에 대한 통찰로부터 파생된 **책임**감을 인정하라.

3. [특정 증상: 불안, 우울 등] 감소를 위해 **불안**과 **실존적 불안**을 견딜 수 있는 능력 향상시키기

   개입:

   a. **죽음, 자유, 소외, 책임**과 관련된 실존적 불안에 대하여 **책임감** 있는 행동을 할 수 있도록 내담자를 **격려**하라.

   b. 내담자가 **소속감**과 **책임감**을 느낄 수 있는 관계와 단체를 찾을 수 있도록 격려하라.

치료의 종결 단계

종결 단계 치료 과제

1. 추후 관리 계획을 세우고 성과를 유지하기. 다양성의 고려사항: [치료가 종결된 이후, 내담자를

돕기 위해 내담자가 속한 공동체의 자원에 어떻게 접근할지 설명하라.]

개입:

a. 내담자가 실존적 문제에 직면했을 때, **자유**와 **책임감**을 지속적으로 균형 있게 유지할 수 있는 방법을 찾을 수 있도록 조력하라.

종결 단계 내담자 목표

1. [특정 증상: 우울, 불안 등] 재발 가능성 감소를 위해 **목적과 의미** 있는 삶을 살아감으로써 **진정으로 자신을 경험하고 표현**하는 능력 향상시키기

개입 :

a. 진솔한 관계와 자기 표현을 통해 내담자가 삶, 삶의 목적, 그리고 자신을 온전히 포용하도록 **격려**하라.

b. 허울에 대한 관대함을 줄이기 위해 내담자가 진솔성과 허울에 대한 경험을 해 보도록 **역설적 개입**을 활용하라.

2. [특정 증상: 우울, 불안 등] 재발 가능성 감소를 위해 **의미 있는 관계와 공동체**에 참여하는 능력 향상시키기

개입:

a. 내담자가 중요한 타인, 친구들, 가족들, 공동체의 일원들과 편안하게 **나-너의 만남**을 가질 수 있는 능력을 발달시킬 수 있도록 **격려**하라.

b. 내담자가 타인과의 관계 안에서 **진정한 자기**가 될 수 있도록 **대인관계에서 겪을 수 있는 위험**을 감수해 보도록 **격려**하라.

스냅샷: 연구와 근거 기반

실존주의자들은 다수의 사례 연구들을 문서화해 왔지만, 이 접근법에 대한 체계적 연구는 거의 이루어지지 않았다(Mendelowitz & Schneider, 2008; Yalom, 1980). 확실한 것은 인본주의 상담자들이 지지하는 바와 같이, 상담 관계의 질이 상담의 긍정적 결과를 예측하는 가장 중요한 요인 가운데 하나라는 것이다(1장 참조).

당신이 생각하는 바와 같이 실존주의 상담은 매우 철학적인 접근으로, 실존주의에서 사용하는 개념을 계량적이고 측정 가능한 단위로 조작화하는 것은 매우 어려우며, 이는 실존주의 접근방식에 대한 연구가 거의 이루어지지 않은 이유 가운데 하나이다(Lantz, 2004). 또한 이

접근 방식에 높은 관심을 갖고 있는 대부분의 상담자는 일반적으로 과학적 함축보다는 철학적인 부분에 흥미를 보이는 것이 사실이다(Mendelowitz & Schneider, 2008). 인간중심 접근법과 마찬가지로, 실존주의 모델에 있어 가장 중요한 연구의 토대는 참여적이고 정서적으로 지지적인 상담 관계를 상담 결과 예측의 가장 중요한 요인으로 분석한 몇몇 문헌에서 발견된다(Schneider & Krug, 2010). 한편, 몇몇 연구자들은 실존주의 상담을 보다 심도 있게 연구하였다. 예컨대, 굴드너-부코브, 무어와 큐피너(Goldner-Vukow, Moore, & Cupina, 2007)는 실존주의 집단 상담 회기와 결합된 심리교육이 조울증 환자의 증상 개선에 도움이 되었다는 것을 발견하였다. 심리적 효과를 측정하는 연구에서, 반 데르 폼페, 듀벤부어덴, 안토니와 비제르(Van der Pompe, Duivenvoorden, Antoni, & Visser, 1997)는 유방암 진단을 받은 한 여성이 13주 간의 실존주의 집단 상담 이후, 면역성과 내분비 기능이 향상되었음을 발견하였다. 또한 오랜 기간에 걸쳐 우울증을 앓거나, 종교적 또는 실존적 문제가 있었던 사람들을 대상으로 한 노르웨이의 최근 연구에 따르면, 실존주의 기반 치료를 받은 사람들은 일반적인 치료를 받은 사람들에 비해 약물 복용 감소 및 고용율 향상 등의 호전을 보였다(Stålsett, Tore, Rønnestad, & Monsen, 2012).

다문화적 접근: 다양한 집단과 작업하기

문화와 민족의 다양성

실존적 관점에서 볼 때, 문화적 다양성을 고려하는 주요 목적 중 하나는 내담자들이 출생, 죽음, 상실, 의미와 같은 실존적 문제들에 잘 대처하도록 돕기 위함이다(Kesebir, 2011). 문화는 '좋음'과 '나쁨'을 구분하여 삶에 내재되어 있는 실존적 어려움을 다루어 나가는 하나의 수단으로써 구성원들의 가치와 신념을 형성한다. 또한 케세비르(Kesebir, 2011)는 문화가 구성원들이 강렬하게 도달하고자 하는 불멸(문자 그대로 또는 비유적으로)을 어떠한 형태로든 성취할 수 있도록 잠재력을 제공함으로써, 문화에 참여하고 기여하는 구성원에게 보상이 제공되도록 조직되어 있다고 주장하였다. 실존주의 상담자의 역할은 이러한 미신에 도전하는 것이다.

실존주의자들에게 있어 문화는 내담자가 그들의 삶에서 봉착하는 실존적 딜레마를 잘 처리하도록 돕는 강력한 힘이다. 하지만 문화적 '현실' 또는 진실은 내담자 자신의 생생한 경험이 아닌 부수적인 진실일 뿐이다. 결국 실존주의 상담자들은 내담자가 그 자신의 경험과 관계하고, 그 자신이 경험을 잘 이해할 수 있도록 돕는다. 실존주의 상담은 개인의 주관적인 삶의 경험을 강조하기 때문에 인간중심 상담과 마찬가지로 다양한 내담자와의 작업에 적용될 수 있으며, 특히 다양한 문화적 맥락에 대한 이해를 요하는 내담자에게 유용하다(예: 이민자들, 종교적 소수자들, 성 소수자들 등). 하지만 실존적 주제와 관련된 세부적 내용에 대한 강조는 보다 구조적이거나 실용적인 접근을 선호하는 내담자들에게는 잘 맞지 않을 수 있다(예: 빈곤층, 남성들, 또는 이민자들).

실존주의 상담은 죽음, 의미, 목적과 같이 인간 조건에 있어 핵심적인 주제들을 다룬다는 점에서 다양한 배경을 가진 내담자들에게 적용되어 왔다(Hoffman, Yang, Kaklauskas, & Chan, 2009). 하지만 실존 관련 주제를 논의하는 구체적인 방법과 형태, 타이밍이 문화마다 다르기 때문에 실존주의 상담자들은 이 접근법을 문화적 특성에 따라 신중하게 적용해야 한다. 흥미로운 점은 영적인 주제를 다루는 상담에서 실존주의 접근은 독특한 적용 방식을 활용한다는 것이다. 실존주의 접근이 상담자들에게 영성 및 종교와 관련하여 미묘하고 감정적 주제를 다루는 데 필요한 개념적 가이드라인과 기법을 제공하기 때문이다(Hoffman, 2008). 인간중심 상담자들과 마찬가지로, 실존주의자들은 집단주의 문화를 추구하는 내담자들과 작업 시, 그들에게 개인주의와 직접적인 감정 표현을 가치 있게 평가하는 등 무심코 실존적 또는 인본주의적 가치를 강요하지 않도록 주의해야 한다.

성 정체성의 다양성

수십년 전까지만 해도 실존주의 상담자들은 동성애와 대안적 성 정체성의 이슈들에 대해 '이상할 정도'로 침묵해 왔다. 이는 아마도 정신역동적 이론가들이 오랜 기간 동안 이 분야의 전문가로 자처해 왔기 때문일 것이다(Medina, 2008). 실존주의자들은 생물학적 관점보다는 동성애자로 살아온 내담자의 경험에 집중하여 성과 관련된 이슈에 목소리를 내기 시작하였다. 실존주의 관점에서의 포커스는 '어떻게 성 정체성이 형성되는가'이다. 즉, 동성애자로서 세상에 존재한다는 '사실' 그 자체보다는, 이러한 성적 지향성이 어떻게 일상의 행동, 결정, 정체성에 영향을 미치는지에 집중한다. "넓은 의미에서 성 정체성이라는 것은 우리의 모든 것을 의미하기도 하지만 동시에 아무것도 아니기도 하다. 성 정체성이 급격하게 발달할 때, 그것은 자신의 모든 것을 뒤덮고, 사실상 자신의 전부가 된다는 점에서 모든 것일 수 있다. 반면, 아무것도 아닐 수 있는 이유는, 타고난 성 정체성에 반응하는 방식이 궁극적으로 주관적이며 '거기에 존재하며' 관계를 통해 타인을 경험함으로써만 형성되기 때문이다."(Medina, 2008, p. 139) 강조점은 정치적 함의보다는 해당 성 정체성으로 살아온 경험에 있다(Milton, 2007).

실존적 관점에서 볼 때, 대안적 성 정체성에 대한 주요 관심사 중 하나는 부정적인 사회적 결과를 피하기 위해 진솔하지 못한 모습으로 살아갈 가능성이다(Milton, 2007). 따라서 실존주의 상담자들은 내담자들이 다른 사람들의 생각과 강요로부터 벗어나 그들 삶의 경험을 있는 그대로 탐색할 수 있도록 독려한다. 중요한 것은 자신의 성 정체성에 대한 대인관계 및 구체화된 경험이다(Milton, 2007). 이 원리의 실제적인 적용을 위해 밀턴(2007)은 자신의 성적 지향성에 의문을 가진 한 남자와의 작업에 대해 설명하였다. 그는 내담자가 그 순간에 대해 꼬리표를 붙이지 않고, 자신의 성적 지향성과 관련된 생생한 경험에만 집중하도록 한다. "꼬리표를 붙이는 것이 필요할까요? 그렇지 않다면, 당신이 무엇을 경험하고 있는지에 대해 함께 생각해 보는 것은 어떨까요?"(p. 52)

실존주의 사례 연구

34세 배관공인 벤은 그의 파트너인 애덤(Adam)이 '음주 문제를 해결하지 않으면' 그를 떠날 것이라고 해서 상담을 받으러 왔다고 하였다. 벤은 주말에 파티를 열고 클럽과 바에서 그의 파트너와 시간 보내기를 좋아한다고 하였다. 그는 취하기 위해 술을 마신다는 것은 인정하였지만, 음주 운전과 불법 마약을 하지 않는다고 덧붙였다. 회계사인 그의 파트너는 벤의 행동들을 '통제불능'이라고 하였는데, 벤이 술을 마시면 다른 남자들에게 추파를 던지고, 쉽게 화를 내며, 다음 날 아무것도 하지 못하기 때문이다. 음주 때문에 결근을 하는 경우는 거의 없지만, 음주가 업무 수행에 영향을 미친다는 사실은 그 자신도 인정하였다. 폴란드 유대인 2세대 집안의 막내 아들로 태어난 벤은 직업이나 가정을 꾸리는 데 있어 부모님의 기대를 한 번도 충족시킨 적이 없다고 하였다. 하지만 부모님은 그가 게이라는 사실에 대해서는 대체적으로 지지적이었다. 그는 개혁파 유대교 가정에서 성장하였지만, 자신의 라이프 스타일과 맞지 않아 종교 활동을 규칙적으로 하고 있지 않다고 하였다. 원래 그의 인생 목표는 변호사였으나 대학 진학 후 파티를 너무 많이 즐기는 바람에 로스쿨 진학에 필요한 성적에 미치지 못하여 결국 배관공이라는 직업을 선택하게 되었다. 직업 선택 이유는 그 분야에 소질이 있고, 수입이 꽤 괜찮기 때문이었다. 가끔 아이를 갖고 싶은지에 대해 생각하곤 하는데, 동성애자 커플이 입양을 하는 건 그다지 좋은 생각이 아니라고 생각한다.

사례개념화: 실존주의

이 사례개념화는 이 장의 '조망하기: 사례개념화' 섹션의 핵심적인 개념을 토대로 이루어져 있다. 당신은 사례개념화 섹션에 언급된 개념을 활용해 앞의 사례 또는 다른 사례의 사례개념화에 적용할 수 있다.

▪ 의미, 무의미, 삶의 목적

성인 남자(AM)의 알코올 남용은 변호사가 되고 가정을 꾸리고자 하는 삶의 꿈을 이루지 못했다는 인식에서 시작된 것 같다. 음주와 파티는 그가 인생에서 느끼는 근본적인 무의미함으로부터 잠시나마 벗어날 수 있는 신나는 일이다. 게이로서 살아가는 것이 그가 추구하는 삶의 목적과 의미에 어떻게 영향을 미칠지는 명확하지 않다. 따라서 그는 게이라는 성 소수자로서의 삶과 관련된 실존적 요소들을 탐색해야 할 것으로 보인다. 현재 그가 종교 활동을 하고 있는 것은 아니지만, 그의 유대교적 신념은 삶의 의미와 목적 탐색에 도움을 줄 수 있는 자원이다.

▪ 자유와 책임

AM이 자신을 삶의 피해자로 보고 있지는 않지만, 그는 현재 삶의 방향에 대한 책임을 지고 있지 않고, 주체적으로 행동함으로써 얻게 되는 자유를 경험하지 못하고 있다. 다양한 면에서 음주는 그에게 인생의 중요한 결정에 대한 책임을 피할 수 있게 해 주고, 그가 진정으로 원하는 것은 아니지만 이를 대체할 만한 수준이 안도감을 유지할 수 있도록 해 준다.

▪ 자기 인식 및 의식 능력

주말에 파티를 열고 이에 탐닉함으로써 AM은 의미 있는 자기 성찰을 할 수 있음에도 불구하고, 이를 피하려고 한다.

▪ 죽음에 대한 불안

AM이 죽음과 관련된 불안에 대해 이야기하지는 않았지만, 이러한 불안은 본질적으로 삶의 목적과 의미에 대한 개인의 자각과 연관되어 있다. 술은 마시지만 음주운전을 하지 않는 것은 그가 삶을 존중하고, 불필요한 위험을 감수하지 않는다는 명백한 반증이다.

■ 실존적 불안

AM의 알코올 남용은 성소수자인 게이로서의 삶으로 인해 고조되는 실존적 불안을 관리하기 위한 수단으로 보이기도 한다. 가정을 이루는 것을 비롯하여 두 가지 중요한 인생의 목표를 이루지 못한 것은 그에게 혼자라는 느낌을 갖게 하는 것은 물론 인생의 목적, 그리고 '이게 다 무엇을 위한 것인가?'라는 질문에 확실한 답을 찾지 못한 상실감을 악화시키고 있다.

■ 신경증의 원인

의식적으로 의도한 것이든 아니든, 매주 술에 취해 있거나 숙취 상태에 있는 것은 다른 사람과의 정서적 친밀 관계 형성을 방해한다. AM은 나-너의 만남을 위한 능력을 개발하기 위해 노력해야 한다.

치료계획: 실존주의

치료의 초기 단계

초기 단계 치료 과제

1. 치료 관계를 형성하기. 다양성의 고려사항: [내담자와 관계를 형성하는 과정에서 내담자의 다양성에 따라 자신의 접근법을 어떻게 민감하게 조정할지 구체적으로 설명하라. 감정 표현을 위해 그들의 다양한 문화와 성별에 관한 내용이 포함되어야 한다.]
   관계 형성 접근/개입:
   a. **나-너 관계의 만남**과 경험을 위한 기회를 제공하라. **독립성**과 **책임감**을 촉진하라.

2. 개인적이고 체계적이며 다양한 문화적 역동을 평가하기. 다양성의 고려사항: 게이 및 유대교의 가족 규범을 고려하여 **자유와 책임**에 대해 평가하라.
   평가 전략:
   a. **삶의 의미**와 **목적**의 근원, **자유와 책임**에 대한 인식을 확인하라.
   b. 음주와 관련된 자각을 포함하여 **자기 인식**에 대한 능력뿐 아니라 **죽음에 대한 불안 및 실존적 불안**과 관련된 대처 방식에 대해 평가하라.

초기 단계 내담자 목표

1. 주말에 술을 마심으로써 **실존적 불안**과 **책임**을 회피하려는 시도를 감소시키기
   개입:

a. 과음을 하는 이유가 무엇이며, 과음이 실존적 불안을 피하는 데 있어 어떠한 요소로 작용하는지 확인하라.
b. 내담자가 술을 마심으로써 도망치고자 했던 두려움과 불안을 온전히 경험하고 인정하도록 **격려**하라.

치료의 작업 단계

작업 단계 치료 과제

1. 작업 동맹의 질을 확인하기. 다양성의 고려사항: 음주 문제와 관련하여 내담자의 파트너 편에서 이야기하기보다는 내담자의 입장에서 접근하기
   평가 개입:
   a. 회기 중에 **나-너** 관계를 편하고 온전히 경험할 수 있는 능력이 향상되었는지 확인하라.

작업 단계 내담자 목표

1. 삶에 대한 무의미와 음주를 줄이기 위해 그가 사용했던 방법을 돌아보고, 그가 추구하는 삶의 의미와 목적의 근원을 확인하는 능력 향상시키기
   개입 :
   a. 삶의 의미를 부여해 주는 원동력을 찾도록 격려하라. 변호사가 되는 것과 가정을 이루는 꿈을 이루기 위해 다시금 노력해 보도록 **격려**하라.
   b. 지각된 삶의 **목적**뿐만 아니라 지각된 삶의 위협에 대한 **자기 인식**을 확인하라.

2. 음주 문제를 감소시키기 위해 일상에서의 선택 및 중요한 삶의 방향에 대한 책임감 향상시키기
   개입:
   a. 내담자의 음주가 그의 일상 및 직장 생활에 미치는 영향에 대하여 인식하도록 격려하라. 또한 그가 변호사라는 꿈을 어떻게 포기하게 되었는지 생각하도록 격려하라.
   b. 게이로서 소외된 경험을 포함하여 **실존적 소외**에 대해 인식하라.

3. 삶의 목적과 꿈에 대한 인식에서 벗어나고자 하는 태도를 줄이기 위해 **불안**과 **실존적 불안**을 견딜 수 있는 능력을 향상시키기
   개입:
   a. 삶의 방향과 관련된 실존적 불안에 대하여 **책임감** 있는 행동을 할 수 있도록 내담자를 **격려**하라.
   b. 내담자가 **소속감**과 **책임감**을 느낄 수 있는 관계와 단체를 찾을 수 있도록 격려하라.

치료의 종결 단계

종결 단계 치료 과제

1. 추후 관리 계획을 세우고 성과를 유지하기. 다양성의 고려사항: 게이, 유대교, 폴란드 커뮤니티에서 얻을 수 있는 지원에 대해 고려하기

   개입:

   a. 내담자가 실존적 문제에 직면했을 때, **자유**와 **책임감**을 지속적으로 균형 있게 유지할 수 있는 방법을 찾을 수 있도록 조력하라.

   b. 재발에 대한 위험 신호를 조기에 감지하기 위한 방법으로, 음주와 금주를 구분할 수 있는 명료하고 측정 가능한 목표를 설정할 수 있도록 조력하라.

종결 단계 내담자 목표

1. 음주 재발 가능성 감소를 위해 **목적과 의미** 있는 삶을 살아감으로써 **진정으로 자신을 경험하고 표현**하는 능력 향상시키기

   개입 :

   a. 진솔한 관계와 자기 표현을 통해 내담자가 삶, 삶의 목적, 그리고 자신을 온전히 포용하도록 **격려**하라.

   b. 허울에 대한 관대함을 줄이기 위해 내담자가 진솔성과 허울에 대한 경험을 해 보도록 **역설적 개입**을 활용하라.

2. 파트너와의 갈등 재발 가능성 감소를 위해 **의미 있고 친밀한 관계**를 맺는 능력 향상시키기

   개입:

   a. 내담자가 중요한 타인, 친구들, 가족들, 공동체의 일원들과 편안하게 **나-너의 만남**을 가질 수 있는 능력을 발달시킬 수 있도록 **격려**하라.

   b. 내담자가 타인과의 관계 안에서 **진정한 자기**가 될 수 있도록 **대인관계에서 겪을 수 있는 위험**을 감수해 보도록 **격려**하라.

개인적 성찰과 토론을 위한 질문

1. 자신의 삶에서의 나-너 관계에 대해 설명하세요. 이 경험에서 가장 중요한 것은 무엇인가요? 당신은 이러한 관계를 어떻게 만드나요?
2. 당신의 삶 및 원가족 내에서의 책임감이 자유와 얼마나 균형을 이루고 있는지 설명하세요. 당신이 인지하는 문화적 영향은 무엇인가요?
3. 실존적 삶이 갖는 의미의 근원을 설명하세요. 이것이 당신의 생각, 기분, 일상의 활동에 어떠한 영향을 미치고 있나요?
4. 죽음에 대한 당신의 생각을 기술하세요. 죽음과 관련된 당신의 두려움이나 희망은 무엇인가요? 이것들은 어디에서 왔나요?
5. 실존적 소외와 관련된 실존적 불안을 어떻게 경험했나요?
6. '영혼의 어두운 밤'과 관련된 경험이 있나요? 그것은 당신에게 어떠한 영향을 미쳤나요?
7. 다양한 내담자와 작업할 때 실존주의 접근은 어떠한 강점이 있나요? 한계는 무엇인가요?
8. 실존주의 접근이 커밍아웃 과정에 있는 LGBTQ 내담자와의 작업에서 어떻게 유용할 수 있나요?

8장

게슈탈트 상담 및 심리치료

배움은 무언가가 가능하다는 것을 발견하는 것이다.

– 프리츠 펄스(Fritz Perls)

들어가며

요약: 당신이 알아야 할 기본적인 내용

게슈탈트 상담은 이색적 스타일로 당시 많은 논란을 불러일으켰던 역동적 치료자 프리츠 펄스(Fritz Perls)에 의해 창안된 이후 수많은 사람들에 의해 발전해 왔다(Woldt & Toman, 2005; Yontef, 1993). 게슈탈트 상담은 전체적이고 맥락적으로 이해해야 함을 강조하는 현상학적 접근으로, 펄스의 자국어인 독일어로는 '게슈탈트'라고 일컫는다. 인간중심 상담자와 마찬가지로, 게슈탈트 상담자는 개인으로 하여금 자기 자신이 되지 않고자 하는 시도를 멈추도록 도움으로써 진정한 자신이 되도록 돕는다. 그들은 내담자가 내적 세계(차단되어 온 자기 자신의 일부를 포함하여)와 환경(중요한 타인, 사회 등)과의 직접적인 접촉과 현재의 자각을 발달시킬 수 있도록 함으로써 목표를 달성한다. 게슈탈트 상담자는 신경증을 비롯하여 개인이 경험하는 문제는 환경이나 자기 자신과의 직접적인 접촉을 피할 때 발생한다고 믿는다. 상담 회기 내에서, 상담자에 의해 촉진된 현재의 경험들은 각 개인으로 하여금 보다 온전한 '전체(wholeness)'를 형성할 수 있도록 지금까지 차단되었던 자기의 일부분을 재통합시킨다.

게슈탈트 상담기법은 능동적이고, 자극적이며, 경험적이다. 게슈탈트 상담자는 전인(whole person)으로서 상호작용하며, 상담과정에서 내담자에게 정서적인 반응을 사용한다. 몇몇 상담자들은 보다 이론적이고, 카타르시스적인 방식을 사용하는 반면, 또 다른 상담자들은 내담자와의 직접적인 소통 방식을 사용한다(Yontef, 1993). 아이러니하게도 게슈탈트 이론은 '비논리적인' 상담 접근을 추구하는데, 이는 이론을 엄격하게 적용하기보다는 상담자로 하여금 상담 관계에서 경험하는 매 순간의 흐름에 보다 집중하라는 의미이다.

차단된 자기의 정서 일부를 재통합하고 환경과의 진솔한 접촉이 이루어지는 게슈탈트 과정을 통하여 인간은 자신의 신체, 관계에 대해 충분히 자각하고 반응함으로써 보다 생기 있고 자아실현적인 존재가 되는데, 이것이 바로 **존재의 자연스러운 흐름**(natural flow of being)이다. 게슈탈트 실무자들은 1960년대 '무엇이든 허용되는' 극단적인 반이론의 시대를 지나 1970년대에는 내담자와 보다 지지적인 대화를 하는 데 집중함으로써 비로소 '진지한' 상담이 가능해졌다(Yontef, 1993).

게슈탈트 상담과 심리치료를 **게슈탈트 심리학**과 혼동해서는 안 된다. 게슈탈트 심리학은 심리학 연구의 특정 분야이기 때문이다. 게슈탈트 심리학자들은 방대한 양의 지각적 자료를 투입하여 전체성, 응집성, 패턴을 만들어 내는 데 있어 우리의 뇌가 투입된 감각적 정보를 어떻게 게슈탈트로 조직하는지를 연구한다. 예를 들어, 다음의 선에서, 당신은 **근접성의 원리**(principle of proximity; 서로 붙어 있는 4개의 점이 게슈탈트로 지각된다)와 **폐쇄성의 원리**(principle of closure; 마음속에서 하나로 연결되는 사각형 윤곽이 나타나는 4개의 점)에 기반하여, 24개의 점보다는 6개의 박스로 인식할 것이다.

.. ..

.. ..

루빈(Rubin)의 꽃병은 친숙할 것이다. 무엇을 **전경**(figure)으로 보고 무엇을 **배경**(background)으로 보는지에 따라 그림을 꽃병으로도 볼 수 있고, 서로 마주 보고 있는 두 얼굴로도 지각할 수 있다. 펄스는 내면의 심리적 과정을 묘사하는 데 은유적으로 이러한 용어들을 사용하였다. 예를 들어, 욕구, 감정 혹은 욕망들이 마음의 전경으로 떠올랐다가(예: 시험에 대한 불안), 물러날 수 있다(예: 가족 위기에 의해 대체됨). 또한 펄스는 갈등, 시나리오, 관계 등 심리적 폐쇄성과 관련된 욕구를 **미해결 과제**(unfinished business)로 명명하면서, 정신적 문제를 야기한 사건으로 폐쇄성의 원리를 설명하였다. 프리츠 펄스의 아내 라우라 펄스(Laura Perls)는 게슈탈트 심리학자로, 심리치료에 '게슈탈트'라는 용어를

[그림 8-1] 루빈의 꽃병

은유적으로 사용하는 데 반대하였으나, 프리츠(Fritz)는 그의 연구에서 이 용어를 사용하였으며, 이후 게슈탈트라는 이름으로 명명되었다.

핵심: 이 이론의 중요한 공헌

이 장에서 한 가지를 기억해야 한다면, 그것은 바로 다음의 내용이다.

■ 신체 자각

게슈탈트 상담자는 모든 감정이 생리적인 요소를 지닌다고 믿는다(Perls, 1973; Polster & Polster, 1973). 개인이 감정의 자각 혹은 자기 자신의 일부와 단절되었을 때, 이는 보통 신체적 긴장감이나 역기능으로 나타난다. 게슈탈트 상담자는 신체 자세, 손동작, 목소리의 어조, 그리고 움직임을 통해 개인에 대한 정보를 얻는 데 능숙하다. "사람이 어떻게 앉아 있는지는 그가 하고자 하는 접촉에 관하여 많은 것을 말해 준다."(Polster & Polster, 1973, p. 161) 예컨대, 굳게 다문 턱은 말하고 싶은 욕구에 대한 억제, 손을 부들부들 떠는 것은 원하는 것에 대한 억압을 나타낼 수 있다. 이와 마찬가지로, 복부를 가리는 것은 취약성의 신호일 수 있으며, 경직된 움직임들은 침착함을 유지하려는 시도일 수 있다. 억압되고 억눌린 감정들이 신체적으로 표출된다는 게슈탈트 관점은 프로이트의 관점과 유사하다. 그러나 펄스는 **억압의 과정**에 대한 자각이 통합의 핵심이라고 주장한 반면, 정신분석가들은 **억압의 내용**에 대한 해석을 주요한 목표로 여겼다.

게슈탈트 상담자는 내담자가 그 자신의 신체에 대한 자각과 신체를 통하여 표현된 정서에 대한 자각을 증진시킬 수 있도록 돕는다. 억압된 정서를 나타내는 신체 움직임에 대해 환기시키는 것은 위험한 작업이다. 마음은 자각되지 못한 채로 남아 있는 감정에 많은 에너지를 쏟게 되므로 이러한 작업은 주의를 기울여 조심스럽게 진행하지 않으면 예상치 못한 저항에 맞닥뜨릴 수 있다. 일반적으로 게슈탈트 상담자는 **안전한 위기상황** 안에서 신체적 자각에 접근한다. 이는 긍정적 반응을 통해 내담자를 지지하면서 내담자가 체감하는 정서적 강도를 높여 나가는 방식으로 진행된다(Yontef & Jacobs, 2000). 이 장의 마지막에 있는 사례 연구에서, 상담자는 모니카가 회상과 악몽과 같은 외상 증상을 효과적으로 관리할 수 있도록 조력하기 위해 신체 자각을 이용한다.

자세한 기법은 다음과 같다.

- 신체의 어느 곳에서 ○○을 느끼는가? 내담자가 곤란한 감정이나 상황에 관해 이야기할

때, 상담자는 다음과 같이 질문할 수 있다. "신체의 어느 부분에서 슬픔, 분노, 상처, 실망 등을 느낍니까?"

- 만약 신체의 일부나 움직임이 말을 할 수 있다면 어떤 말을 할까? 억압된 감정이 남아 있는 것으로 보이는 내담자의 특정한 움직임이나 신체 일부를 상담자가 알아차렸다면, 상담자는 다음과 같이 질문할 수 있다. "만약 이 꽉 쥔 주먹이 말을 할 수 있다면, 어떤 말을 할까요?"
- 움직임을 과장하기: 만약 내담자가 특정한 신체 움직임이나 표현을 이해하는 데 있어 곤란을 겪는다면, 상담자는 내담자의 자각을 증진시키기 위하여 과장된 움직임으로 표현하도록 지시할 수 있다. "할 수 있는 한 최대로 당신의 몸을 경직되게 해 보세요. 경직되도록 만들어 볼 수 있겠습니까? 경직을 과장되게 표현해 보세요. 이러한 활동을 통해 떠오르는 감정과 기억, 사고들이 무엇인지 알아차리고 느껴 보세요."

스스로 해보기

지난주에 당신이 느꼈던 곤란한 감정을 떠올려 보세요. 이러한 감정을 당신 신체의 어느 부위에서, 어떻게 경험하였는지 탐색하되, 위의 질문을 활용하여 파트너와 이야기를 나누거나 질문에 대한 답을 스스로 작성해 보세요. 질문에 답해 본 이후, 문제에 대한 당신의 이해와 경험이 어떻게 변화되었는지를 생각해 보세요.

풍문: 사람들과 그들의 이야기

■ 프리츠 펄스

프리츠 펄스는 1893년 베를린의 유대인 중산층 가정에서 태어났다. 게슈탈트 상담의 창시자인 그는 제1차 세계대전에서 독일군의 정신과 의사로 활동하였고, 이러한 경험은 이후 그가 게슈탈트 심리학에 입문하는 데 있어 많은 영향을 미쳤다. 로라 포스너르(Laura Posner)와 결혼한 펄스는 정신분석을 심도 있게 공부하기 위해 아내와 함께 빈으로 이주하였고, 이곳에서 그는 빌헬름 라이히(Wilhelm Reich)에게 분석을 받았다. 제2차 세계대전이 발발하자, 그는 네덜란드와 남아프리카공화국으로 망명하였다. 여기서 그는 그의 처녀작인 『자아와 허기 그리고 공격성(Ego, Hunger, and Aggression)』을 집필하였다. 이후 아내와 함께 뉴욕으로 이주한 그는 1952년, 폴 굿맨(Paul Goodman)과 함께 뉴욕 게슈탈트 치료 연구소(New York Institute for Gestalt Therapy)를 창립한다. 그는 자신의 치료적 접근을 발전시키기 위해 라우라와 두 자녀를 떠나 캘리포니아로 가 그곳에서 에살렌 연구소(Esalen Institute)와 제휴를 맺는다. 펄스는 내담자가 '성장하도록' 내담자의 '반응을 유발하는' 접근을 하용함으로써 다소 자극적이고 논란의 여지를 수반하는 치료로 널리 알려지게 되었다. 펄스의 이러한 치료 방식은 최근 대부분의 게슈탈트 상담자들이 추구하는 상담 관계에 비해 덜 지지적인 상담 관계를 전제한다.

■ 로라 포스네르 펄스

기량이 뛰어난 음악가이자 예술가이며 숙련된 게슈탈트 심리학자인 로라 포스네르 펄스는 뉴욕 게슈탈트 치료 연구소에서 게슈탈트 실무의 발전을 선도하였다. 그의 남편과 달리, 로라는 상호 유대감을 중시하는 지지적 상담 관계를 강조하였다.

■ 어빙과 미리엄 폴스터

『통합 게슈탈트 치료(Gestalt Therapy Integrated)』이라는 책으로 잘 알려져 있는 어빙과 미리엄 폴스터(Erving & Mirian Polster, 1973)는 게슈탈트 상담의 발전, 특히 접촉 경계의 개념 정립에 영향을 미친 인물들이다.

큰 그림: 상담과정의 개관

■ 신경증의 단계

게슈탈트 상담과정은 개인이 전체성(wholeness), 알아차림(awareness), 살아 있음(aliveness)을 보다 잘 자각하도록 돕는 것을 목표로 한다. 펄스(1973)는 진정한 자신이 되는 과정을 양파 까기에 비유해 5단계로 묘사했다.

1. **피상층(phony layer)**: 이 단계에서 인간은 '당위(shoulds)'와 습관에 따라 살며, 진솔한 삶을 살지 못한다(예: 완벽한 결혼식과 완벽한 드레스, 완벽한 배우자를 갖는 데 고착되어 약혼한 여성).
2. **공포층(phobic layer)**: 이 단계에서 인간은 무언가가 잘못됐다는 염려와 공포를 느끼기 시작한다. 그들은 무력감을 느낄 수 있으나 자신의 감정을 숨기기 위해 열심히 노력한다(예: 곧 신부가 될 여성이 다른 생각과 의심을 하기 시작함).
3. **교착층(impasse layer)**: 이 단계에서 인간은 어느 곳으로 향해야 할지 모른 채 답답함을 느끼기 시작한다. 자신에게 '옳은' 답을 줄 수 있을 것 같은 누군가로부터 도움을 얻고자 한다(예: 곧 신부가 될 여성이 가족, 친구, 종교지도자, 상담자에게 조언을 요청하기 시작함).
4. **내파층(implosive layer)**: 이 단계에서는 피상층이 붕괴되기 시작하고 내적으로 텅 빈 느낌과 상실감을 경험한다. 이는 개인이 현재의 자각과 경험에 따라 보다 개방적으로 변화될

수 있도록 해 준다(예: 곧 신부가 될 여성은 자신이 어떠한 결혼식을 원했는지에 대한 생각을 멈추고, 자신과 약혼자에게 결혼 자체에 대해 보다 어렵고 통찰력 있는 질문을 던지기 시작함).

5. 폭발층(explosive layer): 마지막 단계에서 인간은 낡은 가식을 놓아 버리고 진실한 행위를 위한 에너지를 발산하기 시작한다(예: 젊은 여성은 무의미한 전통이나 최신 유행에 휘둘리지 않고 결혼을 하고 싶다는 그녀 본인의 생각을 명료화함으로써 자신과 배우자가 누구인지를 독특하게 표현할 수 있는 결혼식을 구상하기로 결정함).

■ 통합 순서

폴스터 부부는 유사한 변화 과정을 기술하였고, 그들은 이를 통합 순서(integration sequence)라고 명명하였다(Roberts, 1999).

- 발견: 발견 단계에서 내담자는 배경(ground)으로부터 새롭게 출현한 '전경(figures)'을 통해 자신에 대한 새로운 깨달음을 얻는다. 상담자는 개입과 실험을 통해 내담자가 자신을 발견해 나갈 수 있도록 돕는다.
- 조절: 조절 단계에서 내담자는 새로운 지각을 수용하고 이러한 발견을 토대로 세계 내에서 행동하기 시작한다. 내담자는 상호작용 과정에서 불편함과 서투름을 느낄 수 있다.
- 동화: 세 번째 단계에서 새로운 깨달음을 얻게 되었을 때, 일반적으로 내담자는 '내가 나인 것 같다'고 느끼게 된다.
- 통합: 마지막 단계에서, 새로운 행동은 자신에 대한 인식과 조화를 이룸으로써 자연스러워진다.

관계 형성하기: 치료적 관계

■ 상담자의 모습: 충분히 존재하는 인간

게슈탈트 상담에서의 상담자는 내담자의 변화를 이끌어 내는 주요 수단이다(Perls, Hefferline, & Goodman, 1951; Yontef, 1993). 상담자는 내담자와의 실제적이고 진솔한 접촉을 위해 그들의 전체적인 인간성(personhood)을 사용한다. 게슈탈트 상담자는 그 어떤 상담보다 가식이나 전문적인 역할을 내세우지 않고 내담자와의 관계 형성을 중시한다. 그러므로 상담자들은 상담 회기 내에서 떠오르는 그들의 생각, 지각, 감정을 자유로이 공유하는데, 이는 내담자로 하여금 진정한 자기를 뒤흔들고 일깨우기 위함이다. 요컨대, 상담자는 다양한 감정을 표현하고, 실수와 실패를 개방적으로 인정하는 존재로서, 충분히 존재하는 인간이다.

■ 지금-여기, 현존, 그리고 자발성

게슈탈트 상담자가 내담자에게 제공하는 주요 경험들 가운데 하나는 **지금–여기**(here-and-now)에서의 경험에 **현존**(presence)하는 것이다(Polster & Polster, 1973). 상담자는 내담자와 함께 과거와 미래가 사라진 곳에서 현재의 순간에, **지금**을 살며, 충분히 존재한다. "신경증적 삶은 기본적으로 시대착오적인 삶이기 때문에 현재 경험으로의 회귀는 그 자체로 신경증에 대한 해독제이다."(Polster & Polster, 1973, p. 11) 나아가 폴스터 부부는 상담과정을 "방해받지 않고 **지금**을 사는 훈련"으로 정의하였으며, 따라서 상담자의 주요한 역할은 상담의 매 순간 내담자가 자신의 모든 면을 보다 충분히 경험하도록 돕는 것이라고 하였다. 그러므로 상담자는 내담자로 하여금 자신의 마음을 꺼내 놓으려고 할 때 느껴지는 호흡에서의 긴장감, 자연스러운 감정들을 탐색하도록 격려한다. 상담자는 이 모든 것을 '이해하려' 하거나 내담자에게서 발견되는 모순점들을 서로 연결하고자 노력하지 않는다. 상담자의 초점은 내담자 의식의 흐름을 자각하고 충분히 경험하며 표현하는 것에 있다.

■ 완벽하지 않은 역할 모델

많은 사람들은(상담자를 포함하여) 상담자가 완벽하고, 화를 잘 내지 않으며, 영원히 행복한 관계를 맺고, 좋은 날만 있을 것이라 예상한다. 우리는 대부분 상담 분야에 대한 서적을 충분히 읽고, 타인의 문제를 돕는 방법에 대한 학습을 통해 자신은 그 어떤 문제도 겪지 않을 것이라는 은밀한 희망을 품고 입문한다. 그러한 행복에 대한 희망은 유혹적이다. 분명 대중적인 책과 미디어는 긍정적인 자기 대화, 창의적 시각화, 정서 표출이 충분히 이루어진다면 이러한 행복이 가능함을 시사하곤 한다. 그러나 게슈탈트 상담자는 이와 같이 문제 없는 삶이라는 것은 위험한 신화라고 주장한다. 왜냐하면 이러한 신화가 불안전함에 대한 역할 모델이 되고 있으며, 결과적으로 양극성 통합 과정을 위한 역할 모델이 되고 있기 때문이다. 따라서 게슈탈트 상담자는 전문성을 가장한 겉치레 뒤에 숨는 대신 대담하게도 많은 상담자가 가지 않는 곳을 향한다. 예컨대, 그들은 체중이나 차림새가 데이트를 어렵게 하는 요인이 될 수 있다는 점에 대하여 자유로이 언급할 것이다. 혹은 아동기에 피해를 입어, 세상의 모든 사람에게 상처 입은 마음을 문제 해결의 대처 방식으로 사용하는 내담자에게는 직면 기법을 적용할 것이다.

■ 대화적 참여

7장에서 언급한 부버는 그의 저서에서 최근 게슈탈트 상담은 대화적 관계(dialogic engagement)를 지향한다고 기술하였다. "현실을 바라보는 대화적 관점은 모든 현실이 서로 결부되어 있다는 것이다."(Yontef, 1993, p. 33) 그러므로 성장은 다른 사람과의 관계 안에서 이루어지며, 개인적인 자각보다는 관계 형성에 의해 촉진된다. 이때 상담자의 역할은 내담자가 자신의 절망과 사랑, 분노, 즐거움, 유머, 관능성을 충분히 진솔하고 개방적으로 탐색하도록 하는 것이다. 이와 같은 개방적 대화는 상담자 개인의 감정과 정보를 적절하게 공유하는 데 필요한 식별력을 요한다.

대화적 접근에서, 상담자는 접촉을 위한 주요한 맥락으로 관계를 활용한다(Hycner & Jacobs, 1995). 상담자와 내담자와의 만남을 통해 내담자는 알아차림 능력이 향상됨으로써 비자아(non-self)로부터 자아를 분리시킬 수 있게 된다. 상담자는 내담자로 하여금 무엇이 자기인지 아닌지를 보다 명료하고 안전하게 경험할 수 있도록 그 자신의 진솔한 자아를 활용하며, 이를 통해 상담자는 지금-여기를 보다 자유롭게 경험할 수 있다.

■ 확인과 포함

게슈탈트 상담자는 "사람들은 다른 사람들로부터 확인받음으로써 독특한 자기 자신이 된다."고 믿는다(Yontef, 1993, p. 36). 분명한 자기 인식이 이루어진 한 개인의 세계관으로 들어가 함께 느끼는 것을 **포함**(inclusion)이라 하며, 이러한 포함은 확인(confirmation)의 가장 높은 수준이라 할 수 있다. 포함을 실행하는 상담자는 세계, 인생, 내담자의 상황을 가능한 한 내담자의 눈을 통하여 보고자 한다(Hycner, 1995). 독자들의 의문을 해소하기 위해 욘테프(Yontef, 1993)는 포함과 공감을 구별했다. 포함은 자기에 대한 알아차림을 유지하는 동시에 타인의 세계를 진심으로 느끼는 수준이 공감에 비해 높다. 일반적으로 게슈탈트 상담자들은 공감을 비판한다. 왜냐하면 공감은 종종 자기와 타인 간의 경계를 모호하게 만들거나 융합시키기 때문이다.

조망하기: 사례개념화

■ 장 평가하기

현대의 게슈탈트 상담자들은 쿠르트 레빈(Kurt Lewin)의 **장이론**(field theory)을 내담자와 그들의 삶을 바라보는 주요한 도구로 사용하였다(Parlett & Lee, 2005; Yontef, 1993). 게슈탈트 심리학의 관점과 유사하게, 장이론 또한 전경이 배경과 긴밀하게 연결되어 있다. 나아가 장이론은 전통적인 게슈탈트 심리학에 비해 전경과 배경의 역동적인 상호관계에 보다 초점화되어 있는 것이 사실이다. 장이론에서 전경/배경은 통합된 전체를 형성하는 체계적인 관계망으로, "모든 것은 장 내에 존재하는 다른 모든 것에 영향을 미친다."고 본다(Yontef, 1993, p. 297). 장이론은 전인으로서의 내담자가 어떻게 그들의 상황을 지각하는지 탐색하는 방법으로 상담 현장에 다양하게 적용될 수 있다. 상담 관계에서, 상담자는 장의 일부이며, 내담자에 대한 관찰에 영향을 미친다. 단순히 내담자에게 그들의 상황에 대해 묻는 것만으로도 내담자의 상황에 영향을 미친다(Parlett & Lee, 2005). 그러므로 상담자는 그들의 질문과 존재가 내담자의 경험을 어떻게 형성하고 어떠한 영향을 미치는지에 대하여 인식하고 있어야 한다. 장을 평가하기 위해서는 변화하는 장의 역동을 분석하고, 비이분법적인 사고를 통해 각 부분이 타인에게 어떠한 영향을 미치는지에 대해 파악해야 한다(Lobb & Lichtenberg, 2005). 예컨대, 배우자가 준 상처에 대해 불평하는 내담자가 있다면, 상담자는 내담자가 입은 마음의 상처에 대해서뿐 아니라 배우자의 행위에 내담자가 어떠한 영향을 미쳤는지, 내담자는 배우자에게 어떠한 상처를 주었는지에 대해서도 탐색한다.

장(field)을 평가하기 위한 질문

- 당신의 경험은 무엇이었습니까?
- 당신은 그 경험을 하는 데 있어 어떠한 영향을 미쳤습니까?
- 타인의 경험은 무엇이었습니까? 당신은 타인의 경험에 어떠한 영향을 미쳤습니까?
- 당신의 경험에 영향을 미친 다른 요인들은 무엇입니까? 당신은 이러한 요인에 어떠한 영향을 주었습니까?
- 당신이 경험한 상황을 상담 장면에서 공유하는 것은 어떻습니까?

■ 접촉 경계와 만남

게슈탈트 상담자는 자기(유기체)와 외부 세계(타인과 환경) 간 **접촉**의 형태로 경험의 매순간을 바라본다(Perls, 1951; Yontef, 1993). 만약 외부 세계와 직접적인 접촉을 맺고 진실하게 마주할 수 있다면, 인간은 충만하고 진실한 삶을 살 수 있을 것이다. 그러나 어린 시절의 경험, 공포, 사회적 요구와 같은 다양한 이유로 사람들은 자신을 보호하기 위하여 진정한 접촉을 피하게 된다. 이러한 **접촉 경계 혼란**(contact boundary disturbances)은 자기 혹은 타인에 대한 인식에서의 왜곡을 의미한다.

만남은 일곱 개의 연속 단계를 포함하며, 최초의 지각으로부터 시작하여 직접적 만남을 향해 가고 철수 과정을 거쳐 끝이 난다. 인간 경험은 연결과 단절의 끝없는 연속선상에서 개인/사물/사고와의 접촉과 철수를 반복하는 과정이라 할 수 있다. 이때 개인은 7개의 각 단계에서 특정한 저항 과정을 통해 접촉을 피할 수 있다(Woldt & Toman, 2005).

내담자를 평가할 때, 게슈탈트 상담자는 접촉의 순환 과정에서 내담자가 여기에 '고착'되어 있는지를 찾고, 내담자가 접촉을 통해 만남의 모든 과정을 완수할 수 있도록 독려하는 개입을 한다. 이 장의 마지막에 있는 사례 연구에서 상담자는 모니카가 그녀의 아동기 성적 학대에서

〈표 8-1〉 만남의 7단계

연속 단계	저항 과정	저항의 예시
1. 감각/지각: 유기체는 환경으로부터 개인 삶의 투입을 지각한다.	둔감화: 문제를 간과함.	연인과 다툴 때 연인의 폭력이 늘어나는 것을 무시함.
2. 자각: 환경적인 감각에 초점을 맞추게 된다.	내사: 타인의 관점을 가감 없이 전부 받아들임.	부모가 원하는 모습대로 됨.
3. 흥분/이동: 유기체는 접촉을 준비하기 위해 이동한다.	투사: 타인에게 자신이 원치 않는 부분을 떠맡김.	자신의 성적(sexual)인 면모를 거부하고 '성욕 과잉'으로 타인을 지각함.
4. 만남/행위: 유기체는 타인과 관계 맺기 위하여 일정한 행동을 취한다.	반전: 타인보다는 자신에게 직접적인 행동을 취함.	타인과의 갈등을 만들기보다 자기에 대한 비판에 초점을 맞춤.
5. 상호작용/완전한 접촉: 오고 가는 교환이 발생한다. 자신(self)은 '우리(we)'의 일부가 된다.	편향: 다른 사람이나 자신과의 직접적인 접촉을 피함.	배우자를 피하기 위해 오랜 시간 일하거나 자신과의 정서접촉을 회피함.
6. 동화/통합: 유기체는 새로운 정보와 행동 등을 받아들이고 통합한다.	자의식: 외부 세계가 자신에게 영향을 미치지 않도록 함.	누군가를 '사랑한다'고 하지만 관계 유지를 위한 자기 변화에 대해서는 거부함.
7. 분화/철수: 유기체는 접촉으로부터 철수하고 개인적인 상태로 회귀한다.	융합: 경계가 모호해질 정도로 다른 사람에게 동조함.	스스로는 다른 견해를 갖지 못하는 범위까지 배우자에게 동조함.

비롯된 접촉 회피를 인식하도록 돕는다.

■ 양극성과 소유하지 못한 부분들

게슈탈트 상담자는 인간을 성인 대 아동, 강함 대 약함, 애정 대 혐오 등과 같은 **양극성**(polarities) 또는 **상호보완적인 부분들의 끝없는 연속으로 인식한다**(Polyster & Polster, 1973). 개인이 지나치게 양극화되었을 때(언제나 어른스럽고, 언제나 강하며, 언제나 사랑스러운 것과 같이), 그들은 반대의 특성, 예컨대 천진난만함, 약함, 혐오스러움 등과 같은 특성들과 단절된다. 물론 겉으로 볼 때, 이는 중요한 주제로 보이지 않을 수 있으나, 우리가 인류, 즉 인간에 대하여 논하는 이상 이 문제는 중요하다. 인간으로서 개인은 일정한 수준에서 폭넓은 감정을 경험한다. 개인이 자신의 본업에서 높은 수준의 책임감을 갖고 있으면서도 아이와 같이 쾌활한 면모를 갖는 능력은 중요한 평행추이다. 개인이 정서적으로 강인해지기 위해 성장을 위한 다양한 활동을 할 수는 있으나 이 과정에서 어려움의 순간들, 상실, 비극, 그리고 외상에 직면하게 될 것이다. 이때 그들은 자신의 나약함을 수용할 수 있어야 한다. 또한 인간은 자애롭기 위해 종교적이고 영적인 활동을 하지만 이 과정에서 상실, 피해, 혹은 적대감이나 혐오의 감정을 불러일으키는 외상을 경험할 수도 있으며, 이 또한 경험의 일부라 할 수 있다. 이러한 혐오 감정에 따라 행동할 필요는 없으나, 이러한 감정을 경험하는 데 대한 수용적 자세는 중요하다. 이와 같은 감정들을 소유하지 못할 때, 인간은 정교한 회피 전략을 만들어 낼 것이며, 이는 온전한 그들 자신이 될 수 있는 능력을 저해한다. 그러므로 게슈탈트 상담자는 현재 나타나는 문제에 영향을 미친 양극성을 규명하고자 한다. 역기능적인 양극성들은 일반적으로 다음과 같은 내용을 포함한다.

- 사회적 자아 대 본연의 자아
- 성인 대 아동
- 완벽 대 실패
- 감정적 대 이성적
- 피상 대 심오
- 책임감 대 자유분방함

이 장의 마지막에 있는 사례 연구에서, 상담자는 최근 아동기 성적 학대와 관련된 외상 증상을 재경험하기 시작한 식료품점 직원 모니카를 돕는다. 모니카가 학대에 대처하는 방법들 중 한 가지는 책임감을 갖고, 그녀 자신을 돌보며, 모든 위험을 피하는 것이었고, 결국 그녀는 편극화되고 말았다. 그녀를 위한 치료는 그녀의 낙천적이고 사람을 잘 믿는 부분들을 통합시키는 방법으로 진행될 것이다.

■ '당위'

게슈탈트 상담자는 자신의 행동과 선택을 정당화하고 설명하기 위해 '당위(shoulds)'를 사용하는 내담자들의 이야기를 경청한다(Yontef, 1993). 게슈탈트 상담자는 하고 싶은 것, 가치 있게 생각하는 것 등보다 '해야만 하는' 것들을 하며 살아가는 사람들은 진솔하게 살아가는 것이 아니며, 자신의 인생에 대하여 가져야 할 실존적인 책임감을 회피하고 있는 것이라고 믿는다(예: "나는 하고 싶은 것, 내가 믿고 싶은 것을 스스로 결정하기보다는 다른 사람들이 나에게 하라고 한 것을 하고 있다"). 상담자들은 '당위'를 신경증적인 자기 조절의 형태로 보는데, 이는 인간이 건강하지 않은 방식으로 감정을 조절하고 있음을 의미한다. 게슈탈트 상담자는 '당위'에 따라 생활하는 것을 직면시키면서 두려움이나 사회적 압박에 기반하지 않은 보다 진솔한 선택을 하도록 독려한다.

■ 미해결 과제

미해결 과제는 말 그대로 불완전하게 표현된 정서로써, 대개 억울함의 형태를 지닌다(Yontef, 1993). 게슈탈트 상담자는 내담자가 다음과 같은 게임을 함으로써 미해결 과제를 인식할 수 있도록 돕는다.

미해결 과제 평가하기 게임

"앞으로 2분(시간을 선택하라) 동안, 당신이 느끼고 있는 억울함에 대하여 할 수 있는 한 최대로 이야기해 보시기 바랍니다. '나는 ~이 억울합니다.'라는 말을 시작으로 이야기하면 됩니다. 당신이 하는 말들이 유치해 보일 수 있으나 이에 개의치 말고 할 수 있는 한 최대로 찾아 보세요. 이 작업을 즐겨 보세요. 그리고 당신이 활동을 마치고 나면, 우리는 이에 대해 함께 이야기를 나눠 볼 것입니다. 질문이 있나요? 준비하고, 시작합니다."

변화를 겨냥하기: 목표 설정

■ 알아차림

"게슈탈트에서 오직 하나의 목표는 알아차림이다."(Yontef, 1993, p. 150) 상담자의 주요한 목표는 내담자로 하여금 그들 자신의 경험에 대한 자각을 증진시켜 저항 없이 환경과 직접적인 접촉을 하도록 돕는 것이다. 자각하고 접촉하는 능력은 ① 유기체적 자기조절, ② 존재에 대한 수용, ③ 양극성의 통합을 요한다.

–유기체적 자기조절

펄스(1973)는 상담의 장기적인 목표를 내담자가 '당위'와 인지에 의해 지배되는 의무적 삶이 아니라 유기적으로 자기를 조절하는 삶을 살도록 조력하는 데 둔다. 욘테프(1993)는 유기체적 자기조절을 "마음과 몸, 사고와 감정, 자발성과 계획성의 자연스러운 통합을 전제로 하여 이루어지는 전인적 선택과 학습, 전체적으로 생겨나는 선택과 학습"으로 정의한다(실수를 하지 말라거나 오르가즘을 언급하지 않는 것은 어렵다; p. 143).

활기차고 생기 넘치는 사람은 환경과의 역동적이고 반응적인 관계 속에서 힘든 순간에도 진솔하게 반응하며 삶의 흥망성쇠를 포용하는 삶을 산다. 유기적으로 자기조절적인 사람은 자신과 자신의 삶 그 자체를 신뢰하며, 자신을 보호하기 위한 저항 과정에 의존하지 않고, 사람들과 상황에 '접촉'할 수 있는 용기를 지닌다. 이러한 사람은 타인 및 세계와의 관계에 책임감을 가지고 상황에 창조적으로 적응할 수 있다(Yontef, 1993). 또한 유기체로 자기조절적인 사람은 자기지지적인데, 이는 기본적으로 자기 자신에 대해 지지적이며, 타인들을 개인적인 욕구에 부합하도록 종용하지 않아야 함을 의미한다.

–존재에 대한 수용: 변화에 대한 역설적 이론

바이서(Beisser, 1970)는 현대 게슈탈트 상담자들에 의해 채택되어 온 변화에 대한 역설적 이론에 대해 논의하면서 사람이 변화하고자 하면 할수록 (자기 자신이 되지 않고자 할수록), 동일한 상태에 머무르기 쉽다고 하였다. 이러한 이유로, 게슈탈트의 장기적인 목표는 개인적인 결함을 바로잡는 것보다는 자신이 누구인지를 경험하는 데 있어 장애가 되는 요인들을 제거하는 것이다. 다시 말해, 목표는 무엇이 '무엇'임을 수용함으로써, 그 누구와도, 그 무엇과도 화해하는 것이다. 인간이 '무엇'과 접촉할 수 있을 때, 변화는 자발적으로 일어난다(Yontef, 1993). 예컨대, 대부분의 내담자는 신체의 '무엇'과 '접촉 맺기'를 거부한다. 그들은 스스로를 아름답거나 날씬하지 않다고 믿기도 하고, 그들의 성 정체성 혹은 충동에 대한 두려움이 있으며, 고통 혹은 쇠약한 건강상태로 인한 좌절감을 경험할 수도 있다. 만약 상담자가 저항 장애물을 제거함으로써 내담자가 '무엇'과 직접적으로 접촉할 수 있도록 도울 수 있다면, 내담자와 신체와의 관계는 자연스럽게 보다 수용적이고, 덜 두려우며, 덜 비판적으로 변화될 것이다. 이 역설적인 이론은 도교와 불교의 '무위(non-doing)' 및 마음챙김 상담과 비교되어 왔다(Smith, 1976).

–양극성의 통합

게슈탈트 상담에서의 또 다른 장기적 목표는 양극성을 통합하는 것이다. 이는 자신의 내부 및 자신과 환경 간의 불일치를 수용하는 것이다. 실제로 통합은 자신의 다양한 면을 수용하고 통합시켜 온 인간의 복잡함에 비해 덜 독단적이고, 덜 엄격하며, 매우 단순하다. 예컨대, 자신의 가치를 직업적 성공에만 두는 사람이 상담을 받게 되었다면, 통합의 과정은 '느슨하고' '이상적이지 않은', 즉 내담자 자신의 두드러지지 않은 모습을 수용하는 것이다. 이러한 과정을 통하여, 앞으로 그는 업무에서의 성공을 추구하면서도 연애를 하거나 취미생활을 즐기는 한편 잡담을 하며 '허송세월'을 보내는 등의 시간을 갖게 될 것이다.

■ 초기 및 작업 단계

게슈탈트 상담의 초기와 작업 단계 목표는 자신에 대한 통합감을 경험하는 데 있어 작용하는 장애 요인 및 현재 나타나고 있는 증상을 보다 직접적으로 다루는 것이다. 그 예는 다음과 같다.

- 우울을 악화시키는 억압된 분노에 대한 자각을 증진시키기
- 곤란한 대인관계 교류에 대한 회피를 감소시키고, 타인으로부터의 부정적인 거부를 두려워하는 내담자가 해당 상황에서 감정의 표현을 충분히 하도록 하기(또는 다른 사람에게 자기주장 하기)
- 배우자와 자녀에게 분노 폭발과 상처가 되는 언사를 줄이고, 보다 취약한 감정을 표현하는 능력 증진시키기
- 타인의 감정과 자신의 감정을 구별 · 분리하고, 자신의 감정에 따라 행동하는 능력 증진시키기

■ 종결 단계 내담자 목표

종결 단계에서의 내담자 목표는 장기적으로 ① 유기체적 자기조절, ② 접촉하기, ③ 양극성 통합하기이다. 예시는 다음과 같다.

- 결혼생활에서 정서적인 친밀감을 증가시키기 위하여 유기체적 자기조절 증진시키기
- 일과 가정생활의 균형을 위해 '의욕적인' 대 '여유로운' 양극성의 수용 증진시키기
- 원가족과의 직접적인 접촉 능력 증진시키기
- 어머니의 부재와 관련된 '무엇'을 수용하는 능력 증진시키기

실행에 옮기기: 개입

신체 자각('요약': 당신이 알아야 할 기본적인 내용 참조)

■ 게슈탈트 실험과 빈 의자 기법

할리우드 영화에서 상담자를 조롱할 때 주로 등장하는 게슈탈트 빈 의자 기법은 내담자가 빈 의자에 자신의 심경을 쏟아놓은 다음, 반대편 의자로 가서 빈 의자에 반응하며, 그들 자신과 대화하는 것이다. 비록 이 기법이 다소 이상하고 유치해 보이지만, 진지하게 임해 보면 이 기법이 도전적이고 강력하다는 것을 알 수 있다. 빈 의자 기법은 내담자가 이러한 기회가 아니면 대화를 할 수 없는 사람들 및 그들 자신의 일부와 대화할 수 있게 해 준다.

게슈탈트 상담자들은 빈 의자 기법과 게슈탈트 실험을 주로 활용하였는데, 이는 그들이 언어보다는 행동을 선호하기 때문이다. 게슈탈트 상담의 특징적인 기법인 **게슈탈트 실험**은 상담 장면에서 상담자가 만든 '안전한 위기상황'에 대해 내담자가 행동을 취하도록 하는 것이다

(Polster & Polster, 1973). 실험은 빈 의자에 앉아 있는 가상의 인물에게 소리 내어 말하도록 함으로써, 해당 인물에게 직접적으로 말하는 것을 두려워하는 내담자의 문제를 다루어 본다. 예를 들어, 상사에게 화가 나 있으나 직접 말하는 것을 두려워한다면, 상담자는 내담자로 하여금 지금까지 상사에게 두려움으로 인해 하지 못했던 말을 소리 내어 말하도록 요청할 수 있다. 이러한 빈 의자 기법의 목적은 실제 상황을 대비하여 연습을 한다거나 감정을 '환기'시키기 위함이라기보다는 "그때 그 순간의 욕구를 표출함으로써 현실과 관계 맺고" 현 시점에서 자각부터 실험적 행동으로까지의 흐름이 어떠한지 "경험하기" 위해서이다(Polster & Polster, 1973, p. 235). 내담자가 현재의 경험에 대하여 즉각적으로 행동하고 말하는 것을 안전하게 경험함으로써, 상담 장면이 아닌 곳에서도 이와 같은 반응을 보일 가능성이 커진다. 그러나 대부분의 사례에서, 상담실 밖에서의 내담자의 행동은 상담실과 동일하지는 않다(우리는 대부분 실제 세계에서는 다소 누그러진다). 게슈탈트 실험은 감정 표현의 '실연(acting out)'이라기보다는 진솔한 표현을 실험하기 위한 안전한 맥락이라고 할 수 있다.

게슈탈트 실험에는 다음과 같은 다양한 형태가 있다(Polster & Polster, 1973).

- 먼 과거로부터의 미해결 과제 상황의 시연(enactment)
- 현재의 미해결 과제 상황의 시연
- 성격의 시연(원하는 혹은 원하지 않는)
- 양극성(양쪽 모두)의 시연

욘테프(1993)는 실험의 목적을 다음과 같이 열거했다.

- 상담실 밖 내담자의 행동 레퍼토리를 확장시키고 실험적인 학습을 활성화시키기 위함이다.
- 내담자가 인생을 그 자신의 고유 창작물로 보고, 상담과정에 대하여 주인의식을 갖게 하기 위함이다.
- 미해결 과제를 완수하고, 자각과정에서의 장애물을 극복하며, 양극성을 통합하기 위함이다.
- 강점, 역량, 자기지지, 책임감에 대한 감각을 자극하기 위함이다.

성공적인 실험 단계의 진행

1. **초점 확인하기**: 대화를 통해 상담자와 내담자는 미해결 과제, 양극성, 저항 등의 영역을 확인한다(예: 어머니에게 표출되지 않은 분노).
2. **초기 실험**: 상담자는 내담자가 빈 의자에게 말하고, 소리 내어 무엇을 말하거나, 어떠한 형태의 신체적인 행동을 취하도록 구체적인 지시를 함으로써 내담자를 실험에 참여시킨다(예: "당신의 어머니가 당신 옆에 있는 의자에 앉아 있다고 상상해 보세요. 그녀에게 말을 건네 보고, 당신이 마지막으로 그녀를 만났을 때 하고자 했던 말을 해 보세요").
3. **초점 실험**: 이 실험이 이루어지는 동안, 상담자는 내담자가 특정한 영역에 대해 이야기하거나 특정한 행동을 하도록 독려할 수 있다(예: "이혼 기간 동안 어떤 일이 일어났는지도 말해 보시겠어요?").
4. **실험 경험하기**: 실험이 끝난 후, 상담자는 내담자가 실험의 지금-여기에서의 경험을 발견할 수 있도록 돕는 데 집중한다(예: "당신이 어머니께 말을 했을 때 내면에 어떤 감정이 있었나요? 신체의 특정 부위가 반응하였나요? 당신이 그것을 소리 내어 말해 본 것에 대해 지금은 어떤 감정이 드나요?").

스스로 해보기

짝을 찾아 번갈아 가며 이 단계들을 활용한 게슈탈트 실험을 시연해 보세요. 활동을 마친 후, 가장 유용했던 부분과 가장 어려웠던 부분에 대해 토의해 보세요.

■ 의미와 언어 수정

게슈탈트 상담자는 내담자에게 그들의 자율성, 선택, 책임감을 강조하기 위해 언어를 수정하도록 지시한다. 흔한 예들은 다음과 같다.

- **질문을 진술로**: 게슈탈트 상담자는 내담자가 질문을 진술로 변화시키도록 요청한다. 왜냐하면 질문은 위장된 진술 혹은 타인으로부터의 지지에 대한 요구이기 때문이다(Yontef, 1993).
- **'나' vs '당신' 또는 '그것' 진술**: 게슈탈트 상담자는 내담자로 하여금 상황('당신은 내가 X를 하도록 하였다')이나 수동적 표현('그것은 내가 X라는 감정을 느끼게 한다')과 같이 다른 누군가를 빌어 이야기하기보다는 "나는 X를 하기로 결정했다" 혹은 "나는 X를 느꼈다"와 같이 '나'로 시작하는 진술로 바꾸어 말하도록 한다.
- **'선택하기' vs '할 수 없다'**: 내담자가 '할 수 없다(can't)'고 말하지만 선택의 요소가 존재할 때, 상담자는 내담자가 그들의 선택권을 인정하도록 재진술을 돕는다; "나는 제 시간에 집에 가지 않고 마감 기한을 맞추기 위해 일을 하며 시간을 보내겠다."

- '원하는 것' vs '해야만 하는 것': 게슈탈트 상담자는 내담자가 '해야만 하는 것'과 '하기 원하는 것'을 명확히 구별하도록 한다. "나는 세금을 내야 한다."보다는 "IRS의 추적을 피하기 위해 세금을 내고 싶다."라고 표현하는 것이다. 삶에서의 선택이 변하지 않는다 할지라도 우리를 둘러싼 모든 삶의 환경에서 자유롭게 선택할 수 있다는 것을 끊임없이 강조함으로써 자유, 의지, 책임감에 대한 내담자의 감각을 증진시킨다(예: "나는 세금 납부를 할 것이다").
- '그러나': 게슈탈트 상담자가 주의 깊게 살펴보는 또 다른 단어는 '그러나'이다. 이 단어의 뒤에는 일반적으로 변명과 양극성, 혹은 이중 메시지가 따라 붙는다. 상담자는 내담자가 '그러나'를 '그리고'로 대체함으로써 통합을 진전시키도록 돕는다.

■ 감정에 머무르기

내담자의 자각을 증진시키기 위해 상담자는 접촉의 연속선상에 있는 자각, 흥분, 만남, 통합, 동화, 철수의 단계를 가르침으로써 내담자가 불편한 감정에 '머무르도록' 독려한다('접촉경계와 만남' 참조). 상담자는 내담자가 각 단계에서의 저항을 극복하며 직접적인 경험을 해 보도록 독려한다. 실험에서와 같이 감정에 머무르도록 내담자를 독려함으로써 내담자는 상담실 밖에서도 이를 실천할 수 있는 기술과 용기를 증진시키게 된다.

■ 꿈 작업

게슈탈트 상담자는 꿈에 대해 독특한 접근을 한다. 그들은 자아의 각 부분을 통합하려는 시도 그리고/또는 실존적인 메시지로 꿈을 이해한다. 따라서 상담자는 꿈 해석에 있어 내담자보다 정확하다고 말하지 않는다(Yontef, 1993). 게슈탈트 상담자는 꿈에 나오는 각 인물을 자아의 한 부분으로 바라본다. 예를 들어, 만약 한 사람이 꿈에서 쫓기고 있다면, 추격하는 사람과 도망치는 사람 모두 자기의 다른 측면인 것이다. 상담자와 내담자는 자아의 각 부분이 어떻게 상호작용하는지, 각각이 무엇을 나타내는지, 그리고 삶에서 어떻게 무시되거나 강조되어 왔는지에 대해 탐색할 수 있다.

모든 정보 통합하기: 게슈탈트 사례개념화와 치료계획 양식

이론에 특화된 사례개념화: 게슈탈트

이론에 특화된 사례개념화를 발달시키기 위해 다음의 내용을 사용하라. 이 장의 마지막에 제시된 사례 연구는 하나의 예이다.

- **장에 대한 평가**: 내담자의 장(경험)과 배경(보다 넓은 맥락, 관계 등), 그리고 둘 사이의 역동적인 관계를 기술하라.
- **접촉 경계와 만남**: 일반적인 접촉 경계 패턴을 설명하라.
  - **둔감화**: 문제를 알아차리는 데 실패한다.
  - **내사**: 타인의 관점을 가감 없이 전부 받아들인다.
  - **투사**: 원하지 않는 부분을 타인에게 떠넘긴다.
  - **반전**: 타인보다는 자기에게 직접적인 행동을 취한다.
  - **편향**: 다른 사람이나 자기와의 직접적인 접촉을 피한다.
  - **자의식**: 외부 세계가 자기에게 영향을 미치지 않도록 한다.
  - **융합**: 경계가 모호해질 정도로 타인에게 동조한다.
- **양극성과 소유되지 못한 부분들**: 양극성과 소유되지 못한 부분은 다음과 같다.
  - 사회적 자아 대 본연의 자아
  - 성인 대 아동
  - 완벽 대 실패
  - 감정적 대 이성적
  - 피상 대 심오
  - 책임감 대 자유분방함
- **당위**: 당면한 문제와 구체적으로 관련되었거나 내담자의 삶을 구성하고 있는 것과 관련된 당위를 기술한다.
- **미해결 과제**: 억울함, 죄책감과 같이 내담자가 미처 다루지 못한 미해결 과제를 확인한다.

치료계획 양식: 게슈탈트

우울, 불안, 강박 문제를 호소하는 내담자를 위하여 치료계획을 세울 때, 다음의 치료계획 양식을 사용하라. 특정 내담자, 호소문제, 치료적 맥락에 따라 이 양식의 목표나 개입 방식은 다소 변경될 수 있다. 필요에 따라 이 치료계획을 적절하게 변경하여 사용할 것을 권장한다. 이 계획을 치료에 효과적으로 적용하기 위해서는 내담자가 경험하고 있는 특정 신념, 행위, 감정을 중심으로 목표와 개입 방식이 명확하게 작성되어야 한다. 구체적일수록 당신에게 유용할 것이다.

치료계획

치료의 초기 단계

초기 단계 치료 과제

1. 치료 관계를 형성하기. 다양성의 고려사항: [내담자와 관계를 형성하는 과정에서 내담자의 다양성에 따라 자신의 접근법을 어떻게 민감하게 조정할지 구체적으로 설명하라. 감정 표현을 위해 그들의 문화와 성별에 관한 내용이 포함되어야 한다.]
   관계 형성 접근/개입 :
   a. 상담자 역시 진솔한 자기를 표현하면서, 내담자의 **독특한 자기**를 확인하라.

2. 개인적이고 체계적이며 다양한 문화적 역동을 평가하기. 다양성의 고려사항 : [문화, 사회·경제적 지위, 성 정체성, 성별, 정서표현, 그 외 고려사항에 대한 평가 방법을 설명하라.]
   평가 전략:
   a. 타인 및 환경과 **진솔한 접촉**을 하는 내담자의 능력을 평가하라.
   b. **양극성, 소유되지 못한 부분들, '당위', 미해결 과제**를 확인하라.

초기 단계 내담자 목표

1. [특정 위기 증상] 감소를 위해 위기를 증폭시키는 불편한 감정과 자기의 **원치 않는 부분**들에 대한 수용력 향상시키기
   개입:
   a. 내담자가 위기 정서들을 알아차리고 보다 효과적으로 관리할 수 있도록 돕기 위한 **신체 자각** 연습을 활용하라.
   b. 위기를 증폭시키는 **불편한 감정에 '머무르도록'** 내담자를 독려하고, 이러한 감정을 경험함으

로써 위기를 완화시킬 수 있도록 내담자를 지도하라.

치료의 작업 단계

작업 단계 치료 과제

1. 작업 동맹의 질을 확인하기. 다양성의 고려사항: [**정서 표현**과 **접촉 규범**의 성적 · 문화적 형태에 따라 상담 관계를 어떻게 조정할 것인지 설명하기]
   평가 개입 :
   a. 회기 평가 척도를 사용하여, **지금-여기 경험**, 자기와 타인의 차이에 대한 수용, **자기에 대한 진솔한 표현** 빈도를 모니터하라.

작업 단계 내담자 목표

1. [특정 증상: 우울, 불안 등] 감소를 위해 [X]와 [Y] 간 **양극성의 통합** 증진시키기
   개입 :
   a. 자각과 양극성의 통합을 촉진하는 **게슈탈트 실험과 빈 의자 기법**을 활용하라.
   b. 양극성의 모든 측면을 수용하도록 하는 **언어 수정**을 활용하라.

2. [특정 증상: 우울, 불안 등] 감소를 위해 [X: 특정 맥락, 관계, 문제 등]에서 **자기조절** 능력 증진시키기
   개입:
   a. 자기조절 능력을 증진시키기 위해 **불편한 감정에 머무르도록** 내담자를 지도하라.
   b. 자기조절 기술을 향상시키기 위해 대안적인 행동을 포함한 **게슈탈트 실험**을 하라.

3. [특정 증상: 우울, 불안 등] 감소를 위해 [변화시킬 수 없는 상황]과 관련된 **'무엇'을 수용**하는 능력 향상시키기
   개입:
   a. '무엇'에 대한 저항과 거절을 보다 잘 이해하기 위해 **꿈 분석**을 실시하라.
   b. '무엇'에 대한 '당위'를 감소시키기 위해 **언어 수정**을 실시하라.

치료의 종결 단계

종결 단계 치료 과제

1. 추후 관리 계획을 세우고, 성과를 유지하기. 다양성의 고려사항: [치료가 종결된 이후, 내담자를 돕기 위해 내담자가 속한 공동체의 자원들에 어떻게 접근할지 설명하라.]

개입:

a. 잠재적인 미래의 스트레스와 관련하여 **유기체적 자기조절** 능력을 향상시켜라.

종결 단계 내담자 목표

1. [특정 증상: 우울, 불안 등] 재발 가능성 감소를 위해 일상의 모든 맥락에서 **자기조절** 능력을 향상시키고 **지금-여기에서의 경험**을 확대시키기

   개입 :

   a. 일상의 모든 국면에서 자발성을 통합시키기 위한 **게슈탈트 실험**에 점차적으로 도전하라.

   b. 일상생활에서 진정성을 저해하는 미묘한 저항과 양극성을 확인하기 위한 **꿈 작업**을 하라.

2. [특정 증상: 우울, 불안 등] 재발 가능성 감소를 위해 타인의 진솔성을 받아들이는 동시에 친밀한 관계에서 **자기조절** 능력과 **진솔한 자기표현**을 증진시키기

   개입 :

   a. 자각과 진솔한 관계 형성 기술을 개발하기 위해 **빈 의자 실험**을 사용하라.

   b. 중요한 관계에서의 진솔한 친밀감 형성 능력을 향상시킬 수 있도록 **게슈탈트 실험**을 사용하라.

스냅샷: 연구와 근거 기반

인간중심 상담(6장), 실존주의 상담(7장)과 마찬가지로, 빈 의자 기법의 효과를 제외하면 게슈탈트 상담 또한 그 결과에 대하여 체계적인 연구가 거의 이루어지지 않은 상태이다(Wagner-Moore, 2004). 상담 관계의 질이 모든 형태의 상담에서 긍정적 결과를 예측하는 가장 중요하고도 공통적인 요인이라는 인본주의 상담자들의 주장이 다시 한번 주목을 받고 있다(1장 참조).

인본주의의 철학적 근간과 펄스의 개인적인 스타일 등의 이유로 게슈탈트 상담의 과정과 결과에 대한 연구는 빈 의자 또는 '두 의자' 기법에 대한 연구를 제외하고는 거의 이루어지지 않았다(Wagner-Moore, 2004). 그린버그와 동료들(Clarke & Greenberg, 1986; Greenberg, Elliott, & Lietaer, 1994; Greenberg & Rice, 1981)은 게슈탈트 접근과는 별개로 두 의자 기법을 구체적으로 연구하였다. 두 의자 기법과 인간중심의 공감적 반응을 비교하는 일련의 연구에서, 양 연구의 참여자들은 자각에 대하여 심오한 경험과 변화를 보고한 바 있다(Greenberg &

Dompierre, 1981; Greenberg & Rce, 1981). 또한 두 의자 기법을 적용한 집단, 인지행동적 문제 해결 집단, 비치료 통제집단을 비교하는 연구에서는 다른 두 의자 기법의 효과가 월등한 것으로 나타났다. 이 외에 분노와 미해결 과제를 이슈로 가지고 있는 내담자에게 두 의자 기법을 적용한 예비연구가 있다. 따라서 앞으로 게슈탈트 작업의 변화 매커니즘과 결과들에 대하여 보다 많은 탐색이 이루어져야 할 필요가 있다.

다문화적 접근: 다양한 집단과 작업하기

문화와 민족의 다양성

게슈탈트 치료는 유럽, 북아메리카, 남아메리카 일부 지역, 아시아, 호주 도처에서 사용되는 접근이다(O'Leary, 2013). 이렇게 다양한 지역에서 사용되는 이유는 펄스가 다양한 나라(독일, 네덜란드, 북아프리카와 미국, 캐나다)에 살았기 때문이기도 하다. 다른 현상학적 접근들과 마찬가지로, 게슈탈트는 개인의 주관적인 삶의 경험을 강조하기 때문에 다양한 사람들에게 적용될 수 있는 접근이다. 그러나 상담자는 정서 표현과 개인적 특성에 있어 그 안에 내재된 개인적 가치와 가정들을 주의 깊게 고려해야 하고, 무심코 내담자에게 이것들을 강요하는 우를 범하지 않아야 한다.

현대의 게슈탈트 상담자들은 내담자의 문화적 고려사항을 전경과 배경 및 내담자가 살아가고 일하는 '장'에 대한 평가와 통합하고 있다. 이는 문화가 자신과 환경에 대한 일상 경험에 어떠한 영향을 미치고 있는지에 대한 자각을 증진시키기 위함이다(Fernbacher & Plummer, 2005). 강조하고 싶은 것은 다문화 사회의 인간으로서 상담자가 갖는 개인적 입장이 내담자가 상담자를 경험하는 데 영향을 미치는지에 있다. 한편, 폴스터 부부는 여성을 옹호한 선구자들로, 타인과 예의를 위해 사회가 어떻게 여성으로 하여금 자기의 일부를 소유하지 못하게 하는지를 밝히고자 했다(Roberts, 1999).

■ 아시아계 미국인과 게슈탈트 빈 의자

청과 응우옌(Cheung & Nguyen, 2012)은 아시아계 미국인을 대상으로 게슈탈트 빈 의자 기법의 적용 가능성을 탐색해 왔다. 이를 통해 그들은 아시아인에게 이 기법을 적용했을 때, 관찰된 네 가지 특성을 확인했다.

1. 치료적 개입에서 수치심의 의미를 연결하기
2. 친인척과 친구들을 대할 때, '체면이 깍이는 것'을 피하기
3. 전통적인 치료와 직접적인 직면을 대체하기 위한 대안적이고 상호보완적인 수단 활용하기
4. 대인관계에 관련된 죄책감과 갈등을 해결할 때, 내적 통제와 영성 활용하기(Cheung & Nguyen, 2012, p. 54)

빈 의자 기법을 통해 아시아인 내담자는 보다 쉽게 그들의 감정을 표현할 수 있다. 왜냐하면 (상담자나 가족원과) 직접적인 눈맞춤을 할 필요가 없고, 체면이 깍이거나 무례를 범할 우려가 없기 때문이다.

청과 응우옌(2012)은 아시아계 미국인을 대상으로 게슈탈트 빈 의자 기법을 활용하는 세 단계에 대하여 기술하였다.

[1단계] 빈 의자의 기능을 소개하기: 특정한 사람과의 갈등을 잘 다룰 수 있도록 돕는 것과 같이 구체적인 기능이나 목표를 가진 '활동'으로 빈 의자를 소개한다. 내담자에게 의자 사용을 절대 강요해서는 안 된다. 다만, 내담자가 말로 표현한 걱정이나 저항에 대해서는 그것을 탐색할 필요가 있다. 권위 있는 인물과의 갈등이 있는 경우, 아시아인 내담자는 빈 의자 기법을 사용하는 것이 무례하게 느껴진다고 말할 수도 있다. 이런 경우, 상담자는 빈 의자 기법이 어떻게 무례하지 않으면서도 체면을 잃지 않고 내담자의 갈등에 대하여 안전한 탐색을 가능하게 하는지에 대해 설명할 수 있다.

[2단계] 치료 과정에 내담자를 참여시키기: 일단 내담자가 빈 의자 기법에 동의하면, 상담자의 역할은 내담자에게 편안한 형태로의 변화 과정을 촉진하는 것이다. 전통적인 빈 의자 기법 외에 아시아계 미국인을 위한 빈 의자 기법의 적용은 다음과 같다.

1. **의자를 상상하기:** 빈 의자 없이 시작해도 된다. 상대방이 방에 함께 있다고 상상해 본다.
2. **상상의 활용:** 내담자에게 과거 상대방과 갈등이 있었을 때를 상상하도록 한다.
3. **직접적인 대화의 활용:** 내담자가 상대방과 대화하기 시작했다면, 내담자가 빈 의자와 대화하도록 지시한다.
4. **역할 놀이:** 만약 내담자가 빈 의자를 보고 싶어 하지 않는다면 상담자를 보며 이야기할 수도 있다.
5. **자리 바꾸기:** 대화 중에 상담자는 내담자가 될 수도 있고, 반대로 내담자는 빈 의자에 앉

을 수도 있다. 상담자와 내담자가 서로 자리를 바꾸는 반복적인 과정을 통해 내담자는 각각의 입장에서 말해 볼 수 있다.

6. **한 가지를 말하기**: 내담자에게 상대방이 말할 것 같은(혹은 내담자가 상대방으로부터 듣고 싶은, 혹은 도움이 될 만한 무언가 등) 한 가지를 말하도록 한 후, 그 '한 가지'에 대해 대답해 보게 한다.
7. **이야기하기**: 내담자와 상상 속의 타인이 함께 이야기(story)하기(상담자와 역할극을 한다).
8. **모국어**: 만약 내담자가 사용하는 모국어가 있다면, 상상 속의 타인 또한 내담자의 모국어로 말하고 반응하도록 한다.

[3단계] 재검토하기(Debriefing): 1회 이상의 활동 후, 상담자는 "자 이제, 당신과 내가 함께 있는 이 상담실로 돌아와 봅시다. 어떤 경험을 했나요?"와 같은 전환 진술을 사용하여 내담자에게 일어난 변화에 대하여 깊이 생각할 시간을 가져야 한다(Cheung & Nguyen, 2012, p. 58). 아시아계 미국인 내담자와의 작업 후에는 "이 활동을 통해 무엇을 배웠나요? 미래에 이러한 지식을 적용해 볼 수 있는 방법이 있을까요?"와 같은 구체적 후속 질문이 많은 도움이 된다.

■ 호주에서의 게슈탈트 상담

1970년대 호주에 소개된 게슈탈트 상담은 삶에 대한 관점과 방식에 있어 많은 호주 원주민과 조화를 이루었다(O'Neill, 2013). 게슈탈트 접근과 호주 원주민의 문화는 환경(즉, 장)과의 조화를 추구하며 하나의 전체로서 형성되어 나갔다. 환경 내의 유기체에 대한 호주 원주민의 관점은 게슈탈트 상담자들이 장이론 및 전경과 배경의 구분에 대해 설명할 때 제시하는 풍부하고 구체적인 예가 되었다. 이러한 호주에서의 게슈탈트 접근은 물리적 환경 및 생태학과 인간관계가 개인의 정신건강과 전반적인 삶의 질에서 얼마나 중요한 함의를 갖는지에 대한 자각을 증가시켰다(O'Neill, 2013). 이러한 '심리학의 녹색화' 또는 생태심리학적 접근은 상담자들과 내담자들로 하여금 물리적 세계에서 성장과 쇠락의 자연적 순환에 대해 고려하도록 하며, 심리적 · 정서적 세계에서는 어떻게 이러한 순환이 일어나는지에 대해서도 생각하게 한다. 이러한 관점은 원치 않는 현실을 온전히 포용하고 삶의 모순과 복잡성에의 참여를 강조하는 전통적인 게슈탈트 상담의 개념들을 보완한다.

또한 호주 상담자들은 게슈탈트 이론을 말의 치료법에 적용해 왔다(O'Neill, 2013). 이 기법에서는 사람–말–사람(human-horse-human)의 만남이 자연 세계를 포함하여 진술한 경험에 대한 인식의 변화와 확장의 가능성을 제공한다. 말 치료는 이종(interspecies) 간의 만남을 가능하게 하고, 이는 보다 넓은 자연의 맥락 속에서 인간의 경험을 이해하는 데 필요한 새로운 맥락을 제공해 준다. 이러한 만남은 자신과 세계에서의 자기 역할에 대하여 보다 문명화되고 인도적인 이해를 가능하게 해 준다.

성 정체성의 다양성

게슈탈트 상담자는 성 소수자, 특히 게이 남성을 대상으로 사용한 접근 방법을 주제로 몇몇 사례 연구들을 보고했다(Beane, 1981; Kondas, 2008; Silverstein, 2011). 게슈탈트 상담은 내담자가 살아가는 현실 내에서 작업하고, 내담자에게 진정한 자신이 되도록 격려하기 때문에 자신의 진정한 경험이 자신 또는 타인으로부터 수용받지 못할 것이라 믿는 성 소수자들에게 매우 적합한 접근이라는 사실을 발견하였다.

■ 커밍아웃 게이 남성을 대상으로 이루어진 게슈탈트 상담의 요소들

빈(1981)은 커밍아웃을 한 게이 남성과의 작업에서 어떻게 게슈탈트 과정을 활용할 것인지 기술하였다. 커밍아웃 과정은 근본적으로 긍정적인 게이의 정체성이 발달된 것으로, 빈은 커밍아웃 과정이 전 생애 과정이며, 이는 개인마다 비슷한 양상이라고 설명하였다. 개인들마다 다르기보다는 다소 유사한 것으로 보았으며 평생의 과정으로 설명한다.

초기 알아차림 작업 일반적인 게슈탈트 상담과 마찬가지로, 커밍아웃 게이 남성과의 상담에서는 우선 내담자가 세계 내에서 어떻게 기능하는지에 대하여 내담자 자신의 알아차림을 증진시켜야 한다. 이 과정은 생각, 감정, 감각, 욕구에 대한 비평가적인 수용이 전제되어야 한다. 또한 이 과정은 다음과 같이 게이 남성과 관련하여 내사된 신념을 알아차리는 것이다.

- **동성애 혐오 내사**: 동성애가 근본적으로 잘못된 것이라는 믿음으로서, 동성애를 불법적, 병리적, 비도덕적으로 보는 것이다(Beane, 1981). 이러한 내사는 각 개인으로 하여금 고유한 성적 경험을 갖지 못하게 함으로써, 결과적으로 진정성 있는 삶을 저해한다.
- **게이 남성에 대한 고정관념**: 동성애 혐오 내사와 같이, 대부분의 게이 남성은 게이 남성에 대하여 부정적인 내사를 가지고 있다(Beane, 1981). 게이 남성에 대한 부정적인 내사는 게이 남성은 여성적이고, 여자를 싫어하거나 여자가 되기 원한다는 믿음 등이다. 혹자는 게이 남성에게 디자이너, 상담자, 간호사 등의 직업이 적합하다는 편견을 갖고 있을 수도 있다.
- **남성성**: 남성성에 가치를 두는 내사이다. 이성애자 남성들과 마찬가지로, 대부분의 게이

남성들 역시 남성성에 대한 제한된 편견(생계를 짊어진 사람, 정서적으로 독립적인, 공격적인, 경쟁적인 등)을 가지고 있다.

- **성적(sexual) 가치**: 게이 남성, 특히 엄격한 종교적 기반을 가지고 있는 사람들은 성행위 및 일부일처제와 관련된 내사로 잦은 갈등을 경험한다(Beane, 1981).

접촉하기 게이 남성과의 게슈탈트 상담은 상담자와 내담자가 진솔하게 접촉하는 것으로, 이는 판단 없이 서로를 수용하는 것이다. 이러한 접촉은 상담자가 공감, 돌봄을 비롯하여, 내담자가 자각하는 현실, 믿음, 경험에 대한 수용을 표현할 때 보다 더 원활하게 이루어진다(Beane, 1981). 게이 남성은 있는 그대로 온전히 수용을 받은 경험이 제한적이기 때문에, 커밍아웃 과정에 있는 게이 남성과의 접촉은 매우 의미 있고, 그의 삶에 큰 영향을 미치게 될 것이다.

신체와 감정에 대한 알아차림 대부분의 게이 남성은 이성애자의 세상에서 살아가기 위해 그들의 신체적 감각과 감정들을 부인하는 대처방식을 학습하였다. 사회적으로 부적절한 경험에 대한 자각을 지우기 위해 그들은 다른 남성에 대한 성적 흥분에 의한 신체적 경험을 마비시킨다(Beane, 1981). 커밍아웃 과정은 자신의 마음에서 도망치는 것이 아니라 현재 순간에 일어나는 감각, 욕구, 감정들을 경험하는 과정을 존중하고 신뢰하도록 배우는 것이다. 게슈탈트 상담자는 이러한 자각을 격려함으로써 지금까지 게이 남성 스스로 부인해 왔던 감각과 감정에 다시 연결될 수 있도록 돕는다.

지지 마지막으로, 상담자는 커밍아웃 과정에 있는 게이 남성이 보다 높은 수준의 자기지지(self-support) 및 환경적 지지를 받을 수 있도록 돕는다(Beane, 1981). 자기를 지지하는 사람은 자기 자신, 타인, 그리고 삶 자체를 있는 그대로 받아들일 수 있으며, 자신, 타인, 그 외의 것들에 대해 있는 그대로 편안하게 느낀다. 수용의 일환으로서 게이 남성은 자신을 보호하기 위한 행동(예: 게이 남성을 받아들이지 않는 인간관계, 직업, 사회를 떠남)을 취해야 한다고 결정할수도 있다. 이러한 행동은 분노나 복수여서는 안 되며 자각과 의식적인 결정으로 이루어져야 한다. 자기지지는 자신의 진솔성과 개인의 성장을 촉진하기 위해 스스로 도움을 주는 것을 의미하며, 이러한 도움은 자기 내부 또는 주변 환경에서 찾을 수 있다. 게이 남성의 경우에는 지지적인 친구와 단체를 찾을 수 있다. 빈(1981)은 대부분의 게이 남성이 긍정적인 게이 정체성을 형성하는 데 있어 긍정적인 게이 정체성을 가진 다른 남성과의 만남이 가장 유익하고 강력한 경험이라고 보고했다. 따라서 집단 상담 경험이 게이 집단에게는 특별히 더 효과적일 수 있다.

■ 가정 내 폭력을 경험한 게이 남성 대상의 게슈탈트 상담

콘다스(2008)는 가정 내 폭력을 경험한 게이 남성을 대상으로 실시한 7단계 모델에 대하여 설명하였다. 그는 이 남성들의 자각을 증진시키고 트라우마를 치료할 수 있도록 돕기 위한 방법으로 게슈탈트 '폭발(explosions)'의 활용을 추천한다. 게슈탈트 폭발은 트라우마가 재발하지 않으면서도 강렬하고 고통스러운 감정을 경험하기 위해 안전한 맥락을 조성하는 방법으로, 상담자와 내담자 간 진솔한 접촉이 전제되어야 한다.

[1단계] 내파(implosive), 트라우마와 관련된 경계 1단계에서 내담자는 트라우마 경험을 관리하고 피하기 위해 해리, 강박, 자기대화를 사용한다(Kondas, 2008). 내담자는 가해자에 대한 분노와 사랑의 감정 모두를 부인할 수도 있고, 적절한 경계를 설정하는 데 곤란을 겪을 수도 있다.

[2단계] 슬픔의 폭발과 자기를 향한 분노 이 단계에서 내담자는 가해자에 대한 사랑의 감정으로 인해 자기를 향한 분노와 상실의 비통함을 느낀다. 이 단계에서의 주된 내사는 '나는 폭력의 가해자에게 사랑의 감정을 느껴서는 안 돼.'로 나타난다(Kondas, 2008, p. 65).

[3단계] 공포층으로부터 철수/후퇴하는 내파 3단계에서 내담자는 트라우마와 관련된 트리거, 공포, 감정을 피하고자 노력한다. 이는 더 이상의 피해로부터 자신을 보호하면서 치유와 회복을 촉진하는 신체적 · 감정적인 진통이다.

[4단계] 타인을 향한 분노의 폭발 4단계에서 내담자는 분노를 표현하기 시작하지만 처음부터 가해자에게 표현하지 않는다. 분노는 과거에 증오범죄나 아동학대를 저지른 가해자에게 향한다. 이 단계에서는 내담자는 가해자에 대한 분노를 마주하고 경험할 수 있게 된다. 이 단계에서 게슈탈트 상담자는 내담자에게 베개를 때리거나 테니스 라켓을 부수는 등의 행위를 통해 분노를 신체로 표현하도록 격려한다.

[5단계] 유기 공포로 인한 폭발; 실존적 두려움 5단계는 4단계와 유사한 시기에 발생할 수 있다. 내담자가 폭력에 대해 완전히 자각하게 되면서, 분노할 뿐만 아니라(4단계) 보다 온전히 자신의 연약함을 자각하게 될 것이다(5단계). 공포와 슬픔은 이 단계에서 새로운 방식으로 표면화될 수 있다.

[6단계] 마지막 내파의 철수, 하지만 증상이 줄어듦 만약 5단계에서 내담자가 진정으로 트라우마와 관련된 공포의 감정들을 방출할 수 있다면, 내담자에게 PTSD 증상은 현저하게 줄어들 것이다. 내담자는 증상이 호전될 때까지 이전 단계들을 계속 반복할 것이다.

[7단계] 기쁨의 폭발 7단계에서, 내담자는 보다 긍정적인 자기내사와 자기표현의 방법들을 발달시킬 수 있을 뿐 아니라 새로운 행동을 취하고 새로운 경계를 설정할 수 있다.

게슈탈트 사례 연구

모니카는 27세의 멕시코계 미국인으로, 7세 때 친오빠에게 당한 성폭력에 대한 회상과 악몽이 시작되어 상담실을 찾았다. 그녀는 식료품 잡화점의 직원으로 일하고 있는데, 그녀의 동료 중 한 명이 어느 날 밤 지하주차장에서 그녀를 강간한 후 악몽이 시작되었다. 그녀의 부모님은 그녀가 당한 성폭력을 단순히 "너를 알고 싶었을 뿐"이었다고 하며 문제를 축소시켜 버렸지만, 그 일이 있은 후 부모님은 모니카와 오빠 둘만 남겨 두지는 않았다고 보고하였다. 그녀의 오빠는 사과하지 않았다. 몇 년이 지나, 모니카는 '착한 소녀'가 되었고, 모든 규칙에 따라 행동하고, 위험을 피하는 대처 방식을 갖게 되었다. 그녀는 16세가 되자마자 취업을 했고, 고등학교를 졸업하자마자 자립하기 시작했다. 그녀는 고등학교 때 친구들과 종종 만나기는 했지만, 고등학교 시절의 남자친구가 자신의 가장 친한 친구와 몰래 사귄다는 사실을 알게 된 후로는 그 누구와도 진지한 연인관계를 맺지 못하였다.

사례개념화: 게슈탈트

이 사례개념화는 이 장의 '조망하기: 사례개념화' 섹션의 핵심적인 개념을 토대로 이루어져 있다. 당신은 사례개념화 섹션에 언급된 개념을 활용해 앞의 사례 또는 다른 사례의 사례개념화에 적용할 수 있다.

■ 장을 평가하기

성인 여성(AF)은 매번 타인에게 희생당한다고 느끼는 패턴을 보인다. 그녀의 오빠로부터 당한 성폭력과 관련된 미해결 과제가 그녀를 배신하고 바람 피는 남자들과의 관계에 영향을 주고 있는 것 같이 보인다. 더욱이 위험을 피하는 그녀의 현 패턴은 관계들과 관련된 것으로, 이 패턴은 그녀를 타인으로부터 멀어지게 하고 있다.

■ 접촉 경계와 만남

AF는 오랜 기간 **편향**(deflection)을 가지고, 자신의 어린 시절 성폭행을 떠오르게 하는 타인과의 직접적인 접촉을 피해 왔다. 이러한 편향의 패턴은 사회생활을 어렵게 하고 있다.

■ 양극성과 소유하지 못한 부분들

성폭행에 대처하기 위해 AF는 양극화되었다. 위험을 피하기 위해 '착한 소녀'가 되고자 노력했고, 문제에 관여하지 않으며, 늘 책임감 있게 행동하게 되었다. 위험에 대한 회피 때문에 그녀는 대학을 가지 않고 풀타임으로 일하는 것을 선택했고, 상처받지 않기 위해 연인관계가 되는 것을 피한다.

■ '당위'

AF는 많은 당위를 갖고 있다. 그 내용은 '나는 나에게 일어났던 일들을 크게 만들면 안 된다' '나는 늘 안전한 곳에 있어야 하고 안정적인 직업을 가져야 하며, 내가 상처받을 수 있는 관계를 피해야 한다' '나는 용서하고 잊어야만 해' 등이다. 이러한 '당위'는 삶의 어떤 영역에서도 그녀가 진정으로 살아갈 수 없도록 만들었다.

■ 미해결 과제

오빠 및 부모님에 대한 AF의 미해결 과제는 성폭행과 관련되어 있다. 가족들은 아무 일도 발생하지 않았고 순진한 아이의 놀이같은 것이라고 하지만, AF는 그렇게 느끼지 않고 있다. 그녀는 너무 두려워서 가족의 신화가 틀렸음을 밝힐 수 없었지만, 보다 진정한 삶을 살기 위해서는 진실을 말해야 한다.

치료계획: 게슈탈트

치료의 초기 단계

초기 단계 치료 과제

1. 치료 관계를 형성하기. 다양성의 고려사항: 라틴계 성인 여성과 소통하기 위해 정서 표현을 조절하고 개성주의(personalismo)를 이용하라.
   관계 형성 접근/개입 :
   a. 상담자는 진솔한 자기를 표현하면서 내담자의 **독특한 자기**를 확인하여 주고, 내담자의 **성폭행 경험을 인정**하여 주어라.

2. 개인적이고 체계적이며 다양한 문화적 역동을 평가하기. 다양성의 고려사항: 가족 및 멕시코계 미국인의 규범에 대한 내담자의 감정과 감정 표현 그리고 진정성을 평가하라.

평가 전략:

a. 타인 및 환경과 **진솔한 접촉**을 하는 내담자의 능력을 평가하라.

b. **양극성, 소유되지 못한 부분들, '당위', 미해결 과제**를 확인하되, 특히 성폭력과 관련하여 확인하라.

초기 단계 내담자 목표

1. 회상과 악몽의 감소를 위해 위기를 증폭시키는 불편한 감정과 자기의 **원치 않는 부분들**에 대한 수용력 향상시키기

   개입:

   a. 상담실 내에서 내담자가 위기 정서들을 알아차리고 보다 효과적으로 다룰 수 있도록 돕기 위한 **신체 자각**과 기초 연습을 활용하라. 상담실 밖에서도 도움이 되도록 현재 순간에 맞는 기초 연습을 하라.

   b. 상담실 내에서의 구조화된 연습을 통해 위기를 증폭시키는 **불편한 감정들에 '머무르도록'** 내담자를 독려하고, 이러한 감정들을 경험함으로써 상담실 밖에서도 위기를 완화시킬 수 있도록 내담자를 지도하라.

치료의 작업 단계

작업 단계 치료 과제

1. 작업 동맹의 질을 확인하기. 다양성의 고려사항: [학대 경험으로 인하여 안전한 접촉을 원하는 내담자의 요구 및 라틴계 여성의 감정 표현 방식에 맞춰 치료 관계를 설정하라.]

   평가 개입:

   a. 회기 평가 척도를 사용하여, **지금-여기 경험**, 자기와 타인의 차이에 대한 수용, **자기에 대한 진솔한 표현** 빈도를 모니터하라.

작업 단계 내담자 목표

1. 성폭력과 관련된 수치심, 위험 감수에 대한 두려움, 상처받거나 실패할 것에 대한 두려움 감소를 위해 '착한 소녀'와 '나쁜 소녀'간 **양극성의 통합** 증진시키기

   개입 :

   a. 알아차림과 양극성의 통합을 촉진하는 **게슈탈트 실험**과 **빈 의자 연습**을 활용하라.

   b. 양극성을 수용하고 '나쁜 소녀'가 되는 것에 대한 두려움을 완화하기 위하여 **언어 수정**을 활용하라.

2. 친밀한 관계에 대한 회피 감소를 위해 **자기조절** 능력 향상시키기

개입:

a. 자기조절 능력을 향상시키기 위해 거절 및 상처와 관련하여 **불편한 감정에 머무르도록** 내담자를 지도하라.

b. 자기조절 기술을 향상시키기 위해 남성들에게 말을 거는 대체행동을 활용하여 **게슈탈트 실험**을 하라.

3. 위험과 상처받는 것에 대한 두려움 감소를 위해 성폭력에 대하여 보인 가족의 부인 반응과 관련하여 **'무엇'을 수용**하는 능력 향상시키기

개입:

a. 부모 및 오빠에 대한 이슈를 떠올려 보는 연습으로 게슈탈트 실험을 하라. 실제 생활에서 이러한 행동이 갖는 장단점에 대해 함께 논의함으로써, 오래된 과제 해결을 위한 최선의 전략을 확인하라.

b. '무엇'에 대한 '당위성'을 감소시키기 위해 **언어 수정**을 실시하라.

치료의 종결 단계

종결 단계 치료 과제

1. 추후 관리 계획을 세우고 성과를 유지하기. 다양성의 고려사항: 교회, 가족, 멕시코계 미국인 공동체에서의 잠재적 지원 자원 확인하기

개입:

a. 잠재적인 미래의 스트레스 요인과 관련하여 **유기체적 자기조절** 능력을 향상시켜라.

2. 트라우마 재발을 조기 감지하기 위한 전략 포함시키기

종결 단계 내담자 목표

1. 악몽, 관계 회피, 회상과 같은 트라우마 증상의 재발 가능성 감소를 위해 일상의 모든 맥락에서 **자기조절** 능력을 향상시키고 **지금-여기에서의 경험**을 확대시키기

개입 :

a. 일상의 모든 국면에서 자발성을 통합시키기 위한 **게슈탈트 실험**에 점차적으로 도전하라.

b. 일상생활에서 진정성을 방해하는 미묘한 저항과 양극성들을 확인하기 위한 **꿈 작업**을 하라.

2. 친밀한 관계에 대한 회피 감소를 위해 타인의 진솔성을 받아들이는 동시에 친밀한 관계에서 **자기조절** 능력과 **진솔한 자기표현**을 증진시키기

개입:

a. 친구, 가족, 연인과 진솔한 관계를 형성하기 위한 자각과 기술을 개발하기 위해 **빈 의자 실험**을 사용하라.
b. 중요한 관계에서의 진솔한 친밀감 형성 능력을 향상시킬 수 있도록 **게슈탈트 실험**을 사용하라.

개인적 성찰과 토론을 위한 질문

1. 당신은 다음과 같은 감정들을 신체에서 어떻게 느끼나요?
   - 불안
   - 슬픔
   - 분노
   - 당황스러움
2. '완전한 인간'이 되는 것과 '완벽하지 않은 역할 모델'에 대한 게슈탈트 접근이 내담자에게 어떻게 적용될 수 있을까요? 어떤 잠재적인 문제가 발생할 수 있을까요?
3. 다양한 내담자와 작업할 때, 상담자의 자연스러운 자기표현이 어떻게 강점이 되거나 잠재적인 문제가 될 수 있을까요?
4. 환경과 진솔한 접촉을 했다고 느꼈던 경험에 대해 말해 보세요.
   - 이 과정을 가능하게 하는 것은 무엇인가요?
   - 진솔성을 경험했을 때 기분이 어땠나요?
   - 당신의 삶에서 이러한 경험을 방해하는 것은 무엇인가요?
5. 상담자가 자신과 많은 차이가 존재하는 내담자와 작업할 때, 내담자가 진솔성을 경험하도록 돕는 데 있어 힘든 점은 무엇이라고 생각합니까?
6. 문화마다 진솔성에 차이가 있을까요?
7. 게슈탈트 빈 의자 기법의 장점은 무엇이라고 생각합니까? 잠재적인 어려움은 무엇일까요?

9장

인지행동과 마음챙김 기반 접근

인간은 자기 자신을 불필요하게 괴롭히며 건강에 해롭고 역기능적인 감정과 행동을 스스로 만들어 낸다는 사실을 통찰하게 될 때, 변화를 경험하고 덜 방해받게 된다. 하지만 이해나 통찰만으로는 충분하지 않다. 자신을 변화시키기 위해서는 자신의 비이성적인 철학을 명확히 찾아내어, 보다 기능적이고 스스로를 돕는 태도를 지니고자 노력해야 한다. 사람들은 인지적 · 정서적 · 행동적인 다양한 방법을 활용하여 이를 수행할 수 있다.

—엘리스(Ellis, 2003, p. 220)

들어가며

행동적, 인지적, 인지행동적 접근은 행동, 인지, 정서의 변화를 이끌어내기 위한 적극적 기법 및 심리교육 활용을 강조하는 상담 기법과 관련이 있다. 변화의 확인이 간단하다는 점에서 보험회사와 같은 기관에서 선호하는 이러한 접근은 광범위한 성격 문제보다는 임상적 증상과 연구 기반 전통에 초점을 두고 있다. 이러한 접근은 세 가지 흐름으로 분류된다.

- **행동적 접근**: 고전적 조건화, 조작적 조건화, 사회학습이론을 활용하여 관찰과 측정이 가능한 행동을 분석하고 개입하는 데 초점을 둔다. 이 접근은 표준 행동 원칙에 따라 작동하는 내현 행동으로 사고를 개념화한다(Skinner, 1974). 행동적 접근은 세 가지 흐름을 통해 발전하였다.

- **1세대 행동주의**: 고전적 조건화, 조작적 조건화, 사회학습이론에 기반을 둔 최초의 '순수' 행동적 접근('조망하기: 사례개념화' 참조).
- **2세대 행동주의**: 1980년대 이전까지는 연구와 실무에 있어 분리된 흐름으로 간주되었던 인지적 접근과 행동적 접근의 통합
- **3세대 행동주의**: 변화를 촉진하기 위해 생각과 감정을 온전히 수용하는 변형된 행동 기법으로서의 마음챙김 접근(21세기).

• **인지적 접근**: 아론 벡(Aron Beck)에 의해 행동적 접근으로부터 독자적으로 개발된 인지적 접근은 다음과 같은 전제에 기반을 두고 있다. ① 심리적 장애는 역기능적 신념에 기초한 역기능적 사고로 특징지어지고, ② 역기능적 사고와 신념을 수정함으로써 개선된다(Beck, 1997). 인지이론은 ① 행동주의와는 별도로, ② 통합된 인지행동 기법의 일부로, ③ 일반적인 통합 접근을 위한 **메타이론**으로도 사용할 수 있다(Alford & Beck, 1997).

• **인지행동적 접근**: 대부분의 현대 실무자가 선호하는 인지행동적 접근은 왜곡된 생각, 행동, 감정을 변화시키기 위해 행동적 · 인지적 기법을 통합하는 것이다. 이 장에서는 일반적으로 활용되는 통합적 접근에 초점을 맞추고자 한다. 수년간에 걸쳐 발달되어 온 인지행동적 접근은 다음과 같이 구별된다.

- **중다양식치료**: 절충적인 개입 방법을 사용하는 접근인 아놀드 라자루스(Arnold Lazarus)의 중다양식치료는 BASIC-ID, 즉 행동(Behavior), 정서(Affect), 감각(Sensation), 심상(Imagery), 인지(Cognition), 대인관계(Interpersonal relationships), 약물(Drug) 등의 평가에 기반을 두고 있다.
- **합리적 정서행동치료**: 앨버트 앨리스(Albert Ellis)에 의해 개발된 합리적 정서행동치료(rational emotive behavior therapy: REBT)에서 상담자는 **선행사건**(Activating events: A)에 반응하여 보이는 정서적 **결과**(Consequences: C)를 이끄는 **신념**(Belief: B)이 무엇인지 내담자가 확인할 수 있도록 돕기 위해 A-B-C 분석을 사용한다. 이 접근법은 비합리적 신념을 논박하기 위해 직면과 같은 방식을 사용한다.
- **현실치료**: 다른 인지행동적 접근에 비해 철학적 성격이 강한 윌리엄 글래서(William Glasser, 1975, 1984)의 현실이론은 사람들이 다섯 가지 기본 욕구(생존, 사랑, 권력, 자유, 즐거움)에 의해 움직인다는 전제 하에, 자신이 행하는 모든 것, 심지어 비참한 감정까지도 선택한다는 점을 강조한다.
- **마음챙김 기반 치료**: 가장 최근에 개발된 마음챙김 기반 치료는 마음챙김 기반 스트레스 완화(Mindfulness-Based Stress Reduction: MBSR), 수용전념치료(Acceptance and Commitment Therapy: ACT)와 같은 치료 접근이 포함됨으로써, 불안, 우울, 중독을 비롯한

그 외의 다른 증상들을 감소시키기 위해 생각과 감정을 있는 그대로 수용하고 마음을 관찰하는 데 사용된다. 이러한 접근은 전통적 접근과는 구분되기 때문에, 이 장의 말미에서 분리된 섹션으로 살펴볼 것이다.

인지행동 접근

개요: 당신이 알아야 할 기본적인 내용

인지행동 상담자는 논리와 교육을 기반으로 하여 간단명료하고 실질적인 방법으로 내담자를 돕는다. 주디스 벡(Judith Beck, 2005)은 인지 접근을 다음과 같이 정리했다. "요약하자면, (내담자의 감정과 행동에 영향을 주는) **인지적 모델**은 왜곡되거나 역기능적인 사고가 모든 심리적 장애에 공통적으로 나타난다고 가정한다. 사고 과정에 대한 현실적 평가 및 수정은 감정과 행동에 개선을 가져올 수 있다."(p. 1) 간단히 말하면, 인지치료자는 도움이 되지 않는 생각이 정서와 행동 문제의 원천이라고 믿는다. 행동주의자는 부적응적인 행동의 강화 또한 문제증상을 초래할 수 있다고 덧붙였다.

인지행동 상담자는 새로운 행동 연합을 만들거나 내담자가 다른 방식으로 생각하고 느끼도록 도움으로써 증상을 직접적으로 다루며, 이때 행동 및 인지 기법들을 이용한다. 다른 접근들보다 인지행동 상담자는 내담자의 사고와 행동 습관을 변화시키기 위해 심리교육에 크게 의존한다. 상담자의 역할은 교육적이며, 내담자가 자신의 생각, 기분, 감정을 보다 효과적으로 관리하는 방법을 배우도록 돕기 위해 상담자의 전문성을 이용한다. 내담자는 적극적으로 각 회기마다 주어진 과제를 수행해야 한다. 정신역동 및 인본주의 접근법과는 달리, 인지행동 상담자의 목표는 성격 변화가 아니다. 이들의 목표는 내담자가 문제가 되는 증상들을 잘 관리할 수 있는 방법을 배우도록 돕는 것이다. 과학적인 방법을 통해 발전된 인지행동치료는 광범위한 임상 문제에 대한 치료 효과성을 검증하는 강력한 연구 기반을 형성하고 있다.

핵심: 이 이론의 중요한 공헌

이 장에서 한 가지를 기억해야 한다면, 그것은 바로 다음의 내용이다.

■ A-B-C 이론

벡(Beck, 1976)의 인지이론을 적용하여 앨버트 엘리스(Albert Ellis, 1962, 1996)가 개발한 A-B-C 이론은 합리적 정서행동치료의 핵심이다. 이 모델은 '(상황 그 자체가 아니라) **상황에 대한 우리의 생각**이 정서 및 행동 문제의 근원이 된다.'는 사실을 강조한다. 당신이 이 문장 속에 깃든 지혜를 진정으로 그리고 깊이 이해한다면, 당신의 인생은 결코 이전과 같지 않을 것이다. 당신은 다른 사람을 도울 수 있는 보다 나은 위치에 있을 것이다. 이를 당신의 마음에 새기기 위해 다음과 같이 강조한다.

> (상황 그 자체가 아니라) **상황에 대한 우리의 생각**이 정서 및 행동 문제의 근원이 된다.

만약 이에 대한 확신이 더 필요하다면, 전쟁 중에 포로들이 고문에 어떻게 반응했는지를 곰곰이 생각해 보자. 그들은 21세기를 살고 있는 대부분의 상담자나 내담자보다 훨씬 더 큰 형태의 고통을 경험하였으며, 이는 비판을 일삼는 부모가 있거나 남자친구와 헤어지는 것과 같은 일반적인 호소문제보다는 훨씬 고통스러운 일이다. 예를 들어, 1960년대와 1970년대 중국에 의해 잔인하게 고문받은 수많은 티베트 승려와 비구니가 극적으로 석방되었을 때, 그들은 트라우마 증상을 보이지 않았다(Hayward & Varela, 1992). 실제로, 그들 중 일부는 고문을 받으면서 자신을 고문하는 사람에 대한 연민을 가졌다고 설명했다. 이러한 반응은 매개 신념(B)을 고려하기 전까지의 트라우마에 관한 서양의 심리 이론들과는 상반된다. 불교 전문가는 '인권'에 대한 다른 신념을 가지고 있으며, 적에 대한 연민을 지니는 종교적 신념을 유지하고 있었다. 그들의 신념은 일반적이지 않은 반응을 형성한 것이다. 비슷하게, 우리가 7장에서 배운 빅터 프랭클(Viktor Frankl)은 나치 강제 수용소에 있던 수용자들의 태도가 정신적 및 신체적 생존에 극적인 영향을 주었으며, 이에 의미를 만들 줄 아는 사람들이 끔찍한 상황에서 더 잘 생존할 수 있었다고 말하였다. 이것은 인간의 생각이 특정 사건에 대해 어떻게 정서적 및 행동적 반응을 형성하는지에 대한 극단적인 예시이다. 사건 그 자체는 원인이 아닌 것이다.

그러나 우리 대부분은 유해한 사건이 부정적인 생각과 기분을 가져온다고 생각하는데, 이는 그 신념이 조용히 기저에서 반응을 매개하기 때문이다. 궁극적으로, 인지행동치료자는 각 개인에게 건강한 행동과 긍정적인 정서를 낳는 사고와 신념을 선택할 책임이 있다고 주장한다. 그렇기에 우리는 스스로를 속이지 않는 것이 중요한데, 이는 쉽지 않은 일이다.

이번에는 일상적이면서도 비임상적인 예시를 살펴보자. 당신이 "티베트 승려와 나치에 관한 예시는 형편없어."라고 나를 모욕하면, 나는 상처를 받는다. (서양 문화에서) 상식적으로 (결국 상식은 늘 문화적으로 정의된다) 모욕당한 후에 상처받은 느낌은 '정상'이라고 볼 수 있지만, 인지행동 접근에서는 그렇지 않다. 대신에 '내가 지니고 있던 어떤 신념이 상처받는 느낌을 야기하는가?'라는 질문을 해 볼 수 있겠다. 이 경우에 나는 내가 속해 있는 문화, 계급, 연령, 교육을 기반으로 대답할 것이고, 혹은 나는 서로 의견이 불일치하여도 가혹하게 비난하기보다는 서로 정중하게 말할 방법을 찾아낼 것이며(즉, "당신의 사례가 나를 납득시키지는 않았어요"), 아무 말도 하지 않거나 나의 주장을 반박하기 위한 학술적 자료들을 찾아야 한다고 믿는다. 그러나 인지행동치료자는 나의 상처받은 느낌이 당신의 비판이 아닌, 내 신념의 결과임을 재빨리 짚어 낼 것이다. 더 복잡한 문제로 들어가 보면, 비슷하지만 약간 다른 신념을 가진 사람들은 분노, 수치심, 당혹감을 느낄 수 있다. 한 개인이 어떻게 느끼는지는 비판이 아닌 자신이 갖고 있는 신념의 결과이다. 비판은 그저 촉발요인일 뿐이다.

문화적 고려사항 그렇다면 이 시점에서 타인의 지적이 언제 '모욕적인' '무례한' 혹은 '적절하게' 느껴졌는지에 대한 의문이 들 수 있다. 이러한 질문은, 그 사람들과 관련된 친밀도 수준뿐만 아니라 연령, 사회적 지위, 성별, 교육수준, 인종, 능력, 성적 지향성의 복합 매트릭스에 달려 있다고 말할 수 있다. 인지행동치료자는 자신에게 적절하지 않는 신념을 맹목적으로 따르지 않도록 해야 한다고 덧붙여 말한다(Ellis, 1994). 따라서 그 사람의 문화적 맥락에서는 모욕이 무례한 것이고 분노나 상처받는 것의 원인으로 간주된다 하더라도, 그 사람은 부정적인 감정을 야기하지 않는 새로운 신념을 도입할 수 있는 것이다. 이러한 관점에서, 문화는 우리의 모든 생각, 행동, 감정에 영향을 주지만, 각 개인은 어떻게 대응할지에 대해 스스로 선택할 수 있다. 지나치게 개인주의적인 신념은 모든 문화에서 공유되지 않는다는 점을 염두에 두어야 하고, 상담자는 다양한 내담자와 작업할 때 이를 고려해야 한다('다문화적 접근: 다양한 집단과 작업하기' 참조). 아마도 이제 당신은 문화 간 소통이 얼마나 까다로운 것인지에 대한 이유를 이해하게 되었을 것이다.

임상적 적용 마지막으로, 상담 장면에서 마주치게 될 가능성이 높은 신념 유형을 다루어 보자. 우울, 불안, 약물 남용, 섭식장애 등을 촉진시키는 신념은 한 상황과 거기에서 초래된 감정과 행동의 결과 사이에서 놓친 연결 부분이다. 예를 들면, 많은 사람들이 슬픈 감정, 즐거운 활동을 피하는 행동, 아침에 침대에서 일어나기 힘든 것과 같은 우울증의 전형적인 감정과 행동을 경험한다. '나는 쓸모없는 사람이다.' '아무도 나에 대해 관심이 없다.' 혹은 '나는 내 꿈을 결코 달성하지 못할 것이다.' 등의 많은 신념들이 이러한 감정을 일으킬 수 있다(이 장의 후반 '조망하기: 사례개념화'에서 우울증에 대한 벡과 엘리스의 특정 인지이론에 대해 다루며, 읽게 될 것이다). 상담자의 역할은 증상의 원인이 직장이나 여자친구를 잃는 등의 특정 사건 자체가 아니라, 이 사건에 대해 내담자가 지니고 있는 신념이라는 것을 내담자가 깨닫도록 돕는 것이다(예: '직업 또는 여자친구가 없으면, 나는 쓸모없다.').

엘리스(Ellis)는 인간이 갖고 있는 잘못된 신념이 어떻게 문제를 생성하는지 설명하기 위해 A–B–C 모델을 개발했다. 이 모델에서, A는 '선행사건'(문제가 되는 사람, 상황 등)이다. B는 선행사건의 의미에 대한 '신념'이며(이는 일반적으로 상담자가 짚어 내기 전에는 잘 인식하지 못한다), C는 신념을 기저로 한 정서적 또는 행동적 '결과(증상)'이다.

대부분의 내담자는 A와 C 사이의 관계에 대해서만 파악하며, 따라서 A가 C의 **원인**이라고 보고한다. "남자친구와 헤어졌기 **때문에** 우울해요." 혹은 "상사가 동료를 더 좋아하기 **때문에** 화가 나요." 상담자의 역할은 '남자친구가 나와 함께하지 않기로 결정한다면 나는 가치가 없다.' 혹은 '나는 사무실에서 최고가 되어야 한다.'와 같이 내담자가 고려하지 않은 신념(B)을 확인할 수 있도록 돕는 것이다. 이러한 **비합리적 신념**을 논박하고 보다 현실적인 신념을 채택하게 됨으로써, 개입 단계에서 변화의 목표가 설정되며 평가 단계에서 확인하게 된다. 역기능적 신념을 파악하는 것은 그 신념을 변화시키는 것에 비해 쉽지 않지만 꼭 필요한 첫 단계이다.

A–B–C 모델

A = 선행사건 → B = A에 관한 신념 → C = 정서적 · 행동적 결과
(촉발사건이나 사람) (증상)

스스로 해보기

최근 스트레스 상황을 떠올리며, 처음에 선행사건과 결과를 파악하고, 마지막으로 매개 신념을 확인한 다음, A-B-C 분석을 적용해 보세요. 어떠한 대안적 신념이 더 정확하고 유용할 수 있나요?

풍문: 사람들과 그들의 이야기

■ 최초 연구자

이반 파블로프 행동 연구의 창시자이자 러시아의 생리학자인 이반 파블로프(Ivan Pavlov, 1932)는 **고전적 조건형성**이라는 것을 처음으로 설명했다. 이는 무조건 자극(음식)과 중립 자극(종소리)을 함께 연합함으로써 반응(침 분비)을 이끌어 내는 것을 말한다.

B. F. 스키너 파블로프(Pavlov)의 연구를 토대로 스키너(Skinner)는 **조작적 조건형성**의 원

리를 확인했으며, 이는 강화물의 선행사건과 결과를 활용하여 새로운 행동을 형성하는 데 사용된다.

앨버트 반두라 사회적 인지이론가인 앨버트 반두라(Albert Bandura)는 파블로프(Pavlov)와 스키너(Skinner)의 연구를 토대로 개인이 다른 사람의 행동과 그 행동의 결과를 관찰함으로써 어떻게 학습하는지에 대해 연구했다. 그의 초기 실험은 성인이 공격적인 행동을 하는 것을 어린아이가 지켜봄으로써 어떻게 그 공격성을 배우는지 연구했다. 그러한 과정은 현재 '**행동 모델링**'으로 알려져 있다. 그는 사람을 통제하는 것이 아니라 오히려 자기지향(self-direction)에 대한 능력을 형성하고 인본주의자와 함께 비슷한 가치를 공유하는 행동 방법을 사용하도록 하였다(Bandura, 1974, 1986).

존 B. 왓슨 행동주의의 대가로 여겨지는 존 B. 왓슨(John B. Watson)은 인식이 관찰의 영역 밖에 있기 때문에 경험적 연구에 부적절하다고 주장하면서, 행동이 심리학의 유일한 초점이어야 한다고 믿었다. 가장 중요한 것은 그가 인간의 행동을 연구하기 위해 과학적 연구 문화를 확립했다는 것이다.

조셉 울프 남아프리카에서 출생하여 프로이트 학파로부터 훈련받아 미국에서 수많은 연구를 수행한 조셉 울프(Joseph Wolpe)는 전통적인 정신분석학적 접근이 만족스럽지 못한 결과를 낳는다는 것을 발견한 후 공포증 및 기타 불안장애를 치료하는 데 사용되는 **체계적 둔감화**를 개발했고, 이를 참전 용사에게서 나타나는 외상 후 스트레스를 치료하는 데 적용하였다.

■ 주요 이론가 및 전문가

아론 벡 상담과 심리치료 분야에서 가장 잘 훈련된 연구자 중 한 명인 아론 벡(Aaron Beck)은 프로이트의 우울 이론을 과학적으로 검증하기 위해 연구를 시작했다. 그 연구가 실패했을 때, 그는 수년간 정신의학 공동체로부터 거부와 고립을 초래했던 우울증에 대한 인지적 모형을 연구하기 시작했다(Beck, 1972, 1991). 정신병리학의 역기능적 신념을 조사한 벡(1988, 1991)의 우울, 불안, 약물 남용, 섭식장애, 관계 및 성격장애에 대한 연구는 해당 분야에서 가장 중요하게 여겨지고 있다.

앨버트 엘리스 화려하고 유머러스하며 종종 거친 인물로 회자되는 앨버트 엘리스(Albert Ellis)는 1995년에 A–B–C 모델의 변화 이론에 기초하여 매우 영향력 있는 REBT를 최초로 개발했다. 2007년에 93세로 사망하기 전까지 자신의 생각과 교육, 연구를 끊임없이 발전시켰다. 그의 이론은 사람들이 자신을 덜 비참하게 생각하도록 돕기 위해 인지적 · 행동적 · 정서적 기술을 사용했다.

아놀드 라자루스 인지적 · 사회적 학습 이론에 기반을 둔 라자루스(Lazarus)는 다면적인 평가를 수행하고 기능과 경험의 모든 영역에서 변화를 일으키기 위해 **중다양식치료**를 개발했다.

도널드 마이켄바움 도널드 마이켄바움(Donald Meichenbaum)의 인지행동 수정 접근은 내담자의 자기대화에 중점을 두어 내담자가 자신의 부정적인 내부 지시를 중단하고, 이를 보다 현실적 사고로 대체하도록 개입하는 데 초점을 두고 있다. 마이켄바움(Meichenbaum, 1997)은 사람들이 언어를 통해 자신의 현실을 구성하고, 다른 인지행동치료자보다 더 큰 '발견 지향(discovery orientation)'을 제공한다는 포스트모더니즘의 가정 하에 자신의 연구를 수행한 소수의 인지행동치료자 중 한 명이다.

큰 그림: 상담과정의 개관

인지행동 접근은 다음의 네 가지 기본 단계를 포함한다.

- [1단계] **평가**: 상담은 문제 행동 및 사고의 빈도, 지속기간, 맥락을 포함하는 행동적 · 인지적 기저선 평가로부터 시작된다.
- [2단계] **변화를 위한 목표 행동 및 생각 정하기**: 인지행동 상담자는 개입을 위한 구체적인 행동과 생각을 설정한다(예: 상담자는 '기분의 향상' 같은 일반적인 목표보다는 '사회적 접촉하기' '즐거운 활동 참여 늘리기' 등을 목표로 할 수 있다).
- [3단계] **교육**: 상담자는 내담자의 변화하려는 동기를 유발하기 위하여 내담자의 비합리적 사고와 역기능적 패턴에 대해 교육한다.
- [4단계] **대체와 재교육**: 마지막으로, 역기능적 행동과 사고를 보다 생산적으로 대체하는 구체적인 개입이 설계된다. 현재 보이는 증상들이 소멸되면 치료는 끝이 난다.

관계 형성하기: 치료적 관계

■ 교육자 및 전문가

"REBT는 매우 강력하고, 직면적이며, 지나치게 감성적인 치료 방법에 반대하는 입장이었다. 특히 REBT는 내담자가 이해하는 데 시간이 오래 소요되며, 치료자로 하여금 내담자가 회피하고 방어하기보다는 어떻게 스스로 이겨내며 변화할 수 있는지 빠르게 보여 주는 위험 부담을 감수하도록 장려한다."(Ellis, 2003, p. 232)

상담 관계의 정서적 질은 냉철하고 객관적인 것에서부터 따뜻한 것까지, 단호하고 직면적인 것에서부터 친근한 것까지 다양하게 나타나지만, 상담자의 주요 역할은 동일하다. 즉, 어떻게 당면 문제를 보다 잘 관리할 수 있는지에 대해 내담자와 내담자 가족에게 안내하고 교육하는 전문가로서의 역할이다(Ellis, 2003). 특히 상담의 작업 단계에서 상담자의 주요 역할은 내담자가 더 나은 방식으로 생각하고 행동하도록 교육하는 것이다. 엘리스(Ellis)와 글래서(Glasser)와 같은 일부 인지행동 상담자들은 자신의 주요 역할을 교육자로 생각하며, 매우 지시적인 접근 방법을 사용했다. 아론 벡(Aaron Beck, 1976), 주디스 벡(Judith Beck, 2005), 라자루스(Lazarus, 1981)와 같은 다른 상담자들은 내담자에게 비판적이고 논리적으로 자신의 상황을 분석하도록 요구하는 소크라테스식 질문을 사용하여, 조금 더 따뜻한 방식으로 교육하고 지침을 제공했다.

■ 인지행동 상담에서의 공감

연구 기반에 충실한 인지행동 상담자는 공감, 따뜻함, 비판단적 태도가 긍정적인 상담 결과를 예측한다는 연구 결과를 바탕으로, 상담 동맹을 구축하기 위해 이러한 상담자의 자질을 사용한다(Meichenbaum, 1997; 1장 '공통 요인 연구' 참조). 그러나 인지행동 상담자가 공감을 사용하는 이유는 인본주의 상담자가 공감을 사용하는 이유와는 매우 다르다. 다시 말하면, 인지행동 상담자는 인본주의 상담자와는 완전히 다른 이유로 공감을 사용한다. 인지행동 상담자는 내담자의 행동, 사고, 감정이 변화되도록 '현실적인(real)' 개입을 사용하여, 라포 형성을 할 수 있도록 공감을 사용한다. 반대로, 인본주의 상담자에게는 공감이 곧 개입이며, 공감이 그 자체로 치료 과정이라고 주장한다(Rogers, 1961). 공감을 활용하는 인지행동 상담자는 '작위적'으로 보여서는 안 되는데, 대부분의 경우에는 이러한 생각이 상담과정에서 내담자를 속이기 위한 것이 아니라 내담자가 보다 편안하게 느끼도록 해 주기 위해서이기 때문이다. 또한 인지행동 상담자는 인본주의 상담 개념을 '통합'해서도 안 된다. 왜냐하면 인지행동 상담자는 인본주의 상담자가 그 개념을 사용하는 방식 그대로 사용하는 것이 아니기 때문이다. 대신에 이들은 상담과 변화

과정에 대한 자신의 철학적 가정의 범위 안에서 그 개념을 적용해야 한다.

■ 현대 인지행동 상담 관계

주디스 벡(Judith Beck, 2005)은 상담 동맹을 형성하기 위하여 보다 현대적인 다섯 가지 방법을 제시한다.

1. **적극적으로 환자들과 협력하기**: 상담에 관한 결정은 내담자와 공동으로 이루어져야 한다.
2. **공감, 배려, 이해 보여 주기**: 공감을 표현하는 것은 내담자가 상담자를 신뢰하는 데 도움이 된다.
3. **상담 방식 조정하기**: 개입, 자기개방, 지도는 내담자의 성격, 호소문제 등을 기초로 하여 각 내담자에 맞게 조정해야 한다.
4. **고통을 완화하기**: 내담자가 문제를 해결하거나 기분을 개선하여 임상 효과를 입증하는 것은 상담 관계를 강화한다.
5. **회기 끝에 피드백 유도하기**: 각 회기가 끝날 때 내담자에게 "어떠셨나요?"라고 물어봄으로써, 상담자들은 상담 관계의 동맹이 손상되는 경우 조기에 개입할 수 있게 된다.

협력적이고 참여적인 관계를 구축함으로써, '상담자는 나를 이해하지 못할 거야.' 혹은 '이것은 절대 다룰 수 없을 거야.'와 같이 상담과정에 방해가 되는 내담자의 상담 또는 상담자에 대한 역기능적 신념에 대해 효과적으로 작업할 수 있다.

■ 서면 계약

인지행동 상담자는 최소한 그들이 종이에 무언가 작성하는 측면에 있어 상담 관계에서 아마도 가장 사무적인 사람들일 것이다(Holtzworth-Munroe & Jacobson, 1991). 그들은 상담 관계를 구조화하고 내담자의 동기와 참여도를 높이기 위해 목표와 기대를 명확하게 기재한 **서면 계약**을 자주 사용한다. 서면 계약서에 내담자의 목표와 합의를 기재하고 내담자의 동의 서명을 받는 것은 내담자에게 동기를 부여하며 상담 과정에 대한 책임감을 심어 준다.

조망하기: 사례개념화

■ 기저선 기능

치료의 시작점에서, 때로는 첫 번째 회기 전에, 인지행동 상담자는 변화 측정의 시작점이 될 수 있는 기저선 기능(baseline functioning) 평가를 실시한다. 그들은 우울, 불안, 공포, 분노, 사회적 철수, 갈등과 같은 특정 행동 증상의 ① 빈도, ② 지속 기간, ③ 심각한 정도를 일지에 적어 줄 것을 내담자에게 요청한다. 또한 상담자는 증상을 유발했을 가능성이 있는 **선행사건**을 확인하여 일지에 포함시킬 수 있다. 내담자의 언어적 회상에만 의존하는 것으로 충분하다고 생각할 수 있지만, 대체로 기저선 평가는 회상만 하는 것보다 자세하고 정확한 정보를 제공한다. 이 장 마지막에 있는 사례 연구에서, 기저선 기능(baseline fanctioning) 평가는 마리아(Maria)의 양극성 삽화를 평가하는 데 사용된다.

기저선 일지는 다음과 같이 작성할 수 있다.

〈표 9-1〉 **기저선 일지 예시**

문제 행동	언제?	얼마나 지속됐는가?	얼마나 심한가?	사건 이전에는?	사건 이후에는?
폭식 및 구토	-스트레스 받은 날 이후 -월요일 저녁 7시	1시간	7 (1~10 척도 중)	-아침을 먹지 않음 -전날 밤에 잠을 잘 자지 못함 -상사와의 갈등	-주의를 전환하려고 인터넷 서핑을 함
폭식 및 구토	-데이트 후 -금요일 밤 1시	2시간	9+	-데이트하면서 남자친구와 다툼 -클럽에서 다른 여자를 보면서 스스로 뚱뚱하다고 느낌	-다음 날 아침에 잠이 듦 -화해하기 위해 남자친구에게 전화를 함

■ 인지행동 기능 분석

추후에는 인지에도 적용되었지만 본래 순수한 행동 평가 기법인 **기능 분석**(functional analysis)은 자연적으로 발생하는 촉발요인, 보상, 처벌 그리고 인과관계 패턴을 정확히 파악하기 위해 문제가 되는 사고와 행동의 선행사건과 결과에 대해 주의 깊게 분석한다(Meichenbaum, 1977). 상담자는 증상 삽화가 발생하는 **동안**과 **전후**에 그 사람이 무슨 일을 하고 어떤 생각을 했으며 주변 환경에서 어떤 일이 일어났는지를 검토하기 위해 기능 분석을 사용한다. 예를 들어, 한 사람이 스트레스를 해소하기 위해 자해를 한다고 말한다면, 상담자는 내담자가 사건이 일어나기 전에 무엇을 생각하고 무슨 행동을 했는지, 그 시기에 무슨 일이 벌어졌는지도 물어볼 것이다. 내담자의 삶에서 누구와, 무엇을, 어디서, 언제 했는지와 같은 질문을 통해 자해하는 동안과 자해한 후의 감정과 생각에 대해, 그리고 무슨 일이 있었는지를 평가할 수 있다. 상담자는 자해를 촉발시키고 이를 강화하는 패턴에 대해 파악하기 위해 치료 초기에 몇 개의 삽화와 관련하여 기능 분석을 실시할 수 있다. 기능 분석은 문제 행동과 사고를 빠르게 수정해 줄 성공적인 개입을 쉽게 설계할 수 있도록 해 준다.

인지행동 기능 분석을 위한 질문

- 당신은 그 사건 전에(겪는 동안 또는 후에) 무엇을 하고 있었습니까? 당신은 어디에 있었습니까? 주변에 누가 있었습니까? 하루 중 언제였습니까?
- 당신은 사건 전에(겪는 동안 또는 후에) 무슨 생각을 하고 있었습니까? 당신 내면의 대화와 사고에 대해 설명해 보십시오.
- 사건을 겪는 동안과 후에 당신의 삶에는 어떤 일이 있었습니까? 정상적인 활동이 있었습니까? 반대로 특별한 스트레스 요인이 있었습니까?
- 앞의 질문이 끝나면 그 사건을 '겪는 동안'과 '후'에 대한 앞의 순서를 반복해 주십시오.

■ 도식과 핵심 신념

아론 벡(Aaron Beck, 1976, 1997)의 인지적 접근방식은 '완벽해야 한다' '인생은 공평해야 한다' 등 내담자의 삶에서 문제를 야기하는 **핵심 신념** 및 **도식**의 파악과 변화에 초점을 맞춘다. **역기능적 사고**의 토대로서 역기능적 도식은 정신병리학의 근본 원천이다. 즉, 상담의 효과를 장기화하기 위해 상담과정은 특정한 주제에 관한 특정 사고뿐만 아니라 핵심 도식 또한 수정해야 한다(Beck, 1997).

도식은 벡(Beck)의 인지 개념화에서 4단계 중 가장 깊은 단계이다.

1. **자동적 사고**: 자동적 사고는 고통스러운 상황에 대해 한 개인의 마음에서 일어나거나 일반적으로 나타내는 '반사적인' 반응이다(예: "내 친구가 24시간 내에 나에게 다시 전화하지 않는다면, 내 친구는 정말로 나를 좋아하지 않는 거야").
2. **중간 신념**: 이는 보다 일반적이며 자동적 사고를 형성하는 극단적 혹은 절대적 규칙을 말하는 것이다(예: "좋은 친구란 항상 최대한 빨리 연락을 다시 주는 친구야").
3. **핵심 신념**: "나는 쓸모없는 사람이야." 와 같이 우리 자신에 대한 핵심 신념은 포괄적이며 절대적이다. 벡(Beck)은 대부분 핵심 신념에 깔려 있는 일반적인 두 가지 공통 원칙 혹은 주제, 즉 ① 자율성(무기력과 반대되는 효율성과 생산성에 대한 신념)과 ② 사회지향성(사랑스러운 혹은 사랑스럽지 않은 존재에 관한 신념)을 발견했다.
4. **도식**: 인지 구조 중 가장 깊은 수준인 도식은 마음속에서 생각, 기분, 행동을 형성하고 조직하는 인지적 틀이다. 어린 시절에 만들어지며 가족, 문화, 성별, 종교, 직업 등 다양한 요인의 영향을 받는 도식은 특정 사건에 의해 촉발되기 전까지 휴면 상태에 있을 수 있다(예: "나의 가장 친한 친구조차 나에게 전화를 걸지 않으면 나는 완전히 쓸모없는 사람이야. 정말 나에게는 아무도 관심이 없어. 친구들이 단지 필요할 때만 연락한다면 친구들을 사귀려고 그

렇게까지 애쓸 이유가 뭐가 있어"). 일단 촉발되면, 정보는 도식의 전제를 지지하는 쪽으로 걸러지는 경향이 있고 반대편의 타당한 증거들은 무시된다(예: 친구가 아팠기 때문에 빨리 전화하지 못했다고 사과를 하더라도, 그것은 단지 변명이며 자신이 사랑스럽지 않은 존재라는 것을 추가 확인할 뿐이다).

도식을 정확하게 식별하고 평가하는 것은 자동적 사고와 중재적 신념을 평가하는 것보다 더 많은 시간이 걸리며, 깊이 있는 상담과정이 요구된다. 이 장의 마지막에 있는 사례 연구에서 상담자는 마리아의 우울과 짜증을 촉진하는 핵심 신념과 도식을 확인하게 된다.

■ 왜곡된 인지

도식을 바꾸는 것은 벡(Beck, 1997)의 인지 접근에서 궁극적인 목표이다. 이를 달성하기 위해서 상담자는 흔히 사고 기록지(thought records)를 이용하여 변화될 수 있는 중재적 신념과 자동적 사고에 있는 공통된 **왜곡**을 파악하기 시작한다('실행에 옮기기: 개입' 참조). 왜곡된 인지에는 다음과 같은 내용이 포함된다.

1. **임의적 추론**: 작은 단서에 근거를 두는 신념(예: 그녀가 전화에 즉각적으로 응답하지 않기 때문에 그녀는 바람을 피우고 있다고 가정하는 것)
2. **선택적 추상화**: 맥락이나 다른 명백한 사항들을 무시하고 하나의 세부 사항에 초점을 맞추는 것(예: 당신의 상사가 당신의 강점뿐 아니라 개선할 점에 대해서도 파악하고 있기 때문에 당신을 무능하다고 생각할 것이라고 믿는 것)
3. **과잉일반화**: 한두 개의 사건을 광범위하고 포괄적인 판단으로 일반화하는 것(예: 당신의 아들이 애시드 록(acid rock)을 듣기 때문에 그가 대학에 가면 약물을 할 것이라고 믿는 것)
4. **극대화/극소화**: 사실에 근거해 지나치게 극대화하거나 극소화하는 것(예: 자녀의 두 학기 부진한 성적에 대해 무시하는 것은 극소화에 해당하며, 한 번의 낮은 점수로 인해 개인 과외 교사를 채용하는 것은 극대화에 해당함)
5. **개인화**: 외부적 사건을 자기 자신에게 귀인시키는 것으로, 특히 친밀한 관계에서 흔한 임의적 추론의 한 형태(예: 배우자는 오늘 밤 성관계를 하고 싶지 않다고 했기 때문에 배우자가 자신에 대한 관심을 잃었다고 생각하는 것)
6. **절대적/이분법적 사고**: 양자택일 사고인 항상/절대 아님, 성공/실패, 좋다/나쁘다와 같은 것(예: 만약 남편이 나에게 "미친 듯이 사랑해."라고 말하지 않는다면, 그가 나를 전혀 사랑하지 않는다고 생각하는 것)

7. **잘못된 명명**: 예외적인 것을 자주 무시하고, 소수의 사건을 기반으로 사람들에게 성격 특성을 할당하는 것(예: 남편이 자신의 말을 듣고도 즉시 도와주지 않았기 때문에 남편을 게으르다고 말하는 것)
8. **독심술**: 가족과 부부 사이에서 자주 볼 수 있는 독심술은 별다른 증거도 없이 다른 사람의 생각이나 행동에 대해 자신이 알고 있다고 믿는 것이며, 이는 특히 집안일, 돈, 종교, 성별 등 민감한 주제나 불화와 관련되었을 때 다른 이들과의 의사소통에 큰 장벽이 생기게 된다. (예: 당신의 배우자가 말도 꺼내기 전에 당신이 자신을 방어하는 것)

벡(Beck, 1997)은 특정 성격장애와 연관된 역기능적 도식을 확인하였다.

- **의존성**: "나는 무력하다."
- **회피성**: "나는 다칠지도 모른다."
- **수동-공격성**: "내가 짓밟힐 수도 있을 것이다."
- **편집형**: "사람들은 나를 쫓아내려고 한다."
- **자기애성**: "나는 특별하다."
- **연극성**: "나는 다른 사람에게 감명을 줄 필요가 있다."
- **강박성**: "실수는 나쁜 것이다."
- **반사회성**: "사람들은 이용하라고 있는 것이다."
- **정신분열형**: "나는 충분한 공간이 필요하다."

■ 비합리적 신념: 세 가지 기본 당위성

벡(Beck)의 인지 접근에서 도식을 평가하는 것과 유사하게 엘리스(Ellis, 1994, 2003)는 **비합리적 신념**에 대해 평가하였는데, 이는 일반적으로 '해야 한다(should, ought, and must)'와 같은 단어로 표현된다. 이것은 우울, 불안 및 다른 불쾌한 경험들을 초래하는 극단적 사고와 비현실적 신념들로, 절대론자에게 선호된다. 수년에 걸쳐 엘리스(Ellis, 2003)는 본래 11가지로 나눠진 비합리적 신념을 세 가지 기본 범주로 축소하여 제시하였다.

1. **완벽에 기반을 둔 가치**: "'나는 늘 성취하고, 사랑스럽고, 적응적이며, 완벽해야 한다. 그렇지 않으면 나는 쓸모없는 사람이다.' 이러한 신념은 보통 불안, 공포, 우울, 절망, 무가치감과 같은 감정을 초래한다."(p. 236)
2. **자신을 위한 공정성**: "내 인생에서 중요한 사람들은 항상 나에게 친절하고 나를 공정하게

대우해야 한다. 그렇지 않으면, 나는 그것을 참을 수 없으며, 그들은 나쁘고, 쓰레기 같고, 악한 사람들이니까 그들을 비난하고, 저주하고, 그들의 끔찍한 대우에 대해 처벌해야 한다. 이러한 신념은 흔히 분노, 증오, 불화, 복수심 같은 감정을 초래하고 궁극적으로 싸움, 전쟁, 대량학살과 같은 행동에 이르게 한다."(pp. 236-237)

3. **노력 없는 완벽함**: "'상황과 조건은 항상 내가 원하는 방식대로 나타나야 하며, 어렵거나 좌절감을 느끼도록 흘러가서는 안 된다. 그렇지 않으면, 인생은 끔찍하고, 지독하며, 무섭고, 파국적이어서 견딜 수 없다.' 이러한 신념은 흔히 낮은 인내력, 자기연민, 분노, 우울과 같은 감정을 초래하고, 미루기, 회피, 비활동성과 같은 행동으로 이어진다."(p. 237)

■ 부정적 인지 삼제

벡(Beck, 1972, 1976)의 우울증 이론에서는 우울한 생각의 특징인 **부정적 인지 삼제**에 대해 설명한다. 이 삼제는 우울한 사람의 생각에서 특징적으로 나타나는 세 가지의 부정적인 사고로 구성된다.

1. 자신에 관한 부정적 사고(예: "나는 쓸모없는 사람이야.")
2. 세상과 환경에 관한 부정적 사고(예: "인생은 불공평해.")
3. 미래에 관한 부정적 사고(예: "미래에도 더 나아지지 않을 거야.")

일반적으로 우울증 진단을 받은 사람들은 하나 혹은 둘보다 세 가지 영역에서 모두 부정적 사고를 경험하는 것으로 보고하였다. 예를 들면, 염세주의는 미래에 관한 부정적인 생각으로 정의되지만, 개인이 자신과 세상에 대해 부정적 사고를 가지고 있지 않는 이상 저절로 우울증에 이르지는 않는다.

■ BASIC-ID

간단하고, 해결 지향적이면서, 통합적인 접근으로 설계된 라자루스(Lazarus, 1981)의 **중다양식치료**는 "가장 잘 설명된 **체계적 절충주의**"(p. 4)로, BASIC-ID의 7가지(행동, 정서, 감각, 심상, 인지, 대인관계, 약물/생물학) 평가를 중심으로 구성된다. BASIC-ID 질문은 일반적인 종합 평가나 특정 문제 및 증상을 중심으로 사용된다(p. 17).

정신건강에 대한 BASIC-ID 평가

- **행동**: 당신을 행복하게 하는 방법에는 어떠한 행동이 있는가? 당신은 행동을 멈추거나 혹은 일을 시작하거나 더 많은 말을 하고자 어떠한 행동을 하는가?
- **정서**: 당신을 웃거나 울게 만든 것은 무엇이 있는가? 당신을 몹시 화나게, 슬프게, 기쁘게, 무섭게 만든 것은 무엇이 있는가? 당신은 어느 특별한 감정 때문에 문제가 된 적이 있는가?
- **감각**: 당신은 시각, 청각, 미각, 촉각, 후각 중 특별히 좋아하거나 싫어하는 것이 있는가? 당신은 자주 통증, 현기증, 떨림과 같은 불쾌한 감각을 경험하는가? 당신만의 관능적이며 성적인 흥미를 일으키거나 잃게 하는 것이 있는가?
- **심상**: 만약 가까운 미래에 대해 떠올린다면, 당신의 모습은 어떠할 것 같은가? 당신은 자신의 신체 혹은 자기 이미지를 어떻게 묘사할 것인가? 당신이 좋아하거나 싫어하는 이미지에는 무엇이 있는가? 이러한 이미지는 당신의 삶에 어떠한 영향을 주는가?
- **인지**: 당신의 가장 소중한 신념과 가치는 무엇인가? 당신이 주되게 '해야 한다(should, ought, and must)'는 것은 무엇인가? 당신이 지적인 관심을 가지며 추구하는 것이 있는가? 이러한 사고는 당신의 정서에 어떠한 영향을 미치는가?
- **대인관계**: 당신의 인생에서 가장 중요한 사람은 누구인가? 그들은 당신에게 무엇을 기대하며, 당신은 그들에게 무엇을 기대하는가? 그들은 당신에게 그리고 당신은 그들에게 어떻게 영향을 미치는가?
- **약물/생물학**: 당신은 어떤 의학적인 문제가 있는가? 당신의 식이요법과 운동 습관은 어떠한가? 당신은 어떤 종류의 약물을 사용하는가? 당신은 술, 담배 혹은 환각제를 사용하는가? 얼마나 자주 사용하는가?

특정 영역 혹은 문제에 대해서도 BASIC-ID 평가를 할 수 있다.

- **행동**: 당신은 특정 문제와 관련하여 어떠한 행동을 하는가?
  (예: 잦은 울음, 불면증, 자주 씻지 않음)
- **정서**: 당신에게 문제가 되는 감정 상태는 무엇이 있는가?
  (예: 우울한 기분, 좋아하는 활동에 관한 흥미의 상실, 걱정)
- **감각**: 당신이 특정 문제와 관련하여 경험하는 생리적 감각에는 무엇이 있는가?
  (예: 허리와 턱의 긴장감, 복통, 피로, 가슴의 답답함)
- **심상**: 특정 문제와 관련하여 떠오르는 어떠한 이미지나 은유가 있는가?
  (예: 쫓기는 악몽, 직장을 그만두는 상상)
- **인지**: 특정 문제와 연관된 어떤 사고나 신념이 있는가?
  (예: 파국적 사고, 자기비난, 완벽주의적 사고)

- **대인관계**: 특정 문제로 인해 당신이 영향을 받거나 충격을 받은 관계가 있는가?
  (예: 가족 피하기, 친구들로부터 멀어짐, 남자친구 거절하기)
- **약물과 생물학**: 특정 문제로 인해 약물이나 신체에 영향을 받은 적이 있는가?
  (예: 체중 증가, 두 달 동안 항우울제 복용, 미미한 변화)

중다양식평가는 내담자를 치료에 적응시키기보다 치료를 내담자에게 맞추는 내담자 중심 접근법으로, 라자루스는 내담자가 **요구하거나** 선호하는 양식을 **추적하고** 그에 따른 일련의 기법에 맞춰 치료를 조율한다. 예를 들어, 내담자가 행동 영역에서의 문제를 주로 이야기한다면, 행동 개입은 가장 첫 번째 개입이 될 것이다. 두 번째로 심상이 가장 두드러진다면, 이것은 그다음 치료 개입의 목표가 될 것이다. 간단하게 치료를 유지하기 위해 라자루스(1997)는 "정서는 직접적으로 수정할 수 없기 때문에 다른 여섯 가지 양식 중 하나 혹은 그 이상을 통해 접근해야 한다."고 주장했고, 여섯 가지 양식(B, S, I, C, I, D; 기본적으로, 감정을 **제외한** 모든 양식) 중 한 가지를 사용하는 것을 추천하였다(p. 88). 라자루스는 양식들이 서로 연관되어 있기 때문에 한 부분의 변화는 모든 부분에서의 변화를 일으킨다고 말했다.

▪ DSM 진단

모든 정신건강 치료 접근 중에서, 인지행동 상담은 의료 모델과 가장 밀접하게 관련이 있으며, 이에 따라 인지행동 상담자는 DSM-5를 사용하여 치료를 조직할 수 있다(American Psychological Association, 2013). 벡(1997)은 우울, 불안, 섭식장애, 약물 남용 등과 같은 다양한 진단에 적용하기 위해 각 진단과 관련된 역기능적 인지 패턴을 파악하는 특정 인지 접근을 개발했다. 이와 유사하게, 불안 문제, 우울증, 공황, 공포증에 대한 특정 행동 접근들도 개발되어 왔다. 예외적으로, 글래서(2003)는 정신건강 증상이 '질병' 그 자체가 아니며, 내담자가 새로운 선택을 하도록 지지받는다면 그 문제 증상은 변화될 수 있다고 주장하였다.

변화를 겨냥하기: 목표 설정

사람들이 자신의 정서 및 행동을 대부분 조절할 수 있다는 사실을 인정하고, 바람직하지 않은 일이 발생하거나 그들이 이러한 일을 일어나게 한 것에 대하여 현실적이고 합리적인 태도를 습득함으로써 불안을 감소시키거나 사라지게 할 수 있음을 받아들일 때, 그들은 자신의 신념체계를 변화시키는 힘과 능력을 얻게 되며, 보다 잘 기능하게 된다. 이를 통해 사람들은 스스로를 덜 불안하게 하는 방식으로 느끼고 행동하게 될 수 있다.

▪증상과 문제 해결

심층심리학 및 인본주의 접근과는 달리, 인지행동 상담자의 주요 목표는 현재 나타나는 증상과 문제를 감소시키는 것이다. 증상 해결은 그 자체로 충분한 목표가 되고, 폭넓은 성장 지향적인 목표(growth-oriented goal)는 필요하지 않다고 여긴다. 뿐만 아니라, 인지행동 상담자는 내담자가 건강한 것으로 간주되기 위해 나타내야 하는 '정상적인' 사고와 행동을 지나치게 규정하지 않는다. 대신에 이들은 성격이나 건강 이론에 기반을 둔 다른 장기적 목표를 추가하지 않고, 내담자에게 어떤 신념과 행동이 문제를 야기했는지를 확인하고 그것을 변화시키는 작업만 함께 수행한다.

▪독립적인 문제 해결자

인지행동 접근에서 장기적인 목표는 불필요한 정서적 고통의 생성을 막기 위해 자신의 역기능적 사고와 행동을 인식함으로써 내담자가 자신의 문제를 독립적으로 해결하도록 돕는 것이다(Beck, 1997; Ellis, 2003). 이 목표는 성격 변화를 목표로 하는 인본주의와 정신역동의 목표와는 개념적으로 매우 다르다. 현실주의를 추구하는 인지행동 상담자는 정신구조의 극적인 변화보다는 완벽하지는 않지만 더 나은 방식으로 삶의 스트레스를 다루는 능력이 내담자에게 증진되었는지를 측정한다. 미래에 삶에 대한 도전과제가 생길 수 있으나, 이러한 도전에 내담자가 보다 잘 대처할 수 있도록 준비하는 것을 목표로 한다.

▪행동적이고 측정 가능한 목표

구체적인 치료 목표는 앞의 평가 절차를 통해 파악된다. 목표는 행동적이고 측정 가능한 것으로 명시되어야 하는데, 예를 들면 "논쟁을 월 1회 미만으로 줄이겠습니다."와 같은 것이다. 명확한 목표가 설정되면, 상담자는 내담자에게 목표를 이루기 위해 안내 지침에 따를 것과 각 회기마다 주어지는 과제를 완수하겠다는 약속을 받는다. 이 계약은 종종 서면 상담 계약의 형태로 작성되기도 한다. 목표를 설정하고 나서 즉시 과제를 달성하겠다는 내담자의 동의를 얻는 것은 내담자가 목표를 완수할 가능성을 높여 준다.

인지행동 상담의 중간 단계 목표에 관한 예시는 다음과 같다.

- 긋기(cutting) 혹은 자해 상황 줄이기
- 업무 수행에 대한 완벽주의 신념 변화시키기
- 파트너에 대한 독심술과 일반화 줄이기

인지행동 상담의 후기 단계 목표에 관한 예시는 다음과 같다.

- 즐거운 활동, 취미 및 관계에 대한 참여도를 높이기
- 견디기 힘든 취약한 감정을 조절할 목적으로 약물을 사용하지 않기. 즉, 건강한 대처 기술을 사용하여 감정을 관리하기
- 친밀감에 대한 능력을 증진시키기 위해 '나는 타인에게 사랑받기 위해 완벽해져야 한다.'라는 도식을 재정의하기

실행에 옮기기: 개입

■ 심리교육

인지행동 상담의 특징인 심리교육은 내담자에게 심리학 원리를 가르치고 문제를 다루기 위해 적용하는 것이다(Ellis & Dryden, 1997; Lazarus, 1981). 심리교육은 개인 혹은 집단 회기에서 수행할 수 있다. 일반적으로 다음과 같은 네 가지 유형으로 분류된다.

- **문제 지향**: ADHD, 조현병, 알코올 의존증, 우울증 등과 같은 환자의 상황이나 진단에 관한 정보이다. 상담자는 내담자가 새로운 행동을 취하도록 동기부여를 하기 위해 이러한 유형의 교육을 활용한다.
- **변화 지향**: 의사소통을 개선하거나, 분노를 줄이거나, 우울을 감소시키는 등 문제 증상을 감소시키는 방법에 대한 정보이다. 상담자는 내담자가 적극적으로 자신의 문제를 해결하도록 돕고자 할 때, 이 유형의 교육을 활용한다. 이 교육이 성공적이기 위해서는 내담자의 동기가 높아야 하고, 상담자는 일상 용어를 사용하여 새로운 행동을 실질적인 단계들로 나누어서 소개할 필요가 있다.
- **독서 치료**: '독서 치료'는 내담자의 현재 문제를 다루기 위하여 내담자에게 ① 동기부여가 되고, ② 교육적인 읽을거리를 내 주는 것을 말한다. 일반적으로 상담자는 회기에서 학습한 것을 강화하기 위한 『**걱정 치료법**(The Worry Cure)』(Leahy, 2005) 혹은 『**좋은 기분**(Feeling Good)』(Burns, 1988)과 같은 인지행동 자가치유 서적들을 내담자에게 제공하지만, 소설이나 전문서적도 사용할 수 있다.
- **영화 치료**: 독서 치료와 마찬가지로, 영화 치료는 문제적 요소를 다루는 영화를 내담자에게 보도록 하는 것이다(Berg-Cross, Jennings, & Baruch, 1990).

심리교육과 과제 설정을 효과적으로 제공하기 위한 지침
(이것은 5장 아들러학파의 심리교육과 유사함)

- **연습하라**: 초심상담자가 가족이나 친구를 대상으로 '연습'하기를 추천하는 상담 기법은 그다지 많지 않지만, 심리교육은 예외이다. 심리와 관련된 책을 읽어 보지 않은 사람에게 개념과 연구 결과에 대해 설명해 보라. 개념을 설명한 후에 그들이 하는 질문에 주목해 보라. 당신이 빠뜨린 것이 무엇인지, 정의하는 데 어떤 단어가 필요한지, 사람들이 실제로 도움이 되었다고 한 것이 무엇인지에 대해서 알게 될 것이다.
- **먼저 질문하라**: 심리교육을 수행하는 데 가장 중요한 한 가지는 **'타이밍'**이다. 내담자가 받아들일 수 있는 상태일 때 정보를 제공한다. 당신은 내담자가 준비가 되었다는 것을 어떻게 알 수 있는가? 내담자에게 "당신은 X에 대해 좀 더 배워 볼 마음이 있나요?"라고 질문해 보자. 만약 내담자가 거절한다면, 당신은 내담자의 수용적인 시기를 찾지 못한 것일 수도 있다. 그 대신에 직면의 REBT 방식을 익히고 타이밍에 관해서는 잊어버려라.
- **아주 간결하게 하라**: 50분의 회기 동안 심리교육은 1~2분을 넘기지 않을 것을 추천한다. 이것은 과장이 아니다. 대부분의 내담자는 한번에 하나의 원칙 그 이상을 의미 있게 통합하고 실천할 수 없기 때문에 꼭 공유해야만 하는 중요한 정보는 다음 회기를 위해 남겨 두어야 한다.
- **한 가지 요점만을 가르쳐라**: 한 회기 내에서 단 한 가지의 개념, 요점, 기술에 대해서만 가르쳐라. 그 이상이 되면 **실질적**으로 유용하지 않다['사고 기록지'에서 주디스 벡(Judith Beck)의 내용 참조].
- **이해와 수용의 태도를 유지하라**: 간단하게 정보를 제공한 후, **즉시** 내담자가 이해했는지 혹은 그 정보가 실생활에 유용하고 현실에 적합한지 **질문**하라.
- **즉시 적용하라**: 정보를 제공한 후, 내담자의 삶에서 지난 일주일간 혹은 다음 주에 일어날 문제에 대해 실제로 어떻게 적용할 수 있는지 즉시 확인하라.
- **순차적 과제**: 심리교육을 2분간 제공한 직후, 48분 동안은 학습한 정보를 어떻게 현재 문제 해결에 적용할 수 있는지 대한 순차적인 지침을 제공한다. 누가 무엇을, 언제, 어디서, 얼마나 자주 하는지, 저항과 잠재적인 방해물은 무엇인지를 구체화하라.
- **후속 작업**: 다음 회기에 만나 내담자가 그 정보를 어느 정도 사용했는지 질문해라. 만약 하지 않았다면 왜 안 했는지, 했다면 무슨 일이 일어났는지 확인하라.

■ 소크라테스식 대화법과 안내된 발견

내담자가 지닌 신념에 의문을 제기하도록 돕기 위해 상담자는 **안내된 발견** 또는 **귀납적 추론**이라 불리는 **소크라테스식 대화법**을 사용한다. 이를 통해 인지 상담자는 내담자의 신념이 비논리적(명백한 증거가 없는)이거나 역기능적(내담자에게 도움이 되지 않는)인 것임을 '발견하도록' 돕기 위해 개방형 질문을 사용한다(Beck, 2005). 이는 다른 기법보다 덜 직면적인 방법으로, 신념의 타당성에 대해 질문할 때, 상담자는 비교적 중립적인 입장을 취하면서 내담자만의 논리, 증거, 이유를 허용한다. '변화'라는 용어는 무슨 일이 일어난 것을 묘사할 때 사용되지만, 실제로 꽉 움켜쥔 신념은 다른 상황에서도 그 신념이 타당한지를 내담자에게 묻고 요구함으로써 시간이 지남에 따라 천천히 약화된다.

신념의 타당성 평가를 위한 질문

- 당신의 신념을 지지하는 증거는 무엇입니까? 반대로 지지하지 않는 증거는 무엇입니까? 그렇다면, 현실적인 중간 지점은 어디입니까?
- 당신의 상황에 관하여 존경하는 사람 X(Y 또는 Z)는 무슨 말을 하겠습니까? 어떻게 그들이 모두 틀린 말을 하겠습니까?
- 당신의 자녀[또는 다른 중요한 사람]가 당신과 같은 말을 한다면, 당신은 어떻게 반응할 것입니까?
- 실제로 일이 안 좋게 될 것이라는 현실적인 가능성은 어떻습니까? 보다 현실적인 결과는 무엇입니까?
- 당신은 X에 대한 한 가지 가능한 이유만을 꺼내고 있습니다. 다른 이유에 대해 고려해 본 적이 있습니까?
- X의 행동이 100% 당신을 향한 것이라는 가능성은 얼마나 됩니까? 다른 것들이 그/그녀의 역할에 어떠한 영향을 끼쳤습니까?

■ 사고 기록지

인지 상담자는 내담자가 자동적 사고(가장 손쉽게 접근할 수 있는 역기능적 사고)에 보다 나은 방식으로 반응하는 방법을 배우도록 돕기 위해 사고 기록지(Beck, 1995)를 활용한다(앞서 설명한 '도식과 핵심 신념' 참조). 사고 기록지를 작성함으로써 내담자는 자신의 부정적인 생각에 대응할 수 있으며, 상담자는 내담자가 적응적인 반응을 개발하도록 돕기 위해 소크라테스식 질문을 사용할 수 있다. 사고 기록지는 다음 사항을 포함한다.

- 촉발 상황: 부정적인 감정과 신체 반응을 유발하는 사건
- 자동적 사고와 신념의 강도 비율
- 부정적 정서 결과와 심각성의 비율
- 대안이 되는 적응적 반응: 사건의 대체 가능한 해석
- 대안이 되는 결과: 내담자가 얼마나 대체 가능한 해석을 믿고 있으며, 이것이 어떻게 신념의 비율, 감정의 강도, 새로운 행동들을 변화시키는가?

대안이 되는 적응적 반응을 형성하기 위해 벡(Beck, 1995)은 내담자가 다음의 질문 전체를 스스로에게 질문할 것을 추천한다.

- 자동적 사고가 사실이라는 혹은 사실이 아니라는 증거에는 무엇이 있는가?
- 상황에 대한 대안적인 설명이 있는가?
- 최악의 일이 일어난다면 무엇인가? 그 일을 이후, 나는 잘 살아갈 수 있는가? 최선의 일이 일어난다면 그것은 무엇인가? 가장 현실적인 결과는 무엇인가?
- 내가 자동적 사고를 믿는 것은 무슨 효과가 있는가? 내 생각을 변화시키면 무슨 효과를 얻을 수 있는가?
- 나는 자동적 사고에 대해 무엇을 해야 하는가?
- 만약 _____가 그 상황에 있고 이 사고를 가졌다면, 나는 그/그녀에게 어떤 말을 하겠는가?(혹은 그/그녀는 어떤 말을 하겠는가?; p. 126)

성공적인 기법을 사용하기 위한 비결 중 하나는 백분율을 활용하여 사람들이 얼마나 자동적 사고를 믿고 있는지와 그 감정이 얼마나 강한지를 측정하는 것이다. 정서와 신념의 백분율을 사용함으로써 내담자는 어떻게 역기능적 신념이 증감하는지 그리고 부정적 정서가 모두에게 큰 충격을 주는 것은 아니라는 것을 알아보기 시작할 수 있다. 단순히 증상의 가변성에 주목하는 것만으로도 희망, 더 큰 통제감, 변화에 대한 동기를 만들 수 있다. 즉, 마음챙김 기법을 활용하는 행동주의자와 해결 중심 상담자들은 변화에 대한 효과성을 향상시키기 위해 통제, 개선, 변화의 작은 지표를 사용하는 것에 초점을 맞춘다.

사고 기록지의 예시

촉발 상황: 부서 회의에서, 상사는 그레그(Greg)를 끊임없이 칭찬했다.

자동적 사고와 사고의 강도를 백분율로 표시

- 사고 1: 내 상사는 나보다 그레그(Greg)를 더 좋아한다(90%).
- 사고 2: 나는 이 회사에서 어디에도 쓸모없다(80%).
- 사고 3: 나는 패배자다(70%).

정서와 정서의 강도를 백분율로 표시

- 화남(상사에게): 75%
- 무기력함: 100%
- 희망이 없음: 80%

적응적 반응

- 그레그(Greg)는 열심히 일하고 타인과 관계를 잘 맺는다. 나는 똑같이 할 수 있었다. 단지, 나는 내가 최선을 다하지 못한 것에 대해서만 패배자이다: 80%

결과

- 사고 1, 2, 3에 대한 신념의 변화: 20%, 30%, 20%
- 정서의 변화
  - 화남(스스로): 50%
  - 무기력함: 20%
  - 희망이 없음: 10%
  - 동기부여 됨: 50%
- 행동에 대한 변화: 일찍 출근하는 것, 덜 빈둥대기, 상사와 소통하기

가장 중요한 상담자의 역할은 내담자가 회기 밖에서도 이전의 오래된 패턴으로 퇴행하지 않고 이러한 것들을 사용할 수 있도록 동기화하는 것이다. 주디스 벡(Judith Beck, 1995, p. 127)은 내담자가 과제를 잘 수행하도록 하는 데 있어 다음의 내용을 제안했다.

- 상담자는 내담자에게 수행해야 할 것에 대해 질문하기 전, 상담자 스스로 사고 기록지 활용에 능숙해야 한다.
- 상담자는 내담자가 인지 모델의 기본 원리에 대해 잘 반응하고 이해하는지 보고 사고기록지 활용 여부를 결정해야 한다.
- 사고 기록지를 설명하기 전에, ① 내담자가 자동적 사고를 용이하게 파악할 수 있는 능력이 있는지 입증해야 하고, ② 소크라테스식 질문이나 이러한 개입의 언어적 변형을 통해 내담자가 부정적인 감정을 성공적으로 줄이는 긍정적인 경험을 가져 보았어야 한다.
- 상담자는 두 단계로 사고 기록지를 소개한다. 첫 번째 단계에서는 한 회기 내에서 자동적 사고를 어떻게 파악하는지, 두 번째 단계에서는 어떻게 적응적 반응을 만들어 내는지에 대해 설명한다.
- 내담자가 적응적 반응을 만들어 내는 것을 배우기 전에, 과거의 몇몇 상황을 이끌어 내 자동적 사고를 제대로 파악하는 훈련을 해 보는 것이 필요하다.
- 만약 제대로 안내했는데도 불구하고 내담자가 사고 기록지를 완성하지 못한다면, 상담자는 "나는 바쁜 일정 때문에 시간이 없어." 혹은 "이런 건 별 소용없을 거야." 등 과제에 대한 내담자의 자동적 사고를 탐색해야 한다.

■ 신념 논박하기와 REBT 자조 양식

엘리스(Ellis)의 A-B-C 이론에는 두 번째 부분이 있다. 당신이 짐작한 대로 D-E-F인

데, 이는 비합리적 신념에 대한 **논박**(Disputing: D)과 새로운 **효과**(Effect: E), **느낌**(Feelings: F)을 **나타낸다**(A–B–C는 '핵심: 이 분야에 중요한 공헌' 참조; Ellis, 1994, 2004; Ellis & Dryden, 1997). D–E–F 개입은 내담자가 문제가 되는 신념들을 논박하고 새로운 것으로 대체하도록 돕는 것으로, 회기 안과 밖 모두에서 사용된다. 모든 신념을 다룰 수 없기에 인지행동 상담자는 약간의 문제를 야기하는 '따뜻한(warm)' 또는 '차가운(cold)' 신념들보다는 감정적으로 가장 끓어오르는 '뜨거운(hot)' 신념을 목표로 한다(Ellis, 2003).

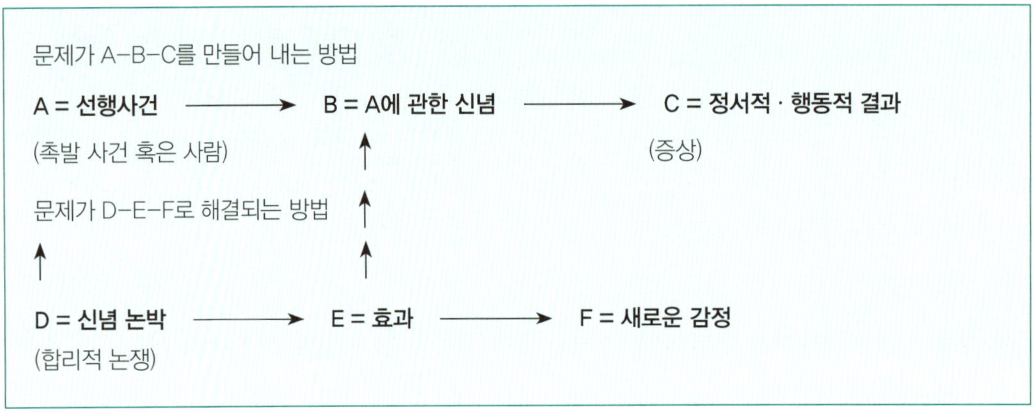

[그림 9–1] A–B–C 모델

상담자는 내담자가 인지와 행동을 분석하고 보다 적응적 반응을 취할 수 있는 방법을 제공하기 위해 A–B–C–D–E–F 모델을 사용한다. 이것을 과제로 주기 전에, 상담자는 보통 이 과정을 설명하기 위해 회기 중에 화이트보드 위에 연습한다. 내담자는 일주일 동안 고통스러운 사건이 발생했을 때 그 연습을 하도록 요청된다. 수년에 걸쳐서 다양한 REBT 자조 양식이 생겼고 그중 가장 최신 버전은 합리적 정서 치료 네트워크 웹사이트(Rational Emotive Therapy Network website)에서 제공하는 쌍방향 온라인 버전이다(Ross, 2006). REBT 자조 양식을 통해 내담자는 A–E 과정을 탐색할 수 있다. 이 장의 마지막에 있는 사례 연구에서, 상담자는 내담자 마리아(Maria)가 타인의 말과 행동을 해석하는 과정에서 나타나는 비합리적 신념을 논박할 수 있도록 돕기 위해 REBT 자조 양식을 사용한다.

1단계: 'A' 활성화 혹은 촉발사건 파악하기

어떤 상황이 당신을 화나게 하는가?

예시 내 여자친구가 바람을 피웠다.

2단계: 'C' 건강하지 않은 부정적 정서와 행동의 결과

이 사건에 관하여 어떤 부정적인 느낌과 행동을 경험했는가?

• 건강하지 않은 정서

예시 나는 슬픔, 시기 질투, 우울, 복수, 분노, 마음의 상처를 느낀다.

• 건강하지 않은 행동

예시 나는 그녀에게 소리 질렀고, 그녀와 헤어졌다. 잘 수도, 먹을 수도 없다. 아무도 보고 싶지 않다.

3단계: 'B' 비합리적 신념 파악하기

그 사건에 대해 당신이 느끼고 행동하도록 이끄는 방식을 해석하는 데 영향을 주는 신념은 무엇인가? ① 자기 가치를 인정받거나 느끼는 것, ② 공정하게 대우받는 것, ③ 노력하지 않는 삶에 대한 요구뿐만 아니라 비현실적 요구, 파국화, 낮은 고통감내력, 타인 평가, 과잉일반화 등을 포함할 수 있다.

예시 (요구) 나는 이본(Yvonne)과 함께해야만 한다. 그녀는 이런 짓을 하지 말았어야 한다. 나는 그녀 없이 살 수 없다.

• **파국화**: 지금까지 나에게 일어난 일 중 가장 최악의 일이다. 내 인생은 끝났다.
• **낮은 고통감내력**: 이러한 대우를 받는 것은 도저히 참을 수가 없다.
• **타인 평가**: 그녀의 행동은 내가 쓸모없다는 생각을 증명한다. 그녀는 끔찍한 사람이다.
• **과잉일반화**: 나는 이제 다시 그녀와 같은 사람을 만날 수 없을 것이다.

4단계: 'D' 논박 질문을 이용하여 비합리적 신념을 논박하기

예시 (요구) 나는 왜 그녀와 함께해야만 하는가? 그녀는 왜 나에게 지구상에서 유일한 여자인가?

• **파국화**: 이것은 발생한 것 중 가장 최악의 사건이라 할 수 있는가?
• **낮은 고통감내력**: 왜 내게는 나쁜 일이 일어나서는 안 되는가?
• **타인 평가**: 그녀가 한 행동이 어떻게 내 자신의 가치를 반영할 수 있는가?
결국 그녀는 나쁜 결정을 내렸지만, 그것이 그녀를 나쁜 사람으로 만드는가?
• **과잉일반화**: 그녀가 바람을 폈는데도 나는 그녀와 비슷한 다른 사람을 찾길 원하는가?

5단계: 'E' 효과적이고 합리적인 신념 파악하기

예시 (요구) 나는 그녀와 함께하고 싶다. 적어도 그녀와 함께하기를 원했었다. 그녀가 내게 충실했다면, 나는 그녀와 함께하길 원했다.

- **파국화**: 비록 상처받았지만, 나에게 일어날 수 있는 더 힘든 일도 많이 있다. 최악의 일처럼 느껴지지만, 이런 유형의 일들은 수 세기 동안 수백만 명에게 일어났다. 그들은 살아남았고 나도 그럴 것이다.
- **낮은 고통감내력**: 나는 이 문제를 다루고 싶지 않지만, 나는 이 문제를 해결할 수 있다는 것을 안다.
- **타인 평가**: 그녀의 행동은 내 가치를 반영하지 않는다. 오직 나의 행동만이 그럴 수 있다. 그녀의 품성을 존경하지만, 그녀는 충실함에 있어서는 결점이 있다.
- **과잉일반화**: 나는 준비가 되었을 때, 내가 많이 사랑하고 나에게 충실할 수 있는 사람을 찾을 것이다.

6단계: 'F' '건강한 부정적 정서'와 자조 행동과 같은 새로운 감정과 행동 파악하기

- 건강한 부정적 정서

예시 나는 매우 실망하고 상처받았지만, 나는 괜찮아질 것이다.

시간이 조금 걸릴 수 있지만, 나는 누군가를 만나게 될 것이다.

- 건강한 자조 행동들

예시 나는 나를 응원해 주는 나의 친한 친구들과 많은 시간을 보낼 것이다. 나는 내가 신뢰하는 사람들과 이 문제를 함께 논의해 볼 것이다. 시간이 되면 나는 다른 누군가를 만날 수 있다고 스스로에게 약속한다.

■ 인지 명명하기

소크라테스식 질문과 직접적인 직면 외에도 몇몇 내담자에게는 그들 자신을 혼란스럽게 만드는 것을 줄이기 위해 왜곡된 사고를 확인하고 명명하는 것이 도움이 된다. 상담 회기에서 상담자는 내담자가 왜곡된 사고를 명명하도록 돕고, 이를 통해 내담자는 일상적인 삶으로 이 경험을 옮겨 갈 수 있다. 상담자는 '조망하기: 사례개념화'에서 설명한 벡(1976)의 왜곡된 사고 분류를 자주 이용한다.

- 임의적 추론: '성급히 결론을 내리는 것'
- 선택적 추상: '긍정적인 것을 걸러 내는 것'
- 과잉일반화: '증거도 없이 성급한 결론을 내리는 것'
- 극대화 혹은 극소화: '부정적인 것을 강조하고 긍정적인 것을 무시하는 것'
- 개인화: '자신의 책임을 과장하는 것' 및 '중립적인 의견을 잘못 해석하는 것'
- 이분법적 사고: '흑백논리 사고'
- 잘못된 명명: '사람이나 상황에 대해 극단적으로 받아들이거나 과잉일반화하는 것'
- 독심술: '타인이 부정적인 생각과 의도를 가지고 있다고 가정하는 것'

- **파국화**: '최악의 상황이 일어날 것이라고 가정하는 것'

■ 문제 해결과 대처 기술 훈련

마이켄바움(1977)은 때로는 역기능적 신념이 문제지만 다른 때에는 그저 내담자의 문제 해결 능력과 대처 기술이 결여되었을 뿐이라는 것에 주목했다. 따라서 그는 잘못된 신념의 존재에 귀 기울이는 것뿐 아니라 "명확하고 적응적인 인지 기술과 반응의 부재"(p. 194)에도 귀를 기울였다. 문제 해결의 경우, 상담자는 내담자에게 ① 문제를 파악하는 것, ② 잠재적인 해결책을 확인하는 것, ③ 해결책을 선택하고 이를 행동으로 옮기는 것, ④ 해결책의 효과를 평가하는 것에 대한 방법들을 직접 가르친다. 비슷하게, 만성질환이나 사랑하는 사람을 잃는 것과 같이 쉽게 해결되지 않는 상황에서, 상담자는 내담자가 유사한 방식을 사용하여 대처 기술을 학습하도록 돕는다. 이 방식에는 ① 내담자가 보다 잘 대처할 수 있는 특별한 요소를 파악하기, ② 잠재적인 대처 전략 확인하기, ③ 이 전략을 선택하고 적용하기, ④ 그것들의 효과 평가하기 등이 포함된다.

■ 자기대화 변화시키기: 스트레스 예방 훈련

비합리적 신념에 직면하는 것 이외에 내담자는 그들의 부정적인 **자기대화**와 도움이 되지 않는 내적 대화를 변화시키고 대처 기술을 증가시키도록 돕는 **스트레스 예방 훈련**을 사용할 수 있다(Meichenbaum, 1977, 1985). 스트레스 예방은 다음의 세 단계를 포함한다.

1. **교육**: 부정적인 자기대화와 이것이 어떻게 스트레스를 만드는지 정보 제공하기
2. **훈련**: 내담자의 상황에 적용하여 기술을 연습하고 반복해 보기
3. **연습**: 실제 상황에 기술을 적용하기

스트레스 예방 훈련의 과정은 내담자가 스트레스를 경험하는 모든 단계에 대한 자기대화를 변화시키도록 돕는다. 이 단계에는 ① 스트레스 요인에 관해 준비하기, ② 스트레스 요인을 직면하고 다루기, ③ 압도되는 느낌에 대처하기, ④ 스트레스 이후 자기진술을 강화하기 등이 있다. 이 장의 마지막에 있는 사례 연구에서, 상담자는 마리아가 최악의 상황에서 스트레스를 받으며 타인과 상호작용을 해 왔던 그녀의 습관적인 패턴을 변화하도록 돕기 위해 스트레스 예방 교육을 사용한다.

스트레스 예방 훈련에서 긍정적인 자기대화
(Meichenbaum, 1977, p. 155으로부터 개작되었음)

스트레스 요인에 대처하는 각 단계에서 내담자가 스스로에게 말할 수 있는 것

1. 스트레스 요인에 관해 준비하기
"나는 스트레스에 대처하는 계획을 세울 수 있다."
"누군가가 시켜서 하기보다는 내가 무엇을 해야 할지에 대해 생각한다."
"걱정하지 마라. 걱정은 아무런 도움이 되지 않는다."

2. 스트레스 요인을 직면하고 다루기
"한 번에 한 단계씩. 나는 이 문제를 처리할 수 있다."
"두려움에 대해 생각하지 말기. 단지 내가 해야 할 일에 대해 생각하기. 적절하게 머물기. 그냥 하기"
"불안은 내가 느낄 수 있는 것이라고 상담자가 말해 줬었어. 이것은 내 대처 기술을 사용할 수 있도록 촉진시켜 주는 계기가 되어 줄 거야."

3. 압도되는 느낌에 대처하기
"현재에 초점을 맞추기. 내가 해야 하는 것은 무엇인가?"
"불안을 제거하기 위해 애쓰지 말아야 한다. 그저 불안을 다룰 수 있는 상태로 계속 두자."
"두려움이 찾아올 때면, 깊게 심호흡을 하라."

4. 자기진술을 강화하기
"나는 그것을 해냈어!"
"내가 생각했던 것에 비해 나쁘지 않았어."
"나는 잘 하고 있어."

■ 비용-편익 분석

또 다른 일반적인 인지행동 기법인 비용-편익 분석은 내담자가 문제 행동에 대한 '비용'과 '편익'을 파악함으로써 역기능적 신념에 직면하고 동기를 만드는 것을 돕는다(Ellis, 1991, 1994). 외로움을 피하기 위해 음주하는 것처럼 대부분 문제 행동은 다른 문제들을 회피하기 위해 만들어진다. 상담자는 일반적으로 내담자와 함께 비용-편익 또는 찬성-반대의 목록을 작성하는 작업을 한다. 상담자는 내담자가 목록을 작성하도록 이끈 다음, 이러한 두 가지 관점으로 만들어진 목록을 통해 합리적 생각을 하도록 한다.

■ 고전적 조건형성: 파블로프의 개와 이완

불안장애를 치료하는 데 자주 사용되는 고전적 조건형성은 유명한 '침 흘리는 개 실험'을 수행한 이반 파블로프(1932)에 의해 개발되었다. 이 실험에서 그는 종소리와 함께 먹이를 제공함에 따라 침을 흘리는 개의 자연적인 반응을 **짝지어서** 종소리에 침을 흘리도록 개를 훈련시키는 것을 가능케 했다. 먹이가 제공될 때마다 종소리를 울림으로써, 개는 종소리가 먹이를 주는 신호라는 것을 배웠고 침을 흘리기 시작했다. 충분히 반복한 후에, 개는 종의 소리만으로 침을 흘리기 시작했다. 그는 이 절차를 **조건적/무조건적 자극과 반응**의 관점에서 설명했다.

초기에는 이러한 반응을 순수한 행동, 무의식적인 반응으로 생각하였지만, 이후 행동주의자들은 조건의 가장 기본적인 형식에서조차 생각과 의식적 학습이 요구된다는 것을 발견했다. "일반적인 믿음과는 달리, 인간의 전설적인 반사 조건형성은 널리 퍼져 있는 신화이다. 조건형성은 어떻게 변하는지에 대한 설명이 아닌 단순히 짝지어진 경험을 통해 학습된 것을 설명하기 위한 용어이다. 본래 조건형성은 자동적으로 발생한다고 가정하였다. 그러나 자세히 살펴보니 그것은 인지적으로 매개되는 것으로 나타났다."(Bandura, 1974, p. 859) 더 간단히 말하자면, "인간은 단순히 자극에 반응하지 않는다. 그들은 그것을 해석한다." (Bandura, 1977, p. 59). 고전적 조건형성은 불안과 아동 행동, 그리고 공포증을 다루는 임상적 작업환경에서 사용된다.

어떻게 고전적 조건형성이 이루어지는가?

1. 사건의 중성 상태

무조건 자극(UCS) → 무조건 반응(UCR)

- 파블로프의 최초 연구: 개 먹이 → 침 분비
- 거미 공포증 치료: 심호흡 → 이완 반응(심박수 느려짐, 각성 감소)

2. 조건 자극과 반응의 연합 과정

UCS + 조건 자극(CS) → 조건 반응(CR)

- 개 먹이 + 종소리 → 침 분비
- 심호흡 + 거미 → 이완

3. 연합 결과

조건 자극(CS) → 조건 반응(CR)

- 종소리 → 침 분비
- 거미 → 이완

■ 조작적 조건형성과 강화 기법: 스키너의 고양이

조작적 조건형성을 기반으로 하는 개입은 스키너(1953, 1971)에 의해 확인된 원리를 통해 자기 자신 또는 다른 사람의 행동을 수정하는 데 활용된다. 핵심적인 원리는 조금씩, 점진적인 단계를 사용하여 **원하는 방향**으로 행동하면 보상을 주는 것이다. 이 과정을 **행동 조성**이라고 한다. "어떤 행동을 한 후에 분명한 결과가 뒤따르면, 이 행동은 다시 발생하기 쉬운데, 이런 효과를 갖는 결과를 강화물이라고 부른다."(Skinner, 1971, p. 27) 특정한 일련의 기술들이 습득되면 원하는 행동에 더 가까운 접근을 사용해 '막대가 들어 올려지기' 위한 행동은 강화될 것이다. 따라서 부모가 아이에게 독립적으로 숙제하는 것에 대해 가르치고자 할 때, 아이가 언제, 어디에서, 어떻게 숙제를 완료하는지 지켜봄으로써 성공과 실패를 강화할 수 있다. 아이가 규칙적으로 전체를 관리하는 데 성공하면, 아이에게 관리할 책임이 주어지고, 아마도 숙제가 다 되었을 때, 이러한 부분에 대한 성공을 강화받게 된다. 그 다음에, 아이가 감독 없이 숙제의 목록을 관리하는 것에 대해 보상을 받을 수 있다. 이 과정은 아동이 숙제를 독립적으로 완수해 내어 부모가 무척 기뻐할 때까지 계속된다. 각 내담자로 하여금 새로운 운동요법 개발, 체중 감량, 불안 감소, 사회적 활동 늘리기 등 습관 혹은 여러 행동의 변화를 이끌어 내고자 할 때 조작적 조건형성을 적용할 수 있다.

강화와 처벌의 형태 조작적 조건형성에서, 원하는 행동에 따라 행동은 정적 또는 부적으로 강화되거나 처벌될 수 있다. 다음의 네 가지 선택지는 원하는 행동을 조성하기 위해 단독으로 혹은 연합하여 활용된다.

강화와 처벌의 유형

- **정적 강화 혹은 보상**: 원하는 무언가를 **제공**함으로써 원하는 행동에 대해 보상하기(예: 치료)
- **부적 강화**: 원하지 않는 행동을 **제거**함으로써 원하는 행동을 보상하기(예: 통금시간 해제, 일상 업무 하루 쉬기).
- **정적 처벌**: 원하지 않는 어떤 것을 **추가**함으로써 원치 않는 행동을 감소시키기(예: 남은 일 수행하기, 싫어하는 업무를 하도록 하기)
- **부적 처벌**: 원하는 무엇인가를 **제거**함으로써 원하지 않는 행동을 감소시키기(예: 출입금지, 즐기는 것을 스스로 자제하기)

더 자세히 요약하면 다음과 같다.

〈표 9-2〉 강화와 처벌의 유형

구분	원하는 행동 증가	원치 않는 행동 감소
무언가를 제공함	정적 강화, 보상	정적 처벌
무언가를 제거함	부적 강화	부적 처벌

강화와 처벌의 빈도 강화나 처벌의 빈도는 행동을 증가시키거나 감소시키는 데 있어 핵심이다.

- **즉시성:** 특히 어린 자녀일수록 즉각적으로 강화/처벌을 학습한다.
- **일관성:** 강화/처벌이 일관될수록 빠르게 학습한다. 일관성은 행동이 나타날 때마다 매번 혹은 일관된 일정대로(예: 매번 2시간마다) 보상이나 처벌을 하여 예측 가능하게 하는 것과 관련된다.
- **간헐적 강화:** 임의적이고 예측 불가능한 강화는 좋건 나쁘건 행동을 증가시킨다. 따라서 부모가 일관성 없이 통금을 실시하는 경우(어떤 때는 실시하고 어떤 때는 하지 않는), 자녀는 그것을 깰 가능성이 높아진다. 같은 원리로, 원하는 행동의 임의적인 정적 강화는 그것을 유지하도록 돕는다(예: 좋은 성적에 대해 임의로 추가적인 특혜나 특별선물을 주어 강화하기).

포인트 차트와 토큰 경제 일반적으로 어린아이들에게 사용되지만 성인에게도 적용할 수 있는 포인트 차트(point chart; Patterson & Forgatch, 1995) 혹은 토큰 경제(token economies; Falloon, 1991)는 특권, 물건 또는 간식에 사용될 수 있는 '포인트'를 만들어서 정적 행동을 보상하거나 조성하기 위해 사용한다. 보상은 특정 사람과 관련된 것으로 동기부여가 되어야 한다. 따라서 한 사람에게는 적용될 수 있는 것이 다른 사람에게는 적용되지 않을 수도 있다(Bandura, 1974). 게다가 보상은 원하는 행동이 나타난 직후에 바로 뒤따라야 하고, 그 사람이 더 하고자 하는 동기를 느낄 수 있도록 자주 충분히 이루어져야 한다. 이러한 원리는 행동 변화를 이끌어내기 위해 어린이 혹은 성인에게 사용될 수 있다. 예를 들면, 부모가 자녀의 숙제에 대한 독립성을 기르고 싶다면, 그들은 차트에 있는 스티커로 자녀에게 보상할 수 있다. 자녀가 목표량(아마도 5개)을 채웠을 때, 부모는 동기를 부여할 수 있는 어떤 종류의 보상(예: 좋아하는 시리즈의 책)을 제공한다. 마찬가지로, 수줍음을 많이 타는 성인이 사회적 접촉을 늘리고 싶다면, 일주일에 3명의 지인들에게 연락할 때마다 좋아하는 CD나 책을 삼으로써 스스로에게 보상을 줄 수도 있다.

■ 체계적 둔감화

고전적 행동 기법인 **체계적 둔감화**는 불안과 공포증에 주로 사용되며, 이 기법에서 내담자는 낮은 강도의 이미지로 시작하여 점차 강도를 증가시키면서 스트레스 자극에 직접적으로 대면하는 작업을 한다(Wolpe, 1997). 고전적 조건형성을 사용한 '둔감화'는 이완과 스트레스 자극을 연결하며, 처음엔 적은 양으로 시작하여 천천히 노출을 증가시키는데, 이 과정을 **상호 억제**라고 한다. 기본적인 가정은 인간에게 이완과 스트레스가 동시에 존재할 수 없다는 것이다.

이 과정은 ① 이완 기술을 가르치고, ② 불안이 촉발되는 단계를 형성하며, ③ 불안이 더 이상 촉발되지 않을 때까지 단계에 따라 작업해 나간다. 실용적인 이유로(사무실에 거미와 뱀을 둬야 하는 것과 같은), 심상은 대부분의 둔감화 과정에서 사용된다. 이 고전적인 행동 기법에 인지적 구성요소를 추가하면서, 마이켄바움(1997)은 **대처 이미지**(즉, 불안을 일으키는 상황을 참기보다는 스스로 대처하는 상상)를 추가하는 것이 지속 가능하고 보다 나은 결과를 가져온다고 여겼다. 예를 들면, 대중 연설을 두려워하는 사람의 경우에 상담자는 첫 번째로 호흡 및 시각화 기술을 사용하여 그에게 편안한 상태에 들어가는 방법을 가르칠 것이다. 또한 내담자와 함께 불안을 자극하는 말하기 사건의 단계를 만드는 작업을 할 것이다. 그다음 상담자는 그에게 편안한 상태로 들어가게 함으로써 업무 회의 동안 자신의 생각을 밝힐 때, 스스로 잘 대처하는 것을 **상상하도록** 한다. 내담자는 불안을 느끼지 않고 상상할 수 있을 때까지 이 연습을 계속한다. 다음 단계는 그에게 조금 더 불안한 상황(회의에서 발표하기 등)을 파악하여 이 절차를 반복한다. 내담자가 자신감을 갖고 대중 연설에 잘 대처할 수 있을 때까지 이 학습을 실제 상황에 적용한다.

■ 실제 노출법과 홍수법

체계적 둔감화의 변형인 **실제 노출법**과 **홍수법**은 공포와 불안을 치료하기 위해 사용된다. 실제 노출법은 공포에 직면할 수 있도록 내담자를 지지하면서 내담자를 실생활, 불안이 일어나는 상황들 속으로 들어가게 하는 것을 의미한다(Spiegler & Guevremont, 2003). 내담자에게 거미나 대중 연설과 같은 공포를 유발하는 상황이나 대상에 조금씩 노출시키기 위해 종종 체계적 둔감화에서 사용되는 것과 유사한 단계가 사용된다. 대조적으로, 홍수법은 불안을 유발하는 자극을 상상이나 실제 상황으로 강렬하게 장시간 노출시키는 것을 의미한다. 홍수법에서는 내담자가 불안 감소 행동을 하도록 허락되지 않으며, 공포는 대개 자체적으로 신속하게 사라진다. 물론 노출 치료는 제한된 문제들에만 적절하고 모든 내담자에게 적합한 것은 아니지만 내담자에게 잘 맞는다면, 불안과 공포를 줄이는 데 매우 효과적일 수 있다.

■ 안구 운동 민감소실 및 재처리 요법(EMDR)

추가적인 교육을 필요로 하는 고도의 전문 기술인 EMDR(eye movement desensitization and reprocessing)은 트라우마와 스트레스에 사용하는 노출 치료의 한 형태이다. 비록 초기에는 논란이 많았지만, EMDR은 미국 국립 정신건강연구소(National Institute of Mental Health)에 의해 트라우마의 1단계 개입으로 인정받고 있다. 절차는 뇌의 양자 자극을 만들어 내는 빠른 안구 운동을 하면서 외상적이거나 불안을 야기하는 사건에 대해 떠올리게 하는 것이다(Shapiro, 2001). 이 과정 동안에 상담자는 떠오른 기억들과 연관된 질문들을 한다. 안구 운동은 기억 네트워크를 보다 적응적인 의미 기억 네트워크와 다시 연결되도록 돕는 데 사용된다. EMDR 전문가들은 적절한 치료 방법을 적용하기 위해 부정적이고 긍정적인 인지 방식이 무엇인지 확인한다. 여기서 부정적인 인지 및 관련 신체 감각을 약화시키도록 돕는 데 안구 운동을 사용한다. 부정적인 인지가 줄어들면, 내담자는 다시 기억 네트워크에 영향을 주는 안구 운동을 사용하여 새로운 긍정적 인지를 '설치'하도록 요구된다. EMDR의 효과는 일부 연구와 메타 분석 등을 통해 지속적인 논쟁의 대상이 되고 있다(Nowill, 2010).

모든 정보 통합하기: 인지행동 사례개념화와 치료계획 양식

이론에 특화된 사례개념화: 인지행동

이론에 특화된 사례개념화를 발달시키기 위해 다음의 내용을 사용하라. 이 장의 마지막에 제시된 사례 연구는 하나의 예이다.

- 증상을 보이는 행동의 기저선 평가: 증상을 보이는 행동의 기저선 평가를 제공하라.
- 증상: 행동적으로 정의하고, 다음을 포함하라.
  - ○빈도
  - ○지속 기간
  - ○상황
  - ○사건 이전
  - ○사건 이후

비합리적 신념의 A-B-C 분석: 문제(혹은 특정 사건)와 관련된 선행사건, 결과, 매개 신념을 설명하라.

- 선행사건('문제'): ______________________

- 결과(기분, 행동 등): ______________________________
- 매개 신념(결과 C를 초래하는 사건에 도움이 되지 않는 신념): ______________________________

도식과 핵심 신념: 현재 문제들과 관련된 핵심 신념과 문제가 되는 도식 3~5개 정도를 포함하여 설명하라.

- 임의적 추론
- 선택적 추상화
- 과잉일반화
- 극대화/극소화
- 개인화
- 절대적인/이분법적 사고
- 잘못된 명명하기
- 독심술

BASIC-ID: 모든 영역에서 내담자를 평가하라.

- 행동
- 정서
- 감각
- 심상
- 인지
- 대인관계
- 약물과 생물학

치료계획 양식: 인지행동

우울, 불안, 강박 문제를 호소하는 내담자를 위하여 치료계획을 세울 때, 다음의 치료계획 양식을 사용하라. 특정 내담자, 호소문제, 치료적 맥락에 따라 이 양식의 목표나 개입 방식은 다소 변경될 수 있다. 필요에 따라 이 치료계획을 적절하게 변경하여 사용할 것을 권장한다. 이 계획을 치료에 효과적으로 적용하기 위해서는 내담자가 경험하고 있는 특정 신념, 행위, 감정을 중심으로 목표와 개입 방식이 명확하게 작성되어야 한다. 구체적일수록 당신에게 유용할 것이다.

치료계획

치료의 초기 단계

초기 단계 치료 과제

1. 치료 관계를 형성하기. 다양성의 고려사항: [민족성, 성별, 나이 등에 기초하여 합리적 초점을 활

용할지, '전문적'이고, 정서적인 초점을 활용할지에 대한 방법을 기술하라]

관계 형성 접근/개입:

a. 라포를 형성하는 데 온정과 **공감**을 사용하라. **신뢰감**을 형성하라.

2. 개인적이고 체계적이며 다양한 문화적 역동을 평가하기. 다양성의 고려사항: [문화, 사회・경제적 지위, 성 정체성, 성별, 그 외 고려사항에 대한 평가 방법을 설명하라. 전통적인 개인주의적 목표가 내담자의 배경에 적합한지를 고려하라.]

평가 전략:

a. 문제 행동의 **기저선**을 확보하라. DSM 진단을 통해 문제 행동과 사고의 기능을 분석하라.

b. 호소문제와 관련된 특정 **도식**과 **비합리적 신념**을 파악하라.

초기 단계 내담자 목표(1~2가지 목표): 위기 문제를 관리하고 고통스러운 증상을 감소시키기

1. [특정 위기 증상] 감소를 위해 특정 위기 관련 행동 명명을 **감소**시키기

개입:

a. 증상의 심각도를 줄이기 위해 내담자가 기꺼이 할 수 있는 행동을 파악하는 데 **기능 분석**을 사용하라.

b. 내담자가 소망하는 삶의 목표를 향해 나아가는 기능적 행동을 선택하도록 동기부여하기 위해 **통제 이론**을 활용하라.

치료의 작업 단계

작업 단계 치료 과제

1. 작업 동맹의 질을 확인하기. 다양성의 고려사항: [내담자가 느끼는 상담자와의 유대감에 대한 관찰을 어떻게 하는지 그리고 이 관찰과 내담자의 연령, 성별, 문화 및 성 정체성, 사회경제적 지위 등을 기반으로 한 관계에 어떻게 자신을 맞출 것인지에 대해 기술하라]

평가 개입:

a. 회기 평가 척도를 사용하라. 상담자로부터 이해받는 느낌을 받는지 그리고 회기가 효과적인지를 구두로 질문하라.

작업 단계 내담자 목표

1. [특정 증상: 우울, 불안 등] 감소를 위해 왜곡된 인지(예: 과잉일반화)와 비합리적 신념(예: "나는 늘 사랑을 받고 있어야 한다.")을 **감소**시키기

개입:

a. **REBT 자조 양식**을 활용하여, 회기에서 비합리적 신념을 **논박**하라.

b. 우울증(불안증) 신념과 관련된 **소크라테스식 대화법**을 적용하라.

c. 자동적 사고를 세기 위해 **역기능적 인지**를 **명명**하라.

2. [특정 증상: 우울, 불안 등] 선택과 **기능적 행동**을 **증가**시키기
   개입:
   a. 긍정적 행동을 선택할 수 있도록 **실제 노출법**과 **홍수법**을 적용하라.
   b. 긍정적 행동을 선택할 수 있도록 내담자에게 동기부여할 수 있는 **비용-편익 분석**과 **선택이론**을 적용하라.

3. [특정 증상: 두려움, 불안, 무망감 등] 감소를 위해 현재 문제와 관련된 긍정적인 **자기대화**를 **증가**시키기
   개입:
   a. 현재 문제와 관련된 **문제 해결 훈련**과 **스트레스 예방 훈련**을 적용하라.
   b. 현재 문제와 관련된 대안적 사고를 형성하기 위해 **사고 기록지**를 이용하라.

치료의 종결 단계

종결 단계 치료 과제

1. 추후 관리 계획을 세우고 성과를 유지하기. 다양성의 고려사항: 치료가 종결된 이후, 내담자를 돕기 위해 내담자가 속한 공동체의 자원들에 어떻게 접근할지 설명하라.
   개입:
   a. 잠재적인 미래 문제에 대해 **REBT 자조 양식**과 **사고 기록지**를 사용하라.

종결 단계 내담자 목표

1. [특정 증상: 불안, 공포, 무망감 등] 감소를 위해 삶에서의 기대와 자기가치에 관한 긍정적인 자기대화를 **증가**시키기
   개입:
   a. 내담자가 자기와 삶에 대한 긍정적인 관점을 개발하도록 돕기 위해 **소크라테스식 대화법**을 활용하라.
   b. 개인의 가치에 관한 현실적인 자기대화를 강화하기 위해 **사고 기록지**를 활용하라.

2. [특정 증상: 우울, 불안, 강박] 감소를 위해 자기, 타인, 삶에 관한 **핵심 신념**과 **역기능적 도식 감소**시키기
   개입:
   a. 세 가지 기본적인 '당위성', 부정적 인지 삼제, 이와 관련된 핵심 도식을 논박하라.
   b. 관계와 사람에 대한 가치에 관한 현실적이고 대안적인 도식과 핵심 신념 개발을 위해 **사고 기록지**를 작성하라.

현실치료 이론

요약: 당신이 알아야 할 기본적인 내용

'실제적' 상담 접근인 현실치료 이론 상담은 행동적 · 인지적 접근의 많은 요소들을 통합하는 능동적인 접근법이지만, 본래 인간의 동기유발을 중시하는 다른 모델에 기반하고 있다. 여자 교도소 근무 시, 정신분석 치료의 결과에 대해 만족하지 못했던 글래서에 의해 개발된 현실 치료 이론은 **선택 이론**에 기반하고 있으며, 이는 사람들이 하는 선택이 그들의 삶의 질을 결정하며, 문제를 만들고 해결해 나가기 위한 수단이라고 가정한다. 현실주의 상담자는 내담자에게 그가 직면하고 있는 현실을 수용하게 하고, 내담자의 삶에서 변화가 필요한 것이 무엇인지를 확인하도록 돕는다. "당신이 원하는 것을 얻기 위해 무슨 일을 하고 있는가?" 상담자는 내담자가 실제로 필요한 것을 얻을 가능성이 높은 대안적 선택과 행동을 파악하도록 돕는다.

선택 이론

내면적 통제체계에 의해 사람들이 움직인다고 개념화 한 초기 **통제 이론**에서 개발된 글래서(1975, 1997, 1998, 2000)의 **선택 이론**은 사람들의 선택이 자기 삶의 질을 결정한다고 가정한다. 글래서는 사람들의 선택에 동기를 부여하는 다섯 가지 기본적인 욕구가 있다고 믿었다.

- 소속감/관계
- 권력/성취
- 즐거움
- 자유/독립
- 생존

사람들의 선택은 자신의 행동을 생성하고 알려 주는데, 글래서는 이를 활동, 생각, 느낌, 생리학을 포함하는 **전체 행동**(total behavior)이라고 개념화했다. 자동차의 네 바퀴를 비유하자면, 어떤 하나의 행동은 다른 모든 요소와 본질적으로 연결되어 있다. 예를 들면, 사람은 생각, 느낌, 생리학에 영향을 주는 선택 없이는 술에 취하기(혹은 취하지 않기)를 결정할 수 없다.

행동 치료자나 해결 중심 상담사와 유사하게(12장 참조), 글래서는 사람이 변화하기 원할 때가 활동을 시작하기에 가장 쉽고 효과적인 지점이라고 믿었다. 따라서 내담자를 평가할 때, 상담자는 내담자가 선택한 부정적 사고, 감정, 신체 증상(예: 상대방에게 하는 잔소리 혹은 사무실에서 최선을 다하지 않는 것)을 만들어 내는 활동을 파악하는 데 선택 이론을 활용하고, 이후에 개입하는 데 있어 이 활동을 목표로 삼는다. 이 장의 마지막에 있는 사례 연구에서, 상담자는 마리아가 타인과 상호작용하고 자신의 시간을 사용하는 방법에 대해 더 나은 선택을 하도록 돕기 위해 선택 이론을 사용한다.

현실 치료 이론의 행동 분석

현실 치료에서 상담자는 내담자가 자신의 상황을 개선시키기 위한 선택을 하도록 이끌며, 자신의 삶의 질에 책임감을 갖도록 동기화하기 위해 WDEP(Wants-Doing-Evaluation-Planning) 체계를 사용하여 행동을 분석한다(Glasser, 2000; Wubbolding, 2008).

■ W = 바람, 욕구, 동기 탐색하기

상담자는 내담자의 삶의 모든 영역(가족, 친구, 직업, 자기, 건강 등)에서 그들이 진정 원하고 필요로 하는 것이 무엇인지를 평가하는 질문을 사용하여 내담자의 바람을 탐색해야 한다(Wubbolding, 2008, p. 379).

- 당신이 지닌 것 중에 당신이 원하는 것은 무엇인가? 당신이 지니지 못한 것 중에 원하는 것은 무엇인가? 당신은 원치 않지만 지니고 있는 것은 무엇인가?
- 당신이 기꺼이 만족하는 것에는 어떤 것이 있는가?
- 당신은 자신이 원하는 것을 얻고자 얼마나 애쓰고 있는가? 그것을 위해 얼마나 최선을 다하고 있는가?
- 당신이 원하는 것을 위해 무엇을 포기해야 하는가? 그것을 기꺼이 할 수 있는가?

■ D = 내담자가 실행에 옮긴 것과 그에 대한 결과 논의하기

생각, 감정, 그리고 생리학에 비해, 글래서는 사람들이 통제하기에 가장 쉬운 것이 행동이라고 믿었다. 따라서 그는 내담자가 스스로 자신의 행동을 조사하도록 내담자에게 요구하였고, 이러한 것들이 그들의 욕구와 바람을 얻는 데 도움이 되는지에 대해 물어보았다.

- 현재 당신의 바람을 충족시키는 데 도움을 주는 행동 중 어떤 것들을 하고 있는가?

- 당신의 소망으로부터 멀어지게 하는 행동 중 어떤 것들을 하고 있는가?
- 당신이 좋지 않은 감정을 느낄 때, 어떤 행동을 하는가? 그 행동을 하는 당신의 선택에 영향을 미치는 생각은 무엇이 있는가?

■ E = 선택과 행동의 효과성 평가하기

다음으로, 상담자는 내담자가 자신의 선택과 행동의 효과성에 관한 자기평가를 하도록 격려한다. 상담자가 이를 격려하는 몇 가지 방법은 평가적 질문을 하는 것이다.

- 이러한 행동은 장/단기적으로 당신에게 도움이나 상처가 되는가?
- 이러한 행동은 관계를 개선시키는가, 아니면 망치는가?
- 이러한 행동은 최선의 노력인가 아니면 최소한의 노력인가?

■ P = 행동의 과정 계획하기

내담자의 행동 평가를 기반으로, 상담자는 내담자가 원하는 것을 더 많이 얻기 위해 실현 가능하고 현실적인 계획을 세우도록 돕는다. 상담자는 내담자가 통제할 수 있는 측정 가능한 목표를 가지고, 단순하고 달성 가능한 계획들을 세우도록 돕는다.

마음챙김 기반 접근

요약: 당신이 알아야 할 기본적인 내용

행동 치료에서 제3의 물결로 설명되는 마음챙김 기반 접근(제1물결인 '순수' 행동 치료와 제2 물결인 인지행동치료와 함께)은 인지행동 접근에 역설적인 비틀기, 즉 힘겨운 생각과 정서를 바꾸기 위해 그것들을 **수용하도록** 한다(Hayes, 2004). 마음챙김 기반 접근을 사용하는 상담자는 그들을 변화시키려는 의도 없이 내담자로 하여금 호기심과 동정심을 가지고, 어려운 사고나 감정을 관찰하도록 격려한다. 내담자가 자신의 문제에 관여하는 방식을 회피보다는 호기심과 수용으로 변화시킴으로써, 그들은 문제에 대해 새로운 사고, 감정, 행동을 경험한다. 따라서 그 주제들에 대처하고 해결하는 새로운 선택지를 갖게 된다. 이 활용법은 내담자를 가르치고자 노력하기 전에 상담자 자신이 먼저 마음챙김 연습과 훈련을 할 것을 요구받는다.

정신건강에서 마음챙김의 간략한 역사

마음챙김은 인지행동 기법으로서 독특한 역사를 가지고 있다. 그것은 연구자의 실험실이나 서양 철학의 전통에서 개발되지 않았다. 마음챙김은 종교 및 영적 전통에서 유래되었고, 이는 서양 과학의 전통에 근거한 인지행동 상담자에게 놀라운 호감을 안겨 주었다. 일반적으로 불교의 명상 형태와 관련되어 있는 마음챙김은 사실상 거의 모든 문화와 기독교 명상 기도, 유대 신비주의, 이슬람 기반 수피 전통을 포함한 종교적 전통에서 발견된다(Keating, 2006). 비록 종교적인 뿌리를 가지고 있지만, 마음챙김은 비종교적인 '스트레스 감소' 기법으로서 정신건강에 들어가고, 의도적으로 종교와 영적인 요소를 분리하며 행동적 건강 장면에 사용하기 위해 조정되기도 하였다(Kabat-Zinn, 1990).

30년 전, 존 카밧진(Jon Kabat-Zinn, 1990)은 매사추세츠 대학에서 마음챙김 기반 스트레스 감소(MBSR) 프로그램을 연구하기 시작했고, 이는 마음챙김을 행동의학 내의 주류 활동으로 만드는 데 큰 영향을 주었다. MBSR 프로그램은 참가자에게 마음챙김 호흡, 마음챙김 요가 자세, 마음챙김 일상활동을 어떻게 하는지 가르치는 8주의 집단 커리큘럼으로 이루어져 있다. 참가자들에게 매일 하루에 20~45분씩 집에서 연습하도록 권장한다. MBSR은 만성 통증, 조직 근육통, 건선, 우울증, 불안, ADHD, 섭식장애, 약물 남용, 강박 행동 및 성격장애를 포함한 광범위한 신체 및 정신 건강 장애에 대한 효과적인 치료로서의 훌륭한 가능성을 보여 준다(Baer, 2003). 밀접하게 이 치료와 관련된 티스데일, 시걸과 윌리엄스(Teasdale, Segal, & Wiliams, 1995)는 **마음챙김 기반 인지 치료**(Mindfulness-Based Cognitive Therapy: MBCT)에서 우울증 재발에 대해 MBSR 커리큘럼을 적용했다. 1년 이내에 우울증이 재발하지 않고 '성공적으로' 치료된 사례는 50%로, MBCT 상담자는 두드러지는 연구결과를 가지고 높은 재발률을 줄이기 위해 마음챙김을 사용하고 있다.

마음챙김 기반 스트레스 감소 프로그램(Kabat-Zinn, 1990)과 마음챙김 기반 인지 치료뿐만 아니라(Teasdale et al., 1995) 마음챙김은 광범위한 임상 조건에 대한 치료에서 훌륭한 가능성을 보여 주고 있는 두 개의 상담 접근법, 즉 변증법적 행동치료(Linehan, 1993)와 수용전념치료(Hayes, Strosahl, & Wilson, 1999)로 통합되었다.

마음챙김의 기초

마음챙김의 가장 일반적인 형태는 내부의 소리와 생각을 멈추고 호흡을 관찰하는 것(혹은 **만트라**라는 반복되는 단어에 집중하는 것)이다(Kabat-Zinn, 1990). 경험을 좋거나 나쁘거나, 좋아하거나 좋아하지 않는 것으로 판단하지 않고 현재 순간에 자신을 내려놓으면서, 호흡에 초점을 유지한다. 일반적으로 몇 초 이내에, 마음은 초점을 잃고 운동, 아침에 싸운 것, 할 일 목록, 과거의 기억들, 미래 계획, 감정이나 가려움을 느끼는 것 또는 방에서 소음을 듣는 것에 관해 생각하며 방황한다. 어떤 지점에서, 참여하는 사람들은 마음이 떨어져 방황하는 것을 알아차리고 초점을 맞추는 데 '실패한' 자신을 질책하는 대신, 초점을 놓치는 것이 과정의 부분이라는 것을 연민을 가지고 이해하면서 다시 초점의 대상으로 되돌아온다(자신에 대한 질타를 삼가는 것이 대체로 가장 어려운 부분이다). 초점을 잃었다가 되찾았다가 다시 잃었다가 되찾는 과정은 주로 10~20분 정도로 정해진 시간 동안 계속된다.

게하르트와 맥콜럼(Gehart & McCollum, 2007, 2008; McCollum & Gehart, 2010)은 상담자와 치료자가 치료 회기의 안과 밖에서 중요한 변화를 발견했다고 말한 수련생들의 고무적인 보고와 함께 치유적인 힘의 존재를 발전시키는 방법에 대해 배우는 것을 돕기 위해 마음챙김을 사용했다. 수련생들은 내담자가 정서적으로 이야기 나눌 수 있었으며, 회기에 대한 불안감을 덜고 어려운 순간에 보다 잘 대응할 수 있었다고 보고했다. 대부분의 보고에 따르면, 2~10분간 매주 5일씩 연습하면 전반적으로 스트레스 수준이 2주 이내에 현저하게 감소된다고 하였다. 그들은 또한 매주 10~50분의 투자가 적절한 편이며, 이는 타인과의 관계가 보다 개선되고, 심리적으로 내적 평화를 가져올 수 있다고 보고했다. 따라서 당신도 마음챙김을 한번 시도해 볼 수 있다.

개별적인 마음챙김 수련 활동하기

1. **정기적인 시간을 찾기**: 마음챙김의 가장 어려운 부분은 일주일에 2~10분 정도 연습할 시간을 찾는 것이다. 동료 에릭(Eric)과 나는 일주일에 5일을 학생들과 일하며 보내고 있다. 아침 식사 전후에, 운동하거나, 양치질하거나, 상대방을 보거나, 귀가하거나 혹은 취침과 같은 규칙적인 일상 안에서 마음챙김을 연습하는 것이 가장 좋다(당신이 너무 지치지 않는다면).
2. **대상 혹은 집단을 찾기**: 가능하다면, 정기적으로 연습할 수 있는 대상 혹은 명상 집단을 찾는다. 이러한 연대감은 동기부여를 지속하는 데 도움이 될 것이다.
3. **타이머 사용하기(매우 권장함)**: 타이머를 사용하는 것은 마음챙김 회기를 구성하는 데 있어 도움이 되며, 많은 사람들이 시간이 지났는지 궁금해하지 않기 때문에 회기에 더 집중할 수 있게 된다. 대부분 휴대전화에는 알람과 타이머 기능이 있다. 아이폰과 기타 스마트폰용 티베트 차임(Tibetan chime)의 명상 앱을 통해 구입할 수도 있다. 디지털 에그 타이머를 사용해도 괜찮다.
4. **편안하게 앉기**: 준비가 되면 편안하게 앉을 의자를 찾는다. 이상적으로는 의자에 등을 기대지 말고 앉아야 한다. 척추가 똑바로 서도록 정면을 향해 앉는 것이 좋다. 만약 이 자세가 너무 불편하다면, 척추를 곧게 펴고 앉아 있되 경직되지 않도록 주의한다.

5. **호흡**: 처음에는 2분간 타이머를 설정하고, 마음속에 있는 생각과 다른 담화들을 잠재우면서 스스로 숨 쉬는 것을 지켜본다.
   - 호흡을 바꾸려고 애쓰지 않는다. 좋고 싫은 것을 판단하지 않고, 단지 그 특성에 집중한다.
   - 당신의 마음은 내면과 외면의 산만함을 통해 수없이 헤매고 방황하게 될 것이다. 그럴 때마다 판단하지 않고 진심으로 알아차리도록 한다. 아마도 구름이 흩어지거나 모이는 것처럼 혹은 비누 거품이 튀거나 사라지는 것을 상상해 본 다음에 당신의 심호흡을 살피며, 자연스럽게 당신에게 다시 집중하도록 돌아온다.
   - 연습할 때마다 당신의 마음이 어떤지 받아들인다. 어떤 날에는 다른 날보다 집중하기가 쉽다. 이것의 핵심은 일어나지 않은 일에 좌절하는 일반적인 패턴에 빠지기보다는 '무엇인가'에 대한 수용을 실천하는 것이다.
   - 목표는 생각 없이 기간을 연장하는 것이 아니라 비판단적 수용을 실천하고, 어떻게 마음이 작용하는지에 대해 이해하는 것이다.
6. **알아차리기**: 벨이 울리면 당신의 기분이 어떤지 알아차린다. 똑같은가, 더 느긋한가, 더 스트레스 받는가 등 판단하지 말고 알아차리기에만 집중하도록 노력한다. 당신은 큰 차이를 느낄 수도 있고 그렇지 않을 수도 있다. 가장 유용한 효과는 그 즉시 누적된다. 만약 당신이 계속 진행하길 원한다는 것을 알게 된다면, 다음에 연습할 때 1~2분을 추가한다. 천천히, 당신에게 잘 맞는 기간을 발견할 때까지 몇 분을 추가할 것이다. 당신이 원할 때까지 시간을 연장하지 않는다.
7. **반복하기**: 장시간에 걸쳐 가끔 연습하는 것보다 짧은 시간에 규칙적으로 꾸준히 연습하는 것이 더 좋은 결과를 나타낸다고 보고되었다. 따라서 2분간 다섯 번 연습하는 것은 매주 10분간 진행한 회기보다 더 나은 결과를 얻을 수 있다.

스스로 해보기

2~5분 동안 마음챙김을 연습하기 위해 타이머를 사용해 보세요. 당신의 생각을 잠재우는 동안 호흡에 집중하고 그 후에 당신이 어떻게 느끼는지 알아차려 보세요. 이것을 수행하는 동안 어떤 생각이 당신의 머릿속에 스쳐 지나갔나요?

실습을 지원하는 자료들

- **무료 명상 팟캐스트**: 마음챙김을 지원하기 위해 UCLA의 마음챙김 지각 연구센터(www.marc.ucla.edu)와 웹사이트(www.dianegehart .com)에서 안내하는 마음챙김 명상과 다른 자료들을 무료로 다운로드 받을 수 있다.
- **워크북**: 『**마음챙김 기반 스트레스 감소 워크북**(The Mindfulness-Based Stress Reduction Workbook)』(Stahl & Goldstein, 2010)과 『**마음을 벗어나 삶에 가져오기: 새로운 수용전념치료**(Get Out of Your Mind and Into Your life: The New Acceptance and Commitment Therapy)』(Hayes & Smith, 2005)는 실용적인 기술을 가르쳐 주는 훌륭한 워크북들이다.

특정한 마음챙김 접근

■ 마음챙김 기반 스트레스 감소(MBSR) 그리고 마음챙김 기반 인지치료(MBCT)

마음챙김 기반 집단치료는 좋은 명상가가 되는 방법을 알려 주기 위해서가 아니라, 내담자가 자신의 생각과 내적 대화를 이해하는 방식을 바꾸도록 돕기 위해 고안되었다. 고도로 구조화된 집단 과정을 사용하여 내담자에게 마음챙김 요가 자세, 마음챙김 일상활동(마음챙김을 하며 설거지하기, 마음챙김을 하며 걷기 등; Kabat-Zinn, 1990)과 마음챙김 호흡(앞에서 설명한 것과 같은)을 소개한다. 집단의 초점에 따라 내담자는 우울한 생각, 힘겨운 감정, 건강 상태에 마음챙김을 적용할 수 있도록 배울 수도 있다. 집단 형태는 집에서 정기적으로 연습할 수 있고, 진행 상황에 대해 집단에게 다시 보고하도록 내담자를 동기부여하기도 한다.

MBSR 집단은 다음의 8회기를 포함한다.

[1회기] 마음챙김 소개: 마음챙김 및 바디스캔 명상의 기초
[2회기] 인내심: '방황하는 마음'을 지각하는 것과 다루는 작업
[3회기] 애쓰지 않기: 호흡 명상에 대한 소개, 누워서 하는 마음챙김 요가, 주의력
[4회기] 판단하지 말기: 반응 대 대응, 호흡 명상에서 알아차림, 서서 하는 요가, 스트레스 탐색
[5회기] 인정: 과정에 대한 집단 점검, 앉아서 명상
[6회기] 내려놓기: 숙련된 의사소통, 부드러운 명상, 즐기기, 걷는 명상, 하루 종일 집에 머물기
[7회기] 매일 마음챙김: 마음챙김 운동과 매일의 활용점, 생활 속에서 연습하기
[8회기] 끝없는 연습: 일상생활과의 통합

MBCT 집단은 다음의 8회기를 포함한다(Segal, William, & Teasdale, 2002).

[1회기] 자동 조정: 마음챙김 소개, 마음챙김 운동 배우기, 마음챙김 바디스캔
[2회기] 장벽 다루기: 바디스캔을 활용하여 정신적 대화 탐색
[3회기] 마음챙김 호흡: 운동 사이에 3분간 호흡하는 것과 마음챙김 호흡에 집중하는 것 소개
[4회기] 현재에 머물기: 자동적 사고와 우울증에 마음챙김 연결
[5회기] 허용하기와 가만히 두기: 그저 있는 그대로 '허용하기'와 수용 소개
[6회기] 사고는 사실이 아니다: 사실이 아닌 '단순히 사고'만으로 사고 재구성
[7회기] 자기 자신을 가장 잘 돌보는 방법: 우울한 사고에 대한 구체적인 기법 소개
[8회기] 미래의 기분을 다루기 위해 배운 것을 사용: 연습을 계속하도록 동기부여

이러한 마음챙김 연습을 통해 내담자가 학습하는 것은 다음과 같다.

- 의도적으로 주의를 끌고 그들의 사고를 보다 잘 제어할 수 있도록 도와주기
- 심지어 불쾌한 사고나 감정까지 호기심을 가지고, 개방적으로 대하며, 수용하기
- 있는 그대로의 자기, 타인 그리고 상황에 대한 더 큰 수용성 개발하기
- 현재의 순간에 자기 자신을 경험하고 살아가기

■ 변증법적 행동치료

본래 경계선 성격장애를 가진 내담자를 치료하기 위해 개발된 **변증법적 행동치료**(DBT; Linehan, 1993)는 마음챙김과 수용의 개념을 모두 통합한 최초의 마음챙김 기반 치료 중 하나이다. 근거 기반 인지행동치료로서, 이 접근법은 10장에서 자세하게 다루어진다.

■ 수용전념치료

여성주의(14장 참조), 이야기, 포스트모던 접근의 철학적 가정을 공유하는 행동적 접근인 수용 전념 치료(ACT; 'A–C–T'가 아닌 'act'로 발음한다)는 행동과 느낌, 사고를 형성하는 언어를 통해 우리의 현실을 구성한다는 포스트모던 전제를 기반으로 한다. ACT 전문가들은 인간의 고통이 상당 부분 언어를 통해 생성되고 유지된다고 믿는다. "사람들이 잘못된 것에 대해 생각하고 있는 것은 아니다. 이 문제는 사고 그 자체이며 또한 동일 언어를 사용하는 사회가 그것을 행동 조절의 한 유형으로써 지나치게 사용하여 어떤 영향을 미치고 있는가 하는 것이다." (Hayes et al., 1999, p. 49) 전통적 인지행동 접근과는 달리 수용전념치료 전문가는 직접적인 경험을 회피하는 것과 사고 및 감정을 통제하려는 시도가 문제이지, 해결책은 아니라고 주장한다. 그들은 인간 정서의 전체 영역에 대한 수용을 촉진하기 위해 마음챙김 기반의 경험을 지지한다. "ACT 접근법에서 건강한 생활 목표는 좋은 것을 많이 느끼는 것이 아니라 좋게 느끼는 것이다. 즉, 좋은 감정뿐만 아니라 나쁜 감정을 느끼는 것은 심리적으로 건강하다."(Hayes et al., 1999, p. 77)

같은 약어인 ACT는 상담의 과정을 간략하게 설명하는 데 사용된다.

> A = 힘겨운 감정과 사고를 수용하고 받아들이기(Accept)
> C = 내담자가 진정 누구인지를 반영하는 삶의 방향을 선택하고(Choose) 전념하기
> T = 이 삶의 방향을 향한 단계들을 실행하기(Take)

ACT의 첫 번째 단계는 내담자가 그들의 증상을 통해 회피하고자 애써 온 많은 사고와 감정을 수용하고 받아들이는 것이다. 즉, 상실을 수용하는 것, 공포를 느끼는 것, 그리고 분노를 인정하는 것이다. 상담자는 내담자에게 자신의 사고를 믿지 않도록 하는 것에 주의를 주고, 행동의 이유(즉, 변명)와 원인 사이의 연결고리를 살펴보도록 돕는다. 동시에 상담자는 내담자가 관찰하는 자기로 어려운 감정과 사고를 경험할 수 있는 의지를 개발하도록 돕는다. 이러한 관찰 과정을 통해 내담자는 자신의 진정한 자아와 가치들을 보다 잘 확인할 수 있게 되는데, 이는 내담자가 스스로 삶의 방향을 확인할 수 있도록 할 뿐만 아니라 이를 추구하는 데 전념할 수 있도록 돕는다. 당신이 상상하는 바와 같이, 이것은 그리 간단한 일은 아니다. 행동 단계에서 대부분의 내담자는 처음에 그들을 상담받게 만들었던 부정적 사고와 경험에 대한 저항을 재경험한다. 그러나 이러한 생각들을 수용하는 능력이 향상되고, 의미 있는 삶의 방향을 추구하는 데 거듭 전념하는 과정을 통해, 내담자는 새로운 행동을 추구하면서 장애물이 나타날 때 이를 극복할 수 있게 된다.

다문화적 접근: 다양한 집단과 작업하기

민족 · 인종 · 문화 다양성

인지행동치료(CBT)는 행동 규범을 정의하기 때문에(예: 각각의 문화는 '합리적'을 다르게 정의한다), 관계 유형과 가치에서 충돌을 방지하기 위해 치료자는 이 접근법을 다양한 집단에 신중하게 적용해야 한다. CBT가 내담자와 관련하여 전문가적 태도를 강조하는 것은 다양한 집단과 작업할 때 강점과 약점을 지닌다. 라틴 아메리카, 아시아 및 아메리카 인디언과 같은 특정 문화 집단과 남성들은 활동적이고 지시적인 치료를 선호한다(Gehart & Lyle, 2001; Pedersen, Draguns, Lonner, & Trimble, 2002). 그러나 위계는 어떤 내담자(예: 높은 학력을 가진 성인이나 10대)에게는 반항적인 반응을 야기할 수도 있고, 어떤 내담자(예: 습관적으로 다른 사람을 기쁘게 하는 여성; Gehart & Lyle, 2001)에게는 과도하게 순응적이고 매달리는 반응을 일으킬 수도 있다.

인지행동 접근은 문화적 · 환경적으로 결정되는 '비합리적 신념'과 '문제 행동'을 파악하는 것을 포함하기 때문에 상담자는 다양한 내담자와 지배적인 문화적 규범을 무심코 지속시키는 것을 특히 경계해야 한다. 상담자는 개입하기 전에 내담자의 종교적 · 문화적 · 인종적 · 사회경제적 가치 또는 다른 가치들과 현실적인 요소들이 충돌하지 않도록 치료 목표에 대해 주의 깊게 평가해야 하고, 내담자가 속한 다양한 문화가 어떻게 모순된 가치관을 지니고 있을지에 대해서도 고려해야 한다. 문화적 적합성을 보장하기 위해 연구자들은 민족성이 가장 큰 영향을 미치는 상황을 확인하면서 CBT 활용에 있어 민족성의 구체적인 효과를 연구해 왔다. 예를 들면, 초기 연구에서는 우울을 겪는 유럽계 미국인, 라틴계와 아시아계 미국인들에게 CBT를 사용한 결과, 유의미한 차이가 없었고(Marchand, Ng, Rohde, & Stice, 2010), 또 다른 연구에서는 가정 폭력 가해자에 대한 치료 과정에서 치료적 관계의 강도에 민족성이 중요한 역할을 한다는 것이 밝혀졌다(Walling, Suvak, Howard, Taft, & Murphy, 2012). 따라서 현재 선행 연구에서는 다양한 집단에 CBT를 잘 사용하는 방법에 대해 보다 잘 이해할 수 있을 것이다. 이와 같은 새로운 연구 및 임상 전문 지식을 바탕으로 CBT 치료자들은 특정 민족 집단에 대한 권장사항을 개발하였다.

■ 히스패닉계와 라틴계 내담자

CBT는 일반적으로 히스패닉계와 라틴계 내담자와 작업하는 데 적합하고 문화적으로 일치한다고 간주되어 왔다(Organista & Muñoz, 1996). 치료자들은 CBT를 사용하여 히스패닉계 및 라틴계 내담자와 성공적으로 작업하기 위해 몇 가지 제안 사항을 만들었다.

- **언어적 욕구 다루기:** 언어적 쟁점은 종종 자신의 모국어로 개인적이고 정서적인 문제를 논의하는 것을 선호하는 이민자 출신 라틴계 가족과 작업할 때 중요하다(대부분의 사람들은 모국어로 정서적 주제에 대해 논의하기를 선호하고, 스페인어 사용자들은 특히 이에 대해 열정적이다). 게다가 스페인어를 사용하는 치료자는 단순히 단어가 아니라 개념을 문화에 따라 어떻게 번역할지 고려해야 하는데, 예를 들면, 라틴계를 위한 한 CBT 프로그램에서 비합리적 신념을 논박하기 위한 A–B–C 방법은 Si, Pero(그래요, 하지만) 기법으로 간소화되어 번역되었다(Piedra & Byoun, 2012).
- **경험적 요소 증가시키기:** 표준적인 CBT 교육과정을 수정할 때, 치료자들은 종종 경험적이고 적용 가능한 요소들을 늘린다. 그것에 대해 말로 표현하기보다는 실제로 행하기 등이 그것이다(Piedra & Byoun, 2012).
- **가족주의의 문화적 가치 존중하기:** 가족의 필요에 의해 개인의 관심은 종종 2위가 되고 가족이 높은 가치를 가지게 된다. 따라서 개인의 욕구 위에 가족을 두는 라틴계 사람들의 선택을 '비합리적'이라고 여기지 않도록 주의할 필요가 있다(Duarté-Vélez, Bernal, & Bonil1a, 2010; González-Prendes, Hindo, & Pardo, 2011).
- **인격주의의 문화적 가치 존중하기:** 라틴계 문화는 따뜻하고 진실한 인격적 관계에 가치를

두기 때문에, 치료자는 이를 치료적 관계에 통합할 필요가 있다(González-Prendes, Hindo, & Pardo, 2011). 인격주의의 맥락을 만들려면, 치료자는 자신의 배경을 공유하고 내담자의 배경에 대해서도 배우기 위한 '짧은 대화'로 초기 회기를 시작할 수 있다(Organista & Muñoz, 1996).

- 문화적 가치를 존중하기: 라틴계 가족들은 전형적으로 위계적이어서 부모와 연장자에 대한 존경의 예를 갖출 것을 요구한다. 게다가 내담자는 공식적인 호칭인 Señor 혹은 Señora로 불리기를 선호할 수 있다(González-Prendes, Hindo, & Pardo, 2011; Organista & Muñoz, 1996).
- 남성우월주의의 문화적 가치를 존중하기: 종종 부정적인 극단주의로 오해받는 남성우월주의는 현지 문화에서 가정을 돌보고 가족에게 남자의 리더십, 충성심, 책임감을 보여 주는 것을 나타낸다(Duarté-Vélez, Bernal, & Bonilla, 2010; González-Prendes, Hindo, & Pardo, 2011).
- 영성에 대한 작업하기: 대부분 로마 가톨릭 신자가 많은 히스패닉/라틴계 내담자들은 강한 영성을 가지고 있다(Duarté-Vélez, Bernal, & Bonilla, 2010). 기도, 교회, 선교 공동체는 치료자가 활용할 수 있는 자원이다. 그러나 치료자는 기도가 내담자의 책임감 또는 효능감을 줄이지 않고 적극적인 문제 해결을 용이하게 해 주는지를 확인하기 위해 기도의 사용에 대해 논의해야 한다(Organista & Muñoz, 1996).
- 게이/레즈비언 관계에 대한 태도: 종종 강한 종교적 신념으로 인해 히스패닉계 가족은 자녀의 커밍아웃에 대해 매우 부정적인 반응을 보일 수 있으며, 일반적으로 동성애를 '죄'로 보면서, 동성애 라틴계 청소년에 대해 상당한 문화적 충돌과 배척을 낳는다(Duarté-Vélez, Bernal, & Bonilla, 2010).
- 이민, 이주, 문화 적응을 다루기: 많은 히스패닉계 내담자들은 복잡한 이민과 이주 패턴을 가지고 있어서, 종종 여러 문화들 사이를 수차례 이동하며 가족 구성원들이 동시에 서로 다른 문화에서 거주하기도 한다. 게다가 종종 부모와 자녀 간에 문화 적응 문제가 있어서 CBT 치료자들은 이를 다루도록 도울 필요가 있다(Piedra & Byoun, 2012).

■ 아프리카계 미국인

많은 치료자는 아프리카계 미국인과 작업할 때에도 CBT를 적절한 선택이라고 생각하는데, 왜냐하면 이 치료가 문제되는 사회적 신념을 직접적으로 논박하도록 돕고, 현재 행동에 초점을 맞추고 있기 때문이다(Kelly, 2006; McNair, 1996). 다음은 적용에 대한 권고사항이다.

- **치료 동맹 형성하기**: 내담자는 치료 시간을 구조화하는 것, 목표를 설정하는 것에서 치료자와 함께 작업하도록 요청받아야 한다. 이 관계는 내담자에게 더 큰 자기 효능감을 심어주는 데 사용되어야 한다(Kelly, 2006; McNair, 1996).
- **행동과 기술에 초점 맞추기**: 치료자는 내담자의 과거를 분석하는 것보다는 내담자에게 중요하게 관련된 문제와 현재 경험하고 있는 문제에 초점을 맞춰야 한다(McNair, 1996).
- **임파워먼트**: CBT 치료자들은 내담자의 지지망을 확장하고 대처 및 의사소통 기술을 개발하도록 도움으로써 내담자의 임파워먼트를 도울 수 있다(Kelly, 2006). 더 나아가 내담자가 치료자 없이 자신의 문제를 해결하기 위한 다른 전략과 사고 기록을 어떻게 이용할 수 있을지 가르칠 수 있다.
- **고정관념과 기대에 대해 논박하기**: CBT 치료자는 아프리카계 미국인이 다양한 문화로부터 내재화된 수많은 편견과 기대(충분히 잘하려면 두 배는 더 잘해야 한다와 같은)가 무엇인지 확인하고 논리적으로 논박하기(그리고 목적과 기회에 대한 감각을 늘리기 위해) 위해서 이 접근법을 사용할 수 있다(McNair, 1996).
- **차별 다루기**: 치료자는 특별히 아프리카계 미국인들이 세상에 대해 지각하고 이해하는 바를 어떻게 언급하는지와 차별에 어떻게 대처하는지를 확인함으로써 차별로 인한 문제를 완화하도록 도울 수 있다(McNair, 1996).
- **기능 분석**: 행동적인 측면에서 증상을 분석하는 기능 분석은 잠재적인 치료자 편향과 편견을 피하도록 도울 수 있고 내담자 또한 그럴 수 있도록 돕는다(Kelly, 2006).

■ 중국계 미국인

치료자는 중국계 미국인에 대한 인지행동 접근을 어떻게 최적화할지에 대해서도 고려해야 한다(Hwang, Wood, Lin, & Cheung, 2006). 황 등(Hwang et al., 2006)은 다음과 같이 권고한다.

1. 내담자의 이해와 수용을 증가시키기 위한 치료의 목표와 과정에 관하여 내담자에게 명시적으로 교육하기
2. 내담자의 문화적 배경과 내담자에게 있어 그것이 갖는 중요성에 대해 보다 자세히 학습하기
3. 과정에 대한 혼란을 줄이기 위해 조기에 치료의 목표 및 개선 대책을 명확하게 하기
4. 내담자 역량을 강화시키고 낙인을 줄이는 것을 배우기 위해 노력을 강화하며 심리교육적 관점으로 초점을 맞추기
5. 우울증을 논할 때 내담자의 문화적 신념 및 관행과 서양 심리학 개념을 연결하여 문화적

가교로 사용하기[예: 우울증에 대해 논할 때 Qi(삶 에너지)를 논의]
6. 종종 중국계 미국인 내담자에게 도움이 되는 전문가로서의 치료자로 표현하기
7. 역할을 분명히 하고 현실적인 기대를 세우기 위해 치료자–내담자 관계를 명백하게 논의하기
8. 권위에 대한 존중과 소통에 대한 문화적 차이에 동의하기
9. 가족 배경과 이민 역사에 관해 학습하고 내담자와 여분의 시간을 보내기
10. 중국 문화의 가족 지향성을 존중하고 가능할 때마다 가족을 참여시키기
11. 중국 지역사회에서 정신질환과 관련된 사회적 편견과 진단을 비공개하고자 하는 것에 민감해지기
12. 중국인들은 감정을 공유하는 것을 편하게 생각하지 않기 때문에 인내심을 가지기
13. 치료의 문화와 내담자의 기존 문화 사이에 미묘한 격차를 자각하기
14. 치료계획에 기공 또는 침술 같은 중국 문화의 치료적 전통을 통합하기
15. 서양 문화에 비해 몸과 마음 간의 밀접한 관계를 포함하는 중국의 자기개념과 더불어 고통을 표현하는 민족적 차이를 인식하기

성 정체성의 다양성

몇몇 저자는 레즈비언, 게이, 양성애자, 성정체성에 의문을 갖고 있는(LGBTQ) 내담자와 작업하기 위해 CBT를 적용하는 방법을 고려해 왔다(Safren & Rogers, 2011). 사프렌과 로저스(Safren & Rogers, 2001)는 치료자가 내담자의 주 호소 문제에 성 지향성이 미치는 영향을 과대평가 혹은 과소평가하고 있다고 언급하면서, 성 지향성과 정체성에 관한 치료자 자신의 신념과 도식을 조사하는 것부터 시작하라고 조언하였다. 나아가 사프렌과 로저스(Safren & Rogers, 2001)는 CBT 치료자에게 내담자의 도식과 신념의 발달에서 낙인과 사회적 규범의 역할을 조사하도록 권하였다.

LGBTQ 청소년 및 성인과 작업할 때, 치료자는 스트레스와 기능의 추가적인 영역을 평가해야 한다.

- 공공연한 괴롭힘, 학대, 폭력(Safren, Hollander, Hart, & Heimberg, 2001)
- 동성애 혐오증의 내면화(Safren et al., 2001)
- 사회적 지지망의 존재(Safren & Rogers, 2001)
- 성 소수자로서 정체성의 발달(Safren et al., 2001)

- 가족, 친구, 다른 사람에게 성적 지향성 공개(Safren et al., 2001)
- 다른 게이, 레즈비언, 양성애자 또는 성전환자들과 정신적이고 낭만적인 관계 발달 (Safren et al., 2001)
- 사회적 낙인으로 인한 스트레스(Glassgold, 2009)
- 낙인과 고통의 은폐로 인한 스트레스(Glassgold, 2009)

마일로트(Mylott, 1994)는 게이, 레즈비언, 양성애자 등의 성인에게서 자주 나타나는 공통적인 비합리적 신념을 확인했다. 이 신념은 사회 규범에 크게 영향을 받으며, 다음의 내용을 포함한다.

- "나는 사랑받아야 해."
- "나는 거절을 견딜 수 없어."
- "사람들은 나의 신체적 매력, 나이, 사회경제적 지위, 남성성 또는 여성성에 의해 나를 수용하거나 거부할 것이기 때문에 같은 기준을 적용하여 내 스스로를 수용하거나 거절해야 해."
- "내가 사랑하는 이도 없이 나이가 든다면 끔찍할 거야."
- "나는 혼자인 것을 참을 수 없고, 외로움을 참을 수 없기 때문에 혼자인 것보다는 차라리 정서적으로나 육체적으로 위험한 관계라도 갖는 게 나아."
- "게이들이 동성애 혐오증의 희생자가 될 때, 나는 그에 대해 무척 화내고 속상해야 해. 나는 동성애 혐오증이 있는 개인, 집단 그리고 기관에 대해서도 격분해야 해."
- "나는 동성애가 유전적으로 결정되었다거나 '신이 나를 게이로 창조했다'는 확신이 들어야 나의 동성애를 수용할 수 있어. 그렇지 않으면 나는 내 자신을 수용할 수 없어."
- "사람들(가족, 친구, 교회 등)이 나의 동성애를 수용하지 않는다면 그건 정말 끔찍해."

CBT 치료자는 내담자가 사고 기록지나 소크라테스식 대화법과 같은 기술을 활용하여 삶, 성 등에 대하여 보다 현실적인 신념을 적응시키는 방법을 배우도록 돕는다.

스냅샷: 연구와 근거 기반

실험심리학을 그 개념적 발상지로 두고 있기 때문에 연구는 인지행동 상담 문화의 일부분이며(Beck, 1976), 따라서 인지행동은 현장에서 가장 연구가 활발하게 이루어져 있는 접근들 중 하나이다. 인지행동 상담자는 특정 집단에 대한 개입에 대해 신중하게 연구하면서 이를 이론의 발달과 개입의 개념화로 통합한다(Beck, 1997).

활용 범위에 있어 인지행동치료는 국립정신건강연구소(National Institute of Mental Health)에 있는 근거 기반 치료(경험적으로 지지된 치료들)의 목록 중에서 압도적으로 우세하다(Chambless et al., 1996). 목록에는 다음이 포함되지만 이에 국한되는 것은 아니다.

- 공황장애에 대한 인지행동치료
- 범불안장애에 대한 인지행동치료
- 광장 공포증에 대한 노출치료
- 특정 공포증에 대한 노출/심상 교육
- 강박장애에 대한 노출과 반응 방지
- 스트레스 대처를 위한 스트레스 예방
- 우울증에 대한 행동치료
- 우울증에 대한 인지치료
- 폭식증에 대한 인지행동치료
- 야뇨증에 대한 행동 수정
- 공황장애와 범불안장애에 대한 이완 적용
- 사회 공포증에 대한 인지행동치료
- 강박장애에 대한 인지치료
- 외상 후 스트레스 장애에 대한 노출치료
- 외상 후 스트레스 장애에 대한 스트레스 예방 교육
- 강박장애에 대한 재발 방지 프로그램
- 코카인 의존에 대한 행동치료
- 아편 의존에 대한 인지치료
- 공황장애 환자의 벤조디아제핀 금단 증상에 대한 인지행동치료
- 트라우마 중심 인지행동치료

(이 치료들과 다른 증거 기반 프로그램에 대한 세부 설명은 National Registry of Evidence-Based Practices and Programs 웹사이트에서 찾을 수 있다: http://nrepp.samhsa.gov)

수년에 걸쳐, CBT 이론가들은 보다 정서적이고 관계적인 구성요소를 통합하기 위해 연구

결과(때로는 극적으로)에 기초해서 그들의 접근을 수정해 왔다. 행동 부부 치료는 이러한 경향성의 가장 적절한 예이다. 장기 치료보다 단기 치료의 성과가 더 좋았기 때문에 닐 제이콥슨(Neil Jacobson)은 정서적 관점을 조금 더 추가하여 자신의 부부 치료를 재정립하였다. 그의 새로운 접근은 **통합 행동 부부 치료**라고 부른다(Jacobson & Christensen, 1996). 여러 연구에서 비판단적인 치료 동맹이 중요하다는 것을 나타내고 있기 때문에 CBT 치료자들은 이러한 측면에 점점 더 관심을 기울이고 있다(Beck, 2005).

연구에 대한 인지행동치료자들의 세심하면서도 광범위한 노력은 상담자가 사용하는 방법이 언제, 어떻게 효과를 보이는지에 대해 보다 잘 알게 해 준다. 인지행동 접근을 주제로 한 최신 메타 분석(여러 연구 결과의 분석)에서 린치, 로와 맥케나(Lynch, Laws & McKenna, 2010)는 인지행동치료가 조현병 재발을 방지하는 효과가 없음을 발견하였다. 또한 인지행동치료의 효과는 미미하지만 우울증의 치료 및 재발 방지에는 효과적이었다. 하지만 양극성 장애의 재발을 방지하는 효과는 없었다. 훈련받지 않은 사람의 눈에는 이러한 연구 결과가 굉장히 미미하게 보일 수 있지만, 우수한 결과 또는 유사한 정보를 제공할 수 있는 특이성은 다른 접근들과는 비교가 안 된다.

CBT는 광범위한 연구의 역사를 가지고 있으며 다른 접근보다 강력한 근거 기반을 가지고 있는 것은 사실이지만, 그렇다고 해서 모든 경우에 또는 일반적으로 CBT가 다른 접근보다 우수하다고 가정해서는 안 된다. 예를 들면, 공통 요인 옹호론자들은 연구자의 충성심 같은 혼입 요인을 통제할 때 다른 치료보다 일관되게 더 우수한 것으로 나타난 치료는 없다고 지적한다(Sprenkle & Blow, 2004). 또한 사춘기 행동 문제와 같은 특정 관심사에 대해 체계적인 접근은 CBT의 개인적인 형태보다 우수한 것으로 밝혀졌다. 많은 치료자들은 CBT가 갖는 실질적 이점보다 CBT에 대한 연구가 지나치게 많다는 이유로 CBT를 비판했다(Loewenthal & House, 2010).

밀러(Miller, 2012)는 스웨덴의 모든 정신건강을 CBT로 바꾸려는 엄청난 노력이 우울증과 불안으로 진단된 사람들의 전반적인 결과에 아무런 영향을 미치지 못했으며, 25% 이상이 치료를 중단했다고 보고하였다. 뿐만 아니라, 특별한 증상을 보이지 않던 사람들도 상당수가 장애를 진단받아, 정부에 비용을 청구하였다. 스웨덴 정부는 곧 새로운 접근을 장려하고, 체계적으로 CBT를 도입하려던 시도를 중단하였다. CBT는 현장에서 가장 광범위한 근거 자료를 가지고 있기는 하지만, 이것이 치료에 가장 적합한지에 대한 의문에 답을 제공해 줄 수 없으며, 만병통치약도 아니다.

인지행동 사례 연구

푸에르토리코계의 34세 여성인 마리아는 최근 양극성 장애 진단을 받았으며, 그녀는 더 나은 삶을 살아가기 위해 약을 복용하면서 상담을 받고 있다. 그녀는 2년 전 둘째 아이가 태어난 후 매우 오랫동안 수없이 우울증에 시달렸다고 보고했다. 이 기간 동안, 그녀는 직장에 가기 위해 간신히 침대에서 몸을 뺄 수 있었고, 그녀가 별로 신경 쓰지 않는다고 말한 그녀의 친구들을 피했으며, 집에 돌아오면 밤새도록 텔레비전을 보았다. 그녀의 남편은 그녀를 격려하려고 노력하지만, 그녀는 남편의 시도가 대부분 "정말로 나를 이해하지 못해요."라는 이유로 짜증을 낸다. 조증 상황일 때 그녀는 남편과 자녀에게 매우 자극적인 형태를 취하는데, 그녀는 남편과 아이들이 집안일을 돕지 않고, 그들은 오히려 자신이 그들의 하녀가 되길 기대한다고 말한다. 그녀는 직장에서도 손님들이 자신을 하찮게 본다고 생각한다. 그녀는 '극도로 짜증'을 느낄 때 화를 내지 않으려고 애쓰며, 그 대신 빠르게 얼음장같이 변한다. 이 기간 동안 그녀는 많은 두통이 있었다고 말했다. 또한 이 기간 동안 그녀는 밤을 새우며 자연 풍경을 그리는데, 이것이 그녀가 즐기는 것 중에 하나라고 보고했다.

사례개념화: 인지행동

■ 증상 행동에 대한 기저선 평가

- 우울: 아침에 일어나는 데 어려움을 겪음, 직장에 가거나 가족과 함께 있을 의욕이 없음, 친구와 가족으로부터 격리
  - ○빈도: 대부분 매일
  - ○지속 기간: 2년 전 마지막 아이가 태어난 후 몇 주 혹은 몇 달 동안 지속됨
  - ○상황: 직장과 집에서(그림 그릴 때만 예외임)
  - ○사건 이전: 남편과의 싸움, 아이들을 관리하기 어려움, 직장에서 압박감 혹은 스트레스
  - ○사건 이후: 조증 상황, '중립적' 혹은 '정상적' 시간
- 조증: 남편, 자녀, 직장 동료, 손님들에게 쉽게 감정을 폭발시킴, 심각한 대인관계 문제를 회피하기 위해 의식적으로 화를 관리해야 하며, 따라서 냉정하게 거리를 둠.
  - ○빈도: 2~3개월마다
  - ○지속 기간: 2주에서 2일

○ **상황**: 가정이나 직장에서 나타나는 증상

○ **사건 이전**: 일반적으로 가정이나 직장에서 상당한 스트레스 요인(예: 남편이나 직장 동료와의 큰 싸움)

○ **사건 이후**: 우울증이나 다시 '정상적'으로 돌아오는 느낌

■ 비합리적인 신념의 A-B-C 분석

- **선행사건**('문제'): 집안일 때문에 남편과 싸움
- **결과**(기분, 행동 등): 우울증, 사랑받지 못함, 인정받지 못함, 가족생활 포기(일찍 자고 아침에 일찍 일어날 수 없음)
- **매개 신념**(C 결과를 초래하는 사건에 대한 도움 되지 않는 신념): 남편이 나를 사랑한다면, 자녀들과 집안일을 더 많이 돌볼 것이다.

■ 도식과 핵심 신념

- **선택적 추상화**: AF는 한 번 혹은 여러 번 다른 사람에게 푸대접받고 무시받았던 데 초점을 맞춘다.
- **과잉일반화**: AF는 **모든** 손님이 자신을 하찮게 대우하거나 혹은 온 가족이 **항상** 자신을 하녀처럼 여긴다고 느낀다.
- **극대화/극소화**: AF는 다른 사람의 무례한 행동을 재빨리 극대화시키고, 관대하거나 친절한 행동을 극소화한다.
- **개인화**: AF는 대부분 기분과 태도가 개인적으로 거의 관련이 없을 때에도 손님의 행동을 매우 개인적으로 받아들인다.
- **핵심 신념**: AF의 핵심 신념 중 하나는 자신이 다른 사람을 존중하고 도움을 준다면, 이와 비슷한 대우를 받을 자격이 있다는 것이다. 비록 이것이 이상적인 열망이지만, AF는 이러한 이상화를 의무적으로 강화하고 있다. 누군가에게 자신이 쓸모있는 사람이라고 믿는 만큼 자신에게 잘 대하지 못하면 그녀는 가혹하게 그녀의 삶에서 그들을 제외시킨다. 이것은 그녀의 친구 및 가족과의 관계 문제에 영향을 주고 있다.

■ BASIC-ID

- **행동**: AF는 일어나는 데 어려움을 겪으며, 밤늦게까지 잠들지 못한다.
- **정서**: AF는 매우 우울하고 자신을 무가치하게 느낄 뿐만 아니라 다른 사람들에게 짜증을 내고 이용당한다고 느낀다.

- **감각**: AF는 잦은 두통이 있다고 보고한다.
- **심상**: AF는 자연풍경이 자신의 삶과 문제에 대해 보다 나은 기분을 느끼도록 도와준다고 말한다.
- **인지**: AF는 자신의 삶에 있어 모든 사람들이 대부분 실제로 자신을 아끼거나 존중하지 않는다고 믿는다.
- **대인관계**: AF는 종종 가정과 직장에서 다른 사람들이 자신을 소중하게 대하지 않는 것처럼 느낀다. 그녀는 종종 비슷한 이유로 친구들로부터 자신을 격리시킨다.
- **약물과 생물학**: AF는 양극성 장애로 기분을 안정시키는 약물을 복용하고 있다.

치료계획: 인지행동

치료의 초기 단계

초기 단계 치료 과제

1. 치료 관계를 형성하기. 다양성의 고려사항: 푸에르토리코의 표준 규범에 주의를 기울이며, 존중하고 책임감 있는 적극적인 관계를 유지하라.
   관계 형성 접근/개입:
   a. 라포를 형성하는 데 온정과 **공감**을 사용하라. **신뢰감**을 형성하라. AF가 자존감을 느낄 수 있도록 존중과 확신을 보여 주어라.

2. 개인적이고 체계적이며 다양한 문화적 역동을 평가하기. 다양성의 고려사항: 목표는 문화에 적합한 개인주의적 가치뿐만 아니라 공동체에도 관심을 보이는 것임을 확인하라.
   평가 전략:
   a. AF의 문제 행동의 **기저선**을 확보하라. DSM 진단을 통해 문제 행동과 사고의 기능을 분석하라.
   b. 양극성 장애의 영향을 확인하기 위해 BASIC-ID를 평가하라.
   c. 양극성 문제와 호소문제에 관련된 특정 **도식**과 **비합리적 신념**을 파악하라.

초기 단계 내담자 목표

1. 우울감과 사회적 고립감 감소를 위해 양극성 및 관계와 관련된 **절망적이고 숙명론적인 사고**를 **감소**시키기
   개입:
   a. 우울한 사고와 양극성 장애에 대하여 변화가 가능하다는 희망을 불러일으키는 **심리교육**을

실시하라.

b. 심각한 우울감과 증상의 심각도를 줄이기 위해 AF가 기꺼이 할 수 있는 행동을 파악하는 데 **기능 분석**을 사용하라.

c. AF가 일주일 동안 가정이나 친구들과의 사회적 고립을 줄일 수 있는 하나의 행동을 선택하도록 하거나 정상적인 활동을 재개할 수 있도록 동기부여하기 위해 **통제 이론**을 활용하라.

치료의 작업 단계

작업 단계 치료 과제

1. 작업 동맹의 질을 확인하기. 다양성의 고려사항: AF의 문화, 성별 가치와 정서적 표현의 형태를 존중하는 방식으로 상담관계가 형성되었는지를 확인하라.

평가 개입:

a. 회기 평가 척도를 사용하라. AF가 상담자로부터 이해받는 느낌을 받는지 그리고 회기가 효과적인지를 구두로 질문하라.

작업 단계 내담자 목표

1. 우울증 및 조증 증상 감소를 위해 타인에 의한 피해의식과 부당한 대우를 확대하는 **선택적 추상화**와 **과잉일반화**를 **감소**시키기

개입:

a. **REBT 자조 양식**을 활용하여, 회기에서 비합리적 신념을 **논박**하라.

b. 자동적 사고를 세기 위해 **역기능적 인지**를 **명명**하라.

2. 우울한 기분 감소를 위해 언제나 공정한 대우를 받아야 한다는 것에 대한 **핵심 신념**을 **감소**시키기

개입:

a. "당신의 신념을 뒷받침할 증거가 있나요? 현실적인 중간 근거에는 무엇이 있나요?"와 같은 **소크라테스식 대화법**을 활용하라.

b. 긍정적 선택을 하기 위해 AF가 동기부여할 수 있는 **선택 이론**을 사용하라. "당신이 얻고자 하는 것은 무엇인가? 당신이 원하는 것 중 얻지 못한 것은 무엇인가? 당신이 원하는 것을 얻기 위해 무슨 노력을 할 수 있는가?"

3. 우울감, 고립감 감소를 위해 자신을 어떻게 바라보고 있는지에 관련된 긍정적인 **자기대화**를 **증가**시키기

개입:

a. AF가 현실적인 방법으로 타인의 행동과 말을 해석할 수 있도록 돕기 위해 **문제 해결 훈련**과 **스트레스 예방 훈련**을 적용하라.
b. 다른 사람들이 자신에게 고마워하지 않는다고 느끼는 상황에 직면했을 때, 대안적 사고를 형성하기 위해 **사고 기록지**를 이용하라.

치료의 종결 단계

종결 단계 치료 과제

1. 추후 관리 계획을 세우고 성과를 유지하기. 다양성의 고려사항: AF를 지지하기 위해 개인, 가족, 공동체의 자원을 활용하라. 그녀의 상태에 대해서는 주치의와 상담하라.
개입:
a. 잠재적인 미래 문제에 대해 **REBT 자조 양식**과 **사고 기록지**를 사용하라.

종결 단계 내담자 목표

1. 우울감, 고립감 감소를 위해 타인과의 관계와 자기가치에 관한 긍정적인 자기대화를 **증가**시키기
개입:
a. AF가 자기와 삶에 대한 긍정적인 관점을 개발하도록 돕기 위해 **소크라테스식 대화법**을 활용하라.
b. 개인의 가치와 타인이 자신을 어떻게 바라보는지에 관한 현실적인 자기대화를 강화하기 위해 **사고 기록지**를 활용하라.

2. 재발의 위험 감소를 위해 양극성 증상을 관리하기 위한 능동적이고 책임감 있는 접근을 **증가**시키기
개입:
a. 양극성 진단 및 증상과 관련된 AF의 임파워먼트와 책임감을 증진시키기 위해 **소크라테스식 대화법**을 사용하라. 재발 예방을 위한 계획에 남편을 참여시켜라.
b. AF에게 증상을 자기점검하도록 하거나 재발 징후의 조기 경고를 파악하는 방법을 가르치기 위해 **사고 기록지**를 사용하라.
c. 우울증 재발의 위험을 감소시키기 위해 **마음챙김**을 가르쳐라.

개인적 성찰과 토론을 위한 질문

1. 당신의 삶에서 타인과 상호교류하는 데 있어 생각, 감정, 행동이 어떠한지 묘사하세요.
2. 이 장의 기술 중 하나를 사용하여 당신의 삶에 문제가 되는 비합리적 신념을 파악하세요.
   - 신념을 파악하는 것이 당신의 행동이나 감정의 강도를 변화시키는 데 도움이 되나요?
   - 그렇지 않다면, 또 다른 방법이 있나요?
3. 상담을 위해 계약서를 사용하는 것의 장점에는 무엇이 있나요? 제한점에는 무엇이 있나요?
4. 실제 노출법과 홍수법이 효과적으로 작용하는 일상생활의 상황에 대해 묘사하세요(예: 불안감을 관리하는 법을 배우기 위해, 이 상황에 머물기를 선택했지만 또 다른 불안감을 느끼고 있다). 이것은 당신에게 어떤 영향을 미치나요?
5. 이 접근 방식은 다양한 내담자와 작업하는 데 있어 어떠한 강점이 있나요? 어떠한 제한점이 있나요?
6. 내담자의 문화 적응 상태가 CBT에 대한 반응에 어떠한 영향을 미칠 수 있나요?
7. CBT에서 내담자에게 과제 활동을 하도록 동기부여하는 데 어떠한 방법이 도움이 되나요?
8. 마음챙김 수행은 어떤 내담자에게 가장 유용한가요?

10장

증거 기반 인지행동 접근: 변증법적 행동치료(DBT) 및 트라우마, 자살 및 자해 행동 초점의 인지행동치료

> 요약하자면, 변증법적 행동치료는 아주 간단하다. 치료자는 내담자를 꾸짖는 대신에 효과적인 맥락을 만들고, 그 맥락에서 치료자는 나쁜 행동을 차단하거나 소거하며, 내담자로부터 올바른 행동을 이끌어 내고, 올바른 행동을 만드는 방법을 찾아내어 내담자가 올바른 행동을 지속하고 나쁜 행동을 멈추도록 강화시킨다.
>
> –리네한(Linehan, 1993, p. 97)

들어가며

이 장에서는 현재 널리 사용되고 있는 두 가지 현대적 인지행동치료(CBT) 접근법, 즉 변증법적 행동치료(Dialetic Behavior Therapy: DBT)와 트라우마 중심 인지행동치료(Trauma-Focused Cognitive Behavioral Therapy: TF-CBT)를 조명한다. 이 두 가지 치료 모두 근거 기반 접근법으로 간주된다. DBT는 경계선 성격장애를 위해 그리고 TF-CBT는 트라우마를 경험하는 아동과 청소년을 위해 개발되었다. 현재 잘 알려진 근거 기반 CBT 접근법들이 많기 때문에 (9장 '연구와 근거 기반' 참조), 이 장에서 두 가지 방법을 선택한 것은 다소 자의적이다. 이 둘을 선택한 이유는 두 가지 방법은 이미 확실하게 안정되어 있고 유명한 접근법일 뿐만 아니라 실무 현장에서 수시로 요구되는 방법으로 알려져 있기 때문이다. 따라서 당신은 이 장을 통해서 다음 취업 면접에 도움이 될 수 있는 지식을 얻을 수 있다. 여러분의 다음 직장이 이 가운데 한 가지 접근법을 필요로 하지 않더라도, 이런 접근법을 배워 두면 또 다른 근거 기반 치료를 사용하는 데 유용한 발판이 될 것이 틀림없다. 이 책에서 다룬 다른 접근법들과 비교했을 때, 근거 기반 접근법은 특정한 문제를 목표로 삼는다는 점에서 다르다는 것을 알 수 있으며 결과적으로 훨씬 더 집중적인 평가와 중재 그리고 좀 더 표준화된 치료계획으로 이어진다는 점에서 개입 대상자의 수가 적다는 것이 단점이 될 수 있다.

변증법적 행동치료 및 트라우마, 자살 및 자해 행동

요약: 당신이 알아야 할 기본적인 내용

DBT는 근거 기반의 경계선 성격장애 치료법으로 잘 알려져 널리 사용되고 있다(Linehan, 1993a). 주로 경계선 성격장애에 사용되어 왔으나, 해를 거듭할수록 섭식장애, 우울장애, 양극성 장애, 물질 사용 장애, 자해 청소년, 분노/공격 행동, 그리고 기타 성격장애 등 치료하기 어려운 모집단과 함께 점점 더 많이 사용되고 있다(Chesin & Stanley, 2013; Dimeff & Koerner, 2007; Frazier & Vela, 2014; Miller, Rathus, & Linehan, 2007; Safer, Telch, & Chen, 2009; Van Dijk, Jeffrey, & Katz, 2013). DBT의 최대 목표는 내담자에게 수용적인 입장을 취하면서 정서 조절과 행동 조절을 늘려 가기 위해 변증법적 행동 패턴을 늘려 가는 것이다.

DBT는 회기 간 전화 지원 및 의료진들의 사례 자문을 포함하여 개인 및 집단 치료 양식이라는 종합적인 프로그램을 통해 진행된다. 대부분의 경우, 내담자는 매주 개인 회기와 집단 회기에 참여해야 한다(Linehan, 1993a). 개인 회기에서 상담자는 내담자를 타당화하고 보살피면서 동시에 명확한 한계를 유지하고 행동 변화를 요구하면서 지속적으로 관계를 유지한다. 집단 회기에서 내담자는 심리사회적 기술에 대한 일반적인 교육과정을 배운다. 특정 상황에 쓸 수 있는 세 가지 기술 기반은 마음챙김 핵심 기술(mindfulness core skills)로서, ① 대인관계 효율성(interpersonal effectiveness), ② 정서 조절(emotion regulation), ③ 고통 감내력(distress tolerance)이다. 이 기술들은 활동지를 가지고 집에서 연습하고 상담자와의 개인적 만남을 통해 강화된다. 이 모델은 경계선 성격장애로 진단된 사람들에게 흔히 나타나는 자살 행동, 자해, 트라우마를 표적으로 특별하게 설계된다.

핵심: 이 이론의 중요한 공헌

이 장에서 한 가지를 기억해야 한다면, 그것은 바로 다음의 내용이다.

■ 변증법적 세계관

마샤 리네한(Marsha Linehan, 1993a)은 경계선 성격장애로 진단된 사람들과 효과적으로 작업하기 위해 변증법적 행동치료를 개발하였다. 경계선 성격장애는 1980년에 『정신질환의 진단 및 통계 편람(Diagnostic and Statistical Manual of Mental Disorders)』의 제3판(DSM-III)의 출판과 동시에 추가되었다. 1980년대 초, 그녀는 한 연구팀과 함께 치료하기 어려운 모집단에 대한 효과적인 치료법을 개발했다. 그녀는 전통적인 인지행동치료법을 사용하기 시작했으나, 이중구속언어와 실제적 과장의 문제와 같은 체계적인 가족 치료자(11장)와 선불교(9장의 마음챙김과 수용 참조)에 대한 연구를 통해서 발견된 비전통적이고 역설적인 생각들을 통합하게 되었다. 이것이 **변증법**의 측면에서 연구의 개념화를 이끌었다. 즉, 양극단 사이의 균형 또는 통합 찾기이다. 변증법에 대한 전통적인 묘사에는 '정(正)과 반(反)의 갈등을 해결하는 것은 보다 높은 수준의 합(合)이다.'가 포함된다([그림 10-1] 참조).

심리학 영역에서, 일련의 반대되는 생각(예: 나는 너를 사랑한다/싫어한다), 감정(예: 나는 같은 사건에 행복하기도 하고 화가 나기도 한다), 또는 행동(예: 연결 고리를 찾다가 거리 두기)의 형태를 띨 수 있다. 리네한은 경계선 성격장애로 진단받은 내담자의 이러한 상반되는 현상을 인정한 다음, 균형을 이루거나 통합하는 방법을 찾도록 돕는 것이 효과적임을 발견했다. 이것이 이 접근법을 대하는 기본적인 세계관이 되었다.

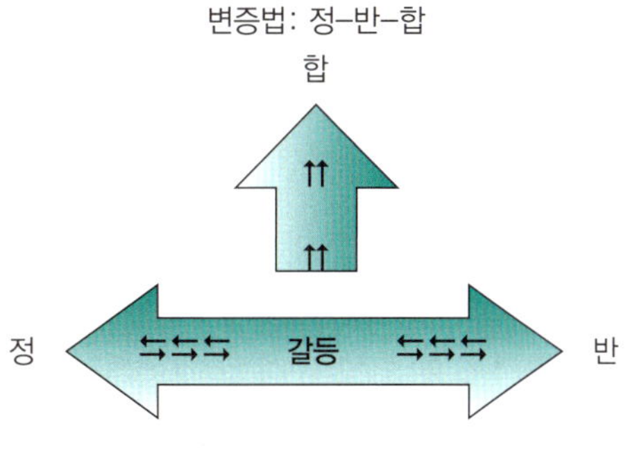

[그림 10-1] 변증법 과정

■ 변증법적 원리

변증법적 세계관은 세 가지 주요 특성을 가지고 있는데(Linehan, 1993a), ① 상호 연계성(inter-relatedness) 또는 총체성(wholeness), ② 극성(polarities), ③ 지속적 변화(continuous change)가 있다.

1. **총체성**: 11장에 기술된 체계적 가족 치료법과 비슷하며, 변증법적 세계관은 모든 부분을 더 크고, 더 복잡한 전체의 조각들로 이해하기 위해 체계적이고 일관되게 이루어져 있다. 내담자를 광범위한 사회적 맥락 안에서 이해하며, 이는 체계적, 포스트모던적, 그리고 페미니스트적 접근법의 기본 가정이다(11~14장).
   리네한(1993a)은 많은 여성들이 개별적 자아감보다는 관계적 자아감(14장 참조)을 더 많이 가지고 있기 때문에, 경계선 성격장애로 진단받은 내담자에게 이것이 얼마나 더 중요한지를 설명한다. 그러므로 내담자의 정체성은 그들의 친밀한 관계와 보다 광범위한 사회문화적 맥락 안에서 본질적으로 상호 연결되어 형성된 것으로 본다.
2. **극성**: 극성의 원리란 우리의 내면세계를 포함해 모든 시스템은 반대되는 것들 간의 갈등으로 구성되어 있다는 체계적 개념을 말한다(Linehan, 1993a). 이러한 갈등이 통합되거나 해결되기만 하면 새로운 질서 또는 단계의 극성이 나타난다. 이와 같은 관점은 역기능 안에 기능이 있고, 무력함 안에 힘이 있고, 왜곡 안에 정확성이 있다고 주장한다.
3. **지속적 변화**: 한 체계 내 변증법적 극성들 간의 갈등은 결국 정–반–합으로 기술되는 끝없는 변화의 과정으로 이어진다. 양극 간의 갈등(예: 선/악, 애/증, 희/비 등)은 변화의 형태로 경험되는 통합 과정을 통해 이전의 양극을 통합할 수 있는 고차적 관점으로 변화됨으로써 해결된다(예: 선/악의 합은 우리가 사랑하는 사람이 여전히 우리를 사랑하면서도 동시에 우리를 좌절시킬 수 있음을 이해하는 과정의 일부이다). 좀 복잡하게 말하자면, 이 통합이 최종적으로 통합되어야 하는 새로운 극의 일부가 되고, 이는 끝나지 않는 변화를 초래한다(가끔 내가 사랑하는 사람이 나를 좌절시키고 그 순간에 사람들은 자신이 위협을 느꼈기 때문에 나를 해치고 싶어 했다. 그러나 여전히 사랑의 토대가 남아 있다). 지속적 변화에 대한 변증법적 가정은 해결 중심 상담자가 지지하는 가정과 비슷하다(12장 참조). DBT 접근법에 대한 기본 가정들 가운데 하나는 내담자(그리고 실제로는 우리 모두)가 변화를 원하지만 동시에 기존의 패턴을 벗어나길 원치 않는다는 것이다(11장 참조). DBT 상담자는 자기 보호와 자기 변화를 동시에 지지하는 방식으로 변증법을 통해 자연스럽게 내담자를 지지한다(Linehan, 1993a).

■ 변증법적 실패

DBT에서 경계선 성격장애는 인간의 마음, 관계, 그리고 좀 더 일반적으로 삶을 특징짓는 변증법적 갈등을 효과적으로 해결하지 못할 때 나타나는 장애라고 간주한다(Linehan, 1993a). 경계선 사고의 가장 중요한 특징은 사람과 상황을 모두 좋음 또는 모두 나쁨으로 보는 '분열(splitting)'이다. 이는 변증법적 실패를 보여 주는 아주 간단한 예인데, 그 어떤 것도 완전히 좋을 수 없고 나쁠 수 없기 때문이다. 마찬가지로, 또 하나의 경계선 사고의 특징은 자기-타인이라는 극성에 초점을 맞추는 것이다. 자기와 타인이 어떻게 서로 관련되어 있는지를 바라보는 변증법적 실패는 종종 경계선 특성을 지닌 사람이 순간 몹시 고립되고 소외감을 느끼다가 다음 순간에는 강력하게 연결되어 있다는 느낌으로 이어진다. 치료 목표는 내담자로 하여금 변증법적 갈등에 효과적으로 관여하게 만들고 통합을 통해 그 갈등을 극복할 수 있게 만드는 데 있다.

■ 풍문: 사람들과 그들의 이야기

마샤 리네한 1980년대 워싱턴 대학에서 자살과 자해행동에 대한 연구를 통해 DBT를 개발했다(Linehan, 1993a). 그녀는 수용이라는 선불교 개념을 서양의 치료법에 도입한 최초의 사람이었다. 그녀는 대학교의 행동 연구 및 치료 클리닉, 리네한의 행동 기술 연구소, 그 외 행동 기술 연구소 등 여러 연구소들을 총괄하면서 경계선 장애와 기타 장애에 사용하기 위해 이 치료법을 계속 개발했다. 그녀는 획기적인 연구 덕분에 이 분야에서 최고 영예상 중 하나를 수상했다.

큰 그림: 상담과정의 개관

■ DBT 단계들

DBT는 사전 치료 단계를 포함한 3단계로 진행된다. 각 단계마다 정해진 목표가 있고, 이는 경계선 성격장애로 진단받은 내담자에게는 상대적인 기준이 된다(Linehan, 1993a). 섭식장애(Safer et al., 2009), 기분장애(Chesin & Stanley, 2013; Van Dijk et al., 2013), 분노 및 공격성(Frazier & Vela, 2014), 그리고 자살충동을 느끼는 청소년(Miller et al., 2007) 등 다른 모집단을 위한 비슷한 모델들이 개발되었다. 사전 치료 단계에는 치료 환경과 기간에 대하여 내담자의 동의를 얻어 내는 일이 포함된다. 첫 단계의 초점은 자살과 자해 행동, 치료 방해 행동 줄이기, 그리고 약물 남용, 학대 관계, 또는 과소비와 같은 삶의 질과 관련된 행동에 맞춰져 있다. 이 밖에도, 첫 단계 목표에는 기술 집단(skill group)에서 가르치는 대처 기술의 사용을 늘리는 일도 포함된다.

두 번째 단계에서는 과거의 트라우마를 해결하는 데 초점을 두었는데, 이를 위해 전통적인 형태의 트라우마 치료에서 벗어나 먼저 내담자가 자신의 트라우마가 무엇인지에 대해 인지하는 것이 필요하다(Linehan, 1993a). 하지만 리네한은 1단계에서 내담자가 새로운 대처 기술을 얻기 전에 트라우마를 다룬다면, 경계선 성격장애로 진단받은 대부분의 내담자는 빠르게 격한 감정에 휩싸이게 되고 자살충동이 더 증가한다는 것을 깨달았다. 세 번째 단계의 목표는 자존감 높이기와 내담자의 개인적 인생 목표 달성을 위한 행동 취하기이다. 이 단계들은 일반적으로 물 흐르듯이 자연스럽게 진행되지 않고 새로운 스트레스나 위기가 닥치면 내담자는 단계를 왔다 갔다 할 것이다.

DBT의 단계들

사전 치료 단계

- 치료에 전념한다는 동의서를 받는다.

1단계: 위기 행동을 줄이고 대처 기술을 늘린다.

- 자살 행동과 자해 행동을 줄인다.
- 상담과정을 방해하는 행동을 줄인다.
- 삶의 질을 저해하는 행동을 줄인다.
- 행동 대처 기술을 늘린다(기술 집단 교육과정을 통해; Linehan, 1936).
  - –핵심 마음챙김 기술
  - –대인관계 효율성
  - –정서 조절
  - –고통 감내력
  - –자기 관리

2단계: 트라우마 관련 증상을 줄인다.

- 트라우마 관련 증상을 줄인다.

3단계: 삶을 풍요롭게 하는 행동을 늘린다.

- 자존감과 자기 검증을 늘린다.
- 개인적인 삶의 목표를 향한 행동을 늘린다.

■ DBT 방식

DBT에는 대부분의 연구 실험에 포함되는 네 가지 주요 치료 요소 또는 방식이 있다. 이는 ① 개인 상담, ② 집단 기술 훈련, ③ 전화 컨설팅, ④ 치료 제공자들을 위한 사례 컨설팅(Linehan, 1993a) 등이다. 이 밖에도 조현병 또는 약물 남용 치료 같은 보조 치료도 내담자에게 권장할 수 있으며, 이러한 서비스를 의뢰하는 형태로 제공될 수도 있다.

개인 상담 회기 내담자의 개인 상담자는 치료를 관리하는 1차적 역할로 내담자가 경계선 행동을 좀 더 효과적인 행동으로 대체하도록 도와준다. 일반적으로, 내담자는 일주일에 한 번 자신의 개인 상담자와 45~50분씩 상담하지만, 위기 또는 심각한 상황에서는 주 2회 그리고/또는 90~120분 동안 상담이 진행될 수 있다.

집단 기술 훈련 뿐만 아니라, 치료 첫해에 리네한은 내담자에게 주 1회 2시간짜리 집단 기술 훈련에 참석해 대안적인 대처 기술을 배우라고 요구한다. 리네한은 경계선 진단의 특징으로 볼 수 있는 위기상황이 현재 진행 중이므로 개인 회기에서는 기술 훈련에 집중하기가 극히 어렵다는 것을 발견하게 되었다. 내담자가 1년간 집단 기술 훈련을 성공적으로 마치면, 리네한의 클리닉에서 선택적인 집단 지원 과정을 이용할 수 있다.

전화 자문 리네한 모델에서는, 개인 상담자도 회기와 회기 사이에 내담자에게 전화를 걸어 주중에 일어나는 위기상황에 대해 앞서 배운 기술을 적용해 보라고 지도한다. 전화 컨설팅은 자해나 자살 행동을 하는 내담자에게 특히 중요하다.

상담사를 위한 사례 자문 경계선 성격장애 치료가 의료인에게 극도로 스트레스가 될 수 있기 때문에, DBT의 체계적 이행에는 상담자가 자신의 행동이 내담자에게 어떠한 영향을 미치는가에 대해 성찰해 보도록 돕기 위해 매주 사례 자문을 필요로 한다. 예를 들면, 내담자와 함께 한계를 설정하는 것이다. 경계선 성격장애의 특성을 지닌 사람은 종종 상담자와 함께 경계선을 밀어내고, 때로는 비현실적인 요구를 하기도 한다. 많은 상담자가 지나치게 엄격한 경계선을 만드는 방식으로 대응함으로써 오히려 내담자의 증상을 악화시킬 수도 있는 반면, 다른 상담자는 그런 요구에 굴복해 힘든 길에 들어설 수도 있다. 사례 자문 집단은 상담자가 무엇이 합리적이고 공정한지, 또 치료적인지 식별할 수 있도록 도와준다.

보조 치료 개별 내담자의 필요에 따라, 다른 보조 치료가 권장될 수도 있고 그 서비스를 위해 내담자를 다른 기관에 의뢰할 수도 있다. 이 보조 치료에는 정신약물학, 약물 남용 치료, 입원 치료, 직업 상담, 내원 치료가 포함될 수 있다(Linehan, 1993a).

관계 형성하기: 치료적 관계

DBT에서 상담 관계는 세 가지 형태의 변증법적 갈등으로 특징지어진다(세 가지가 너무 많다고 생각하는가?).

■ 수용과 변화의 변증법

수용과 변화 사이의 **변증법**은 상담 관계에서 발견되는 흔한 특징이다(Linehan, 1993a). 수용에는 내담자와 상담자를 현재의 모습 그대로 받아들이는 근본적 형태의 수용이 포함된다. "이러한 수용은 변화를 불러오지 않는다. 그 대신에 이 수용은 하나의 변화 전략이 될 것이다." (p. 109) 대신에 DBT 수용에는 비판 없이 무조건 좋은 것과 나쁜 것을 포용하기 또는 변화의 필요성이 포함된다. 그러나 역설적이게도, 상담자는 수용과 변화는 계속되어야 하고 필요하다는 인식 사이에서 균형을 유지한다. 상담자는 그때마다 내담자를 수용하고 받아들이는 따뜻함과 내담자가 그 순간에 있는 것처럼 공감하며 수용하고자 하는 의지 사이의 균형 유지를 통해 통합을 구현해 내면서, 동시에 다른 한편으로는 변화는 불가피하고 필요하다는 점을 인식한다.

■ 확고한 중심성과 온정적 유연성의 변증법

상담 관계를 특징짓는 두 번째 **변증법**은 **확고한 중심성과 온정적 유연성**이다(Linehan, 1993a). 확고한 중심성이란 스스로에 대해 확신하고 장기적인 목표에 집중하는 명료한 마음을 말한다. 끊임없는 위기를 마주 대할 때, 폭풍 한가운데의 고요처럼 중심성에는 흔들림이 없어야 한다. 온정적 유연성은 내담자의 영향력에 적절하게 마음을 여는 능력에 의해 균형을 이루게 된다. 온정적 유연성 덕분에 상담자는 내담자로부터 관련 정보를 얻어 그에 맞춰서 적응하여 민감해지고 창의력을 발휘할 수 있게 된다. 따라서 엄격하고 일관된 경계선은 목표가 아니다. 그보다는 유연하게 만들 수 있는 온정적 민감성과, 동시에 목적과 초점을 흔들림 없이 선명하게 유지하는 것이 목표이다.

■ 돌봄과 자애로운 요구의 변증법

세 번째 **변증법**은 **돌봄과 자애로운 요구** 사이의 균형이다(Linehan, 1993a). DBT 상담자는 내담자가 변화할 수 있다는 신념을 갖고 코칭, 지원, 그리고 교육을 제공함으로써 내담자를 보살핀다. 이런 돌봄 자세는 내담자가 자신을 돌보도록 그리고 자신이 할 수 있는 영역에서는 자신의 문제를 스스로 해결하도록 요구하는 약속으로 균형이 유지된다. 변증법적 갈등은 내담자가 자신의 성장에 도전하는 것과 동시에 안심할 수 있게 만드는 지지를 제공하는 것이다. 이는 역동적이고 유동적인 과정으로 볼 수 있는데, 상담이 진행됨에 따라 내담자의 능력이 변화하고(바라건대, 그렇게 되어야 한다), 이러한 과정 전반에 걸쳐 내담자는 다양한 수준의 확고함과 온화함을 필요로 하기 때문이다.

■ 내담자 동의

대부분의 정신건강 전문가는 치료 시작 시에 사전 동의서를 받는다. DBT 상담자도 경계선 성격장애 진단을 받은 내담자와 작업할 때 각종 문제들이 일어나기 때문에 좀 더 광범위하게 접근한다. 처음 몇 번의 회기 중에, 상담자는 최소한 구두로 이루어진 몇 건의 동의를 검토한다. 이는 문서화하기도 한다(Linehan, 1993a; Safer et al., 2009의 표본 참조).

- **1년 계약**: 처음 몇 회기에서, 상담자는 ① 함께 작업하는 것(하는 척해서는 안 된다)과 ② 기간에 대한 동의서를 반드시 받아야 한다. 대부분의 경우에, 1년 동의서를 작성하는데, 이 동의서는 두 당사자 모두의 합의에 따라 매년 갱신이 가능하다.
- **일방적 종결 상황**: 상담자는 어떤 행동이 상담자 입장에서 일방적 종결을 초래하는지를 분명하게 설명한다. 유일한 공식 종결 규칙은 내담자가 기술 훈련 또는 개인 회기에 연속으로 4번 빠지는 경우이며, 이 경우, 내담자는 계약 기간이 끝날 때까지 프로그램에 참여할 수 없으나, 프로그램 재개 시점을 협의할 수 있다. 상담자가 자신이 한계까지 몰리고 있다는 느낌 또는 자신이 더 이상 도움을 줄 수 없다는 등과 같은 생각이 들어 서비스를 끝낼 수도 있는 상황이 발생한 경우, 상담자는 내담자가 문제 행동을 바꿀 합리적 기회를 갖도록 충분한 경고 기간을 제공한다. 마찬가지로, 내담자가 계약 기간 만료 전에 해지를 원하는 경우, 내담자가 회기에 들어와서 해지에 대해 논의하는 데 동의한다.
- **참여**: 상담자는 특정 주제를 피하려는 내담자의 기분이나 소망과 상관없이 매주 개인 및 집단 상담에 참석한다는 내용의 내담자 동의서도 받아야 한다.
- **자살 및 자해 행동**: 또 하나의 필수 동의서는 자해 또는 자살 행동 없이 내담자가 자기 삶의 문제를 해결하기 위해 노력한다는 동의서이다. 내담자가 이에 동의하지 않으면, DBT가 적절하지 않은 것으로 간주될 수도 있다.
- **방해 행동**: 내담자는 치료 과정을 방해하는 문제, 특히 상담자와의 협력 및 명시된 목표들을 향한 노력과 관련된 문제들에 대해 노력하기로 동의해야 한다.
- **기술 훈련 집단**: 마지막으로, 모든 내담자는 첫 해 동안 기술 훈련 그룹에 참여하는데 동의해야 한다.

■ 상담자 동의

상담자도 내담자와 함께 여러 개의 동의서를 작성한다(Linehan, 1993a; Safer et al., 2009의 표본 참조).

- **'모든 합리적 노력'**: 상담자는 온정적이고 능숙한 돌봄을 제공하기 위해 '모든 합리적 노력'을 다하기로 동의한다. 하지만 상담자는 합리적 노력이 상담자가 내담자의 문제를 해결할 수 있다거나, 이들이 해를 입지 않게 할 수 있다거나, 또는 위기 상황을 시종일관 대비할 수 있다는 것을 의미하는 것이 아님을 명확히 해야 한다.
- **윤리적 행위**: 상담자는 자신이 직업의 윤리적 표준을 준수할 것임을 내담자에게 알린다. 이는 당연해 보이지만, 리네한(1993a)은 오랫동안 치료를 받아 왔던 자신의 많은 내담자들이 과거에 만난 전문가들에 대해 윤리적 행동 강령을 준수하지 않았다고 평가했음을 밝힌바 있다.
- **개인적 연락**: 상담자는 회기에 참여하고, 합의된 회기 시간에 진행하며, 회기와 회기 사이의 합리적인 시간에 전화 통화를 하기로, 그리고 휴가 중이거나 연락할 수 없을 때 합리적인 대안을 제공하기로 동의해야 한다.
- **존중**: DBT 상담자는 치료 기간 내내 내담자에 대하여 존중하는 마음을 보이겠다는 자신의 약속에 대해 명시적으로 논의한다.
- **비밀 유지**: 상담자는 주어진 치료 환경 안에서 비밀 유지 및 그 한계에 대해 논의한다(치료에 필요한 경우가 아니라면 치료 팀으로부터 개인의 민감한 정보를 비밀로 유지하는 것이 포함된다).
- **자문**: 마지막으로, DBT 상담자는 자신이 과정 중에 행한 자신의 역할 및 전문적인 행동에 대해 피드백을 받기 위해 슈퍼바이저 또는 동료로부터 자문을 받고자 노력하고 있음을 내담자에게 알린다.

조망하기: 사례개념화

■ 기본 가정

리네한(1993a)은 경계선 성격장애를 연구하는 데 필요한 DBT의 여덟 가지 기본 가정을 다음과 같이 설명한다.

1. 내담자는 최선을 다하고 있다.
2. 내담자는 더 나아지기를 원한다.
3. 내담자는 변화하기 위한 동기가 필요하고 변하기 위해 열심히 노력한다.
4. 내담자가 그 문제를 야기하지 않았을 수도 있지만, 어떤 식으로든 문제를 해결하는 것이 필요하다.

5. 경계선과 자살 특성을 지닌 내담자는 지금처럼 사는 것을 견뎌 낼 수 없다.
6. 내담자는 반드시 자신이 문제를 가지고 있는 삶의 모든 영역에서 새로운 행동을 배워야 한다.
7. 내담자는 상담에 실패할 수 없다.
8. 경계선 성격장애 진단을 받은 내담자와 함께 일하는 상담자는 지원이 필요하다.

■ 정서 조절 곤란

리네한은 경계선 성격장애를 정서 조절 장애로 개념화한다(Linehan, 1993a). **정서 조절 곤란**은 높은 수준의 정서적 강도와 취약성이 정서 조절의 어려움과 결합된 결과에서 비롯된다. 경계선 성격을 지닌 사람은 **정서적으로 취약한** 사람으로 묘사되는데, 이는 이들이 정서적 자극에 매우 민감해서 자신의 정서적 기준치로 돌아가는 데 일반 사람들보다 더 많은 시간이 걸린다는 것을 의미한다. 이들의 정서적 반응은 통상적으로 극단적이고 더 강렬하다.

DBT 상담자는 먼저 내담자가 감정을 조절할 수 없을 때의 문제 행동을 찾아가면서 정서 조절 곤란을 평가한다. 이런 행동에는 일반적으로 세 가지 유형이 있다.

- 자살 행동과 자해 행동
- 치료 방해 행동
- 삶의 질 방해 행동

■ 자살 행동과 자해 행동

다른 무엇보다도 경계선 성격장애(대부분 자살 및 자해 행동이 특징적인 장애) 진단을 받은 내담자와 함께 작업하기 위해 고안된 접근법으로, 자살과 자해 다루기는 초기 사례개념화의 일부이다. 이 모집단과 작업할 때는 자살 평가를 지속적으로 진행해야 하는데, 특히 새로운 위기가 발생했을 때에는 더욱 그렇다. 리네한은 DBT 치료 초기 단계에서 파악하고자 하는 다섯 가지 형태의 자살 행동에 대해 설명한다: ① 자살 위기 행동, ② 준 자살 및 자해 행위, ③ 자살 사고와 표현/위협, ④ 자살 관념 신념, ⑤ 자살 관련 정서.

자살 위기 행동 자살 위기 행동이란 자살 위협, 준비 행동, 치명적 수단 등 자살 위험이 매우 높다는 것을 보여 주는 행동을 말한다. 리네한은 "경계선에 있는 사람들은 그들의 삶을 견딜 수 없어 죽음을 원하게 되는 이유를 갖게 된다."고 주장한다. 그렇지만 DBT 상담자는 언제나 생명을 존중하며, 심지어 내담자가 반대되는 주장을 설득력 있게 펼칠 때에도 그렇게 해야 한다. 이러한 상황에서, 상담자는 강제입원 등 내담자의 삶을 안정시키고 보호하기 위해 법이 허용하는 한도 내에서 필요한 모든 조치를 취한다.

준 자살 및 자해 행위 리네한은 크라잇먼(Kreitman, 1977)의 준 자살 행위의 정의를 이용해 특정 행동과 자살 위기 행동을 구분한다. 크라잇먼의 모델에서, 준 자살 행위(parasuicidal acts)란 ① 최대 사망에 이르기까지 신체적 위해를 불러올 수도 있는 비치명적이며 고의적인 자해 행동, 또는 ② 위해 또는 사망을 야기할 의도로 물질을 남용하는 것을 말한다. DBT 상담자는 이러한 행동을 평가하고 치료 초기에 즉각적으로 개입한다. 상담자는 내담자에 대한 연민과 내담자를 도와주겠다는 약속의 일환으로 이러한 행동을 끝내기 위해 내담자와 함께 작업한다.

자살 사고와 표현/위협 또 다른 초기 단계의 목표는 자살 생각과 표현을 줄이는 것인데, 이는 경계선 성격장애 진단을 받은 사람에게서 흔히 찾아볼 수 있다. 이 목표에는 자살 환상·충동·계획 및 표현 줄이기가 포함된다. 리네한(1993)은 자살 가능성은 안심할 수준이지만 상황이 견디기 어려워지면 달라질 수도 있다는 것을 인정하였다. 그러므로 자살 생각이 새롭거나, 극단적으로 강렬하거나, 자해 또는 자살 행동과 연관이 있거나, 임상 과정을 방해할 때 직접적으로 변화의 표적이 된다. 이에 반해, 자살 위협은 그것이 대인관계와 상담과정에 미치는 영향 때문에 언제나 직접적으로 변화의 목표가 된다.

자살 관련 신념 DBT 상담자는 문제 해결 방안으로서 시간을 갖고 자살 및 자해 행동에 관한 내담자의 신념과 기대감을 평가한다. 내담자는 복수하기, 관심 얻기, 고통에서 벗어나기, 또는 다른 사람의 고통 줄이기를 포함하여 자살에 대해 현실적인 생각과 비현실적 생각을 모두 가질 수 있다. 마찬가지로, 내담자는 남들로부터 주의를 끌고 동정을 받을 뿐만 아니라 자신의 고통으로부터 일시적으로나마 벗어나게 해 주기 때문에 자해 행동을 한다고 보고한다. 이러한 사고는 현실적이고, 준 자살 행위 및 자살 행동의 근거가 될 때 주요하게 다루어진다.

자살 관련 정서 자살과 관련하여 DBT의 최종 평가 영역은 자살과 자해를 다룰 때 내담자 본인의 정서이다. 내담자는 평화, 안도, 분노, 수치심, 심지어 성적 흥분 등 다양한 감정을 느끼며 보고할 수 있다. 이런 기분이 준 자살 행위 및 자살 행동에 직접적으로 영향을 미친다면, 이는 직접적으로 변화를 위한 목표가 된다.

■ 치료 방해 행동

치료 방해 행동은 내담자가 치료 받는 것을 거의 불가능하게 만드는 행동을 말한다(Linehan, 1993a). 이런 행동들은 ① 무관심한 행동, ② 비협력적 행동, ③ 비순응적 행동이다.

무관심한 행동 내담자가 치료에 물리적으로 또는 다른 방법으로 나타나지 않는 행동을 포함한다. 이 행동에는 치료에서 벗어나기, 치료에서 벗어날 것이라고 위협하기, 자주 취소하기, 빈번한 병원 입원, 지나친 자살/자해 협박, 끊임없는 위기상황이 포함될 수 있다.

비협력적 행동 내담자는 상담자에게 거짓말을 할 때, 말하기를 거부할 때, 정서적으로 위축될 때, 자주 다툴 때, 또는 중요한 토론 주제에서 주의를 다른 곳으로 돌릴 때 비협력적 행동을 한다.

비순응적 행동 DBT가 매우 활동적인 치료이기 때문에, 내담자는 활동적으로 참여할 필요가 있다. 비순응적 활동에는 숙제하지 않기, 약속 어기기, 권고사항 준수하지 않기 등이 포함된다.

■ 삶의 질 방해 행동

삶의 질 방해 행동이란 내담자가 삶에 대해 내리는 다양하고 형편없는 선택을 말한다. 이는 내담자가 충만한 삶을 살지 못하고 삶의 목표를 성취하지 못하게 막는다(Linehan, 1993). 삶의 질 방해 행동의 일반적인 사례는 다음과 같다.

- 약물 및 알코올 남용: 처방 약물 남용도 포함
- 위험한 성적 행동: 보호되지 않는 성관계와 지나치게 문란한 성관계도 포함
- 범죄 행위와 불법 행위: 가게 좀도둑질 또는 마약 판매
- 극심한 재정난과 과도한 지출: 도박 또는 청구서 미납도 포함
- 심각한 수준의 문제가 있는 그리고/또는 학대적인 대인관계 패턴: 폭력적 관계 유지 또는 잦은 관계 단절
- 직업 또는 학교 관련 문제 행동 패턴: 불규칙한 출석, 자주 그만두기, 또는 일관되게 수행하지 못하는 무능력
- 건강 및 질병 관련 문제 행동 패턴: 건강 문제 무시, 건강 권고사항 미준수
- 주거 관련 문제 행동 패턴: 자동차 안에서 살기, 잦은 주거 변동

• **정신건강 관련 문제 행동 패턴:** 치료 중지, 약물 처방 미준수

이 장의 마지막에 있는 사례 연구에서, 에이프릴(April)은 직업 유지의 어려움, 학대적 관계 유지, 그리고 위험한 성적 행동 등 여러 가지 삶의 질 방해 행동으로 어려움을 겪고 있는 여배우이다. 이 장에서는 에이프릴의 비교적 미약한 준 자살 행위와 치료 방해 활동을 다룬 후, 생활 기능 영역에서의 표적 설정 방법에 대해 설명하고자 한다. 에이프릴은 여러 어려움을 겪고 있기 때문에 상담자와 내담자가 함께 표적을 먼저 결정한다.

■ 수용받지 못하는 무력화된 환경(In validating Environments)

경계선 성격장애 진단을 받은 사람과 함께 작업함에 있어 리네한(1993)은 많은 사람들이 수용받지 못하는 환경에서 자랐거나 살고 있다는 것에 주목했다. 이는 정서와 개인적 의미를 표출하려는 시도가 수용되지 않는 환경이다. 수용되지 않는 반응에는 내담자가 보고한 현실 또는 바람을 부인하기, 최소화하기, 조롱하기, 반박하기, 처벌하기, 또는 무시하기가 포함된다. 일반적으로, 수용받지 못하는 ① 내담자의 경험을 부인하고, ② 부정적인 성격 특성 탓을 한다(예: "그 사람은 너에게 못되게 굴지 않았어. 네가 너무 민감한 거야"). 이는 장난감을 사이에 둔 형제와의 싸움, 또는 성적 학대 부인과 같은 비교적 사소한 일상의 문제와 관련이 있을 수 있다. 일반적으로, 수용받지 못하는 환경은 부정적인 정서를 표현하지 못하게 하고 자신의 욕구를 누군가에게 대신 관리하라고 요구한다. 대부분 이러한 가족들은 성취, 통달, 긍정적인 기분을 소중하게 여기는 반면에 부정적인 감정과 실패에 대하여 엄하게 벌준다. 이는 우울증과 조현병 진단을 받은 아동이 있는 가정의 특징인 '정서 표출' 역동과 비슷하다. 리네한(1993a)은 여기에 내담자의 실제 상태를 검증하지 않은 역동을 추가한다.

리네한(1993a)은 이러한 환경들이 정서 조절을 미숙하게 만드는 부정적인 결과를 낳는다고 주장했다. 첫째, 수용받지 못하는 환경에 사는 아동은 부정적인 감정이라는 낙인을 찍거나 부정적 감정으로 인지하지 않음으로써 자신의 감정을 확인하는 방법을 배우지 못하여 이를 관리할 수 없게 된다. 이러한 아동은 고통 감내력을 배우지 않고 억제하는 방법만 배운다. 뿐만 아니라 이런 환경에서 아동이 인정받기 위해서는 극단적인 감정 표현이 종종 필요하기 때문에 극단적인 반응이 행동으로 더 강화된다. 마지막으로, 수용받지 못하는 무력화된 환경은 아동 스스로를, 자신의 경험을, 또는 해석을 믿을 수 없게 만든다. 따라서 아동은 생각하고 느끼는 방법을 배우는 사회적 단서를 외부에서 찾고, 결국 아주 불안정한 정체성을 갖게 된다.

리네한(1993a)은 일반적으로 수용하지 못하는 세 가지 유형의 가정이 있다고 밝혔는데, 이는 ① 혼돈된 가정, ② 완벽한 가정, ③ 전형적인 가정이다. 이름에서 알 수 있는 바와 같이, 혼

돈된 가정이란 대부분 약물 남용 또는 금전적 문제 때문에 아동에게 거의 신경을 쓰지 않는 가정을 말한다. 완벽한 가정에서는 부모가 부정적 정서 표현을 크게 나무라는데 그 이유는 부모 자신이 스트레스를 받기 때문이거나, 이해가 부족하기 때문이거나, 또는 자녀를 잘못 키우기 싫기 때문일 수도 있다. 전형적인 가정이란 개별화와 자기 통제라는 서구적 가치를 받아들인 '평균'적인 미국 가정을 말한다. 이런 가정의 자녀는 수용받지 못하는 환경으로부터 크게 영향을 받지 않을 수도 있다. 하지만 기질이 예민한 아동은 크게 영향을 받을 수 있다. 마지막으로, 아동과 가족 간에는 가정이 제 기능을 하지 않을수록, 예민한 아동은 높은 수준의 조절 곤란을 경험하게 되고, 이는 다시 가정에 의해 더 수용받지 못하게 되며, 이는 다시 조절 곤란으로 이어지는 악순환이 일어난다는 데 주목해야 한다. 그러므로 수용받지 못하는 가정의 취약한 아동은 통제 불능 상태가 되어 더욱 극단적인 결과를 초래할 수 있다.

■ 트라우마 경험과 성차별

트라우마의 경험, 특히 성적 학대는 경계선 성격장애 진단을 받은 사람들에게 매우 흔하기 때문에(Ferraz et al., 2013), DBT 상담자는 아동기 학대와 방임 그리고 현재의 학대 관계 또는 다른 트라우마가 있는지 일상적으로 확인한다(Linehan, 1993a). 현재의 트라우마 관계를 제외하고, 대부분의 트라우마 중 특히 아동기 트라우마는 어려운 문제들을 통해 필요한 감정 작업을 하기에 충분한 대처 기술들을 익힌 후에, DBT 치료 2단계에서 표적이 된다.

이 밖에도, 경계선 성격장애 진단을 받은 사람들의 약 75%가 여성이기 때문에(APA, 2013), 리네한(1993a)은 성별 문제, 특히 성차별을 중요한 평가 영역으로 생각한다. 가장 극단적 사례인 성적 학대 이외에도, 여성에게 독립적 존재인 동시에 의존적 존재가 되라는 불가능한 이상, 성차별에 대한 문제 제기가 수용되지 않는 환경, 성 고정관념에 순응하지 않는 여성에 대한 차별을 검토하고 평가하였다.

변화를 겨냥하기: 목표 설정

■ 가장 중요한 목표: 변증법적 행동 패턴을 증가시키기

DBT의 가장 중요한 목표는 인지와 정서적 양상을 포함한 변증법적 행동 패턴을 증가시키는 것이다(Linehan, 1993a). 모든 목표와 개입은 내담자가 극성의 양쪽을 동시에 관여할 수 있게 만드는 것과 극성의 통합을 통해 문제가 많은 이분법을 초월하도록 작업하는 것을 중심으로 이루어진다. 이 통합은 흑과 백의 극성이 회색으로 변하는 것을 의미하지 않는다. 대부분의 경우, 해결책에는 양극성이 **모두 진실**이라는 인식이 포함된다. 내 파트너는 나를 사랑하지만 특별한 상황에서는 원하는 것을 내게 줄 수 없다. 즉, 오랜 시간 관계를 이어온 연인 사이에서 드러나는 양극성은 상대방의 일부로 인식할 수 있게 된다. 따라서 가장 중요한 목표는 내담자가 삶에 내재된 역설을 보다 효과적으로 관리할 수 있는 사고방식을 배우도록 돕는 것이다.

■ 1차 목표(행동 목표)

경계선 성격장애 진단을 받은 내담자와 작업할 때, DBT 상담자는 다음의 **1차 행동 목표**를 사용해 내담자 치료법을 계획한다(Koerner, 2012; Linehan, 1993a, 1993b). 이 목표는 개별 회기든 전체 치료이든 **위계적**이어서 제일 먼저 표적으로 삼아야 한다.

■ DBT 목표/치료 표적의 위계

1. 자살 행동 감소시키기(1단계)
2. 치료 방해 행동 감소시키기(1단계)
3. 삶의 질 방해 행동 감소시키기(1단계)
4. 행동 기술 증가시키기(1단계)
   a. 핵심 마음챙김 기술
   b. 고통 감내력 기술
   c. 정서 조절 기술
   d. 대인관계 효율성 기술
5. 트라우마와 관련된 행동 감소시키기(2단계)
6. 자존감 증가시키기(3단계)

■ 2차 목표(행동 표적)

1차 목표 이외에, DBT 상담자는 다음의 **2차 행동 표적**이 1차 목표를 성취하는 데 필요한지의 여부를 판단한다(Linehan, 1993a). 다시 말해, 개별 내담자의 필요에 따라, 상담자는 다음의 2차 목표들을 추가해 내담자가 1차 목표를 성취하도록 도와줄 수 있다.

1. 정서 조절을 증가시키면서 정서적 반응을 감소시키기
2. 자기 타당화를 증가시키면서 자기를 하찮게 생각하기를 감소시키기
3. 현실적인 의사결정을 증가시키면서 위기 발생 행동을 감소시키기
4. 정서 경험을 증가시키면서 억제된 애도 감정을 감소시키기
5. 적극적으로 문제 해결하기를 증가시키면서 소극성을 감소시키기

6. 기분과 역량을 정확하게 전달하는 능력을 증가시키면서 기분대로 하는 행동을 줄이기

실행에 옮기기: 개입

■ 타당화

문제 해결하기와 다른 사람 되기의 두 개의 핵심 전략 가운데 하나인 **타당화**란 상담자가 내담자의 행동에 일리가 있고 현재의 맥락에서 또는 삶에서 이해될 수 있는 것이라고 명확하고 직접적으로 소통하는 것을 말한다(Linehan, 1993a). DBT에서 타당화는 인본주의 접근법(6장)과 비교되는데, 이 접근법은 병리 현상과 무관하게 내담자의 주관적 삶의 경험을 존중하고 있다는 것을 강조한다(Hadjiosif, 2013). 많은 내담자들이 다른 곳에서 수용받지 못하는 무력화된 환경을 경험해 왔기 때문에 직접적인 타당화 과정이 이 접근법의 핵심이다.

기본적인 타당화 과정에는 세 단계가 있다(Linehan, 1993a).

1. **적극적 관찰**: 상담자는 선입견 없이 내담자가 말하는 것을 듣고 내담자의 순간적 감정과 행동을 관찰한다. 관찰하고 들으면서, 상담자는 내담자의 관점을 이해하는 데 도움이 되는 말로 표현되지 않은 가정, 생각 또는 감정을 파악하고자 노력한다.
2. **반영**: 인간중심 상담자와 마찬가지로, DBT 상담자는 내담자가 깊이 이해받고 있다고 느낄 정도로 내담자가 말한 내용과 근본적인 감정, 생각, 기대를 내담자의 입장에서 요약 정리한다. 내담자의 경험을 반영하면서, 상담자는 내담자와 함께 "이게 맞아요?" 또는 "내가 제대로 이해했나요?"라고 물으면서 반영한 것이 정확한지를 자주 확인한다.
3. **직접적인 타당화**: 마지막으로, 상담자는 내담자의 현재 상황과 병력을 감안해 내담자 관점의 현명함과 타당성을 확인한다. 체계적인 상담자는 주어진 맥락 내에서 행동이 이해가 된다고 가정하고(11장), 행동이 어떻게 맥락에 정확하게 부합하는지를 이해하고자 노력한다. 설사 응답의 작은 부분이라도 타당하다면, 치료자는 이를 확인하고 타당화하며 후에 문제 해결 전략들을 이용해 역기능적인 행동을 다루기도 한다. 이러한 직접적인 검증을 통해 내담자는 스스로 검증하는 법을 배울 수 있다. 직접적인 타당화에는 두 가지 중요한 형태가 있는데, ① 현재 행동이 과거의 경험에 비추어 어떻게 이해가 되는지를 설명하는 형태, 그리고 ② 내담자의 행동이 현재의 상황 안에서 어떻게 이해가 되는지를 설명하는 형태가 있다.

타당화의 예

- "나는 친구의 말이 얼마나 마음을 아프게 할 수 있는지를 알 수 있어요." [현재의 상황에서 감정을 타당화한다.]
- "당신이 아동이었을 때 학대를 당했던 경험을 감안하면, 당신의 두려움이 이해가 됩니다." [병력에 기반해 타당화한다.]
- "당신이 그가 나타나지 않는 것에 대해 화를 내는 것이 이해가 됩니다. 특히 당신의 삶에서 당신을 위해 나타나지 않는 다른 중요한 사람들의 이력을 알기 때문에 이해가 됩니다." [현재의 상황과 과거의 이력을 타당화한다.]
- "이 사건이 당신에게 너무 중요하다는 것을 나는 알 수 있어요. 그러니 다른 사람들은 그것이 큰 일이 아니라고 생각하더라도, 당신에게는 큰일이라고 생각됩니다." [현재의 상황을 검증한다.]

DBT 상담자는 그들이 진심으로 타당하다고 믿는 것만 타당화하며, 그들의 타당화는 언제나 진실하다(Koerner, 2012). 상담자는 내담자의 이야기나 경험에서 타당한 것을 **적극적으로** 찾아보고 듣는다. 타당화는 내담자가 회기에서 정서 조절 곤란을 보일 때 특히 유용하다. 타당화를 경험한 내담자는 정서 조절을 할 수 있고, 결국 자신을 조절하는 법을 배울 수 있다. 회기에서 조절 곤란을 보이는 내담자를 타당화할 때, 상담자는 다음에 초점을 맞춘다(Koerner, 2012).

- 문제의 중요성 또는 심각성
- 과제의 난이도
- 내담자의 정서적 고통
- 내담자가 통제할 수 없는 감정을 느낀 이유
- 내담자가 특정 행위/감정에 궁극적 목표를 둔 것에 대한 지혜
- 상황, 논리적 추론, 또는 일부 권한/지침을 고려할 때, 정당화될 수 있는 것
- 목적을 위한 적절한 수단

■ 정서 타당화 전략

정서 타당화는 내담자가 강렬하고 어려운 정서를 처리하도록 도와주거나 억제된 감정을 가진 내담자를 지원하기 위해 사용된다. 정서 타당화 전략에는 다음이 포함된다(Linehan, 1993a).

- 회기에서 감정을 표현할 기회를 내담자에게 제공하기
- 감정에 주의를 기울이며 관찰하고, 감정에 이름붙이는 방법을 내담자에게 가르치기
- 다른 사람들의 감정을 보다 정확하게 읽는 법을 내담자에게 가르치기
- 내담자의 감정을 직접적으로 타당화하기

▪ 행동 타당화 전략

행동 타당화란 내담자의 특정 행동에 대한 이해 가능성을 모든 회기에서 직접적으로 전달하는 것을 의미한다. 이 전략에는 다음이 포함된다(Linehan, 1993a).

- 천천히 행동을 관찰하고 구분하는 법을 내담자에게 가르치기
- 이들의 행동 뒤에 '해야 할'(자신 또는 다른 사람들을 위해) 것을 확인하기
- 내담자가 '현재의 모습'을 부인할 때 '해야 할' 것으로 반박하기
- 특정한 성과를 내기 위해 어떤 한 행동이 일어나야 할 경우 이를 수용하기
- 내담자가 자신의 행동에 대한 실망을 표현했을 경우, 이를 타당화하고 그 행동이 이해할 수 있는 행동인지를 검증하기

▪ 인지 타당화 전략

인지 타당화란 내담자의 신념과 생각을 타당화하는 것으로, 내담자가 기본적인 가정들이나 규칙들을 확인하도록 도와주는 것을 말한다. 인지 타당화 전략에는 다음이 포함된다(Linehan, 1993a).

- 내담자의 생각과 기본 가정 설명하기 및 반영하기
- 상황이라는 사실과 내담자의 해석 구별하기
- 내담자 인식에서 '진실의 핵심' 확인하기
- 가능할 때마다 '현명한 마음' 인정하기
- 내담자와 상담자 간 다른 가치관 존중하기

▪ 응원 전략

경계선 성격장애 진단을 받은 사람들은 대부분 희망이 없기 때문에 DBT 상담자는 응원 전략이 내담자를 격려하고 강점을 강화하는 데 도움이 된다는 것을 알게 되었다(Linehan, 1993). 이 전략에는 다음이 포함된다.

- 내담자가 주어진 순간에 할 수 있는 최선을 다하고 있다고 가정하기
- 내담자가 성공할 수 있다고 격려하기와 할 수 있다는 자신감을 표현하기
- 내담자의 현재 능력과 개발하고 있는 능력에 집중하기와 이를 강화시키기
- 다른 사람들의 부정적인 비판을 반박하기
- 긍정적인 칭찬과 확신을 제공하기
- 문제 인식과 변증법적으로 균형을 이룬 현실적 응원 제공하기
- 과정 내내 접근 가능한 상태로 가까이 머물기

■ 마음챙김과 현명한 마음

리네한(1993a, 1993b)은 최초로 치료 모델의 일부로 마음챙김을 포함하였다. **마음챙김 기술**은 DBT에서 가르치는 많은 기술의 토대라는 점에서 **'핵심 기술'**로 간주된다. 마음챙김 기술은 마음의 양극단인 합리적인 마음(상황을 이성적으로 다루기)과 감정적인 마음(상황을 감정적으로 다루기) 사이에서 변증법적 균형을 유지하는 현명한 마음을 촉진시키는 데 사용된다.

핵심 마음챙김 'what' 기술 충동적 또는 기분 의존적 행동을 줄이는 데 도움이 되는 마음챙김 'what' 기술이란 차분한 마음으로 3개의 명백한 과정에 참여하도록 가르치는 기술을 말한다.

1. 특히 변화를 목표로 하는 정서, 사고, 행동, 사건을 **관찰하는** 과정
2. 사고, 정서, 경험을 언어로 묘사하고 내담자의 생생한 경험과 이를 촉발시키는 사건을 분리하는 과정
3. 사고, 정서, 행동을 밝힘에 따라 사건에 완전히 그리고 충분히 몰입하도록 자의식 없이 **참가하는** 과정

핵심 마음챙김 'how' 기술 내담자가 어려운 상황에 보다 효과적으로 대응하도록 설계된 마음챙김 'how' 기술이란 내남자가 3개의 과정에 어떻게 관여하는지를 기르치는 기술을 말한다.

1. **판단하지 않기:** 좋고 나쁨을 판단하지 않고, 지금의 상태를 받아들인다.
2. **한 가지만 생각하기:** 한 번에 한 가지 일만 하는 데 집중하고, 마음이 집중할 수 있도록 산만해지는 것을 피한다.

3. **효과**: 공평하거나, 올바르거나, 공정하다고 생각하는 것을 바탕으로 반응하기보다는, 어떤 반응이 문제를 효과적으로 해결할 가능성이 있는지 그리고 진정한 목표를 이루는 데 도움이 될 가능성이 있는지를 확인한다.

■ 대인관계 효율성 기술

대인관계 효율성은 DBT 기술 집단에서 가르치는 일련의 주요 기술 가운데 하나이다(Linehan, 1993b). 이 일련의 기술에는 건강한 관계를 뒷받침하고 자존감을 형성하는 행동 배우기가 포함된다. 대인관계 효율성 기술은 대인관계에 대한 근거 없는 믿음에 인지적으로 도전함으로써(예: "나는 누군가 내 속을 뒤집으면 견딜 수 없어."; p. 118), 약한 강도의 질문과 센 강도의 질문을 저울질하며, 사회에서 대인관계 효율성 기술을 실제로 활동해 보면서 습득하는 것이다. 이 밖에도 한 사람의 바람과 건강한 관계를 유지하기 위해 특수한 기술을 가르친다. 주중에 다른 사람들과 갈등이 생겼을 때 배웠던 기술을 활용하라고 내담자에게 특정한 연습지(Linehan, 1993b에서 얻을 수 있음)를 준다.

■ 정서 조절 기술

정서 조절 기술은 경계선 성격장애와 다른 형태의 정서적 고통의 특징인 감정 가변성을 줄이기 위해 정서 조절 기술을 가르치는 것이다(Linehan, 1993a). 이런 기술에는 사람의 기분을 확인해 명명하기 위해 마음챙김 사용법 배우기, 내담자의 해석과 사건 자체를 분리시키기가 포함된다. 또한 내담자들은 불면증, 부실한 섭취, 또는 다중 작업 처리와 같이 '감정적 마음'을 보다 더 민감하게 만드는 물리적 또는 환경적 스트레스 요인들을 규명하여 감소시킨다. 반대로, 이것들은 긍정적인 정서를 촉진시키는 활동을 늘리도록 권장한다. 기술 훈련 집단의 참여자에게는 감정에 이름을 붙이는 데 필요한 유인물과 스트레스 사건들을 분석하고, 주어진 하루의 과정에서 나타나는 감정들을 기록하며, 고통스런 감정들을 감소시키는 단계들을 밟는 데 필요한 인지적 연습지를 제공한다(Linehan, 1993b에서 얻을 수 있음).

■ 고통 감내 기술

인지행동 접근에 수용을 도입하는 첫 번째 사례 가운데 하나인 **고통 감내 기술**은 내담자가 살아가면서 불가피하게 경험하는 스트레스와 위기에 효과적으로 반응하는 법을 배우는 데 도움을 주기 위해 사용된다. "DBT는 고통을 효과적으로 견디는 방법을 강조한다."(Linehan, 1993a, p. 147) 핵심 마음챙김 기술을 바탕으로, 고통 감내력은 다른 사람들, 자신 또는 삶이 다르다고 주장하지 않으면서 고통을 주는 내적 또는 외적 사건 인정하기를 수반한다(Linehan, 1993b). 이러한 수용은 동의를 의미한다기보다는 상황이 존재한다는 것을 마음 깊이 인정하는 것을 의미한다. 이것은 학대의 경우에 특히 중요하다. 수용하는 것은 학대를 경험하고 있다는 것과 자신을 보호하는 조치를 취할 필요가 있음을 인정하는 것을 포함하기 때문이다. DBT 기술 강의에서, 고통 감내 기술에는 재미있는 오락 활동, 오감을 이용한 자기 위로, 이미지 기반의 운동, 호/불호 목록, 그리고 마음챙김 호흡 훈련이 포함된다(Linehan 1993b에서 얻을 수 있음).

■ 행동 사슬 분석 전략

일련의 핵심 문제 해결 기술인 **행동 사슬 분석**은 문제 행동을 바꿀 수 있도록 행동을 분석하는 데 사용된다(Koerner, 2012; Linehan, 1993a). DBT에서 상담자는 학습 편의를 위해 행동 분석과 통찰력 분석을 따로 가르친다. 하지만 현실에서는 종종 함께 이루어진다. DBT 행동 분석 단계는 다음과 같다.

1. **정의**: 문제 행동의 지속 기간, 빈도, 그리고 강도 등 문제 행동을 행동학적으로 정의하기(예: 내담자가 상대방으로부터 조금이라도 비판을 받았다는 느낌을 받을 때마다 울기)
2. **사슬**: 행동의 특정 사례에 대해 단계적으로 사슬 분석을 실행하기. 이 분석은 촉발 사건과 이전의 신체적 취약성으로 시작하여, 결과로 끝난다. 행동 사슬에는 일반적으로 다음이 포함된다.
   - **신체적 취약성**: 잠자기, 먹기, 물질, 약물, 위치 등(예: 내담자는 지난 밤에 잘 자지 못했다.)
   - **촉발 사건**: 사건 및 관련 상황의 계기(예: 내담자가 아침 일찍 보낸 "너 그거 입을 거야?"라는 이메일에 대해 친구가 반응을 보이지 않은 것이 거부당한 것으로 느껴졌다.)
   - **문제 사건의 순서**: 문제 행동에 대한 상세한 단계별 설명(예: 내담자가 울기 시작했다. 연인에게 소리 질렀다. 밖에 나가기를 거절했다. 연인이 몇 분 동안 내담자를 달래다가 포기했다…….)
   - **결과**: 심리적, 정서적, 신체적, 관계적(예: 며칠 동안 연인에게 화내기, 언짢은 기분, 관계에서 거리 두기, 과식하기, 자해하고 싶어 함)
3. **가설**: 문제 행동에 기여하는 요인에 대해 내담자와 함께 가설 세우기(예: 내담자가 잠이 부족하면 더 예민해진다, 스트레스를 다른 관계로 옮긴다 등)

스스로 해보기

위 단계들을 사용하여 혼자 또는 연인과 행동 연쇄를 구성해 보세요. 당신의 가설은 무엇인가요? 연쇄 행동에서 통찰이 발생했나요?

이 장의 마지막에 있는 사례 연구에서 상담자는 에이프릴이 일하는 레스토랑에서 상사와의 상호작용을 목표로 그녀에게 적합한 행동 사슬 분석을 만들어 냈다. 이 연쇄 분석은 식기를 닦고 냅킨을 놓는 것과 같이 상사가 하찮은 일을 시키는 것으로 시작한다. 그녀는 빈정거리는 어투로 상사에게 대답하는데, 이것이 일을 그만두고 싶어 하는 순환의 시작이다. 사슬 분석에서, 그녀와 상담자는 전날 밤에 잠을 잘 못 잤다는 사실과 위험한 성 활동에 빠져 있었던 것이 사건의 원인일 수도 있다는 것에 주목한다.

■ 통찰 전략

DBT에서 **통찰 전략**은 패턴을 부각시키고 변화를 표적 삼은 특정 행동과 관련된 인식을 높이는 데 사용되는 해석이며(Linehan, 1993a), 종종 행동 사슬 분석과 결합된다. DBT 상담자는 무엇을 해석할 것인가에 대한 세 가지 지침을 가지고 있다.

1. 변화를 위해 DBT에서 구체적으로 **표적으로 삼은 행동들**(예: 자살 행동, 치료 방해 행동 등)
2. 회기 내에서의 행동 또는 회기가 끝난 후 내담자가 보고한 공개 행동(생각, 무의식적 동기 등보다는)
3. 과거 행동보다는 **현재 행동**

예를 들면, DBT 상담자는 출석 양상을 해석해 내담자가 특정 주제를 다루는 회기에만 결석한다는 것을 강조할 수도 있다. 당신은 그 사람(특정 대상)과의 관계에 대한 이야기를 하기로 한 날에는 상담에 올지 말지 갈등하는군요. 이 문제와 관련하여 상담에서 더 다루었으면 하는 내용이 있나요? 현재 당신이 두려워하거나 걱정하는 것은 무엇인가요?

해석의 옳고 그름은 대부분 통찰력이 어떻게 전달되느냐, 무엇이 의미 있는 도전이 될 수 있느냐에 달려 있다. DBT 상담자는 통찰력을 제공할 때 경멸적이지 않은 용어를 이용하고자 애를 쓰고 지지받을 가능성이 가장 높은 방법으로 해석을 제공하고자 노력한다. 이 밖에도 해석은 일반적으로 **현재의 행동**을 **현재의 사건**으로 연결시키고자 노력한다.

■ 해결 방안 분석 전략

다른 인지행동 접근법과 마찬가지로, DBT 상담자는 통찰이 쉽게 행동으로 옮겨지지 않는다고 가정한다. 그러므로 DBT 상담자는 자신의 문제에 대해 보다 효과적인 해결 방안을 찾아낼 준비가 되었을 때 내담자와 함께 **해결 방안 분석**(Linehan, 1993a) 또는 **과제 분석**(Koerner, 2012)을 한다. 이러한 분석은 결과적으로 한바탕 울기, 자해하기 또는 감정적으로 마음의 문닫아 걸기 등 특정 문제에 대한 소규모 치료계획으로 이어진다. 이 과정은 다섯 가지 기본 단계를 수반한다.

1. **목표, 욕구, 소망을 확인하기:** 종종 경계선 성격장애 진단을 받은 내담자와 작업할 때, 그들은 필요한 것과 원하는 것의 식별을 매우 어려워한다. 그래서 상담자는 내담자가 말하는 목표, 즉 고통을 겪지 않기와 같은 목표의 이면에 깔려 있는, 또는 자해 행동 또는 자살 사고의 이면에 깔려 있는 근본적인 욕구를 찾아내기 위해 내담자와 함께 긴밀하게 작업해야 한다.
2. **해결 방안 찾기:** 내담자와 상담자는 가능한 해결 방안 목록을 함께 만든다. 종종 문제 상황에 대한 행동 분석은 가능한 대안들의 요점을 파악하는 데 도움이 된다.
3. **해결 방안 평가하기:** 내담자와 상담자는 ① 잠재적 효과성, 그리고 ② 잠재적 장애물을 기준으로 해결 방안을 함께 평가한다.
4. **해결 방안 이행하기:** 내담자가 이행할 해결 방안을 선택한다.
5. **문제를 분석하여 해결하기:** 내담자가 일상생활에서 해결방안을 시도하도록 놓아 두기 전에 상담자와 내담자는 예상되는 모든 난관을 확인하고, 잠재적인 처리 방안을 확인함으로써 문제를 분석하여 해결한다.

스스로 해보기

파트너를 찾아 돌아가면서 현재의 문제에 대한 잠재적인 해결책을 분석해 보세요. 이 과정 중 어떤 부분이 가장 어려웠나요? 이 해결책을 위해 동기를 부여하는 데 무엇이 도움이 되나요?

▪ 전념 전략

문제 해결 과정의 일환으로, DBT 상담자는 내담자가 DBT 목표와 특정 치료적 과업에 **전념**하도록 직접적으로 개입한다(Linehan, 1993a). 내담자가 전념하게 만드는 전략은 처음에 내담자에게 1년 계약을 요구할 때부터 특정 과제에 대한 전념을 얻어 내는 일에 이르기까지 치료 전반에 걸쳐 사용된다. 이 장의 마지막에 있는 사례 연구에서, 에이프릴의 일부 파괴적 양상을 바꾸기 위해 전념 전략을 대대적으로 사용한다.

DBT 상담자는 다양한 전략을 가지고 내담자의 전념을 이끌어 내고, 주어진 상황에서 특정 내담자에게 가장 알맞은 것을 선택한다.

1. 장단점: 상담자는 회기 후, 내담자에게 특정 행동 또는 해결 방안에 대한 전념의 장점과 단점을 찾아보도록 제안하며 이는 회기 후에 내담자의 마음속에 떠오를 수도 있다.
2. 선의의 비판자: 내담자의 변화를 위한 전념보다 약한 반대 주장을 펼치기 위해 상담자는 선의의 비판자 역할을 한다.
3. 문간에 발 들여놓기/면전에서 문닫기 기법: 문간에 발 들여놓기 기법은 내담자에게 비교적 작은 과제(예: 이메일 쓰기)를 먼저 하도록 요구한 다음에 좀 더 큰 과제(예: 이메일에 새로운 대인 기술을 사용하기)를 요구한다. 쉬운 과제와 어려운 과제의 순서를 뒤바꾸면서 면전에서 문닫기 기법은 먼저 큰 것(예: 자해하지 않겠다는 다짐)을 요구한 다음에 좀 쉬운 것(예: 네가 무엇을 하기 전에 나에게 말하기)을 요구하는 것이다. 표적이 될 특정 행동과 특정한 내담자의 심리에 따라 두 가지 기법 가운데 한 가지 기법을 사용할 수 있다.
4. 이전의 과제와 연결시키기: 가끔 내담자에게 이전에 했던 과제를 상기시키는 것은 이들이 위기상황에서 특정 행동을 하도록 도와주는 방법이다. 예를 들면, DBT 상담자는 자해를 생각하고 있는 내담자에게 치료를 시작할 때 자기 몸을 해치지 않기로 약속하거나 자신의 아이들에게 자신이 자해했다는 것을 알지 못하게 하려고 스스로 했던 다짐을 보고하였다는 사실을 상기시킬 수도 있다.
5. 대안을 선택할 자유를 강조하기: 경우에 따라 새로운 행동이나 해결 방안 실행 여부와 무관하게 선택할 자유가 있다는 것을 부각시키는 것이 도움이 되기도 하지만, 문제 행동을 고수하기로 선택하면, 바람직하지 않은 결과들이 뒤따른다. "물론 당신은 우리가 배웠던 대인 기술을 당신의 연인관계에 사용하지 않기로 선택할 수 있으나, 그렇게 하면 지금까지 당신이 계속 겪었던 문제를 그대로 겪게 될 가능성이 있습니다. 당신이 말하는 그 문제들을 참을 수 없어서 결국 몸에 상처를 내게 될 것입니다. 당신은 똑같이 고통스런 상호작용을 계속 겪을 것인지, 아니면 뭔가 새로운 것을 시도해 볼 것인지를 선택할 자유가 있습니다. 어떤 선택이든, 저는 당신의 뜻대로 선택을 한다는 것이 중요하다고 생각합니다."
6. 조형 원칙: 경우에 따라, DBT 상담자는 행동주의의 고전적인 조형 원칙을 사용한다(9장 참조). 이러한 상황에서 상담자는 한 가지 목표를 달성하기 위해 먼저 자해의 빈도와 강도 줄이기에 합의하기와 같은 일련의 작은 단계를 요구한 다음, 자해 행동이 보다 효과적인 대처 전략으로 대체될 때까지 자해를 줄이기 위해 다른 단계들을 점차적으로 추가한다.
7. 응원하기: 전념은 때로 희망을 주기 위한 응원 전략을 활용함으로써 촉진된다.
8. 과제에 합의하기: 행동 기술이나 문제 해결을 작업할 때 상담자는 과제에 대해 구체적인

합의를 요청할 수 있다. 이러한 경우, 리네한(1993a)은 내담자의 과제 메모하기와 다음 회기에서 상담자가 과제를 반드시 확인하기를 권한다.

■ 자기 점검: 일기

DBT는 내담자에게 자기 점검을 촉진시키기 위해 회기 사이에 일기를 쓰라고 요구할 수 있다(Koerner, 2012). 내담자는 자살 사고, 자해, 그리고 약물 사용 등 변화를 위해 표적이 되는 행동들의 빈도와 강도를 평가하여 일기에 적는다. 이 밖에도, 내담자는 기술 집단 프로그램에서 배운 23가지 기술들을 얼마나 자주 사용했는지를 일기에 기록한다. 일기를 회기 때마다 제출하면 상담자가 위기 행동을 포함한 지난주 사건들을 빠르게 평가한다. 일지에 적힌 정보에 대해 내담자와 논의하면서 자기 점검의 중요성과 가치를 전달해야 한다. 그런 다음, 이 정보는 회기의 주체기관을 구성하고 설정하는 데 사용된다. 일기 사례는 코너(Koerner, 2012, pp. 86-87) 또는 세이퍼 등(Safer et al., 2009, pp. 82-83)을 참조 바란다.

■ 우발사고 관리 절차

우발사고 관리 절차는 내담자와 상담자 간의 모든 상호작용을 학습 기회로 만드는 데 사용된다. 내담자에 대한 개별 상담자의 반응은 내담자가 이후의 행동, 생각, 감정을 형성하는 기회이다(Linehan, 1993a). 이 과정에는 목표를 이용해 표적으로 삼은 행동을 강화시키고 그렇지 않은 행동을 소거하기 위해 치료 관계 범위 내에서 기본적인 행동 원칙을 사용하는 것이 포함된다. 이 원칙을 이용하기 전에, 상담자는 학습과 강화가 어떤 효과가 있는지를 분명하게 설명한다. 우발사고 관리 절차에는 다음이 포함된다.

1. **목표와 관련된 적응적인 행동 강화하기:** 가능한 자주 즉각적인 강화를 이용하고 상담자는 인정과 관심, 주의를 기울임으로써 목표와 관련된 적응적인 행동을 신속하고 적극적으로 강화한다.
2. **표적과 관련된 부적응적인 행동 소거하기:** 내담자가 명시된 목표들(예: 자기가 원하는 것을 얻지 못했을 때 자살 위협하기)에 대해 부적응 행동을 보일 경우, 상담자는 어떤 반응이 부적응 행동을 강화시켰는지를 반드시 확인하고 그것을 소거해야 한다(예: 한계에서 물러나기). 개념적으로는 간단해 보일지 몰라도, 실제로 특히 자살 위기의 내담자에게 이것은 매우 어려울 수 있다. 그래서 다른 반응을 찾아 즉각적으로 강화시키기 위해(예: 내담자가 어떤 면에서 한계에 더 잘 대응하고 있다는 것을 인정하기) 또는 내담자를 안정시키는 데 도움이 되기 위해(예: "당신은 내가…… 하기를 바라고 있기 때문에 지금 당장 이것이 어렵다는

것을 알고 있다") 또 다른 반응을 찾는 것이 종종 도움이 되기도 한다.

3. **회피하고 싶은 결과에 대한 교정-과잉 교정**: 문제 행동에 대한 반응으로, 상담자는 특정 행동을 수정하고자 회피하고 싶은 결과(예: 자연스런 결과)뿐만 아니라 과잉 교정(예: 어떤 식으로든 상황에 긍정적인 뭔가를 추가하기 위해 초기 피해를 넘어 버린다) 또한 사용한다. 예를 들면, 한 내담자가 과제를 하는 데 있어 배운 기술을 사용하지 않으면, 자연스런 결과는 또 다른 과제와 함께 그 과제에 대해 다시 할 것을 요구받게 된다. 과잉 교정은 내담자가 왜 과제를 하지 않았는지에 대해 행동을 분석하고, 내담자가 지난주와 다음 주 과제들을 어떻게 할 수 있는지에 대한 해결 방안을 분석하면서 집단 시간을 허비하는 것일 수도 있다.

■ 한계 준수 절차

우발사건이라는 특정한 경우에 **한계 준수 절차**는 상담자가 내담자와 함께 한계를 적절하게 설정하고 유지하는 데 사용된다(Linehan, 1993a). 이러한 한계에는 내담자가 늦게 오더라도 회기를 연장하지 않기, 전화받지 않기, 또는 특정 유형의 개인 정보를 공유하지 않기가 포함될 수 있다. 이러한 한계를 지켜야 할 책임은 내담자가 아니라 상담자에게 있다.

뿐만 아니라, 각 상담자는 자신의 개인적 한계를 확인하고 이것을 내담자와 소통할 책임이 있다. 한계 준수 절차에는 다음이 포함된다.

1. **한계 점검하기**: 상담자의 갑작스런 태도 변화를 피하며 언제 한계를 넘는지 명확하게 확인하기 위해 상담자는 자신과 내담자와의 상호작용뿐만 아니라 자신의 반응을 점검해야 한다.
2. **한계에 대해 정직하기**: 상담자의 한계는 내담자가 아니라 상담자의 이익을 위한 것이고, 상담자는 한계에 대해 내담자에게 정직해야 한다.
3. **필요시 일시적으로 한계 확장하기**: 특정한 상황들과 위기의 순간에 상담자는 자신의 한계 확장 또는 약화를 고려해야 할 필요가 있으며, 예외 사항을 내담자에게 확실하게 전해야 한다.
4. **확고함을 일관되게 유지하기**: 한계가 설정되면, 상담자는 그 한계를 일관되고 확고하게 유지해야 한다. 모순되게 강화하면 바람직하지 않은 행동이 강화될 뿐이다.
5. **안정시키기, 검증하기, 문제 해결하기와 한계 준수하기를 결합하기**: 상담자는 한계를 설정할 때, 내담자가 원하거나 자격이 있다고 생각하는 것을 내담자에게 주지 않는다. 그러므로 그 과정은 내담자가 한계를 설정했던 경험을 가지고 대처하는 것을 도와주기 위해 안정

시키기, 검증하기, 문제 해결하기도 요구한다.

■ 가족 개입

다수의 상담자들은 DBT 일부를 가족 개입에 사용하기 시작했다. 가족을 DBT 기술에 적용하였고, 검증의 중요성에 관해 가족에게 교육하기 위해 가족 집단을 대상으로 한 DBT 기술 적용 집단 모형을 설계하였다(Fruzzetti, Santisteban, & Hoffman, 2007). 많은 내담자가 과거에 수용되지 않은 환경을 경험했기 때문에, 가족이 효과적으로 검증하는 것을 도와주면 가정 내 관계가 상당히 호전될 수 있고 내담자의 확인된 자기 조절 능력이 향상될 수 있다. 가족 집단의 모듈에는 다음이 포함된다.

- 경계선 성격장애에 대한 교육
- 마음챙김과 정서 조절 간의 관계
- 가족 환경
- 검증
- 문제 관리

자해 청소년과 작업할 때, 치료계획에 종종 가족 회기가 추가된다(Miller et al., 2007). 가족과 함께하는 첫 번째 회기에서, 일반적으로 가족 위기 계획이 수립된다. 그 후의 회기들은 적응 반응과 부적응 반응에 대한 가족 행동 분석에 중점을 둘 수도 있다. 특정 가족원이 갈등을 일으키는 원인이라면, 이 특정 관계 역동을 다룰 수도 있다. 이 밖에도 문제 행동에 대한 특정 우발사건(DBT 상담자가 회기에서 경험한 우발사건과 유사한 사건)이 일어날 수도 있다.

모든 정보 통합하기: 변증법적 행동치료 사례개념화와 치료계획 양식

이론에 특화된 사례개념화: 변증법적 행동치료

이론에 특화된 사례개념화를 발달시키기 위해 다음의 내용을 사용하라. 이 장의 마지막에 제시된 사례 연구는 하나의 예이다.

■ 자살 행동과 자해 행동

현재와 과거의 자살 행동 또는 자해 행동을 평가한다.

■ 치료 방해 행동

일반적으로 상담자 진행 과정에 따라 평가되는 치료 방해 행동에는 회기에 결석하기, 자주 지각하기, 참여하지 않기 등이 포함된다.

■ 삶의 질 방해 행동

삶의 질을 방해하는 다음의 행동들을 확인한다.

- 약물 및 알코올 남용
- 위험한 성적 행동
- 범죄 행위와 불법 행위
- 극심한 재정난
- 심하게 문제가 많은 그리고/또는 학대적인 대인관계
- 직업 또는 학교 관련 문제 행동
- 건강 및 질병 관련 문제 행동
- 주택 관련 문제 행동
- 정신건강 관련 문제 행동 패턴

■ 수용받지 못하는 무력화된 환경

과거 및 현재를 수용받지 못하는 무력화된 환경에 대해 평가한다.

- 원가족
- 현재 성인기의 친밀한 관계
- 온라인 공동체 등 친목 또는 사회 집단
- 직업/학교 맥락

■ 트라우마 내력 및 소외

성차별, 인종차별 등의 경험뿐만 아니라 아동기 또는 성인기 트라우마에 대해 평가한다.

- 아동기의 성적, 육체적, 정서적 학대 및 방임
- 육체적, 정서적, 성적 학대를 포함하는 성인 관계
- 성별, 인종, 민족, 성적 지향성 등으로 인한 소외

■ 행동 사슬 분석

특정 문제 행동을 확인하고 분석하여 강화를 확인할 수 있다.

문제 행동: 간략하게 행동으로 정의한다.

문제와 관련된 일련의 사건에 대한 단계별 설명: 문제 행동으로 이어지는 일련의 사건들을 문제 행동과 그 후속 결과를 포함해 설명한다. 여기에는 다음의 내용이 포함된다.

- 에피소드 이전의 신체적 또는 다른 취약성들
- 에피소드로 이어지는 사건들
- 문제 행동에 대한 단계별 설명
- 심리적, 정서적, 인지적, 행동적, 관계적 문제 행동의 결과

치료계획 양식: 변증법적 행동치료

다음의 치료계획은 경계선 성격장애 진단을 받은 내담자들에게 사용할 치료계획 양식의 표본이다.

치료계획

치료의 초기 단계

초기 단계 치료 과제

1. 치료 관계를 형성하기. 다양성의 고려사항: [한계와 경계를 어떻게 설정할 것인지 설명하고, 민족성, 성별, 나이 등에 기반을 둔 내담자 규범을 고려하라.]

   관계 형성 접근/개입:

   a. 변화에 대한 자애로운 요구와 더불어 내담자에 대한 양육과 수용 간의 균형을 유지하라.

   b. 내담자가 치료에 전념하며 편안함을 느끼도록 타당화를 활용하라.

c. 치료 기간, 치료 조건, 위기 상황 처리를 개략적으로 설명하는 명확한 **내담자 동의서**를 작성하라. 상담자의 동의사항이 명시된 계약서도 작성하라.

2. 개인적이고 체계적이며 다양한 문화적 역동을 평가하기. 다양성의 고려사항: [내담자의 체계뿐만 아니라 사회에서 소외된 이력을 평가할 때 문화, 성별, 사회경제적 지위, 성적 지향성 규범을 어떻게 고려할 것인지를 설명하라.]
   평가 전략:
   a. **트라우마 이력** 및 **수용받지 못하는 무력화된 환경**, **현재의 자살 행동**, **치료 방해 행동**, **삶의 질 방해 행동** 등에 대해 평가하라.
   b. 특정 문제 행동이 어떻게 강화되는지를 확인하기 위한 **행동 분석**을 실시하라.

초기 단계 내담자 목표

1. 절망감과 압도당하는 기분 감소를 위해 **자살 그리고/또는 자해 행동** 감소시키기
   개입:
   a. 자해 또는 자살 행동을 중단/감소시키기 위해 내담자에게 동기를 부여하는 **전념 전략**을 활용하라.
   b. 행동 강화 요인을 확인하기 위해 **행동 사슬 분석**을 활용하라.
   c. 압도당하는 기분 그리고/또는 절망감을 관리하기 위한 대안적 적응 행동들을 확인하는 **해결 방안 분석**을 실시하라.

2. 정서적 불안정의 감소를 위해 [삶의 질 방해 그리고/또는 치료 방해 행동들을] 감소시키기
   a. 문제 행동을 일으키는 행동 강화 요인을 확인하는 **행동 분석** 및 **통찰력 분석**을 실시하라.
   b. 내담자가 문제 행동을 중단 또는 감소시키도록 동기를 부여하는 **전념 전략**을 실시하라.
   c. 대안 행동을 확인하는 **해결 방안 분석**을 실시하라.

치료의 작업 단계

작업 단계 치료 과제

1. 작업 동맹의 질을 확인하기. 다양성의 고려사항: [내담자의 연령, 성별, 문화적 배경 등을 고려했을 때 내담자에 대한 한계 설정이 적절한지 확인하는 방법을 설명하라.]
   평가 개입:
   a. 내담자가 내담자-상담자 관계에서 있을 수 있는 어려움을 인정하고 이를 **타당화**하라.

작업 단계 내담자 목표

1. 불안정한 정서와 충동적 행동 감소를 위해 내담자의 **정서 조절** 능력 증가시키기

개입:

a. 내담자가 정서를 인식하고 표현할 수 있도록 **정서적 타당화**를 활용하라.
b. 내담자의 정서에 이름 붙이기, 근거 없는 믿음에 이의를 제기하기, 부정적인 정서 줄이기, 긍정적인 정서 늘리기와 같은 **정서 조절 기술들을 연습해 보도록 지원하라.**
c. **행동 분석, 통찰 전략, 해결 방안 분석**을 병행해 스트레스에 대한 보다 적응적인 반응을 확인하라.
d. **현명한 마음**을 이용하도록 격려해 내담자가 정서와 사고의 균형을 찾도록 도와라.

2. 대인관계 갈등 감소를 위해 개인 및 작업 관계에 미치는 **대인관계 효율성**을 증가시키기

개입:

a. **정서적, 인지적, 행동적 타당화**를 통해 내담자가 관계 안에서 어떻게 경험하고 행동하는지를 스스로 이해하도록 도와주고 이러한 것들이 다른 사람에게 어떻게 이해되는지 느끼도록 도와라.
b. **대인관계 효율성** 기술을 낮은 강도로 요청해서 근거 없는 믿음에 도전해 보고, 공동체 내에서 연습해 보도록 내담자를 도와라.
c. **행동 분석, 통찰 전략, 해결 방안 분석**을 병행해 내담자가 다른 사람들과 관계를 형성하기 위하여 보다 적응적인 전략들을 확인할 수 있도록 도와라.
d. 상담 관계 내에서 대인관계 기술을 연습하기 위해 위기 상황 대처를 위한 **우발사고 관리 절차**와 **한계 설정**을 사용하라.

3. 위기 행동과 정서의 불안정성 감소를 위해 **고통 감내력**과 '무엇이든' 수용하는 능력을 증가시키기

개입:

a. **정서적, 인지적, 행동적 타당화**를 통해 고통스러운 상황들과 관련된 사고, 감정, 행동을 이해할 만한 것으로 느끼도록 도와라.
b. 내담자가 자기 위로, 기분 전환, 마음챙김 호흡과 같은 **고통 감내 기술**을 사용하도록 격려하라.
c. **해결 방안 분석**과 **현명한 마음**을 이용해 내담자가 고통스러운 상황에서 적절한 반응을 찾도록 도와라.

치료의 종결 단계

종결 단계 치료 과제

1. 추후 관리 계획을 세우고 성과를 유지하기. 다양성의 고려사항: [개인, 가족, 종교 및 민족 공동

체 집단 같은 사회적 자원들을 포함하라.]

개입:

a. 내담자가 치료과정 안에서 얻은 성과를 유지하기 위해 치료 종결 후 이용할 수 있는 특정한 관계, 지지 집단, **가장 선호한 훈련**을 확인하라.

종결 단계 내담자 목표

1. [트라우마 관련 증상] 감소를 위해 과거 **트라우마**[그리고/또는 차별 경험]에 관한 결단력을 증가시키기

개입:

a. **정서적, 행동적, 인지적 타당화**를 통해 내담자가 과거의 트라우마([그리고/또는 차별])에 관해 검증되었다는 느낌을 갖도록 도와라.

b. **통찰 전략**을 이용해 내담자가 트라우마 기억과 이야기를 이해하도록 도와라.

c. **해결 방안 분석**을 통해 특정 트라우마 증상에 대한 대안을 확인하라.

d. **현명한 마음**을 이용하도록 격려해 과거의 트라우마를 납득하도록 도와라.

2. 무가치함과 절망감 감소를 위해 **자존감**과 **목표 달성** 능력을 증가시키기

개입:

a. 내담자의 목표와 포부를 **타당화**하는 동시에 필요시 내담자가 **자기 타당화**하는 방법을 배울 수 있도록 도와라.

b. **해결 방안 분석**을 통해 내담자가 개인 목표를 이루는 적응 전략을 찾을 수 있도록 도와라.

c. **통찰 전략**을 이용해 내담자가 자존감과 자기 연민을 갖도록 도와라.

트라우마 초점의 인지행동치료

요약: 당신이 알아야 할 기본적인 내용

트라우마 초점의 인지행동치료(Trauma Focused-CBT: TF-CBT; Cohen, Mannarino, & Dehlinger, 2006, 2012)는 성적 학대, 부모의 사망, 또는 자연 재해 같은 트라우마 사건을 경험했던 아동 및 청소년과 함께 작업하는 근거 기반 접근법이다. 이 모델은 트라우마를 해결하기 위해서뿐만 아니라 아동과 가족의 자기 효능감을 키우는 데 궁극적인 목표를 둔 단기적이고 강점 기반의 모델로 설계되었다. 이 프로그램은 개별적으로 특정한 내담자의 필요를 충족시키게끔 조

정될 수 있는 10개 요소로 구성되어 있다. 이름에서 알 수 있는 바와 같이, 프로그램은 인지행동치료에 기반할 뿐만 아니라 가족 체계 이론(11장), 인본주의 접근(6장), 그리고 아동 발달 이론이라는 요소들을 통합한다. 이 모델은 아동과 부모를 위한 트라우마에 대한 심리교육은 물론 주 양육자가 가정에서 아동을 양육하는 것을 도와주기 위한 부모 훈련으로 시작한다. 부모 교육 요소들에는 이완 훈련, 정동 표현 및 조절, 인지 대처, 트라우마 설명, 실제 상황 노출 숙달(in vivo mastery), 그리고 미래의 안전이 포함된다. TF-CBT는 아동과 청소년에게 개선된 트라우마 치료를 제공하기 위해 정부와 주의 기관들에 의해 널리 채택되었다(Sigel, Benton, Lynch, & Kramer, 2013; Sigel, Kramer, Conners-Burrow, Church, Worley, & Mitrani, 2013). 전문가들은 이 근거 기반 접근법에 대한 초기 훈련을 제공하는 10시간 분량의 무료 입문 강의를 온라인으로 이용할 수 있다(www.tfcbt.musc.edu).

핵심: 이 이론의 중요한 공헌

이 장에서 한 가지를 기억해야 한다면, 그것은 바로 다음의 내용이다.

▪ 트라우마 내러티브

트라우마 내러티브는 TF-CBT의 대표적 개입 방법으로, 이는 심리교육, 이완, 인지적 대처가 이루어지고 난 후에 이루어져야 한다(Cohen et al., 2006, 2012; Smith & Saunders, 2005). 트라우마 내러티브는 트라우마에 대한 생각과 기억을 강력한 감정에서 떼어 내도록 설계된 **점진적 노출 기법**(gradual exposure technique)으로 간주된다. 트라우마 내러티브에는 이야기를 구두로 공유하는 것뿐만 아니라 글로 공유하는 것도 포함된다. 임상학적으로 개입은 다음과 같이 도움이 된다.

- 회상이나 악몽과 같이 거슬리고 속상한 이미지 줄이기
- 트라우마 단서 및 감정의 회피 줄이기
- 불필요한 생각과 믿음 관련 트라우마 확인하기
- 학대를 상기시키는 경험에 대비하도록 아동을 돕기

해를 거듭할수록, 트라우마 내러티브가 정신적 트라우마를 경험한 어른과 아동이 그 트라우마에 대한 생각과 느낌을 하나로 통합하는 것을 도와주는 것이 필수적임이 연구를 통해 점점 더 많이 드러나고 있으며, 일부는 트라우마 내러티브가 보다 건강한 신경 상태로 복구되는

데 도움이 된다고 주장한다(Siegel, 2010). 트라우마 내러티브는 치료의 몇 가지 핵심 요소를 기반으로 하며, 트라우마 내러티브를 형성하는 방법은 다음의 '실행에 옮기기: 개입'에서 자세하게 다루어진다.

풍문: 사람들과 그들의 이야기

주디스 코헨 주디스 코헨(Judith Cohen)은 소아청소년 정신건강의학과 전문의이며 피츠버그 앨러게니 종합병원 아동·청소년 트라우마 스트레스 센터의 의료 실장이다. 주디스 코헨과 안토니 마나리노(Anthony Mannarino)는 1980년대에 아동과 청소년의 트라우마 치료를 주제로 공동 연구를 시작했는데, 이는 처음으로 성적 학대 경험이 있는 아동에게 초점을 맞춘 연구였다. 이들의 연구가 TF-CBT의 기본 토대가 되었다. 주디스 코헨은 『외상연구저널(Journal of Traumatic Studies)』의 부편집장으로, 아동과 청소년의 외상 후 스트레스 장애를 진단하고 치료하는 분야에서 널리 인정받고 있다.

안토니 마나리노 마나리노는 자격을 취득한 임상심리사이며 아동·청소년 트라우마 스트레스 센터의 의료 실장으로 1980년대 초부터 주디스 코헨과 함께 일하고 있으며, 코헨과의 공동 연구를 통해 TF-CBT 개발을 완성했다. 그는 아동기 트라우마는 물론 스트레스와 비애 분야의 전문가로 널리 인정받고 있으며, 자신의 연구로 수많은 연방 보조금을 지원받고, 수많은 상을 수상했다. 그는 피츠버그 앨러게니 종합병원의 정신건강의학과 의장을 역임하고 있으며 드렉셀 의과대학 정신건강의학과 교수이기도 하다.

에스더 데블링거 에스더 데블링거(Esther Deblinger)는 뉴저지 의학 및 치의학 대학교 정신건강의학과 교수이며 아동 학대 연구 교육 서비스 센터의 공동 소장이다. 그녀는 코헨 박사 및 마나리노 박사 팀에 합류하기 전에, TF-CBT 모델을 개발하기 위해 트라우마를 경험한 적이 있는 아동을 대상으로 여러 건의 독립적인 무작위 임상 실험을 실시했다. 그녀는 트라우마 내러티브 개입을 최초로 개발한 사람들 중 한 명이다.

큰 그림: 상담과정의 개관

■ 핵심 가치

TF-CBT 상담과정의 기초가 핵심 가치에 요약되어 있다(Cohen et al., 2006, 2012).

- **구성요소 기반**: 이 접근법은 10가지 구성요소로 이루어져 있으며, 각각의 단계들 간의 상관관계가 존재하고 특정 아동과 가족이 필요로 하는 것이 간편하게 조정된다.
- **다양성 존중**: 트라우마 사건의 영향을 평가할 때와 가족이 트라우마를 치유하도록 지원할 때 개인, 가족, 공동체, 문화, 종교 등의 믿음과 가치를 고려한다.
- **적응성**: 유연성과 창의성은 TF-CBT의 10가지 구성요소를 성공적으로 이행하는 데 필수적이다.
- **가족 중심**: 이 접근법이 아동 치료법이긴 하지만, 부모와 가족은 치료 과정에 밀접하게 연관된다. 연구에 따르면, 울화나 반항과 같은 외현화 행동을 치료하는 데 부모와 가족이 특히 중요하다는 것이 밝혀졌다(Dehlinger, Mannarino, Cohen, Runyon, & Steer, 2011).
- **치료적 관계 중심**: 안전하고 믿을 만한 치료적 관계는 아동과 그 가족이 트라우마를 치유하는 데 필수적이다.
- **자기 효능감 중심**: TF-CBT는 트라우마 증상 치료뿐만 아니라 아동과 가족의 자기 효능감을 높이는 것, 회복성 촉진과 장기적 안녕감 유지를 목적으로 한다.

■ 치료 구조와 구성요소

아동과 가족을 위한 TF-CBT의 개별 치료는 초기에 시작하는 접근법이지만 점차 합동 가족 치료로 바뀐다(Cohen et al., 2012). 하지만 아동이 심각한 문제 행동을 가지고 있는 경우, 부모가 양육 기술을 배우고 아동이 대처 기술을 배우도록 추가적인 지원을 제공하기 위해 합동 치료를 실시한다. 부모 참여는 긍정적인 결과를 내는 데 핵심적인 역할을 하는 것으로 알려져 있다.

이 접근법은 개별적으로 맞추고 조정할 수 있는 유연성이 있지만, 일반적으로 TF-CBT의 10가지 단계들은 이전의 방법을 기반으로 생성되었기 때문에 상담자는 TF-CBT의 10가지 단계들을 순차적으로 진행해야 한다. 10가지 구성요소들은 일반적으로 트라우마의 형태와 무관하게 트라우마로 고통을 호소하고 있는 모든 아동에게 적용된다. 그러나 특정 아이와 가족에게는 특정 구성요소들이 다른 구성요소들보다 더 적합할 수 있으며, 상담자는 내담자의 필요를 가장 잘 채워 주기 위해 필요에 따라 조정할 수 있다. 나아가, 특정 구성요소가 도입되면 다른 구성요소들과 함께 또는 새로운 개발에 대응해 다시 그 특정 구성요소를 논의하는 것이 일반적이다. 가정폭력 상황 등 트라우마가 진행 중인 상황에서 안전과 양육 참여는 대체적으로 치료 초기에서 다루어진다. 뿐만 아니라, 트라우마 내러티브를 통해 작업하는 과정은 진행 중인 트라우마를 설명하기 위해 조정된다(Cohen, Mannarino, & Murray, 2011).

TF-CBT의 10가지 구성요소는 다음과 같다.

1. TF-CBT에 관한 심리교육
2. 양육 기술
3. 이완
4. 정서 표현 및 조절
5. 인지적 대처 및 처리 I
6. 트라우마 내러티브
7. 인지적 대처 및 처리 II
8. 실제 상황 노출 숙달시키기
9. 자녀-부모 합동 회기
10. 미래의 안전 및 발달 증진시키기

■ TF-CBT 회기 진행

TF-CBT가 각 내담자의 필요에 맞게 조정되긴 하나, 일반적으로 90분씩 12주 또는 60분씩 16~20주 형식으로 제공된다(Hoch, 2009). 90분짜리 회기에서, 45분은 비공격적인 부모 또는 보호자와 함께 보내고, 나머지 45분은 아동과 보내지만 필요시 집단 회기를 한다. 마찬가지로, 60분짜리 회기는 부모와 자녀가 균등하게 나누어 시간을 보낸다. 90분 모델의 경우, 12회 회기는 일반적으로 다음과 같이 나뉜다.

1~4 회기

- 심리교육과 자녀 양육 기술
- 이완 및 스트레스 관리
- 정서 표현 및 조절
- 인지적 대처

5~8 회기

- 트라우마 내러티브 개발 및 처리
- 점진적 실제 상황 노출

9~12 회기

- 부모-자녀 합동 회기
- 미래의 안전 및 개발 증진시키기

■ 단계 중심 치료

외상성 사별을 경험한 대상과 작업할 때, TF-CBT는 트라우마 증상을 먼저 다룬 후 비애를 다룬다(Cohen et al., 2006). 이는 아동이 회상 또는 죽음 같은 특정 유형의 트라우마 증상을 가지고 있을 경우에 특히 중요하다. 더욱이 많은 아동이 트라우마 회피 증상을 가지고 있기 때문에 사별 작업에 관여한 것만으로는 효과적으로 아동의 감정을 공감하지 못할 수도 있다. 트라우마와 사별 치료가 2개의 별도 단계로 개념화되었더라도, 일부 아동은 당시에 어떠한 문제가 더 중요한가에 따라 2단계를 자연스럽게 왔다 갔다 한다.

관계 형성하기: 치료적 관계

■ 상담 관계의 중심

트라우마를 경험한 아동은 안정감과 신뢰감의 상실로 이어지는 경험을 하기 때문에 상담 관계는 TF-CBT의 핵심으로 간주된다(Cohen et al., 2006). 성적 학대 또는 다른 형태의 대인 폭력을 겪은 아동에게 있어, 다른 어른을 신뢰하는 것은 특히 어려울 수 있다. 따라서 상담 관계는 무엇보다도 트라우마를 겪은 아동에게 안전하고, 양육적이며, 수용적이고, 신뢰할 수 있는 관계여야 한다. 마찬가지로, 트라우마를 겪었던 아동의 부모도 직접적이든(예: 부모 역시 가해자에 의해 학대를 받음) 간접적이든(예: 자신들의 아이가 학대당했다는 것을 알게 됨) 트라우마를 겪은 적이 있다. 경우에 따라, 아동은 자신의 부모 또한 정신적 트라우마를 겪었거나 또는 부모에게 짐이 될 것 같은 부담감 때문에 부모에게 도움을 요청하지 않는다. 이러한 경우, 상담자는 부모가 자녀를 지지하는 가장 중요한 사람으로 회복하도록 도와줄 수 있을 때까지 아동을 안전하게 지켜 주고 지지하는 모델 역할을 한다.

코헨 등(2006)은 지나치게 TF-CBT의 다양한 과제들과 구성요소에 집중하기보다는 정서적으로 내담자에 맞춰 머무르는 것이 중요하다고 강조한다. 이들은 상담자에게 내담자와 다음과 같은 인본주의적 관계(6장) 형성을 권장한다.

- 초점화해서 경청하기
- 비언어적 의사소통에 주의를 기울이기
- 반영적 경청
- 명확한 공감
- 진심 어리고 '진실'되기
- 명시적인 메시지와 숨어 있는 메시지에 응답하기

■ 임상적 판단

TF-CBT는 특정 구성요소를 이용하는 표준화된 치료이지만, 개별 내담자의 필요에 맞도록 모델을 조정하는 데 **임상적 판단**이 중요하다(Cohen et al., 2006). 구성요소를 하나씩 실행해 나가면 그 모델을 자동적으로 이행할 수 있다고 생각하는(또는 그렇게 될까 봐 두려운) 상담자는 실망할 것이다(또는 그 대신에 안도할 것이다). 트라우마를 겪은 아동과 그 가족을 치료하기 위해서는 상담자가 개별 내담자의 요구와 최상의 모델 개입 방법을 꾸준히 숙고해야 한다. 예를 들면, 한 아동 또는 청소년이 자해를 하는 경우, 이 위험한 행동을 먼저 다루어야 한다. 마찬가지로, 상담자는 특정한 아이가 자해를 끝내도록 도와주는 최상의 방법을 생각해 내기 위해 그 모델이 제공한 지침뿐만 아니라 이전의 모든 훈련과 지식을 적용해야 한다.

조망하기: 사례개념화

■ 트라우마 평가

트라우마 정의하기 트라우마를 겪은 적이 있는 아동과 청소년에 대한 치료의 일환으로, **트라우마 평가**는 TF-CBT가 적절한 치료 개입인지를 판단하기 위해 진행된다. 트라우마는 여러 가지 중요한 면에서 스트레스와 다르다(Cohen et al., 2006). 심각할 수 있는 스트레스와 달리, 트라우마에는 다음이 포함된다.

- 갑작스러운 또는 예기치 못한 사건
- 믿기 어려운 충격적인 사건
- 죽음 또는 생명이나 신체적 무결성에 대한 위협
- 극심한 두려움, 공포 또는 무기력

아동기 트라우마 사례들에는 성적/육체적 학대, 학교 총격 사건, 심각한 교통사고, 중대한 의료 수술, 전쟁/테러, 자연 재해, 또는 사랑하는 이의 갑작스런 죽음이 있다. 이와 대조적으로, 이혼 스트레스 또는 노년기 배우자의 죽음은 일반적으로 트라우마의 기준에 맞지 않는다.

회복 탄력성과 트라우마 트라우마 사건에 노출되거나 경험한 모든 아동이 트라우마 증상이나 PTSD로 발전하지는 않는다(Cohen et al., 2006). 학대받거나 방치된 아동들 가운데 약 22%가 트라우마에서 회복된 것으로 밝혀졌는데, 이는 트라우마를 겪은 아동들의 대다수가 치료 지원을 받았다는 것을 보여 주는 것이다(De Bellis & Zisk, 2014). 아동의 발육 수준, 선천적 그리고/또는 학습된 회복 탄력성, 지지적 관계 그리고/또는 다른 지원책 등 **여러 가지 회복 탄력성 요인들**이 트라우마를 막는 완충제 역할을 하는 것처럼 보인다. 따라서 동일한 트라우마에 노출된 2명의 아동은 나이, 선천적 회복 탄력성, 트라우마 사건에 대해 부여하는 의미에 따라 아주 다른 반응을 보일 수 있다. 일반적으로, 아동이 어릴수록 아동의 대처 능력은 부모의 대처 능력과 긍정적 상관 관계를 더 많이 보인다.

PTSD의 진단 『정신질환의 진단 및 통계 편람(DSM-5)』(APA, 2013) 최신판에는 6세 미만 아동의 외상 후 스트레스 장애(PTSD)의 새로운 진단 기준과 6세 이상 아동 및 성인의 개정된 진단 기준이 포함되어 있다. 아동을 위한 새로운 기준은 놀이나 다른 비언어적 표현을 통해 트라우마를 표현하는 아동의 경우 트라우마를 좀 더 정확하게 평가할 수 있도록 조정되었다. 새로운 2개의 진단 기준은 모두 트라우마 증상을 네 가지 유형으로 분류한다.

- **침습적 증상**: 심리적 고통 그리고/또는 생리적 반응을 야기시키는 사건과 관련된 기억이나 꿈
- **회피성 증상**: 트라우마 사건에 대한 괴로운 생각, 기억, 느낌, 그리고/또는 외적으로 상기시키는 것을 회피
- **인지 및 기분의 부정적 변화**: 트라우마 요소 기억 불능, 정신적 트라우마로 인한 부정적 믿음, 트라우마의 원인 또는 결과와 관련된 왜곡된 인지, 지속적으로 부정적인 기분 상태 등
- **각성 및 반응의 변화**: 불쾌한 기분, 무모한 행동, 과다 각성, 과장된 놀라운 반응, 집중력 장애, 그리고/또는 수면 장애

PTSD 평가는 종종 의사의 비표준화된 진단 인터뷰로 진행된다. 공식 평가를 사용하는 경우, 코헨 등(2006)은 다음 중 하나를 사용하도록 권장한다.

- UCLA PTSD 반응 지표
- 트라우마 사건 선별 척도-아동 버전

복합 트라우마 가끔 트라우마에 노출된 아동 또는 청소년은 **복합 트라우마**라 불리는 단계로 발전하는데, 많은 영역에서 일상적인 기능의 상시적인 어려움이 특징이고 지속적인 성적 학대 같은 만성적인 아동기 대인적 트라우마와 연관이 있다(Cohen et al., 2006; Cohen, Mannarino, Kliethermes, & Murray, 2012; Wamser-Nanney & Vandenberg, 2013). 이러한 아동은

중증 심리적 불안정, 심한 갈등 관계, 낮은 자존감, 자해 행동, 물질 남용 문제, 학업 문제를 일으킨다. TF-CBT는 복합 트라우마를 가지고 있는 성향의 청소년에게 적용되었지만, 연구자들은 여전히 이러한 내담자의 필요를 가장 잘 충족시킬 수 있는 방법을 찾고 있다. 대처 기술 단계(coping skill phase)에 시간을 더 많이 할애하고, 안전 구성요소를 더 일찍 그리고 필요한 경우 지속적으로 이행하며, 더 천천히 그리고 점진적으로 노출시키고 모든 사고의 트라우마 주제를 추적함으로써 복합 트라우마에 맞게 TF-CBT를 조정한다(Cohen et al., 2012).

트라우마와 뇌 시간이 갈수록 점점 더 많은 연구자들이 심리적 트라우마가 아동에게 미치는 생리적 영향을 연구하고 있다(Cohen et al., 2006; De Bellis & Zisk, 2014; Rinne-Albers, van der Wee, Lamers-Winkelman, & Vermeiren, 2013; Siegel , 2010). 뇌가 아동기 트라우마에 의해 어떠한 영향을 받는지에 대해 여전히 많은 부분들이 밝혀지지 않았지만, 연구를 통해 다음 패턴의 일부가 확인되었다. 트라우마를 겪은 아동은 다음과 같은 패턴을 보이는 경향이 있다.

- 더 높은 휴식기 심박수와 혈압
- 더 높은 신체적 긴장도
- 예민한 과잉 각성 상태
- 더 작은 두개골 내부의 부피(두뇌 크기)
- 더 낮은 지능지수(IQs)
- 더 작은 뇌량
- 손상된 신경 결합과 최적 상태일 때의 두뇌 기능
- 트라우마와 관련된 내현 및 외현 기억 통합의 어려움

동반 장애의 진단 PTSD로 진단받은 아동들에게는 다른 정신 질환도 있기 때문에 트라우마를 겪은 아동에 대해 다음을 평가해야 한다(Cohen et al., 2006).

- 우울증
- 자살 및 자해
- 조현병
- 약물 남용
- 품행장애

■ 외상성 비애 진단

외상성 비애란 사랑하는 사람의 예기치 못한 죽음 그리고/또는 변사했을 때 겪는 괴로움을 말한다(Cohen et al., 2006). 외상성 죽음(traumatic death)의 사례에는 폭력, 사고, 자살, 자연 재해, 테러에 의한 사랑하는 사람의 사망, 또는 사체의 최초 발견자가 되는 경우가 포함된다. 외상성 비애는 일종의 **복합 비애**로, ① 분리 고통과 ② 트라우마라는 증상이 있다는 측면에서 **정상적인 또는 비복합적 비애 과정**과 구별된다. TF-CBT에서 복합적 비애를 겪은 경험이 있는 아동은 구성요소가 다른 트라우마 치료와 비애 치료를 모두 받는다. 통상적으로 트라우마 증상을 먼저 치료한 다음에 비애를 치료하는데, 이는 특정 아동의 상황에 따라 달라질 수 있다. 아동기 외상성 비애를 진단하기 위해, 코헨 등(2006)은 다음 기준을 사용한다.

1. 아동이 트라우마를 겪거나 두려움을 느끼는 상황에서 사랑하는 사람의 죽음
2. 외상성 죽음의 원인과 관련된 유의한 PTSD 증상
3. 효과적으로 애도할 수 있는 아동의 능력에 영향을 주는 PTSD 증상

■ 아동의 트라우마 증상

트라우마를 겪은 아동들을 진단할 때, TF-CBT 상담자는 치료계획 뒷부분에 표적이 되는 다음의 기능 영역을 진단한다(Cohen et al., 2012). 아동 기능 진단의 첫 글자를 따서 CRAFTS라 한다.

- **인지 기능**(Cognitive functioning): 역기능적 사고방식, 학습 장애, 또는 집중력 장애
- **관계적 기능**(Relational functioning): 친구 또는 가족과의 갈등 문제, 친구 또는 가족 피하기, 또는 대인관계에 대한 신뢰감 손상
- **정서 기능**(Affective functioning): 감정 표현 그리고/또는 불안, 우울, 또는 분노 조절의 어려움
- **가족/양육자 문제**(Family/Caretaker problem): 양육 문제, 부모-자녀 갈등, 대가족 문제, 위탁 가정에 배치 등
- **트라우마로 인한 행동**(Traumatic behavior): 기피 증상, 성적 행위, 공격성, 그리고/또는 불복종
- **신체화 증상**(Somatic symptoms): 수면 장애, 과잉 각성, 두통, 복통, 또는 외상 관련 기억 또는 촉발시키는 상황에 대한 기타 신체적 반응

■ 트라우마 이전의 아동의 기능과 강점

TF-CBT 전문가는 가능할 때마다 아동의 트라우마 이전 기능에 대한 정보를 얻고자 하는데, 이 정보들이 대처와 기질에 대한 기준선을 제공하기 때문이다(Cohen et al., 2006). 이 밖에도 이전 기능을 평가하는 것이 아동의 회복 능력과 회복이 가능한 영역을 파악하는 데 도움이 될 수 있다. 이전 기능과 능력을 평가할 때, 상담자는 다음과 같은 아동의 이전 상태를 조사한다.

- 기질
- 대처 기술
- 기존의 심리적 문제
- 강점과 관심사

일단 이러한 요소들이 확인되면, TF-CBT 상담자는 현재의 강점, 회복 탄력성의 영역, 그리고 학업과 방과 후 활동, 사회적 · 정서적, 행동적 · 관계적 영역에서 적응 기능을 보다 잘 평가할 수 있다. 예를 들면, 한 아동은 집에서 문제를 야기할 수 있으나 학교나 축구팀 또는 친구들과 있을 때는 문제없이 잘 기능하는 트라우마 증상을 갖고 있을 수도 있다.

■ 기저선 내러티브

TF-CBT 전문가는 트라우마에 대한 이야기를 준비하면서 아동에게 긍정적인 경험에 대한 이야기를 표현해 보도록 요구하는데, 이것이 이 접근법의 핵심 요소이다(Cohen et al., 2006). 연구자는 아동에게 학대 경험을 말하기 전에 긍정적이거나 중립적인 이야기를 먼저 하도록 유도하면, 아동이 이야기를 더 자세하고 일관되게 한다는 것을 발견했다. 따라서 긍정적인 경험을 먼저 이야기하도록 하는 것은 결국 트라우마 작업의 기저선이 되고 다른 한편으로 친밀한 관계가 쌓이고 강점을 확인하는 결과가 된다. 이 내러티브의 일환으로, 아동에게 자신의 기분, 생각, 신체 감각을 묘사하도록 말해 보라고 요구한다. 이 평가를 통해 아동이 기분을 구두로 표현하는 데 어휘가 제한적이라는 것을 알 수 있었는데, 이 평가 결과는 치료계획에 영향을 미칠 수 있다. 긍정적인 사건에 대해 말한 후, 인터뷰에서는 내담자의 회피 수준과 대처 기술의 수준을 평가하기 위해 트라우마 사건에 대해 비슷한 몇 가지 질문을 한다.

내러티브 질문의 기저선(샘플)

긍정적인 사건에 대한 첫 번째 단서: "나는 너를 알게 되어 정말 기쁘단다. 네가 최근에 참여했던, 정말로 좋았던 활동에 대해 내게 말해 주었으면 한다. 네가 좋아하는 활동이나 인상 깊었던 최근의 파티에 대해 내게 얘기해 줄 수 있니?"(Cohen et al., 2006, p. 25)

아동의 반응: 아동이 자발적으로 반응하도록 허용하라. 필요하면 다음과 같은 개방형 답변을 얻을 수 있는 질문을 사용하라.

긍정적인 사건에 대한 후속 질문들

- 활동 중에 떠오른 생각을 설명해 줄 수 있니?
- 이 활동을 하면서 기분이 어땠는지 말해 줄 수 있니?
- 이 활동을 하면서 느낀 신체 감각을 설명해 줄 수 있니?
- 그다음에 어떻게 되었니?
- (특정한 세부 사항을 알 수 있도록) 좀 더 많이 얘기해 줄 수 있니?

트라우마 내러티브 단서: "네가 생일 파티에서 일어난 일에 대해 잘 말해 줬어. 이제 나는 경찰이 네 집에 왔던 날 일어났던 모든 일에 대해 내게 말해 줬으면 좋겠구나. 경찰이 오기 전 또는 후에 무슨 일이 일어났는지 내게 얘기해 줄래?"(p. 26)

첫 번째 트라우마 내러티브를 말했던 것에 대한 후속 질문: 세부적인 것을 말하라고 밀어붙이기보다는 안전한 맥락을 구축하는 데 중점을 두어야 한다. 아동이 편안해 보이고 그것이 임상적으로 적절해 보이면, 앞에서 했던 질문들과 비슷한 후속 질문들을 사용할 수 있다. 이때, 기본적인 내러티브를 쉽게 말할 수 있도록 폭넓은 개방형 질문이 필요할 수 있다.

칭찬: 트라우마와 관련하여 자신의 경험을 공유해 준 아동에게 칭찬을 제공한다.

스스로 해보기

파트너를 찾아 기준선 내러티브와 트라우마 내러티브를 평가하는 역할 놀이를 해 보세요. 여러분이 아동이 되어 역할 놀이를 하거나 실제 개인적인 사건을 사용할 수도 있습니다.

■ 표준화된 검사

TF-CBT 전문가는 표준화된 검사를 이용해 PTSD나 우울증 등 관련 장애를 평가할 수도 있다. 코헨 등(2012)은 다음 도구들을 권한다.

- 학령기 아동의 정서 장애 및 조현병 조사표: 현재 버전과 생애 전반의 버전
- UCLA PTSD 반응 지표

- 아동 우울 척도(Children's Depression Inventory)
- 아동 행동 점검표(Child Behavior Inventory)
- 강점과 약점 질문(Strength & Difficulties Question)
- 다차원 불안 척도(Multidimentional Anxiety Scale)
- 아동용 상태-특성 불안 척도(State-Trait Anxiety Inventory for Children)
- 수치심 척도(Shame & Scale)

▪ 자녀 양육 기능

트라우마는 물론 전반적인 아동의 상태와 관련이 있다는 점에서 자녀 양육 기능의 평가는 중요하다(Cohen et al., 2012). 연구 결과, 부모의 트라우마 관련 고통 수준이 자녀, 특히 어린 자녀의 정신적 고통 수준에 상당한 영향을 미친다는 것이 밝혀졌다. 특히 상담자는 부모 또는 보호자의 ① 트라우마에 대한 반응 그리고 ② 대처 방식을 평가해야 한다.

이 평가를 바탕으로, 상담자는 부모가 TF-CBT의 가족 치료에 참여하는 것 이외에 부모가 치료를 받도록 의뢰할 수 있다. 특정한 조치를 이용해 자녀의 트라우마에 대한 부모의 반응, 양육 기술, 일반적인 기능의 평가에 도움을 줄 수 있다. 여기에는 다음이 포함된다.

- 사건 충격 척도-개정판(Impact of Event Scale-Revised)
- 부모의 정서 반응 설문지(Parent Emotional Reaction Questionaire)
- 벡 우울 척도(Beck Depression Inventory)
- 양육 행동 설문지(Parenting Practices Questionaire)
- 앨라배마 양육 설문지(Alabama Parenting Questionaire)

변화를 겨냥하기: 목표 설정

▪ 적응 기능 최적화하기

TB-CBT의 가장 중요한 목표는 자기 효능감을 향상시키고 가족, 친구, 학교, 신체 건강, 정서 건강과 같은 삶의 전 영역에서 자녀의 적응 기능을 최적화시키는 것이다(Cohen et al., 2006; Hoch, 2009). 자녀의 상황에 따라 잠재적 목표에는 다음이 포함될 수 있다.

초기 단계 목표

- 침습적 사고와 기억 줄이기

- 회피 증상 줄이기
- 자해, 약물 남용, 또는 기타 고위험 행동 줄이기
- 자녀의 자기 위로 능력 향상시키기
- 한계 설정과 함께 부모 효과성 향상시키기

작업 단계 목표

- 정서를 효과적으로 표현하고 조절하는 자녀의 능력 향상시키기
- 강력한 정서나 반응을 촉발시키지 않고서도 트라우마 기억의 내성 키우기
- 트라우마와 관련해 부정확하거나 도움이 되지 않는 생각 줄이기
- 가족 그리고/또는 또래와의 긍정적인 상호작용 향상시키기

종결 단계 목표

- 아동의 현재와 미래의 안정감 향상시키기
- 부모와 자녀 간의 감정적 유대감 향상시키기/회복하기
- 상실과 관련된 적응적 수용 의식 증진하기
- 고인과의 관계를 재정의함으로써 관계를 긍정적으로 발전시키기

실행에 옮기기: 개입

■ 심리교육

TF-CBT의 첫 번째 구성요소는 심리교육으로, 이는 초기 전화 컨설팅으로 시작해서 치료 과정 내내 지속된다(Cohen et al., 2006, 2012; Smith & Saunders, 2005). 심리교육의 목적에는 ① 트라우마에 대한 자녀와 가족의 반응 정상화시키기, ② 트라우마와 치료에 대한 현실적 기대, 믿음, 그리고 인식을 발달시키기, ③ 회복에 대한 희망을 갖도록 격려하기가 포함된다. 심리교육은 경험한 트라우마의 유형, 아동의 나이, 그리고 경험한 증상을 바탕으로 자녀와 부모에게 제공된다. 심리교육은 불안과 스트레스를 줄이고 치료 과정에 부모와 자녀를 효과적으로 참여시키는 강력한 개입이 될 수 있다.

초기 전화 컨설팅을 통한 심리교육

- 트라우마 증상, 자녀의 반응, 부모의 걱정을 정상화한다.
- 트라우마에 대한 긍정적 예후(대부분의 아이들이 좋아지고 회복된다; Cohen et al., 2006)

초기 평가 및 초기 회기 중 심리교육

- **학대와 트라우마에 대한 일반교육**: 연령에 맞는 트라우마 교육을 통해 자녀와 가족의 반응을 정상화한다.
- **트라우마에 특화된 교육**: 특정 유형의 트라우마에 대해 특별한 정보를 제공한다. 가정 폭력과 성적 학대를 겪은 어른과 아동을 위한 별도의 유인물을 코헨 등(2006)의 연구에서 구할 수 있다.
- **TF-CBT 치료에 대한 개관**: 전문가는 철학적 기초, 연구 기반, 구성요소를 나이에 맞게 개요를 제공한다. 이는 치료 과정에 대한 신뢰와 회복에 대한 희망을 형성하는 데 도움이 된다.
- **부모의 역할**: 아동기 트라우마 회복 시 부모의 역할은 물론 TF-CBT 과정에서의 부모 역할에 대한 교육도 제공한다.
- **위험 감소**: 마지막으로, 상담자는 미래의 트라우마를 줄이는 방법에 대한 정보를 제공한다.
- **성 교육(해당되는 경우)**: 성적 학대를 당했던 아동을 위해 연령에 맞는(부모의 허가하에), 성 교육도 제공할 수 있다. 상담자는 건강한 성생활, 신체 자각, 경계선, 건강 관련 이슈에 대한 정보를 제공한다.
- **비애(해당되는 경우)**: 아동이 트라우마로 인한 비애를 겪을 때, 상담자가 그 비애 과정에 대한 개요를 제공할 수도 있다.

■ 양육 기술 훈련

연구 결과에서 효과적인 부모 참여가 아동기 트라우마에서 성공적으로 회복하는 것을 크게 촉진시킨다는 것을 일관되게 보여 주기 때문에 양육 기술은 치료의 두 번째 구성요소이다(Cohen et al., 2006, 2012; Smith & Saunders, 2005). 앞에서 언급했던 트라우마와 PTSD에 대한 심리교육 이외에도 양육 기술 훈련은 통상적으로 다음의 주제들을 다룬다.

- **안전**: 부모는 트라우마를 겪은 자녀가 집, 학교, 공동체에서 안전하다는 것을 느끼도록 도와주는 효과적인 방법을 찾도록 돕는다. 이는 아동이 가질 수 있는 특정한 두려움에 중점을 두고 새로운 의식들, 일상적인 순서와 방법들, 또는 구조를 개발하는 일이 포함된다(예: 창 또는 문에 잠금장치 설치하기).
- **원하는 행동을 칭찬하기**: 원하는 행동을 격려하고 부정적인 행동을 줄이기 위해 가능한 많이 칭찬하고 긍정적인 관심을 기울이도록 부모를 격려한다. 회기 중 역할 놀이를 통해 다

음의 지침을 이용하여 칭찬을 하도록 부모를 격려한다.

- 포괄적으로 칭찬하기(예: "너는 참 착하구나.")가 아니라 **구체적인 행동**(예: "내가 처음으로 부탁했는데도 테이블 세팅을 잘했구나.")을 칭찬한다.
- 가능하면 **즉각적으로** 칭찬을 한다.
- 특히 새로운 행동을 강화하면서 **일관되게** 칭찬을 한다.
- 칭찬 후 비판을 가하고자 하는 유혹을 피한다(예: "너는 오늘 언니와 잘 나누어 쓰는구나. 어제도 병원에서 그렇게 했으면 좋았을 텐데").
- 칭찬과 비판은 같은 수준으로 제공되어야 한다.

• **부정적인 행동에 대한 선택적 주의**: 특히 아동이 부정적 관심을 통해 어떤 정서적 연결의 필요성을 충족시킨 것처럼 보이는 경우, 부정적 행동을 무심코 강화시키는 것을 피하기 위해 **선택적 주의**를 이용하도록 부모를 격려한다. 선택적 주의에는 부정적인 행동을 무시하거나 이러한 행동에 반응하지 않는 것이 포함되는데, 예를 들어 다른 활동에 차분히 집중하거나 평화롭게 부모가 걷는다거나 하는 행동이 포함된다. 선택적 주의에 반응을 잘하는 행동에는 다음이 포함된다.
  - 짜증 또는 분노 폭발
  - 적의에 찬 얼굴, 눈 굴림 등
  - 부모 조롱하기
  - 의도적으로 짜증스런 코멘트

• **타임아웃**(Time-Outs): 부모가 부정적인 행동을 다루는 법을 배우는 또 하나의 접근법은 구조화된 타임아웃이다. 타임아웃의 목적은 부정적인 행동을 막고 아동에게 마음을 가라앉히고 평정심을 되찾을 수 있도록 하는 데 있다. 다음 절차들이 타임아웃에 사용된다.

타임아웃 절차

• **차분한 경고**: 타임아웃 전에, 부모는 차분하게 원하는 행동을 요청해야 한다(예: "식사 중에는 의자에 앉거라"). 한 번 더 상기시킨다.

• **차분한 안내**: 자녀가 경고에 따르지 않으면, 부모는 조용히 자녀를 지정된 타임아웃 지점으로 안내한다.

• **장소**: 타임아웃 지점은 산만하지 않고 차분하고 조용한 장소여야 한다. 일부 청소년의 경우, 그들의 방은 자신의 마음을 가라앉힐 수 있는 효과적인 장소이다.

• **시간**: 나이 한 살 당 1분(예: 4살이면 4분)

• **타임아웃 중 행동 관리하기**: 아동이 타임아웃 중 집중하지 않고 다른 행동을 한다면, 타임아웃에 추가 시간을 둔다.

• **긍정적 마무리**: 타임아웃이 끝난 후, 부모는 긍정적인 행동이 긍정적인 관심으로 이어진다는 것을 알려 주기 위해 아동과 함께 긍정적으로 행동하기 시작한다. 일반적으로, 그 사건에 대해 다시 이야기할 필요는 전혀 없다. 부정적인 잔소리도 피해야 한다.

펠렌(Phelen, 2010)은 2~12세 아동을 대상으로 타임아웃을 이용하는 것에 대해 보다 자세하게 설명한다.

• **우발 행동 강화**: 원하는 행동을 강화하거나 문제 행동을 감소시키는 행동 목록을 사용할 수 있다.

■ 이완 기법

치료 초기에 아동에게 두 가지 기본적인 이완 기법인 집중적으로 호흡하는 법과 점진적인 근육 이완을 가르친다(Cohen et al., 2006; Smith & Saunders, 2005). 이완을 가르치는 목적은 이완 반응(스트레스 반응과 생리적으로 반대되며, 트라우마와 관련된 1차 반응)을 불러일으키도록 돕기 때문이다. 아동이 몸과 심지어 마음까지도 통제할 수 있도록 가르친다. 아동은 회기에서 기법을 배워 사용하며 집에서도 사용한다. 부모도 자신의 스트레스를 다스리는 것뿐만 아니라 자녀가 가정에서 이완 연습을 하도록 돕는 두 가지 목적을 가지고 이완 기법을 배운다.

집중적인/호흡 조절/명상

1. **근거**: 아동이 자신의 불안을 다스리는 데 호흡법이 도움이 될 것이라고 설명한다.
2. **설명하기**: 상담자가 몇 가지 호흡 연습 요소를 시범으로 보여 준다.
   • 한 손은 가슴 위에, 한 손은 배 위에 놓는다. 아동에게 배 위에 있는 손이 오르락내리락 할 정도로 숨을 깊이 들이마시게 한다('복식 호흡').
   • 호흡을 조절한 채, 숨을 들이마시며 5까지 세고, 내쉬며 5까지 센다.
   • 아동이 인지적으로 준비가 된 듯이 보이면, 호흡에 집중하면서 생각을 잠재우려는 요소를 더한다.
   • 아니면, 그 대신에 '차분함' 같은 느긋한 단어들을 이용해 마음을 가라앉힐 수 있다.
3. **회기 중 연습**: 상담 중에 시연해 볼 수 있다. 상담 말미에, 부모가 집에서도 아동이 연습하는 것을 도울 수 있도록 부모에게 명상 기술을 가르쳐 보라고 아동에게 권할 수 있다.
4. **집에서 연습**: 아동은 하루에 2회, 10분씩 집에서 연습을 한다. 연습일지를 활용하면 아동과 가족이 연습하는 것을 점검하는 데 도움이 된다.

스스로 해보기

파트너를 찾아 조절된 호흡을 가르치는 역할 놀이를 해 보세요.

■ 정서 표현 및 조절

아동이 복잡한 감정을 관리하는 법과 자신의 정서를 조절하는 법을 배우는 것을 도와주기 위해 몇 가지 고전적인 행동과 인지 개입을 도입하였다(Cohen et al., 2006, 2012; Smith & Saunders, 2005). 이 과정은 아동이 자신의 정서적 어휘를 만들어 부정적인 감정을 일으키는 부정적 인지를 막는 데 도움이 된다. 다음 기법은 정서 표현과 조절의 촉진을 도와주는 데 사용된다.

- **감정 식별하기**: 아동은 차트, 게임, 그림 그리기, 화이트보드 활동 등 다수의 기법을 이용해 다양한 감정에 이름을 붙이고, 식별하며, 논의하는 법을 배운다. 상담자도 아동이 기분의 강도를 평가하는 법과 그것들을 적절하게 표현하는 법을 배우도록 돕는다.
- **사고 중지**: 사고 중지하기는 침습적 기억을 경험한 아동에게 가르칠 수 있다. 아동은 큰 소리로 "그만!"이라고 말하거나 손사래 치면서 신호를 보내는 방법으로 원치 않는 생각을 멈추는 법을 배운다. 그러면 아동은 부정적인 생각을 긍정적인 생각으로 대체할 수 있다.
- **긍정적인 혼잣말**: 아동에게 감정 관리를 도와주기 위해 긍정적인 혼잣말을 가르친다. 아동이 격한 감정에 휩싸이거나 스트레스를 받았다고 느끼면 스스로에게 긍정적인 메시지를 주도록 격려할 수 있다.
  - "나는 이겨 낼 수 있어."
  - "지금은 상황이 나쁘지만, 사람들은 상황이 나아지도록 도와줄 거야."
  - "부모님이 여전히 나를 사랑하고 있어."
  - "다 좋아질 거야."
- **문제 해결 및 사회성 기술**: 행동 문제 또는 사회성 문제를 겪고 있는 아동은 문제 해결 또는 사회성 기술 훈련으로 효과가 나타날 수 있다.
- **놀이 응용**: 어린 아동과 작업할 때, 놀이 개입을 이용해 정서 표현과 조절의 방법을 가르친다(Drewes & Cavett, 2012). 예를 들면, 진저브레드 맨 감정 지도(Gingerbread Person Feelings Map)[1]를 이용해 감정을 이야기하는 법과 감정이 생리적으로 몸의 어느 부위에서 느껴지는지를 가르친다. 마찬가지로, 감정 제스처 놀이를 이용해 긍정적인 기분과 부정적인 기분을 표현해 보는 것을 가르친다.

■ 인지 삼각형과 인지적 대처

고전적인 인지치료의 전제 조건(9장 참조)을 바탕으로, TF-CBT 상담자는 부정적인 사고가 어떻게 부정적인 감정과 행동으로 이어지는지를 보여 주는 TF-CBT 인지 삼각형을 이용해 내담자에게 비생산적이고 부정적인 사고들에 대응하는 방법을 가르친다(Cohen et al., 2006; Smith & Saunders, 2005). 사람의 부정적인 인지가 보다 현실적이거나 도움이 되는 생각으로 바뀌는 것이 어떻게 사람의 감정과 행동을 변화시키는지를 보여 주기 위해 인지 삼각형이 사용되기도 한다. 인지 삼각형과 관련된 인지적 대처 기술을 2단계로 가르친다. ① 일반적으로 트라우마 내러티브를 시작하기 전에, ② 트라우마적 내러티브가 트라우마와 관련된 특정 문제가 있는 인식을 다룬 후 다시 트라우마 내러티브를 사용한다([그림 10-2] 참조).

주 목적은 아동(과 이들의 부모)가 사고와 감정을 구분하는 법을 배우도록 돕는 데 있으며, 그 결과 아동에게 도움이 되지 않는 믿음에 도전할 수 있게 된다(Cohen et al., 2006). 상담자는 다음과 같은 방법으로 이 과정을 쉽게 만든다.

- 사고와 감정의 차이를 알려 준다.
- 인지적 삼각형을 소개한다.
- 아동의 삶에서 경험한 몇 가지 사례를 이용해 생각 및 이와 관련된 감정과 행동을 식별한다.
- 부정적인 생각을 가지고 삼각형에 대해 다시 논하고, 부정적인 사고를 보다 도움이되거나 현실적인 사고로 대체한다.

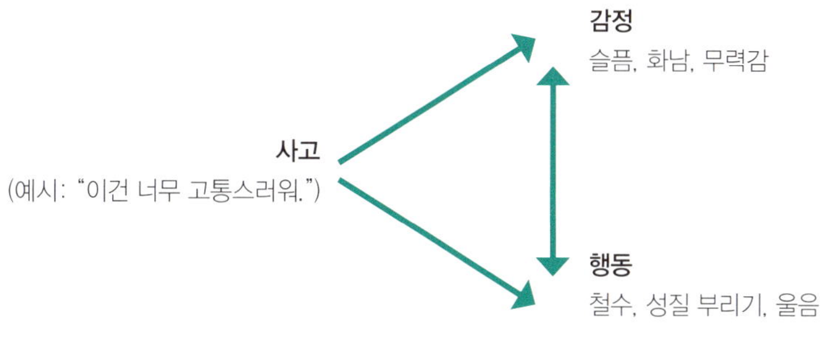

[그림 10-2] 인지 삼각형

1) 역자 주: 생강빵을 주인공으로 하는 동화로서 1875년 미국의 어린이 잡지 『St. Nicholas Megazine』에 'The Gingerbread Boy'라는 제목으로 실렸다. 동화에 다음의 유명한 대사가 있다. "달려 봐, 달려 봐, 있는 힘껏. 너는 나를 못 잡을 걸. 나는 생강빵 사람이니까(Run, run, run as fast as you can. You can't catch me. I'm a Gingerbread Man)." (출처: 나무위키)

트라우마 내러티브의 인지 과정 일단 트라우마 내러티브를 만들어 내면, 이 접근법을 이용해 "모두 내 잘못이야." 또는 "내가 더 잘 알았어야 했어." 등 내러티브 중에 생긴 도움이 되지 않는 인식들에 도전할 수 있다. 이 단계에서 표적이 되는 인식에는 다음이 포함된다([그림 10-3] 참조).

- 수치심 또는 낙인
- 죄책감과 책임감
- 다른 사람들의 비적응적 불신
- 가해자 또는 트라우마에 대한 신념
- 사람의 신체 또는 개인적 안전에 대한 비적응적 느낌

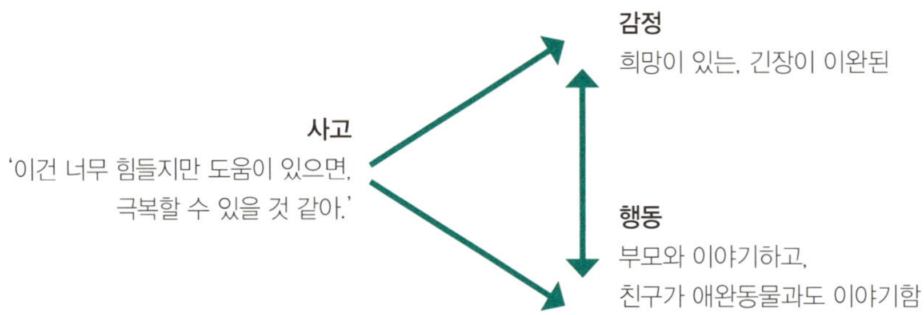

[그림 10-3] 더욱 명확한 사고가 반영된 인지 삼각형

▪ 트라우마 내러티브

트라우마 내러티브는 TF-CBT에서 트라우마 증상을 표적으로 삼는 1차적 개입이다(Cohen et al., 2006; Smith & Saunders, 2005). 앞의 '핵심: 이 이론의 중요한 공헌'에서 소개하였듯이, 일단 아동과 부모, 상담자 사이에 신뢰 관계가 형성되고, 트라우마를 보다 정확하게 이해하며, 명확한 이완 기술 및 대처 기술을 사용할 수 없게 되면 트라우마 내러티브 개입이 사용될 수 있다. 이러한 초기의 구성요소들이 아동과 가족이 트라우마 내러티브를 작업할 수 있도록 준비시키는데, 이는 하나의 점진적인 노출 기법에 해당한다. 과정에는 트라우마에 대해 이야기하기와 여러 번 검토된 바 있는 트라우마의 서면 기록이 포함된다. 내러티브를 다시 읽을 때마다 트라우마 기억과 그로 인하여 압도되는 감정, 다른 트라우마 증상들이 분리되면서 내러티브를 반복해서 읽는 경험이 안전한 맥락에 노출되는 또 다른 장을 제공한다.

트라우마 내러티브 과정에 대한 개요

- **아동과 부모에게 소개하기:** 먼저, 트라우마 내러티브를 만드는 과정을 아동, 부모와 함께

논의해야 한다. 법적 절차 또는 종교적 및 문화적 신념과 관련된 우려 등 부모가 가질 수 있는 우려가 직접 다루어져야 한다.

- **포맷 선택하기**: 트라우마 이야기를 구두로 공유하는 것 외에도, 아동에게 아날로그로, 디지털로, 또는 이 두 가지를 다 활용하여 만들 수 있는 책, 그림, 노래, 또는 시 같은 서면 설명을 만들어 보도록 요구한다. 어린 아동과 작업할 때, 상담자는 나이에 맞는 포맷으로 트라우마 내러티브를 말할 수 있도록 모래 상자, 인형, 또는 인형의 집 같은 적절한 놀이 매체를 찾기 위해 아동과 함께 작업해야 한다. 이런 경우, 상담자는 아동을 대신하여 내러티브를 받아 적을 수 있다(Cavett & Drewes, 2012).
- **내러티브 공유를 촉진하기**: 일반적으로 여러 회기를 진행하는 과정에서, 상담자는 아동(예: 나이, 그림, 가족 등) 그리고/또는 트라우마가 일어났던 전날에 대한 설명으로 시작하면서 내러티브의 공유를 촉진한다. 그런 다음, 상담자가 사건에 대한 생각과 느낌을 말해 보라고 하여 내러티브를 구두로 공유한다. 그 후 상담자는 선택한 매체(예: 그림 그리기와 내러티브 작성하기)로 사건을 기록한다.
- **내러티브 읽기**: 가능한 경우, 아동에게 작성된 부분만 읽어 보라고 요청한다. 그런 다음에 상담자는 아동에게 읽다가 떠오른 새로운 생각이나 느낌을 추가하라고 요구한다.
- **최악의 순간**: 아동에게 트라우마에서 '최악의 순간'을 포함시키고, 가능한 자세하게 이 순간에 대한 그림과 내러티브를 포함시켜야 한다고 말한다.
- **인지적 도전 과제**: 아동이 내러티브를 글로 작성한 후에야 상담자는 되돌아가 인지적 오류나 왜곡에 대해 이의를 제기한다. 상담자는 트라우마 내러티브로 되돌아가 다시 읽고, 도움이 되지 않는 믿음이나 인식을 하나씩 다루기 위해 그때그때마다 읽기를 멈춘다. 이런 일에는 지금-여기에 대한 역할 놀이, 또는 누구에게 책임이 얼마나 있는지를 묘사하는 '책임지기 파이' 그리기가 포함될 수 있다.
- **칭찬과 격려**: 트라우마 내러티브 과정 중 상담자는 스티커나 추가 놀이 시간 등 작은 보상 등으로 칭찬하고 격려한다.
- **부모와 공유하기**: 임상적으로 적절하면, 상담자는 아동의 트라우마 내러티브를 한 차례 이상의 합동 회기에서 부모와 공유하도록 해야 한다.

■ 실제 상황 노출 숙달시키기(In Vivo Mastery)

트라우마 내러티브를 다 읽은 후에도 두려움이 남아 있으면, **실제 상황 노출 행동 개입**(behavioral in vivo interventions)을 이용해 남아 있는 두려움을 다룰 수 있다(Cohen et al., 2006). 한 아동이 잠자기, 학교 가기, 또는 집을 나서기 같은 중요한 일상생활을 하기 어려울 정도로 두려움을 가지고 있을 때 이 개입을 사용할 수 있다. 고전적 행동 전략을 이용해, 상담자는 아동을 두려운 상황에 조심스럽고 천천히 노출시키는 계획을 세운다. 일반적으로 부모와 함께 계획을 세워야 한다. 계획에는 ① 낮에 침실에서 놀기, ② 밤에 침실에서 놀기, ③ 침실에서 동화책 읽기, ④ 안전한 사람과 방에서 자기, ⑤ 안전 대상을 가지고 방에서 혼자 자기 등 일주일에 며칠 동안 계속 할 수 있는 작은 단계들이 포함될 수 있다.

▪ 부모-자녀 합동 회기

합동 회기의 빈도는 아동의 연령, 트라우마의 유형, 부모의 참여 가능성, 트라우마에 대한 부모 자신의 반응 또는 경험에 따라 상당히 달라질 수 있다(Cohen et al., 2006; Smith & Saunders, 2005). 일반적으로 상담자, 아동, 부모는 언제 그리고 어떻게 가족 미팅을 가질지를 함께 결정한다. 형제자매는 대개 이러한 미팅에 참여하지 않는다. 전형적인 합동 가족 회기는 대체적으로 다음과 같은 형태이며, 필요에 따라 조정된다.

- 상담자가 15분 동안 아동하고만 만난다.
- 상담자가 15분 동안 부모하고만 만난다.
- 상담자가 30분 동안 부모와 아동을 함께 만난다.

가족 회기 준비 및 진행 권고사항(Smith & Saunders, 2005)은 다음과 같다.

- **부모의 준비도 평가하기:** 부모는 정서적으로 준비된 상태이어야 하며 반드시 아동을 적극적으로 지원할 능력이 있어야 한다. 경우에 따라 합동 회기가 생산적이 될 수 있도록 부모는 사전에 상담을 받을 수도 있다.
- **아이의 준비도 평가하기:** 아동이 부모와 트라우마 내러티브를 공유하기 전에 상담자와 트라우마 내러티브에 대해 얘기하면서 편안함을 유지해야 한다.
- **회기 목표 공유하기:** 정해진 합동 회기의 목표가 모든 참가자에게 명확하게 확인되어야 한다(예: 호흡 숙제 연습에 대해 얘기하기 또는 트라우마 내러티브 검토하기).
- **부모 준비시키기:** 부모는 아동에게 힘이 되는 조언을 주고 잠재적으로 어려운 질문에 대답할 준비가 되어 있어야 한다.
- **회기의 내용:** 트라우마 내러티브를 다루는 회기에는 다음의 세 가지가 포함되어야 하며, 특정한 순서 없이 다룰 수 있다. ① 트라우마 내러티브 공유하기, ② 개인 안전 문제, ③ 혼란 또는 우려 등이다.

- **회기 끝내기:** 합동 회기는 회기와 관련되거나 칭찬 또는 감사 공유하기 같은 긍정적인 격려로 끝나야 한다. 상담자는 회기 밖에서 트라우마에 대해 좀 더 얘기할 때 무엇을 그리고 어떻게 할지에 대해 명확한 지침을 주어야 한다.

■ 미래의 안전 및 발달 증진시키기

10가지 주요 구성요소들 가운데 마지막 요소는 미래의 안전 및 발달 증진시키기인데, 이는 아동이 다시 피해자가 될 위험이 높기 때문에 학대를 경험했던 아동에게 특히 중요하다(Cohen et al., 2006). 개인의 안전을 다루는 시기는 아동마다 다르지만, 일반적으로는 트라우마 내러티브가 진행된 후에 다루어진다. 아동은 누군가에게 말하기 또는 가해자를 피하려고 노력하기처럼 안전해지기 위해 행동한 것에 대해 칭찬을 받아야 한다. 상담자는 미래의 안전 기법에 대해 토론하면서 아동에게 "이전의 학대를 피하기 위해 그 아동이 더 많은 것을 했어야 했어."라는 뜻으로 말하지 않도록 주의해야 한다. 경험했던 트라우마의 유형에 따라, 개인 안전을 다루는 일에는 다음에 관한 지침이 포함될 수 있다.

- 학대에 대한 기본 지식, 즉 괴롭힘이나 또래 가해 행동과 같이 다른 사람들의 부적절한 행동이나 학대에 대한 이해
- 안전하고 적절한 접촉
- 안전에 대한 '직감적인' 반응을 확인하고 배우기
- 동료 및 어른들과 신체적 경계 설정하기
- 잠재적으로 위험하고 편치 않은 상황을 떠나는 방법
- 자기주장 훈련 및 역할 놀이
- 건전한 갈등 관리
- 긴급 상황 시 지원 요청하는 방법

언어적 지시 이외에, 역할극과 비슷한 시나리오나 가능한 예행 연습을 아동이 하도록 격려해야 한다. 고학년 아동에게는 좀 더 많은 것을 배우기 위해서 추가 자료를 읽거나, 자가 보호 관련 수업을 들어 보도록 격려할 필요가 있다.

모든 정보 통합하기: 트라우마 초점의 인지행동치료 사례개념화와 치료계획 양식

이론에 특화된 사례개념화: 트라우마 초점의 인지행동치료

■ 트라우마 내력

트라우마의 유형

- 현재 나타나는 트라우마
  - 단일 사건, 만성, 다중
- 다음 내용을 포함하는 다른 트라우마
  - 아동기 학대 및 방임
  - 집단 따돌림, 집단 괴롭힘
  - 이민 관련 트라우마
  - 자연 재해, 전쟁, 테러
  - 아동기에 심각한 질병을 앓거나, 심각한/생명을 위협하는 질병을 앓고 있는 보호자 또는 형제의 사별(상실) 또는 사망
  - 기타
- 학대와 관련된 문화/다양성 문제
  - 학대와 관련된 문화적 해석/신념/자원/한계

■ 트라우마 증상

- **인지 기능**(Cognitive functioning): 역기능적 사고방식, 학습 장애, 또는 집중력 장애
- **관계적 기능**(Relational functioning): 친구 또는 가족과의 갈등 증가, 친구 또는 가족 피하기, 또는 대인관계에 대한 신뢰감 손상
- **정서 기능**(Affective functioning): 감정 표현 그리고/또는 불안, 우울, 또는 분노 조절의 어려움
- **가족/양육자 문제**(Family/Caretaker problems): 양육 문제, 부모-자녀 갈등, 대가족 문제, 위탁 가정에 배치 등
- **트라우마로 인한 행동**(Traumatic behavior): 기피 증상, 성적 행위, 공격성, 그리고/또는 불

복종

- **신체화 증상**(Somatic symptoms): 수면 장애, 과각성, 두통, 복통, 또는 트라우마 기억 또는 촉발사건에 대한 기타 신체적 반응
- **기타 정신건강의학과 진단**(Other psychiatric diagnoses): 우울, 불안, 약물 남용 등

▪ 트라우마 이전의 기능

- 기질
- 대처 기술
- 기존의 심리적 문제
- 강점과 관심사

이러한 기능이 아이의 삶에 얼마나 남아 있는가?

▪ 기저선 내러티브

- 긍정적 사건의 요약
  - 감정과 생각을 확인할 수 있는 아동의 능력을 기술한다(좋다, 보통이다, 좋지 않다).
- 트라우마 내러티브의 요약
  - 감정과 사건을 논의 및 설명할 능력을 기술한다.

▪ 양육 기능

- 아동기부터 현재까지 부모의 트라우마 경험
  - 과거의 트라우마가 임상적으로 다루어진 적이 있는가?
  - 현재 부모가 트라우마 증상을 겪고 있는가?
  - 부모가 자신의 트라우마를 이겨 내기에 충분한 지원을 받고 있는가?
- 자녀의 트라우마에 대한 부모의 반응
- 부모의 대처 잘함, 보통, 못함
  - 대처 방법은? 부모의 대처 방식이 자녀에게 영향을 주는가?
  - 현재 부모는 자녀가 필요로 하는 지원을 제공하는가?
- 트라우마 이전의 부모-자녀 관계/애착
  - 양육방식과 효과
  - 문화적 주제

치료계획 양식: 트라우마 초점의 인지행동치료

이 양식은 아동기 트라우마를 겪고 있는 아동을 대상으로 사용될 수 있다.

치료계획

치료의 초기 단계

초기 단계 치료 과제

1. 치료 관계를 형성하기. 다양성의 고려사항: [민족성, 성별, 나이 등에 기초하여 신체적 및 심리적 안전에 대한 내담자와 가족의 규범을 고려하라.]

   관계 형성 접근/개입:

   a. 내담자와 **안전하고, 지지적이며, 돌보는** 관계를 발달시켜라.

   b. 치료 과정에 **부모/양육자**를 참여시켜 아동이 치료 과정에서 안전하고 소중히 여겨진다고 느끼게 하라.

   c. 자녀와 가족을 참여시키기 위해 트라우마와 TF-CBT에 대해 **심리교육**을 제공하라.

2. 개인적이고 체계적이며 다양한 문화적 역동을 평가하기. 다양성의 고려사항: [내담자의 체계뿐만 아니라 소외된 이력을 평가할 때 문화, 성별, 사회경제적 지위, 성적 지향성 규범을 어떻게 고려할 것인지를 설명하라.]

   평가 전략:

   a. 현재의 **트라우마**는 물론 **부모와 다른 사람의 과거 트라우마**를 평가하라.

   b. 이전의 기능을 평가하고 기저선 내러티브를 확보하라.

초기 단계 내담자 목표

1. 불안과 흥분에 휩싸인 기분 감소를 위해 **자녀의 이완 기술**을 증가시키기

   개입:

   a. **호흡 집중** 및 **점진적 이완 기법**을 활용하라.

2. 문제 행동 감소와 자녀와의 연대감 증가를 위해 부모의 지지적 양육 기술을 증가시키기

   a. 아동의 **안전감**을 향상시키는 방법을 논의하라.

   b. 바람직한 행동을 격려하기 위해 **칭찬**을 사용하는 방법과 문제 행동을 관리하는 **선택적 주의, 타임아웃**, 위기 상황 대처를 위한 **비상계획**을 부모에게 알려 주어라.

치료의 작업 단계

작업 단계 치료 과제

1. 작업 동맹의 질을 확인하기. 다양성의 고려사항: [내담자 및 가족의 안전 욕구와 트라우마 내러티브에 대한 직접적인 논의가 연령, 성별, 문화적 배경에 적합한지 확인하는 방법을 설명하라.]
   평가 개입:
   a. 아동에게 기술보다는 **정서적 안전**을 강조하라. 트라우마 내러티브 작업을 준비할 때 **심리교육과 가족 회기**를 강조하라.

작업 단계 내담자 목표

1. 우울 및 불안 증상 감소를 위해 내담자의 **정서를 표현하고 조절**하는 능력을 증가시키기
   개입:
   a. 다양한 감정을 확인하고 전달하는 능력을 키우는 **감정 알아차리기** 기법을 활용하라.
   b. 부정적 자기대화와 침습적 사고를 막기 위한 **긍정적 자기대화 및 생각 멈추기** 기법을 활용하라.
   c. 행동 그리고/또는 불안 문제를 다루는 **문제 해결 및 사회적 기술 훈련하기**를 활용하라.

2. 우울과 불안 감소를 위해 불필요한 생각에 대응하는 **인지적 대처 전략**을 사용하는 능력을 증가시키기
   개입:
   a. **인지 삼각형**을 이용해 어려운 감정 및 문제 행동과 관련해 불필요한 생각을 확인하는 방법을 내담자에게 가르쳐라.
   b. **인지 삼각형**을 이용해 긍정적 감정과 더 좋은 행동 선택으로 이끄는 데 도움이 되는 생각을 확인하라.

3. 침습적이고 회피적인 트라우마 증상 감소를 위해 외상 기억을 내러티브로 **통합하고 변환하는** 능력을 증가시키기
   개입:
   a. 아동과 부모에게 **트라우마 내러티브 개입에 대한 심리교육**을 시켜라.
   b. 글쓰기 내러티브와 함께 말하기 **트라우마 내러티브**를 촉진하라. 완벽한 내러티브가 만들어질 때까지 검토하고 다시 읽어라.
   c. 아동이 내러티브를 마치면, **인지적 도전**을 통해 불필요한 믿음을 확인하고 이 믿음을 더욱 현실적이고 도움이 되는 믿음으로 대체하라.

치료의 종결 단계

종결 단계 치료 과제

1. 추후 관리 계획을 세우고 성과를 유지하기. 다양성의 고려사항: [여기에는 가족 치유를 지원할 수 있는 종교 및 민족 공동체 집단 같은 개인, 가족, 공동체 자원들을 포함하라.]

   개입:

   a. **미래의 안전성**을 높일 수 있는 계획, 전략, 기술을 수립하는 **심리교육**을 실시하라.

종결 단계 내담자 목표

1. 회피 증상과 불안 감소를 위해 **정상적인 활동**을 증가시키기

   개입:

   a. **실제 상황 노출** 훈련을 **숙달**시켜 남아 있는 두려움 또는 회피 행동을 다루어라.

2. 고립 및 행동 문제 감소를 위해 **부모-자녀의 정서적 유대감**을 증가시키기

   개입:

   a. **합동 회기**를 통해 **트라우마 내러티브**를 검토하고 공개적인 소통과 안전감을 높여라.

   b. **합동 회기**를 통해 **미래의 안전성을 높이**는 전략을 논의하라.

스냅샷: 연구와 근거 기반

DBT와 TF-CBT 모두 약물남용 및 정신건강관리청(SAMSHA)의 '근거 기반 프로그램 및 실무 국가 등록 체계'에 등재되어 있다. DBT는 치료가 어려운 모집단에게 효과적인 것으로 밝혀졌다. 최근의 한 연구는 16개의 개별 연구들에 대한 메타 분석을 통해 DBT의 장기적 효과를 조사했다. 그 결과, 자살 행동과 자해 행동에 보통의 효과가 있는 것으로 밝혀졌다(Kliem, Kröger, & Kosfelder, 2010). 마찬가지로, 5회의 DBT 임상 실험에 대한 최근의 한 메타 분석 결과, DBT가 자살과 준 자살 행위를 다루는 데 있어 일반적인 치료법보다 효과적이었던 것으로 드러났다. 하지만 내담자의 중도 하차 또는 우울 증상을 줄이는 데 있어서는 별 차이가 없었다(Panos, Jackson, Hasan, & Panos, 2014). 한 연구에서는 주로 우울, 불안, 그리고/또는 약물남용 내담자를 치료하는 외래환자 집중 치료 센터에서 DBT의 효과를 조사하였다. 조사 결과, 평균적으로 치료 6주 동안 우울과 불안이 상당히 줄어든 것으로 밝혀졌다(Ritschel, Cheavens, & Nelson, 2012). 이 밖에도 DBT를 사용해 섭식장애를 다룬 9개의 별도 연구들에 대하여 메타

분석을 실시한 결과, 치료가 섭식 장애 증상과 동반 우울 증상을 줄이는 데 효능이 있는 것으로 드러났다(Lenz, Taylor, Fleming, & Serman, 2014).

TF-CBT는 가장 효과적인 아동기 트라우마 치료를 연구하는 임상 시험을 기반으로 개발되었다(Cohen et al., 2012). 그동안 12회의 무작위 임상 실험을 포함하여 22회의 과학적 조사가 있었으며, TF-CBT는 아동기 트라우마 치료용으로 최근에 연구된 근거 기반 치료법들 가운데 하나이다(Cohen et al., 2012). 이 근거 기반은 실무에서의 실행 가능성과 결합하여 가장 널리 사용되는 근거 기반 치료법 중 하나가 되었다. 이 연구들의 결과는 이 접근법이 성적 학대를 받은 적이 있고, 대인 폭력, 테러 행위, 외상성 비애, 그리고 자연 재해에 노출된 적이 있는 아동에게 효과적일 수 있음을 보여 주고 있다(Cohen et al., 2012). 예를 들면, TF-CBT와 아동 중심 치료를 비교한 연구에서, TF-CBT를 받고 있는 아동에게서 PTSD, 우울, 불안, 수치심이 상당히 줄어들었으며, 부모도 학대 관련 고통과 우울증이 상당히 줄었을 뿐만 아니라 양육 행동이 좋아졌다고 보고했다(Cohen, Dehlinger, Mannarino, & Steer, 2004). 비슷한 결과들이 다른 나라의 연구들에서도 발견되었다(Jensen et al., 2014; Murray & Skavenski, 2012; Murray et al., 2013). 이 밖에도 4~11세의 아동을 대상으로 한 실험에서, 8회기와 16회기 형식 모두 효능이 있는 것으로 밝혀졌는데, 이는 치료가 매우 효과적임을 시사한다(Cohen et al., 2012).

다문화적 접근: 다양한 집단과 작업하기

문화 다양성

DBT는 모델이 융통성 있고 내담자 중심의 가치를 사용하기 때문에 문화적으로 다양한 집단에 쉽게 적용될 수 있는 것으로 알려졌다(Neacsiu, Ward-Ciesielski, & Linehan, 2012). 다양한 내담자를 대상으로 DBT의 효과를 조사했던 한 연구에서, 인종, 교육, 또는 나이 등의 다양한 요인 가운데 그 어떤 것도 변화, 중도 하차, 자해, 또는 자살 시도의 전조가 아니었는데, 이는 다양한 내담자에게 DBT가 효과적이었음을 시사한다. 스웨덴에서 예비 연구를 통해 미국 외의 환경에서 DBT의 실행 가능성과 효과를 조사하였다. 그 결과, DBT가 스웨덴에서 경계선 성격 장애 진단을 받은 청소년과 성인 내담자에게서 효과가 있었던 것으로 밝혀졌다(Hjalmarsson, Kåver, Perseius, Cederberg, & Ghaderi, 2008). 마찬가지로, 태국에서도 청소년을 대상으로 DBT를 사용할 수 있도록 수정되었다(Snitbhan, 2014).

TF-CBT는 국제적으로 사용되고 있으며 미국에서는 특정 인종 집단에 대한 사용을 두고 오랜 논의 끝에 그 적용이 조정/강화되었다. 국제적으로, TF-CBT는 서유럽, 아프리카, 동남아시아, 동아시아에서 사용되고 있다(Murray & Skavenski, 2012). 독일, 이탈리아, 네덜란드, 노르웨이, 스웨덴 등 서유럽 환경에서 연구원들은 언어 이외에 몇 가지 수정만 필요하다는 것을 알았다. 주된 수정사항은 문화적 양육 규범에 보다 잘 맞도록 양육 기술 훈련의 칭찬 요소를 '누그러뜨리는' 것이었다. 캄보디아, 콩고공화국, 탄자니아, 잠비아처럼 열악한 환경에서는 더 많은 조정이 필요했다. 서양식 상담자와의 심리치료에 덜 익숙한 상황에서, 아동과 가족이 성공적으로 참여하기 위해서는 TF-CBT와 트라우마에 대한 심리교육이 보다 많이 필요했다. 양육 기술을 가르칠 때, 먼저 부모의 현재 관행과 믿음을 평가하는 데 보다 많은 시간을 할애하였는데, 이러한 관행에는 소리 지르는 것과 체벌이 포함되기도 하였다. 아동과 가족이 전쟁과 성매매로 인해 다중 트라우마에 노출되어 왔을 수도 있는 잠비아 또는 캄보디아 같은 나라에서는 트라우마 내러티브에 종종 타임라인(timelines)이 포함될 수 있다. 내러티브를 몇 번이나 다시 되풀이하는 점진적 노출 작업이 아동이 트라우마에서 치유되는 것을 얼마나 도울 수 있는지를 설명하기 위해 문화적으로 적절한 은유들이 사용되었다.

▪ TF-CBT와 라틴계 아이들, 그리고 그 가족들

TF-CBT는 드 아렐라노, 다니엘슨과 펠턴(de Arellano, Danielson & Felton, 2012)에 의해 라틴계 가족에게 사용되도록 조정되었다. 라틴계 청소년은 다른 인종보다 트라우마를 더 많이 경험하는데, 이는 라틴계 여성이 모든 인종 가운데 아동기 성적 학대 비율이 가장 높기 때문이다. 이 밖에도 많은 라틴계 남성이 미국으로 이민 오기 전이나 이민 경험 일부에서 트라우마를 겪었다. 드 아렐라노와 동료들은 TF-CBT를 라틴계 가족에게 문화적으로 적절한 형태로 조정하기 위해 몇 가지 특정한 제안을 했다. 이러한 조정들 가운데 일부에는 다음이 포함된다.

- Familisimo: 대부분의 라틴계 인종은 가족과의 긴밀한 유대감을 'familisimo'라고 부르며, 대가족과 아주 가까운 유대감을 가지고 있다. 대부분 고모(또는 이모), 삼촌, 조부모는 아이들을 매일 돌봐 주고 가정 교육에 관여한다. 라틴계 가족을 처음으로 평가할 때, 상담자는 아동의 모든 보호자로부터 정보를 수집해야 하며, 아동 및 가족과 함께 치료 과정에서 중요하거나 이 과정에 포함되면 좋을 사람이 누구인지 결정해야 한다.
- 신체적 불편감: 복통, 두통과 같은 신체화 증상은 라틴 문화에서 흔한 감정적 고통의 표시이다. 이러한 증상은 트라우마 치료의 일환으로 관찰되어야 한다.
- 언어와 트라우마의 부호화: 언어는 트라우마 치료 시 특히 중요하다. 어떤 연구는 트라우마를 부호화된 언어로 치료할 때 가장 효과적일 수 있다고 주장한다. 따라서 아동이 트라

우마를 겪을 당시에 주로 스페인어를 사용하였거나 학대 가해자가 학대 중 스페인어로 말했다면, 스페인어로 치료했을 때 가장 효과적일 수 있다.

- **트라우마 유형**: 라틴계 내담자와 작업할 때, 내담자는 신체적 또는 성적 폭력, 인신매매, 또는 약물 관련 폭력 목격 등 이민과 관련된 트라우마를 평가해야 한다. 뿐만 아니라, 이민자들은 차별, 인종차별, 그리고 가족과의 별거와 관련된 트라우마를 자주 경험한다.
- **개인주의 및 관계주의와의 관련**: 따뜻하고 친근한 태도의 개인주의는 라틴 문화에서는 아주 중요하며, 전문가와 함께 세례 또는 결혼식 같은 중요한 가족 행사에 초대될 수 있다. 개인주의는 관계주의, 사회적 역할에 대한 인식, 계층, 경계와 균형을 이룬다.
- **유심론과 숙명론**: 많은 라틴계 사람들은 깊은 유심론 또는 영성을 가지고 있다. 이 영성에는 '신이 제공할 것이다'라는 믿음인 숙명론이 포함될 수 있다. 숙명론은 가끔 신이 아동이 필요로 하는 치유를 주실 것이라는 믿음으로 가족을 인도한다. 드 아레날노 등(2012)은 치료가 이 성스러운 치유 계획의 일부라고 주장하기 위해 이러한 관점을 재구성할 것을 주장한다.
- **예의 바름(Bien Educado)**: 라틴계 가족은 예의가 바른 사람으로 자녀를 양육하는데, 이는 말하자면 '교육을 잘 받은' 것을 의미한다. 이는 학문적 교육에 대한 언급이 아니라 어른을 존경하고, 겸손하며, 가족에 대해 애정을 갖는 것을 의미한다. 양육 기술을 가르칠 때, 상담자는 부모가 자녀를 키우는 것에 대한 접근법을 배워야 하고, 많은 사람들이 칭찬하고, 순종적인 아동을 매우 소중하게 여긴다는 것을 알아야 한다.
- **남성주의**: 전통적인 성 역할을 고수하는 아들과 아버지는 취약한 감정이나 연약함을 표현하는 것은 남자다운 것이 아니라고 생각한다. 이를 극복하기 위해 상담자는 이러한 감정을 표현하는 것이 얼마나 어려운 것인가를 논할 수 있고 그렇게 할 수 있는 능력은 힘의 표시이며, 더 정확히 말하자면, 남성주의의 한 형태로 간주될 수 있다.
- **여성성과 순결**: 라틴계 여아가 성적 학대 또는 강간을 당한 경우, 그녀와 그녀의 가족은 특히 여성의 순결(종교적인 라틴계 남성이 아주 귀중하게 여기는)의 상실을 우려할 수 있다. 이러한 경우, 상담자는 순결은 주어질 수만 있고 빼앗아 갈 수 없는 것이라고 대안적 정의를 내릴 수 있다. 아동이 자진해서 순결을 내어 주지 않았기 때문에, 그녀는 종교적인 의미에서 여전히 처녀이다. 경우에 따라, 이러한 메시지를 가족과 공유하기 위해 성직자와 작업하는 것이 부모의 우려를 다룰 때 특히 효과적일 수 있다.

■ TF-CBT와 (미국/알래스카) 원주민 아이들과 가족들

TF-CBT는 빅풋과 슈미트(Bigfoot & Schmidt, 2012)에 의해 미국 인디언 및 알래스카 인디언 아동 및 그들의 가족에게 문화적으로 보다 적합하도록 개선되었다. 미국과 알래스카 인디언 아이들은 아동 학대, 가정 폭력, 약물 남용, 다른 형태의 폭력에 높은 비율로 노출되어 있다. 이 밖에도 많은 사람들이 높은 비율의 가난, 실업, 가족 분열, 고립으로 이어지는 세대 간 폭력, 억압 등을 유산으로 물려받는다. 아동기 트라우마는 22%, 우울증은 10~30%로 예측된다(Bigfoot & Schmidt, 2012).

TF-CBT는 특히 트라우마를 겪었던 미국/알래스카 인디언 아동을 치료하도록 설계된 Honoring Children, Mending the Circle project로 선정되었다. 모델은 미국 원주민의 가르침과 개념을 이용해 TF-CBT를 보완하고, 중심에 영성이 깃들어 있는 전통적 메디슨 휠(medicine wheel)을 중심으로 두었다. 사방의 방향은 안녕감의 한 측면을 나타낸다.

- 북: 관계적 안녕감
- 동: 정신적 안녕감
- 남: 정서적 안녕감
- 서: 신체적 안녕감

메디슨 휠은 미국 원주민 문화권에서 발견된 치유 도구 및 상징이다. 빅풋과 슈미트(2012)는 메디슨 휠을 이용해 TF-CBT의 다양한 구성요소들을 가르친다([그림 10-4] 참조). 영성이 이 휠의 중심에 놓여 있는데, 이는 원주민 문화가 건강하고, 균형이 잘 잡힌 삶의 중심에서 영성을 개념화하기 때문이다. 개인의 불균형은 휠이 조화를 이루지 못했음을 의미한다. 치유에는 메디슨 휠의 5개 영역이 각각 균형과 조화를 이루는 것이 포함된다.

내담자와 함께 목표를 세우는 작업을 하면서, TF-CBT 상담자와 그 내담자는 이 휠을 이용해 각 영역별로 특정한 목표와 활동을 확인한다. 이 휠은 원주민 문화와 친화력이 높은 그리고/또는 원주민의 치유 전통을 존경하는 내담자에게 특히 유용하다. 또한 이 휠은 부모와 양육자가 TF-CBT 과정에 참여하는 데 특히 유용하다. 감정적 안녕감과 함께 이 접근법의 정서 조절 구성요소를 다루면서, 상담자는 감정 표현을 위한 아동의 역할 모델 그리고 이에 관한 가족의 믿음을 탐구한다. 문화적으로 적절한 방법을 활용한 건강한 감정 표현은 마스크, 방패, 토템, 구슬공예, 그림 그리기 같은 활동을 통해 촉진될 수 있다.

특히 중요한 것은 원주민 전통을 이용해 트라우마 내러티브 개입이 강화된다는 것이다. 미국 및 알래스카 인디언은 매우 주목할 만한 스토리텔링 전통을 가지고 있다. 하지만 일부 미국 원주민은 트라우마 내러티브를 다시 말하는 것이 그것을 재발하게 하는 것이라고 믿는다. 외상성 비애의 경우에도, 몇몇 원주민은 죽은 사람에 대해 얘기하지 못하게 하는데, 이는 얘

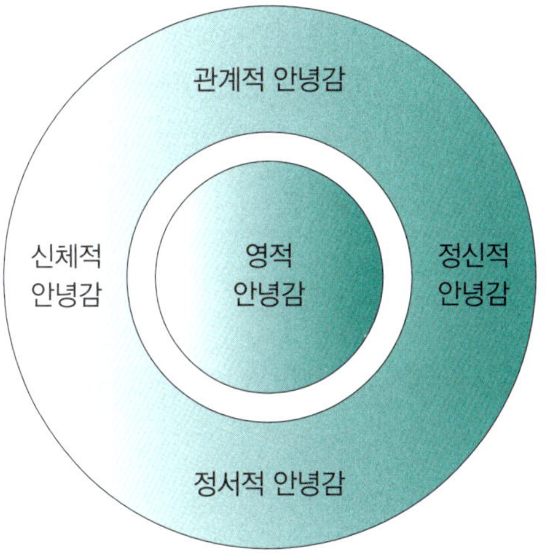

[그림 10-4] TF-CBT 메디슨 휠

기하는 것이 그 사람의 영혼이 다음 세계로 가는 것을 방해한다고 믿기 때문이다. 이러한 경우, 인정받은 부족 지도자 또는 영적 치유자와 함께 작업하는 것이 트라우마 내러티브 과정 중에 가족이 더 편해지는 데 도움이 될 수 있다. 일단 아동과 가족이 트라우마 내러티브를 시작하면서 편안해한다면, 여행 지팡이, 토템, 마스크, 도자기, 노래, 또는 춤 같은 내러티브를 기록하는 문화적으로 적절한 옵션들을 고려해야 한다. 이 밖에도 상담자는 과정에 연루되는 영적 관계자나 치유자를 선택하는 문제에 대해 아동 및 가족과 상의해야 한다. 내러티브가 끝나면, 중요한 당사자들과 함께 하는 치유 축하 의식은 환영받고 의미 있는 전통이므로 포함되어야 한다. 더욱이, 치료 말미에 세대 간 대물림 트라우마가 있는 가족은 비슷한 치유 의식을 통해 과거 세대의 트라우마를 존중하기를 바랄 수도 있다.

성 정체성의 다양성

레즈비언, 게이, 양성애자, 성전환자(LGBT) 내담자를 대상으로 DBT를 적용한 연구는 보고된 것이 거의 없다. 다운스(Downs, 2005)는 남성이 성공적으로 커밍아웃 하는 데 DBT 전략은 도움이 된다고 주장한다. 그는 상담에서 게이 남성을 대상으로 3단계 모델을 선보인다.

1. 수치심에 압도당하는 단계: 이 단계는 한 남자가 '알려지길 원하지 않는 비밀'과 자신의 성적 지향성을 두려워하는 단계이다.
2. 수치심을 보상하는 단계: 게이 남자가 크게 성공하고, 남성적이고, 아주 멋진 남자가 됨으로써 수치심을 보상하고자 노력한다. 이 단계에서 남자는 자신의 가치와 매력을 입증하

기 위해 성적 파트너를 많이 취할 수도 있다.

3. **진정성을 발견하는 단계:** 마지막 단계는 진정한 재능과 열정을 추구함으로써 진정한 개인이 되는 것과 관련 있다. 이 단계에서는 사회적 소외라는 수치심과 고통에 대처하는 기술을 개발하는 데 DBT 전략이 활용된다.

자살 및 자해 행동에 대한 변증법적 행동치료 사례 연구

에이프릴은 29세의 스칸디나비아계 백인 여성으로, 자신의 볼품없는 취업 이력 및 연인과의 학대적 관계의 반복으로 인해 치료를 받고 있다. 에이프릴은 여배우 지망생으로 레스토랑에서 종업원으로 일하고 있다. 그녀는 레스토랑 업계에는 '어리석은 사람들'이 많고 자기는 '누군가에게 호통치는 것'을 두려워하지 않는다고 말한다. 이전 직장에서, 에이프릴이 손님과 말다툼을 했다는 이유로 매니저가 그녀를 해고했다. 그리고 그 이전 직장에서는 자신의 근무 일정을 관리하는 상사가 그녀의 연기 오디션을 허용하지 않아 그만두어야 했다. 에이프릴은 연인관계에서 정서적으로 많이 불안정하다. 그녀는 연인관계를 맺고 "처음 2주 동안은 너무 좋았어요."라고 말했으나, 그다음부터 곧바로 남자친구의 언어 학대가 시작되었다. 에이프릴은 자해를 통해 불안정한 관계에 대처하였다. 그녀는 자신이 '나쁜 남자'에게 끌린다는 것을 알게 되었다. 에이프릴의 아버지는 정서적·육체적으로 폭력적인 알코올 중독자였다. 그녀는 이전에 두 명의 치료자에게 치료를 받아 본 적이 있으나, 치료자가 '자신이 무얼 하고 있는지를 몰랐기 때문에' 정기적으로 나가던 상담을 그만두었다.

사례개념화: DBT

■ 자살 행동과 자해 행동

성인 여성(AF)의 자해 행동은 압도적인 불안과 분노에 대처하는 방법으로 사용된다. AF의 자해 행동에는 상처 내기가 포함되며 종종 파트너와 다툰 후 또는 식구에게 감정적으로 압도된다고 느낄 때 발생한다. AF는 과거에 자살을 시도해 본 이력이 없으나, 정기적으로 자살 생각을 했기에 치료 기간 내내 관찰이 필요하다.

■ 치료 방해 행동

AF는 치료 회기에 지각하고, 약속을 잊어버리고, 치료를 갑자기 끝낸 전력이 있는데, 이 모든 것은 치료자와의 관계 맺기와 치료에 필요한 지원을 얻어 내는 데 방해가 된다. 그녀의 마지막 두 명의 치료자의 경우, AF는 자기가 위기에 처했을 때 자기의 전화 메시지에 빨리 응답하지 않았다는 이유로 회기를 그만두었다.

■ 삶의 질 방해 행동

- **위험한 성적 행동:** AF는 자신의 성적 파트너와 안전한 성관계를 하지 않는다. AF는 자신이 순간의 감정에 휘말려 피임도구를 사용할 생각을 하지 않는다고 보고한다. 현재 피임을 하지 않고 있다.
- **심각한 재정난:** AF는 직장을 잘 다니지 못하기 때문에 정기적으로 내야 할 비용들을 지불할 수 없다. 안정적인 수입이 없어 공과금과 월세를 연체하는 바람에 불안과 정서적 불안정이 높아져 간다.
- **심각한 문제적 그리고/또는 학대적 대인관계:** AF는 안정적인 관계를 유지할 수 없었고 결국 언어 학대로 끝나는 남자에게 끌린다는 것을 알았다. AF는 연인이 뭔가 잘못하거나 그녀를 화나게 하면 몇 주 후에 관계를 끝내 버린다.
- **직업 또는 학교 관련 문제 행동:** AF는 대인관계 문제와 직장에서의 일관성 없는 성과로 인해 꾸준한 직장 생활을 유지할 수 없었다. 또한 6개월 이상 직업을 유지하지 못했고 손님이나 상사와의 말다툼 때문에 그만두거나 해고당했다. 스트레스를 받는 상황에서 감정조절이 어렵다는 것이 그녀가 직장 생활을 유지하지 못하는 원인이었다.

■ 수용받지 못하는 무력화된 환경

AF는 어린 시절 원가족 내에서 그리고 성인이 된 뒤에도 이성관계 속에서 수용받지 못하며 살아왔다. 그녀의 욕구와 감정이 수용받지 못했고, 오히려 알코올 중독 아버지로부터 비난을 받았다. 그녀의 가족은 아버지를 자극하지 않으려고 아버지의 알코올 중독 행동을 받아들였다. 그 밖에도, AF는 그녀의 과거 연인들이 폭언을 하면서 그녀의 감정을 수용하지 못했던 연인 관계를 똑같이 경험했다.

■ 트라우마 내력과 소외

AF는 아버지로부터 아동기에 육체적 및 정서적 학대를 받아 온 이력이 있다. 그녀는 알코올 중독 아버지가 그녀와 그녀 어머니를 육체적 및 정서적으로 학대한 가정에서 자랐다. 그녀는 종종 엄마로부터 방치되었다고 보고했으며, 엄마는 사건 후 며칠씩 사라지곤 했다. 더욱이 AF의 엄마는 그녀를 달래기보다는 아버지가 화나지 않게 잘 행동해야 한다고 말했다.

AF는 과거의 연인들로부터 언어 폭력을 경험했다고 보고한다.

■ 행동 사슬 분석

문제 행동: 소소한 것까지 간섭당한다고 느낄 때 직장 상사와 말다툼을 함.

문제와 관련된 일련의 사건에 대한 단계별 설명

- 에피소드 이전의 신체적 또는 다른 취약성들: AF는 전날 밤에 충분히 잠을 자지 않았으며 건강한 음식을 먹지 않았다.
- 에피소드로 이어지는 사건들: AF는 지난 밤 연인과의 성관계에서 통제당하는 불편감을 느꼈다.
- 문제 행동에 대한 단계별 설명: AF의 직장 상사가 접시를 닦고 냅킨을 내놓으라고 그녀에게 요구했고, 이에 AF는 비꼬는 투로 대답했으며, 상사가 AF를 따로 불러 다시는 비꼬는 투로 대답하지 말라고 말하였다. 이에 AF는 화가 나서 이 일은 나의 직장 업무와 상관없는 일이라고 대답하였고, AF의 무례한 태도에 대해 상사의 보고서가 올라갔다.
- 문제 행동의 결과: AF는 감정적으로 화가 났고 상사와의 관계가 더 껄끄러워졌다.

치료계획: DBT

치료의 초기 단계

초기 단계 치료 과제

1. 치료 관계를 형성하기. 다양성의 고려사항: 한계와 경계를 설정할 때, AF의 학대 및 방임 이력 그리고 스칸디나비아계의 가족 배경 및 보다 많은 공간과 사생활에 대한 필요를 고려하라.
   관계 형성 접근/개입:
   a. 변화에 대한 자애로운 요구와 더불어 내담자에 대한 양육과 수용 간의 균형을 유지하라.
   b. AF가 치료에 전념하며 편안함을 느끼도록 타당화를 활용하라.
   c. 치료 기간, 치료 조건, 위기 상황 처리를 개략적으로 설명하는 명확한 **내담자 동의서**를 작성하라. 상담자의 동의사항이 명시된 계약서도 작성하라.

2. 개인적이고 체계적이며 다양한 문화적 역동을 평가하기. 다양성의 고려사항: 가족과 아동기의 보다 폭넓은 지지 체계를 평가하라. 아버지의 알코올 중독과 가족 체계 내 가정 폭력의 영향을 고려하라.

평가 전략:

a. **트라우마 이력 및 수용받지 못하는 무력화된 환경, 현재의 자살 행동, 치료 방해 행동, 삶의 질 방해 행동** 등에 대해 평가하라.

b. 특정 문제 행동이 어떻게 강화되는지 확인하기 위해 **행동 분석**을 실시하라.

초기 단계 내담자 목표

1. 절망감과 압도당하는 기분 감소를 위해 **자해 행동** 감소시키기 및 궁극적으로 중단하기

   개입:

   a. 자해 행동을 중단/감소시키기 위해 AF에게 동기를 부여하는 **전념 전략**을 활용하라.

   b. 행동 강화 요인을 확인하기 위해 **행동 사슬 분석**을 실시하라.

   c. 압도당하는 기분 그리고/또는 절망감을 관리하기 위해 대안적 적응 행동을 파악하는 **해결 방안 분석**을 실시하라.

2. 정서적 불안정의 감소를 위해 위험한 성행위, 심각한 재정난, 치료 약속에 지각하거나 지키지 않는 행동을 감소시키기

   a. 위험한 성행위 및 재정난을 유발하는 잘못된 결정의 행동 강화 요인을 확인하기 위한 **행동 분석** 및 **통찰력 분석**을 실시하라.

   b. 상담과 집단 회기 참석률을 높이기 위해 AF에게 상담에 전념하도록 동기를 부여하는 **전념 전략**을 활용하라.

   c. 위험한 성행위, 약속 지각, 재정난을 유발하는 잘못된 결정에 대한 대안적 행동을 확인하는 **해결 방안 분석**을 실시하라.

치료의 작업 단계

작업 단계 치료 과제

1. 작업 동맹의 질을 확인하기. 다양성의 고려사항: 트라우마 내력 및 스칸디나비아계 배경을 감안했을 때, 어떤 제한사항이 AF에게 있을 수 있는지 확인하라.

   평가 개입:

   a. AF가 내담자-상담자 관계에서 있을 수 있는 어려움을 인정하고 이를 **타당화**하라.

작업 단계 내담자 목표

1. 불안정한 정서와 충동적 행동 감소를 위해 AF의 **정서 조절** 능력을 증가시키기

   a. AF가 정서를 인식하고 표현하는 것을 도울 수 있도록 **정서적 타당화**를 활용하라. 가족과 스칸디나비아계 문화 규범을 평가하라.

   b. 개인적인 관계나 직장 관계에서 내담자가 정서에 이름 붙이기, 근거 없는 믿음에 이의를 제기

하기, 부정적 감정 줄이기, 긍정적 감정 늘리기와 같은 **정서 조절 기술**을 연습해 보도록 지원하라.

c. **행동 분석, 통찰 전략, 해결 방안 분석**을 병행해 특히 직장에서의 스트레스에 보다 적응적인 반응들을 확인하라.

d. **현명한 마음**을 이용하도록 격려해 AF가 정서와 사고의 균형을 찾도록 도와라.

2. 대인관계 갈등 감소를 위해 개인 및 직장 관계에 미치는 **대인관계 효율성**을 증가시키기
   a. **정서적, 인지적, 행동적 타당화**를 통해 관계 안에서 AF가 어떻게 경험하고 행동하는지를 스스로 이해하도록 도와주고 이러한 것들이 다른 사람에게 어떻게 이해되는지 느끼도록 도와라.
   b. **대인관계 효율성** 기술을 낮은 강도로 요청해서 근거 없는 믿음에 도전해 보고, 공동체 내에서 연습해 보도록 AF를 도와라.
   c. **행동 분석, 통찰력 전략, 해결 방안 분석**을 병행해 내담자가 다른 사람들과 관계를 형성하기 위하여 보다 적응적인 전략들을 확인할 수 있도록 도와라.
   d. 상담 관계 내에서 대인관계 기술을 연습하기 위해 **수반성 관리**와 **한계 설정**을 사용하라.

3. 위기 행동과 정서의 불안정성 감소를 위해 **고통 감내력**과 '무엇이든' 수용하는 능력을 증가시키기
   개입:
   a. **정서적, 인지적, 행동적 타당화**를 통해 AF가 고통스러운 상황들과 관련된 사고, 감정, 행동을 이해할 만한 것으로 느끼도록 도와라.
   b. AF가 자기 위로, 기분 전환, 마음챙김 호흡과 같은 **고통 감내 기술**을 이용하도록 격려하라.
   c. **해결 방안 분석**과 **현명한 마음**을 이용해 AF가 고통스러운 상황에서 적절한 반응들을 찾도록 도와라.

치료의 종결 단계

종결 단계 치료 과제

1. 추후 관리 계획을 세우고 성과를 유지하기. 지역 공동체의 가능한 지원과 가족 지원 가능성을 탐구하라.
   a. AF가 치료 과정 안에서 얻은 성과를 유지하기 위해 치료 종결 후 이용할 수 있는 특정한 관계, 지지 집단, **가장 선호한 훈련**을 확인하라.

종결 단계 내담자 목표

1. 관계 속에서 분노와 철수 행동 감소를 위해 아동기의 신체적 및 정서적 **트라우마**에 관한 결단력을 증가시키기

a. **정서적, 행동적, 인지적 타당화**를 통해 내담자가 과거의 트라우마에 관해 검증되었다는 느낌을 갖도록 도와라.
b. **통찰 전략**을 이용해 AF가 트라우마 기억과 이야기를 이해하도록 도와라.
c. **해결 방안 분석**을 통해 특정 트라우마 증상에 대한 대안을 확인하라.
d. **현명한 마음**을 이용하도록 격려해 과거의 트라우마를 납득하도록 도와라.

2. 무가치함과 절망감 감소를 위해 **자존감**과 관계 및 커리어 목표를 추구하는 능력을 증가시키기
a. AF의 직업 목표와 포부를 **타당화**하는 동시에 필요시 내담자가 자기 **타당화** 방법을 배울 수 있도록 도와라.
b. **해결 방안 분석**을 통해 AF가 관계 및 커리어 목표를 이루는 데 필요한 적응 전략들을 찾을 수 있도록 도와라.
c. **통찰 전략**을 이용해 AF가 자존감과 자기 연민을 갖도록 도와라.

개인적 성찰과 토론을 위한 질문

1. 특정 모집단을 대상으로 한두 개의 근거 기반 치료에 대해 읽은 후, 어떤 생각이 드나요?
   - 특정 접근 방식에 대해 어떻게 생각하나요?
   - 어떤 한계가 있다고 생각하나요?
   - 다른 접근 방식과 비교했을 때, 특정 접근 방식이 구조적으로 보이나요, 덜 구조적으로 보이나요, 아니면 대체적으로 비슷해 보이나요?
2. 삶에서 변화와 수용 사이의 변증법적 갈등을 어떻게 경험했는지에 대해 설명하세요.
3. 당신 또는 누군가가 ① 지지적이고 돌봄을 제공하면서도, ② 호의적이었던 관계를 설명하세요.
   - 두 가지 접근 방식이 관계 속에서 어떻게 표현되고 경험되었나요?
   - 도전은 어떻게 극복되었나요?
4. 현명한 마음을 이용해 어려운 결정을 내렸던 때를 설명하세요.
5. 트라우마를 겪었던 아동과 어떻게 안전한 관계를 설정할 수 있나요?
   - 부모도 트라우마(예: 가정 폭력 또는 자연 재해)를 겪었다면 그 아동의 부모와 어떻게 안전한 관계를 설정할 수 있나요?
   - 부모가 최근에 트라우마를 겪지 않았다면 부모와의 연결이 어떻게 달라질 수 있나요?
6. 당신은 트라우마 내러티브를 창조한다는 아이디어가 직관적으로 또는 논리적으로 이해가 되나요? 그 이유는 뭘까요? 또는 그렇지 않은 이유는 뭘까요?

7. 당신이 직면하고 있는 현재의 문제 상황에 대해 인지 삼각형을 이용해 보세요. 그것이 당신이 상황을 다르게 보는 데 도움이 되나요?
8. 다양한 배경을 가진 내담자와 작업을 하는 데 있어서 이 접근방식이 어떠한 장점을 가지고 있나요? 어떠한 한계가 있나요?
9. DBT와 TF-CBT 사이에 어떠한 연관성이 있나요?(힌트: 트라우마)
10. 두 가지 접근 방식은 광범위한 심리교육과 과제를 수반합니다. 바쁜 개인이나 가족이 정보를 이용해 과제를 하도록 어떻게 동기부여를 할 것인가요?

11장

체계적 가족 상담 및 치료

가족은 정적이지 않다. 사회와 마찬가지로, 가족도 끊임없이 변화한다. 변화와 시간을 초월하여 인간 존재를 판단하는 데 있어 가장 유용한 도구는 언어이다. 영화의 한 장면에 집중하기 위해 해당 장면을 정지시키는 것처럼 치료자는 멈춰진 시간 안에서 한 가족을 들여다본다.

– 미누친과 피시먼(Minuchin & Fishman, 1981, p. 20)

들어가며

우리는 종종 부모, 배우자, 자녀, 친인척, 대가족이라는 가족 구조 안에서 불화를 경험할 때가 있다. 그러나 가족이라는 이름으로 서로를 사랑해야 한다는 요구 안에 갇혀 있는 것이 사실이다. 그 과정에서 받는 정신적 고통은 반려견, 좋은 책, 좋은 음악, 가족 간의 일정한 물리적 거리라는 매개체 또는 환경으로 중화되기도 한다. 가족이나 배우자의 어떤 모습이 우리를 분노하게 하는가? 이에 대해 지금부터 함께 살펴보고자 한다.

대부분의 내담자는 대인관계 문제, 예컨대 "남자친구와 헤어져서 우울해요." "어릴 때 제가 무슨 말을 하거나 행동을 하면 어머니는 그에 대해 사사건건 지적했는데, 이때부터 불안이 시작된 것 같아요."와 같은 문제를 호소한다. 이러한 문제를 해결하기 위해 상담자는 내담자의 관계적 체계를 보다 확장된 시각으로 봐야 함은 물론 이렇게 확장된 체계가 내담자의 호소문제와 어떻게 연관되어 있는지에 대하여 고려해야 한다. 이는 체계적 상담자가 내담자의 문제를 이해하고 개입하는 주요한 방법이다.

체계적 접근은 원래 부부 및 가족과의 상담 작업을 위해 개발되었다. 체계적 접근 이론에서는 개인에게 나타나는 증상을 가족 및 가족 관계 역동 내에서 발생하고, 가족 역동의 균형을 유지하는 역할로 개념화하였다. 체계적 접근은 1960년대에 개발된 접근 방법으로, 기존의 접근법과는 다른 새로운 치료법으로 인식되어 이 접근 방법을 사용하기 위해 별도의 훈련과 자격 취득 과정이 요구되었다. 실제로 부부나 가족 상담 및 치료 분야에는 수많은 전문서적과 그 서적들을 가득 채울 만큼 풍부한 이론들이 갖추어져 있다. 나 또한 가족치료를 다룬 저서(Gehart, 2010)를 다수 집필한 바 있다.

가족치료를 다룬 저서가 이미 수없이 존재한다는 이유로 이 책에서 체계적 가족치료에 대한 내용을 가벼이 다루는 우를 범하지는 않을 것이다. 이는 독자들에게 혼란을 가중시킬 수 있기 때문이다. 또한 나의 저서를 읽던 몇몇 학생들은 글의 내용을 이해하기 힘들다고 불만을 토로하곤 하였는데, 이 책은 학생들이 책을 집어던지는 일이 없도록 집필하는 것을 목표로 하고 있다! 이 장에서는 상담자, 심리학자, 사회복지사, 가족 상담자들이 개인, 부부 또는 가족과 작업할 때 주로 사용할 수 있는 **일반적이고 통합적인 체계적 상담 접근**을 제시하고자 한다. 체계적 접근은 개인에게 영향을 미칠 수 있는 체계적 역동을 탐색하는 데 있어 초기 사례개념화 단계는 물론 부부 및 가족과의 작업 시, 모든 이론에 접목하여 사용할 수 있는 유용한 상담 접근법이다(16장 참조). 요컨대, 이 책에서는 각각 다른 책에서 다뤄져야 하는 15가지 이상의 가족치료 접근을 단편적으로 살펴보기보다는 일관성 있고 통합적으로 체계적 상담 접근을 다루고자 한다.

이 장에서는 아들러, 해결 중심, 정신역동 가족 상담을 비롯한 다양한 상담 모델을 포괄하는 일반적인 **가족 상담**과 **체계적 가족 상담**을 구별하고자 한다. 여기서 '체계적'이라는 용어는 상담, 심리학, 사회복지에서 일반적으로 쓰이는 용어이다. 이는 가족치료에서 쓰이는 '체계적'이라는 용어와는 다른 개념이라 할 수 있는데, 모든 이론이 사실상 체계적이기 때문에 이에 대해 보다 구체적인 구분이 필요하다. 이 장에서는 체계적 접근을 보다 세분화한 개념으로 구조적 및 전략적 가족 치료 접근을 다루고자 한다. 이는 최근 근거 기반 접근에서 가장 일반적으로 사용되는 접근 방법이다. 체계적 접근은 보웬(Bowen)의 다세대 가족치료나 사티어(Satir)의 성장 모델을 비롯하여 다른 주요 가족치료 학파들과 마찬가지로 핵심적인 상담 원리가 존재한다. 따라서 각 이론의 독특한 개념 및 개입 방법을 제대로 이해하기 위해서는 이에 대해 자세히 기술되어 있는 저서[Gehart(2010) 등]의 탐독을 권장한다(이러한 이론들을 주제에 따라 하나씩 구분하여 설명해 놓은 각각의 장을 적은 비용으로 구매할 수 있다).

이 장에서 설명하는 체계적 상담 접근은 다음의 주요 가족 상담 모델을 기반으로 한다.

- **정신건강연구소(Mental Research Institute: MRI)**: 캘리포니아주 팔로알토 스탠퍼드 대학교 인근에 소재하고 있는 MRI에서는 그레고리 베이트슨(Gregory Bateson; '풍문: 사람들과 그들의 이야기' 참조)을 중심으로 한 연구팀이 조현병 환자 가족의 의사소통에 관한 획기적인 연구를 진행하였다. 리처드 피시(Richard Fisch)와 돈 잭슨(Don Jackson)의 협력 하에 설립된 MRI는 가장 영향력 있는 가족치료 훈련센터로 자리매김해 왔으며, 제이 헤일리(Jay Haley)의 전략적 치료, 밀란 팀의 체계적 접근, 버지니아 사티어(Virginia Satir)의 성장 모델(사티어의 성장 모델 참조) 및 해결 중심 단기 치료(12장 참조)에 영향을 미쳤다. 역량 있는 임상가였던 돈 잭슨은 이른 나이에 세상을 떠나기 전까지 MRI에서 수많은 기초 이론을 개발하였다. 이후 폴 바츨라비크(Paul Watzlawick), 존 위클랜드(John Weakland), 리처드 피시(Richard Fisch)는 행동 기반의 개입 방법을 활용하여 내담자의 호소문제를 단기간에 해결할 수 있는 방법을 찾기 위해 단기 치료 프로젝트를 시작하였고, 최초로 단기 치료 모델을 개발하였다(Watzlawick & Weakland, 1977; Watzlawick, Weakland, & Fisch, 1974; Weakland & Ray, 1995).
- **밀란의 체계적 치료(장시간 단기 치료 상담)[1]**: 원래 MRI에서 밀란 팀을 구성하여 거식증이나 조현병 아동과 작업했던 마라 셀비니 팔라졸리(Mara Selvini Palazzoli), 지앙프랑코 체친(Gianfranco Cecchin), 쥴리아나 프라타(Giuliana Prata), 루이지 보스콜로(Luigi Boscolo)는 그레고리 베이트슨(1972, 1979)의 사이버네틱('체계 101: 철학적 기반' 참조) 체계 이론을 구현한 상담 모델 개발이라는 목표를 갖고 이탈리아로 돌아왔다. 캘리포니아에 있는 다른 동료들에 비해 덜 행동 지향적이었던 밀란 모델의 상담자들은 내담자의 사용 언어가 가족 역동 형성에 어떠한 영향을 미치는지에 주의를 기울였고, 언어를 활용하여 가족 간의 상호작용 패턴을 변화시키고자 하였다(Selvini Palazzoli, Cecchin, Prata, & Boscolo, 1978).
- **전략적 치료**: MRI의 창립 구성원 가운데 한 명이었던 제이 헤일리는 당시 그의 아내였던 클로에 마다네스(Cloe Madanes)와 함께 자신만의 체계적 치료 방법인 전략적 치료를 개발하였다. 전략적 치료는 가족 내 권력의 활용에 초점을 두었으며, 이후에는 가족 체계 내에 존재하는 애정에 집중하였다(Haley, 1976).
- **구조적 치료**: 살바도르 미누친(Salvador Minuchin)이 개발한 구조적 접근은 체계적 접근방

---

1) 역자 주: 장시간 단기 치료 상담(long-term brief counseling)은 한 달에 한 번 이루어지며 10회 이내로 제한된다. 회기 간의 간격이 긴 이유는 내담자 가족이 역설적 처방의 효과에 반응할 충분한 시간이 필요하기 때문이다. 대신, 한 회기의 시간이 상대적으로 길었는데, 네 명의 치료자가 한 팀이 되어 한 회기를 다섯 단계로 나누어 진행하는 '장시간 단기 치료'는 밀란 모델의 독특한 치료 방식이다(상담학사전, 2016).

법 중 가장 실용적이고 실제적인 접근 방법으로 손꼽힌다. 이 접근은 가족 구조(경계선, 위계 구조, 하위 체계)를 도식화함으로써 가족 내 문제나 증상이 사라져 가족이 기능적인 관계적 구조를 형성할 수 있도록 돕기 위해 가족들을 치료에 적극적으로 참여시킨다.

체계 101: 철학적 기반

상담실에서 발생하는 일들에 대해 살펴보기 전에 반(反)직관적 성격을 띠고 있는 체계적 상담의 철학적 기반에 대해 탐색해 보고자 한다. 게하르트(Gehart)의 다른 책 『가족치료 사례개념화(Mastering Competencies in Family Therapy)』(2010)의 8장에서도 이 개념을 설명하는데, 다소 난해하고 어려울 수 있으므로 그 내용을 천천히 그리고 꾸준히 탐독하기 바란다.

■ 일반 체계 및 사이버네틱 체계 이론

체계 이론은 자체 추진 미사일을 만드는 로켓 과학자들, 부족 간의 상호작용을 연구하는 인류학자들, 종 간 상호작용을 연구하는 생태학자들이 참여한 메이시 학회(Macy Conferences)의 학제 간 연구에서 시작되었다. 연구자들은 기계의 부품, 사회 집단, 동물 집단 등 하나의 체계 내에 속한 개체는 기본적으로 동일한 원칙 하에 작동된다는 사실을 발견하였다. 이 학회를 통해 폰 베르탈란피(von Bertalanffy, 1968)는 **일반 체계 이론**을 개발하였다. 일반 체계 이론과 밀접하게 연관되어 있지만 사회적 체계에 보다 초점을 둔 베이트슨(1972)의 **사이버네틱 체계 이론**은 정신건강 상담 접근에 가장 큰 영향을 미쳤다.

■ 사이버네틱스, 항상성, 자기 교정

'사이버네틱스[2)]'라는 용어는 배의 '조타수'라는 그리스어로, 사이버네틱 체계의 기능적 원리들에 대한 단서를 제공한다. 이 체계는 **자기 교정적**(self-correcting)이며, 스스로를 '조종'할 수 있다는 점에서 외부 개체의 조종이 필요한 컴퓨터와는 다르다(Bateson, 1972). 사이버네틱 체계는 무엇을 추구하는가? 바로 **항상성**이다. 가족 체계 내에서 항상성이란, 가족에게(또는 다른 사회 집단에게) 안정감을 주는 특유의 행동적 · 정서적 · 상호작용적 규범을 의미한다. 항상성이라는 명칭과 달리, 항상성은 정적이지 않고 **역동적**이다. 체조선수가 평균대 위에서 균형

2) 역자 주: 사이버네틱스(cybernetics)라는 용어는 배의 조타수를 의미하는 그리스어인 'kybernetes'에서 유래되었다. 새로운 인식론에 '사이버네틱스'라는 용어를 붙이자고 제안한 사람은 수학자인 위너(Wiener, 1948)였고, 사이버네틱스는 '생물 체계와 사회 체계에 있어서 순환적 인과관계와 피드백 기제에 관한 과학'으로 발전하였다(가족치료의 이해, 2007).

을 유지하기 위해 계속 움직여야 하는 것처럼 체계는 안정감을 유지하기 위해 끊임없이 움직여야 한다. 살아 있는 모든 체계는 감정, 습관, 체중, 전반적인 건강 등에 있어 균형을 유지하기 위해 노력한다. 안정감 유지의 핵심은 자기 교정 능력이며, 자기 교정은 피드백을 요한다.

■ 부적 · 정적 피드백

부적 · 정적 피드백이 가족상담과 관련된 모든 선택형 시험의 단골손님이라는 것은 익히 알고 있을 것이다. 그 이유는 무엇일까? 그것은 가족 상담에서 활용되는 용어의 학문적 쓰임이 일반적인 쓰임과는 상반되기 때문이다. 따라서 부적 · 정적 피드백에 대한 질문은 그와 관련된 학습을 하지 않은 상태에서는 함정과 같은 질문이다. 다음은 부적 피드백과 정적 피드백을 기억할 수 있는 방법이다.

부적 피드백 = 조타수에게 새로운 정보가 주어지지 않는다 = 물결은 변하지 않는다 = 항상성
정적 피드백 = 조타수에게 새로운 정보가 들어온다 = 물결은 일렁이고, 더 빨리 움직이며, 차가워진다 등 = 무엇인가가 변화하고 있다.

부적 피드백은 '이전과 같은' 피드백으로, 이는 새로운 소식이나 변화가 없음을 뜻한다(Bateson, 1972; Watzlawick, Bavelas, & Jackson, 1967). 의학 용어인 '정적 검사 결과'와 마찬가지로 정적 피드백은 예상 범위를 벗어난 소식을 의미하며, 이는 상황에 따라 문제나 위기가 될 수도 있다. 문제나 변화는 '나쁜 소식'(사랑하는 사람의 죽음, 배우자와의 다툼, 직장에서의 문제 등)이나 '좋은 소식'(대학 졸업과 구직, 결혼 및 새로운 가정, 파견 근무 등)에서 발생하기 때문이다. 좋은 소식과 나쁜 소식 모두 정적 피드백 고리를 형성하며, 이는 '① 이전의 항상성으로 돌아감' 또는 '② 새로운 항상성을 형성함' 중 하나로 귀결된다.

일반적으로 정적 피드백에 대한 체계의 반응은 이전의 항상성으로 최대한 빨리 돌아가고자 하는 것이다. 다툼 이후에 대부분의 커플은 빨리 화해하고 '원래의 관계로 돌아가기를' 원한다. 누군가의 죽음 이후 '원래 상태로 돌아가기' 위한 대화는 그 사람이 얼마나 중요한 사람이었는지에 따라 그 소요 시간이 달라질 것이며, 이러한 경우 때로는 그 상황을 대체할 수 있는 새로운 무언가가 필요하다는 점에서 '원래 상태'로의 복귀가 가능할 수도, 가능하지 않을 수도 있다. 이와 같이 새로운 규범이나 항상성이 필요한 상태를 일컬어 '2차 변화'라고 한다.

■ 1차 변화 및 2차 변화

2차 변화는 정적 피드백에 대한 반응으로, 체계가 항상성을 재구조화하는 것과 체계를 제어하는 규칙이 근본적으로 변화하는 것을 의미한다(Watzlawick et al., 1974). 물론 **1차 변화**는 정적 피드백 이후에 체계가 이전의 항상성으로 되돌아오는 것을 의미한다. 1차 변화에서 그 역할은 뒤바뀔 수 있으나(예: 이전에는 관계에서 거리를 뒀던 사람이 친밀한 관계를 원하는 경우, 관계를 맺고 있는 사람의 입장에서는 급격한 변화로 보일 수 있다), 기저에 놓인 가족의 구조와 관계 규칙은 본질적으로 변하지 않는다. 1차 변화는 부부 상담의 초기 단계에서 빈번히 일어나는데, 이는 부부 관계에서 거리를 두려는 자와 거리를 좁히려는 자의 역할이 바뀌는 것이다. 예를 들어, 처음에 아내는 친밀한 관계를, 남편은 거리감 있는 관계를 요구했으나 상담이 진행되는 과정에서 아내와 남편의 역할이 서로 뒤바뀌는 것이다. 표면적으로 볼 때 이러한 역할 변화는 문제의 해결로 보일 수 있다. 하지만 역할이 바뀌어 관계가 변화된 것처럼 보일 뿐 부부 관계 내 친밀감을 통제하는 규칙의 기능적인 변화가 일어난 것은 아니다.

이 부부에게 있어 **2차 변화**는 '거리감을 좁히려는 자–멀어지려는 자'의 패턴을 줄이고 상대방이 보이는 친밀감 및 거리감을 잘 견뎌 내는 능력을 향상시키는 것이다. 여기서 중요하게 기억해야 할 점은 내담자의 상황에 따라 2차 변화가 항상 필요한 것은 아니라는 사실이다. 내담자에게 1차 해결책은 논리적으로 이해가 될 수 있으나 2차 해결책은 새로운 규칙을 체계에 접목시켜야 하기 때문에 이상하고 비논리적으로 보일 수도 있기 때문이다.

■ 사람은 의사소통하지 않을 수 없다

베이트슨 팀의 초기 작업은 바츨라비크 등(1967)의 고전 『의사소통의 화용론(Pragmatics of Human Communication)』으로 정리되어 있다. 이 책에서 그들은 "사람은 의사소통을 하지 않을 수 없다."라고 하였다. 고등학교 영어 교사들의 문법 체계를 무시하고 이중 부정으로 표현한 이 문장은 부부 및 가족에게서 흔히 나타나는 문제, 즉 "우리는 의사소통을 할 수가 없어요(하지 않아요)."와 같은 문제를 반박하기 위함으로 보인다. 그렇다면 이러한 문장은 어떻게 만들어졌을까? 베이트슨 팀이 조현병 환자 가족을 대상으로 실시한 연구에서 배운 것은 의사소통을 하지 않으려는 조현병 환자의 시도(예: 말이 안 되는 말을 하거나 미동조차 하지 않는 것) 또한 하나의 메시지라는 것이다. 모든 행동은 일종의 의사소통이고, 사람은 어떤 행동이든 하고 있기 때문에(최소한 우리가 살아 있는 동안에는), 사람은 항상 의사소통을 하고 있는 것이다. 우리가 알고 있는 바와 같이 침묵은 말이 안 되는 말, 움츠리는 행동, 멈춰 있는 행동을 통해 이미 많은 것을 말해 주고 있는 것이다. 따라서 의사소통을 하지 않으려는 행동조차도 본질적으로는 또 다른 메시지 전달 방법이라 할 수 있다. "우리는 의사소통이 안 돼."라는 주장은 상대가 말하는 내용에 대한 거부를 의미한다. 이때 의사소통의 양상, 즉 상대방이 전달하고자 하는 메시지가 정보 전달인지, 지시인지에 대하여 자세히 살펴보는 것은 원활한 의사소통에 도움이 된다.

■ 이중구속

이중구속 이론은 조현병 환자 가족에 대한 베이트슨 팀의 초기 연구로 거슬러 올라간다(Bateson, 1972). 바츨라비크 등(1967)은 이중구속 의사소통의 구성요소를 다음과 같이 규정하였다.

1. 가족, 친구, 종교 집단, 의사-환자, 상담자-내담자, 사회 규범 등과 같은 2인 관계는 지속 가능성이 매우 높은 **강력한 관계**이다.
2. 관계 내에서 ① **1차 명령**(예: 요청이나 지시)과 ② 1차 명령과 **모순되는** 추상적 소통 차원의 **2차 명령**을 동시에 보낸다.
3. 마지막으로, 모순된 명령을 받은 사람은 현재의 관계가 유지되는 이상, 메타커뮤니케이션[3]이나 관계적 철회를 통해 발신자의 모순된 인지적 틀에서 벗어날 수 없음을 깨닫게 된다. 명령을 받은 사람은 불일치에 대해 문제를 제기하는 것에 대해서도 '나쁘거나' '비정상적'인 사람으로 취급받게 된다.

흔히 '나 자신을 사랑하라' 또는 '진실해져라'와 같은 명령은 상대방이 자발적으로 진실한 감정을 갖도록 하는 지시이다. MRI 팀은 연구를 통해 이러한 유형의 의사소통이 조현병 환자 가족에게서 나타나는 의사소통의 특징임을 알아냈다. 예컨대, 엄마가 차갑고 무심하게 아이를 안은 뒤(명령은 관계에서 거리감을 형성한다), "왜 엄마를 봐도 좋아하지 않니?"라고 말하는 식이다(친밀감 있게 제안하는 방식으로 지시한다). 이 상황에서 아이가 어떤 반응을 하든 엄마는 아이가 잘못되었다고 할 것이다. 따라서 조현병 환자에게 있어 '논리적' 반응이란 **무반응 또는 아무 의미 없는 반응**으로, 이를테면 말비빔(word salad: 실제적인 의미가 없는 말),[4] 연상의 이완(연관성

---

3) 역자 주: 메타커뮤니케이션은 대인 간 상호작용에서 전해지는 메시지에 함께 전달되는 비언어적인 메시지에 포함된 메시지를 뜻한다. 일반적으로 메타커뮤니케이션은 전달되는 언어적 메시지와 일치하지만, 때로는 서로 모순되는 경우도 있다. 예를 들어, '졸린다'라고 말을 하며 하품을 하는 것은 언어적으로 전달되는 메시지와 하품을 하는 행동으로 전달되는 메타 메시지가 서로 일치한다. 그러나 '졸린다'라고 하면서 얼굴은 즐겁고 상쾌한 표정을 짓는다면 언어적 메시지와 메타 메시지가 상충되는 커뮤니케이션을 하고 있는 것이다[네이버 지식백과 '메타 커뮤니케이션' 검색. (상담학 사전, 2016. 1. 15., 김춘경, 이수연, 이윤주, 정종진, 최웅용)].

이 거의 없는 단어나 주제를 서로 연관 지음), 경직된 행동(의미 없고 경직된 반복적 행동) 등이 조현병의 특징이라 할 수 있다. 이중구속 이론은 조현병이 누구에게, 어떻게 발병하는지에 대해 모든 것을 설명해 줄 수는 없다. 다만, 가족 구성원 중에 조현병 환자가 있는지의 여부와 관계없이 수렁에 빠진 가족을 치료하는 임상가에게 이중구속 이론은 유용하게 활용되고 있다.

■ 체계로서의 가족

가족 상담에 있어 체계적 접근의 특징은 가족을 하나의 체계로 바라본다는 것이다. 가족은 하나의 체계이며, 이는 부분들의 합보다 큰 전체이다(Watzlawick et al., 1967). 이것은 무엇을 의미하는가? 체계적 가족 상담자는 한 명의 가족 구성원 또는 상담자와 같은 외부의 개체에 의해 통제될 수 없는 하나의 '사고방식(mind)' 또는 유기체로서 가족의 상호작용 패턴을 파악한다. 이와 같은 전제 하에 다음과 같은 명제들이 도출된다.

- **한 사람이 가족의 상호작용 패턴을 결정짓지 못한다:** 가족 내 상호작용 규칙은 미국 헌법처럼 의식적으로 만들어지는 것이 아니다. 가족 내 규칙은 규범이나 항상성이 생길 때까지 상호작용–피드백(반응)–조정의 유기적 과정을 통해 형성된다. 실제로, 관계 초기의 말다툼은 관계에서 발생하는 항상성 규범을 형성하기 위한 피드백으로서의 역할을 한다. 대부분의 경우, 관계 규칙이 형성되는 모든 과정에는 메타커뮤니케이션이 수반된다.
- **모든 행동은 맥락 안에서 이해할 수 있다:** 이 명제는 잘 읽고 기억해 두기 바란다. 이 명제를 믿고 당신의 삶 속에서 만나거나 대화하는 모든 사람과의 관계에 적용한다면 당신의 삶은 (보다 긍정적으로) 변화될 것이다. 모든 행위는 일종의 의사소통이기 때문에 각각의 행위는 특정 체계의 규칙에 따라 이루어지는 표현의 맥락 안에서 이해된다. 따라서 길거리, 직장 또는 집에서 다소 충격적이고, 부적절하며, 예상치 못한 의사소통이 이루어졌을지라도 그것이 적절한 맥락 안에서 이루어졌다면 소통으로서 충분한 역할을 한 것이다.
- **가족의 고통을 한 사람의 책임으로 돌릴 수 없다:** 가족 내 규칙은 어느 한 명이 의식적으로 만드는 것이 아니라 끊임없는 상호작용을 통해 자연스럽게 패턴이 형성되기 때문에 가족 내에서 발생하는 문제를 한 사람만의 탓으로 돌릴 수 없다. 예컨대, 가정 폭력이 일어났을 경우, 가족 구성원 개인이 도덕적 · 윤리적 의무감을 갖지 않아도 된다는 의미가 아

---

4) 역자 주: 말비빔(word salad)은 은유적 표현으로 상호 간에 전혀 연관성이 없는 단어들을 함께 묶는 관행, 혹은 뒤죽박죽된 말이나 무질서하게 쓰인 문장의 극단적인 경우를 말한다. 주어와 서술어 등의 순서가 혼재되었거나 이해할 수 없는 단어(예 : 신조어, 은어 등)들을 섞기 때문에 듣는 사람이 이해하지 못하는 경우가 많으며 얘기하는 사람과 오랜 시간 대화를 통해 비로소 그 의미를 터득할 수 있게 된다(사회복지용어대백과사전, 2016).

니라 상호작용은 체계의 역동으로 '이해되어야' 함을 의미한다.

- **개인의 특성은 체계 의존적이다:** 가족 구성원에게 보이는 뚜렷한 특성이나 경향은 체계와 독립되어 나타나는 선천적 성격 특성이라기보다는 체계 내 상호작용 패턴 안에서 형성된 것이라고 할 수 있다. 따라서 다른 가족이 수지에 대해 "수지는 항상 이런 식이었어요."(예: '화난' '잘 도와주는' '잘 잊어버리는') 등과 같은 방식으로 보고할지라도 상담자는 이를 수지의 내재적 특성이라기보다는 체계의 경직성이나 가족 내 규칙을 반영한 평가로 이해해야 한다.

요약: 당신이 알아야 할 기본적인 내용

체계적 상담자는 개인을 보다 큰 **관계적 체계**, 즉 보다 광범위한 사회적 집단(예: 동성애 집단, 민족, 주(state)/국가 등)뿐 아니라 **원가족**(부모, 형제자매, 대가족), **형성가족**[5](배우자, 반려자, 자녀, 의붓자식 등), 사회적 공동체(예: 교회, 이웃, 온라인 공동체) 등의 일부로 본다. 체계적 상담자는 개인의 문제나 증상이 이러한 체계들의 역동과 내재적으로 관련되어 있다고 주장한다. 예컨대, 체계적 상담자는 개인의 우울증(또는 다른 증상)이 체계 내에서 '정상성'을 유지하는 역할을 한다고 생각하기 때문에 우울증을 **병리화하지 않을 뿐 아니라** 우울증 환자가 속한 체계 내 구성원이나 체계 자체를 탓하지 않는다. 그들은 증상을 체계의 균형 내지 **항상성**을 유지하도록 돕는 일련의 행동, 감정, 신념으로 여기며, **중립적**으로 바라본다. 이는 마치 인류학자가 오랜 세월 잃어버린 문화를 이해하고자 노력하는 모습과 흡사하다. 요컨대, 체계적 상담자는 증상을 요하지 않아도 가족 구성원 간 새로운 관계 패턴을 찾음으로써 이후 체계 내 균형을 유지하거나 유대감을 형성하도록 돕는 것이 그들 본연의 임무라 생각한다.

표면적으로 볼 때, 체계적 상담의 개입 방법은 독특한 선문답 등을 통해 사람들로 하여금 새로운 방식으로 사고하도록 한다는 점에서 상담계의 무술인 혹은 선사[6]와 같아 보일 수 있고, 일면 비논리적으로 비춰질 수 있다. 무술인과 흡사하게 체계적 상담자는 **증상을 다루는** 작업을 하며, 문제가 되는 행동 · 사고 · 감정을 애써 억제하도록 하기보다는 에너지를 생산적인 방향으로 전환시키도록 돕는다. 따라서 그들은 아들러 학파 및 인지적 상담자와 같이 개인이나 가족을 대상으로 관계를 보다 잘 형성하는 방법에 대해 재교육하지 **않는다**. 대신, 문제가 되는 행

5) **역자 주:** 형성가족(family of procreation)은 개인이 성인으로 성장하여 결혼이나 분가를 통해 새로 형성하는 가족이다(상담학사전, 2016).

6) **역자 주:** 선사(Zen master)는 선종의 법리(法理)에 통달한 승려이다(표준국어대사전, 2022).

동의 연쇄 과정을 멈추고 새로운 방향을 잡기 위해 다양한 기법을 사용하며, 이에 대해 가족이 새로운 반응을 하도록 한다. 이들은 가족을 ① 가족 구조(경계, 위계, 하위체계)와 ② 체계적 상호작용 패턴(문제와 관련된 반복적인 상호작용 순환)의 두 가지 기본적인 패러다임으로 개념화한다. 체계적 상담자는 개인이나 가족을 역기능적으로 보는 것이 아니라 끊임없이 변화하는 발달적 · 맥락적 요구에 부응하기 위해 상호작용 패턴을 확장시켜 나가는 데 있어 도움이 필요한 존재로 인식한다. 이 과정에서 그들은 내담자의 감정에 집중한다.

핵심: 이 이론의 중요한 공헌

이 장에서 한 가지를 기억해야 한다면, 그것은 바로 다음의 내용이다.

■ 시연

상담자는 증상으로 가득한 상호작용을 효과적이고 만족스러운 상호작용 패턴으로 전환하기 위해 **시연**(enactments)을 활용하는데, 이는 시연이 가장 실용적이며 연구 기반이 탄탄한 체계적 개입 방법이기 때문일 것이다(Colapinto, 1991; Minuchin, 1974; Minuchin & Fishman, 1981). 상담자는 자신이 선호하는 상담 모델과 관계없이 시연에 익숙해져야 한다. 대부분의 부부나 가족은 상담실에서 언쟁을 벌이게 되고, 이때 원활한 의사소통을 위한 지침이 필요하기 때문이다. 따라서 상담자는 이에 대한 준비를 해야 한다. 시연은 상담 중(또는 대기실에서) 발생할 수 있는 위험하거나 곤란한 순간에 대처할 수 있는 최선의 방법 가운데 하나이다.

체계적 상담자는 가족의 상호작용에 대해 내담자와 이야기를 나누는 것보다 시연을 선호하는데, 그 이유는 내담자가 말하는 내용과 그들의 실제 행동 간에 상당 부분 불일치가 존재하기 때문이다(이는 가정에 불과하므로 일반적으로 적용되는 내용은 아니다). 그러나 이러한 불일치는 사람들에게 악의가 있거나 위선적이어서가 아니라 자신의 행동을 객관적으로 인식하는 데 어려움이 따르기 때문이다(Minuchin & Fishman, 1981). 실연은 문제가 되는 상호작용의 연쇄과정을 평가하고 이를 변화시키기 위해 활용되며, 이를 통해 상담자는 가족 구조나 개인 간 상호작용 패턴을 **도식화하고**, **추적하며**, **수정**하게 된다.

경계 및 그외 다른 관계 구조를 언제, 어떻게 **재구조화**할지에 대하여 파악하는 데 있어 상담자의 경험이 쌓일수록 내담자로부터 문제 상황에 대해 듣거나 가족이 상호작용하는 모습을 관찰하는 데 걸리는 시간은 단축된다. 재구조화(restructuring)는 얽힌 관계에서 보다 명확한 경계 설정하기(예: 상대방의 말을 끊거나 대신하여 말하는 것을 멈추기), 공감의 표현이나 눈 맞춤을 권함으로써 의사소통에 대한 참여 높이기, 자녀가 회기 과정에서 보이는 행동을 부모가 성공적으로 다루도록 조력함으로써 부모의 역량 향상시키기와 같은 형태로 이루어진다.

시연은 다음의 세 단계로 이루어진다(Minuchin & Fishman, 1981).

[1단계] **추적하고 도식화하기–자발적 상호작용 관찰하기**: 개인 내담자나 가족과 대화를 나눌 때 상담자는 그 내용과 메타커뮤니케이션 모두를 면밀히 살펴보며, 내담자의 강점과 역량뿐 아니라 친밀감, 독립성, 통제력 등에서 부족한 부분을 비롯하여 가족 간 상호작용에 내재되어 있는 전제들을 주의 깊게 듣는다. 내담자와 대화할 때 상담자는 말보다는 **실제적인 과정**(회기 내에서 이루어지는)을 면밀히 **추적해야 한다**(Colapinto, 1991). 상담자는 관찰되는 내용, 대화의 내용, 메타커뮤니케이션의 정보를 모으면서 가족의 경계 및 위계를 기초로 가설을 설정한다(Minuchin & Fishman, 1981). 변화시킬 수 있는 영역이 확인되면 상담자는 적극적인 시연으로 개인 내담자나 그 가족을 초대할 준비가 된 것이다.

[2단계] **상호작용 이끌어 내기–초대**: 상담자는 두 가지 방식 중 하나로 시연으로의 '초대장'을 보낸다. 개인 내담자나 가족이 실제적인 상호작용을 시연하도록 직접 요청하거나, 내담자로 하여금 일부러 다투거나 싸늘한 침묵을 지키는 등의 문제 행동을 하도록 하는 것이다(Colapinto, 1991). 내담자가 자연스럽게 시연을 시작하는 경우, 상담자가 취해야 할 조치는 특별히 없지만, 그렇지 않을 때에는 내담자에게 문제를 '보여 달라'는 솔직한 초대장을 보내야 한다.

- "어젯밤에 일어난 일을 재연해 볼 수 있나요?" 또는
- "그가 '반항적'이었을 때 집에서 어떤 일이 있었는지 보여 주세요. 문제가 무엇인지 제가 잘 이해할 수 있도록 지난주에 있었던 반항 사건을 실연해 보실 수 있나요?"

시연은 개인 내담자가 두 사람 중 한 명의 역할을 시연하거나 인형을 활용하여 상대방이 말한 내용을 요약하는 방식으로 이루어진다. 시연은 개인과 작업할 때, 내담자와 한편이 되어 타인을 비난하기 쉽다는 점에서 중요하다. 시연은 문제를 해결하기보다는 대개 상황을 악화시키지만(다음의 삼각관계에 대한 설명 참조), 역동 내에서 발생하는 한 사람의 책임에 대해 묻지 않은 채 다른 사람을 비난할 수 있어 내담자는 이를 선호한다. 상담자가 영향을 미칠 수 있는 체계의 유일한 요소인 내담자에 대해 상담자와 내담자 모두가 초점을 잃지 않는 범위 내에서 시연을 활용함으로써 조력자가 흔히 빠지기 함정을 피해 갈 수 있다.

[3단계] 대안적 소통으로 전환하기: 지금까지의 시연은 내담자로 하여금 다르게 행동하도록 돕기 전까지의 과정으로, 일반적인 상호작용 패턴일 뿐 개입은 아니다(그리고 실제로 도움이 되지 않는다). 따라서 이 단계에서 상담자는 경계, 위계, 하위 체계 및 다른 구조적 문제를 명료화할 수 있도록 상호작용 패턴을 전환시킨다. 상담자가 상호작용을 어떻게 전환시키는가는 1단계에서 평가되는 특정 역동에 따라 달라진다. 체계적 상담자가 상호작용을 전환시키는 일반적인 방법은 다음과 같다.

- 밀착 줄이기: 상대방이 끝까지 말을 할 수 있도록 상대의 말을 끊지 않도록 한다.
- 이탈 줄이기: 어려운 주제에 대한 생각과 감정을 부부가 함께 나누도록 격려한다.
- 삼각관계 줄이기: 제3자(방해가 되는 인물)는 조용히 하도록 한 상태에서 두 사람이 서로에게 직접 말하도록 요청한다.
- 경계를 명확히 하기: 정서적 친밀감을 높이거나 줄이기 위해 심리적으로 의자를 재배치한다.
- 개인의 패턴 바꾸기: 상대가 있다고 가정한 상태에서 보다 분명하게 요청하거나 지금까지와는 '다른 방식으로' 반응해 보도록 지도한다.
- 부모의 위계 높이기: 회기가 진행되는 동안 (상담자보다는) 부모가 자녀를 제어하도록 지도한다.

미누친과 피시먼(1981)은 새로운 행동을 실제로 해 보기, 문제가 '타인'에게 있다는 잘못된 생각 버리기, 문제 상황을 보다 잘 다룰 수 있다는 유능감과 자신감 키우기 등 실연의 이점을 찾아냈다.

풍문: 사람들과 그들의 이야기

■ 그레고리 베이트슨

메이시 학회에 당시 그의 아내인 마가렛 미드(Margaret Mead)와 참석했던 베이트슨은 뉴기니와 발리의 부족 간 상호작용을 토대로 사이버네틱 이론을 연구한 영국의 인류학자였다(Bateson, 1972, 1979; MRI, 2002). 사이버네틱 이론에 대한 품격 있고 사려 깊은 베이트슨의 학설은 커뮤니케이션학, 인류학, 가족치료를 비롯하여 다양한 학문에 영향을 미쳤다. 그는 인간의 의사소통에 대한 연구를 위해 훗날 베이트슨 그룹으로 잘 알려진 팀을 구성하였으며, 돈 잭슨, 제이 헤일리, 윌리엄 프라이(William Fry), 존 위클랜드(John Weakland)가 연구팀의 구성원이었다. 그는 10년 동안 팀원들과 함께 조현병 환자 가족 내의 의사소통에 대해 연구하였고, 사이버네틱 이론에 대한 자문을 제공하였으며, 이를 밀턴 에릭슨(Milton Erikson)의 최면 작업에 접목시키기도 하였다. 팀과 협력하여 **조현병의 이중구속 이론**을 개발했다(Bateson, 1972), 이 이론에서 조현병은 이중구속 의사소통이 이루어지고 있는 가족체계 내에서 의미 있게 반응하기 위한 시도로서의 정신증적 행동으로 재개념화되었다. 베이트슨은 그의 인류학 연구를 통해 인간의 문제 행동을 단순히 개인의 정신내적 문제로 보던 데서 벗어나 보다 큰 사회체계의 기능 안에서 이해하고자 하는 이론적 틀을 새롭게 정립하였다.

■ 돈 잭슨

대인관계 정신분석의 창시자인 해리 스택 설리번(3장 참조; 무의식의 해석보다 관찰 가능한 정보에 의존하는 것으로 비판받았던 인물)의 제자였던 잭슨은 체계적 가족 이론의 발달에 있어 핵심적인 인물로, 가족의 항상성, 가족 규칙, 관계적 보상(quid pro quo), 공동치료, 상호작용 이론을 비롯한 기초 개념 및 MRI에서 다른 연구자들과 함께 했던 이중구속 이론의 개발에 주도적인 역할을 했다(MRI, 2002; Watzlawick et al., 1967). 잭슨은 정규성에 대한 근거 없는 믿음에 의구심을 던졌던 정신의학자 중 한 명이었으며(Jackson, 1967), 그의 이론은 결국 50년이 지나 국제적 **회복운동**(recovery movement)의 일환으로 채택되었다.

■ 존 위클랜드

원래 화학공학도였던 위클랜드는 의사소통 이론을 제대로 적용하고자 했던 베이트슨팀에 합류했으며, 관찰 불가능한 추론이나 구성개념보다는 구체적이고 관찰 가능한 행동에 근거하여 이론을 개발하는 것이 중요하다고 강조했다(MRI, 2002). 그는 단기 치료 프로젝트의 일환으로 MRI에서 헤일리와 함께 밀턴 에릭슨의 연구(12장 참조)를 통합하는 데 기여한 핵심인물이다.

■ 리처드 피시

잭슨은 MRI 설립을 최초로 제안한 피시를 MRI의 새로운 단기 치료 프로젝트의 책임자로 임명하였다. 이 프로젝트는 에릭슨의 단기 최면치료에서 영감을 받아 가르치기 쉬운 단기 심리치료 개발을 목표로 하였다(Watzlawick et al., 1974). 언어와 간접 영향이 다른 사람에게 어떻게 영향을 미칠지에 초점을 두고 연구를 진행한 피시의 공헌은 MRI에서 가장 잘 알려진 치료 모델의 개발을 주도한 점이라고 할 수 있다(Fisch & Schlanger, 1999; Fisch, Weakland, & Segal, 1982; MRI, 2002).

■ 폴 바츨라비크

오스트리아 출신의 바츨라비크는 위클랜드, 피시와 공동으로 MRI에 단기 치료 센터를 설립한 의사소통 이론가로, 이들이 설립한 센터는 극단기 치료법을 개발하는 데 그 목표를 두었다(Watzlawick, 1977, 1984, 1990, 1993a). 후에 바츨라비크는 그의 저서에서 급진적인 구성주의가 치료 및 인간의 의사소통에 미치는 영향에 대해 탐구하였다. 그의 저서에는 『실제는 얼마나 실제적인가?(How Real Is Real?)』(1977), 『만들어진 현실(Invented Reality)』(1984), 『극단적 해결책: 가장 성공적으로 실패하는 법(Ultra Solutions: How to Fail Most Successfully)』(1988), 『해결책은 절망적이지만 심각하진 않다: 행복의 추구(The Situation Is Hopeless but Not Serius: The Pursuit of Unhappiness)』(1993b)가 있다.

■ 살바도르 미누친

소아과 의사이자 소아 정신의학자인 살바도르 미누친은 구조적 가족 상담 접근을 개발했다(Colapinto, 1991; Minuchin, 1974). 미누친은 아르헨티나에서 태어나 어린 시절을 보냈고, 인생에서 두 번의 시기를 이스라엘에서 보냈으며, 마지막으로 미국에 정착하여 전문가로서의 삶을 펼쳤다. 이러한 삶은 그가 여러 방면에서 다양성에 대해 관심을 갖는 데 영향을 미쳤다. 돈 잭슨과 마찬가지로, 그는 정신분석에서 무의식적 과정보다는 대인관계의 중요성을 강조했던 해리 스택 설리번과 함께 연구에 참여했다(3장 참조). 정신분석 훈련을 받은 미누친은 비행 청소년을 위한 윌트윅 학교(Wiltwyck School)에서 일했으며, 그의 동료인 딕 오스왈드(Dick Auerswald), 찰리 킹(Charlie King), 브라울리오 몬탈보(Braulio Montalvo), 클라라 라비노비츠(Clara Rabinowitz)에게 비행 청소년의 모든 가족을 만나보도록 제안하였다. 참조할 정식 모델이 없었던 그들은 서로를 관찰하기 위해 반투명 거울을 활용하여 지속적으로 작업 모델을 개발했다. 1962년, 미누친은 당시 가족 치료 접근법의 개발에 앞장섰던 헤일리, 바츨라비크, 피시 등의 연구자들이 재직하고 있는 MRI를 방문했다. 그곳에서 그는 헤일리와 친구가 되었으며, 이 둘의 관계는 구조적 및 체계적 상담의 개발에 중요한 영향을 미쳤다. 서로의 이론에 영향을 미친 이들의 우정은 이 장에서 다루는 통합적·체계적 접근의 바탕을 이룬다.

1965~1976년까지 미누친은 필라델피아 아동교육 클리닉의 책임자를 맡았으며, 1975년에는 가족 치료 훈련센터를 설립하였다(이후 필라델피아 아동 및 가족 치료 훈련센터로 이름이 바뀌었고, 현재까지 운영되고 있다). 1967년에 『빈민가의 가족(Families of the Slums)』(Minuchin, Montalvo, Guerney, Rosman, & Schumer, 1967)이라는 책을 출간하였는데, 이는 구조적 치료를 설명한 최초의 책이자 '다문화주의'라는 용어가 생기기도 전에 가난과 다양성을 주제로 섬세하게 가족을 이해하고자 시도한 책이다. 이는 빈민 가족과 작업하는 정신건강 전문가에게는

여전히 중요한 저서이다. 미누친은 현장에서 활동하는 리더로서, 새로운 세대의 가족 전문가들을 지도하고 있다(Minuchin, Nichols, & Lee, 2007). 그의 유명한 제자 및 동료에는 해리 아폰테(Harry Aponte), 호르헤 콜라핀토(Jorge Colapinto), 찰스 피시먼(Charles Fishman), 제이 라핀(Jay Lappin), 마이클 니콜스(Michael Nichols)가 있다.

■ 제이 헤일리와 클로에 마다네스

베이트슨 팀의 원년 멤버이자 밀턴 에릭슨의 제자이며, MRI 단기 치료 프로젝트의 공동 창립자인 제이 헤일리는 독자적인 체계적 접근으로 전략적 치료를 개발하였다(Haley, 1963, 1973, 1976, 1980, 1981, 1984, 1987, 1996; Haley & Richeport-Haley, 2007; MRI, 2002). 그와 그의 아내인 클로에 마다네스(1981, 1990, 1991, 1993)는 워싱턴에 가족치료협회를 설립했다. 전략적 치료법은 위계, 권력, 사랑의 개념에 기반을 두며, **지시**를 개입 방법으로 사용한다. 그와 미누친은 수년간 카풀을 했는데, 이는 서로에게 영향을 미치며 각자의 이론을 발전시켜 나가는 계기가 되었다.

■ 밀란 팀

밀란 팀은 1967년에 이탈리아에서 거식증을 연구하던 셀비니 팔라졸리가 조직한 단체로, 마라 셀비니 팔라졸리(Mara Selvini Palazzoli), 지앙프랑코 체친, 루이지 보스콜로, 쥴리아나 프라타가 속해 있었다(Campbell, Draper, & Crutchley, 1991). 그들은 베이트슨의 연구 내용을 배우기 위해 캘리포니아에 있는 MRI로 떠났고, MRI의 단기 접근이나 헤일리의 전략적 접근보다는 언어에 중점을 둔 독특한 이론을 개발하면서 바츨라비크와의 관계를 이어 갔다. 1979년에 밀란 팀은 관심사와 성별에 따라 분리되었다. 주 연구자였던 셀비니 팔라졸리와 프라타는 정신 질환이나 거식증 환자 가족의 치료에 대한 연구를 계속하기를 원한 반면, 체친과 보스콜로는 임상과 응용 프로그램 훈련에 관심을 가지고 있었기 때문이다. 셀비니와 프라타의 후기 작업은 **불변의 처방**(invariant precription; '동맹을 끊기 위한 불변의 처방' 참조)에 집중된 반면, 체친과 보스콜로는 **2차 사이버네틱스**를 탐구하고('1차 변화 및 2차 변화' 참조), 다중 디스크립터를 통한 의미 구성과 언어에 관심을 기울였으며 결국은 포스트모더니즘의 사회구성주의적인 입장으로 나아갔다(13장 참조).

큰 그림: 상담과정의 개관

체계적 상담은 정상성 이론에 근거하여 현재 나타나는 문제의 해결에 초점을 맞추며, 별도의 다른 목표나 안건을 상정하지 않는다. 체계적 상담자는 개인 내담자와 작업할 때조차도 현재의 문제를 개인적인 것이 아니라 관계적 차원, 다시 말해 **상호작용적**인 차원으로 이해한다(Cecchin, 1987; Haley, 1987). 체계적 상담자는 두 개의 렌즈로 상호작용을 개념화하는데, ① 문제가 되는 상호작용 연쇄과정을 알아내기, ② 경계, 위계, 동맹을 비롯한 가족 구조 그려 보기이다. 이 접근은 어떠한 개인도, 어떠한 관계도 '역기능적'이라 보지 않는다. 문제는 반복된 교류에서 나타나는 행동의 상호작용적 연쇄과정이라 보되, 이 과정에서 어느 누구도 탓하지 않는다(상담자가 체계 이론을 제대로 이해하지 못했다는 정확한 신호는 그가 '역기능적이다'라는 단어를 사용하거나 X라는 사람이 변화하면 체계의 모든 사람이 괜찮아질 것이라고 말할 때이다).

시작 단계에서 상담자는 문제를 둘러싸고 있는 행동의 반복적 연쇄 과정에 대해 자세한 설명을 듣고 내담자가 상호작용하는 모습을 관찰함으로써 문제 행동을 관찰하고 그려 본다. 상담자는 보통 내담자에게 문제 상황을 실연하게 한다('핵심: 이 분야에 중요한 공헌' 참조). 문제와 관련된 상호작용 행동의 패턴과 의미를 알아내고 나면 상담자는 연쇄 과정을 **멈추거나 변화시키기 위해**(지적할 필요는 없다) 여러 개입 방법 가운데 하나를 사용한다. 문제를 촉발시키는 반복적이고 경직된 상호작용 패턴을 멈추기만 해도(문제가 반복적이지 않거나 변화될 수 있는 거라면 문제가 되지 않는다) 체계는 새로운 정보 안에서 스스로 변화한다(체계는 본질적으로 자기조정적이며, 균형을 추구한다). 예컨대, 내담자가 배우자와의 잦은 다툼을 호소한다면, 상담자는 그의 의사소통 기술을 향상시키고자 하는 대신, 그가 **다른 것을 하게 함으로써** 연쇄 과정을 **멈추게 하고자** 한다. 이를테면, '주중 일정한 시간을 정해 다루는 일정 잡기' '다투는 동안 상징적인 물건을 상대방에게 주기'와 같이 작고, 개인적이며, 상징적으로 쉽게 할 수 있는 행동적 변화이다. 다른 방법으로는, 두 사람 사이의 유대감을 구축하고 사랑을 표현하는 특별한 방법 등을 통해, 서로를 바라보는 시각을 변화시킴으로서, 다중에 대하여 새로운 의미를 부여하는 인식의 틀을 제공할 수 있을 것이다. 또 다른 방법은 내담자가 보다 효과적으로 상호작용하는 방법을 찾도록 실연을 하는 것이다. 여기에 제시한 모든 전략적 변화 방법은 문제가 되는 연쇄과정을 멈추고 자기조정을 통해 새로운 행동이나 사고를 갖게 해 준다.

상담자는 내담자에게 과제를 주기도 하는데, 그 내용은 문제의 체계적 특징을 강조하는 구체적인 행동과제나 인지적 재구조화에 관한 것이다. 매주 상담자는 이전에 부과한 과제를 확인하고, 내담자의 반응에 따라 다른 과제나 안을 새롭게 고안한다. 과제는 현재 호소하는 문제가 해결되는 상담 종결 시점까지 이어진다. 체계적 · 전략적 치료의 일반적인 흐름을 요약하면 다음과 같다.

체계적 상담의 과정

[1단계] 상호작용의 연쇄 과정, 가족 구조, 그리고 관련된 의미를 평가하기: 체계 내 모든 구성원의 행동 및 반응, 관련된 의미를 비롯하여 문제를 구성하는 상호작용 행동의 연쇄과정을 파악하라. 경계, 위계, 하위체계, 동맹에 대해 평가하라('조망하기: 사례개념화' 참조).

[2단계] 상호작용 연쇄 과정을 멈추고 전환시키는 개입하기: 상담자는 재구조화 기법이나 과제를 활용하여 연쇄과정을 멈추고, 가족이 개입에 반응하여 스스로 재조직할 수 있도록 한다. 상호작용 연쇄 과정을 멈출 때 어떠한 방법을 선호하는지가 MRI, 전략적 학파, 밀란 팀, 구조적 학파의 주요한 차이이다. 현대 전문가들은 이러한 체계적 접근을 참조하여 자유롭게 활용한다(이 장에서 체계적 접근을 전체적으로 소개하는 이유이다).

[3단계] 결과 및 내담자의 반응을 평가하기: 개입 후 상담자는 내담자의 반응을 평가하고 이를 활용하여 다음 개입을 고안한다.

[4단계] 새로운 패턴을 중단하기: 다른 개입 방법으로 새로운 패턴을 만들어 내지 않는다. 행동의 연쇄 과정을 멈추고, 가족이 재조직되며, 개입에 반응하고, 다시 개입하는 과정은 문제가 해결될 때까지 계속된다.

▪ 참여자

체계적 상담자는 관계 체계를 평가하기 위해 가능한 한 내담자에게 가장 중요한 인물, 즉 배우자나 가족과 함께 상담하기를 원한다(Colapinto, 1991). 관계 체계를 평가하고 나면 상담자는 특정 목표를 이루기 위해 하위 체계 또는 개인과 만날 수 있다. 예컨대, 부부 간 경계와 부모의 하위 체계를 강화시키거나 자녀 또는 친척과 세대 간 연합을 단절시키기 위해서는 부부와 따로 만나는 회기가 필요하다. 개인 내담자만 만날 때에도 상담자는 **전체적인 관계 체계**를 평가하며, 문제 상황에서 각각의 인물이 상대방에게 어떻게 반응하는지를 살피기 위해 **순환적 질문**을 사용한다('실행에 옮기기: 개입' 참조).

관계 형성하기: 치료적 관계

▪ 합류

체계적 상담자는 공감, 전이, 라포보다는 각 체계만의 의사소통, 존중 표현, 의미 만들기 등 일련의 규칙에 **합류**하고, 이를 내담자로 하여금 인지하도록 함으로써, 그들과 관계를 형성해 나간다(Minuchin, 1974; Minuchin & Fishman, 1981; Minuchin & Nichols, 1993). 체계적 상담자는 언어로 공감을 표현하기보다는 체계만의 방식(대화 방식, 정서 표현 방식, 말하는 속도 등)에 적응함으로써 체계에 '합류'한다. 상담자가 아닌 내담자에게 맞춰 상담 관계를 형성한다는 점은 정신건강의 역사적 맥락에서 볼 때 급진적인 개념이며, 이는 다양한 문화의 내담자들에게 적용하는 데 있어 매우 용이한 점이라 할 수 있다.

새로운 문화를 관찰하고 연구하는 인류학자와 같이 체계적 상담자는 내담자가 어떻게 의미를 만들고, 관계를 구축하며, 권력을 다루고, 문제를 해결하며, 사랑을 표현하고, 완강하게 버티며, 인생을 즐기고, 향유해 나가는지에 대해 호기심을 갖고 바라본다(Minuchin, 1974). 합류의 과정은 새로운 춤을 배우는 것에 비유할 수 있다. 빠르게 말하는가, 천천히 말하는가? 상대의 말을 가로막는가, 기다리는가? 놀리거나 유머를 사용하는가, 부드럽고 온화하게 말하는가? 역량 있는 체계적 상담자가 되기 위해서는 다양한 집단과 작업할 때 성공적으로 합류하기 위해 다양한 레퍼토리의 사회적 기술을 연마해야 한다.

▪ 체계에 대한 존중과 신뢰

체계적 상담자는 내담자가 일부분으로 구성된 **체계**를 존중하는 한편, 독특한 **인식론**으로 세상을 알아가고 이해하는 방식을 가진 하나의 개체로서 체계를 바라본다. 체계를 직접적으로 통제할 수 없음을 겸허하게 인정하고 있는 체계적 상담자는 본인이 변화를 꾀하지 않아도 체계 자체가 보다 새롭고 개선된 방식으로 스스로를 재조정해 나간다는 신념을 갖고 있다. 이를 위해 상담자는 내담자에게 '해결'을 위한 개입이 아니라 체계를 흔들어 그 체계만의 방식으로 자연스럽게 자리 잡을 수 있는 해결책을 찾아 체계가 스스로 개편될 수 있는 기회를 제공한다. 증상은 개인 병리의 징후로 인식되는 것이 아니라 체계의 목표를 제공해 주는 관계 내 상호작용 연쇄과정의 부산물로 인식된다(주의 깊게 읽었다면, 독자는 내가 이 부분을 반복하고 있음을 알아차렸을 것이다. 이 내용은 다소 어려워 함축한 바를 제대로 이해하기 위해서는 몇 년이 걸리기 때문이다).

▪ 중립성과 다중편애

한 명 이상의 내담자와 작업할 때, 내담자는 언어적·비언어적으로 편들기를 유도한다. "[윙크를 하며] 선생님, X처럼 행동하거나 느끼는 것이 건강하거나, 자연스럽거나, 정상적인 건가요?" 상담실의 모든 사람은 상담자가 누구 편에 서는지 숨죽이며 기다린다. 이와 같은 질문 또는 순수해 보이는 질문에 답할 경우 고통스러운 내리막길로 빠져들게 되고 바람직한 상담 관계는 무너지게 된다. 따라서 모든 초심 상담자는 이러한 상황에 익숙해질 때까지 많은 시행착오가 있을 수 있으므로 주의하기 바란다.

이와 같은 이유로 체계적 상담자는 내담자와 작업할 때 **중립적인** 입장에 서곤 한다(Selvini Palazzoli, Boscolo, Cecchin, & Prata, 1980; Selvini Palazzoli et al., 1978). 중립을 지키는 방법에는 두 가지가 있다. 특정 주제에 대해 편을 들지 않는 **비편애**와 모든 관점을 존중하는 **다중편애**이다. 밀란 팀의 체친(1987)에 의하면 중립성은 상담자가 내담자와 내담자의 문제를 어떻게 대하는지와 관련되어 있다고 강조한다.

내담자와 관련된 중립성 체친은 중립성을 내담자에게 미치는 상담자의 **헌신적 영향**(pragmatic effect)으로 설명했다. 회기가 끝날 무렵 상담자가 누구의 '편에 섰는지를' 내담자가 말할 수 없다면, 상담자는 내담자에게 중립성의 실용적 영향을 미친 것이다. 상담자가 내담자 각각의 관점을 이야기하고, 이해하고, 공감하는 것만으로도 편을 드는 것으로 보일 수 있다. 따라서 상담자가 누군가의 편에 섰다는 느낌 없이 내담자가 떠나는 것은 매우 중요하다. 가령 상담자가 누군가의 편에 설 수 밖에 없는 경우, 내담자는 상담자가 누구 편인지에 대해서 혼란스러워 할 수 있다. 중립성은 개인 내담자와 작업할 때 더욱 중요한데, 특히 가족 내 갈등 상황인 경우, 내담자의 편에 선다는 인상을 줄 때 내담자는 집으로 돌아가 상대방에게 "내 상담자 말로는 네가 잘못된 거래."라고 말할 것이기 때문이다(사실 확인: 당신이 중립적이고자 많은 노력을 기울였음에도 불구하고, 내담자가 이러한 행동을 보일 가능성이 매우 높다. 상담자는 이러한 행동에 대해 독려해서는 안 된다. 이는 다음에 다뤄질 일종의 삼각관계이다).

문제와 관련된 중립성 요약하여 말하자면, 상담자의 중립성은 특정한 의미, 설명, 또는 결과에 지나치게 몰입하지 않는 것을 의미한다(Boscolo, Cecchin, Hoffman, & Penn, 1987). 밀란 팀은 **문제 그 자체**를 비롯하여 문제에 대한 설명과 '사랑에 빠지지' 않도록(그들은 이탈리아인으로, 실제로 이렇게 말했음) 주의했다. 따라서 중립적이기 위해 상담자는 자신만의 가설이나 사례개념화를 고집해서는 안 된다. 사례개념화는 같은 상태에 고정되어 있어서는 안 되며 끊임없이 변화하고 발전해야 한다. 상담자는 문제를 유동적으로 묘사함으로써, 한 가지 해결책에 집중하기보다는 기동력을 갖추어 보다 높은 수준의 개입 가능성을 볼 수 있어야 한다.

■ 기동력

작업 동맹을 구축함에 있어 적응적이고 유연한 체계적 상담자는 상담 관계를 맺을 때 일반적으로 적용되는 접근법을 사용하지 않는다. 체계적 상담자는 **기동력**(maneuverability)을 매우 중요시하는데, 이는 상담 관계를 규정할 때, 개인적인 판단을 내림으로써 빠른 변화를 일으키도록 하기 위함이다(Nardone & Watzlawick, 1993; Segal, 1991; Watzlawick et al., 1974). ① 특정한 체계의 관계 규칙이나 ② 현재 나타나는 문제에 따라, 상담자는 전문가의 역할을 맡기도 하고, 한 단계 아래의 자세를 취하기도 한다('한 단계 아래의 자세' 참조). 상담자가 어떠한 자세를 취하는지는 단순히 내담자의 선호에 의해서가 아니라 내담자로 하여금 목표를 빨리 이룰 수 있도록 돕는 것이 무엇인지에 따라 달라진다. 때로 상담자는 체계 내에서 원하는 변화를 얻기 위해 내담자의 미움을 받는 사람이 되거나 '나쁜 사람'이 되기도 한다. 따라서 상담자는 작업 단계에서 내담자의 변화를 위해 상황별로 다양한 관계 내 역할을 맡을 수 있다.

■ 한 단계 아래의 자세

한 단계 아래의 자세에는 두 개의 서로 다른 수준이 존재한다. 그 중 하나는 체계와 관련하여 일반적인 한 단계 아래의 자세이고, 또 하나는 특정 내담자의 변화를 위한 한 단계 아래의 자세에 대한 전략적 활용이다(Segal, 1991). 첫 번째 수준의 한 단계 아래 자세는 존중받아야 할 고유의 규칙과 진실성을 가진 개체로서 체계를 인식하는 것으로, 체계적으로 훈련된 상담자들에게서 보이는 진지하고 진실한 태도이다. 이는 등반가가 자연의 놀라운 힘을 존중하고 항해사가 바다의 힘을 존중하는 것과 같은데, 상대를 강압적으로 통제하거나 예측할 수는 없다는 점에서 일맥상통한다. 자연의 섭리에 따르고 자연의 리듬에 맞춰 우아하고 능숙하게 춤추는 것을 배울 뿐이다.

두 번째 수준의 한 단계 아래 자세는 흔히 사용되는 방법으로, 상담자가 내담자에게 변화의 동기를 부여하기 위해 역설적으로 "내가 이 문제를 다룰 수 있을지 확신이 안 서요."라고 말하는 것이다. 이는 본인의 상황이 절망적이라고 한없이 불평하지만 아무런 행동도 취하지 않는 내담자에게 자주 사용되는데, 상담자가 **내담자 대신** 절망적인 자세를 취함으로써 내담자로 하여금 희망적인 역할을 맡도록 하는 것이다. 대부분의 체계는 균형을 지향하기 때문에 한 명이 절망적일 때 다른 한 명은 균형을 이루기 위해 희망적이어야 한다고 느끼게 된다는 점에서 효과가 있다. 위기에 처한 부부 사이에서도 이와 유사한 역동이 관찰된다. 일반적으로 한 사람이 공포와 트라우마를 강하게 느끼게 되면 다른 한 사람은 위기에 대처하고자 하게 된다.

■ 사회적 격식

상담 관계에서 일상적 대화의 사용을 최초로 지지한 연구자 가운데 한 명인 헤일리(1987)는 상담의 초기 단계를 **사회적 단계**로 설명하였다. 1단계에서 상담자는 내담자를 편안하게 해 주고 내담자가 느끼는 수치심을 줄이기 위해 친밀감을 형성할 수 있는 일상적 대화(예: 날씨나 교통에 대한)를 한다. "이 단계는 우리 집을 방문한 손님에게 취하는 격식 갖춘 행동이다."(p. 15) 문제에 대한 이야기를 나누기 전, 상담자는 모든 내담자에게 적절한 인사를 한다. 상담자는 사회적 단계에서 문제에 대한 논의를 어떻게 시작할지 파악하기 위해 상호작용과 감정 상태를 평가한다(Haley & Richeport-Haley, 2007). 아주 짧은 '보통의' 사교적 대화에 불과해 보이지만, 상담 관계가 이와 비슷한 양상을 띠고 있기 때문에 내담자에게 힘을 실어 주고, 서로 연결되어 있다는 느낌을 주어 상담에 대한 참여도를 높이는 효과가 있다.

■ 자발성

자발성은 다양한 맥락과 상황이 자연스럽고 진정성 있게 흘러가도록 하는 능력으로, 대담한 행동을 취해야 한다거나 말하고 싶은 건 다 말해야 한다는 의미는 아니다. 체계적 자발성은 상담자가 관계와 상황에 따라 보이는 반응적 표현으로, 체계의 관계 규칙에 의해 통제된다(Minuchin & Fishman, 1981, p. 3). 몇 년간의 연습 이후 운전이 '자연스러워'지듯, 체계적 자발성은 다양한 임상 상황에서 훈련을 통해 '여러 가지 레퍼토리를 '자연스럽게' 수행해 나가는 과정에서 함양되고 형성된다.

■ 관찰 팀

체계적 패턴을 보다 잘 관찰하기 위해 상담자는 **관찰 팀**과 함께 작업하는데, 이는 체계적 접근의 트레이드 마크이다(Watzlawick et al., 1974). 이 방법은 가족과의 작업 시, 해당 '회기의 상담자'를 관찰하기 위해 반투명 거울 뒤에서 회기를 관찰하는 베이트슨 팀의 초기 연구 방법에서 발전했다. 상담실 안에 있는 사람은 가족 체계에 빠르게 적응하는 것은 물론 상호작용의 모습을 전체적으로 파악하기 어렵기 때문에 연구자들은 관찰을 통해 체계적인 움직임을 빠르고 온전하게 '보고자' 하였다. 반투명 거울의 앞과 뒤에 있어 본 사람이라면, 거울의 뒤에 있을 때보다 '똑똑해진다'는 것을 알 것이다. 가족 상호작용의 일원이 아니라 일정한 거리를 두고 관찰하는 것은 상황을 보다 명료하고 빠르게 파악할 수 있게 해 준다. 가족 상담자들이 여전히 반투명 거울로 훈련하는 주된 이유는 체계적 역동을 '볼 수' 있는 능력을 향상시키기 위해서이다. 이는 상담실 안에 있는 상담자가 체계적 역동을 볼 수 **없**다는 의미가 아니다. 다만, 조금 더 어렵고 보다 많은 연습이 필요함을 의미한다.

조망하기: 사례개념화

체계적 상담자는 다음의 개념을 활용하여 개인, 부부, 가족과의 작업을 개념화한다.

체계적 사례개념화의 영역

1. 강점과 발달
    - 강점
    - 가족생활주기 발달 단계
2. 체계적 역동
    - 상호작용 패턴과 행동의 연쇄 과정
    - 관계 체계에서 증상의 역할
3. 관계 체계의 구조
    - 하위 체계
    - 삼각관계 및 세대 간 연합
    - 경계
    - 위계
    - 상호보완성

■ 강점

체계적 상담자는 근본적으로 내담자의 강점에 집중하고, 가족이나 개인이 '역기능적'이라고 하는 의견에 강력히 반대하는 강점 기반 접근을 사용한다. 특히 체계적 상담자는 종교적 신념이나 취미와 같은 체계 고유의 문화적·개인적 강점에 집중하며, 이를 활용하여 개입을 고안한다(Minuchin & Fishman, 1981; Minuchin & Nichols, 1993; Watzlawick et al., 1974). 심리학 문헌에서 자주 언급되는 바와 같이, 미누친과 피시먼(1981)은 가족을 개인 구성원의 적으로 보는 의견에 강력하게 반대하며, 가족이 개인 구성원을 어떻게 지지하고, 보호하며, 기반이 되어 주는지에 대해 인식할 것을 독려한다. 가족의 강점을 활용하여 증상을 감소시키는 것은 물론 개인 및 가족의 성장 목표를 달성할 수 있도록 돕는 개입을 고안한다(강점 평가에 대한 자세한 설명은 16장 참조).

■ 가족생활주기 발달 단계

가족은 멈춰 있는 독립체라기보다는 예측 가능한 사건과 죽음, 이사, 이혼을 비롯하여 예측 불가능한 사건에 반응하며 끊임없이 성장하고 변화하는 개체로 이해할 수 있다(Carter & McGoldrick, 2005; Minuchin & Fishman, 1981). 각 단계를 성공적으로 밟아 나가기 위해서는 가족이 변화에 대한 구성원의 발달적 요구를 충족시키는 데 필요한 상호의존성과 독립성의 균형을 유지해야 한다. 개인과 작업하든 가족과 작업하든, 체계적 상담자는 내담자의 발달적 요구와 어려움을 보다 잘 이해하기 위해 가족생활주기의 단계를 파악해야 한다. 문화적 규범과 가족 구조에 따라 주기가 매우 다를 수 있으나 일반적인 주기는 다음과 같은 발달적 과제를 수반한다.

1. **집에서 독립함/미혼 성인**: 스스로에 대한 정서적 · 경제적 책임을 수용함
2. **결혼/헌신하는 부부관계**: 새로운 체계에의 헌신, 가족과 친구와의 경계를 재정비함
3. **어린 자녀를 둔 가족**: 자녀를 위한 공간 마련을 위해 결혼생활을 조정함, 아동 양육의 과업을 함께 함, 부모/조부모와의 경계를 재정비함
4. **청소년 자녀를 둔 가족**: 청소년 자녀의 자율성 및 책임감을 향상시키기 위해 부모의 경계를 조정함, 결혼생활 및 직장생활에 다시 집중함
5. **독립한 자녀**: 결혼의 하위 체계를 재조정함, 자녀와 함께 성인 대 성인의 관계를 구축함, 부모의 노화에 대처함
6. **노년기 가족**: 세대별 역할의 변화를 받아들임, 능력의 상실에 대처함, 중년 세대가 보다 중요한 역할을 맡음, 노년의 지혜를 발휘함

카터와 맥골드릭(Carter & McGoldrick, 2005)은 게이/레즈비언, 미혼의 성인, 이혼 가정, 한부모 가정, 재혼 가정의 대안적인 가족생활주기 모델을 논의하는 데 있어, 개인적 속성을 유지하면서 의미 있는 타인과 균형을 유지하기 위해 필요한 긴장감에 주목하였다. 각 단계에서 가족 구성원들은 각자의 성장 욕구를 위해 친밀감과 독립성을 유지할 수 있도록 경계를 재조정해야 한다. 가족이 발달해 감에 따라 경계 및 위계를 재조정하지 못하면 다음 단계로의 이행에 차질이 생기게 된다. 예컨대, 자녀가 태어난 뒤 부부는 개인이 해야 하는 일과 더불어 손이 많이 가는 갓난아기를 보살펴야 하는 상황에서 독립성 및 상호의존성을 재조직해야 한다. 한편, 이 장의 마지막에 있는 사례 연구에서 나비드(Navid)는 대학 진학을 위해 집을 떠나, 책임감 있는 성인이 되기 위해 적응하고자 하지만 기대만큼 잘 해내지 못한다. 이에 부모는 권위적으로 나비드가 대마초를 피우지 않도록 강요하였고, 이는 체계의 재조직 및 독립에 대한 나비드의 적응과 욕구 지연을 초래하였다.

■ 상호작용 패턴과 행동의 연쇄 과정

'사건의 다른 측면'에 대해 나눌 사람이 없는 개인과 작업할 때, 가장 중요한 것은 증상을 둘러싼 **상호작용 패턴과 행동의 연쇄 과정**을 평가하는 것이다. 상호작용 평가는 증상이 배태된 항상성 움직임 속 행동의 연쇄 과정 추적을 수반한다. 상호작용의 연쇄 과정은 일반적으로 4단

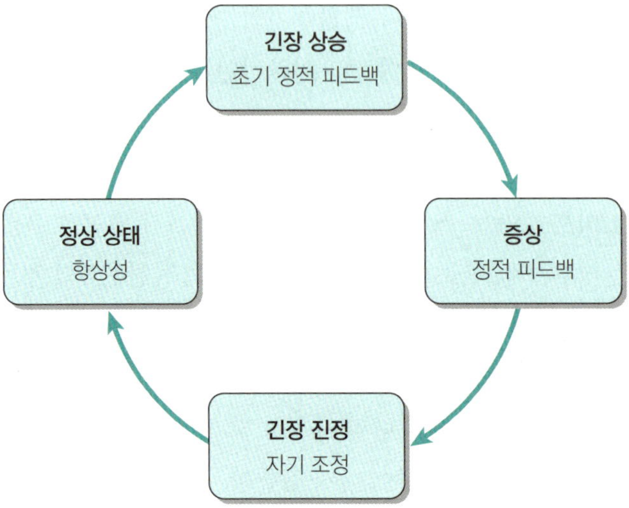

[그림 11-1] 상호작용의 연쇄 과정

계를 통해 추적된다. ① 정상(항상성), ② 긴장 상승(초기 정적 피드백), ③ 감정 및 행동으로 나타나는 증상(정적 피드백), 그리고 마지막으로 ④ 정상(항상성)으로의 최종 회귀를 위한 자기 조정이다. 증상에 따라 연쇄 과정은 몇 분에서 몇 달이 걸릴 수 있다. 내담자들은 흔히 증상에 대해서만 언급하지만, 항상성에서 항상성으로 증상을 따라가다 보면 개입 방법을 보다 쉽게 알아낼 수 있다.

예를 들어, 내담자가 공적인 상황에서 불안을 호소한다면, 체계적 상담자는 내담자가 '괜찮거나' 정상적이라고 느낄 때의 행동과 상호작용을 탐색하도록 한 후, 긴장이 일어나기 시작할 때의 행동, 맥락, 관계적 상호작용을 알아내도록 한다. 다음으로 긴장을 최고조로 느낄 때 내담자가 무엇을 하고 있었는지, 다른 사람들의 반응은 어떠했는지를 알아본 다음, '괜찮다'고 느끼거나 정상 상태로 돌아갈 때까지의 행동과 상호작용을 추적해 보도록 한다. 이와 마찬가지로, 다툼이 잦은 부부와 작업할 때, 상담자는 우선 둘의 사이가 좋을 때 무엇을 하는지에 대해 묻고, 긴장이 상승할 때 무엇을 하는지, 다투는 과정에서 상대에게 어떠한 말과 행동을 하고, 반응하는지, 그리고 '정상' 상태로 어떻게 돌아오는지에 대해 묻는다.

실재에서의 상호작용에 대한 관찰과 더불어 체계적 상담자는 상호작용의 연쇄 과정을 평가하기 위해 일련의 질문들을 던진다. 예컨대, 부부가 반항적인 자녀와 갈등이 있을 때, 관찰과 더불어 다음과 같은 질문을 한다. 문제상황이 발생하기 직전에 어떤 일이 일어나나요? 각자 어떤 말이나 행동을 하나요? 자녀의 반응은 어떠한가요? 부모와 그 외의 다른 사람은 자녀의 반항에 어떻게 반응하나요? 이에 대해 자녀는 어떻게 반응하나요?

상호작용의 연쇄 과정 평가를 위한 질문

- **상담자는 문제와 관련하여 '정상 상태'에 대해 묻는다.**
  예시: "정상이라고(괜찮다고, 좋다고 등) 느낄 때에는 어떤 일이 일어나나요?"
- **상담자는 문제가 어떻게 시작되는지를 내담자에게 묻고, 분명하지 않더라도 증상을 일으키는 것으로 보이는 맥락과 인물에 대해 묻는다.**
  예시: "불안하다고 느끼기 전에 보통 무슨 일이 있는지 말해 보세요. 불안은 어떻게 시작되나요? 이러한 상황이 특정 맥락이나 특정 사람과 있을 때 일어나는 것 같은가요?"
- **상담자는 증상을 구성하는 행동의 연쇄 과정에 대해 묻는다.**
  예시: "그렇다면 불안이 최고조에 이를 때 무엇을 하나요? 머릿속에서는 어떠한 대화가 일어나고 있나요? 다른 사람들은 당신에게 어떻게 반응하나요? 당신은 그들에게 어떻게 반응하나요? 그 다음에 어떤 일이 일어나나요?"
- **상담자는 상황이 '정상적'이거나 항상성으로 돌아갈 때까지 전후의 상호작용 패턴을 계속하여 추적한다.**
  예시: "상황이 어떻게 정상적으로 되돌아오나요? 당신이 무엇을 해야 하나요? 누군가가 도움이 되는 말을 하거나 행동을 하나요? 항상 같은 방식으로 일어나나요?"
- **상담자는 체계 내 중요한 타인들이 문제 상황에 어떻게 반응하는지에 대해 묻는다.**
  예시: "다른 사람들이 이러한 불안에 영향을 받나요? 불안이 일어나는 동안 또는 이후에 그들은 어떻게 반응하나요? 당신은 그들에게 어떻게 반응하나요?"
- **상담자는 체계 전체가 '정상 상태'로 돌아간 것이 분명해질 때까지 계속하여 상호작용 패턴을 평가한다.**

스스로 해보기

관계 문제의 상호작용 연쇄 과정을 평가하기 위한 질문들을 파트너와 함께 활용해 보세요.

■ 관계 체계에서 증상의 역할

체계적 상담자들에 의하면 증상은 관계 항상성과 정상성의 상태를 유지시키는 역할을 한다고 본다(Colapinto, 1991). 증상은 정서적 친밀감 제한하기, 물리적 거리 두기, 유대감 강요하기, 주의 분산시키기, 발달적 변화 지연시키기 등의 여러 가지 방법으로 정상성의 상태를 유지시킬 수 있다. 원치 않아도 증상은 매우 고통스러운 상황을 예방하거나 최소화시켜 주곤 한다. 예컨대, 공공장소에 대한 두려움(광장 공포증)은 타인과의 일정한 거리를 유지하고, 다양한 책임을 피하면서 자신이 선택한 소수의 대상에 한하여 교류하도록 한다. 체계적 상담자는 증상을 가진 사람이나 환자만이 개입 대상이라 생각하지 않으며, 개입의 대상은 가족 상호작용이라 본다. 이 장의 마지막에 제시되어 있는 사례 연구에서 나비드의 약물 사용은 가족 항상성의 일부로 간주되며, 이는 그의 의존 상태와 그를 보살피는 부모의 역할을 유지시킨다.

■ 하위 체계

체계적 상담자는 미누친(1974)의 구조적 이론을 활용하여 가족을 다양한 **하위 체계**로 구성된 하나의 체계로 개념화한다. 특정 하위 체계는 모든 가족, 즉 부부, 부모, 형제자매, 그리고 개별 하위 체계로서의 각 개인에 존재한다. 또한 몇몇 가족에서는 성별, 취미, 관심사(예: 스포츠, 음악 등), 심지어 성격 유형(예: 진지함 vs 유쾌함)에 따라 영향력 있는 하위 체계가 발달된다. 내담자 가족의 하위 체계를 평가할 때(16장 참조), 가장 중요하게 고려해야 할 사항은 다음과 같다.

- **부모의** 하위 체계와 **부부의** 하위 체계가 분명히 구별되는가?
- **부모의** 하위 체계와 **자녀의** 하위 체계가 분명히 구별되는가? 다르게 표현하자면, **부모-자녀 간 위계**가 분명한가?
- 가족이 하위 체계에 따라 구분되는가?

부부 관계가 아닌 자녀 양육에 온전히 에너지를 쏟는 대부분의 부부들은 부모 하위 체계와 부부 하위 체계 구분에 있어 도움을 필요로 하는 경우가 많다. 부모는 위계를 세움으로써('위계' 참조), 부모와 자녀의 하위 체계를 구분하는 데 도움을 받고 싶어 한다. 또한 많은 경우, 하위 체계는 세대 간 연합과 같이 불필요한 역동을 만들어 전문가의 조정을 요하기도 한다.

■ 삼각관계 및 세대 간 연합

세대 간 연합(Minuchin & Fishman, 1991; Minuchin & Nichols, 1993)의 양상을 띠는 **삼각관계**(Bowen, 1985)는 불합리한 유형의 하위 체계이다. 삼각관계는 두 사람 사이의 긴장을 낮추기 위해 제3자를 끌어들이는 형태로 형성될 수 있으며, 보통 친구나 가족에게 '비밀을 털어놓거나' 두 사람 중 한 사람의 편을 드는 형태로 이루어진다. 세대 간 연합은 한쪽 부모나 보살피는 주 양육자가 아닌 다른 한 명의 부모와 자녀 사이에 형성되는 **삼각관계**이다. 이는 흔한 가족 역동으로, 대개 한쪽 부모가 한 명 이상의 자녀와 '팀을 이루는 것'이다. 자녀가 다른 부모를 비난하거나 다른 부모와 다툴 때 자녀의 편을 들거나 비밀을 털어놓는 친구삼는 것, 또는 부모-자녀 관계에 깊이 몰입하는 것이다. 이러한 패턴은 이혼 가정에서 보편적으로 나타나는데, 이는 부모가 자녀와 동맹을 맺고자 경쟁하기 때문이다. 삼각관계는 **공공연하게 드러나기도** 하고, **은밀하게 발생하기도** 하는데, 은밀하게 발생하는 경우, 직접적으로 이에 대한 이야기가 오가지는 않지만 부모와 자녀 사이의 비밀 공유나("엄마/아빠한테 이거 말하지 마.") 다른 부모를 비하하고 자녀를 칭찬하는 말("네 아빠/엄마의 X유전자를 네가 물려받지 않아서 얼마나 다행인지 몰라.")을 통해 확인할 수 있다.

■ 경계

'경계'는 관계 패턴과 체계 내에서 관계를 맺는 규칙을 의미한다. 각각의 가족 구성원은 그들의 가족, 문화적·사회경제적 환경, 성별, 교육, 그리고 다른 배경적 변인 등을 기준으로 하여 독특한 경계를 갖는다. 처음 가족의 경계를 평가할 때, 경계는 지나치게 약하거나 지나치게 강한 두 개의 차원으로 나타난다. 그러나 작업을 진행할수록 가족 경계가 훨씬 더 복잡하다는 것을 알게 된다. 여기에서는 단순하게 두 개의 차원으로 정의해 보고자 한자.

경계는 가족 구성원 간 물리적·심리적 거리의 규칙이며, 친밀감, 거리감, 위계, 가족 역할을 조정한다(Minuchin & Fishman, 1981). 가족 경계는 정적인 것으로 보이지만 실은 유기적이며, 살아 있는 과정이다. 체계적 상담자는 다음과 같이 경계의 세 가지 유형을 밝히고 있다.

- **명확한 경계:** 분명한 경계는 각 구성원이 명확한 정체성을 유지하면서 타인과 친밀한 정서적 교류를 하는 '정상적인' 경계의 범위를 의미한다(Colapinto, 1991). 문화는 적절한 표현과 독립성 대 상호의존성의 수준을 정하는 기준으로서, '정상적인' 경계를 규정짓는 잣대이다. 예를 들어, 몇몇 문화에서는 명확한 경계에 해당하는 물리적 거리가 다른 문화에 비해 멀고, 이를 정상적인 것으로 생각하는 이유에 대하여 폭넓게 설명할 수 있다. 동일한 규칙을 다른 문화에 적용하는 경우(예: 미국이라면), 정상적이었던 경계가 새로운 맥락에서는 '정상적'이지 않을 수 있다. 따라서 이민 가족이나 다문화 가족은 그들이 살고 있는 문화에 적응하기 위해 보다 복잡한 경계의 역동을 경험하게 된다.
- **밀착 및 혼돈된 경계:** 경계가 모호하거나 혼란스럽거나 약하면, 이는 관계의 밀착으로 이어지며, 가족 구성원 간의 명확한 구분 결핍으로 인하여 개인의 자율성을 희생시키는 상호관계 및 유대감으로 나타나게 된다(Colapinto, 1991). 상담자는 밀착된 가족과 작업할 때 가족 구성원에게서 다음과 같은 행동을 발견할 수 있다.
  - 다른 사람의 말을 가로막거나 다른 사람을 대신하여 말함
  - 상대방의 마음을 안다고 생각하고, 가정함
  - 높은 수준의 보호와 과도한 관심을 강요함
  - 개인의 욕구를 희생시키는 충성심을 강요함
  - 의견 불일치나 차이가 있을 때, 위험에 처했다고 느낌

가족 및 문화적 차이를 통해 가족 내 분명한 경계가 존재하는지, 또는 밀착된 경계가 존재하는지에 대해 어떻게 판단할 수 있을까? 간단하다. 한 명 이상이 증상이나 문제를 갖고 있거나 가족 간의 상호작용에 대해 호소한다면, 현재 가족 내 경계는 혼란스러운 상태이다. 하나의 문화적 맥락에서 경계에 문제가 있는 가정 내 개인의 행동은 다른 문화적 맥락에서 그 문제가 보다 명확히 나타날 수 있으며, 이러한 점에서 한 가정에 두 가지 이상의 문화적 맥락이 존재하는 이민 가족이나 두 가지 문화가 섞인 가족의 관계 규칙을 해결하는 데는 어려움이 따른다(Minuchin & Fishman, 1981). 상담자는 경계가 어디서, 어떻게 문제를 일으키는지 정확하게 평가하는 한편, 내담자에게 특정한 문화 규범이나 심리학적 이론을 강요하지 않으면서 천천히 그리고 주의 깊게 상담을 진행해야 한다. 상담의 초기단계에서는 경계를 명확하게 규정짓지 않는데, 이는 호소문제를 해결하는 데 있어 몇몇 경계 패턴을 재조정해야 하기 때문이다.

- **단절 및 경직된 경계**: 경계는 매우 경직될 수 있으며, 이는 관계의 단절로 이어진다. 경직된 경계를 가진 가족은 정서적 교감보다 자율성과 독립성을 중요시하는데, 이는 물리적 고립과 심리적 고립을 초래한다(Colapinto, 1991). 이러한 가족은 이탈을 과하게 용인하며, 다른 가족 구성원을 지지하고 보호해 주지 못한다. 단절된 가족과 작업하는 상담자들은 다음과 같은 내용을 발견할 수 있다.
  - 문제에 대해서조차 반응과 그로 인해 받는 영향이 미미함
  - 가족 구성원이 원하는 대로 하도록 상당한 자유를 부여함
  - 충성심, 애정, 헌신에 대한 요구나 표현이 적음
  - 병렬 상호작용(예: 같은 방 안에서 다른 활동을 함)이 상호작용 및 서로에 대한 관여를 대체함

  밀착된 경계와 마찬가지로 경직된 경계 또한 문화적 · 발달적 요인을 고려하지 않고는 정확하게 평가할 수 없다. 한 사람 이상이 증상을 경험하는 것이 아니라면 높은 수준의 독립성은 문제가 있는 것으로 간주하지 않는다.

■ 위계

아동이 보이는 대부분의 문제 행동은 비효과적인 **부모의 위계** 때문이며, 위계 문제가 다루어질 때 문제가 매우 개선된다는 사실은 초심 상담자가 인정하는 더 오랜 시간이 걸린 놀라운 현실이었다. 부모의 위계란 부모와 자녀의 권력 차이 및 부모가 자녀의 행동을 다루는 능력이다(Colapinto, 1991; Minuchin, 1974; Minuchin & Fishman, 1981). 부모의 위계는 다음과 같이 세 가지 기본적인 형태를 갖는다.

- **효과적인 위계**: 부모의 효과적인 위계는 다음의 두 가지 조건을 기반으로 한다. ① 부모가 효과적으로 경계와 한계를 설정할 수 있어야 하며, ② 자녀와의 정서적 교감을 유지할 수 있어야 한다는 것이다. 긍정적으로든, 부정적으로든 자녀들은 끊임없이 변하며, 한때 부모의 효과적인 위계 형성에 도움이 되었던 행동이 또 다른 때에는 그렇지 않을 수 있기 때문에 부모에게는 자녀가 성장하는 과정에서 두 가지 역할을 바꾸어 가며 균형을 맞추는 것이 매우 어려운 일이다.
- **부실한 위계**: 부모의 부실한 위계는 허용적인 양육 태도로서, 부모가 자녀의 행동을 효과적으로 다루지 못하는 것을 의미한다. 이러한 부모는 자녀의 문제 행동을 예방하는 데 있어 충분한 영향을 미치지 못한다. 이러한 위계의 부모는 상담자가 자녀에게 규칙을 잘 따르고, 예의를 지키며, 책임감을 갖도록 '가르칠 것'을 원한다. 그러나 이러한 희망은 헛된 것이다. 성인(부모, 교사, 계부모, 상담자가 해당된다)은 일대일로 아동과 효과적인 위계를 설정해야 한다. 실제로, 한쪽 부모는 효과적인 위계를 갖는데 다른 한쪽은 그렇지 않은 경우가 흔하기 때문에 효과적인 위계를 설정하기 위해서는 아동보다는 어른이 무거운 책임을 가져야 한다. 문화적 맥락, 가족의 발달 단계, 증상을 살펴보기만 해도 부실한 위계와 효과적인 위계가 어떻게 다른지 알 수 있다.
- **과도한 위계**: 또 다른 극단적 형태는 과도한 위계로, 부모가 지나치게 엄격하고 비현실적인 규칙을 세워 자녀로 하여금 이를 지키도록 함으로써 효과적인 결과를 유도해 내는 것이다. 자녀는 일반적으로 정서적 친밀감을 희생시키면서 문제가 없는 행동을 한다(그들이 반항하기로 결심하기 전까지). 이러한 부모는 자녀의 연령에 적합한 규칙과 기대를 정립하고, 자녀와 보다 강한 정서적 유대감을 형성할 수 있도록 조력해야 한다.

■ 상호보완성

체계적 상담자가 평가하는 미묘한 영역 중 하나인 '상호보완성'은 관계 체계에서 상반되는 역할 간의 경직된 패턴을 의미한다(Colapinto, 1991). 조각 퍼즐처럼 사람들은 그들이 속한 부부, 가족, 또는 조직적 관계에서 과잉/과소 기능자, 좋은/나쁜 자녀, 수용적인/엄격한 부모, 논리적/감정적, 롤 모델/반항의 대상 등 상호보완적인 역할을 발달시킨다. 시간이 지날수록 이러한 체계적 역할은 특정 관계에서 타고난 성격처럼 보이는데, 이는 다른 맥락에서 동일한 역동이 나타나지 않을 경우에도 나타난다. 이러한 역할들이 과장되고 경직될수록 발생하는 문제는 커진다. 오랜 시간이 지난 후, 문제와 관련된 사람들은 그들이 다르게 행동할 수 있었다는 사실을 믿지 않는다. 그들은 관계가 시작되기 전부터 이러한 특성을 갖고 있었다는 증거가 충분함에도 불구하고 자신의 성격 특성을 문제에서 촉발된 것으로 본다. 체계적 상담자를 다른 상담자와 구별하는 가장 큰 특징 중 하나는 경직된 상호보완적 패턴을 개인의 성격보다는 체계적 역동의 일부로 인식하고, 내담자가 자신의 문제를 딛고 일어서도록 노력할 수 있다는 점이다.

변화를 겨냥하기: 목표 설정

■ 체계적 목표 설정의 4단계

MRI 단기 치료에서 상담자는 내담자가 잘못된 해결책을 사용해 온 것이 문제임을 시사하는 '문제는 시도된 해결책이다'라는 전제를 기반으로 목표 설정의 4단계를 활용한다(Watzlawick et al., 1974). 상담자는 효과적이지 않은 해결책을 확인하고, 대안적인 논리나 전제를 활용한 해결책에 어떤 것들이 있는지 알아낸다. 예컨대, 걱정을 통제하거나 극복해 냄으로써 걱정을 감소시키고자 하는 내담자의 모든 시도가 실패했다면, 상담자는 통제의 대안적인 논리를 표방하는 해결책을 알아볼 수 있다. 구체적으로, 내담자가 특정 시간에 걱정을 하도록 제안함으로써 걱정을 실컷 하도록 하는 것이다('역설적 개입과 증상 처방' 참조).

체계적 목표 설정은 다음의 4단계로 이루어진다.

[1단계] 문제를 명료하게 정의하기–문제를 구체적이고 행동적인 용어로 정의 내리고, 관련된 모든 행동과 반응을 포함시키기: 내담자가 "저는 걱정을 너무 많이 해요."라고 말할 때, 상담자는 문제에 의미를 두는 말에 귀 기울이지 않는다. 이때 상담자의 임무는 내담자가 이 말을 행동적이고 구체적이며, 문제를 정확하게 표현하는 말로 바꾸도록 돕는 것이다. "직장에서 중요한 프로젝트를 배정받으면 잠자리에 들어서도, 통근길에서도, 다른 프로젝트를 하고 있을 때에도 계속 그 생각만 나요. 상사가 저에게 짜증을 낼 때까지 저는 상사에게 많은 질문을 해요. 저녁을 먹으면서 아내와 이야기할 때 저에 대해 다시 생각해 봅니다. 아내는 제가 잘하고 있다고 안심시키려 하지만 못 믿겠어요. 왜냐하면 제 기분을 좋게 하려고 그렇게 말하는 거거든요." 바로 이것이 분명한 문제이다.

[2단계] 이전에 시도해 본 해결책들을 확인하기–그동안 시도된 해법 확인하기: 상담자는 내담자에게 "이 문제를 해결하기 위해 어떠한 시도를 해 봤나요?"라고 묻고, 지금까지 내담자가 문제를 해결하기 위해 시도했던 다양한 패턴에 주의를 기울인다(예: 스스로에게 걱정을 그만하라고 하지만 그만할 수가 없어요. 저를 안심시켜 줄 다른 사람을 찾지만 그 사람들의 말도 못 믿겠어요 등). 언뜻 보기에는 해결을 위한 시도가 분명해 보이지만, 실패한 해결책들은 자연스럽게 언

급되지 않는 경우가 많은데, 이는 효과가 없었기 때문에 기억하지 못하거나 중요하게 인식되지 않는 것이다.

[3단계] 원하는 변화를 명확하게 기술하기–변화된 모습을 행동적으로 기술하기: 체계적 상담자는 목표 설정을 매우 중요하게 생각한다. 목표를 언어로 어떻게 표현하는지는 개입의 중요한 부분이다. 행동 변화를 명확히 기술하여, 체계적 목표를 설정하지 않으면 실패할 확률이 높아진다. 바츨라비크 등(1974)은 목표가 유용해지기 위해서는 현실성, 구체성, 시간 제한의 특성을 갖추어야 한다고 주장하였다.

- 현실성: 체계적 상담자는 전문적인 도움을 통해 내담자가 성취하고자 하는 이상적 목표, 이를테면 항상 행복하기, 배우자와 절대 싸우지 않기, 항상 말 잘 듣는 자녀로 키우기와 같은 뜬구름 잡기 식의 목표 설정을 하지 않는다. 사람에 관한 한, '항상'과 '절대'는 현실적인 목표가 될 수 없기 때문이다. 대신, 상담자는 내담자가 원하는 행동의 '빈도를 늘리고' 원치 않는 행동의 빈도를 줄이는 것과 같이, 보다 인간적인 목표를 세우도록 돕는다. 현실적인 목표를 받아들이는 것만으로도 내담자에게는 상당한 변화이며, 현실적인 목표를 설정하는 것만으로도 개선이 될 수 있기 때문이다.
- 구체성: '더 잘 소통하기' '더 행복해지기' '더 많이 쉬기'와 같이 모호한 내용이 아니라 명확하게 규정된 행동과 상호작용을 목표로 해야 한다. 모호한 목표는 헛된 희망을 품게 하고 상담의 효과를 떨어뜨리기 때문이다. 대신, 언제 목표가 달성되었는지를 알아보기 쉽도록 '직장에서 필요한 것을 말하는 빈도 늘리기' 또는 '친구들과 보내는 시간 늘리기'와 같은 문장으로 표현해야 한다.
- 시간 제한: 체계적 상담자는 내담자와 상담자 모두에게 동기를 부여하고 집중할 수 있도록 분명한 시간 제한을 설정해야 한다(예: 4주 안에 또는 4개월 안에 목표 달성하기). 명시된 시간 제한은 현실적인 기대감을 갖는 데 도움이 된다. 시간 제한을 맞추지 못할 경우, 체계적 상담자는 그것을 평가되지 못한 역동, 부적절하게 합류된 상담 체계, 잘못 고안된 개입 또는 비현실적인 초기 목표에 있어 재정비의 필요성을 나타내는 피드백으로 인식한다.

[4단계] 체계적인 치료계획 세우기–변화를 위해 체계적 원리에 기반한 계획 세우기: 계획 수립 시, 체계적 상담자는 다음의 두 가지 기본원리를 활용한다.

- 변화의 목표는 시도된 해결책이며, 이는 새로운 논리적 전제가 활용됨을 의미한다(예: 행동을 통제하고자 강압적으로 애쓰기보다 어떤 형태로든 허용하는 것이다).
- 변화의 전략은 현실을 바라보는 내담자의 관점을 내담자만의 언어를 사용하여 직접적으로 표현하는 것이다(예: 내담자가 스포츠를 좋아한다면, 스포츠에 대한 비유를 활용한다).

체계적 상담자는 치료계획을 세울 때, 문제 해결에 대한 상식적인 논리나 기본적인 심리교육을 절대 사용하지 않는다. 이는 인지행동 상담이나 아들러 상담에서 활용하는 접근 방법이다. 대신, 체계적 상담자는 체계에 내재된 자기조정 능력을 활용하여 스스로 재조직화될 것이라는 신념하에 상호작용의 패턴을 바꾼다. 이때 상담자의 역할은 옳은 방향으로 체계를 부드럽게 몰아가는 것으로, 이는 이전에 시도된 해결책과 반대 방향으로 이루어진다.

■ 체계적 · 구조적 목표

체계적 상담자는 내담자를 위해 유사한 기본 목표를 설정하는데, 이는 ① 체계적 역동과 ② 가족 구조를 위한 목표로 나뉜다(Colapinto, 1991; Madanes, 1991; Minuchin, 1974; Watzlawick et al., 1974).

체계적 역동의 일반적인 목표

- 호소 증상 없이 유연한 상호작용과 행동 패턴을 유지하는 관계 패턴 발달시키기

  예시 좇는 자–멀어지려는 자의 패턴을 줄이고 보다 높은 수준의 친밀감을 견뎌내는 능력 함양하기

가족 구조의 일반적인 목표

- 내담자의 문화적 맥락에서 적절한 친밀감과 개별화를 고려하여 모든 하위체계 간 분명한 경계 세우기

  예시 독립적인 결정을 내리는 내담자의 역량을 향상시키기 위하여 내담자와 어머니 사이의 밀착 줄이기
- 부부 하위 체계와 부모 하위 체계 간 구별을 명확히 하기(자녀가 관련될 경우)

  예시 부부 관계 내 정서적 친밀감과 결속력을 향상시키기 위해 부모 하위 체계와 부부 하위 체계의 분리를 명확히 하기
- 효과적인 부모 위계와 세대 간 연합의 단절(자녀가 관련될 경우)

  예시 부모 위계를 일관성 있게 효과적으로 제한하고 이를 보강해 나가는 능력 향상시키기

• 개인 및 관계의 발달과 성장을 증진시키는 관계 구조

예시 아버지와의 정서적 유대감 향상시키기

실행에 옮기기: 개입

■ 실연 및 상호작용 수정하기('핵심: 이 이론의 중요한 공헌' 참조)

체계적 재구조화

체계적 재구조화는 체계적 상담자가 자주 사용하는 개입 가운데 하나로, 문제를 바라보는 새로운 틀을 제시함으로써 문제와 관련된 상호작용과 행동 패턴을 바꾸기 위해 활용된다(Colapinto, 1991; Minuchin, 1974; Minuchin & Fishman, 1981; Watzlawick et al., 1974). 체계적 상담자는 매우 구체적으로 문제를 재구조화하는데, 이는 체계적 상담이 다른 상담과 구별되는 점이다. 특히 **체계적 재구조화는 내담자의 증상이 어떻게 상호작용 패턴의 일부가 되는지를 명확히 해 준다.** 예컨대, 근심하고 있는 어떤 사람이 다른 사람들과의 유대감 형성을 통해 동정심을 유발한다면, 체계적 재구조화는 재구조화를 통해 이러한 역동을 강조할 것이다.

체계적 재구조화는 호혜적 상호작용에 집중하는데, 이는 A가 B의 반응에 영향을 미치고, 이것이 다시 A의 반응에 영향을 미치며, 이것이 또 B의 반응에 영향을 미치는 무한의 과정을 의미한다(A⇄B). 이 과정은 문제가 되는 상호작용 연쇄 과정에 관련된 사람들과 내담자의 상호작용 패턴을 통합함으로써, 보다 넓은 체계적 역동이 드러나도록 각 개인의 행동, 특히 증상을 재구조화하는 것이다.

일반적인 체계적 재구조화 방법

1. **보다 넓은 상호작용 패턴을 평가하기**: 상호보완적 관계, 위계, 경계 등

   예시 상담자는 다음에서 영웅/도움이 필요한 여성의 상호작용 패턴을 평가한다. 조증 삽화의 재발에 대한 여자의 두려움에 대해 남편은 집안일을 많이 함으로써 반응한다. 남편이 집안일을 많이 할수록 아내는 덜 유능해 보인다.

2. **체계적 틀 안에서 문제를 재기술하기**: 보다 큰 맥락에서 문제를 설명할 수 있도록 상호작용 패턴 활용하기

   예시 상담자는 다음과 같이 상황을 재구조화할 수 있다. "재발에 대한 당신의 두려움과 남편의 두려움 때문에 당신이 하기 싫어하는 요리, 청소, 자녀 숙제 봐 주기, 공과금 납부 등 대부분의 집안일을 남편이 하고 있어요. 지금 당신은 이러한 일들을 피하기 위해 계속해서 재발에 대해 걱정을 해야 하는 상황에 놓여 있어요. 당신은 힘든 상황에 처해 있어요. 기분이 나아지게 되면 감당해야 할 새로운 문제가 생기기 때문이죠."

■ 순환적 질문

순환적 질문(circular questions)은 평가와 개입이 일관되게 이루어진다는 점을 고려할 때, 정신건강 분야에서 가장 좋은 질문 중 하나라는 것이 개인적인 생각이다. 특히 타인에 대해 불평하거나 자신과 타인을 비교하는 내담자와 작업할 때 순환적 질문은 매우 효과적이다(추측건대, 이는 우리 모두에게 해당된다). 밀란 팀이 개발한 순환적 질문하기는 상호작용 패턴을 평가하는 동시에 이를 재구조화할 수 있는 품격 있고 효율적인 기법이다. 평가와 개입의 조합이라는 점에서 일석이조이다. 순환적 질문은 체계 내 체계적 역동과 상호작용 패턴을 드러나게 하며, 상담자가 재구조화를 직접 제안하지 않아도 순환적 질문을 통해 모든 참여자는 문제를 **재구조화**하게 된다(Selvini Palazzoli et al., 1978, 1980). 이는 내담자로 하여금 상담자의 직면 없이도 인정하고 싶지 않은 패턴에 '직면'하도록 하는 가장 효과적인 방법이다. 질문에 응답함으로써 패턴을 드러내는 사람이 바로 **내담자**이기 때문이다. 이는 자신을 믿지 않는 것이 타인을 믿지 않는 것보다 어렵다는 사실을 증명해 주고 있다.

순환적 질문의 구체적인 형태는(Cecchin, 1987) 다음과 같다.

- **행동 연쇄 과정 질문**: 문제를 구성하는 행동의 전체적인 연쇄 과정을 추적하면서, "언제부터 우울해지기 시작했나요? 첫 징후는 무엇인가요? 그 다음에 무엇을 하나요? 다른 사람들은 어떻게 반응하나요? 그들에게 당신은 어떻게 반응하나요? 그 다음에 일어나는 일은 무엇인가요?" 등과 같이 구체적인 질문을 던진다. 상담자는 항상성이 회복될 때까지 상호작용의 연쇄 과정을 따라간다.
- **행동적 차이 질문**: 행동적 차이 질문은 개인의 특정한 행동이 성격의 일면이라는 오해를 종식시켜 준다. 예컨대, 내담자가 "저는 걱정이 많은 사람이에요."라고 말할 때, 상담자는 "당신의 어떤 행동이 당신을 걱정하는 사람으로 만드나요?"라고 묻는다. 다음으로, "일어날 수 있는 문제에 어떻게 대처할지에 대한 계획"을 묻는다. 이는 문제 행동의 **행동적 정의**로 다른 사람들과 그 내용을 비교하는 데 사용된다. "일어날 수 있는 문제들에 대해 당신의 배우자는 어떻게 계획하나요? 일어날 수 있는 문제들에 대해 당신의 부모님은 어떻게 계획했나요? 당신이 알고 있는 또 다른 사람들은 어떠한가요? 그들과 당신의 계획은 무엇이 비슷하고 무엇이 다른가요?"
- **비교하기와 질문의 순위 매기기**: 비교하기와 질문의 순위 매기기는 본인과 타인에 대한 꼬리표 달기 및 경직된 묘사를 줄이고, 문제가 되는 상호작용 패턴을 밝히는 데 도움이 된다. 예를 들면, "당신의 지인 중(가족, 회사 등) 가장 걱정이 많은 사람은 누구인가요? 가장 걱정이 적은 사람은요? 그들은 걱정을 어떻게 다루나요? 당신의 걱정에 대해 가장 크게

짜증을 내는 사람은 누구인가요? 가장 적게 짜증을 내는 사람은 누구인가요?"와 같은 질문이다.

- **사전 · 사후 질문:** 특히 주목할 만한 긍정적 또는 부정적 사건이 일어났다면, 상담자는 사전 · 사후 질문을 활용하여 관계적 역동에서의 미묘한 차이를 평가한다. 예를 들면, "당신에게 우울 삽화가 나타나기 이전에 당신과 배우자는 더 많이 싸웠나요, 적게 싸웠나요? 그때 누가 더 기분이 좋았나요? 그 당시에 누가 집안일을 더 많이 했나요?"와 같은 질문이다.
- **가설적 순환 질문:** 가설적 순환 질문은 내담자가 스트레스에 어떻게 반응하는지를 평가하고 미묘한 관계 역동을 이해하는 데 유용하다. 예를 들면, "갑자기 직장을 잃는다면 무엇을 할 건가요? 누구에게 가장 의지할 건가요? 가장 먼저 도와줄 것 같은 사람은 누구인가요? 이 사실에 대해 말하기 싫은 사람은 누구인가요?"와 같은 질문이다.

이 장의 마지막에 제시되어 있는 사례 연구에서 상담자는 순환적 질문을 활용하여 나비드가 자신의 약물 사용이 가족 역동과 어떻게 관련되어 있는지, 그의 행동이 '반항'이라기보다는 부모가 그를 아이처럼 대함으로써 가족 기능을 유지시키고 있다는 사실을 인지하도록 하였다.

스스로 해보기

파트너와 함께 현재 문제와 관련된 순환적 질문을 해 보세요. 이러한 질문들은 당신이 문제를 바라보고 정의내리는 방식을 어떻게 바꾸었나요?

■ 지시

지시(directives)는 상식적인 논리를 따르지 않는다는 이유로 종종 오해를 받지만, 사실 지시는 대표적인 체계적 기법이다(Madanes, 1991). 명칭이 내포하는 바와 같이, 지시는 내담자가 회기 사이 또는 회기 중 특정한 과제를 완수하도록 내리는 지시사항이다. 중요한 것은 대부분의 과제가 문제에 대한 '논리적' 또는 선형적 해결이 아니라 새로운 상호작용을 만들어 낼 수 있도록 작지만 의미 있는 방법으로 체계의 상호작용 패턴을 차단하는 것이다(Haley, 1987). 쉽게 말해, 상담자는 문제가 되는 패턴을 '무너뜨리고' 내담자가 균형감을 가질 수 있도록 정상 상태에서 약간 벗어난 상호작용 패턴을 갖도록 설계한다. 체계적 상담자는 가능한 한 가장 작은 변화로 문제가 되는 패턴을 무너뜨린다. 예컨대, 내담자의 '우울증 의식(ritual)'(또는 패턴)이 가장 좋아하는 아이스크림 한 통을 먹는 것이라면, 지시는 (내담자가 할 법한) 아주 작지만 의미 있는 변화로 그 패턴을 무너뜨리는 것이다(흔들어 놓음). 가장 좋아하는 시를 큰 소리로 읽거나 딸기 맛처럼 덜 좋아하는 맛을 먹는 것이다. 처음에는 터무니없어 보이지만 하나의 요소를 바꾸는 것만으로 패턴의 변화를 '일으키고', 자신의 현실을 보다 분명하게 보도록 하며, 새로운 시도에 대한 동기를 높인다. 지시는 행동에 근거하기 때문에 본능적인 통찰을 불러일으키는데, 이는 변화해야 하는 행동의 중심에 사람이 있기 때문이다. 이는 전통적인 정신역동 이론의 인지적 통찰과는 매우 다르다.

지시 구안하기

[1단계] 문제가 되는 행동의 연쇄 과정 평가하기: 호소 문제를 구성하는 행동의 연쇄 과정을 파악하라(예: 직장 내 프로젝트에서 문제를 맞닥뜨림, 프로젝트에 매우 집중함, 동료를 무례하게 대하고, 가족을 무시함, 문제가 해결되면 기쁘겠지만 주변 사람들과는 멀어져 있음).

[2단계] 행동의 연쇄 과정에서 작은 변화를 목표로 하기: 문제가 되는 연쇄 과정을 변화시키기 위해 취할 수 있는 합리적이고 작은 행동 변화를 찾아라(예: 평소와 다른 옷을 착용함, 자신의 상태를 나타내는 간판을 내림, 문제가 해결될 때까지 정상적인 상호작용의 어려움을 상징하는 신호를 다른 사람들에게 보냄).

[3단계] 내담자가 지시에 따르도록 동기 부여하기: 헤일리(1987)는 과제를 부여하기 전에 내담자에게 동기를 부여하는 것이 중요하다는 사실을 강조하였다. 이는 궁극적인 목표, 즉 내담자와 중요한 타인은 내담자의 문제 행동이 멈추기를 원한다는 사실에 호소함으로써 이뤄진다.

[4단계] 정확하고 실행 가능한 지시사항을 제공하기: 지시는 무엇을, 어디서, 어떻게, 누가, 일주일 중 언제 등의 구체적인 내용이 포함되어 있어야 한다. 이때 상담자는 휴가, 병가, 주말 등의 일정 변동을 고려해야 하며, 일방적으로 '던지기(given)' 보다는 '제안하는(suggested)' 식으로 이루어져야 한다. 예컨대, "다음 프로젝트에 몰두할 때 당신은 다른 무엇인가를 해 보고 싶어 하는 것으로 들려요. 저는 당신이 이렇게 해 보면 좋겠어요. 다음 번에 깊이 '몰두'할 일이 생길 때에는 직장 동료와 가족에게 '안타깝지만 프로젝트가 끝날 때까지 잠시 사라지겠다'고 말해 보세요. '잠시 세상을 떠남'이라는 은유적 표현에 재미있는 말들을 자유롭게 곁들여도 좋아요". 왜 이러한 지시를 내리는지에 대해 내담자가 물어오면, 상담자는 '왜'와 '무엇 때문에'에 대하여 이론적 · 논리적인 설명을 하기보다는 "이게 도움이 될 거라 생각해요."라고만 답한다.

[5단계] 과제를 상세히 검토하기: 내담자로 하여금 내담자가 무엇을 하는지, 앞으로 어떻게 할 것인지에 대해 정확하게 묘사하도록 하라(예: "우리가 정확하게 이해하고 있는지 검토하고 확인하세요. 이번 주에 프로젝트에 몰두하게 되면 무엇을 할 것인지를 검토해 줄 수 있나요?").

[6단계] 과제 보고서 요청하기: 과제를 부여하고 일주일 후, 상담자는 내담자에게 '어떻게 되

었는지'를 묻는다. 일반적으로 내담자에게는 ① 한다, ② 하지 않는다, ③ 일부만 한다 중 한 가지 상황이 발생한다(Haley, 1987). 내담자가 과제를 완수했다면 이를 축하하고, 어떻게 진행되었는지에 대해 상담자와 논의한다. 과제의 일부만 한 경우, 너무 성급하게 용인함으로써 상담자의 권위를 약화시킬 필요는 없다. 과제를 시도하지 못한 상황에 대해 헤일리는 친절한 반응과 친절하지 않은 반응 두 가지를 활용하였다. 친절한 반응의 경우, 상담자는 "당신과 당신에게 그것을 부탁한 상황에 대해 제가 잘못 판단했던 것 같네요. 그렇지 않았더라면 당신이 해냈을 텐데 말이죠."라고 말한다(Haley, 1987, p. 71). 반면, 친절하지 않은 반응의 경우, 상담자는 내담자가 본인을 위해 변화할 수 있는 기회를 놓쳤고, 이것은 (상담자가 실망해서가 아니라) 내담자에게 손해임을 강조한다. 내담자가 과제를 다시금 수행하기 원한다고 말해도 상담자는 내담자에게 과제를 요청하지 않는다. 대신, 상담자는 이 경험을 활용하여 다음 과제에 대한 동기를 높인다.

■ 역설적 개입과 증상 처방

역설적 개입과 증상 처방은 어떤 방식으로든 문제가 되는 행동을 하도록 지시하는 것으로, 체계적 개입에서 가장 많은 오해를 받고 있는 개입 방식이다. 예컨대, 매일 아침 8시에서 8시 15분까지 걱정하기와 같은 것이다. 증상 처방과 기타 역설적 개입은 그것이 문제를 개선시키는 것이 아니라 악화시키는 것으로 비춰지기 때문에(또는 적어도 처음에는 그렇게 보인다) '역설적'이다. 실제로 그러한 경우도 있는데, 잘못된 시간대에 활용되거나 잘못된 문제에 활용될 경우 상황을 악화시킬 수 있다. 따라서 완벽히 체득하기 전까지는 충분한 슈퍼비전 하에 활용해야 한다.

역설적 개입 사용의 적절한 시점은 역설이 역설적으로 보이지 않고, 가장 논리적이고 명확하며 유일한 개입 방법이라는 상담자의 판단에 따른다. 역설이 좋은 기법으로 보이기까지는 수년의 실습과 훌륭한 슈퍼비전이 필요하다. 역설적 개입은 모든 사람에게 적용되는 흔해 빠진 기법과는 다르다. 역설적 개입은 다음과 같은 두 가지 종류의 문제에 적용하기에 적절하다. ① 내담자가 현재 고수하고 있는 안전성의 수준을 붕괴시키기 위한 변화가 일어나야 할 때 또는 ② "걱정하는 것, 잔소리하는 것, 먹는 것, 싸우는 것, 춤추는 것 등을 멈출 수가 없어요."처럼 내담자의 관점에서 문제가 '통제할 수 없는' 것으로 보일 때이다.

변화에 저항하는 내담자의 역설 어떤 내담자는 진심으로 변화를 원한다고 말하면서도 변화를 위한 모든 시도에 대해 저항적인 태도를 보인다('진심으로'라는 말은 일이 계획한 대로 흘러가지 않을 수 있다는 첫 번째 단서가 될 수 있다). 변화를 위한 계획이 얼마나 훌륭하고 내담자 자신이 이에 얼마나 동의하는가와 상관없이 그들은 변화를 도모하는 그 어떤 방법에도 따르고자 하지 않는다. 상담자를 곤란하게 만드는 이러한 내담자들은 나쁘거나, 위선적이거나, 적극적으로 저항하는 것이 아니다. 내담자는 증상이 자신에게 매우 중요하다는 사실을 존중해 주는 개입을 통해 항상성을 유지하기 원할 뿐이다. 이는 자신의 증상을 포기하는 것이 현재 그들이 경험하는 것보다 더 많은 불편과 혼란을 야기시킬 것이라는 두려움 때문이다. 이러한 상황에서는 역설이 도움이 될 수 있다(Haley, 1987). 상담자는 특정한 변화를 제한하거나 금지하는데, 예를 들면, "강한 열정을 유지하기 위해 부부는 다퉈야 한다. 이를 멈춘다면, 상황이 나빠질 것이다."가 있다. 역설적 과제는 한번에 여러 가지 메시지를 전해야 하기 때문에 효과적으로 전달하는 데 어려움이 있다.

- 당신이 문제를 해결하도록 돕고 싶어요.
- 저는 당신을 진심으로 걱정하고 있어요.
- 저는 당신이 정상이 될 수 있다고 생각하지만, 될 수 없을 수도 있어요.

역설이 성공적일 때 변화는 저절로 일어난다. 체계적 상담자는 상담의 후기 단계에서 역설적으로 재발을 권함으로써 재발을 방지하는 역설적 개입을 한다(Haley, 1976). "당신은 더 이상 걱정하지 않는다고 말씀하시지만, 조금 우려가 됩니다. 걱정이 실제로 문제를 해결해 줬을 수도 있으니까 일주일에 며칠씩, 하루에 5분에서 10분은 걱정하도록 놔둬도 괜찮아요."

'통제할 수 없는' 증상의 역설 내담자가 스스로 통제할 수 없다고 주장하는 증상을 보고할 때 체계적 상담자는 그에 대한 개입으로 **증상 처방**을 활용한다. 증상 처방은 내담자에게 증상을 멈추라고 요구하는 것이 아니라 문제가 되는 행동의 **맥락**(어디서, 언제, 누가, 무엇을)을 바꾸도록 하는 것이다. 맥락이 바뀌면 행동의 **의미**도 반드시 변하기 때문이다. 행동이 변하면 생각, 감정, 그 이후의 행동들은 자동적으로 변화한다. 역설을 활용하는 흔한 예로, 개입이 특히 어려운 걱정하기가 있는데, 걱정은 행동이 제한된 사고 및 정서의 과정이기 때문이다. 내담자는 하루 중 특정한 시간대에 10분 동안 걱정을 하도록 타이머를 설정하는 지시를 받게 된다. 이를 통해 걱정은 자유롭게 떠도는 경험에서 의식적으로 선택하는 활동으로 급전환되고, 내담자는 이러한 활동을 자발적으로 시작할 수 있고 본인이 원할 때 멈출 수 있음을 재빨리 알아차리게 된다. 맥락을 바꿈으로써 걱정의 의미와 경험이 변화하게 되고, 이를 통해 전혀 통제할 수 없을 것 같았던 증상에 상당한 변화가 일어나게 된 것이다.

▪ 인식론 수정하기: 내담자의 세계관을 확장하고 이의 제기하기

체계적 상담자는 무엇이 '필요하고', 무엇이 금지되고, 어떻게 사랑을 표현하고, 다른 사람에게 어떤 신세를 지고 있는지 등 내담자가 자신의 세계관을 구성하는 데 사용하는 규칙, 논리, 가정을 주의 깊게 살핀다. 대부분의 사람들은 자신의 모든 행동, 상호작용, 생각, 우선순위, 감정에 영향을 미치는 인식론적 전제들을 인지하지 못한다. 체계적 상담자는 이를 발견하고 언급함으로써 문제를 증폭시키는 전제들에 영향을 미친다(Colapinto, 1991; Minuchin, 1974; Minuchin & Fishman, 1981).

이 장을 읽으면서 당신이 추측한 바와 같이 체계적 상담자는 이러한 가정에 직면시키는 것이 아니라 기존의 신념을 토대로 하여 도움이 되는 방향으로 **확장시키고 재해석한다**. 다시 말해, 내담자에 대한 개입 시, 내담자가 증상을 버리도록 요청하는 것이 아니라 문제를 해결하기 위해 증상을 활용하고, 다시 맥락화하며, 이를 확장시키고, 다시 지시하는 방식을 취한다. 예컨대, 내담자에게 완벽주의 성향이 있고, 삶을 즐기는 시간을 갖지 않을 때, 상담자는 내담자가 제대로 쉴 수 있도록 도울 수 있다. 또 다른 예로, 자녀가 어릴 때에는 수월하게 관계를 구조화하고 한계를 설정해 온 부모가 10대에 접어든 자녀로 인해 어려움을 겪는다면, 상담자는 부모로 하여금 10대 자녀가 스스로 관계를 구조화하고 행동 규범을 설정하도록 돕게 할 수 있다. 무술가와 마찬가지로, 체계적 상담자는 내담자로 하여금 자신의 핵심 신념을 유지하고 이를 새로운 방식으로 활용할 수 있도록 하면서 문제를 형성하고 있는 근본적인 전제들이 대안적인 행동 및 의사소통을 위한 근거로 전환되도록 돕는다.

▪ 강점을 칭찬하고 역량 함양하기

강점 칭찬하기와 **역량 함양하기**는 내담자의 긍정적인 상호작용 패턴 및 강점을 향상시키고 강화하기 위해 사용된다. 체계적 상담자는 내담자의 강점이 파악되는 즉시, 이에 대해 칭찬하고 격려한다. 비슷한 과정으로서의 **역량 함양하기**는 목표에 이르는 과정에서 성취한 작은 성공을 인지하고 이를 칭찬하는 방식이다. 예컨대, 내담자가 일주일에 한 번 정도 공황발작을 멈추거나 통제할 수 있었다면, 체계적 상담자들은 내담자의 작은 성공을 칭찬하고 격려한다.

역량 함양하기는 내담자에게 과도한 기능을 요구하는 것이 아니다. 내담자가 할 수 있고, 문제를 해결하기 위해 배워야 하는 것을 하도록 하는 것이다. 역량 함양하기에는 자녀에게 제한 설정하기, 상담 내용 메모하기, 전화 걸기, 어떻게 진행할지에 대해 결정하기 등이 있다. 내담자의 호소 문제에 따라 회기 내에서 발생하는 모든 상황에 대해 상담자는 안전하고 지지적인 환경 조성을 통해 내담자가 배울 수 있는 기회를 박탈당하지 않고 내담자 스스로 역량을 향상시키는 기회가 될 수 있도록 해야 한다. 이 장의 마지막에 제시되어 있는 사례 연구에서 상담자는 나비드가 더 이상 약물을 복용하지 않고, 학업에 집중하는 등 책임감 있게 문제를 해결해 나가는 행동과 결정에 대해 칭찬함으로써 그의 역량을 함양시킨다.

특정 문제에 대한 개입

■ 동맹을 끊기 위한 불변의 처방

그 명칭이 내포하는 바와 같이 **불변의 처방**은 부적절한 부모-자녀 동맹을 단기간에 단절하기 위해 적용되는 지시이다(Selvini Palazzoli, 1988). 불변의 처방이 갖는 본질적인 내용은 다음과 같다. 부모는 데이트나 다른 외출을 하되, 어디에 가는지, 왜 가는지에 대해 아이에게 말하지 않도록 지지받는다. 이는 부모 사이에 비밀을 만들어 부모라는 단일팀을 형성하여 증상을 가진 자녀와 분명한 경계를 세움으로써 부적절한 동맹을 끝내는 효과가 있다. 자녀는 더 이상 한쪽 부모가 비밀을 털어놓는 특별한 친구가 아니며, 이는 자녀에게 부과되는 정서적 부담을 줄이고, 문제가 되는 증상을 줄인다. 본래 거식증이나 정신 질환과 같은 심각한 질환을 치료하기 위해 고안되었으나, 현재는 자녀와의 투명하고 개방적인 의사소통을 강조함으로써 한쪽 부모가 자녀와 동맹을 결성한 가족이나 부모의 위계가 비효과적인 가족 상담에도 효과적으로 활용되고 있다.

■ 강박 행동에 대한 시련 체험 기법

밀턴 에릭슨의 연구에서 영감을 받아 개발된 **시련 체험 기법**(12장 참조)은 과식, 흡연, 손톱 물어뜯기, 음주 등의 증상을 통제하는 데 있어 내담자가 무력감을 느낄 때 사용되는 기법으로, "증상을 포기하는 것보다 증상을 유지하는 것이 더 고통스러워지면 증상을 포기할 것이다."는 단순한 전제를 기반으로 한다(Haley, 1984, p. 5). 전략적 상담자는 행동을 멈추기 위해 선형적이고 논리적인 수단을 개발하기보다는(이는 인지행동 접근이다), 내담자가 '시련'이라는 또 다른 과제를 완수하는 방식으로 왜곡된 증상을 **허용한다**(지금쯤은 이 주제에 대해 인지해야 한다).

시련 체험기법은 원치 않는 행동과 직접적으로 연관될 필요는 없지만 은유적으로 관련될 수는 있다. 예를 들어, 힘든 감정을 누그러뜨리기 위해 '정서적인 섭식'을 반복하는 사람이 자신의 섭식 행동을 줄이기 원하는 경우, 그 행동과 내적 불안 수준의 감소를 목표로 논리적인 방법(10분 동안 일기 쓰기, 10분 동안 조깅하기, 폭식하기 전에 칼로리 계산하기 등) 또는 비유적인 방법(냉장고, 찻장 체크하기, 식사를 위해 꼼꼼하게 테이블 세팅하기) 또는 관련 없어 보이는 과제(사랑하는 사람이나 낯선 사람에게 친절 베풀기, 메일 3개에 답하기 등)를 활용하는 것이다. 대부분의 경우, 시련 체험 기법은 힘들고 불쾌한 고난이라기보다는 원치 않는 행동을 멈출 수 있도록 기존의 체계적인 패턴을 흔들거나 동요시킴으로써 새로운 행동 연쇄 과정이 일어날 수 있도록 하는 것이다. 시련 체험 기법은 행동을 저지하거나 처벌한다기보다는 내담자가 취해 왔던 행동 패턴을 멈추도록 독려하기 위한 새롭고 중립적인 방식이다. 개인이나 가족이 이처럼 다소 작지만 무해한 전개에 적응한다면, 새로운 변화는 반드시 일어난다. 이러한 기법은 행동을 멈추라는 말보다 두려움과 저항이 낮은 수준으로 나타나기 때문이다.

■ 참여를 늘리거나 줄이기 위한 경계 설정

경계 설정은 과잉 또는 과소 참여를 목표로 이루어지는 특별한 형태의 실연으로, 가족이 경직된 경계를 완화하거나 분산된 경계를 강화하도록 돕는다(Colapinto, 1991; Minuchin, 1974). 체계적 상담자는 이 기법을 활용하여 누가 참여하고 어떻게 참여할 것인지를 지시한다. 상담자는 경계를 설정하여 습관적인 상호작용 패턴을 멈추도록 함으로써 구성원들이 잘 사용하지 않는 기술과 능력을 경험하도록 한다. 경계 설정은 다음과 같이 다양한 지시로 이루어진다.

- 가족 구성원에게 자리를 바꾸도록 요청한다.
- 가족 구성원에게 자리를 보다 멀리 또는 보다 가깝게, 또는 서로를 향하여 앉도록 요청한다.
- 하위 체계의 경계를 강화하기 위해 개인이나 하위체계와 개별 회기를 갖는다.
- 상호작용이 일어나는 동안 한 명 이상의 구성원으로 하여금 침묵하도록 요청한다.
- 문제가 되는 경계 영역에 대해 강조하는 질문을 한다(예: "당신은 당신의 아들이 질문을 받을 때 항상 아들 대신 대답하시나요?").
- 덜 지배적인 인물이 말을 할 수 있도록 다른 가족 구성원이 그의 말을 끊는 것을 막거나 말을 잠시 멈추도록 독려한다.

모든 정보 통합하기: 체계적 가족 상담 사례개념화와 치료계획 양식

이론에 특화된 사례개념화: 체계적 가족 상담

이론에 특화된 사례개념화를 발달시키기 위해 다음의 내용을 사용하라. 이 장의 마지막에 제시된 사례 연구는 하나의 예이다.

- **강점**: 개인 및 가족의 강점을 기술하라.
- **가족생활주기 단계**: 독립성과 상호의존성의 균형과 관련하여 주된 어려움과 가족생활주기의 단계를 설명하라.
  - 미혼 성인
  - 결혼
  - 어린 자녀를 둔 가족
  - 청소년 자녀를 둔 가족
  - 자녀가 독립함
  - 노년기 가족
- **경계**: 내담자의 삶에서 중요한 인물과의 경계(밀착된, 분리된, 명료한)를 설명하라.
  - 부모
  - 형제자매
  - 중요한 타인
  - 자녀
  - 대가족
  - 친구
- **삼각관계/연합**: 중요한 삼각관계 및 연합에 대해 기술하라.
- **위계**: 자녀 또는 부모와의 위계에 대해 기술하라(효과적인, 허용적인, 경직된, 비일관적인).
- **상호보완적 패턴**: 관계에서 발견되는 상호보완적인 패턴에 대해 기술하라.
  - 쫓는 자/멀어지려는 자
  - 과잉기능자/과소기능자
  - 감정적인/논리적인
  - 좋은 부모/나쁜 부모
- **세대 간 패턴**: 세대 간 나타나는 중요한 패턴에 대해 기술하라.
  - 가족 강점
  - 물질/알코올 남용
  - 성적/신체적/정서적 학대
  - 부모/자녀 관계
  - 신체적/정신적 장애
  - 호소 문제와 관련된 과거의 사건

치료계획 양식: 체계적 가족 상담

우울, 불안, 강박 문제를 호소하는 내담자를 위하여 치료계획을 세울 때, 다음의 치료계획 양식을 사용하라. 특정 내담자, 호소문제, 치료적 맥락에 따라 이 양식의 목표나 개입 방식은 다소 변경될 수 있다. 필요에 따라 이 치료계획을 적절하게 변경하여 사용할 것을 권장한다. 이 계획을 치료에 효과적으로 적용하기 위해서는 내담자가 경험하고 있는 특정 신념, 행위, 감정을 중심으로 목표와 개입 방식이 명확하게 작성되어야 한다. 구체적일수록 당신에게 유용할 것이다.

치료계획

치료의 초기 단계

초기 단계 치료 과제

1. 치료 관계를 형성하기. 다양성의 고려사항: [다양한 내담자와 상담 관계를 맺을 때, 그들에게 민감할 수 있는 부분에 대해 어떠한 접근을 적용할지에 대해 구체적으로 기술하라. 문화와 성별에 따라 상대방을 존중하는 정서 표현이 무엇인지 고려하라.]
   관계 형성 접근/개입:
   a. **사회적 격식**을 활용하고, 보다 큰 체계로서의 문화를 존중하며, 내담자와 타인 사이에서 중립적인 입장을 유지하며 내담자에 **합류**하라.

2. 개인적이고 체계적이며 다양한 문화적 역동을 평가하기. 다양성의 고려사항: [평가 단계에서 보다 다양한 문화 체계적 역동 및 개인주의 대 집단주의 문화의 영향을 어떻게 평가할 것인지에 대해 설명하라.]
   평가 전략:
   a. **문제가 되는 행동의 연쇄 과정**에 대한 상세한 정보를 수집하라.
   b. 문제를 일으키는 **경계, 하위 체계, 삼각관계, 위계, 상호보완적 패턴**을 파악하라.

초기 단계 내담자 목표(1~2가지 목표): 위기 문제를 관리하고 가장 고통스러운 증상을 감소시키기

1. [위기] 증상 감소를 위해 [특정 위기 행동에 대한 언급]을 감소시키기
   개입:
   a. **위기가 심각해지는 것을 멈추고**, 위기를 관리하기 위한 대안을 찾도록 하라.
   b. 긴급성과 위기감을 줄이기 위해 위기상황을 **재구조화**하라.

치료의 작업 단계

작업 단계 치료 과제

1. 작업 동맹의 질을 확인하기. 다양성의 고려사항: [내담자가 느끼는 상담자와의 유대감에 대한 관찰을 어떻게 하는지 그리고 이 관찰 및 내담자의 연령, 성별, 문화 및 성 정체성, 사회경제적 지위 등을 기반으로 한 관계에 어떻게 자신을 맞출 것인지에 대해 기술하라. 관련이 있을 경우, 회기에 참여하지 않는 중요한 타인과 내담자 간 동맹이 긍정적이도록 하라.]
   평가 개입:
   a. 회기 평가 척도를 사용하라. 동맹에 대해 구두로 내담자에게 질문하라.

작업 단계 내담자 목표

1. 우울/불안 등 감소를 위해 **문제가 되는 상호작용 순환을 중단시키기**
   개입:
   a. 문제가 되는 상호작용 패턴을 중단시키기 위해 작은 한 가지를 다르게 해 보도록 **지시**하라.
   b. 문제가 되는 패턴에 대한 반응을 바꾸기 위한 **체계적 재구조화**를 하라.
   c. 새로운 맥락 또는 규제 하에서 나타나는 증상 행동에 대한 **역설적 명령**을 하라.

2. 우울과 불안 감소를 위해 **분명한 경계, 관계 구조, 의사소통**을 향상시키기
   개입:
   a. 경계, 삼각관계, 위계를 명료화하기 위한 **실연**을 실시하라.
   b. 문제가 되는 역동이 명백하게 드러나도록 하기 위한 **순환 질문**을 하라.

3. 절망감, 불안, 두려움 등의 감정 감소를 위해 **세계관** 및 **관계 규칙**의 발달적 · 관계적 · 문화적 적절성을 향상시키기
   개입:
   a. 관계를 지탱하는 전제에 대한 의식을 높이기 위한 **순환 질문**을 하라.
   b. 문제를 지탱하고 유지시키는 **세계관** 및 **관계 규칙**에 **이의를 제기**하라.

치료의 종결 단계

종결 단계 치료 과제

1. 추후 관리 계획을 세우고 성과를 유지하기. 다양성의 고려사항: 문제가 체계의 다른 영역으로 옮겨 가지 않았음을 확인하기 위해 상담 종결 이전에 모든 영역의 기능을 재평가하라.
   개입:

a. **새로운 인식론과 관계 규칙**을 강화하고, 향후에 발생할 수 있는 어려움에 새로운 기술을 적용할 수 있도록 **순환 질문**을 활용하라.

종결 단계 내담자 목표

1. 절망, 불안, 두려움 등의 감정 감소를 위해 친밀하고 사회적인 관계 또는 업무 관계에서(직업 단계에서 다루었는지의 여부와 상관없이) **만족스러운 상호작용** 증가시키기

개입:

a. 한 영역에서 다른 영역으로 강점을 전환시키는 **역량을 형성**하라.

b. 강점을 새로운 영역으로 확장시키는 **순환 질문**을 하라.

2. 새로운 문제가 발생할 가능성을 감소시키기 위해 **세계관과 관계적 상호작용에서의 유연성**을 향상시키기

개입:

a. **관계를 맺고 반응할 때 나타나는 경직된 규칙에 이의를 제기**하라.

b. 내담자가 세계관의 한계점을 발견하도록 돕는 **순환 질문**을 하라.

보웬의 다세대 가족 접근

머레이 보웬(Murray Bowen, 1976, 1985)의 다세대 가족치료는 정신분석에 기반한 다세대 접근과 체계 이론을 결합한 것으로, 세대간 관계 패턴을 추적하는 차별적이고 매력적인 접근법이다. 보웬의 이론에서 건강한 성인의 기능은 **분화**가 전제되어야 한다고 보는데, 여기서 **분화**란 생각을 감정에서 분리시키고, 타인에게서 자신을 분리시키는 능력이다. 인간의 정서적 상호의존성은 생존과 관련된 만성 불안으로 인해 생겨난 진화 과정이기 때문에, 이러한 점에서 분화는 매우 중요한 개념이다. 각각의 가족 체계는 친밀감과 거리감을 관리하고, 불안을 조절하는 패턴을 발달시킨다. 이러한 패턴은 한 세대에서 다음 세대로 전해진다. 가족 구성원 간 분화가 잘 이루어질수록 구성원들이 병리를 경험할 가능성은 낮아진다. 세대 간 문제를 다루는 상담자는 **정서적 단절**과 건강한 분화를 정확하게 구별한다. 정서적 단절은 낮은 수준의 분화를 나타내며, 높은 수준의 불안과 융합 때문에 가족 구성원 간의 관계가 단절된 상태이다. 반면, 건강한 분화에서는 높은 수준의 정서적 친밀감과 자율성이 균형을 이룬다. 만성 불안에서 다루는 또 다른 문제는 바로 **삼각관계**(삼각관계에 대한 설명 참조)로, 이는 두 사람 사이에 발생하는 긴장감을 완화시키기 위해 제3의 인물을 끌어들이는 것이다. 이러한 예로는 부부관계

에서 경험하지 못한 친밀감을 형성하기 위해 어머니가 자녀와 가까워지는 것이다.

다세대 상담의 주요 목표는 ① 분화 수준을 높이고 ② 정서 반응과 만성 불안을 줄이는 것이다. 세대 간 문제를 다루는 상담자는 정서적 단절이나 삼각관계와 같은 세대 간 패턴을 파악하기 위해 3대 이상의 세대를 그린 심리학적 가계도(genograms)[7]를 활용한다. 가계도는 성별, 죽음, 성격, 질환, 정신건강, 물질 남용, 성폭력, 직업 등과 관련된 가족 패턴을 파악하는 데도 활용된다. 다세대 가족 상담자는 회기를 통해, 그 자신이 분화되고 불안하지 않은 존재로서 내담자와 관계를 맺는데, 이때 상담자는 분화의 롤 모델이 되어 삼각관계를 줄이고, 내담자의 분화를 격려하는 존재가 된다. 다세대 가족 상담의 기법은 내담자가 세대 간 패턴을 보다 잘 인식하도록 돕는 과정 질문으로, 내담자의 분화를 독려하는 데 초점을 둔다.

사티어의 성장 모델

정신건강 분야에서 가장 영향력 있는 여성 중 한 명으로 꼽히는 사티어(1972, 1983, 1988)는 인본주의와 체계 이론을 통합시킨 통합적 가족 상담 모델을 개발했다. 그녀의 이론은 네 가지 주요한 가정에 기초한다.

1. 사람은 자연스럽게 긍정적인 성장을 추구한다(인본주의 원리).
2. 모든 사람은 긍정적인 성장을 위한 자원을 갖고 있다(인본주의 원리).
3. 모든 사람과 상황은 다른 모든 사람과 모든 상황에 영향을 미치고 영향을 받는다(체계적 원리).
4. 치료는 치료자와 내담자 사이의 상호작용 과정이다. 그리고 이러한 관계에서 개인은 스스로에 대해 책임을 져야 한다(체계적 및 인본주의 원리; Satir, Banmen, Gerber, & Gomori, 1991, pp. 14-15).

다른 경험주의 상담자들과 마찬가지로(6~8장 참조), 사티어는 내담자와 따뜻하고, 공감적이며, 격려하는 관계를 형성하기 위해 상담자를 활용했다. 이 장에서 간략하게 언급한 바 있는 체계적 평가를 활용함과 더불어 사티어는 **의사소통**이나 **생존 유형**의 측면에서 가족 상호작용을 개념화했다. 생존 유형이란 가족의 역기능적인 상호작용에 대처하기 위해 아이 자아로

7) 역자 주: 가족의 성격과 세대 간의 상호작용을 나타낸 가계도(출처: 네이버 어학사전).

서 선택하는 의사소통 패턴을 의미한다. 사티어는 네 가지의 역기능적 의사소통 유형과 하나의 건강한 유형을 알아냈다.

- **회유형**: **자신**의 요구는 인식하지 않고 **타인**의 요구와 맥락을 인식함으로써 대인관계에서의 스트레스를 다룬다.
- **비난형**: 회유형과 정반대로, **자신**과 **맥락**의 요구를 인식하지만 **타인**은 인식하지 않음으로써 대인관계에서의 스트레스를 다룬다.
- **초이성형**: 맥락적인 규칙은 인식하지만 **자신**과 **타인**의 주관적인 요구는 인식하지 않음으로써 대인관계에서의 스트레스를 다룬다.
- **산만형**: **맥락적 요구**, **개인 요구**, 또는 **타인의 요구**를 인정하지 않음으로써 대인관계에서의 스트레스를 다룬다.
- **일치형**: 자신의 요구와 타인의 요구를 동시에 존중하면서 맥락에 적절하게 반응할 수 있다.

사티어 접근의 목표는 ① 모든 관계에 대하여 일관된 의사소통하기, ② 자아실현하기(다른 인본주의적 접근과 유사함)이다. 사티어는 가족 역동을 표현하기 위해 가족 구성원이 서로를 시각적으로 배치하도록 하는 역동적 **가족 조각 기법**을 활용하였다. 또한 내담자가 일관된 의사소통 방법을 배울 수 있도록 의사소통 코칭을 활용하였다. 일반적으로 사용되는 개입에는 ① 들리는 내용과 말한 내용을 구분하는지, ② 어떤 의미가 있는지, ③ 의미에 대해 어떠한 감정을 느꼈는지, ④ 감정에 대해 어떠한 감정을 느꼈는지, ⑤ 감정을 관리하기 위해 어떠한 방어기제가 사용되는지를 파악하고, ⑥ 감정에 대한 의사소통 규칙에 대해 인식하여, ⑦ 상황에 대한 표면적 반응을 구별하도록 함으로써 내담자가 **상호작용의 구성요소**를 확인할 수 있도록 돕는 방법이 있다.

스냅샷: 연구 및 근거 기반

체계적 치료는 베이트슨 팀의 조현병 환자 가족의 의사소통에 관한 연구 프로젝트로 시작되었다. 관찰 연구의 전통은 베이트슨 관찰 팀의 방식에 따라 체계적이고 전략적 모델에서 시행해 온 표준화된 훈련으로 통합되어 왔다. 전략적 모델, 밀란, MRI와 같은 체계적 모델의 성과에 관한 체계적 연구는 미미한 편이지만 청소년의 약물 남용, 문제 행동, 관계에서 경험하는 스트레스로 인한 우울증, 심각한 정신 질환, 부부관계에서 경험하는 고통과 같이 특정 질환에 대하여 근거 기반 체계적 접근이 갖는 효과성 연구는 지속적으로 이루어지고 있다(Sprenkle, 2012). 이와 같은 근거 기반 치료는 체계적 가족치료의 핵심적인 개념과 기법을 활용하여 특정 집단에 적용된다.

체계적 치료는 근거 기반 치료 분야의 선두로 급부상하고 있다. 실증적으로 입증된 다양한 치료들은 체계적 · 전략적 치료의 핵심적인 요소를 포함하며, 그 내용은 다음과 같다.

- **단기 전략적 가족치료**(구조적인 생태학적 치료, 구조적 생태발달적 예방 개입)
- **생태체계적 구조치료**(Lindblad-Goldberg, Dore, & Stern, 1998)
- **정서중심 부부치료**(Johnson, 2004)
- **기능적 가족치료**(Alexander, Waldron, Robbins, & Neeb, 2013; Sexton, 2010)
- **다면적 가족치료**(Liddle, Dakof, & Diamond, 1991)
- **다중체계 가족치료**(Henggeler, Schoenwald, Borduin, Rowland, & Cunningham, 1998)
- 각각의 접근은 독특하지만, 이들은 모두 문제가 되는 상호작용 연쇄 과정을 탐색하고, 이를 멈추거나 변화시키며, 특정 집단의 요구를 다루기 위해 한 가지 이상의 체계적 또는 전략적 기법을 사용한다는 점에서 동일하다.

근거 기반 치료: 정서중심치료

요약: 당신이 알아야 할 기본적인 내용

정서중심치료(Emotionally Focused Theraph: EFT)는 경험중심치료 분야에서 가장 철저하게 연구된 접근법 중 하나로, 부부를 치료하는 데 있어 경험적으로 입증된 치료법이다(Johnson, 2004). 수 존슨과 레스 그린버그(Sue Johnson & Les Greenberg, 1985, 1994)는 ① 애착 이론, ② 경험 이론(구체적으로는 칼 로저스의 인간중심치료), ③ 체계 이론(구체적으로는 체계적-구조적 치료; Johnson, 2004)을 조합하여 이 모델을 개발했다. 정서중심 치료자들은 부부의 정서적 체계에 집중하여 부부 간 정서적 친밀감을 높이기 위해 상호작용 패턴을 재구조화하도록 돕고, 부부의 애착 욕구를 다루기 위해 감정을 고조시키는 방법을 활용하였다.

애착과 성인의 사랑

존슨(2004, pp. 25-32)은 성인의 사랑을 개념화하기 위해 볼비(Bowlby)의 애착 이론을 활용하여 다음의 10가지 원칙을 수립하였다.

1. 애착은 내재적으로 동기부여된 힘이다. 타인과 연결되고자 하는 욕구는 선천적이다.
2. 안정적 의존은 의존성을 보완한다. 완전한 독립도, 과의존도 불가하며, 오직 효과적이거나 비효과적인 의존만 가능하다.
3. 애착은 중요하고 안전한 안식처이다. 안정적 애착은 스트레스와 불확실성의 완충제가 된다.
4. 애착은 안정적인 기반을 제공한다. 안정적인 기반은 탐험, 혁신, 개방을 가능케 한다.
5. 정서적 접근성과 반응성은 유대감을 구축한다. 안정적 애착은 정서적으로 접근 가능하고 반응적일 때 구축된다.
6. 두려움과 불확실성은 애착 욕구를 활성화시킨다. 사람은 위협을 느낄 때, 위안과 교감에 대한 강한 정서적 욕구를 경험한다.
7. 분리 고통의 과정은 예측 가능하다. 사람은 애정 욕구가 충족되지 않을 때, 분노, 매달림, 우울, 절망 등 예측 가능한 반응을 경험한다.
8. 불안정한 애착 유형은 다음과 같다.
   - **불안/과잉활성화**: 욕구가 충족되지 않을 때, 불안해하며 매달리고, 지나치게 교감을 추구하며 공격적 · 비난적 · 비판적이다.
   - **회피**: 욕구가 충족되지 않을 때, 애정 욕구를 억누르고 대신 과제나 다른 곳으로 주의를 분산시키는 데 집중한다.
   - **불안과 회피의 조합**: 친밀감을 추구하지만, 막상 친밀해지면 회피한다.
9. 애착은 자신과 타인의 작업 모형과 관련되어 있다. 이 모형의 애착 특성은 스스로와 타인을 사랑스럽고, 가치 있으며, 유능한 사람으로 정의 내린다는 것이다.
10. 고립과 상실은 본질적으로 트라우마를 초래한다. 고립과 교감의 상실은 본질적으로 트라우마가 되는 경험이다.

정서중심치료의 과제 및 단계

존슨(2004)은 EFT의 주요 치료 과제를 다음의 3가지로 제시하였다.

과제 1: 동맹을 결성하고 유지하기
과제 2: 정서를 평가하고 진술하기
과제 3: 상호작용을 재구조화하기

존슨(2004)은 3개의 과정, 총 9개의 단계로 이루어진 치료의 진행 과정을 다음과 같이 명시하였다.

과정 1: 부정적 순환의 단계적 축소
단계 1: 동맹 결성 후, 애착 문제로 인한 갈등 설명하기
단계 2: 부정적인 상호작용 순환 과정 확인하기
단계 3: 인지하지 못한 감정과 기저에 깔린 상호작용 태도 파악하기
단계 4: 공공의 적을 만들어 내는 식의 부정적 순환과 애착 욕구의 측면에서 문제를 재구조화하기

과정 2: 상호작용 패턴 바꾸기
단계 5: 포기해 왔던 애착 욕구와 자신에 대해 살펴보고, 이를 관계에서의 상호작용에 통합시키기
단계 6: 새로운 상호작용 연쇄과정에 따라 배우자의 경험 수용하기
단계 7: 부부의 애착을 다시 정의 내리기 위해 정서적 관여와 유대감을 증진시켜 요구와 원하는 것을 표현하도록 격려하기

과정 3: 강화 및 통합
단계 8: 오래된 문제에 대해 새로운 해결책 적용해 보기
단계 9: 애착에 대한 새로운 태도와 순환 강화하기

다문화적 접근: 다양한 집단과 작업하기

민족 · 인종 · 문화의 다양성

체계적 · 전략적 가족치료자는 건강과 정상성을 이론에 근거하여 정의내리지 않기 때문에, 그들이 사용하는 기법은 다양한 문화 집단 및 소수 집단에 비교적 수월하게 적용할 수 있다. "전략적 가족치료의 특정 치료계획은 각 문제에 따라 수립되기 때문에 환자 선정 및 적합성에 있어 따로 설정된 제한이 없다."(Madanes, 1991, p. 396) 또한 체계적 · 전략적 가족치료자는 체계 및 구성주의 기반을 활용하여 내담자의 세계관에 대해 작업하는 것을 목표로 하며, 이러한 목표에 성공하면 내담자의 가치관과 신념에 맞는 언어와 개입 방법을 사용한다.

▪ 라틴아메리카계 및 라틴계 내담자

라틴아메리카계 및 라틴계 내담자에게 특별한 관심을 갖고 있는 체계적 상담자는 내담자들에게 맞는 접근을 채택하여 체계적으로 적용해 왔다. MRI의 라틴계 단기치료 센터는 라틴계 문화에 대한 대중의 고정관념에 의존하지 않고 각각의 내담자에게 맞는 독특한 의미와 개입을 만들어 내기 위해 비정상적이고 비병리적인 원리를 사용하였다(Anger-Díaz, Schlanger, Rincon, & Mendoza, 2004). 이와 마찬가지로, 체계적 · 구조적 가족치료의 요소를 활용하는 근거 기반 접근으로서의 단기 전략적 가족치료 또한 고위기 행동 및 약물 관련 문제를 갖고 있는 라틴아메리카계 청소년을 치료하기 위해 개발되었다. 이 접근은 아프리카계 미국인 청소년에게도 효과적인 것으로 알려졌다(Robbins, Horigian, Szapocznik, & Ucha, 2010; Santisteban, Coatsworth, Perez-Vidal, Mitrani, Jean-Gilles, & Szapocznik, 1997).

맥골드릭, 지오다노와 가르시아-프레토(McGoldrick, Giordano & Garcia-Preto, 2005)는 이러한 구체적 치료 방법과 함께 46개의 서로 다른 인종 출신 가족의 요구를 만족시키기 위해 체계적 인식과 접근이 어떻게 수정되어야 하는지에 대해 설명하였는데, 이는 치료자 자신의 문화와 다른 문화 집단과 작업할 때 귀중한 자원이 된다(이 내용을 잘 읽고, 본인에게 적용해 보라). 문화에 대해 일반적으로 설명해 놓은 이 내용은 상담자 앞에 앉아 있는 특정 내담자만의 독특한 삶의 경험을 정확히 담아내지는 못하지만, 독자에게 그리고 상담자에게, 내담자를 이해하고 내담자와 관계를 맺는 최선의 방법에 대한 단서를 제공해 준다(대부분의 내담자는 그들의 배경에 대해 상담자가 적어도 한 가지는 알고 있다는 것, 자신만의 경험과 신념을 나눌 자리를 마련해 주었다는 것에 대해 상담자에게 고마워한다).

■ 아시아계 인디언 이민자들

라스토기(Rastogi, 2007)는 지난 50년간 미국으로 이민 온 다수의 아시아계 인디언 이민자 가족에게 체계적 가족 상담이 어떻게 활용되어 왔는지에 대해 설명한다. 체계적 관점에서 작업할 때 고려해야 할 구체적인 문화 관련 주제는 다음과 같다.

- 세대 간 가족 구조: 아시아계 인디언 가족은 다세대 가족이다. 한 세대가 이민을 간 이후에도 정서적으로든 물리적으로든 가깝게 지내며, 대부분 3세대가 함께 산다. 아시아계 인디언 내담자는 주로 세대 간 갈등으로 상담을 받고, 갈등은 이민으로 악화되기도 한다. 라스토기(2007)는 아시아계 인디언 가족과 작업 시, 상담자가 가족 경계 및 역할 기대와 관련된 문화적 규범에 대해 신중하게 고려해야 함을 강조한다. 또한 가계도(genogram)를 활용하여 세대 간 패턴을 알아내는 것도 아시아계 인디언 가족에게 도움이 될 수 있는데, 이는 가계도가 문화와 상관없이 서로의 관점을 이해하고 근심거리를 해결하는 방법을 알아내는 데 도움이 되기 때문이다.
- 체계를 중요시하는 집단주의: 아시아계 인디언은 가족을 중시하고, 사회에 기여하도록 사회화되며, 이는 지지 및 정체성의 중요한 자원이 된다. 따라서 '개별화'와 같은 개념을 조심스럽게 사용해야 하며, 공동체에 대한 의무가 개인적 욕구보다 우선시되고 이러한 가치를 둘러싼 세대 간 갈등이 흔하다는 사실을 인지해야 한다.
- 존경 기반의 위계: 아시아계 인디언 가족은 대부분 나이와 성별에 따라 가족 내 전통적인 세대 간 위계를 따른다. 연장자 세대는 존경받으며, 후세대는 인생의 중요한 결정을 내릴 때 이들의 조언을 구한다. 상담자는 자비롭고 지혜로운 지도자로 인식되는 윗세대가 최선의 결과를 낳고, 젊은 세대가 이러한 전통을 이어 갈 방법을 알아내도록 돕기 위해 위계를 존중하고 때로는 이를 활용해야 한다.
- 현대화가 아시아계 인디언 가족에게 미치는 영향: 지리적 이동성이나 평등주의적 신념과 같은 현대화의 영향은 대부분의 아시아계 인디언 가족에게 세대 간 관계 위기를 초래하였다. 많은 연장자들은 노년에 기대했던 익숙한 역할과 목표를 잃은 채, 소외되어 있다고 생각하고, 이는 독립적인 미국의 가치를 수용한 어린 세대와의 갈등으로 이어진다. 상담자들은 아시아계 인디언 내담자가 현대사회의 현실과 요구를 받아들이는 동시에 이들의 전통적 문화를 존중할 수 있는 방법을 찾도록 돕는다.
- 말보다 행동이 먼저: 라스토기(2007)는 또한 아시아계 인디언 내담자의 경우, 말보다는 행동으로 애정과 회한을 표현한다고 말한다. 예컨대, 다툼이 일어난 뒤에 "미안해. 다시는 안 그럴게."라고 말하기보다는 갈등의 주제였던 행동을 실제로 행함으로써 화해하는 것

이 보다 일반적이다. 따라서 내담자에게 말로 화해하도록 독려하기보다는(이것은 상담 전문가와 현대의 미국 문화가 선호하는 방식이다), 전하고자 하는 메시지를 적절한 행동으로 보여 주도록 돕는 것이 효과적이다.

성 정체성의 다양성

체계적 치료는 병리화하지 않고, 비정상적인 가정을 통해 보다 넓은 체계적 역동에 주의를 기울인다는 점에서 레즈비언, 게이, 양성애자, 트렌스젠더를 비롯한 성 소수자(LGBTQ)인 내담자들에게 널리 활용되어 왔다. 버틀러(Butler, 2009)는 이러한 내담자에게 체계적 치료 접근을 적용하는 5가지 원칙을 수립하였다.

1. **이성애주의(heterosexism) 이해하기**: 젠더 및 성 소수자는 일상에서 항상 소외되고, 비판받고, 무시받는 경험을 하며, 그들의 현실이 광고나 영화, 또 다른 사회적 토론에 거의 반영되지 않는다는 사실을 인식해야 한다.
2. **상담자의 자아성찰**: 이성애자인 상담자는 사회에서 용인되는 성적 지향성과 젠더 지향성 및 이와 관련된 특권 경험을 갖고 있는 자신에 대해 자아성찰을 해야 한다.
3. **상담자 본인의 성 정체성을 확인하고, 투명성을 유지하며 자기개방 하기**: 페미니스트 상담자의 연구에 근거하여 버틀러는 LGBTQ 내담자와 작업하는 상담자의 경우, 본인의 젠더 및 성적 지향성을 드러내기를 권한다. 이러한 개방성은 내담자와 비슷한 점과 다른 점에 대한 솔직한 대화를 가능하게 하며, 권력과 위계의 문제를 다루도록 돕는다. 하지만 지나친 자기개방은 생산적이지 않다.
4. **전문가로서의 내담자, 호기심 많은 상담자**: 협업적 치료의 원칙(13장 참조)에 따라 상담자는 내담자를 그들 자신의 삶과 생활방식에서의 전문가로 존중하며, 궁금해하는 입장을 견지해야 한다.
5. **보다 넓은 체계와 연결하기**: 상담자는 LGBTQ 내담자가 속한 사회적 체계를 고려하여, 내담자에게 보다 긍정적이고 지지적인 공동체를 찾아 그곳에 소속되도록 격려해야 한다.

버틀러(2009)는 LGBTQ 부부와 상담자가 그들에게 어떻게 접근해야 하는지에 대해 논의했다. 먼저, 상담자는 이들에게 성별, 성역할, 일부일처제, 원가족, 선택가족, 그리고 전 연인이 갖는 의미가 일반적인 그것과는 매우 다르다는 사실을 인지해야 한다. 또한 이들의 관계에 있어서 성역할은 성적 지향성 자체보다 큰 영향을 미치는데, 이는 내면화된 성역할이 동성 관계를 매우 제한시키기도 하고, 트랜스젠더 부부에게 특별한 주제가 되기도 하기 때문이다. 상담자는 부부가 동반자 관계를 강화시키는 방향으로 그들이 갖고 있는 성역할에 대한 기대와 전제들을 해체시키도록 돕는다. 또한 상담자는 대부분의 LGBTQ 개인, 부부, 가족의 경우, 가족생활주기가 다른 모습을 보인다는 점을 반드시 기억해야 한다(Goldberg, 2009).

■ 가족에게 커밍아웃하는 청소년

상담자가 다루는 흔한 주제 중 하나는 가족에게 커밍아웃하는 청소년이다(Butler, 2009). 상담자는 게이, 레즈비언, 양성애자, 그리고 트랜스젠더 청소년이 높은 자살률, 약물 남용, 자해, 우울, 불안, 그리고 학교 생활 문제를 가지고 있다는 사실을 인지해야 한다. 따라서 상담자에게 무엇보다 중요한 것은 청소년의 안전과 안녕을 점검하는 것이다. 커밍아웃하기 전, 대부분의 청소년은 수년에 걸쳐 성에 대해 무심코 뱉은 부모의 말에 근거하여 부모의 반응을 정확하게 예측한다. 상담자는 가족이 이러한 변화를 잘 극복할 수 있도록 돕기 위해 가족의 커밍아웃 과정에 관한 드바인(DeVine, 1984)의 단계이론을 활용할 수 있다.

- 잠재의식: 동성 간의 데이트나 우정에 관한 자녀의 질문에 그의 성정체성을 의심하기도 하고, 짜증을 내기도 한다.
- 영향: 자녀가 자신의 성 정체성을 알리면서 의심은 확실해진다.
- 조정: 가족은 자녀가 자신의 성 정체성을 숨기거나 부인할 것을 예상하면서 오래된 항상성을 유지하고자 노력한다.
- 해결: 가족은 자녀의 성 정체성을 받아들이게 된다.
- 통합: 가족은 젠더 및 성규범과 관련된 그들의 가치관을 바꾼다.

커밍아웃을 한 자녀를 둔 대부분의 부모는 자녀의 결혼이나 손자 · 손녀에 대한 꿈의 '상실'을 보고하는데, 그들의 초기 반응 중 대부분은 그들이 투사하는 개인적 상실을 반영한다. 상담자는 초점을 바꾸어 부모로 하여금 현시점에서 자녀가 실제 필요로 하는 것에 집중하도록 하는 동시에 미래의 가족생활에 대해 희망적인 관점을 발달시키도록 도울 수 있다.

■ 트랜스젠더 청소년

상담자가 트랜스젠더, 특히 트랜스젠더 청소년과 작업할 때 지침으로 삼을 만한 연구나 문헌은 거의 없다. 게이나 레즈비언, 양성애자 청소년과 달리 트랜스젠더 청소년은 그들이 다른 사람과 다르다는 사실을 숨길 수 없기 때문에 자녀가 이를 공론화하기 원하는지의 여부와 상관없이 이는 가족 논의의 쟁점이 될 확률이 높다(Coolhart, Baker, Farmer, Malaney, & Shipman, 2012). 대부분의 트랜스젠더 청소년들(59%)은 성 정체성과 관련하여 초기에는 부모가 부정적 반응을 보였으며, 자신의 성에 순응하지 않을수록 부모와 보다 큰 갈등을 겪게 되었다고 보고하였다(Grossman, D'Augelli, Howell, & Hubbard, 2005). 트랜스젠더에게 있어 부모의 수용은 성인기 삶의 만족도 및 자존감과 관련하여 매우 중요하다(Erich, Tittsworth, Dykes, & Cabuses, 2008).

쿨하트 등(Coolhart et al., 2012)은 트랜스젠더 청소년 및 그 가족들과 작업하는 상담자를 위한 평가 도구의 개요를 설명한다. 그들은 체계적 역동에 주의를 기울이면서 가능하면 언제든지 트랜스젠더 청소년의 가족과 함께 작업할 것을 권고했다. 평가 도구는 9개의 영역을 다루는 질문들로 이루어져 있다.

- 초기 인식과 가족 맥락: 이 질문은 부모와 청소년 모두의 초기 젠더 경험뿐 아니라 일반적인 가족 구조와 역사에 대해 다룬다. 예컨대, 당신 가족에게 있어 "젠더 및 성 정체성을 나타내는 다양한 표현에 대한 신념과 인종, 민족, 국가 관련 맥락은 어떻게 맞닿아 있는지에 관해 추가적인 정보를 주세요." 등이다(Coolhart et al., 2012, p. 16).
- 청소년이 밝힌 젠더에 대한 부모의 반응: 이 질문은 부모 및 가족이 청소년의 트랜스젠더 정체성에 어떻게 반응해 왔는지에 대해 다룬다. 예컨대, "당신의 자녀가 트랜스젠더라는 사실에 대해 밝혔을 때(혹은 당신이 발견했을 때), 당신 개인적으로, 부부 입장에서, 가족 전체의 입장에서 이 경험은 어떠했나요?" 등이다(Coolhart, 2012, p. 17).
- 현재의 젠더 표현: 이 질문은 젠더 표현에 대한 청소년의 현재 선호에 대해 다룬다. 예컨대, "네가 말한 젠더와 관련된 옷을 몰래 입어 본 적 있니? 언제 처음으로 몰래 옷을 입기 시작했어? 옷을 몰래 입었을 때 기분은 어땠어? 다른 사람이 이 사실을 알고 있었니? 그들의 반응은 어땠니?" 등이다(Coolhart, 2012, p. 17).
- 학교 맥락: 이 질문은 청소년의 성 정체성과 관련하여 학교에서의 경험 및 발생했을 법한 괴롭힘에 대해 탐색한다. 예컨대, "현재 학교에서 너는 너의 젠더를 어떻게 표현하니? 친구들이 너를 배제시킨 적이 있니?" 등이다(Coolhart, 2012, p. 18).
- 성적 관계/발달: 청소년에게 조심스럽게 던지는 질문으로, 성적 지향성, 성적 학대, 성적 행위에 대해 다룬다. "너는 너의 성적 지향성을 어떻게 인식하니? 성적 혹은 신체적 학대를 경험하거나 목격한 적 있니?"(Coolhart, 2012, p. 19)
- 현재 친밀한 관계(들): 만약 청소년이 현재 어떠한 관계를 맺고 있는 상태라면, 상담자는 관계 자체는 물론, 내담자의 성 정체성에 대한 상대의 지식 및 성전환에 대한 관심 여부에 대

해 질문한다.

- **신체 및 정신 건강:** 이 질문은 자해와 약물 남용 가능성을 포함하여 신체 및 정신 건강을 평가한다.
- **지지:** 이 질문은 가족, 친구, 교회, 이웃, 지지 집단, 인터넷 등 가족 및 청소년을 위한 지지 자원을 밝히는 데 목표를 둔다.
- **미래 계획/기대:** 이 질문을 통해 청소년이 성전환, 호르몬 치료, 수술, 자녀 등에 대한 계획이 있는지에 대해 탐색한다.

체계적 사례 연구

이란계 22세 남성 나비드는 부모님이 그에게 대마초를 끊으라 강요하고, 그렇게 하지 않으면 명문사립대학의 마지막 학기 등록금을 내주지 않겠다고 하여 상담실을 찾았다. 나비드는 지난 학기에 성적이 급격히 떨어졌음을 인정하지만, 그 이유에 대해 그는 자신의 바람과 상관없이 의사가 되기를 원하는 부모님 때문이라고 하였다. 나비드는 스트레스를 받거나 시험을 준비할 때에만 친구들과 주말에 대마초를 핀다고 하였다. 파티에서 '맥주 몇 잔' 마시는 것을 제외하면 다른 약물 사용은 없다고 하였다. 그는 음악 연주와 기타 치는 것을 매우 좋아하지만, 부모님은 이것이 직업이 될 수 없다고 한다고 하였다. 고등학생인 그의 여동생은 '완벽한 사람'으로 인식되고 있으며, 이와 관련하여 부모님은 그의 좌절을 이해하기는 하지만 그를 옹호하는 일은 절대 없다고 하였다. 최근 그가 집에 왔을 때 부모님은 그가 대마초 피는 것을 알아냈고, 바로 의사인 삼촌을 불러 약물에 대한 '교육'을 시켰다. 그의 아버지는 "나는 너를 위해 모든 걸 다하고 있는데, 정작 너는 네 인생을 내던져 버리는구나."라며 크게 화를 내었고, 그가 집을 떠날 때까지 아무 말도 하지 않았다. 그의 어머니는 이 사실을 알게 된 이후로 자주 운다고 하였다. 나비드는 졸업은 크게 신경 쓰지 않지만, 그의 가족과 그의 삶을 어떻게 해야 할지 몰라 상담을 찾았다고 하였다.

사례개념화: 체계적 가족 상담

이 사례개념화는 이 장의 '조망하기: 사례개념화' 섹션의 핵심적인 개념을 토대로 이루어져 있다. 당신은 사례개념화 섹션에 언급된 개념을 활용해 앞의 사례 또는 다른 사례의 사례개념화에 적용할 수 있다.

■ 강점

성인 남성(AM)의 강점에는 지능, 음악적 재능, 가족 역동에 대한 인식, 상담을 받고자 하는 의지가 있다. 가족의 강점은 AM의 직업적 성공에 가치를 두고, 이를 지지한다는 점, 대가족의 관여, 가족 간에 서로의 안녕을 헤아린다는 점이다.

■ 가족생활주기 발달단계

자녀 독립의 초기 단계로, 가족생활주기에서 매우 중요한 변화를 필요로 한다. 이 단계는 주요 관계를 다시 맺는 과정인 결혼을 포함하여 모든 가족구성원 및 가족 간 관계에 영향을 미친다. 부모는 그들의 개입 없이 AM이 올바른 결정을 내릴 수 있도록 격려하는 방식, 즉 권위 있는 조언자가 되어 주는 방식(자녀의 독립단계에서 보이는 미국의 전형적인 방식)이 아닌 이란인의 전통적 방식, 즉 권위주의적 양육 방식을 택하고 있다.

AM의 행동은 가족에 대한 반항으로 볼 수도 있지만, 체계적 분석 방법에서는 다른 역동을 밝혀낸다. 체계적 수준에서 대마초 흡연은 부모로 하여금 양육의 역할을 하도록 한다. 즉, 가족의 문화적 및 사회경제적 기준에서 볼 때, 부모의 개입이 필요한 행동을 함으로써 그가 22세임에도 불구하고 아이의 역할을 하고 있는 것이다. 따라서 그의 약물 문제는 가족을 연결시키는 동시에 독립이라는 어려운 시기에 가족 구성원 개인의 역할을 안정화시키는 기능을 한다.

■ 경계

가족의 경계는 전통적인 이란인의 가치를 따르고 있으며, 이 가치는 친밀감과 가족에 대한 충성심을 수반한다. AM의 아버지는 자녀와 경직된 경계를 가져왔으며, 권위적인 양육을 한다. 어머니는 자녀와 정서적으로 연결되어 있지만, 남편의 말이나 행동에 절대 거스르지 않는데, 이는 그러한 행동이 무례하다고 생각하기 때문이다. AM은 그의 여동생과 가장 가까우면서도 가장 명확한 경계를 가진다고 보고하였다. 그의 대가족은 가족의 일에 매우 많은 관여를 하는데, 때로는 지나치게 관여함으로써 밀착현상이 두드러지게 나타나기도 한다.

■ 삼각관계/연합

AM과 여동생은 가족보다는 본인이 좋아하는 것을 추구하는 서양의 가치관에 대한 선호를 서로 이해하는 가운데 강한 형제자매 하위 체계를 형성하고 있다. 이러한 하위 체계는 이민 및 문화 적응의 가치관을 중심으로 조직된다. 또한 대가족 구성원인 삼촌은 양육 하위 체계의 일부를 차지하는데, 이는 이민 가족에게서 흔히 볼 수 있는 문화이다.

■ 위계

아버지가 가장의 역할을 하는 명료한 위계 구조는 이란계 가족에서 흔히 나타난다. 이러한 위계 질서가 전통적인 이란인의 문화적 규범에서는 일반적이지만, 미국인의 기준에서는 매우 경직되어 보일 수 있다. 따라서 미국의 가치를 따르는 AM은 전통적인 위계에 반기를 드는 것처럼 보일 수 있으며, 이로 인한 갈등은 이민 가족에서 흔하게 발생한다.

■ 상호보완성

물질 남용에 대한 반응으로 보아, 가족 내에서 아버지는 '나쁜 부모', 어머니는 '좋은/친절한 부모'로서의 역할을 하는 경향이 있다. AM과 여동생은 현재 좋은/나쁜 자녀로서 상호보완적인 역할을 하고 있다.

■ 세대 간 패턴

- **가족 강점:** 가족은 서로에게 충실하며, 위기가 발생하자 서로에게 도움이 되고 있다. 가족은 상당한 재정적 자원을 가지고 있다.
- **물질/알코올 남용:** AM의 현재 상황 외에는 보고된 바가 없다.
- **성적/신체적/정서적 학대:** 보고된 바가 없다.
- **부모-자녀 관계:** 전통적인 부모-자녀 위계가 형성되어 왔으며, 자녀는 부모의 바람을 존중하고, 부모는 자녀에게 자신들의 삶보다 나은 삶을 주기 위해 희생한다.
- **신체적/정신적 장애:** 어머니 쪽의 가족에 우울증 이력이 있다.
- **현재 나타나는 문제의 과거 발생이력:** 없다.

치료계획: 체계적 가족상담

치료의 초기 단계

초기 단계 치료 과제

1. 치료 관계 형성하기. 다양성의 고려사항: AM의 문화적 적응 수준을 평가하고, 이란인의 규범에 맞는 유대감 및 정서적 표현 방식을 적용하라.

   관계 형성 접근/개입:

   a. **사회적 격식**을 활용하고, 특히 AM이 아버지를 비롯하여 가족에게 느끼는 좌절감에 대해 말할 때, 가족의 문화와 위계를 존중함으로써 중립적인 자세를 유지하며, AM에 **합류**하라.

2. 개인적이고 체계적이며 다양한 문화적 역동을 평가하기. 다양성의 고려사항: 가족 역동을 평가하기 전에 이란의 규범을 고려하여 문화적 적응 수준 및 교육 수준을 평가하라.

평가 전략:

a. AM으로 하여금 서로의 행동에 대해 비난하지 않도록 격려하면서 **문제가 되는 행동의 연쇄 과정**에 대한 자료를 수집하라.

b. AM의 약물 사용과 가족 갈등에 영향을 미치는 **경계, 하위 체계, 삼각관계, 위계, 상호보완적 패턴**을 파악하라.

초기 단계 내담자 목표

1. 책임감 있는 의사결정 증가 및 대마초 사용 감소를 위해 자신의 미래에 대한 AM의 관심을 향상시키기

개입:

a. **스트레스를 받을 때 악화되는 약물 사용을 멈추도록** 지시하고, 스트레스를 관리하기 위한 대안을 찾도록 하라.

b. 삶의 방향에 대한 AM의 개인적 책임감을 향상시키고, 아버지에 대한 반항 욕구를 감소시키기 위해 위기상황을 **재구조화**하라.

치료의 작업 단계

작업 단계 치료 과제

1. 작업 동맹의 질을 확인하기. 다양성의 고려사항: 회기에 참여하지 않는 가족 구성원과 AM의 동맹이 긍정적인지 확인하라. 이란인의 규범과 교육 수준을 고려하여 의사소통 방법을 적용하라.

평가 개입:

a. 회기 평가 척도를 사용하라. 동맹에 대해 구두로 AM에게 질문하라.

작업 단계 내담자 목표

1. 아버지와 관련된 스트레스 및 약물 사용 동기 감소를 위해 **문제가 되는 AM의 상호작용 순환을 중단시키고,** 다른 것을 시도하고자 하는 능력 향상시키기

개입:

a. 문제가 되는 상호작용 패턴을 중단시키기 위해 삼촌에게 고맙다는 편지를 쓰는 등 할 수 있는 작지만 새로운 것을 시도하도록 **지시**하라.

b. 아버지가 그를 통제하는 문제 중 하나인 약물남용을 구조화함으로써 **체계적 재구조화**를 하라. (그는 본인이 아니라 아버지가 원하는 것을 하고 있기 때문이다.)

c. AM의 약물 사용을 줄이기 위해 약물 사용 전, AM이 힘든 체험을 하도록 하는 **시련 체험 기**

법 및 역설적 지시를 활용하라.

2. 자기파괴적인 약물 사용 감소를 위해 자신의 욕구 및 바람과 보다 바람직한 의사소통을 할 수 있도록 **부모의 욕구와 바람 간 분명한 경계**를 수립하기

   개입:

   a. AM이 부모에게 반응하는 대안적인 방법에 대해 연습해 보도록 **실연**을 실시하라.

   b. 내재적인 가족 역동과 AM의 역할이 가족 관계를 지속시키고 있음을 이해하도록 돕는 **순환 질문**을 하라.

3. 약물 사용 감소와 삶의 방향성에 대한 책임감 증대를 위해 AM의 발달적 · 문화적 배경을 고려하여 적절한 **관계 형성 규칙**을 세워라.

   개입:

   a. 가족의 갈등 및 AM의 약물 사용 기저에 깔린 관계 관련 자각을 향상시키기 위한 **순환 질문**을 하라.

   b. 문화적 규범을 존중하면서 문제를 유지시키는 **세계관** 및 **관계 규칙**에 **이의를 제기**하라.

치료의 종결 단계

종결 단계 치료 과제

1. 추후 관리 계획을 세우고 성과를 유지하기. 다양성의 고려사항: 이란인의 자원 및 대학의 자원을 고려하라.

   개입:

   a. **새로운 인식론과 관계 규칙**을 강화하고, 향후 발생할 수 있는 어려움에 새로운 기술을 적용할 수 있도록 **순환 질문**을 활용하라.

   b. 문제가 체계의 다른 영역으로 옮겨 가지 않았음을 확인하기 위해 상담 종결 이전에 모든 영역의 기능을 재평가하라.

종결 단계에서의 내담자 목표

1. 절망 감정 감소를 위해 핵가족 및 대가족과의 **만족스러운 상호작용** 증가시키기

   개입:

   a. 아버지와 관계를 맺는 것에서 다른 가족 구성원들 모두와 관계를 맺는 것으로 강점을 전환시키는 **역량을 형성**하라.

   b. 강점을 새로운 영역으로 확장시키는 **순환 질문**을 하라.

2. 약물 사용과 자기파괴적 행동 감소를 위해 부모의 개입 없이 보다 나은 삶의 결정을 내릴 줄 아는 청년으로의 효과적인 **발달과업 이행** 증진시키기

개입:

a. 체계 내에서 아이로서의 역할에 기반하여 **스스로를 경직되게 정의 내려온 데 대하여 이의를 제기**하라.

b. AM이 책임감을 인식하고, 자신의 새로운 발달단계를 보다 분명하게 조망할 수 있는 능력을 배양할 수 있도록 돕는 **순환 질문**을 하라.

개인적 성찰과 토론을 위한 질문

1. 당신 성격 중 매우 강력한 체계적 요소를 가진 부분을 찾아보세요(즉, 다른 관계에 비해 어떤 특정 관계에서 자신의 어떠한 모습이 자주 발견된다거나 배우자와의 상호보완성 때문에 지난 몇 년 동안 어떠한 모습이 과장되어 나타났다든가 하는 등).
   - 이 성격이 '당신'의 선천적인 성격으로 느껴지나요, 아니면 '상황적'인 것으로 느껴지나요?
   - 사람이 가진 성격이 '개인에게 내재된 것'처럼 보이지만 사실은 체계적 기반의 영향을 더 많이 받고 있다는 사실을 확인할 수 있나요?
   - 모든 행동이 일정 부분 체계적 · 사회적 역동에 의해 형성된다는 것에 동의하나요? 왜 그렇게 생각하나요?
2. 원가족의 '체계에 합류한다'는 것은 어떤 모습일까요?
3. 최선의 방법으로 체계가 스스로 재조직될 수 있다는 '신뢰'를 갖고 있나요? 왜 그렇게 생각하나요?
4. 현재 가족생활주기는 어느 단계에 있나요? 독립성과 상호의존성의 균형이라는 과제에 어떻게 접근하고 있나요?
5. 당신의 인생에서 겪었던 문제 중, '정상(normal)'에서 시작하여 긴장과 증상의 상승 국면을 거쳐 다시 '정상'으로 돌아갔던 상호작용 순환과정을 추적해 보세요.
6. 문화 공동체는 개인의 삶에서 체계로서의 기능을 어떻게 수행하나요?
7. 가족 체계에서 문화와 젠더는 어떻게 작용하나요?
8. 동성애를 지향함으로써 겪었던 소외의 경험이 다음에 제시된 사람들과의 경계에 어떤 영향을 미칠까요?
   - 파트너
   - 지지적인 원가족
   - 지지적이지 않은 원가족
   - 지지적인 친구

12장

해결 기반 접근

"해결 기반 단기 치료의 중요한 측면 가운데 하나는 심리치료사의 취지와 자세다. 전반적인 태도는 긍정적이고 존중적이며 희망적이다. 개인은 강한 회복 탄력성을 가지고 있으며, 이를 활용하여 변화가 일어난다. 또한 사람들에게는 각자 변화에 필요한 강점, 지혜, 경험이 있다는 신념이 있다."

–드 셰이저 등(de Shazer et al., 2007, p. 4)

들어가며

만약 당신이 긍정적이고 실용적인 이론을 이 책에서 기대하고 있었다면 당신은 아마도 낙관적인 상담자 집단과의 만남을 즐길 수 있을 것이다. 본질적으로 강점과 해결에 중심을 둔 상담은 긍정적이고 미래 지향적이며 적극적인 접근으로, 내담자가 문제 해결을 향해 조금씩 지속적으로 단계를 밟아 나갈 수 있도록 돕는다. 차이점보다 유사점이 더 많은 세 가지 개념들이 있다.

- 밀워키 단기 가족치료센터의 인수 버그와 스티브 드 셰이저(Insoo Berg & Steve de Shazer, 1985, 1988, 1994)에 의해 개발된 **해결 기반 단기 치료**(Solution-Focused Brief Therapy: SFBT)는 미래에 초점을 두고, 현재 호소문제 또는 과거에 대해서는 최소한으로 다룬다. 개입은 문제 해결의 방향으로 단계적으로 진행된다.

- 빌 오핸런(Bill O'Hanlon)과 동료들에 의해 개발된 **해결 기반 치료**(solution-oriented therapy; O'Hanlon & Weiner-Davis, 1989)와 관련된 접근인 **가능성 치료**(possibility therapy; O'Hanlon & Beadle, 1999)는 해결 기반 단기 치료와 많은 작업을 공유하며, 보다 많은 언어 기반 기법뿐만 아니라 잠재적 해결책을 확인하기 위해 과거와 현재에서 도출한 정보를 토대로 한 개입을 사용한다.
- **해결 기반 학교 상담**(Solution-focused school counseling)은 강점을 기반으로 하는 특징(Cooley, 2009; Davis & Osborn, 2000; Kelly, Kim, & Franklin, 2008; Metcalf, 2003, 2007; Murphy, 2008; Parsons, 2009; Sklare, 2004)과 간결성 덕분에 학교 장면에서 널리 쓰인다. 해결 기반 학교 상담자는 학생, 교사, 교직원, 학교 관리자들과 작업하면서 학생 개인과 학급 전체의 행동과 성과를 개선해 나간다.

많은 공통점이 있기 때문에, 나는 이 장에서 단기 해결 기반과 해결 지향 접근을 함께 다룰 것이다. 학교 상담을 위한 적용법이 이 장의 마지막에 별도로 제시될 것이다.

해결 기반 상담

요약: 당신이 알아야 할 기본적인 내용

해결 기반 상담은 밀턴 에릭슨의 단기 치료법과 최면 작업(de Shazer, 1985, 1988, 1994; O'Hanlon & Weiner-Davis, 1989)뿐만 아니라 체계적 가족 상담과 정신건강연구소(MRI)의 작업을 기반으로 발달했다(11장 참조). 드 셰이저와 그의 아내 인수 버그는 MRI의 동료들과 협력하였는데, MRI의 동료들은 문제 형성과 문제 해결에 대한 개입을 개념화하였다. 반면, 드 셰이저와 버그는 해결책을 그들 연구의 기반으로 삼았으며, **해결책이 반드시 문제와 관련되지 않는다고** 주장하였다. 만약 하룻밤 사이에 문제가 기적적으로 해결되었다면, 내담자가 달라졌다고 생각하는(무언가가 일어나지 않을 것이라는 방식이 아닌) 것들에 대해 기술하도록 하는 기적 질문을 중심으로 그들의 모델을 개발하였다. 이 해결책의 구체적이고 행동적인 묘사는 내담자가 목표를 향해 작지만 지속적인 단계를 취하는 데 도움이 되는 개입을 개발하는 데 사용된다. 기적 질문 외에도, 해결 기반 상담자는 문제가 존재하지 않는 시간을 확인하기 위해 예외 질문을 사용하며, 해결책을 작고 쉽게 성취할 수 있는 단계로 나누기 위해 척도 질문을 사용한다. 해결 기반 상담자는 '해결책을 주는 사람'이라기보다는 내담자의 경험과 가치에 기초하여 잠재적인 해결책을 그려 내기 위해 내담자와 협력한다. 만일 상담이 잘 진행되지 않는 것처럼 보이면 상담자는 내담자의 노력 부족을 비난하는 대신에, 내담자와 함께 변화하기 위한 보다 적절하고 실행 가능한 방법을 찾아본다. 이 접근은 목표 중심적이고 측정할 수 있는 변화를 강조하기 때문에 간단하게 이루어지는 경향이 있으며 의료 환경, 학교, 그리고 그 외 시간 제한적 상황에서 가장 선호된다.

■ 해결 기반 치료의 흔한 속설

해결 기반 상담자는 다른 접근법에 비해 회기에서 실제로 일어나는 일에 대한 속설과 오해에 시달린다. 더 나빠지기 전에 이것들을 바로잡아 보자.

흔한 속설: 해결 기반 상담자는 내담자에게 해결책을 제안한다(충고해 주는 것).

진실에 가까운 것: 해결 기반 상담자는 내담자에게 논리적인 해결책을 제시해 주지 않는다(O'Hanlon & Beadle, 1999). 대신, 상담자는 문제의 예외사항이나 이미 효과가 있었던 것에 대해 검토를 하여 내담자가 가능한 해결책을 찾아낼 수 있도록 돕는다. 이렇게 내담자의 자원을 알아내는 상담자의 도움에 힘입어, 내담자가 자기 문제에 주인의식을 갖고 해결책을 찾아내도록 돕는다. 일단 명확하게 행동 목표가 밝혀지면, 상담자는 내담자와 이 방향으로 함께 조금씩 나아간다.

흔한 속설: 해결 기반 상담자는 문제에 대하여 절대 이야기하지 않는다.

진실에 가까운 것: 해결 기반 상담자는 초능력자가 아니다. 그러므로 다른 상담자처럼 문제에 관하여 이야기하는 데 시간을 보내야 한다. 그러나 SFBT 상담자는 다른 많은 상담자에 비해 문제에 대해 이야기하는 데 적은 시간을 쓴다(De Jong & Berg, 2002). 해결 기반 상담자는 일반적으로 내담자의 안내에 따라 해결책과 문제에 대해 얼마나 많이 그리고 얼마나 자주 이야기할 필요가 있는지를 결정한다. 반박하는 증거를 덧붙이자면, 예외 질문 같은 전형적인 기법들은 해결책을 파악하기 위한 것으로, 문제에 대해 이야기하는 것이 요구된다.

흔한 속설: 해결 기반 상담자는 과거에 대하여 절대 이야기하지 않는다.

진실에 가까운 것: 다시 한번 말하지만, 해결 중심 상담자는 초능력자가 아니며 실제로 과거에 대해 이야기하는 것에 기반을 둔 수많은 기법을 가지고 있다. 그러나 그들이 과거에 대해 이야기할 때에는, 문제점뿐 아니라 강점에도 초점을 맞춘다(Bertolino &

O'Hanlon, 2002). 과거에 대해 이야기를 하는 것은 예외, 강점 그리고 해결책을 알아내는 데 가장 중요한 수단 중 하나이다. 과거는 해결책의 실연(enactment)을 가능하게 하는 방법으로 이야기된다.

흔한 속설: 감정은 해결 기반 상담에서 다루어지지 않는다.

진실에 가까운 것: 감정은 치료 장면과 심지어 해결 기반 상담자에게 필요한 부분이다. 그러나 해결 기반 상담자는 정신역동이나 인간중심 접근에서 가정하는 것처럼 감정을 개인 안에 내재된 것으로 보거나 감정 표현을 치료적으로 여기지 않는다(Lipchick, 2002). 감정은 특수한 의미를 갖고 있고, 상황과 밀접하게 연관되어 있는 것으로 보았으며, 어떤 것이 효과가 있고, 내담자가 어떠한 방향으로 나아가기를 원하는지에 대한 단서로 사용된다.

핵심: 이 이론의 중요한 공헌

만약 이 장에서 한 가지를 기억해야 한다면, 그것은 바로 다음의 내용이다.

■ 척도 질문과 기적 척도

만약 내가 한 가지 기법만으로 내담자와 처음부터 끝까지 작업을 해야 한다면 척도 질문은 가능한 방법들 중에 으뜸일 것이다. 왜냐하면 척도 질문은 가장 다양하고 포괄적인 개입 방법 중 하나이기 때문이다. 상담자는 ① 강점과 해결 방안을 평가하기 위해, ② 목표를 설정하기 위해, ③ 과제를 고안하기 위해, ④ 진행 경과를 측정하기 위해, ⑤ 안전한 계획을 가지고 위기를 관리하기 위해[Gehart(2010)의 "Scaling for Safety" 참조] 척도 질문을 사용할 수 있다. 척도 질문은 첫 회기 때 사용될 수 있으며 마지막까지 매주 동안 재사용될 수 있다. 현대 사회의 산물로 만들어진 샴푸-컨디셔너, 수분크림-자외선차단제-파운데이션, 세차-광택제(wax) 등의 상품들이 하나로 통합된 것처럼, 이 기법은 당신이 가장 선호하는 기법들 중 하나가 될 것이다.

이름에서 알 수 있는 바와 같이, 척도 질문은 내담자가 자신의 목표를 정하고, 그것을 향한 과정을 평가하도록 하는 것이다. 10점 척도가 대부분이지만 백분율이나 더 낮은 점수의 척도가 사용되기도 하며, 아동에게는 숫자가 없는 버전이 사용되기도 한다(Bertolino, 2010; de Shazer, 1994; O'Hanlon & Weiner-Davis, 1989; Selekman, 1997). 드 셰이저 등(2007)은 0점을 '가장 나빴을 때'보다 '당신이 도움을 요청하고자 할 때'로 표현할 것을 권고하였다. 척도에서 0이 '가장 나빴을 때'의 의미로 사용될 때, 내담자는 몇십 년 전의 일을 언급하거나 혹은 사람들마다 각자 다른 의미를 생각할 수 있기 때문이다. 대신, 당신이 '도움을 요청하고자 할 때'를 사용하면 상담의 시작부터 끝까지의 과정을 측정하는 데 보다 분명한 체계를 가질 수 있다. 상담자는 이를 '기적 척도' 라고 부르며 이 척도를 기적 질문과 함께 사용한다('조망하기: 사례 개념화' 참조). 다른 척도에서는 가장 나빴던 순간을 0 또는 1로 나타낸다(Bertolino, 2010).

척도에 대한 두 가지 접근

기적 척도: 상담이 시작된 이후부터 진행 경과를 측정한다.

도움을 요청하고자 할 때 기적 상황

0-----1-----2-----3-----4-----5-----6-----7-----8-----9-----10

최악에서 해결까지의 척도: 전반적인 진행 경과를 측정한다.

최악의 상태 해결

0-----1-----2-----3-----4-----5-----6-----7-----8-----9-----10

척도 질문은 의미 있는 장기간의 목표를 확인하는 데 도움을 주기 위해 상담 과정 초기에 사용될 수 있다. 기적 질문은 주로 다음과 같은 방식으로 사용된다.

장기적인 목표 설정을 위한 척도 질문
(해결책과 목표 설정에 대한 평가)

만약 당신의 상황을 1부터 10까지의 점수로 매겼을 때, 0은 당신이 도움을 요청하고자 할 때(혹은 가장 최악의 상황), 10은 당신이 바라는 때라고 본다면, 당신이 10점일 때 무엇을 하고 있을지(무엇을 하지 않고 있을지가 아닌) 묘사해 줄 수 있습니까? 당신은 오늘 몇 점에 위치해 있습니까? 0점일 때는 어떤 일들이 일어났고, 무엇을 하고 있었습니까?

내담자의 대답에 따라, 상담자는 내담자가 10점에 위치할 때의 삶이 어떠했는지에 대한 구체적인 설명을 들으면서 내담자가 묘사하는 행동을 상상(내담자가 무엇을 하고 있는지, 다른 사람들은 무엇을 하고 있는지, 그날은 어땠는지)하도록 돕는다. 일단 10점 상황이 분명하게 묘사되면, 상담자는 오늘은 척도의 어디쯤에 위치해 있는지, 현재의 상황에 대한 행동적 설명을 얻을 수 있다. 내담자가 도움을 요청하기로 결정했을 때 혹은 최악의 상황이었던 때(0또는 1점)에 대한 자세한 설명은 유용한 평가 정보가 될 수 있다. 일단 큰 그림이 그려지면, 같은 척도를 사용하여 어떠한 부분이 효과적인지를 확인할 수 있다.

효과적인 것을 평가하기 위한 척도 질문

만일 0이 도움을 요청하는 때 이고, 10이 당신이 여기 올 때 있었던 문제가 모두 해결된 때라면, 당신은 오늘 몇 점에 있습니까? [0점 이상이라면] 당신이 무엇을 하고 있었길래, 혹은 어떤 일이 있었길래 0점이 아닌 3점이라고 말했습니까? 어떻게 0점에서부터 여기까지 올 수 있었습니까?

이 다음의 질문들은 보다 구체적인 개입을 개발하기 전에 평가되어야 하는 효과적인 것, 예외, 잠재적 해결책을 확인하는 데 도움이 된다. 내담자가 이러한 질문들에 답하지 못한다면, 내담자의 중요한 타인들은 어떠한 점수를 매길지 물어보는 것이 도움이 된다. 이번 주에 내담자가 어느 위치에 있었는지, 상담받기로 결정했을 때 어느 위치에 있었는지, 본인이 어느 위치에 있기를 원하는지를 파악하고 나면 다음 단계를 확인하기 위한 척도를 사용할 때다.

매주 개입과 과제를 고안하기 위한 척도 질문

0~10점 척도에서 10점이 당신이 원하는 목표일 때, 이번 주에 당신은 어디에 있습니까? [내담자의 반응과 평가, 예: 3점] 만약 당신이 이번 주에 3점이라면 다가올 당신의 삶이 달라지기 위해서 필요한 것은 무엇입니까? 그리고 당신이 한 단계 높은(혹은 내담자가 비관적인 경향이 있거나 더 작은 목표를 유지하는 경향이 있다면 반 단계 높은) 4에 있었다고 말하려면, 당신의 인생에서 무엇이 달라져야 합니까?

이것은 대답하기 쉬운 질문이 아니다. 종종 내담자들은 다음 단계가 실제로는 4임에도 불구하고 성급하게 8, 9 혹은 10이라고 말한다. 이런 사례에서, 상담자는 내담자가 좀 더 현실적인 기대를 확인하도록 도울 필요가 있다. 또 다른 사례의 경우 내담자가 "난 몰라요." 라고 말하곤 한다. 이런 일이 일어났을 때, 상담자는 인내심을 가지고 내담자가 그들의 목적을 향해 조금씩 앞으로 나아갈 수 있도록 도와주어야 한다. 이것은 이 과정에서 매우 중요한 부분이다. 내담자는 의미를 가지고 이 질문에 대답할 수 있는 유일한 사람이다. 명심해라, 상담자는 해답을 주는 사람이 아니다.

다음 단계에 대한 정확한 그림이 그려졌다면, 이 정보는 내담자가 척도에서 한 단계 더 나아가기 위해 다음 주 동안 할 수 있는 구체적이고 작은 과제들을 찾는 데 사용된다. ① 현실적이고 의미 있거나, ② 내담자가 시도하려 할 만한 단계들을 모두 구체화하려면 대개 전체 회기가 필요하다. 작업을 위한 개입에서 상담자와 내담자는 내담자의 동기, 의지, 일정, 일정의 변화, 타인에 대한 반응 등의 세부 단계를 개발할 필요가 있다. 상담자는 잠재적 장애물, 위험 요소, 유용한 자원을 확인하기 위해 질문하고 귀를 기울이며, 이를 조율하는 방법을 찾기 위해 내담자와 협력한다. 내담자와 상담자의 작업은 내담자가 그들의 목표로 향하는 데 도움이 된다고 믿는 특정 과제를 함께 해내는 것이다.

예를 들어, 내담자의 초기 반응이 "나는 4점일 때 불안을 덜 느낀다."이었다면, 상담자는 "당신이 덜 불안하다는 것을 어떻게 알았는가?" "다르게 행동해 보면 어떨까?" "어떻게 하면 당신의 삶이 달라질까?" " 다른 사람들이 당신에게 무엇이 달라졌다고 하는가?"와 같은 추가적인 질문을 할 필요가 있다. 이 질문들은 내담자가 '친구를 초대하기' '혼자 쇼핑 가기' '재미있는 영화 보기' 등 한 주 동안 행한 한 가지 혹은 두 가지의 작고 구체적인 단계들을 파악하기 위한 것이다. 특히 상담의 초기 단계에서 이 단계는 내담자가 쉽게 달성할 수 있다고 생각할 정도로 충분히 사소한 것이어야 한다.

과정을 측정하기 위한 척도 질문

당신은 지난주에 당신이 3점에 있다고 말했었습니다. 이번 주에 당신은 몇 점에 있습니까? 그리고 그렇게 생각한 이유는 무엇입니까? [만약에 더 좋아졌다면] 점수를 높이는 데 도움이 된 것은 무엇입니까? [만약 같거나 더 나빠졌다면] 상황이 같게 유지되도록 하는 것은 무엇 때문입니까? (혹은 더 나쁘게 만들었다면?)

상담자는 다음 주에 과제가 내담자의 목표에 더 가까워지도록 도움이 되었는지 파악하기 위해 확인을 한다. 무엇이 도움이 되었고, 어떻게 하면 더 도움이 될 수 있는지 탐색을 한다. 만약 내담자가 그 과정 또는 상황이 더 나빠졌다고 보고하지 않는다면(과제를 했든 하지 않았든), 상담자는 실망을 하는 것이 아니라 단순히 ① 해결책이 충분히 평가되었고 구체적으로 밝혀졌는지, ② 과제가 충분히 작고, 구체적이고, 동기부여가 되는지를 보다 신중하게 평가한다. 이 척도는 상담과정의 시작부터 끝까지 진행 상황을 측정하는 데 사용된다. 이 장의 마지막에 있는 사례 연구에서는, 마르셀라(Marcella)를 폭행했던 오빠의 죽음과 폭행에 대한 기억들에 그녀가 대처할 수 있도록 돕는 치료를 위해 척도질문이 사용된다. 초반부에는 몸을 칼로 긋는 행위를 다루는 것을 돕는 데(Selekman, 2006), 후반부에는 폭행과 관련된 이슈들을 해결하기 위한 행동을 하도록 돕는 데 척도질문이 사용된다.

풍문: 사람들과 그들의 이야기

■ 이면에 있는 영감 끌어내기

밀턴 에릭슨 내과 의사이자 정신건강의학과 의사인 밀턴 에릭슨은 간결하고 빠르며 창의적인 개입을 하는 것으로 유명하며, 해결 기반 상담의 스티브 드 셰이저와 빌 오핸런(Erickson & Keeney, 2006; Haley, 1993; O'Hanlon & Martin, 1992)에 크게 영향을 준 숙련된 임상심리학자였다. 에릭슨은 특정 이론을 따르지는 않았으나 열린 마음으로 각 환자의 고유한 이야기를 들을 때의 날카로운 관찰을 중요시하였다. 에릭슨은 환자의 강점과 잠재적인 능력을 이끌어 내기 위해 **트랜스(trance)**[1] 기법을 사용했다(Haley, 1993; O'Hanlon & Martin, 1992). 대부분의 심리치료가 과거에 초점을 맞추던 시기에 에릭슨은 그의 내담자에게 **문제가 없는 미래를 상상하게 하면서** 현재와 미래에 초점을 맞추도록 지시했는데, 이는 해결 기반 상담의 궁극적인 목표이다. 다른 사람들이 그의 작업에 대해 꼼꼼하게 연구했지만, 에릭슨 이론에 대하여 하나의 정의를 내리거나 의견의 일치를 보지는 못했다. 그의 트랜스 연구가 미친 영향은 **기적 질문**과 **예언 기법**과 같은 개입에서 분명하게 드러나는데, 이것은 **시간에 대한 허구의 성향**과 변화가 일어날 것이라는 **암시적인 가정**에 의존한다.

■ 해결 기반 단기 치료: 밀워키(Milwaukee) 단기 가족치료센터

스티브 드 셰이저 드 셰이저는 해결 기반 접근에 이론적이고 철학적인 기반을 둔 이론가이자 임상가, 철학자, 그리고 다작 작가였다(de Shazer, 1985, 1988, 1944; de Shazer et al., 2007). 존 헤일리, 폴 바츨라비크, 존 위클랜드, 버지니아 사티어와 함께한 MRI 초기 작업 후에 고인이 된 드 셰이저는 그의 아내 인수 버그와 함께 해결 기반 단기 치료를 개발하였다. 그의 초기 작업은 밀턴 에릭슨의 트랜스 작업에 영향을 많이 받았고(de Shazer, 1985, 1988), 후기 작업은 언어가 불가분하게 삶에 깊이 엮여 있다고 바라본 루드비히 비트겐슈타인(Ludwig Wittegenstein)의 언어 철학에 영향을 받았다. 그는 인수 버그와 함께 밀워키 단기 가족치료 센터와 그들이 2005년(Steve)과 2007년(Insoo)에 죽을 때까지 강의를 했던 해결 기반 단기치료 협회를 설립했다. 그는 다음과 같이 기억된다. "미니멀리즘 철학과 변화의 과정을 일상의 필연적이고 역동적인 부분으로 보며, 인습 타파적이고 창의적인 그는 내담자로 하여금 치료 장면에 가져오는 문제에 대한 구체적인 해결책을 묘사하도록 함으로써 치료의 초점을 문제에서 해결로 이동시켜 전통적인 심리치료 상담의 과정을 뒤바꾼 것으로 알려져 있다."(Trepper,

---

1) 역자 주: 어떤 일에 집중할 때 경험하는 현상으로, 변형된 의식상태 또는 초월적 의식상태를 말한다(상담학사전, 2016).

Dolan, McCollum, & Nelson, 2006, p. 133)

인수 킴 버그 지금은 고인이 된 인수 킴 버그는 따뜻하고 활기 넘치는, SFBT의 개발자이자 선도 치료자였으며, 그녀의 남편 드 셰이저와 함께 밀워키 단기 가족치료센터와 해결기반 치료협회를 설립하였다(Dolan, 2007). 그녀는 뛰어난 임상가로서 SFBT를 더욱 발전시켰으며, 음주 문제(Berg & Miller, 1992), 약물 남용(Berg & Reuss, 2007), 가족 기반 서비스(Berg, 1994), 아동 보호 서비스(Berg & Kelly, 2000), 아동(Berg & Steiner, 2003), 개인 코칭(Berg & Szabo, 2005)에 대한 해결 기반 접근을 개발했다.

스코트 밀러, 배리 던컨, 마크 허블 애초부터 간단한 해결 기반 상담 접근을 훈련받은 스코트 밀러(Scott Miller), 배리 던컨(Barry Duncan), 마크 허블(Mark Hubble)은 **공통 요인** 운동(1장 참조; Miller, Duncan, & Hubble, 1997)과 내담자 중심 치료, 성과 지향 치료(outcome-informed therapy)의 강력한 지지자였다. 그들의 최근 연구들은 일상에서의 결과를 개선하고, 공통 요인을 활성화시키기 위해 치료에서 내담자의 피드백 사용을 강조한다.

이본 돌란 이본 돌란(Yvone Dolan)은 밀워키 단기 가족치료센터에서 드 셰이저, 버그와 함께 성적 학대와 정신적 외상에 대하여 연구하고 작업했다(Dolan, 1991, 2000). 그녀의 작업은 성적 학대를 다루는 최초의 유망한 감정 기반 접근법으로 대표된다.

■ 해결 기반 치료

빌 오핸런 밀턴 에릭슨의 예전 제자인, 오핸런은 해결 기반 치료와 가능성 치료를 포함한 해결 기반, 강점 기반 상담에서 활동적이고 인기 있는 지도자이다(O'Hanlon & Beadle, 1999; O'Hanlon & Weiner-Davis, 1989). 저명한 다작 작가이자 연설가인 오핸런의 해결 기반 접근은 언어를 미묘하게 바꾸는 것을 통해 변화를 촉발시키는 언어의 중요성에 대해 강조한다. 그의 연구는 내담자의 상황에 영향을 미치는 보다 넓은 **맥락**의 주제에 참여하면서 문제에 대한 **행동**뿐 아니라 내담자의 **관점**을 바꾸는 것을 목표로 한다(Bertolino & O'Hanlon, 2002). 그는 광범위한 주제에 대해 책을 썼는데, 해결 기반의 부부 치료(Hudson & O'Hanlon, 1991), 성적 학대를 치료하기 위한 해결 기반 접근(O'Hanlon & Bertolino, 2002), 해결 기반 최면(O'Hanlon & Martin, 1992), 아동과 10대 청소년을 위한 해결 기반 치료(Bertolino & O'Hanlon, 1998), 치료에서의 영성(O'Hanlon, 2006), 그리고 내담자와 대중들을 위한 책(O'Hanlon, 2000, 2005, 2006) 등이 있다.

미셸라 와이너-데이비스 미셸라 와이너-데이비스(Michelle Weiner-Davis)는 일명 "이혼 깨부수기"(Weiner-Davis, 1992)라고 하는, 이혼에 대해 매우 성공적인 해결 기반 접근을 개발했다. 그녀는 이혼을 예방하고자 하는 부부들을 위해 간단하고 해결 지향적인 자조 접근법을 사용한다.

■ 학교 장면에서의 해결 기반 접근

마이클 켈리, 조니 킴, 신시아 프랭클린 마이클 켈리(Michael Kelly), 조니 킴(Jonny Kim), 신시아 프랭클린(Cynthia Franklin)(Kelly et al., 2008)은 해결 기반 단기 치료를 학교 장면에서 사용했고, 학급 문화를 개선하기 위해 '효과적으로 작용하는 것 적용하기(Working On What Works: WOWW)'라는 학급 컨설팅 방법을 개발했다.

린다 메트캠프 린다 메트캠프(Linda Metcalf)는 해결 기반 학교 상담(Metcalf, 2008), 아동 집단의 해결 기반(Metcalf, 2007), 해결 기반 양육(Metcalf, 1998), 해결 기반 수업(Metcalf, 2003)을 포함한 해결 기반 상담을 학교 장면에 적용했다.

존 머피 학교 심리학자이자 전직 고등학교 교사였던 존 머피(John Murphy, 2008)는 배리 던컨과 함께 훈련을 받았으며, 학교 장면에서 해결 기반 치료의 아이디어를 이용한 접근법을 개발했다.

큰 그림: 상담과정의 개관

■ 해결책 구축하기

해결 기반 상담의 과정은 그 문제가 반드시 해결과 관련될 필요는 없다는 점을 강조하면서 문제를 해결하기보다는 **해결책을 구축하는 것으로** 설명된다(De Jong & Berg, 2002). 해결책 구축 과정은 간단하고 미래 지향적이다. '간단함'은 문제의 심각성, 내담자의 자원 등 기타 여러 요인에 따라 1~10회기 또는 1년 이상을 의미할 수 있다(O' Hanlon & Weiner-Davis, 1989). 그 과정은 문제를 분석하고 해결하고자 노력하기보다 내담자가 어떠한 방향으로 나아가고 싶은가(해결책)를 밝히는 데 초점을 둔다. 예를 들어, 우울의 원인을 밝히기보다는 우울이 없는 삶이 어떤 모습으로 보일 것인지를 파악하고 그 방향으로 나아가기 위한 단계를 밟는 것에 중점을 두는 것이다.

비교적 간단한 평가 후에, 해결 기반 상담자는 내담자가 회기 사이에 확인된 해결책에 가까워질 수 있는 작은 행동 단계들을 신속하게 행할 수 있도록 돕는다. 이 단계는 점심을 함께 하자고 친구에게 전화하기, 일주일에 3일 운동하기, 연인과 밤에 데이트하기와 같이 회기 간에 달성될 수 있을 만큼 현실적이고 간단하다. 따라서 거의 매주 내담자에게서 찾아낸 해결책과 관련된 일종의 숙제 혹은 과제를 내 준다. 상담자의 중요한 역할은 내담자가 이러한 행동을 할 수 있도록 동기부여를 하는 것으로, 이를 위해서는 내담자가 의미 있는 목표와 과제를 개발하도록 내담자와 함께 세심한 작업을 해야 한다. 상담자는 내담자에게 그들이 처한 상황에 대한 생각을 바꾸는 질문을 하거나 관찰한 내용을 이야기함으로써 문제에 초점을 맞추는 것에서 벗어나 그들의 자원, 강점, 능력, 가능성, 미래 중심적인 관점을 갖게 한다. 일반적으로 상담자는 회기 동안에 긍정적이고 희망적인 태도를 유지한다. 상담과정의 종결 단계에서 상담자는 새롭게 획득한 자원들과 전략들을 사용하면서 내담자와 미래의 문제를 다루는 전략에 대해 확인하는 작업을 한다.

관계 형성하기: 치료적 관계

■ 낙관주의와 희망

해결 기반 상담의 대표적 특징인 낙관주의와 희망은 즉각적이고 명백하다(Miller, Duncan, & Hubble, 1996; Miller et al., 1997). 해결 중심 상담자는 변화는 필연적이고, 어떤 형태이건 개선은 항상 가능하다고 가정하며, 이 변화를 내담자에게 언어적 · 비언어적으로 분명하게 소통한다(O'Hanlon & Weiner-Davis, 1989). 그들의 낙관주의와 희망은 인간이란 무엇인가 그리고 사람들은 어떻게 배우는가에 대한 그들의 존재론과 인식론에 근거를 둔다. 왜냐하면 지속적인 흐름 속에서 분위기, 관계, 감정, 행동의 변화는 항상 일어나기 때문에 변화는 불가피하다(Walter & Peller, 1992). 그들은 변화가 긍정적일 것이라는 희망을 가지고 있는데, 내담자가 개선되기 위한 치료 과정 속에 있고, 90% 이상이 심리치료에서 긍정적인 결과를 보고했기 때문이다(Miller et al., 1997). 희망은 동기부여와 계기를 만들기 위해 치료 초반에 활용된다(Bertolino & O'Hanlon, 2002).

■ 칼 로저스의 조금 다른 접근: 언어로 언어 바꾸기

오핸런과 비들(O'Hanlon & Beadle, 1999)은 감정을 반영하면서 상담 관계를 어떻게 구축하는지를 설명하였는데, 이는 칼 로저스와 유사하지만 다른 점이 있다. 전환된 해결 중심은 시간, 상황, 관계적 한계에 대해 반영함으로써 어려운 감정, 행동, 생각들에 한계를 정한다. 이러한 반영은 일반적으로 문제의 한계를 정하기 위해 세 가지 중 하나 또는 그 이상의 전략을 사용한다.

1. **과거형**: 사람의 기분을 만성적인 상태 혹은 특징으로 설명하기보다 내담자의 과거로 돌아가서 상태를 반영한다(예: "당신은 어제 기분이 울적했군요").
2. **부분적**: 사람, 상황 혹은 사물에 대해 전체적인 설명을 사용하는 대신에, 이것들을 부분적이거나 주기적인 것으로 설명한다(예: "당신의 일부는 상황이 절대로 좋아지지 않을 것이라고 생각하는군요").
3. **인식**: 내담자가 도움이 되지 않는 포괄적인 신념을 얘기할 때(예: "삶은 절대 나아지지 않을 거야"), 인식을 통하여 신념을 다시 반영한다(예: "지금 당신은 상황이 절대로 좋아지지 않을 것처럼 생각하는군요").

예를 들어, 그녀의 남자친구가 자기에게 '이유 없이' 화를 낸 것에 대해 이야기할 때 내담자 중심의 반영은 "당신은 이해받지 못한다고 느끼는군요."(내담자의 표현되지 않은 감정에 대한 현재 중심적 진술)라고 말한다면, 해결 중심 전환은 "당신은 지난 토요일에 당신의 남자친구에게 이해받지 못했다고 느꼈군요."라고 범위를 정한다. 해결 중심의 전환은 ① 보다 해결 가능한 방법으로 문제를 정의하고, ② 희망을 만들기 위해 한정된 시간과 관계적 맥락을 강조한다. 오핸런과 비들(1999)은 이 과정을 '언어 바꾸기'라고 부른다. 이야기를 듣는 동안 내담자의 언어를 바꿈으로써 내담자와 상담자 모두가 이상적이라고 생각하는 결과를 보다 쉽게 확인할 수 있다. 언어를 바꾸는 것은 실제로 상담자가 문제점과 강점을 어떻게 듣는지에 대한 패러다임에 변화가 필요하기 때문에 습득하기 매우 어려운 기술이지만 연습하면 습관이 된다.

■ 초심자의 마음

오핸런과 와이너-데이비스(1989)는 "초심자의 마음에는 많은 가능성이 있다. 전문가의 마음에는 가능성이 거의 없다."(p. 8)라는 선불교의 대표적인 말을 언급하며 관계를 형성할 때 초심자의 마음을 지녀야 한다고 한다. 초심자의 마음은 개인적이거나 전문적인 지식으로 빈칸을 채우는 것이 아니라 마치 처음 듣는 것처럼 내담자의 이야기를 경청하는 것이다. 대부분의 상담자는 이것이 얼마나 어려운지에 대해 과소평가한다. 내담자가 "우울함을 느껴."라고 이야기를 시작할 때, 대부분의 임상가는 그들이 유용한 진단적 정보를 얻었다고 믿으며, 내담자가 진단 매뉴얼을 읽었고 전문가가 사용하는 용어를 사용한다고 무심코 가정 하곤 한다. 반면에 해결 기반 상담자는 초심자의 마음을 대화에 가져와서 내담자가 그들의 고유한 우울을 어떻게 경험하고 있는지를 궁금해한다. 만약 당신이 질문하는 습관을 들인다면, 놀랍게도 당신은 모든 우울이 '독특한 것'이라는 것을 발견할 것이다. 따라서 해결 기반 상담자는 내담자의 독특한 경험과 이해에 대해 더 듣기 위해 아무런 가정을 하지 않고 듣는다.

■ 내담자의 핵심 용어 반복하기

해결 기반 상담자는 내담자가 단어를 선택하는 것에 집중하고 가능할 때마다 그들의 주요 용어를 반복하여 사용한다(De Jong & Berg, 2002). 예를 들어, 내담자에게 그들의 경험을 설명하기 위해 정신의학 단어인 '우울증' 또는 '환각'을 사용하도록 가르치기보다는 '기분이 울적하다' 또는 '정신분열증'과 같은 내담자 자신만의 언어를 사용하는 것을 선호한다. 내담자의 언어를 사용하는 것은 종종 문제를 더 '해결 가능한 것'으로 만들고 더 큰 희망을 불러일으킨다. 많은 사람들에게 '불필요한 말을 멈추기' 또는 '예전의 나로 돌아가기'는 '269.22 주요 우울 장애, 단일 삽화, 중등도'라는 정신의학적으로 정의된 문제를 치료하는 것보다 달성 가능성이 높은 목표다.

조망하기: 사례개념화

■ 해결 기반 사례개념화에 대한 소개

대부분의 상담 형태와는 달리 해결 기반 상담은 주로 내담자가 어디에 있었는지(문제)보다 여기서 어디로 가는지(해결)에 대한 개념화를 다룬다. 해결 기반 상담은 해결이 반드시 문제와 관련되어 있는 것은 아니며 어디로 가는지와 같은 해결책을 평가의 중심으로 본다(de Shazer et al., 2007). 이것은 과거를 무시한다는 것을 의미하지는 않으며, 잠재적인 해결책을 보다 잘 이해하기 위해 필요할 때에만 과거에 대해 논의한다. 몇 가지 예외들을 제외하고('예외, 이전의 해결책, 효과적으로 작용하는 것' 참조), 과거는 평가와 사례개념화의 과정에서 초점이 아니라는 것이다.

■ 기적 질문과 해결을 생성하는 다른 질문

해결책을 생성하는 최초의 질문인 기적 질문은 ① 개념화와 평가를 하며, ② 해결 기반 상담에서 목표를 설정하도록 돕는다. 인수 버그는 "아마 기적만이 유일한 도움일 거예요."라며 몹시 화를 내고 절박하게 호소하는 내담자와의 경험을 바탕으로 기적 질문을 개발했다는 믿을 만한 소문이 있다. 그는 내담자의 언어와 세계관을 활용하여 아이디어를 개발하였고, 내담자에게 만일 기적이 있다면 삶이 어떻게 될지에 대해 묘사하도록 했다(de Shazer, 1988; de Shazer et al., 2007). 개입은 매우 성공적이었기 때문에 치료 초기에 치료의 초점을 찾아내는 데에 자주 사용되는 대표적인 개입이 되었다. 이때부터 예언기법(de Shazer, 1985), 마법 지팡이 질문(Selekman, 1997), 타임머신(Bertolino & O'Hanlon, 2002)을 포함한 여러 다양한 기법이 개발되었다. 이 질문들을 성공적으로 다루게 되면, 내담자는 문제가 없는 미래를 상상하게 되고, 희망, 동기부여, 목표의식을 갖게 된다.

- **기적 질문**: 오늘 밤 당신이 집에 가서 밤 사이에 기적이 일어난다고 상상해 보세요. 당신이 이곳에 와서 해결하려고 했던 문제들이 기적적으로 해결되는 것입니다. 그러나 당신이 깨어났을 때, 기적이 일어났는지 전혀 알 수 없어요. 당신이 처음으로 달라졌다고 알아차릴 만한 것은 무엇인가요? 당신을 이곳에 오게 한 문제가 해결되었다는 것을 어떻게 알 수 있나요?
- **예언기법**: 당신이 이곳에 가져온 문제가 이미 해결된 시점까지 미래를 내다볼 수 있는 수정 구슬을 가졌다고 상상해 보세요. 당신이 볼 수 있도록 할 테니, 들여다보세요. 무엇이 보이나요?
- **마법 지팡이 질문**: 우리가 마법 지팡이를 가지고 있고(혹은 내가 가지고 있는 마법 지팡이가 실제로 효과가 있다고) 지팡이를 흔들면 당신이 이곳에 가져온 모든 문제가 해결된다고 상상해 보세요. 무엇이 달라졌을까요?
- **타임머신**: 당신이 나에게 가져온 문제가 완전히 해결된 미래로 당신을 데려갈 수 있는 타임머신이 있다고 상상해 보세요. 당신이 그 미래로 들어갔다고 상상해 보세요. 당신은 결국 어디에 있나요? 누구와 함께 있나요? 무슨 일이 일어나고 있나요? 당신의 삶은 어떻게 달라져 있나요? 어떻게 당신의 문제들이 사라졌나요?

해결을 생성하는 질문들 중 하나를 성공적으로 전달하는 것은 보기보다 더 어려운 일이다. 만약 질문을 제대로 하지 못한다면 이것은 완전한 실패로 판명날 것이다. 이러한 굴욕을 피하기 위해 해결 기반 전문가는 성공적으로 기적 질문을 전달하기 위한 여러 가지 제안을 한다(Bertolino, 2010; Bertolino & O'Hanlon, 2002: De Jong & Berg, 2002; de Shazer, 1988; de Shazer et al., 2007). 또한 나는 당신이 세 가지 구체적인 단계로 기적 질문을 하는 것에 대해 생각해 보기를 권한다.

- 1단계: 기적 상황 설정하기
- 2단계: 기적 질문하기
- 3단계: 기적 묘사 촉진하기

1단계 기적 상황 설정하기: 세 번의 끄덕임과 하위 단계

- [1-1단계] 내담자의 동의를 얻고 첫 번째 끄덕임을 기다리기: 처음이자 가장 중요한 단계는 내담자가 이례적인 대화에 기꺼이 참여할 수 있도록 그들의 심리 상태를 바꿈으로써 내담자를 준비시키는 것이다. "제가 특이한 질문 하나 해도 될까요?" 혹은 "당신은 제가 조금 이상한 질문을 한다면 흔쾌히 장단을 맞춰 줄 수 있나요?"와 같은 질문을 함으로써 상

담자는 내담자에게 마음의 상태를 바꾸는 신호를 보내고, 내담자로 하여금 상상이 가득하고 창의적인 대화에 참여할 수 있도록 한다. 상담자는 내담자가 "좋습니다."라고 말하거나 동의하는 끄덕임을 할 때까지 기다린다.

- [1–2단계] 내담자에 맞춰 설정하고 두 번째 끄덕임을 기다리기: 내담자가 이상한 질문에 동의한 후에 질문을 시작하되, 완전히 이야기에 몰입하고 기적에 대해 상상할 수 있도록 질문에 내담자 일상에서의 많은 세부사항을 포함시켜 그들의 상황에 맞춘다. 예를 들어, "우리가 여기에서 대화를 마친 후 당신이 차를 타고 집에 가는 것을 상상해 봅시다. 평소대로 가족들을 위해 저녁을 만들고 설거지를 합니다. 그리고 평소대로 아이들의 숙제를 확인합니다."라고 말하며 내담자가 상상할 수 있도록 한다. 내담자가 끄덕이기 시작할 때까지 계속 일상적인 낮과 밤을 묘사한다.
- [1–3단계] 기적을 설정하고 세 번째 끄덕임을 기다리기: 일단 내담자가 끄덕이면 "아이들을 재우고 나면 당신은 사소한 집안일을 하거나 텔레비전을 봅니다. 그러고 나서 마침내 당신은 침대로 가서 잠이 들지요."라고 계속해서 말을 한다. 지금까지 당신은 내담자에게 일상적인 날들만 상상해 보도록 요청했지만, 이것은 매우 중요하다. 목표는 내담자가 심리적으로 회기를 떠나 기적이 발생할 수 있는 일상을 생생하게 그리도록 하는 것이다. 기적으로 넘어가기 전에 언어적으로 확인하거나 끄덕이기를 기다려라. 이러한 확신 없이 기적으로 넘어가지 마라.

2단계 기적 질문하기: 세 번의 멈춤과 네 단계

- [2–1단계] 첫 번째 멈춤과 함께 기적 소개하기: "그러면 밤중에 …… 당신이 자는 동안에 ……기적이 일어납니다."(de Shazer et al., 2007, p. 42) 잠시 멈추고 크게 웃거나 히죽거림, 고개를 갸웃거리고 눈썹 올리기, 웃긴 표정을 짓는 등의 놀라움 혹은 그들이 생각하고 있다는 것을 나타내는 반응을 기다린다. 전해지는 바에 따르면 버그는 내담자를 바라보고 오로지 미소만 지었다. 드 세이저는 만약 너무 오랫동안 멈추면 내담자가 "나는 기적을 믿지 않습니다."라고 반응할 수 있다고 경고했다. 그러므로 계속해서 진행해야 한다.
- [2–2단계] 선택적으로 손가락 튕기는 소리를 내며(snap) 기적을 구체적으로 정의하기: "그리고 이것은 단순한 기적이 아닙니다. 이 기적은 당신이 오늘 가져온 문제가 사라지도록 만듭니다 …… 갑자기요."(de Shazer et al., 2007, p. 43) 이때 손가락을 튕겨 소리를 내는 것은 선택적이지만 세련됨을 더할 수 있다(이 부분은 추가적인 연습이 필요할 수 있다). 상담자는 내담자에게 '당신을 이곳에 데려왔던 문제'에 대한 질문을 반드시 해야 한다. 기적에 대해 이러한 한계가 없다면, 내담자는 모호하고 관련 없는 얘기로 많은 시간을 허비할 것

이고, 상담자는 유용한 답을 얻기 위한 후속 질문들을 하는 데 시간을 소모할 것이다.

- [2-3단계] 두 번째 멈춤과 추리하기: "하지만 당신이 자고 있었기 때문에, 기적이 일어났다는 것을 모릅니다."(De Jong & Berg, 2002, p. 85) 만약 잘 전달되었다면 대부분의 내담자는 이 시점에서 고개를 끄덕거리거나 허공을 바라보고, 잘 전달되지 않았다면 마치 제안에 대해 생각하고 있는 것처럼 행동하기 시작한다.
- [2-4단계] 세 번째 멈춤과 차이점에 대해 묻기: "기적이 일어난 밤이 지나고 아침을 맞았어요. 당신 가져왔던 모든 문제는 갑자기 해결되었습니다. 당신이 일어난 후에 가장 처음으로 알아챈 것은 무엇인가요? 문제가 해결되었다는 것을 알아채게 한 작은 변화는 무엇인가요?"(de Shazer et al., 2007, p. 43) 이때 많은 내담자들은 조용해지고, 침묵하며 깊은 생각에 빠지면서 대답하기 위해 생각할 시간을 필요로 한다. 이것은 일반적으로 내담자가 새로운 생각을 하고 있다는 신호이며 상담자는 인내심을 가지고 내담자가 반응하기를 기다려야 한다. 이때 내담자를 재촉하는 것은 그들로 하여금 같은 생각만을 하도록 만들 뿐이다.

3단계 기적 묘사 촉진하기: 한 가지 목록과 두 단계

- [3-1단계] 긍정적인 언어로 내담자를 행동 변화에 집중시키기: 이런 개입을 처음 접하는 사람들은 질문 한 번으로 작업이 해결되었다고 생각한다. 기적 질문이 사례개념화에서 유용하기 위해 상담자는 단순히 어떤 기적이 일어날지 말하는 것이 아니라 기적에 대한 묘사를 능숙하게 할 필요가 있다. 일단 내담자가 무엇이 달라졌는지 설명하고, 상담자는 내담자와 다른 사람들의 관찰 가능한 행동 변화에 대해 질문함으로써 대답에 초점을 맞춘다. 전형적인 해결 기반 방식에서, 상담자는 내담자가 하고 있지 않는 것에 관심을 두기보다 내담자가 하고 있는 것에 관심을 갖는다. 예를 들어, 만약 내담자가 "저는 더 이상 우울해하지 않을 거예요."라고 말한다면 상담자는 "그럼 당신은 그 대신 무엇을 할 건가요?"라고 반응한다.
- [3-2단계] 목표가 무엇인지 명확해질 때까지 계속하기: 내담자가 새로운 행동 한 가지를 알아내면 상담자는 더 많은 것을 묻는다. "또 다른 차이점은 무엇인가요?" 상담자는 변화에 대한 목표와 확실한 방향을 제시하는 데 유용한 여러 가지(세 가지 이상) 구체적인 기적 행동들이 나타날 때까지 계속한다. 이 장의 마지막에 있는 사례 연구에서 상담자는 기적 질문을 이용하여 마르셀라가 부모님과의 관계를 맺는 것과 소아과 의사가 되는 꿈을 꾸는 것을 비롯하여, 성적 학대를 '극복하는 것'이 그녀에게 어떻게 보이는지 확인한다.

스스로 해보기

파트너를 찾아서 번갈아 가며 기적 질문을 해 보세요. 무엇이 내담자로 하여금 이 질문에 대해 올바른 마음가짐을 갖도록 돕나요?

■ 예외, 이전의 해결, 효과적으로 작용하는 것

성공적인 해결 기반 상담은 문제에 대해 아주 사소한 예외라도 알아챌 수 있도록 비상하고 탐정 같은 능력이 요구된다(이것은 일반적으로 개인적인 관계에서는 중요한 자질이기 때문에 이것은 함양할 가치가 있다). 해결 기반 상담자는 **예외, 이전의 (도움이 되었던) 해결책, 효과적으로 작용하는 것들**의 세 가지 다른 방식으로 평가한다. ① 기적 질문 다음에 따라오는 부분, ② 예외의 자발적인 설명 듣기, ③ 예외에 대해 직접적으로 질문하기가 있다(de Shazer, 1985, 1988; de Shazer et al., 2007; O'Hanlon & Weiner-Davis, 1989). 첫 번째로, 만약 기적 질문 혹은 해결을 위한 다른 질문을 사용했다면, "아주 조금이라도 기적의 어떤 요소가 현재 일어나고 있나요?"라는 질문을 통해 예외를 확인할 수 있다. 이러한 말은 종종 기적의 어떤 요소가 이미 존재한다는 것을 나타내는데, 이것은 내담자와 상담자를 격려하는 결과를 낳는다. 이들 대부분은 작업의 절반(혹은 25%)이 이미 해결되었다는 생각에 기뻐한다. 집중해서 들어야 하는 또 다른 내용은 내담자가 자발적으로 제시한 예외에 대한 설명과 효과를 본 것에 대한 예시이다. "배 위에 있을 때를 제외하고, 저는 항상 우울해져요." 혹은 "아이들과 놀고 있을 때만 유일하게 걱정을 하지 않아요." 혹은 "수지는 저를 걱정해 주는 유일한 사람이에요." 겉으로 보기엔 사소한 예외들이 내담자에게 무엇이 효과적이고, 내담자가 무엇을 자주 해야 하는지에 대한 단서를 제공한다. 게다가 해결 기반 상담자는 어떤 것이 효과적인지에 대하여 보다 많은 정보를 모으기 위해 예외에 대해 직접적으로 묻는다.

예외 질문의 예시

- 문제가 덜 나타나거나 덜 심각할 때가 있었습니까?
- 당신은 문제가 발생할 것으로 예상했지만, 그러지 않았던 적이 있습니까?
- 상황을 조금 더 쉽게 만드는 사람이 있습니까?
- 문제가 평소보다 심각하지 않았던 때나 장소가 있었습니까?

대다수의 내담자는 이러한 질문으로 예외를 발견할 수 있을 것이다. 이러한 질문들의 기초가 되는 가정은 문제의 심각도에 따라 다르다는 것이다. 문제가 덜 심각하다고 생각되는 때는 예외의 한 유형으로 고려되고, 어떤 것이 효과적인지에 대한 단서를 제공한다(de Shazer, 1985; O'Hanlon & Weiner-Davis, 1989). 특히 대부분의 날에 증상을 경험하는 우울증과 같은 진단의 경우, 상담자는 예외를 확인하기 위해 증상의 부재보다는 심각한 상황에 초점을 두는 것이 필요하다.

스스로 해보기

파트너를 찾아 돌아가며 예외 질문을 하고 문제가 덜한 시기를 확인해 보세요. 상황을 개선하기 위해 떠오른 생각이 있나요?

■ 면담 전 변화

해결 기반 상담자는 약속을 잡기 위한 첫 전화 통화 이후 첫 번째 회기 전에 나타나는 면담 전 변화에 주의를 기울인다(de Shazer et al., 2007). 상담자는 "우리가 전화로 대화를 나눈 이후로(혹은 당신이 약속을 잡았을 때), 이미 일어났거나 혹은 일어나기 시작했다고 알아챈 변화는 무엇입니까?"라는 질문을 함으로써 평가할 수 있다. 초기 연구에서, 와이너-데이비스, 드 셰이저와 진저리치(Weiner-Davis, de Shazer, & Gingerich, 1987)는 대부분의 내담자가 첫 번째 회기 전에 조금의 긍정적인 변화를 보고했고, 변화에 대한 기대와 변화를 위한 노력(예: 전문가와의 약속)만으로도 내담자의 자원이 동원되고 변화가 시작되었다고 주장했다. 이 질문은 첫 회기에 무엇이 효과적인지, 내담자의 강점과 자원이 무엇인지 평가하기 위해 사용된다.

■ 내담자 강점 평가하기

내담자의 강점을 평가하는 것은 해결 기반 상담에서의 중요한 평가 영역 중 하나이다(Bertolino & O'Hanlon, 2002; De Jong & Berg, 2002; O'Hanlon & Weiner-Davis, 1989). 강점은 개인적으로, 관계적으로, 경제적으로, 사회적으로, 혹은 영적으로 개인의 삶에 있는 자원과 가족의 지지, 긍정적인 관계들, 종교적 믿음을 포함한다. 대부분의 상담자는 강점을 파악하는 것에 대한 어려움을 과소평가한다. 사실 내담자의 강점을 발견하는 것은 종종 병리학적인 진단을 내리는 것보다 어려운데, 왜냐하면 내담자는 그들이 변화되고자 하는 많은 문제를 가져와 병리적인 측면을 논의할 준비가 되어 있기 때문이다. 놀랍게도 많은 내담자, 특히 우울하거나 불안한 경향이 있는(대부분의 외래 환자) 경우, 그들의 삶에서 문제가 없는 부분을 찾는데 많은 어려움을 겪는다. 이와 유사하게, 오랜 기간 동안 상처를 받거나 다퉈 왔던 많은 부부가 그들의 파트너에게서 긍정적인 성격, 행복했던 결혼 생활, 가장 절박한 상황에서 그들이 함께한 이유를 확인하는 데 어려움을 느낀다. 그러므로 상담자는 강점을 보다 잘 평가하기 위해 더 섬세한 질문을 하고 모호한 단서에 주의를 기울인다.

해결 기반 상담자는 두 가지 방식으로 강점을 평가한다. ① 강점, 취미, 그리고 순조로운 삶의 영역에 대해 직접적으로 질문하고 ② 문제에서의 **예외**와 알아차리지 못한 강점에 대해 신중하게 듣는 것이다(Bertolino & O'Hanlon, 2002; De Jong & Berg, 2002). 또한 어떤 상황에서의 강점은 다른 상황에서의 골칫거리가 될 가능성이 있으며, 반대의 상황 또한 존재할 수 있다(16장의 '강점과 다양성에 대한 평가' 참조). 따라서 내담자가 강점을 확인하는 데 어려움을 겪고, 약점과 문제에 대해 보다 쉽게 이야기한다면, 해결 기반 접근에서는 이에 대해 약점이 강점이 되는 잠재적인 분야를 찾아낼 것이다. 예를 들어, 비판적이고 걱정이 많으며 관계적인 맥락에서 부정적인 사람은 일반적으로 꼼꼼함을 요하고, 세심한 작업에 뛰어나다. 이러한 통찰은 내담자가 자신의 목표를 향해 가는 방법을 확인하는 데 유용하다.

해결 기반 상담자는 보다 나은 임상 결과를 촉진하기 위해 내담자의 강점 파악과 활용을 강조하는 정신 건강의 큰 움직임에 있어 선구자였다(Bertolino & O'Hanlon, 2002). 지역 정신건강 기관과 보험회사는 초기 면담 평가의 일부로 강점에 대한 평가를 요구한다. 성공적인 강점 평가의 핵심은 내담자가 아무리 끔찍하고 심각한 상황에 있더라도 모든 내담자가 중요하고 의미 있는 강점을 가지고 있다는 흔들리지 않는 믿음이다. 최악의 순간에 있는 사람이라는 것을 기억하는 것은 상담자에게 도움이 된다. 따라서 그 순간에는 강점을 보지 못하더라도, 강점이 있다는 데 대해서는 의심하지 않아야 한다. 해결 기반 상담자는 모든 사람이 강점과 자원을 가지고 있으며, 내담자의 목표를 성취하기 위해 그것들을 확인하고 활용하도록 돕는 것이 그의 역할이라고 주장한다.

■ 내담자 동기: 방문형, 불평형, 고객형

드 셰이저(1988)는 변화에 대한 내담자의 동기를 세 가지 범주(방문형, 불평형, 고객형)로 평가했다. 이 범주들은 내담자를 분류하기 위해서라기보다 상담자가 내담자와 맺는 관계의 유형을 이해하기 위해 사용된다(De Jong & Berg, 2002).

- **방문형 관계**: 이 관계에서 내담자는 불평을 하지 않지만, 일반적으로 다른 사람들이 내담자에게 불만을 가지고 있다. 이 내담자는 보통 보호감찰관, 부모님 혹은 배우자와 같은 외부인에 의해 치료에 오게 된다. 그들은 종종 제3자가 그들을 '내버려 두는 것'에 가장 크게 동기화된다. 그래서 상담자는 이것을 존중하여 달성할 수 있는 구체적인 목표를 신속하게 파악하고, 필요에 따라 보호감찰관이나 사회복지사에게 전화를 해야 한다.
- **불평형 관계**: 내담자는 문제를 파악하고 있지만 상담자나 다른 사람이 변화의 주된 자원

이라고 생각한다. 해결 기반 상담자는 내담자의 관점을 바꾸도록 설득하기보다는 내담자와 협력하여 상황에 긍정적인 영향을 미칠 수 있는 작은 방법들을 찾는 작업을 한다.

- 고객형 관계: 내담자와 상담자는 문제와 해결 상황을 함께 정의하고, 내담자는 해결을 향해 행동을 취하도록 동기를 부여받는다.

〈표 12-1〉 **내담자의 세 가지 관계 유형(드셰이저, 1988)**

구분	방문형	불평형	고객형
동기	낮음	중간-높음	높음
문제 또는 해결 자원	외부인(배우자, 부모, 법원)은 내담자에게 문제가 있다고 생각한다.	문제는 주로 외부의 원인 또는 사람과 관련되어 있다. 상담자 또는 다른 사람이 해결 자원이라고 기대한다.	스스로를 문제의 일부라고 생각하고, 해결에 적극적이다.
변화를 필요로 하는 사람의 관점	외부인은 문제가 없다는 것을 알 필요가 있다.	외부인이 변화하거나 바꿀 필요가 있다.	스스로 문제를 바로잡기 위한 조치를 취할 필요가 있다.
치료 동맹 구축	변화를 만들기 위해 내담자가 작업하고 싶어 하는 문제 부분을 확인한다.	내담자가 변화를 일으킬 수 있는 구체적인 예를 확인하면서 내담자의 관점을 존중한다.	변화에 대한 준비를 칭찬하면서 내담자와 협력한다.
개입의 초점	동맹을 형성하고 내담자의 관점을 이해한다. 변화를 위한 외부의 요청을 문제 중심으로 구성한다.	관찰 지향적 과제(일주일 동안의 예외를 확인한다; Selekman, 1997, 2010)	재구조화하고 효과적이지 않았던 것을 식별한다. 행동 지향적 과제
행동을 향한 준비	내담자가 문제가 있다고 믿고, 변화를 향한 동기가 생길 때까지 적극적인 변화를 할 준비를 하지 않는다.	내담자의 행동이 변화할 수 있다는 생각에 흔쾌히 응하기 전까지 행동할 준비를 하지 않는다.	변화를 위한 행동을 할 준비가 되었다.

내담자의 동기를 평가하는 것은 내담자와의 관계를 어떻게 맺어야 하는지뿐만 아니라 어떻게 진행할지를 아는 데 있어서 유용하다. 많은 상담자는 모든 내담자가 치료 장면을 찾았다는 것만으로 그들이 상황을 개선시키기 위한 행동을 할 준비가 되어 있다고 가정한다. 하지만 이것은 흔한 경우가 아니다. 사람들은 복합적인 감정과 다양한 동기 수준을 가지고 치료를 받으러 온다. 일반적으로 치료를 받기로 결정한 내담자는 '방문형'이며, 상담자는 언급된 목표를 작업하면서 그들의 목표와 연결할 방법을 찾을 필요가 있다. 이와 같은 역동은 종종 아동, 10대 청소년들 그리고 부부 사례에서 나타난다. 불평형 관계에서 상담자는 내담자가 변화를

일으키는 데 기여할 수 있는 방법을 발견하거나 행동을 취할 내담자의 의지를 높이기 위해 문제에 대한 관점을 변화시키기도 한다. 이 장 마지막에 있는 사례 연구에서 마르셀라는 남자 형제의 죽음과 성적 학대를 문제로 느끼는 불평형으로 시작했다. 하지만 그녀를 자신이 원하는 변화를 빠르게 확인하고 만들어 낼 수 있는, 변화를 위해 준비된 내담자로 만들 수도 있다.

■ 최대한 자세하고 흥미로운 정보를 제공하기

평가와 사례개념화 과정을 거치면서, 해결 기반 상담자들은 누가, 무엇이, 어디서, 왜, 언제 등의 세부사항에 대해 끊임없이 질문한다. 효과적인 "해결책 구축하기는 세세해야 하며, 세세한 정보를 요구한다."(De Jong & Berg, 2002, p. 24). 증상이 좋아지거나 나빠질 때, 그때 누가 주변에 있었는지, 증상이 조금 나아졌을 때 단계적으로 어떤 일들이 일어났는지에 대해 더 알게 됨으로써 상담자는 해결책을 구축을 보다 잘 준비할 수 있다. 예를 들어, 내담자가 일할 때나 바쁠 때 우울한 감정들이 줄어들었다고 보고한다면(매우 흔하다), 상담자는 이 상황에서 어떤 일이 일어났는지에 대한 세부사항을 묻는다. 세부사항은 이 상황에서 사람들이 주위에 있었는지, 사람들과 떨어져 있었는지, 목적을 가지고 있었는지, 외부에 있었는지, 다른 문제에 대해 생각하는 것을 피했는지 등의 여부를 비롯한 잠재적인 요소를 확인하는 것을 말한다.

변화를 겨냥하기: 목표 설정

■ 목표 언어: 긍정적이고 구체적이기

해결 기반 상담자는 긍정적이고 관찰 가능한 용어로 목표를 정한다(De Jong & Berg, 2002). 긍정적인 목표 묘사는 전형적인 병리학 중심의 상담 접근인 증상의 감소에 초점을 두기보다는 내담자가 무엇을 할 것인지를 강조한다. 관찰 가능한 묘사는 원하는 변화의 명확하고 구체적인 행동 지표를 포함한다.

〈표 12-2〉 관찰 가능한/불가능한 목표 예시 비교

긍정적이고 관찰 가능한 목표의 예시	부정적이고(증상을 감소시키는), 관찰이 불가능한 목표의 예시
취미생활과 즐거운 활동을 하는 시간을 늘린다.	우울을 감소시킨다.
자신감을 증가시키고 사회적 상황에서 평정심을 유지한다.	공황발작을 줄인다.
건강한 음식과 건강한 식사량을 선택하는 빈도를 늘린다.	폭식과 구토를 줄인다.

당신은 아마 단순하게 왼쪽 칸을 읽는 것이 오른쪽 칸을 읽는 것보다 더 많은 희망을 낳고 더 나은 임상적 개입 방향을 제시한다는 것을 알아차렸을 것이다. 긍정적이고 관찰 가능한 목표는 상담자와 내담자에게 목표를 지속적으로 상기시키고, 해결 중심과 해결 기반 관점을 강화한다. 척도 질문과 같은 많은 해결 기반 기법은 내담자로 하여금 매주 목표 과정을 측정하게 한다. 따라서 주의 깊게 만들어 낸 목표 언어는 해결 기반 상담이 성공하는 데 특히 중요하다.

부가적인 해결 기반 목표의 특징은 다음의 내용을 포함한다(Bertolino & O'Hanlon, 2002; De Jong & Berg, 2002):

- **내담자에게 의미 있음**: 목표는 단순히 '좋은 생각'이 아니라 개인적으로 내담자에게 중요한 것이어야 한다.
- **상호작용**: 목표는 일반적인 감정(예: '기분이 나아졌다')을 반영하기보다 타인과의 상호작용이 어떻게 변화될 것인지를 묘사해야 한다.
- **상황에 따름**: 목표는 포괄적인 용어보다 상황에 따른 용어(예: '직장에서 기분이 나아졌다')로 명시한다.
- **작은 단계**: 목표는 단기적이고 확인이 가능한 작은 단계들로 이루어져야 한다.
- **내담자를 위한 분명한 역할**: 목표는 다른 사람을 위해서가 아니라 내담자를 위한 분명한 역할을 확인해야 한다.
- **현실적**: 목표는 현재 내담자에게 현실적이어야 한다.
- **합법적, 윤리적**: 목표는 합법적이어야 하며 내담자, 상담자, 직업윤리를 준수해야 한다.

■ 한 가지 다른 것

처음 목표를 설정할 때에는 아주 높고 폭넓게 잡는 것보다는 작은 한 가지를 다르게 하는 것(예: '매일 누군가를 방문하기보다는 이번 주에 친구에게 전화하기')에 초점을 두어야 한다(de Shazer, 1985, 1988; O'Hanlon, 2000; O'Hanlon & Weiner-Davis, 1989). 마찬가지로, 이번 주에 매일 하는 것보다 '이번 주에 하루는 일어나서 운동하기'와 같은 목표가 다음 행동으로의 변화와 동기부여가 된다. 대부분의 경우에, **한 가지 작은 변화**를 만드는 것은 상담자의 처방(또는 상담자와 함께 만들어 낸 해결책)이라기보다는 내담자 **자신**의 동기에서 영감을 받은 일련의 변화에서 시작한다. 치료에서 만들어진 생각은 '최고의' '유일한' 또는 '옳은' 해결책으로 여겨지기보다 내담자에게 어떤 것이 효과적인지를 확인하도록 촉발하는 활동이다.

실행에 옮기기: 개입

■ 개입을 위한 해결 기반 원칙

드 셰이저 등(2007, p. 2)은 상담자가 그들의 작업을 안내하는 데 사용할 수 있는 해결 기반 개입의 기본적인 원칙들을 발견했다.

1. **고장나지 않았으면, 고치지 않는다:** 개입의 범위를 정하는 데 치료적 이론을 사용하지 마라.
2. **만약 효과가 있다면, 계속 더 하라:** 현재 작업하고 있는 것을 기반으로 확대하고 구축하라.
3. **만약 효과가 없다면, 다른 것을 하라:** 만약 그것이 좋은 생각일지라도 효과가 없다면 다른 해결책을 찾아라.
4. **작은 단계들이 큰 변화로 이끈다:** 실행할 수 있는 작은 변화부터 시작하라. 이것은 빈번히 일어나고, 빠르게 더 많은 변화로 이끈다.
5. **해결이 반드시 문제와 관련되어 있는 것은 아니다:** 문제가 왜 생겼는지를 이해하려 하기보다 앞으로 나아가는 것에 초점을 둔다.
6. **해결책 개발을 위한 언어는 문제를 묘사하기 위해 필요한 언어와 다르다:** 문제에 대한 이야기는 부정적이고 과거 중심적이며 해결을 위한 이야기는 희망적이고 긍정적이며 미래 중심적이다.
7. **항상 발생하는 문제는 없으며 사용할 수 있는 예외는 항상 있다:** 심지어 아주 작은 예외라도 잠재적인 해결책을 알아내는 데 유용하다.
8. **미래는 창조적이고 협상 가능하다:** 내담자는 그들의 미래를 그리는 데 중요한 역할을 한다.

■ 척도 질문과 기적 질문

'핵심: 이 이론의 중요한 공헌'에서 설명되었던 척도 질문과 기적 질문은 주간 개입을 위한 가장 기본적인 기법이다. 이는 ① 지난주의 과제가 도움이 되었는지를 평가하고, ② 변화의 잠재적 영역을 확인하며, ③ 그다음 주를 위한 특정 과제를 개발하는 데 사용할 수 있다.

■ 공식화된 첫 회기 과제의 공식

제목에서 알 수 있듯이, **공식화된 첫 회기 과제**(de Shazer, 1985)는 일반적으로 첫 회기 주제와 관계 없이 모든 내담자에게 치료 과정과 변화를 위한 동기를 높이기 위해 사용된다.

공식화된 첫 회기 과제: "지금부터 우리가 만나는 다음 시간까지 [나]를 관찰하여 다음 회기 때 [나]에게 [가족, 삶, 결혼, 관계 중 하나를 골라] 지속되기를 바라는 일을 관찰하여 설명해 주세요."(de Shazer, 1985, p.137)

공식화된 첫 회기 과제(소개를 바꿔 말하면): "우리가 치료를 시작하면 많은 것들이 변화할 거예요. 하지만 저는 당신이 당신의 삶과 관계에서 변화하지 않았으면 하는 것들도 있다고 생각해요. 다음 한 주 동안 치료를 통해 당신의 삶과 관계에서 바뀌지 않았으면 하는 목록을 만들어 오세요. 지금부터 일어나고 있는 큰 일들뿐 아니라 작은 일들도 의식해 보세요."

이것은 내담자가 어떤 것이 효과적인지를 알아차리도록 자극하며 그들의 강점과 자원을 알아보고 희망과 힘을 갖도록 도움을 준다.

▪ 가설적 질문과 미래의 해결책을 가정하기

미래의 변화를 가정하는 가설적 질문과 대화는 내담자가 문제 없는 미래에 대해 상상하고, 희망과 동기를 가질 수 있도록 돕는다(O'Hanlon & Beadle, 1999; O'Hanlon & Weiner-Davis, 1989). 해결 기반 상담자는 모든 것은 변화한다는 인식을 바탕으로 변화를 가정한다. 내담자의 상황 또한 변화할 수 있다. 변화는 불가피하며 내담자에게 심리치료를 통한 효과가 조금씩 나타나기 시작할 때, 상담자는 다음과 같은 가설적 질문을 할 수 있다.

- 이 문제를 해결하고 나면 당신은 무엇을 다르게 하고 싶나요?
- 이 문제를 해결하고 나서 다루어 보고 싶은 다른 고민거리가 있나요?
- 문제가 해결되고 나면, 축하하기 위해 가장 먼저 무엇을 하고 싶나요?

이와 같은 질문은 내담자가 절망감을 느끼거나 문제가 없는 미래를 상상하기 어려워 할 때 매우 도움이 될 수 있다.

▪ 비디오 토크

비디오 토크(videotalk)는 두 가지 기본적인 수준의 경험을 구별하는 기법인데, ① **사실**, ② **이야기와 경험**(Hudson & O'Hanlon, 1991)이다. **사실**은 무엇이 행해졌고 말해졌는지에 대한 행동적 설명으로, 비디오테이프에 녹화되는 것을 말한다(개념은 이 설명에서 유래되었다). **이야기**는 한 사람의 행동과 말이 연관되어 있다는 해석과 의미인 반면, **경험**은 한 사람의 내적 사고와 감정이다. 비디오 토크의 가장 중요한 목표는 해석(일어난 일에 대한 이야기와 주관적인 경험)에서 사실(어떤 행동이 일어났는가)을 구분하는 것이다. 내담자가 사건을 어떻게 해석하는지로부터 일어나는 일을 분리시킴으로써 상담자와 내담자는 어떤 의미들과 반응들이 생겨났는지 면밀히 조사하고, 새로운 이해와 반응을 받아들일 수 있다.

비디오 토크의 구조: 사실과 해석

- 사실: 비디오 카메라에 포착된 것, 무엇을 말했고 행했는지에 대한 행동적 묘사

예시

"만약 내가 비디오 카메라를 가지고 있다면, 당신이 우울하다고 느낄 때 당신은 내게 어떤 말과 행동을 보일까요?"

"만약 내가 비디오 카메라를 가지고 있다면, 기적이 일어난 날에 당신은 내게 어떤 말과 행동을 보일까요?"

- 해석: 이야기의 묘사(해석)와 주관적인 경험(생각과 느낌)

예시

"침대에 누워서 일어나고 싶지 않을 때, 어떤 생각과 감정이 들었습니까? 이러한 상황에서 당신은 그것으로 인해 이 상황과 자기 자신에 대해 어떤 의미를 만듭니까?"

"알람이 울리기 전에 일어나서 조깅하러 갈 때, 어떤 생각과 감정이 들었습니까? 알람이 울리기 전에 일어나서 조깅하기로 한 당신의 선택에는 어떠한 의미가 있습니까? 당신 자신에 대해 어떻게 느낍니까?"

스스로 해보기

파트너를 찾아서 비디오 토크를 사용하여 번갈아 가며 상황과 상호작용을 설명해 보세요. 해석에서 행동을 분리하면 상황을 이해하는 방식이 어떻게 달라지나요?

내담자가 모호한 감정이나 목표를 보고할 때 상담자는 비디오 토크를 사용하여 문제와 해결에 대한 상세한 설명을 보다 명확하게 할 수 있도록 돕는다. 이러한 설명은 문제를 행동적으로 정의하고, 작은 주간 행동 과제를 사용하여 잠재적인 해결책을 알아내는 데 사용된다. 해결 기반 상담자는 '우울하다'나 '기분이 좋아졌다'와 같은 모호한 해석이나 경험적 표시보다는 문제와 해결책을 설명하기 위해 서술적인 언어를 사용하는 것을 선호한다(예: "잠자기를 원하면서" 혹은 "다시 아침에 조깅을 하고 있을 때"). 상담자가 행동과 행동의 해석을 분리하기 위해 비디오 토크를 꾸준히 사용할 때, 내담자는 어디서, 어떻게 변화가 만들어지는지를 보다 잘 알아낼 수 있다. 예를 들어, 이 장의 마지막에 있는 사례 연구에서, 상담자는 비디오 토크를 사용하여 마르셀라가 자신의 성적 지향성을 탐탁치 않아 하시는 부모님과 어떻게 하면 더 효과적으로 상호작용할 수 있는지 확인하는 데 도움을 준다.

■ 활용

밀턴 에릭슨의 최면 작업을 기반으로 드 세이저(1988)는 내담자가 해결책을 식별하고 규정하도록 돕는 **활용** 기법을 사용한다. 활용이란 내담자가 감정, 관심, 성향 또는 습관으로 제시하는 모든 것을 활용하여 해결의 방향으로 이어질 의미 있는 행동과 계획을 개발하는 것을 의미한다. 예를 들어, 내담자가 친구를 사귀거나 가까운 관계를 맺는 것에 어려움을 느끼지만 애완동물을 많이 기르고 있다면, 상담자는 공공장소에서 개를 산책시키거나, 강아지 민첩성 훈련에 참여하고, 애완동물 보호소에서 봉사 활동을 하도록 함으로써 내담자의 동물에 대한 관심을 활용하여 내담자의 인간관계를 발전시킬 것이다.

■ 대처 질문

내담자가 격한 감정에 압도됨을 느낄 때 대처 질문은 희망, 주체성, 동기를 만들어 낸다(De Jong & Berg, 2002; de Shazer et al., 2007). 대처 질문은 내담자가 진행 상황을 보고하지 않거나, 심각한 위기를 묘사하거나, 절망감을 느낄 때 사용된다. 상담자는 내담자에게 현재나 과거의 어려운 상황에서 어떻게 대처해 왔는지를 확인하도록 지시한다.

- "힘드셨던 것 같아요. 당신은 이 문제에 대해 지금까지 어떻게 대처하실 수 있었나요?"(de Shazer et al., 2007, p. 10)
- "당신은 그 상황이 더 악화되는 것을 어떻게 막을 수 있었나요?"(p. 10)

■ 칭찬과 격려

해결 기반 상담자는 칭찬과 격려를 사용하여 내담자에게 동기를 부여하고 강점을 부각시킨다(De Jong & Berg, 2002). 칭찬의 핵심은 **내담자가 설정한 목표**를 향해 나아가고 있을 때나, 문**제와 관련된 특정 강점**을 확인했을 때 칭찬하는 것이다. 이것은 매우 중요하므로 당신이 잊어버리지 않도록 다음의 상자에 다시 언급할 것이다.

내담자를 칭찬하는 방법

칭찬은 내담자가 그들이 설정한 목적을 향해 나아갈 때, 그 문제에 관한 특정 강점에 대해 사용하라. 그들의 개인적 특성이 아닌 진행 경과에 대해 칭찬하라.

기본적인 치료적 칭찬

- "와. 이번 주에는 당신의 목표에 더 접근했네요."

더 나은 치료적 칭찬

- "저는 감명받았어요. 당신은 우리가 지난주에 만들었던 표에 있는 방법을 따랐을 뿐 아니라 아들과의 관계를 발전시키기 위해 당신만의 추가 전략(주말에 아들의 친구와 놀러 나가는 것을 정함)을 생각해 냈네요." (목표를 향한 구체적인 행동을 칭찬하라.)

그다지 치료적이지 않은 칭찬

- "저는 진심으로 당신이 삶을 위해 해 왔던 것을 존경해요." (너무 개인적이며, 문제와 명확히 관련되지 않았다. 마치 당신이 내담자에게 '아부하는' 것처럼 들린다.)
- "당신은 정말 대단한 엄마예요." [구체적이지 않으며 뭉뚱그려(포괄적으로) 육아 기술을 평가한다. 내담자로 하여금 자신의 행동을 반영하고 평가하도록 하지 않았다.]

칭찬은 비록 그것이 긍정적인 것일지라도, 이는 당신이 내담자의 삶에 대해 판단을 내리는 것이다. 칭찬은 내담자에게 친절하게 대하기 위해서 사용해서는 안 된다(De Jong & Berg, 2002). 칭찬은 내담자가 스스로 정한 목표를 향해 가는 것을 강화시키기 위해서 사용되어야 하며 외부의 권위자에 의존하기보다 내담자를 인정하고 격려하는 방식으로 전달되어야 한다. 내담자가 목표를 세우고 앞으로 나아갈 때 더 큰 **자기효능감**을 발달시키는데, 이것은 자존감보다 더 큰 행복의 예측변수이다(Seligman, 2004).

■ 과제와 실험

해결 기반 상담자는 거의 매주 내담자에게 그들의 목표를 향한 구체적이고 작은 단계를 밟아 나가는 데 필요한 작업이나 과제를 내준다. 이 과제는 회기 동안 이전에 명시되었던 기법들을 사용하면서 확인한다. 상담자의 역할은 ① 무엇을 할지 정확히 알고, ② 행하도록 동기를 부여하며, ③ 성공할 수 있도록 구체적인 과제를 정의하도록 돕는 것이다. 성공을 보장하기 위해 상담자는 주말, 휴일, 방문자, 일정 변경 등 내담자가 목표를 달성하지 못하게 막는 모든 잠재적인 장애물도 파악해야 한다.

특정 문제를 위한 개입

■ 성적 학대

돌란(1991)과 오핸런과 베르톨리노(2002)는 어린 시절 성적 학대를 겪었던 아동과 성인에게 해결 기반 상담을 적용한다. 해결 기반 접근은 생존자의 회복 탄력성을 강조하는 낙관적이고 희망적인 입장에 있다는 점에서 성적 학대 치료의 전통적인 접근과 구별된다. 성적 학대 생존자가 이러한 트라우마에서 살아남았다는 점을 고려하여, 해결 기반 상담자는 강점을 이용하여 그들이 현재 문제를 해결할 수 있도록 돕는다. 성적 학대를 치료하기 위한 해결 기반 접근의 독특한 특징에는 다음과 같은 것들이 있다.

생존자의 주체성을 존중하기 해결 기반 상담자는 전통적인 접근과 달리 생존자의 주체성을 존중하고, 그들이 학대에 대한 이야기를 할 것인지의 여부와 치료 속도를 스스로 결정하도록 한다(Dolan, 1991; O'Hanlon & Bertolino, 2002). 비록 많은 상담자가 생존자가 학대에 대한 세부사항을 공유하지 않고서는 치료할 수 없다고 주장하지만 해결 기반 상담자는 선뜻 동의하지 않을 것이다. 대신에 해결 기반 상담자는 내담자와 함께 언제, 어떻게 그리고 누구와 그들의 이야기를 하는 것이 가장 좋을지를 확인한다. 그들의 주체성을 완전하게 존중함으로써, 상담자는 생존자가 삶의 개인적인 측면에서 완전한 권한을 되찾고 학대를 통해 잃었던 자율성을 되찾는 관계를 형성한다. 지시적인 상담자는 내담자가 준비되기도 전에 '치료'라는 이름으로 성 생활의 일부를 드러내도록 강요하면서 의도치 않게 학대 패턴을 되풀이할 수 있는데, 이때 내담자는 침해당한다고 느끼고 트라우마를 재경험하게 된다.

회복 척도: 강점과 능력에 초점 맞추기 돌란(1991, p. 32)은 내담자의 인생과 자아가 영향을 받아 왔던 감각을 감소시키면서 그들의 삶이 학대로 인해 영향을 받지 않았던 부분이 어디인지 확인하기 위해 **해결 기반 회복 척도**를 사용한다. 이 분야의 성공 전략은 학대의 영향을 받은 부분을 다루기 위해 사용된다. 이 척도는 '전혀' '아주 조금' '거의' '매우'로 측정되며 다음과 같은 질문들을 포함한다.

- 트라우마에 대해 생각하고 말할 수 있음
- 가족의 일부로 느낌
- 직장에 다님
- 반려동물, 식물을 돌봄
- 사랑하는 사람과 손을 잡음
- 약이나 술 없이 안정을 취할 수 있음
- 칭찬을 잘 받아들임
- 건강한 식욕을 보임

3-D 모델: 분리, 단절, 평가절하 오핸런과 베르톨리노(2002)는 학대가 자기를 **분리**(dissociate), **단절**(disown), **평가절하**(devalue)하게 만든다고 가정하는 3-D 모델을 사용하여 학대와 트라우마의 여파를 개념화하였다. 상담의 목표는 억제된 경험(예: 성적 반응의 결여, 기억 상실, 혹은 분노 상실) 또는 침투적 경험(예: 회상, 성적 충동, 분노)과 같은 분리된 부분을 사람들과 다시 연결시켜 주는 것이다. 오핸런과 베르톨리노(2002)는 성적 학대와 같은 많은 증상이 통제할 수 없고 자신의 일부만을 포함하는 것처럼 느끼는 일종의 **부정적인 트랜스**(trance)로 경험된다는 점에 주목했다. 해결 기반 상담자는 내담자가 학대를 통해 평가절하되고 외면당한 자신을 재평가하고 포용하도록 격려하기 위해 **허용**(예: 내담자가 바람직하지 않은 감정을 느끼고 표현하도록 허용한다), **인정**(예: 내담자들이 원하지 않거나 어려워하는 감정을 받아들이도록 돕는다), **포괄적인 언어**(예: 모순되는 부분과 감정을 동시에 인식할 수 있도록 공간을 만드는 것)를 사용한다.

구조적 질문 돌란(1991, pp. 37-38)은 내담자가 갖고 있는 독특한 해결책의 세부사항을 확인함으로써 해결을 위한 구조적 질문을 사용한다.

- 이것(성적 학대)이 현재 당신의 삶에 미치는 영향이 적고 상황이 나아지고 있음을 알 수 있는 첫 번째(사소한) 징후는 무엇입니까?
- 당신의 삶에서 이것(성적 학대 트라우마)이 덜 문젯거리가 될 때, 당신은 무엇을 다르게 할 것입니까?
- 시간을 어떻게 다르게 보낼 것입니까?
- 과거에 대해 생각하는 대신, 무엇을 (하는 것에 대해) 생각할 것입니까?
- 앞의 질문이 이미 어느 정도(작게라도) 일어났던 적이 있었습니까? 그때는 무엇이 달랐나요? 그런 차이점에 무엇이 도움이 되었습니까?
- 앞의 치유적 변화가 현재 당신의 삶에서 오랜 기간(며칠, 몇 주, 몇 달 혹은 몇 년) 존재했을 때 지금까지와 어떠한 차이가 있을까요?
- 당신이 좋아지고 있다는 첫 번째 징후를 당신의 중요한 사람에게 말한다면 어떻게 생각할 것 같습니까? 만약 당신의 소중한 사람이 가장 먼저 알아차린다면?
- 당신이 훨씬 더 치유되었을 때 친구들, 상사, 다른 중요한 사람들이 어떻게 알아차릴 것 같습니까?
- 당신이 확인한 치유적 변화들은 당신 가족의 미래 후손들에게 어떤 차이를 만들어 냅니까?(pp. 37-38)

학대와 트라우마 생존자와의 비디오 토크(행동 용어) 학대와 트라우마를 특징짓는 강렬한 감정 때문에 생존자는 종종 현재 삶에서 학대가 주는 영향을 확인하는 데 어려움을 겪는다. 오핸런과 베르톨리노(2002)는 생존자가 사건의 연쇄 과정, 선행사건, 결과, 변하지 않는 행동, 반복적 행동, 신체 반응을 포함한 트라우마 경험을 재창조하는 구체적인 행동과 패턴 확인을 돕기 위해 비디오 토크를 사용한다('비디오 토크' 참조). 이와 같이 반복되는 패턴이 확인되면 상담자는 내담자가 상담의 진행을 방해하는 맥락을 바꾸고 새로운 반응을 위한 공간을 만들도록 하거나 만약 내담자가 증상에 대해 어느 정도 통제력을 느낀다면 대안적인 해결책 도출을 돕는다. 예를 들면, 만약 내담자가 영화에서 성적인 장면을 볼 때 회상을 경험한다면 상담자는 이 사건에 대한 생각, 감정, 해석뿐 아니라 회상 전과 후의 행동을 구분하도록 돕는다. 영화에서 긴장감이 형성될 때 발견되는 내담자의 불안 정보를 이용하여, 상담자는 내담자가 음소거 버튼을 누르거나, 불을 켜거나 혹은 화장실에 감으로써 학대와 트라우마에 대한 기억을 잠재우는 방법을 식별하도록 도울 수 있다.

모든 정보 통합하기: 해결 기반 접근 사례개념화와 치료계획 양식

이론에 특화된 사례개념화: 해결 기반 접근

이론에 특화된 사례개념화를 발달시키기 위해 다음의 내용을 사용하라. 이 장의 마지막에 제시된 사례 연구는 하나의 예이다.

- 강점: 다음의 항목을 포함하여 내담자의 고유한 강점을 기술하라.
  - 개인적인 강점과 능력
  - 관계적 · 사회적 강점과 자원
  - 영적 자원
- 예외, 이전의 해결책, 효과적으로 작용하는 것: 문제가 덜 문제시되거나 조금이라도 나아졌을 때의 시간, 장소, 관계, 상황 등을 설명하라.
- 기적 질문의 답: 문제가 해결되었을 때 내담자가 무엇을 다르게 행동했는지 확인하라.
- 내담자 동기부여: 방문형, 불평형, 고객형 중 내담자의 변화하는 동기 수준을 묘사하라.
- 문제 혹은 해결책의 해결 중심적 설명: 병리적 언어와 부정적 표현을 피하는 대신에, 변화

할 필요가 있는 구체적인 행동이나 선택되어질 새로운 행동을 강조하는 해결 중심 언어를 사용하여 문제를 설명하라. 해결 중심 언어는 구체적이고, 희망을 주며 변화에 대해 긍정적인 관점을 가질 수 있어야 한다.

치료계획 양식: 해결 기반 접근

우울, 불안, 강박 문제를 호소하는 내담자를 위하여 치료계획을 세울 때, 다음의 치료계획 양식을 사용하라. 특정 내담자, 호소 문제, 치료적 맥락에 따라 이 양식의 목표나 개입 방식은 다소 변경될 수 있다. 필요에 따라 이 치료계획을 적절하게 변경하여 사용할 것을 권장한다. 이 계획을 치료에 효과적으로 적용하기 위해서는 내담자가 경험하고 있는 특정 신념, 행위, 감정을 중심으로 목표와 개입 방식이 명확하게 작성되어야 한다. 구체적일수록 당신에게 유용할 것이다.

치료계획

치료의 초기 단계

초기 단계 치료 과제

1. 치료 관계를 형성하기. 다양성의 고려사항: [다양한 내담자와 치료 관계를 맺을 때, 어떻게 이들과 맞추어 나갈 것인지에 대한 세심하고 구체적인 방안에 대해 설명하라. 여기에는 감정 표현에 대한 문화적, 성별 규범을 존중하는 것이 포함될 수 있다.]
   관계 형성 접근/개입:
   a. **강점**과 **자원**을 확인하고 **언어 바꾸기**를 통해 **문제의 범위를 정하면서** 라포를 형성하고, 기능적인 영역을 확인함으로써 희망을 불어넣어 주어라.

2. 개인적이고 체계적이며 다양한 문화적 역동을 평가하기. 다양성의 고려사항: [다양성에 연관되어 있는 자원을 확인하라.]
   평가 전략:
   a. 해결책에 대한 행동 묘사를 하고 내담자에게 동기를 부여하기 위한 **기적 질문**을 하라.
   b. **예외, 이전의 해결책, 효과적으로 작용하는 것, 면담 전 변화**, 그리고 **강점**을 확인하라.

초기 단계 내담자 목표(1~2가지 목표): 위기 문제를 관리하고 고통스러운 증상을 감소시키기

1. [위기 관련 행동] (증상을) 감소시키기 위해(개인적인 또는 관계에서의) 위기상황을 예방하는 안전과 자원 사용 능력을 증가시키기

   개입:

   a. 내담자가 **단계별 안전계획**을 만들 수 있는 **안전성 척도**를 사용하도록 동기를 부여하라.

   b. 내담자에게 즉각적인 도움을 줄 수 있는 개인적, 관계적, 공동체 **자원**을 확인하라.

   c. 현재 무엇이 효과적인지를 확인하고 희망을 만들어 내기 위한 첫 회기의 과제를 만들어라.

   *주의: 해결 기반 치료계획은 긍정적인 목표를 사용하기 때문에 오직 '증가'라는 단어로 시작하는 목표를 갖는다.

치료의 작업 단계

작업 단계 치료 과제

1. 작업 동맹의 질을 확인하기. 다양성의 고려사항: [내담자가 느끼는 상담자와의 유대감에 대한 관찰을 어떻게 하는지 그리고 이 관찰과 내담자의 연령, 성별, 문화 및 성적 지향성, 사회경제적 지위 등을 기반으로 한 관계에 어떻게 자신을 맞출 것인지에 대해 기술하라.]

   평가 개입 :

   a. 회기 평가 척도를 사용하라. 내담자의 **동기부여**(방문형, 불평형, 고객형) 수준을 바탕으로 동맹을 조정하라. 만약 개입이 잘 이루어지지 않는다면, **다른 방법으로 바꾸어야** 한다.

작업 단계 내담자 목표

1. [특정 증상: 우울, 불안, 문제 행동 등] 감소를 위해 (개인적인 또는 관계에서의) ['예외' '효과적으로 작용하는 것' '이전의 해결책'에서 비롯된 행동]을 증가시키기

   개입:

   a. 점진적인 개선을 위해 매주 구체적인 행동 과제를 확인하는 **척도 질문**을 하라.

   b. 강점과 자원 활용의 영역을 넓히기 위한 **대처 질문**을 하라.

2. [특정 증상: 우울, 불안, 문제 행동 등] 감소를 위해 (개인적인 또는 관계에서의) [기적 질문에서 확인된 일련의 행동]을 증가시키기

   개입:

   a. 점진적인 개선을 위해 매주 구체적인 행동 과제를 확인하는 **척도 질문**을 하라.

   b. 구체적인 행동과 어떻게 그것들이 내담자의 개인적이고 관계적인 정체성을 알려 주는지를 확인하기 위한 **비디오 토크**를 활용하라.

3. 우울한 기분, 불안, 문제 행동 등(증상을) 감소시키기 위해 (개인적인 또는 관계에서의) [기적 질

문에서 확인된 일련의 행동]을 증가시키기

a. 점진적인 개선을 위해 매주 구체적인 행동 과제를 확인하는 **척도 질문**을 하라.

b. 내담자가 해결책을 계획하고, 희망을 갖도록 도와주는 **가설적 질문**을 하라.

치료의 종결 단계

종결 단계 치료 과제

1. 추후 관리 계획을 세우고 성과를 유지하기. 다양성의 고려사항: [치료가 끝난 이후에 내담자를 돕기 위해 내담자가 속한 공동체의 자원에 어떻게 접근할지 설명하라.]

   개입:

   a. 척도 질문을 사용하여 문제의 신호가 될 수 있는 특정 행동을 확인하라. 내담자가 사용하고 다룰 수 있는 자원과 계획을 개발하라.

종결 단계 내담자 목표

1. 우울한 기분, 불안, 문제 행동 등 (증상을) 감소시키기 위해 (개인적인 또는 관계에서의) 해결책과 **새로운 정체성**을 견고히 하고 자신감을 증가시키기

   개입:

   a. 해결 행동, 선택을 바탕으로 새로운 정체성을 형성하기 위하여 **칭찬과 격려**를 하라.

   b. 과정과 무엇이 효과적이었는지를 반영하고 어떻게 유지해야 할지 논의하기 위한 **척도 질문**을 하라.

2. 우울한 기분, 불안, 문제 행동 등 (증상을) 감소시키기 위해 (개인적인 또는 관계에서의) 개인, 가족, 대인관계, 직장에서의 상황에서 해결책을 형성하는 새로운 기술의 사용을 증가시키기

   개입:

   a. 새로운 상황에 적응하는 새로운 기술과 능력에 대한 **칭찬과 격려**를 하라.

   b. 기복을 예측하고 다루는 방법을 **미래로 확장**시켜라.

해결 기반 학교 상담

학교 상담사들은 교육 환경에서의 적용 가능성 때문에 해결 기반 상담을 적극적으로 받아들여 왔다(Cooley, 2009; Davis & Osborn, 2000; Kelly et al., 2008; Metcalf, 2003, 2007; Murphy, 2008; Parsons, 2009; Sklare, 2004). 상담하는 데 5~20분 정도가 소요된다는 점은 학교 환경에

서 해결 기반 상담을 시행하는 데 이상적이다. 게다가 수십 년 간의 연구에서 학생들이 교사의 기대에 부응한다는(혹은 만회한다는) 것을 보여 주었다. 만약 교사에게 학생이 똑똑하고 예의 바르게 행동을 할 것이라는 믿음이 있다면, 학생은 이러한 기대에 부응한다. 따라서 만약 교사, 학생, 학부모, 관리자들이 학생의 강점을 보는 능력을 향상시키기 위해 해결 기반 접근을 사용한다면, 학생들에게 강력하고, 장기적이며, 광범위한 효과를 미칠 것이다(Kelly et al., 2008). 지난 10년 간의 연구는 학생들의 부정적인 감정의 강도, 품행장애 및 외현화 행동을 줄이는 데 도움이 되는 유망한 접근방식으로 해결 기반 학교상담을 지지한다.

■ 해결 기반 학교 상담의 가정

머피(Murphy, 2008)는 해결 기반 학교 상담의 다섯 가지 가정을 다음과 같이 설명했다.

1. 만약 효과적이라면, 더 하라. 만약 효과적이지 않다면, 다른 방법을 찾아라.
2. 모든 내담자는 특별하며, 재능이 있고, 변화 가능하다.
3. 협력적인 관계는 해결책을 강화시킨다.
4. 변하지 않는 문제는 없다.
5. 큰 문제가 항상 큰 해결책을 필요로 하는 것은 아니다.

■ 학교 장면에서의 해결 기반 관점

해결 기반 작업의 치료적 적용에서 사용되는 개념화 작업의 대부분은 학교 장면에서 사용된다.

1. **문제 행동 묘사**: 다른 해결 기반 상담자들과 비슷하게(Bertolino & O'Hanlon, 2002; De Jong & Berg, 2002), 문제는 병리화하지 않고 비난하지 않는 용어와 언어로 정의하며, 변화에 영향을 미칠 수 있는 방법을 강조한다(Cooley, 2009; Kelly et al., 2008; Metcalf, 2008). 해결 기반 학교 상담자는 가능한 태도, 성격 혹은 기분이 아닌 (문제에서 비롯되었다고 믿을 수 있는) 행동 묘사를 문제로 정의한다.

   예시 7학년 호세(Jose)

   • 지난 세 달간 성적이 A와 B에서 C와 D로 떨어졌다.
   • 수업에서 교류가 이루어지지 않았고, 학급 활동과 수업 참가 점수가 현저히 낮아졌다.
   • 방과 후와 주말에 이전보다 더 적은 친구들과 어울렸다.
2. **문제의 체계적인 관리**: 체계적인 향상성에 대한 개념을 도출하면서(Watzlawick,

Weakland, & Fisch, 1974; 11장 참조), 상담자, 부모, 교사, 학생에게 어떠한 행동이 비난을 최소화하면서 문제를 유지하는 데 도움이 되는지를 확인한다. 상담자는 의도적이든 의도적이지 않든 각 개인의 삶 속에 있는 문제를 영속화하고, 어떤 작은 방법으로 문제와 이어지는지를 탐구해야 한다.

예시

- 호세는 집에 오면 숙제를 하기보다 텔레비전을 본다.
- 그의 어머니는 그가 숙제를 할 때까지 숙제를 하라고 반복해서 말한다.
- 호세의 성적이 좋았던 6학년 때는 이렇게 열심히 하지 않아도 되었다고 말한다(공부하는 기술이 필요할지도 모름).
- 호세는 올해 친구들과 같이 듣는 수업이 줄었다.
- 호세의 선생님들은 호세가 착한 아이지만 공부를 하지 않고, 친구가 없는 것 같다고 말한다.

3. **예외**: 초기에 드 세이저(1985, 1988)가 묘사한대로, 상담자는 학생, 교사, 부모가 예외를 확인하거나 문제가 덜 될 때 도움을 준다.

예시

- 호세는 숙제를 끝내고 점수를 얻었다. 그는 시험공부를 하고 좋은 성적을 받는 데 어려움을 느낀다.
- 호세는 직접 체험하는 과학 프로젝트를 좋아하고, 이것을 가장 즐긴다.
- 호세는 학교에서 가끔 한 친구와 점심을 함께 먹는다.
- 호세는 조별 활동을 할 때 친구들과 대화를 나눈다.
- 호세는 축구를 좋아하고, 형제자매와 잘 어울린다.

■ 학교 장면에서의 해결 기반 집단

학교 상담 교사에게 분노, 공부 기술, 이혼 가정 등의 특정 문제가 있는 학생들을 위한 집단을 만들라는 요청이 늘어나고 있다(Kelly et al., 2008; Metcalf, 2008). 이 집단은 상담 서비스를 제공하며 시간과 비용 두 가지를 절약할 수 있는 매우 효과적인 수단이다. 학교 상담자들은 학교 장면에서 집단 회기를 체계화하기 위해 다음을 포함한 공동의 해결 기반 원칙들을 사용한다.

1. **해결 기반의 목표 설정**: 상담자는 집단 구성원들에게 '상황이 나아지는 때를 너는 어떻게 알 수 있을까?'와 같은 긍정적인 용어로 그들이 목표를 정의하도록 돕는다(Kelly et al., 2008; Metcalf, 2008). 만약 학생이 화를 내며 "선생님이나 부모님이 제가 글렀다고 생각하

실 때요." 또는 비슷하게 대답한다면, 상담자는 해결 기반 방식으로 "X이 네가 여기 있지 않아도 된다고 믿게 하려면 너는 어떻게 해야 할까?"라고 묻는다. 상담자는 목표를 설정하고 주별 진행 상황을 측정하기 위해 척도 질문(de Shazer, 1994; '핵심: 이 이론의 중요한 공헌' 참조)을 사용할 수 있다. 만약 집단이 이전에 진행되었다면, 상담자는 과제를 확인하고 학생들이 이번 주에 어디에 있는지를 탐색해야 한다.

2. **예외와 강점 확인하기**: 기적 질문(de Shazer, 1985), 예외 질문(de Shazer et al., 2007; O'Hanlon & Weiner-Davis, 1989), 강점 평가(Metcalf, 2008)를 사용하여 상담자는 집단 내에서 서로를 알거나 상황을 아는 구성원의 조언을 활용하여 예외를 확인하고 해결책을 만드는 것을 도울 수 있다. 또한 상담자는 수줍음이 많다고 말한 소년이 집단에서 꽤 많은 이야기를 한다든가, 공격적인 행동을 보인다던 학생이 협조적으로 임한다든가 하는 등 집단 환경에서의 예외와 강점을 잡아낼 수 있다.
3. **작은 변화를 격려하기**: 상담자는 집단을 향한 지지와 긍정적인 격려를 활용하여 학생들이 하나의 작은 변화를 만들 수 있도록 동기를 만드는 데 도움을 줄 수 있다(Metcalf, 2008; O'Hanlon & Weiner-Davis, 1989). 긍정적인 집단 환경은 학생들이 바뀌는 중요한 동기의 근원이 될 수 있다.
4. **회기 밖에서의 구체적인 과제 개발**: 참가자들은 그들의 해결책에 조금씩 나아가기 위해 매주 하나의 명확한 과제를 가지고 떠나야 한다(Kelly et al., 2008; Metcalf, 2008). 이러한 과제는 매주 휴식 시간마다 새로운 사람에게 놀자고 요청하는 것 혹은 방과 후 텔레비전을 보기 전에 15분 동안 숙제를 하는 것과 같은 사소한 것들일 수 있다.

■ 8회기 집단 예시

Kelly 등(2008, pp. 109-110)은 불안, 부모의 이혼에 적응하기, 성적 등의 구체적인 주제를 다룬 중학교와 고등학교 집단 8회기의 예시를 서술했다.

1회기: 시작하기

- 소개, 사전 동의 그리고 집단의 기대
- 집단의 목표에 대해 논의

2회기: 목표 설정

- "집단에 8주 동안 참여하면서 어떤 것을 이루고 싶니?"
- 해결책을 확인하기 위한 기적 질문(적합한 연령이라면, 학생에게 그림을 그려 보게 하라.)

3회기: 점수

- "0에서 10까지의 점수에서 10이 집단이 끝날 무렵 네가 원하는 위치이고, 0은 누군가 네가 집단에 처음으로 참여하기 원했을 때의 위치라면, 현재 너는 어디에 있을까? 우리가 다음 주에 만나기 전까지 점수를 하나 올리기 위해서 너에게 어떤 일이 일어나야 할까?"
- 학생이 점수를 올릴 수 있도록 도와주는 구체적인 과제와 행동을 확인하라.

4회기: 성공의 신호

- 3회기까지의 과제를 복습하고, 학생들로 하여금 '성공의 신호'를 확인하도록 하라.
- 다음 주 동안 동기를 부여하기 위해 관계적인 질문을 사용하라. "만약 내가 너의 선생님께 어떤 성공 신호를 느꼈냐고 여쭤 보면, 그분은 뭐라고 말할까?"
- 성공의 신호를 써 내려가는 것을 포함한 과제

5회기: 변화를 끌어내고, 증폭시키고, 강화하라

- 과제를 확인하여 성공에 대한 묘사를 끌어내고, 변화를 증폭시키며, 새로운 행동을 강화시킬 기회를 찾아라. 예의 질문을 활용하라.
- 점수를 계속해서 높이기 위한 과제와 작업

6회기: 더 연륜 있고 현명한 자신

- 척도 질문으로 과정을 확인하라.
- 학생들에게 더 연륜 있고 현명한 자신이 되어 스스로에게 편지를 쓰도록 지시하라 (Dolan, 1995). "네가 건강하고 현명한 노인으로 자라서 이 시기를 되돌아보고 있다고 상상해 봐. 더 연륜 있고 현명한 사람은 너에게 목표를 이루기 위해서 어떤 조언을 할까?"

7회기: 새로운 자신

- 연륜 있고 현명한 자신이 쓴 편지를 검토하라.
- '새로운 자신'이 어떻게 생기기 시작했는지와 다른 사람들이 어떻게 반응하는지를 논의하라.

8회기: 좌절에 대비하라, 성공을 축하하라

- 척도 질문을 사용하여 성과에 대해 논의하라.
- 좌절을 다룰 계획을 만들고 정상화하라.

• 성공을 축하하는 증서를 배부하라.

■ 효과적으로 작용하는 것 적용하기: 교실 지도

인수 킴 버그와 리 쉴츠(Lee Shilts)가 플로리다에서 상담할 때 개발한 WOWW(Kelly & Bluestone-Miller, 2009; Kelly et al., 2008)는 학교 상담자들이 교사와 학급이 행동적이고 학문적으로 향상될 수 있도록 돕는 데 사용하는 해결 기반 기술이다. 컨설턴트나 코치의 역할을 더 많이 하는 학교 상담자는 강점 평가와 점수를 활용하여 교사와 학생이 함께 학급 성과와 문화를 향상시키도록 돕는다. 예비 연구에서 학생들의 행동에 대한 교사의 인식, 효과적인 학급 관리자로서 교사 자신에 대한 관점, 학생들의 행동과 그들 자신에 대한 인식이 긍정적으로 나타났다.

WOWW 지도 과정은 다음의 3단계를 포함한다.

[1단계] 관찰과 칭찬(1~3주): 학교 상담자는 이 단계에서 학급에 과정을 소개한다. "저는 이 교실에 와서 여러분이 하고 있는 활동 중에 유익하고 도움이 되는 일들을 살펴볼 거예요. 제가 보고 여러분에게 말해 줄게요."(Kelly & Bluestone-Miller, 2009, p. 65) 상담자는 약 한 시간 동안 방문하여 처음 45분은 관찰하고 나머지 15분은 학생 집단이나 개인의 행동에 대해 이야기하고 칭찬하는 데 시간을 보낸다.

[2단계] 목표와 점수 체계 만들기(4~6주): 학교 상담자는 척도 질문을 변형하여 긍정적이고 행동적인 용어로 '최고의 학급'은 어떤 행동을 하는지 확인시켜 준다(예: 말하기 전에 손을 드는 것, 공부할 때 조용히 하는 것, 서로에게 친절하게 말하는 것). 상담자는 최고의 학급에 대한 설명은 그들이 하지 않고 있는 것이 아니라 하고 있는 것이라는 점에 유의한다. 상담자와 학급 학생들은 1주 이상의 기간 동안 1~5와 1~10, 혹은 미소 짓는 표정의 척도를 활용하여 지시문을 개발하고 학급은 그것을 활용하여 자기 평가를 한 후, 가능한 점수에 대한 행동을 정의한다.

[3단계] 목표 설정과 변화 확대(남은 회기): 학생들이 목표와 점수를 개발한 후에 상담자는 다음 주에 학급이 진행할 하나 혹은 두 가지(그 이상은 안 됨)의 목표를 선택하도록 지도한다. 교사는 매일 과정을 측정하고 쉽게 읽을 수 있는 차트에 작성하도록 권장한다. 상담자의 역할은 매 방문마다 강점을 알아차리고 확대하는 것이다. 일단 하나의 목표가 달성되면, 학급이 앞으로 나아갈 수 있는 새로운 목표를 세워야 한다.

다문화적 접근: 다양한 집단과 작업하기

민족 · 인종 · 문화의 다양성

내담자의 목표를 미리 결정하는 건강론(theory of health)을 사용하지 않기 때문에(O'Hanlon & Weiner-Davis, 1989), 해결 기반 치료는 넓은 범위의 대상들과 가치 체계에 적용될 수 있다. 이 치료는 북아메리카, 남아메리카, 유럽, 중동, 아시아, 호주 등 다양한 대상에게 널리 사용되었다(Gingerich & Patterson, 2007). 또한 이민자, 아프리카계 미국인, 히스패닉, 사우디아라비아인, 중국인 그리고 한국인 등 다양한 내담자와 학교, 교도소, 병원, 기업, 대학 같은 다양한 장면에서 연구되었다(Gingerich & Patterson, 2007). 다양한 내담자와 작업할 때, 해결 기반 치료자는 종종 다양성의 문제와 관련된 고유한 감정, 인식, 사회적 자원들에 접근한다.

코코런(Corcoran, 2000)은 해결 기반 치료가 왜 일반적으로 다양한 사람에게 적합한지 몇 가지 이유를 밝혔다.

- **상황에서 고려된 행동**: 상황에 따른 행동의 해결 기반 관점은 소외된 집단의 문제 행동을 보다 공정하게 이해하도록 한다.
- **내담자에 의해 만들어진 행동 목표**: 해결 기반 치료의 목표 설정 과정은 많은 민족 집단에게 적합한데, 내담자의 언어로 목표를 정하고 구체적이고, 행동적이며, 단기적이기 때문이다.
- **정서보다는 행동에 초점 두기**: 정서보다 행동에 초점을 두는 것은 많은 소수 민족 집단에게 더 안정감을 주고 가치 있다.
- **미래 지향**: 많은 소수 민족가에게는 과거를 이해하는 것보다 미래의 문제를 해결하는 데 초점을 두는 것이 적합하다.

아시아계 미국인 여러 심리치료사들은 아시아인과 아시아계 미국인을 대상으로 해결 기반 치료를 탐구해 왔다. 허와 황(Hsu & Wang, 2011)은 해결 기반 치료가 긍정적인 재구성(체면 잃는 것을 모면), 관계 기반 관점 그리고 실용적인 해결에 중심을 두기 때문에 아시아계 내담자에게 매우 적합하다고 설명했다. 아시아계 내담자와 작업하는 데 고려해야 할 사항은 다음과 같다.

- **효도**: 여러 심리치료사들은 윗사람을 따르고 존경하는 아시아의 흔한 가치관인 효에

대한 문제를 다룰 수 있도록 내담자를 돕기 위해 해결 기반 치료를 사용해 왔다(Lee & Mjelde-Mossey, 2004; Hsu & Wang, 2011). 해결 기반 접근은 각 세대의 관점을 긍정적으로 재구성하는 데 도움을 주어, 좋은 의도가 보다 잘 이해되도록 한다.

- **형식과 내용**: 많은 아시아계 사회에서는 **내용**(무엇이 행해졌는지)만큼이나 **형식**(어떻게 행해졌는지)에 가치를 부여한다(Berg & Java, 1993). 이것은 가족 구성원이 문제를 해결하기 위해 무엇을 했는지보다 어떻게 문제에 접근했는지에 더 관심을 가진다는 것으로 해석할 수 있다.
- **실제적인 해결책**: 아시아 문화는 일반적으로 극적인 감정 표현을 하지 않으며, 이것은 정서와 원인을 탐구하기보다 실질적인 해결책에 초점을 두는 치료적 접근을 선호한다는 것으로 해석할 수 있다(Berg & Jaya, 1993).
- **체면 유지**: 해결 기반 치료는 근본 원인을 확인하기보다 '여기서부터 어떻게 할 것인지'에 중점을 두는 고유함이 있어 보다 쉽게 아시아계 내담자의 체면을 세울 수 있다. 아시아계 문화는 **수치심**(죄의식이 아닌)을 바탕으로 하기 때문에 긍정적인 재구조화와 칭찬은 이 들에게 특히 더 적합하다(Berg & Jaya, 1993).
- **간단한 치료**: 사생활을 중시하는 아시아계 가족에게 치료는 마지막 수단이기 때문에 해결 기반 치료의 단기적 접근은 매우 적절하다(Berg & Jaya, 1993).

중동계와 남아시아계 무슬림 미국인 초드리와 리(Chaudhry & Li, 2011)는 해결 기반 상담이 중동계와 남아시아계 무슬림 미국인들과 작업하기에 문화적으로 섬세하고 적합한 이론적 접근이라는 것을 확인했다. 그들은 미래에 초점을 맞추고 구체적인 목표를 세우며 자기개방이 제한적인 접근방식이 문화적으로 적합하다고 믿는다. 게다가 무슬림 미국인들은 일반적으로 해결 기반 상담자가 빠르게 알아채고 활용할 수 있는 자원으로, 가족 및 공동체와 강한 유대감을 가지고 있다. 더 나아가 중동계와 남아시아계 무슬림 미국인들은 가족, 공동체, 종교 성직자를 통해 사회적 지지를 얻는 경향이 있고, 특정 문제에 대해서만 전문적인 상담을 추구한다. 따라서 '긁어 부스럼 만들지 말라'는 해결 기반 상담의 철학은 이러한 문화적 경계선을 존중한다.

구체적으로, 초드리와 리(2011)는 중동계와 남아시아계 무슬림 미국인과 작업할 때 적용 가능한 해결 기반 상담의 요소들은 다음과 같다고 설명한다.

- **문제 없는 대화**: 문제 없는 대화는 더 많은 사생활을 허용하고 수치심을 낮춰 주는데, 이것은 지난 몇십 년간 미국에서 크게 증가한 차별을 마주했던 무슬림 미국인에게 중요하다.

- **면담 전 변화:** 이전 회기 변화를 확인하는 것은 어색함을 줄이고 내담자의 현재 가족과 공동체의 자원을 인정하고 존중할 수 있게 한다.
- **목표 설정:** 상담자가 정한 목표보다 내담자의 목표에 초점을 둔 해결 중심 상담의 긍정적인 틀은 무슬림 미국인 내담자가 상담과정에 참여하고 신뢰할 수 있도록 돕는다.
- **유능감 찾기:** 역량을 확인하는 시간을 가짐으로써, 상담자는 내담자의 문화에 대한 진실한 존경과 이해를 전달하고 문화에 기반한 많은 강점과 자원을 이해하는 기회를 가진다.
- **기적 질문:** 상담과정 초기에 기적 질문을 사용하는 것은 상담의 명확한 비전과 목적을 설정하고 내담자가 안전하다는 느낌을 고취시킴으로써 희망적인 감정을 불러일으키며, 이로써 무슬림 미국인들의 참여를 도모할 수 있다.

성 정체성의 다양성

해결 기반 치료는 사전에 정의된 건강론이 없고 내담자가 정한 목표에 초점을 두기 때문에 게이, 레즈비언, 양성애자 혹은 트렌스젠더 내담자와 함께 진행하기에 적합하다. 그러나 이러한 문제에 섬세하게 반응하기 위해서 상담자는 이것이 문제나 해결책의 일부가 아니라는 것을 가정하기보다는 내담자가 제시한 문제에서 가능한 역할에 대해 '초심자의 마음'으로 질문해야 한다. 해결 기반 치료를 이 집단에 적용한 구체적인 연구는 거의 없다. 그러나 이 접근은 배우자의 커밍아웃에 적응하는 것을 용이하게 하는 데 사용되어 왔다. 트레이거, 엘러스, 자이이첵과 트레퍼(Treyger, Etlers, Zajicek, & Trepper, 2008)는 해결 기반 치료가 한 여성의 배우자가 게이라고 밝힌 사례에 적합하다는 것을 발견했다. 이 접근법은 지지적이고 병리화하지 않는 장면에서 내담자가 상황에 대한 그녀만의 해결책을 알아내도록 돕는 데 사용되었다. 그들은 배우자가 동성애자 혹은 양성애자라는 소식에 적응하기 위해 벅스턴(Buxton, 2004)의 7단계 모델을 사용했다. 각 단계는 혼란/불신, 현실을 직시하고 인정하기, 수용하기, 내려놓기, 치유, 재구성과 재초점화, 변화를 포함한다. 트레이거 등(2008)의 연구에서는 이 접근법에서 내담자에게 가장 도움이 되었던 것은 편견 없는 대화, 조언(가족들과 친구들이 많이 했던)을 받지 않은 것, 긍정적인 피드백과 칭찬, 구체적으로 측정하기 위한 척도 질문이라고 보고했다.

스냅샷: 연구와 근거 기반

해결 기반 치료는 꾸준하게 성장하는 경험에 의거한 지지 기반을 가지고 있다. 최근 잘 통제된 임상 실험 연구인 두 가지 메타 분석(Stams, Dekovic, Buist, & De Vries, 2006; Kim, 2008)에서 해결 기반 단기 치료가 가장 효과적인 규모를 가지고 있으며 다른 접근과 동등한 결과를 가지지만 시간이 덜 들고 그로 인해 비용도 절감된다는 사실을 발견했다(Gingerich, Kim, Stams, & MacDonald, 2012). 이에 대한 추가 근거로 소년 재판소와 비행예방 기관은 유망한 접근 방법으로 인정하고, 근거 기반 실제의 발판을 마련했다(Kim, Smock, Trepper, McCollum, & Franklin, 2010).

1986년에 처음으로 문헌에 기술되었던 해결 기반 단기 치료에 대한 대다수의 연구는 1993년에 최초의 통제 연구를 실시했고, 총 48건의 연구가 출간되었으며 2개의 메타 분석 검토가 진행되었다(Gingerich et al., 2012). 무선 표집, 치료 정확도 측정, 표준화된 결과 측정을 포함하면서 연구의 질은 꾸준히 개선되고 있다. 연구자들은 가정 폭력 가해자, 부부, 조현병 환자, 아동 학대, 비행 청소년, 학교 환경, 육아, 알코올, 위탁 가정 등을 포함한 넓은 임상 인구와 문제를 가지고 해결 기반 단기 치료의 효과를 연구해 왔다(Franklin, Trepper, Gingerich, & McCollum, 2012). 해결 기반 단기 치료 과정에 대한 연구는 가설적 질문, 기적 질문, 첫 회기 과제, 척도 질문, 해결책 대화가 목표로 하는 치료 효과를 달성하고, 내담자의 희망과 낙관성을 불러일으킨다는 것을 발견했다(McKeel, 2012).

현재 해결 기반 단기 치료에 대한 양적 연구는 표준화된 치료 매뉴얼의 확대(Trepper et al., 2012)와 엄격하고 정확한 검사 개발을 통해서 임상 실험 연구를 수정하고 개선하는데 초점을 두고 있다(Lehman & Patton, 2012). 또한 결과 측정과 협력적 개입으로 회기 내 치료적 동맹과 내담자 진행에 대한 연구가 진행되고 있다(Duncan, Miller, & Sparks, 2004; Gillaspy & Murphy, 2012). 마지막으로, 해결 기반 단기 치료는 근거 기반 임상 접근이 기초가 되는데, 심리치료 연구의 큰 흐름은 변화의 메커니즘을 검증하는 것으로, 실험 연구는 해결 기반 단기 치료에 중요하게 내재된 이론적 가정의 일부에 대한 근거를 제공해 왔다. 예를 들면, 협력과 공동체 구축은 실험실에서 매우 유의미한 결과를 이끌어 냈다(Bavelas, 2012). 또한 미시 분석 연구에서는 주로 부정적인 내담자 중심 치료자, 인지행동 치료자와 비교했을 때 해결 기반 치료자들이 공식과 질문에 있어 압도적으로 긍정적이라는 것을 보여 주었다(Tomori & Bavelas, 2007; Korman et al., 2012; Smock et al., 2012). 그리고 이러한 '긍정적인 대화'는 더 긍정적인 대화로 이끌고, 부정적인 대화를 더 부정적인 대화를 이끈다는 것이 발견되었다(Smock et al., 2012). 따라서 "…… 치료자가 긍정적인 표현을 사용하면 전반적으로 긍정적인 회기를 함께 구축하는 데에 긍정적으로 기여하는 반면에 부정적인 표현은 그 반대로 작용한다."(Bavelas, 2012, p. 159). 이 분야의 연구는 언젠가 해결 기반 단기 치료 변화의 정확한 메커니즘과 이 접근이 다른 임상 모델들과 어떻게 다른지에 대한 이해를 증진시킬 것이다.

해결 기반 사례 연구

32세의 전담 간호사인 마르셀라는 그녀의 오빠가 자동차 사고로 죽은 후에 치료법을 찾고 있다. 그녀는 오빠의 비극적인 죽음으로 슬펐지만, 한편으로는 그녀가 12세 때 그에게 성적으로 학대당했기 때문에 결국 신이 벌을 내린 것이라 생각했고, 그것에 약간의 정당함을 느꼈다. 그녀는 그의 죽음 이후로 우울감을 느껴 왔는데, 어느 정도는 그에 대한 애도 때문이고, 또 어느 정도는 그의 죽음으로 인해 그녀가 절대 치료를 받으려고 하지 않았던 학대에 대한 기억을 떠올렸기 때문이다. 왜냐하면 (그녀가 부모님께 얘기했을 때 오빠의 학대행위를 멈추기 위해 부모님이 개입했지만, 그들은 가족이 망신을 당할 것을 피하기 위해 외부 도움을 찾지 않았다.) 어렸을 때 필리핀에서 미국으로 이민 온 부모님은 그녀에게 오빠를 용서하고 위로가 필요할 때 성모 마리아에게 기도할 것을 권했다. 이에 그녀는 고통에 대처하기 위해 자해를 계속했다. 대학 졸업 후, 마르셀라는 엄격한 가톨릭 신자였던 부모님, 가족들과 멀어졌다. 마르셀라의 남편은 그녀를 매우 지지했지만, 그녀의 가족과 감정이 좋지 않았다. 마르셀라는 오빠의 죽음이 그녀로 하여금 가족과 더 가까이 지내고 싶게 하고, 학대 후에 잃었던 자신감을 되찾게 해 주었다고 하였다. 그녀의 장기 목표는 소아과 의사가 되는 것이지만, 그녀는 의사가 되기에 부족하다고 느꼈다. 마르셀라는 어린 시절부터 취미였던 승마를 할 때 가장 큰 평화를 얻었다.

사례개념화: 해결 기반 접근

■ 강점

성인 여성(AF)은 가족들이 그녀를 지지하지 않을 것이라는 것을 알면서도 자신의 이야기를 털어놓을 만큼 충분히 용기 있고 자신감 있었다. 그녀는 강한 신앙심을 가지고 자랐는데, 그것은 오빠의 죽음을 이해하는 것과 학대로부터 치유받는 것을 이해하는 데 도움을 주고 있다. 그녀는 직업적으로 성공했고, 미래의 경력을 위한 명확한 목표를 가지고 있었다. 비록 그녀가 자해를 했지만, 자살에 대한 생각은 없었다. 그녀와 함께 이러한 장점을 탐구하라.

■ 예외, 이전의 해결책, 효과적으로 작용하는 것

AF는 승마를 할 때 오빠의 죽음이나 학대의 기억에서 벗어나 가장 큰 평화를 느낀다. 또한 그녀는 오빠의 죽음 이후 지지적인 그녀의 배우자 및 가족들에게 자신의 이야기를 하였으며, 그 이후로 가족들과 거리가 좁혀져 종종 연락을 한다고 했다. 그녀가 자해를 했었지만, 하지 않았던 때를 확인하라.

■ 기적 질문

AF에게 기적은 가족이 그녀를 있는 그대로 받아들여 주고 좋은 관계를 맺는 것으로, 평범하게 저녁을 먹고 명절을 함께 보내는 것을 포함한다. 그녀는 소아과 의사가 되고 싶어 하는 자신에 대해서 이야기했으며, 스트레스를 받고 감정이 북받쳐 오를 때 그녀의 파트너와 이야기하거나 승마를 한다고 하였다. 마지막으로, 그녀는 감정에 북받치지 않은 상태에서 학대를 기억할 수 있고 오빠를 용서할 수 있다고 말한다.

■ 내담자의 동기: 방문형, 불평형, 고객형

초기 오빠의 죽음과 학대를 문제로 볼 때 AF는 불평형으로 보였지만, 자신감을 가지고 가족과 더 가까워지기를 원하며, 보다 나은 직업적 목표를 추구하는 것으로 보아 변화를 위한 고객형이 될 준비가 된 것 같았다.

■ 문제/해결의 해결 기반적 표현

몇 달 전 오빠가 죽은 이후로 AF는 학대의 기억을 경험해 왔고, 고통을 참기 위해 몇 년 전에 멈췄던 자해로 대처했지만 이제는 자해를 멈추는 것에 전념하고 있다. 그녀는 자신이 꿈꾸는 직업을 성취하고, 가족들과 일요일에 모여 저녁을 먹거나 명절에 방문하는 등 자신감이 가져다 주는 평화를 얻기 원한다. 그녀는 자신의 성장과 치유를 지지해 주는 배우자에 대해 강한 믿음을 가지고 있다.

치료계획: 해결 중심 접근

치료의 초기 단계

초기 단계 치료 과제

1. 치료 관계를 형성하기. 다양성의 고려사항: AF로 하여금 성적 지향성과 민족성이 치료 관계에서 존중되고 그녀의 종교적 신념과 강점을 존중하여 개입하고 있다는 것을 확실히 느끼게 하라.
   관계 형성 접근/개입:
   a. **강점**과 **자원**을 확인하고 **언어 바꾸기**를 통해 **문제의 범위를 정하면서** 라포를 형성하고 **학대에도 불구하고 기능하는** 부분을 확인함으로써 온전히 회복할 수 있다는 희망을 불어넣어 주어라.

2. 개인적이고 체계적이며 다양한 문화적 역동을 평가하기. 다양성의 고려사항: 가족과 더 넓은 문화적 체계를 평가할 때 이민 이력과 필리핀 가톨릭 가족의 규준을 고려하라.
   평가 전략:
   a. AF가 해결의 행동적인 표현과 세부적인 변화를 사랑할 수 있도록 동기부여를 하고, 문제와 관련하여 달라질 수 있는 것과 그녀가 다르게 할 것을 강조하는 **기적 질문**을 하라.
   b. **예외, 이전 해결법, 효과적으로 작용하는 것, 면담 전 변화** 그리고 **강점**을 확인하라.

초기 단계 내담자 목표

1. 감정이 동요할 때 자해를 멈추기 위한 **자원을 사용**할 수 있는 능력과 안정감을 증가시키기
   개입:
   a. 내담자가 **단계별 안전계획**을 만들 수 있는 **안전성 척도**를 사용하도록 동기를 부여하라. 가능하다면 배우자도 참여하도록 하라.
   b. 자해하기를 원하는 것처럼 느낄 때, 내담자가 즉각적으로 지지를 받을 수 있는 개인적, 관계적, 공동체 **자원**을 확인하라.
   c. 현재 무엇이 효과적인지를 확인하고, 첫 번째 회기와 두 번째 회기 사이에 희망을 불어넣기 위한 **공식화된 첫 작업을** 하라.

치료의 작업 단계

작업 단계 치료 과제

1. 작업 동맹의 질을 확인하기. 다양성의 고려사항: AF가 상담 관계에서 안전함을 느끼고 그녀의 성적 지향성, 민족성, 종교적 신념이 존중된다는 것을 느낄 수 있도록 계속 확신을 주어라.
   평가 개입:
   a. 회기 평가 척도를 사용하라. 그녀가 변화를 위해 상담자와 더 가까워질 수 있을 때 동맹을 조정하라. 만약 개입이 잘 이루어지지 않는다면, **다른 방법으로 바꾸어야** 한다.

작업 단계 내담자 목표

1. 학대와 관련된 우울한 기분 감소를 위해 자신감을 키울 수 있는 주도적인 행동을 증가시키기
   개입:
   a. 점진적인 개선을 위해 매주 자신감을 향상시킬 수 있는 구체적인 행동 과제들을 확인하는 **척도 질문**을 하라.
   b. AF가 그녀의 성적 지향성을 이유로 가족으로부터 학대와 소외를 당했을 때 대처했던 모든 방식을 확인할 수 있게 도와주는 **대처 질문**을 하라.

2. 우울한 기분 감소를 위해 가족과의 접촉에 대한 만족감을 증가시키기

개입:

a. 가족과의 관계 개선으로 이끌 수 있는 세부 행동 과제를 매주 확인하는 **척도 질문**을 하라.

b. 가족과의 관계 개선을 위해 그녀가 할 수 있는 세부 행동을 확인하는 **비디오 토크**를 활용하라.

3. 자해의 충동과 애도의 감정 감소를 위해 강력한 감정을 효과적으로 다스릴 수 있는 능력을 증가시키기

개입:

a. 그녀가 압도당하는 감정을 피할 수 있고, 감정이 처음 발생했을 때 효과적으로 대처할 수 있는 세부사항을 확인하기 위해 **척도 질문**을 하라.

b. 내담자가 강하게 올라오는 감정들을 효과적으로 다룰 수 있도록 도와주는 **가설적 질문**을 하라.

치료의 종결 단계

종결 단계 치료 과제

1. 추후 관리 계획을 세우고 성과를 유지하기. 다양성의 고려사항: 게이, 가톨릭이나 필리핀 공동체에서의 지지적인 자원을 고려하기

개입:

a. AF에게 미래의 문제와 그것들을 다루기 위해 상담에서 학습했던 자원을 어떻게 활용할 수 있을지를 상상하도록 하는 **기적 질문**을 하라.

b. 자해가 재발되려는 조짐을 알아차릴 수 있도록 배우자를 포함시켜라.

종결 단계 내담자 목표

1. 우울한 기분 감소를 위해 성적 학대와 오빠의 죽음으로 고통받았던 시절에서 벗어나 새로운 **정체성**을 확고히 하고 자신감을 증가시키기

개입:

a. 시련을 통해 많은 자원을 개발했고, 개인적으로 대단한 강점을 발견했던 사람으로서 자아 정체성과 자신감을 쌓을 수 있도록 **칭찬과 격려**를 하라.

b. 과정 및 효과적으로 작용하는 것을 돌아보는 **척도 질문**을 하고, 추후 몇 년 간 여기서 얻은 성과를 어떻게 관리할 것인가에 대해 논의하라.

2. (개인적인 또는 관계에서의) 절망감을 감소시키고, 직업적인 목표에 도달할 수 있도록 주도적인 행동을 증가시키기

개입:

a. 꿈을 향한 자신감과 결의를 개발할 수 있도록 **칭찬과 격려**를 하라.
b. 의사라는 꿈을 추구하는 데 있어서 기복을 예측하고 다루는 방법을 **미래로 확장**시켜라.

개인적 성찰과 토론을 위한 질문

1. 문제에 집중하는 것과 해결에 집중하는 것 중 무엇이 당신에게 더 의미가 있나요?
   - 이것이 현재 호소하는 문제에 따라 어떻게 달라질까요?
   - 이것이 내담자에 따라 어떻게 달라질까요?
   - 이것이 내담자의 문화적 기원에 따라 어떻게 달라질까요?
2. 당신은 주어진 상황에서 쉽게 희망을 찾을 수 있는 사람인가요?
   - 만약에 그렇다면, 이런 기술을 어떻게 습득했나요?
   - 만약에 그렇지 않다면, 문제에 집중해서인가요?
3. 당신이 현재 겪고 있는 문제와 관련된 기적 질문을 써 보세요.
   - 문제가 없는 삶을 상상하는 것은 어려운 일인가요?
   - 긍정적인 용어로 다른 '행동들'을 표현하는 것은 도전적인 일인가요?
4. 현재 문제와 관련된 질문들을 사용해 보세요. 다음 주 동안에 작은 개선을 이루기 위해 당신이 할 수 있는 세 가지 소소한 일들은 무엇이 있을까요?
5. 다양한 내담자와 작업을 할 때 이 접근이 갖는 강점은 무엇인가요? 한계는 무엇인가요?
6. 학교 현장에서 작업을 할 때 이 접근이 갖는 장점은 무엇인가요? 한계는 무엇인가요?

13장

이야기 상담 및 협력적 접근

들어가며

만약 체계적 사고가 우리가 일반적으로 세상을 바라보는 방식(즉, 나는 당신과 완전히 분리된 존재이다)에 이의를 제기하는 것이라고 생각한다면, 포스트모더니스트야말로 모든 관념을 뒤흔드는 사람들이다. 이들은 자아, 일관적 정체성, 독립적 사고와 같이 고민할 거리가 아닌 가정들에 질문을 던진다. 새로운 흐름인 포스트모던 상담적 접근 방식은 사회적 구성주의 이론에 기반을 둔다. 이는 성별, 문화, 인종, 종교, 경제적 지위에 대한 사회적 담론(예: '장안의 화제', 매체 이미지, 영화 줄거리 등)이 어떻게 개인적 감각과 문제의 발달에 영향을 미치는지를 탐구한다. 다른 체계적 접근법과 유사하게 이러한 이론은 대인관계와 자기 이해 및 경험을 형성하는 방식에 초점을 둔다. 사실상, 그들은 개인의 자기감(sense of self)이 독립적으로 생성된 것이 아닌 관계를 통하여 형성된 것이라고 가정한다. 이러한 접근은 크게 두 가지의 흐름으로 분류된다.

- **이야기 상담**: 호주와 뉴질랜드의 실천가인 마이클 화이트(Michael White)와 데이비드 엡스톤(David Epston)의 작품을 기반으로 한다. 이야기 치료 상담자는 문제를 지속시키는 사회문화적 영향력과 언어 습관을 탐색함으로써 개인이 겪는 문제로부터 스스로 분리될 수 있도록 돕는다.
- **협력적 접근**: 텍사스의 할렌 앤더슨과 해리 굴리션(Harlene Anderson & Harry Goolishian, 1988, 1992), 노르웨이의 톰 안데르센(Tom Andersen, 1991)이 발전시킨 접근법으로, 협력적

접근법은 문제를 '해소'할 수 있는 일상적 대화를 촉진시키는 데 집중한다. 이는 문제에 대한 새로운 의미를 함께 만들어 가는 방식의 대화 및 관계를 통해 이루어진다.

해결 기반 상담자와 유사하게(12장 참조), 포스트모더니즘 상담자는 낙관적으로 내담자의 강점과 능력에 초점을 맞춘다. 앞의 두 가지 접근방식은 많은 철학적 유사점을 가지고 있으면서도 상당한 차이가 존재한다. 특히 철학적 토대, 상담자의 자세, 개입의 역할, 정치적 사안에 대한 주안점에서 뚜렷한 차이가 나타난다.

〈표 13-1〉 이야기 상담과 협력적 접근의 차이점

구분	이야기 상담	협력적 접근
주요 철학적 토대	푸코(Foucault)의 철학적 글쓰기, 비판이론, 사회 구성주의	포스트모더니즘, 사회 구성주의, 해석학(해석에 대한 연구)
상담 관계	공동 편집자, 공동 저자로서 적극적인 역할	촉진적 역할, 민주적 특성, 전문가로서의 내담자
상담과정	구조화된 개입 활용, 다양한 형태의 억압에 초점	형식적 개입을 지양, 상담자는 대화의 과정을 촉진시키는 데 집중
정치적 · 사회적 정의	사회적 정의에 대한 화제가 꾸준히 상담의 대화에 포함됨	내담자를 배려하여 정치적 사안이 잠정적으로 제기됨

이야기 상담 접근

요약: 당신이 알아야 할 기본적인 내용

호주와 뉴질랜드에서 마이클 화이트와 데이비드 엡스톤에 의해 발전된 접근법으로, 이야기 상담은 다음을 전제로 한다. 사람들은 널리 통용되는 **지배 담론**에 기반한 사회적 이야기, 사회문화적 관습, 가정, 우리가 어떻게 살아야 하는지에 대한 기대 등을 통해 각자의 이야기를 풀어 나가며 인생의 사건이 지니는 의미를 창조한다. 사람들은 그들 개인의 인생이 지배적인 사회 담론과 기대에 부응하지 못할 때 '문제'가 발생하는 것을 경험한다. 이야기 상담의 과정은 사람들이 자기 자신과 인생을 평가하는 방식에 영향을 미치는 가정들을 비판적으로 탐색함으로써 그들의 **문제로부터 분리**시키는 것을 포함한다. 이 과정을 통해 내담자는 일상생활에서 보고 행동하고 교류하는 것에 대한 대안적인 방법을 발견하게 된다. 이야기 치료 상담자는 모든 사람이 각자의 자원과 강점을 가지고 있다고 가정한다. 또한 '개인'을 문제를 가지고 있는 존재가 아니라 유용하지 않고 해로운 사회문화적 관습으로 인해 문제가 부과된 존재로 생각한다.

핵심: 이 이론의 중요한 공헌

이 장에서 한 가지를 기억해야 한다면, 그것은 바로 다음의 내용이다.

■ 억압을 이해하기: 지배 담론 대 국지적 담론

여성주의 접근과 마찬가지로, 이야기 상담은 어떻게 문제가 형성되고 해결되는지에 대한 핵심 개념화로 사회적 · 문화적 이슈를 통합시킨 몇 안 되는 이론 중 하나이다. 이야기 치료 상담자는 문제가 내담자의 사회문화적 맥락과 분리되어 있지 않다고 여기는데, 이는 철학자 미셸 푸코(Michel Foucault)가 **지배 담론**으로 언급한 것으로 광범위하게 구성되어 있다(Foucault, 1980; White & Epston, 1990). **지배 담론**이란 이야기가 문화적으로 형성되는 것으로, 결혼한 사람들이 어떻게 행동해야 하는지, 무엇이 행복으로 여겨지는지, 어떻게 해야 성공할 수 있는지와 같이 사회적 행동을 구현하는 데 활용되는 인생의 지침에 관한 이야기이다. 이러한 지배 담론은 거대한 문화 집단부터 부부 및 가족에 이르기까지 다양한 종류의 사회 집단을 구성하고, 나아가 인생이 어떻게 흘러가야 하는지에 대한 이야기를 구성한다. 이러한 담론은 우리의 행동방식과 인생을 평가하는 방법에 기초하기 때문에 **지배적인** 것으로 보인다. 그러나 정작 우리가 그것의 영향이나 원인에 대해 의식하는 경우는 드물다.

푸코는 지배 담론과 국지적 담론을 대조하여 설명한다. 국지적 담론은 개인의 머릿속에서 가까운 관계, 소외된(주류가 아닌) 공동체에서 발생한다. 국지적 담론은 '하면 좋은 것'과 '해야만 하는 것'에서 지배 담론과 구분된다. 예컨대, 일반적인 업무 환경에서 여성은 관계를 중시하는 반면에 남성은 성과를 중시하는 것을 들 수 있다. 두 가지 담론 모두 남녀가 각각 지향하는 가치를 내포하고 있지만, 일반적으로 남성의 가치가 여성의 가치보다 더 특권을 가진다. 따라서 남성의 가치는 지배 담론으로 여겨지며, 여성의 가치는 국지적 담론으로 여겨진다. 이야기 치료 상담자는 국지적 담론과 지배 담론 간의 유동적인 상호작용과 '좋은 것(good)'과 '가치 있는 것(valued)'에 대한 다양한 이야기가 어떻게 우리의 사회적 관계망 내에서 충돌하며 문제나 어려움을 야기하는지에 집중한다. 이러한 사회적 상호작용에 초점을 맞춤으로써 이야기 치료 상담자는 내담자가 다양한 담론이 자신의 삶에 영향을 미치는 과정에 대해 인식할 수 있도록 돕는다. 이러한 인식은 인생의 고충에 있어 내담자의 주체감을 증진시킬 수 있으며, 자신의 문제를 보다 성공적으로 해결해 나갈 수 있는 방법을 모색할 수 있게 해 준다.

풍문: 사람들과 그들의 이야기

마이클 화이트 이야기 상담의 선구자로서, 화이트는 최초로 문제의 외재화 과정을 서술했다. 화이트는 호주 아델라이드의 덜위치 센터(Dulwich Centre)에서 근무했으며, 데이비드 엡스톤과 함께 『치료의 종결을 위한 이야기 치료 방법(Narrative Means to Therapeutic Ends)』(White & Epston, 1990)이라는 이야기 상담에 대한 책을 처음으로 출간했다. 그는 마지막으로 『이야기 치료를 위한 안내서(Maps to Narrative Practice)』(White, 2007)를 출간하고, 2008년 숨을 거두었으며, 이 책을 통해 자신의 후기 작업에 대해 설명했다.

데이비드 엡스톤 뉴질랜드 오클랜드 출신으로, 엡스톤은 화이트와 함께 이야기 상담의 기반이 되는 틀을 발전시켰다. 그는 내담자를 위한 독특한 지지 자원의 형성을 강조했는데, 예를 들어 상담자는 내담자에게 편지를 써 줌으로써 드러나는 이야기를 명확하게 할 수 있으며, 내담자들이 서로를 지지하고 걱정하는 공동체 혹은 동맹('동맹' 참조)을 발전시킬 수 있다.

질 프리드먼과 진 콤즈 미국에 근거지를 둔 질 프리드먼(Jill Freedman)과 진 콤즈(Gene Combs)는 부부 상담자로, 현실의 사회적 구성 과정을 강조하는 이야기 상담 접근을 발전시켰다. 나아가 상담 개입의 개념화를 위한 이야기 은유법을 발전시켰다. 그들은 일리노이주의 에번스턴 11번가에서 에번스턴 가족치료센터를 공동으로 운영하고 있다.

제럴드 몽크와 존 윈슬레이드 뉴질랜드에서 일을 시작했으며, 현재는 미국에서 활동하고 있는 제럴드 몽크(Gerald Monk)와 존 윈슬레이드(John Winslade)는 학교 상담, 다문화 상담, 조정 상담에서 활용할 수 있는 이야기 접근을 발전시켰다(Monk, Winslade, Crocket, & Epstori, 1997; Monk, Winslade, & Sinclair, 2008; Winslade & Monk, 2000, 2007, 2009).

큰 그림: 상담과정의 개관

이야기 상담의 과정은 내담자가 자신의 삶에서 직면한 문제의 역할을 재정립하는 과정을 통해 이를 바라보는 관점, 상호작용 방식, 대처 방식을 새롭게 모색하도록 돕는다(White, 2007). 이야기적 관점에서는 '사람이 문제가 아니라 문제 그 자체가 문제이다'라고 본다. 비록 여러 전문가들 간에 다양한 의견이 존재하지만 이야기 상담은 대략적으로 다음의 단계를 따른다(Freedman & Combs, 1996; White & Epson, 1990).

- 사람과의 만남: 개인은 취미, 가치, 그리고 일상에서 접할 수 있는 여러 가지 관점을 학습함으로써 스스로 지닌 문제와 분리되는 방법을 알 수 있다.
- 경청하기: 지배 담론의 영향력을 귀담아듣고, 문제가 없었던 때를 파악한다.
- 개인과 문제를 분리시키기: 개인은 새로운 정체성을 위한 공간을 마련하는 한편 인생의 이야기를 통합하기 위해 문제로부터 사람을 분리시키고 외재화한다.
- 선호하는 이야기 정하기: 문제와 관련된 새로운 방식을 알아보는 것으로, 그들의 삶에서 삶에 대한 부정적인 영향을 줄이고, 그들이 정체성과 문제 이야기를 '심화시키는' 새로운 방법을 확인한다('깊이 있는 설명' 참조).
- 굳히기: 개인의 인생에 있어 중요한 사람들에게 목격됨으로써 스스로 선호하는 이야기나 정체성을 강화할 수 있다.

■ 깊이 있는 설명

이야기 상담과정은 '이야기 절제술'보다 개인의 정체성과 삶의 이야기에 관한 질을 풍요롭고 '깊이 있게' 하는 과정으로서, 문제 이야기를 자유로운 문제로 바꾸는 것이다. 대신, 이야기 치료 상담자는 내담자가 안고 오는 문제 중심적인 이야기 묘사에 정체성의 새로운 국면을 더하는 작업을 한다. 평생에 걸쳐, 우리의 일상 속의 이야기가 될 그리고 우리가 누구인지에 대한 무수히 많은 사건들이 존재한다. 사람들이 문제를 경험할 때 그들은 '문제적 이야기'에 해당하는 사건들만 기억하는 경향이 있다. 예를 들어, 어떤 사람이 희망이 없다고 느꼈다면 그 사람은 아마 하루 종일 자신이 원하는 대로 일이 잘 풀리지 않았다고 생각할 수 있지만, 그날 있었던 좋은 일들에는 그다지 많은 관심을 두지 않는다. 비슷한 예로, 어떤 커플이 다투었다고 가정해 보자. 그들은 싸움에서 자신의 위치를 분명히 하기 위해 오직 상대방의 잘못된 행동에만 초점을 맞출 것이며, 아마 다른 사건들은 무시해 버리거나 까맣게 잊어버린 것일 수도 있다. 이야기 상담 과정에서 상담자는 내담자가 보다 균형적으로 인생의 사건을 묘사할 수 있도록 돕는다. 이 과정을 통해 내담자는 자기 자신과 타인에 대한 보다 명확하고 감사한 마음을 담은 이야기를 전할 수 있을 것이며, 내담자는 성공적이고 즐거운 인생을 영위할 수 있게 될 것이다.

관계 형성하기: 치료적 관계

▪ 내담자를 문제에서 분리하여 만나기

이야기 치료 상담자는 일반적으로 개인과 문제를 분리시켜 만나는 과정을 통해 내담자와 함께 첫 회기를 시작한다. 즉, 내담자의 문제를 알아보기 이전에 일상에서 만날 수 있는 한 명의 개인으로 먼저 만나는 것이다(Freedman & Combs, 1996). 상담자는 내담자와 문제를 분리하여 만나는 과정에서, 내담자의 일상생활에 익숙해지기 위해 다음과 같은 질문을 할 수 있다.

문제로부터 분리하여 내담자를 만나기 위한 질문

- 즐겁기 위해 무엇을 하며 노나요? 취미가 있나요?
- 지금 사는 곳의 좋은 점은 무엇인가요? 나쁜 점은 무엇인가요?
- 당신의 친구와 가족에 대해 이야기해 주세요.
- 당신의 인생에서 중요한 것은 무엇인가요?
- 평일과 주말에 주로 어떻게 지내나요?

상담자는 이 질문에 대한 답변을 통해 내담자가 자신을 바라보는 방식과 비슷한 관점에서 내담자를 한 명의 개인으로 바라보고 이해할 수 있다. 겉으로 보기에는 일반적이고 간단하게 보이는 이러한 개입은 효과적인 상담 관계를 형성하고 의미 있는 개입에 대해 알려 준다는 점에서 중요한 영향력을 가진다. 이 장의 마지막에 있는 사례 연구에서 상담자는 친구의 죽음과 알코올 의존에 시달리고 있는 엘란(Elan)을 자신의 문제로부터 분리시킨 채로 만나기 위해 심혈을 기울인다. 두 문제 모두에 대한 부정적이고 강한 사회적 고정관념이 존재하기 때문에, 상담자는 초기에 관계를 맺는 시점부터 엘란이 수용받고 있으며 자신을 가치 있는 사람으로 느끼도록 돕는 데 주력한다.

▪ 문제로부터 내담자를 분리하기: 문제 자체가 문제이다

이야기 상담의 좌우명은 "문제 그 자체가 문제일 뿐, 사람은 문제가 아니다."(Winslade & Monk, 1999, p. 2)이다. 일단 상담자가 내담자를 문제로부터 분리하여 이해하게 되고 개인으로서 내담자가 어떠한 사람인지에 대한 명확한 감각을 가지게 되면, 내담자와 상담자는 정체성을 독립적으로 유지하면서 문제와 '만나기' 시작한다. 즉, 우울, 불안, 부부 갈등, 주의력 결핍 과잉행동장애, 반항, 외로움, 이별 등의 문제는 개인과 분리된 독립체이며, 한 개인의 내담자가 지닌 고유한 성질이 아니다. 이러한 태도는 개인이 정중하게 사회적으로 '상대방을 알아가는' 방법 가운데 하나이다.

이야기 치료 상담자는 문제에 대해 적대적인 입장(자신이 문제보다 한 발 앞서거나 문제를 제거하기를 원하기; White, 2007)을 취할 수 있으며, 동정어린 입장(문제가 지니는 메시지와 우려를 이해하기를 원하기; Gehart & McCollum, 2007)을 취할 수도 있다.

문제와 '직면하기' 위한 질문들

- 언제 처음으로 그 문제가 발생했나요?
- 그때 당신에게 무슨 일이 있었나요?
- 문제에 대한 당신의 첫 느낌은 어땠나요? 그것들은 어떻게 변했나요?
- 시간이 지나면서 문제와 당신의 관계는 어떻게 발전했나요?
- 당신 이외에도 그 문제에 영향을 받은 사람에 누가 있을까요?

■ 낙관주의와 희망

이야기 치료 상담자는 문제로서 문제를 보고, 사람으로서 사람을 보기 때문에 상담자는 내담자를 향하여 지속적이고 깊은 낙관주의와 희망을 품는다(Monk et al., 1997; Winslade & Monk, 1999). 이러한 희망과 낙관주의는 그저 아름답게 꾸며진 것이 아니라 순수한 바람이다. 이것은 어떻게 문제가 언어, 관계, 사회적 담론을 통해 형성되는지에 대한 이해로부터 비롯되며, 이야기 접근방식이 차이를 만들어 낼 수 있다는 확신으로부터 비롯되는 것이다. 또한 상담자는 개인과 그들의 문제를 분리시킴으로써 내담자가 가지고 있는 '최적의 것'과 빠르게 연결 지을 수 있고, 이는 희망과 낙관주의를 강화시킨다.

■ 공동 저자 또는 공동 편집자

상담자의 역할은 주로 **공동 저자** 또는 **공동 편집자**로 묘사되며, 상담자와 내담자가 함께 의미를 구성하는 과정에 참여할 것을 강조한다(Freedman & Combs, 1996; Monk et al., 1997; White & Epston, 1990). 상담자는 '더 나은 이야기'를 제공하기보다는 내담자와 함께 더 유용한 이야기를 만들어 가는 작업에 집중한다. 상담자가 쏟아붓는 노력의 정도와 질은 이야기 치료 상담자들마다 매우 다양하며, 주로 내담자 삶의 사회정치적 측면에 초점을 맞추는 경향이 있다. 사실, 모든 이야기 치료 상담자(Monk & Gehart, 2004)가 동의하는 사항은 아니지만, 일부 이야기 치료 상담자는 상담자가 모든 내담자와 사회문화적 불평등 문제에 보다 폭넓은 입장을 고수해야 한다고 주장한다(Zimmerman & Dickerson, 1996).

■ 취재기자

화이트(2007)는 자신의 후기 작품인 『취재기자(investigative reporter)』에서 개인과 문제의 관계에 대해 설명했다.

> 외재화 대화에서 활용되는 질문 형식은 추적보도에 비유할 수 있다. 추적보도의 1차 목표는 권력 및 특권 남용에 관한 부패를 폭로하는 것이다. 비록 취재기자가 정치적으로 중립적이지는 않지만, 그들이 질문을 던진다고 해서 문제가 해결되거나, 법이 개정되거나, 간접적으로 권력 다툼에 관여하지는 않는다. 다만, 그들은 일반적으로 냉정한 태도를 견지한다(pp. 27-28).

따라서 상담자는 내담자와 함께 문제의 기원을 탐구하는 과정에서 침착하지만 아주 탐구적인 태도를 취한다. 이는 내담자가 그저 문제를 해결하는 데 급급해하기보다는 문제에 대하여 보다 폭넓은 맥락을 이해하는 데 영향을 끼친다.

조망하기: 사례개념화

■ 문제 중심적 이야기

내담자가 **문제 중심적 이야기**를 할 때, 이야기 치료 상담자는 주의 깊게 듣는다(Freedman & Combs, 1996; White & Epston, 1990). 문제 중심적 이야기란 '문제'가 이야기의 주역을 맡으며, 일반적으로 그 문제의 피해자인 개인은 이야기의 부차적인 역할을 맡는 것을 의미한다. 상담자는 문제가 **개인적 차원**(individual level; 건강, 감정, 생각, 신념, 정체성, 신앙심 등)에서 내담자에게 영향을 주는 방식에 대해 살펴본다. 또한 중요한 타인이 내담자에게 사적인 차원(personal level)에서 어떻게 영향을 미치는지뿐만 아니라 **관계적 차원**(relational level; 중요한 타인, 부모님, 친구들, 동료, 선생님 등)에서 어떻게 영향을 미치는지에 대해 다룬다. 상담자는 내담자의 문제 중심적 이야기에 귀를 기울이는 동시에 선택 가능한 결말과 덜 심각한 문제인 부차적 줄거리에 대해 면밀하게 듣는다. 이때 개인은 이야기에서 효과적인 요인이 된다. 그리고 이것은 **독특한 결과**로 불린다.

■ 독특한 결과와 번뜩이는 사건

독특한 결과(White & Epston, 1990) 혹은 **번뜩이는 사건**(Freedman & Combs, 1996)이란 일반적인 방식으로 전개되지 않는 문제 중심적 이야기 및 부차적 줄거리를 의미한다. 자녀는 부모의 요구를 기꺼이 받아들이고, 부부는 가벼운 갈등에서 시작된 잠재적인 논쟁을 쉽게 멈출 수 있다. 10대 청소년들은 자해하기보다는 친구에게 전화로 도움을 요청하기로 결정한다. 이러한 이야기는 별로 주목받지 못한다. 왜냐하면 이러한 줄거리에는 극적인 결말이나 특별히 주목할 만한 결과물이 없기 때문이다. 그러므로 내담자나 다른 사람들의 마음속에서 이 이야기는 잘 '떠오르지' 않는다. 이러한 독특한 결과는 내담자가 스스로 선호하는 일상을 꾸려 나가고 자신과 타인의 정체성을 더욱 충만하게 고려하여 발달시키도록 돕는 데 사용된다.

■ 지배적 문화와 성 담론('핵심: 이 이론의 중요한 공헌' 참조)

이야기 치료 상담자는 문제의 지각과 발달에 영향을 미치는 지배적 문화와 성에 대한 주제에 주의를 기울인다(Monk et al., 1997; White & Epston, 1990). 모든 담론은 '좋은 것'과 '가치 있는 것'을 구별하는 것을 목표로 하며, 이를 통해 특정한 문화 내에서 사회적 상호작용이 이루어진다. 모든 문화는 근본적으로 일련의 지배 담론으로 이루어지며, 지배 담론은 사람들이 집단을 이루어 의미 있는 상호작용을 하도록 돕는 사회적 규칙과 가치를 의미한다.

지배 담론은 인생이 어떻게 '흘러가야 하는지'에 대한 사회적 이야기이다. 예를 들어, '행복하거나' '좋은' 사람이 되기 위해서 당신은 결혼을 해야 하며, 안정적인 상태를 유지하고, 높은 연봉을 받는 직업이 있어야 하고, 아이를 낳고, 좋은 차를 타고, 집을 사고, 아이들의 학교에서 자원봉사를 하고, 하얀 울타리를 직접 만들어야 한다. 당신은 이러한 행복에 순응하거나, 어쩌면 이에 저항할지도 모르며, 단지 이러한 환상에 도달하지 못하게 하는 사회적 · 신체적 제약으로 인해 꿈조차 못 꾸는 상황일지도 모른다. 그러나 어떤 행복을 꿈꾸든 지배 담론과 관련된 문제는 누구에게나 발생할 수 있다. 이야기 치료 상담자는 내담자가 이야기하는 과정에서 나타나는 지배 담론에 면밀한 주의를 기울이는데, 지배 담론은 문제에 대한 내담자의 지각과 관련하여 아주 직접적인 정보를 주기 때문이다. 이에 대응하여, **국지적** 또는 **대안적 담론**에 대해 알아본다.

■ 국지적 담론과 대안적 담론: 내담자의 언어와 내포된 의미에 집중하기

국지적 담론과 대안적 담론은 지배 담론을 따르지 않는다(White & Epston, 1990). 예를 들어, 아이를 낳지 않기로 결정한 부부, 동성 결혼, 자신의 뿌리를 지키고자 영어를 제2언어로 사용하는 이민자 가족, 어떤 사회에서든 존재하는 십대들의 하위 문화 등이 있다. 국지적 담론이란 지배 담론에서 묘사하는 것과 다른 '좋은 것' '해야 하는 것' 윤리적 '가치'를 의미한다. 같은 문화권에 사는 십대 청소년과 성인의 사례를 들어 보자면, 십대는 미의 기준, 성적 규범, 사용하는 어휘, 친구 관계의 규칙 등 여러 분야에서 성인과는 다른 '좋은 것'에 대한 하위 문화를 형성하고 있다. 십대의 문화는 상담자가 십대의 세계관과 가치관을 이해하기 위해 활용할 수 있는 대안적 담론을 대표한다. 따라서 국지적 담론은 문제를 둘러싼 다른 사람들과 함께 상호 작용하고 이야기하며, 자신을 바라보는 새로운 방식을 만드는 자원을 제공한다.

변화를 겨냥하기: 목표 설정

■ 선호하는 이야기와 정체성

포스트모더니즘 접근으로서의 이야기 상담은 모든 내담자에게 적용될 수 있는 사전 목표를 설정하지 않는다. 대신에 이야기 상담에서는 각각의 내담자에게 고유한 목표를 설정한다. 넓은 의미에서 이야기 상담의 목표는 **내담자가 선호하는 인생의 이야기와 자신의 정체성**을 설정하도록 돕는 것이다(Freedman & Combs, 1996). 대부분의 경우, 내담자는 선호하는 이야기와 정체성을 정하는 과정에서 행위자로서 주체감을 향상시킬 수 있다. 주체감이란 개인이 자신의 삶의 방향에 영향을 미치고 있다는 생각을 의미한다. 선호하는 현실을 인식할 때 상담자는 단순히 지배적인 문화의 가치를 채택하기보다는 국지적 지식이 반영된 목표를 신중하게 발전시키기 위해 내담자와 함께 작업한다. 상담과정에서 내담자는 지배 담론의 영향을 줄이고 국지적 지식을 통합시키고자 자신이 선호하는 이야기를 재정립하곤 한다. 예를 들어, 많은 게이 남성들은 자신이 특정 도시의 게이 문화를 다른 곳의 게이 문화보다 특히 더 선호한다는 사실을 깨닫는다. 여기서 강조할 점은 지역적인 문화에서도 한 사람이 소통하고자 선택할 수 있는 국지적 지식의 다양한 변수가 존재한다는 것이다. 따라서 핵심은 지배 담론과 국지적 담론의 영향력을 고려하여 자신이 '선호하는' 이야기와 정체성을 신중하게 정의내리는 것이다. 이는 '문제가 없어지도록 하는 것'에서 '아름답고, 의미 있고, 멋진 인생을 만들어 가고 싶은 마음'으로의 점진적인 변화 과정이라 할 수 있다.

작업 단계의 예시: 즉각적인 증상을 대상으로 하여 문제를 제시한다.

- 즐거운 활동을 피하게 하는 우울의 허용 빈도를 줄이기
- '자신감 있고 사회적인' 친구와 교류하는 기회 늘리기
- 먹지 말라는 거식증의 지시에 저항하는 빈도 늘리기

종결 단계의 예시: 개인적 정체성, 관계적 정체성, 그리고 확장된 지역사회를 대상으로 삼기

- 개인적 정체성: 의미 있는 활동, 대인관계, 다른 가치 있는 것들을 통해 자신의 가치를 이끌어 내어 개인적 정체성을 형성하고, 이를 공고히 하기
- 관계적 정체성: 가족에 대한 충성심과 친밀감을 유지하면서 서로의 차이에 관한 많은 표

현을 용인하는 가족 정체성의 이야기를 만들기
- 확장된 지역사회: 사회적 관계와 사회적 맥락에서 선호하는 '외향적' 정체성 확장하기

실행에 옮기기: 개입

■ 외재화하기: 개인으로부터 문제를 분리시키기

이야기 상담의 대표적 기법은 바로 **외재화하기**이다. 외재화하기란 개념적, 언어적으로 개인을 문제로부터 분리시키는 것을 말한다(Freedman & Combs, 1996; White & Epston, 1990). 외재화를 성공시키기 위해서는 사람과 문제는 별개라는 것에 대한 굳은 확신을 필요로 한다. 따라서 외재화가 효과적으로 일어나기 위해서는 이에 대한 **태도**가 매우 중요하다(Freedman & Combs, 1996). 이러한 단일 회기 개입에서 나아가 외재화하기란 문제와 자신의 관계에 대한 내담자의 인식이 문제를 '지니고 있는 것'에서 자기와 분리하여 문제를 바라보는 것으로 변화하는 일련의 유기적이며 진화적인 과정이다. 상담자는 문제를 외부의 어떤 것이라고 명명하고, 서술 형용사를 명사로 바꾸는 과정을 통해 외재화할 수 있다. 예를 들어, 우울증을 앓고 있는 내담자를 우울증과 관계를 갖고 있는 것으로 바꿔 칭할 수 있다. 이 외에도 경우에 따라서는 관계나 자신의 '측면'에 대해 말하는 것에 대하여 내담자가 좋은 반응을 보이기도 한다. 예컨대, '두려워하고 있는 내 안의 작은 소녀' 또는 '우리 관계의 경쟁적인 측면' 같은 것이다.

외재화 작업은 내담자에게 강요할 수 있는 것이 아니다. 오히려 대화를 통해 이끌어 내거나 상황을 생각하는 방법에 대한 가능성을 제시함으로써 외재화를 이끌어 낼 수 있다. 대부분의 사례에서, 상담자는 **문제와 개인의 영향력 지도 그리기**와 같은 기법을(다음 참조) 사용하여 자연스럽고 편안하게 문제를 외재화하는 과정을 내담자에게 안내한다. 때로, 내담자는 이미 문제의 이름을 정해 놓고, 이를 일종의 외부 실체 혹은 자신과 분리되어 있는 것으로 개념화하기도 한다. 이러한 경우 상담자는 내담자가 시작한 외재화 과정을 토대로 상담 관계를 구축하기만 하면 된다.

■ 상대적 영향력 질문하기: 문제와 개인의 영향력 지도 그리기

상대적 영향력 질문하기는 외재화로 향하는 첫 번째 방법이다(White & Epston, 1990). 이것은 상담 초기에 사용되는 기법으로, 평가와 개입이 동시에 이루어지며, ① 문제의 영향력 지도 그리기와 ② **개인의 영향력 지도 그리기**의 두 영역으로 구성되어 있다.

문제의 영향력 지도 그리기 문제가 끼치는 영향을 짚어 볼 때, 상담자는 문제가 내담자의

삶과 중요한 타인에게 영향을 미치는 방식에 대해 알아본다. 상담자는 내담자가 일반적으로 문제를 생각하는 방식에서 나아가 문제의 범위를 한층 더 확장시킨다. 이후 내담자가 부정적 감정을 느끼는 것을 방지하기 위해 개인의 영향력 지도 그리기 작업을 이어서 하는 것이 중요하다.

문제의 영향력 지도 그리기는 다음과 같이 문제가 어떠한 방식으로 영향을 미치는지에 대한 질문을 포함한다.

문제의 영향력 지도 그리기

문제가 내담자에게 영향을 미치는 모든 방식 탐구하기

- 내담자의 신체적 · 감정적 · 심리적 수준
- 내담자의 정체성 이야기—내담자가 자신의 가치 및 정체성에 대해 표현하는 내용
- 내담자와 가장 친밀한 관계—연인, 자녀, 부모님
- 내담자 삶에서의 기타 대인관계—친구관계, 사회 단체, 직장 및 학교 동료 등
- 내담자의 삶에서 중요한 타인의 건강, 정체성, 대인관계(예: 부모가 자녀의 문제에 대한 수치심으로 인하여 어떻게 친구들을 멀리하게 되는지)

개인의 영향력 지도 그리기 개인의 영향력 지도 그리기를 통해 보다 명확한 외재화 과정을 시작할 수 있다. 이러한 질문의 과정은 문제의 영향력 지도 그리기를 실행한 이후 즉각적으로 이루어져야 한다. 또한 질문 과정을 통해 개인이 어떻게 문제의 일상에 영향을 미치는지에 대해 확인할 수 있고, 일련의 질문 과정을 통해 형성한 논리를 뒤집을 수 있다.

개인의 영향력 지도 그리기

내담자가 문제에 미치는 영향 탐구하기

- 문제가 당신의 기분에 영향을 미치지 않을 때는 언제인가요? 또는 당신은 어떻게 자기 스스로에게 사람으로서 가치를 두나요?
- 문제가 당신 삶의 특별하고 일상적인 관계를 즐기는 것을 막을 때는 언제인가요?
- 문제가 당신의 직장이나 학교 생활을 방해하지 않을 때는 언제인가요?
- 문제가 시작되었을 때 압도당하지 않도록 할 수 있었던 때는 언제인가요?

스스로 해보기

파트너를 찾아 현재 각자의 상황에 알맞는 '문제의 영향력 지도 그리기'와 '개인의 영향력 지도 그리기'를 차례대로 실시해 보세요. 첫 번째 질문 과정이 당신에게 어떠한 영향을 미쳤나요? 두 번째 질문 과정이 당신에게 어떠한 영향을 미쳤나요?

화이트와 엡스톤(1990)은 외재화의 장점을 다음과 같이 보고했다.

- 가족 구성원 간 비생산적 갈등과 질책을 줄인다.
- 개인이 문제에 영향을 미쳤던 시기를 강조함으로써 문제와 관련된 실패감을 약화시킨다.
- 개인을 결속시켜 문제에 대항할 수 있도록 하고 문제의 영향력을 줄인다.
- 문제의 영향력을 줄일 수 있는 새로운 가능성을 확인한다.
- 문제와의 상호작용에 있어서 보다 쉽고 스트레스를 덜 받는 접근법을 장려한다.
- 문제에 관한 반복적인 독백보다 상호적 대화를 증가시킨다.

▪ 외재화하기 대화: 포지션 맵의 진술문

화이트(2007)는 최근 **포지션 맵의 진술문**을 개발하였는데, 이는 대화의 외재화를 촉진시키기 위한 과정이다. 이 활동은 네 가지 질문의 단계를 포함하고 있으며, 한 회기뿐 아니라 여러 회기에 걸쳐 반복해서 사용할 수 있다. 이를 통해 내담자는 문제와의 관계를 변화시킬 수 있고, 자신의 행동에 대한 여러 가지 새로운 가능성을 확인할 수 있다.

[질문 유형 1] 개별적이고 경험에 기초한 문제의 정의 협의하기: 화이트(2007)는 전문적이고 세계적인 공용어(예: 진단)보다는 내담자의 경험에 근거한 언어를 사용하여 문제를 정의하기 시작했다. 따라서 '우울'이라는 말보다 '울적한 기분, 꿀꿀하다'라는 말을 더욱 선호했다.

[질문 유형 2] 문제의 영향력 지도 그리기: 화이트와 엡스톤(1990)의 초기 작업에서 언급했듯이, '문제의 영향력 지도 그리기'는 문제가 내담자 삶의 다양한 영역에 어떠한 영향을 미치는지에 대하여 다룬다. 예를 들어, 문제는 집, 직장, 학교 등의 사회적 맥락, 가족, 친구, 그리고 자기 자신과의 관계, 정체성, 미래의 가능성 등 여러 영역에 영향을 미칠 수 있다.

[질문 유형 3] 문제 행동에 대한 영향력 평가하기: 문제가 미치는 영향력을 확인하고 난 뒤, 이러한 영향을 평가하기 위해 내담자에게 질문한다(White, 2007, p. 44).

- 이러한 행동이 당신에게 괜찮나요?
- 이러한 사건에 대한 당신의 기분은 어떤가요?
- 이러한 결과가 어디에서 비롯되었다고 생각하나요?
- 사건은 '긍정적, 부정적, 둘 다 해당한다, 모두 아니다, 중간이다' 중 어디에 해당하나요?

[질문 유형 4] 평가 정당화하기: 마지막 단계에서 상담자는 내담자가 자신의 상황을 어떻게 평가했는지 그리고 왜 그렇게 평가했는지를 질문한다(White, 2007, p. 48).

- 당신은 어떤 이유에서 괜찮거나 괜찮지 않았나요?
- 이러한 사건에 대해 왜 이런 방식으로 느끼나요?
- 이러한 사건에 있어서 왜 그러한 입장과 태도를 취했나요?

'왜'라는 질문은 내담자로 하여금 도덕적 평가를 내리게 하는 것이 아니라 그들에게 무엇이 중요한지에 대해 목소리를 낼 수 있도록 허용하는 자세로 내담자에게 제공되어야 한다. 이러한 질문을 통해 내담자에게 중요한 것과 동기부여를 하는 것이 무엇인지, 그리고 자신의 정체성과 미래를 어떻게 그려 나가고 싶은지에 대해 소통하는 대화의 장을 마련해야 한다.

앞의 네 가지 유형을 통해 내담자의 외재화를 돕는 과정에서 화이트(2007, p. 32)는 문제와 관련된 다양한 비유법을 활용하였다.

- 문제에서 떠나다
- 문제에 맞서서 거부하다
- 문제를 무력화하다
- 문제의 요구조건을 거스르다
- 문제를 가르치다
- 문제의 굴레에서 벗어나다
- 문제로부터 영역을 회복하거나 되찾다
- 문제의 유혹을 거부하다
- 문제의 주장이 틀렸음을 입증하다
- 문제가 제공하는 혜택을 거부하다
- 문제로부터 그들의 삶을 가로채다
- 문제를 다스리다
- 문제를 이용하다
- 문제를 약화시키다

■ 전체화와 이분법적 사고 피하기

화이트(2007)는 '문제는 모두 나쁜 것'이라는 전체화 방식을 피한다. 왜냐하면 이러한 설명은 양자택일적 사고인 이분법적 사고를 촉진시키기 때문이다. 이러한 사고는 내담자가 틀렸다는 것을 입증하게 하며, 이러한 사고로 인해 문제의 광범위한 맥락이 불분명해질 수 있다.

이 장의 마지막에 있는 사례 연구에서 상담자는 이러한 문제들을 내담자와 직접 직면시키기보다는 엘란(내담자)이 알코올 문제와 친구를 죽게 한 사건에 대해 건강하고 바람직한 생각과 관계를 분명하게 정의 내릴 수 있도록 입장 진술 지도를 활용한다.

■ 외재화 질문

이야기 상담자는 **외재화 질문** 기법을 통해 내담자와 문제가 예전과 다른 관계를 형성할 수 있도록 돕는다(Freedman & Combs, 1996). 대개 외재화 질문이란 '우울한, 불안한, 화가 나는'과 같은 형용사를 '우울, 불안, 분노(Depression, Anxiety, Anger; 영어의 경우 앞 단어를 대문자로 바꿔주는 것은 우울, 불안, 분노 등의 문제를 하나의 독립체로 본다는 것을 강조하기 위함이다.)'와 같은 명사로 바꾸는 것을 의미한다. 외재화 질문은 기본적으로 개인은 문제와 분리된 존재이며 개인은 문제와 상호적인 관계, 즉 문제가 개인에게 영향을 미치며, 개인은 문제에 영향을 미친다는 사실을 전제로 한다.

외재화의 효과를 검증하기 위해 프리드먼과 콤즈(1996, pp. 49-50)는 다음의 두 가지 질문을 개발했다. 하나는 기존의 전형적인 상담 질문이고 다른 하나는 외재화 질문이다. 우선, 이 활동을 하기 위해서 당신 또는 다른 사람들이 대개 문제가 있다고 여겨지는 특성이나 질적인 특징들 중 하나를 선택해야 하고, 이 특성들은 대개 형용사로 표현된다. 다음 〈표 13-2〉에 제시되는 질문의 경우 X에 형용사를 대입해 보고, 그러한 특성의 명사형을 찾아서 하단의 Y에 대입해 보아라(예: X = 우울하다 Y = 우울 / X = 비난하다, Y = 비난 / X= 화나다, Y =화).

〈표 13-2〉 기존의 질문과 외재화 질문 비교

기존의 질문 (X의 자리에 형용사로 묘사되는 문제 집어넣기)	외재화 질문 (Y의 자리에 명사로 묘사되는 문제 집어넣기)
언제 처음 X한 상태가 되었나요?	무엇 때문에 당신은 Y에 취약해지고, 당신의 인생이 Y에 지배당한다고 생각하나요?
당신은 무엇에 대해 가장 X한가요?	어떤 상황 및 맥락에서 Y가 가장 잘 발생하나요?
보통 당신을 X하게 만드는 것은 무엇인가요?	보통 어떤 종류의 사건이 발생했을 때 Y가 압도적으로 느껴지나요?
당신이 X한 상태가 아닐 때라면 하지 않았을 행동이지만, X해질 때면 하게 되는 행동이 있나요?	Y로 인해 더 나은 결정에 반하는 선택을 한 적이 있나요? 있다면 어떤 결정이었나요?
당신의 인생에서 X해지는 것의 결과는 무엇이며, X해지는 것과 관계는 어떤가요?	Y가 당신의 인생과 관계에 어떤 영향을 미쳤나요?
당신이 X한 상태일 때 자아상은 어떻게 달라지나요?	Y가 당신의 인생과 관계에 어떤 영향을 미쳤나요?

만약 당신이 일어났을 때 기적이 일어나서 더 이상 X 해지지 않는다면, 당신의 인생은 구체적으로 어떻게 달라질까요?	Y로 인해 당신의 자원을 알아차리지 못하나요? 아니면 Y를 통해서 당신은 그 자원을 확인할 수 있나요?
X한 상태가 아닐 때가 있나요?	당신은 Y를 제대로 주체할 수 있었던 적이 있나요? 즉, Y가 당신을 압도할 수 있었지만 그것과 거리를 두었던 적이 있나요?

■ 문제 해체: 해체적 경청과 질문

쟈크 데리다(Jacques Derrida)의 철학적 이론에 근거하여, 이야기 상담자는 해체적 경청과 질문을 활용하여 내담자가 지배 담론의 영향력을 찾아내고, 어떤 담론이 자신의 삶에 영향을 미치게 할지를 의식적으로 선택할 수 있도록 돕는다(Freedman & Combs, 1996). **해체적 경청**은 내담자가 이해하는 것과의 '차이'를 주의 깊게 듣고, 내담자로 하여금 이야기의 세부사항을 적거나, 애매한 부분을 설명하도록 하는 것을 말한다. 예를 들어, 만약 내담자가 자신의 친구가 전화를 하겠다고 해 놓고 실제로 전화하지 않았을 때, 친구로부터 거부당한 느낌을 받았다고 보고했다고 가정해 보자. 이때 상담자는 '거부당하다'는 감정을 야기하는 의미가 무엇인지 경청할 것이다.

해체적 질문은 내담자가 자신의 이야기를 '털어놓도록' 함으로써 어떤 과정으로 이야기가 구성되었는지 이해하는 것을 돕고, 지배 담론과 국지적 영향을 확인하도록 해 준다. 일반적으로 해체적 질문은 외재화 대화에서 사용되며, 잘못된 신념, 관행, 감정, 태도에 대한 질문을 함으로써 다음과 같은 것들을 확인하고자 한다.

- 문제적 신념, 관행, 감정, 태도와의 **관계에 대한 내력**
  "당신은 언제, 어디에서 처음 그 문제를 접하게 되었나요?"
- 문제적 신념, 관행, 감정, 태도에 **영향을 주는 상황**
  "언제 그 문제가 발생할 가능성이 가장 큰가요?"
- 문제적 신념, 관행, 감정, 태도의 **영향력 및 결과**
  "이 문제가 당신 자신과 당신의 관계에 이떠한 영향을 미치나요?"
- 기타 신념, 관행, 감정, 태도와의 **상호연관성**
  "이 문제를 악화시키는 또 다른 문제가 있나요?"
- 문제적 신념, 관행, 감정, 태도에서 사용되는 **전략과 책략**
  "이 문제가 당신에게 영향을 미치는 것에 대해 어떻게 생각하나요?"

■ 행동과 정체성/의식화의 전체 지도 그리기

제롬 브루너(Jerome Bruner, 1986)의 이야기 상담 이론에 기초하여, '행동과 정체성'(White, 2007) 혹은 '의식화'(Freedman & Combs, 1996)'의 측면에서 '지도 그리기'란 (어떤 사건의) 독특한 결과를 활용하여 원하는 변화를 촉진시키는 특정 기법을 말한다. 행동과 정체성 측면에서 지도 그리기는 일반적으로 다음의 단계를 따른다.

1. 독특한 결과 확인하기: 실제로는 아니지만, 문제가 될 뻔했던 순간을 경청하고 질문한다.
2. 독특한 결과를 선호하는지 확인하기: 추측하기보다는 내담자에게 독특한 결과를 선호하는지 아닌지에 대하여 묻는다(예: "이것은 당신이 원하는 상황인가요? 또는 더 자주 일어나기를 원하는 상황인가요?").
3. 행동의 측면에서 지도 그리기: 먼저, 상담자는 행동의 측면에서 독특한 결과에 대한 지도를 그리는 것부터 시작한다. 상담자는 세부사항을 질문하는 과정을 통해 누가, 어떤 순서로, 무슨 행동을 했는지를 확인한다. 예를 들어, "당신은 가장 먼저 무엇을 했나요?" "타인은 어떻게 반응했나요?" "그다음에는 무슨 행동을 했나요?"와 같은 질문을 할 수 있다. 상담자는 다음의 세부 정보를 수집하고 내담자와 관련 인물의 행동이 단계적으로 그려질 때까지 신중하게 사건의 줄거리를 파악한다.
   - 중요한 사건
   - 사건을 둘러싸고 있는 상황
   - 사건의 순서
   - 사건의 시기
   - 전반적인 줄거리
4. 정체성 및 의식화의 측면에서 지도 그리기: 상담자는 앞선 활동을 통해 독특한 결과에 대한 명확한 줄거리를 확인한 이후, 정체성의 측면에서 지도를 그리는 작업을 시작한다. 이는 성공적 결과에 관한 줄거리를 더욱 풍성하게 만드는 과정이다. 따라서 이를 통해 상담자는 내담자의 개인적 정체성과 선호되는 결과물 사이의 연결고리를 직접적으로 강화할 수 있다. 정체성 측면에서 지도 그리기는 독특한 결과가 심리적, 관계적으로 미치는 영향력에 초점을 맞춘다. 이러한 영향의 영역은 다음과 같다.
   - 이러한 독특한 결과가 당신에 대해 무엇을 말한다고 생각하나요? 또한 당신의 관계에 대해서는 어떤 것을 말하나요?
   - 이러한 행동을 한 이면에는 어떤 의도가 있었나요?
   - 이때 당신의 행동에서 무엇이 가장 가치 있다고 생각하나요?

- 무엇이라도 있다면, 이것으로부터 당신이 배우거나 깨닫게 된 것은 무엇인가요?
- 이것은 당신이 인생, 신, 인생의 목적 및 목표를 바라보는 방식에 변화를 일으켰나요?
- 이것은 당신이 문제를 바라보는 방식에 영향을 미쳤나요?

■ 의도적 상태 vs 내적 상태 질문

화이트(2007)는 특정 상황에서 당시 개인이 어떻게 느끼고 생각했는지에 대한 **내적 상태 질문**(예: 당시 어떤 감정이었나요?)보다 개인의 의도에 대한 질문을 의미하는 **의도적 상태 질문**(예: 그때 당신의 의도는 무엇이었나요?)을 선호한다. 왜냐하면 내적 상태 질문은 **개인의 주체감**을 감소시키고 고립감을 높이며, 다양성을 방해하지만, 의도적 상태 질문은 개인의 주체의식을 촉진시키기 때문이다.

■ 비계 설정 대화

화이트(2007)는 **비계 설정 대화**(scaffolding conversation)를 활용하여 내담자가 친숙한 것에서 참신한 것으로 이동할 수 있도록 돕는다. 이는 발달심리학자 비고츠키(Vygotsky)의 **근접발달영역**이라는 개념을 기반으로 한다. 비고츠키에 따르면 학습이란 본질적으로 관계적인 것이기 때문에 어른들은 아이들이 새로운 정보를 교류하며 학습할 수 있도록 구조화 작업을 해야 한다. 즉, '근접발달영역'이란 아이들이 독립적으로 할 수 있는 것(실제적 발달 수준)과 타인과의 협력을 통해서 할 수 있는 것(잠재적 발달 수준) 사이의 차이를 나타낸다. '비계'란 학습 영역에 따라 다섯 단계의 성장과 발달의 움직임을 설명하기 위해 화이트가 만든 용어이다.

- **낮은 수준으로 차이가 있는 작업–독특한 결과 특징화하기**: 영역 간 차이가 낮은 수준으로 나타날 때, 상담자는 내담자에게 아주 친숙한 과제를 부여하며, 알아차리지 못한 사건의 의미를 파악할 수 있도록 격려한다.
- **중간 수준으로 차이가 있는 작업–독특한 결과들에 일련의 연관성 부여하기**: 내담자에게 보다 '새롭게' 제시되는 과제로서, 상담자는 내담자가 사건들 간의 차이점과 공통점을 보다 풍부하게 범주화시키고 비교할 수 있도록 격려한다.
- **중상급 수준으로 차이가 있는 작업–일련의 연관성에 대하여 반영하기**: 내담자가 이전 단계에서 사건들 간 차이점과 유사점을 통해 형성한 일련의 연관성에 대해 깊이 반영하고, 평가하고, 학습할 수 있도록 격려한다.
- **높은 수준으로 차이가 있는 작업–추상적 학습과 현실화**: 내담자에게 개인의 즉각적 경험으로부터 높은 수준의 거리 두기 과업을 제시하여, 자신의 삶과 정체성에 대한 추상적인 개

념화를 증진시킬 수 있다.

- **최상급 수준으로 차이가 있는 작업-행동을 위한 계획:** 상급 단계에서 실시한 수준의 거리 두기 과업을 통해 내담자는 새롭게 발달된 삶과 정체성의 개념을 실행에 옮길 방법을 확인할 수 있다.

대화를 하는 동안 상담자는 다양한 수준의 거리 두기 작업을 앞뒤로 넘나들며, 점차 높은 수준의 행동계획 설정을 해 나간다. 이 장의 마지막에 있는 사례 연구에서는 엘란이 술을 마시지 않는 한 가지 예외 상황을 인식하는 것부터 그의 음주행동을 관리하기 위한 구체적이고 동기부여적인 행동계획을 세우는 것까지 차근차근 변화시키는 데에 비계 설정 대화를 활용한다.

■ 허락 질문

이야기 치료 상담자는 상담 관계의 평등한 성격을 강조하기 위해, 그리고 상담자와 이야기할 때 내담자가 강력하고 분명한 감각을 유지하도록 격려하기 위해 허락(permission) 질문을 사용한다. 간단히 말해, 허락 질문은 상담자가 질문을 할 때, 내담자에게 허락을 구하는 것이다. 이는 내담자에게 도움이 된다고 알려진 정보를 얻기 위해서라면 상담자가 어떤 질문이든 물어볼 수 있다는 가정과 반대되는 개념이다. 사회적으로, 상담자는 의례적인 대화 주제에 대한 지배적인 규범으로부터 면제된다. 또한 성, 과거 학대 경험, 대인관계 문제, 죽음, 두려움, 나약함 등 금기시되는 주제를 자유롭게 꺼낼 수 있다. 많은 내담자들은 이러한 질문에 대답하는 것에 불편함을 느낄지라도 반드시 대답해야 할 것만 같은 기분을 느낀다. 이야기 치료 상담자는 금기시되고 어려운 주제와 관련된 권력의 역동에 민감하다. 그래서 일반적으로 금기시되거나 내담자가 불편함을 느낄 것으로 예상되는 질문을 하기 전에는 반드시 허락을 구한다. 예를 들어, "당신의 성생활에 대한 몇 가지 질문을 해도 괜찮을까요?"와 같은 질문을 할 수 있다.

또한 허락 질문은 내담자에게 대화가 의미 있고 편안하다는 것을 확신시키는 방법으로, 논의가 되고 있는 내용과 관련된 면담을 하는 내내 활용된다. 예를 들어, 한 회기를 시작할 때, 상담자는 이번 시간을 어떻게 보낼지에 대한 생각을 간단히 설명할 수 있다. 이때 상담자는 내담자에게 특정 주제에 관한 질문을 지속해도 될지에 대한 의견과 허락을 구한다. 유사하게, 상담자가 가족치료 내에서 특정한 사람에게 다른 구성원들보다 더 많은 질문을 하게 되는 상황에서 상담자는 회기를 잠시 멈추고 현재 일어나고 있는 상황이 모두에게 괜찮은지 확실히 하기 위하여 지속적으로 허락을 구한다.

■ 입장 차이를 고려한 견해

허락 질문과 유사하게, **입장 차이를 고려한 견해**(situating comments)는 평등한 상담 관계를 유지하고, 상담자의 견해를 '더 중요한' 혹은 '더 타당한' 진실로 받아들여서는 안 된다는 사실을 확실히 함으로써 내담자의 주체감을 강화시키기 위해 활용된다(Zimmerman & Dickerson, 1996). 이야기 치료 상담자는 지배 담론과 국지적 담론 간의 차이점을 인식하고, 이를 바탕으로 상담자의 견해가 내담자의 견해보다 더 '타당한' 것으로 여겨질 가능성이 있음을 분명히 인식해야 한다. 따라서 상담자는 자신이 제공하는 관점의 출처와 함께 자신의 견해를 제시하고, 이는 다른 많은 관점들 중 하나임을 강조해야 한다. 상담자가 자기 견해의 출처와 맥락을 밝힘으로써 내담자는 상담자의 견해에 지나치게 압도되지 않을 수 있다.

〈표 13-3〉 **입장 차이를 고려하지 않은/고려한 상담자 견해 비교**

입장 차이를 고려하지 않는 상담자 견해	입장 차이를 고려한 상담자 견해
당신이 _____한 경향이 있다는 것을 알아챘어요.	농촌에서 자라왔기 때문에, 저는 _____에 관심이 가네요.
연구는 _____라는 사실을 나타냅니다.	_____라는 이론을 만들고 연구하는 상담자가 있습니다. 이것이 당신에게 적용이 된다고 느껴지시나요?
당신이 _____할 것을 제안합니다.	저에게 조언을 구하셨으니 개인적 의견을 말씀 드리자면, 저는 당신에게 말보다는 행동이 더 생산적이라는 것을 이야기할 수 있을 것 같네요.

■ 이야기 반영팀 기법

톰 안데르센이 제시한 '반영팀'의 협력적 실무를 기반으로(다음 참고), 이야기 치료 상담자는 이들의 작업을 지지해 줄 수 있는 유사한 기법을 발전시켰다. 프리드먼과 콤즈(1996)는 안데르센의 양식을 활용하여 집단에 세 가지 주요 과제를 부여했다.

1. 이야기의 세부사항을 면밀히 점검하여 철저한 이해 발전시키기
2. 지배적인 문제 중심적 이야기와 맞지 않는 사건 혹은 다른 점들에 대하여 들어 보기
3. 문제 중심적 이야기의 근원에 있는 신념, 생각, 맥락을 알아차리기

이 외에도 프리드먼과 콤즈(1996)는 집단을 위한 다음의 지침을 제시했다.

1. 반영 과정에서 반영팀 구성원들은 독백보다는 서로 주고받는 대화에 함께 참여한다.
2. 구성원은 인터뷰를 관찰하는 동안 서로 이야기해서는 안 된다.
3. 모든 의견은 절대적 확신을 하지 않는 잠정적인 방식으로 전해야 한다(예: '아마도' '일 수 있다' '일 가능성이 있다' 등).
4. 모든 의견은 방에서 실제로 발생하고 있는 일을 바탕으로 이루어져야 한다(예: "어떤 곳, 어떤 시점에서 엄마가 매우 조용해졌어요." "저는 그때 엄마가 무엇을 생각하시는지 궁금했어요.").
5. (제시된 의견이 적절하다면,) 모든 의견은 적절한 시기의 화자의 개인적 경험에 따른다는 사실을 염두에 둔다(예: "저는 선생님으로 있는 동안 ________에 초점을 맞추는 유일한 사람이었을 거예요").
6. 모든 가족 구성원은 어떤 식으로든 반응해야 한다.
7. 집단 내 반영의 과정은 짧게 이루어져야 한다.

▪ 동맹

이야기 치료 상담자는 회원들이 특정 영역에서 성취를 할 수 있는 **동맹**(클럽, 협회, 팀 등)을 형성하여 새로운 이야기와 정체성을 공고히 할 수 있도록 한다. 일부는 직접 만나거나 인터넷(거식증 반대/ 폭식증 반대 연맹; www.narrativetherapy.com)을 통해 교류하기도 하지만, 대부분의 경우 동맹은 특정 주제에 대한 가상의 공동체(예: 한 아이에게 Temper Tamer's Club의 참여 증명서를 주는 것)를 의미한다.

▪ 편지와 증명서

이야기 편지는 선호하는 이야기와 정체성을 발달시키고 확고하게 하기 위해서 사용된다(White & Epston, 1990). 상담자는 사례를 기록하는 대신에(특정한 형식을 요구하는 환경에서 작업하는 것이 아니라면), 회기 이후에 내담자의 새로운 이야기를 자세히 설명하는 **편지**를 쓸 수 있다. 이야기 편지는 회기 동안 사용되는 '이야기 강화 기법'과 같은 방법을 사용하며, 다음과 같은 특징이 있다.

- **내담자의 주체성 강조하기**: 내담자가 점차 주도적이 되어 가는 작은 변화들을 포함하여 삶의 영역에서의 주체성을 강조한다.
- **관찰자 입장 취하기**: 상담자는 내담자가 만들어 가는 변화를 관찰하고, 명확하게 인용하며, 가능할 때마다 구체적인 예를 드는 역할을 맡는다.

- **일시성 강조하기:** 시간의 차원은 내담자가 시작하는 곳, 내담자가 현재 있는 곳 그리고 앞으로 나아갈 방향성 순서로 내담자의 이야기를 구성하기 위해 활용된다.
- **다양성 격려하기:** 하나의 해석만을 제안하기보다는 다양한 의미를 인정하고 격려한다.

편지는 회기 초반에 내담자를 초대하기 위해 활용되고, 회기 중에는 내담자의 이야기와 새롭게 선호되는 행동을 강화하기 위해 활용되며, 회기 말에는 그동안의 변화 과정을 이야기함으로써 상담을 통해 얻은 것들을 강화하기 위해 활용된다.

편지 양식 화이트와 엡스톤(1990)은 다음과 같은 편지 양식을 제안했다.

> 릭과 해리엇에게,
>
> 좋은 생각은 일이 벌어진 후에 떠오른다는 사실을 여러분도 잘 알고 있을 것이라고 생각해요. 그래서 제가 종종 면담이 끝난 후에야 많은 중요한 질문을 떠올린다는 사실은 그다지 놀라운 일은 아닐 거예요. 어쨌든, 우리의 지난번 만남에서 당신이 떠난 후에 떠오른 두 가지 중요한 질문을 나누려고 해요. 릭, 당신은 헬렌(릭의 딸)이 대신 변명해 달라는 요청을 어떻게 거절했나요? 또한 그 말을 듣고 헬렌이 충분히 납득하는 데 도움이 되었다고 생각하나요? 헬렌이 지금보다 더 책임감을 가질 수 있도록 도왔다고 생각하나요? 해리엇, 헬런(딸)이 자신을 위해 더 의지할 수 있는 사람이 되어 달라는 요청을 어떻게 거절했나요? 또한 그 말을 듣고 헬렌이 더욱 자립적으로 살아가는 데 도움이 되었다고 생각하나요? 당신은 이것이 헬렌이 자신의 인생을 더 잘 돌볼 수 있도록 도왔다고 생각하나요? 헬렌의 요청을 다 들어주는 편이었던 두 분이 이렇듯 요청을 거절했을 때, 헬렌은 한 인격체로서 여러분의 모습을 통해 인생에 무엇을 반영했을까요? 그리고 우리의 마지막 만남 이후 당신에게 어떤 생각이 떠올랐나요? M.W. (pp. 109-110)

▪ 증명서

증명서는 종종 어린 내담자에게 활용되는 것으로, 스스로 만들어 낸 변화를 인식할 수 있도록 도우며, '분노 조절자' '협력적인 아이' 등의 새로운 '평판'을 강화하기 위해 사용된다.

분노(성질) 다스리기 증명서

이 증명서는

__________가 숙련된 분노 조절자이며

다음과 같은 조절 기술을 스스로 발전시켜

두 달간 집이나 학교에서 분노로 인한 문제를 일으키지 않았음을 증명합니다.

– 혼란스러울 때 도움 요청하기

– 화가 나는 것을 알아차릴 때 세 번 깊게 호흡하기

– 분노와 불만을 이야기할 때는 부드러운 단어 사용하기

발급일: ________________

증인: ______________________(상담자)

______________________(부모)

______________________(교사)

모든 정보 통합하기: 이야기 상담 사례개념화와 치료계획 양식

이론에 특화된 사례개념화: 이야기 상담

- 문제와 분리하여 사람 만나기: 문제와 분리하여 개인/사람을 서술하기—취미, 흥미, 직업 등
- 문제 중심적 이야기: 모든 차원에서 문제가 개인에게 어떠한 영향을 미치는지 서술하기
  - –개인적 차원: 감정, 행동, 정체성 관련 이야기 등
  - –관계적 차원: 중요한 관계에서의 갈등 또는 거리감
  - –폭넓은 생활환경: 직장, 학교, 취미 등
- 독특한 결과/번뜩이는 사건: 서술하기
  - –문제가 문젯거리가 덜 되거나 문제가 아니게 되는 상황, 맥락, 관계 등에 대해 기술하기
  - –개인이 문제에 주는 영향 기술하기: 문제가 문젯거리가 되지 않도록 하기 위해 개인은 어떠한 행동을 하는가?
- 지배 담론
  - –문화, 인류, 사회경제적 지위(SES), 종교 등: 핵심적인 문화적 담론이 말하는 문젯거리는

무엇이며, 가능한 해결책은 무엇인가?
- **성별과 성적 지향성 등:** 성별/성적 담론이 말하는 문젯거리는 무엇이며, 가능한 해결책은 무엇인가?
- **맥락, 가족, 지역사회, 학교, 여타 사회적 담론:** 여타 중요한 담론이 말하는 문젯거리와 가능한 해결책은 무엇인가?

- **국지적/대안적 담론**
  - 정체성 및 자기 이야기: 문제는 각 가족 구성원의 정체성을 어떻게 형성하는가?
- **국지적/선호되는 담론:** 내담자가 선호하는 정체성의 이야기와 문제의 이야기는 무엇인가? 문제와 관련하여 내담자가 선호하는 국지적(대안적) 담론이 있는가?

치료계획 양식: 이야기 상담

우울, 불안, 강박 문제를 호소하는 내담자를 위하여 치료계획을 세울 때, 다음의 치료계획 양식을 사용하라. 특정 내담자, 호소문제, 치료적 맥락에 따라 이 양식의 목표나 개입 방식은 다소 변경될 수 있다. 필요에 따라 이 치료계획을 적절하게 변경하여 사용할 것을 권장한다. 이 계획을 치료에 효과적으로 적용하기 위해서는 내담자가 경험하고 있는 특정 신념, 행위, 감정을 중심으로 목표와 개입 방식이 명확하게 작성되어야 한다. 구체적일수록 당신에게 유용할 것이다.

치료계획

초기의 치료 단계

초기 단계 치료 과제

1. 치료 관계를 형성하기. 다양성의 고려사항: [내담자와 관계를 형성하는 과정에서 내담자의 다양성에 따라 자신의 접근법을 어떻게 민감하게 조정할지 구제적으로 설명하라. 감정 표현을 위해 그들의 다양한 문화와 성별에 관한 내용이 포함되어야 한다.]
   관계 형성 접근/개입:
   a. **희망**을 불러일으키기 위해 **문제와 개인을 분리**시켜 만나라.

2. 개인적이고 체제적이며 다양한 문화적 역동을 평가하기. 다양성의 고려사항: [중요한 친구와 가족을 평가 회기에 초대하라.]

평가 전략:

a. **상대적 영향력 질문**과 **해체적 질문**을 통해 문제의 영향과 개인의 영향을 탐색하고, 핵심적인 **지배 담론**과 **국지적 담론**에 주목하라.

b. 문제 중심적 이야기에 맞추지 않고 **독특한 결과**와 **번뜩이는 순간**을 확인하라.

초기 단계 내담자 목표: 1~2가지 목표 위기 문제를 관리하고 가장 고통스러운 증상을 감소시키기

1. [위기 증상] 감소를 위해 [위기 행동]을 하려는 **유혹으로부터 저항**할 수 있는 내담자의 능력을 증가시키기

개입:

a. **상대적 영향력 질문**을 통해 어떻게 내담자가 위기 행동을 하려는 유혹에 빠지는지와 언제 내담자가 이러한 유혹에 저항하는지를 확인하라.

b. **입장 진술 지도**를 그림으로써 내담자로 하여금 위기 행동에 대해 바라는 '입장'이 어디인지를 확인하도록 하고, 이러한 위치를 지지해 주는 전략, 사람들, 맥락을 확인하라.

치료의 작업 단계

작업 단계 치료 과제

1. 작업 동맹의 질을 확인하기. 다양성의 고려사항: [내담자가 상담자에 대해 느끼는 유대감을 상담자는 어떻게 모니터링하고 있는지, 이 모니터링 결과 및 내담자의 연령, 성별, 문화 및 성 정체성, 사회·경제적 지위 등을 기반으로 한 상담 관계에 상담자 자신을 어떻게 맞추어 나갈 것인가에 대해 설명하라.]

평가 개입:

a. 상담자는 **입장 차이를 고려한 견해**와 **허락 질문**을 사용하여 **공동 편집자** 및 **취재기자**의 역할을 하라. 주기적으로 상담자는 내담자와의 동맹 관계에 대해 확인하며, 상담 회기 평가 척도를 활용하라.

작업 단계 내담자 목표

1. [특정 증상: 우울, 불안 등] 감소를 위해 내담자의 **[문제]에 관한 주체성**과 **문제로부터의 분리**를 증가시키기

개입:

a. **외재화 질문**을 활용하여 문제 중심적 이야기와 내담자의 정체성을 분리시켜라.

b. **상대적 영향력 질문**과 **입장 진술 지도**를 활용하여 문제를 외재화시켜라.

2. [특정 증상: 우울, 불안] 감소를 통해 내담자가 **선호하는 현실**을 뒷받침하는 [특정 행동]의 빈도 증가시키기

개입:

a. **행동과 의식의 측면에서 지도 그리기**를 통해 변화를 가져오는 특정 행동을 확인하라.
b. **비계 설정 질문**을 통해 내담자가 문제와 새로운 관계를 맺을 수 있도록 도와라.

3. [특정 증상: 우울 불안 등] 감소를 위해 내담자가 **선호하는 현실**을 지지하는 [특정 행동]의 빈도 증가시키기

개입:

a. **행동과 의식의 측면에서 지도 그리기**를 통해 변화를 돕는 특정 행동을 확인하라.
b. **비계 설정 질문**을 통하여 내담자가 문제와 새로운 관계를 맺는 방향으로 가는 것을 도와라.

치료의 종결 단계

종결 단계 치료 과제

1. 추후 관리 계획을 세우고 성과를 유지하기. 다양성의 고려사항: [치료가 종결된 이후, 내담자를 돕기 위해 내담자가 속한 공동체 자원에 어떻게 접근할지 설명하라. 가능하다면 중요한 타인을 포함시켜라.]

개입:

a. **행동과 의식의 측면에서 지도 그리기** 활동을 통해 내담자 스스로 호소 문제와 미래에 발생할 유사한 문제의 유혹에 저항할 수 있는 방법을 찾도록 도와라.

종결 단계 내담자 목표

1. [특정 증상: 우울, 불안 등] 감소를 위해 문제와 관련한 내담자의 **새로운 정체성과 주체성**을 중심으로 이야기를 더욱 **풍부하게 구성**하고 증가시키기

개입:

a. **비계 설정 질문**을 통해 새로운 정체성을 유지하고 강화할 수 있는 행동계획을 세워라.
b. 내담자가 선호하는 현실의 내적 경험과 외적 경험을 포착하여 새로운 이야기를 풍부하게 구성하기 위한 **행동과 의식 질문을 하라.**

2. [특정 증상: 우울, 불안 등] 감소를 위해 내담자의 **새로운 정체성 이야기**와 문제와의 새로운 관계를 **목격하고 지지해** 주는 **중요한 사람들의 관여**를 증가시키기

개입:

a. 내담자를 지지할 수 있는 방법을 알아보고 변화를 관찰하기 위해 **중요한 사람들, 동맹, 또는 반영팀을 회기에 초대**하라.
b. 내담자가 선호하는 이야기와 새로운 정체성을 확고히 하기 위한 **증명서, 편지, 기타 기록 문서**를 활용하라.

협력적 언어 체계와 반영팀

요약: 당신이 알아야 기본적인 내용

협력적 상담이란 포스트모더니즘과 사회 구성주의 원리를 적용한 상담으로, 상호 대화 과정으로 이루어진다. 이 과정에서 상담자는 내담자와 함께 더욱 새롭고 유용한 방식으로 내담자의 문제와 주체성을 함께 탐구한다. 상담자는 기존의 대본처럼 기술된 상담기법을 지양하고, 상담과정 자체에 집중한다. 즉, 상담과정에서 내담자가 걱정하는 것과 내담자에게 중요한 것이 무엇인지를 탐구하고 이것이 어떤 방식으로 변화해 가는지에 초점을 맞춘다. 내담자가 자신의 걱정을 공유할 때, 상담자는 내담자가 자신의 삶에서 일어나는 사건들을 어떻게 해석하는지에 집중하여 듣는다. 이때 상담자는 내담자의 이야기가 '잘 들어맞는지', 즉 이야기에 내포된 가치와 논리가 내담자의 관점을 잘 설명하는지를 이해하기 위해 대화의 과정에서 자연스럽게 나오는 질문을 던지며 내담자의 이야기에 반응한다. 상담자가 내담자의 세계관 속 내담자를 이해하기 위해 노력할 때, 내담자는 자연스럽게 상담자의 호기심을 함께 공유하게 되고, 상황이 어떻게 그렇게 흘러갔는지 그리고 앞으로 어떻게 더 좋은 방향으로 흘러갈지에 대한 상호 수수께끼같은 질문을 공유한다. 이러한 탐구 과정에서 상담자와 내담자는 질문을 던지고 각자의 관점을 조심스럽게 공유함으로써, 대안적 관점과 미래의 상황에 대한 선택지를 만들 수 있다. 이렇듯 서로 탐구하고 질문을 던지는 과정은 내담자가 자신의 상황을 다르게 볼 수 있는 기회를 제공하며, 새로운 해석을 하고 신선한 아이디어를 떠올릴 수 있도록 한다. 상담자는 이러한 의미 만들기 과정에서 형성된 내용을 직접 통제하거나 지시하지 않는다. 상담자는 내담자가 주체성을 가지고 새로운 아이디어로 무엇을 할 것인지에 대해 내린 결정을 존중한다.

나는 이러한 과정이 다소 모호하게 들릴 수 있음을 알고 있으며, 이에 하나의 사례를 제시하고자 한다. 협력적 치료 상담자는 우울하다고 보고하는 내담자를 대할 때, 구체적인 진단 정보를 확인하기보다는 내담자가 자신만의 독특한 우울감 경험에 대해 얼마나 알고 있지 못한지에 대해 세심한 주의를 기울인다. 따라서 이들은 내담자가 스스로의 경험을 어떻게 이해하고 있는지를 진심으로 알고자 한다. 상담자는 미리 정해져 있는 질문을 하지 않고, 내담자를 보다 잘 이해하고자 하는 마음에서 우러나오는 질문을 다음과 같이 한다. '내담자는 어떤 문제로 인해 자주 우는가? 아니면 아무 이유 없이 자주 우는가? 인생의 빛을 잃어 간다고 느끼며 더 이상 관심 가는 것이 아무것도 없는가? 내담자는 가슴이 찢어지는 고통을 느끼는가? 자신이 실패했다고 느끼는가? 세상에는 우울하다고 말하는 사람의 수만큼 다양하고 특별한 우울에 대한 이야기가 존재한다. 상담자가 이러한 질문을 통해 내담자의 관점을 탐구할 때, 내담자는 자신이 경험하고 있는 우울감의 정체를 이해해 가는 과정에 초대된다. 내담자는 우울에 관한 새로운 이해를 통해 대안적 감정, 사고, 행동을 취할 수 있으며, 자신의 경험을 다양한 수준으로 넓혀 갈 수 있다. 이러한 과정을 바탕으로 마침내 내담자는 자신의 고민거리를 다루고 해결할 방법을 찾을 수 있다.

핵심: 이 이론의 중요한 공헌

이 장에서 한 가지를 기억해야 한다면, 그것은 바로 다음의 내용이다.

■ 알지 못함과 알아 가는 것

굴리션과 앤더슨(1987)은 최초로 '알지 못함'이라는 개념을 도입했다. 이 개념은 사람들이 가장 빈번하게 오해하는 협력적 접근법의 개념 중 하나이다(Anderson, 2005). 언뜻 보기에, **알지 못한다는 입장**은 모순적으로 들린다. 어떻게 상담자와 같은 전문가가 '알지 못할' 수 있지? 그걸 알기 때문에 상담자에게 돈을 주는 것 아닌가? 당신이 여태 배운 모든 것들로 무엇을 하는 것일까? 그러면 기말고사를 위해 공부할 필요도 없다는 것인가? 물론 그렇지는 않다.

알지 못함은 곧 상담자가 알고 있는 것(혹은 알고 있다고 생각하는 것)을 어떻게 생각하는지, 그리고 자신이 알고 있는 것(전문지식과 진실)을 내담자에게 소개하려는 의도가 무엇인지와 관련된 것이다. 분명 협력적 치료 상담자는 매우 특별한 유형의 앎을 지닌다. 앤더슨(2007)은 이를 미리 앎(pre-knowing)으로 정의했으며, 상담자는 이러한 미리 아는 것(안다고 생각하는 것)을 기피한다. 이러한 종류의 앎은 일반적으로 **추정**이라고 불리는데, 미리 앎을 활용하는 상담자는 충분한 단서가 없어도 스스로 가진 정보만으로 충분하다고 믿거나 스스로 내담자와의 간극을 메울 수 있다고 믿는다. 포스트모던 사회 구성주의적 인식론을 기반으로 두는 협업적 치료 상담자는 '정신병' '광증' '성적 학대' 등과 같은 경험들을 가지고 있는 내담자의 경우 자신의 상황을 나름의 방식으로 독특하게 이해한다고 주장한다(Anderson, 1997). 내담자는 문학이나 매체 같은 폭넓은 사회적 담론이나 이야기뿐만 아니라 중요한 타인, 지인, 전문가, 낯선 사람과의 대화를 통해 자신의 이해력을 확장해 간다. 상담자는 내담자의 인생을 보다 잘 이해해 가는 과정에 참여하며, **함께 알아 가는 것**(knowing with)을 선택한다(Anderson, 2007). 상담자는 내담자의 지식을 자신의 것과 동일한 것으로 간주한다.

알지 못하는 것, 즉 추정하지 않는(not-assuming) 자세를 취하는 상담자는 표면적으로 봤을 때 사소하거나 뻔해 보이는 질문을 해야 한다. 예를 들어, "~씨는 어머니를 잃어서 슬프다고 말씀하셨는데, 어머니를 잃은 사실에 대한 어떤 측면이 ~씨를 가장 슬프게 하는지 말해 주실 수 있을까요?" "당신의 일상생활에서 어떻게 슬픔을 경험하는지 이야기해 주세요."와 같은 질문을 할 수 있다. 내담자가 상담자와 함께 문제에 대한 통찰력으로 이끄는 생각, 경험, 영향력에 대해 탐구하기 시작할 때, 이전에 그 누구하고도 해 본 적이 없었던 이야기를 하고 있는 자신을 발견할 것이다. 내담자는 난생 처음 입 밖으로 나온 자신의 생각을 들음으로써 때로는 미약하게, 또 때로는 극적으로 당시 상황에 대한 자신의 관점이 변화되어 간다는 것을 알게 된다. 이러한 새로운 관점을 통해 내담자는 자동적으로 문제에 관한 새로운 행동과 정체성을 깨닫게 된다. 예를 들어, 내담자는 어머니를 자신과 완전히 분리된 존재로 보던 시각에서, 자신이 엄마가 살아온 삶의 일부라는 시각으로 바뀌게 된다.

풍문: 사람들과 그들의 이야기

할렌 앤더슨과 해리 굴리션 갤버스턴에 위치한 텍사스 대학 갤베스턴 의대에서, 그리고 이후 휴스턴-갤버스턴 연구소(Houston-Galveston Institute)에서 동료들과 함께 협업적 언어 체계를 발전시켰다(Anderson, 1997, 2005, 2007). 협력적 접근은 초창기 갤버스턴 집단이 개발한 다중영향치료(multiple impact therapy)에 뿌리를 두고 있으며, 이는 내원한 청소년뿐 아니라, 가족, 그리고 더 넓은 영역의 사회체계가 협력하여 함께 작업하는 다학제적 접근(multidisciplinary approach)이다. 초기에 이들이 갤버스턴 의료센터에 있을 때에는 정신건강 연구소(Mental Research Institute: MRI; 11장 참조)의 체계적 사고에 근거하여 작업했다. 그러나 시간이 지날수록 이들은 내담자가 하려는 말을 다르게 듣기 시작했다. 이들은 내담자의 언어를 이해하기 위해 노력하기보다는 전략적 도구로서 활용하는 것에 주력했다. 이들은 가족만의 특별한 언어보다 각 가족 구성원이 활용하는 자신만의 독특한 의미를 가진 단어 및 구절과 같은 언어가 있다는 것에 주목하였다.

이들은 점점 해석학, 사회 구성주의, 포스트모던적 사고에 관심을 보였으며, 리오타르(Lyotard)의 포스트모던적 사고, 버거(Berger)와 루크맨(Luckman)의 사회 구성주의 이론을 포함하여, 다른 이들과의 연구, 특히 루드비히 비트겐슈타인, 미하일 바흐킨(Mikhail Bahktin), 켄 게르겐(Ken Gergen), 존 쇼터(John Shotter)의 연구에 흥미를 가지기 시작했다. 이들은 포스트모던적 관점에서 대인관계 내 의미의 구성에 초점을 맞추면서 자신들의 작업을 개념화하기 시작했다. 이 외에도 이들은 수년 동안 톰 안데르센과의 관계에서 상호 간 영향을 끼쳤다. 시간이 지나 이들의 상담은 협업적 언어체계라고 불렸으며(Anderson, 1997), 최근에는 협업적 치료라고 불리고 있다(Anderson & Gehart, 2007). 1991년 해리 굴리션이 사망한 이후에도, 할렌 앤더슨과 휴스턴-갤베스턴 연구소(Houston Galveston Institute) 동료들은 계속해서 이 접근법을 국제적으로 활용할 수 있도록 발전시키는 데 주력했다. 켄 게르겐, 할렌 앤더슨, 쉴라 맥너미(Sheila McNamee) 등 여러 사람들이 함께 협력하여 교육, 사업, 컨설팅, 상담, 의료, 기타 훈련의 분야에서 협력적 접근법 전문가들을 위한 기관인 타오스 연구소(Taos Institute)를 설립하였다. 할렌 앤더슨은 협업적 언어체계의 기본 가정이 상담체계를 넘어선 여러 분야에서의 활용임을 감안하여 현재는 자신의 작업을 협업적 실천이라고 칭한다.

톰 안데르센 톰 안데르센은 할렌 앤더슨과 라스트 네임의 철자가 비슷하고 친한 사이인 것 외에는 아무런 관계가 없는 노르웨이 정신건강의학과 의사로서, 품행이 단정하고, 내담자의 사생활을 존중하며, 명쾌한 이론을 주장한 사람으로 잘 알려져 있다. 본래 밀란팀과 함께 반투명 거울을 활용하여 연구했으나, 톰은 기존의 관찰팀이라는 체계적이고 관습적인 접근법에서 벗어나 포스트모더니즘적 감수성을 활용하여 팀과 내담자 간의 위계질서를 줄이고 전략적 방식보다는 대화적 방식을 통해 치료를 진행했다. 그는 내적/외적 대화와 적절히 독특한 발언이라는 실용적인 개념을 설명했는데, 이를 통해 특정 기술이 아닌 이 개념을 활용하여 상담 과정의 대화를 촉진할 수 있었다.

린 호프먼 날카로운 통찰력과 넓은 시각을 가진 것으로 유명한 린 호프먼(Lynn Hoffman)은 버지니아 사티어, 제이 헤일리, 폴 바츨라비크, 살바도르 미누친, 딕 오스왈드(Dick Auserwald), 지앙프랑코 체친, 루이지 보스콜로, 톰 안데르센, 할렌 앤더슨, 페기 펜(Peggy Penn) 등 다수의 영향력 있는 가족치료 전문가/사상가들과 가깝게 지냈다. 그녀의 첫 서적인 『가족치료의 기초(Foundations in Family Therapy)』(Hoffman, 1981)는 체계적 가족 상담에 대한 책들 중 가장 통합적 관점을 제시했다. 호프먼은 MRI에서 사티어의 책을 편집해 주면서 가족치료 접근에 대해 배우기 시작했다. 그녀는 이 접근법에 큰 영향을 받아 사회복지사로서의 직업을 이어 나가면서 체계적 가족치료에 대한 훈련을 받았다. 이 과정에서 그녀는 밀란팀과 친해지게 되었고, 페기 펜과 함께 추후 모델을 발전시키는 것을 도왔다(Boscolo, Cecchin, Hoffman, & Penn, 1987). 노년이 되자 그녀는 점점 포스트모더니즘 협력적 접근법에 매력을 느끼기 시작했다(Hoffman, 2001). 그녀는 『가족치료: 개인적 역사(Family Therapy: An Intimate History)』(Hoffman, 2001)라는 가족치료 저서 작업을 하는 과정에서 주목할 만한 자신의 이야기를 자세히 서술했다. 이 책은 가족 상담 이론을 배우고자 하는 학습자, 특히 교재에서 제시하는 방식보다는 핵심을 다루고 흥미로운 것을 선호하는 학습자들이 좋아하는 책이다.

페기 펜 에커만 협회(Ackerman Institute)의 전 훈련감독관이자 시인(Penn, 2002)이며 협업적 언어체계에서 글쓰기를 활용하는 독특한 접근법을 개발했다(Penn, 2001; Penn & Frankfurt, 1994; Penn & Sheinberg, 1991). 호프먼과 마찬가지로, 펜은 밀란 접근법으로 잘 알려진 체계적 치료법을 통해 훈련을 받기 시작했다(Boscolo et al., 1987). 그러나 이후 그녀의 접근법은 포스트모더니즘적 접근으로 더욱 발전하게 되었다. 그녀는 상담에서 다양한 유형의 글쓰기를 활용하여 내담자가 다각적인 내면의 목소리와 시각에 접근할 수 있도록 도왔다.

야코 세이쿨라 심리학자 야코 세이쿨라(Jaakko Seikkula)와 그의 동료들(Haarakangas, Seikkula, Alakare, & Aaltonen, 2007)은 정신증적 증상을 나타내는 환자와의 작업 시 사용하기 위한 개방적 대화 접근법을 핀란드에서 개발하고 연구하였다. 그가 20년 넘는 시간 동안 정신증 환자와 함께 작업하며 협력적 접근법을 발전시킨 이후, 핀란드 라플란드 지역의 야코 병원에서는 만성 정신증 사례가 더 이상 보고되지 않았으며, 약간의 약물치료가 필요한 정신증적 증상을 보이는 환자만이 남았다. 또한 높은 비율의 환자가 일터로 돌아갈 수 있게 되었다. 야코의 연구는 포스트모더니즘적 치료에 대한 가장 실증적인 증거를 제시했다.

큰 그림: 상담과정의 개관

협력적 치료 상담자는 회기 진행 방법에 대한 개요나 상담의 단계적 절차를 정하지 않는다. 대신, 이들은 단 한 가지 상담 원칙을 따르는데, 그것은 '주제나 참여자에 관계없이 협업적 관계와 상호적이고 생성적인 대화 촉진시키기'이다. 즉, 회기 동안 대화가 계속해서 진행되어야 하며, 이를 촉진시킴에 있어 독백의 상황을 피하는 것이 중요하다.

■ 독백과 교착상태 피하기

해리 굴리션은 상담자로서 해야 하는 것보다 하지 말아야 할 것을 구별하는 것이 더 쉽다고 말하곤 했다. 협력적 대화가 아닌 것, 즉 **독백**을 구분함으로써 이러한 논리적 · 협력적 접근법을 확장시키는 방법을 이해할 수 있다(Anderson, 1997, 2007). 독백은 타인과 소리 내어 대화하는 것, 자기 자신과의 침묵의 대화, 상상의 인물과의 대화 등을 의미한다. 두 명 간에 이루어지는 독백의 대화는 주로 상대방에게 자신의 생각을 납득시키기 위해 '각자의 현실을 겨루는' 방식으로 이루어진다. 독백 대화의 참여자는 자신의 다음 방어계획을 세우는 시간 동안만 들으며, 진정으로 흥미를 가지고 상대방의 말을 이해하려 하지 않는다. 침묵의 대화에서 독백이란 같은 방식의 묘사, 의견을 주장하거나 계속해서 상대의 사고를 지배하고자 하거나, 새로운 것이나 호기심을 거부하며, 타인에게 폐쇄적인 태도를 취하는 것을 의미한다.

상담과정에서 독백 형식의 대화는 **치료적 교착상태**를 야기한다. 이러한 교착상태에서 이루어지는 토론은 내담자로 하여금 더 이상 도움이 되는 의미 또는 이해를 받아들이지 못하게 만든다. 대부분의 경우 독백의 대화를 알아차리는 것은 쉬운데, 이는 독백의 대화 중에는 긴장감이 존재하며, 서로 다른 지점을 납득시키려는 방식으로 대화가 이루어진다는 느낌을 주기 때문이다. 이 외에도 상담자는 '저항'하는 내담자를 비난하는 묘사를 하기 시작할 수도 있다. 내담자와 상담자의 대화이든, 한 공간에 있는 두 사람의 대화이든 간에 이러한 문제가 발생할 때, 상담자가 해야 할 일은 서로의 생각을 교환하는 방식으로 대화가 이루어지도록 자연스럽게 유도하는 것이다. 상담자는 내담자의 관점을 보다 잘 이해하기 위해 질문을 던지거나 내담자가 하려는 말을 충분히 이해하지 못한 점이 있는지를 물으며 호기심 어린 자세를 취함으로써 대화를 원활하게 이끌 수 있다. 하지만 만약 내담자를 대화 속으로 다시 초대해야 하는 상황이라면, 상담자는 자기 자신과 내적 대화를 해야 한다. 간단히 말하자면, 협력적 치료 상담자의 주요 과제는 한 공간에서 이루어지는 대화(내담자 간의 대화이든, 내담자와 상담자의 대화이든)는 겨루기 독백이 되어서는 안 된다는 점이다. 쌍방향으로 대화가 이루어지는 한 변화는 필연적으로 이루어진다.

관계 형성하기: 치료적 관계

▪ 철학적 태도

협력적 치료 상담자는 상담자가 철학적 태도를 견지해야 한다고 주장한다. 철학적 태도란 타인과 관계를 맺는 특별한 방식을 의미하는데, 상담자의 철학적 태도는 그들이 내담자에게 어떻게 말하고, 생각하고, 행동하고, 반응하는지에 영향을 미친다. 철학적 태도를 취하는 상담자는 자신의 역할이나 기능보다는 인간으로서의 내담자를 보는 데 초점을 둔다. 상담자는 철학적 태도를 통해 포스트모더니즘 개념을 본질적으로 구체화시킨다. 이러한 개념은 사회구성주의자가 제시하는 관점으로, 내담자를 전문가로 바라보기, 대화 과정에 가치 두기뿐만 아니라 협력적 접근법을 설명한다.

▪ 대화 상대: '함께하기'

협력적 언어체계를 통해 이루어지는 상담 관계는 **대화의 파트너십**으로 묘사된다(Anderson, 1997). 대화의 파트너십이란 본질적으로 내담자와 함께하는 과정으로서, 상담자는 내담자의 전문 지식을 존중하며, 협업적 대화 방식으로 반응한다. 이러한 관계 형성 방식은 **함께하기**

(withness)라고 불리는데(Hoffman, 2007), 이는 대화 참여자가 각자의 대응적 표현 방식을 통해 서로 접촉하고 자신이 이해한 바대로 뜻, 감정을 전달하는 대화 방식을 말한다. 또한 함께하기란 내담자가 맞이하는 오르내림 변화의 파도를, 그 여정이 아무리 불편하고, 예측할 수 없고, 두려울지라도, 기꺼이 '함께할 의지'를 지니는 것을 의미한다(Anderson, 1993). 즉, 상담자는 어디로 향할지 알 수 없는 내담자와의 여정을 언제나 함께할 것이라는 분명한 약속을 하는 셈이다.

■ 호기심: 알지 못함의 미학

협력적 상담 자세의 대표적 특징이라 할 수 있는(Anderson, 1997) '호기심'은 상담자가 내담자의 독특한 인생 경험과 이로부터 우러나온 의미에 대해 진심 어린 관심을 갖는 것이다. 협력적 상담자의 호기심은 **사회 구성주의 인식론**(지식에 대한 가정과)을 의미하는데, 이는 우리가 알고 있는 것은 어떻게 알게 되었는지에 대한 가정에 의해 발전한 개념이다. 즉, 각 개인은 그들이 관여하고 있는 복잡한 관계와 대화 속에서 형성된 자신만의 독특한 현실을 구성한다. 따라서 두 사람은 완전히 똑같은 결혼생활, 부모와의 관계, 우울, 정신증, 불안을 경험할 수 없으며, 한 사람, 한 사람이 독특한 경험을 하고, 각자의 인생에서 깨달은 자신만의 교훈을 가지고 있다.

■ 내담자와 상담자의 전문성

1992년 앤더슨과 굴리션은 급진적으로 "내담자가 전문가이다."라고 말했다. 이후 이에 대해 상담자는 어떠한 의견도, 역할도 없다는 의미로 오해하는 사람도 있었지만, '전문가로서의 내담자'라는 말은 내담자의 인생에 대한 내담자의 생각, 아이디어, 의견의 가치에 상담자가 진정으로 집중할 수 있도록 도왔다. 내담자가 자기 인생의 전문가로 여겨진 데에는 상담자가 내담자의 복잡한 인생을 충분히 이해하기에는 제한적인 정보만을 얻을 수 있다는 한계가 한몫했다. 반면, 내담자는 상담자가 절대 따라올 수 없는 수준으로 자신의 이력을 '내부자' 관점에서 완전히 알고 있다(Anderson, 1997). 따라서 '전문가로서 내담자'란 상담과정이 어떻게 진행되는지에 대한 묘사라기보다는 내담자를 깊이, 인간적으로 존중하는 전반적 태도를 의미한다.

회기가 진행됨에 있어 상담자는 더 많은 전문 지식을 가지고 있는 전문가로 여겨지며, 이는 상담자가 효과적이고 서로를 존중하는 대화가 이루어지도록 하는 책임을 가진다는 것을 의미한다. 즉, 상담자는 대화의 질에 책임이 있으며, 상담자가 대화의 내용, 방향성, 결과를 통제하는 방식이 아닌 내담자의 변화를 지지하는 방식으로 대화를 이끌어 내는 것을 필요로 한다.

일반적으로 초창기에는 내담자가 **내용**(이야기되어야 하는 것)의 영역에서 전문가이며 상담자는 **과정**(그 내용이 어떻게 전개되는지)의 영역에서 전문가인 것이 중요할 수 있다. 그러나 **협력적 상담의 과정**에서는 상담자와 내담자 모두 상담 내용과 과정에 몰두한다. 내담자가 내용에서 중요한 영역을 다루지 않고 있다고 생각할 때, 협업적 치료 상담자는 강압적이지 않게 문제를 제기한다. "당신이 과거에 대해 이야기하고 싶지 않은 것을 알지만, 잠깐 동안 어린 시절의 학대 경험이 오늘날 결혼생활에 미친 영향에 대해 조금 이야기를 나누는 것이 별 가치가 없는 일인 걸까요?" 이런 방식으로 문제가 제기될 때 비로소 내담자는 진심으로 자유롭게 생각을 표현할 수 있을 것이며, 상담자는 내담자의 의사를 존중할 수 있다.

한편, 상담자 또한 내담자가 상담과정에 대해 제시하는 피드백을 개방적으로 수용한다. 내담자는 방 안에 있는 사람, 상담 진행 속도, 과제 유형, 질문 유형 등 상담과정에서 자신에게 가장 적합한 것이 무엇인지 이야기할 수 있다. 상담자는 내담자의 요청을 무조건적으로 수용하여 상담에 반영할 필요는 없다. 다만, 상담자는 피드백 속에 담긴 내담자의 바람과 요구를 깊이 숙고하여 이를 처리할 최적의 방식을 생각해야 한다. 이러한 상호 간 교류야말로 진정한 파트너십이라 할 수 있으며, 이를 기반으로 상담자는 내담자와 함께 상담과정에서 이야기를 전개하는 유용한 방법을 찾을 수 있다. 앤더슨(1997)은 내담자의 피드백에 대한 지속적인 개방성을 "일상적인 연습/실습의 일환으로서의 연구"라고 표현했다. 즉, 상담자는 내담자의 피드백과 이에 대한 논의를 통해 발전시킨 내용을 기반으로, 상담이 교착상태에 빠질 가능성을 줄이고 내담자의 독특한 요구에 따라 상담과정을 조정해 나갈 수 있다.

▪ 평범한 일상적 언어: 민주적 관계

협력적 치료 상담자는 내담자와 위계적이기보다는 **민주적**이며, 실생활에서 활용되는 자연스러운 언어를 사용하여 듣고, 귀 기울이고, 말한다(Andersen, 1991; Anderson, 2007). 비록 상담자는 내담자에게 유용하도록 대화를 이끌어 갈 책임이 있으나, 이를 위해 리더와 전문가의 자세를 취하지는 않는다. 대신, 이들은 일상적 언어, 여유 있는 태도, 내담자가 나아갈 수 있는 최적의 방식을 탐구하는 데 함께할 수 있도록 안내하고자 하는 의지를 보임으로써 보다 겸손한 태도를 취한다.

▪ 내적, 외적 대화

톰 안데르센은 대화란 **내적, 외적 대화** 모두를 포함하는 것으로 개념화했다(Andersen, 2007). 우리는 대화를 나눌 때, **외적 대화**를 더 빨리 인식할 수 있다. 외적 대화란 상담과정의 참여자들 간 구술로 이루어지는 대화를 의미한다. 또한 안데르센은 외적 대화와 내적 대화가 동시에 이루어진다는 사실을 깨달았는데, 내적 대화란 대화에 참여하는 동안 개인의 내면에서 이루어지는 생각과 대화를 의미한다. 따라서 상담자와 내담자가 작업하는 동안 ① 내담자의 내적 대화, ② 상담자의 내적 대화, ③ 외적으로 말하는 대화 등 최소 세 가지의 대화가 동시에 이루어진다. 상담자는 이 세 가지 대화가 각각 이루어질 수 있는 자유와 시간을 제공할 필요가 있다.

안데르센(2007)이 말했듯, 상담자는 내담자가 스스로 내적 대화에 몰두할 수 있는 공간을 제공해야 한다. 왜냐하면 내담자는 상담자와만 이야기하는 것이 아니라, 더 중요하게는 자기 자신에게도 이야기를 하는 것이기 때문이다. 상담과정에서 내담자는 종종 난생 처음으로 어떤 이야기를 꺼내게 되는데, 이때 내담자는 상담자에게 이야기한 것을 스스로 듣고 그것의 무게와 예상치 못했던 내용에 대해 깊이 숙고할 시간이 필요하다. 전통적 상담 접근을 따르는 상담자는 종종 내담자에게 내적 대화를 공유하는 것에 대한 부담을 주곤 했는데, 안데르센은 이를 강력하게 비판했다. 따라서 만약 내담자가 자신의 성적 학대의 경험이나 문제적 관계에 대해 이야기하기 꺼려 한다면, 상담자는 내담자가 문제를 털어놓도록 강요해서는 안 되고, 준비가 되었을 때 스스로 말할 수 있도록 개방적인 참여를 독려해야 한다. 당시 상담 분야에서는 드물지만, 안데르센은 내담자에게 최적화된 방식으로 인생을 항해할 수 있는 능력이 있다는 굳건한 신념을 가지고 있었으며, 이 신념을 기반으로 안데르센은 회기 동안 내담자의 사생활을 침해하지 않으며, 자율성을 충분히 존중하는 데 아주 능숙한 상담자로 활동하였다.

안데르센은 내담자와 함께 외적 대화를 추적하는 것 이외에도 상담자 자신의 내적 대화를 추적해 보는 활동을 독려했다. 즉, 상담자는 내담자, 그리고 외적 대화에 대한 생각, 감정, 반응을 다시 돌아볼 수 있다. 상담자는 자신과의 내적 대화를 통해 상담 관계를 촉진시킬 수 있는 다양한 종류의 정보를 얻을 수 있다. 즉, 내담자에 대한 상담자의 반응을 통해 내담자가 타인과 어떻게 상호작용하는지를 파악하거나 상담자의 반응이 전문지식이 아니라 자신의 개인사 혹은 개인적 문제에 기인하는 것인지의 여부를 알 수 있다. 나아가 상담자의 내적 대화는 외적 대화를 촉진시키는 통찰력, 생각, 은유를 포함하기도 한다.

만약 상담자의 내적 대화가 내담자와의 외적 대화를 방해한다면, 상담자는 이 문제를 내담자와 함께 논의해 볼 수 있으며 이것은 대화를 보다 유용한 방향으로 진전시킬 수 있다(Anderson, 1997). 예를 들어, 내담자는 계속해서 원나잇 섹스를 하는 데 미치는 술의 영향력을 무시하지만, 상담자는 그 사이에 명확한 연결고리가 있다고 판단하는 상황을 가정해 보자. 우선, 상담자는 상담 관계가 위협받고 있다고 느끼지 않도록 언어적, 비언어적으로 내담자에게 자신의 의견을 전달해도 괜찮을지에 대한 허락을 구해야 한다. 그 후 상담자는 조심스럽게 자신이 관찰한 바를 전달할 수 있다. 예를 들어, 상담자는 "지금까지 말씀하신 내용을 종합해 보면, 당신은 술과 원나잇 섹스가 관계가 있다고 생각하지 않는다는 것을 알 수 있습니다. 하지만 저는 밤새도록 파티를 하는 것과 낯선 이와 이러한 관계를 맺고 나서 후회하는 일 사이의 관련성이 있는 것처럼 보였습니다. 만약 술이 주원인이 아니라고 생각하신다면, 술이 미칠 수 있는 부수적인 영향에는 무엇이 있을까요?"라는 방식으로 대화를 이끌 수 있다. 여기서 핵심은 내담자에게 방어보다는 호기심을 이끌어 내는 관점을 제공하는 것이다.

조망하기: 사례개념화

협력적 언어 체계에서 사례개념화는 두 가지 핵심 질문을 포함한다.

- 누가 문제에 대해 이야기하고 있는가?
- 상담자와 내담자는 각각 문제에 대해 어떻게 이해하고 있는가?

상담자는 누가 **문제 조직화 체계**(problem-organizing system)에 있는지 또는 누가 누구와, 그리고 무엇에 대해 대화하는지를 평가하면서 첫 번째 질문에 답한다. 두 번째 질문은 내담자의 세계관을 이해하기 위해서 상담자의 **철학적인 입장**을 통해 접근한다.

누가 이야기하고 있는가? 문제 조직화 체계, 문제 해소화 체계

앤더슨과 굴리션(1998, 1992)은 최초로 상담 체계에 대해 문제를 식별하는 과정을 조직화된 **언어 체계**라고 개념화했다. 상담자와 내담자가 함께 만나게 된 이유는 누군가 '문제' '쟁점' '걱정거리'를 규정했기 때문이며, '문제'라는 단어를 항상 내담자만이 사용하지는 않을 것이라는 것이다. 앤더슨과 굴리션은 이러한 체계를 **문제 조직화 체계**, **문제 해소화 체계**로 정의했다. 상담 체계는 누군가 문제를 발견 및 규정한 이후에 이루어지는 **문제 조직화 체계**이며, 대화에 참여하는 상담자, 내담자, 관련된 제3자가 더 이상 논의할 문제가 없을 때까지 그들이 문제를 해결한다는 점에서 **문제 해소화 체계**이기도 하다. 나아가, '해소'란 해결책을 찾아간다는 전통적 관점에서 봤을 때 문제가 완전히 '해결'되지 않는다는 개념을 포함한다. 대신, 참가자들은 대화를 통해 새로운 사고, 감정, 행동을 받아들임으로써 문제에 대한 이해 수준을 발전시킨다. 결국 내담자는 문제가 실제로 해소된 것만큼 그것이 해결되었다고 느끼지 못할 수도 있다. 예를 들어, 만약 상담 초기에 내담자가 최근 이별 때문에 스트레스를 받는다고 보고한다면 문제는 '해결'되지 않은 것이다. 오히려, 내담자는 상황을 다르게 해석함으로써 다르게 행동하고 지각하게 된다고 볼 수 있다.

협력적 상담자는 문제를 이야기하는 모든 사람이 문제 조직화 체계, 문제 해소화 체계에 속해 있다는 사실을 명심하고, 다음의 질문을 해야 한다.

문제 조직화 체계, 문제 해소화 체계 평가하기

- 회기 중, 회기 외에 누가 문제에 대해 이야기하는가?
- 상담자와 내담자는 각각 문제를 어떻게 정의하는가?
- 상담자와 내담자는 각각 문제와 관련해서 무엇을 해야 한다고 생각하는가?

스스로 해보기

혼자 종이에, 아니면 파트너와의 대화에서 앞의 질문을 통해 문제 조직화 체계를 평가해 보세요. 여러 답변에서 확인할 수 있는 유사점과 차이점에는 어떤 것이 있나요?

상담자와 내담자가 함께 대화하는 과정에서 '문제'에 대한 이해가 변화하고 발달하게 된다. 이 과정에서 상담자는 내담자를 체념시키거나 '진실'을 밝히려 하지 않고 모든 관점을 기꺼이 들으려고 함으로써 상담 장면 밖에서 이 문제에 대해 이야기하고 이 문제에 대한 다양한 관점을 질문하는 사람이 누구인지 지속적으로 평가한다. 내담자와 상담자 간의 대화의 기류에 여러 모순적 관점들이 지속적으로 공존하게 되는데, 이를 통해 내담자와 상담자는 보다 새롭고 유용한 관점을 형성할 가능성이 크다. 따라서 이 장의 마지막에 있는 사례 연구에서 상담자는 십대 환자의 관점뿐만 아니라 그녀의 형제, 어머니, 어머니의 친구, 선생님, 학교 상담자, 그리고 친구의 관점을 이해하기 위해 노력한다.

■ 철학적 태도: 사회 구성주의 관점

협력적 상담자의 주요 상담 '도구'는 기법이나 개입이 아닌 '관점의 체계', 즉, **협력적 태도**이다(Anderson, 1997). 협력적 상담자는 우리의 현실은 인간관계와 언어를 통해 구성된다고 주장하는 사회 구성주의와 포스트모던 관점을 차용한다. 사회 구성주의는 정체성이나 의미를 고정된 것으로 바라보기보다는 우리가 개인적 정체성과 사회 현실을 끊임없이 수정하고 재해석하는 과정에 어떻게 관여하는가를 설명한다. 이는 '좋은 사람 되기' '행복하기' '성공하기' '보살핌 받기' '의미 있는 인생 살기' '존중받기' 등이 무엇을 의미하는지 우리 스스로에게 이야기하는 방식을 통해 이루어진다. 이러한 이야기는 친구들과의 대화, 새로운 이야기, 공상 이야기, 개인적 혹은 미디어를 통한 생각을 나누면서 형성된다. 상담자의 철학적 태도는 상담자가 선호하는 심리학 이론과 비교하여 내담자가 '틀렸는지' 혹은 '벗어났는지'에 대한 결정보다는 내담자가 어떻게 세상에 대한 이해를 형성하는지에 대한 상담자의 호기심을 담고 있다. 따라서 상담자는 내담자가 인생의 사건에 대한 의미를 어떻게 구성하는지에 항상 초점을 맞춘다.

■ 내담자의 세계관 평가하기

내담자와 이야기할 때, 협력적 상담자는 내담자의 삶에 일어난 사건을 해석하는 체계인 내담자의 세계관을 잘 이해하는 것에 중점을 둔다. 사회 구성주의의 관점에 근거를 두는 협력적 상담자는 내담자의 세계관을 '오류'나 '문제의 원인'으로 보지 않는다. 오히려 그들은 난생 처음 수영장에 가 본 아이처럼 조심스럽고, 판단적이지 않은 호기심을 가지고 내담자에게 접근하며, 이러한 매력적인 신세계에서 마주한 홍미로운 생명체에게 상처 입히지 않도록 신중하게 내담자에게 접근한다(Anderson, 1997; Hoffman, 2007). 상담자는 내담자의 세계관을 분석하면서 그것의 옳고 그른 것을 보는 것이 아니라, 내담자의 세계, 희망, 문제, 증상을 그럴듯하게 만들어 내는 내적 논리를 다음의 질문을 통해 찾아낸다. 만약 한 여성이 본인의 결혼이 실패한 것 같다고 느낄 때, 그녀는 처음에 이런 생각을 어떻게 갖게 되었을까? 그녀는 어떻게 반응했을까? 그녀는 배우자와 자신의 변화된 행동을 어떻게 이해했을까? 한 개인으로서의 자신에 대해 그녀가 두려워하는 것은 무엇인가? 그녀는 무슨 일이 일어났다고 생각할까? 그녀는 현재 대안이 무엇이라고 생각할까? 그녀의 결혼생활이 왜 지금까지 이어졌을까? 옛날 혹은 더 나았던 시절로 다시 돌아가기 위해서는 무엇이 필요할까? 이는 상담자의 상담기술 매뉴얼에 나와 있는 질문들이 아니다. 오히려, 이러한 질문들은 대화의 어떤 지점에서든 적절하게 나타날 수 있는 반응으로 볼 수 있다. 협력적 언어 체계에서 '평가'는 지속적으로 '협업 평가'를 내리는 것이다. 협업 평가는 대화 과정과 분리된 것이 아니다. 이는 내담자가 어떻게 문제를 이해하고 있으며, 앞으로 나아갈 잠재력을 어떻게 구성하는지 이해하기 위한 탐색적 질문과 호기심을 다룬다.

변화를 겨냥하기: 목표 설정

■ 자기 주체성

다른 포스트모던 접근과 마찬가지로, 협력적 상담자는 미리 규정된 건강한 사례를 향해 모든 내담자를 획일적 방식으로 이끌지 않는다. 대신, 협력적 언어 체계의 전반적인 목표는 내담자의 삶에서 내담자의 삶의 주체감을 높이는 것이다. 주체감이란 자신이 능숙하게 의미 있는 행동을 취할 수 있는 권한이 있고 능력이 있다는 생각을 말한다. 앤더슨(1997)에 따르면 주체감이란 내담자의 '자율권'처럼 누군가에 의해 주어지는 것이 아니라, 모든 사람에게 태생적으로 주어지는 것이며, 오직 **자기 접촉**만이 가능하다. 이때 협력적 상담자의 역할은 내담자가 주체감을 학습할 수 있는 기회를 극대화하는 일련의 과정에 참여하는 것이다.

■ 탈바꿈/변환

협력적 상담자는 상담의 결과를 '변화(change)'로 개념화하지 않고, 상담과정을 **탈바꿈/변환**(transformation)으로 개념화한다. 즉, '본래' 내담자의 모습이 일부 유지되는 상태에서 다른 모습들이 새롭게 추가되거나 사라진다는 것을 강조하는 것이다. 내담자는 상담자와의 대화 과정에서 내담자는 자기 스스로에게 내가 누구인지 이야기하는 '자기 정체성 이야기'를 탈바꿈/변환시켜 나감으로써 미래 행동, 타인과의 관계, 의미에 대한 새로운 가능성을 열게 된다. 이러한 탈바꿈/변환의 과정은 상담자가 통제하거나 지시하여 이루어지는 것이 아니라 내담자가 스스로 자기 자신과 상담자의 말에 귀를 기울이고, 서로의 아이디어, 생각, 희망을 함께 공유할 때 비로소 나타나는 것이다.

페미니스트와 마찬가지로, 협업적 상담자는 대화를 통한 탈바꿈/변환의 과정이 본질적이며 필연적으로 **상호적인** 것이라 주장한다. 상담자는 대화의 과정에 참여할 때, 스스로 변화할 위험을 감수한다. 내담자가 대화의 과정 속에서 변화하는 것처럼 상담자 또한 동일한 맥락에서 탈바꿈/변환될 것이다(Anderson, 1997). 물론 상담자의 탈바꿈/변환의 과정이 아주 극적이거나 즉각적으로 명백히 나타나지 않을 수도 있다. 그러나 상호 간 진실한 생각의 교환이 이루어지면서, 상담자는 삶을 살아가는 데에는 다양한 방법이 있다는 사실을 배울 수 있으며, 결국 상담자의 세계관은 필연적으로 변화하고 진화하게 된다.

■ 협력적 목표 설정하기

이름에서 알 수 있는 바와 같이, 치료계획에 포함될 상담 목표는 내담자와 **협업하여** 전문적인 용어가 아닌 일상의 언어를 사용하여 설정한다. 협력적 언어 체계에서 상담 목표는 의미와 이해가 변화하는 것만큼이나 목표가 지속적으로 변화하는 것으로 개념화된다. 상담 목표는 '친구 만나러 외출하기' '다시 그림 그리기'처럼 조금씩 발전할 수 있으며, '폭력적으로 분노 표출하는 행동 멈추기'에서 '부모님과 정서적 연결에 초점 맞추기'처럼 극적으로 발전할 수 있다. 또한 상담자는 미리 모든 내담자에게 적용되는 일련의 목표를 설정해 두지 않는다. 내담자와 함께 협의하는 과정을 통해 목표를 설정한다.

작업 단계 목표 예시: 호소하는 문제 다루기

- '과거의 나' 활동에 대한 재참여 격려하기
- 나를 지지하고 내 말을 들어 주는 친구와 연락하기
- '사소한 것을 과장하는' 생각 줄이기

종결 단계 목표 예시: 자기 주체성과 자기 정체성 이야기 발달시키기

- 직장 동료들과 관계할 때 주체감과 자기 주장 능력 발달시키기
- 자신의 시간과 에너지에 대한 우선순위를 정하는 능력과 주체감 발달시키기
- 과거의 그림자에 빠지지 않고 과거의 어려움을 영광스럽게 여기는 자기 정체감 발달시키기

실행에 옮기기: 개입

■ 대화(좌담식) 질문: 대화 속에서 이해하기

대화(좌담식) 질문(conversational questions)은 전문적인 이론이 아니라 대화의 과정에서 자연스럽게 나오는 질문을 의미한다(Anderson, 1997). 이러한 질문들은 미리 계획하는 것이 아니라 내담자가 말하는 바를 논리적으로 따르며, 내담자를 보다 잘 이해하고자 하는 열망과 호기심으로부터 형성된다. 예를 들어, 만약 내담자가 불안감을 느낀다고 보고한다면, 상담자는 행동 기능 분석(9장 참조), 게슈탈트 신체 자각 질문(8장 참조), 해결 중심 기적 질문(12장 참조), 이야기 치료에서 외재화 질문(다음 참조), 체계적 접근법에서 체계적인 상호작용 질문(11장 참조) 등의 이론을 바탕으로 질문을 하는 것이 아니라 그 순간 대화의 논리적인 흐름에 따라 "언제, 무엇에 대하여 가장 불안을 느끼나요? 그러한 것에 대해 걱정한 지 얼마나 오래 되었나요?"와 같은 질문을 하는 것이다.

상담자는 내담자의 삶의 경험을 보다 잘 이해하기 위해 내담자가 선호하는 단어와 표현을 사용하여 '대화(좌담식) 질문'을 한다. 이렇게 함으로써 상담자와 내담자 모두 내담자의 삶의 경험에 대한 이해를 발전시켜 나갈 수 있다. 상담과정에 대한 연구에 따르면, 내담자는 평가나 개입을 위한 전문적 안건에서 비롯된 '조건 질문' 혹은 '유도 질문'이 상담자의 진정한 호기심에서 비롯된 질문과 상당히 다르게 느껴졌다고 밝힌 바 있다(Anderson, 1997). 협력적 상담자는 어떤 이유나 전문적인 안건을 숨기지 않고, 순수한 호기심을 담은 '대화(좌담식) 질문'을 한다. 이 장의 마지막에 있는 사례 연구에서 상담자는 친구의 죽음과 알코올 남용의 경험을 분석하기 위해 엘란의 상황에 대한 전문적·정치적 견해, 고정관념, 가치를 강요하는 방법이

아니라, 대화(좌담식) 질문을 활용한다.

■ '적당히 독특한 말' 코멘트

이 개념은 반영팀과의 작업에서 발전된 것으로, 안데르센(1991, 1995)은 상담자가 협업적 대화를 증진시키기 위해 '너무 뻔하거나' '너무 독특한' 코멘트나 질문을 피할 것을 권장한다. **너무 뻔한** 코멘트는 내담자의 세계관에 대하여 새로운 이해를 형성할 가능성을 제시할 수 없다. 따라서 내담자의 현재 관점에 동의하거나 재반영해 줌으로써 변화를 이끌어 내기 힘들다. 반대로, **너무 독특한** 코멘트는 내담자의 세계관과 너무 다르기 때문에 새로운 의미를 만들어 내기 어렵다. 일부 내담자는 자신에 대해 재설명하거나 코멘트나 제안을 거절하는 등의 '저항'을 통해 코멘트가 적절하지 않다는 신호를 즉각적으로 나타낸다. 어떤 내담자는 코멘트가 너무 일반적이지 않다는 신호를 회기 중에는 거의 표현하지 않다가 나중이 되어서야 코멘트를 따르지 않거나 상담자와 상담과정에 대한 신뢰를 잃어버리게 된다.

골디락스(Goldilocks)와 곰 세 마리 이야기에서 골디락스가 먹기 '적당한' 세 번째 수프를 선택한 것과 마찬가지로, 상담자는 내담자의 세계관과 잘 들어맞는 **적당히 독특한 코멘트**를 선택해야 한다. 이 코멘트는 내담자로 하여금 호기심을 촉진시키고, 내담자가 쉽게 이해할 수 있는 새로운 관점을 제공할 수 있어야 한다. 예를 들어, 만약 내담자가 이전 직장보다 훨씬 많은 역할을 수행해야 하는 새 직장에서 어쩔 줄을 모르겠다고 느낀다면, 상담자는 "~씨의 새로운 직장은 이전 직장에서는 필요하지 않았던 멀티태스킹 능력과 우선순위를 정하는 능력을 필요로 하는 것 같네요."와 같이 **적당히 독특한 코멘트**를 통해 기존과 약간 다른 관점을 제시하면서 현재의 경험을 이야기할 수 있어야 한다. 이 친숙한 코멘트들을 통해 내담자는 안전감을 느끼고, 기존과 약간 다르지만 실행 가능한 코멘트를 통해 '새로운' 관점을 얻을 수 있다(Anderson, 1997).

침묵에 대한 경청 내담자는 대개 **적당히 일반적이지 않은** 코멘트, 제안, 질문을 들으면 잠시 멈추어 현재 관점과 새로운 관점을 통합하기 위한 **침묵**을 갖는다. 이때 상담자는 내담자가 스스로 **내적 대화**를 할 수 있는 시간을 주는 것이 중요하다. 가끔 내담자는 "그 부분에 대해 생각해 봐야겠어요."라든지 "그런 방식으로는 생각해 본 적이 없어요."라고 말한다. 내담자는 적당히 일반적이지 않은 질문을 듣고 처음에는 "잘 모르겠어요."라고 반응할 것이다. 이후 새로운 관점에 대해 잠시 생각할 시간을 갖고 난 뒤, 내담자는 보통 전에는 전혀 하지 못했던 생각과 아이디어를 숙고해 보는 반응을 보이기 시작한다.

어디까지 멀리 가야 할까 그렇다면 얼마나 일반적이지 않은 것이 '적당히' 일반적이지 않은 것일까? 이때 핵심은 내담자가 필요로 하는 일반적이지 않음의 수준이 다양하다는 것이다. 다시 말해, 각각의 내담자는 새로운 아이디어를 형성하는 데 유용한 다양한 수준의 다름을 추구한다. 나는 십대 내담자, 의무적으로 온 내담자, 상담에 확신이 없는 내담자들과 처음 작업할 때 적당히 일반적이지 않은 코멘트는 종종 내담자가 상담자에 대한 더 깊은 신뢰가 발전되기 전까지는 내담자의 현재 세계관과 크게 다른 의견들을 포함할 수 없다는 것을 알게 되었다. 게다가 정서적으로 혼란스러운 사람일수록 (이들이 주로 추구하는) 매우 일반적이지 않은 코멘트는 유용하지 않았다. 일부 내담자들은 사회적으로 무례하다고 여겨질 만큼 직접적인 방식으로 본인의 관점과 다른 코멘트를 하는 상담자를 선호하고 요구하기도 한다. 나는 다음과 같은 말을 하는 몇몇 내담자, 특히 남성 내담자를 만나기도 했다. "제가 어디에서 틀렸다고 생각하는지 말씀해 주세요." "포장하지 말고 단도직입적으로 말씀해 주세요. 저는 상담자가 그러면 싫어요." 따라서 적당히 일반적이지 않은 코멘트는 내담자가 선호하는 의사소통과 상담 관계의 질에 따라 달라진다. 협업적 상담자는 자신의 의사소통 기법을 미세하게 조정하여 여러 가지 **적당히 일반적이지 않은 코멘트**를 전달하고, 내담자의 반응을 조심스럽게 관찰함으로써 코멘트가 내담자에게 유용한지 아닌지를 평가한다.

■ 상호 간 수수께끼

협력적 상담자는 내담자가 자기 삶의 새로운 방식에 대해 호기심을 갖도록 안내한다. 이 과정을 **상호 간 수수께끼**라고 부른다(Anderson, 1997). 앤더슨에 의하면, 상담자의 호기심이 내담자에게 전달될 때 내담자는 자연스럽게 상호 간 수수께끼의 과정에 초대된다. 결국 상담자의 일방향 질문에서 협업적 과정으로 변화하기 시작한다. 내담자가 상담자와 함께 의미를 만드는 과정에 참여할 때, 이야기의 속도가 느려지고, 더 많은 침묵이 발생하며, 보다 호기심이 가득하지만 희망찬 분위기의 대화가 이루어질 것이다. 이 과정에서 종종 내담자의 변화가 보이게 되는데, 신체 움직임이 부드러워지고, 고개가 살짝 옆으로 기울고, 내담자는 전보다 느리거나 더 빨리 움직인다(Andersen, 2007). 상호 간 수수께끼는 상담자가 쌍방향의 대화를 성공할 때만 발생하며, 이때 상담자와 내담자는 모두 진심으로 상대방이 기여한 바를 수용하고 숙고할 수 있다.

예를 들어, 내담자가 (이전 증상을 치료 후) 10여 년 동안 나타나지 않았던 정신증 삽화가 또다시 나타날지도 모른다는 두려움 속에 일상을 살고 있으며, 이 질환 자체가 자신의 인생을 방해한다고 주장한다고 가정해 보자. 이때 상담자는 상호 간 수수께끼를 활용하여 다음과 같은 질문을 던질 수 있다. "흥미롭군요. ~씨는 10여 년간 정신증 삽화가 없었다고 말씀하셨어요. 그렇다면 환각 증세가 요즘 ~씨를 괴롭히지 않는 것 같네요. 하지만 현시점에서는 환각 증세가 나타날지도 모른다는 걱정이 오히려 문제인 것처럼 들려요. ~씨는 이런 걱정이 이전 문제의 연속이라고 생각하시나요? 아니면 이전의 환각 증세가 치료된 이후 새롭게 등장한 문제라고 생각하시나요?" 여기서 상담자는 새로운 구별(a new distinction)을 강조한다. 이에 대해 상담자는 내담자와 함께 논의하고, 어떤 새로운 아이디어가 떠오르는지를 확인하며, 이러한 아이디어가 이끄는 곳으로 따라가도록 내담자를 격려한다. 상담자는 절대로 내담자의 걱정이 새로운 문제라고 주장하지 않는다. 대신, 내담자가 코멘트를 어떻게 수용하는지 경청하고 계속해서 내담자의 사고를 따르며, 대화를 통해 형성된 새로운 아이디어에 대해 논의한다. 상담자는 항상 내담자가 현재 논의되고 있는 바를 어떻게 수용하고 있는지 가장 궁금해해야 한다.

■ 공개하기: 상담자의 내적 대화

공개하기에서 상담자는 두 가지 잠재적인 이유로 자신의 내적 대화를 공유한다. ① 치료에 영향을 미치는 중요한 문제에 대해 정직하게 그들의 생각을 공유함으로써 내담자를 존중하고, ② 내담자가 변화될 가능성이 있는 대화의 과정에서 상담자의 개인적 생각을 전달함으로써 독백 대화를 저지한다(Anderson, 1997, 2005). 상담자가 그들의 관점을 공개적으로 말할 때, 그들은 아주 신중하고 조심스러운 태도를 취하며, 심지어 전문적인 지식을 논할 때에도 내담자의 관점을 가리지 않도록 조심한다(Anderson, 2007).

공개하기는 일반적으로 두 가지 상황에서 발생한다. ① 내담자나 외부 기관 또는 전문가와 함께 전문지식에 대해 의사소통할 때(예: 법정 장면, 진단 장면, 정신건강의학과 의사 등), 그리고 ② 내담자와 함께 가치, 목표, 목적에서의 중요한 차이를 논할 때 일어난다. 또한 개인의 내적 생각을 공개하는 것은 상담자가 긴 독백 상태에 빠지는 것을 저지하도록 돕는다는 사실에 주목해야 한다. 상담자는 대화 과정에서 자신의 이야기를 전함으로써 내담자의 반응을 이끌어 낼 수 있고, 자신의 내적 사고를 말로 표현함으로써 상담자 자신에게도 마찬가지로 색다른 변화가 일어날 수 있을 것이다.

전문적 의사소통으로 공개하기 협력적 상담자는 진단을 내리거나, 사회복지사와 이야기하거나, 법정에서 소장을 제기하는 것과 같은 전문적인 문제를 다룰 때면, 내담자와 직접적으로 의논함으로써 자신의 생각, 근거, 의도를 '공개적'으로 알린다. 여기서 전통적 상담 절차와의 중요한 차이점은 협력적 상담자는 내담자와 ① 앞으로 있을 다른 전문가와의 대화에서 무엇을 전할지를 공개적으로 논의하고, ② 지난번 (전문가와의) 대화에서 무슨 일이 있었는지를 간략히 설명한다는 것이다. 그에 반해 전통적 상담에서 전문가들 간 대화는 내담자와는 별개로 비밀리에 이루어졌다. 이는 전문가의 생각을 아는 것이 내담자에게 해로울 수 있기 때문이다. 이때 '해로움'의 의미는 대개 상담자와 다른 전문가가 실제로 하고 있는 생각을 내담자가 알게 될 때 이들이 분노한다는 것이다.

이와는 반대로 협력적 상담자는 전문가들 간 대화의 베일을 벗겨 낸 선구자들이다. 즉, 이들은 내담자와의 진실하고 직접적인 대화를 통해 전문가들 간의 대화 내용을 전달한다. 그러나 이러한 대화들이 언제나 쉽지만은 않다. 예를 들어, 상담자는 내담자에게 하나부터 열까지의 모든 절차(예: 일반적으로 사회복지나 법정 장면에서 이루어짐)를 거쳐야만 아동보호서비스를 통합적으로 지원받을 수 있다는 사실을 전해야 한다. 이때 상담자는 사회복지사에 의해 행해지는 장면이나 법정 장면에서 이루어지는 관습적인 행동을 답습하지 않고 처음부터 솔직한 대화를 이끌어 간다. 이들은 내담자가 원하는 바를 성취하기 위해 권장되는 유형의 행동을 분명히 전달한 뒤, 내담자와 함께 온 마음을 다해 열정적으로 목표를 성취하기 위해 노력한다.

대부분의 내담자는 상담자의 정직함과 진솔성을 매우 존중하고, 필요한 변화를 만들고자 높은 동기를 가지고 반응하며, 자신이 바라는 말을 듣지 못하더라도 충분히 이해한다. 왜냐하면 상담자와 내담자는 진전된 부분과 미흡한 부분에 대해 끊임없이 함께 논의하기 때문이다. 법원 위임을 받은 내담자와 함께 작업할 때, 세인트 조지와 울프(St. George & Wulff, 1998)는 내담자가 법원에 보낼 임상적 제안서를 포함한 상담 성과에 대한 편지의 초안을 상담자들과 작성하게 하도록 하고, 이 편지를 상담 과정과 목표를 논의할 수 있는 도구로써 활용한다.

마찬가지로, 상담자는 위험한 상황에 대처할 때 안전과 잠재적인 위협에 대한 우려를 '알린다.' 상담자는 내담자(특히 문제 행동을 완전히 멈추지 못한 내담자)와 함께 내담자의 안전에 대한 걱정을 논의할 수 있는데, 이를 통해 상담자와 내담자는 내담자에게 의미 있는 계획을 함께 발전시킬 수 있으며 법적, 윤리적 의무와 안전에 대한 우려를 이야기할 수 있다.

가치와 목표에서의 유의미한 차이점 공개하기 협업적 상담자가 목소리를 낼 수 있는 또 다른 상황은 가치와 목표에 상당한 차이가 존재할 때이다. 이러한 차이는 상담자가 대화에 적극적으로 참여하여 대화를 진전시키기 힘들게 한다. 예를 들어, 나는 최근에 십대와 이야기한 적이 있는데, 그는 오후에 공원에서 자신에게 도전장을 내민 사람을 만날 계획에 대해 이야기하였다. 상대방은 그에게 "무기를 가지고 오거나 친구들을 데리고 오지 마라."라고 말했다. 그 십대 내담자는 만약 자기가 그 자리에 나타나지 않는다면 학교에서 더 많은 친구들이 자기를 괴롭히고 이와 같은 일이 더 많이 발생하리라고 믿었다. 비록 나는 그의 의중을 이해했지만, 그가 다칠 수 있는 위험한 상황이라 판단하여 나는 이를 '알리기'로 결심했다. 나는 그가 내 우려를 보다 깊이 이해할 수 있도록 상대방은 무기나 다른 친구들을 데리고 올지 모르고, 다른 법적 파문이 생길 수 있다고 설득했다. 나는 그에게 어떠한 방책을 요구하지 않고 심각한 걱정에서 비롯된 위험 요소들에 대한 내용을 보여 주었다. 그리고 나는 그에게 내가 우려하는 위험 요소를 어떻게 처리할 수 있을지 물었다. 대화가 끝날 즈음, 우리는 서로의 걱정거리를 해결하고 안도할 수 있는 지점을 찾았고 내담자는 그날 공원에 가지 않되, 그 사람을 SNS로 찾는 방법을 선택했다. 이와 유사하게 이 장의 마지막에 있는 사례 연구에서 상담자는 엘란이 약물을 사용하는 것을 알게 되었을 때 엘란의 안전에 대한 우려를 알렸으며, 그의 안전을 도모하고 위험을 줄일 수 있는 계획을 발전시켰다.

■ 글쓰기를 통해 다양한 목소리에 접근하기

페기 펜과 그녀의 동료들(Penn, 2001; Penn & Frankfurt, 1994; Penn & Sheinberg, 1991)은 다양한 대안적 관점에 접근하였는데, 이들은 편지, 시, 저널 같은 다양한 형식의 글쓰기를 통해 대안적 관점을 형성하고, 개인의 내적 목소리나 상담 장면에는 없는 중요한 타인의 관점을 생각해 보는 시간을 가졌다. 펜과 프랑크프루트(Penn & Frankfurt, 1994)는 "글쓰기는 우리의 인식과 반응의 속도를 늦추어, 우리가 점차 단단해지고 점차 층을 이룰 수 있는 시간을 준다."는 사실을 발견했다(p. 229). 또한 이들은 관찰자(상담자, 가족, 타인 등)에게 자신의 편지를 큰 소리로 읽는 활동과 같은 실행적 측면을 통해 실제 행동이나 사건을 발생하게 한다는 사실을 발견했다. 펜의 글쓰기는 경험주의 치료와는 다른 의도를 지닌다. 경험주의 치료의 글쓰기는 억눌린 감정을 표출하고, 과거의 상황에 대한 해결책을 구상하며, 유사한 임상적 목표를 성취하려는 목적을 가진다. 이와 달리, 펜의 글쓰기는 여러 관점을 끌어들임으로써 이해를 위한 대안적 가능성을 형성할 수 있다. 더욱이 글쓰기는 주체감을 촉진시킨다. "글쓰기는 우리로 하여금 주체감을 느끼게 한다. 우리는 상황에 의해 행동하는 것이 아니다. 우리가 행동하는 것이다!"(Penn, 2001, p. 49) 협업적 상담의 글쓰기에서 상담자는 내담자에게 다음의 내용을 써 보게 한다.

- 여러 측면의 나 자신, 즉 새롭게 출현한 미래, 그리고 과거의 나에게 편지 쓰기
- 중요한 타인이 과거, 현재, 미래의 시점에서 나에게 편지 쓰기
- 현재 살아 있거나 죽은 중요한 타인에게 편지 쓰기 혹은 그 중요한 타인으로부터 온 편지 쓰기: 개인적으로 마음 속에 담아 두었던 관점에서 쓰기
- 상담과정에서 드러내지 않거나 표현하지 않은 자기 일부분의 관점에서 편지나 일기 쓰기
- 세계적 또는 일반적 청중들에게 편지 쓰기
- 여러 관점에서 한 사람의 인생을 묘사하는 다양한 목소리를 담은 전기 쓰기
- 다른 방식으로는 쉽게 표현되지 않는 내적 목소리, 관점을 표현하는 시 쓰기

스스로 해보기

앞의 글쓰기 활동 중 하나를 선택하여 특정 상황에 관한 다양한 목소리를 탐색해 보세요.

▪반영팀과 반영 과정

안데르센은 밀란 연구소에서 훈련을 받았으며, 이때 소수의 상담자팀(반영팀)의 방향에서만 투명하게 보이는 유리 뒤에서 가족과 이야기하는 상담자를 관찰하는 면담 방식을 훈련받았다. 포스트모더니즘에 영향을 받은 안데르센(1995)과 그의 동료들은 보다 민주적인 상담과정을 만들고 싶었기 때문에, 가족들만 볼 수 있는 유리를 통해 상담자 팀의 대화를 듣는 방식의 상담을 개발하였다. 이렇게 반영팀의 실습이 시작되었다. 초기 반영팀의 경우, 내담자 가족과 반영팀은 소리가 한 방에서만 들리도록 하여 방을 바꾸거나, 둘 중 하나의 방에만 불을 켜 놓고 유리의 방향을 바꾸었다. 그 후 반영팀은 동일한 방에서 분리된 채로 앉아 가족과 상담자와의 대화를 볼 수 있도록 하였다. 시간이 더 흘러, 실제 반영팀 실습 과정은 보다 일반적인 반영의 과정으로 발전했으며, 반영팀과 함께하거나 또는 반영팀을 제외하고 내담자와의 대화를 진행하였다.

협력적 상담의 반영팀(이하 '반영팀')은 대화의 다양한 가닥을 발전시키며, 내담자로 하여금 무엇을 떠올리고 무엇을 떠올리지 않을지를 선택하게 하는 것을 전제로 한다. 협업적 반영팀은 내담자와 관련하여 무슨 일이 벌어지고 있는지에 대한 그 어떤 묘사에도 동의하지 않는다. 이들은 복합적이고 모순적인 관점을 새로운 의미와 관점으로 발전시키는 데 주력한다. 반영팀은 그 내용이 긍정적이든, 부정적이든 상관없이 내담자를 어떤 식으로든 평가하거나 판단하는 코멘트를 피한다. 대신, 이들의 초점은 반영, 관찰, 질문, 코멘트를 제공하는 데 맞춰져 있는데, 이는 "그 말을 들었을 때, 한 가지 궁금한 점이 생각났는데요."와 같이 발언을 하며 개인의 주관적 관점임을 명확히 표현하는 방식으로 제공된다.

▪반영팀을 위한 일반적인 지침

안데르센(1991, 1995)은 반영팀에게 다음과 같은 지침을 제공한다.

- **내담자의 동의 하에 활용하라**: 상담자는 회기 시작 전 반영팀을 활용하여 회기를 진행해도 괜찮을지에 대해 내담자의 동의를 얻어야 한다. 일단 상담자와 내담자 사이에 강한 라포가 형성되고, 상담자가 내담자에게 어떻게 반영 과정이 이루어지는지 명확하게 설명했을 때, 대부분의 내담자는 반영팀을 활용하는 것에 적극적으로 동의한다.

- **내담자에게 대화를 경청해도 좋고, 경청하지 않아도 괜찮다는 것을 알려라:** 안데르센은 내담자에게 대화 내용을 경청하거나 경청하지 않아도 괜찮다는 사실을 명확하게 전달했다. 내담자는 반영 과정에서 마음속 깊은 울림을 주는 코멘트도 있지만 자신의 경험에 적합하지 않은 코멘트도 듣게 된다. 이때 내담자가 자신의 '심금을 울리는' 코멘트에 집중하도록 권장한다. 나는 일련의 경험을 통해 이러한 사실을 내담자에게 알려 주는 것이 반영 과정에 도움이 된다는 사실을 깨닫게 되었다.
- **반영팀의 구성원은 가족과 상담자의 대화 과정에서 보거나 들은 것을 말해야 하며, 관찰된 것을 말해서는 안 된다:** 반영팀 구성원들은 우선 대화 과정에서 발생한 구체적 사건이나 발언에 대해 코멘트해야 하며, 그 후에 사건/발언에 대해 '궁금하거나 묻고 싶은' 것을 물어야 한다. 또한 이러한 질문을 할 때에는 새로운 관점을 형성할 수 있도록 적당히 일반적이지 않은 질문을 하는 것이 좋다.
- **질문하는, 추측에 근거한, 잠정적인 관점으로 이야기하라:** 반영팀 구성원은 의견이나 해석을 제시하는 것을 피하고 대신에 '궁금한' 질문(예: "저는 ~인지 아닌지가 궁금합니다.")을 사용하거나 신중한 관점(예: "제가 이야기 전체를 충분히 알고 있지 않지만, ~ 인 것처럼 보이네요.")을 제시한다. 만약 반영팀 구성원이 어떠한 의견을 강력히 제시한다면, 다른 팀 구성원들은 "당신은 대화에서 어떤 것을 보거나 듣고 그렇게 생각하게 되었나요?"라는 질문을 통해 개방적인 대화를 하며 다양한 관점을 탐구한다.
- **당신이 들은 모든 것에 코멘트하지만, 당신이 목격한 모든 것에 코멘트하지는 마라:** 만약 가족이 무언가를 숨기려고 한다면, 가족들로 하여금 그들이 생각하고 느끼는 모든 것에 대해 이야기하지 않을 권리를 보장해야 한다. 안데르센은 "상담과 고백을 혼동하지 말라."고 경고했다. 정신역동과 인본주의 전통과 달리, 안데르센은 내담자가 감정을 숨기거나 무언가 말하지 않기를 원한다면 그들이 자유롭게 선택할 수 있게 해야 한다는 사실을 명확히 했다. 그는 상담에서 내담자의 프라이버시를 지키는 몇 안 되는 전문가였으며, 내담자가 준비가 되었을 때 이야기를 공유할 것이라고 믿었다. 만약 내담자가 동요하거나 눈물을 꾹 참는 것을 발견한다면, 상담자는 그것에 대해 코멘트하지 말고, 내담자 스스로 준비가 되었을 때 자신의 감정을 이야기할 수 있도록 한다.
- **반영팀과 가족은 같은 공간에 있을 수 있지만, 그들은 서로에게 말해서는 안 된다:** 안데르센은 반영팀과 내담자간 물리적 거리를 유지하고, 서로 간 직접적인 대화를 하지 않음으로써 중요한 심리적 거리가 형성된다고 믿었다. 추후 연구는 그의 관점을 지지하였다(Sells, Smith, Coe, & Yoshioka, 1994). 이러한 거리감은 모든 참여자가 스스로의 내적 대화에 초점을 맞추고 새로운 생각을 보다 손쉽게 촉진시킬 수 있게 한다.

- **적당히 독특한 것은 경청하고, 너무 뻔하거나 너무 일반적이지 않은 것은 피하라**: 안데르센은 반영 과정이 효과적으로 이루어지는지 확인하기 위해 스스로에게 이렇게 물었다. "지금 발생하고 있는 일이 '적당히 독특한가' 아니면 너무 일반적이지 않은가?"(Andersen, 1995, p. 21)
- **"당신은 오늘의 회기를 어떻게 활용하고 싶은가요?"**: 협력적 상담자가 회기를 시작할 때 하는 이 질문은 반영팀이 참여할 때 아주 필수적이고 중요한 질문이다. 만약 내담자가 반영팀을 활용하는 것에 대해 불안해한다면 상담자는 다음과 같이 덧붙일 수 있다. "당신이 지금 반영팀과 함께하는 과정에서 피하고 싶은 특정 주제가 있나요?"

스스로해보기

다음 수업 시간에 영상을 보거나 역할극을 할 때, 반영팀을 통해 경험해 보세요.

▪ 관련된 반영과정

시간이 지나면서 반영팀의 개념은 다양한 반영 과정으로 발달하였다.

- **반영팀**: 2~4명의 상담자팀은 각각 다른 방에 앉아 한쪽에서만 보이는 유리(또는 카메라)를 사용하거나 같은 방이지만 서로 분리된 공간에서 상담자–내담자 대화를 관찰한다.
- **단독 반영자**: 만약 한 명의 동료(반영자)만 참여 가능하다면, 상담자가 돌아 앉아 반영자와 하는 반영 대화를 내담자가 들을 수 있다.
- **외부 반영자 없이 가족과 작업하기**: 외부에서 참여 가능한 동료가 없다면, 상담자는 가족 구성원 중 한 사람과 말하기를 선택할 수 있으며, 다른 가족 구성원은 듣고 있다.
- **외부 반영자 없이 개인과 작업하기**: 상담자가 한 명의 내담자와 작업할 경우에 대비해서 반영 과정은 현재 상담 장면에 없는 누군가의 관점에서 문제를 이야기함으로써 이루어진다(예: 부모님, 친구, 배우자, 개인적으로 생각하는 유명인, 다른 사람들).
- **어린아이들과 작업하기**: 아이들과 작업할 때, 놀이 매체를 포함하여 반영할 수 있다. 한 명의 아이와 작업하는 한 명의 상담자는 인형 또는 다른 놀이 매체를 반영팀처럼 사용할 수 있다(Gehart, 2007a).

▪ '마치 ~인 것처럼' 반영 기법

앤더슨(1997)에 의해 개발된 '마치 ~인 것처럼' 반영 과정은 팀 구성원이나 대화의 목격자가 마치 내담자, 가족 구성원, 친구, 상사, 선생님, 학교 직원, 의료진, 보호 관찰관 등과 같은 문제-조직화 체계에 속한 사람(즉, 문제에 대해 말하는 사람) 중 한 명인 것처럼 가장하여 이야기하고 반영하는 것을 의미한다. 이 과정은 가족 또는 해당 사례를 감독하는 슈퍼바이저와 함께 활용될 수 있다.

모든 정보 통합하기: 협력적 상담 사례개념화와 치료계획 양식

이론에 특화된 사례개념화: 협력적 상담

- 누가 문제에 대해 이야기하는가: 문제에 대한 다각적 정의
  - 문제에 대한 내담자의 정의
  - 문제에 대한 대가족의 정의
  - 보다 넓은 사회 체계(학교, 직장, 친구 등)의 정의
- 문제에 대한 사회적 의미: 문제에 대해 내담자가 갖는 중요한 의미와 해석을 설명하라(예: 사랑, 우울, 가족 구성원의 의무 등의 의미).
- 내담자의 세계관: 내담자의 세계관, 내적 대화, 문제에 대한 이야기 혹은 관련 상황 및 삶에 대한 이야기를 설명하라.
- 지배 담론
  - 문화, 인종, 사회경제적 지위, 종교 등: 핵심적인 문화 담론에서 문제로 인식되는 것과 가능한 해결책을 어떻게 설명하는가?
  - 성별, 성적 지향성 등: 성별/성적 담론은 문제로 인식되는 것과 가능한 해결책을 어떻게 설명하는가?
  - 맥락, 가족, 지역사회, 학교, 기타 사회적 담론: 기타 중요한 담론들은 문제로 인식되는 것과 가능한 해결책을 어떻게 설명하는가?
- 국지적, 대안적 이야기
  - 정체성/자기 이야기: 문제는 가족 구성원의 정체성을 어떻게 형성하는가?
- 국지적/선호 담론: 내담자가 선호하는 정체성 이야기 또는 문제에 관한 이야기는 무엇인가? 문제에 대해 선호되는 국지적(대안적) 담론이 있는가?

치료계획 양식: 협력적 상담

우울, 불안, 강박 문제를 호소하는 내담자를 위하여 치료계획을 세울 때, 다음의 치료계획 양식을 사용하라. 특정 내담자, 호소문제, 치료적 맥락에 따라 이 양식의 목표나 개입 방식은 다소 변경될 수 있다. 필요에 따라 이 치료계획을 적절하게 변경하여 사용할 것을 권장한다. 이 계획을 치료에 효과적으로 적용하기 위해서는 내담자가 경험하고 있는 특정 신념, 행위, 감정을 중심으로 목표와 개입 방식이 명확하게 작성되어야 한다. 구체적일수록 당신에게 유용할 것이다.

치료계획

초기의 치료 단계

초기 단계 치료 과제

1. 치료 관계를 형성하기. 다양성의 고려사항: [내담자와 관계를 형성하는 과정에서 내담자의 다양성에 따라 자신의 접근법을 어떻게 민감하게 조정할지 구체적으로 설명하라. 감정 표현을 위해 그들의 다양한 문화와 성별에 관한 내용이 포함되어야 한다.]

   관계 형성 접근/개입:

   a. **대화 파트너십**을 발전시켜라. **내담자의 전문성**을 인정하고 **호기심**을 가지고 **일상 언어**를 사용함으로써 '함께' 하는 감각을 발전시켜라.

2. 개인적이고 체계적이며 다양한 문화적 역동을 평가하기. 다양성의 고려사항: 문제에 대해 이야기하는 모든 구성원을 초대하라.

   평가 개입:

   a. 대화 내에 **문제 결정 체계**에 속한 각 구성원의 관점을 듣기 위한 공간을 만들어라. 이는 회기에 사람들을 초대하거나 회기 밖에서 다른 전문가 그리고/또는 가족들에게 전화를 하는 것 등을 포함한다.

   b. **대화 질문**을 통해 개인의 세계관 '내부'에서 파생된 문제에 대한 이해를 발전시켜라.

초기 단계 내담자 목표(1~2가지 목표): 위기 문제를 관리하고 가장 고통스러운 증상을 감소시키기

1. [위기 증상] 감소를 위해 [위기 촉발 상황]에 관한 내담자의 **주체감**을 증가시키기

   개입:

   a. **대화(좌담식) 질문**을 통해 내담자의 관점에서 위기 촉발 요인, 문제, 내적 경험을 이해하라.

b. **상호 간 수수께끼**를 통해 협력하여 위기 행동과 내담자가 선호하는 관리법을 확인하라. **전문가로서의 내담자**를 활용하여 상호 간 합의된 안전한 계획을 발전시켜라.

치료의 작업 단계

작업 단계 치료 과제

1. 작업 동맹의 질을 확인하기. 다양성의 고려사항: [내담자가 상담자에 대해 느끼는 유대감을 상담자는 어떻게 모니터링하고 있는지, 이 모니터링 결과 및 내담자의 연령, 성별, 문화 및 성 정체성, 사회·경제적 지위 등을 기반으로 한 상담 관계에 상담자 자신을 어떻게 맞추어 나갈 것인가에 대해 설명하라.]

   평가 개입:

   a. **상호 간 수수께끼 질문**을 통해 **공개**적으로 관계의 질을 되돌아보라. 유용하다고 생각하는 내담자에게는 회기 평가 척도를 사용하라.

작업 단계 내담자 목표

1. [특정 증상: 우울, 불안 등] 감소를 위해 내담자의 [문제]에 대해 활용할 수 있는 관점, 선택지에 대한 감각을 늘리고, 내담자가 [문제]를 이해하는 폭을 넓혀라.

   개입:

   a. **대화 질문**을 통해 문제에 대한 새로운 이해를 형성하고 문제에 대한 타인의 관점을 포함하는 다양한 관점을 설명하라.

   b. **적당히 일반적이지 않은 코멘트**를 제공함으로써 내담자가 문제에 관한 새로운 내적 대화를 형성할 수 있도록 하라.

2. [특정 증상: 우울, 불안 등] 감소를 위해 내담자의 [문제]에 관한 **주체감**을 지지하는 [특정 행동]의 빈도를 증가시키기

   개입:

   a. **상호 간 수수께끼**를 통해 내담자의 희망 목표 달성을 뒷받침하기 위한 의미 있는 행동, 관계, 선택지를 함께 확인하라.

   b. **반영 팀/반영 작업**을 통해 문제에 대한 새로운 관점과 상호작용 방식을 형성하라.

3. [특정 증상: 우울, 불안 등] 감소를 위해 [문제의 기타 요소]에 관한 **주체감**을 지지하는 [특정 행동]의 빈도를 증가시키기

   개입:

   a. **상호 간 수수께끼**를 통해 내담자의 희망 목표 달성을 뒷받침하기 위한 의미 있는 행동, 관계,

선택지를 함께 확인하라.

b. **편지, 시 쓰기** 등을 통해 문제를 바라보고 관련 짓는 다양한 관점을 형성하라.

치료의 종결 단계

종결 단계 치료 과제

1. 추후 관리 계획을 발전시키고 성과를 유지하기. 다양성의 고려사항: [치료가 종결된 이후, 내담자를 돕기 위해 내담자가 속한 공동체 자원에 어떻게 접근할지 설명하라. 가능하다면 중요한 타인을 포함시켜라.]

개입:

a. 내담자가 그들이 배운 것을 이용하여 어떻게 미래 문제들을 방지할 수 있는지 협업적으로 확인하라.

종결 단계 내담자 목표

1. [특정 증상: 우울, 불안 등] 감소를 위해 [문제]와 관련된 내담자의 **주체감**을 증가시키기

개입:

a. **적당히 일반적이지 않은 코멘트**를 활용하여 변화의 사전-중간-사후 과정을 강조하라.

b. **반영 과정/반영 팀**을 통해 다양한 관점에서 변화 과정을 서술하라.

c. **편지, 시 쓰기, 운동하기** 등을 통해 문제의 해소에 대해 깊이 있게 설명하라.

2. [특정 증상: 우울, 불안 등] 감소를 위해 [인생의 다른 중요한 영역(예: 관계, 일 등)]과 관련 있는 내담자의 주제감/정체성 이야기를 증가시키기

개입:

a. **상호 간 수수께끼 질문**을 통해 한 영역의 강점과 자원들이 어떻게 다른 영역으로 옮겨 갈 수 있는지 탐색하라.

b. **대화적 질문**과 **내담자의 전문성**을 활용하여 어떻게 [인생의 다른 영역]에서 내담자의 주체감을 활용할 수 있을지 확인하라.

스냅샷: 연구와 근거 기반

이야기 치료와 협력적 치료 상담자는 그들의 치료 접근법에 있어서 양적 조사보다는 질적 조사를 더 많이 진행해 왔다(Anderson, 1997; Gehart et al., 2007). 포스트모던 치료에 대한

질적 연구는 내담자의 생생한 치료 경험과 그들의 인생에 미친 영향을 중심으로 이루어졌으며, 성공적인 치료에 대해 연구자가 정의한 측정을 넘어서 내담자의 경험을 강조하고 있다(Anderson, 1997; Gehart & Lyle, 1999; Levitt & Rennie, 2004; London, Ruiz, & Gargollo, 1998). 주목할 만한 예외로, 핀란드 정신건강의학과 의사 야코 세이쿨라(2002)와 그의 팀(Haarakangas et al., 2007)은 정신증과 다른 심각한 진단으로 20년 넘게 고통받은 환자와 함께 상담을 진행하기 위하여 그들의 열린 대화 접근을 연구하는 질적 · 양적 연구법을 사용해 왔으며, 이는 모형의 효과성을 밝히는 데 중요한 근거가 되었다. 이 접근법은 효과적으로 만성 정신증을 완전히 치료하였으며, 대부분의 내담자들은 2년 안에 정상적인 기능을 회복할 수 있게 되었다고 보고했다. 그들의 작업은 심각한 정신건강 문제를 치료하기 위한 모범적이며 회복 지향적인 근거 기반 접근이다.

최근 들어, 이야기 치료에 대한 연구 결과가 증가하고 있는 추세이다. 예를 들어, 호주의 한 연구는 주요 우울장애 치료를 위한 이야기 치료의 효과성을 측정하였고, 다른 접근법과 차별화된 결과를 확인할 수 있었다. 즉, 이야기 치료를 받은 내담자의 74%가 확실한 호전을 보인 것이다(Vromans & Schweitzer, 2011). 호주의 다른 연구에 따르면, 섭식장애와 우울 문제가 있는 여성들이 10주 동안 이야기 치료 집단에 참여한 결과, 자기 비판이 감소하였고 일상생활과 활동에 변화가 발생했다. 이야기 치료의 과정 연구에 따르면, 특히 내담자로 하여금 자신의 문제를 재개념화하고 새로운 경험을 촉진하는 '독특한 결과'는 긍정적 상담 결과와 상관관계가 있는 것으로 나타났다(Matos, Santos, Gonçalves, & Martins, 2009).

또한 포스트모던 치료의 가정과 전제는 예상하지 못한 분야(정신건강의학과, 더 구체적으로는 대인관계와 관련된 신경생물학)에서 지지를 받고 있다(Beaudoin & Zimmerman, 2011; Gehart, 2012; Siegel, 2010). 포스트모던 상담자와 마찬가지로, 시걸(Siegel)은 스토리텔링이란 인간이 삶을 납득하는 방법이라고 말한다.

> "우리는 스토리텔링을 하는 존재이다. 그리고 이야기는 우리를 다른 이들과 사회적으로 묶어 주는 매개체의 역할을 한다. 이야기의 구조와 기능을 이해한다는 것은 곧 치료이며, 인간됨의 의미를 이해하는 과정의 일환이다."(pp. 31-32)

시걸(Siegel)은 아동기에 인간이 어떻게 이야기 속에서 태어나고, 문화적 의미를 받아들이며, 청소년기와 성인기에 어떻게 이러한 의미를 재형성하고, 궁극적으로 인간의 문화를 발전시켜 나가는지를 설명하였다. 이러한 이야기는 한 개인의 인생에 대응하는 선택지를 확장하거나 제한하는 기능을 갖는다. 시걸은 **반영**이란 이러한 이야기와 분리된 설명이며, 이 이야기들은 그들이 누구이며 그들의 인생이 무엇인지를 담고 있다고 주장한다. 시걸은 내담자가 제한적인 이야기로부터 그들 스스로를 해방시킬 수 있도록 한다고 설명하였다. 이와 동일한 과정이 포스트모던 치료에서도 강조된다.

사람들이 어떻게 변화하는지를 묘사함에 있어서 시걸(2010)은 하향처리 방식보다는 상향처리 방식의 중요성을 강조한다. 상향처리란 전두엽 피질(prefrontal cortex)의 아랫부분 세 겹의 층에서 현재 발생하는 사건에 대한 새로운 의미, 범주, 이야기를 형성하는 경험처리방식을 의미한다. 반대로, 하향처리란 전두엽 피질 상부 세 겹의 층에서 현재의 생생한 경험을 기존에 존재하는 범주로 분류하는 처리방식을 의미한다. 이 두 가지 과정은 모두 중요하지만, 자신의 문제에 '고착'되어 있다고 느끼는 사람들의 대부분은 하향처리에 고착되어 있다. 이들은 자신이 처한 상황이나 변화의 가능성을 바라보는 방식을 바꾸지 못한다. 포스트모던 상담자가 활용하는 '무지의 자세' 접근방식은 상향처리 방식을 촉진시키기에 아주 훌륭한 접근이다. 사실, 협력적 치료 과정 전반은 상향처리 방식을 확장시키기 위한 접근이라고 볼 수 있다(Gehart, 2012).

이에 더하여, 시걸(2010)은 트라우마 해결책으로 통합적 이야기를 형성하는 과정을 제시했는데, 이는 이야기 치료에서의 구성을 강화시키는 것과 비슷하다. 외상적 경험은 비외상적 상황에서 일어나는 것처럼, 암시적인 기억과 함께 암호화되지 않은 해마(hippocampus)와 외현기억(서술기억)을 압도한다. 그러므로 외상적 기억은 내현적 기억으로서 주요하게 부호화되지 않는다. 이는 과거로부터 비롯된 감각을 포함하지 않으며 '지금-여기'에서 발생하고 있는 파편화된 청각, 시각, 감각적 경험으로서 경험된다(예: 플래시백 현상). 이러한 파편화된 기억은 혼란스럽고 경직된 패턴을 형성하게 되는데, 이로 인해 뇌가 건강하게 신경을 통합할 수 있는 신경통합기능이 손상된다. 시걸에 따르면, 트라우마 치료는 본질적으로 암묵적 기억들을 일관적이고 논리적인 이야기로 통합하는 일이며, 이는 상담자와의 '상호 간 조율'을 통해 쉽게 달성할 수 있다. 그는 내담자와 상담자의 마음이 동시에 통할 때, 내담자는 상담자의 신경통합기능을 '차용하여' 외상적 기억을 충분히 일관되고 논리적인 이야기로 풀어 낼 수 있다고 설명한다. 이렇듯 트라우마에 대한 통합된 외현적 이야기를 재창조하는 과정을 통하여 내담자는 신경통합상태를 유지하면서 트라우마를 회상할 수 있다(즉, 트라우마를 떠올릴 때 증상이 없다).

마지막으로, 보두앵과 짐머만(Beaudoin & Zimmerman, 2011)은 포스트모던 기법이 내담자가 자신의 생활 사건에 대해 '목소리를 내고' 이전에는 말하지 못했던 말을 할 수 있도록 도우며, 이 기법을 통해 불안에 중점을 둔 변연계에서부터 더욱 평온하고 이성을 중시하는 전두엽 피질의 범위로 내담자를 이동시키는 작업을 돕는다고 하였다. 내담자는 자신의 스트레스 경험을 인식하고 말로 표현함으로써 대뇌변연계가 활성화되는 것을 줄이고 보다 의식적인 선택과 대응을 할 수 있게 된다. 더욱이, 내담자가 선호하는 현실에 대한 치료적 대화는 내담자가 선호하는 정체성과 관련 행동을 촉진시키는 뇌신경 간의 연결을 활성화시킨다. 특히 선호하는 현실에 대한 정서 주입 설명(affect-infused descriptions)을 통해 새로운 정체성 이야기를 확고히 하도록 돕는다. 이러한 정서 주입 설명은 대개 대뇌 우반구와 관련이 있으며, 혼란에 영향을 주는 설명은 감정뿐만 아니라, 상상, 냄새, 촉각 표현과 같은 감각적 체험도 포함한다.

다문화적 접근: 다양한 집단과 작업하기

문화와 인종의 다양성

이 책에서 다룬 어떤 이론보다 포스트모던 접근방식은 14장에서 다루게 될 페미니즘 상담과 마찬가지로, 문화 및 다양성 이슈에 대한 고려사항을 통합한다. 따라서 많은 이들이 포스트모던 접근법을 다양한 사람들에 대한 본질적인 접근법이라고 생각한다. 다양성에 대한 질문과 사회, 규범, 그리고 언어의 사용이 개인에게 영향을 미치는 과정에 대한 폭넓은 질문은 포스트모던 철학의 주요 전제라고 할 수 있다. 이러한 질문을 활용한 치료는 특히 소외된 집단의 내담자들에게 적합하다(Monk et al., 2008 참조). 대부분의 정신건강 치료와 달리, 이야기와 여성주의 접근법(제14장)은 억압에 관한 사회적 이슈를 치료 개입의 핵심으로 여기며, 대부분의 이야기 치료 상담자는 사회적 정의에 관한 주체자라고 할 수 있다(Jordan, 1997, 2010; Zimmerman & Dickerson, 1996). 협력적 치료는 국지적 담론에 더 주목하며, 내담자와 다른 중요 인물들과 면밀히 작업하여 문제가 무엇인지 확인하고(매 순간, 문제의 정의에 대한 이해는 계속해서 발전할 것이다), 이를 해결하기 위한 최선의 방법을 결정하기 위한 작업을 한다. 이러한 국지적 지식에 집중함으로써 내담자의 문화적 가치와 신념이 치료 과정의 핵심 부분으로 자리 잡는다. 포스트모던 접근법은 국제적인 기원을 가지고 있으며 전 세계 많은 나라에서 실행되고 있다.

■ 북미 원주민, 캐나다 원주민, 그리고 호주 원주민에 대한 적용

이야기 치료 접근법은 널리 사용되어 왔으며 캐나다, 호주, 뉴질랜드, 그리고 미국의 원주민 문화와 함께 연구되어 왔다. 한 연구에서, 와이오밍의 북미 원주민들과 작업했던 상담자는 이야기 치료 작업을 설명하는 모든 의사소통과 치료 작업이 이 문화에 가장 적합하다는 것을 발견하였다(Lee, 1997). 상담자의 관찰 내용은 다음과 같다.

- **섬세한 눈 맞춤:** 북미 원주민은 대체적으로 눈 맞춤을 지속적으로 하지 않았으며 상담자는 내담자의 시선을 따라가야 한다.
- **적극적 경청:** 상담자는 언어적 · 비언어적 피드백을 사용하여 내담자 말의 의미를 이해하고 있다는 신호를 주어야 한다.
- **미묘한 감정 표현:** 북미 원주민들은 강하고 직설적인 감정 표현을 하지 않는 경향이 있으며 상담자는 이러한 부분을 존중하고 감정 표현에 대한 부담을 주지 않아야 한다.
- **영성:** 영성은 북미 원주민들이 매우 가치 있게 여긴다. 상담자는 이를 존중하여, 이러한 관습을 치료 작업으로 통합할 수 있는 방법을 모색해야 한다.
- **관계에서의 자기 자신:** 북미 원주민은 관계 내에서 자신의 정체성을 구성하며, 자신의 정체성은 가족 또는 부족과 상당 부분 연관되어 있다고 여긴다.
- **가정 방문:** 집을 방문하는 상담자는 대부분 북미 원주민에게 환영을 받으며, 집 방문하기는 안정감, 친근함, 시간적 융통성을 제공한다는 점에서 도움이 된다.
- **부드럽고 반영하는 자세:** 상담자는 차분하고, 반영적이며, 대립적이지 않고, 갈등적이지 않은 치료적 태도를 견지한다.
- **예술, 스토리텔링, 은유:** 예술, 그림 그리기, 스토리텔링, 은유법을 사용하는 것은 특히 유용한 개입으로 드러났다.

캐나다 매니토바의 다른 연구에서, 원주민 치료자와 내담자들에게 감정, 인식, 행동을 변화시키는 데에 도움이 된다고 믿는 것이 무엇인지를 밝히기 위해 질문과 면담을 진행하였다(McCabe, 2007). 이 연구는 앞의 작업들 이외에도 다음의 작업들을 포함한다.

- **종교, 사회, 문화적 의식:** 종교, 사회, 문화적 의식(ritual)은 치료 과정에 있어서 매우 강력한 협력체이며 지속적으로 활용된다.
- **영성적 지도:** 전통적인 영적 신념을 가진 북미 원주민은 일반적으로 치료 과정에 대한 안내를 제시하는 창조주(하나님)에 대한 믿음을 가지고 있다.
- **자기 수용:** 정체성과 관련된 자기 수용은 특히 소외된 상황에 처한 많은 사람들에게 중요한 주제이다.
- **일상생활에서의 교훈:** 학습한 것을 적용하기 위해 생활 속 기회들을 활용하라.
- **공감:** 치료자가 공감을 표현하는 것은 치료 과정에서 도움이 된다.
- **롤 모델링:** 치료자는 생활양식, 행동, 태도에 있어 내담자의 롤 모델이 될 수 있다.

이야기 치료 상담자는 토착 의식, 사회문화적 의식, 영적 신념, 문화적 이야기들을 손쉽게 활용하여 치료적 맥락을 형성한다. 이러한 맥락에 따라 상담자는 토착 원주민 내담자의 요구를 존중하고 이에 대응하며 부족의 원로, 리더, 치료자를 광범위한 치료적 대화에 초대한다. 문제와 개인을 분리시키고 이러한 개인을 만나는 것은 특히 효과적이다. 이 외에도 상담자는 입장 차이를 고려한 견해와 허락 질문을 활용하여 치료적 관계에서 내담자의 표현 감각과 자율성을 기를 수 있으며, 보다 존중하는 치료적 맥락을 형성하도록 도울 수 있다.

■ 히스패닉계 청년

이야기 상담은 우울감, 고위험 행동, 약물 남용 등의 문제를 지닌 히스패닉계 아동 및 청소년에게 사용되어 왔다(Malgady & Constantino, 2010). 이러한 히스패닉계 청년에 대한 특별한 적용법은 다음과 같다.

- **콩트 치료**: 푸에르토리코 설화, 콩트(cuento)는 교훈과 도덕을 전달하는 데에 쓰이며, 이를 통해 행동화, 자존감, 불안감과 같은 문제에 대해 적응적인 반응을 위한 모델을 제공한다. 앵글로색슨의 문화적 가치와 마찬가지로, 그들은 전통적인 푸에르토리코 가치를 형성하기 위해 이야기를 각색했다.
- **영웅/여장부 치료**: 다수의 히스패닉계 아이들이 한부모 가정에 속한다. 이러한 맥락을 고려하여 상담자는 아이들이 푸에르토리코의 여성과 남성 영웅을 알아봄으로써 두 문화 간, 세대 간의 간극을 메우고 청소년기에 흔히 겪는 갈등을 이해할 수 있도록 돕는다.
- **주제/테마 스토리텔링 치료**: 상담자는 주제 통각 검사(Thematic Apperception Tests)에서 히스패닉 문화적 요소를 나타내는 그림(예: 전통 음식, 게임, 가족 장면, 그리고 이웃 그림 등)을 선택한다. 그 후 아이들을 집단으로 짝지어 그림카드를 활용하여 이야기를 만들도록 한다. 그리고 각 집단에서 만들어 낸 이야기와 관련된 개인적 경험을 공유하도록 한다. 상담자는 적용 가능하고, 내담자가 선호하는 이야기를 강화하고 부적응적 반응을 대체할 수 있는 방법을 찾도록 돕는다. 마지막으로, 각 집단은 수업 시간에 이야기를 극으로 각색하여 선호하는 행동과 반응을 연습해 볼 수 있다.

성 정체성의 다양성

포스트모던 치료는 종종 레즈비언, 게이, 양성애자, 트랜스젠더, 그리고 성 정체성을 고민하는 LGBTQ 성 소수자 내담자와 작업하기 위해 선택할 수 있는 이론이다. 왜냐하면 이러한 치료들은 LGBTQ 내담자가 가장 고통스러워하는 근원적 문제인 이성애주의적 담론을 해체할 수 있도록 돕기 때문이다(Simon & Whitfield, 2000). 해체주의 작업은 내담자가 그들의 성 정체성에 대한 이해가 어떻게 발현되었는지, 이러한 이해로 인한 결과와, 대안적 이해에 대한 선택지를 비판적으로 분석할 수 있도록 돕는다(Simon & Whitfield, 2000). 일부 상담자는 LGBTQ 내담자와 작업할 때 엄격하게 알지 못함(not-knowing)의 자세를 취하기보다는 주제에 대한 전문지식과 함께 지지적인 태도를 취할 것을 권장한다(Aducci & Baptist, 2011; Perez, 1998). 이 외에도 많은 치료적 대화를 통해 정체성 이야기를 구성하는 것은 LGBTQ 내담자에게 도움이 된다(Perez, 1998). 특히, 상담자는 내담자의 호소 문제에 직접적으로 영향을 미치는 것이 성 정체성인지 일반적인 생활이나 관계적 상황인지를 비교하여 확인해야 한다(Aducci & Baptist, 2011).

이야기 치료 상담자는 이성애주의적 지배 담론과 실제 경험 간의 충돌로 고통받는 LGBTQ 내담자에게 활용할 수 있는 특정한 접근법을 발전시켰다. 야하우스(Yarhouse, 2008)는 **성 정체성 이야기 치료**(narrative sexual identity therapy)란 동성애 친화적 치료(gay-affirmative therapy)와의 타협점이라고 설명하는데, 이것은 LGBTQ에 이야기치료를 적용할 때의 이점을 확인시켜 준다. 한편, 재교육 치료법은 논란이 많은 접근(논란이 매우 많아 현재 캘리포니아에서 입법상의 투표가 이루어지고 있다)으로, 내담자의 성적 지향성을 변화시키도록 (이성애자로) 돕기 위해 만들어졌다. 반면, 이야기 치료 원칙에 기반을 두는 **성 정체성 이야기 치료**는 내담자가 개인적 믿음과 행동의 조화를 이루며 살아갈 수 있도록 돕는다. 즉, 이는 내담자의 성 정체성을 제약하고 이에 혼란을 주는 지배 담론을 해체하는 데 초점을 맞추는 과정인 것이다. 이는 자신의 성 정체성에 대해 고뇌하는 내담자를 위해 설계된 접근법으로서, 특히 강력한 반동성애적 입장을 지닌 종교적, 문화적 배경을 가진 내담자에게 적합하다.

상담자는 기본적인 이야기 치료 작업에 기반하여 내담자로 하여금 문제에 대한 이야기를 이끌어 내고, 내담자의 실제 경험과 가치에 부합하는 잠재적 이야기를 이끌어 내도록 돕는다. 이 접근법을 통해 내담자는 어떠한 가치와 의도가 자신의 삶을 결정할지를 결정한다. 이는 일반적으로 6단계로 이루어져 있다. 각 단계는 융통성 있게 이루어지며, 상담자는 치료를 개념화하는 데 이 접근법을 활용한다.

1. 내담자가 성 정체성의 고민을 드러낸다.

   처음 내담자는 상담자에게 성 정체성에 대한 고민을 드러낸다. 이러한 걱정은 외부의(종교, 문화, 가족) 목소리나 내면의(개인의 가치) 목소리와 관련이 있다. 이러한 목소리는 내담자의 실제 성적 매력에 대한 실제 경험이 다소 잘못되었고 비도덕적이며 문제가 있다고 말한다.

2. 지배적 이야기(지배 담론)에 대해 짚어 본다.

다음 단계는 지배 담론, 그것의 기원, 구체적이고 미묘한 의미를 탐색하는 것이다. 상담자는 지배 담론에 대한 지도를 그릴 때 다음과 같은 질문을 할 수 있다.

- 당신은 성장 과정에서 게이에 대해 어떤 말들을 듣고 자랐나요? (Yarhouse, 2008, p. 205)
- 동성의 누군가를 향한 감정이 당신에게 어떠한 메시지를 전달했나요? (Yarhouse, 2008, p. 205)
- 동성에게 끌리는 것에 대한 이러한 관점들에 대해 당신은 어떻게 반응했나요?

3. 내담자가 선호하는 이야기를 확인한다.

다음 단계에서 내담자는 개인적인 동성애 경험을 떠올린다. 이때 많은 사람들이 활용하는 은유가 바로 '발견'이다. 즉, 내담자는 이전부터 계속 존재하던 진정한 자신에 대한 사실을 발견한다. 다른 경우 '통합'의 은유가 많이 사용되는데, 한 개인이 게이의 정체성을 간주하기 위해서가 아닌 특정 요소들을 통합하기 위해 선택할 때 흔히 사용된다.

4. 예외 사항이나 반대 이야기가 나타나는지 파악한다.

그다음, 상담자는 내담자가 지배 담론의 예외 사항을 확인하도록 돕는데, 이는 내담자가 반대 이야기(counternarrative)를 할 수 있는 여지를 만들기 위함이다. 이러한 과정을 촉진하기 위해 상담자가 활용할 수 있는 질문은 다음과 같다.

- 처음 당신 스스로에 대한 생각과 다르게 당신의 성 정체성을 어떤 방식으로 이해하고 있나요? (Yarhouse, 2008, p. 206)
- 어린 시절, 당신이 배웠던 동성애의 의미에 대해 의문을 가졌던 경험이 있나요?
- 이제껏 들었던 게이에 대한 정보와 실제 개인적 동성애 경험은 어떤 식의 대조를 이루고 있나요?

5. 내담자의 정체성에 적합한 개인 자질, 활동, 자원을 강조한다.

내담자가 반대 이야기를 꺼낼 때, 상담자는 내담자가 선호하는 정체성에 적합한 (내담자의) 자질, 활동, 자원을 경청하고 이를 강조한다.

- 당신의 성 정체성에 대해 들었던 말들에 대해 어떻게 대응하고 싶나요? (Yarhouse, 2008, p. 207)
- 당신이 선호하는 가치와 정체성을 어떤 방식(사소한 것이라도 괜찮습니다)으로 지키고 있나요?
- 당신이 선호하는 가치와 정체성을 더욱 지지해 주는 관계나 활동, 공동체에는 어떤 것이 있나요?

6. 해결/일치

마지막으로, 내담자는 자신의 삶의 경험, 영적 신념, 문화적 가치와 일치하면서도 자신이 선호하는 성 정체성에 따라 살 수 있다. 이러한 과정을 촉진하기 위해 상담자가 활용할 수 있는 질문은 다음과 같다.

- 향후 수개월 동안 또는 그 정도의 기간 동안, 당신의 성 정체성과 종교적/영적 정체성 사이의 관계에 대한 이해는 어떻게 달라질까요? (Yarhouse, 2008, p. 208)
- 앞으로 당신의 성 정체성을 어떻게 설명할지 살짝만 공유해 주실 수 있을까요? (Yarhouse, 2008, p. 208)

포스트 모더니즘 사례 연구

북미 원주민 후손인 19세의 엘란은 최근에 음주운전으로 가장 친한 친구를 잃었다. 그의 친구는 엘란의 집에서 자신의 집으로 돌아가던 중, 음주운전을 하다가 나무를 박았고, 사고의 충격으로 즉사했다. 사건 직후, 엘란은 극도의 죄책감으로 인해 몇 달간 술을 마시지 않았다. 그러나 그는 다시 술을 마시기 시작했으며, 이전보다 더 많은 양을 마시고 있다. 그는 친구의 영혼이 주위를 맴돌며 자신을 괴롭히고 있고, 이 정신상태에 대처하기 위해 어머니가 알고 있는 주술사를 만나는 것에 대해 고려하고 있다고 말했다.

엘란은 현재 운영 중인 소매업에 집중하기가 어려우며, 친구와 함께 다녔던 지역 전문대학 수업에 참가할 의욕이 전혀 생기지 않는다고 전했다. 친구가 죽기 전 엘란은 사회적으로 활동적이었으며, 농구를 즐겨했고 컴퓨터 기술자가 되고 싶어 했다. 하지만 현재 그는 사고의 죄책감으로 인해 집 근처만 돌아다니며, 맥주를 마시고 비디오 게임을 하며, 더 이상 친구들과 잘 어울리지 않게 되었다. 그의 어머니는 그가 일을 계속해야 한다고 이야기하거나 음주에 대해 잔소리하는 것 이외에 그다지 많은 말을 하지는 않는다. 여동생은 그와 계속 연락을 하려고 노력하지만 그가 동생을 밀어내고 있는 상황이다.

사례개념화: 포스트 모더니즘

이 사례개념화는 이 장의 '조망하기: 사례개념화' 섹션의 핵심적인 개념을 토대로 이루어져 있다. 당신은 사례개념화 섹션에 언급된 개념을 활용해 앞의 사례 또는 다른 사례의 사례개념화에 적용할 수 있다.

■ 문제와 분리된 내담자

성인 남성(AM)은 사고가 있기 전, 자신은 많은 친구들과 파티를 하고, 농구를 즐겨하며, 컴퓨터 기술자의 꿈을 꾸는 사람이었다고 설명했다. 또한 그는 함께 시간을 보내는 것이 좋았던 '멋진' 가족이 있다고 설명했다.

■ 문제 중심적 이야기

AM의 '문제 중심적 이야기'는 개인적 변화와 관계적 변화 모두를 포함한다.

- **개인적 변화:** 학교를 자퇴함, 농구를 그만둠, 술을 더 마시게 됨, 일에 집중하기 어려움, 친구를 만나기엔 너무 창피함을 느낌
- **관계적 변화:** 엄마와 거리를 둠, 여동생과 친구들을 멀리함, 친구의 영혼이 따라다니는 느낌을 받음

■ 독특한 결과와 번뜩이는 사건

독특한 결과로 AM은 어머니와 함께 주술사를 만나는 것을 고려하게 되었고 이로 인해 AM은 문화적 관습을 다시 접하게 되었다. 그는 가끔 친구들과 만나는 것에 동의하였으며, 직장에 가기 어려울 정도로 술을 마시지 않기로 결심했다.

■ 문화적, 성적 지배 담론

문화적 담론: AM의 슬픈 경험은 부분적으로 북미 원주민 배경에 의해 형성되었다. 그는 명예를 잃었다는 느낌으로 인해 죄책감과 수치스러움이 더욱 악화되었으며, 현재 그는 '알코올 중독 인디언'이 되었다는 사회의 이야기를 들으며 살아가고 있다.

성적 담론: AM이 파티를 즐기는 것은 북미 원주민을 포함한 젊은 남성들이 어떻게 '즐기는지'에 대한 지배 담론과 딱 들어맞는다. AM이 친구의 죽음에 대해 죄책감을 느끼는 점으로 미루어 보아, 그는 친구가 운전하는 것이 위험한 일임을 알았지만, 겁쟁이처럼 보이기 싫어 음주운전을 막지 않았을 것이라는 것을 알 수 있다.

사회와 공통체: 그는 친구의 영혼을 느낀 것을 계기로 부족 공동체 내에서 새로운 연결고리를 알게 되었다. 또한 그는 자신이 친구의 죽음에 일부 책임이 있으며, 알코올에 중독되고 있다는 사실로 인해 수치심을 크게 느끼고 있다.

■ 국지적, 대안적 담론: 내담자의 언어와 의미에 집중하기

친구의 영혼에 시달리는 느낌에 대한 AM의 경험은 북미 원주민에게서 흔히 나타나는 현상이며, 이 상황을 해결해 줄 주술사를 찾고자 하는 그의 소망도 마찬가지이다. AM에게 어떤 다른 심리적 증상이 나타나지 않았기 때문에, 그의 영혼 경험은 문화적 규범의 관점에서 고려해 볼 수 있다(이 경험은 물질 사용에 의해 잘 설명되지 않는 것을 가정한다).

■ 누구의 이야기인가? 문제 조직화 체계, 문제 해소화 체계

문제 조직화 체계를 평가하는 관점에 따르면, AM이 어떻게 문제를 조직하는지를 이해하는 것뿐만 아니라 그의 어머니, 여동생, 친구들, 죽은 친구의 가족들 그리고 보다 큰 공동체를 이해하는 것이 중요하다. 그의 어머니는 AM이 과음하는 것과 직장을 잃을지도 모른다는 것이 가장 큰 문제라고 생각한다. 그의 여동생은 그의 슬픔과 사회적 철수가 가장 큰 문제라고 생각한다. 친구들 또한 그의 사회적인 침잠에 의해 영향을 받고 있다.

■ 내담자의 세계관 평가하기

AM은 친구의 죽음에 일정 부분 자신의 책임이 있다고 생각하며, 너무 수치심이 심해 전처럼 교육과 사회 활동에서 꿈을 추구할 자격이 없다고 생각한다. 그의 죄책감과 수치심은 친구의 영혼에 시달렸던 경험으로 인해 더욱 악화되었다. 사건 직후 음주를 하지 않은 뒤로 그는 다시금 과음하게 되었는데, 이는 그가 점점 절망감을 느끼고 감정을 조절하는 데 어려움을 느낀다는 것을 나타낸다.

치료계획: 포스트 모더니즘

치료의 초기 단계

초기 단계 치료 과제

1. 치료 관계를 형성하기. 다양성의 고려사항: 성인 남성의 문화적 적응 수준, 특히 눈 맞춤 및 직접적이고 감정적이며 도전적인 코멘트에 대한 적응 수준을 살펴보라.
   관계 형성 접근/개입:
   a. **문제에서 벗어나 AM**을 마주함으로써(사고 이전의 그는 어떤 사람이었는지 마주한다) 희망을 이끌어 내고 자신이 누구인지를 다시 깨우치게 하라.

2. 개인적인 체계적이며 다양한 문화적 역동을 평가하기. 다양성의 고려사항: 엄마, 여동생, 친구의 참여를 고려하라.

   평가 전략:

   a. **상대적 영향력 질문**과 **해체 질문**을 통해 문제와 개인의 영향력을 확인하라. 이를 통해 핵심적 **지배 담론**과 **국지적 담론**에 주목하고, 문화 이슈를 신중하게 처리하라.
   b. '문제 중심적 이야기'를 따르지 않는 **독특한 결과**와 **번뜩이는 순간**(예: AM이 술을 마시지 않거나 친구들과 어울렸을 때)을 확인하라.

초기 단계 내담자 목표

1. 알코올 남용 감소를 위해 사건을 잊기 위한 음주의 유혹에 저항할 수 있는 AM의 능력을 향상시키기

   개입:

   a. **상대적 영향력 질문**을 통해 언제 AM이 음주의 '유혹'을 뿌리쳤는지(개인의 영향력)뿐만 아니라 어떻게 AM이 음주 행동에 빠지게 되는지(문제의 영향력)를 확인하라.
   b. **입장 진술 지도** 그리기를 통해 음주 위기에 대해 AM이 원하는 '입장'을 확인하고, 이를 지지하는 전략, 개인, 맥락을 확인하라.

치료의 작업 단계

작업 단계 치료 과제

1. 작업 동맹의 질을 확인하기. 다양성의 고려사항: 작업 동맹으로 하여금 문제를 논의하고 높은 사회적 위치의 사람과 이야기하는 것과 관련된 문화적 규범을 인정하도록 하라.

   평가 개입:

   a. 상담자는 **입장 차이를 고려한 견해**와 **허락 질문**을 사용하여 **공동 편집자 및 취재기자**의 역할을 하라. 규칙적으로 내담자와의 작업 동맹을 점검하라. 회기 평가 척도를 사용하라.

작업 단계 내담자 목표

1. 지나친 음주에 대한 죄책감과 의욕 감소를 위해 사건에 대한 AM의 **주체감**과 진실된 모습으로 나아갈 수 있는 책임감을 증가시키기

   개입:

   a. **대화 질문**을 통해 문제에 대해 새롭게 이해하고, 사건과 친구의 죽음이 그의 정체성 성장에 영향을 미치는 방식을 이해하라.
   b. **입장 진술 지도** 그리기와 **상대적 영향력 질문**을 통해 문제를 외재화하고 자신이 누구인지, 어떻게 이 사건이 그를 변화시켰는지, 진실하게 나아갈 수 있는 최선의 방법이 무엇인지를 명확히 하라.

2. 사회적으로 침잠되지 않기 위해 AM이 **선호하는 현실**을 지지하는 사회적 교류의 빈도를 증가시키기

개입:

a. **상호 간 수수께끼**를 통해 사회적 관계를 재형성하는 데 있어 AM이 수행할 의지가 있는 구체적 행동을 확인하라.

b. **비계 설정 질문**을 통해 AM이 사회적 네트워크를 재형성하고 그 네트워크 내에서 책임감 있는 행동을 할 수 있도록 도와라.

3. 절망감과 우울감 감소를 위해 학교로 돌아가 직업적 목표를 추구하는 일에 동기를 부여하기

개입:

a. **행동과 의식의 관점에서 지도 그리기**를 통해 성공적으로 학교에 돌아가도록 돕는 구체적인 행동을 확인하라.

b. **반영 작업**을 통해 AM이 친구에 대한 기억과 관련하여 학교를 다시 다니는 것에 대한 새로운 의미를 발전시킬 수 있도록 도와라.

치료의 종결 단계

종결 단계 치료 과제

1. 추후 관리 계획을 세우고 성과를 유지하기. 다양성의 고려사항: 지지 체계에 참여할 수 있는 방법을 확인하라.

개입:

a. **행동과 의식에 대한 질문의 지도를 위해** AM이 어떻게 음주의 유혹과 죄책감에 대항할 수 있는지 확인하도록 도와라.

종결 단계 내담자 목표

1. 죄책감, 알코올 남용, 일상생활에서의 흥미 상실 문제 감소를 위해 사건과 음주에 대한 AM의 **새로운 정체성**과 **주체감**의 **이야기를 증가**시키기

개입:

a. **상호 간 수수께끼**를 활용하여 행동계획을 발전시켜 새로운 정체성을 강화하고 유지하라.

b. **행동과 의식에 대한 질문의 지도**를 통해 비극적 사건 이후 삶의 의미를 발견하고 앞으로 나아가는 AM의 외적, 내적 경험을 담은 새로운 이야기를 심화하라.

2. 사회적 침잠과 우울감 감소를 위해 **새로운 정체성 이야기와 사고와의 관계**를 발견하는 데 있어 AM의 삶에 **어머니, 여동생, 친구들, 주술사**의 관여를 증가시키기

개입:

a. AM에게 **중요한 사람들을 회기에 초대**하여 그로 하여금 비극적 사건에 대한 자신의 역할을 이야기하고 책임을 속죄할 수 있도록 돕는 참회의 의식에 참여시켜라.

b. 새로운 정체성과 선호하는 이야기를 명료화하고 **속죄를 기록하는 편지 등의 문서**를 기록하라.

개인적 성찰과 토론을 위한 질문

1. 당신은 함께 현실을 구축한다는 것을 어떤 방식으로 이해하고 있나요? 혹은 어떤 방식이 이해가 가지 않나요?
2. 당신의 삶에 부정적으로 영향을 미치는 지배 담론을 확인하세요.
   - 어디에서 처음 이 담론에 노출되었나요?
   - 이 담론은 자기 자신을 바라보는 관점에 어떤 영향을 미쳤나요?
   - 이 담론으로 당신을 규정하는 것에 저항하게 한 것은 무엇인가요?
3. 당신이 삶에서 소외되고, 눈에 보이지 않는 것 같고, 억압받는다고 느꼈던 순간을 서술하세요.
   - 이 경험은 당신이 스스로를 바라보는 방식에 어떠한 영향을 미쳤나요? 이것은 여전히 당신에게 영향을 미치고 있나요?
   - 이 경험은 당신과 관련 있는 타인을 바라보는 방식에 어떠한 영향을 미쳤나요?
4. 당신에게 개인적으로 영향을 미친 성별에 대한 지배 담론의 영향력에 대해 설명해 주세요.
   - 당신은 어떤 식으로 이 담론에 순응하였나요? 순응이 어떠한 영향을 미쳤나요?
   - 당신은 어떤 식으로 이 담론을 따르지 않았나요? 따르지 않은 행동이 어떠한 영향을 미쳤나요?
5. 당신에게 '전문가로서의 내담자'는 납득이 가는 개념인가요? 그렇게 생각하는 이유를 설명해 주세요.
6. 타인이 다음과 같은 코멘트를 했던 순간에 대해 설명해 주세요.
   - 너무 일반적이지 않은 코멘트의 경우, 어떻게 반응했나요?
   - 너무 뻔한 코멘트의 경우, 어떻게 반응했나요?
   - 적당히 독특한 코멘트의 경우, 어떻게 반응했나요?

14장

페미니스트와 다문화 상담 및 심리치료

내가 나의 솔직한 생각과 감정을 말할 때, 다른 사람들도 그들의 솔직한 생각과 감정을 말할 가능성이 높다는 것을 발견했다. 그때 비로소 진정한 대화가 된다.

–캐롤 길리건(carol Giligan)

들어가며

대부분의 사람들은 고정관념을 즐기지 않는다. 고정관념은 결코 공평하거나 정확하거나 옳지 않다. 하지만 우리의 뇌는 분류하는 기계처럼, 안전하지 않은 것 중에서 안전한 것을 지속적으로 구별할 수 있게 만들어져 있다. 막대기와 방울뱀을 구별하는 이러한 메커니즘은 우리의 사회적 관계와 세계에 큰 혼란을 일으킨다. 이러한 점에서 이 장은 당신 그리고 당신과 함께 의논할 사람의 관점을 완전히 바꿀 것이다. 성별, 문화, 인종, 민족, 계급과 같은 쟁점을 제기하는 것은 고정관념을 포함하고, 가끔 외면당하거나 소외되거나 '그보다 못한' 고통스러운 순간들을 유발한다. 그러므로 이 장을 읽을 때, 당신의 반응을 깨닫고 무엇이 떠오르는지 시간을 들여 되새겨 볼 것을 권한다.

시작하기에 앞서, 수년 동안 발달되어 온 페미니스트와 여러 학파들의 다문화 상담에 대해 소개하고자 한다(Worell & Johnson, 2001).

- **자유롭고 개혁적인 페미니즘:** 평등주의에 중점을 둔 자유롭고 개혁적인 페미니스트는 성

차별과 억압을 비이성적인 편견과 성역할 사회화로 바라본다. 그들은 기존 상담과 심리치료 전통 내에서 여성 개인의 자유, 자치권, 자기 충족, 존엄성, 평등함을 증진시키는 데 중점을 두고 있다.

- **급진적이고 사회주의적인 페미니즘:** 급진적이며 사회주의적인 페미니스트는 사회적 억압을 주된 문제의 근원이라고 여겨 가부장제, 남성중심주의, 여성을 지배하는 남성에게 직접적으로 이의를 제기한다. 이들의 접근은 모든 형태의 억압을 인식하고, 여성이 변화를 일으키도록 힘을 실어 주며, 사회적 변화를 일으키는 것을 강조한다.
- **문화적이고 대인관계적인 페미니즘:** 스톤 센터(The Stone Center)에서 관계문화이론 및 관계 속의 자아이론을 발전시킨 문화적 페미니스트는 여성의 경험이 남성의 경험과 분명하게 다르며, 관계, 협조, 감정을 중요시하는 하위 문화가 있다고 여긴다.
- **다문화 페미니즘:** 서양 문화에서 소수 민족 여성 집단의 독특한 욕구를 다루는 다문화 페미니스트는 서양 문화와 소수 민족 문화 내의 성차별을 포함하여 여성들의 삶에 영향을 미치는 다양한 문화적 맥락에 주목한다. 또한 권력, 지위, 권한 강화에 대한 문제는 집단주의와 개인주의 문화에서 그 차이를 보이며, 이는 여러 인종의 여성들 간 갈등을 야기한다.
- **포스트 페미니즘:** 포스트 페미니스트는 개인의 정체성에 영향을 미치는 우위적인 사회 담론(13장 '이야기 접근' 참조)에 주의를 기울이며, 사회적 맥락과 관계, 성별의 구성을 분석한다.

페미니스트 상담

요약: 당신이 알아야 할 기본적인 내용

페미니스트 상담 이론은 성별, 문화, 이성애자, 다른 고정관념이 개인 정체성에 미치는 영향과 관계 그리고 이러한 것들이 상담할 때에 어떠한 문제의 유형으로 연결되는지에 중점을 둔다. 문화이론에 의하면, 페미니스트의 접근 방식은 **인간은 전 생애 동안 다른 사람들과의 관계를 추구하고, 성장하며, 나아간다는** 전제에 기반을 둔다(Jordan, 1997. 2010; Jordan, Kaplan, Miller, Stiver, & Surrey, 1991). 관계와 공동체의 의미는 개인의 행복에 핵심적이다. 그러므로 단절은 대부분의 감정적 고통의 근본 원인이 되어 치료의 초점이 된다. 상담과정은 평등주의, 공감, 그리고 상호관계(내담자와 상담자 모두에게 진실되고 인간적인 만남이 이루어지는 관계)로 특징지어진다. 이러한 관계를 통해 내담자는 성장을 촉진하는 관계에 대해 배우며 관계 내에서 두 당사자 모두 행복감이 향상된다. 또한 상담과정에는 억압과 사회적 세력이 내담자에게 미치는 영향 및 내담자의 문제에 미치는 영향을 분석하는 것도 포함된다. 상담은 내담자 개인의 삶에 사회정치적인 쟁점에 대한 인식을 향상시키고, 내담자가 개인적인 생활, 관계, 더 큰 공동체에서 의미 있는 변화를 만들 수 있도록 격려하는 과정으로 이루어진다.

핵심: 이 이론의 중요한 공헌

이 장에서 한 가지를 기억해야 한다면, 그것은 바로 다음의 내용이다.

▪ 성장을 촉진하는 관계와 다섯 가지 주요 특징

페미니스트는 인간은 주로 관계적이고, 성장하며, 다른 사람들과 관계를 위해 나아가고 있다고 주장한다(Jordan, 2010; Jordan et al., 1991). 개성화를 강조하는 전통적인 인간 발달 모델과는 달리 페미니즘은 관계에 대한 욕구가 주요한 동기이다. 페미니스트는 분리된 자아라는 개념을 근거 없는 믿음으로 바라보는데, 분리된 자아는 분리라는 공간적 은유에 기반을 두며 개인이 분리될수록 보다 잘 기능한다는 시각은 정신역동 이론에 기반한 것이다(Jordan, 2010). 반대로, 페미니스트는 육체적 · 심리적 생존을 위한 인간의 본질적인 상호의존성을 인간의 발달 모델로 사용한다(Comstock, 2005). 페미니스트는 인간의 발달을 단계적으로 바라보지 않고, 관계 내에서 분화되는 능력과 상호관계의 능력을 향상시킬 수 있는 복잡하고 다면적인 과정이라 주장한다.

그러나 모든 관계가 동등하게 형성되는 것은 아니다. 우리가 다른 사람들과 다른 이유는 우리 스스로가 충분히 경험하고 안정적이게 자아를 알아가고자 할 뿐 아니라 우리가 성장하도록 돕는 관계가 있기 때문이다. 관계문화적 상담자는 이러한 관계를 성장을 촉진하는 관계라고 부르는데, 이 관계에는 다섯 가지 주요 특징이 있다(Miller & Stiver, 1997; Jordan, 2010).

- 열정과 에너지를 향상시킨다.
- 자존감을 높여 준다.
- 자신, 상대방, 관계의 경험에 대한 지식과 명확함을 향상시킨다.
- 창의력과 생산성이 향상된다.
- 무력감과 궁핍함을 느끼지 않는 관계에 대한 욕구가 더 많아진다.

페미니스트 상담자는 ① 개인의 성장을 촉진시키고, ② 회기 밖에서도 진정성 있는 관계를 맺을 수 있는 내담자의 역량을 향상시킬 수 있도록 내담자와 성장을 촉진하는 관계를 쌓는다. 내담자를 파악할 때, 페미니스트 상담자는 내담자의 일상생활 속 다섯 가지 주요 특징과 관련하여 성장을 촉진하는 관계에 대해 주의 깊게 경청한다. 상담자는 내담자의 성장을 촉진하는 관계를 발달시키고, 내담자의 성장을 촉진시킬 수 있는 새로운 관계를 발전시킬 수 있도록 격려한다.

풍문: 사람과 그들의 이야기

로라 브라운 대표적인 페미니스트 실천가이자 작가인 로라 브라운(Laura Brown, 1994, 2006, 2010)은 페미니스트 치료연구소(Feminist Therapy Institute)의 창립 임원이며 페미니스트의 윤리, 정치적 진단, 생존 트라우마에 대해 폭넓은 글을 썼다.

캐롤린 저브 엔스 현재 페미니스트 치료 이론가인 캐롤린 저브 엔스(Carolyn Zerbe Enns)는 일상생활에서 페미니스트와 다문화 문제를 통합하는 데 중점을 두었다. 또한 엔스의 최근 연구는 학교에서 다양한 감수성을 가르치는 방법에 중점을 두고 있다(Enns, Sinacore, Ancis, & Phillips, 2004).

캐롤 길리건 캐롤 길리건의 『다른 목소리로(In a Different Voice)』는 자율성과 개별화의 남성적 가치에 중점을 둔 전통 심리학 이론과는 대조적으로, 윤리적 치료를 기반으로 유대감과 상호의존성으로 구성된 여성의 심리사회적이고 도덕적인 발달을 서술한 기초적인 페미니즘 작품이다.

주디스 조던 스톤 센터(하단 참조)의 창립 임원인 주디스 조던(Judith Jordan)은 진 베이커 밀러 교육연구소(Jean Baker Miller Traing Institute) 소장으로, 관계문화적 이론 발달의 선구적인 인물이다(Jordan, 2010).

진 베이커 밀러 중요한 이론가이자 스톤 센터(하단 참조)의 창립 임원인 진 베이커 밀러는 페미니스트 분야의 최초 작품 중 하나인 『새로운 여성 심리학(Toward a New Psychology of Woman)』을 저술하였는데, 이 책은 정신과 관계의 전통적인 이해에 대한 페미니스트적 대안을 명확하게 설명한다. 밀러는 관습(practice), 사회적 행동, 다문화의 쟁점을 탐구하는 관계

속의 자아(self-in-relation)와 관계문화 이론의 발달에 있어 핵심 인물이다.

스톤 센터 웰즐리 대학에 위치한 스톤 센터의 페미니스트는 30년 넘게 최신 페미니스트 이론을 발달시켜 왔다. 이는 관계 속의 자아와 관계이론이 동일하다는 것을 나타낸다. 하지만 같은 맥락 속 다른 상황일 때에는 이 두 이론이 다르다고 암시한다.

큰 그림: 상담과정의 개관

페미니스트 상담과정은 두개의 주요 주제를 중심으로 발달되었다. ① 평등주의 상담 관계와 ② 억압의 근원을 찾는 것이다. 상담과정은 다음과 같다.

1. 평등 관계의 발전: 상담 절차의 초기 목표는 ① 내담자가 안전하고 이해받는다고 생각하는 관계와 ② 상담관계를 형성할 때 발언권에 대한 감각을 발달시키는 것이다.
2. 소외와 단절의 원인 연구: 상담자는 내담자와 함께 관계 단절 및 사회적 소외와 관련하여 문제를 일으키는 내담자 문제의 원인을 밝힌다.
3. 진정성 및 권한 강화: 상담 관계에서 공감과 진실성을 경험하며, 상담자는 내담자가 회기 안에서 배운 것들을 일상생활에서 관심 분야에 적용할 수 있게 도움을 준다.
4. 더 좋은 관계 및 공동체 구축: 상담 과정 후반 단계에서, 내담자는 성장을 촉진하는 관계 및 공동체에 속해 있다는 감각을 향상시키기 위해 자신 그리고 다른 사람들에 대한 억압을 줄여 사회적 변화를 도모할 수 있도록 격려받는다.

관계 형성하기: 치료적 관계

▪ 평등주의

사회적 권력이 페미니스트 상담의 핵심이기 때문에, 상담자는 관계 내에 있는 힘의 불균형을 자세히 관찰하여 상담 관계가 평등할 수 있도록 노력한다(Brown, 2010; Enns, 2004). 그들은 어떻게 이러한 역설을 성취할 수 있을까? 페미니스트 상담자는 진단 과정, 다른 전문가와의 의사소통, 선정된 상담이론 등 힘의 역동과 상담의 정치에 대해 자유롭게 논의한다. 이러한 대화 속에서 상담자는 상담과정을 **분명히 설명하고** 내담자와 이에 대해 의견과 질문을 나눔으로써 내담자가 상담과정에 대해 상담자와 동등한 생각과 이론을 공유할 수 있도록 하는 것이다(Worell & Remer, 1992). 협업적 치료(13장 참조)와 같이 페미니스트 상담 과정은 내담자와 상담자가 **상호 간의 탐구**(mutual exploration)를 하여 내담자를 자기 삶의 전문가로 키움으로써 내담자로 하여금 자신의 문제를 가장 잘 해결할 수 있도록 하는 방법이다.

또한 페미니스트 상담자는 **자기개방**(self-disclosure)을 사용하여 관계 내에서 평등의식을 향상시키고 내담자가 일상생활에서 희망과 용기를 발달시킬 수 있도록 돕는다. 이때 상담자의 평등주의적 자기개방은 관계적 혼란이 단지 내담자의 잘못이라고 가정하기보다는 자신이 틀렸다고 판단될 때 인정할 수 있고, 수정의 여지가 열려 있으며, 개인이 방어기제를 사용하고 있다는 사실에 대하여 인정하는 것을 포함한다. 상담 관계는 그것이 좋든 나쁘든, 관계에서 발생하는 위험과 오해에 대해 상담자와 내담자가 동등한 책임을 지는 관계이다.

■ 상호 공감과 성장

상호 공감(mutual empathy)이라는 독특한 페미니스트 개념은 상담자와 내담자가 각각 상대방의 내적 경험을 보고, 알고, 느낄 수 있을 뿐만 아니라 상대방으로부터 **반응성**(responsiveness)을 느낄 수 있는 상호 간의 공감을 의미한다. 상호 공감은 두 사람이 서로에게 영향을 주고, 배려하며, 호응하는 것을 포함한다. 이러한 상호성의 경험은 유년기 발달초기 관계에서의 공감 실패를 회복시킨다. 최근의 연구에서는 공감을 경험한 사람들 사이에서 뇌의 공명이 활발하고 이것이 뇌의 기능을 긍정적으로 변화시키는 것으로 밝혀졌다(Schore, 1994). 상담자는 내담자로 하여금 내담자 자신이 하는 말이 상담자를 개인적이고 인간적인 방법으로 감동시킨다는 것을 느끼게 해 준다. 이는 고립감을 줄이고 성장을 촉진하는 관계('핵심: 이 분야에 중요한 공헌'에서 '성장을 촉진하는 관계와 다섯 가지 주요 특징' 참조)에 대한 가능성을 강화하여 내담자가 소속감을 느낄 수 있도록 돕는다. 또한 상담자는 상담과정에서 진정으로 감동하여 함께 성장한다.

상호성을 기반으로 하는 상담 관계를 갈등, 불화, 대립이 없는 지나치게 감상적인 관계로 오해해서는 안 된다. 사실, 이러한 관계는 본질적인 차이와 갈등을 표면으로 드러낼 수 있는 높은 수준의 정직성과 진실성을 요구한다. 여기에는 상대방의 독특한 경험, 신념, 감정에 대하여 배우고 성장할 수 있는 '좋은 갈등'으로 이어질 수 있다는 특징이 있다(Jordan, 2010). 좋은 갈등에는 의견 차이가 존재하지만 개인은 기본적으로 안전하다고 느끼며 관계에 대한 신뢰가 있어 관계가 위태롭거나 위협받지 않는다. 그러므로 상담자는 권력의 지위에서 물러설 수는 없지만, 평등주의, 인간의 존재 그리고 내담자와의 차이에 대한 존중을 유지해야 한다. 사실, 갈등과 단절의 순간은 성장할 수 있는 가장 풍부한 기회를 제공한다. 또한 이러한 순간에 상담자는 내담자가 새로운 관계 양식을 발달시킬 수 있도록 현재에 머무르며 반응하고, 내담자가 **교정적 정서 경험**을 갖도록 도와줄 수 있다(Jordan, 2010). 내담자는 이러한 것들을 상담자와 함께 처음 배우고, 그 후에 상담 밖의 관계에 적용시킨다.

■ 진실성

페미니스트 상담자는 내담자와의 관계에서 진실성을 지니고 있어야 한다. 상담 속 '진실성'은 상담자가 자신의 오래된 감정, 생각, 반응을 자연스럽게 표현하는 것이 아니라, 내담자로 하여금 행복과 내적인 필요를 유지하게 하는 진정한 **반응**을 의미한다. 임상적인 판단과 윤리는 항상 내담자의 진실한 표현을 유도한다(Jordan, 2010). 내담자에게 진실성 있는 표현이 적절한지의 여부를 결정하는 데 있어 페미니스트는 스스로에게 "**이** [정보, 행동, 표현 등]**이 내담자의 성장을 촉진시킬 수 있는가? 추후 미래에도 치유가 될 것인가? 이것이 관계를 강화시킬 것인가?**"를 묻는다. 만약 오류가 발생할 경우 상담자는 내담자의 반응을 경청하고, 반응성과 개방성을 유지함으로써 관계적 단절 문제를 교정하고 사과할 준비가 되어 있어야 한다.

■ 페미니스트 윤리강령

페미니스트 치료연구소의 페미니스트는 상담자가 사용할 수 있는 전문적인 윤리강령 외에 내담자와의 관계 형성 및 업무와 관련된 **페미니스트 윤리강령**을 개발했다. 이 윤리 강령은 지배적인 문화 규준의 영향을 인식하고, 관계에서의 권력 차이를 인정하며, 권력의 남용을 방지하기 위해 이중 관계를 지양하고, 상담자 책임, 사회적 변화 활성화를 위한 책무에 대해 기술하고 있다.

> 페미니스트는 사적인 것이 정치적이라고 생각한다. 페미니즘의 기본 원칙에는 모든 인간의 동등한 가치에 대한 신념, 개인의 경험과 상황에 대한 반영, 사회의 제도화된 사고방식과 가치관의 영향을 인식하며, 사람들 속 권력을 평등하게 하는 정치와 사회적 변화의 책무가 포함된다. 페미니스트는 억압된 사회적 태도와 사회의 만연하고 부정적인 영향을 알아차리고 줄이기 위해 헌신한다(p. 1).

■ 남성과 페미니스트 상담

남성도 페미니스트 상담자가 될 수 있을까? 페미니스트 상담자는 남성들과 상담할 수 있을까? 될 수 있고 할 수 있다. 많은 중요한 생각이 페미니스트 문학에서 비롯되지만, 응용력과 가치들은 보편적이다. 현대 페미니스트 접근법은 관계문화적 치료법처럼 단순한 여성 쟁점을 다루는 것이 아니라 다양성과 관계 반응성을 강조한다. 페미니스트 접근법을 정의하는 가치들(억압의 종식, 평등, 상호관계)은 남성과 여성 모두에게 타당하며, 두 성별이 더 나은 사회적 관계를 맺고 진실되게 살 수 있도록 돕는 잠재력을 보유하고 있다.

역설적이게도, 페미니스트 접근법은 미래에 남성들과 관련될 가능성이 크다. 21세기의 경제, 정치 및 사회 변화는 급진적으로 남성들의 사회적 역할을 재정의하였다. 또한 20세기에는 여성들보다 남성들이 사회적 역할 변화에 적응하는 데 더 많은 어려움을 겪었다(Rosin, 2010). 예를 들어, 2010년 미국에서는 최초로 남성보다 여성이 더 많은 일을 했다. 또한 대학 졸업생의 60%가 여성이었다. 많은 남성들은 신체적 힘과 크기보다 융통성, 관계, 협업이 더 중시되는 탈공업화 경제에서 자신의 역할을 알아 가기 위해 고군분투하고 있다. 또한 남성의 사회화는 많은 남성을 자신 그리고 어린 시절의 정서와 단절시키고, 성인이 되는 방법을 스스로 찾게 내버려 두었다(Shepherd, 2005). 남성들은 급진적이고 극적으로 자신의 사회적 역할이 재정의됨에 따라 의미와 정체성, 관계를 찾기 위해 고군분투하고 있다. 앞으로 몇 년 후, 페미니스트 상담자들은 자신들이 이들을 도울 준비가 되어 있음을 알게 될 것이다.

조망하기: 사례개념화

■ 개인적인 것이 정치적인 것이고 정치적인 것이 개인적인 것이다

페미니스트 상담의 기본 가정 중 하나는 **개인적인 것이 정치적**이라는 것이다. 이것은 개인의 내적 현실(병리적으로)이 사회적 맥락에서 정치적 쟁점과 서로 연결되어 있다는 것을 의미한다(Brown, 2006; Remer, 2008). 이것은 남성뿐만 아니라 여성, 이성애자 혹은 다른 성적 지향을 선호하는 사람들, 그리고 모든 문화적 · 민족적 배경을 가진 사람들에게도 해당된다. 반대로, **정치적인 것이 개인적**(Brown, 2006)이라는 뜻은 사회적인 관점에서 일어나는 일은 사람들에게 개인적인 방식으로 영향을 미친다는 것을 의미하며, 이 또한 사실이다. 따라서 사례개념화를 할 때, 페미니스트 상담자는 개인적인 경험에서 억압, 특권, 사회적 영향의 **인식을 높여** 내담자가 내부적인 쟁점과 외부적인 쟁점의 원인을 분리할 수 있도록 돕는다. 예를 들어, 우울감을 느끼는 전문직의 히스패닉계 어머니는 사회가 유지하고 있는 '어머니' 그리고 '전문가'라는 역할에 대한 수많은 모순된 기대뿐 아니라 미국의 히스패닉 여성에 대한 고정관념과 그녀에 대한 히스패닉 공동체의 기대를 살펴보아야 한다. 또한 약물 남용으로 허덕이는 아프리카계 노동자 미국인 아버지는 자신의 문제와 관련하여 계급, 인종, 성별과 연관된 사회적 역할을 살펴봐야 한다. 이 장 마지막에 있는 사례 연구에서 상담자는 제일라(Jayla)가 소외계층이라는 점을 고려하면서, 정서적 학대관계에서 전문직 아프리카계 미국인 여성이 되는 것에 대한 정치적 영향력을 살펴보도록 돕는다.

■ 진단의 정치학

다른 포스트모더니스트와 마찬가지로, 페미니스트도 『정신 질환의 진단 및 통계 매뉴얼』(American Psychiatric Association, 2013)에 설명된 진단이 억압적인 관행이라고 이의를 제기해 왔다. 다음 비평은 이러한 인식을 잘 나타내고 있다.

> DSM에 제시된 진단 과정에 대한 페미니스트 비판이 생생하게 남아 있으며 나는 미래에 진단명을 갖고 살아가는 사람들의 수가 증가함에 따라 이러한 비판이 더욱 필요할 것이라고 주장한다. 미국 인구의 절반가량이 공식적인 진단 조건을 충족한다는 최근의 뉴스 보도는 무엇을 의미하는 걸까? 페미니스트 비평은 다양한 형태의 정신적 고통의 생물학적 근거에 대한 최근 자료의 복잡한 분석과 통합을 요구한다. 타고난 것과 진화적으로 변치 않는 현상에 의문을 제기하는 한편, 트라우마 스트레스에 노출됨으로써 일어나는 신경 구조의 심오한 변화에 주의를 기울인다. 페미니스트 이론은 내담자가 주관적으로 경험하는 정신적 고통과 기능장애의 한계를 포함하는 다양한 요소들을 개념화할 것을 요구한다(Brown, 2006, p. 19).

예상했던 것처럼 페미니스트 상담자는 내담자의 진단명을 찾고자 서두르지 않는다. 대신, 그들은 규범, 문화 차이, 성 역할 논의, 트라우마, 내담자의 주관적인 경험과 이해를 반영한 사례개념화를 신중히 발전시킨다(Brown, 2010). 대부분의 페미니스트는 경우에 따라 진단명이 도움이 되고 심지어 자유롭게 해 줄 수 있다는 것에 동의할 것이다. 예를 들어, 성적 학대를 받은 여성들은 종종 플래시백, 악몽, 과민증이 트라우마의 정상적인 반응이라는 것을 듣고 안도감을 느낀다. 모든 페미니스트 상담자는 진단이 관계(친구, 파트너, 가족들이 내담자를 어떻게 보는지), 의학적인 치료(보험 회사의 서비스와 수수료), 내담자가 자기 자신을 어떻게 보고 이해하는가에 미치는 정치적 영향에 대해 예리하게 알고 있다.

■ 성 역할

주된 평가 영역 중 하나로, 페미니스트 상담자는 내담자의 성 역할 기대와 그것이 호소 문제 및 내담자의 광범위한 삶과 어떻게 연관되어 있는지를 주의 깊게 분석한다(Miller, 1986). 페미니스트는 "사람들은 문화, 민족, 사회계층보다도 성별이라는 정체성을 제일 먼저 경험한다. 성(sex)에서 비롯된 사회적 구조로서의 성별(gender)은 대개 아이가 태어난 인간 세계에서 가장 중요한 변수이기 때문이다."(Brown, 2010, p. 52). 상담자는 내담자가 성별에 대한 사회적 메시지를 어떻게 내재화하였으며 개인의 사회계급, 문화적 배경, 직업, 성적 지향성이 성 역할에 대한 내담자의 이해를 어떻게 형성하는지 살펴보아야 한다. 예를 들어, 우울함을 느낀다고 보고한 많은 여성들은 신체적 · 감정적으로 자신보다 다른 사람들의 필요를 우선시하는 성 역할에 익숙해져 있다. 놀랄 일은 아니지만, 국립정신건강연구소(National Institute of Mental Health, 2010)는 남성보다 여성이 주요 우울장애뿐만 아니라 다른 정신 질환 진단을 받을 가능성이 크다고 보고했다. 여성들에게 논란을 일으키지 말고 착해야 하며 개인적인 손해를 감수하고 다른 사람들을 보살피고 배려해야 한다는 사회적 압박이 우울증으로 이어지기 때문이다(Kaplan, 1991). 페미니스트 상담자는 성 역할과 심리적 고통의 발달 간 상호작용을 연구한다.

■ 관계 속의 자아

스톤 센터의 이론 중 하나인 **관계 속의 자아**이론은 여성의 발달을 개념화하기 위한 대안적 모델이다(Surrey, 1991). 전통적인 발달이론과는 대조적으로, "여성에게 있어 관계 속의 자아란 자신에게 중요한 경험이 관계적이라는 인식을 포함하는데, 이는 자기가 중요한 관계의 맥락에서 구성되고 발전한다는 것을 의미한다."(p. 52). 따라서 페미니스트는 자율성, 자립심, 자기실현 그리고 다른 형태의 분리성을 강조하는 에릭슨 학파의 발달 모델을 따르기보다는 여성들이 **관계를 통해 그리고 관계 안에서** 자아의식을 발달시킨다고 주장한다. 그러므로 내담자와 사례개념화를 발전시킬 때 상담자는 관계적 관점을 통해 여성의 발달을 보고, 여성의 삶에서 중요한 관계를 통해 자기를 개발하는 과정을 탐구한다.

■ 소외와 억압

현대 페미니스트 상담자는 여성 문제 외에도 많은 안건을 갖고 있다. 그들은 사람들이 성별 이외에도 문화, 인종, 성적 지향성, 나이, 능력, 경제적 계층, 종교 및 여러 요소 때문에 소외될 수 있다는 것을 인식하고 있다. 이 모든 것은 개인으로 하여금 '다름'에 의해 거절당하고 지배 집단으로부터 소외되는 느낌과 **단절되는** 느낌을 받게 한다. 인정받기 위해 장기적으로 자신의 일부를 숨기는 것은 심리적인 증상과 병리로 이어진다(Jordan, 2010). 페미니스트 상담자는 **사회적 억압**과 고립이 내담자 문제의 근본적인 원인이라고 생각한다(Brown, 2010). 사례개념화 과정에서 소외감의 근원을 밝혀냄으로써, 상담자는 내담자가 완전하고 진실한 삶을 사는 데 필요한 관계를 구축할 수 있도록 어디에서 어떻게 도움을 줄 수 있는지 확인한다.

■ 관계적 이미지

관계문화적 상담자는 생애 초기 경험을 기반으로 내담자의 **관계적 이미지**, 내적 개념, 관계에 대한 기대를 평가한다. 그리고 이것들이 현재의 관계에 어떤 영향을 미치는지 주의 깊게 관찰한다(Jordan, 2010). 만성적인 단절과 관계 외상을 경험한 사람들은 성장을 촉진시키는 관계에 온전히 몰입하는 능력이 부족하고, 진실성 경험 능력을 제한하는 부정적인 관계적 이미지를 발달시킨다. 부정적인 이미지는 다른 관계에 투영되어 고통스러운 삶의 패턴이 반복된다. 따라서 사례개념화 과정에는 상담 관계에서 언어로 묘사되고 종종 재연되는 패턴을 찾아내는 작업이 포함되어야 한다. 특히 상담자는 **수치심**과 **무력감**을 초래하는 이미지를 통제하는 데 주의를 기울여 수용이 가능한 것과 내담자가 누구인지를 정의한다. 통제되는 이미지는 종종 내담자에게 변치 않는 것으로 경험되어, 다른 사람들뿐 아니라 자아로부터도 단절되는 **내적인 억압**을 야기한다. 상담 관계는 내담자가 관계적 이미지를 수정하여, **교정적 관계 경험**으로 일컬어지는 보다 만족스러운 관계를 경험하는 장으로 사용된다(3장에 설명된 **교정적 정서 경험**과 유사하다). 이 장의 마지막에 있는 사례 연구에서 상담자는 제일라와 여동생의 유일한 보호자였던 어머니와 제일라의 초기 관계적 이미지를 평가한다.

■ 관계 회복력과 용기

치유에 있어 중요한 자질인 **관계 회복력**은 단절과 공감 실패 후 관계 속으로 되돌아갈 수 있는 능력과 필요할 때 도움을 요청할 수 있는 능력을 말한다(Jordan, 2010). 상담자는 회기에서나 개인 생활에서 내담자에게 단절을 풀어내기를 강요하거나 부담을 주지 않는다. 다만 관계의 행복감이 우선순위라고 밝히고 안전한 상황을 조성한다. 관계 회복력을 발전시키는 데에는 용기가 필요하지만, 개인의 성취감과 다른 것에 대한 지배를 미화하는 영웅적인 전설이 아니다. **관계적인 용기**는 취약성과 다른 사람들에게 마음을 열고자 하는 의지를 요구하기 때문에 훨씬 더 조용하면서 무섭다. 상담자의 역할은 친밀함과 관계 유지를 위해 필요한 위험을 내담자들이 감수하도록 '격려하는' 것이다.

■ '대인존재감'과 연관성

페미니스트 상담자는 내담자가 성장을 촉진하는 관계 및 타인에게서 존중받고 소중하며, '중요하게' 여겨진다고 느껴지는 상황에 특별한 관심을 기울인다(Jordan, 2010). 누군가에게는 개인적인 관계 또는 보다 넓은 사회 공동체에서의 '대인존재감(nattering)'이 정신적 · 관계적 건강 그리고 웰빙의 필수적인 요소로 여겨진다. 최근 연구에 따르면 중증 정신 질환을 진단받은 사람에게는 특히 중요하다고 밝혀졌다(Davidson, Tondora, Lawless, O'Connell, & Rowe, 2008). 상담자는 내담자가 상대방에게 자신이 중요하다고 느껴지는 관계에서 힘의 영역과 관계가 형성되어야 하는 영역에 대해 경청하고, 목표를 알아내며, 힘을 형성하는 데에 그것을 사용한다.

▪ 단절 전략과 핵심적인 관계적 역설

관계의 근원을 밝히는 것 외에도 페미니스트 상담자는 내담자가 취약하다고 느낄 때 타인과 단절하기 위해 사용하는 전략을 알아낸다. 상담자는 몇 가지 질문들을 사용해 단절에 대한 평가를 한다.

> **단절 평가**
>
> 1. 다른 사람(가족, 친구, 동료, 자녀 등)과 관계를 끊기 위해서 어떠한 전략들이 사용되는가?
> 2. 이러한 전략들은 언제 처음 배웠으며, 사용되었는가?
> 3. 수치심 또는 무력감이 단절의 필요성을 불러일으키는가?
> 4. 이러한 전략들이 현재 관계에서 얼마나 유용한가?
> 5. 내담자는 관계를 어떻게 그리고 언제 다시 회복할 수 있는지 아는가?
>
> **스스로 해보기**
>
> 파트너를 찾아 이 질문들을 사용하여 관계에서 위협을 느낄 때 각 사람들이 어떻게 단절하는지 평가해 보세요.

반복적인 단절에 대처하는 한 가지 방법은 개인의 진실성을 희생하면서 다른 사람들의 희망에 맞추어 자아를 바꾸는 것이다. 이것은 단절에 대한 반응으로, 어떻게 개인이 진정한 관계를 회피함으로써 관계를 추구하는가를 설명하기 때문에 **관계적 역설**이라 불린다. 회복하고자 하지 않는 역설적인 시도는 내담자가 안녕감을 증진시키는 성장 촉진 관계를 경험할 수 있도록 반드시 수정되어야 한다.

변화를 겨냥하기: 목표 설정

▪ 사회정치적 의식과 권한

페미니스트 상담자는 내담자로 하여금 개인의 정체성이 사회에서 자신의 넓은 지위와 어떻게 연결되어 있는지에 대한 **사회 정치적 인식**을 높이는 한편, 내담자가 대안적인 기준으로 스스로를 정의할 수 있도록 **권한을 강화**한다. 페미니스트는 **성별, 민족성, 사회계급, 성적 지향성, 신체적 특징, 신체적 능력**이 개인의 정체성과 자아가치감에 어떠한 영향을 미치는지 내담자가 보다 잘 알 수 있도록 노력한다(Worell & Johnson, 2001). 따라서 상담의 목표 중 하나는 내담자로 하여금 사회문화적 변수들이 개인의 정체성에 어떠한 영향을 미치는지 인식하도록 돕고, 그 효과를 비판적으로 평가할 수 있도록 하는 것이다. 또한 그들의 개인적 가치 및 개인적으로 중요하게 여기는 공동체 가치를 활용하여 자아정체감을 온전히 인식함으로써 정체성을 형성하도록 돕는 것이다.

■ 관계

페미니스트 상담, 구체적으로는 관계문화적 상담에서 가장 중요한 목표는 **성장 촉진 관계**를 구축하는 것이다(Jordan, 2010). 내담자는 관계를 맺을 수 있을 때에 삶에 열정을 느끼고, 자신을 소중히 여기며, 생산적이다. 또한 그들이 누구인지 더 많이 배우면서 진실한 경험을 할 수 있는 상황을 만들어 낸다. 요컨대, 자신을 최고의 자아로 발전시키고자 하는 노력이 평생 동안 지속된다.

실행에 옮기기: 개입

■ 페미니스트 기법의 개론

페미니스트 상담의 핵심은 개입보다는 사례개념화와 상담 관계의 질에 있다. 사실, 성별과 문화에 민감한 방식으로 **조정될 경우**에는 다른 접근 방법의 개입도 가능하다(Enns, 1992; Worell & Remer, 1992). 다음에 기재된 기법들은 페미니스트 상담에 사용되는 독특한 기법이다.

■ 성 역할 분석

특징적이고 명확한 개입인 성 역할 분석은 종교, 직장, 가족, 민족 전통 등 내담자 삶의 다른 맥락에서 나온 여러 문화적 규범을 포함하여 남성과 여성의 행동에 대한 문화적 규범이 내담자의 현재 고통에 어떻게 영향을 미치는지 확인하도록 격려하는 것을 포함한다(Enns, 2000; Worell & Remer, 1992). 남성과 여성 모두에게 사용되는 성 역할 분석은 내담자가 인식하지 못했던 압박감과 신념을 알아내도록 돕는다. 이 장의 마지막에 있는 사례 연구에서 상담자는 성 역할이 전문가이자 아프리카계 미국인으로서 상호작용하는 데 있어 어떠한 영향을 미치는가에 대한 인식과 남자 친구의 부적절한 행동에 대하여 제일라가 보이는 관대함에 대한 인식을 높임으로써 제일라를 돕는다.

성 역할 분석을 돕는 질문들

- 당신의 호소문제와 관련이 있을 수 있는, '좋은 여자' 혹은 '좋은 남자'가 된다는 것에 대해 어떤 신념을 가지고 있는가?
- 당신은 성 고정관념이 직장, 집, 가족, 친구, 자녀, 종교 공동체, 민족 공동체에서 당신에게 어떤 방식으로 영향을 미친다고 생각하는가?
- 당신은 부모님으로부터 여자 혹은 남자라는 것이 어떤 의미를 지니는지 배운 적이 있는가? 어떤 점이 현재에도 당신에게 영향을 미치고 있는가?
- 직장에서 여성 혹은 남성의 역할(관계, 가정, 재정, 건강에 관해서)이 무엇이라고 생각하는가?
- 당신과 남성, 여성, 이성애자, 혹은 동성애자/양성애자/성전환자인 사람들과의 관계들은 어떠한가?
- (만약 이성 관계를 맺고 있다면) 이 관계에서 성 역할을 어떻게 바라보고 있는가? 이러한 시각이 마음에 드는가?
- (만약 동성 관계를 맺고 있다면) 당신은 관계에서 성 고정관념과 동성애자에 대한 고정관념이 어떻게 적용된다고 생각하는가?
- 성별 관계와 문화 쟁점에 대한 당신의 철학은 무엇인가?
- 성별, 문화, 성적 지향성, 계층, 능력, 그리고 다른 다양한 변수들이 당신 자신에 대한 생각에 어떻게 영향을 미쳤는가?

스스로 해보기

파트너를 찾아 이 질문들을 사용하여 성 역할이 각자의 삶과 관계에 어떤 영향을 미쳤는지 탐색해 보세요.

■ 자기 주장 훈련

대표적인 인지행동 기법인 **자기 주장 훈련**은 내담자, 특히 자기 자신보다 다른 사람들의 요구를 우선시하도록 사회화된 여성에게 힘을 실어 주기 위해 페미니스트에 의해 조정되었다(Worell & Remer, 1992). 자기 주장 훈련은 내담자에게 적극적 · 소극적 · 공격적 행동의 차이를 가르치는 것이다.

- **적극적**: 자신과 타인의 요구를 균형 있게 맞출 수 있다.
- **소극적**: 타인의 요구에만 반응한다.
- **공격적**: 자신의 요구에만 반응한다.

심리교육적 접근법인 역할극과 현실 실험을 통해 내담자는 어려운 대인관계 상황에서 다른 사람의 요구를 존중하며 자신의 요구를 주장하는 방법에 대해 배우게 된다.

▪ 자존감 훈련

자존감이 매우 낮거나 엄격한 성 역할 고정관념에 의해 제약을 받는 여성을 위해 자기주장 훈련의 대안으로 제시된 자존감 훈련은 내담자가 대인관계에서 자신이 필요로 하는 것을 주장할 수 있도록 자기 인식과 자신감을 향상시키는 데 중점을 둔다(Stere, 1985). 자존감 훈련에는 개인의 기량 발달을 위한 4가지 방법이 포함된다.

1. **이성적이고 타당한 감정을 받아들이기:** 사회문화적 불평등과 관련된 죄책감과 분개심에 대해 타당화하기, 감정적 반응을 신뢰하기, 감정 표현하기
2. **스스로를 만족시키기:** 무엇을 원하는지 인식하기, 가치를 느끼기, 자신을 위해 스스로 행동하고 요구하기
3. **자신의 강점을 확인하기:** 여성으로서의 자질을 가치 있게 여기기, 성공을 위한 용기 느끼기, 긍정적인 자기 진술하기
4. **자신에게 친절하고, 개인적인 '결함'을 받아들이기:** 자아에 대한 현실적인 기대를 발달시키기, 비난받을 때 침착함 유지하기, 단점이 무엇인지 진술하기

▪ 교정적 관계 경험

관계문화 이론에서는 상담 관계에서 상호관계가 어떻게 교정적 관계 경험에 많은 기회를 주는지 묘사한다. 교정적 관계 경험은 상담자에 의해 오래된 관계적 이미지를 재작업하는 것으로, 대안을 제공하고 내담자가 단절만 경험했던 상황에서 연결에 대한 반응을 경험하게 하는 것이다(Jordan, 2010). 예를 들어, 매우 비판적인 부모를 둔 내담자는 가벼운 부정적인 견해에도 극도로 고통스러운 단절을 경험한다. 비판받았다고 느끼거나 실패했다고 느끼는 내담자와 관계를 유지하고 공감할 때, 타인이 자신을 버릴 것이라고 예상하는 내담자를 포기하지 않을 때, 내담자는 단절되지 않는 **교정적 관계를 경험**하게 된다. 내담자와 상호관계를 유지하고, 다양한 교정적 관계를 경험하도록 함으로써 상담자는 내담자가 관계 문제를 해결할 수 있도록 돕는다. 처음에는 회기에서 경험하고 그 후엔 상담 외부의 관계에서 해결할 수 있도록 돕는다. 예를 들어, 이 장의 마지막에 있는 사례 연구에서 상담자는 제일라가 남자 친구와 보다 나은 관계를 맺는 방법을 배울 수 있도록 회기 내에서 교정적 관계 경험을 이용한다.

■ 자기 공감

관계문화적 접근법은 내담자에게 자기 공감 발달의 중요성, 공감적 인식을 불러일으키는 능력, 자신의 경험에 대한 겸손한 태도를 강조한다(Jordan, 2010). 내담자는 판단이나 거부보다 감정을 유지하는 방법과 그 감정이 어떻게 발생했는가에 대한 공감을 경험한다. 처음에 내담자는 혼자 또는 상담자와 공감을 경험하지만, 내적 대화에서도 동일한 공감을 경험하도록 권장된다. 상담자는 "이런 감정을 느껴선 안 돼." 또는 "X 같은 일을 하는 것은 바보 같은 짓이었어."와 같은 부정적인 자기진술에 의문을 제기함으로써 자기 공감을 촉진할 것을 권장한다. 이러한 진술은 "당신은 다른 사람들은 잘 받아들이지만, 자기 자신을 다른 사람들과 동일한 기준(행동 및 감정)으로 받아들이지 않고 있다."와 같은 의문으로 반박된다. 혹시 내담자가 자기 혐오를 한다면 상담자는 그 상황을 경험하고 있는 사람을 친구라고 상상케 한 다음 내담자가 그 상황을 어떻게 생각하고, 보는지 질문을 통해 확인해 본다.

■ 사회적 행동주의와 사회적 정의

페미니스트 상담은 혼자 할 수 있는 과정이 아니다. 내담자는 외부와 단절된 상태에서 그들의 성별과 개인적인 정체성 이야기를 의미 있게 재정의하거나 관계를 추구할 수 없다. 페미니스트 상담의 정의에 따르면, 자신의 성별 정체성을 바꾸고 관계를 형성하는 것은 관계와 공동체 안에서 일어난다. 따라서 내담자가 변하기 위해서는 그들의 관계와 사회적 관계도 바뀌어야 한다. 일반적으로 사용되는 한 가지 방법은 치료의 종결 단계에서 내담자가 자발적으로 다양한 형태의 **사회적 활동**을 하는 것이다. 이것은 정치 운동 단체에 참여하는 것은 물론 직장 내에서 부모 모임을 하거나 친구 모임에서 신체 문제에 대한 이야기를 나누는 등의 형태를 모두 포함한다. 때로 내담자는 그들이 성폭행을 당한 아동이나 도움이 필요한 이민자와 같은 특정 집단 및 지역사회에서 변화를 이룰 수 있을지 상담자에게 물어보곤 하는데, 이때 상담자는 내담자가 적절한 지역사회 자원과 연결되도록 도울 수 있어야 한다. 흔히 고통스러웠던 자신의 경험과 유사한 경험을 한 다른 사람을 돕는 것은 내담자가 도움을 주는 사람의 입장에서 완전한 회복을 느낄 수 있는 변화의 경험이 될 수 있다.

또한 페미니스트 상담자는 그들 스스로도 사회적인 변화에 영향을 미치고자 개인적이고 전문적인 측면을 모두 활용하며 사회적 정의에 헌신한다. 이는 정신건강 서비스 및 다른 서비스를 받는 상황, 법적 상황 등 내담자와 관련된 상황에서 내담자를 지지하는 입장을 취하는 형태로 나타난다. 또한 페미니스트 상담자는 보다 많은 사회 운동, 여성 운동, 내담자의 권리 단체, 아동 변호, 정치 캠페인, 사회 변화를 알리기 위해 노력한다.

모든 정보 통합하기: 페미니스트 사례개념화와 치료계획 양식

이론에 특화된 사례개념화: 페미니스트

이론에 특화된 사례개념화를 발달시키기 위해 다음의 내용을 사용하라. 이 장의 마지막에 제시된 사례 연구는 하나의 예이다.

- **개인적인 것이 정치적인 것이고, 정치적인 것이 개인적인 것**: 내담자의 현재 고민이 광범위한 정치 · 사회적 상황과 어떻게 연관되며, 정치가 사생활에 어떠한 영향을 미치는지 서술해야 한다.
- **진단의 정치학**: 내담자의 DSM 진단과 연관된 정치적 · 사회적 고려사항을 서술해야 한다.
- **성 역할**: 성 역할 기대치가 호소 문제와 관련하여 내담자에게 어떠한 영향을 미치고 있는지 서술해야 한다.
- **관계 속의 자아**: 중요한 관계가 내담자의 자아감을 어떻게 형성했는지 서술해야 한다.
- **소외와 억압**: 내담자가 소외감과 억압을 경험하고 있는 방향에 대해 서술해야 한다. 이러한 경험은 인종, 문화, 성별, 성적 지향성, 경제적 계층, 종교, 능력, 나이에서 비롯되며, 직장, 집, 공동체 등의 상황에 따라 달라질 수 있다.
- **관계적 이미지**: 어린 시절 관계를 바탕으로 중요한 관계의 구조와 기대치를 서술한다. 특히 수치심이나 무력감을 불러일으키는 이미지가 있는가?
- **관계 회복력과 용기**: 내담자는 중요한 관계에서 단절과 공감 실패 후, 다시 관계를 맺을 수 있는가?
- **'대인존재감'과 연관성**: 내담자가 스스로를 다른 사람에게 중요한 존재라고 생각하는가? 다른 사람과의 유대감이 충분히 존재하는가?
- **단절 전략과 핵심적인 관계적 역설**: 취약함을 느낄 때 다른 사람들과 단절하는 전략을 설명한다. 수치심이나 무력감은 단절 패턴과 관련이 있는가? 내담자는 안전하게 다시 관계를 맺는 방법에 대해 알고 있는가?

치료계획 양식: 페미니스트

우울, 불안, 강박 문제를 호소하는 내담자를 위하여 치료계획을 세울 때, 다음의 치료계획 양식을 사용하라. 특정 내담자, 호소문제, 치료적 맥락에 따라 이 양식의 목표나 개입 방식은 다소 변경될 수 있다. 필요에 따라 이 치료계획을 적절하게 변경하여 사용할 것을 권장한다. 이 계획을 치료에 효과적으로 적용하기 위해서는 내담자가 경험하고 있는 특정 신념, 행위, 감정을 중심으로 목표와 개입 방식이 명확하게 작성되어야 한다. 구체적일수록 당신에게 유용할 것이다.

치료계획

치료의 초기 단계

초기 단계 치료 과제

1. 치료 관계를 형성하기. 다양성의 고려사항: [내담자와 관계를 형성하는 과정에서 내담자의 다양성에 따라 자신의 접근법을 어떻게 민감하게 조정할지 구체적으로 설명하라. 감정 표현을 위해 그들의 다양한 문화와 성별에 관한 내용이 포함되어야 한다.]
   관계 형성 접근/개입:
   a. **상호 공감**과 **진실성**을 이용하여 내담자의 **성장 촉진 관계**를 발달시켜라.

2. 개인적이고 체계적이며 다양한 문화적 역동을 평가하기. 다양성의 고려사항: [성별, 인종, 기타 다양한 요소를 기반으로 관계 및 갈등 관리 선호도를 탐색하라.]
   평가 전략:
   a. **소외감**과 **억압**의 근원을 포함하여 **성 역할 기대치**와 **개인에 대한 정치적인 영향력**을 확인하라.
   b. 현재와 과거의 관계에서 '**대인존재감**'과 **관계 회복력** 및 **단절 전략**의 근원을 평가하라.

초기 단계 내담자 목표

1. [특정 위기 증상] 감소를 위해 **권한 강화**와 '**대인존재감**'을 증가시키기
   개입:
   a. 위기의식을 촉진시키는 **소외**, **억압**, **단절**의 원인을 확인하라.
   b. 위기로 이어지는 감정을 관리해야 하는 경우, 지지 및 유대감을 제공하는 **관계** 및 **공동체**를 확인하라.

치료의 작업 단계

작업 단계 치료 과제

1. 작업 동맹의 질을 확인하기. 다양성의 고려사항: [상담자에게 솔직한 피드백을 할 수 있는 내담자의 **권한 강화**와 당신이 권력의 문제를 어떻게 다룰지 설명하라.]

   평가 개입:

   a. 상담 관계에서 내담자가 경험한 **다섯 가지 주요 특징**의 근거를 찾고 질문하라. 회기 평가 척도를 사용하라.

작업 단계 내담자 목표

1. [특정 증상: 우울, 불안 등] 감소를 위해 **개인적인 것이 정치적인 것, 성 역할, 소외감**의 효과에 대한 인식 증가시키기

   개입:

   a. **성 역할 분석** 및 **사회정치적 영향**과 그것들이 문제에 미치는 영향에 대해 분석하라.

   b. 친구, 집단, 그리고 문제와 관련하여 **권한 강화** 인식을 조성하는 원인을 연결하라.

2. [특정 증상: 우울, 불안 등] 감소를 위해 자신과 타인에 대한 존중이라는 확고한 관점을 통해 사람들 및 상황과 관계맺을 수 있는 능력을 증가시키기

   개입:

   a. 다른 사람의 요구를 존중하며 자신의 요구를 균형 있게 주장할 수 있도록 **자기주장 훈련**을 실시하라.

   b. **자아존중감 훈련**으로 자기수용성을 발달시켜라.

3. [특정 증상: 우울, 불안 등] 감소를 위해 상호적인 성장 촉진 관계의 양과 질을 증가시키기

   개입:

   a. 진정한 관계를 맺는 방법을 배울 수 있도록 **교정적 정서 경험**을 하도록 도와라.

   b. 관계에서 **단절 전략**과 분리 개선 방법을 식별할 수 있도록 도와라.

치료의 종결 단계

종결 단계 치료 과제

1. 추후 관리 계획을 세우고 성과 유지하기. 다양성의 고려사항: [치료가 종결된 이후, 내담자를 돕기 위해 내담자가 속한 공동체의 자원에 어떻게 접근할지 기술하라.]

   개입:

a. 미래에 문제를 일으킬 가능성이 있는 **관계적 · 사회정치적** 권위를 식별하고, 이에 대처할 수 있는 적극적인 대응 방법에 대해 알아보라.

종결 단계 내담자 목표

1. 단절감[또는 불안, 두려움 등] 감소를 위해 내담자의 **관계 회복력, '대인존재감', 권한 강화** 증가시키기

개입:

a. 회기 내 **교정적 정서 경험**에서 배운 것을 외부의 관계에 적용하라.

b. 내담자가 **관계 회복력**을 가지고 관계에서 소외된 타인을 지지할 수 있도록 격려하라.

2. 무력감[혹은 우울, 불안, 강박행동 등] 감소를 위해 자기 자신이나 소외된 타인에 대한 **지지**와 **사회적 정의** 노력을 증가시키기

개입:

a. 내담자의 자아존중감을 향상시킬 수 있는 **지지적인** 관계와 상황을 확인하라.

b. 내담자의 지속적인 **성장과 회복력**을 촉진시키는 **관계와 조직**을 확인하라.

스냅샷: 연구와 근거 기반

이야기 치료 및 협업적 상담과 유사하게, 페미니스트는 구체적 접근에 대한 실증적인 연구를 거의 하지 않았다. 그러나 공통 요인 연구와 애착 연구는 이루어졌다(Brown, 2010). 페미니스트는 지지적이고 비판단적인 상담 관계, 즉 평등한 관계를 강조한다. 그들은 평등주의 관계 모델을 지지하기 위해 긍정적인 결과와 일관성 있게 연관되어 있음을 나타내는 공통 요인 근거를 인용하였는데, 이는 인문주의자들과 유사하다(Brown, 2006). 또한 최근 신경학 연구에서는 인간은 관계적 연결을 위해 '태어났으며', 실제로 인간의 뇌가 적절하게 발달하고 기능하기 위해서는 인간관계가 필요하다는 논의가 이루어졌다(Jordan, 2010). 이러한 연구 흐름은 페미니스트 이론과 직접적인 관련은 없지만, 접근법의 핵심 전제를 뒷받침한다. 페미니즘과 권력 문제를 인식시키기 위해 상담자를 훈련시키는 연구들이 진행되기도 하였다. 예를 들어, 킬링, 버틀러, 그린, 크라우스와 팰릿(Keeling, Butler, Green, Kraus, & Palit, 2010)은 성별 공개 치료 설문지(Gender Disclosure in Therapy Questionnaire)가 상담에서 상담자가 성별 문제를 식별하는 데 효과적이었다고 발표하였다. 회기에서 성별 문제를 식별하여 작업할 수 있도록 하는 상담자 훈련뿐만 아니라 페미니스트 모델의 효과에 대한 연구도 앞으로 더 많이 이루어져야 할 것이다.

다문화적 접근: 다양한 집단과 작업하기

문화 · 민족의 다양성

문화와 성별 문제를 다루기 위해 고안된 페미니스트 접근방식은 일반적으로 다양한 사람들에게도 적합하다. 이야기 치료 접근(13장 참조)뿐 아니라 페미니스트 상담 접근법 또한 사회 문제의 억압에 집중하여 치료하는, 흔하지 않는 정신건강 이론 중 하나이다. 그리고 대부분의 페미니스트 전문가는 사회에서의 지지와 사회적 정의가 상담자 역할의 일부라고 믿는다(Brown, 2006). 페미니스트는 평등한 관계, 남녀 간의 평등, 자기 결정, 관계가 우선이라고 믿는다. 대부분의 내담자가 이러한 가치들을 받아들일지라도, 페미니스트 상담자는 모든 사람이 이를 받아들이지 않을 수도 있다는 점을 인식해야 한다. 이러한 가치들의 일부는 특정한 전통적 종교와 모순될 가능성이 있다.

사실, 페미니스트 접근법은 일반적으로 백인 중산층 미국 여성을 가정한다고 잘못 알려져, 다문화 여성의 경험을 잠재적으로 소외시킬 수 있다는 점에서 비판을 받아 왔다(Kallivayalil, 2008; Sharma, 2001). 이 접근법은 억압을 줄이기 위해 고안되었지만, 특정한 가치를 포함하고 있기 때문에 내담자의 개인적인 신념과 가치에 맞게 조정되지 않는다면 내담자의 오해를 살 수도 있다. 특히 몇몇 남성들은 상담자가 '페미니스트'라고 말할 때 불안감을 느낀다. 따라서 페미니스트 상담자는 종교적, 정치적 및 문화적 신념과 가치관이 다른 내담자들과 작업할 때 견고하고 정중한 관계를 발전시키기 위해 많은 노력을 해야 한다.

■ 남아시아계 미국인 여성 그리고 가정 폭력

전통적인 아시아 문화는 일반적으로 가부장적 구조와 전통이 강하기 때문에 몇몇 상담자는 아시아계 미국인 여성에게 페미니스트 상담과 심리치료 원리를 사용하는 데 의미를 둔다(Kallivayalil, 2008; Kawahara & Espin, 2007; Preisser, 1999; Shama, 2001; Yick, 2001). 이러한 문제는 특히 남편에게 폭행당한 아시아계 미국인 여성과 작업할 때 두드러지게 나타나는데, 이때 아시아계 가부장적 가치 및 집단주의적 가치와 미국의 페미니스트 및 개인주의 사상 사이에서 긴장감이 매우 빠르게 발생한다(Kallivayalil, 2008; Yick, 2001).

칼리바얄릴(Kallivayalil, 2008)은 남아시아계 미국인 가정 폭력 피해자와 함께 작업하는 남아시아계 정신건강 전문가와의 질적 인터뷰에서 이러한 갈등이 상담에서 어떻게 해결되었는지 분석하였다. 첫째, 아시아계 미국인 정신건강 전문가는 남아시아계 미국인 지역사회에서 발생하는 가정 폭력의 근원을 엄격한 성 고정관념과 지나친 가부장제로 보는 경향이 있었다. 많은 사람들은 이민의 압박 억압이 그들을 시험하는 새로운 상황을 형성할 뿐만 아니라 성차별적인 사회적 경향을 강화시킨다고 보고하였다.

또한 전문가는 내담자가 금융, 교육, 법률, 관계, 심리와 같은 여러 분야에 대한 개입을 필요로 한다고 보고했다. 상담자는 내담자가 현재 소속된 공동체뿐만 아니라 모국 지역사회의 영향을 분석하여 개입하였다. 그 이유는 그것들이 자신과 자신의 삶의 선택을 바라보는 여성의 관점에 중요한 역할을 했기 때문이다. 마지막으로 전문가는 **인내심**(patience)을 강조했다. 대부분의 여성들은 학대 경험을 고백하는 데에만 몇 주 또는 몇 달이 걸렸으며, 그것은 쉽지 않은 과정이었다. 안전 문제와 그들의 요구를 어떻게 다룰지를 결정하는 데에는 더 오랜 시간이 필요했다. 대부분의 전문가는 여성들로 하여금 자신이 경험했던 어려움에 대해 스스로 비난하기보다는 더 큰 사회적 상황의 영향을 고려할 수 있도록 격려했다. 몇몇 상담자는 여성들이 스스로 선택할 수 있도록 강한 태도를 취했다고 보고했다. 여성들이 남기로 결정했을 때, 전문가는 그들이 가정에서의 역할을 안전하게 재정의하고 그들이 가진 힘의 원천을 더 효과적으로 사용할 수 있는 방법을 찾도록 도왔다.

성 정체성의 다양성

억압과 소외의 경험에 대하여 관심을 기울인다는 점에서 페미니스트 상담 방법은 성적으로 다양한 내담자들과 작업하는 데 효과적이다. 페미니스트 상담은 내담자가 성별, 이성애자, 인종차별, 계급주의의 부정적인 영향을 다루는 데 도움을 주기 위해 고안되었는데, 이 모든 것은 게이, 레즈비언, 양성애자, 성전환자인 내담자에게 영향을 미칠 수 있다. 특히 페미니스트 상담자는 내담자의 성 경험이 성 정체성과 어떻게 관련되는지에 초점을 맞춘다(Brown, 1994; Szymanski, 2005). 정치, 성 역할 및 억압 그리고 개인의 정치적 및 사회심리적인 영향들 간의 복잡한 연관성을 분석하는 페미니스트 접근 방식은 동성 간의 끌림이나 성별을 식별하는 데 있어 강력하고, 자유로운 틀을 제공한다.

■ 이성애를 내재화한 레즈비언

지만스키(Szymanski, 2005)는 페미니스트 접근법이 어떻게 레즈비언 내담자와 이성애 문제를 해결하는지에 대해 설명한다. 레즈비언으로서의 긍정적인 정체성을 발달시키려면 지배적인 문화에 스며든 레즈비언에 대한 내재화된 부정적 태도를 인식하고 변화시켜야 한다. 지만스키(2005)는 다음에 제시된 내용들을 통해 상담자가 레즈비언과 '개인적인 것은 정치적인 것'

을 통해 내재화된 이성애를 줄이도록 격려한다.

- **사회문화적 맥락에 주의하기**: 상담자는 '비가시화, 거부, 편견, 괴롭힘, 차별 및 폭력'의 경험에 대해 물어봄으로써 레즈비언 내담자가 일상생활에서 소외와 억압의 근원을 알아낼 수 있도록 돕는다(Szymanski, 2005, p. 79). 억압의 근원이 확인되면, 상담자는 내담자와 협력하여 자신을 변화시키거나(예: 내면의 자기 대화와 신념을 바꾸는) 환경을 변화시키는(예: 사회 변화를 추구하거나 떠나는) 문제들을 어떻게 해결할 것인가에 대해 결정할 수 있다.
- **내재화된 부정적 메시지를 파악하고 이의를 제기하기**: 상담자는 레즈비언 내담자로 하여금 미묘하고 분명하게 내재화된 레즈비언에 대한 부정적 신념을 인식하도록 돕는다. 미묘한 신념에는 레즈비언이 남자를 싫어하거나, 여성적일 수 없거나, 좋은 부모가 될 수 없다는 추측이 포함될 수 있다. 또한 레즈비언은 삶에서 완벽주의를 추구하거나 특정한 행동을 하지 못하는 비현실적인 두려움을 가지고 있다는 부정적인 신념에 대처한다(Szymanski, 2005). 이러한 대처 전략은 부정적인 신념의 영향을 줄임으로써 줄어들 수 있다.
- **사회 변화 촉진시키기**: 페미니스트 상담자는 내담자가 사회 변화를 촉진시킬 수 있는 기회를 찾도록 권장한다. 이것은 의식을 높이거나, 정책을 변화시키거나, 지원 공동체를 만듦으로써 달성할 수 있다(Szymanski, 2005). 종종 이러한 활동들은 소외를 경험한 내담자에게 치유가 되고 힘을 준다.
- **억압에 대한 통합적 분석하기**: 지만스키(2005)는 상담자에게 내담자의 삶의 모든 억압 형태가 어떠한 영향을 미치고, 호소 문제뿐만 아니라 정체성을 어떻게 형성하는지를 고려하며, 억압에 대한 통합적인 분석을 할 것을 제안한다. 예를 들어, 성적 학대를 당한 레즈비언 피해자는 동성에 대한 이끌림의 실체가 학대 때문인지에 대한 의문을 제기할 수 있으며, 유색 인종의 레즈비언은 더 큰 문화와 하위 문화로부터 여러 종류의 억압을 경험할 수도 있다. 상담자는 내담자가 다양한 부정적인 메시지를 어떻게 수렴하고 그들의 고립감과 단절감에 어떠한 영향을 미쳤는지 알아내도록 도울 수 있다.

페미니스트 사례 연구

43세 아프리카계 미국인 기업 변호사인 제일라는 현재 관계가 자신의 자아존중감을 손상시켰다고 믿으며, 점점 더 우울해지고 있다는 점에서 상담을 받기 시작했다. 그녀는 마크(Mark)와 10년이 넘는 시간을 함께 보내 왔고 성공적인 직업에 불쾌함을 내비치지 않는 남자와 함께 있는 것이 행운이라고 생각한다고 말했다. 제일라는 마크보다 돈을 더 많이 벌기 때문에 생활비와 휴가에 아낌없이 돈을 썼다. 제일라는 남자친구와 종종 싸우는데, 제일라는 그 이유에 대해 "저는 평화를 유지하기 위해서 입을 다물고 있지 않을 거예요. 저는 어쨌든 변호사거든요."라고 말하였다. 그들이 논쟁할 때 마크는 종종 그녀의 능력과 지성에 의문을 제기하는 발언을 했으며, 시간이 지나면서 제일라는 그의 말을 믿기 시작했다고 하였다. 또한 그는 질투 때문에 그녀가 무슨 옷을 입을지 통제하고 그녀의 친구들을 무시했다. 제일라는 그가 그녀를 때리거나 물건을 던진 적이 있다는 것을 부인하였다. 그녀는 그녀의 엄마를 "믿음과 힘을 가진 놀라운 여자"라고 묘사했다. 제일라의 엄마는 그녀와 그녀의 여동생을 키우기 위해 여러 가지 일을 했고, 그녀와 그녀의 여동생이 학교생활을 잘하고 말썽을 피우지 않도록 했다. 그녀의 유일한 부모였던 엄마는 2년 전 유방암으로 돌아가셨고, 엄마에 대한 기억 속에서 제일라는 스스로 강해지기 위해 노력했다는 점에 자부심을 느낀다. 제일라와 그녀의 여동생은 가까운 사이를 유지하며 엄마를 잃은 후에도 서로를 도왔다. 제일라에게 자녀는 없지만 아이를 갖기에는 너무 늦지 않았나 생각한다.

사례개념화: 페미니스트

이 사례개념화는 이 장의 '조망하기: 사례개념화' 섹션의 핵심적인 개념을 토대로 이루어져 있다. 당신은 사례개념화 섹션에 언급된 개념을 활용해 앞의 사례 또는 다른 사례의 사례개념화에 적용할 수 있다.

■ 개인적인 것은 정치적인 것이고 정치적인 것은 개인적인 것이다

성공을 이룬 아프리카계 미국인 성인 여성(AF)은 관계에서 두 가지 형태의 억압을 경험하고 있다. 그것은 성공을 이룬 여성과 아프리카계 미국인 여성으로서의 낙인이다. 그녀가 생계를 책임짐으로써 역할이 뒤바뀌게 된 남자친구의 불안이 촉발되어 그녀의 남자친구는 그녀에게 감정적으로 학대를 가한다. 통제하고 우월해야 한다는 그의 욕구는 남자라는 것이 무엇을 의미하는지에 대한 사회적 정의에 의해 강화되었음을 알 수 있다. 강화된 정의로부터 알 수 있을 것이다.

■ 진단의 정치학

AF의 상황이 성별 및 인종, 정치와 관련이 있기 때문에 개인 병리학에 중점을 둔 DSM 진단은 그녀의 상황을 설명할 수 있는 최선의 방법이 아니다. 성별과 인종에 대한 정치적 논리로 그녀의 상황을 설명하는 것이 그녀가 자신의 문제를 성공적으로 대처하고 다룰 수 있도록 도울 것이다.

■ 성 역할

성 역할에 대한 기대는 AF의 상황에서 핵심적이다. 그녀는 여성으로서 매우 독립적인 역할을 배웠고 경쟁적인 분야에서 전문가로 큰 성공을 이뤘다. 하지만 그녀의 남자친구는 남자가 여자의 행동에 결정권이 있다는 전통적인 성 역할 개념을 갖고 있다. 한편으로, AF는 남자에게 맞서 언쟁하며 자기주장을 해야 한다고 믿는다. 하지만 다른 한편, 그녀는 수년 동안 이러한 논쟁과 끊임없는 질문들이 자신감을 서서히 잃게 만든 것 같이 느껴진다고 말한다. 그녀는 스스로에 대해 점점 더 의문을 품기 시작했고, 그것이 우울감으로 이어졌다.

■ 관계 속의 자아

AF는 어머니와 여동생으로 인해 자기관계의 자신감이 향상되었다고 보고했는데, 그들은 그녀를 지지하는 강하고 독립적인 여성이기 때문이다. 불행히도, 그녀는 남자친구와의 관계에서 진정한 자기가 안전하고 번영할 수 있다고 느끼지 못하고 있으며, 오히려 자신을 보호하기 위해 싸워야 한다고 느꼈다.

■ 소외와 억압

AF는 매우 경쟁적이고 남성 위주의 직업 세계에서 아프리카계 미국인 여성으로서 많은 형태의 소외와 억압을 경험했다. 이러한 경험은 그녀의 관계에서 지속적으로 반복될 것이다. 그녀의 반응은 억압에 맞서 싸우고 자신을 옹호하는 것이었지만, 부정적인 비판은 여전히 그녀의 자아존중감과 자신감에 영향을 미친다.

■ 관계적 이미지

AF의 어머니는 오래 전에 돌아가셨지만 AF는 여전히 그녀의 어머니 및 여동생과 감정이 연결되었다고 말한다. 이러한 성장 촉진 관계는 현재의 그녀를 존재하게 하며, 그녀가 안전함과 지지받고 있음을 느끼지 못하는 연인과의 관계를 인식하게 한다.

■ 관계 회복력과 용기

AF는 남자친구와의 관계에서 큰 진전을 보이지 않았지만 계속 극복하고자 노력한다는 점에서 관계 회복력과 용기를 보여 주었다. 사실, 관계를 회복하고자 노력하는 것이 그녀를 꼼짝 못하게 하고 있는지도 모른다.

■ '대인존재감'과 유대감

AF는 남자친구와의 관계에서 점점 더 자신이 중요하지 않다고 느낀다. 하지만 그녀는 여동생과의 관계에서는 유대감과 대인존재감을 느끼고 있다.

■ 단절 전략과 핵심적인 관계적 역설

AF는 단절되었다고 느낄 때 다른 사람들과 토론하고 자신의 관점에서 보도록 설득하며 관계를 회복하고자 노력한다. 토론과 언쟁은 그녀의 전문적 강점을 이끌어 내지만, 현재 관계에서 관계를 재정립하는 데 효과적이지 않다.

치료계획: 페미니스트

치료의 초기 단계

초기 단계 치료 과제

1. 치료 관계를 형성하기. 다양성의 고려사항: 직접적이고 개방적인 의사소통 방식을 사용하고, 내담자의 교육 수준에 맞는 정보를 제공하며, 적합한 언어를 사용하라. 아프리카계 미국인 여성으로서 내담자의 소외된 경험을 주의 깊게 살펴라.
   관계 형성 개입:
   a. **상호 공감**과 **진실성**을 이용하여 AF의 **성장 촉진 관계**를 발달시켜라.

2. 개인적이고 체계적이며 다양한 문화적 역동 평가하기. 다양성의 고려사항: 일반적인 혹은 전문적인 상황 내에서 3세대 체계 및 소외의 과거사에 대해 평가하라.
   a. 그녀의 성별, 인종, 직업적 지위와 관련된 **소외감**과 **억압**의 근원을 포함하여 **성 역할 기대치**와 **개인에 대한 정치적인 영향력**을 확인하라.
   b. 현재와 과거의 관계에서 **'대인존재감'**과 **관계 회복력** 및 **단절 전략**의 근원을 평가하라.

초기 단계 내담자 목표

1. 우울감 감소를 위해 **권한 강화**와 **'대인존재감'**을 증가시키기

a. 그녀의 현재 관계 및 이와 비슷한 어떠한 직업적 역동과 같이 위기의식을 촉진시키는 **소외, 억압, 단절**의 원인을 확인하라.
b. 위기로 이어지는 감정을 관리해야 하는 경우, 여동생과의 관계처럼 지지 및 유대감을 제공하는 **관계** 및 **공동체**를 확인하라.

치료의 작업 단계

작업 단계 치료 과제

1. 작업 동맹의 질을 확인하기. 다양성의 고려사항: 인종, 교육 등 권력에 관한 문제에 주의하고, 상담자에게 솔직한 피드백을 할 수 있는 내담자의 **권한 강화**와 능력을 평가하라.
   a. 상담 관계에서 내담자가 경험한 **다섯 가지 주요 특징**의 근거를 찾고 질문하라.

작업 단계 내담자 목표

1. 현재 관계에서 우울감 감소와 자존감 향상을 위해 **개인적인 것이 정치적인 것, 성 역할, 소외감**의 효과에 대한 인식을 증가시키기
   a. **성 역할 분석** 및 **사회정치적 영향**과 그것들이 문제에 미치는 영향에 대해 분석하라.
   b. 친구, 여동생, 종교 단체, 그리고 성공한 아프리카계 미국인 여성으로서 **권한 강화** 인식을 조성하는 원인을 연결하라.

2. 자신감과 자아존중감의 상실 감소를 위해 자신과 다른 사람에 대한 존중이라는 단호한 입장에서 남자친구와 관계를 맺을 수 있는 능력을 증가시키기
   a. 남자친구의 요구를 존중하면서 자신의 요구도 주장해, 관계 내에서 균형을 잡을 수 있도록 **자기주장 훈련**을 실시하라.
   b. 자아존중감 훈련으로 관계와 전문직의 환경에서 자기 자신을 더 많이 받아들이고 발달시켜라.

3. 자신감 상실 감소를 위해 상호적인 성장 촉진 관계의 양과 질을 증가시키기
   a. 회기 내에서 진정한 관계를 맺는 방법을 배울 수 있도록 **교정적 정서 경험**을 하도록 도와라.
   b. 관계에서 **단절 전략**과 분리 개선 방법을 식별할 수 있도록 도와라.

치료의 종결 단계

종결 단계 치료 과제

1. 추후 관리 계획을 세우고 성과 유지하기. 다양성의 고려사항: 치료가 종결된 이후, 내담자를 지원하기 위해 아프리카계 미국인 공동체의 정보 전달을 포함하라.
   a. 미래에 문제를 일으킬 가능성이 있는 **관계적 · 사회정치적** 권위를 식별하고, 이에 대처할 수 있는 적극적인 대응 방법에 대해 알아보라.

종결 단계 내담자 목표

1. 열등감과 우울증 감소를 위해 친밀한 관계에서 **관계 회복력, '대인존재감', 권한 강화** 증가시키기
   a. 회기 내 **교정적 정서 경험**에서 배운 것을 연인과의 관계에 적용하라.
   b. 내담자가 **관계 회복력**을 가지고, 관계에서 소외된 타인을 지지할 수 있도록 격려하라.

2. 무력감 감소를 위해 자기 자신이나 소외된 타인에 대한 **지지**와 **사회적 정의** 구현을 위한 노력을 증가시키기
   a. 다른 아프리카계 미국인 여성들의 자아존중감을 높여 주는 **지지적**인 관계와 상황을 확인하라.
   b. 내담자의 지속적인 **성장과 회복력**을 촉진하는 **관계와 조직**을 확인하라.

개인적 성찰과 토론을 위한 질문

1. 당신의 삶에서 성장 촉진 관계를 묘사해 보세요.
   - 당신에게 어떤 영향을 미쳤나요?
   - 어떻게 형성되고 유지되었나요?
2. 당신은 상담자가 상담 관계를 통해 성장해야 한다는 것에 동의하나요? 왜 그렇게 생각하나요?
3. 당신은 어떤 방법으로 상담 관계가 평등해질 수 있다고 생각하나요? 혹은 그렇지 않은 방법은 무엇인가요?
4. 당신의 삶에서 개인적인 것이 정치적인 것이고 정치적인 것이 개인적인 것에 대해 예를 들어 설명하세요.
5. 당신은 어떤 방식으로 성 역할에 순응하고 어떤 방식으로 순응하지 않나요?
6. 관계 속의 자아이론 개념이 여성의 자아의식을 발달시키는 방법에 대한 타당한 설명이라고 할 수 있나요? 왜 그렇게 생각하나요?
7. 당신의 인생에서 가장 중요한 관계적 이미지를 누구와 발전시켰습니까? 그것이 당신에게 어떤 영향을 미쳤나요?
8. 당신은 상담자가 그들의 지역사회에서 사회적 정의를 촉진해야 한다고 생각하나요?
9. 내담자가 사회 정의의 대리인이 되도록 격려하는 것의 윤리적 함의는 무엇인가요?
10. 가부장적 문화에서 자란 여성에게 페미니스트 사상을 사용할 때의 강점과 잠재적인 문제점은 무엇인가요? 또한 어떤 윤리적 문제가 발생할 수 있나요?
11. 왜 상담을 찾는 대부분의 내담자가 여성이라고 생각하나요? 이것이 상담자에게 윤리적으로 암시하는 바는 무엇인가요?

제3부

이론적 통합과 사례개념화

15장

이론적 통합에 대한 소개

흥미로운 결론에 대해서

1장에서는 통합과 절충주의에 대한 내용에 집중하기보다는, 3장부터 14장까지 호기심과 열린 마음으로 읽을 것을 권장했었다. 이론에 대한 대탐험을 마친 지금, 여전히 '정말 선택을 해야 할까?' 하는 의문이 들 것이다. 물론 이 문제에 대한 답은 절망스럽게도 '그렇다'와 '아니다' 둘 다이다. 이 복잡한 궁금증을 풀기 위해 상담에서 통합과 절충주의가 어떻게 적용되는지에 대해 탐색해 보자.

1장에서 논의했던 것처럼, 공통 요인 운동(common factors movement)은 상담 및 심리치료에서 이론적 **통합**과 **절충주의**를 추구하는 움직임과 비슷하다(Miller, Duncan, & Hubble, 1997). 말 그대로, '통합(integration)'은 두 개 이상의 이론이 하나의 일관된 접근으로 결합되는 것을 말하며, '절충주의(electicism)'는 하나 이상의 이론으로부터 빌려 오는 것을 뜻한다. 언뜻 듣기에 통합과 절충주의가 좋은 점만 취한 것으로 비춰질 수 있으나 생각만큼 간단하지는 않다.

통합 혹은 절충주의를 미숙하게 사용하는 것은 쉽다. 하지만 잘 사용하는 것은 생각보다 훨씬 더 어렵다. 통합과 절충주의를 미숙하게 사용하는 것은 샐러드 바에서 고급 음식을 모두 섞어 버리는 것과 같다. 하지만 이 뒤죽박죽인 요리가 함께 저녁 식사하는 사람의 눈에는 보기 좋지 않고, 보는 것만으로도 속을 더부룩하게 할 것이다. 따라서 훈련받고 절제된 능력이 있는 타고난 요리사만이 풍성하고 다양하게 제공된 샐러드 바에서 가치 있는 것들을 창조해 낼 수 있다. 즉, 통합 치료를 잘 해내기 위해서는 검증된 하나의 접근을 가지고 작업하는 것보다 더 많은 노력과 절제력이 요구된다. 다시 말해, 단일 이론으로 작업하는 것은 마치 메뉴는 몇 개 없지만 모든 음식이 훌륭하다는 것을 확신할 수 있는 5성급 레스토랑에서 식사를 하는 것과 같다. 그러나 샐러드 바에서는 쏟아야 할 생각과 에너지가 더 많이 요구된다. 초심 상담자에게 통합적 혹은 절충적 접근을 사용하는 것은 쉽지 않기 때문에 추천하지 않는다. 그러나 초심 상담자가 더 많은 기술과 경험을 갖게 됨에 따라 통합의 방향으로 나아가게 될 것이다.

통합 종류

'통합'이라는 용어는 많은 분야에서 사용되지만 동일한 정의로 사용되는 것 같지는 않다. 이는 '통합'에 왜 이렇게 많은 논쟁이 있는지에 대한 이유가 될 것이다. 당신은 동료들과 '통합'에 대해 논의하게 될 것이고, 이를 통해 다양한 통합적 방법에 대해 명료화하기를 원할 것이다.

- 공통 요인 접근(Common Factors Approach)
- 이론적 통합(Theoretical Integration)
- 동화적 통합(Assimilative Integration)
- 기술적 절충주의(Technical Eclecticism)
- 체계적 치료 선택(Systematic Treatment Selection)
- 혼합주의와 엉성한 생각(Syncretism and Sloppy Thinking)

공통 요인 접근

1장에서 설명한 바와 같이, **공통 요인 접근**을 사용하는 상담자는 상담 동맹, 내담자 자원, 희망과 같은 상담 모델의 핵심 요소들을 밝히는 공통 요인 모델을 사용함으로써 통합 개념화를 한다. 이 접근을 사용하는 상담자는 공통 요인 모델을 사용함으로써 다양한 접근의 개념을 통합할 수 있다. 예를 들면, 상담 관계 형성을 위해 인간중심 상담(6장 참조)의 핵심 조건을, 변화의 희망을 만들기 위해 해결중심 상담(12장 참조)의 해결을 생성하는 질문을 사용하는 것이다. 이는 공통 요인 이론을 사용함으로써 적절하게 통합될 것이다.

이론적 통합

이론적 통합을 사용하는 상담자는 두 개 이상의 논리정연한 단일 이론 모델을 결합한다. 대부분의 근거 기반 치료(특정 대상을 위한 표준화된 치료법; 1장 참조)는 이론적 통합의 예이다. 정서중심 치료는 부부를 치료하기 위해 체계 이론, 인본주의 이론, 애착 이론이 어떻게 통합되었는지를 보여 준다(Johnson, 2004). 오늘날의 인지행동 접근(9장 참조)은 행동 이론과 인지 이론을 통합한 예이다. 나아가 많은 가족 상담과 치료 접근들 또한 이론적 통합의 예이다. 버지니아 사티어(Virginia Satir, 1972)와 칼 휘태커(Carl Whitaker; Whitaker & Keith, 1981)와 같은 초기 선구자들은 독특한 가족 모델을 발전시키기 위해 인본주의-실존주의(humanistic-existential)와 체계적 접근을 통합하였다. 공식화된 통합 모델 외에도 임상가들은 두 개 이상의 이론들을 심사숙고하여 통합시킴으로써 기술적 절충주의(다음 내용 참조)로부터 구별되는 독특한 통합적 접근으로 발전시켰다.

동화적 통합

이론적 통합과 유사한 '동화적 통합'은 하나의 접근방식의 확실한 이론적 근거를 가지면서 다른 접근방식을 선택적으로 통합하여 보다 넓은 개입을 가능하게 하는 것을 의미한다(Norcross & Beutler, 2008). 예컨대, 상담자가 목표와 과정을 분명히 하기 위해 해결 기반 척도를 인본주의 접근에 통합할 수 있다.

기술적 절충주의

기술적 절충주의를 사용하는 상담자는 이론적 기반에 대한 신중한 고려 없이 다양한 이론의 기술을 활용하는 것에 자유롭다. 다만, 주요 초점은 특정 고민을 가진 특정 내담자와 작업하기 위한 개입을 발견하는 것이다(Norcross & Beutler, 2008). 절충은 근본적인 하나의 기술에 대하여 철학적이고 이론적인 원칙을 많이 강조하지 않는 않는 대신에, 하나의 특정한 이론으로부터 원하는 결과를 이루기 위해 노력하는 것에 초점을 둔다. 상담자는 치료에 필요한 이론 선택을 보다 정확히 하기 위해서 근거 기반 실습을 포함할 수 있다(잠재적 치료법을 식별하기 위해 연구 문헌을 사용; 1장 참조).

체계적 치료 선택

노크로스와 버틀러(Norcross & Beutler, 2008)의 이론에 기초한 체계적 치료 선택 모델은 근거 기반 실습을 포함한 통합 이론에 조직화된 틀을 제공한다(1장 참조). 이러한 접근은 특정 내담자를 위한 적절한 치료와 치료적 관계를 발견하기 위해 설계되었다. 노크로스와 버틀러의 접근에서는 ① 특정 내담자 혹은 문제를 위한 효과적인 치료를 보여 주는 연구를 발견하기 위해 근거 기반 훈련을 사용하고, ② 내담자 문제를 설명하기 위한 다양한 상담 체계를 활용하며, ③ 사례개념화를 개발하기 위해 5개의 진단 및 비진단 차원을 사용하고, ④ 내담자의 요구에 맞는 상담 관계와 치료 방법을 적용한다. 사례개념화를 발전시키기 위해 사용되는 다섯 가지 영역은 다음과 같다.

- **정신건강 진단**: 내담자는 『정신 장애 진단 및 통계 편람』(American Psychiatric Association, 2000)의 표준화된 의료 기준에 근거하여 진단을 받는다.
- **변화의 단계**: 내담자의 변화를 위한 준비는 명상, 준비, 행동, 유지의 네 단계로 설명된다.
- **대처 유형**: 내담자의 대처 유형은 **내재화**(예: 우울, 자기비판, 억제) 혹은 **외현화**(예: 공격적인, 충동적인, 자극 추구)로 설명된다.
- **저항 수준**: 내담자의 저항 수준은 상담자의 직접적 개입을 받아들이려는 의지를 말한다. 내담자의 저항 수준이 낮다면 상담자는 보다 지시적인 기술을 사용할 수 있는 반면에, 내담자의 저항 수준이 높다면 비지시적이고 역설적인 개입이 더 적절하다.
- **내담자의 선호**: 상담자는 관계와 치료 유형에 대한 내담자의 선호를 고려한다. 이는 상담자와 내담자 간 다양성 문제의 상호작용뿐만 아니라 다양성 문제를 조정하는 역할을 한다(예: 성별 차이, 연령 차이, 인종 차이, 교육 차이).

혼합주의와 엉성한 생각

당신도 짐작할 수 있듯이, 당신이 하고 있는 것에 대한 혹은 왜 하고 있는지에 대한 충분한 이해 없이 또는 과학적 · 이론적 이유 없이, 당신이 하고 싶은 대로 하는 무계획적인 접근을 감추기 위해서 '통합' 혹은 '절충'이라는 꼬리표를 붙이는 경우가 있다(예: '나쁜 치료'). 이에 대해 노크로스와 버틀러(2008)는 다양한 철학을 합쳐 놓은 **혼합주의**라고 말한다. 혼합주의의 결과는 최적의 접근에서 변호사가 필요할 수 있는 최악의 접근까지 다양하게 나타날 수 있다.

상담자는 종종 적절한 훈련을 받지 못하여 무엇을 놓쳤는지 모르기 때문에 자신이 가장 좋아하는 이론(pet theory)이나 기술을 발전시킨다. 불행하게도, 미국에서 특정 치료 접근이나 전문적 분야의 학위 취득 이후 집중 훈련이 감소하고 있는데, 이러한 현상은 교육비 증가와 더불어 교육비 환급이 줄어들면서 점점 일반화되고 있다. 전문성을 확보할 수 있는 최고의 방법은 하나의 접근에 대해 집중적인 훈련을 추구하는 혼합주의를 사용하는 것이다. 상담 이론

간의 철학적 차이를 이해하는 것 또한 효과적이지 않은 혼합주의의 접근을 방지하는 데 도움이 될 것이다.

온전한 통합

온전한 통합을 위한 핵심은 철학과 이론 간의 차이를 이해하는 것이다. 각 이론적 모델은 '진리(truth)' '진짜(real)'란 무엇인지, 인간이 된다는 것의 의미가 무엇인지, 인간이 어떻게 변화하는지와 같은 기본적인 철학적 가정을 기반으로 한다. 이러한 가정을 바탕으로 특정 실습 내용을 정하게 된다. 대부분의 사례에서, 능숙한 통합은 뚜렷한 하나의 철학적 가정을 바탕으로 하면서 다른 모델의 실습을 통합하고, 이를 하나의 철학적 관점에 맞추기 위해서 이들을 수정하는 것이다.

상담자가 하나의 일관된 철학적 가정에 기초한 작업에 실패했을 때, 내담자는 혼란스러워할 것이다. 예컨대, 만약 상담자가 한 주 동안은 감정 표현에 초점을 맞추고(내담자의 내재적이고 주관적인 실재가 치료의 초점이라는 추측을 바탕으로), 그 다음 주에는 관찰할 수 있는 행동에만 초점을 맞춘 후(치료가 외재적으로 타당한 행동에 초점을 두어야 한다는 추측을 바탕으로), 다양하고 모순된 실재들에 대한 탐색으로 전환했다면 내담자는 교재를 읽지 않고 종합적인 이론

〈표 15-1〉 철학적 학파에 대한 개요

구분	모더니즘	현상학	체계적	포스트모더니즘
진리	객관적 진리	주관적 진리	맥락적 진리	다양하게 공존하는 진리
현실	객관적, 관찰 가능한	주관적 · 개별적으로 접근 가능한	맥락적 · 체계적 상호작용을 통해 발생, 어느 누구도 일방적으로 통제할 수 없음	언어와 사회적 상호작용을 통해서 함께 구성됨, 개인적 · 합리적 · 사회적 단계에서 발생함
상담 관계	전문가, 상하 관계	공감적 존재	상담 체계에 속한 참여자	비전문가, 의미의 공동 구성
변화 과정에서의 상담자 역할	더 나은 방법들로 존재하고 상호작용하도록 내담자를 가르치고 안내함	자연스러운 사기실현 과정을 지지하는 맥락의 창출	'심리적 동요' 체계, 자신을 재정비하기 위한 체계, 체계의 비직접적인 통제	내담자가 새로운 의미들과 해석을 구성할 수 있는 대화를 촉진함
관련 학파들	정신역동, 인지행동	인간중심, 실존주의, 게슈탈트, 아들러	체계적	해결 중심, 이야기 치료, 통합, 페미니즘, 다문화

시험을 치르는 첫 학기 상담 전공 학생만큼이나 혼란스러워할 것이다. 반면, 상담자가 인본주의와 같은 하나의 철학적 접근에 바탕을 둔다면, 인간중심, 게슈탈트, 실존주의와 같은 다양한 현상학적 모델의 기술을 사용할 것이다. 여기에 방어 기제(정신역동 치료) 혹은 도식(인지치료)을 분석하는 등 다른 모델에서 나온 기술을 이용하여 이러한 메커니즘이 내담자의 자아실현 과정을 어떻게 방해하고 있는지 확인할 수 있다.

모더니즘

모더니즘은 '진리'로 알려진 외재적이고, 논리실증주의적 가정에 기초하고 있다. 모더니즘 접근에서는 인지행동과 전통적 정신역동 치료에서처럼 상담자가 전문가로서의 역할을 맡는다. 모더니즘의 철학적 접근을 바탕에 둔 상담자의 작업은 일반적으로 다음과 같은 특징을 가지고 있다.

일반적인 모더니즘 가정

- 상담자는 질병, 문제, 목표를 발견하는 것에 대한 기본적인 책임을 맡고 있으며, 선생님 혹은 멘토의 역할을 맡는 전문가이다.
- 상담자는 이론과 연구를 통해 문제를 발견하고 진단한다.
- 상담자는 치료적 접근을 선택하기 위해 연구와 이론을 사용한다. 내담자는 선택된 치료에 적응할 것으로 기대한다.

전통적 정신역동과 인지행동 이론은 지식에 대한 모더니즘 가정에 광범위하게 근거를 두고 있으며, 상담 관계를 가장 잘 식별하는 수단과 상담 관계를 가장 잘 정의하는 방법을 통해 진리의 근원에 대한 독특한 입장을 가지고 있다.

〈표 15-2〉 정신역동 료와 인지행동치료의 비교

구분	정신역동치료	인지행동치료
객관적 진리의 근원	내담자 역동에 대한 이론에 기반한 상담자의 분석	측정할 수 있는, 외적 변인
진리가 ~을 통해서 밝혀지다	'현실 점검', 내담자 경험을 외재적 인식, 사건 등과 비교	과학적 실험, '현실'과 (연구를 통해 밝혀진) 사회적 규범에 대한 상담자의 정의
상담 관계	상하 관계, 상담자는 목표를 위해 내담자를 간접적으로 지도	교육자 역할, 상담자는 내담자가 목표를 향해 가도록 직접적으로 지도

현상학: 인본주의-실존주의

현상학적 치료는 개인의 주관적 진리를 우선순위에 둔 철학에서 발전되어 왔으며, 칼 로저스 (1951)의 인간중심 이론, 프리츠 펄스의 게슈탈트 치료(Parsons, 1975), 실존주의 치료(Frankl, 1963)의 철학적 토대가 되었다. 일반적으로 아들러의 이론은 '역동' 치료로 간주되지만, 철학적 토대는 인본주의-실존주의 접근(Sweeney, 2009)에 더 가깝기 때문에 현상학적 접근으로 분류된다. 이는 철학적 가정을 이해하는 것이 이론을 이해하는 데 왜 중요한지를 보여주는 가장 좋은 예시이다.

대부분의 현상학적 이론은 다음의 가정을 가지고 있다.

> **일반적인 현상학적 가정**
>
> - 모든 사람은 자연스럽게 성장을 향하여 나아가는 경향이 있고 진정한 인간이 되기 위한 과정인 자기실현을 위해 고군분투한다.
> - 치료의 주요 초점은 내담자의 주관적인 내적 세계이다.
> - 상담 개입은 억압된 감정의 해소인 카타르시스를 증진시키는 것과 더불어 감정에 초점을 두고 있다.
> - 지지적인 양육 환경은 상담을 통한 변화를 촉진시킨다.

인간중심, 게슈탈트, 실존주의, 아들러 접근은 비슷한 철학적 전통에 바탕을 두고 있지만, 자기실현, 변화, 대립, 상담자의 역할에 대해 설명하는 데 있어서는 각 이론마다 다양한 방법과 가정을 지니고 있다.

〈표 15-3〉 상담 접근별 자기실현, 변화, 대립, 상담자 역할의 의미 비교

구분	인간중심	게슈탈트	실존주의	아들러
자기실현은 ~을 통해서 최고로 증진됨	감정적으로 안전하고 양육적인 환경	'충분한 인간'인 상담자, 따뜻하고 직면적	죽음, 소외 등과 같은 실존적 문제에 대한 반영 지도	사회적 관심과 관계적 연결
변화는 ~을 통해서 증진됨	비지시적이고, 과정 중심 반영	자기의 피상층에 대한 정서적인 직면	실존적 불안, 죽음에 대한 공포, 상실 등에 대한 탐색을 북돋음	심리교육, 과제, 사적인 논리에 대한 도전
대립 유형	온화하고, 지지적인	부정을 통해서 깨뜨려지는 것이 필요할 때는 지시적이고 냉담함	지적이고, 꾸밈없는, '실제'에 초점을 둠	교육적인 방향

상담자의 '진정한' 역할은 ~로 정의됨	내담자를 위한 진심 어린 돌봄	상담 관계 안에서 인간적인 감정을 충분히 보여줌	공통된 인간 경험을 인정함	격려, 평등한 관계

체계적 치료

체계적 치료는 정통 철학 학파라기보다는 생명체가 개방된 체계임을 강조하는 이론으로, 다른 체계와 연결되어 있다는 **일반체계이론**(von Bertalanffy, 1968)과 하나의 체계는 항상성을 유지하기 위해 자정 능력이 있음을 강조하는 **사이버네틱 체계이론**(Bateson, 1972)에 바탕을 두고 있다. 체계적 이론은 이후에 정신건강연구소(MRI)의(Watzlawick, Weakland, & Fisch, 1974) 단기치료 접근, 전략적 치료(Haley, 1976; Madanes, 1981), Milan 팀의 체계적 접근(Boscolo, Cecchin, Hoffman, & Penn, 1987) 같은 특정 상담 모델의 발달에 많은 영향을 주었다. 체계이론은 **맥락적** 진리를 강조하는데, 진실은 행동의 규칙과 규범을 세우는 반복적인 대인관계 상호작용을 통해 형성된다고 본다. 체계적 치료 상담자에 의해 공유되는 일반적인 교리는 다음과 같다.

일반적인 체계적 치료 가정

- 의사소통할 수 없는 것은 없다. 모든 행동은 의사소통의 한 형태이다.
- 한 개인의 행동과 증상은 그 사람의 폭넓은 관계적 맥락에서 이해된다.
- 원치 않는 증상들을 포함한 모든 행동은 체계가 항상성 또는 '정상' 상태를 유지하거나 되찾도록 도움을 주면서 체계 안에서 목적을 이룬다.
- 어떤 개인도 일방적으로 하나의 체계 안에서 행동을 제어할 수 없다. 즉, 어떤 사람도 부부 혹은 가족 관계에서의 문제에 대해 비난할 수 없다. 대신에 문제 행동은 체계 구성원 간의 상호작용 양상으로부터 발생하는 것으로 본다.
- 상담 변화는 체계 안에서 대안적인 상호작용 양상을 포함한다.

체계적 가족치료 분야에서 베이트슨(1972)의 **1단계 사이버네틱스**와 **2단계 사이버네틱스** 간의 구분은 상담자가 가족과 작업하는 방법에 큰 영향을 미쳤다. **1단계 사이버네틱스**는 상담자가 마치 분리된 아웃사이더인 것처럼 객관적이고 중립적인 관찰자로 가족의 체계를 분석하는 것이다. **2단계 사이버네틱스** 이론은 1단계 사이버네틱스의 규칙을 적용하여 상담자가 객관적인 외부 관찰자가 될 수는 없지만 가족과 함께 새로운 체계(관찰자-관찰대상자 체계 혹은 상담자-가족 체계)를 만든다고 본다. 이러한 2단계 체계는 항상성을 유지하도록 이끌고 상호 간에 강화된 관계를 위한 규칙을 포함하는 1단계와 같은 역동을 가지고 있다. 2단계 사이버네틱스 이론에서 상담자의 기술은 상담자가 주목하거나 놓친 것을 반영하기 때문에 가족의 가치와 우선순위보다는 상담자의 가치와 우선순위에 달려 있다고 주장하며, 가족 내에서 상담자가 발견한 모든 것은 의미를 갖는다. 2단계 사이버네틱스는 포스트모던 치료, 특히 MRI와 밀란 학파의 구성주의로의 전환을 위한 토대를 만들었다(Watzlawick, 1984).

일반적으로, 모든 체계적 상담자는 1단계와 2단계 사이버네틱스 이론 모두에 영향을 받는다. 실제로, 상담자는 체계 분석의 한 수준 혹은 또 다른 수준의 체계 분석을 강조한다. 대체로, 전략적 치료는 1단계 사이버네틱스를 기반으로 하고, MRI와 밀란 접근은 2단계와 후기 구성주의적 접근을 바탕으로 한다.

1단계 사이버네틱스 접근은 진리의 객관적인 형태를 찾기 위해서 모더니즘 경향에 더 기울어져 있다. 1단계 체계 치료를 사용하는 상담자는 가족 기능의 평가 도구를 더 많이 사용하고 체계에 대한 상담자의 인식에 크게 의존한다.

2단계 사이버네틱스 접근은 진리를 위한 포스트모더니즘 접근에 더 기울어져 있다(다음 내용 참고). 이들의 초점은 상담자와 내담자가 진리를 입증하기 위한 독특한 규칙을 가지고 있는 2단계 체계를 어떻게 공동 구성할 수 있는가이다.

〈표 15-4〉 1단계 사이버네틱스와 2단계 사이버네틱스 비교

구분	1단계 사이버네틱스	2단계 사이버네틱스
분석 단계(들)	가족 체계	가족 체계(1단계)와 상담자-가족 체계(2단계)
개입 대상	상호작용 연쇄과정의 수정	'심리적 동요' 혹은 방해 상호작용 연쇄과정
상담자 역할	지식 있는 전문가로 보여짐	상담 체계의 공동 창립자
평가는 ~에 초점을 둠	행동의 연쇄과정	의미 형성 체계(인식론)

포스트모더니즘

포스트모더니즘 치료는 개인은 주관적이며 상호주관적인 필터를 통해 세상을 보기 때문에 객관적 사실을 절대 알 수 없다는 전제를 바탕으로 한다. 포스트모던 상담자는 몇 가지 일반적인 가정을 공유한다.

일반적인 포스트모더니즘 가정

- 인간의 마음은 개인의 해석과 독립된 외부적 실제에 접근하지 않는다. 객관성은 인간적으로 불가능하다.
- 모든 지식과 진리는 문화적, 역사적, 관계적으로 연관되어 있으므로 사람들 사이에서 구성되고 상호주관적이다.
- '실제'로 경험하고 '진실'이라 믿는 것은 근본적으로 언어와 관계를 통해 형성된다.
- 경험을 설명하기 위해 사용된 언어와 단어는 그의 정체성이 형성되고 경험되는 방법에 중요한 영향을 미친다.
- '문제'의 식별은 넓은 사회적 수준과 직접적인 지역적 수준 모두에서 언어를 통해 나타나는 사회적 과정이다.
- 치료는 내담자의 개인적 정체성과 문제와 관련된 현실을 새롭게 구성해 가는 과정이다.

상담 분야에서, 특히 영향력 있는 포스트모더니즘 철학 학파에는 구성주의, 사회구성주의, 구조주의/후기 구조주의가 있다(Anderson, 1997; Hoffman, 2002; Watzlawick, 1984).

- **구성주의:** 구성주의는 개별 유기체의 의미 구성에 초점을 둔다. 즉, 어떻게 정보를 받아들이고 해석하는지에 초점을 둔다.
- **사회 구성주의:** 사회 구성주의는 사람이 어떻게 관계에서 의미를 창조해 나가는지에 초점을 둔다. 그들은 진리가 어떻게 지엽적(직접적인) 관계 수준에서 발생하는지를 강조한다.
- **구조주의/후기 구조주의:** 구조주의와 후기 구조주의는 다양한 실제와 담론을 통해 하나의 문화 안에서 어떻게 의미가 생성되고 재생성 되는지에 대한 분석에 초점을 둔다.

〈표 15-5〉 포스트모더니즘 철학 학파들

구분	구성주의	사회 구성주의	구조주의/후기 구조주의
실제 구성의 수준	개인 유기체	지엽적 관계	사회적, 정치적
관련된 이론들	후기 MRI와 밀란 이론, 현대 게슈탈트*, 현대 인지행동치료*	협업적 치료, 팀 반영, 관계적 상호주관성 이론*	이야기 치료, 여성주의와 문화적으로 알려진 치료
개입의 초점	새로운 언어로 해석을 재구성함	다양한 의미와 해석을 강조한 대화	주요 담론에 대한 질문과 해체
상담자 역할	대안적 해석을 촉진시킴	비개입적, 대화를 촉진시킴	사회적이고 역사적인 영향을 발견하도록 도와줌

* 일부 현대 버전의 게슈탈트, 인지행동, 정신역동, 상호주관성 이론은 강력한 포스트모더니즘 요소를 가지고 있다.

스스로 해보기

파트너와 앞의 네 가지 상담 철학 학파의 순위를 매겨 보세요. 어떤 상담 철학을 가장 선호하나요? 어떤 상담 철학을 덜 선호하나요? 당신의 선호를 설명할 만한 개인사와 성격적 요소는 무엇인가요?

통합 마무리

통합적 접근을 능숙하게 사용하는 것은 하나의 이론에 '속박'되지 않기 위한 회피가 아니라는 것을 알았을 것이다. 당신의 작업을 지지하는 근거 기반에 대한 질문에 답할 수 있으려면 하나의 이론적 모델을 사용하는 것에 비해 더 많은 기술과 훈련이 요구된다. 특별한 내담자의 요구를 설명하는 데 도움이 된다면, 통합적 접근을 회피해서는 안 되며 전문성 신장을 위한 장기적인 목표로 삼아야 한다. 처음에는 새로운 퓨전의 맛을 창조하기 위해 나아가기보다는 일반적으로 믿을 수 있다고 증명된 요리법에 따라 시작하는 것이 훨씬 더 쉽다. 하나의 모델을 실행하기 위해 노력함으로써 일련의 특정 기술을 발전시킬 수 있다. 하나의 모델에 숙련이 되면, 당신은 기술을 보다 향상시키기 위해 유용한 다른 것을 시도할 수 있고, 당신과 당신이 제공하는 작업을 하나의 자원으로 천천히 쌓아 갈 수 있다.

개인적 성찰과 토론을 위한 질문

1. 어떤 통합 방식이 당신에게 가장 매력적으로 다가왔습니까? 그 이유는?
2. 특정 이론 혹은 일련의 이론에 매력을 느꼈나요? 왜 당신은 그것에 이끌렸다고 생각하나요?
3. 어떤 철학 학파가 당신에게 가장 매력적으로 다가왔나요?
    - 이 이론에 대한 당신의 관심을 설명할 수 있는 삶의 경험은 무엇인가요?
    - 이 이론에 대한 당신의 관심을 설명할 수 있는 성격적 특성은 무엇인가요?
4. 어떠한 철학 학파가 가장 별로였나요?

a. 이 이론이 별로라고 생각한 것을 설명할 수 있는 삶의 경험은 무엇인가요?

b. 이 이론이 별로라고 생각한 것을 설명할 수 있는 성격적 특성은 무엇인가요?

5. 당신은 어떻게 특정 이론에 대해 더 배울 수 있을까요?

16장

통합적 사례개념화

사례개념화와 좋은 상담

앞서 논의한 바와 같이, 좋은 상담자를 친구, 바텐더, 미용사와 구분하는 기준 가운데 한 가지는 내담자에 의해 어떠한 정보가 공유되느냐이다. 고충에 대한 진심 어린 이야기를 듣고 난 후, 친구, 바텐더, 미용사는 조언을 하거나 연민을 표현하는 방법 중 하나를 취하는 경향이 있다. 상담자와 심리치료사는 이들과 다르게 반응한다. 그들은 들은 이야기를 통해 내담자가 자신에 대해서 말한 것보다 더 연민을 느끼기도 하고, 내담자를 더 깊이 이해하고자 한다. 상담자가 내담자의 이야기를 들을 때, 그들은 개인의 경험과 그 내면세계의 지도가 되는 정보들을 취한다. 이 지도는 사례개념화라고 불리며, 숙련되고 유능한 상담의 핵심이다. 사실, 이것은 우리가 상담 이론을 필요로 하는 가장 주요한 이유이다. 당신이 현재 진행하고 있는 상담에서 명확한 사례개념화를 가지고 있다면, '무엇을 해야 할지'는 일반적으로 명확해진다. 따라서 만약 당신이 명확하고 의미 있는 사례개념화를 할 수 있다면, 상담과정은 비교적 빠르고 순탄할 것이다. 만약 당신이 이 첫 번째 과정으로 가는 기차를 놓쳤다면, 당신은 혼란스러울 것이다.

상담 이론은 내담자가 가지고 오는 문제들을 볼 수 있는 독특한 렌즈를 제공한다. 구체적인 지도와 같이, 이론은 상담자가 내담자와 문제를 보다 넓고 종합적인 맥락에서 볼 수 있게 한다. 이러한 넓은 관점은 내담자의 삶에서 조각들이 어떻게 맞춰져 있는지 알게 하고 고착된 상황에서 벗어날 수 있는 최고의 길에 대한 단서를 제공한다. 이전의 각 이론 장(3~14장)을 통해 당신은 개별 모델에서 사례개념화가 어떻게 적용되는지 배웠을 것이다. 이 장에서 당신은 여러 관점에서 개별 사례를 고려할 수 있도록 도와줄 통합적 사례개념화 접근에 대해 배울 것이다. 이것은 각 이론과 이론의 상호관련성에 대해 배울 수 있는 이상적인 학습이며 사례에 대해 보다 넓은 시각으로 생각할 수 있게 하는 좋은 도구이다.

실제적인 기대

내담자와의 강한 작업 동맹을 맺는 것 다음으로 사례개념화는 상담에서 중요한 기술이다. 그러나 사례개념화는 가장 배우기 힘든 기술이다. 요약하면, 종합적이고 통합적인 사례개념화는 당신에게 이 책의 내용을 이해하고 적용하기를 요구한다. 그 말인즉슨 사례개념화는 상담에 가장 큰 힘을 부여하는 일인데, 사례개념화를 잘하게 되면 당신은 거의 대부분의 상황을 어떻게 다루어야 할지 알게 되기 때문이다.

대부분의 사례에서, 이 책을 이용하여 당신이 첫 사례개념화를 완성하기까지 열 시간 또는 그 이상의 시간이 소요될 것이다(당신이 지구보다 더 천천히 돌아가는 행성에 살지 않는 한, 이것은 하룻밤에 다 할 수 있을 만한 과제가 아니다). 그러나 당신이 계속해서 사례개념화를 할 때마다 당신은 더 빠르고 쉽게 완성할 수 있는 자신을 발견할 것이다. 왜냐하면 당신은 이론을 어떻게 통합하고 이론적 개념들을 어떻게 사용하는지 배우고 있기 때문이다. 이 과정에서 당신은 내담자와의 상담에서 어떤 것을 들어야 하고 물어야 하는지 배운다. 회를 거듭할수록 당신은 한 회기의 역동이 다른 회기의 역동과 어떻게 연결되어 있는지 보다 쉽게 이해할 수 있을 것이다. 당신이 사례개념화 작업을 10회에서 20회 정도 진행하고 나면 개념화하는 당신의 능력은 회기 내 상담 개입과 회기 밖 슈퍼바이저 및 다른 전문가들과의 소통 모두에서 그 능력이 확실히 향상되어 있을 것이다.

사례개념화의 요소

경험이 쌓여 갈수록 내담자가 말을 하는 동안에 상담자의 머릿속에는 사례개념화가 자리 잡힌다. 이것은 매우 빠른 시간에 일어나서 종종 생각의 순서를 따라가기 힘들어지기도 한다. 그러므로 초심 상담자는 이것을 천천히 할 필요가 있다. 새로운 댄스 스텝을 배우는 것과 비슷하게, 팔과 다리를 자유자재로 움직이기 위해 새로운 안무는 특별 지도를 받으며 작은 세부 부분들로 나누어질 필요가 있다. 자연스럽게 될 때까지 안무가들은 이러한 작은 부분들을 더욱 빠르고 부드럽게 연결시키기 위해 연습을 한다. 이것은 바로 우리가 앞으로 하게 될 사례개념화와 같다. 자, 이제 개인에 대한 상담 사례개념화의 구성요소에 대해 알아보자[부부 혹은 가족을 대상으로 하는 비슷한 구성의 사례개념화는 『가족치료의 역량 습득(Mastering Competencies in Family Therapy)』에 나와 있다].

1. 내담자 소개: 내담자에 대한 소개(개인, 부부, 가족)와 주요 인구통계학적 정보들(예: 나이, 인종, 언어, 직업, 학교 성적 등)
2. 호소문제: 호소문제와 관련된 모든 부분이 어떻게 설명되는지에 대해 구체화(예: 내담자, 가족, 친구, 학교, 직장, 법적 체계, 사회 등)
3. 배경정보: 촉발 사건과 관련된 이전의 내용들을 포함하여 최근의 변화 요약
4. 강점과 다양성: 개인적 · 관계적 · 영적 강점들, 다양한 이슈들과 관련된 자원 및 한계점
5. 이론 기반의 사례개념화: 내담자의 개인적 · 관계적 역동들을 이론적으로 이해하기 위해 다음 중 하나 또는 여러 가지 방법을 사용
   - 정신역동/아들러 학파의 개념화: 방어 기제, 대상관계 패턴, 에릭슨의 심리사회적 발달단계, 아들러 학파의 기본적 생활양식과 실수들을 포함
   - 인본주의-실존주의 개념화: 진실한 자기에 대한 표현, 실존 분석, 게슈탈트 접근 경계 혼란
   - 인지행동 개념화: 행동 기저선, A-B-C 분석, 도식 분석
   - 가족 구조: 가족생활주기 단계, 경계선, 삼각관계, 위계, 상호보완성, 세대 간 패턴
   - 해결 중심과 문화적 담론 개념화: 과거의 해결책, 독특한 결과, 기적 질문, 지배 담론, 정체성 이야기, 선호하는 담론

이론에 특화된 사례개념화를 개발하기 위해 당신이 선호하는 이론의 '조망하기: 사례개념화' 섹션을 활용할 수도 있다. 사례개념화의 완성된 양식은 이 장의 마지막 부분에 있으며, 또한 이 책의 웹사이트에서도 얻을 수 있다(www.cengage.com 및 www.masteringcompetencies.com). 다음에서 당신은 각 섹션을 완성할 수 있는 기본적인 지침들을 볼 수 있다. 이 장의 마지막 '이론 기반의 개념화' 섹션에서는 좀 더 심도 있는 내용을 볼 수 있을 것이다. 사례개념화를 어떻게 완성하는지에 대한 예시들은 각 이론 장의 마지막에서 찾을 수 있다.

내담자 소개

Ⅰ. 내담자 소개

주요 내담자와 중요한 인물 확인하기

내담자

나이: ________ 인종: ________ 결혼 유무: ________

직업/학력: ________ 기타: ________

중요한 타인들

나이: ________ 인종: ________ 결혼 유무: ________

직업/학력: ______ 기타: ________________________________

나이: ________ 인종: ________ 결혼 유무: ________

직업/학력: ______ 기타: ________________________________

나이: ________ 인종: ________ 결혼 유무: ________

직업/학력: ______ 기타: ________________________________

나이: ________ 인종: ________ 결혼 유무: ________

직업/학력: ______ 기타: ________________________________

기타: ____

사례개념화는 내담자의 핵심적인 인구통계학적 정보들을 찾는 것에서부터 시작한다. 또한 개념화를 보다 충실히 하기 위해 배우자, 자녀, 부모 등 내담자의 인생에서 중요한 인물들을 파악하는 것이 좋다. 내담자와 주요 인물들의 공통된 인구통계학적 정보들은 다음과 같다.

- 성별
- 나이
- 민족과 인종
- 대인관계와 성적 지향성

- 현재 직업/직위 상태 혹은 학력
- 거주 상태, 취미 활동, 이민 상태와 같은 주요 정보들

이러한 내용은 사례개념화가 진행되면서 자세히 다뤄질 내담자와 주변 인물에 대한 기본적인 내용과 정보를 제공한다. 개인의 강점, 관심사, 직업, 가족의 이민 상태, 취미 활동과 같은 유용한 정보를 가능한 많이 포함하는 것이 좋다. 어떤 사람이 예술가, 회계사, 항공우주 엔지니어인지 아는 것은 임상적 정보로 유용하다. 아동 상담에서는 아동이 관심을 보이는 운동, 예술, 음악 등의 활동을 함께 하면서 관계가 촉진되기도 한다.

내담자가 어떤 사람인지 슈퍼바이저가 쉽게 파악하면서도 내담자의 정보를 보호하기 위해서, 나는 필기할 때 다음과 같은 약어를 사용한다. 나는 약어 뒤에 나이를 사용하기도 한다(예: CF7).

AF=성인 여성(adult female)　　CF=여아(child female)
AM=성인 남성(adult male)　　CM=남아(child male)

호소문제

II. 호소문제

문제에 대한 내담자의 설명: ____________________

____

____

문제에 대한 중요한 타인/가족의 설명: ____________________

____

____

문제에 대한 다양한 체계(연계한 담당자, 선생님, 친척, 법적 제도 등)의 설명:

이름: ____________________

이름: ____________________

종종 초심상담자, 심지어 경력이 있는 상담자들도 '호소문제'가 단순하고 명확한 문제라고 생각한다. 가끔 그렇기도 하지만, 대부분의 경우 '호소문제'는 놀라울 정도로 복잡하다. 앤더슨과 굴리션(Anderson, 1997; Anderson & Gehart, 2007)은 그들의 협업적인 언어 체계(collaborative language system) 접근에서 호소문제를 개념화하는 독특한 방법을 개발하였고 이를 협업적 치료(collaborative therapy)라고 명명하였다(13장 참조). 이러한 포스트모던 접근은 문제에 대해서 말하고 있는 각자가 문제를 만들어 내는 체계(problem generating system)의 일부라고 본다. 문제를 호소하는 개인은 문제에 대해 다른 정의를 한다. 그 차이점들은 미세하기도 하고 때로 극명하기도 하다. 예를 들어, 부모가 아이를 상담에 데려왔을 때, 엄마, 아빠, 자매, 조부모, 교사, 학교 상담자, 의사, 친구들은 문제가 실제로 어떤 것인지에 대해 다른 의견을 가지고 있다. 엄마는 ADHD와 같은 의료적인 문제라고 생각할 수도 있고, 아빠는 아내의 지나치게 관대한 태도와 관련되어 있다고 생각할 수도 있으며, 선생님은 부모의 양육이 잘못되었다고 생각할 수도 있고, 아이는 이것이 전혀 문제가 아니라고 생각할 수도 있다.

역사적으로, 공식적인 진단(ADHD, 우울증 등) 혹은 다른 정신건강 영역(예: 양육 방식, 방어기제, 가족역동 등)에서 상담자는 반대되는 의견이나 관련되어 있는 다양한 사람들의 진술은 거의 고려하지 않고 자신의 이론적인 세계관에 맞는 방향으로 문제를 빠르게 정의하고자 했다. 하나의 문제에 대해 어떤 정의를 내리는 것은 치료에 집중하는 데 도움이 된다. 그러나 너무 엄격한 잣대를 들이대면 그 정의는 자산이 아니라 골칫거리로 빠르게 변화될 수 있다. 상담자가 문제에 대한 대안적 가설을 허용할수록 치료에 다양성, 적용 가능성, 창의성을 불어넣을 수 있다. 또한 치료과정을 통한 이해의 다양성에 대해 인식하는 것은 상담자가 내담자와의 강한 라포를 유지하는 것을 가능하게 하는데, 이는 개인의 관점이 치료 과정 내내 존중되고 언급되기 때문이다. 호소문제에 대한 기술은 다음의 내용을 포함해야 한다.

1. 내담자가 상담을 찾거나 문의하게 된 이유와 상황
2. 교사, 의사, 임상가 등에게서 얻을 수 있는 정보와 문제에 대한 그들의 설명
3. 문제나 가족의 간단한 이력(가능하다면)
4. 해결하기 위한 시도들에 대한 설명 및 이러한 시도들의 결과
5. 전문적인 연계기관, 종교 단체, 가까운 친구 등 내담자의 넓은 사회적 관계망 내 주요 인물이나 기관의 의견

배경정보

III. 배경정보

외상/학대 이력(현재 및 과거): ______________________________

____

____

물질 사용/남용(현재와 과거, 자신, 원가족, 중요한 타인): ______________________________

____

____

촉발 사건(최근 삶의 변화, 최초 증상, 스트레스 요인 등): ______________________________

____

____

문제와 관련된 역사적 배경(가족력, 관련된 문제, 이전 상담 경험 등): ______________________________

____

____

문제에 대한 배경정보를 얻는 것은 다음 절차이다. 전통적으로, 배경정보에는 다음과 같은 정보들이 포함된다.

- 아동 학대, 납치, 가정 내 폭력, 자연 재난, 전쟁, 사고 목격 등 아동기와 성인기의 학대 및 외상 이력
- 내담자, 내담자의 가족, 중요한 타인의 약물 남용 이력
- 최근 삶의 변화, 결별, 이별, 성장 단계, 이직 등 문제와 관련된 촉발 사건들
- 정신 질환, 상담 경험, 중요한 건강 상의 문제 등을 포함한 역사적 배경들

종종 이러한 배경정보는 사례의 '사실들'로 취급된다. 다만, 우리가 어떠한 '단어'를 사용하느냐에 따라서 전체가 달라지기 때문에, 지금까지 그래 왔듯 배경정보를 탐색하는 데에는 주의를 기울여야 한다(Anderson, 1997; O'Hanlon & Weiner-Davis, 1989; Watzlawick, Weakland, &

Fisch, 1974). 예를 들어, 당신이 사례보고서에서 내담자에 대해 "최근에 10종 경기에서 승리를 했어요."로 시작하는지, "그녀의 어머니는 알코올 중독인 아버지와 이혼했어요."로 시작하는지에 따라 이 평가에 대해 듣는 누군가에게 당신은 동일한 내담자에 대해 두 가지의 매우 다른 그림을 제시하게 된다. 따라서 비록 이것은 당신이 전문가로서 당신의 편견을 강조하지 않은 보고서의 '사실적인' 부분이라 할지라도, 사실은 아주 사소한 단어 선택, 정보 배열의 순서, 특정 세부사항에 대한 강조를 통해 편견을 부과하고 있는 것이다.

상담 관계와 희망의 중요성에 대한 연구에서 알 수 있는 바와 같이(Lambert & Ogles, 2004; Miller, Duncan, & Hubble, 1997), 나는 상담자가 배경정보란에 상담자 그리고 이 보고서를 읽는 독자, 잠재적인 내담자가 내담자에 대해 희망적이고 긍정적인 인상을 받을 수 있는 방식으로 적는 것을 추천한다. 왜냐하면 이 두 가지 요인은 치료의 결과에 영향을 미치기 때문이다.

강점과 다양성에 대한 평가

지금까지의 모든 내용은 사례개념화 요소에 대한 실제적 평가 내용을 이해하기 위한 맥락과 양식에 대한 소개였다. 다음의 평가 영역에서는, 상담자가 내담자와 그들의 환경에 대한 다면적인 그림을 그리기 위해 주요 상담 이론의 이론적인 구조를 사용하여 그들의 내담자를 평가하는 내용에 대해 다룬다.

내담자의 강점

IV. 내담자의 강점과 다양성

내담자의 강점

개인: ______________________________

____

대인관계/사회성: ______________________________

____

영성: ______________________________

____

다양성: 자원과 한계

내담자의 연령, 성별, 성적 지향성, 문화적 배경, 사회경제적 지위, 신념, 종교, 언어, 가족 배경, 가족 구성, 역량 등 내담자의 자원과 잠재적인 한계에 대해 확인한다.

고유한 자원들: ______________________________

잠재적인 한계들: ______________________________

내담자의 강점과 자원은 제일 첫 번째로 평가되어야 한다. 이것은 내가 힘들게 학습한 첫 번째 교훈이다. 사례개념화에 대해 처음으로 가르치게 되었을 때, 나는 내담자의 강점 부분을 가장 뒤편에 두었다. 왜냐하면 이것은 역사적으로 나중에 형성된 해결 중심 및 포스트 모더니즘 접근과 더욱 명확하게 관련되어 있었기 때문이다(13장, 14장 참조; Anderson, 1997; de Shazer, 1988; White & Epson, 1990). 호소 문제, 과거 그리고 문제가 있는 가족역동에 대한 내용을 읽고 난 뒤, 나는 종종 사례에 대해서 희망이 없다는 느낌을 갖게 된다는 것을 발견했다. 그러나 마지막에 있는 강점 부분을 읽고 나면, 나는 금방 기운을 차리게 되었고, 내담자와 그 미래에 대해 희망과 깊은 존경을 가지게 되었다. 따라서 나는 강점에 대한 평가를 시작 부분에 두기로 결정하였고, 이것은 내담자에게 훨씬 많은 자원이 있음을 상담자로 하여금 생각하게 해 줄 것이라고 믿게 되었다.

내담자의 강점과 자원에 대해 아는 것의 중요성을 지지하는 연구들이 나왔다. **공통 요인 모델**(common factor model; 1장 참조; Lambert & Ogles, 2004; Miller et al., 1997)을 개발한 연구자는 상담 성과의 약 40%가 증상의 심각도, 자원에 대한 접근, 지지 체계 등의 내담자 요인에 의해 결정된다고 추정하였다. 다른 요인은 상담 관계의 질(30%), 상담 개입과 치료 모델들(15%), 내담자의 희망감(15%)이었다. 상담자는 내담자 자원을 평가하면서 내담자 요소에 많은 영향을 미칠 수 있다. 심지어 강점에 대한 평가는 상담 관계를 탄탄하게 만들어 주고(30%) 희망을 불어넣는 방법으로 사용될 수 있으므로(15%), 네 가지의 공통 요인 중 세 가지에 활용될 수 있다. 강점 평가의 잠재적인 영향은 평가하기 어려울 정도로 중요하다.

내담자의 강점과 자원에 대한 전체적인 스펙트럼을 개념화하기 위해 상담자는 몇 가지 수준의 강점들을 평가할 수 있다.

- 개인적/개별적 강점
- 대인관계적/사회적 강점과 자원
- 영적 자원

민족, 종교, 영성, 성별, 사회경제적 지위, 능력 등의 다양한 요인들에 따른 특정한 자원이나 한계점을 찾는 것 또한 유용하다.

■ 개인적/개별적 강점

개인적/개별적 감정과 자원을 평가할 때, 당신은 두 가지의 일반적인 강점, 즉 능력과 개인적 역량을 검토할 수 있다.

- **능력**: 내담자가 일상적인 삶에서 어떻게 기능하는가? 어떻게 상담에 오는가? 그들은 직장, 취미, 또는 관계를 계속 유지할 수 있는가? 현재 또는 과거에 특별한 재능이 있는가, 있었는가? 당신이 내담자의 현재와 과거뿐만 아니라 미래까지 고려한다면, 아무리 '역기능적인' 내담자라 할지라도 넓은 범위에서 내담자의 능력을 발견할 수 있을 것이다.

  능력에 이름을 붙이는 것은 내담자로 하여금 당면한 문제를 다룰 수 있다는 희망과 자신감을 고취시킨다. 이 방법이 특별히 아동에게 도움이 되는 것을 알게 되었다. 만약 아동이 학교에서 학업적인 문제를 가지고 있다면, 가족, 선생님, 아동 자신은 가라테, 축구 또는 피아노와 같은 비교과 활동에서 어떻게 두각을 나타내는지 자각하지 못할 것이다. 종종 이러한 분야에서의 성취를 파악하는 것은 상황을 개선시킬 희망을 찾는 데 매우 용이하다.

  그러한 능력을 찾는 것은 내담자 또는 상담자에게 호소 문제를 어떻게 해결할지에 대한 창의적인 아이디어를 제공한다. 예를 들어, 음악이 자신에게 얼마나 많은 영감을 주는지에 대해서 자주 말하는 여성과 함께 알코올 회복 센터에서 상담을 했다. 이 강점을 이용하여 우리는 술에 취하지 않은 상태를 유지하고 재발을 막기 위해 그녀가 좋아하는 노래들을 이용하여 '술을 끊는 절주용 음악 믹스(sobriety mix)'를 만들자는 아이디어를 개발했다.
- **개인적 역량(eualities)**: 상담자가 내담자의 강점을 찾을 수 있는 또 다른 영역은 개인적 역량이다. 아이러니하게도, 이러한 개인적 역량은 호소문제 또는 불평거리 안에 포함되어 있다. 대체로, 그들이 상담자를 만나기 위해 가지고 오는 문제들은 강점의 반대편에 있다. 예를 들어, 만약 어떤 사람이 걱정을 많이 하는 것에 대하여 불편감을 호소한다면, 그 사람은 성실하고 부지런한 직원일 가능성이 높다. 배우자나 자녀에 대해서 불만을 가지고 있는 사람은 그들을 위하는 마음이 클 가능성이 높고, 일반적으로 그들이 불만을 가지고 있는 그 관계에 헌신하고 있는 경우가 많다. 사실상, 모든 사례에서 내담자의 불평거리는 양날의 검이다. 한쪽에서는 강점이지만 다른 쪽에서는 문제이기 때문이다. 반면,

어떤 면에서의 문제점은 종종 다른 면의 강점이 되기도 한다. 〈표 16-1〉은 내담자의 현재 문제에서 공통적으로 나타나는 문제점과 강점이다.

〈표 16-1〉 **내담자의 호소문제에서 공통적으로 나타나는 문제점과 강점**

문제	'숨겨진 강점'의 가능성과 연관된 것
우울	• 타인의 생각과 감정에 대한 알아차림 • 타인과 연결되어 있거나 연결되고자 하는 욕구 • 꿈과 희망을 가지고 있음 • 꿈을 이루기 위해서 행동을 취할 용기가 있음 • 자신과 타인에 대한 현실적인 평가(최근의 연구에 따르면; Seligman, 2002)
불안	• 섬세함 • 잘하고 싶은 욕구와 열망 • 신중하고 세심한 행동 • 미래에 대한 계획을 세우고 잠재적인 문제들을 예측함
논쟁	• 자신과 신념을 옹호함 • 정의롭지 않은 것에 대해 맞섬 • 관계가 유지되기를 바람 • 자신과 타인에 대해 더 나은 것을 원함
분노	• 감정과 생각을 잘 이해함 • 불의에 대항함 • 공정함에 대한 믿음 • 자신의 경계 및 경계를 침범당하는 것에 대해 인식함
압도됨	• 다른 사람의 욕구를 헤아림 • 사려 깊음 • 큰 그림을 볼 수 있음 • 목표를 세우고 추구함

강점을 찾는 것은 상담자의 관찰 기술에 지대한 영향을 받는다. 숙련된 상담자는 강점의 반대 측면인 문제의 경향성을 인식함과 동시에 호소문제의 이면에 있는 강점을 '발견해' 낼 수 있다.

■ 대인관계적/사회적 강점과 자원

• **사회적 지지망**: 개인의 삶에서 가족, 친구, 전문가, 교사, 직장 동료, 상사, 이웃, 교회 구성원, 판매원, 그리고 다른 수많은 사람들은 신체적·감정적·영적 측면에서 도움을 줄 수 있는 사회적 지지망이 될 수 있다.

–**물질적 도움**은 심부름을 해 주거나, 아이를 태워다 주거나, 집안일에서 전반적인 도움을 주는 사람들을 포함한다.
–**정서적 지지**는 관계적인 문제를 해결하는 데 도움을 주거나 경청해 주는 것이다.
–**공동체 지지**는 사회에서 제공받을 수 있는 수용과 교우관계를 포함하여 문화, 성적 지향성, 언어, 종교 또는 비슷한 요소들로 인해 소외됨을 느끼는 사람들에게 필요한 요소이다. 이러한 공동체는 소외로 인한 스트레스에 대처하는 데 있어 매우 중요하다.

지지가 있다는 것을 간단하게 명명하거나, 알아차리거나, 감사하는 것만으로도 내담자의 희망을 증가시키고 외로움의 감정을 감소시킬 수 있다.

■ 영적 자원

• **영적인 것:** 상담자는 내담자의 영적 자원이 상담자에게 가져온 문제를 해결하는 데 어떻게 쓰일 수 있는지에 대해 이해해야 한다(Morgan, 2006; Sperry, 2001; Walsh, 2003). 상담자는 기독교, 가톨릭, 유대교, 이슬람, 뉴에이지 종교, 미국 원주민 관습 등 내담자가 속한 사회의 주요한 종교적 전통에 익숙해져야 한다.

베이트슨(1972, 2002)과 최근의 포스트모던 철학자들(Gergen, 1999)의 인식론을 기반으로 하여, 나는 상담자로서 특별히 도움이 되었던 영성의 정의를 개발하였다.

> **영성**: 사람이 우주 또는 신에 대해서 어떻게 개념화하는지. 다시 말해 우주 또는 신이 어떻게 삶과 관계를 맺고 있는지에 대한 것이다.

모든 사람은 궁극적으로 개인이 우주와 어떻게 연결되어 있는지 믿는 것과 관련된 어떤 형태의 영성을 가지고 있다. '삶이 어떻게 움직이는가'라는 규칙은 필연적으로 ① 사람이 어떤 것을 문제로 인식하는지, ② 사람이 이것에 대해 어떻게 느끼는지, ③ 이것과 관련하여 '실제로' 어떤 일이 일어날 것이라 생각하는지를 말한다. 모든 상담자는 효과적인 치료계획 수립을 위해 영성에 대해 알아야 한다.

영성을 평가하는 질문

상담자는 전통적이든 아니든, 내담자의 영성을 평가하기 위해 다음과 같은 질문을 사용할 수 있다.

- 당신은 우주를 구성하는 신 또는 어떤 절대적인 존재가 있다고 생각하나요? 만약 그렇다면, 어떤 종류의 존재가 통제하고 있다고 생각하나요?
- 만약에 신이 없다면, 어떤 규칙으로 우주가 돌아갈까요? 어떤 일들은 왜 발생하는 걸까요? 또는 인생은 온전히 우연으로 이루어져 있을까요?
- 인간 존재의 목적과 의미는 무엇인가요? 어떻게 이것을 알 수 있고, 어떻게 사람들의 삶에 적용할 수 있나요?
- 다른 사람에게 친절한 이유가 있나요? 자신에게는요?
- 삶에 접근하는 이상적 또는 현실적 방법은 무엇인가요?
- '좋은' 사람들에게 왜 '나쁜' 일들이 일어나는 걸까요?
- 당신은 어떤 이유에서 문제가 발생한다고 생각하나요? 그 이유는 무엇인가요?
- 당신은 영적인 지지, 영감, 또는 조언을 제공하는 친구가 있는 영적인 모임 또는 종교적인 공동체에 속해 있나요?

이 질문에 대한 답을 바탕으로, 상담자는 내담자와 좋은 '합'을 이루는 심도 있는 대화를 할 수 있고, 개입 방법 개발에 사용되는 내담자의 세계에 대한 지도를 만들 수 있다. 내담자의 '삶의 지도'를 정확하게 이해하는 것은 내담자의 변화에 영향을 미치는 논리와 행동이 무엇인지 알게 하며, 이것은 상담자에게 내담자의 변화를 위한 가치 있는 자원들을 제공할 수 있게 해 준다. 예를 들어, 나는 종종 전통적인 종교 배경을 가지고 있는 내담자와 많은 뉴에이지 집단들에게서 '모든 것에는 이유가 있다'는 신념을 발견한다. 나는 많은 내담자로 하여금 이 신념을 활용하여 그들이 느끼고, 생각하고, 어려운 상황에 반응하는 방법을 재빨리 바꾸도록 했다.

스스로 해보기

짝을 지어 다양한 영역에서 다른 사람의 강점에 대해 배운 내용을 나눠 보세요. 어떤 질문이 가장 유용한가요?

■ 다양성

나이, 성별, 성적 지향성, 문화적 배경, 이민 상태, 사회경제적 지위, 종교, 종교적 공동체, 언어, 가족 배경, 가족 형태, 능력과 같은 특징들과 관련이 있는 강점, 다양성을 연결시켜 보라. 강점이나 증상과 비슷하게, 대부분의 사례에서 각 형태의 다양성은 독특한 자원들과 한계들 모두를 수반한다. 대부분의 경우에, 억압적인 외상 경험이 문제 상황의 중심에 있다. 페미니스트 이론, 이야기 치료 상담 이론, 협업적 상담 이론과 같은 몇몇 상담 이론들은 이것들을 사례개념화

과정의 핵심으로 고려한다(13장, 14장 참조). 하지만 모든 사례에서 상담자는 내담자의 상황이 가난한 삶 또는 이민자가 되는 것과 같은 다양한 이슈의 영향을 받는지 생각할 시간을 가져야 하고 내담자의 상황에 대해 개념화할 때 이것들을 고려해야 한다. 초심 상담자는 이론만을 기반으로 개념화하는 경우가 많다. 예를 들어, 안정 애착이 일본과 이탈리아 가정에서 어떻게 보이겠는가? 당신이 이민자의 자녀들과 사회경제적 지위에 대해 고려할 때 무슨 일이 일어나겠는가? 그때는 어떤 것이 정상이겠는가? 모든 것이 혼란스러워질 것이다.

대부분의 사례에서, 다름(being different)으로부터 야기되는 한계들은 연결된 자원들을 가지고 있다. 예를 들어, 게이와 레즈비언은 우리 사회의 많은 면에서 소외되어 있고 종종 다양한 수준의 외상으로 이어지는 학대의 대상이 된다. 이러한 경험은 그들의 전반적인 심리적 스트레스 수준을 상당히 상승시킨다. 그러나 사회적 소외에 대처하고 사회 내에서 살아남기 위해 그들은 특이하고 끈끈한 사회적 · 친교적 네트워크를 형성한다. 비슷하게, 많은 문화적 · 민족적 단체들이 주류 사회에서 소외되어 있지만, 그들은 그들에게 소속감과 지지를 제공하는 사회적 · 종교적 네트워크를 갖는 경향이 있다.

이론 기반의 개념화

지금부터는 이 책에서 다루고 있는 이론의 주요 학파들을 사용한 개념화의 다섯 가지 영역에 대해 살펴볼 것이다.

- 정신역동/아들러 학파
- 인본주의–실존주의
- 인지행동
- 가족 체계
- 포스트모던과 페미니스트

하나 이상의 이론을 사용하는 것은 통합적인 접근에 가깝다. 이론에 특화된 개념화를 개발하기 원한다면 '조망하기: 사례개념화' 섹션을 참고할 수 있다.

정신역동/아들러학파 이론 개념화

V. 정신역동 개념화

정신역동 방어기제 일반적으로 사용하는 2~4가지의 방어기제에 체크하고, 이에 대해 설명해 보시오.

□ 행동화–설명: ______________________________

□ 부인–설명: ______________________________

□ 치환–설명: ______________________________

□ 도움 거절 불평–설명: ______________________________

□ 유머–설명: ______________________________

□ 수동 공격성–설명: ______________________________

□ 투사–설명: ______________________________

□ 투사적 동일시–설명: ______________________________

□ 합리화 반동형성: ______________________________

□ 억압–설명: ______________________________

□ 분열–설명: ______________________________

□ 승화–설명: ______________________________

□ 억제–설명: ______________________________

□ 기타: ______________________________

정신역동 방어기제

정신역동 방어기제는 개인이 불안이나 외부 스트레스 요인을 피하기 위해 사용하는 자동적인 심리적 과정으로, 개인이 문제를 다루기 위해 자주 사용하는 전략을 의미한다. 한 사람이 방어기제를 사용하는 것은 의식적 또는 무의식적이다. 일반적으로, 자신이 사용하는 방어기제에 대해 잘 인식할수록 기능적이라고 할 수 있다. 특정한 방어기제는 다른 것보다 더 기능적이라고 여겨지기도 한다. 예를 들어, 유머, 승화, 억제는 이상화, 부정, 투사와 같은 이미지 왜곡이나 부인을 수반하는 기제들보다 기능적으로 여겨진다.

초기 정신역동 학자들의 기록에 따르면 이러한 방어기제는 다양한 이론적 관점을 수련한 상담자들에 의해서 널리 인식되었다고 한다. 방어 기능의 평가는 『정신 장애의 진단 및 통계 편람』의 다음 수정판에 포함되도록 권장되고 있고 종합적인 목록은 현재 판에 포함되어 있다 (American Psychiatric Association, 2000). 현재 권장사항은 내담자가 회기 내에서 사용하거나 상담 밖에서 사용하는 일곱 가지의 방어기제에 대해 설명하기 위한 것이다.

방어기제를 알고자 하는 목적은 현재 문제에 영향을 미치는 내담자의 내적 역동을 보다 잘 이해하기 위해서이다. 하지만 모든 방어기제가 나쁜 것은 아니며, 때로 그것들은 도움이 되기도 한다. 예를 들어, 2장의 시작 부분에서 나는 승화의 한 종류로 나의 글쓰기 커리어가 어떻게 시작되었는지 설명하였다. 비슷하게, 나는 초심 상담자들이 억제의 기술에 대해 마스터하기를 권장한다. 어려운 생각들은 머리에서 떨쳐 버려라. 승화는 상담자가 삶에 어려움이 있어도, 업무 시간 동안에는 그들의 내담자에게 집중하는 것을 지속할 수 있게 하는 중요한 기술이다(삶은 여전히 전문 상담자와 치료자들에게도 일어나기 때문이다). 따라서 당신은 내담자가 어떠한 방어기제를 사용하는지 세심하게 살피고, 그것들이 어떤 상황에서 어떻게 도움이 되는지 고려해야 한다.

다음은 일반적으로 사용되는 방어기제이다. 추가적인 방어기제들은 『정신질환의 진단 및 통계 편람』의 부록에 나와 있다.

▪ 행동화

방어기제로서 행동화의 기술적인 의미는, 내면의 감정적 갈등을 감정으로 나타내는 것이 아니라 행동을 통해 다루는 것이다. 이러한 행동은 '나쁜 행동'으로 해석될 수도 있고, 아닐 수도 있지만, 보통은 내면의 갈등을 다루기 위한 행동(예: 신체적 싸움, 말싸움)으로 나타난다.

▪ 부인

부정은 가장 유명한 방어기제 중 하나로, 상담 초기에 평가하기에는 다소 어려운 방어기제 중 하나이다. 다른 사람은 이미 명확히 아는 고통스러운 현실에 대한 자각을 거부하는 것으로, 부정은 약물이나 알코올 남용을 하는 내담자의 가족들, 직업을 잃거나 대인관계에 어려움을 보이는 사람들에게서 공통적으로 발견된다.

▪ 치환

가족 역동에서 가장 자주 발견되는 치환은 한 사람에게 느끼는 감정을 덜 위협적인 다른 사람(또는 상황)에게 전환하는 것이다. 예를 들어, 만약 어떤 사람이 배우자에게 화가 났지만 문제를 키우는 것을 꺼려 한다면, 자신이 논쟁에서 이길 가능성이 높은 어린 자녀들에게 그 분노를 전치시킨다.

■ 도움-거절 불평

상담 장면에서 공통적으로 발견되는 도움-거절 불평은 어떤 사람이 불평을 하면서 스트레스를 풀지만 다른 사람이 제공하는 제안, 조언, 도움에 대해서는 언제나 거절하는 것이다. 내가 예시를 하나 들었지만 나는 당신이 당신의 친구, 가족, 지인들에게서 이미 다섯 가지의 예시들을 찾았을 거라고 확신한다.

■ 유머

유머는 그 상황에 대해 즐겁거나 역설적인 가치를 발견함으로써 감정적인 분쟁을 다루는 방어기제로 사용될 수 있다. 유머는 꽤 적응적인 방식으로 사용될 수 있으며, 완고하게 사용될 경우 부정의 한 표현이 될 수도 있다.

■ 수동 공격성

수동 공격성은 한 사람이 협력해야 하는 상황이 왔을 때 은밀하게 저항하거나 분개하고 약화시키면서 간접적으로 공격성을 표현하는 것이다. 수동 공격성은 발견하기 쉬운데, 고전적인 사례로 '교묘하게 험담하는 것'이 있고, 경우에 따라서는 끝없이 미루는 것 혹은 '잊어버리는 것'과 같이 더 미묘한 경우도 있다.

■ 투사

투사는 주위에 어떤 일이 일어나는지 의식하지 못하는 상태에서 받아들일 수 없는 감정, 충동 혹은 소망을 잘못 귀인하는 것이다. 임상 현장에서 한쪽 배우자가 바람을 피운 뒤 상대방에게 이를 투사하는 장면에서 자주 발견된다. 불륜의 발각 여부에 상관없이 일어날 수 있다.

■ 투사적 동일시

단순 투사와 비슷하게, 투사적 동일시는 받아들일 수 없는 감정을 잘못 귀인하는 것과 관련이 있다. 이 경우 받아들일 수 없는 감정에 대해 의식하지만 다른 사람에 대한 타당한 반응이라고 주장하며 부적절하게 그들 스스로를 정당화한다. 이는 투사를 확인하거나 누가 누구에게 먼저 했는지 명확히 하는 것을 어렵게 만드는 것과 같은 방법으로 다른 사람들을 행동하게 만든다. 고전적인 예로 질투가 있다. 한 사람이 그의 파트너와 다른 남자들의 관계를 질투한다. 그는 이것이 그녀의 행동 때문이라고 주장한다. 그의 질투는 그녀로 하여금 갈등을 피하기 위해 더 비밀스러워지게 하고, 이는 그녀에 대한 그의 가설을 더 확신하게 만들어, 상황을 부정적으로 악화시킨다.

■ 합리화

합리화는 학력이 높은 사람들이 주로 사용하는 방어기제로, 정교하게 안심시키지만 생각, 느낌, 정서에 대한 부정확한 설명을 통해 은폐되었던 실제 동기를 숨긴 채 정서적 갈등을 다루는 것을 의미한다. 예를 들어, 어떤 사람은 술을 많이 마시는 행동, 악연을 유지하고 있는 것, 필요한 행동들을 하는 데 실패하는 것 등에 대해 복잡하고 난해한 설명들을 늘어놓는다.

■ 반동형성

반동형성은 주로 억압과 관련된 방어기제로, 정반대의 생각, 감정, 행동들을 하면서 어려운 내적 갈등을 다루는 것을 의미한다. 그 예로, 물질주의적인 욕구나 받아들일 수 없는 성적 욕망들에 대처하기 위해 엄격한 종교를 가지고 있는 사람들이 있다. 이것은 주로 역효과를 가져오는데 그런 사람들이 성 혹은 돈 관련 스캔들이 터져 신문의 헤드라인을 장식하게 된다.

■ 억압

억제보다 병적인 것으로, 억압은 받아들일 수 없는 욕구, 생각, 경험에 대하여 내적 갈등을 의식하지 못할 정도로 제거하는 것을 의미한다. 외상을 경험한 사람들이 외상 사건에 대처하기 위한 방식으로 많이 사용하기도 한다. 기억은 또 다른 사건, 대화 혹은 외상을 상기시키는 상황에 의해 돌아오기도 한다.

■ 분열

대상관계 이론에서 분리는 자신을 포함한 개인을 바라보는 데 있어 긍정적 특징과 부정적 특징을 모두 가진 존재로 인식하지 못하는 것을 의미한다. 대신 사람들을 다 좋거나 다 나쁘다고 보는 것, 이상화하거나 악하다고 보는 것이다. 몇몇 경우에는 똑같은 사람에 대하여 다 좋다고 평가하거나 다 나쁘다고 평가하면서 평가를 바꾸고 관계에서 혼란을 만든다.

■ 승화

기능적인 방어기제 중 하나인 승화는 슬픔을 예술로, 공격성을 스포츠로 표현하는 것과 같이 사회적으로 용인되는 활동을 통해 부적절한 감정과 내적 갈등을 다루는 것을 의미한다. 이 방어기제는 사람들이 슬픔, 화, 분노, 두려움 등 부정적 감정을 다룰 창조적인 방법을 찾도록 돕는다.

■ 억제

억압과 다르게 억제는 부정적인 생각, 감정, 욕구의 의도적인 회피이다. 주의 깊게 사용된다면 비애, 상실 등 장기간 겪은 힘든 감정들을 마주할 때 굉장히 도움이 된다.

대상관계와 애착 패턴

과거 어린 시절, 초기 양육자와의 관계에 대해 설명하시오.

____

____

____

어머니(어머니의 역할을 해 주었던 사람)와의 애착은 주로 어떠하였는가?
□ 안정적 □ 불안정 애착 □ 회피 애착 □ 그 외 ____________________

아버지(아버지의 역할을 해 주었던 사람)와의 애착은 주로 어떠하였는가?
□ 안정적 □ 불안정 애착 □ 회피 애착 □ 그 외 ____________________

생애 초기 양육자와의 현재 관계에 대해 설명하시오.

____

____

현재 배우자(연인)나 타인과의 관계 패턴에 대해 설명하시오.

____

____

____

대상관계와 애착 패턴

대상관계 이론은 호소문제 발생 원인의 역동을 이해하기 위하여 내담자와 초기 양육자의 관계를 살펴본다(Bowlby, 1988; Johnson, 2004; St. Clair, 2000). 일반적으로 이러한 패턴은 세 가지 방법으로 설명될 수 있다.

- 안정: 내담자는 관계에서 편안하다고 느끼며 친밀한 관계를 맺는 것에 익숙하다. 또한 버려지거나 관계에서 자신을 잃어버리는 등의 비이성적 두려움을 가지고 있지 않다. 일반

적으로, 안정 애착을 가진 사람들은 특정 외상이나 사건으로 상담을 찾게 된다.

- **불안정:** 내담자는 버려지거나 거부당하는 것에 대해 지나치게 걱정하고, 작은 비판(혹은 칭찬이 없는 정도라도)에 대해 불안정한 느낌 혹은 질투를 표현한다. 이러한 사람들은 관계에서 경험하는 불안으로 상담실을 찾게 된다.
- **회피:** 회피 관계 패턴을 가지고 있는 내담자는 관계에서 자신이 압도되거나 버려지게 될 것에 대해 두려워하고, 자신을 보호하기 위해 타인과 정서적 거리를 유지한다.

초기 아동기의 패턴은 보통 성인이 되어서도 같은 주제가 반복되는데, 초기 양육자와의 관계가 그 이후 다른 관계에서까지 영향을 미치기 때문이다. 이러한 내용을 따라가다 보면 상담자는 삶의 모든 영역에 영향을 미치는 중요한 역동 패턴을 내담자가 재빨리 알아내도록 도울 수 있다.

에릭슨의 심리사회적 발달단계

현재의 단계까지 각 단계의 발달에 대해서 설명하시오.

신뢰감 대 불신감(영아기): ____________________

자율성 대 수치심과 의심(유아기): ____________________

주도성 대 죄책감(학령전기): ____________________

근면성 대 열등감(학령기): ____________________

자아정체감 대 정체감혼미(청소년기): ____________________

친밀감 대 고립감(청년기): ____________________

생산성 대 침체성(장년기): ____________________

자아통합감 대 절망감(노년기): ____________________

에릭슨의 심리사회적 발달단계

에릭슨의 심리사회적 발달 8단계는 응용 임상 상담에서 유용한 발달 이론 중 하나이다. 이러한 단계들은 내담자가 상담할 때 가지고 올 수 있는 문제들인 다양한 발달적 고민들을 이해할 수 있는 하나의 표본을 제공한다. 발달적 렌즈를 통해 볼 때, 내담자의 문제를 보다 잘 이해할 수 있게 되고, 이러한 통찰력은 상담에 긍정적인 영향을 미친다. 예를 들어, 한 중년의 남성이 우울을 호소하는데 이러한 증상을 생산성 대 침체성의 맥락으로 보게 된다면, 우울을 불러일으키는 심오한 문제들을 상담에서 중점적으로 다룰 수 있게 된다. 이러한 경우, 증상을 그저 완화시키기보다는 목적의식과 성취의식을 갖도록 하는 것이 상담에서 보다 효과적이다.

채프먼(Chapman, 2006)은 각 단계의 발달적 도전은 각 단계가 균형적으로 발달하는 것, 예를 들어 신뢰감 대 불신감 사이에서 한쪽에 치우치지 않고 효율적으로 균형을 잡도록 하는 것이다. 한 사람이 신뢰를 향하여 발달되면서 적절하게 불신하는 것도 아는 것이 가장 이상적이다. 맹목적으로 신뢰하는 것이 적응적인 것은 아니다. 그러므로 사람은 각 단계의 두 가지 경향 사이에서 건강한 균형을 찾기 위해 노력해야 한다. 발달적 문제들은 과하게 신뢰하게 되거나 불신하게 되는 것과 같이 두 가지 경향 사이에서 하나의 경향으로만 발달하게 될 때 일어난다. 맹목적으로 신뢰한다면 이는 부적응이며, 맹목적으로 불신한다면 이는 악성이다. 채프먼(2006)의 표에서는 이렇게 정리한다.

■ 신뢰감 대 불신감: 영아기

- 부적응(신뢰를 지나치게 강조): 비현실적, 망상, 착각
- 악성(불신을 지나치게 강조): 철수, 신경증, 우울, 두려움

생후 1~2세에 해당하는 영아들은 이 단계에서 자신의 초기 양육자와의 경험을 근거로 신뢰감과 불신감의 건강한 균형이 발달된다. 신뢰감의 건강한 균형은 주의가 요구될 때를 알면서도 동시에 세상에서의 희망과 안전함에 대한 일반적인 감각으로 변화된다. 어린 시절 외상 경험을 가지고 있거나 부모가 과잉보호했던 사람은 믿어야 할 사람에 대한 혼란을 가지며, 비현실적이거나 불필요한 두려움을 갖게 된다.

■ 자율성 대 수치심과 의심: 유아기

- 부적응(자율성을 지나치게 강조): 충동성, 무모한, 사려 깊지 못한, 무심한
- 악성(수치심/의심을 지나치게 강조): 강박, 강요된, 자기 제한

유아기 아이들은 자신의 능력에 대한 한계를 배우면서 그들의 삶에 대한 자율성과 영향력을 발달시키게 된다. 만약 양육자가 방치하거나 과잉보호한다면 아이들은 수치심으로 과도하게 부담을 느끼게 되며, 극심한 자기 회의 또는 심신을 약화시키는 수치심 또는 부끄러움으로 인한 만성적 문제가 발생하기도 한다. 반대로 만약 아이들이 수치심과 자기 회의적인 경험

을 하는 것을 부모가 허락하지 않는다면, 이러한 아이들은 충동적이고 다른 사람을 소중하게 여기지 않게 되는 경향이 있다.

■ 주도성 대 죄책감: 학령 전기

- 부적응(주도성을 지나치게 강조): 무자비한, 착취하는, 무정한, 감정에 좌우되지 않는
- 악성(죄의식을 지나치게 강조): 억제, 위험 회피적, 모험심이 없는

이 시기 동안 아이들은 주도성과 의도의 감각을 발달시키게 되고, 이것들이 타인을 해칠 때 경험되는 죄책감으로 인해 누그러지기도 한다. 과잉보호하거나 방치하는 부모의 아이들은 위험 회피와 억제로 인하여 의사 결정 과정에 대해 강한 죄책감과 불안감을 갖게 된다. 반면, 죄책감이 없고, 자신의 행동이 다른 사람들에게 어떻게 영향을 미치는지에 대한 인식이 충분히 발달하지 못한 아이들은 매우 공격적이게 된다.

■ 근면성 대 열등감: 학령기

- 부적응(근면성을 지나치게 강조): 덜 도덕적인, 일 중독, 강박적
- 악성(열등감을 지나치게 강조): 무력, 게으른, 무관심한, 목적이 없는

학령기 초기의 아이들은 자아 존중감을 형성하고 역량을 개발하면서 새로운 기술을 배운다. 따라서 이 단계에서의 과업은 부지런히 활동에 참여하고 자신의 능력 내에서 자신감을 쌓는 것이다. 자주 비난받거나, 타인과 비교당하거나, 부족하다고 느끼는 아이들은 열등감이 발달하게 된다. 또한 최근 연구에서 실패와 장애를 경험하는 것으로부터 과도하게 보호받은 아이들도 열등감이 발달한다고 보고하고 있는데, 이는 진정한 숙달감(sense of mastery)이 발달하지 못했기 때문이다(Seligman, 2002). 따라서 계속해서 게임에서 지고, 낮은 성적을 받고, 혼자 남겨지는 등의 열등하다는 느낌으로부터 보호되는 아이들은 부적절감이 발달될 수 밖에 없다. 한편, 근면성만 과도하게 칭찬받은 아이들은 자신의 활동에서 강박적인 모습을 보이게 된다.

■ 자아정체감 대 정체감 혼미: 청소년기

- 부적응(자아정체감을 지나치게 강조): 광신, 거만, 극단주의자
- 악성(정체감 혼미를 지나치게 강조): 거절, 사회적으로 끊김, 차단

'나는 누구인가 그리고 내가 어떻게 해야 하는가?'와 같은 질문에 대하여 답을 찾는 시기를 에릭슨은 정체성 발달의 시기로 보았다. 발달적으로 이 시기는 정체성과 사회적 역할을 탐색하는 시기로, 종종 자극적인 복장, 형형색색의 머리 색깔, 반항적인 음악, 부모님을 화나게 하는 행동 등의 형태로 나타난다. 자신의 정체성을 탐색하지 않거나 특정 삶을 추구하지 않는 것에 대해 죄책감을 느끼는 10대들은 역할 혼란, 명확하거나 성공적인 정체성 정립 실패를 경험할 수도 있다. 역할 혼란은 실행 가능한 사회적 역할을 수행하는 것에 실패한 경우이며, 대신에 약물 남용, 급진적인 사회 집단, 범죄 집단의 조직원, 고등학교 중퇴와 같은 반동적인 정체성을 형성하게 된다. 이 경우 자기 자신을 가족이나 사회의 생산적인 구성원으로 인식할 수 없다.

■ 친밀감 대 고립감: 청년기

- 부적응(친밀감을 지나치게 강조): 난잡한, 애정에 굶주린, 상처 받기 쉬운
- 악성(고립감을 지나치게 강조): 배타적, 혼자, 차가운, 자족적인

최근 젊은 세대들은 고등 교육을 추구하고 결혼과 '자리 잡는' 것에 대하여 새로운 관점을 갖고 있으며, 이로 인해 청소년기가 이전보다 몇 년 길어졌다. 이 기간 동안 인간은 가정과 사회적인 네트워크를 만들면서 개인, 사회, 직장 생활에서 친밀한 관계를 형성한다. 이 단계에서 어려움을 겪는 사람은 과도하게 관계에 집착하여 성적으로 문란해질 수 있고 반대로 관계의 어려움으로 인해 사회적으로 고립될 수 있다.

■ 생산성 대 침체성: 장년기

- 부적응(생산성을 지나치게 강조): 과잉업무, 공상적 박애주의자, 참견하기 좋아하는, 간섭
- 악성(침체성을 지나치게 강조): 거부하는, 무관심한, 냉소적인

장년기의 발달 과업은 마치 자신이 사회와 다음 세대를 위해 의미 있는 기여를 한다고 느낄 때 삶의 업적에 만족하는 것으로 평가될 수 있다. 중년의 위기는 자신의 인생이 침체되었다고 느끼거나, 이탈되었다고 느끼거나, 수정되어야 할 필요가 있다고 느끼는 것이다. 그래서 이들은 극적인 삶의 변화를 추구하기도 하는데, 이러한 변화는 때로 장년을 더 힘들게 하기도 한다. 종종 이전 발달 단계에서의 결함은 이 시기에서 곪아 터질 수 있으며, 함께 적절히 잘 다루어질 수도 있다. 이 단계에서의 발달 문제는 사회 또는 직업에서 과도하게 활동하거나, 냉소적이고 단절되는 형태로 나타난다.

■ 자아통합 대 절망감: 노년기

- 부적응(자아통합을 지나치게 강조): 건방진, 자만하는, 거만한
- 악성(절망감을 지나치게 강조): 업신여김, 비참한, 충족되지 않는, 책임전가

나이가 들수록 전문적인 도움이 필요하기 때문에 상담자는 이 단계를 잘 이해하는 것이 중요하다. 이 단계에서 사람들은 자신의 삶을 돌아보고 죽음의 불가피성을 직면하면서 자아통합감과 절망감의 균형을 유지한다. 자아통합감과 지혜를 가지고 인생의 끝을 직면할 수 있는 사람은 의미를 만들고, 내가 무엇을 했고, 나는 누구인지 받아들이면서 삶의 경험을 통합시킬 수 있다. 한편, 자신의 생활과 삶에 대해 화해하기 위해 애를 쓰고, 슬픔과 상실감을 경험할 수도 있으며, 오만과 독선으로 이어지는 자만심을 개발하기도 한다.

아들러학파 생활양식의 주제

☐ 통제: ______________________________

☐ 우월감: ______________________________

☐ 남을 기쁘게 하는: ______________________________

☐ 편안함: ______________________________

기본적 오류: ______________________________

____

내담자와 함께 작업할 때 아들러학파의 상담자가 가장 중요하게 생각하는 부분은 생각하고, 행동하고, 느끼고, 살아가고, 노력하는 것을 설명하는 **생활양식**이다. 이것은 한 개인의 인생 지도이다. 이 '양식' 혹은 삶의 지도는 우리가 삶에서 선택하는 목표에 의해 만들어지고 삶

의 모든 부분에 영향을 미치는 줄기가 된다. 에크슈타인(Eckstein, 2009)은 생활양식으로 적용할 수 있는 네 가지 일반적인 패턴을 설명하였는데, 통제, 우월감, 남을 기쁘게 하는, 편안함이다. 내담자의 생활양식을 이것만으로 평가하지는 못하지만 이를 토대로 수월하게 시작할 수 있다. 개인은 한 가지 이상의 생활양식 주제를 가지고 있다.

▪ 통제

통제하는 것이 생활방식인 사람들은 편안함과 안전함을 만들기 위해 다른 사람들과 그들 자신, 그리고/또는 상황을 통제하고자 한다. 그러나 본인을 포함하여 다른 사람들을 완전히 통제한다는 것은 현실적으로 불가능하다는 것을 알게 된다. 그러므로 통제의 요인을 포함한 생활 주제를 가지고 있는 사람들은 주로 다른 사람에 대한 수용에 저항하고, 이를 어려워한다. 이런 사람들은 힘겨루기와 같은 싸움에 놓였을 때, 통제할 권한이 없는 다른 사람들 및 상황으로부터 스스로 거리를 두는 경향이 있다. 상담은 통제적 생활양식을 가지고 있는 사람들이 삶에서 바꿀 수 없는 것을 받아들이게 하고 다른 사람에 대해 인내하는 것을 발달시키도록 도와줄 수 있다.

▪ 우월감

우월감의 생활 주제를 가지고 있는 사람들은 완벽주의자라고 이야기할 수 있다. 그들은 다른 사람보다 더 나아야 하고 더 '옳아야' 하고 더 필요해야 하고 더 능력 있어야 한다. 그러나 그 우월감의 밑바탕에는 그들이 '충분히 잘하고' 있는지에 대한 내적 의심이 있다. 그 속에서 그들 스스로를 매정하게 대하고 주로 그들이 다룰 수 있는 그 이상을 떠맡는다. 가끔 이러한 우월감의 기준은 다른 사람에게, 특히 자녀들에게 투사되는 경우가 많으며, 이러한 사람들은 즐거움을 느끼지 못한다. 상담자는 우월감을 생활 주제로 가지고 있는 사람들이 그들 스스로에게 그리고 다른 사람들에게 더 현실적인 기대를 갖도록 도와줄 수 있다.

▪ 남을 기쁘게 하는

남을 기쁘게 하는 것과 관련된 생활 주제를 가지고 있는 사람들은 함께 작업하기 가장 쉬운 사람들로, 상담 장면에서 가장 많이 볼 수 있다. 이들은 다른 사람의 필요를 이해하는 데 에너지를 쓰고 그들을 만나고자 한다. 그들은 주로 스스로가 행복하기 전에 다른 사람이 행복하길 바라는데, 그래서 다른 사람이 그들을 어떻게 대하는지에 따라 그들의 행복이 결정된다. 일반적으로 남을 기쁘게 하는 생활양식을 가진 사람이 계속 주기만 하게 되면, 어느 순간에는 화가 나게 된다. 어떤 사람들은 그들을 이용하거나 학대한다. 때로는 주변 사람들이 그들의 희생을 의식하지 못한다. 거부에 대한 두려움과 그들 스스로의 통합을 위해 다른 사람을 즐겁게 해 주는 습관은 그들의 삶을 힘겹게 만들 수 있다. 상담에서 그들은 건강한 경계를 만들고 다른 사람들을 존중하면서 그들의 필요를 주장하는 방법에 대해 탐색한다.

■ 편안함

편안함과 관련된 생활 주제를 가지고 있는 사람들은 위험을 감수해서라도 삶의 목표를 성취함으로써 편안함을 찾는다. 그들은 실패의 두려움 혹은 무능함으로 인해 책임감의 스트레스와 지연 보상을 피하는 경향이 있다. 편안함을 찾는 것은 극심한 상황일 때 능력만큼 해내지 못하게 하고, 이것은 중독의 형태로 나타날 수 있다. 상담자는 이런 주제를 가지고 있는 사람들에게 목표를 한 단계씩 낮추게 하고 작은 성공을 강조하면서 도움을 줄 수 있다.

기본적 오류 지각

각 개인의 생활양식은 그 혹은 그녀의 삶과 세계가 어떻게 작동하는지에 대한 **사적 논리**를 나타낸다. 아이들은 그들의 초기 경험들로부터 세상에 대한 개인적 지도(사적 논리)를 만든다. 그러므로 사실상 모든 사람은 세상이 부정확하다는 지각, 즉 **기본적 오류**를 포함하는 사적 논리의 체계를 갖게 된다. 기본적 오류는 인지 상담자들이 말하는 **비합리적 신념**과 비슷하지만 한 사람이 가지고 있는 세상, 자신 그리고 다른 사람에 대한 관점을 말하는 가장 일반적인 비합리적 신념과 그 핵심을 의미한다. 아들러학파의 상담자들은 한 개인이 삶의 목표를 찾는 데 도움이 되는 사적 논리 체계를 만들 수 있도록 삶에 대한 무의식적이거나 반의식적인 잘못된 가정들을 찾을 수 있도록 도와주는 데 관여한다.

기본적 오류는 고유하고 개인적인 것이다. 그러므로 내담자를 평가할 때 그들이 무엇을 말하는지 귀 기울여 들어야 하고 현재 문제와 관련하여 상황을 이해하는 과정에 대해 물어봐야 한다. "당신의 남편이 말한 어떤 부분에서 모욕을 느꼈나요?" 혹은 "어떤 것이 자포자기하게 만들었나요?" 귀 기울여 듣고, 자세히 관찰하고, 면밀히 질문하면서 상담자는 내담자가 현재 문제에 영향을 미치는 기본적 오류를 찾을 수 있도록 돕는다. 그 예시는 다음과 같다.

- 과잉일반화: "사람들은 믿을 수 없어." "아무도 나를 신경 써 주지 않아."
- 비현실적인 기대: "나는 항상 행복해야 해." "인생은 쉬워야 해."
- 지속 불가능한 목표: "내가 행복하기 위해서 모든 사람들이 행복해야 해." "내가 하는 일에 있어서 나는 최고가 되어야 해."

- 신/삶에 대한 오해: "인생은 공평해야 해." "신은 내가 원하는 것을 주실 거야."
- 가치 부인: "나는 잘 해내지 못할 거야." "나는 사랑받을 자격이 없어."
- 문제적 가치: "나는 무슨 수를 써서라도 최고가 되어야 해." "나는 내가 한 행동을 용서할 수 없어."

인본주의-실존주의 사례개념화

진정한 자기 표현

VI. 인본주의-실존주의 개념화

참다운 자기 표현

문제: 내담자가 문제를 내적인 것으로 인식하는가, 외적인 것으로 인식하는가?
□ 대부분 내적 □ 혼합 □ 대부분 외적

주체성과 책임: 이야기의 주체가 내담자 자신인가, 타인인가? 내담자는 상황에 대하여 확실한 책임감을 가지고 있는가?
□ 주체성과 책임이 강함 □ 어떤 부분에서만 주체성이 있음 □ 약한 주체성(자주 상황/다른 사람 탓함) □ 자주 희생당했다는 느낌

감정의 인식과 표현: 감정을 잘 인식하고 소유하며 경험하는가?
□ 쉽게 감정 표현함 □ 즉각적으로 감정을 알아차림 □ 감정 인식 어려움

지금-여기 경험하기: 내담자가 현재 일어나고 있는 상황에 대한 감정을 모두 경험할 수 있는가?
□ 현재 순간의 감정들을 쉽게 인식할 수 있음 □ 부분적으로 현재 정서를 경험함
□ 현재 순간 경험하는 것이 어려움

개인적 구성개념과 허울: 내담자는 자신의 역할을 인식할 수 있고, 그 이상의 것을 할 수 있는가? 정체성이 경직되어 있는가? 아니면 잠정적인 상태인가?
□ 잠정적임(비판하고 질문할 수 있음) □ 부분적으로 허울과 정체성의 구성개념을 이해
□ 정체성 경직됨

복잡성과 모순: 내적 모순이 있고 탐색되었는가? 정체성과 인생의 복잡함에 완전히 개입할 수 있는가?

☐ 모순을 알고 있고 해결함 ☐ 부분적으로 모순 인식 ☐ 내적 모순 알지 못함

당위: 내담자는 사회적으로 부과된 당위와 의무에 의문을 가질 수 있는가? 다른 사람에게 즐거움을 주려는 바람과 진실하려는 바람 사이에 균형을 맞출 수 있는가?

☐ 사회적 의무와 진실성 사이의 균형을 맞출 수 있음 ☐ 사회적 기대와 개인적 바람 사이에서 갈피를 못 잡음 ☐ 외적 당위에 집중함

당위 목록: ____________________

타인 수용: 내담자가 다른 사람을 수용할 수 있고 다른 사람의 기대를 보다 현실적으로 변경할 수 있는가?

☐ 다른 사람을 있는 그대로 수용 ☐ 기대에 미치지 못함에 아직 강한 정서 반응이 있지만 다른 사람의 기대가 비현실적이라는 것을 알아차림 ☐ 다른 사람을 있는 그대로 수용하지 못함(기대에 미치도록 다른 사람이 바뀌기를 항상 원함)

자기 신뢰: 내담자는 (고정된 목표가 아닌) 과정으로서 자신을 신뢰할 수 있는가?

☐ 솔직한 자기표현과 신뢰할 수 있음 ☐ 특정한 상황에서 자신을 신뢰함

☐ 대부분의 상황에서 자신을 신뢰하지 못함

인간중심 상담과 게슈탈트 상담 같은 인본주의적 접근들은 진정한 자기를 경험하고 표현하는 개인의 능력을 평가하는 데 중점을 둔다. 이것은 평가하기 어려운 미묘한 과정이다. 칼 로저스(1961)는 진정성을 나타내는 숨길 수 없는 다양한 신호들을 발견하였다. 이 신호들은 다음에서 다루어진다.

▪ 문제

사람들이 진정성에 더 다가갈수록 문제와 문제에 대한 외적인 것이 아닌 내적인 해결책을 보기 시작하는 사실을 로저스는 알게 되었다. 성장이 필요한 사람들은 예를 들어, 누군가 자신이 원하는 대로 하지 않거나 불행한 사건과 같이, 문제가 외적인 환경에 기인하거나 다른 사람에 의해 발생했다고 보는 경향이 있다. 반대로, 사람들이 진정성에 더 다가갈수록 문제를 상황에 대한 다양한 반응 혹은 필요한 행동들로 설명하기 시작한다. 그들은 더 이상 사람들과 상황들을 문제로 보지 않는다. 상황에 대한 그들의 역할이 바뀌는 것으로 문제를 보게 된다.

▪ 주체성과 책임감

내담자의 이야기를 주의 깊게 듣는다면, 내담자가 자기 삶의 주체성을 가지고 있는지, 삶과 자신에 대해 책임감을 가지고 있는지를 확인할 수 있다. 초기 성장 과정에서 내담자는 상황이나 다른 사람에게 책임을 돌리거나 스스로를 피해자인 것처럼 보고한다. 그들은 자신에게 일어난 상황들을 다른 사람의 이야기인 것처럼 설명한다. 반면, 자아실현을 하게 될수록 똑같은 상황에 대해 자신이 이야기의 주체 혹은 주인공인 것으로 설명하고 자신의 상황과 반응에 대해 책임을 진다.

▪ 감정의 인식과 표현

인본주의 상담자는 내담자가 자신의 감정을 인지하고, 소유하고, 표현하고, 경험하는 능력을 자세히 관찰한다. 사람들의 자아실현 수준이 높아질수록 그들은 정서에 더 접촉하고 정서를 더 잘 다루게 된다. 몇몇 내담자는 상담 초기에 자신의 감정을 파악하는 것을 매우 어려워한다. 현재 느끼고 있는 감정에 대해 물어볼 때 그들은 자신이 생각하는 것만 설명할 수 있다. 상담을 통해서 그들은 자신의 정서를 보다 충분히 경험하고 알아차리는 것을 배운다. 마지막으로, 상담자는 그들 스스로를 소유하도록(책임감을 가지게) 도와주고 적절한 사람들에게 적절한 상황에서 정중하게 표현하도록 돕는다.

▪ 지금-여기 경험하기

상담자가 내담자로 하여금 정서를 보다 잘 알아차리도록 도와주었다면 다음 단계는 현재 순간에 일어나는 정서를 표현하고 경험하도록 하는 것이다. 일반적으로 내담자는 상담자와 함께 안전한 환경인 상담 장면에서 연습해 볼 수 있고, 그다음에는 덜 제어된 상황, 그다음에는 실제 상황에서 할 수 있다. 지금-여기의 정서를 경험하는 것을 배운 내담자는 과잉반응을 하지 않으면서 지금 일어나는 정서를 느낄 수 있다. 예를 들어, 내담자가 취업을 하지 못하거나 승진을 하지 못하게 되었다는 사실을 알게 되어 실망하였을 때 그는 실망을 느낄 수 있고 그가 느끼는 감정이 실망이라는 것을 알아차리지만, 화, 우울 혹은 자해(음주 등)와 같은 과잉 행동을 하지는 않는다.

▪ 개인적 구성개념과 허울

칼 로저스는 자신의 내담자들이 가지고 있는 사회적 역할과 허울에 주의를 기울였다. 그의 상담 목표는 사람들이 제한적인 개인적 구성개념(경직된 자기)의 한계들을 넘어서 끊임없이 발전하고 넓혀 가는 유연한 형태의 정체성을 향해 가는 것이다. 개인적 구성개념이 경직될수록

("나는 열심히 일하는 사람이야." 혹은 "나는 예뻐.") 이러한 정체성을 유지하기 위해 더 많은 에너지가 사용되므로 생활은 더 제한적이게 된다. 그러므로 인본주의 상담자는 보다 진정성 있게 살아가는 신호로서 자아와 개인적 특질에 대하여 보다 깊은 숙고가 필요하다.

▪ 복잡성과 모순

당신은 위선자이다. 나는 위선자이다. 우리는 모두 모순, 복잡성, 혼란으로 가득하다. 자각수준이 높아질수록 이러한 모순들이 더 잘 보이게 되고 이것들을 인간의 한 부분으로 받아들이게 된다.

▪ 당위

게슈탈트와 인지 상담의 목표와 깊이 관련되어 있는 개념으로서의 '당위'와 '의무'는 한 사람이 어떻게 생각해야 하고 느껴야 하며 행동해야 하는지에 대해 사회적으로 부과된 규칙이다. 모든 문화는 이러한 당위를 가지고 있다. 사실, 본질적으로 각각의 문화는 '당위'의 목록이다. 그러므로 사회적으로 의미하는 '당위'를 가지지 않고 다른 사람들과 살아가는 것은 불가능하다. 핵심은 이런 것들과 어떻게 연관되어 있느냐이다. 만약 한 사람이 이런 '당위'에만 맞추어 산다면 진정한 자기를 표현할 수 있는 여지가 거의 없다. 이상적인 것은 진정한 자기표현과 사회적으로 부과된 '당위'의 사이에서 균형을 잘 맞추며, 스스로의 진실성을 유지하기 위해 사회적 수용을 때로는 포기하는 것이다. 사회적 규범을 어기는 것을 과시하는 사람은 진정한 자기를 표현하는 것이 아니라 사회적으로 부과된 '당위'에 의해 정체성을 찾는 것이다.

▪ 타인 수용

다른 사람과 관련된 것들은 해결하기 어려운 과제이다. 좋은 관계에서도 한 사람이 떠나거나 배신당했다고 느끼는 등 관계에서 실패와 근본적인 차이를 경험하게 된다. 다른 사람의 부족함을 수용하는 것은 그 사람을 그 자체로 수용하기 시작할 때 가능하다. 그러므로 인본주의 상담자는 다른 사람을 수용하고 다른 사람들에 대한 기대를 현실적으로 수정하는 내담자의 능력을 자세히 평가한다. 이론에서는 모든 사람이 착한 단어와 착한 억양으로 모든 사람에게 이야기하는 것이 좋다고 이야기한다. 이론에서는 모든 사람이 약속을 따르고 어려운 상황에서 진솔하게 행동하는 것이 좋다고 이야기한다. 다른 사람과 깊은 관계를 맺을수록 이런 완벽함이 불가능하다는 것을 깨닫게 된다. 그러나 사려 깊고, 친절한 행동에 대한 현실과 현실적 기대의 균형을 잡고자 하는 노력은 중요하다.

■ 자기 신뢰

마지막으로, 인본주의 상담자는 내담자가 그들의 정체성을 고정된 목적이 아닌 과정으로써 경험하는지 평가한다. 고정적인 것으로 자신의 정체성을 경험하는 사람들은 낙인, 틀에 박힌 일상, 위치, 목표, 자신의 정체성을 상징하는 것들에 고착되어 있다. 자기실현 수준이 높아질수록 이러한 것들은 덜 중요하게 되고, 정체성이 유연해지며, 더 발전하고 편안해진다. 현재 중요한 정체성의 요소(성적, 학벌, 직업, 관계, 자녀)는 미래 어느 시점에서는 덜 중요해질 것이다. 자기실현은 자기 자신에게 이름을 붙이고, 정의를 내리고, 주장하려는 욕구를 줄어들게 하며, 자기의 이야기가 펼쳐지는 과정을 믿게 한다.

실존적 분석

실존적 분석

(내담자가 이야기하는 혹은 설명하는)

삶의 의미의 근원: ______________________________

____

____

삶의 의미에 관한 일반적인 주제: □ 개인적 성과/성취 □ 중요한 타인 □ 자녀 □ 원가족

□ 사회적 대의/타인에의 헌신 □ 종교/영성

□ 그 외: ______________________________

실존적 의미치료에 근거하여(Frankl, 1963), 내담자 삶의 상황에 대한 실존적 분석은 그 혹은 그녀의 삶을 가장 높은 관점에서 보는 것과 관련이 있다. 이것은 큰 그림의 관점과 같은 것으로, 어떤 사람이 여러 세부적인 것들에 집중하다 보면 잊어버리는데, 예를 들어 증상의 빈도, 어린 시절 기억, 그리고 현재 대인관계 같은 것이다. 그러나 이런 큰 그림을 보는 것은 상담을 촉진시키는 방법에 대한 귀중한 정보를 제공한다. 두 가지의 평가 영역은 다음과 같다.

- **삶의 의미의 근원:** 무엇이 내담자에게 영감을 주고, 온전하게 채워졌다고 느끼게 하는가?
- **삶의 방향에 대한 명료성과 만족감:** 내담자는 삶의 목적과 방향을 명료하게 가지고 있는가? 자신은 삶의 길을 벗어나고 있는가? 아니면, 알맞게 가고 있는가?

실존적 질문들의 중요성은 최근 몇 년간 과학 분야에서 강조되어 왔다. 행복과 삶의 만족 연구에서 긍정심리학자들은 의미 추구와 목적을 갖는 것, 그리고 행복해지는 것 사이에 강한 상관이 있다고 보고하였다(Seligman, 2002). 그러므로 상담자가 상담을 시작할 때, 내담자를 효과적으로 치료하고 내담자가 보다 높은 수준의 행복을 느끼도록 도와주려면 내담자의 삶의 의미와 목적이 어디에 있는지 이해할 필요가 있다.

의미와 목적의 실존적 분석은 특정 유형의 내담자와 작업할 때 매우 유용하다. 예를 들어, 자살하고 싶은 내담자와 작업할 때 상담자는 위협이 얼마나 심각한지, 어떻게 내담자에게 삶의 동기를 부여할 수 있는지에 대해 알아보기 위해 삶의 의미와 삶의 만족의 근원들을 평가할 수 있다. 유사하게, 우울을 호소하는 내담자는 삶의 방향을 잃어 버렸기 때문에 미래의 꿈에 대해 다시 생기를 불어넣어 줘야 할 필요가 있다. 나는 삶의 의미와 방향에 대한 문제를 가지고 있는 십대들과 상담을 해 왔는데, 이들은 개인적 문제들에 대해 열린 마음으로 이야기하였다. 내담자가 어디에서 영감을 받는지 알게 되면 초기의 문제가 무엇이었던 간에 변화의 동기가 무엇인지 알 수 있다.

게슈탈트 접촉 경계 혼란

게슈탈트 접촉 경계 혼란

☐ **둔감화**: 문제를 알아차리는 것에 실패한다.
☐ **내사**: 타인의 관점을 전부 가감 없이 받아들인다.
☐ **투사**: 자신의 원하지 않는 부분을 타인에게 전가시킨다.
☐ **반전**: 타인보다는 자기에게 직접적인 행동을 취한다.
☐ **편향**: 다른 사람이나 자기와의 직접적인 접촉을 피한다.
☐ **자의식**: 외부 세계가 자기에게 영향을 미치도록 허락하지 않는다.
☐ **융합**: 경계가 모호해질 정도로 다른 사람에게 동조한다.
설명: ______________________________

____

8장에서 설명한 바와 같이 게슈탈트 상담자는 삶의 경험들의 각 순간을 자신(유기체)과 외부 세계(다른 사람과 환경; Perls, Hefferline, & Goodman, 1951; Yontef, 1993) 간 **접촉**의 형태로 본다. 만약 한 사람이 외부 세계와 진솔하게 만나고 접촉할 수 있다면 그 사람은 온전하고 진솔한 삶을 살고 있는 것이다. 하지만 여러가지 이유로 (초기 삶의 학습, 두려움 혹은 사회적 지시)

사람들은 그들 스스로를 보호하기 위해 진정한 접촉을 피한다. 이러한 접촉 경계 혼란은 자기 혹은 다른 사람의 지각에 대한 왜곡을 초래한다.

접촉은 일곱 개의 연속 단계를 포함하며, 최초의 지각으로부터 시작하여 직접적 접촉을 향해 가고 물러나면서 끝이 난다. 인간 경험은 한 사람/사물/생각과 접촉을 만들어 내고 철수하는 흐름을 반복한다. 즉, 연결과 단절의 끝없는 연속선상에 놓여 있는 것이다. 인간은 각 단계에서 구체적인 저항으로 접촉을 피한다(Woldt & Toman, 2005).

〈표 16-1〉 **접촉의 7단계**

연속 단계	저항과정	저항의 예시
1. 감각/지각: 유기체는 환경으로부터 정보를 지각한다.	둔감화: 문제를 인식하는 데 실패하는 것	연인과 다툴 때 연인의 폭력이 늘어나는 것을 무시하는 것
2. 자각: 환경적인 감각에 초점을 맞추게 된다.	내사: 타인의 관점을 전부 가감 없이 받아들이는 것	부모가 자신에게 원하는 대로 되는 것
3. 흥분/이동: 유기체는 접촉을 준비하기 위해 이동한다.	투사: 타인에게 자신의 원하지 않는 부분을 전가시키는 것	자기의 성적인 면모를 거부하고 '성욕 과잉'으로서 타인을 지각하는 것
4. 접촉/행동: 유기체는 타인과 관계 맺기 위하여 행동을 취한다.	반전: 타인보다는 자기에게 직접적인 행동을 취하는 것	타인과의 갈등을 만들기보다, 자기에 대한 비판에 초점을 맞추는 것
5. 상호작용/완전한 접촉: 교환이 발생한다. 자기는 '우리'의 일부가 된다.	편향: 다른 사람이나 자기와의 직접적인 접촉을 피하는 것	배우자를 피하기 위해 오랜 시간 일하거나 자신의 감정을 회피하는 것
6. 동화/통합: 유기체는 새로운 정보와 행동 등을 받아들이고 통합한다.	자의식: 외부 세계가 자기에게 영향을 미치도록 허락하지 않는 것	'사랑에 빠졌다'고 주장하지만, 관계에서의 필요를 충족시키기 위해 자기를 변화시키려고 하지 않는 것
7. 분화/철수: 유기체는 접촉으로부터 철수하고 개인적인 상태로 회귀한다.	융합: 경계가 모호해질 정도로 다른 사람들에게 동조하는 것	자기가 더 이상 다른 견해를 갖지 못하는 범위까지 배우자에게 동조하는 것

내담자를 평가할 때, 게슈탈트 상담자는 내담자가 접촉을 만드는 순환과정에서 어느 곳이 '고착'되어 있는지를 찾고, 내담자가 접촉을 만들고 접촉 순환을 완수하도록 격려하는 개입을 한다.

인지행동 개념화

VII. 인지행동 개념화

증상 행동의 기저선

증상 #1 (행동 묘사): ____________________

빈도: ____________________

지속 기간: ____________________

상황: ____________________

사건 이전: ____________________

사건 이후: ____________________

증상 #2 (행동 묘사): ____________________

빈도: ____________________

지속 기간: ____________________

상황: ____________________

사건 이전: ____________________

사건 이후: ____________________

기저선 평가

증상 행동에 대한 기저선 평가는 행동 상담(Spiegler & Guevremont, 2003)에서 비롯되었으나, 관찰할 수 있는 행동에 초점을 두는 의료 모델을 우선으로 하는 보험 회사나 보험금 지급 기관(Third-party payer)에 의해 보편적으로 요구된다. 그러므로 당신이 돈을 지불받기 원한다면 기저선 평가 기술에 능숙해지는 것이 좋다. 고맙게도, 이러한 평가는 매우 쉽다.

▪ 기저선 평가의 단계

[1단계] 문제 행동을 구체적으로, 쉽게, 측정할 수 있는, 관찰 가능한 행동으로 정의하라.

예시: 우울을 측정하기 위해 당신은 다음과 같은 척도를 쓸 수 있다. ① 우울한 기분이 하루에 몇 시간인지, ② 경도의, 중도의, 고도의 우울한 기분이 일주일에 며칠인지, ③ 일상적인 행동 그리고/또는 사회적 접촉을 피하는 횟수가 일주일에 며칠인지 등이다.

[2단계] 기저선을 파악하라. 다음의 자료를 수집하여 내담자를 위한 차트를 만들어라.

- 문제 행동의 빈도: 분, 시간, 일, 주 단위로 측정
- 각 삽화의 지속 기간 그리고/또는 심각도: 기간은 분 또는 시간이 될 수 있으며, 심각도는 일반적으로 경도, 중도, 고도로 측정된다.
- 행동이 일어난 상황: 장소, 관계, 타이밍 또는 다른 행동의 맥락적 촉발요인
- 각 삽화 이전의 사건: 잠재적 촉발요인을 발견하라(예: 비가 내림, 논쟁).
- 각 삽화 이후의 사건: 잠재적 강화요인을 발견하라. 그리고/또는 행동의 촉발요인을 명확히 하라(예: 남편이 귀가할 때 부인의 불안이 감소됨).

〈표 16-2〉 **기저선 평가 차트의 견본**

	빈도	지속 기간/심각도	상황	사건 이전	사건 이후
월요일					
화요일					
수요일					
목요일					
금요일					
토요일					
일요일					

내담자는 문제 행동의 기저선 평가를 받기 위해 일주일에 1~4회 차트를 완성한다. 이는 치료가 시작되면 회기에 대한 측정 포인트가 되며, 이를 통해 회기가 면밀히 평가될 수 있다. 정신보건에서 기저선 평가는 가장 객관적인 자료라는 점에서 진행 상황을 측정하는 최선의 방법으로 간주된다. 그러나 이러한 정보는 내담자에 의해 전적으로 회상되고 기술되기 때문에 일관성과 신뢰도가 떨어진다는 단점이 있다. 사실, 남편이나 부모가 자신의 내부 상태를 기억하고자 하는 내담자보다 더 신뢰도 높은 정보원이 될 수 있다.

비합리적 신념의 A-B-C 분석

비합리적 신념의 A-B-C 분석

선행사건(문제): ______________________________

결과(기분, 행동 등): ______________________________

매개신념(결과 C를 초래하는 사건에 관한 도움 되지 않는 신념):

1. ______________________________
2. ______________________________
3. ______________________________

인지행동 접근에서 보다 보편적인 평가 기술 중 하나인 앨버트 엘리스(1999)의 A-B-C 체계는 바람직하지 못한 감정과 행동을 야기하는 문제 신념을 탐색하기 위해 사용된다. A-B-C 체계 작업은 다음과 같다.

A = 선행사건 → B = 신념 → C = 결과

이러한 경우에 A가 선행사건, 신념인 B는 촉발요인, 결과인 C는 그 결과가 된다. 그의 이론에서 A-B-C 체계는 항상 모든 사건에서 발생한다. 그러나 엘리스가 명명한 비합리적 신념, 또는 문제 신념이 있을 때, 결과는 필연적으로 내담자가 도움을 구하는 호소 문제가 된다. 여기에 몇 가지 예시가 있다.

- A = 남자친구와의 싸움 → B = 우리의 관계는 곤란에 빠졌어, 아무도 날 사랑해 주지 않을 거야 → C = 우울함을 느낌, 극단적으로 행동함, 2분마다 문자메시지를 보냄, 아이스크림 1파인트를 먹음
- A = 쇼핑몰을 가려고 함 → B = 사람들은 내 겉모습을 보고 나를 판단할 거야, 나는 다른 사람들만큼 잘나지 않았어, 나에게 뭔가 잘못된 점이 있어 → C = 부적절감을 느낌, 불안과 공황을 느낌, 눈 맞춤을 꺼림, 사람을 피함, 쇼핑몰을 빠르게 떠남, 집에서 인터넷을 너무 많이 함

대부분의 내담자가 "나는 우울해. 왜냐하면 나는 나를 아무도 사랑해 주지 않을 것이라고

생각하기 때문이야."가 아닌 "나는 우울해. 왜냐하면 남자친구하고 싸웠기 때문이야."로 묘사되는 A → C 사슬을 경험할 때, 상담자의 역할은 도움이 되지 않는 신념인 B를 발견할 수 있도록 돕는 것이다. 이렇게 숨겨져 있는 신념을 발견하기 위해 상담자는 다음과 같은 질문을 할 수 있다.

도움이 되지 않는 신념을 발견하기 위한 질문

- 당신이 선행사건에 대해 생각할 때(이름을 붙이면 도움 됨), 왜 그것이 ________(C)하게 느껴지거나 ______(C)하게 만들었나요?

  예: 쇼핑몰에 가는 것을 생각했을 때(A), 왜 그것이 불안하게 느껴지고(C), 되도록 빨리 떠나게 했나요(C)?
- 당신은 당신을 ______(C)하게 느끼게 하거나 ______(C)하게 만드는 당신 그리고/또는 ___(A)에 대해 어떤 신념을 가지고 있나요?

  예: 당신은 당신을 우울하게 느끼게 하거나 다툼 후에 충동적으로 행동하게 만드는, 당신 또는 당신의 관계에 대해 어떤 신념을 가지고 있나요?

벡의 인지 도식 분석

벡의 인지 도식 분석

내담자가 자주 사용하는 인지 도식을 확인하라.

☐ 임의적 추론 ____________________

☐ 선택적 추상화 ____________________

☐ 과잉일반화 ____________________

☐ 극대화/극소화 ____________________

☐ 개인화 ____________________

☐ 절대적/이분법적 사고 ____________________

☐ 잘못된 명명 ____________________

☐ 독심술 ____________________

인지 평가 기술은 아론 벡(1976)이 개발한 도식 분석이다. 도식은 개인의 가치관, 동기 등 세상을 인식하는 데 있어 구조화된 일련의 신념을 나타내는 기술적인 심리적 용어이다. 엘리스의 A-B-C 체계에서 벡의 도식 분석은 도움이 되지 않는 특정 신념의 범주로 볼 수 있다. 벡이 제시한 도식의 범주화를 사용하여 도움이 되지 않는 신념을 평가하는 것은 사고의 습관적 패턴을 발견하고, 신념을 명명함으로써 상담과정에 큰 도움이 될 수 있다. 도식의 범주는 다음과 같다. 하지만 이것으로 한정된 것은 아니다.

- 임의적 추론: 비관주의, 파국화를 포함하여 확실하거나 적절한 증거 없이 결론짓는 것(예: 기대했던 것과 달리 다시 전화를 주지 않을 때, 상대가 자신에게 화났다고 추정하는 것).
- 선택적 추상화: (대개 더 긍정적인) 다른 사실을 무시하면서 특정 사실에만 기초하여 추측하는 것(예: 사소한 의사소통 문제로 인해 오랜 친구를 잃게 될 것이라고 생각하는 것).
- 과잉일반화: 비교적 소수의 자료에 근거하여 극단적인 신념을 갖는 것(예: 나는 초등학교 때 축구를 잘하지 못했기 때문에 모든 스포츠를 잘 못할 것이다).
- 극대화/극소화: 특정한 사실을 과대평가 또는 과소평가하여 정확하지 않은 결론을 내리는 것, 비전형적인 데이터에 기초하여 추측하는 것(예: 한 사람의 의견이 그렇지 않다고 해서 자신을 예쁘다고 생각하는 사람이 아무도 없다고 믿는 것).
- 개인화: 외부의 사건 또는 타인의 행위가 자신의 문제 때문이라고 가정하는 것(예: 배우자가 자신을 기만했다고 해서 자신에게 무언가 문제가 있다고 믿는 것으로, 자신은 바람을 피우지 않았음).
- 절대적/이분법적 사고: 사실을 모두 좋은 것 또는 모두 나쁜 것, 즉 극단으로 범주화하는 것(예: 그녀가 나를 사랑하거나 사랑하지 않는 것이다).
- 잘못된 명명: 한정된 사건에 기초하여 전체를 편파적으로 규정하는 것(예: 내담자가 2회기에 다시 오지 않은 것으로 보아 나는 끔찍한 상담자이다).
- 독심술: 뒷받침할 확실한 증거 없이 자신이 타인의 생각을 안다고 믿는 것(예: 미팅에서 그의 얼굴 표정을 보니 그가 나를 좋아하지 않는 걸 알겠어).

가족 체계 개념화

VIII. 가족 체계 개념화

가족생활주기 단계

☐ 미혼 성인 ☐ 결혼 ☐ 어린 자녀를 둔 가족 ☐ 청소년 자녀를 둔 가족

☐ 자녀가 독립함 ☐ 노년기 가족

이러한 단계 가운데 발달 과업을 완수하기 위한 노력을 설명하라.

____

경계

부모: ☐ 모호한 ☐ 분명한 ☐ 단절된 ☐ NA: 설명: ____________________

중요한 타인: ☐ 모호한 ☐ 분명한 ☐ 단절된 ☐ NA: 설명: ____________________

자녀: ☐ 모호한 ☐ 분명한 ☐ 단절된 ☐ NA: 설명: ____________________

대가족: ☐ 모호한 ☐ 분명한 ☐ 단절된 ☐ NA: 설명: ____________________

기타: 이름__________ ☐ 모호한 ☐ 분명한 ☐ 단절된 ☐ NA: 설명: ____________________

타인과 친밀함과 거리감을 조절하는 일반적인 방법: ____________________

삼각관계/연합

☐ 원가족과의 연합: 설명: ____________________

☐ 중요한 타인과 관련된 연합: 설명: ____________________

☐ 그 외의 연합: ____________________

자신과 부모/자녀 간 위계 ☐ NA

자신의 자녀에 대해 ☐ 효과적인 ☐ 경직된 ☐ 허용적인

부모님에 대해(자녀/초기 성인 대상) ☐ 효과적인 ☐ 경직된 ☐ 허용적인

(성명)과의 상호보완 패턴: ☐ 좇는 자/멀어지려는 자 ☐ 과잉기능자/과소기능자

☐ 감정적인/논리적인 ☐ 좋은 부모/나쁜 부모 ☐ 기타: 상호보완적 패턴의 예시: __________

세대 간 패턴

물질/알코올 남용: ☐ NA ☐ 이력: ____________________

성적/신체적/정서적 학대: □ NA □ 이력: ____________________

부모/자녀 관계: □ NA □ 이력: ____________________

신체적/정신적 장애: □ NA □ 이력: ____________________

가족 강점: 설명: ____________________

가족생활주기 발달단계

가족을 평가할 때, 생활주기 단계를 탐색하는 것은 도움이 된다(Carter & McGoldrick, 1999). 각 단계는 특정한 발달 과업과 연관되어 있으며, 증상은 가족들이 이러한 과업을 완수하는 데 있어 어려움을 겪을 때 나타난다.

- 집에서 독립함/미혼 성인: 스스로에 대한 정서적 · 경제적 책임을 수용함
- 결혼/헌신하는 부부관계: 새로운 체계에의 헌신, 가족과 친구와의 경계를 다시 정비함
- 어린 자녀를 둔 가족: 자녀를 위한 공간 마련을 위해 결혼생활을 조정함, 자녀 양육의 과업을 함께함, 부모/조부모와의 경계를 재정비함
- 청소년 자녀를 둔 가족: 청소년 자녀의 자율성 및 책임감을 향상시키기 위해 부모의 경계를 조정함, 결혼생활 및 직장생활에 다시 집중함
- 자녀가 독립함: 결혼의 하위체계를 재조정함, 자녀와 함께 성인 대 성인의 관계를 구축함, 부모의 노화에 대처함
- 노년기 가족: 세대별 역할의 변화를 받아들임, 능력의 상실에 대처함, 중년 세대가 보다 중심적인 역할을 맡음, 노년의 지혜를 발휘함

대인관계의 경계

다수의 자기개발 도서에서 가족 상담 용어를 찾아볼 수 있다. 경계는 개인 간 친밀성과 거리를 조정하는 규칙이다(Minuchin, 1974). 이러한 규칙은 일반적으로 두 사람이 시간이 지남에 따라 상호작용하면서 서서히 밝혀지며, 언제, 어디에서, 어떻게 타인과 연결되는 것을 선호하는지에 따라 정의된다. 구조적 상담자는 세 가지 방식 중 한 가지 방식으로 경계를 특징짓는데, 이는 분명한 경계, 분산된 경계, 경직된 경계이다. 이러한 경계는 문화의 영향을 받는다.

■ 분명한 경계와 문화적 변수

분명한 경계는 부부가 친밀성('우리'라는 의식)과 분리(개인성) 간 건강한 균형을 조정할 수 있는 범위를 나타낸다. 문화적 요인은 얼마나 친밀성 대 분리가 선호되는지를 결정한다. 집단주의 문화에서는 친밀성을 강조하는 경향이 있는 반면, 개인주의 문화에서는 독립성에 더 큰 가치를 두는 경향이 있다. 부부가 분명한 경계를 가지는지 알아보는 가장 좋은 방법은 증상이 개인, 부부, 가족 안에서 발달됐는지 파악하는 것이다. 이러한 경우, 경계가 너무 **분산**되거나 **경직**되는 문제를 가졌을 가능성이 있다. 대부분의 사람들은 하나의 맥락 내에서 관계의 경계와 방식이 더 이상 효과적이지 않은 지점에 다다랐을 때 상담을 받으러 온다. 부부, 가족, 심지어 친구와의 관계에서 각 사람의 욕구 발달을 조정하기 위해서는 꾸준히 그들의 경계(관계의 규칙)를 조정해야 한다. 이러한 규칙의 조정에 유연한 사람들은 일상의 변화 및 좌절을 조정하는 데 있어 보다 성공적일 것이다.

■ 밀착된/분산된 경계

부부 또는 가족이 각 개인의 독립성보다 함께 하는 데 과도하게 가치를 두기 시작하면, 그들의 경계는 **분산**되며, 관계는 **밀착**된다(정확히 말하면 경계가 밀착된 것이 아니라 분산된 것이다). 이러한 관계에서 개인은 숨 막히는 듯한 감정을 느끼며, 자유가 부족하거나 서로 충분히 보살핌을 받지 못한다고 느낀다. 종종 이러한 관계에서는 상대가 거절하거나 긍정하지 않을 때마다 위협을 느끼며, 타인이 자신에게 동의하도록 하기 위한 주도권 싸움으로 긴장을 낳는다. 분산된 경계의 부부는 그들의 자녀, 원가족, 친구에게도 분산된 경계를 가질 수 있으며, 이러한 결과로 인해 타인이 개인 또는 배우자의 삶 둘 다에 과하게 개입하게 된다(예: 부부의 언쟁에 부모, 친구 또는 자녀가 개입함).

■ 분리된/경직된 경계

함께 하는 것보다 독립성을 강조할 때, 경계는 **경직**될 수 있고 관계는 **분리**된다. 이러한 관계에서는 타인이 그들에게 영향을 미치는 것을 허락하지 않을 수 있으며, 우선순위에서 관계보다 일을 선택하게 되고, 최소한의 정서적 교감만 이뤄진다. 부부관계가 분리되어 있을 경우, 자녀, 친구, 가족 또는 외부의 사람(예: 정서적 또는 육체적 애정)에 경계를 분산시킴으로써 관계에서의 거리감을 보상받고자 한다. 정확한 진단이 종종 어려울 수 있는데, 경직된 경계의 핵심적인 징후는 그들이 개인적으로 문제를 만드는가, 혹은 동반자와 함께 문제를 만드는가이다.

경계를 평가하기 위한 질문

개인, 부부, 가족과의 작업에서 경계를 평가하기 위해 생각해 봐야 할 몇 가지 예시 질문들이 있다.

- 부부 경계에서 육아, 원가족 관계를 분리하는 명확한 경계를 가지고 있는가?
- 부부가 그들 자녀에 대한 이야기를 제외한 이야기에 시간을 쓰는가?
- 의견 차이가 있을 때 가족 구성원이 불안 또는 좌절을 경험하는가?
- 상대방이 다른 의견 또는 문제가 되는 관점을 가질 때 상처받거나 화나는가?
- 말을 할 때 '우리'와 '나' 중 무엇을 더 많이 얘기하는가? 균형적인가?
- 가족과의 관계와 분리된 친구와 활동을 하고 있는가?
- 외부의 흥미와 일에 비해 가족에 얼마나 에너지를 쏟는가?
- 그들의 일정에서 어떤 것이 우선순위인가? 자녀? 일? 개인 활동? 부부 시간?

삼각관계/연합: 문제적 하위 체계와 삼각관계

대부분의 체계적 가족 상담 접근에서 문제적 체계를 발견할 수 있다. 삼각관계(Kerr & Bowen, 1988), 은밀한 연합(Minuchin & Fishman, 1981), 그리고 세대 간 연합(Minuchin & Fishman, 1981)은 모두 유사한 체계 과정을 나타낸다. 두 사람 간 긴장은 두 사람 간 안정을 찾기 위해 제3자를 필요로 한다. 많은 상담자는 내담자가 관계에서 그들의 내부 스트레스를 진정시키기 위해 삼각관계에서의 잠재적인 '제3자'로서 음주, 약물, 일, 취미 등을 활용하는 상황을 자주 목격한다.

상담자는 몇 가지 방식으로 삼각관계와 문제적 하위 체계를 평가할 수 있다.

- 내담자는 타인이 그들의 긴장에 어떠한 역할을 하고 있는지 직접적으로 말한다.
- 내담자가 갈등 상황이나 문제를 묘사할 때, 다른 사람은 가까운 친구나 배우자 중 한쪽 편을 든다(예: 한 사람이 상대에 맞서 그의 편에 서는 다른 가족 구성원을 갖는다).
- 처음의 양자 관계에서 욕구 충족에 실패했을 때, 얻지 못하는 것을 타인에게서 발견한다(예: 엄마가 정서적 친밀성을 남편이 아닌 자녀에게 구함).
- 한쪽 또는 양쪽 모두를 핵심적인 문제 해결로부터 분열되게 하는 삼각관계가 존재할 때, 상담의 진행이 어려워진다(예: 불륜, 약물 남용, 상담에서 약속한 내용을 가볍게 여기는 친구).

평가 단계 초기에 삼각관계를 찾는 것은 상담자가 보다 성공적이고 빠르게 복합적인 가족

역동에 개입할 수 있게 한다.

자녀와 부모 간 위계

부모와 자녀 간 관계를 평가하는 핵심 영역은 부모-자녀 간 위계이다. 부모의 위계를 평가할 때, 상담자는 내담자에게 부모-자녀 간 위계가 발달적으로, 문화적으로 적절한지에 대해 물어야 한다. 위계가 적절하다면, 자녀의 행동에는 일반적으로 최소한의 문제가 존재한다. 대개 자녀가 증상을 보이거나, 또는 부모-자녀 간 관계에 문제가 있을 경우, 가족의 현재 사회문화적 맥락에서 주어진 과도한(권위주의) 또는 부실한(허용적인) 부모 위계 중 어느 쪽이건 위계 구조에 어떠한 문제가 존재한다. 이민 가족들은 거의 항상 관계 간의 균형을 찾는 것을 어렵게 만드는, 부모의 위계에 대한 서로 다른 두 가지의 문화적 규범을 갖고 있다(전통적인 맥락과 현재의 문화적 맥락).

위계 평가는 중요하다. 왜냐하면 언제, 어떻게 개입을 할지 상담자에게 중요한 단서가 되기 때문이다. 상담자가 증상만을 평가한다면 종종 부적절한 개입이 사용될 수 있다. 예를 들어, ADHD 아동이 과잉행동, 반항, 부모의 요청에 따르지 않기 등과 같은 증상을 보일 때, 이는 부모의 위계가 너무 과하거나 너무 적은, 다른 두 가족 체계 내에서 나타날 수 있는 현상이다. 부모의 위계가 너무 경직된 경우에는, 상담자가 이것을 부모와 함께 완화하고, 자녀와의 관계를 강하게 발전시키고, 발달적으로, 문화적으로 적절한 기대를 설정한다. 한편, 부모의 위계가 부실하다면 상담자는 부모의 일관성을 증진시키고, 한계와 규범을 정하는 그들의 역량을 증진시킨다. 즉, 같은 증상이라 할지라도 매우 다른 개입이 요구될 수 있다.

상호보완 패턴

상호보완 패턴은 대부분의 부부 관계에서는 물론, 형제자매 관계, 우정, 다른 관계에서도 흔히 나타난다. 이런 경우의 상호보완은 각 개인이 기능적인 범위에서부터 문제적 범위까지 존재하는 반대 또는 상호보완적 역할을 맡는 것을 나타낸다. 예를 들어, 내향성/외향성의 상호보완적 관계는 패턴의 경직성에 차이가 있는 균형 밖의 문제적 관계뿐만 아니라 균형 잡히고 잘 기능하는 관계에도 존재할 수 있다. 종종 문제가 되는 상호보완 역할에 대한 고전적인 예시는 쫓는 자/멀어지려는 자, 감정적인 자/논리적인 자, 과잉기능자/과소기능자, 친근한 부모/엄격한 부모 등을 포함한다. 사실, 고트먼(Gottman, 1999)은 그의 연구에서 여성은 추격(요구) 패턴, 남성은 철수 패턴이 나타난다고 밝혔다. 그러나 결혼생활이 고통스러울 경우 이것은 과장되고 선천적인 성격 특성으로 비춰지기 시작한다. 이러한 패턴의 평가는 상호교류 역동에 맞춰 상담자가 개입하는데 도움을 준다. 대부분의 사례에서, 내담자는 "그는 아이들에게 너무 엄격해." "그녀는 언제나 감정적으로 과하게 반응해." "내가 항상 그것을 해야만 했어." "그녀는 섹스를 절대 원하지 않아." 등 관계에 대한 불평을 표현하며, 이를 통해 손쉽게 그들의 상호보완 역할을 발견한다. 타인에 대한 광범위하고 포괄적인 묘사는 문제적 상호보완 패턴의 가능성을 나타낸다.

세대 간 패턴

세대 간 패턴의 평가는 세대 간 패턴의 시각적인 지도를 제공하는 가계도를 사용했을 때 가장 쉽다(McGoldrick, Gerson, & Petry, 2008). 상담자는 세대에 걸쳐 어떻게 가족 구성원이 유사한 문제를 다루는지 나타내는 세대 간 패턴 지도 또는 현재 문제에 초점을 맞추는 가계도 등 종합적인 가계도를 만들 수 있다(예: 다른 부부가 결혼 생활의 긴장을 어떻게 다루는지). 일반적으로 가계도에 포함되는 패턴은 다음과 같다.

- 물질과 알코올 남용 및 의존
- 성적 · 신체적 · 정서적 학대
- 개인 그리고/또는 가족 역할. 상호보완적 역할(예: 골칫덩어리, 반항아, 과잉성취자/과소성취자)
- 신체적 및 정신적 건강 문제(예: 당뇨, 암, 우울, 정신 질환)
- 현재 문제와 유사한 과거 사건이 있는지, 그 대상은 지금과 동일한지, 또는 어떻게 다른 세대와 가족 구성원이 이 문제를 다뤘는지에 대한 평가

스스로 해보기

배우자 또는 당신 가족의 특성을 찾아보고, 이런 정보를 포함한 가계도를 만들어 보세요. 패턴을 보다 명확히 보는 데 있어 가계도가 도움이 되나요?

포스트모던-페미니스트 개념화

해결책과 독특한 결과들

IX. 해결 기반과 문화적 담론 개념화
(포스트모던)

해결책과 독특한 결과들

소용없었던 또는 소용없는 해결책

1. ______________________________
2. ______________________________
3. ______________________________

예외와 독특한 결과들: 문제가 덜 문제적이었던 시간, 장소, 관계, 맥락 등. 상황을 조금이라도 덜 심각하게 만들었던 행동들

1. ______________________________
2. ______________________________
3. ______________________________

기적 질문의 답: 만약 밤새 문제가 해결되었다면, 내담자는 다음 날 어떻게 다르게 행동할 것인가?('Y를 하지 말아야 한다'보다는 'X를 한다'는 관점에서 묘사할 것)

1. ______________________________
2. ______________________________
3. ______________________________

■ 시도했지만 소용이 없었던 해결책

해결책을 평가할 때, 상담자는 두 가지를 평가해야 하는데, 그 해결책이 소용 있었는지 또는 소용이 없었는지이다. MRI 집단(Watzlawick et al., 1974)과 인지행동 치료 상담자(Baucom & Epstein, 1990)는 그것들이 어떠한 방식으로 사용되었든지 간에 무엇이 소용없었는지 평가하는 개입방식으로 가장 잘 알려져 있다. 일반적으로 내담자에게 이전에 실패한 경험의 해결책을 평가하는 것은 쉽다.

소용이 없었던 해결책을 평가하는 질문들

- 이 문제를 해결하기 위해 당신이 시도한 것은 무엇인가요?
  대부분의 내담자는 소용없었던 것의 목록들로 응답한다. 만약 설득이 더 필요하다면 상담자는 다음과 같이 질문할 수 있다.
- 내가 추측하기에, 당신은 문제를 해결하고자 스스로 노력해 왔지만 어떤 것들은 당신이 희망한 만큼 성공적이지 않았던 것 같네요. 당신에게 효과는 없었지만 시도했던 것들에는 무엇이 있나요?

■ 소용이 있었던 이전의 해결책/독특한 결과들

도움이 됐던 이전의 해결책을 평가하는 것은 더 어렵다. 왜냐하면 대부분의 내담자는 언제 문제가 되지 않는지, 그들이 더 나빠지지 않으려면 어떻게 해야 하는지에 대해 잘 인식하지 못하기 때문이다. 해결 중심(de Shazer, 1988; O'Hanlon & Weiner-Davis, 1989)과 이야기 치료 상담자(Freedman & Combs, 1996; White & Epston, 1990)는 무엇이 소용 있었는지 평가하기 위한 평가 전략을 발전시켜 왔다.

해결책과 독특한 결과를 평가하는 질문

- 지금보다 이 문제가 더 악화되지 않게 하는 것은 무엇인가요?
- 당신이 시도했던 해결책 중 효과가 있었던 해결책이 있나요? 또는 좀 더 나아지게 했던 것은 무엇이었나요?
- 문제가 덜 문제적이거나 문제적이지 않았던 때의 시간이나 장소가 있나요?
- 문제가 덜 문제적이거나 덜 심각하도록 하는 반응이 가능한 적이 있었나요?
- 이 문제가 어느 장소에서든, 누구와 함께 있는가와 상관없이 발생하나요? 특정 맥락에서 나아지나요?

이러한 질문들은 일반적으로 내담자의 사고와 성찰을 더 필요로 하며, 상담자의 추가 질문을 더 필요로 한다. 이러한 질문의 응답은 상담을 어떻게 효과적으로 진행하고 개입할지에 대해 가치 있는 단서를 제공한다.

■ 기적 질문

독창적인 해결 방법을 생성하는 질문인 기적 질문은 ① 개념화 및 평가, 그리고 ② 해결 기반 상담에서 목표를 설정하는 것 모두에 도움이 된다. 질문은 다음과 같다.

기적 질문: 당신이 오늘 밤 집에 가서, 밤 동안에 기적이 일어났다고 상상해 보세요. 당신이 이곳에 와서 해결하려 했던 모든 문제가 기적적으로 해결되었어요. 그러나 당신이 일어났을 때, 당신은 기적이 일어난 것을 전혀 모릅니다. 어떤 것들을 보고 변화가 일어났다는 것을 처음으로 알아차렸나요? 당신은 당신을 이곳에 오게 한 문제들이 해결됐다는 것을 어떻게 알았나요?

사례를 개념화하기 위해 이 질문을 성공적으로 사용할 수 있는 비결은 ① 기적이 단지 어떤 고전적인 기적이 아니라 당신을 오늘 이곳에 오게 만든 문제가 구체적으로 해결됐다는 기적임을 강조하고, ② 행동적 묘사를 통해 무엇이 달라졌는지 구체적으로 표현하는 것을 포함한다(내담자가 하지 않을 행동 또는 느끼지 않을 감정에 대한 것이 아니라). 잘 전달되었을 때, 이 단일 개입은 치료에 필요한 내담자의 모든 것을 유발할 수 있다. 예를 들어, 우울함을 보고하는 내담자와 작업할 때, 적절하게 전달된 기적 질문은 그가 ① 하루에 대한 흥미를 가진 채 일어나고, ② 달려가, ③ 그의 부인에게 포옹과 키스를 하고, ④ 그가 가장 좋아하는 루미(Rumi) 책의 구절을 읽고, ⑤ 정시에 출근하여 동료를 따뜻하게 반겨 주는 것과 같은 목표에 관한 유익한 정보를 밝힐 수 있다.

이야기, 지배 담론, 다양성

문제의 정의에 영향을 주는 지배 담론

- **민족, 계층, 종교적 담론**: 핵심적인 문화적 담론은 문제로 인식되는 것과 가능한 해결책에 어떠한 영향을 주는가? ______________________
- **성별, 성적 담론**: 성별/성적 담론은 문제로 인식되는 것과 가능한 해결책에 어떠한 영향을 주는가? ______________________
- 지역사회, 학교, 대가족 담론: 다른 중요한 지역사회 담론은 문제로 인식되는 것과 가능한 해결책에 어떠한 영향을 주는가? ______________________

____

정체성 이야기: 그 문제는 내담자의 정체성에 어떤 영향을 주었는가?

____

국지적 또는 선호하는 담론: 내담자가 선호하는 정체성 이야기 및 문제에 대한 이야기는 무엇인가? 문제에 대하여 선호하는 국지적(대안적) 담론이 있는가?

____

내담자의 문제와 관련된 지배적 사회 담론을 평가하는 것은 내담자의 상황에 대하여 광범위하고 새로운 관점을 갖는 데 도움을 준다(Freedman & Combs, 1996; White & Epston, 1990). 나는 이 광범위한 시각이 나를 더 자유롭고 가능성 있다고 느끼게 하고, 내담자와의 정서적 교감을 도모하며, 나의 작업을 보다 창의적으로 만들어 준다는 사실을 발견하게 되었다. 예를 들어, 내담자가 성 소수자로 사는 데 대하여 무력감을 느끼는 데 있어 담론의 일부로 '불안'을 보고하였을 때, 나는 어떻게 이 사람이 지배 담론에 대해 믿고 있는지, 어떤 것이 '정상적'인 성적 행동이고 아닌지에 대한 새로운 이야기를 만들어 내는 것이 가능한지 본다. 어떤 것이 '정상적' 성적 행동이고 아닌지에 대해 구체적으로 정의하는 것의 어려움을 의논함으로써 내담자와 나는 내담자가 기대해 오던 진실을 탐색하기 시작한다. 우리는 내담자가 불안뿐만 아니라 그의 정체성을 이해할 수 있는 새로운 방법에 대한 탐색적 과정에 합류한다.

내담자의 인생에 대한 정보를 주는 공통적인 지배 담론들 또는 광범위한 이야기는 다음과 같다.

- 문화, 인종, 민족, 이민
- 성별, 성적 지향성, 성적 선호
- 알코올 중독, 성적 학대, 입양 등의 원가족 경험
- 이혼, 죽음, 중요한 관계의 상실에 대한 이야기
- 부, 빈곤, 권력, 명예
- 작은 마을, 도시, 종교적 담론
- 건강, 질병, 신체 이미지 등

■ 정체성 이야기

내담자가 상담을 받으러 갈 때, 문제적 담론은 하나 이상의 개인 정체성 이야기에서 중요한 부분이 되며, **정체성 이야기**란 자신이 누구인가에 대해 스스로에게 말하는 이야기이다. 예를 들어, 학교에서 문제가 있는 아동은 '나는 바보야.'라고 생각할 수 있으며, 그의 엄마 또한 자녀의 학업 수행 때문에 '나는 엄마로서 실패했어.'와 같은 기분을 느낄 수 있다. 부정적인 개인의 가치 또는 능력에 대한 광범위한 판단은 상담에서 다뤄져야 한다. 초기 회기에서 이루어지는 이러한 평가는 각 개인에게 어떻게 관여하고 동기부여할지 이해하는 데 유용하다.

■ 국지적 그리고 선호하는 담론

국지적 담론은 '지역' 수준(지배적 사회와 반대로)에서 발생하는 이야기를 말한다(Anderson,

1997). 이러한 이야기는 개인의 신념에 기초하며, 독특한 해석, 종종 반대 또는 확연히 수정된 지배 담론의 형태를 띤다. 국지적 담론은 문제에 기여할 수 있는데(예: 지배 담론에 대해 억압적 시선을 갖는 것), 국지적 담론은 문제를 밝히는 데 있어 동기, 에너지, 희망의 확실한 원천이 되며, 개인에게 숨겨져 있거나 수치심이 되는 '개인적 진실'이다. 국지적 담론은 특정한 종교 또는 성적 실제와 같은 보편적인 하위문화 가치관을 밝힐 수 있으며, 모든 것을 팔고 세계 여행을 떠나기 바라는 것과 같이 개인의 특수성을 밝힐 수 있다. 국지적 담론은 이야기 상담에서 상담의 목표를 달성하는 데 도움이 되는 정체성과 개인이 선호하는 담론의 원천이 된다 (Freedman & Combs, 1996).

사례개념화, 다양성, 동일성

당신이 사례개념화에 대해 이해했다고 느끼기 시작했을 때, 나는 훼방을 놓거나, 다양성과 동일성을 혼합하겠다. 개념화와 평가에서의 일반적인 문제는(이것은 이전 장들에서도 마찬가지이다) '건강한 경계' '논리적 생각' 또는 '명확한 의사소통'을 측정할 수 있는 객관적 기준이 없다는 것이다. 건강하고 정서적으로 연결된 경계는 멕시코계 미국인 가족과 아시아계 미국인 가족에 있어 꽤 다르게 보인다. 사실, 멕시코계 미국인 가족의 문제적 경계(예: 쿨하고 분리됨)는 아시아계 미국인 가족의 문제적 경계(예: 과도하게 개입함)보다 더 건강한 것처럼 보일 수 있다(예: 드러나지 않게 존경하는). 따라서 상담자는 평가에서 단순히 행동의 객관적 묘사에 의존할 수 없다. 대신, 상담자는 일련의 민족적 규범뿐만 아니라 국지적 이웃 문화, 학교 맥락, 성적 지향성 하위문화, 종교 공동체 등과 같은 것을 포함하는 더 광범위한 문화적 규범을 고려해야 한다. 비록 당신은 의심할 여지 없이 이 주제에 대해 더 깊이 들어갈 문화적 문제에 대한 강의를 듣게 될 것이고, 전문가 윤리강령이 다양성을 존중한다는 사실을 알게 될 것이다. 다만, 의미 있는 문화적 감수성을 기르기 위해서는 다양한 범위의 개인 및 가족과 함께 작업하고 그들로부터 배우고자 하는 의지가 필요하다. 나는 이것이 일생의 여정이 될 것으로 믿는다.

역설적으로, 나는 현재 훈련받는 초심 상담자들이 자신과 같은 문화 또는 유사한 문화를 가진 내담자의 다양성을 수용하는 데 대부분 어려움을 겪는다는 것을 발견했다. 내담자가 우리와 비슷할수록, 우리는 그들이 우리의 가치관, 행동 규범을 공유하기를 더 바라고, 이것은 우리가 차이에 대해 덜 민감하게 만든다. 예를 들면, 중산층 백인 상담자는 종종 중산층 백인 내담자가 감정 표현, 결혼 준비, 대가족, 부모-자녀 관계에 대하여 특정한 가치관을 갖길 바라며, 자신의 특정 가치 체계에 대해 받아들이기를 바랄 수 있다. 따라서 당신과 매우 유사하거나 매우 다른 누군가와 작업할 때, 상담자는 항상 내담자의 광범위한 사회문화적 맥락과 규범을 고려하면서 천천히 평가하고 진단할 필요가 있다. 개념화와 평가를 서두르는 상담자는 이러한 과제에 깊은 겸손과 배우려는 부단한 의지를 갖고 접근해야 한다.

이 끝은 단지 시작일 뿐이다

당신은 지금 막 상담의 그랜드캐니언을 가로지르는 다리를 횡단했다. 나는 당신이 위대한 여행 모험을 마쳐서 기진맥진하지만 들뜬 기분이길 바란다. 당신은 주요 상담과 심리치료 이론의 대모험을 했을 뿐만 아니라 가장 중요한 문서화 기술을 배웠을 것이다. 바로 사례개념화와 치료계획이다. 상담 현장이 처음이라면, 여기에 정착하여 견실한 기초를 확립하고 그 위에 틀을 세우면서 커리어 여행에 도전함으로써, 유능한 상담자가 되기 위한 여행에 속도를 낼 수 있을 것이다. 이 책에서 배운 내용들이 당신이 향하게 될 상담 현장에 많은 도움이 되기를 바란다.

나는 지금이 당신이 이 책을 읽는 유일한 순간이길 바라지 않는다. 나는 이 책이 당신의 긴 경력의 동반자가 되길 바란다. 이 책에서 다룬 각 이론은 개인이 그의 삶에서 품위와 용기를 가지고 일어날 수 있는 큰 위기를 방지하도록 돕는 방법에 대한 풍부한 통찰을 제공한다. 상담자와 심리치료사는 배우는 것을 멈추지 말아야 하는데, 새로운 이론들은 매해에 거쳐 발전되고, 100년 전의 이론들도 여전히 우리의 작업을 도울 수 있기 때문이다. 이러한 이론을 접할 때마다 나는 당신이 내담자의 상황, 당신 자신의 삶, 상담자라는 직업을 보다 깊이 이해할 수 있는 시간을 갖게 될 것이라 장담한다. 사실, 이 책은 깊고 엄청난 수준에서 상담내용을 개념화할 수 있기 때문에 당신이 읽을 때마다 좋아지고 더 좋아질 것이다. 따라서 이것은 끝이라기보다는 유능한 상담자가 되기 위한 여행의 또다른 시작이다.

개인적 성찰과 토론을 위한 질문

1. 교차 이론(cross-theory) 사례 개념화 중 어떤 영역이 당신에게 가장 유용했나요? 그 이유는 무엇인가요?
2. 교차 이론 사례개념화 중 어떤 영역이 당신에게 가장 유용하지 않았나요? 그 이유는 무엇인가요?
3. 교차 이론 사례개념화 중 어떤 영역이 완수하기 가장 어려웠나요? 어떤 부분이 어려웠나요?
4. 같은 역동을 다른 언어로 언급하는 것으로 보이는 요소는 무엇인가요?
5. 당신이 이 양식을 작성하지 않았을 때 고려하지 못할 수도 있었던 요소는 무엇인가요?

사례개념화 양식

본 양식의 디지털 버전은 교재 웹사이트 참고
상담 사례개념화

날짜: ______________ 임상가: ______________ 내담자/사례 #: ______________

Ⅰ. 내담자 소개

내담자와 중요한 타인에 대해 확인하시오.

내담자

내담자 유형 나이 선택: _______ 인종 선택 관계적 지위 선택 직업/학년: _______ 기타: _______

중요한 타인

사람 선택 나이: _______ 인종 선택 관계적 지위 선택 직업/학년: _______ 기타: __________

사람 선택 나이: _______ 인종 선택 관계적 지위 선택 직업/학년: _______ 기타: __________

사람 선택 나이: _______ 인종 선택 관계적 지위 선택 직업/학년: _______ 기타: __________

사람 선택 나이: _______ 인종 선택 관계적 지위 선택 직업/학년: _______ 기타: __________

다른 사람들: ____

Ⅱ. 호소문제

문제(들)에 대한 내담자의 설명: ____

____

____

문제(들)에 대한 중요한 타인/가족의 설명(들): ____

____

____

문제에 대한 다양한 체계(위탁 관계자들, 선생님들, 친척들, 법적 체계 등)의 설명:

이름: ____

이름: ____

III. 배경정보

외상/학대 이력(현재 및 과거): ______________________________

____

물질 사용/남용(현재와 과거, 자신, 원가족, 중요한 타인): ______________________________

____

____

촉발 사건(최근 삶의 변화, 최초 증상, 스트레스 요인 등): ______________________________

____

____

문제와 관련된 역사적 배경(가족력, 관련된 문제, 이전 상담 경험 등): ______________________________

____

____

IV. 내담자의 강점과 다양성

내담자의 강점

개인적: ______________________________

____

관계적/사회적: ______________________________

____

영적: ______________________________

____

다양성: 자원과 한계점

내담자의 나이, 성별, 성적 취향성, 문화 배경, 사회경제적 지위, 종교, 지역 공동체, 언어, 가족 배경, 가족 구성, 역량 등을 바탕으로 내담자의 잠재적 자원과 한계점을 확인하시오.

독특한 자원: ______________________________

____

잠재적 한계점: ______________________________

____

사례개념화 혹은 구체적인 이론 개념화를 위한 특정 부분을 완성하기 위해 다음을 완성하시오.

V. 정신역동 개념화

정신역동 방어기제 가장 많이 사용하는 2~4개의 방어기제들을 체크하고 설명하시오.

☐ 행동화: 설명: ____________________

☐ 부인: 설명: ____________________

☐ 치환: 설명: ____________________

☐ 도움-거절 불평: 설명: ____________________

☐ 유머: 설명: ____________________

☐ 수동 공격성: 설명 ____________________

☐ 투사: 설명: ____________________

☐ 투사적 동일시: 설명: ____________________

☐ 합리화: 설명: ____________________

☐ 반동형성: 설명: ____________________

☐ 억압: 설명: ____________________

☐ 분열: 설명: ____________________

☐ 승화: 설명: ____________________

☐ 억제: 설명: ____________________

☐ 기타: 설명: ____________________

대상관계 패턴

과거 어린 시절 초기 양육자와의 관계에 대해 설명하시오: ____________________

____

____

엄마(혹은 동등한 사람)와의 애착: ☐ 안정 ☐ 불안정과 집착 ☐ 회피와 감정적 거리감 ☐ 기타: ____

아빠(혹은 동등한 사람)와의 애착: ☐ 안정 ☐ 불안정과 집착 ☐ 회피와 감정적 거리감 ☐ 기타: ____

생애 초기 양육자와의 현재 관계에 대해 설명하시오: ____________________

____

배우자(연인)를 비롯한 현재 인간관계에서의 관계적 패턴에 대해 설명하시오: ____________________

____

____

에릭슨의 심리사회적 발달 단계

각 단계에서 현재 단계까지의 발달에 대해 설명하시오.

☐ 신뢰감 대 불신감(영아기): ____________________

☐ 자율성 대 수치심과 의심(유아기): ____________________

□ 주도성 대 죄책감(소년기): ______________________

□ 근면성 대 열등감(학령기): ______________________

□ 자아정체감 대 정체감 혼미(청소년기): ______________________

□ 친밀감 대 고립감(청년기): ______________________

□ 생산성 대 침체성(장년기): ______________________

□ 자아통합감 대 절망감(노년기): ______________________

아들러학파 생활양식의 주제

□ 통제: ______________________

□ 우월감: ______________________

□ 남을 기쁘게 하는: ______________________

□ 편안함: ______________________

기본적 오류: ______________________

VI. 인본주의-실존주의 개념화

참다운 자기 표현

문제: 내담자가 문제를 내적인 것으로 인식하는가, 외적인 것으로 인식하는가?

□ 대부분 내적 □ 혼합 □ 대부분 외적

주체성과 책임: 이야기의 주체가 내담자 자신인가, 타인인가? 내담자는 상황에 대하여 확실한 책임감을 가지고 있는가?

□ 주체성과 책임이 강함 □ 어떤 부분에서만 주체성이 있음 □ 약한 주체성(자주 상황/다른 사람 탓함) □ 자주 희생당했다는 느낌

감정의 인식과 표현: 감정을 잘 인식하고 소유하며 경험하는가?

□ 쉽게 감정 표현함 □ 즉각적으로 감정을 알아차림 □ 감정 인식 어려움

지금-여기 경험하기: 내담자가 현재 일어나고 있는 상황에 대한 감정을 모두 경험할 수 있는가?

□ 현재 순간의 감정들을 쉽게 인식할 수 있음 □ 부분적으로 현재 정서를 경험함

□ 현재 순간 경험하는 것이 어려움

개인적 구성개념과 허울: 내담자는 자신의 역할을 인식할 수 있고, 그 이상의 것을 할 수 있는가? 정체성이 경직되어 있는가? 아니면 잠정적인 상태인가?

□ 잠정적임(비판하고 질문할 수 있음) □ 부분적으로 허울과 정체성의 구성개념을 이해

☐ 정체성 경직됨

복잡성과 모순: 내적 모순이 있고 탐색되었는가? 정체성과 인생의 복잡함에 완전히 개입할 수 있는가?

☐ 모순을 알고 있고 해결함 ☐ 부분적으로 모순 인식 ☐ 내적 모순 알지 못함

당위: 내담자는 사회적으로 부과된 당위와 의무에 의문을 가질 수 있는가? 다른 사람에게 즐거움을 주려는 바람과 진실하려는 바람 사이에 균형을 맞출 수 있는가?

☐ 사회적 의무와 진실성 사이의 균형을 맞출 수 있음

☐ 사회적 기대와 개인적 바람 사이에서 갈피를 못 잡음

☐ 외적 당위에 집중함

당위 목록: ______________________________

타인 수용: 내담자가 다른 사람을 수용할 수 있고 다른 사람의 기대를 보다 현실적으로 변경할 수 있는가?

☐ 다른 사람을 있는 그대로 수용

☐ 기대에 미치지 못함에 아직 강한 정서 반응이 있지만 다른 사람의 기대가 비현실적이라는 것을 알아차림

☐ 다른 사람을 있는 그대로 수용하지 못함(기대에 미치도록 다른 사람이 바뀌기를 항상 원함)

자기 신뢰: 내담자는 (고정된 목표가 아닌) 과정으로서 자신을 신뢰할 수 있는가?

☐ 솔직한 자기표현과 신뢰할 수 있음 ☐ 특정한 상황에서 자신을 신뢰함

☐ 대부분의 상황에서 자신을 신뢰하지 못함

실존적 분석

(내담자가 이야기하는 혹은 설명하는)

삶의 의미의 근원: ______________________________

____

____

삶의 의미에 관한 일반적인 주제

☐ 개인적 성과/성취 ☐ 중요한 타인 ☐ 자녀 ☐ 원가족

☐ 사회적 대의/타인에의 헌신 ☐ 종교/영성

☐ 그 외: ______________________________

삶의 방향에 대한 명료성과 만족감

□ 힘든 시간에서 회복 탄력성을 만드는 의미를 분명히 갖고 있음

□ 삶의 방향과 관련해서 선택이 요구되는 현재 문제들

□ 현재 삶의 방향에 대해 조금 만족함.

□ 현재까지의 삶의 방향에 대해 조금 되돌아봄. 누군가 혹은 다른 어떤 것에 의해서 삶의 계획이 정의되는 대로 살고 있음

□ 기타: ______

게슈탈트 접촉 경계 혼란

□ 둔감화: 문제를 알아차리는 것에 실패한다.

□ 내사: 타인의 관점을 가감 없이 전부 받아들인다.

□ 투사: 자신이 원하지 않는 부분들을 타인에게 전가시킨다.

□ 반전: 타인보다는 자신에게 직접적인 행동을 취한다.

□ 편향: 다른 사람이나 자기와의 직접적인 접촉을 피한다.

□ 자의식: 외부 세계가 자기에게 영향을 미치도록 허락하지 않는다.

□ 융합: 경계가 모호해질 정도로 다른 사람들에게 동조한다.

설명: ______

______

VII. 인지행동 개념화

증상 행동의 기저선

증상 #1 (행동 묘사): ______

빈도: ______

지속 기간: ______

상황: ______

사건 이전: ______

사건 이후: ______

증상 #2 (행동 묘사): ______

빈도: ______

지속 기간: ______

상황: ______

사건 이전: ______

사건 이후: ______

A-B-C 비합리적 신념 분석

선행사건('문제'): ____________________

결과(기분, 행동 등): ____________________

매개신념(결과 C를 초래하는 사건에 관한 도움이 되지 않는 신념):

1. ____________________
2. ____________________
3. ____________________

벡의 인지 도식 분석

내담자가 자주 사용하는 인지도식을 확인하라.

□ 임의적 추론: ____________________

□ 선택적 추상화: ____________________

□ 과잉일반화: ____________________

□ 극대화/극소화: ____________________

□ 개인화: ____________________

□ 절대적/이분법적 사고: ____________________

□ 잘못된 명명: ____________________

□ 독심술: ____________________

VIII. 가족 체계 개념화

가족생활주기 단계

□ 미혼 성인 □ 결혼 □ 어린 자녀를 둔 가족 □ 청소년 자녀를 둔 가족

□ 자녀가 독립함 □ 노년기 가족

이러한 단계 가운데 발달 과업을 완수하기 위한 노력을 설명하라.

____

경계

부모: □ 모호한 □ 분명한 □ 단절된 □ NA: 설명: ____________________

중요한 타인: □ 모호한 □ 분명한 □ 단절된 □ NA: 설명: ____________________

자녀: □ 모호한 □ 분명한 □ 단절된 □ NA: 설명: ____________________

대가족: □ 모호한 □ 분명한 □ 단절된 □ NA: 설명: ____________________

기타: 이름____________ □ 모호한 □ 분명한 □ 단절된 □ NA: 설명: ____________________

타인과 친밀함과 거리감을 조절하는 일반적인 방법: ____________________

삼각관계/연합

☐ 원가족과의 연합: 설명: ____________________

☐ 중요한 타인과 관련된 연합: 설명: ____________________

☐ 그 외의 연합: ____________________

자신과 부모/자녀 간 위계 ☐ NA

자신의 자녀에 대해 ☐ 효과적인 ☐ 경직된 ☐ 허용적인

부모님에 대해(자녀/초기 성인 대상) ☐ 효과적인 ☐ 경직된 ☐ 허용적인

(성명)과의 상호보완 패턴: ☐ 좇는 자/멀어지려는 자 ☐ 과잉기능자/과소기능자

☐ 감정적인/논리적인 ☐ 좋은 부모/나쁜 부모 ☐ 기타: 상호보완적 패턴의 예시: ____________________

세대 간 패턴

물질/알코올 남용: ▫ NA ▫ 이력: ____________________

성적/신체적/정서적 학대: ▫ NA ▫ 이력: ____________________

부모/자녀 관계: ▫ NA ▫ 이력: ____________________

신체적/정신적 장애: ▫ NA ▫ 이력: ____________________

가족 강점: 설명: ____________________

IX. 해결 기반과 문화적 담론 개념화(포스트모던)

해결책과 독특한 결과들

소용없었던 또는 소용없는 해결책

1. ____________________
2. ____________________
3. ____________________

예외와 독특한 결과들: 문제가 덜 문제적이었던 시간, 장소, 관계, 맥락 등. 상황을 조금이라도 덜 심각하게 만들었던 행동들

1. ____________________
2. ____________________
3. ____________________

기적 질문의 답: 만약 밤새 문제가 해결되었다면, 내담자는 다음 날 어떻게 다르게 행동할 것인가?('Y를 하지 말아야 한다'보다는 'X를 한다'는 관점에서 묘사할 것)

1. ______

2. ______

3. ______

문제의 정의에 영향을 주는 지배 담론

- 민족, 계층, 종교적 담론: 핵심적인 문화적 담론은 문제로 인식되는 것과 가능한 해결책에 어떠한 영향을 주는가? ______
- 성별, 성적 담론: 성별/성적 담론은 문제로 인식되는 것과 가능한 해결책에 어떠한 영향을 주는가? ______
- 지역사회, 학교, 대가족 담론: 다른 중요한 지역사회 담론은 문제로 인식되는 것과 가능한 해결책에 어떠한 영향을 주는가? ______

정체성 이야기: 그 문제는 내담자의 정체성에 어떤 영향을 주었는가?

______

국지적 또는 선호하는 담론: 내담자가 선호하는 정체성 이야기 및 문제에 대한 이야기는 무엇인가? 문제에 대하여 선호하는 국지적(대안적) 담론이 있는가?

______

| 찾아보기 |

인명

내용

저자 소개

Diane R. Gehart 박사는 노스리지 캘리포니아주립대학교(California State University Northridge)의 부부와 가족 치료, 상담 프로그램 담당 교수이다. 그녀는 상담, 교육, 슈퍼비전을 20년 이상 해 왔고, 다음의 저서들을 출간 및 편집한 바 있다.

『가족치료 사례개념화와 역량 마스터하기(Mastering Competencies in Family Therapy)』

『가족치료의 이론과 치료계획 세우기(Theory and Treatment Planning in Family Therapy)』

『상담과 심리치료에서의 상담 사례개념화(Case Documentation in Counseling and Psychotherapy)』(forecoming)

『커플과 가족치료에서 마음챙김과 수용(Mindfulness and Acceptance in Couple and Family Therapy)』

『협력치료: 차이를 만드는 관계들과 대화들(Collaborative Therapy: Relationships and Conversations That Make a Difference)』(공저)

『완벽한 MFT 핵심 역량 평가 시스템(The Complete MFT Core Competency Assessment System)』

『완벽한 상담 평가 시스템(The Complete Counseling Assessment System)』

『결혼과 가족 치료자들을 위한 이론 기반의 치료계획(Theory-Based Treatment Planning for Marriage and Family Therapists)』(공저)

그녀는 또한 포스트모던 치료, 마음챙김, 정신건강 회복, 성적 학대 치료, 성 이슈, 아동과 청소년, 내담자 지지, 상담, 결혼, 가족치료 교육 분야에서 저서를 집필하였다. 그녀는 미국, 캐나다, 유럽, 멕시코에서 세계적인 전문가들과 일반적인 참여자들을 대상으로 워크숍을 실시하고 있다. 그녀의 업적은 BBC, 국가공영 라디오, 오프라 윈프리의 O 잡지, 숙녀들의 잡지를 포함한 신문, 라디오 뉴스, 세계적인 텔레비전에서 소개된 바 있다. 그녀는 대학 졸업자들을 위한 3개의 훈련 기관(Houston Galveston Institute, Taos Institute, Marburg Institute for Collaborative Studies in Germany)에서 겸임교수로 일하고 있다. 또한 미국의 국가기관에서 리더로서 활발하게 활동하고 있다. 그녀는 부부, 가족, 여성 문제, 외상, 인생 전환을 비롯하여 다루기 어려운 사례에 특화되어 있는 캘리포니아 아고라 힐(Agora Hill)에서 개인 작업을 하고 있다. 그녀는 여가를 위해 가족과 시간을 보내고 등산, 수영, 요가, 명상 등을 하며 행복한 시간을 보내고 있다. 당신은 www.dianegehart.com에서 그녀에 대해 더 알아볼 수 있다.

역자 소개

이동훈(Lee Donghun)

미국 플로리다대학교(University of Florida) 박사

현 성균관대학교 사범대학 교육학과 교수(상담교육전공 주임)

성균관대학교 외상심리건강연구소 소장

한국상담심리학회 상담심리사 1급

한국상담학회 전문상담사 수련감독급

전국대학교학생상담센터협의회 회장

한국재활심리학회 편집위원장

행정안전부 중앙재난심리회복지원단 자문위원

법무부 법무보호위원

교육부 · 한국연구재단 한국사회과학(SSK)지원사업 '청소년 자해 및 자살 예방과 개입' 연구책임자

전 성균관대학교 카운슬링센터장

한국상담학회 대학상담학회 회장

한국청소년상담원 상담교수

〈수상 내역〉

법무부 장관상(2022), '출소자와 가족 심리지원에 대한 학술적 토대 마련 기여'

행정안전부 장관상(2021), '국가재난 심리지원 모델 구축에 대한 기여'

제30회 과학기술우수논문상(2020)

명소연(Myung Soyeon)

한국상담대학원 대학교 상담심리전공 교수

성균관대학교 박사(상담교육)

청소년상담사 1급

전지열(Jeon Jiyeol)

한국상담대학원 대학교 상담심리전공 교수

성균관대학교 박사(상담교육)

한국상담심리학회 상담심리사 1급

송연주(Song Yeonju)
동의대학교 평생교육/청소년상담학과 상담심리전공 교수
한국상담심리학회 상담심리사 1급, 한국상담학회 전문상담사 1급, 청소년상담사 1급

함경애(Ham Kyungae)
연세대 심리과학이노베이션 전문연구원
부경대학교 교육대학원 외래강사
한국상담심리학회 상담심리사 1급, 한국상담학회 전문상담사 1급, 청소년상담사 1급

신지영(Shin Jiyoung)
백정신과부설 마음의 정원 심리연구소 소장
전 울산대학교 학생상담센터 연구교수
한국상담심리학회 상담심리사 1급, 한국상담학회 전문상담사 1급, 청소년상담사 1급

강수운(Kang Suun)
성균관대학교 강사/외상심리건강연구소 선임연구원
성균관대학교 박사(상담교육)
여성가족부 청소년상담사 1급, 교육부 전문상담교사 1급

이화정(Lee Hwajung)
성균관대학교 강사/한국연구재단 한국사회과학(SSK)지원사업팀 '청소년 자해 · 자살 예방과 개입' 전임연구원
성균관대학교 박사(상담교육)
청소년상담사 2급, 무용동작심리상담사 2급

양모현(Yang Moheon)
하늘빛 정신건강의학과 임상심리전문가
성균관대학교 박사수료(상담교육)
한국임상심리학회 임상심리전문가, 임상심리사 2급

김영애(Kim Youngae)
성균관대학교 박사과정(상담교육)
무용동작심리상담사 1급

박가현(Park Gahyun)
미국 오하이오주립대학교(Ohio State University) 박사과정(상담교육)
성균관대학교 석사졸업(상담교육)

신지영(Shin Jiyeong)
미국 아이오와주립대학교(University of Iowa) 박사과정(상담심리)
성균관대학교 석사졸업(상담교육)
한국상담심리학회 상담심리사 1급, 임상심리사 2급, 청소년상담사 2급

김주연(Kim Juyeon)
경북대학교 대학상담센터
성균관대학교 석사졸업(상담교육)

김해진(Kim Hyejin)
성균관대학교 석사졸업(상담교육)

남슬기(Nam Seulki)
성균관대학교 석사졸업(상담교육)

김나연(Kim Nayeon)
성균관대학교 외상심리건강연구소 연구원

허소정(Hu Sojung)
성균관대학교 석사졸업(상담교육)
한국상담심리학회 상담심리사, 임상심리사, 청소년상담사 2급

황유진(Hwang yujin)
성균관대학교 석사졸업(상담교육)

상담 및 심리치료

사례개념화와 치료계획

Theory and Treatment Planning
in Counseling and Psychotherapy (Second Edition)

2023년 12월 25일 1판 1쇄 발행
2026년 2월 25일 1판 2쇄 발행

지은이 • Diane R. Gehart
옮긴이 • 이동훈 · 명소연 · 전지열 · 송연주 · 함경애 · 신지영
강수운 · 이화정 · 양모현 · 김영애 · 박가현 · 신지영
김주연 · 김해진 · 남슬기 · 김나연 · 허소정 · 황유진
펴낸이 • 김진환
펴낸곳 • (주) 학지사
04031 서울특별시 마포구 양화로 15길 20 마인드월드빌딩
대표전화 • 02)330-5114 팩스 • 02)324-2345
등록번호 • 제313-2006-000265호

홈페이지 • http://www.hakjisa.co.kr
인스타그램 • https://www.instagram.com/hakjisabook

ISBN 978-89-997-2984-3 93180

정가 34,000원